Bundesmantelvertrag Ärzte
Kommentar zum gemeinsamen BMV-Ä

Bundesmantelvertrag Ärzte
Kommentar zum gemeinsamen BMV-Ä

Herausgegeben von

Dr. Herbert Schiller

Bearbeitet von

Christoph Altmiks
Rechtsanwalt
Fachanwalt für Medizinrecht, GKV-Spitzenverband, Berlin

Christopher J. Geier
Assessor, Kassenärztliche Vereinigung Bayerns, München

Prof. Dr. Erik Hahn
Hochschule Zittau/Görlitz

Stefan Hochgesang
Assessor, Kassenärztliche Vereinigung Bayerns, München

Jörg Hofmayer
Assessor, Kassenärztliche Vereinigung Bayerns, München

Dr. Jan Moeck
Rechtsanwalt, Fachanwalt für Medizinrecht, Berlin

Dr. Herbert Schiller
Rechtsanwalt
Justitiar der Bayerischen Landesärztekammer und (bis 12/2018)
Justitiar der Kassenärztlichen Vereinigung Bayerns, München

Dr. Gernot Steinhilper
Rechtsanwalt, Wennigsen

2., neu bearbeitete Auflage

 C.F. Müller

Bibliografische Information der Deutschen Nationalbibliothek

Die Deutsche Nationalbibliothek verzeichnet diese Publikation in der Deutschen Nationalbibliografie; detaillierte bibliografische Daten sind im Internet über <http://dnb.d-nb.de> abrufbar.

ISBN 978-3-8114-3802-6

E-Mail: kundenservice@cfmueller.de
Telefon: +49 6221/1859-599
Telefax: +49 6221/1859-598

© 2021 C.F. Müller GmbH, Waldhofer Straße 100, 69123 Heidelberg

www.cfmueller.de

Dieses Werk, einschließlich aller seiner Teile, ist urheberrechtlich geschützt. Jede Verwertung außerhalb der engen Grenzen des Urheberrechtsgesetzes ist ohne Zustimmung des Verlages unzulässig und strafbar. Dies gilt insbesondere für Vervielfältigungen, Übersetzungen, Mikroverfilmungen und die Einspeicherung und Verarbeitung in elektronischen Systemen.

Satz: TypoScript GmbH, München
Druck: Westermann Druck GmbH, Zwickau

Vorwort zur 2. Auflage

Seit der Bearbeitung der 1. Auflage dieses Kommentars (2013) wurde das SGB V 58mal geändert!

Gesetzgeberische Ziele werden oft nicht allein schon durch die Änderung des Gesetzeswortlauts erreicht, sondern häufig erst durch untergesetzliche Normen, die die abstrakten gesetzlichen Formulierungen konkretisieren und präzisieren. Dies gilt insbesondere bei inhaltlichen und zeitlichen Vorgaben. Der Gesetzgeber gab auch den Partnern des BMV-Ä zur Umsetzung des Gesetzes Inhalte und Fristen vor. Vor einer Neukommentierung mussten daher zunächst deren Entscheidungen abgewartet werden.

Die Vielzahl der Änderungen des SGB V betrafen auch den BMV-Ä: das Deutsche Ärzteblatt hat diese auf mehr als 300 Seiten veröffentlicht. Die Anlagen zum BMV-Ä (in der 1. Auflage noch 23) wurden um 10 weitere ergänzt, allein 7 davon betreffen die Digitalisierung in der vertragsärztlichen Versorgung, 3 besondere Versorgungsangebote, teils sehr ausführlich, teilweise mit zusätzlichen Anhängen.

Der Kommentar musste wegen all dieser Rechtsänderungen und wegen der inzwischen ergangenen Rechtsprechung aktualisiert werden. Er ist auf dem Stand von August 2020. Der Vertragstext ist aktualisiert und in der zum 1.10.2020 in Kraft getretenen Fassung abgedruckt.

Die Anlagen zum BMV-Ä sind für die Praxis häufig wichtiger als der Vertragstext selbst, weil klarer und konkreter. Sie werden auch häufiger aktualisiert als die Paragrafen – allen voran beispielsweise die Anlage 2 (Vordruckvereinbarung, zu der es bereits 55 Änderungen gibt). Die Autoren haben daher die Anregung von Herrn Prof. Dr. Wenner (Rezension in ZMGR 2014, 144) aufgegriffen und beziehen die Anlagen zum BMV-Ä stärker in die Kommentierung mit ein (s dazu auch die Hinweise für den Gebrauch). Das Literaturverzeichnis enthält weiterhin aktualisiert die zitierten Kommentare, Handbücher und Monographien. Bei einzelnen Paragrafen sind grundlegende Veröffentlichungen in Zeitschriften in einem Literaturblock zusammengefasst. Auf diese Veröffentlichungen wird in den späteren Fußnoten abkürzend verwiesen.

Für Anregungen zur Darstellung und zum Inhalt, für Ergänzungsvorschläge, aber auch für Fehlerberichtigungen und konstruktive Kritik, sind Herausgeber und Autoren aufgeschlossen und dankbar.

München, Berlin, Zittau, Wennigsen, im Oktober 2020

Dr. Herbert Schiller und die Autoren

Bearbeiterverzeichnis

Christoph Altmiks
Rechtsanwalt, Fachanwalt für Medizinrecht, GKV-Spitzenverband, Berlin
§§ 17 bis 23a

Christopher J. Geier
Assessor, Kassenärztliche Vereinigung Bayerns, München
§§ 10, 25a, 26 bis 44, 55 bis 59, 61

Prof. Dr. Erik Hahn
Hochschule Zittau/Görlitz
Anhang 2

Stefan Hochgesang
Assessor, Kassenärztliche Vereinigung Bayerns, München
§§ 4 bis 8, 11, 12, 16

Jörg Hofmayer
Assessor, Kassenärztliche Vereinigung Bayerns, München
§§ 45 bis 52

Dr. Jan Moeck
Rechtsanwalt, Fachanwalt für Medizinrecht
Anhang 1

Dr. Herbert Schiller
Rechtsanwalt, Justitiar der Bayerischen Landesärztekammer und (bis 12/2018) Justitiar der Kassenärztlichen Vereinigung Bayerns, München
Lehrbeauftragter an der Universität Augsburg
§§ 1 bis 3, 10, 15 Abs 3, 53, 54

Dr. Gernot Steinhilper
Rechtsanwalt, Wennigsen
§§ 13 bis 15 Abs 2, 15a bis c, 24, 25, 25a, 60, 62 bis 65

Inhaltsverzeichnis

Vorwort zur 2. Auflage	V
Bearbeiterverzeichnis	VII
Hinweise für den Gebrauch	XV
Abkürzungsverzeichnis	XVII
Literaturverzeichnis	XXIII
Einleitung	1

Vertragstext

Bundesmantelvertrag – Ärzte 3

Kommentar Bundesmantelvertrag – Ärzte

1. Abschnitt – Regelungs- und Geltungsbereich

§ 1	Vertragsgegenstand, Sondervereinbarungen	67
§ 1a	Begriffsbestimmungen (Glossar)	80

2. Abschnitt – Vertragsärztliche Versorgung: Inhalt und Umfang

Vorbemerkung zu §§ 2 und 3		84
§ 2	Umfang der vertragsärztlichen Versorgung	85
§ 3	Leistungen außerhalb der vertragsärztlichen Versorgung	98

3. Abschnitt – Teilnahme an der vertragsärztlichen Versorgung

§ 4	Zulassung und Ermächtigung	107
§ 5	Ermächtigung zur Durchführung bestimmter ärztlicher Leistungen	126
§ 6	Ermächtigung von Fachzahnärzten für Kieferchirurgie und Fachzahnärzten für theoretisch-experimentelle Fachrichtungen der Medizin	129
§ 7	Fachwissenschaftler der Medizin	132

Inhaltsverzeichnis

§ 8	Ermächtigung von Ärzten aus Mitgliedstaaten der Europäischen Union (EU) zur Erbringung von Dienstleistungen	134
§ 9	*(unbesetzt)*	137

4. Abschnitt –
Hausärztliche und fachärztliche Versorgung

§ 10	Inhalt und Umfang	137

5. Abschnitt –
Qualität der vertragsärztlichen Versorgung

§ 11	Qualitätssicherung in der vertragsärztlichen Versorgung	145
§ 12	Neue Untersuchungs- und Behandlungsmethoden	188

6. Abschnitt –
Allgemeine Grundsätze der vertragsärztlichen Versorgung

§ 13	Anspruchsberechtigung und Arztwahl	199
§ 14	Vertreter, Assistenten, angestellte Ärzte, nichtärztliche Mitarbeiter	208
§ 14a	Persönliche Leitung der Vertragsarztpraxis bei angestellten Ärzten	213
§ 15	Persönliche Leistungserbringung	218
§ 15a	Vertragsärztliche Tätigkeit an weiteren Orten (Betriebsstätten) und in gemeinschaftlicher Berufsausübung	236
§ 15b	KV-bereichsübergreifende Berufsausübungsgemeinschaften	243
§ 15c	Berufsausübungsgemeinschaften zwischen Medizinischen Versorgungszentren und Vertragsärzten	245
§ 16	Regeln der ärztlichen Kunst, Qualität, Wirtschaftlichkeit	246
§ 17	Sprechstunden, Besuche	248
§ 17a	Anforderungen für vom Hausarzt an den Facharzt gemäß § 73 Abs. 1 Nr. 2 SGB V vermittelten Termin	267

7. Abschnitt –
Inanspruchnahme vertragsärztlicher Leistungen durch den Versicherten

§ 18	Zuzahlungspflichten der Versicherten und Vergütungsanspruch gegen Versicherte	269
§ 19	Elektronische Gesundheitskarte	279
§ 20	*(gestrichen)*	292
§ 21	Behandlungsfall/Krankheitsfall/Betriebsstättenfall/Arztfall/Arztgruppenfall	292

§ 22	Inanspruchnahme der Früherkennungsmaßnahmen	302
§ 23	Information über Richtlinien des Gemeinsamen Bundesausschusses	305
§ 23a	Information über gesetzliche Zuzahlung	310

8. Abschnitt –
Vertragsärztliche Leistungen

1. Unterabschnitt
Überweisungen

§ 24	Überweisungen	311
§ 25	Erbringung und Abrechnung von Laborleistungen	319

2. Unterabschnitt
Verordnungen und Bescheinigungen

§ 25a	Verordnung von veranlassten Leistungen	324
§ 26	Verordnung von Krankenhausbehandlung	331
§ 27	Verordnung häuslicher Krankenpflege	335
§ 28	Verordnung von spezialisierter ambulanter Palliativversorgung	340
§ 29	Verordnung von Arzneimitteln	345
§ 29a	Medikationsplan	355
§ 30	Verordnung von Heilmitteln und Hilfsmitteln	361
§ 31	Bescheinigung von Arbeitsunfähigkeit	369
§ 32	Bescheinigung über den voraussichtlichen Tag der Entbindung	372
§ 33	Sonstige Verordnungen und Bescheinigungen	373

9. Abschnitt –
Vordrucke, Bescheinigungen und Auskünfte, Vertragsarztstempel

§ 34	Vordrucke	374
§ 35	Ausstellen von Bescheinigungen und Vordrucken	378
§ 36	Schriftliche Informationen	381
§ 37	Vertragsarztstempel	385
§ 37a	Betriebsstättennummer, Arztnummer	388

10. Abschnitt –
Belegärztliche Versorgung

§ 38	Stationäre vertragsärztliche (belegärztliche) Behandlung	391
§ 39	Belegärzte	396

| § 40 | Verfahren zur Anerkennung als Belegarzt | 403 |
| § 41 | Abgrenzung, Vergütung und Abrechnung der stationären vertragsärztlichen Tätigkeit | 411 |

11. Abschnitt –
Abrechnung der vertragsärztlichen Leistungen

§ 42	Blankoformularbedruckungsverfahren	415
§ 43	Ausschuss zur EDV-Anwendung bei der Abrechnung	416
§ 44	Sonstige Abrechnungsregelungen	417

12. Abschnitt –
Prüfung der Abrechnung und Wirtschaftlichkeit, Sonstiger Schaden

§ 45	Abrechnung (sachlich-rechnerische Richtigstellung)	423
§ 46	Plausibilitätskontrollen	433
§ 47	Wirtschaftlichkeitsprüfung	461
§ 48	Feststellung sonstigen Schadens durch Prüfungseinrichtungen und die Kassenärztliche Vereinigung	492
§ 49	Prüfung und Feststellung von Schadenersatzansprüchen durch Schlichtungsstellen	496
§ 50	Schadenersatzansprüche wegen Behandlungsfehler	499
§ 51	Bagatellgrenze	500
§ 52	Durchsetzung festgestellter Schadenersatzansprüche	501
§ 53	Haftung der Kassenärztlichen Vereinigung aus der Gesamtvergütung	502

13. Abschnitt –
Allgemeine Regeln zur vertragsärztlichen Gesamtvergütung und ihren Abrechnungsgrundlagen

§ 54	Vertragsärztliche Gesamtvergütung	506
§ 55	Abrechnungsunterlagen und Datenträgeraustausch	514
§ 56	Prüfung der Abrechnungsunterlagen und der Kontenführung	515

14. Abschnitt –
Besondere Rechte und Pflichten des Vertragsarztes, der Kassenärztlichen Vereinigungen und der Krankenkassen

§ 57	Dokumentation	518
§ 57a	Diagnosekodierung, Verwendung Ersatzwert	528
§ 58	Mitteilung von Krankheitsursachen und drittverursachten Gesundheitsschäden	530

§ 59	Verzeichnis der an der vertragsärztlichen Versorgung teilnehmenden Ärzte	534
§ 60	Verstöße gegen vertragsärztliche Pflichten, Disziplinarverfahren	535
§ 61	Statistische Auswertung der Maßnahmen zur Krankheitsfrüherkennung	544

15. Abschnitt –
Medizinischer Dienst

§ 62	Zusammenarbeit mit dem Medizinischen Dienst	545
§ 63	Vertragsausschuss	548

16. Abschnitt –
Inkrafttreten, Kündigung

§ 64	Inkrafttreten, Außerkrafttreten, Übergangsregelung	549
§ 65	Kündigung	550

Anhang 1: Psychotherapie-Vereinbarung 553

Anhang 2: Digitalisierung in der vertragsärztlichen Versorgung 603

Stichwortverzeichnis 639

Hinweise für den Gebrauch

Der Text des einheitlichen BMV-Ä v 1.10.2013, im Paragrafenteil zuletzt geändert am 23.3.2020, ist den Erläuterungen zu den einzelnen Paragrafen jeweils vollständig vorangestellt.

Paragrafen ohne weitere Angaben beziehen sich in den Kommentierungen auf den BMV-Ä. Kommentiert werden jeweils die einzelnen Absätze der Paragrafen.

Den einzelnen Textabschnitten in den Erläuterungen zu einem Paragrafen sind fortlaufende Randnummern (Rn) vorangestellt. Randnummern ohne weitere Angaben im Text beziehen sich auf solche des jeweiligen Paragrafen.

Erläutert werden in dem Kommentar die Anlage 1 (Psychotherapie-Vereinbarung) sowie die die Digitalisierung betreffenden Anlagen 2b, 4, 4a, 4b, 31, 31a, 31b und 32 zusammengefasst jeweils **in einem gesonderten Anhang hinter dem Paragrafenteil** (Anhang 1 und 2).

Im Übrigen finden sich Ausführungen zu den Anlagen **bei den Paragrafen, bei denen auf sie verwiesen wird.** Das ist für

Anlage 1 (Psychotherapie-Vereinbarung): § **2 Abs 1** Nr 13, § **11 Abs 10**, § **13 Abs 6 S 2**, § **13 Rn 28**, § **34** Rn 6, 7, Anhang 2 Rn 54

Anlage 2 (Vordruckvereinbarung): § **17** Rn 20, § **24 Abs 1** Rn 3, § **33** Rn 1, § **34** Rn 1, 6, 7, § **25a Abs 2 S 1**, **Abs 5**, § **31** Rn 6, § **35 Abs 2** und **4** Rn 3, § **36** Rn 3, 7, 8, § **37a** Rn 9, § **42** Rn 2, § **44** Rn 5, 24

Anlage 2a (Blankoformularbedruckungsverfahren): § **33** Rn 1, § **34** Rn 4, 6, 7, § **42** Rn 2

Anlage 2b (digitale Vordrucke): § 25a Abs 2 S 1, § 33 Rn 1, § 34, § 35 Abs 4 Rn 11, 12

Anlage 3 (Qualitätssicherung): § **11**, § **33** Rn 1

Anlage 4a (Vereinbarung zum Inhalt und zur Anwendung der elektronischen Gesundheitskarte): § **18** Rn 26, 27, 30, § **19 Abs 1 S 2**, **Abs 3 S 8**, **Abs 4 S 1**, § **25a Abs 4** Rn 10, § **29a** Rn 4, § **35** Rn 1, 2, § **41** Rn 9

Anlage 4b (Vereinbarung über die Authentifizierung von Versicherten bei der ausschließlichen Fernbehandlung): § **19** Rn 1, 3, 12, 16, 19

Anlage 5 (Hausarztvertrag): § **10** Rn 16 ff

Anlage 6 (Datenträgeraustausch): § **43** Rn 1, § **47** Rn 90.23, § **55** Rn 1, 2, § **56** Rn 10, 11

Anlage 8 (Delegationsvereinbarung): § **15 Abs 1 S 6** Rn 6, 11, 12

Anlage 9.1 (Nephrologievereinbarung): § **11** Rn 74

Anlage 9.2 (Früherkennung von Brustkrebs durch Mammographiescrenning): § **11** Rn 33, § **13 Abs 4**, § **13 Rn 25**, § **24 Abs 1 S 4**, Anhang 2 Rn 27, 34

Anlage 22 (Verfahrensordnung zur Beurteilung innovativer Laborleistungen): § **25**

Hinweise für den Gebrauch

Anlage 23 (Anforderungskatalog – AVWG): **§ 29** Rn 22, 23

Anlage 24 (Delegation ärztlicher Leistungen an nichtärztliches Personal): **§ 15** Rn 5, 6 und 12

Anlage 25 (Kurarztvertrag): **§ 2** Rn 14

Anlage 28 (Einrichtung von Terminservicestellen und Vermittlung von Facharztterminen): **§ 17**, **§ 17a**, **§ 37a** Rn 4

Anlage 29 (Anforderungskatalog für Verordnung von Heilmitteln): **§ 30 Abs 6** (neu!)

Anlage 30 (Vereinbarung zur besonders qualifizierten und koordinierten palliativmedizinischen Versorgung): **§ 2 Abs 1** Nr 15

Vereinbarung zur Ausstattung mit Schutzausrüstung

Vereinbarung zur Ausstellung einer Arbeitsunfähigkeitsbescheinigung durch eingehende telefonische Befragung

Vereinbarung zur Aufhebung von Sonderregelungen zur telefonischen AU, die bis zum 19.4.2020 gültig waren

Vereinbarung zur Verwendung der eGK während der COVID-19-Pandemie

Vereinbarung zur Psychotherapie aufgrund von SARS-CoV

Vereinbarung zur Änderung der Kinder-Richtlinie im Zusammenhang mit der COVID-19-Pandemie

Vereinbarung zu den Dialyseregelungen im Zusammenhang mit der COVID-19-Pandemie

Vereinbarung zur Qualitätssicherung der Mammographie im Zusammenhang mit der COVID-19-Pandemie

Aus Gründen der besseren Lesbarkeit werden in den Erläuterungen Berufs- und Funktionsbezeichnungen stets in der maskulinen Form verwendet. Die Bezeichnungen umfassen jeweils Personen weiblichen, männlichen sowie differenten Geschlechts gleicher Maßen.

Zitiervorschlag
Schiller/*Altmiks* BMV-Ä, § 17 Rn 7

Abkürzungsverzeichnis

2. GKV-NOG	2. GKV-Neuordnungsgesetz
aA	anderer Ansicht
AABG	Arzneimittelausgaben-Begrenzungsgesetz
Abs	Absatz
Abschn	Abschnitt
A-EKV	Arzt-/Ersatzkassen-Vertrag
AEUV	Vertrag über die Arbeitsweise der EU
aF	alte Fassung
AG	Amtsgericht
AiP	Arzt im Praktikum
ÄM	Ärztliche Mitteilungen (ab 1964 DÄ)
AMG	Arzneimittelgesetz
AMNOG	Arzneimittelmarktneuordnungsgesetz
AM-Richtlinie	Arzneimittel-Richtlinie
Anl	Anlage
Anm	Anmerkung
AOK	Allgemeine Ortskrankenkasse
AOP-Vertrag	Vertrag nach § 115b Abs 1 SGB V – Ambulantes Operieren und sonstige stationsersetzende Eingriffe im Krankenhaus
A&R	Zeitschrift für Arzneimittelrecht und Arzneimittelpolitik
ArbRAktuell	Zeitschrift Arbeitsrecht Aktuell
Art	Artikel
Ärzte-ZV	Zulassungsverordnung für Vertragsärzte
ArztR	Arztrecht
ASR	Anwalt/Anwältin im Sozialrecht (Fachzeitschrift)
AssPflBedRG	Gesetz zur Regelung des Assistenzpflegebedarfs in stationären Vorsorge- oder Rehabilitationseinrichtungen
AuK	Arzt und Krankenhaus (Zeitschrift)
AU-Richtlinie	Arbeitsunfähigkeitsrichtlinie
A/ZusR	Der Arzt/Zahnarzt und sein Recht (Zeitschrift)
BAG	Berufsausübungsgemeinschaft/en, Bundesarbeitsgericht
BÄK	Bundesärztekammer
BAnz	Bundesanzeiger
BÄO	Bundesärzteordnung
BB	Betriebs-Berater, Zeitschrift
BDSG	Bundesdatenschutzgesetz
BGB	Bürgerliches Gesetzbuch
BGBl	Bundesgesetzblatt
BGH	Bundesgerichtshof
BKK	Betriebskrankenkasse
BMG	Bundesministerium für Gesundheit

Abkürzungsverzeichnis

BMV-Ä	Bundesmantelvertrag – Ärzte
BPRL-Ä	Bedarfsplanungsrichtlinien – Ärzte
BR	Bundesrat
BSG	Bundessozialgericht
BSGE	Entscheidungen des Bundessozialgerichts
BSI	Bundesamt für Sicherheit in der Informationstechnik
bspw	beispielsweise
BT	Bundestag
BTM	Betäubungsmittel
BVerfG	Bundesverfassungsgericht
BVerfGE	Entscheidungen des Bundesverfassungsgerichts
BWA	Bewertungsausschuss nach § 87 Abs. 1 S. 1 SGB V
bzw	beziehungsweise
Covid-19	Corona Virus Disease 2019
CRT	Cardiac Resynchronization Therapy
CT	Computertomographie
DÄ	Deutsches Ärzteblatt (vor 1964 ÄM)
DÄT	Deutscher Ärztetag
DDR	Deutsche Demokratische Republik
ders	derselbe
dh	das heißt
DICOM	Digitale Bildgebung und -kommunikation in der Medizin
DKG	Deutsche Krankenhausgesellschaft
Drucks	Drucksache
DS-GVO	Datenschutzgrundverordnung
DVG	Digitale-Versorgung-Gesetz
EBM	Einheitlicher Bewertungsmaßstab Ärzte
EDV	Elektronische Datenverarbeitung
EEG	Elektroenzephalographie
EFN	Einzelfallnachweis
EFQM	engl.: European Foundation of Quality Management (Qualitätssicherungssystem)
EG	Europäische Gemeinschaft
eGK	elektronische Gesundheitskarte
EGV	Extrabudgetäre Gesamtvergütung
EKG	Elektrokardiogramm
EL	Ergänzungslieferung
EntgFG	Entgeltfortzahlungsgesetz
ePA	elektronische Patientenakte
EStG	Einkommensteuergesetz
etc	et cetera
EU	Europäische Union
EuGH	Europäischer Gerichtshof
eV	eingetragener Verein

f; ff	folgende/r/s; fortfolgende/r/s
FamRZ	Zeitschrift für das gesamte Familienrecht
FS	Festschrift
G-BA	Gemeinsamer Bundesausschuss
gem	gemäß
GesR	Gesundheitsrecht (Fachzeitschrift)
GG	Grundgesetz
ggf	gegebenenfalls
GKV	Gesetzliche Krankenversicherung
GKV-OrgWG	GKV-Organisationsstrukturen-Weiterentwicklungsgesetz
GKV-Spitzenverband	Spitzenverband Bund der Krankenkassen
GKV-VStG	GKV-Versorgungsstrukturgesetz
GKV-WSG	GKV-Wettbewerbsstärkungsgesetz
GMG	GKV-Modernisierungsgesetz
GOÄ	Gebührenordnung für Ärzte
GOP	Gebührenordnungsposition
GRG	Gesundheits-Reformgesetz
GRUR-RS	Entscheidungssammlung im gewerblichen Rechtsschutz und Urheberrecht
GSG	Gesundheits-Strukturgesetz
GuP	Gesundheit und Pflege (Fachzeitschrift)
GV	Gesamtvergütung
H-Arzt	Heilbehandlungsarzt
HebG	Hebammengesetz
HIV	Humanes Immundefizienz-Virus
HK-AKM	*Rieger/Dahm/Katzenmeier/Stellpflug/Ziegler (Hrsg)* Heidelberger Kommentar, Arztrecht Krankenhausrecht Medizinrecht, Loseblatt, Stand 2020
HS	Halbsatz
HVM	Honorarverteilungsmaßstab
HWG	Gesetz über die Werbung auf dem Gebiete des Heilwesens
ICD	engl.: International Statistical Classification of Diseases and Related Health Problems
ICD-GM	engl.: International Statistical Classification of Diseases and Related Health Problems – German Modification (deutsche Version der ICD)
idF	in der Fassung
idR	in der Regel
IGeL	Individuelle Gesundheitsleistungen
IKK	Innungskrankenkasse
IQWIG	Institut für Qualität und Wirtschaftlichkeit im Gesundheitswesen
iRd/v	im Rahmen der/s/von
ISO	Internationale Organisation für Normung
iSv	im Sinne von

Abkürzungsverzeichnis

IT	Information und Telekommunikation
iVm	in Verbindung mit
juris PK-SGB V	*Schlegel/Voelzke (Hrsg)* juris PraxisKommentar SGB V, Gesetzliche Krankenversicherung, 3. Auflage 2016
Kap	Kapitel
KassKomm	*Leitherer (Hrsg)* Kasseler Kommentar Sozialversicherungsrecht, SGB V, Loseblatt, Stand 2019
KBV	Kassenärztliche Bundesvereinigung
KG	Kammergericht
KHEntgG	Krankenhausentgeltgesetz
KHG	Krankenhausfinanzierungsgesetz
KHRG	Krankenhausfinanzierungsreformgesetz
KK	Krankenkasse/n
Kölner Kommentar zum EBM	*Köhler (Hrsg)* Kölner Kommentar zum EBM, Stand 2019
KrV	Kranken- und Pflegeversicherung (Fachzeitschrift)
KV	Kassenärztliche Vereinigung/en
KVK	Krankenversichertenkarte
KZBV	Kassenzahnärztliche Bundesvereinigung
KZV	Kassenzahnärztliche Vereinigung
LG	Landgericht
Lit	Literatur
LSG	Landessozialgericht
m Anm	mit Anmerkung
MBO-Ä	(Muster-)Berufsordnung für die deutschen Ärztinnen und Ärzte
MBO-PPT/KJP	(Muster-)Berufsordnung für die Psychologischen Psychotherapeutinnen und Psychotherapeuten und Kinder- und Jugendlichenpsychotherapeutinnen und Kinder- und Jugendlichenpsychotherapeuten
MDK	Medizinischer Dienst der Krankenkassen
MedR	Medizinrecht (Zeitschrift)
MGV	morbiditätsbedingte Gesamtvergütung
Mio	Million/en
MPG	Medizinproduktegesetz
MTA	Medizinisch-Technische(r) Assistent/in
MuSchG	Mutterschutzgesetz
MVZ	Medizinisches Versorgungszentrum/en
MWBO	Muster-Weiterbildungsordnung
mwN	mit weiteren Nachweisen
nF	neue Fassung
NFD	Notfalldatensatz
NJW	Neue Juristische Wochenschrift

Abkürzungsverzeichnis

NJW-RR	NJW-Rechtsprechungs-Report Zivilrecht
NotSanG	Notfallsanitätergesetz
Nr	Nummer/n
nrk	nicht rechtskräftig
NZA	Neue Zeitschrift für Arbeitsrecht
NZB	Nichtzulassungsbeschwerde
NZS	Neue Zeitschrift für Sozialrecht
OLG	Oberlandesgericht
OPS	Operationen- und Prozedurenschlüssel
OTC	englisch „Over the Counter" (steht für frei verkäufliche Arzneimittel)
PatRG	Patientenrechtegesetz
PDSG	Patientendaten-Schutz-Gesetz
PpSG	Gesetz zur Stärkung des Pflegepersonals – Pflegepersonal-Stärkungs-Gesetz
PsychThG	Psychotherapeutengesetz
RefE	Referentenentwurf
RegE	Regierungsentwurf
RKI	Robert Koch-Institut
Rn	Randnummer
RöV	Röntgenverordnung
Rspr	Rechtsprechung
RVO	Reichsversicherungsordnung
s	siehe
S	Satz, Seite
SAPV	Spezialisierte ambulante Palliativversorgung
SDSRV	Schriftenreihe des Sozialrechtsverbands
SG	Sozialgericht
SGb	Die Sozialgerichtsbarkeit (Fachzeitschrift)
SGB	Sozialgesetzbuch
SGG	Sozialgerichtsgesetz
s o/s u	siehe oben/unten
sog	sogenannte/r/s
SozR	Sozialrecht, bearbeitet von den Richtern des Bundessozialgerichts
StGB	Strafgesetzbuch
StrlSchG	Strahlenschutzgesetz
StrlSchV	Strahlenschutzverordnung
Tab	Tabelle
ua	unter anderem
Urt	Urteil
USK	Urteilssammlung für die gesetzliche Krankenversicherung

Abkürzungsverzeichnis

usw	und so weiter
uU	unter Umständen
VÄndG	Vertragsarztrechtsänderungsgesetz
VerfO	Verfahrensordnung
VersR	Versicherungsrecht (Fachzeitschrift)
vgl	vergleiche
VPN	Virtual Private Network
VSSR	Vierteljahresschrift für Sozialrecht (Fachzeitschrift)
VwGO	Verwaltungsgerichtsordnung
WiPrüfVO	Wirtschaftlichkeitsprüfungs-Verordnung
WzS	Wege zur Sozialversicherung (Fachzeitschrift)
zB	zum Beispiel
ZD	Zeitschrift für Datenschutz
ZESAR	Zeitschrift für europäisches Sozial- und Arbeitsrecht
ZMGR	Zeitschrift für das gesamte Medizin- und Gesundheitsrecht
ZRP	Zeitschrift für Rechtspolitik
zT	zum Teil

Literaturverzeichnis

Soweit nicht anders angegeben, werden die Werke nur durch Angabe des/r Verfasser/s und Angabe der Fundstelle (Seitenzahl, Rn o.Ä.) zitiert. Bei Werken mit mehreren Bearbeitern wird der Name des jeweiligen Bearbeiters kursiv gesetzt. Spezialliteratur sowie Veröffentlichungen in Fachzeitschriften sind zu Beginn der einzelnen Vorschriften in einem Block zusammengefasst.

Bäune/Meschke/Rothfuß Kommentar zur Zulassungsverordnung für Vertragsärzte und Vertragszahnärzte (Ärzte-ZV, Zahnärzte-ZV), 2008 (zit.: Bäune/Meschke/Rothfuß/*Bearbeiter*)
Bazan/Dann/Errestink (Hrsg.) Rechtshandbuch für Ärzte und Zahnärzte, 2013
BeckOK Sozialrecht, 58. Ed. v. 1.9.2020 (zit.: BeckOK SozR/*Bearbeiter*)
Becker/Kingreen (Hrsg.) Gesetzliche Krankenversicherung – SGB V, Kommentar, 6. Auflage 2018 (zit.: Becker/Kingreen/*Bearbeiter*)
Bergmann/Pauge/Steinmeyer (Hrsg.) Gesamtes Medizinrecht, 3. Auflage 2018 (zit.: Bergmann/Pauge/Steinmeyer/*Bearbeiter*)
Dalichau (Hrsg.) Gesetzliche Krankenversicherung, SGB V, Kommentar, Loseblatt, Stand: 2018 (zit.: Dalichau/*Bearbeiter*)
Ehlers (Hrsg.) Disziplinarrecht für Ärzte und Zahnärzte, 2. Auflage 2013 (zit.: Ehlers/*Bearbeiter*)
Eichenhofer/von Koppelfels-Spieß/Wenner (Hrsg.) SGB V – gesetzliche Krankenversicherung, Kommentar, 3. Auflage 2018
Faber/Haarstrick Kommentar Psychotherapie-Richtlinien, 11. Auflage 2017
Fehling/Kastner/Störmer (Hrsg.) Verwaltungsrecht, Kommentar, 4. Auflage 2016
Fischer/Krämer (Hrsg.) eHealth in Deutschland, 2016
Geß/Greiner Arzthaftpflichtrecht, 7. Auflage 2014 (zit.: Geß/Greiner/*Bearbeiter*)
Halbe/Orlowski/Preusker/Schiller/Wasem Versorgungsstrukturgesetz (GKV-VStG) – Auswirkungen auf die Praxis, 2012
Halbe/Schirmer (Hrsg.) Handbuch Kooperationen im Gesundheitswesen, Loseblatt, Stand: 2020, (zit.: Halbe/Schirmer/*Bearbeiter* A 1400 Leistungserbringergemeinschaft)
Hauck/Noftz (Hrsg.) Sozialgesetzbuch V, Gesetzliche Krankenversicherung, Kommentar, Loseblatt, Stand: 2019 (zit.: Hauck/Noftz/*Bearbeiter* SGB V, § 72 Rn 3)
Jacobs/Plagemann/Schafhausen/Ziegler (Hrsg.) Weiterdenken: Rechts an der Schnittstelle zur Medizin (Festschrift für Hermann Plagemann zum 70. Geburtstag), 2020
Jaeger Patientenrechtegesetz, Kommentar, 2013 (zit.: Jäger/*Bearbeiter*)
KBV (Hrsg.) Die vertragsärztliche Versorgung im Überblick, 4. Auflage 2010
Köhler (Hrsg.) Kölner Kommentar zum EBM, Loseblatt, Stand: 2019 (zit.: Kölner Kommentar zum EBM/*Bearbeiter*)
Kopp/Ramsauer Verwaltungsverfahrensgesetz – VwVfG, Kommentar, 20. Auflage 2019
Kopp/Schenke Verwaltungsgerichtsordnung – VwGO, Kommentar, 26. Auflage 2020
Krauskopf Soziale Krankenversicherung, Pflegeversicherung, Band 1: SGB I, SGB IV, SGB V §§ 1 bis 88, Loseblatt, Stand: 2019 (zit.: Krauskopf/*Bearbeiter*)

Kremer/Wittmann Vertragsärztliche Zulassungsverfahren, 3. Auflage 2018
Laufs/Kern/Rehborn (Hrsg.) Handbuch des Arztrechts, 5. Auflage 2019 (zit.: Laufs/*Bearbeiter* § 5)
Ladurner Ärzte-ZV – Zahnärzte-ZV, 2018 (zit.: *Ladurner*)
Leitherer (Hrsg.) Kasseler Kommentar Sozialversicherungsrecht (KassKomm), SGB V, Loseblatt, Stand: 2019 (zit.: KassKomm/*Bearbeiter* § 5 SGB V Rn 1)
Liebold/Zalewski Handbuch Psychotherapie in der vertragsärztlichen Versorgung, Loseblatt, Stand: April 2017
Liebold/Zalewski Kassenarztrecht, Kommentar, Loseblatt, Stand: 2020 (zit.: Liebold/Zalewski/*Bearbeiter*)
Maunz/Dürig Grundgesetz, Kommentar, Loseblatt, Stand: Februar 2020
Meschke/Bäune/Rothfuß Kommentar zur Zulassungsverordnung für Vertragsärzte und Vertragszahnärzte (Ärzte-ZV, Zahnärzte-ZV), 2008 (zit.: Meschke/Bäune/Rothfuß/*Bearbeiter* § 24 Rn 76)
Meyer-Ladewig/Keller/Leitherer (Hrsg.) Sozialgerichtsgesetz (SGG), 12. Auflage 2017
Michels/Möller/Ketteler-Eising Ärztliche Kooperationen, Rechtliche und steuerliche Beratung, Handbuch, 4. Auflage 2018
Moeck Die Budgetierung psychotherapeutischer Leistungen durch zeitbezogene Kapazitätsgrenzen, 2012
Möwisch/von Schwanenflügel/Behr/Heberlein/Wasem (Hrsg.) SGB-XI, Pflegeversicherung, Kommentar, Loseblatt, Stand: Dezember 2018 (zit.: Möwisch ua/*Bearbeiter*).
Münchener Kommentar zum Bürgerlichen Gesetzbuch 8. Auflage 2019 (zit.: MüKo-BGB/*Bearbeiter*)
Orlowski/Halbe/Karch Vertragsarztrechtsänderungsgesetz (VÄndG), 2. Auflage 2008
Halbe/Orlowski/Preusker/Schiller/Wasem GKV-VStG, Handbuch, 2012
Orlowski/Remmert (Hrsg.) GKV-Kommentar SGB V, Loseblatt, Stand: Juni 2020 (zit.: Orlowski/Remmert/*Bearbeiter*)
Peters Handbuch der Krankenversicherung, Teil II – Sozialgesetzbuch V, Loseblatt, Stand: 2019 (zit.: Peters/*Bearbeiter*)
Quaas/Zuck/Clemens Medizinrecht, 4. Auflage 2018 (zit.: Quaas/*Bearbeiter*)
Ratzel/Lippert/Prütting Kommentar zur Musterberufsordnung der Deutschen Ärzte (MBO), 7. Auflage 2018 (zit.: Ratzel/Lippert/*Bearbeiter*)
Ratzel/Luxenburger (Hrsg.) Handbuch Medizinrecht, 3. Auflage 2017 (zit.: Ratzel/Luxenburger/*Bearbeiter* Kap 1 Rn 1)
Rieger/Dahm/Katzenmeier/Stellpflug/Ziegler (Hrsg.) Heidelberger Kommentar, Arztrecht Krankenhausrecht Medizinrecht (HK-AKM), Loseblatt, Stand: 2020 (zit.: HK-AKM/*Bearbeiter* Beitrag Nr Rn)
Schallen Zulassungsverordnung für Vertragsärzte, Vertragszahnärzte, Medizinische Versorgungszentren, Psychotherapeuten, 9. Auflage 2017 (zit.: Schallen/*Bearbeiter* § 3 Rn 5)
Schallen/Kleinheidt/Schäfer Verträge für angestellte Ärzte, Zahnärzte, 2. Auflage 2013
Schirmer Vertragsarztrecht kompakt, Die Übersicht für Ärzte, Psychotherapeuten und Juristen, 2005
Schlegel (Hrsg.) Musterverträge im Gesundheitswesen, Loseblatt, Stand: 2019
Schlegel/Voelzke (Hrsg.) juris PraxisKommentar SGB V, Gesetzliche Krankenversicherung, 4. Auflage 2020 (zit.: juris PK-SGB V/*Bearbeiter* § 95a Rn 5)

Schnapp/Wigge (Hrsg.) Handbuch des Vertragsarztrechts, 3. Auflage 2017 (zit.: Schnapp/Wigge/*Bearbeiter*)
Scholz/Treptow (Hrsg.) Beck'sches Formularbuch Medizin- und Gesundheitsrecht, 2017 (zit.: Scholz/Treptow/*Bearbeiter*)
Sodan (Hrsg.) Handbuch des Krankenversicherungsrechts, 3. Auflage 2018 (zit.: Sodan/*Bearbeiter*)
Spickhoff (Hrsg.) Medizinrecht, Kommentar, 3. Auflage 2018 (zit.: Spickhoff/*Bearbeiter*)
Stellpflug Psychotherapeutenrecht – Berufs- und vertragsarztrechtliche Fragen, 2. Auflage 2013
Stellpflug/Berns Kommentar zur Musterberufsordnung der Psychologischen Psychotherapeuten und Kinder- und Jugendlichenpsychotherapeuten, 3. Auflage 2015
Stellpflug/Hildebrandt/Middendorf (Hrsg.) Gesundheitsrecht – Kompendium für die Rechtspraxis, Loseblatt, Stand: Juni 2020
Ulsenheimer Arztstrafrecht in der Praxis, 5. Auflage 2015
Wenner Vertragsarztrecht nach der Gesundheitsreform, 2008
Wenzel (Hrsg.) Handbuch des Fachanwalts Medizinrecht, 4. Auflage 2020 (zit.: Wenzel/*Bearbeiter* Kap Rn)
Wezel/Liebold (Hrsg.) Der Kommentar zu EBM und GOÄ, Loseblatt, Stand: 2019
von Wulffen Sozialverwaltungsverfahren und Sozialdatenschutz, Kommentar, SGB X, 8. Auflage 2014
Zimmermann Der Gemeinsame Bundesausschuss: Normsetzung durch Richtlinien sowie Integration neuer Untersuchungs- und Behandlungsmethoden, 2011

Einleitung

Als „*Grundgesetz für die kassenärztliche Tätigkeit*" hat der 1. Vorsitzende der KBV, **1**
Dr. med Friedrich Voges, den **Bundesmantelvertrag-Ärzte (BMV-Ä)** in einem Beitrag in den Ärztlichen Mitteilungen anlässlich des Inkrafttretens des 1. BMV-Ä zum 1.10.1959 bezeichnet (ÄM Nr 33/12.9.1959). Auf den Tag genau 54 Jahre nach Inkrafttreten dieses 1. BMV-Ä trat am 1.10.2013 der **1. einheitliche** BMV-Ä in Kraft, auf den sich KBV und GKV-Spitzenverband im Rahmen einer Sitzung des Bundesschiedsamts Mitte Juli 2013 geeinigt hatten.

Bis zum Inkrafttreten dieses einheitlichen BMV-Ä gab es **zwei Bundesmantelverträge**: **2**
den von den Bundesverbänden der Primärkassen geschlossenen **Bundesmantelvertrag-Ärzte (BMV-Ä)** und den mit dem Verband der angestellten Krankenkassen (Vdek) und dem Arbeiter-/Ersatzkassenverband (AEV) geschlossenen **Bundesmantelvertrag-Ärzte-Ersatzkassen (EKV)**. Letzterer trat erstmals am 1.10.1963 in Kraft. Es handelte sich dabei um zwei selbstständige Vertragswerke, die allerdings trotz unterschiedlicher Struktur – von einigen Anlagen abgesehen – in ihren Regelungsgegenständen und auch in ihren Regelungsinhalten weitgehend identisch waren. Der Grund für diese Zweigleisigkeit waren die früher unterschiedlichen gesetzlichen Regelungen für die Primär- und die Ersatzkassen, die durch das GSG angeglichen wurden. Bis dahin regelte der EKV die gesamte vertragsärztliche Versorgung auf einer Vertragsebene, der Bundesebene; ergänzende Gesamtverträge auf Landesebene gab es im Ersatzkassenbereich nicht.[1]

Das GKV-WSG hat alle Aufgaben, die den Spitzenverbänden der KK zugewiesen **3**
waren, ab 1.7.2007 dem GKV-Spitzenverband übertragen. Dieser hat zugleich die Zuständigkeit für vertragliche Vereinbarungen der bisherigen Spitzenverbände der Primär- und Ersatzkassen übernommen, so dass es – ebenso wie für die Vertragsärzte die KBV – auf Kassenseite nur mehr einen Vertragspartner gibt.

Einheitlich für beide Kassenarten ist nunmehr der Text des BMV-Ä einschließlich der **4**
Anlagen.

Auch das SGB V geht von einem einheitlichen Bundesmantelvertrag für die vertrags- **5**
ärztliche Versorgung aus. Dennoch wird mehrfach von den Bundesmantelverträgen gesprochen, weil auch für die vertrags**zahn**ärztliche Versorgung von der KZBV mit dem GKV-Spitzenverband ein Bundesmantelvertrag zu schließen ist. Dieser ist hingegen nicht Gegenstand der nachfolgenden Kommentierung.

---

1 Zur Geschichte der Bundesmantelverträge s HK-AKM/*Schröder* 1210 Bundesmantelvertrag, Stand: 2014, Abschnitt I.

Vertragstext

Bundesmantelvertrag – Ärzte

Bundesmantelvertrag – Ärzte

vom 1.10.2013,
geändert durch Vereinbarung vom 6.5.2020 (DÄ Heft 24 vom 12.6.2020, S. A1225,)
mit Änderungen vom 3.9.2020 (DÄ Heft 42 vom 16.10.2020, S. A2009),
in Kraft getreten zum 1.10.2020

– Auszug –*

Die Kassenärztliche Bundesvereinigung, K. d. ö. R., Berlin,

– einerseits –

und

der GKV-Spitzenverband, K. d. ö. R., Berlin,

– andererseits –

vereinbaren gemäß § 82 Abs. 1 SGB V den nachstehenden Bundesmantelvertrag – Ärzte (BMV-Ä) über den allgemeinen Inhalt der Gesamtverträge:

Inhaltsübersicht

**1. ABSCHNITT –
Regelungs- und Geltungsbereich**

§ 1 Vertragsgegenstand, Sondervereinbarungen
§ 1a Begriffsbestimmungen (Glossar)

**2. ABSCHNITT –
Vertragsärztliche Versorgung: Inhalt und Umfang**

§ 2 Umfang der vertragsärztlichen Versorgung
§ 3 Leistungen außerhalb der vertragsärztlichen Versorgung

**3. ABSCHNITT –
Teilnahme an der vertragsärztlichen Versorgung**

§ 4 Zulassung und Ermächtigung
§ 5 Ermächtigung zur Durchführung bestimmter ärztlicher Leistungen
§ 6 Ermächtigung von Fachzahnärzten für Kieferchirurgie und Fachzahnärzten für theoretisch-experimentelle Fachrichtungen der Medizin
§ 7 Fachwissenschaftler der Medizin
§ 8 Ermächtigung von Ärzten aus Mitgliedstaaten der Europäischen Union (EU) zur Erbringung von Dienstleistungen
§ 9 *(unbesetzt)*

**4. ABSCHNITT –
Hausärztliche und fachärztliche Versorgung**

§ 10 Inhalt und Umfang

**5. ABSCHNITT –
Qualität der vertragsärztlichen Versorgung**

§ 11 Qualitätssicherung in der vertragsärztlichen Versorgung
§ 12 Neue Untersuchungs- und Behandlungsmethoden

---

* Vom Abdruck der Anlagen wurde abgesehen.

6. ABSCHNITT –
Allgemeine Grundsätze der vertragsärztlichen Versorgung

§ 13	Anspruchsberechtigung und Arztwahl
§ 14	Vertreter, Assistenten, angestellte Ärzte, nichtärztliche Mitarbeiter
§ 14a	Persönliche Leitung der Vertragsarztpraxis bei angestellten Ärzten
§ 15	Persönliche Leistungserbringung
§ 15a	Vertragsärztliche Tätigkeit an weiteren Orten (Betriebsstätten) und in gemeinschaftlicher Berufsausübung
§ 15b	KV-bereichsübergreifende Berufsausübungsgemeinschaften
§ 15c	Berufsausübungsgemeinschaften zwischen Medizinischen Versorgungszentren und Vertragsärzten
§ 16	Regeln der ärztlichen Kunst, Qualität, Wirtschaftlichkeit
§ 17	Sprechstunden, Besuche
§ 17a	Anforderungen für vom Hausarzt an den Facharzt gemäß § 73 Abs. 1 Nr. 2 SGB V vermittelten Termin

7. ABSCHNITT –
Inanspruchnahme vertragsärztlicher Leistungen durch den Versicherten

§ 18	Zuzahlungspflichten der Versicherten und Vergütungsanspruch gegen Versicherte
§ 19	Elektronische Gesundheitskarte/Krankenversichertenkarte
§ 20	*(gestrichen)*
§ 21	Behandlungsfall/Krankheitsfall/Betriebsstättenfall/Arztfall/Arztgruppenfall
§ 22	Inanspruchnahme der Früherkennungsmaßnahmen
§ 23	Information über Richtlinien des Gemeinsamen Bundesausschusses
§ 23a	Information über gesetzliche Zuzahlung

8. ABSCHNITT –
Vertragsärztliche Leistungen

1. UNTERABSCHNITT
Überweisungen

§ 24	Überweisungen
§ 25	Erbringung und Abrechnung von Laborleistungen

2. UNTERABSCHNITT
Verordnungen und Bescheinigungen

§ 25a	Verordnung von veranlassten Leistungen
§ 26	Verordnung von Krankenhausbehandlung
§ 27	Verordnung häuslicher Krankenpflege
§ 28	Verordnung von spezialisierter ambulanter Palliativversorgung
§ 29	Verordnung von Arzneimitteln
§ 29a	Medikationsplan
§ 30	Verordnung von Heilmitteln und Hilfsmitteln
§ 31	Bescheinigung von Arbeitsunfähigkeit
§ 32	Bescheinigung über den voraussichtlichen Tag der Entbindung
§ 33	Sonstige Verordnungen und Bescheinigungen

9. ABSCHNITT –
Vordrucke, Bescheinigungen und Auskünfte, Vertragsarztstempel

§ 34	Vordrucke
§ 35	Ausstellen von Bescheinigungen und Vordrucken
§ 36	Schriftliche Informationen
§ 37	Vertragsarztstempel
§ 37a	Betriebsstättennummer, Arztnummer

10. ABSCHNITT –
Belegärztliche Versorgung

§ 38	Stationäre vertragsärztliche (belegärztliche) Behandlung

§ 39	Belegärzte
§ 40	Verfahren zur Anerkennung als Belegarzt
§ 41	Abgrenzung, Vergütung und Abrechnung der stationären vertragsärztlichen Tätigkeit

11. ABSCHNITT –
Abrechnung der vertragsärztlichen Leistungen

§ 42	Blankoformularbedruckungsverfahren
§ 43	Ausschuss zur EDV-Anwendung bei der Abrechnung
§ 44	Sonstige Abrechnungsregelungen

12. ABSCHNITT –
Prüfung der Abrechnung und Wirtschaftlichkeit, Sonstiger Schaden

§ 45	Abrechnung (sachlich-rechnerische Richtigstellung)
§ 46	Plausibilitätskontrollen
§ 47	Wirtschaftlichkeitsprüfung
§ 48	Feststellung sonstigen Schadens durch Prüfungseinrichtungen und die Kassenärztliche Vereinigung
§ 49	Prüfung und Feststellung von Schadenersatzansprüchen durch Schlichtungsstellen
§ 50	Schadenersatzansprüche wegen Behandlungsfehler
§ 51	Bagatellgrenze
§ 52	Durchsetzung festgestellter Schadenersatzansprüche
§ 53	Haftung der Kassenärztlichen Vereinigung aus der Gesamtvergütung

13. ABSCHNITT –
Allgemeine Regeln zur vertragsärztlichen Gesamtvergütung und ihren Abrechnungsgrundlagen

§ 54	Vertragsärztliche Gesamtvergütung
§ 55	Abrechnungsunterlagen und Datenträgeraustausch
§ 56	Prüfung der Abrechnungsunterlagen und der Kontenführung

14. ABSCHNITT –
Besondere Rechte und Pflichten des Vertragsarztes, der Kassenärztlichen Vereinigungen und der Krankenkassen

§ 57	Dokumentation
§ 57a	Diagnosekodierung, Verwendung Ersatzwert
§ 58	Mitteilung von Krankheitsursachen und drittverursachten Gesundheitsschäden
§ 59	Verzeichnis der an der vertragsärztlichen Versorgung teilnehmenden Ärzte
§ 60	Verstöße gegen vertragsärztliche Pflichten, Disziplinarverfahren
§ 61	Statistische Auswertung der Maßnahmen zur Krankheitsfrüherkennung

15. ABSCHNITT –
Medizinischer Dienst

| § 62 | Zusammenarbeit mit dem Medizinischen Dienst |
| § 63 | Vertragsausschuss |

16. ABSCHNITT –
Inkrafttreten, Kündigung

| § 64 | Inkrafttreten, Außerkrafttreten, Übergangsregelung |
| § 65 | Kündigung |

Protokollnotizen

1. Abschnitt –
Regelungs- und Geltungsbereich

§ 1 Vertragsgegenstand, Sondervereinbarungen

(1) ¹Dieser Vertrag regelt als allgemeiner Inhalt der Gesamtverträge die vertragsärztliche Versorgung. ²Sein Geltungsbereich erstreckt sich auf den Geltungsbereich des SGB V.

(2) Verbände der Krankenkassen im Sinne dieses Vertrages sind die Landesverbände der Krankenkassen und die Ersatzkassen bzw. die von ihnen beauftragten Landesvertretungen des Verbandes der Ersatzkassen.

(3) Bestandteil dieses Vertrages sind der Einheitliche Bewertungsmaßstab (EBM) und die besonderen Vereinbarungen in den Anlagen:

Anlage 1:	Psychotherapievereinbarung
Anlage 2:	Vordruckvereinbarung
Anlage 2a:	Vereinbarung über den Einsatz des Blankoformularbedruckungs-Verfahrens zur Herstellung und Bedruckung von Vordrucken für die vertragsärztliche Versorgung
Anlage 2b:	Vereinbarung über die Verwendung digitaler Vordrucke in der vertragsärztlichen Versorgung
Anlage 3:	Vereinbarungen über Qualitätssicherung nach § 135 Abs. 2 SGB V
Anlage 4:	Vereinbarung zur Gestaltung und bundesweiten Einführung der Krankenversichertenkarte
Anlage 4a:	Vereinbarung zum Inhalt und zur Anwendung der elektronischen Gesundheitskarte
Anlage 4b:	Vereinbarung über die Authentifizierung von Versicherten bei der ausschließlichen Fernbehandlung
Anlage 5:	Vertrag über die hausärztliche Versorgung
Anlage 6:	Vertrag über den Datenaustausch
Anlage 7:	Vereinbarung über die qualifizierte ambulante Versorgung krebskranker Patienten „Onkologie-Vereinbarung"
Anlage 8:	Vereinbarung über die Erbringung ärztlich angeordneter Hilfeleistungen in der Häuslichkeit der Patienten, in Alten- oder Pflegeheimen oder in anderen beschützenden Einrichtungen gem. § 87 Abs. 2b Satz 5 SGB V (Delegations-Vereinbarung)
Anlage 9:	Besondere Versorgungsaufträge
	Anlage 9.1 Versorgung chronisch niereninsuffizienter Patienten
	Anlage 9.2 Versorgung im Rahmen des Programms zur Früherkennung von Brustkrebs durch Mammographie-Screening
Anlage 11:	Vereinbarung gemäß § 85 Abs. 2 Satz 4 und § 43a SGB V über besondere Maßnahmen zur Verbesserung der sozialpsychiatrischen Versorgung von Kindern und Jugendlichen (Sozialpsychiatrie-Vereinbarung)
Anlage 17:	Vereinbarung zur bundesweiten Anerkennung von regionalen Sondervertragsregelungen (Knappschaft)
Anlage 18:	*(aufgehoben)*

Anlage 19: Vereinbarung zur Abwicklung der Finanzierung des G-BA (§ 91 SGB V), des Instituts für Qualität und Transparenz im Gesundheitswesen (§ 137a SGB V) und des Instituts für Qualität und Wirtschaftlichkeit im Gesundheitswesen (§ 139a SGB V)
Anlage 20: Vereinbarung zur Anwendung der Europäischen Krankenversicherungskarte
Anlage 21: Vereinbarung zur Umsetzung des Wohnortprinzips gemäß § 83 i. V. m. § 87a Abs. 3 SGB V (01.01.2009)
Anlage 22: Verfahrensordnung zur Beurteilung innovativer Laborleistungen im Hinblick auf Anpassungen des Kapitels 32 EBM
Anlage 23: Anforderungskatalog AVWG – Anforderungen an Datenbanken und Software für Vertragsarztpraxen (Anlage zu § 29 BMV-Ä).
Anlage 24: Vereinbarung über die Delegation ärztlicher Leistungen an nichtärztliches Personal in der ambulanten vertragsärztlichen Versorgung gemäß § 28 Abs. 1 S. 3 SGB V
Anlage 25: Vertrag über die kurärztliche Behandlung (Kurarztvertrag)
Anlage 27: Vereinbarung nach § 119b Abs. 2 SGB V zur Förderung der kooperativen und koordinierten ärztlichen und pflegerischen Versorgung in stationären Pflegeheimen
Anlage 28: Vereinbarung über die Einrichtung von Terminservicestellen und die Vermittlung von Facharztterminen
Anlage 29: Anforderungskatalog nach § 73 Abs. 8 SGB V für die Verordnung von Heilmitteln.
Anlage 30: Vereinbarung nach § 87 Abs. 1b SGB V zur besonders qualifizierten und koordinierten palliativ-medizinischen Versorgung
Anlage 31: Vereinbarung über telemedizinische Leistungen in der vertragsärztlichen Versorgung im Zusammenhang mit § 87 Abs. 2a Satz 7 SGB V
Anlage 31a: Vereinbarung über die Anforderungen an die technischen Verfahren zur telemedizinischen Erbringung der konsiliarischen Befundbeurteilung von Röntgenaufnahmen in der vertragsärztlichen Versorgung gemäß § 291g Absatz 1 Satz 1 SGB V
Anlage 31b: Vereinbarung über die Anforderungen an die technischen Verfahren zur Videosprechstunde gemäß § 291 g Absatz 4 SGB V
Anlage 32: Vereinbarung zur Finanzierung und Erstattung der bei den Vertragsärzten entstehenden Kosten im Rahmen der Einführung und des Betriebes der Telematikinfrastruktur gemäß § 291a Absatz 7 Satz 5 SGB V sowie zur Abbildung nutzungsbezogener Zuschläge gemäß § 291a Absatz 7b Satz 3 SGB V
Anlage 33: Vereinbarung über die HIV-Präexpositionsprophylaxe zur Prävention einer HIV-Infektion gemäß § 20j SGB V

(4) Bestandteil dieses Vertrages sind auch die Richtlinien des Gemeinsamen Bundesausschusses nach § 92 SGB V.

(5) Soweit sich die Vorschriften dieses Vertrages einschließlich seiner Anlagen auf Vertragsärzte beziehen, gelten sie entsprechend für Psychologische Psychotherapeuten und Kinder- und Jugendlichenpsychotherapeuten, sofern sich aus den nachfolgenden Vorschriften und der Anlage 1 (Psychotherapie-Vereinbarung) zu diesem Vertrag nichts Abweichendes ergibt.

(6) Insbesondere folgende Vorschriften finden für Psychologische Psychotherapeuten und Kinder- und Jugendlichenpsychotherapeuten keine Anwendung:
- § 2 Absatz 1 Nrn. 2 – 8, 10 und 11 sowie 9, soweit sich diese Regelung auf die Feststellung und Bescheinigung von Arbeitsunfähigkeit bezieht
- § 17 Absätze 4, 6 und 7
- §§ 22, 25 – 32
- §§ 38 – 40.

(7) Sofern sich die Vorschriften dieses Vertrages und seiner Anlage auf Vertragsärzte beziehen, gelten sie entsprechend für Medizinische Versorgungszentren, sofern nicht ausdrücklich etwas anderes vorgesehen ist oder Abweichendes aus der Besonderheit Medizinischer Versorgungszentren folgt.

§ 1a Begriffsbestimmungen (Glossar)

Für die Anwendung des Vertrages gelten ergänzend zu Definitionen in den einzelnen Vorschriften die nachfolgenden Begriffsbestimmungen:

1. Die nachstehenden Bezeichnungen „Vertragsarzt / Vertragspsychotherapeut, Arzt oder Psychotherapeut" werden einheitlich und neutral für Vertragsärzte und Vertragsärztinnen, Vertragspsychotherapeuten und Vertragspsychotherapeutinnen, Ärzte und Ärztinnen sowie Psychotherapeuten und Psychotherapeutinnen verwendet.
2. Arzt: Im jeweiligen Regelungszusammenhang entweder Vertragsarzt, ermächtigter Arzt, angestellter Arzt oder Assistent.
3. Psychotherapeut: Psychotherapeut entspricht der Definition in § 28 Abs. 3 SGB V; danach sind „Psychotherapeuten" Psychologische Psychotherapeuten und Kinder- und Jugendlichenpsychotherapeuten. Im jeweiligen Sachzusammenhang kann der Begriff „Psychotherapeut" Vertragspsychotherapeut, angestellter Psychotherapeut, ermächtigter Psychotherapeut bedeuten.
4. Vertragsarzt/Vertragspsychotherapeut: Arzt oder Psychotherapeut im vollen Zulassungsstatus oder mit Teilzulassung (s. 4a).
4a. Teilzulassung: In § 19a Ärzte-ZV geregelter hälftiger oder drei Viertel Versorgungsauftrag.
5. Ermächtigter Arzt oder Psychotherapeut: Arzt oder Psychotherapeut im Ermächtigungsstatus gemäß § 116 SGB V (Krankenhausarzt) oder gemäß § 119b Absatz 1 Satz 4 SGB V (Heimarzt) oder § 31, § 31a Ärzte-ZV (ermächtigter Arzt) oder § 24 Abs. 3 Satz 3 Ärzte-ZV (zur weiteren Tätigkeit ermächtigter Arzt).
6. Medizinisches Versorgungszentrum: Eine nach § 95 Abs. 1 SGB V zugelassene ärztlich geleitete Einrichtung sowie im Sinne der Bezeichnung eine Einrichtung nach § 311 Abs. 2 SGB V.
7. Ermächtigte ärztlich geleitete Einrichtung: Eine ärztlich geleitete Einrichtung im Ermächtigungsstatus gemäß §§ 117 ff. SGB V bzw. § 31 Ärzte-ZV.
7a. Ermächtigte Pflegeeinrichtung: Stationäre Pflegeeinrichtung nach § 119b Absatz 1 Satz 3 SGB V.
8. Angestellter Arzt/angestellter Psychotherapeut: Arzt mit genehmigter Beschäftigung in einer Arztpraxis oder einem Medizinischen Versorgungszentrum gemäß § 95 Abs. 9 SGB V bzw. § 95 Abs. 1 SGB V; dasselbe gilt für Psychotherapeuten.

9. Assistenten: Weiterbildungs- oder Sicherstellungsassistenten gemäß § 32 Abs. 2 Ärzte-ZV; dasselbe gilt für Psychotherapeuten; sie können auch als Ausbildungsassistenten gemäß § 32 Abs. 2 Ärzte-ZV i. V. m. § 8 Abs. 3 PsychThG beschäftigt sein.
10. Belegarzt: Vertragsarzt mit Versorgungsstatus am Krankenhaus gemäß § 121 Abs. 2 SGB V.
11. Tätigkeitsformen: Tätigkeitsformen in der vertragsärztlichen Versorgung sind Kooperationsformen in Form von Berufsausübungsgemeinschaften, Teilberufsausübungsgemeinschaften, Leistungserbringergemeinschaften, auch in KV-bereichsübergreifender Form (Definitionen s. Nrn. 12 bis 15).
12. Berufsausübungsgemeinschaft: Rechtlich verbindliche Zusammenschlüsse von Vertragsärzten oder/und Vertragspsychotherapeuten oder Vertragsärzten/Vertragspsychotherapeuten und Medizinischen Versorgungszentren oder Medizinischen Versorgungszentren untereinander zur gemeinsamen Ausübung der Tätigkeit.
12a. Berufsausübungsgemeinschaften sind nicht Praxisgemeinschaften, Apparategemeinschaften oder Laborgemeinschaften und andere Organisationsgemeinschaften.
13. Teilberufsausübungsgemeinschaft: Teilberufsausübungsgemeinschaften sind im Rahmen von § 33 Abs. 3 Satz 2 Ärzte-ZV i. V. m. § 15a Abs. 5 erlaubte auf einzelne Leistungen bezogene Zusammenschlüsse zu Berufsausübungsgemeinschaften bei Vertragsärzten, Vertragspsychotherapeuten und Medizinischen Versorgungszentren in Entsprechung zu der vorstehenden Nr. 12.
14. Leistungserbringergemeinschaft: Eine bundesmantelvertraglich bestimmte Form der Zusammenarbeit von Vertragsärzten, insbesondere im Bereich der medizinisch-technischen Leistungen gemäß § 15 Abs. 3 BMV-Ä als Sonderfall der Leistungszuordnung im Rahmen der persönlichen Leistungserbringung.
14a. Laborgemeinschaften sind Gemeinschaftseinrichtungen von Vertragsärzten, welche dem Zweck dienen, laboratoriumsmedizinische Analysen des Abschnitts 32.2 EBM regelmäßig in derselben gemeinschaftlich genutzten Einrichtung zu erbringen.
15. KV-bereichsübergreifende Tätigkeit: Eine KV-bereichsübergreifende Berufsausübung liegt vor, wenn der Arzt
   1. gleichzeitig als Vertragsarzt mit zwei Teilzulassungen nach § 19a Ärzte-ZV oder als Vertragsarzt und gemäß § 24 Ärzte-ZV ermächtigter Arzt an einem weiteren Tätigkeitsort (Zweigpraxis) in Bereichen von mindestens zwei Kassenärztlichen Vereinigungen tätig ist; dasselbe gilt für ein Medizinisches Versorgungszentrum, wenn es in Bereichen von mindestens zwei Kassenärztlichen Vereinigungen an der vertragsärztlichen Versorgung teilnimmt;
   2. als Beteiligter einer Berufsausübungsgemeinschaft tätig ist, deren Vertragsarztsitze (Orte der Zulassung) in Bereichen von mindestens zwei Kassenärztlichen Vereinigungen gelegen sind (§ 33 Abs. 2 Satz 2 Ärzte-ZV);
   3. als Vertragsarzt an seinem Vertragsarztsitz und als Beteiligter einer Berufsausübungsgemeinschaft oder Teilberufsausübungsgemeinschaft (§ 33 Abs. 2 Satz 3 Ärzte-ZV) an einem weiteren Tätigkeitsort im Bereich einer weiteren Kassenärztlichen Vereinigung tätig ist;
   4. als zugelassener Vertragsarzt gleichzeitig als angestellter Arzt in einer Arztpraxis und/oder einem Medizinischen Versorgungszentrum im Bereich einer weiteren Kassenärztlichen Vereinigung tätig ist;

5. als angestellter Arzt in einer Arztpraxis und/oder eines Medizinischen Versorgungszentrums in Bereichen von mindestens zwei Kassenärztlichen Vereinigungen tätig ist.

Die vorstehenden Definitionen gelten auch für Vertragspsychotherapeuten und angestellte Psychotherapeuten. Ebenso können Medizinische Versorgungszentren in KV-bereichsübergreifenden Tätigkeitsformen zusammenwirken.

16. Vertragsarztsitz: Ort der Zulassung für den Vertragsarzt oder Vertragspsychotherapeuten oder das Medizinische Versorgungszentrum.
17. Tätigkeitsort: Ort der ärztlichen oder psychotherapeutischen Berufsausübung oder Versorgung durch ein Medizinisches Versorgungszentrum, der als Betriebsstätte oder Nebenbetriebsstätte zulässigerweise ausgewiesen ist.
18. Arztpraxis: Tätigkeitsort des Vertragsarztes oder Vertragspsychotherapeuten an seiner Betriebsstätte, der auch die Nebenbetriebsstätten der Arztpraxis einschließt. Arztpraxis in diesem Sinne ist auch die Berufsausübungsgemeinschaft oder ein Medizinisches Versorgungszentrum.
19. Zweigpraxis: Genehmigter weiterer Tätigkeitsort des Vertragsarztes oder die Nebenbetriebsstätte eines Medizinischen Versorgungszentrums (vgl. Nr. 22).
20. Ausgelagerte Praxisstätte: Ein zulässiger nicht genehmigungsbedürftiger, aber anzeigepflichtiger Tätigkeitsort des Vertragsarztes, Vertragspsychotherapeuten oder eines Medizinischen Versorgungszentrums in räumlicher Nähe zum Vertragsarztsitz (vgl. § 24 Abs. 5 Ärzte-ZV); ausgelagerte Praxisstätte in diesem Sinne ist auch ein Operationszentrum, in welchem ambulante Operationen bei Versicherten ausgeführt werden, welche den Vertragsarzt an seiner Praxisstätte in Anspruch genommen haben.
21. Betriebsstätte: Betriebsstätte des Vertragsarztes oder Vertragspsychotherapeuten oder des Medizinischen Versorgungszentrums ist der Vertragsarztsitz. Betriebsstätte des Belegarztes ist auch das Krankenhaus. Betriebsstätte des ermächtigten Arztes ist nach Nr. 5 der Ort der Berufsausübung im Rahmen der Ermächtigung. Betriebsstätte des angestellten Arztes ist der Ort seiner Beschäftigung. Betriebsstätte einer Berufsausübungsgemeinschaft sind die örtlich übereinstimmenden Vertragsarztsitze der Mitglieder der Berufsausübungsgemeinschaft, bei örtlich unterschiedlichen Vertragsarztsitzen der Mitglieder der Berufsausübungsgemeinschaft ist Betriebsstätte der gewählte Hauptsitz im Sinne von § 15a Abs. 4 BMV-Ä bzw. § 33 Abs. 3 Satz 3 Ärzte-ZV.
22. Nebenbetriebsstätte: Nebenbetriebsstätten sind in Bezug auf Betriebsstätten zulässige weitere Tätigkeitsorte, an denen der Vertragsarzt, der Vertragspsychotherapeut, der angestellte Arzt und die Berufsausübungsgemeinschaft oder ein Medizinisches Versorgungszentrum neben ihrem Hauptsitz an der vertragsärztlichen Versorgung teilnehmen.
23. Versorgungsauftrag: Der inhaltliche und zeitliche sowie fachliche Umfang der Versorgungspflichten von Vertragsärzten, Vertragspsychotherapeuten und Medizinischen Versorgungszentren.
24. Persönliche Leistungserbringung: Die durch gesetzliche und vertragliche Bestimmungen näher geregelte Verpflichtung des Vertragsarztes bzw. angestellten Arztes zur unmittelbaren Erbringung der vorgesehenen medizinischen Leistungen, auch im Rahmen zulässiger Delegationen.

25. Persönliche Leitung der Arztpraxis: Voraussetzungen, nach denen bei in der Arztpraxis beschäftigten angestellten Ärzten im Hinblick auf deren Zahl, Tätigkeitsumfang und Tätigkeitsinhalt sichergestellt ist, dass der Praxisinhaber den Versorgungsauftrag im notwendigen Umfang auch persönlich erfüllt und dafür die Verantwortung übernehmen kann.
26. Präsenzpflicht: Der zeitliche Umfang des Zur-Verfügung-Stehens des Vertragsarztes/Vertragspsychotherapeuten bzw. der Ärzte / Psychotherapeuten des Medizinischen Versorgungszentrums am Vertragsarztsitz und gegebenenfalls Nebenbetriebsstätten, in Form von angekündigten Sprechstunden.
27. Kennzeichnungen: Verfahren oder Formen (nach Nrn. 28 bis 33), mit denen die an der vertragsärztlichen Versorgung Teilnehmenden nach Maßgabe der näheren vertraglichen Bestimmungen die ärztlich erbrachten und/oder verordneten Leistungen sowie den Ort der Leistungserbringung kennzeichnen.
28. Behandlungsfall: Die gesamte von derselben Arztpraxis (Nr. 18) innerhalb desselben Kalendervierteljahres an demselben Versicherten ambulant zu Lasten derselben Krankenkasse vorgenommene Behandlung gilt jeweils als Behandlungsfall; Behandlungsfälle beziehen sich auf die Rechtsbeziehungen zwischen Kassenärztlichen Vereinigungen und Krankenkassen im Abrechnungswesen.
29. Betriebsstättenfall: Die gesamten innerhalb desselben Kalendervierteljahres in derselben Betriebsstätte oder Nebenbetriebsstätte bei demselben Versicherten zu Lasten derselben Krankenkasse vorgenommenen Behandlungsleistungen gelten jeweils als Betriebsstättenfall. Ein Betriebsstättenfall liegt auch vor, wenn die ärztlichen Leistungen bei demselben Versicherten von einem angestellten Arzt des Vertragsarztes oder einem angestellten Arzt des Medizinischen Versorgungszentrums in einer Betriebsstätte oder Nebenbetriebsstätte erbracht werden und von diesem nicht selbst, sondern dem Träger der Betriebsstätte abgerechnet werden. Werden von demselben Arzt bei demselben Versicherten ärztliche Leistungen an unterschiedlichen Betriebsstätten erbracht, in welchen der Arzt in einem jeweils unterschiedlichen vertragsarztrechtlichen Status tätig ist (Vertragsarzt, angestellter Arzt, Arzt im Medizinischen Versorgungszentrum, ermächtigter Arzt, Arzt in genehmigter Berufsausübungsgemeinschaft), liegt jeweils ein gesonderter Betriebsstättenfall (insoweit auch ein gesonderter Behandlungsfall nach Nr. 28) vor. Ein jeweils gesonderter Betriebsstättenfall liegt auch vor, wenn ein Vertragsarzt an zwei Orten gemäß § 19a Ärzte-ZV zugelassen ist.
30. Arztfall: Alle Leistungen bei Versicherten, welche durch denselben Arzt unabhängig vom vertragsarztrechtlichen Status in der vertragsärztlichen Versorgung in demselben Kalendervierteljahr und unabhängig von der Betriebsstätte/Nebenbetriebsstätte zu Lasten derselben Krankenkasse erbracht werden.
30a. Leistungsfall: Ein Leistungsfall liegt vor, sofern im Behandlungsfall oder im Arztfall mindestens eine Leistung eines definierten Leistungskataloges abgerechnet worden ist.
30b. Arztgruppenfall: Der Arztgruppenfall stellt einen Behandlungsfall dar, bei dem an die Stelle der Arztpraxis die Arztgruppe einer Arztpraxis tritt. Damit gilt die gesamte von derselben Arztgruppe einer Arztpraxis innerhalb desselben Kalendervierteljahres an demselben Versicherten ambulant zu Lasten derselben Krankenkasse vorgenommene Behandlung als Arztgruppenfall. Zu einer Arztgruppe gehören diejenigen Ärzte, denen im EBM ein Kapitel bzw. in Kapitel 13 ein Unterabschnitt zugeordnet ist.

31. Arztnummer: Eine nach § 37a BMV-Ä vorgeschriebene Kennzeichnung der Vertragsärzte und sonstiger Ärzte und entsprechend Psychotherapeuten. Die Arztnummer ist unabhängig vom Status oder der Betriebsstätte gültig.
32. Betriebsstättennummer: Eine nach § 37a BMV-Ä vorgeschriebene Kennzeichnung von Betriebsstätten- und Nebenbetriebsstätten. Die Betriebsstättennummer ermöglicht die Zuordnung ärztlicher Leistungen zum Ort der Leistungserbringung.
33. Arztpraxisübergreifende Behandlung: Arztfall in zwei oder mehreren Arztpraxen. Die Bestimmung eines arztpraxisübergreifenden Behandlungsfalls dient als Grundlage für besondere einzelne Abrechnungsregelungen im EBM.

2. Abschnitt –
Vertragsärztliche Versorgung: Inhalt und Umfang

§ 2 Umfang der vertragsärztlichen Versorgung

(1) Die vertragsärztliche Versorgung umfasst:
1. die ärztliche Behandlung,
2. die ärztliche Betreuung bei Schwangerschaft und Mutterschaft,
3. die ärztlichen Maßnahmen zur Früherkennung von Krankheiten,
4. die ärztlichen Maßnahmen zur Empfängnisregelung, Sterilisation und zum Schwangerschaftsabbruch, soweit die Leistungspflicht nicht durch gesetzliche Regelungen ausgeschlossen ist,
5. die ärztlichen Leistungen zur Herstellung der Zeugungs- oder Empfängnisfähigkeit sowie die medizinischen Maßnahmen zur Herbeiführung einer Schwangerschaft,
6. die Verordnung von Arznei-, Verband-, Heil- und Hilfsmitteln, von digitalen Gesundheitsanwendungen, von Krankentransporten, von Krankenhausbehandlung, von Behandlung in Vorsorge- oder Rehabilitationseinrichtungen sowie die Veranlassung von ambulanten Operationen, auch soweit sie im Krankenhaus durchgeführt werden sollen,
7. die Beurteilung der Arbeitsunfähigkeit,
8. die ärztliche Verordnung von ambulanten Vorsorgeleistungen in anerkannten Kurorten,
9. die Ausstellung von Bescheinigungen und Erstellung von Berichten, welche die Krankenkassen oder der Medizinische Dienst zur Durchführung ihrer gesetzlichen Aufgaben oder welche die Versicherten für den Anspruch auf Fortzahlung des Arbeitsentgelts benötigen,
10. die Verordnung von häuslicher Krankenpflege,
11. die Verordnung von medizinischen Leistungen der Rehabilitation, Belastungserprobung und Arbeitstherapie,
12. die vom Arzt angeordneten und unter seiner Verantwortung erbrachten Hilfeleistungen anderer Personen,
13. die psychotherapeutische Behandlung einer Krankheit durch Psychologische Psychotherapeuten und Kinder- und Jugendlichenpsychotherapeuten und Vertragsärzte im Rahmen des SGB V und der Richtlinien des Gemeinsamen Bundesausschusses,
14. die Verordnung von Soziotherapie,
15. die Verordnung von spezialisierter ambulanter Palliativversorgung.

(2) Zur ärztlichen Behandlung im Rahmen der vertragsärztlichen Versorgung gehören auch
1. die belegärztlichen Leistungen im Sinne von § 121 SGB V,
2. die ambulante ärztliche Behandlung als medizinische Vorsorgeleistung im Sinne von § 23 Abs. 1 SGB V,
3. ärztliche Leistungen bei interkurrenten Erkrankungen während ambulanter Vorsorgeleistungen in anerkannten Kurorten sowie ambulant ausgeführte Leistungen, die während einer stationären Rehabilitation erforderlich werden und nicht mit dem Heilbehandlungsleiden im Zusammenhang stehen,
4. die in Notfällen ambulant ausgeführten ärztlichen Leistungen durch nicht an der vertragsärztlichen Versorgung teilnehmende Ärzte,
5. die ärztlichen Leistungen bei vorübergehender Erbringung von Dienstleistungen gemäß § 8.

(3) Zur vertragsärztlichen Versorgung gehören auch die ärztlichen Leistungen in ermächtigten poliklinischen Institutsambulanzen der Hochschulen und, unbeschadet der besonderen Regelungen über die Vergütung, die ärztlichen Leistungen in ermächtigten psychiatrischen Institutsambulanzen sowie in ermächtigten sozialpädiatrischen Zentren und Leistungen der Psychotherapie nach den Richtlinien des Gemeinsamen Bundesausschusses an poliklinischen Institutsambulanzen psychologischer Universitätsinstitute und Ausbildungsstätten nach § 6 des Psychotherapeutengesetzes.

(4) Zur vertragsärztlichen Versorgung gehören nach Maßgabe des dazu abgeschlossenen Vertrages (Kurarztvertrag) ambulante Vorsorgeleistungen in anerkannten Kurorten.

(5) Zur vertragsärztlichen Versorgung gehören auch Maßnahmen zur Erhaltung und Förderung der Gesundheit und zur Verhütung von Krankheiten und zur Rehabilitation, soweit dies in den Gesamtverträgen vereinbart ist.

(6) Die Durchführung von Leistungen der Psychotherapie und der Psychosomatik in der vertragsärztlichen Versorgung wird ergänzend zu diesem Vertrag durch besondere Vereinbarung geregelt, die Bestandteil dieses Vertrages ist (Anlage 1).

(7) [1]Zur Sicherung der Versorgungsqualität und der Wirtschaftlichkeit der Leistungserbringung können die Vertragspartner Inhalt und Umfang der Versorgung von definierten Patientengruppen durch besondere Versorgungsaufträge festlegen. [2]Ein Versorgungsauftrag ist die Übernahme der ärztlichen Behandlung und Betreuung für eine definierte Patientengruppe im Sicherstellungsauftrag unter Einbeziehung konsiliarer ärztlicher Kooperation, die eine an der Versorgungsnotwendigkeit orientierte vertraglich vereinbarte Qualitätssicherung voraussetzt. [3]In den Versorgungsaufträgen kann festgelegt werden, dass bestimmte Leistungen nur im konsiliarischen Zusammenwirken erbracht werden. [4]Dabei können zu § 15 (Persönliche Leistungserbringung) abweichende Bestimmungen festgelegt werden. [5]Die Durchführung der in den Versorgungsaufträgen genannten Leistungen kann unter einen Genehmigungsvorbehalt gestellt werden. (Anlage 9).

(8) Zur vertragsärztlichen Versorgung gehören auch die nach Maßgabe besonderer vertraglicher Regelungen vereinbarten Leistungen.

(9) Voraussetzung für die Abrechnung von Leistungen gegenüber der Kassenärztlichen Vereinigung ist eine Leistungsbeschreibung im Einheitlichen Bewertungsmaß-

stab, welche die vertragsärztliche Leistung eindeutig definiert oder der eine ärztliche Leistung durch die Vertragspartner verbindlich zugeordnet wurde, oder eine Vereinbarung nach Abs. 7.

§ 3 Leistungen außerhalb der vertragsärztlichen Versorgung

(1) ¹Die vertragsärztliche Versorgung umfasst keine Leistungen, für welche die Krankenkassen nicht leistungspflichtig sind oder deren Sicherstellung anderen Leistungserbringern obliegt. ²Dies gilt insbesondere für Leistungen, die nach der Entscheidung des Gemeinsamen Bundesausschusses in den Richtlinien nach § 92 SGB V von der Leistungspflicht der gesetzlichen Krankenversicherung ausgeschlossen wurden. ³Leistungen, für die eine Leistungspflicht der Krankenkassen nicht besteht, können nur im Rahmen einer Privatbehandlung erbracht werden, über die mit dem Versicherten vor Beginn der Behandlung ein schriftlicher Behandlungsvertrag abgeschlossen werden muss.

(2) Der Ausschluss aus der vertragsärztlichen Versorgung gilt insbesondere für folgende Leistungen:
1. Die Ausstellung von Bescheinigungen und Erstellung von Berichten, welche die Krankenkassen oder der Medizinische Dienst zur Durchführung ihrer gesetzlichen Aufgaben oder welche die Versicherten für den Anspruch auf Fortzahlung des Arbeitsentgelts nicht benötigen (z. B. sonstige Bescheinigungen für den Arbeitgeber, für Privatversicherungen, für andere Leistungsträger, Leichenschauscheine),
2. die Behandlung von Zahnkrankheiten, die in der Regel durch Zahnärzte erfolgt, mit Ausnahme
    2.1 der Behandlung von Mund- und Kieferkrankheiten durch die an der vertragsärztlichen Versorgung teilnehmenden Ärzte für Mund-, Kiefer-, Gesichtschirurgie,
    2.2 der Leistungen, die auch von an der vertragsärztlichen Versorgung teilnehmenden Ärzten gelegentlich vorgenommen werden (z. B. Zahnextraktionen),
    2.3 der Leistungen, die auf Veranlassung von Vertragszahnärzten durch an der vertragsärztlichen Versorgung teilnehmende Ärzte ausgeführt werden,
3. Reihen-, Einstellungs-, Eignungs- und Tauglichkeitsuntersuchungen (einschließlich Sporttauglichkeit), auch wenn sie für bestimmte Betätigungen für Angehörige bestimmter Berufsgruppen vorgeschrieben sind,
4. Leistungen, für die ein Träger der Unfall-, der Rentenversicherung, der Sozialhilfe oder ein anderer Träger (z. B. Versorgungsbehörde) zuständig ist oder dem Arzt einen Auftrag gegeben hat,
5. die ärztliche Versorgung von Personen, die aufgrund dienstrechtlicher Vorschriften über die Gewährung von Heilfürsorge einen Anspruch auf unentgeltliche ärztliche Versorgung haben, ärztliche Untersuchungen zur Durchführung der allgemeinen Wehrpflicht sowie Untersuchungen zur Vorbereitung von Personalentscheidungen und betriebs- und fürsorgeärztliche Untersuchungen, die von öffentlich-rechtlichen Kostenträgern veranlasst werden,
6. die ärztliche Behandlung von Gefangenen in Justizvollzugsanstalten,
7. Maßnahmen zur Früherkennung von Krankheiten, wenn sie im Rahmen der Krankenhausbehandlung oder der stationären Entbindung durchgeführt werden, es sei denn, diese ärztlichen Leistungen werden von einem Belegarzt oder auf einer Belegabteilung von einem anderen Vertragsarzt erbracht, wenn das Krankenhaus die Leistungen nicht sicherstellen kann,

8. Leistungen für Krankenhäuser, Vorsorgeeinrichtungen oder Rehabilitationseinrichtungen – auch im Rahmen vor- und nachstationärer Behandlung, teilstationärer Behandlung oder ambulanter Operationen, soweit das Krankenhaus oder die Einrichtung diese Leistungen zu erbringen hat –, die auf deren Veranlassung durch Vertragsärzte, ermächtigte Ärzte oder ärztlich geleitete Einrichtungen in den oben genannten Häusern, ambulanten Einrichtungen oder in der Vertragsarztpraxis im Rahmen der genannten Behandlung erbracht werden, auch wenn die Behandlung des Versicherten im Krankenhaus oder in den Einrichtungen nur zur Durchführung der veranlassten Leistungen unterbrochen wird; dies gilt nicht für die von einem Belegarzt veranlassten Leistungen nach § 121 Abs. 3 SGB V,
9. ärztliche Behandlung außerhalb des Geltungsbereichs dieses Vertrages, sofern Gegenteiliges nicht ausdrücklich vereinbart wird,
10. Leistungen in einer zeitlich begrenzten vor- und nachstationären Behandlung im Krankenhaus (§ 115a SGB V), auch wenn sie durch Vertragsärzte im Krankenhaus oder in der Vertragsarztpraxis erbracht werden,
11. ambulant vom Krankenhaus durchgeführte Operationen und stationsersetzende Eingriffe (§ 115b Absatz 1 SGB V), auch wenn sie durch Vertragsärzte im Krankenhaus erbracht werden,
12. Leistungen, die im Krankenhaus teilstationär erbracht werden,
13. ambulante spezialfachärztliche Versorgung gemäß § 116b SGB V, auch wenn sie durch Vertragsärzte erbracht wird,
14. Leistungen auf der Grundlage von Verträgen nach § 73b, § 73c in der bis zum 22.7.2015 geltenden Fassung und § 140a SGB V,
15. Leistungen, die in Modellvorhaben gemäß §§ 63, 64 SGB V erbracht werden, und für die eine Bereinigung gemäß § 64 Abs. 3 SGB V erfolgt.

(3) Die ärztliche Versorgung in Eigeneinrichtungen der Krankenkassen richtet sich nach den hierfür abgeschlossenen Verträgen.

3. Abschnitt –
Teilnahme an der vertragsärztlichen Versorgung

§ 4 Zulassung und Ermächtigung

(1) ¹An der vertragsärztlichen Versorgung nehmen zugelassene Ärzte (Vertragsärzte), zugelassene medizinische Versorgungszentren, nach § 311 Abs. 2 Satz 1 und 2 SGB V zugelassene Einrichtungen in dem Umfang, in dem sie am 31. Dezember 2003 zur vertragsärztlichen Versorgung zugelassen waren, sowie ermächtigte Ärzte und ermächtigte ärztlich geleitete Einrichtungen teil. ²Angestellte Ärzte in Vertragsarztpraxen und in Medizinischen Versorgungszentren nehmen an der vertragsärztlichen Versorgung im Rahmen ihres Status teil; sie haben die sich aus der Teilnahme an der vertragsärztlichen Versorgung ergebenden Pflichten zu beachten, auch wenn sie nicht Mitglied der Kassenärztlichen Vereinigung sind. ³Die für Vertragsärzte getroffenen Regelungen gelten auch für zugelassene Einrichtungen sowie ermächtigte Ärzte und ermächtigte ärztlich geleitete Einrichtungen, soweit nichts Anderes bestimmt ist.

(2) ¹An der vertragsärztlichen Versorgung nehmen auch zugelassene und ermächtigte Psychologische Psychotherapeuten und Kinder- und Jugendlichenpsychothera-

peuten sowie ermächtigte Einrichtungen nach § 117 Absatz 2 SGB V teil. ²Absatz 1 Satz 2 gilt entsprechend für angestellte Psychotherapeuten.

(3) ¹Die Kassenärztliche Vereinigung kann die Weiterführung der Praxis eines verstorbenen Vertragsarztes durch einen anderen Arzt bis zur Dauer von zwei Quartalen genehmigen. ²Sie informiert darüber die Verbände der Krankenkassen.

§ 5 Ermächtigung zur Durchführung bestimmter ärztlicher Leistungen

(1) Die Zulassungsausschüsse können über die Ermächtigungstatbestände des § 31 Abs. 1 Ärzte-ZV hinaus gemäß § 31 Absatz 2 Ärzte-ZV geeignete Ärzte und in Ausnahmefällen ärztlich geleitete Einrichtungen zur Durchführung bestimmter, in einem Leistungskatalog definierter Leistungen auf der Grundlage des EBM ermächtigen, wenn dies zur Sicherstellung der vertragsärztlichen Versorgung erforderlich ist.

(2) ¹Die Zulassungsausschüsse können ferner ohne Prüfung eines Bedarfs auf Antrag für folgende Leistungsbereiche Ärzte und ärztlich geleitete Einrichtungen zur Teilnahme an der vertragsärztlichen Versorgung ermächtigen:
1. Zytologische Diagnostik von Krebserkrankungen, wenn der Arzt oder die Einrichtung mindestens 6 000 Untersuchungen jährlich in der Exfoliativ-Zytologie durchführt und regelmäßig die zum Erwerb der Fachkunde in der zytologischen Diagnostik notwendigen eingehenden Kenntnisse und Erfahrungen vermittelt,
2. ambulante Untersuchungen und Beratungen zur Planung der Geburtsleitung im Rahmen der Mutterschaftsvorsorge gemäß den Richtlinien des Gemeinsamen Bundesausschusses.

²Die Zulassungsausschüsse erteilen ohne Prüfung eines Bedarfs auf Antrag Ärzten, die nicht an der vertragsärztlichen Versorgung teilnehmen sowie Ärzten, die an zugelassenen Krankenhäusern oder ermächtigten Einrichtungen tätig sind, eine Ermächtigung zur Teilnahme an der vertragsärztlichen Versorgung nach § 73 Abs. 2 Nr. 13 SGB V, soweit diese Ärzte eine Genehmigung zur Durchführung der Abrechnung von Zweitmeinungsleistungen gemäß der Richtlinie zum Zweitmeinungsverfahren des G-BA (Zm-RL) von der zuständigen Kassenärztlichen Vereinigung erhalten haben. ³Die Ermächtigung nach Satz 2 erfolgt für die Dauer der Teilnahme am Zweitmeinungsverfahren.

(3) Für Ärzte, die am 31. Dezember 1994 zur Erbringung von Leistungen der Mutterschaftsvorsorge und Früherkennung von Krankheiten ermächtigt waren, ist bei der Prüfung des Bedarfs für die Fortsetzung der Ermächtigung zu berücksichtigen, ob und inwieweit hierdurch die Inanspruchnahme dieser Untersuchungen gefördert wird.

§ 6 Ermächtigung von Fachzahnärzten für Kieferchirurgie und Fachzahnärzten für theoretisch-experimentelle Fachrichtungen der Medizin

(1) ¹Approbierte Fachzahnärzte für Kieferchirurgie, welche Inhaber einer unbefristeten gültigen Erlaubnis nach § 10a Abs. 1 Bundesärzteordnung (BÄO) zur Ausübung des ärztlichen Berufs auf dem Gebiet der Mund-, Kiefer- und Gesichtschirurgie und zur vertragszahnärztlichen Versorgung zugelassen sind, werden auf ihren Antrag durch die Zulassungsausschüsse für die Dauer ihrer Teilnahme an der vertragszahnärztlichen Versorgung im Umfang ihrer berufsrechtlichen Erlaubnis zur Teilnahme an

der vertragsärztlichen Versorgung ermächtigt. [2]Der ermächtigte Fachzahnarzt ist verpflichtet, die Beendigung oder das Ruhen der Teilnahme an der vertragszahnärztlichen Versorgung der Kassenärztlichen Vereinigung mitzuteilen.

(2) [1]Approbierte Fachzahnärzte für eine theoretisch-experimentelle Fachrichtung der Medizin, welche Inhaber einer unbefristeten gültigen Erlaubnis nach § 10a Abs. 2 BÄO zur Ausübung des ärztlichen Berufs in ihrem Fachgebiet sind, werden auf ihren Antrag durch die Zulassungsausschüsse für die Dauer und im Umfang ihrer berufsrechtlichen Erlaubnis zur Teilnahme an der vertragsärztlichen Versorgung ermächtigt, wenn und solange sie in freier Praxis niedergelassen sind und im Rahmen ihrer Erlaubnis ärztliche Leistungen erbringen können, welche Gegenstand der vertragsärztlichen Versorgung sind. [2]Dies gilt nur, wenn in dem Versorgungsgebiet, für das der approbierte Fachzahnarzt eine Ermächtigung beantragt, keine Zulassungssperren für Gebiete bestehen, denen die Leistungen, für die eine Ermächtigung beantragt wird, zuzuordnen sind. [3]Im Ermächtigungsbescheid sind die ärztlichen Leistungen, welche in der vertragsärztlichen Versorgung erbracht werden dürfen, in einem Leistungskatalog auf der Grundlage des EBM festzulegen. [4]Der Fachzahnarzt hat die Beendigung seiner Tätigkeit in niedergelassener Praxis der Kassenärztlichen Vereinigung mitzuteilen.

§ 7 Fachwissenschaftler der Medizin

(1) [1]Soweit dies zur Sicherstellung der vertragsärztlichen Versorgung notwendig ist, kann die Kassenärztliche Vereinigung im Einvernehmen mit den Verbänden der Krankenkassen Fachwissenschaftler der Medizin zur Teilnahme an der vertragsärztlichen Versorgung ermächtigen, wenn der Fachwissenschaftler nachweist, dass er in der jeweiligen Fachrichtung die nach dem maßgeblichen Recht der neuen Bundesländer für ein entsprechendes postgraduales Studium vorgesehene Weiterbildung erfolgreich abgeschlossen hat. [2]Der Ermächtigungsbescheid der Kassenärztlichen Vereinigung muss bestimmen, für welche einzelnen Leistungen oder Leistungsbereiche der Fachwissenschaftler ermächtigt wird und dass er nur auf Überweisung in Anspruch genommen werden kann. [3]Die Ermächtigung kann sich nur auf solche Leistungen beziehen, für die der Fachwissenschaftler der Medizin aufgrund der Vorlage entsprechender Zeugnisse und Bescheinigungen eine Qualifikation zur selbstständigen Leistungserbringung nachgewiesen hat. [4]Mit der Ermächtigung darf der Fachwissenschaftler die entsprechenden Leistungen selbstständig und eigenverantwortlich ausführen. [5]Die Ermächtigung darf unbefristet erteilt werden.

(2) [1]Fachwissenschaftler der Medizin der Fachrichtung Klinische Chemie und Labordiagnostik können unter Voraussetzung von Abs. 1 zur Durchführung laboratoriumsmedizinischer Leistungen des Kapitels 32 und des Abschnitts 1.7 sowie von Leistungen der Abschnitte 11.4 und 19.4 sowie des Kapitels 12 EBM ermächtigt werden. [2]Die Ermächtigung nur für Leistungen der Abschnitte 11.4, 19.4 und 32.3, sowie dem Abschnitt 32.3 entsprechende Leistungen des Abschnitts 1.7 EBM kann auch erfolgen, wenn der Klinische Chemiker Leiter eines Gemeinschaftslabors von niedergelassenen Ärzten ist, in der für die Mitglieder der Laborgemeinschaft Leistungen des Abschnitts 32.2 EBM des Leistungsverzeichnisses erbracht werden. [3]Die Ermächtigung des Klinischen Chemikers gestattet den ärztlichen Mitgliedern der Gemeinschaftseinrichtung nicht, die Leistungen der Abschnitte 11.4, 19.4 und 32.3, sowie dem Abschnitt 32.3 entsprechende Leistungen des Abschnitts 1.7 EBM in der Gemeinschaftseinrichtung als eigene Leistungen zu

beziehen und abzurechnen. ⁴Die Ermächtigung des Klinischen Chemikers begründet entsprechend der für Ärzte geltenden Regelung die Verpflichtung, Leistungen der Abschnitte 11.4, 19.4 und 32.3 sowie dem Abschnitt 32.3 entsprechende Leistungen des Abschnitts 1.7 EBM nach Maßgabe des § 25 Abs. 2 Nr. 2 als persönliche Leistung auszuführen.

§ 8 Ermächtigung von Ärzten aus Mitgliedstaaten der Europäischen Union (EU) zur Erbringung von Dienstleistungen

(1) Ärzte, die als Angehörige eines der anderen Mitgliedstaaten der Europäischen Gemeinschaften nach Maßgabe des Titels 2 der Richtlinie 2005/36/EG vom 7. September 2005 ärztliche Leistungen ohne Begründung einer Niederlassung in der Bundesrepublik Deutschland (Dienstleistungen) erbringen wollen, werden auf ihren Antrag gemäß § 31 Abs. 5 Ärzte-ZV von den Zulassungsausschüssen des Bereichs, in dem die Leistungen durchgeführt werden sollen, hierzu ermächtigt, wenn

1. der Antragsteller aufgrund einer Anzeige an die zuständige Behörde in der Bundesrepublik Deutschland berechtigt ist, als Dienstleistungserbringer im Sinne des Artikels 57 des Vertrages über die Arbeitsweise der Europäischen Union (AEUV) vorübergehend den ärztlichen Beruf im Geltungsbereich der Bundesärzteordnung auszuüben,
2. der Antragsteller die persönlichen Voraussetzungen erfüllt, die ein Vertragsarzt nach seinem Berufsrecht, den Bestimmungen dieses Vertrages und den Richtlinien des Gemeinsamen Bundesausschusses erfüllen muss, um die gleichen Leistungen zu erbringen,
3. in der Person des Antragstellers keine Gründe vorliegen, die bei einem Vertragsarzt die Entziehung der Zulassung zur Folge haben würden,
4. die Dienstleistungen, welche der Antragsteller erbringen will, Gegenstand der vertragsärztlichen Versorgung nach § 73 Abs. 2 SGB V sind,
5. die Dienstleistungen, welche der Antragsteller erbringen will, nicht einem Gebiet zuzuordnen sind, für das nach Maßgabe der Bedarfsplanungs-Richtlinien eine Zulassungssperre besteht.

(2) ¹Unterliegen die Dienstleistungen, die der Antragsteller erbringen will, Bestimmungen der Qualitätssicherung gemäß § 135 Abs. 2 SGB V, sind vom Antragsteller Zeugnisse vorzulegen, aus denen die Erfüllung der geforderten Qualifikationsvoraussetzungen hervorgeht. ²Bestehen trotz der vorgelegten Zeugnisse Zweifel an der Qualifikation des Antragstellers, ist die Genehmigung zum Erbringen der beantragten Dienstleistungen von der erfolgreichen Teilnahme an einem Kolloquium durch die zuständige Kassenärztliche Vereinigung abhängig zu machen.

(3) Die Ermächtigung berechtigt den Arzt zur Erbringung der ärztlichen Leistungen nach Maßgabe der für Vertragsärzte geltenden Bestimmungen.

(4) Der Versicherte hat entstehende Mehrkosten (insbesondere Reisekosten) zu tragen, wenn ohne zwingenden Grund ermächtigte Ärzte aus anderen Mitgliedstaaten der Europäischen Gemeinschaften als Dienstleistungserbringer in Anspruch genommen werden.

(5) ¹Für die Erbringung von Dienstleistungen in Notfällen durch Ärzte aus anderen Mitgliedstaaten der Europäischen Gemeinschaften finden die für die Behandlung im

Notfall durch nicht an der vertragsärztlichen Versorgung teilnehmende Ärzte geltenden Bestimmungen Anwendung. ²Der Dienstleistungserbringer hat die Notfallbehandlung unverzüglich der Kassenärztlichen Vereinigung anzuzeigen, in deren Bereich die Behandlung durchgeführt worden ist.

§ 9

(unbesetzt)

4. Abschnitt –
Hausärztliche und fachärztliche Versorgung

§ 10 Inhalt und Umfang

¹Die vertragsärztliche Versorgung gliedert sich in die hausärztliche und die fachärztliche Versorgung. ²Das Nähere über Inhalt und Umfang der hausärztlichen Versorgung regeln die Vertragspartner in einer Anlage zu diesem Vertrag (Anlage 5).

5. Abschnitt –
Qualität der vertragsärztlichen Versorgung

§ 11 Qualitätssicherung in der vertragsärztlichen Versorgung

(1) ¹Ärztliche Untersuchungs- und Behandlungsmethoden, welche wegen der Anforderungen an ihre Ausführung oder wegen der Neuheit des Verfahrens besonderer Kenntnisse und Erfahrungen (Fachkunde) sowie einer besonderen Praxisausstattung oder weiterer Anforderungen an die Strukturqualität bedürfen, können in der vertragsärztlichen Versorgung nur ausgeführt und abgerechnet werden, wenn der Arzt die vorgeschriebenen Voraussetzungen erfüllt. ²Diese werden jeweils in den Anlagen zu diesem Vertrag unter Berücksichtigung des Weiterbildungsrechts von den Vertragspartnern vereinbart. ³Werden die Leistungen in einer Vertragsarztpraxis oder einem Medizinischen Versorgungszentrum durch angestellte Ärzte erbracht, ist es ausreichend, dass nur der angestellte Arzt die Voraussetzungen erfüllt. ⁴Werden Anforderungen definiert, die sich auf eine bestimmte apparative Ausstattung oder räumlich gebundene Voraussetzungen der Strukturqualität beziehen oder auf Praxisräume bezogene bestimmte Qualitätssicherungsverfahren bedingen, sind die Anforderungen betriebsstättenbezogen zu erfüllen. ⁵Die Vertragspartner können zur Sicherung der Qualität und der Wirtschaftlichkeit der Leistungserbringung Regelungen treffen, nach denen die Erbringung bestimmter medizinisch-technischer Leistungen den Fachärzten vorbehalten ist, für die diese Leistungen zum Kern ihres Fachgebietes gehören.

(2) ¹Der Nachweis der nach Abs. 1 geforderten fachlichen Qualifikation ist durch ein Kolloquium von der Kassenärztlichen Vereinigung zu führen, sofern der Arzt nicht die fachliche Qualifikation für diese Leistung durch Weiterbildung erworben und diese erfolgreich durch ein Fachgespräch oder eine andere Prüfung vor der Ärztekammer abgeschlossen hat. ²Dieses gilt, soweit in den Vereinbarungen nach § 135 Abs. 2 SGB V nichts Anderes ausdrücklich bestimmt ist.

(2a) ¹Sofern in den Anlagen zu diesem Vertrag nichts Anderes geregelt ist, bedarf die Erbringung von Leistungen nach Absatz 1 nach erfolgreichem Nachweis der Qualifikation einer Genehmigung der Kassenärztlichen Vereinigung. [2]Sofern ein angestellter Arzt bei einem Vertragsarzt oder in einem Medizinischen Versorgungszentrum entsprechende Leistungen erbringen soll, ist die Genehmigung zur Erbringung dieser Leistungen dem Vertragsarzt oder dem Medizinischen Versorgungszentrum zu erteilen. [3]Die Kassenärztliche Vereinigung teilt dem in der Vertragsarztpraxis oder Medizinischen Versorgungszentrum angestellten Arzt die Erteilung oder den Fortbestand der Genehmigung mit. [4]Im Falle des Medizinischen Versorgungszentrums und im Falle des Vertragsarztes, sofern er nicht selbst die Qualifikationsvoraussetzungen erfüllt und eine Abrechnungsgenehmigung erhalten hat, beschränkt sich der Genehmigungsinhalt darauf, dass nur durch die entsprechend qualifizierten angestellten Ärzte die in Betracht kommenden Leistungen erbracht werden dürfen.

(3) [1]Der Gemeinsame Bundesausschuss bestimmt durch Richtlinien Kriterien zur Qualitätsbeurteilung sowie Auswahl, Umfang und Verfahren der Stichprobenprüfung gemäß § 136 SGB V. [2]Diese Richtlinien sind in der vertragsärztlichen Versorgung verbindlich.

(4) [1]Der Gemeinsame Bundesausschuss bestimmt aufgrund § 137 SGB V durch Richtlinien nach § 92 SGB V die grundsätzlichen Anforderungen an ein einrichtungsinternes Qualitätsmanagement sowie die verpflichtenden einrichtungsübergreifenden Maßnahmen der Qualitätssicherung, die insbesondere zum Ziel haben, die Ergebnisqualität zu verbessern, sowie Kriterien für die indikationsbezogene Notwendigkeit und Qualität der durchgeführten diagnostischen und therapeutischen Leistungen, insbesondere aufwendiger medizinischer Leistungen. [2]Diese Richtlinien sind in der vertragsärztlichen Versorgung verbindlich.

(5) [1]Die Erfüllung der Anforderungen nach Absatz 1 ist gegenüber der Kassenärztlichen Vereinigung nachzuweisen. [2]Gemäß Absatz 1 Satz 3 ist der Nachweis gegebenenfalls betriebsstättenbezogen zu führen. [3]Die Kassenärztlichen Vereinigungen teilen den Verbänden der Krankenkassen mit, welche Leistungserbringer die vorgeschriebenen Voraussetzungen erfüllen.

(6) [1]Vertragsärzte, Vertragspsychotherapeuten oder Medizinische Versorgungszentren, welche gemäß den Vereinbarungen nach § 135 Abs. 2 SGB V die Berechtigung zur Ausführung und Abrechnung vertragsärztlicher Leistungen durch die Kassenärztliche Vereinigung erhalten haben, behalten diese Berechtigung auch dann, wenn sie diese Leistungen aufgrund einer Zulassung zur vertragsärztlichen Tätigkeit oder der Genehmigung zur Beteiligung an einer Berufsausübungsgemeinschaft oder der Genehmigung eines weiteren Tätigkeitsortes innerhalb desselben Bereichs der Kassenärztlichen Vereinigung an einer anderen Betriebsstätte oder Nebenbetriebsstätte erbringen. [2]Dies gilt nicht bei betriebsstättenbezogenen Anforderungen (§ 11 Abs. 1 Satz 4). [3]Ist eine Abrechnungsgenehmigung mit der Maßgabe erteilt worden, dass nur ein angestellter Arzt eines Vertragsarztes oder eines Medizinischen Versorgungszentrums diese Leistungen ausführen darf, und wechselt dieser den Arbeitgeber innerhalb des Bezirks der Kassenärztlichen Vereinigung, so kann der neue Arbeitgeber unter Bezugnahme auf die bei der Kassenärztlichen Vereinigung vorhandenen Unterlagen und die zuletzt erteilte Abrechnungsgenehmigung eine entsprechende Abrechnungsgenehmigung erhalten, wenn in der Person des angestellten Arztes die Voraussetzungen für die Ausführung der entsprechenden Leistungen fortbestehen. [4]Sollen die entsprechenden Leistungen im Bereich einer anderen Kassenärztlichen Vereinigung erbracht werden, ist grundsätzlich

für jeden Ort der Leistungserbringung in den Bereichen der beteiligten Kassenärztlichen Vereinigungen eine entsprechende Genehmigung durch die beteiligte Kassenärztliche Vereinigung erforderlich. ⁵Sätze 1 bis 3 gelten entsprechend für die Anerkennung der Berechtigung für den weiteren Tätigkeitsort.

(7) ¹Die Kassenärztlichen Vereinigungen führen Maßnahmen zur Förderung der Qualität durch. ²Sie veröffentlichen einen jährlichen Qualitätsbericht.

(7a) Soweit in Regelungen auf die Richtlinien der Kassenärztlichen Bundesvereinigung zu Verfahren zur Qualitätssicherung in der vertragsärztlichen Versorgung verwiesen wird, gelten diese weiter bis sie von einem Beschluss des Gemeinsamen Bundesausschusses abgelöst werden.

(8) Die von dem GKV-Spitzenverband, der Kassenärztlichen Bundesvereinigung und den betroffenen Bundesverbänden der Leistungserbringer bestimmten Maßnahmen zur Qualitätssicherung ambulant erbrachter Vorsorgeleistungen und/oder Rehabilitationsmaßnahmen gemäß § 137d SGB V sind in der vertragsärztlichen Versorgung verbindlich.

(9) ¹Der GKV-Spitzenverband, die Deutsche Krankenhausgesellschaft und die Kassenärztliche Bundesvereinigung vereinbaren Maßnahmen zur Qualitätssicherung bei ambulanten Operationen und stationsersetzenden Eingriffen gemäß § 115b SGB V. ²Diese Vereinbarungen sind in der vertragsärztlichen Versorgung verbindlich.

(10) ¹Psychotherapeutische Leistungen, die ihrer Eigenart nach besondere Kenntnisse und Erfahrungen voraussetzen, dürfen in der vertragsärztlichen Versorgung nur ausgeführt und abgerechnet werden, wenn der Leistungserbringer die vorgeschriebenen Qualifikationserfordernisse erfüllt. ²Diese sind in der Anlage 1 zu diesem Vertrag für Ärzte und für Psychotherapeuten von den Vertragspartnern vereinbart. ³Absatz 1 Satz 3 sowie die Absätze 2a, 3, 6 und 7a gelten entsprechend.

§ 12 Neue Untersuchungs- und Behandlungsmethoden

(1) ¹Neue Untersuchungs- und Behandlungsmethoden im Sinne des § 135 Abs. 1 SGB V dürfen in der vertragsärztlichen Versorgung nur dann angewendet und abgerechnet werden, wenn der Gemeinsame Bundesausschuss in Richtlinien deren Anerkennung empfohlen hat, die erforderlichen Bestimmungen zur Qualitätssicherung getroffen wurden und sie in den Einheitlichen Bewertungsmaßstab aufgenommen wurden. ²Nicht anerkannte Behandlungsmethoden sind im Rahmen der vertragsärztlichen Versorgung auch keine verordnungsfähigen Leistungen.

(2) ¹Die Durchführung neuer Untersuchungs- und Behandlungsmethoden, für welche der Gemeinsame Bundesausschuss Empfehlungen über die notwendige Qualifikation der Ärzte und die apparativen Anforderungen abgegeben hat, bedarf der Genehmigung durch die Kassenärztliche Vereinigung. ²Die Genehmigung ist zu erteilen, wenn der an der vertragsärztlichen Versorgung teilnehmende Arzt die zu diesem Vertrag genannten Voraussetzungen erfüllt.

(3) Neue Behandlungsverfahren der Psychotherapie dürfen in der vertragsärztlichen Versorgung nur angewandt und abgerechnet werden, wenn der Gemeinsame Bundesausschuss dies in Richtlinien gem. § 92 Abs. 6a SGB V in Verbindung mit § 135 Abs. 1 SGB V geregelt hat und sie in den EBM aufgenommen worden sind.

6. Abschnitt –
Allgemeine Grundsätze der vertragsärztlichen Versorgung

§ 13 Anspruchsberechtigung und Arztwahl

(1) ¹Anspruchsberechtigt nach diesem Vertrag sind alle Versicherten, die ihre Anspruchsberechtigung durch Vorlage der elektronischen Gesundheitskarte oder eines Anspruchsnachweises gemäß § 19 Abs. 2 belegen. ²Die Versicherten sind verpflichtet, die elektronische Gesundheitskarte vor jeder Inanspruchnahme eines Vertragsarztes vorzulegen. ³Die Krankenkassen werden ihre Mitglieder entsprechend informieren.

(2) ¹Kostenerstattungsberechtigte Versicherte, die sich nicht nach Abs. 1 ausweisen, sind Privatpatienten. ²Unberührt davon bleiben die Regelungen nach § 18 Abs. 8 Satz 3 Nr. 1 und Absatz 9. ³Ärztliche Leistungen im Rahmen einer Privatbehandlung sind nach den Grundsätzen der Gebührenordnung für Ärzte (GOÄ) in Rechnung zu stellen. ⁴Die Krankenkassen erstatten nach Maßgabe ihrer Satzung ihren kostenerstattungsberechtigten Versicherten höchstens hierfür die entsprechende Vergütung, die die Krankenkassen bei Erbringung als Sachleistung zu tragen hätten, abzüglich des Erstattungsbetrages für Verwaltungskosten und fehlende Wirtschaftlichkeitsprüfung sowie vorgesehene Zuzahlungen.

(3) ¹Den Versicherten steht die Wahl unter den Vertragsärzten, zugelassenen medizinischen Versorgungszentren, den nach § 311 Abs. 2 SGB V zugelassenen Einrichtungen, den ermächtigten Ärzten und den ermächtigten ärztlich geleiteten Einrichtungen im Umfang der jeweiligen Ermächtigung sowie den zu ambulanten Operationen in den betreffenden Leistungsbereichen zugelassenen Krankenhäusern frei. ²Andere Ärzte und ärztlich geleitete Einrichtungen dürfen nur in Notfällen in Anspruch genommen werden.

(4) ¹Ärzte für Laboratoriumsmedizin, Mikrobiologie und Infektionsepidemiologie, Nuklearmedizin, Pathologie, Radiologische Diagnostik bzw. Radiologie, Strahlentherapie und Transfusionsmedizin können nur auf Überweisung in Anspruch genommen werden. ²Abweichend von Satz 1 können Ärzte für Radiologische Diagnostik bzw. Radiologie im Rahmen des Programms zur Früherkennung von Brustkrebs durch Mammographie-Screening gemäß den Krebsfrüherkennungs-Richtlinien des Gemeinsamen Bundesausschusses i. V. m. Anlage 9.2 des Bundesmantelvertrages direkt in Anspruch genommen werden. ³Sie sind berechtigt, gemäß Anlage 9.2 die notwendigen Leistungen zu veranlassen.

(5) Im Einheitlichen Bewertungsmaßstab (EBM) können hochspezialisierte Leistungen bestimmt werden, die wegen besonderer apparativer und fachlicher Voraussetzungen oder zur Sicherung der Qualität der Versorgung nur auf Überweisung in Anspruch genommen werden können.

(6) ¹Bei psychotherapeutischer Behandlung durch Psychologische Psychotherapeuten und Kinder- und Jugendlichenpsychotherapeuten ist spätestens nach den probatorischen Sitzungen der Konsiliarbericht einzuholen. ²Das Nähere bestimmt Anlage 1 zu diesem Vertrag.

(7) ¹Der Vertragsarzt ist berechtigt, die Behandlung eines Versicherten, der das 18. Lebensjahr vollendet hat, abzulehnen, wenn dieser nicht vor der Behandlung die

elektronische Gesundheitskarte vorlegt. ²Dies gilt nicht bei akuter Behandlungsbedürftigkeit sowie für die nicht persönliche Inanspruchnahme des Vertragsarztes durch den Versicherten. ³Der Vertragsarzt darf die Behandlung eines Versicherten im Übrigen nur in begründeten Fällen ablehnen. ⁴Er ist berechtigt, die Krankenkasse unter Mitteilung der Gründe zu informieren.

(8) ¹Die Übernahme der Behandlung verpflichtet den Vertragsarzt dem Versicherten gegenüber zur Sorgfalt nach den Vorschriften des bürgerlichen Vertragsrechtes. ²Hat der Vertragsarzt die Behandlung übernommen, ist er auch verpflichtet, die in diesem Rahmen notwendigen Verordnungen zu treffen, soweit die zu verordnenden Leistungen in die Leistungspflicht der gesetzlichen Krankenversicherung fallen.

(9) ¹Bei der Verordnung von zuzahlungspflichtigen Arznei-, Verband-, Heil- und Hilfsmitteln – sofern der Patient das 18. Lebensjahr vollendet hat – und Verordnung von Krankenbeförderungen ist von der Zuzahlungspflicht des Patienten auszugehen. ²Dies gilt nicht im Falle von Verordnungen im Rahmen der Behandlung von Schwangeren, die im Zusammenhang mit der Schwangerschaft und/oder Entbindung erbracht werden. ³Vertragsärzte dürfen nur dann die Befreiung von der Zuzahlung kenntlich machen, wenn der Versicherte einen gültigen Befreiungsbescheid seiner Krankenkasse vorlegt.

§ 14 Vertreter, Assistenten, angestellte Ärzte, nichtärztliche Mitarbeiter

(1) ¹Erbringen Vertreter Leistungen, für deren Erbringung eine Qualifikation gemäß § 11 dieses Vertrages Voraussetzung ist, hat sich der vertretene Arzt darüber zu vergewissern, dass die Qualifikationsvoraussetzungen erfüllt sind. ²Sind diese Qualifikationsvoraussetzungen nicht erfüllt, dürfen die Leistungen, die eine besondere Qualifikation erfordern, nicht erbracht werden. ³Im Rahmen der Verordnung von Substitionsmitteln gilt im Vertretungsfall § 5 Absatz 5 Satz 2 Betäubungsmittel-Verschreibungsverordnung. ⁴Für die Leistungserbringung durch angestellte Ärzte in einer Vertragsarztpraxis oder in einem Medizinischen Versorgungszentrum gilt § 11 Abs. 1 Satz 3. ⁴Sind die Qualifikationsvoraussetzungen nicht erfüllt, darf der angestellte Arzt diese Leistungen nicht eigenverantwortlich ausführen.

(2) ¹Werden Assistenten, angestellte Ärzte oder Vertreter (§§ 32, 32a, 32b Ärzte-ZV) beschäftigt, so haftet der Vertragsarzt oder das medizinische Versorgungszentrum für die Erfüllung der vertragsärztlichen Pflichten wie für die eigene Tätigkeit. ²Das Gleiche gilt bei der Beschäftigung nichtärztlicher Mitarbeiter.

(3) ¹Vertretung bei genehmigungspflichtigen psychotherapeutischen Leistungen einschließlich der probatorischen Sitzungen ist grundsätzlich unzulässig. ²Im Übrigen ist eine Vertretung nur im Rahmen der Absätze 1 und 2 und unter Beachtung der berufsrechtlichen Befugnisse zulässig.

§ 14a Persönliche Leitung der Vertragsarztpraxis bei angestellten Ärzten

(1) ¹In Fällen, in denen nach § 95 Abs. 9 SGB V i. V. m. § 32b Abs. 1 Ärzte-ZV der Vertragsarzt einen angestellten Arzt oder angestellte Ärzte beschäftigen darf, ist sicherzustellen, dass der Vertragsarzt die Arztpraxis persönlich leitet. ²Die persönliche Leitung ist anzunehmen, wenn je Vertragsarzt nicht mehr als drei vollzeitbeschäftigte

oder teilzeitbeschäftigte Ärzte in einer Anzahl, welche im zeitlichen Umfang ihrer Arbeitszeit drei vollzeitbeschäftigten Ärzten entspricht, angestellt werden. ³Bei Vertragsärzten, welche überwiegend medizinisch-technische Leistungen erbringen, wird die persönliche Leitung auch bei der Beschäftigung von bis zu vier vollzeitbeschäftigten Ärzten vermutet; Satz 2 2. Halbsatz gilt entsprechend. ⁴Bei Vertragsärzten, welche eine Zulassung nach § 19a Ärzte-ZV für einen hälftigen Versorgungsauftrag haben, vermindert sich die Beschäftigungsmöglichkeit auf einen vollzeitbeschäftigten oder zwei teilzeitbeschäftigte Ärzte je Vertragsarzt. ⁵Die Beschäftigung eines Weiterbildungsassistenten wird insoweit nicht angerechnet. ⁶Will der Vertragsarzt über den Umfang nach Sätzen 2 bis 4 hinaus weitere Ärzte beschäftigen, hat er dem Zulassungsausschuss vor der Erteilung der Genehmigung nachzuweisen, durch welche Vorkehrungen die persönliche Leitung der Praxis gewährleistet ist.

(2) ¹Die Beschäftigung eines angestellten Arztes eines anderen Fachgebiets oder einer anderen Facharztkompetenz als desjenigen Fachgebiets oder derjenigen Facharztkompetenz, für die der Vertragsarzt zugelassen ist, ist zulässig. ²Dies gilt auch für eine Anstellung nach § 15a Abs. 6 Satz 2. ³Beschäftigt der Vertragsarzt einen angestellten Arzt eines anderen Fachgebiets oder einer anderen Facharztkompetenz, der in diesem Fachgebiet oder unter dieser Facharztkompetenz tätig wird, so ist die gleichzeitige Teilnahme dieser Arztpraxis an der hausärztlichen und fachärztlichen Versorgung zulässig. ⁴Im Übrigen gelten Absatz 1 und § 15 Abs. 1 Satz 1 mit der Maßgabe, dass der Vertragsarzt bei der Erbringung der fachärztlichen Leistungen des angestellten Arztes die Notwendigkeit der Leistung mit zu verantworten hat.

§ 15 Persönliche Leistungserbringung

(1) ¹Jeder an der vertragsärztlichen Versorgung teilnehmende Arzt ist verpflichtet, die vertragsärztliche Tätigkeit persönlich auszuüben. ²Persönliche Leistungen sind auch ärztliche Leistungen durch genehmigte Assistenten und angestellte Ärzte gemäß § 32b Ärzte-ZV, soweit sie dem Praxisinhaber als Eigenleistung zugerechnet werden können. ³Dem Praxisinhaber werden die ärztlichen selbstständigen Leistungen des angestellten Arztes zugerechnet, auch wenn sie in der Betriebsstätte oder Nebenbetriebsstätte der Praxis in Abwesenheit des Vertragsarztes erbracht werden. ⁴Dasselbe gilt für fachärztliche Leistungen eines angestellten Arztes eines anderen Fachgebiets (§ 14a Abs. 2), auch wenn der Praxisinhaber sie nicht selbst mitbrachte oder beaufsichtigt hat. ⁵Persönliche Leistungen sind ferner Hilfeleistungen nichtärztlicher Mitarbeiter, die der an der vertragsärztlichen Versorgung teilnehmende Arzt, der genehmigte Assistent oder ein angestellter Arzt anordnet und fachlich überwacht, wenn der nichtärztliche Mitarbeiter zur Erbringung der jeweiligen Hilfeleistung qualifiziert ist. ⁶Das Nähere zur Erbringung von ärztlich angeordneten Hilfeleistungen durch nichtärztliche Mitarbeiter in der Häuslichkeit der Patienten, in Alten- oder Pflegeheimen oder in anderen beschützenden Einrichtungen ist in Anlage 8 zu diesem Vertrag geregelt.

(2) ¹Verordnungen dürfen vom Vertragsarzt nur ausgestellt werden, wenn er sich persönlich von dem Krankheitszustand des Patienten überzeugt hat oder wenn ihm der Zustand aus der laufenden Behandlung bekannt ist. ²Hiervon darf nur in begründeten Ausnahmefällen abgewichen werden.

(3) ¹Vertragsärzte können sich bei gerätebezogenen Untersuchungsleistungen zur gemeinschaftlichen Leistungserbringung mit der Maßgabe zusammenschließen, dass die ärztlichen Untersuchungsleistungen nach fachlicher Weisung durch einen der beteiligten Ärzte persönlich in seiner Praxis oder in einer gemeinsamen Einrichtung durch einen gemeinschaftlich beschäftigten angestellten Arzt nach § 32b Ärzte-ZV erbracht werden. ²Die Leistungen sind persönliche Leistungen des jeweils anweisenden Arztes, der an der Leistungsgemeinschaft beteiligt ist. ³Sind Qualifikationsvoraussetzungen gemäß § 11 dieses Vertrages vorgeschrieben, so müssen alle Gemeinschaftspartner und ein angestellter Arzt nach § 32b Ärzte-ZV, sofern er mit der Ausführung der Untersuchungsmaßnahmen beauftragt ist, diese Voraussetzungen erfüllen.

(4) ¹Ein Zusammenschluss von Vertragsärzten bei gerätebezogenen Untersuchungsleistungen zur gemeinschaftlichen Leistungserbringung von Laboratoriumsleistungen des Abschnitts 32.2 des Einheitlichen Bewertungsmaßstabes ist mit Wirkung ab 01. Januar 2009 ausgeschlossen. ²Bestehende Leistungserbringergemeinschaften (Gründung vor dem 1. Januar 2009) dürfen bis zum 31.12.2009 fortgeführt werden.

§ 15a Vertragsärztliche Tätigkeit an weiteren Orten (Betriebsstätten) und in gemeinschaftlicher Berufsausübung

(1) ¹Der Vertragsarzt kann unter den Voraussetzungen des Absatzes 2 an weiteren Orten vertragsärztlich tätig sein. ²Betriebsstätte ist der Vertragsarztsitz. ³Jeder Ort einer weiteren Tätigkeit des Vertragsarztes ist eine Nebenbetriebsstätte der vertragsärztlichen Tätigkeit. ⁴Wird der Vertragsarzt gleichzeitig als angestellter Arzt in einem Medizinischen Versorgungszentrum oder bei einem anderen Vertragsarzt tätig, ist dieser Tätigkeitsort des Arztes die Betriebsstätte des Medizinischen Versorgungszentrums oder die Betriebsstätte des anderen Vertragsarztes. ⁵Wird der Vertragsarzt außerhalb seines Vertragsarztsitzes gemäß Absatz 4 in einer Berufsausübungsgemeinschaft tätig, ist der weitere Tätigkeitsort die Betriebsstätte der Berufsausübungsgemeinschaft. ⁶Dies gilt auch, wenn sich die gemeinsame Berufsausübung auf einzelne Leistungen beschränkt. ⁷Betriebsstätte des Belegarztes ist sowohl die Arztpraxis als auch das Krankenhaus. ⁸Betriebsstätte des ermächtigten Arztes ist der Ort der Ausübung seiner vertragsärztlichen Tätigkeit, zu der er ermächtigt ist.

(2) ¹Die Tätigkeit des Vertragsarztes in einer weiteren Nebenbetriebsstätte außerhalb des Vertragsarztsitzes ist zulässig, wenn sie gemäß § 24 Ärzte-ZV genehmigt worden ist oder nach dieser Vorschrift ohne Genehmigung erlaubt ist. ²Tätigkeitsorte, an denen Anästhesisten vertragsärztliche Leistungen außerhalb ihres Vertragsarztsitzes erbringen, gelten als Nebenbetriebsstätten des Anästhesisten; Nebenbetriebsstätten des Anästhesisten sind auch Vertragszahnarztpraxen. ³Die Nebenbetriebsstätten der Anästhesisten bedürfen der Genehmigung der Kassenärztlichen Vereinigung. ⁴Soweit es sich um Nebenbetriebsstätten handelt, an denen schmerztherapeutische Leistungen erbracht werden, ist die Genehmigung zu erteilen, wenn die Voraussetzungen des § 24 Abs. 3 Ärzte-ZV vorliegen. ⁵Werden nur anästhesiologische Leistungen erbracht, ist die Genehmigung zu erteilen, wenn die Versorgung durch die Anzahl der Nebenbetriebsstätten nicht gefährdet ist. ⁶Nebenbetriebsstätten des Anästhesisten in Bezirken einer anderen Kassenärztlichen Vereinigung bedürfen der Genehmigung der Kassenärztlichen Vereinigung seines Vertragsarztsitzes; § 24 Abs. 3 Ärzte-ZV bleibt unberührt, sofern es sich um schmerztherapeutische Leistungen handelt.

(3) ¹Absätze 1 und 2 gelten für Medizinische Versorgungszentren entsprechend. ²Weitere Einrichtungen von Medizinischen Versorgungszentren sind Nebenbetriebsstätten des Medizinischen Versorgungszentrums.

(4) ¹Die gemeinsame Berufsausübung ist mit Genehmigung des Zulassungsausschusses gemäß § 33 Ärzte-ZV zulässig. ²Haben die Berufsausübungsgemeinschaftspartner denselben Vertragsarztsitz, ist dieser Ort Betriebsstätte der Berufsausübungsgemeinschaft. ³Die Bildung weiterer Nebenbetriebsstätten bedarf, soweit vorgeschrieben, der Genehmigung nach Absatz 2. ⁴Hat die Berufsausübungsgemeinschaft mehrere örtlich unterschiedliche Vertragsarztsitze im Bezirk einer Kassenärztlichen Vereinigung, bestimmen die Berufsausübungsgemeinschaftspartner durch Anzeige an die Kassenärztliche Vereinigung einen Vertragsarztsitz als Betriebsstätte und den oder die weiteren Vertragsarztsitze als Nebenbetriebsstätten; die Wahl des Sitzes ist für den Ort zulässig, wo der Versorgungsschwerpunkt der Tätigkeit der Berufsausübungsgemeinschaft liegt. ⁵Die Wahlentscheidung ist für die Dauer von zwei Jahren verbindlich. ⁶Sie kann nur jeweils für den Beginn eines Quartals getroffen werden. ⁷Unterbleibt die Festlegung nach Fristsetzung der Kassenärztlichen Vereinigung, bestimmt diese die Betriebsstätte und die Nebenbetriebsstätte. ⁸Sind die Berufsausübungsgemeinschaftspartner wechselseitig an diesen Vertragsarztsitzen tätig, bedarf dies nicht der Genehmigung nach Absatz 2, wenn die Voraussetzungen der Präsenzverpflichtung nach § 17 erfüllt sind und eine Tätigkeit am jeweils anderen Vertragsarztsitz nur in begrenztem Umfang ausgeübt wird; hinsichtlich des zeitlichen Umfangs einer entsprechenden Tätigkeit gilt insoweit § 17 Abs. 1a. ⁹Auf Verlangen der zuständigen Kassenärztlichen Vereinigung ist dies nachzuweisen; sie kann die Verpflichtung durch Auflagen sichern. ¹⁰Sollen neben der Tätigkeit an den Vertragsarztsitzen weitere Nebenbetriebsstätten errichtet werden, bedarf dies der Genehmigung nach Absatz 2, soweit diese vorgesehen ist. ¹¹Für Gemeinschaftspraxen mit Vertragsarztsitzen in Bereichen von mindestens zwei Kassenärztlichen Vereinigungen gilt ergänzend § 15b.

(5) ¹Die gemeinsame Berufsausübung kann sich auf die Erbringung einzelner Leistungen beschränken (Teilberufsausübungsgemeinschaft). ²Die Möglichkeit für den Patienten, die Zweitmeinung anderer Ärzte, welche nicht in der Teilberufsausübungsgemeinschaft zusammengeschlossen sind, einzuholen, darf nicht beeinträchtigt werden.

(6) ¹Wird die Tätigkeit in einer Nebenbetriebsstätte nach Absatz 2 genehmigt, ist der Arzt verpflichtet, die Behandlung von Versicherten an diesem Tätigkeitsort grundsätzlich persönlich durchzuführen. ²Die Beschäftigung eines angestellten Arztes allein zur Durchführung der Behandlung an dieser Nebenbetriebsstätte ist gestattet, wenn dies von der Genehmigung der Tätigkeit an diesem Ort umfasst ist. § 17 Abs. 1a Satz 5 bleibt unberührt.

(7) Wird die Genehmigung nach Absatz 2 widerrufen, ist dem Vertragsarzt eine angemessene Übergangszeit zur Beendigung seiner Tätigkeit an der Nebenbetriebsstätte einzuräumen.

§ 15b KV-bereichsübergreifende Berufsausübungsgemeinschaften

¹Für Berufsausübungsgemeinschaften, welche Vertragsarztsitze in Bereichen mehrerer Kassenärztlicher Vereinigungen haben, gelten ergänzend die Richtlinien der Kassenärztlichen Bundesvereinigung gemäß § 75 Abs. 7 SGB V. ²Die Wahl des Vertrags-

arztsitzes für zwei Jahre gemäß § 33 Abs. 3 Ärzte-ZV [Hauptsitz der bereichsübergreifenden Berufsausübung] kann nur jeweils zum Beginn eines Quartals durch Anzeige an die maßgebliche Kassenärztliche Vereinigung erfolgen. ³Für die Tätigkeit der Mitglieder der Berufsausübungsgemeinschaft an örtlich unterschiedlichen Vertragsarztsitzen gilt § 17 Abs. 1a.

§ 15c Berufsausübungsgemeinschaften zwischen Medizinischen Versorgungszentren und Vertragsärzten

§§ 15a und 15b gelten entsprechend für Berufsausübungsgemeinschaften zwischen Medizinischen Versorgungszentren und Vertragsärzten unabhängig von der jeweiligen Rechtsform.

§ 16 Regeln der ärztlichen Kunst, Qualität, Wirtschaftlichkeit

¹Jeder Vertragsarzt hat die vertragsärztlichen Leistungen nach den Regeln der ärztlichen Kunst und unter Berücksichtigung des allgemein anerkannten Standes der medizinischen Erkenntnisse zu erbringen sowie das Gebot der Wirtschaftlichkeit (§ 12 SGB V) zu beachten und hierauf seine Behandlungs- und Verordnungsweise einzurichten. ²Die vom Gemeinsamen Bundesausschuss beschlossenen Richtlinien nach § 92 SGB V zur Sicherung einer ausreichenden, zweckmäßigen und wirtschaftlichen Versorgung sind für den Vertragsarzt, die Krankenkasse und für den Leistungsanspruch des Versicherten verbindlich. ³Außerdem hat der Vertragsarzt die Anforderungen an die Qualität der Leistungserbringung nach § 11 zu beachten.

§ 17 Sprechstunden, Besuche

(1) ¹Der Vertragsarzt ist gehalten, an seinem Vertragsarztsitz sowie weiteren Tätigkeitsorten Sprechstunden entsprechend dem Bedürfnis nach einer ausreichenden und zweckmäßigen vertragsärztlichen Versorgung mindestens in dem in Absatz 1a geregelten Umfang festzusetzen und seine Sprechstunden auf einem Praxisschild bekannt zu geben; die Höchstzeiten für Tätigkeiten an weiteren Tätigkeitsorten sind zu beachten. ²Die Sprechstunden sind grundsätzlich mit festen Uhrzeiten auf dem Praxisschild anzugeben. ³Sprechstunden „nach Vereinbarung" oder die Ankündigung einer Vorbestellpraxis dürfen zusätzlich angegeben werden. ⁴Die Ankündigung besonderer Sprechstunden ist nur für die Durchführung von Früherkennungsuntersuchungen zulässig. ⁵Wenn mehrere Ärzte einer Arztgruppe in einer Arztpraxis tätig sind, kann die Veröffentlichung der Sprechstundenzeiten praxisbezogen für die jeweilige Arztgruppe erfolgen. ⁶Die Sprechstundenzeiten nach Absatz 1a Satz 1 und 3 sind der Kassenärztlichen Vereinigung zu melden. ⁷Die Kassenärztlichen Vereinigungen informieren die Versicherten im Internet in geeigneter Weise bundesweit einheitlich über die Sprechstundenzeiten der Vertragsärzte und die Barrierefreiheit der Arztpraxen; offene Sprechstunden nach Absatz 1a Satz 3 sind gesondert auszuweisen.

(1a) ¹Der sich aus der Zulassung des Vertragsarztes ergebende Versorgungsauftrag ist dadurch zu erfüllen, dass der Vertragsarzt an allen zugelassenen Tätigkeitsorten persönlich mindestens 25 Stunden wöchentlich in Form von Sprechstunden zur Verfügung steht. ²Als Sprechstunden gelten die Zeiten, in denen der Vertragsarzt für die

Versorgung der Versicherten unmittelbar zur Verfügung steht. ³Ärzte der in Absatz 1c aufgeführten Arztgruppen müssen von diesen Sprechstundenzeiten mindestens fünf Stunden wöchentlich als offene Sprechstunden ohne vorherige Terminvereinbarung anbieten. ⁴Bei einem reduzierten Versorgungsauftrag gelten die Sprechstundenzeiten nach Satz 1 und 3 jeweils anteilig. ⁵In allen Fällen der Ausübung vertragsärztlicher Tätigkeit an einem weiteren oder mehreren Tätigkeitsorten außerhalb des Vertragsarztsitzes gilt, dass die Tätigkeit am Vertragsarztsitz alle Tätigkeiten außerhalb des Vertragsarztsitzes zeitlich insgesamt überwiegen muss. ⁶Auf die Sprechstundenzeiten nach Satz 1 werden die Besuchszeiten des Vertragsarztes angerechnet; das Nähere zu einer angemessenen Berücksichtigung der Wegezeiten regeln die Gesamtvertragspartner.

(1b) Für angestellte Ärzte gilt Absatz 1a unter Berücksichtigung des vom Zulassungsausschuss genehmigten Tätigkeitsumfangs entsprechend.

(1c) Folgende Arztgruppen müssen offene Sprechstunden gemäß Absatz 1a Satz 3 anbieten:
- Arztgruppen nach Nr. 1 der Präambel zu Kapitel 6 EBM
- Arztgruppen nach Nr. 1 der Präambel zu Kapitel 7 EBM
- Arztgruppen nach Nr. 1 der Präambel zu Kapitel 8 EBM
- Arztgruppen nach Nr. 1 der Präambel zu Kapitel 9 EBM
- Arztgruppen nach Nr. 1 der Präambel zu Kapitel 10 EBM
- Arztgruppen nach Nr. 1 der Präambel zu Kapitel 14 EBM
- Arztgruppen nach Nr. 1 der Präambel zu Kapitel 16 EBM
- Arztgruppen nach Nr. 1 der Präambel zu Kapitel 18 EBM
- Arztgruppen nach Nr. 1 der Präambel zu Kapitel 21 EBM
- Arztgruppen nach Nr. 1 der Präambel zu Kapitel 26 EBM.

(2) Bei der Verteilung der Sprechstunden auf den einzelnen Tag sind die Besonderheiten des Praxisbereiches und die Bedürfnisse der Versicherten (z. B. durch Sprechstunden am Abend oder an Samstagen) zu berücksichtigen.

(3) ¹Ist der Vertragsarzt länger als eine Woche an der Ausübung seiner Praxis verhindert, so hat er dies der Kassenärztlichen Vereinigung unter Benennung der vertretenden Ärzte unverzüglich mitzuteilen. ²Darüber hinaus soll der Vertragsarzt – auch bei Verhinderung von weniger als einer Woche – dies in geeigneter Weise (z. B. durch Aushang) bekanntgeben. ³Die Vertretung ist jeweils mit dem vertretenden Arzt abzusprechen. ⁴Bei Krankheit, Urlaub oder Teilnahme an ärztlicher Fortbildung oder an einer Wehrübung kann sich der Vertragsarzt innerhalb von zwölf Monaten bis zu einer Dauer von drei Monaten ohne Genehmigung der Kassenärztlichen Vereinigung vertreten lassen. ⁵Eine Vertragsärztin kann sich in unmittelbarem zeitlichen Zusammenhang mit einer Entbindung bis zu einer Dauer von zwölf Monaten vertreten lassen.

(4) Besuche außerhalb seines üblichen Praxisbereiches kann der Vertragsarzt ablehnen, es sei denn, dass es sich um einen dringenden Fall handelt und ein Vertragsarzt, in dessen Praxisbereich die Wohnung des Kranken liegt, nicht zu erreichen ist.

(5) Wird ohne zwingenden Grund ein anderer als einer der nächsterreichbaren Vertragsärzte in Anspruch genommen, hat der Versicherte die Mehrkosten zu tragen.

(6) ¹Die Besuchsbehandlung ist grundsätzlich Aufgabe des behandelnden Hausarztes. ²Ein Arzt mit Gebietsbezeichnung, der nicht die Funktion des Hausarztes wahr-

nimmt, ist unbeschadet seiner Verpflichtung zur Hilfeleistung in Notfällen auch zur Besuchsbehandlung berechtigt und verpflichtet:
1. Wenn er zur konsiliarischen Beratung hinzugezogen wird und nach dem Ergebnis der gemeinsamen Beratung weitere Besuche durch ihn erforderlich sind,
2. wenn bei Versicherten, die von ihm behandelt werden, wegen einer Erkrankung aus seinem Fachgebiet ein Besuch notwendig ist.

(7) Die Krankenkassen haben ihre Versicherten darüber aufzuklären, dass sie einen Anspruch auf Besuchsbehandlung nur haben, wenn ihnen das Aufsuchen des Arztes in dessen Praxisräumen wegen Krankheit nicht möglich oder nicht zumutbar ist.

§ 17a Anforderungen für vom Hausarzt an den Facharzt gemäß § 73 Abs. 1 Nr. 2 SGB V vermittelten Termin

¹Der Hausarzt kann für den Versicherten bei einem Facharzt einen Termin vermitteln, wenn dies aus medizinischen Gründen dringend erforderlich ist (§ 73 Abs. 1 Nr. 2 SGB V). ²Der vermittelte Termin muss innerhalb eines Zeitraums von vier Kalendertagen nach Feststellung der Behandlungsnotwendigkeit durch den Hausarzt liegen.

7. Abschnitt –
Inanspruchnahme vertragsärztlicher Leistungen durch den Versicherten

§ 18 Zuzahlungspflichten der Versicherten und Vergütungsanspruch gegen Versicherte

(1) *(aufgehoben)*

(2) *(aufgehoben)*

(3) *(aufgehoben)*

(4) *(aufgehoben)*

(5) *(aufgehoben)*

(5a) *(aufgehoben)*

(6) *(aufgehoben)*

(7) *(aufgehoben)*

(7a) *(aufgehoben)*

(8) ¹Der Versicherte hat Anspruch auf Sachleistung, wenn er nicht Kostenerstattung gewählt hat. ²Vertragsärzte, die Versicherte zur Inanspruchnahme einer privatärztlichen Versorgung an Stelle der ihnen zustehenden Leistungen der gesetzlichen Krankenversicherung beeinflussen, verstoßen gegen ihre vertragsärztlichen Pflichten. ³Der Vertragsarzt darf von einem Versicherten eine Vergütung nur fordern,
1. wenn die elektronische Gesundheitskarte vor der ersten Inanspruchnahme im Quartal nicht vorgelegt worden ist bzw. ein Anspruchsnachweis gemäß § 19 Abs. 2 nicht vorliegt und nicht innerhalb einer Frist von zehn Tagen nach der ersten Inanspruchnahme nachgereicht wird,
2. wenn und soweit der Versicherte vor Beginn der Behandlung ausdrücklich verlangt, auf eigene Kosten behandelt zu werden, und dieses dem Vertragsarzt schriftlich bestätigt,

3. wenn für Leistungen, die nicht Bestandteil der vertragsärztlichen Versorgung sind, vorher die schriftliche Zustimmung des Versicherten eingeholt und dieser auf die Pflicht zur Übernahme der Kosten hingewiesen wurde.

(8a) Bei Leistungen der künstlichen Befruchtung rechnet der Vertragsarzt 50 % der nach dem Behandlungsplan genehmigten Behandlungskosten unmittelbar gegenüber dem nach § 27a SGB V anspruchsberechtigten Versicherten auf der Grundlage des EBM ab.

(9) Eine entsprechend Absatz 8 Satz 3 Nr. 1 vom Versicherten entrichtete Vergütung ist zurückzuzahlen, wenn dem Vertragsarzt bis zum Ende des Kalendervierteljahres eine gültige elektronische Gesundheitskarte bzw. ein Anspruchsnachweis gemäß § 19 Abs. 2 vorgelegt wird.

(10) ¹Der Vertragsarzt darf für vertragsärztliche Leistungen mit Ausnahme von Massagen, Bädern und Krankengymnastik, die als Bestandteil der ärztlichen Behandlung erbracht werden, von Versicherten keine Zuzahlungen fordern. ²Die Verbände der Krankenkassen verständigen sich intern über einheitliche Zuzahlungsbeträge für Leistungen gemäß Satz 1 und teilen diese den Kassenärztlichen Vereinigungen spätestens sechs Wochen vor Quartalsende mit Wirkung zum folgenden Quartal mit. ³Den Vertragsärzten wird durch die Kassenärztlichen Vereinigungen der für ihren Praxissitz geltende, für alle Kassenarten einheitliche Zuzahlungsbetrag mitgeteilt.

§ 19 Elektronische Gesundheitskarte

(1) ¹Zum Nachweis der Anspruchsberechtigung ist der Versicherte verpflichtet, eine elektronische Gesundheitskarte gem. § 291 Abs. 2a SGB V vorzulegen. ²Das Nähere zum Inhalt und zur Anwendung sowie zu einem Ersatzverfahren ist in Anlage 4a geregelt.

(1a) Wenn für einen Patienten bis zum vollendeten 3. Lebensmonat zum Zeitpunkt der Arzt-/Patientenbegegnung noch keine elektronische Gesundheitskarte vorliegt, ist für die Abrechnung das Ersatzverfahren durchzuführen.

(2) ¹Wird von der Krankenkasse anstelle der elektronischen Gesundheitskarte im Einzelfall ein Anspruchsnachweis zur Inanspruchnahme von Leistungen ausgegeben, muss dieser die Angaben gemäß § 291 Abs. 2 Satz 1 Nr. 1 bis 9 SGB V enthalten. ²Die Krankenkasse darf einen Anspruchsnachweis nach Satz 1 nur im Ausnahmefall zur Überbrückung von Übergangszeiten bis der Versicherte eine elektronische Gesundheitskarte erhält, ausstellen. ³Der Anspruchsnachweis ist entsprechend zu befristen. ⁴Die Krankenkasse ist verpflichtet, ungültige elektronische Gesundheitskarten einzuziehen.

(3) ¹Der Leistungsanspruch von Versicherten, die ihrer Verpflichtung zur Beitragszahlung nicht nachkommen, ist eingeschränkt (§ 16 Abs. 3a SGB V). ²Der Vertragsarzt darf in diesen Fällen nur die notwendigen Untersuchungen, die zur Früherkennung von Krankheiten nach § 25 (Gesundheitsuntersuchung) und § 26 (Kinderuntersuchung) SGB V und Leistungen, die zur Behandlung akuter Erkrankungen und Schmerzzustände sowie bei Schwangerschaft und Mutterschaft erforderlich sind, erbringen, veranlassen und verordnen. ³Art und Umfang der notwendigen Leistungen zur Klärung und Behandlung akuter Erkrankungen und Schmerzzustände oder bei auffälligen Befunden im Rahmen der Früherkennung von Krankheiten sind von dem ausführenden Vertrags-

arzt nach medizinischem Erfordernis zu bestimmen. [4]Die Krankenkasse zieht die elektronische Gesundheitskarte ein. [5]Zum Nachweis des eingeschränkten Anspruchs erhalten die Versicherten ein von der Krankenkasse ausgestelltes Vordruckmuster 85. [6]Bei erforderlicher Veranlassung diagnostischer oder therapeutischer Maßnahmen ist der eingeschränkte Leistungsanspruch des Versicherten auf dem Überweisungsschein gemäß Muster 6 der Vordruckvereinbarung zu kennzeichnen. [7]Das ausgestellte Vordruckmuster 85 ist jeweils für die Abrechnung der Leistungen in dem Quartal der Ausstellung gültig. [8]Für die Abrechnung der Leistungen und die Ausstellung von Verordnungen ist das Ersatzverfahren nach Anlage 4a zu dieser Vereinbarung anzuwenden. [9]Der vorgelegte Vordruck verbleibt in der Arztpraxis.

(4) [1]Kann die an Empfänger von Gesundheitsleistungen mit eingeschränktem Leistungsanspruch nach den §§ 4 und 6 des Asylbewerberleistungsgesetzes ausgegebene elektronische Gesundheitskarte nicht verwendet werden und sind die Felder der Europäischen Krankenversichertenkarte (EHIC) entwertet oder ist die EHIC als ungültig gekennzeichnet, kommt ebenfalls das Ersatzverfahren nach Anlage 4a zu diesem Vertrag zur Anwendung. [2]Soweit der behandelnde Arzt in diesen Fällen erkennen kann, dass ein eingeschränkter Leistungsanspruch vorliegt, ist die Krankenkasse, die die eGK ausgegeben hat, verpflichtet, alle erbrachten Leistungen zu vergüten. [3]Die Vergütung richtet sich gemäß § 4 Abs. 3 Satz 3 des Asylbewerberleistungsgesetzes nach den am Ort der Niederlassung des Arztes geltenden Verträgen nach § 72 Abs. 2 und § 132e Abs. 1 SGB V. [4]Findet das Ersatzverfahren bei Leistungsberechtigten nach § 264 Abs. 2 SGB V statt, besteht ein Vergütungsanspruch nur für die Leistungen, die nicht Bestandteil der morbiditätsbedingten Gesamtvergütung sind. [5]Dies gilt auch für Leistungsberechtigte mit eingeschränktem Leistungsanspruch nach den §§ 4 und 6 des Asylbewerberleistungsgesetzes, soweit für die Vergütung der Leistungen, die Bestandteil der morbiditätsbedingten Gesamtvergütung wären, ein eigenständiger Behandlungsbedarf gilt.

§ 20

(gestrichen)

§ 21 Behandlungsfall/Krankheitsfall/Betriebsstättenfall/Arztfall/Arztgruppenfall

(1) [1]Die gesamte von derselben Arztpraxis (Vertragsarzt, Vertragspsychotherapeut, Berufsausübungsgemeinschaft, Medizinisches Versorgungszentrum) innerhalb desselben Kalendervierteljahres an demselben Versicherten ambulant zu Lasten derselben Krankenkasse vorgenommene Behandlung gilt jeweils als Behandlungsfall. [2]Ein einheitlicher Behandlungsfall liegt auch dann vor, wenn sich aus der zuerst behandelten Krankheit eine andere Krankheit entwickelt oder während der Behandlung hinzutritt oder wenn der Versicherte, nachdem er eine Zeitlang einer Behandlung nicht bedurfte, innerhalb desselben Kalendervierteljahres wegen derselben oder einer anderen Krankheit in derselben Arztpraxis behandelt wird. [3]Ein einheitlicher Behandlungsfall liegt auch dann vor, wenn sich die Versichertenart während des Quartals ändert. [4]Es wird die Versichertenart bei der Abrechnung zugrunde gelegt, der bei Quartalsbeginn besteht. [5]Stationäre belegärztliche Behandlung ist ein eigenständiger Behandlungsfall auch dann, wenn im selben Quartal ambulante Behandlung durch

§ 21 Bundesmantelvertrag – Ärzte – Text

denselben Belegarzt erfolgt. [6]Unterliegt die Häufigkeit der Abrechnung bestimmter Leistungen besonderen Begrenzungen durch entsprechende Regelungen im Einheitlichen Bewertungsmaßstab (EBM), die auf den Behandlungsfall bezogen sind, können sie nur in diesem Umfang abgerechnet werden, auch wenn sie durch denselben Arzt in demselben Kalenderviertljahr bei demselben Versicherten sowohl im ambulanten als auch stationären Behandlungsfall durchgeführt werden. [7]Alle Leistungen, die in einer Einrichtung nach § 311 SGB V oder einem medizinischen Versorgungszentrum bei einem Versicherten pro Quartal erbracht werden, gelten als ein Behandlungsfall. [8]Die Abrechnung der Leistungen, ihre Vergütung sowie die Verpflichtung zur Erfassung der erbrachten Leistungen werden durch die Gesamtvertragspartner geregelt. [9]Ein Krankheitsfall umfasst das aktuelle sowie die nachfolgenden drei Kalendervierteljahre, die der Berechnung der krankheitsfallbezogenen Leistungsposition folgen.

(1a) [1]Die gesamten innerhalb desselben Kalenderviertljahres in derselben Betriebsstätte oder Nebenbetriebsstätte bei demselben Versicherten zu Lasten derselben Krankenkasse vorgenommenen Behandlungsleistungen gelten jeweils als Betriebsstättenfall. [2]Ein Betriebsstättenfall liegt auch vor, wenn die ärztlichen Leistungen bei demselben Versicherten von einem angestellten Arzt des Vertragsarztes oder einem angestellten Arzt des Medizinischen Versorgungszentrums in einer Betriebsstätte oder Nebenbetriebsstätte erbracht werden und von diesem nicht selbst, sondern dem Träger der Betriebsstätte abgerechnet werden. [3]Werden von demselben Arzt bei demselben Versicherten ärztliche Leistungen an unterschiedlichen Betriebsstätten erbracht, in welchen der Arzt in einem jeweils unterschiedlichen vertragsarztrechtlichen Status tätig ist (Vertragsarzt, angestellter Arzt, Arzt im Medizinischen Versorgungszentrum, ermächtigter Arzt, Arzt in genehmigter Berufsausübungsgemeinschaft), liegt jeweils ein gesonderter Betriebsstättenfall vor. [4]Betriebsstättenfälle sind nach Maßgabe der dazu bestehenden besonderen Vorschriften, insbesondere bei der Abrechnung, zu kennzeichnen.

(1b) [1]Als Arztfall werden alle Leistungen bei einem Versicherten bezeichnet, welche durch denselben Arzt unabhängig vom vertragsarztrechtlichen Status in der vertragsärztlichen Versorgung in demselben Kalenderviertljahr und unabhängig von der Betriebsstätte/ Nebenbetriebsstätte zu Lasten derselben Krankenkasse erbracht werden. [2]Der Bewertungsausschuss trifft im Einheitlichen Bewertungsmaßstab (EBM) besondere Abrechnungsregelungen für Arztfälle. [3]Für Arztfälle bei verordneten Leistungen kann in den maßgeblichen Prüfungsvereinbarungen (z. B. Prüfung von Richtgrößen) nach dem vertragsarztrechtlichen Status unterschieden werden.

(1c) [1]Der Arztgruppenfall stellt einen Behandlungsfall dar, bei dem an die Stelle der Arztpraxis die Arztgruppe einer Arztpraxis tritt. [2]Damit gilt die gesamte von derselben Arztgruppe einer Arztpraxis innerhalb desselben Kalenderviertljahres an demselben Versicherten ambulant zu Lasten derselben Krankenkasse vorgenommene Behandlung als Arztgruppenfall. [3]Zu einer Arztgruppe gehören diejenigen Ärzte, denen im EBM ein Kapitel bzw. in Kapitel 13 ein Unterabschnitt zugeordnet ist.

(2) Die ausschließliche Abrechnung von Befundberichten und schriftlichen Mitteilungen an andere Ärzte bzw. von Kosten zu Lasten der Krankenkasse in einem auf das Behandlungsquartal folgenden Quartal lösen keinen erneuten Behandlungsfall aus.

(3) ¹Endet die Anspruchsberechtigung eines Versicherten bei seiner Krankenkasse im Laufe eines Behandlungsfalles, ohne dass dies dem Vertragsarzt bei der Behandlung bekannt ist, so hat die Krankenkasse die Vergütung für die bis zum Zeitpunkt der Unterrichtung des Vertragsarztes erbrachten Leistungen zu entrichten. ²Dasselbe gilt für den Fall des Kassenwechsels, solange der Versicherte dem Vertragsarzt die elektronische Gesundheitskarte bzw. den Anspruchsnachweis der neuen Krankenkasse nicht vorgelegt hat. ³Legt der Versicherte noch während des laufenden Kalendervierteljahres die neue elektronische Gesundheitskarte bzw. den neuen Anspruchsnachweis vor, gilt dieser rückwirkend zum Tage des Kassenwechsels; bereits bis dahin ausgestellte Verordnungen oder Überweisungen des Vertragsarztes bleiben davon unberührt.

(4) Die Krankenkasse hält die Versicherten dazu an, einen Vertragsarzt innerhalb eines Kalendervierteljahres nur bei Vorliegen eines wichtigen Grundes zu wechseln.

§ 22 Inanspruchnahme der Früherkennungsmaßnahmen

(1) Versicherte mit Anspruch auf Maßnahmen zur Früherkennung von Krankheiten (Gesundheitsuntersuchungen, Krebsfrüherkennung, Früherkennung von Krankheiten bei Kindern) weisen diesen durch Vorlage der elektronischen Gesundheitskarte oder eines Anspruchsnachweises nach.

(2) Wenn für einen Patienten bis zum vollendeten 3. Lebensmonat zum Zeitpunkt der Untersuchungen nach den Richtlinien über die Früherkennung von Krankheiten bei Kindern noch keine elektronische Gesundheitskarte vorliegt, ist für die Abrechnung das Ersatzverfahren durchzuführen.

(3) ¹Die Krankenkassen informieren ihre Versicherten über die Voraussetzung zur Inanspruchnahme von Früherkennungsmaßnahmen. ²Der Vertragsarzt hat die Erfüllung der Voraussetzungen zu beachten, soweit dies an Hand der Angaben des Versicherten und seiner ärztlichen Unterlagen und Aufzeichnungen möglich ist.

§ 23 Information über Richtlinien des Gemeinsamen Bundesausschusses

Die Krankenkassen informieren ihre Versicherten, die Kassenärztlichen Vereinigungen die Vertragsärzte über den durch die Richtlinien des Gemeinsamen Bundesausschusses geregelten Umfang des Leistungsanspruchs.

§ 23a Information über gesetzliche Zuzahlung

Die Krankenkassen informieren ihre Versicherten, die Kassenärztlichen Vereinigungen die Vertragsärzte über gesetzliche Zuzahlungsverpflichtungen.

8. Abschnitt – Vertragsärztliche Leistungen

1. Unterabschnitt Überweisungen

§ 24 Überweisungen

(1) ¹Der Vertragsarzt hat die Durchführung erforderlicher diagnostischer oder therapeutischer Leistungen durch einen anderen Vertragsarzt, eine nach § 311 Abs. 2 Satz 1 und 2 SGB V zugelassene Einrichtung, ein medizinisches Versorgungszentrum, einen ermächtigten Arzt oder eine ermächtigte ärztlich geleitete Einrichtung durch Überweisung auf vereinbartem Vordruck (Muster 6 bzw. Muster 10 der Vordruckvereinbarung) zu veranlassen. ²Dies gilt auch nach Einführung der elektronischen Gesundheitskarte. ³Ein Überweisungsschein ist auch dann zu verwenden, wenn der Vertragsarzt eine ambulante Operation im Krankenhaus oder eine ambulante spezialfachärztliche Behandlung im Krankenhaus gemäß § 116b SGB V veranlasst. ⁴Ärztliche Leistungen, die im Rahmen des Programms zur Früherkennung von Brustkrebs durch Mammographie-Screening erbracht werden, bedürfen abweichend von Satz 1 keiner Überweisung auf Vordruck.

(2) ¹Eine Überweisung kann – von begründeten Ausnahmefällen abgesehen – nur dann vorgenommen werden, wenn dem überweisenden Vertragsarzt ein gültiger Anspruchsnachweis oder die elektronische Gesundheitskarte vorgelegen hat. ²Eine Überweisung hat auf dem Überweisungsschein (Muster 6 bzw. Muster 10 der Vordruckvereinbarung) zu erfolgen; die Krankenkassen informieren ihre Versicherten darüber, dass ein ausgestellter Überweisungsschein dem in Anspruch genommenen Vertragsarzt vorzulegen ist. ³Der ausführende Arzt ist grundsätzlich an den Überweisungsschein gebunden und darf sich keinen eigenen Abrechnungsschein ausstellen. ⁴Überweisungen durch ermächtigte ärztlich geleitete Einrichtungen und ermächtigte Ärzte sind zulässig, soweit die Ermächtigung dies vorsieht; in der Ermächtigung sind die von der Überweisungsbefugnis umfassten Leistungen festzulegen. ⁵Satz 4 gilt nicht, wenn die betreffenden Leistungen in Polikliniken und Ambulatorien als verselbstständigte Organisationseinheiten desselben Krankenhauses erbracht werden. ⁶Das Recht des Versicherten, auch einen anderen an der vertragsärztlichen Versorgung teilnehmenden Arzt zu wählen, bleibt davon unberührt (§ 13).

(3) ¹Eine Überweisung an einen anderen Arzt kann erfolgen:
1. Zur Auftragsleistung oder
2. zur Konsiliaruntersuchung oder
3. zur Mitbehandlung oder
4. zur Weiterbehandlung.

²Dabei ist in der Regel nur die Überweisung an einen Arzt einer anderen Arztgruppe zulässig.

(4) Überweisungen an einen Vertragsarzt derselben Arztgruppe sind, vorbehaltlich abweichender Regelungen im Gesamtvertrag, nur zulässig zur
1. Inanspruchnahme besonderer Untersuchungs- und Behandlungsmethoden, die vom behandelnden Vertragsarzt nicht erbracht werden,

2. Übernahme der Behandlung durch einen anderen Vertragsarzt bei Wechsel des Aufenthaltsortes des Kranken,
3. Fortsetzung einer abgebrochenen Behandlung.

(5) ¹Zur Gewährleistung der freien Arztwahl soll die Überweisung nicht auf den Namen eines bestimmten Vertragsarztes, sondern auf die Gebiets-, Teilgebiets- oder Zusatzbezeichnung ausgestellt werden, in deren Bereich die Überweisung ausgeführt werden soll. ²Eine namentliche Überweisung kann zur Durchführung bestimmter Untersuchungs- oder Behandlungsmethoden an hierfür ermächtigte Ärzte bzw. ermächtigte ärztlich geleitete Einrichtungen erfolgen.

(6) ¹Der Vertragsarzt hat dem auf Überweisung tätig werdenden Vertragsarzt, soweit es für die Durchführung der Überweisung erforderlich ist, von den bisher erhobenen Befunden und/oder getroffenen Behandlungsmaßnahmen Kenntnis zu geben. ²Der auf Grund der Überweisung tätig gewordene Vertragsarzt hat seinerseits den erstbehandelnden Vertragsarzt über die von ihm erhobenen Befunde und Behandlungsmaßnahmen zu unterrichten, soweit es für die Weiterbehandlung durch den überweisenden Arzt erforderlich ist. ³Nimmt der Versicherte einen an der fachärztlichen Versorgung teilnehmenden Facharzt unmittelbar in Anspruch, übermittelt dieser Facharzt mit Einverständnis des Versicherten die relevanten medizinischen Informationen an den vom Versicherten benannten Hausarzt.

(7) ¹Der überweisende Vertragsarzt soll grundsätzlich die Diagnose, Verdachtsdiagnose oder Befunde mitteilen. ²Er ist verpflichtet, auf dem Überweisungsschein zu kennzeichnen, welche Art der Überweisung vorliegt:
1. Auftragsleistung
  Die Überweisung zur Ausführung von Auftragsleistungen erfordert
  1. die Definition der Leistungen nach Art und Umfang (Definitionsauftrag) oder
  2. eine Indikationsangabe mit Empfehlung der Methode (Indikationsauftrag).
  Für die Notwendigkeit der Auftragserteilung ist der auftragserteilende Vertragsarzt verantwortlich. Die Wirtschaftlichkeit der Auftragsausführung ist vom auftragsausführenden Arzt zu gewährleisten. Dies erfordert bei Aufträgen nach Nr. 1 dann eine Rücksprache mit dem überweisenden Arzt, wenn der beauftragte Arzt aufgrund seines fachlichen Urteils eine andere als die in Auftrag gegebene Leistung für medizinisch zweckmäßig, ausreichend und notwendig hält. Auftragserteilungen nach Nr. 2 erfordern eine Rücksprache nur dann, wenn der beauftragte Arzt eine konsiliarische Absprache zur Indikation für notwendig hält. Ist eine Auftragsleistung hinsichtlich Art, Umfang oder Indikation nicht exakt angegeben, das Auftragsziel – ggf. nach Befragung des Patienten – aber hinreichend bestimmbar, gelten für die Auftragsausführung die Regelungen zu Nr. 2.
2. Konsiliaruntersuchung
  Die Überweisung zur Konsiliaruntersuchung erfolgt ausschließlich zur Erbringung diagnostischer Leistungen. Sie gibt dem überweisenden Arzt die Möglichkeit, den Überweisungsauftrag auf die Klärung einer Verdachtsdiagnose einzugrenzen. Art und Umfang der zur Klärung dieser Verdachtsdiagnose notwendigen Leistungen sind vom ausführenden Vertragsarzt nach medizinischem Erfordernis und den Regeln der Stufendiagnostik unter Beachtung des Wirtschaftlichkeitsgebotes zu bestimmen. Die Verantwortung für die Wirtschaftlichkeit liegt hinsichtlich der Indikationsstellung beim auftraggebenden Vertragsarzt, hinsichtlich der ausgeführten Leistungen beim auftragnehmenden Vertragsarzt.

3. Mitbehandlung
Die Überweisung zur Mitbehandlung erfolgt zur gebietsbezogenen Erbringung begleitender oder ergänzender diagnostischer oder therapeutischer Maßnahmen, über deren Art und Umfang der Vertragsarzt, an den überwiesen wurde, entscheidet.
4. Weiterbehandlung
Bei einer Überweisung zur Weiterbehandlung wird die gesamte diagnostische und therapeutische Tätigkeit dem weiterbehandelnden Vertragsarzt übertragen.

(8) ¹Überweisungen zur Durchführung von Leistungen der Abschnitte 11.4, 32.2 und 32.3 EBM, von entsprechenden Leistungen der Abschnitte 1.7 und 8.5 EBM und von Leistungen der Abschnitte 19.4 und 30.12.2 EBM sind nur als Auftragsleistung zulässig. ²Hierfür ist das Muster 10 zu verwenden. ³Werden im Behandlungsfall oder Krankheitsfall vom Versicherten Leistungen der Abschnitte 11.4, 19.4, 30.12.2, 32.2 oder 32.3 und von entsprechenden Leistungen der Abschnitte 1.7 und 8.5 EBM bei demselben Vertragsarzt direkt oder auf eine Überweisung nach Muster 6 in Anspruch genommen, sind Leistungen nach Satz 1 auf diesem Behandlungsschein und nicht auf Überweisung nach Muster 10 zu berechnen. ⁴Abweichend von Sätzen 1 und 2 ist für die Untersuchungen der organisierten Krebsfrüherkennungs-Richtlinie nach den Gebührenordnungspositionen 01763 und 01767 Muster 39 zu verwenden.

(9) ¹Der Vertragsarzt, der die Überweisung für eine Auftragsleistung nach Absatz 8 erstmalig auf Muster 10 ausstellt, gilt als Erstveranlasser. ²Sofern ein Vertragsarzt, eine Überweisung auf Muster 10 annimmt und einzelne oder alle Auftragsleistungen gemäß Absatz 4 an einen anderen Vertragsarzt weiterüberweist (Weiterüberweisung), ist ebenfalls das Muster 10 zu verwenden. ³Der weiterüberweisende Vertragsarzt übermittelt die Arzt- und Betriebsstättennummer des Erstveranlassers. ⁴Bei erneuter Weiterüberweisung sind die Angaben zum Erstveranlasser unverändert zu übernehmen.

(10) Eine Überweisung von Leistungen durch eine Laborgemeinschaft ist unzulässig.

(11) Überweisungen an Zahnärzte sind nicht zulässig.

(12) ¹Eine von einem Vertragszahnarzt ausgestellte formlose Überweisung an einen ausschließlich auftragnehmenden Vertragsarzt gemäß § 13 Absatz 4 gilt als Anspruchsnachweis im Sinne dieses Vertrages. ²Der Vertragsarzt rechnet seine Leistungen auf einem selbst ausgestellten Überweisungsschein ab, dem die formlose Überweisung des Vertragszahnarztes beizufügen ist.

(13) Psychologische Psychotherapeuten und Kinder- und Jugendlichenpsychotherapeuten können Überweisungen nur im Rahmen des in den Psychotherapie-Richtlinien des Gemeinsamen Bundesausschusses geregelten Konsiliarverfahrens vornehmen.

§ 25 Erbringung und Abrechnung von Laborleistungen

(1) ¹Ziel der laboratoriumsmedizinischen Untersuchung ist die Erhebung eines ärztlichen Befundes. ²Die Befunderhebung ist in vier Teile gegliedert:
1. Ärztliche Untersuchungsentscheidung,
2. Präanalytik,
3. Laboratoriumsmedizinische Analyse unter Bedingungen der Qualitätssicherung,
4. Ärztliche Beurteilung der Ergebnisse.

(2) Für die Erbringung von laboratoriumsmedizinischen Untersuchungen gilt § 15 mit folgender Maßgabe:
1. Bei Untersuchungen des Abschnitts 32.2 EBM und bei entsprechenden laboratoriumsmedizinischen Leistungen des Abschnitts 1.7 EBM ist der Teil 3 der Befunderhebung einschließlich ggf. verbliebener Anteile von Teil 2 beziehbar.
2. Bei Untersuchungen des Abschnitts 32.3 EBM und entsprechenden laboratoriumsmedizinischen Leistungen der Abschnitte 1.7 und 30.12.2 des EBM sowie bei molekulargenetischen und zytogenetischen Untersuchungen gemäß der Abschnitte 1.7, 8.5, 11.4 und 19.4 EBM kann der Teil 3 der Befunderhebung nicht bezogen werden, sondern muss entweder nach den Regeln der persönlichen Leistungserbringung selbst erbracht oder an einen anderen zur Erbringung dieser Untersuchung qualifizierten und zur Abrechnung berechtigten Vertragsarzt überwiesen werden.
3. Für die Erbringung des biomarkerbasierten Tests beim primären Mammakarzinom gemäß dem Beschluss des Gemeinsamen Bundesausschusses vom 20. Juni 2019 (BAnz AT 22. August 2019 B5) gilt abweichend von Nr. 2, dass die molekularbiologische Analyse von Tumorgewebe und die daraus resultierende Ermittlung eines Risikoscores in Bezug auf das Rezidivrisiko auf Anordnung des Vertragsarztes als Teil der ärztlichen Behandlung in den USA erbracht werden kann. Soweit das Testverfahren eine Verarbeitung personenbezogener oder personenbeziehbarer Daten vorsieht, muss sichergestellt sein, dass diese allein zum Zwecke der Risikoeinschätzung bei der getesteten Patientin erfolgt. § 25 Abs. 2 Nr. 3 tritt mit Ablauf des 31. Dezember 2021 außer Kraft.[1]

(3) [1]Für die Abrechnung aus Laborgemeinschaften bezogener Auftragsleistungen des Abschnitts 32.2 EBM gelten folgende ergänzende Bestimmungen: [2]Der Teil 3 der Befunderhebung kann nach Maßgabe von Abs. 2 aus Laborgemeinschaften bezogen werden, deren Mitglied der Arzt ist. [3]Der den Teil 3 der Befunderhebung beziehende Vertragsarzt rechnet die Analysekosten gemäß dem Anhang zum Abschnitt 32.2 EBM durch seine Laborgemeinschaft gegenüber der Kassenärztlichen Vereinigung an deren Sitz ab. [4]Die Laborgemeinschaft macht den beziehenden Arzt durch Angabe seiner Arztnummer und der (Neben-) Betriebsstättennummer der beziehenden Arztpraxis kenntlich.

(4) Der Vertragsarzt, der den Teil 3 der Befunderhebung bezieht, ist ebenso wie der Vertragsarzt, der Laborleistungen persönlich erbringt, für die Qualität der erbrachten Leistungen verantwortlich, indem er sich insbesondere zu vergewissern hat, dass die „Richtlinien der Bundesärztekammer zur Qualitätssicherung in medizinischen Laboratorien" von dem Erbringer der Analysen eingehalten worden sind.

(5) [1]Für die Steuerung der wirtschaftlichen Veranlassung gemäß Abschnitt 32.1 EBM gelten für die Abrechnung der auf Muster 10 überwiesenen und der auf Muster 10A bezogenen Leistungen der Abschnitte 32.2 und 32.3 EBM folgende ergänzende Bestimmungen:

---

1 Unbeschadet der in § 25 Abs. 2 Nr. 3 Satz 4 vorgesehenen Befristung werden die Partner des Bundesmantelvertrages § 25 Abs. 2 Nr. 3 aufheben, sobald gleichwertige vom Gemeinsamen Bundesausschuss als Untersuchungs- und Behandlungsmethode anerkannte Untersuchungsverfahren nach § 25 Abs. 3 Nr. 2 erbracht werden können.

²Die vom Vertragsarzt eingereichte Abrechnung der auf Muster 10 überwiesenen Leistungen und die von der Laborgemeinschaft eingereichte Abrechnung der auf Muster 10A bezogenen Leistungen müssen den Veranlasser unter Angabe seiner Arzt- und Betriebsstättennummer enthalten. ³Bei Weiterüberweisung gemäß § 24 Abs. 8a ist zusätzlich der Erstveranlasser in der Abrechnung anzugeben. ⁴Die Kassenärztliche Vereinigung, in deren Zuständigkeitsbereich die veranlassten Leistungen abgerechnet werden, meldet der Kassenärztlichen Bundesvereinigung die Fälle mit veranlassten Auftragsleistungen der Abschnitte 32.2 und 32.3 EBM, die von außerhalb ihres Zuständigkeitsbereichs veranlasst und von Vertragsärzten oder von Laborgemeinschaften ihres Zuständigkeitsbereichs abgerechnet worden sind. ⁵Die Kassenärztliche Bundesvereinigung meldet der Kassenärztlichen Vereinigung des Erstveranlassers unter Angabe seiner Arzt- und Betriebsstättennummer die Fälle mit veranlassten Auftragsleistungen der Abschnitte 32.2 und 32.3 EBM.

(6) ¹Die Arztpraxis, die auf Überweisung Auftragsleistungen durchführt, teilt der überweisenden Arztpraxis zum Zeitpunkt der abgeschlossenen Untersuchung die Gebührenordnungspositionen dieser Leistungen und die Höhe der Kosten in Euro gemäß EBM mit. ²Leistungen, für die diese Regelung gilt, werden im EBM bestimmt. ³Im Falle der Weiterüberweisung eines Auftrages oder eines Teilauftrages hat jede weiter überweisende Arztpraxis dem vorhergehenden Überweiser die Angaben nach Satz 1 sowohl über die selbst erbrachten Leistungen als auch über die Leistungen mitzuteilen, die ihr von der Praxis gemeldet wurden, an die sie weiter überwiesen hatte.

(7) ¹Die Abrechnung von Laborleistungen setzt die Erfüllung der Richtlinien der Bundesärztekammer zur Qualitätssicherung laboratoriumsmedizinischer Untersuchungen gemäß Teil A und B1 sowie ggf. ergänzender Regelungen der Partner der Bundesmantelverträge zur externen Qualitätssicherung von Laborleistungen und den quartalsweisen Nachweis der erfolgreichen Teilnahme an der externen Qualitätssicherung durch die Betriebsstätte voraus. ²Sofern für eine Gebührenordnungsposition der Nachweis aus verschiedenen Materialien (z. B. Serum, Urin, Liquor) möglich ist und für diese Materialien unterschiedliche Ringversuche durchgeführt werden, wird in einer Erklärung bestätigt, dass die Gebührenordnungsposition nur für das Material berechnet wird, für das ein gültiger Nachweis einer erfolgreichen Ringversuchsteilnahme vorliegt. ³Der Nachweis ist elektronisch an die zuständige Kassenärztliche Vereinigung zu übermitteln.

2. Unterabschnitt
Verordnungen und Bescheinigungen

§ 25a Verordnung von veranlassten Leistungen

(1) Näheres über die Verordnung von Krankenhausbehandlung, häuslicher Krankenpflege, spezialisierter ambulanter Palliativversorgung, Arzneimitteln, Heil- und Hilfsmitteln, medizinischer Rehabilitation, Soziotherapie und Krankentransport (veranlasste Leistungen) bestimmen die Richtlinien des Gemeinsamen Bundesausschusses.

(2) ¹Die Verordnung von veranlassten Leistungen ist über die jeweils dafür vorgesehenen papiergebundenen oder digitalen Vordrucke gemäß der entsprechenden Vereinbarungen dieses Vertrages (Anlagen 2 und 2b) vorzunehmen. ²Die gilt auch, wenn der Versicherte die ärztlichen Leistungen im Wege der Kostenerstattung erhält.

(3) ¹Änderungen und Ergänzungen der Verordnung von veranlassten Leistungen bedürfen einer erneuten Arztunterschrift mit Datumsangabe, soweit in den Richtlinien des Gemeinsamen Bundesausschusses nicht anders geregelt. ²Bei elektronischen Verordnungen muss ein neuer E-Verordnungsdatensatz erstellt und mit einer qualifizierten elektronischen Signatur versehen werden.

(4) ¹Wird dem Vertragsarzt bei der ersten Inanspruchnahme im Quartal die elektronische Gesundheitskarte oder ein anderer gültiger Anspruchsnachweis nicht vorgelegt, ist für die Verordnung von veranlassten Leistungen auf dem entsprechenden Vordruck anstelle der Kassenangabe der Vermerk „ohne Versicherungsnachweis" anzubringen. ²Eine Zweitausstellung einer Verordnung ist nur gegen Rückgabe der zuerst ausgestellten Verordnung zulässig. ³Bei elektronischen Verordnungen muss geprüft werden, ob die erste elektronische Verordnung eingelöst wurde.

(5) ¹Will ein Versicherter für veranlasste Leistungen Kostenerstattung in Anspruch nehmen, ist die Verordnung auf einem Vordruck gemäß der Vordruckvereinbarung vorzunehmen. ²Dabei ist anstelle der Angabe des Namens der Krankenkasse der Vermerk „Kostenerstattung" anzubringen. ³Die Krankenkasse erstattet nach Maßgabe ihrer Satzung ihren kostenerstattungsberechtigten Versicherten hierfür die Kosten entsprechend dem Leistungsanspruch einer vertragsärztlichen Versorgung. ⁴Wird die Verordnung vom Patienten als Privatbehandlung gemäß § 18 Abs. 8 Nr. 2 gewünscht, ist dafür ein Privatrezept zu benutzen. ⁵Die Verwendung des Vertragsarztstempels auf diesem Privatrezept ist nicht zulässig.

(6) ¹Verlangt ein in der gesetzlichen Krankenversicherung Versicherter die Verordnung von veranlassten Leistungen, die aus der Leistungspflicht der gesetzlichen Krankenversicherung ausgeschlossen oder für die Behandlung nicht notwendig sind, kann die Verordnung nur auf einem Privatrezept vorgenommen werden. ²Die Verwendung des Vertragsarztstempels auf diesem Privatrezept ist nicht zulässig.

(7) Die Versicherten sind sowohl von den Krankenkassen allgemein als auch von dem verordnenden Arzt im konkreten Fall darüber aufzuklären, dass der Versicherte die Kosten für eine nicht verordnungsfähige veranlasste Leistung selbst zu tragen hat.

§ 26 Verordnung von Krankenhausbehandlung

(1) ¹Krankenhausbehandlung darf nur verordnet werden, wenn sie erforderlich ist, weil das Behandlungsziel nicht durch ambulante Behandlung einschließlich häuslicher Krankenpflege erreicht werden kann. ²Die Notwendigkeit der Krankenhausbehandlung ist bei der Verordnung zu begründen, wenn sich die Begründung nicht aus der Diagnose oder den Symptomen ergibt.

(2) In der Verordnung sind in geeigneten Fällen auch die beiden nächsterreichbaren, für die vorgesehene Krankenhausbehandlung geeigneten Krankenhäuser anzugeben.

§ 27 Verordnung häuslicher Krankenpflege

(1) Der Vertragsarzt kann häusliche Krankenpflege (§ 37 SGB V) verordnen, wenn Krankenhausbehandlung geboten, aber nicht ausführbar ist oder wenn sie durch die häusliche Krankenpflege vermieden oder verkürzt wird.

(2) Häusliche Krankenpflege kann auch verordnet werden, wenn sie zur Sicherung des Ziels der ärztlichen Behandlung dient (Behandlungspflege).

(3) ¹Die von dem Versicherten durch Vorlage der ärztlichen Verordnung beantragte Leistung bedarf der Genehmigung der Krankenkasse. ²Über ihre Entscheidung hat die Krankenkasse den behandelnden Vertragsarzt zu unterrichten, sofern die verordnete Leistung nicht oder nicht in vollem Umfange gewährt wird.

(4) ¹Der Vertragsarzt hat sich über die sachgerechte Durchführung und über den Erfolg der häuslichen Krankenpflege zu vergewissern. ²Rückwirkende Verordnungen sind grundsätzlich nicht zulässig; Ausnahmefälle sind besonders zu begründen. ³Sind einzelne Maßnahmen der häuslichen Krankenpflege ganz oder teilweise nicht mehr notwendig, ist die Krankenkasse zu informieren. ⁴Die Krankenkassen verpflichten die Leistungserbringer der häuslichen Krankenpflege, die ärztlichen Weisungen zu beachten.

(5) ¹Sofern Krankenkassen nach Maßgabe ihrer Satzungen Grundpflege und hauswirtschaftliche Versorgung gewähren, wenn diese zur Sicherung des Ziels der ärztlichen Behandlung erforderlich ist, erfolgt deren Verordnung in gleicher Weise. ²Die Verbände der Krankenkassen informieren die Kassenärztlichen Vereinigungen über den Inhalt der Satzungsbestimmungen.

§ 28 Verordnung von spezialisierter ambulanter Palliativversorgung

(1) ¹Die Verordnung der spezialisierten ambulanten Palliativversorgung (SAPV) liegt in der Verantwortung des Vertragsarztes. ²Die Dauer der Verordnung ist anzugeben.

(2) Bei der Verordnung von SAPV prüft die Krankenkasse den Leistungsanspruch des Versicherten nach Maßgabe der Richtlinie des Gemeinsamen Bundesausschusses zur Verordnung von spezialisierter ambulanter Palliativversorgung.

§ 29 Verordnung von Arzneimitteln

(1) ¹Die Verordnung von Arzneimitteln liegt in der Verantwortung des Vertragsarztes. ²Die Genehmigung von Arzneimittelverordnungen durch die Krankenkasse ist unzulässig.

(2) ¹Will der Vertragsarzt zu einer Verordnung ausschließen, dass die Apotheken ein preisgünstigeres wirkstoffgleiches Arzneimittel an Stelle des verordneten Mittels abgeben, hat er den Ausschluss durch Kennzeichnen des aut-idem-Feldes auf der Verordnung kenntlich zu machen. ²Der Ausschluss des Austausches des verordneten Arzneimittels durch ein preisgünstigeres Arzneimittel in der Apotheke ist nur aus medizinisch-therapeutischen Gründen zulässig.

(3) ¹Vertragsärzte dürfen für die Verordnung von Arzneimitteln nur solche Arzneimittel-Datenbanken einschließlich der zu ihrer Anwendung notwendigen elektronischen Programme (Software) nutzen, die die Informationen gemäß § 73 Abs. 9 SGB V enthalten und die von der Prüfstelle der Kassenärztlichen Bundesvereinigung auf Basis der jeweils aktuellen Anforderungskataloge für die vertragsärztliche Versorgung zugelassen (Zertifizierung) sind. ²Es sind nur solche Arzneimittel-Datenbanken einschließlich der zu ihrer Anwendung notwendigen elektronischen Programme (Software) und ihrer Folgeversionen (Updates) zuzulassen, die dem Vertragsarzt eine

manipulationsfreie Verordnung von Arzneimitteln ermöglichen. ³Alle zugelassenen elektronischen Programme erhalten eine Prüfnummer.

(4) ¹Die Prüfstelle der Kassenärztlichen Bundesvereinigung kann eine bereits zertifizierte Software einer erneuten Prüfung (Rezertifizierung oder außerordentliche Kontrollprüfung) unterziehen. ²Die außerordentliche Kontrollprüfung kann von der Kassenärztlichen Bundesvereinigung, einer Kassenärztlichen Vereinigung, dem GKV-Spitzenverband oder einer Krankenkasse beantragt werden. ³Der Antrag ist zu begründen. ⁴Ein bereits erteiltes Zertifikat kann in begründeten Fällen entzogen werden. ⁵Das gilt insbesondere dann, wenn der Verdacht besteht, dass die nach Abs. 3 zugelassenen Arzneimittel-Datenbanken und Software-Versionen bei der Anwendung durch den Vertragsarzt eine manipulationsfreie Verordnung von Arzneimitteln entsprechend den Zulassungskriterien nach Abs. 3 nicht gewährleisten.

(5) ¹Der Vertragsarzt teilt der Kassenärztlichen Vereinigung in der Sammelerklärung zur Quartalsabrechnung gem. § 35 Abs. 2 mit, welche nach Abs. 3 zugelassene Arzneimittel-Datenbank und zu ihrer Nutzung zugelassene Software angewendet wurde. ²In vorgenannter Quartalserklärung bestätigt der Vertragsarzt, dass er zur Verordnung von Arzneimitteln ausschließlich zertifizierte Arzneimittel-Datenbanken und Software-Versionen eingesetzt hat.

(6) Verordnet der Arzt ein Arzneimittel, dessen Preis den Festbetrag nach § 35 SGB V überschreitet, hat er den Versicherten auf die Verpflichtung zur Übernahme der Mehrkosten hinzuweisen.

(7) ¹Nicht verschreibungspflichtige Arzneimittel sind von der Verordnung ausgeschlossen. ²Satz 1 gilt nicht für Kinder bis zum vollendeten 12. Lebensjahr und versicherte Jugendliche bis zum vollendeten 18. Lebensjahr mit Entwicklungsstörungen. ³Der Gemeinsame Bundesausschuss legt in den Richtlinien nach § 92 Abs. 1 Satz 2 SGB V fest, welche nicht verschreibungspflichtigen Arzneimittel ausnahmsweise verordnet werden dürfen.

(8) Kosten für Arzneimittel, die aus der Leistungspflicht der gesetzlichen Krankenversicherung ausgeschlossen oder für die Behandlung nicht notwendig sind, dürfen von den Krankenkassen nicht erstattet werden.

(9) Muss für ein Arzneimittel aufgrund eines Arzneimittelrückrufs oder einer von der zuständigen Behörde bekannt gemachten Einschränkung der Verwendbarkeit erneut ein Arzneimittel verordnet werden, ist die erneute Verordnung eines Arzneimittels oder eines vergleichbaren Arzneimittels auf einem separaten Arzneiverordnungsblatt vorzunehmen und zu kennzeichnen.

§ 29a Medikationsplan

(1) ¹Vertragsärzte haben auf Verlangen des Versicherten einen Medikationsplan nach § 31a SGB V in Papierform zu erstellen dem Versicherten zu erläutern und an den Versicherten auszuhändigen, sofern der Versicherte dauerhaft gleichzeitig mindestens drei zu Lasten der gesetzlichen Krankenversicherung verordnete systemisch wirkende Arznei-

mittel² anwendet und die Anwendung nicht durch den Arzt erfolgt. ²Der Medikationsplan ist mittels der elektronischen Gesundheitskarte zu speichern, sofern der Versicherte dies wünscht und gegenüber dem Vertragsarzt den Zugriff auf die Daten nach § 291a Absatz 3 Satz 1 Nummer 3 SGB V erlaubt. ³Davon unberührt bleiben abweichende Regelungen im Einheitlichen Bewertungsmaßstab. ⁴Von einer dauerhaften Anwendung ist auszugehen, wenn ein Arzneimittel zum Erreichen des Therapieziels über einen Zeitraum von mindestens 28 Tagen angewendet wird. ⁵Eine Gleichzeitigkeit im Sinne des Satzes 1 ist gegeben, sofern die Anwendung oder die pharmakologische Wirkung am gleichen Tag erfolgt. ⁶Ist Gleichzeitigkeit nach Satz 4 erst in der Zukunft gegeben, kann ein Medikationsplan erstellt und ausgehändigt werden.

(2) ¹Bei der Erstellung des Medikationsplanes hat der Vertragsarzt grundsätzlich diejenigen Arzneimittel einzubeziehen, die er selbst verordnet hat. ²Von anderen Vertragsärzten verordnete Arzneimittel sind in den Medikationsplan aufzunehmen, sofern der Arzt ausreichend Kenntnis (z. B. durch eine Information gemäß Abs. 4) von diesen hat. ³Darüber hinaus enthält der Medikationsplan apothekenpflichtige Arzneimittel, die der Versicherte ohne Verschreibung anwendet, soweit diese dem Arzt bekannt sind, und deren Dokumentation im Medikationsplan medizinisch notwendig ist.

(3) ¹Die Verpflichtung nach Abs. 1 Satz 1 ist grundsätzlich Aufgabe des an der Versorgung nach § 73 Abs. 1a SGB V teilnehmenden Vertragsarztes. ²Vertragsärzte der fachärztlichen Versorgung unterliegen nur dann der Verpflichtung nach Abs. 1 Satz 1, sofern der Versicherte keinen an der Versorgung nach § 73 Abs. 1a SGB V teilnehmenden Vertragsarzt für die Koordination seiner diagnostischen und therapeutischen Maßnahmen beansprucht.

(4) ¹An der fachärztlichen Versorgung teilnehmende Vertragsärzte sind insbesondere gemäß § 73 Abs. 1b SGB V und § 24 Abs. 6 BMV-Ä verpflichtet, dem Vertragsarzt nach Abs. 3 Informationen zur Arzneimittelverordnung nach § 29 zu übermitteln, sofern der Versicherte in diese Übermittlung eingewilligt hat. ²Die Therapieverantwortung für die vom Vertragsarzt nach Satz 1 verordneten Arzneimittel liegt bei diesem. ³§ 8 Abs. 4 der Arzneimittel-Richtlinie ist zu beachten.

(5) ¹Vertragsärzte nach Abs. 3 sind verpflichtet, den Medikationsplan zu aktualisieren, sobald die Medikation durch sie geändert wird oder sie ausreichend (z. B. durch eine Information gemäß Abs. 4) Kenntnis von einer Änderung erhalten haben. ²Neben den Vertragsärzten nach Absatz 3 ist gemäß § 31a Absatz 3 Satz 3 SGB V jeder weitere Vertragsarzt verpflichtet, den Medikationsplan zu aktualisieren und mittels der elektronischen Gesundheitskarte zu speichern, sobald die Medikation durch ihn geändert wird oder er ausreichend (z. B. durch eine Information gemäß Absatz 4) Kenntnis von einer Änderung erhalten hat und soweit der Versicherte dies wünscht und gegenüber dem Vertragsarzt den Zugriff auf die Daten nach § 291a Absatz 3 Satz 1 Nummer 3 SGB V erlaubt. ³Weitere Vertragsärzte können den Medikationsplan aktualisieren, sobald die Medikation durch sie geändert wird oder sie ausreichend (z. B. durch eine Information gemäß Abs. 4) Kenntnis von einer Änderung erhalten haben.

---

2 Unter systemisch wirkenden Arzneimitteln werden im Sinne des § 29a Arzneimittel verstanden, deren Hauptwirkung systemisch ist oder die gegebenenfalls wesentliche systemische Begleitwirkungen haben (z. B. Inhalativa zur Behandlung von COPD oder Asthma, Augentropfen zur Glaukombehandlung).

(6) Die Erstellung und Aktualisierung des Medikationsplans erfolgt in der durch die Partner der Vereinbarung nach § 31a Abs. 4 Satz 1 SGB V vorgegebenen Form.

§ 30 Verordnung von Heilmitteln und Hilfsmitteln

(1) In der Verordnung ist das Heilmittel oder das Hilfsmittel so eindeutig wie möglich zu bezeichnen; ferner sind alle für die individuelle Therapie oder Versorgung erforderlichen Einzelangaben zu machen.

(2) Der Vertragsarzt darf Heilmittel und Hilfsmittel, deren Verordnung zu Lasten der Krankenkassen nach Maßgabe des § 34 SGB V (Heilmittel und Hilfsmittel von geringem oder umstrittenem therapeutischen Nutzen oder geringem Abgabepreis) ausgeschlossen ist, nicht verordnen.

(3) [1]Die Abgabe von Hilfsmitteln aufgrund der Verordnung eines Vertragsarztes bedarf der Genehmigung durch die Krankenkasse, soweit deren Bestimmungen nichts Anderes vorsehen. [2]Die Abgabe von Heilmitteln bedarf keiner Genehmigung, soweit die Richtlinien des Gemeinsamen Bundesausschusses nichts Anderes vorsehen. [3]Die Krankenkasse hat ihre Versicherten soweit nötig im Einzelfall darüber zu unterrichten, welche Heil- und Hilfsmittel genehmigungspflichtig sind.

(4) Die Genehmigung von Heilmittelverordnungen innerhalb des Regelfalls durch die Krankenkasse ist unzulässig.

(5) Kosten für Heilmittel und Hilfsmittel, die aus der Leistungspflicht der gesetzlichen Krankenversicherung ausgeschlossen oder für die Behandlung oder Versorgung nicht notwendig sind, dürfen von den Krankenkassen nicht erstattet werden.

(6) [1]Vertragsärzte dürfen für die Verordnung von Heilmitteln ab dem 1.1.2017 nur solche elektronischen Programme (Software) nutzen, die die Informationen der Richtlinien nach § 92 Absatz 1 Satz 2 Nummer 6 in Verbindung mit § 92 Absatz 6 SGB V (Heilmittel-Richtlinie) und über die besonderen Verordnungsbedarfe nach § 106b Absatz 2 Satz 4 enthalten und die von der Prüfstelle der Kassenärztlichen Bundesvereinigung auf Basis des jeweils aktuellen Anforderungskatalogs (Anlage 29 BMV-Ä) für die vertragsärztliche Versorgung zugelassen sind (Zertifizierung). [2]Es sind nur solche elektronischen Programme (Software) einschließlich ihrer Folgeversionen (Updates) zuzulassen, die dem Vertragsarzt eine gemäß der Heilmittel-Richtlinie des Gemeinsamen Bundesausschusses formal gültige Verordnung von Heilmitteln ermöglichen. [3]Alle zugelassenen elektronischen Programme erhalten eine Prüfnummer.

(7) [1]Die Prüfstelle der Kassenärztlichen Bundesvereinigung kann eine bereits zertifizierte Software einer erneuten Prüfung (Rezertifizierung oder außerordentliche Kontrollprüfung) unterziehen. [2]Die außerordentliche Kontrollprüfung kann von der Kassenärztlichen Bundesvereinigung, einer Kassenärztlichen Vereinigung, dem GKV-Spitzenverband oder einer Krankenkasse beantragt werden. [3]Der Antrag ist zu begründen. [4]Ein bereits erteiltes Zertifikat kann in begründeten Fällen entzogen werden. [5]Das gilt insbesondere dann, wenn der Verdacht besteht, dass die nach Absatz 6 zugelassenen Software-Versionen bei der Anwendung durch den Vertragsarzt die Verordnung von Heilmitteln entsprechend den Zulassungskriterien nach Absatz 6 nicht gewährleisten.

(8) ¹Der Vertragsarzt teilt der Kassenärztlichen Vereinigung in der Sammelerklärung zur Quartalsabrechnung gemäß § 35 Abs. 2 mit, welche nach Absatz 6 zugelassene Software angewendet wurde. ²In vorgenannter Quartalserklärung bestätigt der Vertragsarzt, dass er zur Verordnung von Heilmitteln ausschließlich zertifizierte Software-Versionen eingesetzt hat.

§ 31 Bescheinigung von Arbeitsunfähigkeit

¹Die Beurteilung der Arbeitsunfähigkeit und ihrer voraussichtlichen Dauer sowie die Ausstellung der Bescheinigung darf nur auf Grund einer ärztlichen Untersuchung erfolgen. ²Näheres bestimmen die Richtlinien des Gemeinsamen Bundesausschusses.

§ 32 Bescheinigung über den voraussichtlichen Tag der Entbindung

Der Vertragsarzt darf für die Krankenkasse bestimmte Bescheinigungen über den voraussichtlichen Tag der Entbindung nur auf Grund einer Untersuchung der Schwangeren ausstellen.

§ 33 Sonstige Verordnungen und Bescheinigungen

Die Ausstellung sonstiger Verordnungen und Bescheinigungen durch den Vertragsarzt erfolgt nach Maßgabe der Anlagen zu diesem Vertrag und weiterer vertraglicher Regelungen.

9. Abschnitt –
Vordrucke, Bescheinigungen und Auskünfte, Vertragsarztstempel

§ 34 Vordrucke

(1) ¹Abrechnungs- und Verordnungsvordrucke sowie Vordrucke für schriftliche Informationen werden als verbindliche Muster in der Vordruckvereinbarung (Anlage 2) festgelegt. ²Gegenstand der Vordruckvereinbarung sind auch die Erläuterungen zur Ausstellung der Vordrucke. ³Die Vordrucke können gemäß der Vereinbarung über den Einsatz des Blankoformularbedruckungs-Verfahrens zur Herstellung und Bedruckung von Vordrucken für die vertragsärztliche Versorgung (Anlage 2a) mittels zertifizierter Software und eines Laserdruckers vom Vertragsarzt selbst in der Praxis erzeugt werden.

(2) ¹Die Kosten für die Vordrucke werden von den Krankenkassen getragen. ²Die Verteilung an die Ärzte kann zwischen den Gesamtvertragspartnern geregelt werden.

(3) Für die psychotherapeutische Versorgung gelten die Regelungen zu Vordrucken nach den Anlagen 1 und 2 dieses Vertrages.

§ 35 Ausstellen von Bescheinigungen und Vordrucken

(1) ¹Für die Ausstellung von Vordrucken im Rahmen der vertragsärztlichen Behandlung hat der Vertragsarzt die elektronische Gesundheitskarte zu verwenden.

²Sollte vom Versicherten die elektronische Gesundheitskarte im Rahmen der vertragsärztlichen Behandlung nach der ersten Inanspruchnahme im Quartal nicht vorgelegt werden oder die elektronische Gesundheitskarte aus technischen Gründen nicht lesbar sein, sind die versichertenbezogenen Daten im Rahmen eines Ersatzverfahrens auf die vereinbarten Vordrucke zu übernehmen. ³Den Umfang der manuell zu übernehmenden Daten regelt die Anlage 4a dieses Vertrages.

(2) ¹Der Vertragsarzt hat bei der Ausstellung von Vordrucken die dazu gegebenen Erläuterungen zur Vordruckvereinbarung zu beachten. ²Vordrucke und Bescheinigungen sind vollständig und leserlich auszufüllen, mit dem Vertragsarztstempel zu versehen und vom Arzt persönlich zu unterzeichnen. ³Die Unterschrift des abrechnenden Arztes auf dem einzelnen der Kassenärztlichen Vereinigung zu übermittelnden Abrechnungsschein kann entfallen, wenn er stattdessen eine Sammelerklärung abgibt, deren Wortlaut im Benehmen mit den Verbänden der Krankenkassen von der Kassenärztlichen Vereinigung festgelegt wird.

(3) Sofern kein vom Versicherten unterschriebener Abrechnungsschein vorliegt, muss die Sammelerklärung zusätzlich die Bestätigung enthalten, dass im betreffenden Quartal die elektronische Gesundheitskarte vorgelegen hat.

(4) ¹Vordrucke, die Bestandteil der Vereinbarung über die Verwendung digitaler Vordrucke in der vertragsärztlichen Versorgung (Anlage 2b BMV-Ä) sind, können digital erstellt, übermittelt und empfangen werden. ²Dabei sind die Vorgaben der Vereinbarung über die Verwendung digitaler Vordrucke in der vertragsärztlichen Versorgung (Anlage 2b BMV-Ä) einzuhalten.

§ 36 Schriftliche Informationen

(1) ¹Der Vertragsarzt ist befugt und verpflichtet, die zur Durchführung der Aufgaben der Krankenkassen erforderlichen schriftlichen Informationen (Auskünfte, Bescheinigungen, Zeugnisse, Berichte und Gutachten) auf Verlangen an die Krankenkasse zu übermitteln. ²Wird kein vereinbarter Vordruck verwendet, gibt die Krankenkasse an, gemäß welcher Bestimmungen des Sozialgesetzbuches oder anderer Rechtsvorschriften die Übermittlung der Information zulässig ist. ³Eine patientenbezogene mündliche Auskunft des Vertragsarztes ist nur zulässig, wenn der Arzt sich vergewissert hat, dass der Gesprächspartner berechtigt ist, die Information zu erhalten.

(2) Der Vertragsarzt hat im Rahmen der gesetzlichen Vorgaben der Kassenärztlichen Vereinigung sowie den bei ihr errichteten Gremien und den Prüfungseinrichtungen die für die Erfüllung ihrer Aufgaben im Einzelfall notwendigen Auskünfte – auch durch Vorlage der Behandlungsunterlagen – zu erteilen.

(3) ¹Für schriftliche Informationen werden Vordrucke vereinbart. ²Vereinbarte Vordrucke, kurze Bescheinigungen und Auskünfte sind vom Vertragsarzt ohne besonderes Honorar gegen Erstattung von Auslagen auszustellen, es sei denn, dass eine andere Vergütungsregelung vereinbart wurde. ³Der Vordruck enthält einen Hinweis darüber, ob die Abgabe der Information gesondert vergütet wird oder nicht. ⁴Gutachten und Bescheinigungen mit gutachtlichen Fragestellungen, für die keine Vordrucke vereinbart wurden, sind nach den Leistungspositionen des EBM zu vergüten.

(4) ¹Die Partner des Bundesmantelvertrages werden die Vordrucke gemäß § 36 Abs. 3 in regelmäßigen Abständen auf ihre inhaltliche Richtigkeit sowie auf die Erforderlichkeit der anzugebenden Daten mit dem Ziel überprüfen, einen umfassenden, aber möglichst unbürokratischen Informationsfluss zu gewährleisten, um die Zahl formloser Anfragen von Krankenkassen auf das notwendige Maß zu begrenzen. ²Die Vertragspartner verständigen sich ferner auf geeignete Maßnahmen zur Vermeidung von fehlerhaft bzw. unvollständig ausgefüllten Formularen, z. B. durch ein IT-gestütztes Qualitätsmanagement.

(5) ¹Für formlose Anfragen, die auf die Erteilung von Auskünften, Bescheinigungen, Gutachten oder Bescheinigungen mit gutachterlicher Fragestellung gerichtet sind, für deren Zweck jedoch kein gesonderter Vordruck vereinbart worden ist, wird ein vereinbartes Rahmenformular verwendet. ²In diesem Rahmenformular sind Angaben vorzusehen, aus denen dem Arzt der Grund und die Berechtigung für die Beantwortung der Anfrage ersichtlich wird. ³Für die Vergütung gilt Abs. 3. ⁴Das Rahmenformular ist kein Vordruck im Sinne des Abs. 3.

(6) Soweit Krankenkassen Versicherte bei der Verfolgung von Schadensersatzansprüchen, die bei der Inanspruchnahme von Versicherungsleistungen aus Behandlungsfehlern entstanden sind, unterstützen, sind die Vertragsärzte bei Vorliegen einer aktuellen Schweigepflichtentbindung berechtigt, die erforderlichen Auskünfte zu erteilen.

(7) Die Bestätigung (Stempel und Unterschrift) von gesundheitsbewusstem Verhalten bei Inanspruchnahme von Leistungen nach §§ 20, 25 und 26 SGB V in Bonusheften ist Bestandteil der vertragsärztlichen Versorgung, soweit sich die Bestätigung auf eine ärztliche Leistung im selben Quartal bezieht; ein gesonderter Vergütungsanspruch besteht insoweit nicht.

§ 37 Vertragsarztstempel

(1) ¹Der Vertragsarzt hat einen Vertragsarztstempel zu verwenden. ²Das Nähere über den Vertragsarztstempel ist im Gesamtvertrag zu vereinbaren.

(2) Bei den Vordrucken für die vertragsärztliche Versorgung kann auf die Verwendung des Vertragsarztstempels verzichtet werden, wenn dessen Inhalt auf dem Vordruck an der für die Stempelung vorgesehenen Stelle ausgedruckt ist.

(3) Bei der Verordnung von Arznei-, Verband- sowie Heil- und Hilfsmitteln ist vom Arzt einer versorgungsbereichs- und/oder arztgruppenübergreifenden Berufsausübungsgemeinschaft, eines medizinischen Versorgungszentrums oder einer Einrichtung gemäß § 311 Abs. 2 SGB V ein Vertragsarztstempel der Praxis bzw. des medizinischen Versorgungszentrums bzw. der Einrichtung zu verwenden, in dem zusätzlich der Name des verordnenden Arztes enthalten ist, oder der Name des verordnenden Arztes ist zusätzlich auf der Verordnung lesbar anzugeben.

(4) ¹Die zur Durchführung der vertragsärztlichen Versorgung erforderlichen Vordrucke und Stempel sind sorgfältig aufzubewahren. ²Der Arzt haftet für schuldhafte Verletzung seiner Sorgfaltspflicht.

(5) Abweichend von Absatz 1 wird das Nähere zu den notwendigen arzt- und institutionenspezifischen Informationen auf digitalen Vordrucken in der Anlage 2b geregelt.

§ 37a   Betriebsstättennummer, Arztnummer

(1) ¹In den vorgeschriebenen Fällen hat der Vertragsarzt die ihm von der Kassenärztlichen Vereinigung zugewiesene Betriebsstättennummer, gegebenenfalls eine Nebenbetriebsstättennummer sowie die Arztnummer zu verwenden. ²Satz 1 gilt entsprechend für die Anstellung von Ärzten.

(2) ¹Wird der Arzt außerhalb des Bereichs der Kassenärztlichen Vereinigung tätig, die die Arztnummer vergeben hat, hat er der Kassenärztlichen Vereinigung, in deren Bereich er die weitere Tätigkeit aufnimmt, vor Aufnahme der Tätigkeit seine Arztnummer mitzuteilen. ²Diese prüft die Richtigkeit der Angabe.

(3) Die Regelung über die Verwendung der Arztnummer und der Betriebsstättennummer nach Maßgabe der Absätze 1 und 2 gilt ab 1. Juli 2008.

10. Abschnitt –
Belegärztliche Versorgung

§ 38   Stationäre vertragsärztliche (belegärztliche) Behandlung

Stationäre vertragsärztliche Behandlung (belegärztliche Behandlung) liegt vor,
1. wenn und soweit das Krankenhaus gemäß § 108 SGB V zur Krankenbehandlung zugelassen ist,
2. wenn die Krankenkasse Krankenhausbehandlung oder stationäre Entbindung gewährt,
3. wenn die stationäre ärztliche Behandlung nach dem zwischen der Krankenkasse und dem Krankenhaus bestehenden Rechtsverhältnis nicht aus dem Pflegesatz abzugelten ist und
4. wenn der Vertragsarzt gemäß § 40 als Belegarzt für dieses Krankenhaus anerkannt ist.

§ 39   Belegärzte

(1) Belegärzte sind nicht am Krankenhaus angestellte Ärzte, die berechtigt sind, Patienten (Belegpatienten) im Krankenhaus unter Inanspruchnahme der hierfür bereitgestellten Dienste, Einrichtungen und Mittel vollstationär oder teilstationär zu behandeln, ohne hierfür vom Krankenhaus eine Vergütung zu erhalten.

(2) ¹Der Vertragsarzt, der auf Basis des Honorarvertragsmodells nach § 121 Abs. 5 SGB V stationäre Leistungen in einer Belegabteilung erbringt, teilt der zuständigen Kassenärztlichen Vereinigung die Tätigkeit im Rahmen des Honorarvertragsmodells mit. ²Die Kassenärztliche Vereinigung übermittelt diese Angaben an die Verbände der Krankenkassen.

(3) ¹Die stationäre Tätigkeit des Vertragsarztes darf nicht das Schwergewicht der Gesamttätigkeit des Vertragsarztes bilden. ²Er muss im erforderlichen Maße der ambulanten Versorgung zur Verfügung stehen.

(4) Die Anerkennung als Belegarzt kann auch für mehrere Krankenhäuser ausgesprochen werden.

(5) Als Belegarzt ist nicht geeignet,
1. wer neben seiner ambulanten ärztlichen Tätigkeit eine anderweitige Nebentätigkeit ausübt, die eine ordnungsgemäße stationäre Versorgung von Patienten nicht gewährleistet,
2. ein Arzt, bei dem wegen eines in seiner Person liegenden wichtigen Grundes die stationäre Versorgung der Patienten nicht gewährleistet ist,
3. ein Arzt, dessen Wohnung und Praxis nicht so nahe am Krankenhaus liegen, dass die unverzügliche und ordnungsgemäße Versorgung der von ihm ambulant und stationär zu betreuenden Versicherten gewährleistet ist; hat der Arzt mehrere Betriebsstätten, gilt dies für die Betriebsstätte, in welcher hauptsächlich die vertragsärztliche Tätigkeit ausgeübt wird.

(6) ¹Die Belegärzte sind verpflichtet, einen Bereitschaftsdienst für die Belegpatienten vorzuhalten. ²Der Bereitschaftsdienst kann in zwei Formen wahrgenommen werden:
1. ¹Bereitschaftsdienst wird wahrgenommen, wenn sich der bereitschaftsdiensthabende Arzt auf Anordnung des Krankenhauses oder des Belegarztes außerhalb der regelmäßigen Arbeitszeit im Krankenhaus aufhält, um im Bedarfsfall auf der (den) Belegabteilung(en) rechtzeitig tätig zu werden. ²Die Krankenkassen entgelten die Wahrnehmung dieses Bereitschaftsdienstes, wenn dem Belegarzt durch seine belegärztliche Tätigkeit Aufwendungen für diesen ärztlichen Bereitschaftsdienst entstehen (§ 121 Abs. 3 SGB V). Das Nähere regeln die Partner auf Landesebene. ³Der Belegarzt hat – ggf. durch eine Bestätigung des Krankenhausträgers – gegenüber der Kassenärztlichen Vereinigung nachzuweisen, dass ihm Kosten für den ärztlichen Bereitschaftsdienst für Belegpatienten entstanden sind. ⁴Die Kassenärztliche Vereinigung unterrichtet hierüber die Krankenkasse.
2. ¹Der von Belegärzten selbst wahrgenommene Bereitschaftsdienst fällt nicht unter die vorstehende Regelung. ²Für einen solchen Bereitschaftsdienst wird kein zusätzliches Entgelt gezahlt; dieser ist mit der Abrechnung der belegärztlichen Leistungen auf Basis des einheitlichen Bewertungsmaßstabes (EBM) abgerechnet. ³Dies gilt auch für jegliche Art von Rufbereitschaft des Belegarztes, seines Assistenten oder von Krankenhausärzten für den Belegarzt.

§ 40 Verfahren zur Anerkennung als Belegarzt

(1) Die Anerkennung als Belegarzt setzt voraus, dass an dem betreffenden Krankenhaus eine Belegabteilung der entsprechenden Fachrichtung nach Maßgabe der Gebietsbezeichnung (Schwerpunkt) der Weiterbildungsordnung in Übereinstimmung mit dem Krankenhausplan oder mit dem Versorgungsvertrag eingerichtet ist und der Praxissitz des Vertragsarztes in räumlicher Nähe dieser Belegabteilung liegt.

(1a) ¹Vertragsärztliche Anästhesisten können als Belegärzte bei belegärztlichen Leistungen anderer Fachgruppen tätig sein. ²Absatz 3 gilt insoweit nicht.

(2) ¹Über die Anerkennung als Belegarzt entscheidet die für seinen Niederlassungsort zuständige Kassenärztliche Vereinigung auf Antrag im Einvernehmen mit den Verbänden der Krankenkassen. ²Die Ziele der Krankenhausplanung sind zu berücksichtigen.

(3) ¹Dem Antrag ist eine Erklärung des Krankenhauses über die Gestattung belegärztlicher Tätigkeit und die Zahl der zur Verfügung gestellten Betten beizufügen. ²Die Erklärung wird den Verbänden der Krankenkassen zur Kenntnis gegeben.

(4) ¹Die Anerkennung als Belegarzt endet mit der Beendigung seiner vertragsärztlichen Zulassung oder mit der Beendigung der Tätigkeit als Belegarzt an dem Krankenhaus, für welches er anerkannt war. ²Die Verbände der Krankenkassen sind vom Ende der Anerkennung zu benachrichtigen. ³Ist ein Ruhen der vertragsärztlichen Zulassung angeordnet, ruht auch die belegärztliche Tätigkeit.

(5) ¹Die Anerkennung als Belegarzt ist durch die Kassenärztliche Vereinigung zurückzunehmen oder zu widerrufen, wenn ihre Voraussetzungen nicht oder nicht mehr vorliegen. ²Die Kassenärztliche Vereinigung kann die Anerkennung außerdem widerrufen, wenn entweder in der Person des Vertragsarztes ein wichtiger Grund vorliegt oder der Vertragsarzt seine Pflichten gröblich verletzt hat, so dass er für die weitere belegärztliche Tätigkeit ungeeignet ist. ³Die Entscheidung der Kassenärztlichen Vereinigung ist dem Vertragsarzt und den Verbänden der Krankenkassen mitzuteilen.

(6) Der Widerruf der Anerkennung kann auch von den Verbänden der Krankenkassen bei der Kassenärztlichen Vereinigung beantragt werden.

§ 41 Abgrenzung, Vergütung und Abrechnung der stationären vertragsärztlichen Tätigkeit

(1) ¹Ambulant ausgeführte vertragsärztliche Leistungen werden einem Vertragsarzt nach den Grundsätzen der Vergütung für stationäre Behandlung honoriert, wenn der Kranke an demselben Tag in die stationäre Behandlung dieses Vertragsarztes (Belegarztes) genommen wird. ²Werden diese Leistungen bei Besuchen erbracht oder in dringenden Fällen, in denen nach ambulanter vertragsärztlicher Behandlung außerhalb des Krankenhauses die Krankenhauseinweisung erfolgt, so werden sie als ambulante vertragsärztliche Leistungen vergütet.

(2) Über die weitere Abgrenzung, Berechnung, Abrechnung und Vergütung treffen die Partner des Gesamtvertrages nähere Bestimmungen.

(3) Liegt für die Abrechnung stationärer vertragsärztlicher Leistungen eine gültige elektronische Gesundheitskarte nicht vor oder ist sie aus technischen Gründen nicht lesbar, finden die Regelungen des Ersatzverfahrens Anwendung.

(4) Vereinbart der Versicherte mit dem Belegarzt Privatbehandlung gem. § 18 Abs. 8, besteht für den Vertragsarzt insoweit kein Vergütungsanspruch im Rahmen der vertragsärztlichen Versorgung.

(5) Nimmt ein Versicherter als Wahlleistungen Unterbringung und/oder Verpflegung in Anspruch, ohne dass eine Vereinbarung nach Abs. 4 abgeschlossen wurde, verbleibt es beim Vergütungsanspruch aus vertragsärztlicher Tätigkeit.

(6) Ein Belegarzt darf für eine Auftragsleistung, eine Konsiliaruntersuchung oder eine Mitbehandlung einen Vertragsarzt hinzuziehen, wenn das betreffende Fach an dem Krankenhaus nicht vertreten ist.

(7) Zugezogene Vertragsärzte rechnen ihre Leistungen auf einem vom behandelnden Belegarzt mit der elektronischen Gesundheitskarte oder im Rahmen des Ersatz-

verfahrens ausgestellten und im Feld „bei belegärztlicher Behandlung" gekennzeichneten Überweisungsschein (Muster 6 bzw. Muster 10) ab.

(8) Die Verordnung und Abrechnung von Arznei-, Verband-, Heil- und Hilfsmitteln sowie sonstiger Materialien für die stationäre Behandlung ist nicht zulässig.

11. Abschnitt –
Abrechnung der vertragsärztlichen Leistungen

§ 42 Blankoformularbedruckungsverfahren

(1) [1]Die Erzeugung von Formularvordrucken im Rahmen der Blankoformularbedruckung ist dann möglich, wenn die eingesetzte Software von der Prüfstelle bei der Kassenärztlichen Bundesvereinigung auf Basis der jeweils aktuellen Spezifikationen zertifiziert ist. [2]Jede zertifizierte Software erhält eine Prüfnummer. [3]Der Einsatz der zertifizierten Software ist gebunden an die jeweils in die Zertifizierung einbezogenen Formularmuster. [4]Die Prüfnummer ist maschinell auf das Formular zu übertragen.

(2) [1]Informationen über auftretende Probleme werden an die zuständige Kassenärztliche Vereinigung weitergeleitet. [2]Diese prüft den Sachverhalt und weist den Vertragsarzt bei Bedarf auf die vorschriftsgemäße Nutzung der Blankoformularbedruckung hin. [3]Hinweise zu Problemen, die aus der eingesetzten Software resultieren, werden an die Kassenärztliche Bundesvereinigung weitergeleitet.

(3) [1]Die Prüfstelle der Kassenärztlichen Bundesvereinigung kann eine bereits zertifizierte Software einer erneuten Prüfung (außerordentliche Kontrollprüfung) unterziehen. [2]Die außerordentliche Kontrollprüfung kann von der Kassenärztlichen Bundesvereinigung, einer Kassenärztlichen Vereinigung oder einer Krankenkasse beantragt werden. [3]Ein bereits erteiltes Zertifikat kann in begründeten Fällen entzogen und eine erteilte Genehmigung widerrufen werden. [4]Das gilt insbesondere dann, wenn der Verdacht besteht, dass die Kriterien für eine ordnungsgemäße Rechnungslegung des Vertragsarztes gegenüber der Kassenärztlichen Vereinigung nicht gewährleistet sind. [5]Der Antragsteller wird über das Ergebnis der Prüfung unterrichtet.

§ 43 Ausschuss zur EDV-Anwendung bei der Abrechnung

Der GKV-Spitzenverband und die Kassenärztliche Bundesvereinigung bilden einen paritätisch besetzten gemeinsamen Ausschuss zur Regelung kassenartenübergreifender vertraglicher, juristischer und technischer Fragen im Zusammenhang mit dem Einsatz von EDV in der Arztpraxis und dem Datenaustausch zwischen Kassenärztlichen Vereinigungen und Krankenkassen.

§ 44 Sonstige Abrechnungsregelungen

(1) Der Vertragsarzt hat ergänzende Abrechnungsbestimmungen der Kassenärztlichen Vereinigung zu beachten.

(2) Nicht vollständig ausgefüllte Überweisungsscheine für ambulante vertragsärztliche Behandlung können von der Abrechnung ausgeschlossen werden.

(3) Die Verwendung von Aufklebern, Stempeln und anderen Aufdrucken, mit denen katalogartig Diagnosen und/oder Leistungspositionen des EBM auf die Abrechnungsbelege (Krankenscheine, Überweisungsscheine usw.) aufgebracht werden, auch wenn im Einzelfall durch Kennzeichnung besondere Diagnosen und/oder Leistungspositionen ausgewählt werden, ist für die Abrechnung unzulässig.

(4) Die Diagnosen auf den Abrechnungsvordrucken und den Arbeitsunfähigkeitsbescheinigungen sowie auf den Bescheinigungen für die Krankengeldzahlung sind unter Verwendung der jeweils vorgeschriebenen Fassung der Internationalen Klassifikation der Krankheiten (ICD) zu verschlüsseln.

(5) [1]Abrechnungen können nur vergütet werden, wenn die in § 303 Abs. 3 SGB V geforderten Daten in dem jeweils zugelassenen Umfang maschinenlesbar oder auf maschinell verwertbaren Datenträgern angegeben oder übermittelt worden sind. [2]Dies gilt insbesondere für die in der elektronischen Gesundheitskarte enthaltenen Daten sowie die Arzt- und Betriebsstättennummer, die – mit Ausnahme im Ersatzverfahren – maschinell auf die Vordrucke für die vertragsärztliche Versorgung zu übertragen sind, und die verschlüsselten Diagnosen.

(6) [1]Die Kosten für Materialien, die gemäß Kapitel 7.3 Allgemeine Bestimmungen des Einheitlichen Bewertungsmaßstabes (EBM) nicht in den berechnungsfähigen Leistungen enthalten sind und auch nicht über Sprechstundenbedarf bezogen werden können, werden gesondert abgerechnet. [2]Der Vertragsarzt wählt diese gesondert berechnungsfähigen Materialien unter Beachtung des Wirtschaftlichkeitsgebotes und der medizinischen Notwendigkeit aus. [3]Die rechnungsbegründenden Unterlagen, wie z. B. die Originalrechnungen, sind bei der rechnungsbegleichenden Stelle einzureichen. [4]Die Bestimmung der rechnungsbegleichenden Stelle ist durch die Partner der Gesamtverträge zu regeln. [5]Die einzureichenden Unterlagen müssen mindestens folgende Informationen beinhalten:
- Name des Herstellers
- Produkt-/Artikelbezeichnung inkl. Artikel- und Modellnummer
- Versichertennummer des Patienten, im Rahmen dessen Behandlung die Materialien gesondert berechnet werden.

[6]Über die Notwendigkeit weiterer für die Prüfung der Abrechnung erforderlicher Angaben (z. B. die GOP der erbrachten Leistungen, den ICD, den OPS und das Datum der Leistungserbringung) entscheidet die rechnungsbegleichende Stelle. [7]Der Vertragsarzt ist verpflichtet, die tatsächlich realisierten Preise in Rechnung zu stellen und ggf. vom Hersteller bzw. Lieferanten gewährte Rückvergütungen, wie Preisnachlässe, Rabatte, Umsatzbeteiligungen, Bonifikationen und rückvergütungsgleiche Gewinnbeteiligungen mit Ausnahme von Barzahlungsrabatten bis zu 3 % weiterzugeben. [8]Der Vertragsarzt bestätigt dies durch Unterschrift gegenüber der rechnungsbegleichenden Stelle. [9]Die Partner der Gesamtverträge können abweichende Regelungen treffen, insbesondere für einzelne gesondert berechnungsfähige Materialien Maximal- oder Pauschalbeträge vereinbaren.

(7) [1]Bei der Abrechnung sind die vertragsärztlichen Leistungen nach Maßgabe der von der Kassenärztlichen Vereinigung vorgeschriebenen Regelungen unter Angabe der Arztnummer sowie aufgeschlüsselt nach Betriebsstätten und Nebenbetriebsstätten zu kennzeichnen. [2]Satz 1 gilt entsprechend für die Anstellung von Ärzten.

(8) ¹Die für die Finanzierung des Sprechstundenbedarfs und der Impfstoffe erforderlichen Mittel werden von den Krankenkassen derselben Kassenart mit Mitgliedern mit Wohnsitz im Zuständigkeitsbereich der Kassenärztlichen Vereinigung aufgebracht. ²Das Nähere zur Umsetzung dieses Grundsatzes und zu weiteren erforderlichen Regelungen vereinbaren die Verbände der Krankenkassen.

12. Abschnitt –
Prüfung der Abrechnung und Wirtschaftlichkeit, Sonstiger Schaden

§ 45 Abrechnung (sachlich-rechnerische Richtigstellung)

(1) Der Vertragsarzt bestätigt, dass die abgerechneten Leistungen persönlich erbracht worden sind (§ 15), und dass die Abrechnung sachlich richtig ist.

(2) Leistungen, deren Abrechnung aufgrund gesetzlicher oder vertraglicher Bestimmungen oder Richtlinien der Kassenärztlichen Bundesvereinigung (§ 135 Abs. 2 SGB V) an die Erfüllung besonderer Voraussetzungen geknüpft ist, werden nur vergütet, wenn der Vertragsarzt die Erfüllung dieser Voraussetzungen gegenüber der Kassenärztlichen Vereinigung nachgewiesen hat und – soweit vorgesehen – eine Genehmigung erteilt wurde.

(3) ¹Der Kassenärztlichen Vereinigung obliegt die Prüfung der von den Vertragsärzten vorgelegten Abrechnungen ihrer vertragsärztlichen Leistungen hinsichtlich der sachlich-rechnerischen Richtigkeit. ²Dies gilt insbesondere für die Anwendung des Regelwerks.

(4) ¹Die Kassenärztliche Vereinigung berichtigt die Honorarforderung des Vertragsarztes bei Fehlern hinsichtlich der sachlich-rechnerischen Richtigkeit. ²Die Gesamtverträge regeln das Nähere über das Antragsrecht der Krankenkassen für nachgehende sachlich-rechnerische Berichtigungen, insbesondere die dazu vorgesehenen Fristen.

(5) Im Übrigen gelten neben den gesamtvertraglichen Regelungen die Richtlinien der Kassenärztlichen Bundesvereinigung und des GKV-Spitzenverbandes zum Inhalt und zur Durchführung der Abrechnungsprüfungen der Kassenärztlichen Vereinigungen und der Krankenkassen gemäß § 106d Abs. 6 Satz 1 SGB V in der jeweiligen gültigen Fassung.

§ 46 Plausibilitätskontrollen

Die Kassenärztlichen Vereinigungen und die Krankenkassen führen Plausibilitätsprüfungen gemäß den Richtlinien der Kassenärztlichen Bundesvereinigung und des GKV-Spitzenverbandes zum Inhalt und zur Durchführung der Abrechnungsprüfungen der Kassenärztlichen Vereinigungen und der Krankenkassen gemäß § 106d Abs. 6 Satz 1 SGB V sowie nach den ergänzenden gesamtvertraglichen Regelungen durch.

§ 47 Wirtschaftlichkeitsprüfung

(1) Die vertragsärztliche Tätigkeit wird im Hinblick auf die Wirtschaftlichkeit der vertragsärztlichen Versorgung durch Prüfungseinrichtungen nach § 106c SGB V überwacht.

(2) Bei der Prüfung der vertragsärztlichen Behandlungs- und Verordnungsweise ist die Wirtschaftlichkeit der gesamten vertragsärztlichen Tätigkeit des Vertragsarztes zu berücksichtigen.

(3) ¹Sofern der Vertragsarzt an verschiedenen Betriebsstätten und/oder Nebenbetriebsstätten tätig ist, wird für die Beurteilung der Behandlungs- und Verordnungsweise seine Tätigkeit an allen Betriebsstätten einbezogen, es sei denn, es handelt sich um Fälle der Verordnung von Versicherungsleistungen bei Mitgliedern einer Berufsausübungsgemeinschaft, welche in Bereichen mehrerer Kassenärztlicher Vereinigungen tätig ist. ²Die Partner der Prüfvereinbarungen regeln Ausnahmen für Fälle einer weiteren Zulassung des Vertragsarztes oder seiner Tätigkeit in unterschiedlichen Berufsausübungsgemeinschaften oder in unterschiedlichen statusrechtlichen Verhältnissen.

§ 48 Feststellung sonstigen Schadens durch Prüfungseinrichtungen und die Kassenärztliche Vereinigung

(1) Der sonstige durch einen Vertragsarzt verursachte Schaden, der einer Krankenkasse aus der unzulässigen Verordnung von Leistungen, die aus der Leistungspflicht der gesetzlichen Krankenversicherung ausgeschlossen sind, oder aus der fehlerhaften Ausstellung von Bescheinigungen entsteht, wird durch die Prüfungseinrichtungen nach § 106c SGB V festgestellt.

(2) Auf Antrag der Krankenkasse kann mit Zustimmung des Vertragsarztes der Schadenersatzanspruch auch durch die Kassenärztliche Vereinigung festgestellt und im Wege der Aufrechnung gegen den Honoraranspruch erfüllt werden.

(3) ¹Macht eine Krankenkasse einen Schaden geltend, der ihr dadurch entstanden ist, dass sie der Vertragsarzt auf den Abrechnungs- oder Verordnungsunterlagen fälschlicherweise als Kostenträger angegeben hat, so ist auf Antrag dieser Krankenkasse ein Schadenersatzanspruch durch die Kassenärztliche Vereinigung festzustellen. ²Voraussetzung dafür ist, dass die Krankenkasse
1. einen Schaden, der die Bagatellgrenze gemäß § 51 überschreitet, nachweist,
2. versichert, dass der zuständige Kostenträger durch eigene Ermittlungen der Krankenkasse nicht festgestellt werden kann,
3. vorsorglich den Ausgleichsanspruch gegen den zuständigen Kostenträger an die Kassenärztliche Vereinigung abtritt.

(4) Lag der Leistungserbringung oder -verordnung eine unzulässige Verwendung einer elektronischen Gesundheitskarte zugrunde, so ist ein Schadenersatzanspruch nach Absatz 3 gegen den Vertragsarzt grundsätzlich ausgeschlossen, es sei denn, die Entstehung des Schadens lag in diesen Fällen im Verantwortungsbereich des Vertragsarztes.

(5) Die Kassenärztliche Vereinigung hat einen Schadenersatzanspruch gegen die Krankenkasse, deren elektronische Gesundheitskarte für die Inanspruchnahme der vertragsärztlichen Versorgung in unzulässiger Weise verwendet worden ist, in der Höhe des an den Vertragsarzt gezahlten Honorars, wenn
– die Entstehung des Schadens nicht im Verantwortungsbereich des Vertragsarztes lag,

– die Kassenärztliche Vereinigung und der Vertragsarzt vorsorglich eventuelle Schadenersatzansprüche gegen den Patienten abgetreten haben und
– die Krankenkasse nicht nachweisen kann, dass eine Kassenärztliche Vereinigung für diesen Versicherten einen Anteil an der Gesamtvergütung erhalten hat.

§ 49 Prüfung und Feststellung von Schadenersatzansprüchen durch Schlichtungsstellen

(1) ¹Schadenersatzansprüche, welche eine Krankenkasse gegen einen Vertragsarzt aus der schuldhaften Verletzung vertragsärztlicher Pflichten geltend macht und für deren Prüfung und Feststellung nicht die Verfahren nach §§ 45, 47 und 48 vorgeschrieben sind, werden durch eine bei der Kassenärztlichen Vereinigung zu errichtende Schlichtungsstelle geprüft und dem Grunde und der Höhe nach aufgrund eines Vorschlags der Schlichtungsstelle durch die Kassenärztliche Vereinigung in einem Bescheid festgestellt. ²Dies gilt insbesondere für Schadenersatzansprüche, welche eine Krankenkasse auf den Vorwurf der Abrechnung nicht erbrachter Leistungen oder eines Verstoßes gegen das Gebot der persönlichen Leistungserbringung stützt.

(2) ¹Die Schlichtungsstelle ist paritätisch aus Vertretern der Kassenärztlichen Vereinigung und der Landesverbände der Krankenkassen zu besetzen. ²Über die Zusammensetzung der Schlichtungsstelle im Einzelnen werden Regelungen im Gesamtvertrag geschlossen.

(3) ¹Der Schlichtungsvorschlag ergeht mit der Mehrheit der Mitglieder der Schlichtungsstellen. ²Der Schlichtungsvorschlag ist für die Beteiligten bindend. ³Der Vertragsarzt ist zur Teilnahme an den Schlichtungsverhandlungen verpflichtet; kommt er dieser Pflicht nicht nach, so ist ihm Gelegenheit zu einer schriftlichen Stellungnahme zu geben.

(4) ¹Wird die Schlichtungsstelle nicht angerufen oder kommt ein Schlichtungsvorschlag nicht zustande, ist das Schlichtungsverfahren gescheitert. ²In diesem Falle bleibt der Krankenkasse die gerichtliche Durchsetzung ihres Anspruchs unbenommen.

§ 50 Schadenersatzansprüche wegen Behandlungsfehler

¹Schadenersatzansprüche, welche eine Krankenkasse aus eigenem oder übergeleitetem Recht gegen einen Vertragsarzt wegen des Vorwurfs der Verletzung der ärztlichen Sorgfalt bei der Untersuchung oder Behandlung erhebt, sind nicht Gegenstand der Verfahren vor den Prüfungseinrichtungen oder den Schlichtungsstellen. ²Ansprüche der Versicherten und der Krankenkassen richten sich nach Bürgerlichem Recht (§§ 66 und 76 Abs. 4 SGB V, § 116 SGB X). ³Die Krankenkasse kann in diesen Fällen eine Schlichtung beantragen. ⁴Die Kassenärztliche Vereinigung bestellt im Einvernehmen mit der Krankenkasse unabhängige med. Sachverständige, die den Fall beurteilen. ⁵Für den Fall, dass die Sachverständigen einen Behandlungsfehler feststellen, sollen die Kassenärztliche Vereinigung, die antragstellende Krankenkasse und der betroffene Arzt unter Hinzuziehung seines Haftpflichtversicherers eine einvernehmliche Regelung treffen.

Bundesmantelvertrag – Ärzte – Text §§ 51-54

§ 51 Bagatellgrenze

¹Unbeschadet bestehender gesamtvertraglicher Regelungen können Schadenersatzansprüche nach §§ 48 und 49 nicht gestellt werden, wenn der Schadensbetrag pro Vertragsarzt, Krankenkasse und Quartal 30,00 EUR unterschreitet. ²Für die Fälle nach § 45 können die Gesamtverträge eine entsprechende Grenze bestimmen.

§ 52 Durchsetzung festgestellter Schadenersatzansprüche

(1) Über die Erfüllung von nachgehenden Berichtigungsansprüchen sowie Schadenersatzansprüchen aus Feststellungen der Prüfgremien treffen die Vertragspartner der Gesamtverträge und die Vertragspartner der Prüfvereinbarung nähere Regelungen.

(2) Sie haben hierbei folgende Grundsätze zu berücksichtigen:
Die Kassenärztliche Vereinigung erfüllt Schadenersatzanforderungen der Krankenkassen durch Aufrechnung gegen Honorarforderungen des Vertragsarztes, wenn in einem erstinstanzlichen Urteil eines Sozialgerichts die Forderung bestätigt wird. Soweit eine Aufrechnung nicht möglich ist, weil Honorarforderungen des Vertragsarztes gegen die Kassenärztliche Vereinigung nicht mehr bestehen, tritt die Kassenärztliche Vereinigung den Anspruch auf Regress- und Schadenersatzbeträge an die Krankenkasse zur unmittelbaren Einziehung ab.

§ 53 Haftung der Kassenärztlichen Vereinigung aus der Gesamtvergütung

¹Die Kassenärztliche Vereinigung haftet den Krankenkassen aus der Gesamtvergütung für Erstattungsansprüche wegen Überzahlung als Folge unberechtigter oder unwirtschaftlicher Honorarforderungen der Vertragsärzte, wenn und soweit dadurch die Gesamtvergütung erhöht wird. ²Erhöht sich die Gesamtvergütung nicht, fallen aus Feststellungen über unberechtigte oder unwirtschaftliche Honorarforderungen entstandene Kürzungs- oder Erstattungsbeträge in die Honorarverteilung.

13. Abschnitt –
Allgemeine Regeln zur vertragsärztlichen Gesamtvergütung und ihren Abrechnungsgrundlagen

§ 54 Vertragsärztliche Gesamtvergütung

(1) Die für die vertragsärztliche Versorgung von den Krankenkassen zu entrichtende Gesamtvergütung wird an die Kassenärztliche Vereinigung mit befreiender Wirkung gezahlt.

(2) ¹Die Krankenkassen entrichten die Gesamtvergütung nach Maßgabe der Gesamtverträge und der in Formblatt 3 festgelegten Kriterien an die Kassenärztlichen Vereinigungen. ²Den Inhalt des Formblattes 3 vereinbaren die Vertragspartner.

(3) ¹Kommt die Kassenärztliche Vereinigung ihrem Sicherstellungsauftrag aus Gründen, die sie zu vertreten hat, nicht nach, können die Krankenkassen die in den Gesamtverträgen nach § 85 SGB V oder § 87a SGB V vereinbarten Vergütungen unter den nachstehenden Voraussetzungen teilweise zurückbehalten. ²Das Zurückbehaltungsrecht setzt eine schuldhafte, noch andauernde und erhebliche Verletzung des

Sicherstellungsauftrags voraus. ³Die Krankenkasse hat konkret zu benennen, in welcher Weise und in welchem Umfang die Kassenärztliche Vereinigung ihrem Sicherstellungsauftrag nicht nachgekommen ist und in welcher Höhe sie beabsichtigt, die vereinbarte Vergütung teilweise zurückzubehalten. ⁴Fälle der Unterversorgung nach § 100 SGB V oder des zusätzlichen lokalen Versorgungsbedarfs begründen kein Zurückbehaltungsrecht, es sei denn, die Kassenärztliche Vereinigung ist den ihr insoweit obliegenden Pflichten schuldhaft nicht nachgekommen und die Krankenkasse hat den in § 105 Abs. 1a SGB V vorgesehenen Betrag in den Strukturfonds entrichtet, sofern die Kassenärztliche Vereinigung einen Strukturfonds gebildet hat. ⁵Die Höhe der zurückbehaltenen Gesamtvergütung hat dem Grundsatz der Verhältnismäßigkeit zu entsprechen. ⁶Die Krankenkasse hat die Absicht, Teile der Gesamtvergütung zurückzubehalten, der Kassenärztlichen Vereinigung anzukündigen und ihr eine Frist von vier Wochen einzuräumen, dazu Stellung zu nehmen bzw. Abhilfe zu schaffen. ⁷Abweichend hiervon ist eine kürzere Frist zur Stellungnahme bzw. Abhilfe zulässig, wenn die Versorgung des überwiegenden Teils der betroffenen Versicherten der Krankenkasse gefährdet ist. ⁸Hilft die Kassenärztliche Vereinigung der angezeigten Verletzung des Sicherstellungsauftrags ab, entfällt das Recht zur Ausübung der Zurückbehaltung. ⁹Ist keine Abhilfe erfolgt und liegt auch unter Berücksichtigung der Stellungnahme der Kassenärztlichen Vereinigung eine schuldhafte Pflichtverletzung vor, kann die Krankenkasse Teile der Gesamtvergütung in der angezeigten Höhe einbehalten. ¹⁰Nach Abstellung der Verletzung des Sicherstellungsauftrags sind die zurückbehaltenen Beträge an die Kassenärztliche Vereinigung auszuzahlen. ¹¹Bei unrechtmäßiger Ausübung des Zurückbehaltungsrechts zahlt die Krankenkasse ab dem Zeitpunkt der Zurückbehaltung Verzugszinsen in Höhe von 5 Prozentpunkten über dem Basiszinssatz; es können abweichende gesamtvertragliche Regelungen getroffen werden. ¹²Soweit der Krankenkasse aufgrund der Pflichtverletzung Schäden entstanden sind, können sich daraus ergebende Ansprüche mit den auszuzahlenden Beträgen aufgerechnet werden; es können abweichende gesamtvertragliche Regelungen getroffen werden.

§ 55 Abrechnungsunterlagen und Datenträgeraustausch

Die Aufbereitung der Abrechnungsunterlagen sowie das Nähere über den Datenaustausch sind in einer besonderen vertraglichen Vereinbarung geregelt (Anlage 6).

§ 56 Prüfung der Abrechnungsunterlagen und der Kontenführung

(1) Die Kassenärztlichen Vereinigungen sind berechtigt, bei den Krankenkassen
1. die Unterlagen, die Grundlage für die Vergütungsregelungen waren, bis zum Ablauf von drei Jahren seit Abschluss der letzten Honorarfeststellung zu prüfen,
2. die Abrechnung über die Gesamtvergütung und die dazugehörenden Unterlagen bis zum Ablauf des auf den Eingang der Abrechnung folgenden Kalenderjahres zu prüfen,
3. Auskunft zu verlangen über die Erfassung und den Nachweis der Ausgaben für ärztlich verordnete Arzneimittel und Heilmittel, soweit und solange für diesen Bereich eine Budgetierung wirksam ist.

Bundesmantelvertrag – Ärzte – Text §§ 57, 57a

(2) Die Verbände der Krankenkassen sind berechtigt, bei der Kassenärztlichen Vereinigung
1. die Unterlagen, die Grundlage für die Vergütungsregelung waren, bis zum Ablauf von drei Jahren seit Abschluss der letzten Vergütungsregelung sowie die Unterlagen, die Grundlage für die Ermittlung des Leistungsbedarfs werden, zu prüfen,
2. sich durch Einsicht in die Abrechnung und die dazugehörigen Unterlagen über die Verteilung der Gesamtvergütung zu unterrichten.

(3) Über die Regelwerke der KVen – soweit sie sich auf die Abrechnung nach dem EBM beziehen – werden die Krankenkassen auf deren Verlangen informiert.

(4) Das Nähere zu Abs. 1, 2 und 3 wird im Gesamtvertrag geregelt.

(5) ¹Die Anspruchsnachweise werden den Krankenkassen nach erfolgter Abrechnung zur Verfügung gestellt. ²Näheres wird im Gesamtvertrag vereinbart.

14. Abschnitt –
Besondere Rechte und Pflichten des Vertragsarztes, der Kassenärztlichen Vereinigungen und der Krankenkassen

§ 57 Dokumentation

(1) Der Vertragsarzt hat die Befunde, die Behandlungsmaßnahmen sowie die veranlassten Leistungen einschließlich des Tages der Behandlung in geeigneter Weise zu dokumentieren.

(2) ¹Die ärztlichen Aufzeichnungen sind vom Vertragsarzt mindestens 10 Jahre nach Abschluss der Behandlung aufzubewahren, soweit nicht andere Vorschriften – z.B. die Verordnung über den Schutz vor Schäden durch Röntgenstrahlen (Röntgenverordnung – RöV) – eine abweichende Aufbewahrungszeit vorschreiben. ²Sofern die Aufzeichnungen elektronisch dokumentiert worden sind, hat der Vertragsarzt dafür Sorge zu tragen, dass sie innerhalb der Aufbewahrungszeit verfügbar gemacht werden können.

§ 57a Diagnosekodierung, Verwendung Ersatzwert

(1) Gemäß § 295 SGB V sind die an der vertragsärztlichen Versorgung teilnehmenden Ärzte und Einrichtungen verpflichtet in den Abrechnungsunterlagen für die vertragsärztlichen Leistungen bei ärztlicher Behandlung Diagnosen aufzuzeichnen und verschlüsselt nach der jeweils vom Deutschen Institut für Medizinische Dokumentation und Information (DIMDI) herausgegebenen Fassung der Internationalen Klassifikation für Krankheiten (ICD-10-GM) zu übermitteln.

(2) In den nachfolgend aufgeführten Konstellationen kann anstelle des jeweils spezifischen Diagnoseschlüssels nach ICD-10-GM regelhaft im Sinne eines Ersatzwertes der ICD-10-Kode Z01.7 Laboruntersuchung angegeben werden:
1. Für Arztfälle in einer Arztpraxis, in denen in-vitro-diagnostische Untersuchungen der Abschnitte 11.4, 19.3, 19.4, 32.2, 32.3 EBM oder entsprechende Untersuchungen im Abschnitt 1.7 oder 8.5 des EBM ohne unmittelbaren Arzt-Patienten-Kontakt durchgeführt werden, es sei denn, im EBM sind für die Abrechnung der Gebührenordnungspositionen speziellere Regelungen getroffen.

2. Fallunabhängig für Fachärzte für Pathologie, Fachärzte für Neuropathologie, Fachärzte für Laboratoriumsmedizin sowie Fachärzte für Mikrobiologie und Infektionsepidemiologie.

§ 58 Mitteilung von Krankheitsursachen und drittverursachten Gesundheitsschäden

(1) [1]Liegen Anhaltspunkte dafür vor, dass eine Krankheit eine Berufskrankheit im Sinne der gesetzlichen Unfallversicherung oder deren Spätfolgen oder die Folge oder Spätfolge eines Arbeitsunfalls, eines sonstigen Unfalls, einer Körperverletzung, einer Schädigung im Sinne des Bundesversorgungsgesetzes oder eines Impfschadens im Sinne des Infektionsschutzgesetzes ist oder liegen Hinweise auf drittverursachte Gesundheitsschäden vor, sind die Vertragsärzte, ärztlich geleiteten Einrichtungen und die Krankenhäuser nach § 108 SGB V verpflichtet, die erforderlichen Daten, einschließlich der Angaben über Ursachen und den möglichen Verursacher, den Krankenkassen mitzuteilen. [2]Bei Hinweisen auf drittverursachte Gesundheitsschäden, die Folge einer Misshandlung, eines sexuellen Missbrauchs, eines sexuellen Übergriffs, einer sexuellen Nötigung, einer Vergewaltigung oder einer Vernachlässigung von Kindern und Jugendlichen sein können, besteht keine Mitteilungspflicht nach Satz 1. [3]Bei Hinweisen auf drittverursachte Gesundheitsschäden, die Folge einer Misshandlung, eines sexuellen Missbrauchs, eines sexuellen Übergriffs, einer sexuellen Nötigung oder einer Vergewaltigung einer oder eines volljährigen Versicherten sein können, besteht die Mitteilungspflicht nach Satz 1 nur dann, wenn die oder der Versicherte in die Mitteilung ausdrücklich eingewilligt hat. [4]Für die Geltendmachung von Schadensersatzansprüchen, die nach § 116 SGB X auf die Krankenkassen übergehen, übermitteln die Kassenärztlichen Vereinigungen den Krankenkassen die erforderlichen Angaben versichertenbezogen.

(2) [1]Liegen Anhaltspunkte dafür vor, dass sich Versicherte eine Krankheit durch eine medizinisch nicht indizierte ästhetische Operation, eine Tätowierung oder ein Piercing zugezogen haben, sind die an der vertragsärztlichen Versorgung teilnehmenden Ärzte und Einrichtungen verpflichtet, den Krankenkassen die erforderlichen Daten mitzuteilen. [2]Die Versicherten sind über den Grund der Meldung nach Satz 1 und die gemeldeten Daten zu informieren.

(3) Anhaltspunkte im Sinne der Absätze 1 und 2 liegen vor, wenn sie auf konkreten Tatsachen beruhen, die z. B. durch eindeutige Befunde oder Berichte gestützt werden können.

§ 59 Verzeichnis der an der vertragsärztlichen Versorgung teilnehmenden Ärzte

(1) [1]Die Kassenärztliche Vereinigung stellt den Krankenkassen ihres Bezirkes und deren Verbänden regelmäßig ein Verzeichnis der an der vertragsärztlichen Versorgung teilnehmenden Ärzte auf maschinell verwertbaren Datenträgern zur Verfügung. [2]Das Verzeichnis enthält die Namen der Ärzte (Institute) sowie Angaben über deren Gebietsbezeichnung (Gebietsbezeichnung des ärztlichen Leiters des Instituts), Betriebsstätte, Sprechzeiten und Telefonnummer. [3]Ärzte, die berechtigt sind, bestimmte Leistungen zu erbringen, können besonders gekennzeichnet werden. [4]Näheres zu dem Verzeichnis vereinbaren die Partner des Gesamtvertrages.

(2) Die Krankenkassen stellen dieses Verzeichnis auf Verlangen den Versicherten zur Einsichtnahme zur Verfügung.

§ 60 Verstöße gegen vertragsärztliche Pflichten, Disziplinarverfahren

(1) Bei Disziplinarverfahren wegen Verstoßes gegen vertragsärztliche Pflichten finden die Disziplinarordnungen der Kassenärztlichen Vereinigungen (§ 81 Abs. 5 SGB V) Anwendung.

(2) [1]Die Kassenärztliche Vereinigung unterrichtet in Fällen, in denen auf Anregung einer Krankenkasse oder eines Verbandes der Krankenkassen gegen einen Vertragsarzt wegen Verletzung vertragsärztlicher Pflichten ein Disziplinarverfahren eingeleitet wurde, die Krankenkasse oder deren Verband über die Einleitung und über das Ergebnis des Verfahrens. [2]Die Kassenärztliche Vereinigung unterrichtet die Verbände auch über Disziplinarmaßnahmen, die von ihr beantragt worden sind, soweit das Verhältnis des Vertragsarztes zu den Krankenkassen berührt wird.

(3) [1]Die Befragung von Versicherten durch eine Krankenkasse in Bezug auf die Behandlung durch einen Vertragsarzt ist zulässig, wenn die notwendige Aufklärung des Sachverhaltes ohne eine Befragung nicht möglich ist. [2]Die Krankenkasse soll dies der Kassenärztlichen Vereinigung vor einer Befragung mitteilen. [3]Bei der Befragung ist darauf zu achten, dass sie gezielt und individualisiert erfolgt und dass durch Form und Art der Befragung Ansehen und Ruf des Vertragsarztes nicht geschädigt werden. [4]Eine ausschließlich fernmündliche Befragung ist unzulässig. [5]Die Kassenärztliche Vereinigung wird über das Ergebnis der Befragung unterrichtet. [6]Diese unterrichtet in geeigneter Weise den Vertragsarzt. [7]Das Nähere regeln die Partner der Gesamtverträge.

§ 61 Statistische Auswertung der Maßnahmen zur Krankheitsfrüherkennung

Die Kassenärztliche Bundesvereinigung und der GKV-Spitzenverband tauschen die Ergebnisse der statistischen Auswertung bei den Früherkennungsmaßnahmen aus.

15. Abschnitt –
Medizinischer Dienst

§ 62 Zusammenarbeit mit dem Medizinischen Dienst

(1) [1]Der Medizinische Dienst gibt auf Anforderung der Krankenkassen in den gesetzlich bestimmten Fällen oder, wenn es nach Art, Schwere, Dauer oder Häufigkeit der Erkrankung oder nach dem Krankheitsverlauf erforderlich ist, eine gutachtliche Stellungnahme ab. [2]Er hat das Ergebnis der Begutachtung der Krankenkasse und dem Vertragsarzt sowie die erforderlichen Angaben über den Befund der Krankenkasse mitzuteilen. [3]Er ist befugt, den an der vertragsärztlichen Versorgung teilnehmenden Ärzten und den sonstigen Leistungserbringern, über deren Leistungen er eine gutachtliche Stellungnahme abgegeben hat, die erforderlichen Angaben über den Befund mitzuteilen. [4]Der Versicherte kann der Mitteilung über den Befund an den Vertragsarzt widersprechen.

(2) ¹Haben die Krankenkassen oder der Medizinische Dienst für eine gutachtliche Stellungnahme oder Prüfung nach § 275 SGB V erforderliche versichertenbezogene Daten angefordert, so sind die Vertragsärzte verpflichtet, diese Daten unmittelbar an den Medizinischen Dienst zu übermitteln, soweit dies für die gutachtliche Stellungnahme und Prüfung erforderlich ist. ²Für die Übermittlung der versichertenbezogenen Daten an den Medizinischen Dienst stellt die Krankenkasse den Vertragsärzten einen vollständig vorausgefüllten Weiterleitungsbogen (Muster 86) zur Verfügung. ³Für den Versand der Unterlagen an den Medizinischen Dienst stellt die Krankenkasse dem Vertragsarzt einen Freiumschlag zur Verfügung.

(3) Das Gutachten des Medizinischen Dienstes zur Beurteilung der Arbeitsunfähigkeit ist vorbehaltlich der Bestimmung in Abs. 4 verbindlich.

(4) ¹Bestehen zwischen dem behandelnden Arzt und dem Medizinischen Dienst Meinungsverschiedenheiten über eine Leistung, über die der Medizinische Dienst eine Stellungnahme abgegeben hat, das Vorliegen von Arbeitsunfähigkeit oder über Maßnahmen zur Wiederherstellung der Arbeitsfähigkeit, kann der behandelnde Arzt unter Darlegung seiner Gründe bei der Krankenkasse ein Zweitgutachten beantragen. ²Kann die Krankenkasse die Meinungsverschiedenheiten nicht ausräumen, soll der Medizinische Dienst mit dem Zweitgutachten einen Arzt des Gebietes beauftragen, in das die verordnete Leistung oder die Behandlung der vorliegenden Erkrankung fällt.

§ 63 Vertragsausschuss

(1) Die Vertragspartner bilden einen Vertragsausschuss.

(2) Der Vertragsausschuss hat die Aufgabe, Beschlüsse der Vertragspartner über die verbindliche Auslegung des Vertrages sowie Entscheidungen in grundsätzlichen Fragen, die für die Durchführung des Vertrages von Bedeutung sind, vorzubereiten.

16. Abschnitt – Inkrafttreten, Kündigung

§ 64 Inkrafttreten, Außerkrafttreten, Übergangsregelung

(1) ¹Dieser Vertrag tritt am 1. Oktober 2013 als allgemeiner Inhalt der unter seinen Geltungsbereich fallenden Gesamtverträge in Kraft. ²§ 48 Abs. 5 gilt nur für vertragsärztliche Leistungen, die nach Inkrafttreten dieses Vertrages erbracht wurden.

(2) Gleichzeitig treten außer Kraft
1. der Bundesmantelvertrag Ärzte vom 1. Januar 1995,
2. der Bundesmantelvertrag Ärzte/Ersatzkassen vom 1. Juli 1994.

§ 65 Kündigung

(1) ¹Dieser Vertrag kann von der Kassenärztlichen Bundesvereinigung und dem GKV-Spitzenverband insgesamt oder in Teilen gekündigt werden. ²Die Kündigungsfrist beträgt sechs Monate zum Schluss eines Kalenderjahres. ³Die Kündigung hat durch eingeschriebenen Brief zu erfolgen.

(2) Für Anlagen dieses Vertrages können jeweils gesonderte Kündigungsmöglichkeiten mit besonderen Kündigungsfristen vereinbart werden.

(3) Der die Kündigung aussprechende Partner hat das Bundesschiedsamt über die Kündigung unverzüglich durch eingeschriebenen Brief zu unterrichten.

Protokollnotizen zum Bundesmantelvertrag – Ärzte

Protokollnotiz zu § 18 Abs. 4 bis 7a und Anlage 18

Für bis zum 31.12.2018 aufgetretene Fälle zur Umsetzung der Kostenerstattung und des Kostennachweises im Zusammenhang mit der Durchsetzung der Zahlung nach § 28 Abs. 4 SGB V gelten die Regelungen der § 18 Abs. 4 bis 7a BMV-Ä und der Anlage 18 in der jeweils bis zum 31.12.2018 geltenden Fassung.

Protokollnotiz zu § 19 Abs. 2 und 3

Unter der Voraussetzung, dass die verpflichtende Aktualisierung der Versichertenstammdaten gemäß § 291 Abs. 2b SGB V bestehen bleibt, § 291 Abs. 4 Satz 1, 5 und 6 SGB V geändert werden und eine Sperrung der elektronischen Gesundheitskarte durch die gesetzlichen Krankenkassen technisch realisiert wird, vereinbaren die Partner des Bundesmantelvertrages, § 19 Abs. 2 Satz 4 und Abs. 3 Satz 4 dahingehend zu ändern, dass anstelle des Einzugs die Sperrung durch die Krankenkassen erfolgt.

Protokollnotiz zu § 25

Die Vertragspartner hatten vereinbart, die aus der Neubewertung der Gebührenordnungspositionen der Abschnitte 32.3.1 bis 32.3.14 des Kapitels 32 des EBM erwarteten Einsparungen in Höhe von 46 Mio. Euro zur Finanzierung neuer laboratoriumsmedizinischer Leistungen zu verwenden, für die ab dem Jahr 2008 ff. neue Gebührenordnungspositionen in Abschnitt 32.3 EBM aufgenommen wurden. Der Bewertungsausschuss prüft bis zum 30. Juni 2020, ob die gemäß Satz 1 für neue laboratoriumsmedizinische Leistungen vorgesehenen Finanzmittel im Jahr 2017 ausgeschöpft worden sind. Sollten die Finanzmittel nicht ausgeschöpft worden sein, berät der Bewertungsausschuss über die Verwendung der Finanzmittel.

Protokollnotiz zu § 29a

Die Regelung in § 29a BMV-Ä wird fortentwickelt, sobald die Vorgaben und Anforderungen an die Arzneimitteltherapiesicherheit umzusetzen sind.

Protokollnotiz zu § 37a und § 44 Abs. 6 (Stand: 1. Juli 2008)

1. Die Kassenärztliche Bundesvereinigung wird vor jeder zukünftigen Änderung der Richtlinie zur Vergabe der Arzt- und Betriebsstättennummer (§ 75 Abs. 7 i. V. m. § 293 Abs. 4 SGB V) den GKV-Spitzenverband rechtzeitig informieren und Änderungen mit dem GKV-Spitzenverband abstimmen.

2. Die Kassenärztliche Bundesvereinigung wird vor Änderungen der Technischen Richtlinie zum Vertragsarztrechtsänderungsgesetz den GKV-Spitzenverband rechtzeitig informieren.

Protokollnotiz zu § 37 und 37a (Stand: 1. Juli 2008)

Bei der Verordnung von Arznei-, Verband- sowie Heil- und Hilfsmitteln ist jeder Arzt einer versorgungsbereichs- und fachgruppengleichen Berufsausübungsgemeinschaft, der nur an einem Ort tätig ist, unabhängig von der gemäß § 37a Abs. 1 BMV-Ä angegebenen Arztnummer, unterschriftenberechtigt.

Protokollnotiz zu § 40 Abs. 3

Die Vertragspartner gehen davon aus, dass bei der Herstellung des Einvernehmens über die Anerkennung als Belegarzt die Feststellung im jeweiligen Krankenhausplan über das Bestehen oder die Errichtung einer Belegabteilung bzw. die entsprechende pflegesatzrechtliche Entscheidung zugrunde zu legen ist. Sie bekräftigen ihre gemeinsame Absicht zur Förderung eines leistungsfähigen und wirtschaftlichen Belegarztwesens.

Protokollnotiz zu § 57 Abs. 1

Die Vertragspartner gehen davon aus, dass der Vertragsarzt im eigenen Interesse zur Rechtfertigung seiner Abrechnung auch die von ihm erbrachten Leistungen im erforderlichen Umfang aufzeichnet. Die Leistungserfassung ist jedoch nicht Bestandteil ärztlicher Aufzeichnungen nach der Berufsordnung und unterliegt daher nicht der zehnjährigen Aufbewahrungsfrist.

Protokollnotiz zu § 62 Abs. 2

Die Vertragspartner werden 1 Jahr nach Inkrafttreten der Regelung in § 62 Abs. 2 die praktischen Erfahrungen mit den im Zusammenhang mit der Umstellung des Umschlagsverfahrens vereinbarten Verfahren auswerten und hieraus notwendige Anpassungen im Hinblick auf den Weiterleitungsbogen und das Verfahren zur Bereitstellung von Freiumschlägen ableiten.

Kommentar

Bundesmantelvertrag – Ärzte

1. Abschnitt –
Regelungs- und Geltungsbereich

§ 1 Vertragsgegenstand, Sondervereinbarungen

(1) ¹Dieser Vertrag regelt als allgemeiner Inhalt der Gesamtverträge die vertragsärztliche Versorgung. ²Sein Geltungsbereich erstreckt sich auf den Geltungsbereich des SGB V.

(2) Verbände der Krankenkassen im Sinne dieses Vertrages sind die Landesverbände der Krankenkassen und die Ersatzkassen bzw. die von ihnen beauftragten Landesvertretungen des Verbandes der Ersatzkassen.

(3) Bestandteil dieses Vertrages sind der Einheitliche Bewertungsmaßstab (EBM) und die besonderen Vereinbarungen in den Anlagen:

Anlage 1:	Psychotherapievereinbarung
Anlage 2:	Vordruckvereinbarung
Anlage 2a:	Vereinbarung über den Einsatz des Blankoformularbedruckungs-Verfahrens zur Herstellung und Bedruckung von Vordrucken für die vertragsärztliche Versorgung
Anlage 2b:	Vereinbarung über die Verwendung digitaler Vordrucke in der vertragsärztlichen Versorgung
Anlage 3:	Vereinbarungen über Qualitätssicherung nach § 135 Abs. 2 SGB V
Anlage 4:	Vereinbarung zur Gestaltung und bundesweiten Einführung der Krankenversichertenkarte
Anlage 4a:	Vereinbarung zum Inhalt und zur Anwendung der elektronischen Gesundheitskarte
Anlage 4b:	Vereinbarung über die Authentifizierung von Versicherten bei der ausschließlichen Fernbehandlung
Anlage 5:	Vertrag über die hausärztliche Versorgung
Anlage 6:	Vertrag über den Datenaustausch
Anlage 7:	Vereinbarung über die qualifizierte ambulante Versorgung krebskranker Patienten „Onkologie-Vereinbarung"
Anlage 8:	Vereinbarung über die Erbringung ärztlich angeordneter Hilfeleistungen in der Häuslichkeit der Patienten, in Alten- oder Pflegeheimen oder in anderen beschützenden Einrichtungen gem. § 87 Abs. 2b Satz 5 SGB V (Delegations-Vereinbarung)
Anlage 9:	Besondere Versorgungsaufträge
	Anlage 9.1 Versorgung chronisch niereninsuffizienter Patienten
	Anlage 9.2 Versorgung im Rahmen des Programms zur Früherkennung von Brustkrebs durch Mammographie-Screening
Anlage 11:	Vereinbarung gemäß § 85 Abs. 2 Satz 4 und § 43a SGB V über besondere Maßnahmen zur Verbesserung der sozialpsychiatrischen Versorgung von Kindern und Jugendlichen (Sozialpsychiatrie-Vereinbarung)
Anlage 17:	Vereinbarung zur bundesweiten Anerkennung von regionalen Sondervertragsregelungen (Knappschaft)
Anlage 18:	*(aufgehoben)*

§ 1 Vertragsgegenstand, Sondervereinbarungen

Anlage 19: Vereinbarung zur Abwicklung der Finanzierung des G-BA (§ 91 SGB V), des Instituts für Qualität und Transparenz im Gesundheitswesen (§ 137a SGB V) und des Instituts für Qualität und Wirtschaftlichkeit im Gesundheitswesen (§ 139a SGB V)
Anlage 20: Vereinbarung zur Anwendung der Europäischen Krankenversicherungskarte
Anlage 21: Vereinbarung zur Umsetzung des Wohnortprinzips gemäß § 83 i. V. m. § 87a Abs. 3 SGB V (01.01.2009)
Anlage 22: Verfahrensordnung zur Beurteilung innovativer Laborleistungen im Hinblick auf Anpassungen des Kapitels 32 EBM
Anlage 23: Anforderungskatalog AVWG – Anforderungen an Datenbanken und Software für Vertragsarztpraxen (Anlage zu § 29 BMV-Ä).
Anlage 24: Vereinbarung über die Delegation ärztlicher Leistungen an nichtärztliches Personal in der ambulanten vertragsärztlichen Versorgung gemäß § 28 Abs. 1 S. 3 SGB V
Anlage 25: Vertrag über die kurärztliche Behandlung (Kurarztvertrag)
Anlage 27: Vereinbarung nach § 119b Abs. 2 SGB V zur Förderung der kooperativen und koordinierten ärztlichen und pflegerischen Versorgung in stationären Pflegeheimen
Anlage 28: Vereinbarung über die Einrichtung von Terminservicestellen und die Vermittlung von Facharztterminen
Anlage 29: Anforderungskatalog nach § 73 Abs. 8 SGB V für die Verordnung von Heilmitteln.
Anlage 30: Vereinbarung nach § 87 Abs. 1b SGB V zur besonders qualifizierten und koordinierten palliativ-medizinischen Versorgung
Anlage 31: Vereinbarung über telemedizinische Leistungen in der vertragsärztlichen Versorgung im Zusammenhang mit § 87 Abs. 2a Satz 7 SGB V
Anlage 31a: Vereinbarung über die Anforderungen an die technischen Verfahren zur telemedizinischen Erbringung der konsiliarischen Befundbeurteilung von Röntgenaufnahmen in der vertragsärztlichen Versorgung gemäß § 291g Absatz 1 Satz 1 SGB V
Anlage 31b: Vereinbarung über die Anforderungen an die technischen Verfahren zur Videosprechstunde gemäß § 291 g Absatz 4 SGB V
Anlage 32: Vereinbarung zur Finanzierung und Erstattung der bei den Vertragsärzten entstehenden Kosten im Rahmen der Einführung und des Betriebes der Telematikinfrastruktur gemäß § 291a Absatz 7 Satz 5 SGB V sowie zur Abbildung nutzungsbezogener Zuschläge gemäß § 291a Absatz 7b Satz 3 SGB V
Anlage 33: Vereinbarung über die HIV-Präexpositionsprophylaxe zur Prävention einer HIV-Infektion gemäß § 20j SGB V

(4) Bestandteil dieses Vertrages sind auch die Richtlinien des Gemeinsamen Bundesausschusses nach § 92 SGB V.

(5) Soweit sich die Vorschriften dieses Vertrages einschließlich seiner Anlagen auf Vertragsärzte beziehen, gelten sie entsprechend für Psychologische Psychotherapeuten und Kinder- und Jugendlichenpsychotherapeuten, sofern sich aus den nachfolgenden Vorschriften und der Anlage 1 (Psychotherapie-Vereinbarung) zu diesem Vertrag nichts Abweichendes ergibt.

(6) Insbesondere folgende Vorschriften finden für Psychologische Psychotherapeuten und Kinder- und Jugendlichenpsychotherapeuten keine Anwendung:

Vertragsgegenstand, Sondervereinbarungen § 1

§ 2 Absatz 1 Nrn. 2 – 8, 10 und 11 sowie 9, soweit sich diese Regelung auf die Feststellung und Bescheinigung von Arbeitsunfähigkeit bezieht
§ 17 Absätze 4, 6 und 7
§§ 22, 25 – 32
§§ 38 – 40.

(7) Sofern sich die Vorschriften dieses Vertrages und seiner Anlage auf Vertragsärzte beziehen, gelten sie entsprechend für Medizinische Versorgungszentren, sofern nicht ausdrücklich etwas anderes vorgesehen ist oder Abweichendes aus der Besonderheit Medizinischer Versorgungszentren folgt.

Übersicht

	Rn		Rn
I. Vorbemerkung	1	4. Funktion des BMV-Ä	12
1. Rechtsgrundlage und Regelungsaufträge für den BMV-Ä	1	5. Rechtscharakter des BMV-Ä	13
		6. Pflichten des Vertragsarztes aus dem BMV-Ä	18
a) Obligatorische Regelungsaufträge	6	II. Regelungs- und Geltungsbereich des BMV-Ä (Abs 1)	26
b) Fakultative Regelungsinhalte	7	III. Verbände der KK (Abs 2)	27
2. Einordnung des BMV-Ä in die Normenhierarchie des Vertragsarztrechts	9	IV. Bestandteile des BMV-Ä und Sondervereinbarungen (Abs 3 und 4)	30
3. Rechtswirkung/Verbindlichkeit der Regelungen im BMV-Ä	11	V. Anwendungsbereich (Abs 5, 6 und 7)	41

I. Vorbemerkung

1. Rechtsgrundlage und Regelungsaufträge für den BMV-Ä. Zur Sicherstellung der 1 vertragsärztlichen Versorgung der gesetzlich Versicherten wirken Ärzte, Zahnärzte, Psychotherapeuten, MVZ und KK zusammen (§ 72 Abs 1 SGB V). Die vertragsärztliche Versorgung ist iRd gesetzlichen Vorschriften und der Richtlinien des G-BA durch schriftliche Verträge der KV mit den Verbänden der KK so zu regeln, dass eine ausreichende, zweckmäßige und wirtschaftliche Versorgung der Versicherten unter Berücksichtigung des allgemein anerkannten Standes der medizinischen Erkenntnisse gewährleistet ist und die ärztlichen Leistungen angemessen vergütet werden (§ 72 Abs 2 SGB V). Diesen Regelungsauftrag erfüllen die Partner der gemeinsamen Selbstverwaltung in der GKV insbesondere durch Abschluss der Gesamtverträge gem § 83 Abs 1 SGB V. Allgemeiner Inhalt dieser von den KV mit den für ihren Bezirk zuständigen Landesverbänden der KK und den Ersatzkassen zu schließenden Gesamtverträge ist – bezogen auf die vertragsärztliche Versorgung – der BMV-Ä, den die KBV mit dem GKV-Spitzenverband vereinbart (§ 82 Abs 1 SGB V).

Die gesetzlichen Vorgaben schreiben zugleich auch den Regelungsrahmen für den 2 BMV-Ä vor, der als *„allgemeiner Inhalt der Gesamtverträge"*[1] nur Regelungen beinhalten darf, die für eine bundeseinheitliche Ausgestaltung der Versorgung notwendig und zweckmäßig sind. Neben dem Interesse an einer bundeseinheitlichen Regelung muss auch die auf selbstständigen Landeskörperschaften aufbauende Struktur der ver-

---

1 Zu dem unbestimmten Rechtsbegriff des *„allgemeinen Inhalts"*, seiner Reichweite und der Regelungsbefugnis der Vertragspartner s *Rompf* Der Bundesmantelvertrag als Herzstück untergesetzlicher Normsetzung im Vertragsarztrecht, *Katzenmeier/Ratzel (Hrsg)* FS Dahm, 403.

§ 1 Vertragsgegenstand, Sondervereinbarungen

tragsärztlichen Versorgung berücksichtigt werden. Die Regelungen des BMV-Ä dürfen demnach nicht so weit gehen, dass für die Gesamtverträge auf Landesebene kein Gestaltungsspielraum mehr verbleibt.²

3   Zur Regelung der Vergütung der vertragsärztlichen Tätigkeit verbleibt den Vertragspartnern nach den gesetzlichen Vorgaben im SGB V und im EBM nur ein begrenzter Spielraum: Die KV und die Landesverbände der KK und die Ersatzkassen vereinbaren gemeinsam und einheitlich auf der Grundlage des im EBM festgelegten bundeseinheitlichen Orientierungswertes in Euro gem § 87 Abs 2e SGB V jeweils bis zum 31.10. eines jeden Jahres einen regionalen (= KV-spezifischer Preis je Punkt) Punktwert, der zur Vergütung der vertragsärztlichen Leistungen im Folgejahr anzuwenden ist. Die Gesamtvertragspartner können dabei einen Zuschlag auf den oder einen Abschlag von dem Orientierungswert gem § 87 Abs 2e SGB V vereinbaren, um insbesondere regionale Besonderheiten bei der Kosten- und Versorgungsstruktur zu berücksichtigen (§ 87a Abs 2 SGB V).

4   Bestandteile des BMV-Ä und damit der Gesamtverträge sind gem § 87 Abs 1 S 1 SGB V der vom Bewertungsausschuss vereinbarte EBM und gem § 92 Abs 8 SGB V die vom G-BA beschlossenen Richtlinien.

5   Über diese allgemeinen Vorgaben hinaus schreibt das Gesetz insbesondere folgende teils obligatorische, teils fakultative Regelungen im BMV-Ä vor:

6   **a) Obligatorische Regelungsaufträge.** Obligatorisch zu regeln sind im BMV-Ä nach den gesetzlichen Vorgaben:
– **Delegation ärztlicher Leistungen** gem § 28 Abs 1 S 3 SGB V (dazu Anl 24 und 8),
– Anforderungen zur Verbesserung der Qualität der **Versorgung von pflegebedürftigen Versicherten** in stationären Pflegeeinrichtungen gem § 119b Abs 2 SGB V (dazu Anl 27),
– Zulassung elektronischer **Arzneimittelverordnungsprogramme** gem § 73 Abs 9 S 6 SGB V (dazu Anl 23),
– **Sicherstellung der vertragsärztlichen Versorgung** gem § 75 Abs 1 S 3 SGB V,
– Einrichtung von Terminservicestellen und Vermittlung von Facharztterminen gem § 75 Abs 1a S 11 SGB V (dazu Anl 28),
– Vermeidung einer unkoordinierten **Mehrfachinanspruchnahme von Vertragsärzten** gem § 76 Abs 3a SGB V,
– angemessene Vergütung für nichtärztliche Leistungen im Rahmen **sozialpädiatrischer und psychiatrischer Tätigkeit** und für eine besonders qualifizierte **onkologische Versorgung** gem § 85 Abs 2 S 4 HS 2 SGB V (dazu Anl 11 und Anl 7),
– **Vordrucke** und Nachweise, die für die Organisation der vertragsärztlichen Versorgung notwendig sind gem §§ 87 Abs 1 S 2–5, 295 Abs 3 Nr 2 SGB V (dazu Anl 2, 2a, 2b),
– bundesweite Einführung und Gestaltung der **Krankenversichertenkarte** gem § 291 Abs 1 (dazu Anl 4),
– **Kosten** der für die Einführung der **elektronischen Gesundheitskarte** notwendigen **Telematikinfrastruktur** gem § 291a Abs 7b S 2 SGB V (dazu Anl 4a),
– **vertragsärztliche Abrechnung** (inklusive Abrechnungsunterlagen, Vordrucke, Bescheinigungen, Abrechnungsverfahren, Datenträgeraustausch und Kodierrichtlinien) gem § 295 Abs 3 SGB V.

---
2 KassKomm/*Hess* SGB V, § 82 Rn 5.

Vertragsgegenstand, Sondervereinbarungen § 1

b) Fakultative Regelungsinhalte. Fakultativ geregelt werden können nach den gesetzlichen Bestimmungen:
- ergänzende Regelungen zur Einrichtung von Terminservicestellen und Vermittlung von Facharztterminen gem § 75 Abs 1a S 12 SGB V (dazu Anl 28),
- **Fremdkassenzahlungsausgleich** (§ 75 Abs 7 S 1 Nr 2 und S 3 SGB V),
- getrennte **Vergütungsanteile für die an der vertragsärztlichen Versorgung beteiligten Arztgruppen** und über die Bemessungsgrundlagen für diese Anteile gem § 85 Abs 2c SGB V,
- **Voraussetzungen** für die Ausführung und die Abrechnung **ärztlicher Untersuchungs- und Behandlungsleistungen**, die besonderer Kenntnisse und Erfahrungen oder Anforderungen bedürfen, gem § 135 Abs 2 S 1 SGB V (dazu Anl 3),
- Voraussetzungen, die über § 31 Abs 1 Ärzte-ZV hinaus Ermächtigungen zur Erbringung bestimmter ärztlicher Leistungen im Rahmen der vertragsärztlichen Versorgung vorsehen (§ 31 Abs 2 Ärzte-ZV).

Für die Zuordnung dieser Regelungsaufträge verwendet der Gesetzgeber verschiedene Begrifflichkeiten. Er wendet sich an die Vertragspartner im Rahmen der Verträge nach § 87 Abs 1 SGB V (so in §§ 291a Abs 7b S 2, 295 Abs 3, 291 Abs 3 SGB V) oder an die Vertragspartner nach § 82 Abs 1 SGB V (so in § 76 Abs 3a und § 85 Abs 2c SGB V) oder an die Partner der Bundesmantelverträge (so in § 135 Abs 2 S 1 SGB V) oder er gibt einfach vor, dass im BMV-Ä zu regeln ist (§ 85 Abs 2 S 4 SGB V).

2. Einordnung des BMV-Ä in die Normenhierarchie des Vertragsarztrechts. Die Einordnung des BMV-Ä innerhalb der Hierarchie der gesetzlichen und untergesetzlichen Regelungen im Vertragsarztrecht verdeutlicht die folgende Grafik:

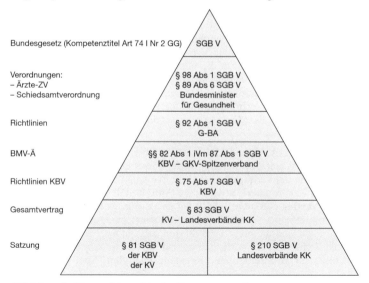

Abbildung 1: Normenhierarchie des Vertragsarztrechts

§ 1 Vertragsgegenstand, Sondervereinbarungen

11 **3. Rechtswirkung/Verbindlichkeit der Regelungen im BMV-Ä.** Der BMV-Ä bindet als öffentlich-rechtlicher Vertrag zunächst die **Vertragspartner** (KBV und GKV-Spitzenverband). Er entfaltet darüber hinaus als (allgemeiner) Bestandteil der Gesamtverträge auch Wirkung zwischen den einzelnen KV der Länder und den Landesverbänden der KK. Sowohl in der Satzung der KBV als auch in den Satzungen der KV müssen Bestimmungen enthalten sein, nach denen die von der KBV abzuschließenden Verträge und die dazu gefassten Beschlüsse nicht nur für die **KV**, sondern auch für deren **Mitglieder** verbindlich sind (§ 81 Abs 3 Nr 1 SGB V). Die Verbindlichkeit des BMV-Ä als vertragliche Bestimmung über die vertragsärztliche Versorgung für die an der vertragsärztlichen Versorgung teilnehmenden zugelassenen Ärzte und zugelassenen MVZ ergibt sich zudem aus § 95 Abs 3 S 3 SGB V, für die ermächtigten Ärzte und ermächtigten ärztlich geleiteten Einrichtungen aus § 95 Abs 4 S 2 SGB V. Korrespondierend dazu müssen auch die Satzungen der Landesverbände der **KK** regeln, dass die vom GKV-Spitzenverband abzuschließenden Verträge für die Landesverbände und ihre Mitgliedskassen verbindlich sind (§ 210 Abs 2 SGB V). Schließlich regelt § 217e Abs 2 SGB V, dass die Verträge des GKV-Spitzenverbands nicht nur für die Mitgliedskassen des Spitzenverbands, die Landesverbände der KK, sondern auch für **die Versicherten** gelten.

12 **4. Funktion des BMV-Ä.** Funktion des BMV-Ä ist die Sicherung einer in den Grundsätzen einheitlichen vertragsärztlichen Versorgung. Dem entspricht auch, dass es seit dem 1.10.2013 für die Versorgung aller gesetzlich Versicherten einschließlich der Ersatzkassenversicherten nur noch einen einheitlichen BMV-Ä gibt. Der BMV-Ä regelt jedoch nicht nur die einheitliche Durchführung der kollektivvertraglich organisierten vertragsärztlichen Versorgung, sondern definiert auch für die selektivvertraglich geregelte ärztliche Versorgung Mindeststandards: Für die hausarztzentrierte Versorgung ist sicherzustellen, dass diese den gesetzlich geregelten Anforderungen genügt und dabei über die vom G-BA sowie im BMV-Ä geregelten Anforderungen an die hausärztliche Versorgung nach § 73 Abs 1 S 1 SGB V hinausgeht (§ 73b Abs 2 S 1 SGB V). Für die personellen und sächlichen Qualitätsanforderungen zur Durchführung der vereinbarten Versorgungsaufträge im Rahmen der besonderen ambulanten ärztlichen Versorgung gelten die vom G-BA sowie die im BMV-Ä für die Leistungserbringung in der vertragsärztlichen Versorgung beschlossenen Anforderungen als Mindestvoraussetzungen entsprechend (§§ 73b Abs 2, 140a Abs 2 S 5 SGB V).[3]

13 **5. Rechtscharakter des BMV-Ä.** Der BMV-Ä ist ein öffentlich-rechtlicher Vertrag, den die KBV und der GKV-Spitzenverband – beide Körperschaften des öffentlichen Rechts – zur Ausgestaltung der vertragsärztlichen Versorgung und damit einer öffentlich-rechtlich geregelten Rechtsmaterie abschließen (§§ 53 ff SGB X). Er ist ein gesetzlich vorgeschriebener Vertrag (§ 87 Abs 1 SGB V) und damit als solcher ebenso wie die gesetzlich vorgeschriebenen Bestandteile schiedsamtsfähig gem § 89 SGB V. Gesetzlich vorgeschrieben sind die oben aufgeführten *„obligatorischen Regelungsaufträge"*, aber auch die Richtlinien zur Abrechnungsprüfung (§ 106d Abs 6 S 1 SGB V). Hierzu hat das Schiedsamt im Streitfall eine Regelung zu treffen. Aber auch zu den

---

3 S zu alledem: HK-AKM/*Schiller/Rückeshäuser* 4835 Selektivverträge (Stand: 2011), Rn 13.

„*fakultativen Regelungsinhalten*" (Rn 7) kann das Schiedsamt angerufen werden. Ob dann eine Regelung im Schiedsspruch erfolgt, bleibt dem Schiedsamt überlassen. Dieses hat gleiche Gestaltungsmacht wie die Vertragspartner und kann – abhängig von der Willensbildung im Schiedsamt – auch von fakultativen Gestaltungsmöglichkeiten Gebrauch machen.[4]

Der BMV-Ä gilt jedoch nicht nur inter partes, sondern als allgemeiner Teil der Gesamtverträge auch gegenüber den KV und den Landesverbänden der KK und den KK, aber auch gegenüber den Vertragsärzten und den gesetzlich Versicherten (s Rn 10). 14

Weil der BMV-Ä primär generelle Normen für die Ausgestaltung der vertragsärztlichen Versorgung und die dabei zu beachtenden Rechte und Pflichten der Vertragsärzte setzt, ist er rechtlich als vertragsärztlicher Normativvertrag[5] oder „*Normenvertrag*"[6] oder „*Normsetzungsvertrag mit Rechtsnormcharakter*"[7] zu qualifizieren.[8] Die Regelungen des BMV-Ä können grundsätzlich nicht unmittelbar mit Rechtsbehelfen angegriffen werden, weil das SGG anders als die Verwaltungsgerichtsordnung (§ 47 VwGO) ein Normenkontrollverfahren nicht kennt. Die Regelung des BMV-Ä und seine Bestandteile (insbesondere EBM und Richtlinien des G-BA) können jedoch im Rahmen der Überprüfung der Verwaltungsakte, mit denen Regelungen umgesetzt werden (zB Honorarbescheide, Richtigstellungsbescheide, Genehmigungsbescheide und Disziplinarbescheide), inzidenter überprüft werden. Im Rahmen einer solchen Anfechtungs- oder Verpflichtungsklage prüft das Gericht nicht nur die Rechtmäßigkeit der Vertragsnorm (Übereinstimmung mit der gesetzlichen Grundlage), sondern auch die Verfassungsmäßigkeit der vertraglichen Regelung. 15

An der vertragsärztlichen Versorgung nicht teilnehmenden Dienstleistungserbringern (zB Masseure, Krankengymnasten) oder Herstellern von Arzneimitteln oder Hilfsmitteln, die durch Regelungen des BMV-Ä und seiner Bestandteile (zB Richtlinien des G-BA) in ihrer Rechtsposition unmittelbar betroffen sind – so zB durch Einschränkungen der Verordnungsmöglichkeit der Vertragsärzte –, eröffnet die Rspr Rechtsschutz in Form einer Feststellungsklage auf Überprüfung der Rechtmäßigkeit der sie betreffenden Vertrags- oder Richtliniennormen.[9] 16

Vertragsärzten ist eine solche Feststellungsklage nur dann eröffnet, wenn das Abwarten eines belastenden Verwaltungsaktes der KV unzumutbar ist. In Ausnahmefällen lässt das BSG vorbeugenden Rechtsschutz auch gegen die bevorstehende Anwendung einer Rechtsnorm zu.[10] 17

6. Pflichten des Vertragsarztes aus dem BMV-Ä. Der BMV-Ä konkretisiert den gesetzlich vorgegebenen Pflichtenkreis des Vertragsarztes insbesondere hinsichtlich der 18

---

4 BSGE 110, 258, 269.
5 So *Wenner* Vertragsarztrecht nach der Gesundheitsreform, 92.
6 *Engelmann* Untergesetzliche Normsetzung im Recht der gesetzlichen Krankenversicherung durch Verträge und Richtlinien, NZS 2000, 1 (Teil 1) und NZS 2000, 76 (Teil 2).
7 *Dalichau* SGB V, § 87 I. 1.
8 BSGE 28, 224; BSGE 29, 254 mwN.
9 KassKomm/*Hess* SGB V, § 82 Rn 7 f mwN.
10 BSGE 29, 254.

§ 1 Vertragsgegenstand, Sondervereinbarungen

19 – **Behandlungspflicht im Sachleistungssystem**
Die Behandlung eines Versicherten darf der Vertragsarzt nur in begründeten Fällen ablehnen (§ 13 Abs 7 S 3). Der Vertragsarzt darf von einem Versicherten eine Vergütung nur unter den Voraussetzungen des § 18 Abs 8 Nr 1–3 verlangen. Mit Ausnahme der in § 18 Abs 10 S 1 genannten Fälle darf der Vertragsarzt keine Zuzahlung fordern.

20 – **Präsenzpflicht**
Der Versicherte hat die Möglichkeit, unter den Vertragsärzten, zugelassenen MVZ, den nach § 311 Abs 2 SGB V zugelassenen Einrichtungen, den ermächtigten Ärzten und den ermächtigten ärztlich geleiteten Einrichtungen im Umfang der jeweiligen Ermächtigung sowie den zu ambulanten Operationen in den betreffenden Leistungsbereichen zugelassenen Krankenhäusern den behandelnden Arzt zu wählen. Andere Ärzte und ärztlich geleitete Einrichtungen dürfen nur in Notfällen in Anspruch genommen werden (§ 13 Abs 3). Bestimmte Fachärzte und Fachambulanzen können allerdings nur auf Überweisung in Anspruch genommen werden (§ 13 Abs 4); ein Überweisungsvorbehalt kann durch den EBM auch für hochspezialisierte Leistungen bestimmt werden (§ 13 Abs 5).

Der Vertragsarzt ist gehalten, an seinem Vertragsarztsitz sowie weiteren Tätigkeitsorten Sprechstunden entsprechend dem Bedürfnis nach einer ausreichenden und zweckmäßigen vertragsärztlichen Versorgung abzuhalten. Zudem ist er verpflichtet, die durch § 19a Ärzte-ZV idF des TSVG vorgegebene und in § 17 Abs 1a im Detail geregelte Mindestzahl an Sprechstunden entsprechend seinem Versorgungsauftrag zur Verfügung zu stehen (§ 17 Abs 1a und 2).

21 – Die **Besuchsbehandlung** ist grundsätzlich Aufgabe des behandelnden Hausarztes. Ein Arzt mit Gebietsbezeichnung, der nicht die Funktion des Hausarztes wahrnimmt, ist unbeschadet seiner Verpflichtung zur Hilfeleistung in Notfällen auch zur Besuchsbehandlung berechtigt und verpflichtet, wenn er entweder zur konsiliarischen Beratung hinzugezogen wird und nach dem Ergebnis der gemeinsamen Beratung weitere Besuche durch ihn erforderlich sind (Nr 1) oder wenn bei Versicherten, die von ihm behandelt werden, wegen einer Erkrankung aus seinem Fachgebiet ein Besuch notwendig ist (Nr 2) (§ 17 Abs 6).

22 – **Administrative Voraussetzung der Behandlungspflicht**
Die Verpflichtung des Vertragsarztes zur Behandlung der Versicherten besteht nur dann, wenn dieser seine Anspruchsberechtigung durch Vorlage der eGK oder eines anderen gültigen Anspruchsnachweises belegt hat (§ 13 Abs 1). Eine privatärztliche Behandlung, die nach der GOÄ abzurechnen ist, hat zu erfolgen, wenn der Versicherte die eGK oder einen anderen gültigen Anspruchsnachweis bei der ersten Inanspruchnahme im Quartal nicht vorlegt bzw ein Anspruchsnachweis gem § 19 Abs 2 nicht vorliegt und nicht innerhalb einer Frist von 10 Tagen nachgereicht wird (§ 18 Abs 8 Nr 1).[11]

23 – **Persönliche Leistungserbringung**
Jeder an der vertragsärztlichen Versorgung teilnehmende Arzt ist verpflichtet, die vertragsärztliche Tätigkeit grundsätzlich persönlich auszuüben (§ 15 Abs 1 S 1).

---

11 S Vereinbarung zum Inhalt und zur Anwendung der eGK (Anl 4a) zum BMV-Ä (Anhang 1 Nr 2.1).

Vertragsgegenstand, Sondervereinbarungen § 1

Nach § 15 Abs 1 S 2, 3 und 5 können persönliche Leistungen des Vertragsarztes auch von genehmigten Assistenten oder von angestellten Ärzten gem § 32b Ärzte-ZV oder von nichtärztlichen Mitarbeitern erbrachte Leistungen sein. Dem Praxisinhaber werden die ärztlichen selbstständigen Leistungen des angestellten Arztes zugerechnet, auch wenn sie in der Betriebsstätte oder Nebenbetriebsstätte der Praxis in Abwesenheit des Vertragsarztes erbracht werden. Dasselbe gilt für fachärztliche Leistungen eines angestellten Arztes eines anderen Fachgebiets (§ 14a Abs 2), auch wenn der Praxisinhaber sie nicht selbst miterbracht oder beaufsichtigt hat. Persönliche Leistungen sind ferner Hilfeleistungen nichtärztlicher Mitarbeiter, die der an der vertragsärztlichen Versorgung teilnehmende Arzt, der genehmigte Assistent oder ein angestellter Arzt anordnet und fachlich überwacht, wenn der nichtärztliche Mitarbeiter zur Erbringung der jeweiligen Hilfeleistung qualifiziert ist. Das Nähere zur Erbringung von ärztlich angeordneten Hilfeleistungen durch nichtärztliche Mitarbeiter in der Häuslichkeit der Patienten, in Alten- oder Pflegeheimen oder in anderen beschützenden Einrichtungen ist in Anl 8 geregelt (S 6).

– **Pflichten bei Hinzuziehung anderer Vertragsärzte oder bei der Veranlassung von Leistungen Anderer/Dritter** 24

Kann der vom Patienten aufgesuchte Vertragsarzt die Diagnose nur mit Hilfe anderer Leistungserbringer stellen oder die erforderliche Therapie nicht selbst bewirken, kann er unter den Voraussetzungen der §§ 25a–30 durch eine Überweisung oder durch eine Verordnung – insbesondere von Krankenhausbehandlung, Arzneimitteln, Heilmitteln – Dritte in die Leistungserbringung einschalten. Krankenhausbehandlung darf nach § 26 Abs 1 nur verordnet werden, wenn das Behandlungsziel nicht durch eine ambulante Behandlung einschließlich häuslicher Krankenpflege erreicht werden kann.

– **Dokumentation** 25

Der Vertragsarzt hat die Befunde, die Behandlungsmaßnahmen sowie die veranlassten Leistungen einschließlich des Tages der Behandlung in geeigneter Weise zu dokumentieren. Die ärztlichen Aufzeichnungen hat er mindestens 10 Jahre nach Abschluss der Behandlung aufzubewahren, soweit nicht andere Vorschriften – zB die Röntgenverordnung – eine abweichende Aufbewahrungszeit vorschreiben (§ 57).[12]

II. Regelungs- und Geltungsbereich des BMV-Ä (Abs 1)

§ 1 Abs 1 S 1 gibt die gesetzliche Regelung aus § 82 Abs 1 SGB V wieder, dass der 26 BMV-Ä als allgemeiner Inhalt der Gesamtverträge vereinbart wird. Sein Geltungsbereich erstreckt sich nach S 2 auf den Geltungsbereich des SGB V, der nach § 30 Abs 1 SGB I alle Personen erfasst, die ihren Wohnsitz oder gewöhnlichen Aufenthalt im Geltungsbereich dieses Gesetzes haben.

---

12 Zu alledem *Schirmer* Das Pflichtregime des Bundesmantelvertrags, Vertragsarztrecht kompakt.

§ 1   Vertragsgegenstand, Sondervereinbarungen

III. Verbände der KK (Abs 2)

27   In Abs 2 wird der im Vertrag (zB § 11 Abs 5 S 3) verwendete Begriff „*Verbände der KK*" erläutert.

28   Gem § 207 Abs 1 SGB V bilden in jedem Land die Ortskrankenkassen, die Betriebskrankenkassen und die Innungskrankenkassen jeweils einen Landesverband als Körperschaft des öffentlichen Rechts.

29   Im Gegensatz dazu regelt § 212 Abs 5 SGB V, dass sich die Ersatzkassen zu **Verbänden** (als Vereine des Privatrechts) zusammenschließen können. Die Ersatzkassen haben für alle Verträge auf Landesebene, die nicht gemeinsam und einheitlich zu schließen sind, jeweils einen Bevollmächtigten mit Abschlussbefugnis zu benennen. Ersatzkassen können sich auf eine gemeinsame Vertretung auf Landesebene einigen. Für gemeinsam und einheitlich abzuschließende Verträge auf Landesebene müssen sich die Ersatzkassen auf einen gemeinsamen Bevollmächtigten mit Abschlussbefugnis einigen. In den Fällen des § 212 Abs 5 S 5 und 6 können die Ersatzkassen die Verbände der Ersatzkassen als Bevollmächtigte benennen (§ 212 Abs 5 S 4–7).[13] Die so geregelten Landesverbände der KK und die Ersatzkassen bzw die von ihnen beauftragten Landesvertretungen werden im BMV-Ä als „Verbände der KK" bezeichnet.

IV. Bestandteile des BMV-Ä und Sondervereinbarungen (Abs 3 und 4)

30   Bestandteile des BMV-Ä sind kraft Gesetzes zum einen der EBM (§ 87 Abs 1 SGB V) und zum anderen die Richtlinien des G-BA (§ 92 Abs 8 SGB V). Dies wiederholt der BMV-Ä in § 1 Abs 3 und 4.

31   Dem steht auch nicht entgegen, dass der EBM durch das „Vertragsorgan" Bewertungsausschuss[14] erlassen wird, das aus drei Ärzten und Vertretern der Krankenkassen in gleicher Anzahl besteht (§ 87 Abs 3 SGB V). Normgeber der Richtlinien ist der institutionell verselbstständigte gemeinsame Bundesausschuss nach § 91 SGB V.[15]

32   Darüber hinaus sind auch die besonderen Vereinbarungen in den Anlagen, mit denen die gesetzlichen Regelungsaufträge (siehe oben Rn 6, 7) erfüllt werden, Bestandteil des Vertrages.

33   Die zum 1.10.2013 in Kraft getretene Neufassung des BMV-Ä sah vor, dass die Anlagen zum BMV-Ä vom 1.1.1995 und zum BMV-Ärzte/Ersatzkassen vom 1.7.1994 bis zu ihrer Zusammenführung zunächst fortgalten (§ 64 Abs 2 BMV-Ä). Mit der am 1.1.2015 in Kraft getretenen Änderungsvereinbarung[16] wurden die Anlagen zum BMV-Ä auf der Grundlage des BMV-Ä in der bis zum 30.9.2013 geltenden Fassung zusammengeführt und die Anlagen zum BMV-Ärzte/Ersatzkassen aufgehoben (s Übersicht des BMV-Ä in Abbildung 2).

---

13   KassKomm/*Peters* SGB V, § 212 Rn 9 ff.
14   *BSG* v 30.5.1969 – 6 RKa 13/67; BSGE 29, 254, 255.
15   S hierzu *Rompf* Der Bundesmanteltarifvertrag als Herzstück unter gesetzlicher Normsetzung im Vertragsarztrecht, *Katzenmeier/Ratzel (Hrsg)* FS Dahm, 401, 406.
16   Die Änderungsvereinbarung ist im DÄ v 5.1.2015, C-37 ff abgedruckt.

Vertragsgegenstand, Sondervereinbarungen §1

BMV-Ä
mit seinen Bestandteilen und Anlagen
im Überblick

Aktuelle Fassungen der Anlagen abrufbar unter ...

Richtlinien G-BA Bestandteil nach § 92 Abs 8 SGB V (§ 1 Abs 4 BMV-Ä)	BMV – Ä (= allg Teil Gesamtverträge) nach § 82 Abs 1 SGB V Vertragspartner: KBV, GKV – Spitzenverband	EBM Bestandteil nach § 87 Abs 1 SGB V (§ 1 Abs 3 BMV-Ä) Bewertungs-Ausschuss
www.g-ba/informationen/richtlinien	*www.kbv.de/rechtsquellen/bundesmantelverträge*	*www.kbv.de/service/gebührenordnung*

Anlagen (§ 1 Abs 3 BMV-Ä):

1. Besondere Versorgungsangebote/-aufträge in der vertragsärztlichen Versorgung[17]

Anlage 1	Psychotherapievereinbarung
Anlage 5	Vertrag über die hausärztliche Versorgung
Anlage 7	Onkologie-Vereinbarung
Anlage 9.1	Versorgung chronisch niereninsuffizienter Patienten
Anlage 9.2	Versorgung im Rahmen des Programms zur Früherkennung von Brustkrebs durch Mammographie-Screening
Anlage 11	Sozialpsychiatrie-Vereinbarung
Anlage 25	Kurärztliche Behandlung (Kurarztvertrag)
Anlage 27	Versorgung in stationären Pflegeheimen
Anlage 30	Besonders qualifizierte und koordinierte palliativmedizinische Versorgung
Anlage 33	Vereinbarung über die HIV-Präexpositionsprophylaxe zur Prävention einer HIV-Infektion gem § 20j SGB V

2. Anforderungen an Verfahren/technische Durchführung

Anlage 2	Vordruckvereinbarung
Anlage 2a	Blankoformularbedruckungsverfahren
Anlage 2b	Vordruckvereinbarung digitale Vordrucke
Anlage 3	Verfahren zur Qualitätssicherung
Anlage 23	Anforderungen an Datenbanken und Software für Vertragsarztpraxen
Anlage 29	Anforderungskatalog nach § 73 SGB V für die Verordnung von Heilmitteln

3. Organisation in der vertragsärztlichen Versorgung

Anlage 6	Vertrag über den Datenaustausch
Anlage 8	Vereinbarung über die Erbringung ärztlich angeordneter Hilfeleistungen in der Häuslichkeit der Patienten, in Alten- oder Pflegeheimen oder in anderen beschützenden Einrichtungen gem. § 87 Abs 2b S 5 SGB V oder in hausärztlichen Praxen (Delegationsvereinbarung)
Anlage 24	Vereinbarung über die Delegation ärztlicher Leistungen an nichtärztliches Personal in der ambulanten vertragsärztlichen Versorgung gem § 28 Abs 1 S 3 SGB V
Anlage 17	Vereinbarung zur bundesweiten Anerkennung von regionalen Sondervertragsregelungen (Knappschaft)

---

17 Zum Begriff des Versorgungsauftrags: § 2 Abs 7 und dazu Vorbemerkung zu §§ 2 und 3, Rn 4.

§ 1 Vertragsgegenstand, Sondervereinbarungen

Anlage 19	Vereinbarung zur Abwicklung der Finanzierung des G-BA u.a.
Anlage 20	Vereinbarung zur Anwendung der Europäischen Krankenversicherungskarte
Anlage 21	Vereinbarung zur Umsetzung des Wohnortprinzips gem § 87 iVm § 87a Abs 3 SGB V
Anlage 28	Vereinbarung über die Einrichtung von Terminservicestellen und die Vermittlung von Facharztterminen
4. Digitalisierung in der vertragsärztlichen Versorgung	
Anlage 4	Vereinbarung zur Gestaltung und bundesweiten Einführung der Krankenversichertenkarte
Anlage 4a	Vereinbarung zum Inhalt und zur Anwendung der eGK
Anlage 4b	Vereinbarung über die Authentifizierung von Versicherten bei der ausschließlichen Fernbehandlung
Anlage 31	Vereinbarung über telemedizinische Leistungen in der vertragsärztlichen Versorgung
Anlage 31a	Vereinbarung über die Anforderungen an die technischen Verfahren zur telemedizinischen Erbringung der konsiliarischen Befundbeurteilung von Röntgenaufnahmen in der vertragsärztlichen Versorgung
Anlage 31b	Vereinbarung über die Anforderungen an die technischen Verfahren zur Videosprechstunde
Anlage 32	Vereinbarung zur Finanzierung und Erstattung der bei den Vertragsärzten entstehenden Kosten im Rahmen der Einführung und des Betriebes der Telematikinfrastruktur sowie zur Abbildung nutzungsbezogener Zuschläge

Die derzeit 33 Anlagen haben unterschiedlichsten Inhalt. So regeln einige besondere Versorgungsangebote bzw -aufträge in der vertragsärztlichen Versorgung, andere Anforderungen an Verfahren bzw technische Durchführung sowie die Organisation in der vertragsärztlichen Versorgung und schließlich Fragen der Finanzierung und Kostenerstattung.

Abbildung 2: Der BMV-Ä im Überblick

35 Die Verweisungen in der „*Grundnorm*" (dem „*Paragrafenteil*" bzw den einzelnen Paragrafen) auf die Anlagen sind leider uneinheitlich. Zum Teil wird nur die Kurzbezeichnung der Anlage ohne Nummer in Bezug genommen (zB verweist § 2 Abs 4 nur auf den „Kurarztvertrag" oder §§ 19 Abs 3, 24 Abs 1 und 2 auf die „*Vordruckvereinbarung*"), § 2 Abs 7 verweist hingegen bspw auf Anl 9, wohingegen § 1 Abs 5 auf „*Anlage 1 (Psychotherapievereinbarung)*" verweist.

36 Häufigere und einheitliche Verweisungen wären wünschenswert und würden die Arbeit mit dem BMV-Ä erleichtern.

37 Einige Anlagen mussten bisher so oft geändert werden, dass die Änderungen durchnummeriert wurden. Allen voran die Vordruck-Vereinbarung (Anl 2) 53mal und bspw die Vereinbarung zur Finanzierung der Telematikinfrastruktur v 14.12.2017 (Anl 32) bereits 10mal. Im Gegensatz dazu wurden im Paragrafenteil über die Zeit nur selten einzelne Bestimmungen geändert, bisweilen auch nur wegen Anpassungen an die geänderten Anlagen. Von den etwa 315 Seiten, auf denen seit Oktober 2013 im DÄ von Änderungen des BMV-Ä berichtet wurde, betrafen nur 16 Seiten (etwa 5 %) Änderungen im Paragrafenteil.

38 Die in § 1 Abs 3 so bezeichneten „besonderen Vereinbarungen in den Anlagen" sind – ebenso wie der EBM und die Richtlinien des G-BA nach § 92 SGB V – Bestandteil des BMV-Ä. Die „Vorschriften dieses Vertrages einschließlich seiner Anlagen" (so § 1 Abs 5 wörtlich) stehen demnach auf gleicher Normhöhe.

Diese rechtliche Bewertung wird durch die Rechtsprechung des BSG gestützt, das 39
ausdrücklich bestätigt, dass es sich bei den „Anlagen" – ungeachtet der Terminologie
– um „Regelungen im Rang des BMV-Ä selbst" handelt, die auf der Grundlage der
§§ 72 Abs 2, 82 Abs 1 S 1 SGB V von den Vertragspartnern auf Bundesebene vereinbart worden sind.[18]

Das BSG führt weiter aus, dass auf diesen gesetzlichen Bestimmungen gestützte Regelungen 40
der Träger der gemeinsamen Selbstverwaltung zur Sicherung von Qualität und
Wirtschaftlichkeit der Versorgung verfassungsrechtlich zulässig sind. Insofern fehle es
den Vertragspartnern auch nicht an der erforderlichen demokratischen Legitimation.[19]
Zu diesen Regelungen hat das BVerfG bestätigt, dass sie in § 72 Abs 2 iVm § 82
Abs 1 S 1 SGB V eine den Anforderungen des Demokratie- und Rechtsstaatsprinzips
an die Delegation von Normsetzung an die Träger funktionaler Selbstverwaltung entsprechende
Grundlage finden und die Vorschriften auch dem Bestimmtheitserfordernis
und dem Wesentlichkeitsgrundsatz entsprechen.[20]

V. Anwendungsbereich (Abs 5, 6 und 7)

In Übereinstimmung mit § 72 Abs 1 S 2 SGB V und § 1 Abs 3 Ärzte-ZV regelt Abs 5 41
den Grundsatz der entsprechenden Geltung des BMV-Ä und seiner Anlagen für die
Psychologischen Psychotherapeuten und Kinder- und Jugendlichenpsychotherapeuten,
die im SGB V einheitlich „Psychotherapeuten" genannt werden.[21] Ebenso wie im
SGB V gilt auch im BMV-Ä der Vorbehalt, dass im Vertrag nichts Abweichendes
geregelt ist.

Eine solche abweichende Regelung liegt dann vor, wenn der Regelungswille einer 42
Norm sich ausschließlich auf Ärzte bezieht, die Vorschrift mithin nur für Ärzte gelten
soll. Ausdrücklich erklärt Abs 6 einige Regelungen des BMV-Ä aus sachlichen Gründen
für Psychologen nicht anwendbar, zB die Bestimmungen zur Besuchsbehandlung
(§ 17 Abs 4, 6 und 7) oder belegärztlichen Tätigkeit (§§ 38–40).

Die entsprechende Geltung des BMV-Ä für MVZ regelt Abs 7 „*sofern nicht aus-* 43
drücklich etwas anderes vorgesehen ist oder Abweichendes aus der Besonderheit Medizinischer Versorgungszentren folgt". So hat bspw das BSG entschieden, dass die Verlegung
von Arztstellen von einem MVZ auf ein anderes auch nicht über § 72 Abs 1
S 2 SGB V auf die Nachfolgeregelungen der §§ 103 Abs 4, 4a und 4b SGB V gestützt
werden kann, weil die entsprechende Anwendung „*keine Freistellung von der Prüfung
bedeutet, ob eine auf Vertragsärzte ausgerichtete Bestimmung von ihrem Sinngehalt her
auch auf MVZ passt*".[22]

Ebenso wie das SGB V beinhaltet auch der BMV-Ä Vorschriften, die innerlich nur 44
auf Vertragsärzte, nicht jedoch auf MVZ abstellen, weil die Grundstruktur des MVZ
einer entsprechenden Anwendung der Norm entgegensteht.

---

18 *BSG* v 15.3.2017 – B6 KA 22/16 R unter Hinweis auf die Urteile vom gleichen Tag B6 KA
18/16 R und B6 KA 20/16 R.
19 *BSG* v 15.3.2017 – B6 KA 30/16 R, Rn 14 zu Anl 9.1 BMV-Ä.
20 Siehe hierzu Nichtannahmebeschl des *BVerfG* v 15.8.2018 – 1 BvR 1780/17 und 1781/17.
21 *Schirmer* MedR 1998, 435, 437; Hauck/Noftz/*Klückmann* SGB V, K § 72 Rn 3.
22 *BSG* GesR 2011, 616.

§ 1a Begriffsbestimmungen (Glossar)

Für die Anwendung des Vertrages gelten ergänzend zu Definitionen in den einzelnen Vorschriften die nachfolgenden Begriffsbestimmungen:

1. Die nachstehenden Bezeichnungen „Vertragsarzt / Vertragspsychotherapeut, Arzt oder Psychotherapeut" werden einheitlich und neutral für Vertragsärzte und Vertragsärztinnen, Vertragspsychotherapeuten und Vertragspsychotherapeutinnen, Ärzte und Ärztinnen sowie Psychotherapeuten und Psychotherapeutinnen verwendet.
2. Arzt: Im jeweiligen Regelungszusammenhang entweder Vertragsarzt, ermächtigter Arzt, angestellter Arzt oder Assistent.
3. Psychotherapeut: Psychotherapeut entspricht der Definition in § 28 Abs. 3 SGB V; danach sind „Psychotherapeuten" Psychologische Psychotherapeuten und Kinder- und Jugendlichenpsychotherapeuten. Im jeweiligen Sachzusammenhang kann der Begriff „Psychotherapeut" Vertragspsychotherapeut, angestellter Psychotherapeut, ermächtigter Psychotherapeut bedeuten.
4. Vertragsarzt/Vertragspsychotherapeut: Arzt oder Psychotherapeut im vollen Zulassungsstatus oder mit Teilzulassung (s. 4a).
4a. Teilzulassung: In § 19a Ärzte-ZV geregelter hälftiger oder drei Viertel Versorgungsauftrag.
5. Ermächtigter Arzt oder Psychotherapeut: Arzt oder Psychotherapeut im Ermächtigungsstatus gemäß § 116 SGB V (Krankenhausarzt) oder gemäß § 119b Absatz 1 Satz 4 SGB V (Heimarzt) oder § 31, § 31a Ärzte-ZV (ermächtigter Arzt) oder § 24 Abs. 3 Satz 3 Ärzte-ZV (zur weiteren Tätigkeit ermächtigter Arzt).
6. Medizinisches Versorgungszentrum: Eine nach § 95 Abs. 1 SGB V zugelassene ärztlich geleitete Einrichtung sowie im Sinne der Bezeichnung eine Einrichtung nach § 311 Abs. 2 SGB V.
7. Ermächtigte ärztlich geleitete Einrichtung: Eine ärztlich geleitete Einrichtung im Ermächtigungsstatus gemäß §§ 117 ff. SGB V bzw. § 31 Ärzte-ZV.
7a. Ermächtigte Pflegeeinrichtung: Stationäre Pflegeeinrichtung nach § 119b Absatz 1 Satz 3 SGB V.
8. Angestellter Arzt/angestellter Psychotherapeut: Arzt mit genehmigter Beschäftigung in einer Arztpraxis oder einem Medizinischen Versorgungszentrum gemäß § 95 Abs. 9 SGB V bzw. § 95 Abs. 1 SGB V; dasselbe gilt für Psychotherapeuten.
9. Assistenten: Weiterbildungs- oder Sicherstellungsassistenten gemäß § 32 Abs. 2 Ärzte-ZV; dasselbe gilt für Psychotherapeuten; sie können auch als Ausbildungsassistenten gemäß § 32 Abs. 2 Ärzte-ZV i. V. m. § 8 Abs. 3 PsychThG beschäftigt sein.
10. Belegarzt: Vertragsarzt mit Versorgungsstatus am Krankenhaus gemäß § 121 Abs. 2 SGB V.
11. Tätigkeitsformen: Tätigkeitsformen in der vertragsärztlichen Versorgung sind Kooperationsformen in Form von Berufsausübungsgemeinschaften, Teilberufsausübungsgemeinschaften, Leistungserbringergemeinschaften, auch in KV-bereichsübergreifender Form (Definitionen s. Nrn. 12 bis 15).
12. Berufsausübungsgemeinschaft: Rechtlich verbindliche Zusammenschlüsse von Vertragsärzten oder/und Vertragspsychotherapeuten oder Vertragsärzten/Vertragspsychotherapeuten und Medizinischen Versorgungszentren oder Medizinischen Versorgungszentren untereinander zur gemeinsamen Ausübung der Tätigkeit.

Begriffsbestimmungen (Glossar) § 1a

12a. Berufsausübungsgemeinschaften sind nicht Praxisgemeinschaften, Apparategemeinschaften oder Laborgemeinschaften und andere Organisationsgemeinschaften.
13. Teilberufsausübungsgemeinschaft: Teilberufsausübungsgemeinschaften sind im Rahmen von § 33 Abs. 3 Satz 2 Ärzte-ZV i. V. m. § 15a Abs. 5 erlaubte auf einzelne Leistungen bezogene Zusammenschlüsse zu Berufsausübungsgemeinschaften bei Vertragsärzten, Vertragspsychotherapeuten und Medizinischen Versorgungszentren in Entsprechung zu der vorstehenden Nr. 12.
14. Leistungserbringergemeinschaft: Eine bundesmantelvertraglich bestimmte Form der Zusammenarbeit von Vertragsärzten, insbesondere im Bereich der medizinisch-technischen Leistungen gemäß § 15 Abs. 3 BMV-Ä als Sonderfall der Leistungszuordnung im Rahmen der persönlichen Leistungserbringung.
14a. Laborgemeinschaften sind Gemeinschaftseinrichtungen von Vertragsärzten, welche dem Zweck dienen, laboratoriumsmedizinische Analysen des Abschnitts 32.2 EBM regelmäßig in derselben gemeinschaftlich genutzten Einrichtung zu erbringen.
15. KV-bereichsübergreifende Tätigkeit: Eine KV-bereichsübergreifende Berufsausübung liegt vor, wenn der Arzt
   1. gleichzeitig als Vertragsarzt mit zwei Teilzulassungen nach § 19a Ärzte-ZV oder als Vertragsarzt und gemäß § 24 Ärzte-ZV ermächtigter Arzt an einem weiteren Tätigkeitsort (Zweigpraxis) in Bereichen von mindestens zwei Kassenärztlichen Vereinigungen tätig ist; dasselbe gilt für ein Medizinisches Versorgungszentrum, wenn es in Bereichen von mindestens zwei Kassenärztlichen Vereinigungen an der vertragsärztlichen Versorgung teilnimmt;
   2. als Beteiligter einer Berufsausübungsgemeinschaft tätig ist, deren Vertragsarztsitze (Orte der Zulassung) in Bereichen von mindestens zwei Kassenärztlichen Vereinigungen gelegen sind (§ 33 Abs. 2 Satz 2 Ärzte-ZV);
   3. als Vertragsarzt an seinem Vertragsarztsitz und als Beteiligter einer Berufsausübungsgemeinschaft oder Teilberufsausübungsgemeinschaft (§ 33 Abs. 2 Satz 3 Ärzte-ZV) an einem weiteren Tätigkeitsort im Bereich einer weiteren Kassenärztlichen Vereinigung tätig ist;
   4. als zugelassener Vertragsarzt gleichzeitig als angestellter Arzt in einer Arztpraxis und/oder einem Medizinischen Versorgungszentrum im Bereich einer weiteren Kassenärztlichen Vereinigung tätig ist;
   5. als angestellter Arzt in einer Arztpraxis und/oder eines Medizinischen Versorgungszentrums in Bereichen von mindestens zwei Kassenärztlichen Vereinigungen tätig ist.
   Die vorstehenden Definitionen gelten auch für Vertragspsychotherapeuten und angestellte Psychotherapeuten. Ebenso können Medizinische Versorgungszentren in KV-bereichsübergreifenden Tätigkeitsformen zusammenwirken.
16. Vertragsarztsitz: Ort der Zulassung für den Vertragsarzt oder Vertragspsychotherapeuten oder das Medizinische Versorgungszentrum.
17. Tätigkeitsort: Ort der ärztlichen oder psychotherapeutischen Berufsausübung oder Versorgung durch ein Medizinisches Versorgungszentrum, der als Betriebsstätte oder Nebenbetriebsstätte zulässigerweise ausgewiesen ist.
18. Arztpraxis: Tätigkeitsort des Vertragsarztes oder Vertragspsychotherapeuten an seiner Betriebsstätte, der auch die Nebenbetriebsstätten der Arztpraxis einschließt. Arztpraxis in diesem Sinne ist auch die Berufsausübungsgemeinschaft oder ein Medizinisches Versorgungszentrum.

§ 1a Begriffsbestimmungen (Glossar)

19. Zweigpraxis: Genehmigter weiterer Tätigkeitsort des Vertragsarztes oder die Nebenbetriebsstätte eines Medizinischen Versorgungszentrums (vgl. Nr. 22).
20. Ausgelagerte Praxisstätte: Ein zulässiger nicht genehmigungsbedürftiger, aber anzeigepflichtiger Tätigkeitsort des Vertragsarztes, Vertragspsychotherapeuten oder eines Medizinischen Versorgungszentrums in räumlicher Nähe zum Vertragsarztsitz (vgl. § 24 Abs. 5 Ärzte-ZV); ausgelagerte Praxisstätte in diesem Sinne ist auch ein Operationszentrum, in welchem ambulante Operationen bei Versicherten ausgeführt werden, welche den Vertragsarzt an seiner Praxisstätte in Anspruch genommen haben.
21. Betriebsstätte: Betriebsstätte des Vertragsarztes oder Vertragspsychotherapeuten oder des Medizinischen Versorgungszentrums ist der Vertragsarztsitz. Betriebsstätte des Belegarztes ist auch das Krankenhaus. Betriebsstätte des ermächtigten Arztes ist nach Nr. 5 der Ort der Berufsausübung im Rahmen der Ermächtigung. Betriebsstätte des angestellten Arztes ist der Ort seiner Beschäftigung. Betriebsstätte einer Berufsausübungsgemeinschaft sind die örtlich übereinstimmenden Vertragsarztsitze der Mitglieder der Berufsausübungsgemeinschaft, bei örtlich unterschiedlichen Vertragsarztsitzen der Mitglieder der Berufsausübungsgemeinschaft ist Betriebsstätte der gewählte Hauptsitz im Sinne von § 15a Abs. 4 BMV-Ä bzw. § 33 Abs. 3 Satz 3 Ärzte-ZV.
22. Nebenbetriebsstätte: Nebenbetriebsstätten sind in Bezug auf Betriebsstätten zulässige weitere Tätigkeitsorte, an denen der Vertragsarzt, der Vertragspsychotherapeut, der angestellte Arzt und die Berufsausübungsgemeinschaft oder ein Medizinisches Versorgungszentrum neben ihrem Hauptsitz an der vertragsärztlichen Versorgung teilnehmen.
23. Versorgungsauftrag: Der inhaltliche und zeitliche sowie fachliche Umfang der Versorgungspflichten von Vertragsärzten, Vertragspsychotherapeuten und Medizinischen Versorgungszentren.
24. Persönliche Leistungserbringung: Die durch gesetzliche und vertragliche Bestimmungen näher geregelte Verpflichtung des Vertragsarztes bzw. angestellten Arztes zur unmittelbaren Erbringung der vorgesehenen medizinischen Leistungen, auch im Rahmen zulässiger Delegationen.
25. Persönliche Leitung der Arztpraxis: Voraussetzungen, nach denen bei in der Arztpraxis beschäftigten angestellten Ärzten im Hinblick auf deren Zahl, Tätigkeitsumfang und Tätigkeitsinhalt sichergestellt ist, dass der Praxisinhaber den Versorgungsauftrag im notwendigen Umfang auch persönlich erfüllt und dafür die Verantwortung übernehmen kann.
26. Präsenzpflicht: Der zeitliche Umfang des Zur-Verfügung-Stehens des Vertragsarztes/Vertragspsychotherapeuten bzw. der Ärzte / Psychotherapeuten des Medizinischen Versorgungszentrums am Vertragsarztsitz und gegebenenfalls Nebenbetriebsstätten, in Form von angekündigten Sprechstunden.
27. Kennzeichnungen: Verfahren oder Formen (nach Nrn. 28 bis 33), mit denen die an der vertragsärztlichen Versorgung Teilnehmenden nach Maßgabe der näheren vertraglichen Bestimmungen die ärztlich erbrachten und/oder verordneten Leistungen sowie den Ort der Leistungserbringung kennzeichnen.

Begriffsbestimmungen (Glossar) § 1a

28. Behandlungsfall: Die gesamte von derselben Arztpraxis (Nr. 18) innerhalb desselben Kalendervierteljahres an demselben Versicherten ambulant zu Lasten derselben Krankenkasse vorgenommene Behandlung gilt jeweils als Behandlungsfall; Behandlungsfälle beziehen sich auf die Rechtsbeziehungen zwischen Kassenärztlichen Vereinigungen und Krankenkassen im Abrechnungswesen.
29. Betriebsstättenfall: Die gesamten innerhalb desselben Kalendervierteljahres in derselben Betriebsstätte oder Nebenbetriebsstätte bei demselben Versicherten zu Lasten derselben Krankenkasse vorgenommenen Behandlungsleistungen gelten jeweils als Betriebsstättenfall. Ein Betriebsstättenfall liegt auch vor, wenn die ärztlichen Leistungen bei demselben Versicherten von einem angestellten Arzt des Vertragsarztes oder einem angestellten Arzt des Medizinischen Versorgungszentrums in einer Betriebsstätte oder Nebenbetriebsstätte erbracht werden und von diesem nicht selbst, sondern dem Träger der Betriebsstätte abgerechnet werden. Werden von demselben Arzt bei demselben Versicherten ärztliche Leistungen an unterschiedlichen Betriebsstätten erbracht, in welchen der Arzt in einem jeweils unterschiedlichen vertragsarztrechtlichen Status tätig ist (Vertragsarzt, angestellter Arzt, Arzt im Medizinischen Versorgungszentrum, ermächtigter Arzt, Arzt in genehmigter Berufsausübungsgemeinschaft), liegt jeweils ein gesonderter Betriebsstättenfall (insoweit auch ein gesonderter Behandlungsfall nach Nr. 28) vor. Ein jeweils gesonderter Betriebsstättenfall liegt auch vor, wenn ein Vertragsarzt an zwei Orten gemäß § 19a Ärzte-ZV zugelassen ist.
30. Arztfall: Alle Leistungen bei einem Versicherten, welche durch denselben Arzt unabhängig vom vertragsarztrechtlichen Status in der vertragsärztlichen Versorgung in demselben Kalendervierteljahr und unabhängig von der Betriebsstätte/Nebenbetriebsstätte zu Lasten derselben Krankenkasse erbracht werden.
30a. Leistungsfall: Ein Leistungsfall liegt vor, sofern im Behandlungsfall oder im Arztfall mindestens eine Leistung eines definierten Leistungskataloges abgerechnet worden ist.
30b. Arztgruppenfall: Der Arztgruppenfall stellt einen Behandlungsfall dar, bei dem an die Stelle der Arztpraxis die Arztgruppe einer Arztpraxis tritt. Damit gilt die gesamte von derselben Arztgruppe einer Arztpraxis innerhalb desselben Kalendervierteljahres an demselben Versicherten ambulant zu Lasten derselben Krankenkasse vorgenommene Behandlung als Arztgruppenfall. Zu einer Arztgruppe gehören diejenigen Ärzte, denen im EBM ein Kapitel bzw. in Kapitel 13 ein Unterabschnitt zugeordnet ist.
31. Arztnummer: Eine nach § 37a BMV-Ä vorgeschriebene Kennzeichnung der Vertragsärzte und sonstiger Ärzte und entsprechend Psychotherapeuten. Die Arztnummer ist unabhängig vom Status oder der Betriebsstätte gültig.
32. Betriebsstättennummer: Eine nach § 37a BMV-Ä vorgeschriebene Kennzeichnung von Betriebsstätten- und Nebenbetriebsstätten. Die Betriebsstättennummer ermöglicht die Zuordnung ärztlicher Leistungen zum Ort der Leistungserbringung.
33. Arztpraxisübergreifende Behandlung: Arztfall in zwei oder mehreren Arztpraxen. Die Bestimmung eines arztpraxisübergreifenden Behandlungsfalls dient als Grundlage für besondere einzelne Abrechnungsregelungen im EBM.

2. Abschnitt –
Vertragsärztliche Versorgung: Inhalt und Umfang

Vorbemerkung zu §§ 2 und 3

I. Umfang der vertragsärztlichen Tätigkeit

1 Den Umfang der **vertragsärztlichen Versorgung** beschreibt das Leistungsrecht (§§ 11 ff SGB V) und das Recht der Leistungserbringer (§§ 72 ff SGB V) in einer Vielzahl von Regelungen.

2 Die Grundnorm ist § 73 Abs 2 SGB V mit einer enumerativen Aufzählung der einzelnen Gegenstände der vertragsärztlichen Versorgung, wobei bei einzelnen Nummern auch auf die Rechtsgrundlagen im Leistungsrecht (zB Nr 10 und 11) verwiesen wird. Auch der BMV-Ä beinhaltet in den §§ 2 und 3 eine Beschreibung des Umfangs der vertragsärztlichen Versorgung. Das Verständnis dieser Regelungen im BMV-Ä erschwert, dass der Katalog aus § 73 Abs 2 SGB V nicht übernommen, sondern in § 2 Abs 1 in der Reihung und Begrifflichkeit verändert wurde.

3 Über den Leistungskatalog in § 2 Abs 1 Nr 1–15 hinaus werden in den Abs 2, 3, 4, 5 und 8 weitere Leistungen aus der vertragsärztlichen Versorgung beschrieben.

4 Die vertragsärztliche Versorgung gliedert sich in drei Tätigkeitsbereiche:
– die als ärztliche Behandlung zusammengefasste ambulante **Untersuchungs-** und **Behandlungstätigkeit** des Vertragsarztes (§§ 15 Abs 1, 27 Abs 1 S 2 Nr 1, 28 Abs 1 SGB V),
– die **stationäre ärztliche Behandlung durch Belegärzte** (§ 121 SGB V),
– die **Verordnungstätigkeit** des Vertragsarztes (§ 27 Abs 1 S 2 Nr 3 SGB V).

II. Inhalt der ärztlichen Behandlung

5 Der Inhalt der **ärztlichen Behandlung** aus § 2 Abs 1 Nr 1 wird in Abs 2 über die gesetzlichen Regelungen in §§ 15 Abs 1, 27 Abs 1 S 2 Nr 1 und 28 Abs 1 SGB V hinaus beschrieben („*Zur ärztlichen Behandlung im Rahmen der vertragsärztlichen Versorgung gehören auch ...*").

6 Im Gegensatz dazu beschreibt § 3 Leistungen „*außerhalb der vertragsärztlichen Versorgung*", und zwar zunächst in Abs 1 S 1 und 2 abstrakt und dann in Abs 2 Nr 1–15 mit einer nicht abschließenden („*insbesondere*") Liste von Beispielen.

7 Neben dieser Positivbeschreibung und Negativabgrenzung der vertragsärztlichen Versorgung ermächtigt § 2 Abs 7 die Vertragspartner zur Festlegung **besonderer Versorgungsaufträge**. Ein Versorgungsauftrag ist nach dem Willen der Vertragspartner „*die Übernahme der ärztlichen Behandlung und Betreuung für eine definierte Patientengruppe im Sicherstellungsauftrag unter Einbeziehung konsiliarärztlicher Kooperation, die eine an der Versorgungsnotwendigkeit orientierte vertraglich vereinbarte Qualitätssicherung voraussetzt*" (§ 2 Abs 7 S 2). Beispiele für solche besonderen Versorgungsaufträge sind die Versorgung chronisch niereninsuffizierter Patienten (Anl 9.1) und die Versorgung iRd Programms zur Früherkennung von Brustkrebs durch Mammographie-Screening (Anl 9.2).

Schließlich beinhalten §§ 2 und 3 noch Abrechnungsbestimmungen: Gem § 2 Abs 9 ist eine Leistungsbeschreibung im EBM oder eine Vereinbarung nach § 2 Abs 7 Voraussetzung für die Abrechnung gegenüber der KV. Gem § 3 Abs 1 S 3 können Leistungen, für die eine Leistungspflicht der Krankenkassen nicht besteht, nur im Rahmen einer Privatbehandlung erbracht und abgerechnet werden. **8**

III. Abgrenzung: Verordnung, Anordnung und Überweisung

Ärztliche Behandlung wird idR von Ärzten erbracht. Sind Hilfeleistungen anderer Personen erforderlich, dürfen sie nur erbracht werden, wenn sie vom Arzt angeordnet und von ihm verantwortet werden (§§ 15 Abs 1 S 2, 28 Abs 1 S 2 SGB V)[1]. Durch die Überweisung wird die Leistung eines anderen Arztes innerhalb der vertragsärztlichen Versorgung in Anspruch genommen (§§ 24 und 25). **9**

Im Gegensatz dazu ist die Verordnungstätigkeit des Vertragsarztes das Bindeglied zwischen der ambulanten vertragsärztlichen Behandlung und den anderen Leistungsbereichen der GKV (§§ 25a–30). **10**

Einzelheiten zu den Verordnungen und Bescheinigungen sind in den §§ 25a ff geregelt. Hierfür haben die Partner des BMV-Ä verbindliche Vordrucke in der Vordruckvereinbarung (Anl 2 zum BMV-Ä) vorgegeben. Die Liste der verbindlichen Muster geht bis Nr 86.[2] **11**

§ 2 Umfang der vertragsärztlichen Versorgung

(1) Die vertragsärztliche Versorgung umfasst:
1. **die ärztliche Behandlung,**
2. **die ärztliche Betreuung bei Schwangerschaft und Mutterschaft,**
3. **die ärztlichen Maßnahmen zur Früherkennung von Krankheiten,**
4. **die ärztlichen Maßnahmen zur Empfängnisregelung, Sterilisation und zum Schwangerschaftsabbruch, soweit die Leistungspflicht nicht durch gesetzliche Regelungen ausgeschlossen ist,**
5. **die ärztlichen Leistungen zur Herstellung der Zeugungs- oder Empfängnisfähigkeit sowie die medizinischen Maßnahmen zur Herbeiführung einer Schwangerschaft,**
6. **die Verordnung von Arznei-, Verband-, Heil- und Hilfsmitteln, von digitalen Gesundheitsanwendungen, von Krankentransporten, von Krankenhausbehandlung, von Behandlung in Vorsorge- oder Rehabilitationseinrichtungen sowie die Veranlassung von ambulanten Operationen, auch soweit sie im Krankenhaus durchgeführt werden sollen,**
7. **die Beurteilung der Arbeitsunfähigkeit,**
8. **die ärztliche Verordnung von ambulanten Vorsorgeleistungen in anerkannten Kurorten,**
9. **die Ausstellung von Bescheinigungen und Erstellung von Berichten, welche die Krankenkassen oder der Medizinische Dienst zur Durchführung ihrer gesetzlichen Aufgaben oder welche die Versicherten für den Anspruch auf Fortzahlung des Arbeitsentgelts benötigen,**

---
1 S dazu Kommentierung zu § 15.
2 Im Einzelnen s § 34 Rn 1 ff.

10. die Verordnung von häuslicher Krankenpflege,
11. die Verordnung von medizinischen Leistungen der Rehabilitation, Belastungserprobung und Arbeitstherapie,
12. die vom Arzt angeordneten und unter seiner Verantwortung erbrachten Hilfeleistungen anderer Personen,
13. die psychotherapeutische Behandlung einer Krankheit durch Psychologische Psychotherapeuten und Kinder- und Jugendlichenpsychotherapeuten und Vertragsärzte im Rahmen des SGB V und der Richtlinien des Gemeinsamen Bundesausschusses,
14. die Verordnung von Soziotherapie,
15. die Verordnung von spezialisierter ambulanter Palliativversorgung.

(2) Zur ärztlichen Behandlung im Rahmen der vertragsärztlichen Versorgung gehören auch
1. die belegärztlichen Leistungen im Sinne von § 121 SGB V,
2. die ambulante ärztliche Behandlung als medizinische Vorsorgeleistung im Sinne von § 23 Abs. 1 SGB V,
3. ärztliche Leistungen bei interkurrenten Erkrankungen während ambulanter Vorsorgeleistungen in anerkannten Kurorten sowie ambulant ausgeführte Leistungen, die während einer stationären Rehabilitation erforderlich werden und nicht mit dem Heilbehandlungsleiden im Zusammenhang stehen,
4. die in Notfällen ambulant ausgeführten ärztlichen Leistungen durch nicht an der vertragsärztlichen Versorgung teilnehmende Ärzte,
5. die ärztlichen Leistungen bei vorübergehender Erbringung von Dienstleistungen gemäß § 8.

(3) Zur vertragsärztlichen Versorgung gehören auch die ärztlichen Leistungen in ermächtigten poliklinischen Institutsambulanzen der Hochschulen und, unbeschadet der besonderen Regelungen über die Vergütung, die ärztlichen Leistungen in ermächtigten psychiatrischen Institutsambulanzen sowie in ermächtigten sozialpädiatrischen Zentren und Leistungen der Psychotherapie nach den Richtlinien des Gemeinsamen Bundesausschusses an poliklinischen Institutsambulanzen psychologischer Universitätsinstitute und Ausbildungsstätten nach § 6 des Psychotherapeutengesetzes.

(4) Zur vertragsärztlichen Versorgung gehören nach Maßgabe des dazu abgeschlossenen Vertrages (Kurarztvertrag) ambulante Vorsorgeleistungen in anerkannten Kurorten.

(5) Zur vertragsärztlichen Versorgung gehören auch Maßnahmen zur Erhaltung und Förderung der Gesundheit und zur Verhütung von Krankheiten und zur Rehabilitation, soweit dies in den Gesamtverträgen vereinbart ist.

(6) Die Durchführung von Leistungen der Psychotherapie und der Psychosomatik in der vertragsärztlichen Versorgung wird ergänzend zu diesem Vertrag durch besondere Vereinbarung geregelt, die Bestandteil dieses Vertrages ist (Anlage 1).

(7) ¹Zur Sicherung der Versorgungsqualität und der Wirtschaftlichkeit der Leistungserbringung können die Vertragspartner Inhalt und Umfang der Versorgung von definierten Patientengruppen durch besondere Versorgungsaufträge festlegen. ²Ein Versorgungsauftrag ist die Übernahme der ärztlichen Behandlung und Betreuung für eine definierte Patientengruppe im Sicherstellungsauftrag unter Einbeziehung konsi-

Umfang der vertragsärztlichen Versorgung § 2

liarer ärztlicher Kooperation, die eine an der Versorgungsnotwendigkeit orientierte vertraglich vereinbarte Qualitätssicherung voraussetzt. ³In den Versorgungsaufträgen kann festgelegt werden, dass bestimmte Leistungen nur im konsiliarischen Zusammenwirken erbracht werden. ⁴Dabei können zu § 15 (Persönliche Leistungserbringung) abweichende Bestimmungen festgelegt werden. ⁵Die Durchführung der in den Versorgungsaufträgen genannten Leistungen kann unter einen Genehmigungsvorbehalt gestellt werden. (Anlage 9).

(8) Zur vertragsärztlichen Versorgung gehören auch die nach Maßgabe besonderer vertraglicher Regelungen vereinbarten Leistungen.

(9) Voraussetzung für die Abrechnung von Leistungen gegenüber der Kassenärztlichen Vereinigung ist eine Leistungsbeschreibung im Einheitlichen Bewertungsmaßstab, welche die vertragsärztliche Leistung eindeutig definiert oder der eine ärztliche Leistung durch die Vertragspartner verbindlich zugeordnet wurde, oder eine Vereinbarung nach Abs. 7.

Übersicht

	Rn		Rn
I. Enumerative Aufzählung der Gegenstände (Abs 1)	1	e) Verordnung von Behandlung in Vorsorge- und Rehabilitationseinrichtungen	19
1. Ärztliche Behandlung (Nr 1)	1	f) Veranlassung von ambulanten Operationen auch soweit sie im Krankenhaus durchgeführt werden sollen	20
2. Ärztliche Betreuung bei Schwangerschaft und Mutterschaft (Nr 2)	2	7. Beurteilung der Arbeitsunfähigkeit (Nr 7)	21
3. Ärztliche Maßnahmen zur Früherkennung von Krankheiten (Nr 3)	4	8. Verordnung von ambulanten Vorsorgeleistungen in anerkannten Kurorten (Nr 8)	22
4. Ärztliche Maßnahmen zur Empfängnisregelung, Sterilisation und zum Schwangerschaftsabbruch (Nr 4)	7	9. Ausstellung von Bescheinigungen und Erstellung von Berichten (Nr 9)	23
5. Ärztliche Leistungen zur Herstellung der Zeugungs- und Empfängnisfähigkeit sowie zur Herbeiführung einer Schwangerschaft (Nr 5)	9	10. Verordnung von häuslicher Krankenpflege (Nr 10)	25
6. Verordnung von Arznei-, Verband-, Heil- und Hilfsmitteln, von Krankentransporten, von Behandlung in Vorsorge- oder Rehabilitationseinrichtungen (Nr 6)	10	11. Verordnung von medizinischen Leistungen der Rehabilitation, Belastungserprobung und Arbeitstherapie (Nr 11)	26
		12. Vom Arzt angeordnete und unter seiner Verantwortung erbrachte Hilfeleistungen anderer Personen (Nr 12)	27
a) Verordnung von Arznei- und Verbandmitteln	11	13. Psychotherapeutische Behandlung einer Krankheit durch Psychologische Psychotherapeuten und Kinder- und Jugendlichenpsychotherapeuten und Vertragsärzte im Rahmen des SGB V und der Richtlinien des G-BA (Nr 13)	28
b) Heil- und Hilfsmittel	13		
c) Krankentransporte	15		
d) Verordnung von Krankenhausbehandlung	16		

§ 2 Umfang der vertragsärztlichen Versorgung

	Rn		Rn
14. Verordnung von Soziotherapie (Nr 14)	30	1. Ärztliche Leistungen (Abs 3)	40
15. Verordnung von spezialisierter ambulanter Palliativversorgung (Nr 15)	32	2. Ambulante Vorsorgeleistungen in anerkannten Kurorten und Maßnahmen zur Erhaltung und Förderung der Gesundheit und zur Verhütung von Krankheiten und zur Rehabilitation (Abs 4 und 5)	43
II. Ärztliche Behandlung im Rahmen der vertragsärztlichen Versorgung (Abs 2)	34		
1. Belegärztliche Leistungen im Sinne von § 121 SGB V (Nr 1)	35	IV. Besonders vereinbarte vertragliche Leistungen (Abs 8)	44
2. Ambulante ärztliche Behandlung als medizinische Vorsorgeleistung iSv § 23 Abs 1 SGB V (Nr 2)	36	V. Durchführung von Leistungen der Psychotherapie und der Psychosomatik (Abs 6)	45
3. Ärztliche Leistungen bei interkurrenten Erkrankungen in besonderen Fällen (Nr 3)	37	VI. Besondere Versorgungsaufträge (Abs 7)	46
		1. Rechtsgrundlage	46
4. In Notfällen ambulant ausgeführte ärztliche Leistungen durch nicht an der vertragsärztlichen Versorgung teilnehmende Ärzte (Nr 4)	38	2. Besondere Versorgungsaufträge	49
		VII. Abrechnungsvoraussetzungen (Abs 9)	52
		1. Gesetzliche Grundlage für EBM	52
5. Ärztliche Leistungen bei vorübergehender Erbringung von Dienstleistungen (§ 8) (Nr 5)	39	2. EBM als Abrechnungsvoraussetzung	53
III. Weitere Bestandteile der vertragsärztlichen Versorgung (Abs 3, 4, 5 und 8)	40	3. Zuordnung durch Leistungsträger	54
		4. Vereinbarung nach Abs 7	56

I. Enumerative Aufzählung der Gegenstände (Abs 1)

1. Ärztliche Behandlung (Nr 1). Die ärztliche Behandlung ist gem § 73 Abs 2 Nr 1 SGB V Gegenstand der vertragsärztlichen Versorgung. Sie umfasst nach der Definition in § 28 Abs 1 S 1 SGB V die Tätigkeit des Arztes, die zur Verhütung, Früherkennung und Behandlung von Krankheiten nach den Regeln der ärztlichen Kunst ausreichend und zweckmäßig ist. Diese Definition beinhaltet Leistungen wie bspw die Früherkennung von Krankheiten, die in § 73 Abs 2 SGB V auch noch gesondert aufgeführt sind. Die doppelte Nennung hat der BMV-Ä übernommen. Diese Leistungen werden unter den jeweiligen Nummern im Detail erläutert:

– Verhütung von Krankheiten (§ 11 Abs 1 S 1 Nr 2 iVm § 23 Abs 1 Nr 3 SGB V – § 2 Abs 2 Nr 2)
– Maßnahmen zur Früherkennung von Krankheiten (§ 73 Abs 2 S 1 Nr 3 SGB V – § 2 Abs 1 Nr 3)
– Ärztliche Betreuung bei Schwangerschaft und Mutterschaft (§ 73 Abs 2 S 1 Nr 4 iVm § 24c Nr 1 und 3 SGB V – § 2 Abs 1 Nr 2)
– Anordnung der Hilfeleistung anderer Personen (§ 73 Abs 2 S 1 Nr 6 SGB V – § 2 Abs 1 Nr 12)
– Medizinische Maßnahmen zur Herbeiführung einer Schwangerschaft nach § 27a Abs 1 SGB V (§ 73 Abs 2 S 1 Nr 10 iVm § 27a Abs 1 und 4 SGB V – § 2 Abs 1 Nr 5)

Umfang der vertragsärztlichen Versorgung § 2

- Ärztliche Maßnahmen nach den §§ 24a und 24b SGB V (§ 73 Abs 2 S 1 Nr 11 iVm §§ 24a und 24b SGB V – § 2 Abs 1 Nr 4)

2. Ärztliche Betreuung bei Schwangerschaft und Mutterschaft (Nr 2). Die Versicherten haben hierauf gem § 11 Abs 1 Nr 1 SGB V einen Anspruch; der Inhalt der Leistungen bei Schwangerschaft und Mutterschaft ist näher in §§ 24c–24i SGB V beschrieben; die ärztliche Betreuung ergibt sich aus § 24c Nr 1 iVm § 24d SGB V. Die ärztliche Betreuung bei Schwangerschaft und Mutterschaft ist im Gesetz als Teil der vertragsärztlichen Versorgung ausdrücklich erwähnt (§ 73 Abs 2 S 1 Nr 4 SGB V).

Hierzu gelten auch die Richtlinien über die ärztliche Betreuung während der Schwangerschaft und nach der Entbindung – Mutterschaftsrichtlinien des G-BA gem § 92 Abs 1 S 2 Nr 4 SGB V[1].

3. Ärztliche Maßnahmen zur Früherkennung von Krankheiten (Nr 3). Der Leistungsanspruch der Versicherten ergibt sich aus § 11 Abs 1 Nr 3 SGB V. Einzelheiten zu den Gesundheitsuntersuchungen, den organisierten Früherkennungsprogrammen und den Gesundheitsuntersuchungen für Kinder und Jugendliche sind den §§ 25, 25a und 26 SGB V zu entnehmen.

Dem Umfang der vertragsärztlichen Versorgung sind Maßnahmen zur Früherkennung von Krankheiten in § 73 Abs 2 Nr 3 SGB V zugeordnet. Maßnahmen zur Früherkennung gehören aber dann nicht zur vertragsärztlichen Versorgung, wenn sie im Rahmen der Krankenhausbehandlung oder der stationären Entbindung durchgeführt werden, es sei denn, ein Belegarzt erbringt die ärztlichen Leistungen.

Nach §§ 25, 26 SGB V hat der G-BA nach dem Regelungsauftrag in § 92 Abs 4 SGB V bisher vier Richtlinien erlassen:
- Richtlinien über die Gesundheitsuntersuchung zur Früherkennung von Krankheiten – Gesundheitsuntersuchungsrichtlinien[2]
- Richtlinien zur Jugendgesundheitsuntersuchung[3]
- Kinderrichtlinien[4]
- Krebsfrüherkennungsrichtlinien[5]

4. Ärztliche Maßnahmen zur Empfängnisregelung, Sterilisation und zum Schwangerschaftsabbruch (Nr 4). Der Leistungsanspruch der Versicherten ergibt sich aus § 11 Abs 1 Nr 2 SGB V. Einzelheiten dazu sind in § 24a SGB V geregelt, der zwar mit *„Empfängnisverhütung"* überschrieben ist, im Gesetzestext aber von *„ärztlicher Beratung über Fragen der Empfängnisregelung"* spricht. Die ärztlichen Leistungen bei Schwangerschaftsabbruch und Sterilisation sind in § 24b SGB V beschrieben. Der Leistungsanspruch besteht, soweit die Leistungspflicht nicht durch gesetzliche Regelungen ausgeschlossen ist, worauf auch in § 2 Abs 1 Nr 4 HS 2 hingewiesen wird.

Der G-BA hat hierzu nach dem gesetzlichen Auftrag in § 92 S 1, S 2 Nr 11 SGB V die *„Sonstige Hilfen-Richtlinie"*[6] erlassen.

---

1 www.g-ba.de/richtlinien.
2 www.g-ba.de/richtlinien.
3 www.g-ba.de/richtlinien.
4 www.g-ba.de/richtlinien.
5 www.g-ba.de/richtlinien.
6 www.g-ba.de/richtlinien.

§ 2 Umfang der vertragsärztlichen Versorgung

9   5. **Ärztliche Leistungen zur Herstellung der Zeugungs- und Empfängnisfähigkeit sowie zur Herbeiführung einer Schwangerschaft (Nr 5).** Medizinische Maßnahmen zur Herbeiführung einer Schwangerschaft sind unter den in § 27a SGB V geregelten Voraussetzungen von den Leistungen der Krankenbehandlung umfasst. Der Leistungsanspruch der Versicherten ergibt sich aus § 11 Abs 1 Nr 4 iVm § 27a SGB V. Durch das TSVG wurde der Leistungsanspruch auf künstliche Befruchtung nach § 27a SGB V um die Möglichkeit der Kryokonservierung erweitert, wenn aufgrund einer Erkrankung (zB einer Krebserkrankung oder einer rheumatologischen Erkrankung) und deren Behandlung mittels einer keimzellenschädigenden Therapie die Gefahr der Unfruchtbarkeit besteht und eine Kryokonservierung von Ei- und Samenzellen oder Keimzellengewebe erforderlich ist, um die zukünftige künstliche Befruchtung mit Hilfe der kryokonservierten Ei- und Samenzellen oder des kryokonservierten Keimzellengewebes zu ermöglichen (§ 27a Abs 4 SGB V). Die ausdrückliche Zuordnung zur vertragsärztlichen Versorgung folgt aus § 73 Abs 2 Nr 10 SGB V. Der G-BA hat hierzu gem § 92 Abs 1 S 2 Nr 10 SGB V Richtlinien über künstliche Befruchtung und Kryokonservierung[7] erlassen.

10 6. **Verordnung von Arznei-, Verband-, Heil- und Hilfsmitteln, von Krankentransporten, von Krankenhausbehandlung, von Behandlung in Vorsorge- oder Rehabilitationseinrichtungen (Nr 6).** Die genannten Verordnungen sind in § 73 Abs 2 Nr 7 SGB V in der gleichen Reihenfolge der vertragsärztlichen Versorgung zugeschrieben. Dazu im Einzelnen:

11 a) **Verordnung von Arznei- und Verbandmitteln.** Der Anspruch der Versicherten auf Versorgung mit Arznei- und Verbandmitteln richtet sich nach §§ 129–131 SGB V. Der G-BA hat hierzu gem § 92 Abs 1 S 2 Nr 6 SGB V die Arzneimittelrichtlinien erlassen, auf die § 25a Abs 1 verweist. Bei der Verordnung von Arznei- und Verbandmitteln hat der Vertragsarzt insbesondere folgende Vorschriften zu beachten:
– die Negativlisten der von der Verordnungsfähigkeit zu Lasten der GKV ausgeschlossenen Arzneimittel nach § 34 Abs 1 und 3 SGB V,
– die als Anlagen zu den Arzneimittelrichtlinien des G-BA getroffenen Regelungen zu einem zulässigen Off-Label-Use (§ 35c SGB V), zu Ausschlüssen von Lifestyle-Arzneimitteln und zur Verordnungsfreiheit nicht verschreibungspflichtiger Arzneimittel (§ 34 Abs 1 SGB V, OTC-Präparateliste), zu Verordnungsausschlüssen aufgrund von Nutzenbewertungen nach § 35b SGB V und zu Therapiehinweisen aufgrund durchgeführter Frühbewertung von Arzneimitteln mit neuen Wirkstoffen oder neuen Anwendungsgebieten (§ 35a SGB V),
– die als Bestandteil der Arzneimittelrichtlinien vom G-BA zu beschließende Arzneimittelpreisvergleichsliste (§ 73 Abs 5 SGB V),
– arztgruppenspezifisch vereinbarte Richtgrößen für das Volumen verordneter Arzneimittel (§§ 84 Abs 6, 106b Abs 1 SGB V), sofern vereinbart,
– die von dem GKV-Spitzenverband bzw vom BMG nach §§ 35, 35a SGB V festgesetzten Festbeträge für Arzneimittel, soweit der Versicherte über danach zu tragende Mehrkosten zu informieren ist (§ 73 Abs 5 SGB V),

---

7 www.g-ba.de/richtlinien.

Umfang der vertragsärztlichen Versorgung § 2

- Vorschriften über das Ausstellen von Rezepten in der Vordruckvereinbarung und der Arzneimittelverschreibungsverordnung sowie über das Ausstellen besonderer Verordnungsblätter bei der Verschreibung von Betäubungsmitteln in der Betäubungsmittelverschreibungsverordnung,
- die Arzneiverordnungen des Arztes unterliegen nach § 106b SGB V einer Wirtschaftlichkeitsprüfung mit der Möglichkeit der Festsetzung von Arzneiregressen durch Prüfinstanzen,
- Versorgungs- und Wirtschaftlichkeitsziele sowie auf deren Umsetzung gerichtete konkrete Maßnahmen mit Ausrichtung auf ein vereinbartes Ausgabenvolumen für die insgesamt von den Vertragsärzten zu Lasten der KK verordneten Arzneimittel (§ 84 SGB V),
- (individuelle) Wirkstoffziele, sofern vereinbart.

Einzelheiten zur Verordnung von Arzneimitteln in § 29. **12**

b) Heil- und Hilfsmittel. Die Versorgung mit Heilmitteln ist in § 32 SGB V, die mit **13** Hilfsmitteln in § 33 SGB V geregelt. Die Versorgung durch die KK erfolgt auf der Grundlage von §§ 124 und 125 SGB V für Heilmittel und von §§ 126–128 SGB V für Hilfsmittel. Der G-BA hat hierzu gem § 92 Abs 1 S 2 Nr 6 SGB V die Heil- und Hilfsmittelrichtlinien[8] erlassen, auf die § 25a Abs 1 verweist. Bei der Verordnung von Heil- und Hilfsmitteln hat der Vertragsarzt insbesondere folgende Vorschriften zu beachten:

- die vom G-BA beschlossenen Heilmittelrichtlinien (§ 92 SGB V) inkl. Heilmittelkatalog und Hilfsmittelrichtlinien (§ 92 SGB V); insbesondere die Verordnungsfähigkeit bestimmter Heilmittel (Kontaktlinsen) und die Anforderungen an die inhaltliche Bestimmtheit und Qualität einer Heil- und Hilfsmittelverordnung in den einzelnen Leistungsbereichen,
- Negativlisten für nicht zu Lasten der GKV verordnungsfähiger Heil- und Hilfsmittel nach § 34 Abs 4 SGB V,
- arztgruppenspezifische Richtgrößen für das Volumen verordneter Heilmittel nach § 84 Abs 8 SGB V, sofern vereinbart,
- Festbeträge für Hilfsmittel, soweit es die Information der Versicherten über selbst zu tragende Mehrkosten betrifft (§ 73 Abs 5 SGB V).

Einzelheiten zur Verordnung von Heil- und Hilfsmitteln in § 30. **14**

c) Krankentransporte. Der Leistungsanspruch der Versicherten auf Übernahme von **15** Fahrkosten bei einem Krankentransport ergibt sich aus § 60 SGB V. Die KK oder ihre Verbände schließen zur Versorgung ihrer Versicherten mit Krankentransportleistungen Verträge nach § 133 SGB V. Bei der Verordnung von Krankentransport hat der Vertragsarzt die gem § 92 Abs 1 Nr 12 SGB V vom G-BA beschlossenen Krankentransportrichtlinien[9] zu beachten, auf die § 25a Abs 1 verweist.

d) Verordnung von Krankenhausbehandlung. Der Leistungsanspruch der Versicher- **16** ten auf Krankenhausbehandlung richtet sich nach § 39 SGB V. Die Krankenhausbehandlung wird danach vollstationär, stationsäquivalent, teilstationär, vor- und nachstationär (§ 115a SGB V) sowie ambulant (§ 115b SGB V) erbracht.

---

8 www.g-ba.de/richtlinien.
9 www.g-ba.de/richtlinien.

§ 2 Umfang der vertragsärztlichen Versorgung

17 Die Krankenhausbehandlung umfasst ein **Entlassmanagement** zur Unterstützung einer sektorenübergreifenden Versorgung der Versicherten beim Übergang in die Versorgung nach Krankenhausbehandlung. Der Versicherte hat gegenüber der KK gem § 39 Abs 1a S 5 SGB V auch einen Anspruch auf Unterstützung dieses Entlassmanagements nach § 39 Abs 1a S 1 SGB V).

18 Die KK dürfen die Krankenhausbehandlung nur durch zugelassene Krankenhäuser (§ 108 SGB V) erbringen lassen. Der Vertragsarzt hat bei der Verordnung von Krankenhauspflege die Krankenhausbehandlungsrichtlinien des G-BA (§ 92 Abs 1 Nr 6 SGB V) zu beachten[10], auf die § 25a Abs 1 verweist. Einzelheiten zur Krankenhausbehandlung in § 26.

19 **e) Verordnung von Behandlung in Vorsorge- und Rehabilitationseinrichtungen.** Der Leistungsanspruch der Versicherten auf Behandlung in einer Vorsorge- oder Reha-Einrichtung richtet sich nach den §§ 23 und 40 SGB V. Die Leistungen sind in zugelassenen Vorsorge- und Reha-Einrichtungen bzw Einrichtungen des Mütter-Genesungswerkes oder gleichartiger Einrichtungen (§ 111a SGB V) zu erbringen. Bei der Verordnung hat der Vertragsarzt die Rehabilitations-Richtlinien des G-BA (§ 92 Abs 1 S 2 Nr 8 SGB V) zu beachten[11], auf die § 25a Abs 1 verweist.

20 **f) Veranlassung von ambulanten Operationen auch soweit sie im Krankenhaus durchgeführt werden sollen.** Ambulantes Operieren im Krankenhaus regelt § 115b SGB V. Die ambulant vom Krankenhaus durchgeführten Operationen sind auch dann, wenn sie durch Vertragsärzte im Krankenhaus erbracht werden, nicht Gegenstand der vertragsärztlichen Versorgung (§ 3 Abs 2 Nr 11). Im Gegensatz dazu ist die Veranlassung solcher Leistungen, wie § 2 Abs 1 Nr 6 verdeutlicht, der vertragsärztlichen Versorgung zuzuordnen (§ 2 Abs 1 Nr 6).

21 **7. Beurteilung der Arbeitsunfähigkeit (Nr 7).** Arbeitsunfähigkeitsbescheinigungen werden im Rahmen der vertragsärztlichen Versorgung ausgestellt (§ 73 Abs 2 Nr 9 SGB V). Dabei sind die vom G-BA gem § 92 Abs 1 S 2 Nr 7 SGB V erlassenen Arbeitsunfähigkeitsrichtlinien zu berücksichtigen.[12] Einzelheiten hierzu sind in § 31 geregelt, der auch auf die Richtlinien des G-BA verweist.

8. Verordnung von ambulanten Vorsorgeleistungen in anerkannten Kurorten (Nr 8).
22 Ambulante Vorsorgeleistungen in anerkannten Kurorten sind gem § 2 Abs 4 Gegenstand der vertragsärztlichen Versorgung (Rn 43) und dementsprechend gehört auch die Verordnung solcher Leistungen zur vertragsärztlichen Versorgung. Dazu auch Anl 25.

23 **9. Ausstellung von Bescheinigungen und Erstellung von Berichten (Nr 9).** Je nachdem, ob die genannten Bescheinigungen bzw Berichte
– von den **KK** oder dem **Medizinischen Dienst** zur Durchführung ihrer gesetzlichen Aufgaben benötigt werden oder nicht, sind sie Gegenstand der vertragsärztlichen Versorgung, in § 2 Abs 1 Nr 9 die positive Zuordnung und in § 3 Abs 2 Nr 1 der Ausschluss.
– Entsprechend die Zuordnung zu bzw der Ausschluss von der vertragsärztlichen Versorgung für die Bescheinigungen, die **der Versicherte für den Anspruch auf Fortzahlung des Arbeitsentgelts benötigt.**

---

10 www.g-ba.de/richtlinien.
11 www.g-ba.de/richtlinien.
12 www.g-ba.de/richtlinien.

Einzelheiten hierzu sind in den §§ 31 ff geregelt.

10. Verordnung von häuslicher Krankenpflege (Nr 10). Die Verordnung häuslicher Krankenpflege ist der vertragsärztlichen Versorgung in § 73 Abs 2 Nr 8 SGB V zugeordnet; der Leistungsanspruch der Versicherten ergibt sich aus § 27 Abs 1 Nr 4 SGB V. Einzelheiten dazu in § 37 SGB V und § 27.

11. Verordnung von medizinischen Leistungen der Rehabilitation, Belastungserprobung und Arbeitstherapie (Nr 11). Maßnahmen zur Rehabilitation sind – soweit dies in den Gesamtverträgen vereinbart ist – gem § 2 Abs 5 Gegenstand der vertragsärztlichen Versorgung und dementsprechend auch die Verordnung solcher Leistungen.

12. Vom Arzt angeordnete und unter seiner Verantwortung erbrachte Hilfeleistungen anderer Personen (Nr 12). Hilfeleistungen anderer – nicht ärztlicher – Personen bedürfen der Anordnung eines Arztes und sind von ihm auch zu verantworten (§ 15 Abs 1 S 2 SGB V). Die Anordnung solcher Hilfeleistungen anderer Personen ist nach § 73 Abs 2 S 1 Nr 6 SGB V Gegenstand der vertragsärztlichen Versorgung. Siehe dazu auch § 15 Abs 1 S 5.

13. Psychotherapeutische Behandlung einer Krankheit durch Psychologische Psychotherapeuten und Kinder- und Jugendlichenpsychotherapeuten und Vertragsärzte im Rahmen des SGB V und der Richtlinien des G-BA (Nr 13). Einzelheiten der psychotherapeutischen Behandlung ergeben sich aus § 28 Abs 3 SGB V.

Die Durchführung von Leistungen der Psychotherapie und der Psychosomatik in der vertragsärztlichen Versorgung wird ergänzend zum BMV-Ä durch eine besondere Vereinbarung geregelt, die Bestandteil dieses Vertrags ist (Psychotherapievereinbarung als Anl 1). Für Psychotherapeuten gelten die Nr 2–4, 6, 8, 10, 11 und 14 von § 73 Abs 2 S 1 SGB V nicht. Die Nr 9 von § 73 Abs 2 gilt für Psychotherapeuten nicht, soweit sich diese Regelung auf die Feststellung und die Bescheinigung von Arbeitsunfähigkeit bezieht. Die Nr 5 von § 73 Abs 2 SGB V gilt für Psychotherapeuten in Bezug auf die Verordnung von Leistungen zur psychotherapeutischen Rehabilitation nicht. Krankentransporte sowie Krankenhausbehandlung dürfen Psychotherapeuten im Rahmen der vertragsärztlichen Versorgung verordnen. Insoweit gilt die Nr 7 von § 73 Abs 2 SGB V, nicht jedoch die Regelung für Arznei-, Verband-, Heil- und Hilfsmittel und die Behandlung in Vorsorge- oder Rehabilitationseinrichtungen. Das Nähere zu den Verordnungen durch Psychotherapeuten bestimmt der G-BA in seinen Richtlinien nach § 92 Abs 1 S 2 Nr 6, 8 und 12 (§ 73 Abs 2 S 2–5 SGB V).

14. Verordnung von Soziotherapie (Nr 14). Sie ist der vertragsärztlichen Versorgung in § 73 Abs 2 S 1 Nr 12 SGB V zugeordnet; Einzelheiten zum Leistungsanspruch der Versicherten sind in § 37a SGB V geregelt.

Hierzu auch G-BA-Richtlinie gem § 92 Abs 1 S 2 Nr 6 SGB V – Soziotherapie-Richtlinie[13], auf die § 25a Abs 1 SGB V verweist.

15. Verordnung von spezialisierter ambulanter Palliativversorgung (Nr 15). Einzelheiten zum Leistungsanspruch der Versicherten sind in § 37b SGB V geregelt.

---

13 www.g-ba.de/richtlinien.

§ 2 Umfang der vertragsärztlichen Versorgung

33 Hierzu auch G-BA Richtlinie gem § 92 Abs 1 S 2 Nr 14 SGB V – Spezialisierte Ambulante Palliativversorgungs-Richtlinie[14], auf die § 25a Abs 1 verweist.

II. Ärztliche Behandlung im Rahmen der vertragsärztlichen Versorgung (Abs 2)

34 Den Umfang der in § 2 Abs 1 Nr 1 als Teil der vertragsärztlichen Versorgung aufgeführten ärztlichen Behandlung klärt Abs 2 für verschiedene Versorgungssituationen im Detail – nämlich für:

35 **1. Belegärztliche Leistungen im Sinne von § 121 SGB V (Nr 1).** Belegärzte sind nach der Legaldefinition in § 121 Abs 2 SGB V *„nicht am Krankenhaus angestellte Vertragsärzte, die berechtigt sind, ihre Patienten (Belegpatienten) im Krankenhaus unter Inanspruchnahme der hierfür bereitgestellten Dienste, Einrichtungen und Mittel vollstationär oder teilstationär zu behandeln, ohne hierfür vom Krankenhaus eine Vergütung zu erhalten"*. Die Regelung verdeutlicht, dass es sich, obwohl die Behandlung im Krankenhaus erfolgt, auch hierbei um vertragsärztliche Versorgung handelt. Einzelheiten zur so bezeichneten *„stationären vertragsärztlichen (belegärztlichen) Behandlung"* regeln die §§ 38 ff.

36 **2. Ambulante ärztliche Behandlung als medizinische Vorsorgeleistung iSv § 23 Abs 1 SGB V (Nr 2).** § 23 SGB V erweitert die Einstandspflicht der KK für Leistungen der ärztlichen Behandlung für Behandlungsanlässe, in denen der Versicherungsfall Krankheit nach § 27 SGB V (noch) nicht eingetreten ist. Insoweit weisen die Partner des BMV-Ä darauf hin, dass es sich hierbei um ärztliche Behandlung im Rahmen der vertragsärztlichen Versorgung handelt.

37 **3. Ärztliche Leistungen bei interkurrenten Erkrankungen in besonderen Fällen (Nr 3).** Interkurrente Erkrankungen sind Erkrankungen, die während der Dauer der Behandlung einer anderen Erkrankung auftreten. Die ärztliche Behandlung solcher interkurrenten Erkrankungen, die während ambulanter Vorsorgeleistungen in anerkannten Kurorten sowie die ambulant ausgeführten Leistungen, die während einer stationären Rehabilitation erforderlich werden und nicht mit dem Heilbehandlungsleiden in Zusammenhang stehen, werden in Nr 3 ebenfalls der ambulanten vertragsärztlichen Versorgung zugeordnet.

38 **4. In Notfällen ambulant ausgeführte ärztliche Leistungen durch nicht an der vertragsärztlichen Versorgung teilnehmende Ärzte (Nr 4).** Die Sicherstellung der vertragsärztlichen Versorgung umfasst auch die angemessene und zeitnahe Zurverfügungstellung der fachärztlichen Versorgung und die vertragsärztliche Versorgung zu den sprechstundenfreien Zeiten (Notdienst bzw verschiedentlich auch als Bereitschaftsdienst bezeichnet) (§ 75 Abs 1b SGB V). Die Regelung stellt klar, dass die in Notfällen erbrachten Leistungen auch dann mit der KV abgerechnet werden können, wenn die Leistungen von nicht an der vertragsärztlichen Versorgung teilnehmenden Ärzten erbracht werden. Im Gegensatz dazu ist die notärztliche Versorgung im Rahmen des Rettungsdienstes nicht Teil des Sicherstellungsauftrags, es sei denn, Landesrecht bestimmt etwas anderes (§ 75 Abs 1b SGB V)[15].

---

14 www.g-ba.de/richtlinien.
15 S dazu Art 14 Abs 1 Bayerisches Rettungsdienstgesetz.

5. Ärztliche Leistungen bei vorübergehender Erbringung von Dienstleistungen (§ 8) 39
(Nr 5). GKV-Versicherte können im Rahmen ihrer freien Arztwahl (§ 76 Abs 1 SGB V) auch ermächtigte Ärzte aus Mitgliedsstaaten der EU in Anspruch nehmen. Diese werden auf ihren Antrag hin zur Erbringung von Dienstleistungen in Deutschland ohne Begründung einer Niederlassung ermächtigt (§ 8). Für die Ermächtigung gelten grundsätzlich die gleichen Voraussetzungen, insbesondere die gleich hohen Qualifikationsanforderungen wie für Vertragsärzte mit Ausnahme der eigenen Niederlassung. Diese Ausnahme resultiert aus der gemeinschaftsrechtlich verbürgten Freizügigkeit.

III. Weitere Bestandteile der vertragsärztlichen Versorgung (Abs 3, 4, 5 und 8)

1. Ärztliche Leistungen (Abs 3). Dazu gehören Leistungen in 40
– ermächtigten poliklinischen Institutsambulanzen der Hochschulen (§ 117 SGB V),
– ermächtigten psychiatrischen Institutsambulanzen (§ 118 SGB V),
– ermächtigten sozialpädiatrischen Zentren (§ 119 SGB V) sowie

Leistungen der Psychotherapie 41
– in poliklinischen Institutsambulanzen psychologischer Universitätsinstitute und
– Ausbildungsstätten nach § 6 des PsychThG (§ 117 Abs 2 SGB V).

Da die genannten Einrichtungen nach den gesetzlichen Bestimmungen auf ihren 42
Antrag zwingend zur Versorgung der Versicherten zu ermächtigen sind und die Vergütung ihrer Leistungen aufgrund von unmittelbar mit den Landesverbänden der KK und den Ersatzkassen gemeinsam und einheitlich geschlossenen Verträgen und damit nicht aus der Gesamtvergütung erfolgt, könnten Zweifel bestehen, ob es sich insoweit um vertragsärztliche Versorgung handelt. Diese wurden durch die eindeutige Zuordnung durch die Vertragspartner geklärt. Nach dem Wortlaut gehören die ärztlichen Leistungen in den genannten ermächtigten Einrichtungen zur vertragsärztlichen Versorgung. Daraus kann jedoch nicht gefolgert werden, dass die interdisziplinär von „*Nichtärzten*" (Ergotherapeuten, Physiotherapeuten) erbrachten Leistungen bspw in den sozialpädiatrischen Zentren zur vertragsärztlichen Versorgung gehören. Nach der Rspr des BSG haben nämlich Ermächtigungen nach §§ 116–119b SGB V zur Folge, dass auch die von Nichtvertragsärzten erbrachten Leistungen im Rahmen und nach den Regeln der vertragsärztlichen Versorgung erbracht werden. Das BSG weist darauf hin, dass es keine unterschiedliche Qualität von Ermächtigungen gibt, weil andernfalls auch die Geltung der G-BA-Richtlinie nicht erreicht werden könnte.[16]

2. Ambulante Vorsorgeleistungen in anerkannten Kurorten und Maßnahmen zur Erhal- 43
tung und Förderung der Gesundheit und zur Verhütung von Krankheiten und zur Rehabilitation (Abs 4 und 5). Nach § 73 Abs 3 SGB V ist in den Gesamtverträgen zu vereinbaren, inwieweit Maßnahmen zur Vorsorge und zur Rehabilitation – über Abs 2 Nr 5 und Nr 7 SGB V hinaus – Gegenstand der vertragsärztlichen Versorgung sein sollen. So bspw die in § 23 Abs 2 SGB V als Ermessensleistung vorgesehenen ambulanten Vorsorgeleistungen in anerkannten Kurorten. Auf dieser Rechtsgrundlage wurden der Kurarztvertrag Primärkassen und der Kurarztvertrag Ersatzkassen geschlossen[17], die weitestgehend inhaltsgleich sind. Ambulante Vorsorgeleistungen nach Maßgabe dieser

---
16 *BSG* SozR 4-2500 § 106 Nr 20 Rn 21.
17 www.kbv.de/Rechtsquellen.

Verträge wurden nach § 2 Abs 4 der vertragsärztlichen Versorgung zugeschrieben. Ebenso die Maßnahmen zur Erhaltung und Förderung der Gesundheit und zur Verhütung von Krankheiten und zur Rehabilitation.

IV. Besonders vereinbarte vertragliche Leistungen (Abs 8)

44 In diesem Kontext ist die Regelung in § 2 Abs 8 zu sehen, nach der zur vertragsärztlichen Versorgung auch die nach Maßgabe besonderer vertraglicher Regelungen vereinbarten Leistungen gehören. Die Rehabilitationsrichtlinien des G-BA[18] regeln als vertragsärztliche Leistung lediglich das Verordnen von Leistungen zur medizinischen Rehabilitation und die Voraussetzungen für die Verordnung. Die Bestimmung von Art, Dauer, Umfang, Beginn, Durchführung und Rehabilitationseinrichtung bestimmt gem § 40 Abs 3 SGB V die KK.

V. Durchführung von Leistungen der Psychotherapie und der Psychosomatik (Abs 6)

45 Zur psychotherapeutischen Behandlung und zur Durchführung von Leistungen der Psychotherapie und der Psychosomatik s die Ausführungen oben zu § 2 Abs 1 Nr 13 (Rn 28).

VI. Besondere Versorgungsaufträge (Abs 7)

46 **1. Rechtsgrundlage.** Für spezielle Versorgungsprobleme eröffnete § 73c Abs 1 SGB V idF des GMG den Gesamtvertragspartnern die Möglichkeit, besondere Versorgungsaufträge im Rahmen der vertragsärztlichen Versorgung zu gestalten, die sich von der Regelversorgung durch besondere Anforderungen an die Strukturqualität oder die Art und Weise der Leistungserbringung unterscheiden. Dabei konnte von bundesmantelvertraglichen Regelungen, zB den Richtlinien des G-BA, ganz oder teilweise abgewichen werden. Es konnten eigenständige Regelungen getroffen werden für noch nicht geregelte oder aber auch höhere Anforderungen an die Qualität der Leistungserbringung. Den KK und den Vertragsärzten wurde die Möglichkeit gegeben, sowohl auf einzelvertraglicher als auch auf kollektivvertraglicher Ebene besonderen Versorgungsbedürfnissen Rechnung zu tragen und zugleich eine dezentrale innovative Systemweiterentwicklung zu betreiben.

47 Dabei war auch zu regeln, wie die Erfüllung dieser besonderen Versorgungsaufträge zu vergüten sowie ob und wie diese Vergütung auf die in den Gesamtverträgen nach §§ 85 oder 85a SGB V vereinbarten Vergütungen anzurechnen ist. Ergänzende bundesmantelvertragliche Regelungen wurden ausdrücklich für möglich erklärt.[19]

48 Die Vorgaben für eine selektivvertragliche Regelung der besonderen ambulanten Versorgung in § 73c SGB V wurden durch das GKV-VSG unter der Überschrift „Besondere Versorgung" im neugefassten § 140a SGB V systematisiert. Abs 1 fasst die bisher in §§ 73a, 73c und 140a SGB V geregelten Möglichkeiten der gesetzlichen KK, Strukturverträge, Verträge über integrierte Versorgung und über besondere ambulante ärztliche Versorgung zu schließen, zusammen. Alle nach dem bis dahin gültigen Recht geschlossenen Verträge nach §§ 73a, 73c und 140a SGB V galten und gelten fort

---

18 www.g-ba.de/richtlinien.
19 Gesetzestext und Begründung zu § 73c SGB V idF des GMG, BT-Drucks 15/1525, 74.

(§ 140a Abs 1 S 3 SGB V). Die Neuregelung des § 140a SGB V stellt unter anderem klar, dass auch Leistungen in den Verträgen vereinbart werden können, die über den Leistungsumfang der Regelversorgung in der gesetzlichen Krankenversicherung hinausgehen.[20]

2. Besondere Versorgungsaufträge. Von der gesetzlichen Ermächtigung für kollektivvertragliche Regelungen haben die Partner des BMV-Ä mit der Regelung des § 2 Abs 7 Gebrauch gemacht: 49

Da auch die Übernahme der ärztlichen Behandlung und Betreuung für eine definierte Patientengruppe ein besonderer Versorgungsauftrag im Sicherstellungsauftrag ist, haben sie zum einen die **Versorgung chronisch niereninsuffizienter Patienten und zum anderen die Versorgung im Rahmen des Programms zur Früherkennung von Brustkrebs durch Mammographie-Screening** geregelt. Einzelheiten dazu finden sich in Anlage 9.1 und 9.2 zum BMV-Ä. 50

Auch wenn die Neufassung des § 73c SGB V durch das GKV-WSG mit Wirkung zum 1.4.2007 für die Entwicklung neuer Versorgungsstrukturen nur mehr selektivvertragliche Regelungen vorsieht, ist damit die Ermächtigungsgrundlage für § 2 Abs 7 nicht entfallen. Der Gesetzgeber hat nämlich durch die ausdrückliche Regelung in § 73c Abs 1 S 3 SGB V festgelegt, dass für die personellen und sächlichen Qualitätsanforderungen zur Durchführung der vereinbarten Vergütungsaufträge die vom G-BA sowie die in den Bundesmantelverträgen für die Leistungserbringung in der vertragsärztlichen Versorgung beschlossenen Anforderungen als Mindestvoraussetzungen entsprechend gelten und mithin die bundesmantelvertraglich geregelten besonderen Versorgungsaufträge in seinen Willen aufgenommen. Für diese Auffassung spricht auch der Grundsatz „*pacta sunt servanda*". Die Frage, ob die Partner des BMV-Ä weiterhin Versorgungsaufträge einführen können, musste bisher nicht entschieden werden. 51

VII. Abrechnungsvoraussetzungen (Abs 9)

1. Gesetzliche Grundlage für EBM. Der EBM wird von der KBV und dem GKV-Spitzenverband durch den Bewertungsausschuss als Bestandteil des BMV-Ä vereinbart (§ 87 Abs 1 S 1 SGB V). Er bestimmt den Inhalt der abrechnungsfähigen Leistungen und ihr wertmäßiges in Punkten ausgedrücktes Verhältnis zueinander; soweit möglich, sind die Leistungen mit Angaben für den zur Leistungserbringung erforderlichen Zeitaufwand des Vertragsarztes zu versehen (§ 87 Abs 2 S 1 SGB V). Weitere Einzelheiten zum Inhalt des EBM, zur Gliederung der Leistungen entsprechend der haus- und fachärztlichen Versorgung, den Bewertungsgrundlagen und der Überprüfung der Leistungserbringung sind für ärztliche Leistungen in § 87 Abs 2–2g SGB V geregelt. Als Bestandteil des BVM-Ä ist der EBM für die zur vertragsärztlichen Versorgung zugelassenen Ärzte und MVZ ebenso wie die ermächtigten Ärzte und ärztlich geleiteten Einrichtungen verbindlich (§ 95 Abs 3 S 3 und 4 S 2 SGB V; § 81 Abs 3 Nr 1 SGB V iVm der Satzung der KV[21]. 52

2. EBM als Abrechnungsvoraussetzung. Die Einhaltung des EBM ist Voraussetzung für die Abrechnung gegenüber der KV. Die abgerechneten Leistungen müssen also 53

---

20 Dazu Halbe/Orlowski/Preusker/Schiller/Schütz/Wasem/*Orlowski/Preusker* Versorgungsstärkungsgesetz (GKV-VSG), 23.
21 S hierzu auch Vorbemerkung vor § 1 Rn 11.

leistungslegendengerecht sein. Zudem sind aber auch die zeitlichen Obergrenzen aus dem Anhang zum EBM (Mindestzeiten für einzelne Leistungen) einzuhalten; andernfalls drohen Plausibilitätsprüfungen mit Honorarrückforderung (§ 106d Abs 2 SGB V). Sind Leistungen von der Leistungslegende des EBM nicht erfasst, dürfen sie im Rahmen der vertragsärztlichen Versorgung von den Leistungserbringern grundsätzlich nicht erbracht und abgerechnet werden. Dies gilt unabhängig davon, ob eine Leistung ambulant oder stationär im Rahmen der belegärztlichen Versorgung erbracht wird.[22] Nur wenn die Leistung eindeutig im EBM definiert ist, darf sie als vertragsärztliche Versorgung erbracht und abgerechnet werden. Analogbewertungen, wie sie die GOÄ kennt, gibt es im Rahmen der vertragsärztlichen Versorgung nicht. Insoweit hat Abs 9 keinen über die gesetzliche Bestimmung hinausgehenden Regelungsgehalt.

54 **3. Zuordnung durch Leistungsträger.** Als Alternative zur eindeutigen Definition im EBM sieht Abs 9 vor, dass die Vertragspartner ärztliche Leistungen zu EBM-Positionen verbindlich zuordnen. Ein Beispiel hierfür ist die ärztliche Leistung der Anamnese. Diese ist den Grund- und Versichertenpauschalen des EBM durch die Partner des BMV-Ä zugeordnet. Eine gesonderte Berechnung ist nicht möglich, da die ärztliche Leistung der Anamnese in den Anhang des EBM aufgenommen ist. Ein weiteres Beispiel ist in der EBM Nr 01770 – Betreuung einer Schwangeren – enthalten. Hier haben sich die Vertragspartner darauf geeinigt, die zu erbringende ärztliche Leistung entsprechend den Inhalten der Richtlinien des G-BA über die ärztliche Betreuung während der Schwangerschaft und nach der Entbindung (Mutterschafts-Richtlinien) zu definieren. Nach dem obligaten Leistungsinhalt dieser GOP haben die für die Abrechnung geforderten ärztlichen Leistungen gem der Richtlinie zu erfolgen.

55 Zur Frage, welche Konsequenz es hat, wenn eine neue Untersuchungs- und Behandlungsmethode zwar durch den G-BA für die vertragsärztliche Versorgung anerkannt wurde (§ 135 SGB V), der Bewertungsausschuss für die Leistung jedoch noch keine Leistungslegende und Abrechnungsposition geschaffen hat, s § 12 Rn 37 ff.

56 **4. Vereinbarung nach Abs 7.** Regelungen zur Erfüllung besonderer Versorgungsaufträge können – wie oben in Rn 52 dargestellt – gesonderte Vergütungsregelungen und damit Abrechnungsvoraussetzungen festlegen. Sind diese erfüllt, besteht nach der dritten Alternative in Abs 9 die Möglichkeit der Abrechnung gegenüber der KV.

§ 3 Leistungen außerhalb der vertragsärztlichen Versorgung

(1) ¹Die vertragsärztliche Versorgung umfasst keine Leistungen, für welche die Krankenkassen nicht leistungspflichtig sind oder deren Sicherstellung anderen Leistungserbringern obliegt. ²Dies gilt insbesondere für Leistungen, die nach der Entscheidung des Gemeinsamen Bundesausschusses in den Richtlinien nach § 92 SGB V von der Leistungspflicht der gesetzlichen Krankenversicherung ausgeschlossen wurden. ³Leistungen, für die eine Leistungspflicht der Krankenkassen nicht besteht, können nur im Rahmen einer Privatbehandlung erbracht werden, über die mit dem Versicherten vor Beginn der Behandlung ein schriftlicher Behandlungsvertrag abgeschlossen werden muss.

---

22 *BSG* SozR 3-2500 § 87 Nr 14.

(2) Der Ausschluss aus der vertragsärztlichen Versorgung gilt insbesondere für folgende Leistungen:
1. Die Ausstellung von Bescheinigungen und Erstellung von Berichten, welche die Krankenkassen oder der Medizinische Dienst zur Durchführung ihrer gesetzlichen Aufgaben oder welche die Versicherten für den Anspruch auf Fortzahlung des Arbeitsentgelts nicht benötigen (z. B. sonstige Bescheinigungen für den Arbeitgeber, für Privatversicherungen, für andere Leistungsträger, Leichenschauscheine),
2. die Behandlung von Zahnkrankheiten, die in der Regel durch Zahnärzte erfolgt, mit Ausnahme
   2.1 der Behandlung von Mund- und Kieferkrankheiten durch die an der vertragsärztlichen Versorgung teilnehmenden Ärzte für Mund-, Kiefer-, Gesichtschirurgie,
   2.2 der Leistungen, die auch von an der vertragsärztlichen Versorgung teilnehmenden Ärzten gelegentlich vorgenommen werden (z. B. Zahnextraktionen),
   2.3 der Leistungen, die auf Veranlassung von Vertragszahnärzten durch an der vertragsärztlichen Versorgung teilnehmende Ärzte ausgeführt werden,
3. Reihen-, Einstellungs-, Eignungs- und Tauglichkeitsuntersuchungen (einschließlich Sporttauglichkeit), auch wenn sie für bestimmte Betätigungen für Angehörige bestimmter Berufsgruppen vorgeschrieben sind,
4. Leistungen, für die ein Träger der Unfall-, der Rentenversicherung, der Sozialhilfe oder ein anderer Träger (z. B. Versorgungsbehörde) zuständig ist oder dem Arzt einen Auftrag gegeben hat,
5. die ärztliche Versorgung von Personen, die aufgrund dienstrechtlicher Vorschriften über die Gewährung von Heilfürsorge einen Anspruch auf unentgeltliche ärztliche Versorgung haben, ärztliche Untersuchungen zur Durchführung der allgemeinen Wehrpflicht sowie Untersuchungen zur Vorbereitung von Personalentscheidungen und betriebs- und fürsorgeärztliche Untersuchungen, die von öffentlich-rechtlichen Kostenträgern veranlasst werden,
6. die ärztliche Behandlung von Gefangenen in Justizvollzugsanstalten,
7. Maßnahmen zur Früherkennung von Krankheiten, wenn sie im Rahmen der Krankenhausbehandlung oder der stationären Entbindung durchgeführt werden, es sei denn, diese ärztlichen Leistungen werden von einem Belegarzt oder auf einer Belegabteilung von einem anderen Vertragsarzt erbracht, wenn das Krankenhaus die Leistungen nicht sicherstellen kann,
8. Leistungen für Krankenhäuser, Vorsorgeeinrichtungen oder Rehabilitationseinrichtungen – auch im Rahmen vor- und nachstationärer Behandlung, teilstationärer Behandlung oder ambulanter Operationen, soweit das Krankenhaus oder die Einrichtung diese Leistungen zu erbringen hat –, die auf deren Veranlassung durch Vertragsärzte, ermächtigte Ärzte oder ärztlich geleitete Einrichtungen in den oben genannten Häusern, ambulanten Einrichtungen oder in der Vertragsarztpraxis im Rahmen der genannten Behandlung erbracht werden, auch wenn die Behandlung des Versicherten im Krankenhaus oder in den Einrichtungen nur zur Durchführung der veranlassten Leistungen unterbrochen wird; dies gilt nicht für die von einem Belegarzt veranlassten Leistungen nach § 121 Abs. 3 SGB V,
9. ärztliche Behandlung außerhalb des Geltungsbereichs dieses Vertrages, sofern Gegenteiliges nicht ausdrücklich vereinbart wird,

10. Leistungen in einer zeitlich begrenzten vor- und nachstationären Behandlung im Krankenhaus (§ 115a SGB V), auch wenn sie durch Vertragsärzte im Krankenhaus oder in der Vertragsarztpraxis erbracht werden,
11. ambulant vom Krankenhaus durchgeführte Operationen und stationsersetzende Eingriffe (§ 115b Absatz 1 SGB V), auch wenn sie durch Vertragsärzte im Krankenhaus erbracht werden,
12. Leistungen, die im Krankenhaus teilstationär erbracht werden,
13. ambulante spezialfachärztliche Versorgung gemäß § 116b SGB V, auch wenn sie durch Vertragsärzte erbracht wird,
14. Leistungen auf der Grundlage von Verträgen nach § 73b, § 73c in der bis zum 22.7.2015 geltenden Fassung und § 140a SGB V,
15. Leistungen, die in Modellvorhaben gemäß §§ 63, 64 SGB V erbracht werden, und für die eine Bereinigung gemäß § 64 Abs. 3 SGB V erfolgt.

(3) Die ärztliche Versorgung in Eigeneinrichtungen der Krankenkassen richtet sich nach den hierfür abgeschlossenen Verträgen.

Übersicht

	Rn		Rn
I. Leistungsausschluss abstrakt (Abs 1)	1	7. Maßnahmen zur Früherkennung von Krankheiten, wenn sie im Rahmen der Krankenhausbehandlung oder der stationären Entbindung durchgeführt werden – es sei denn, die ärztlichen Leistungen werden von einem Belegarzt erbracht	16
1. Sicherstellung obliegt anderen Leistungserbringern	2		
2. Keine Leistungspflicht der KK – Ausschluss durch G-BA-Richtlinien (S 2)	4		
3. Privatbehandlung als Alternative (S 3)	5		
II. Leistungsausschluss – enumerativ (Abs 2)	6	8. Leistungen für Krankenhäuser, Vorsorgeeinrichtungen oder Rehabilitationseinrichtungen, die auf deren Veranlassung durch an der vertragsärztlichen Versorgung teilnehmende Ärzte erbracht werden (interkurrente Erkrankungen)	17
1. Bescheinigungen und Berichte, die die KK oder der MDK nicht zur Durchführung ihrer gesetzlichen Aufgaben benötigen	7		
2. Die Behandlung von Zahnkrankheiten	10	9. Ärztliche Behandlung außerhalb des Geltungsbereichs dieses Vertrages	18
3. Reihen-, Einstellungs-, Eignungs- und Tauglichkeitsuntersuchungen	11	10. Leistungen in einer zeitlich begrenzten vor- und nachstationären Behandlung im Krankenhaus	19
4. Leistungen, für die vorrangig ein Träger der Unfall-, der Rentenversicherung, der Sozialhilfe oder ein anderer Träger (zB Versorgungsbehörde) zuständig ist oder dem Arzt einen Auftrag gegeben hat	12	11. Ambulant vom Krankenhaus durchgeführte Operationen und stationsersetzende Eingriffe (§ 115b Abs 1 SGB V)	22
5. Dienst-/Arbeitsrecht	14	12. Leistungen, die im Krankenhaus teilstationär erbracht werden	23
6. Die ärztliche Behandlung von Gefangenen in Justizvollzugsanstalten	15	13. Ambulante spezialfachärztliche Versorgung gem § 116b SGB V	24

Leistungen außerhalb der vertragsärztlichen Versorgung § 3

	Rn		Rn
14. Leistungen auf der Grundlage von Verträgen nach § 73b, 73c und § 140a SGB V	25	15. Leistungen, die in Modellvorhaben erbracht werden	29
		III. Versorgung in Eigeneinrichtungen der KK (Abs 3)	30

I. Leistungsausschluss abstrakt (Abs 1)

§ 3 beschreibt in Abs 1 zunächst Leistungen außerhalb der vertragsärztlichen Versorgung **abstrakt in 2 Fallgruppen.** Für diese Fälle wird in S 3 Privatbehandlung als Alternative aufgezeigt. 1

1. Sicherstellung obliegt anderen Leistungserbringern. Gegenstand der vertragsärztlichen Versorgung sind danach nicht Leistungen, für die die Sicherstellung ausdrücklich anderen Leistungserbringern zugewiesen ist (S 1 2. Alt). Solche Sicherstellungsaufträge für Leistungen zu Lasten anderer Kostenträger und Versorgungsaufgaben für andere Sozialversicherungsträger regelt das Gesetz in § 75 Abs 3, 3a, 6 und 9 SGB V. Auf der Grundlage des § 75 Abs 3 SGB V hat die KBV Verträge mit den für Bundeswehr, Bundesgrenzschutz und Zivildienst zuständigen Ministerien geschlossen. Nach Abs 3a haben die KV und die KBV auch die ärztliche Versorgung der in den brancheneinheitlichen Standardtarifen sowie dem brancheneinheitlichen Basistarif Versicherten mit denen diesen Tarifen Versicherten ärztlichen Leistungen sicherzustellen, auch wenn diese nicht Gegenstand des Sicherstellungsauftrags ieS ist und die an der vertragsärztlichen Versorgung teilnehmenden Leistungserbringer von der KV nicht verpflichtet werden können. 2

Nach Abs 9 sind die KV verpflichtet, mit Einrichtungen nach § 13 des Schwangerschaftskonfliktgesetzes auf deren Verlangen Verträge über die ambulante Erbringung der in § 24b SGB V aufgeführten ärztlichen Leistungen zu schließen und die Leistungen außerhalb des Verteilungsmaßstabes nach den zwischen den KV und den Einrichtungen nach § 13 des Schwangerschaftskonfliktgesetzes oder deren Verbänden vereinbarten Sätzen zu vergüten. Nach Abs 6 können die KV und die KBV mit Zustimmung der Aufsichtsbehörde über den Sicherstellungsauftrag ieS hinaus weitere Aufgaben der ärztlichen Versorgung, insbesondere für andere Träger der Sozialversicherung, übernehmen. Auf dieser Grundlage hat die KBV Verträge mit der Bundesbahn (jetzt dem Präsidenten des Bundeseisenbahnvermögens) und der Bundespost (jetzt Bundesbeamten-KK und Unfall-KK Post und Telekom) geschlossen. Diese Verträge regeln insbesondere die Leistungen, die nach diesen Verträgen berechtigte Vertragsärzte gegenüber dem jeweils begünstigten Personenkreis erbringen und abrechnen dürfen. 3

2. Keine Leistungspflicht der KK – Ausschluss durch G-BA-Richtlinien (S 2). Ausgeschlossen sind auch Leistungen, für die die KK nicht leistungspflichtig sind (S 1 1. Alt). Dies gilt (S 3) insbesondere für Leistungen, die nach der Entscheidung des G-BA in den Richtlinien nach § 92 SGB V von der Leistungspflicht der GKV ausgeschlossen wurden. Nach dem darin enthaltenen Regelungsauftrag hat der G-BA Richtlinien über die Einführung neuer Untersuchungs- und Behandlungsmethoden erlassen (§ 92 Abs 1 S 2 Nr 5 iVm § 135 SGB V). Erst wenn der G-BA die in § 135 Abs 1 S 1 Nr 1–3 SGB V vorgeschriebenen Empfehlungen abgegeben hat und der Bewertungsausschuss eine Abrechnungsposition geschaffen hat, besteht die Leistungspflicht der KK und dürfen die Vertragsärzte die Leistung erbringen. Ergibt die Überprüfung hingegen, dass die Kriterien nach § 135 Abs 1 Nr 1 SGB V nicht erfüllt 4

§ 3   Leistungen außerhalb der vertragsärztlichen Versorgung

sind, dürfen die Leistungen nicht (mehr) als vertragsärztliche Leistungen zu Lasten der KK erbracht werden (§ 135 Abs 1 S 3 SGB V).[1]

5   **3. Privatbehandlung als Alternative (S 3).** Leistungen, die nicht Bestandteil der vertragsärztlichen Versorgung sind und für die demnach die Leistungspflicht der KK nicht besteht, können nur im Rahmen einer **Privatbehandlung** erbracht werden. Voraussetzung dafür, dass der Vertragsarzt in einem solchen Fall – abweichend vom Sachleistungsprinzip – eine Vergütung fordern darf, ist, dass er den Versicherten auf die Pflicht zur Übernahme der Kosten hingewiesen und mit ihm vor Beginn der Behandlung einen schriftlichen Behandlungsvertrag abgeschlossen hat (§ 3 Abs 1 S 3 iVm § 18 Abs 8 S 3 Nr 3).

II. Leistungsausschluss – enumerativ (Abs 2)

6   Abs 2 beinhaltet einen Katalog von Leistungen, die aus der vertragsärztlichen Versorgung ausgeschlossen sind. **Dies sind:**

7   **1. Bescheinigungen und Berichte, die die KK oder der MDK nicht zur Durchführung ihrer gesetzlichen Aufgaben benötigen.** Die Regelung korrespondiert mit § 2 Abs 1 Nr 9, in dem die Ausstellung von Bescheinigungen und die Erstellung von Berichten, welche die KK oder der MDK zur Durchführung ihrer gesetzlichen Aufgaben oder welche die Versicherten für den Anspruch auf Fortzahlung des Arbeitsentgelts benötigen, der vertragsärztlichen Versorgung zugeordnet wird.

8   Für das Ausstellen von Bescheinigungen und Vordrucken im Rahmen der vertragsärztlichen Behandlung gelten die §§ 31 ff. Neu vereinbart wurde § 36 Abs 5, wonach für formlose Anfragen, die auf die Erteilung von Auskünften, Bescheinigungen, Gutachten oder Bescheinigungen mit gutachterlicher Fragestellung gerichtet sind, für deren Zweck jedoch kein gesonderter Vordruck vereinbart worden ist, ein vereinbartes Rahmenformular verwendet wird. In diesem Rahmenformular sind Angaben vorzusehen, aus denen dem Arzt der Grund und die Berechtigung für die Beantwortung der Anfrage ersichtlich werden.

9   Auch der Versicherte kann – abgesehen von der Bescheinigung für die Fortzahlung des Arbeitsentgelts **im Krankheitsfall** – sonstige Bescheinigungen für den Arbeitgeber, für Privatversicherungen, für andere Leistungsträger und letztlich auch Leichenschauscheine nicht im Rahmen der vertragsärztlichen Versorgung, dh als Sachleistung erhalten. Der Vertragsarzt hat vielmehr hierfür unter den Voraussetzungen des § 18 Abs 8 S 3 Nr 3 einen Anspruch auf Privatvergütung.

10   **2. Die Behandlung von Zahnkrankheiten.** Die zahnärztliche Behandlung ist Tätigkeit eines Zahnarztes und damit nicht Gegenstand der vertrags**ärztlichen** Versorgung (§ 28 Abs 2 S 1 SGB V). Abweichend von diesem Grundsatz ist die Behandlung von Mund- und Kieferkrankheiten durch Mund-/Kiefer-/Gesichtschirurgen, die an der vertrags-

---

1 Für das Verfahren bei neuen Untersuchungs- und Behandlungsmethoden sieht das Implantateregister-Errichtungsgesetz (EIRD) in § 91b SGB V eine Verordnungsermächtigung vor, wonach das BMG eine Verordnung erlässt mit wesentlichen Vorgaben zum Verfahren GBA bei NUB (§§ 135, 137c). Ziel ist eine Straffung, Beschleunigung und Strukturierung des Bewertungsverfahrens. Inhalt: Fristen, Prozessschritte, Anforderungen an Unterlagen, Ausgestaltung der tragenden Gründe des Beschl sowie in § 94 Abs 1a, 3 ein Beanstandungsrecht des BMG.

ärztlichen Versorgung teilnehmen (Abs 2 Nr 1) vertrags**ärztliche** Versorgung. Nicht ausgeschlossen von der vertragsärztlichen Versorgung sind auch solche der Behandlungen von Zahnkrankheiten dienenden Leistungen, die von Vertragsärzten gelegentlich vorgenommen werden, wie bspw Zahnextraktionen, ebenso Leistungen auf Veranlassung von Vertragszahnärzten durch Vertragsärzte (Abs 2 Nr 2 und Nr 2.1–2.3).

3. Reihen-, Einstellungs-, Eignungs- und Tauglichkeitsuntersuchungen. Reihen-, Einstellungs-, Eignungs- und Tauglichkeitsuntersuchungen (einschließlich Sporttauglichkeit) gehören nicht zur vertragsärztlichen Versorgung, auch wenn sie für bestimmte Betätigungen für Angehörige bestimmter Berufsgruppen vorgeschrieben sind. 11

4. Leistungen, für die vorrangig ein Träger der Unfall-, der Rentenversicherung, der Sozialhilfe oder ein anderer Träger (zB Versorgungsbehörde) zuständig ist oder dem Arzt einen Auftrag gegeben hat. Nach § 11 Abs 5 SGB V besteht auf Leistungen der GKV kein Anspruch, wenn sie als Folge eines Arbeitsunfalls oder einer Berufskrankheit im Sinne der gesetzlichen Unfallversicherung zu erbringen sind. Dies gilt auch für Gesundheitsschäden im Zusammenhang mit der Spende von Blut oder körpereigenen Organen, Organteilen oder Gewebe (§ 11 Abs 5 SGB V iVm § 12a SGB VII). Die Vorschrift nimmt damit eine Zuständigkeitsabgrenzung zwischen den Trägern von Kranken- und Unfallversicherung vor.[2] 12

Leistungen zur medizinischen Rehabilitation dürfen nur dann erbracht werden, wenn sie nach den für andere Träger der Sozialversicherung geltenden Vorschriften (mit Ausnahme der im einzelnen genannten Vorschriften) als solche Leistungen nicht erbracht werden können (§ 40 Abs 4 SGB V). Werden die Leistungen zur medizinischen Rehabilitation wegen eines Arbeitsunfalls oder einer Berufskrankheit erforderlich, so ist stets die Unfallversicherung zuständig. 13

5. Dienst-/Arbeitsrecht. Die ärztliche Versorgung von Soldaten der Bundeswehr, Untersuchungen zur Durchführung der allgemeinen Wehrpflicht sowie Untersuchungen zur Vorbereitung von Personalentscheidungen und betriebs- und fürsorgeärztliche Untersuchungen, die von öffentlich-rechtlichen Kostenträgern veranlasst werden, sind nicht Gegenstand der vertragsärztlichen Versorgung. Insoweit liegt bereits ein Fall von Abs 1 S 1 2. Alt vor, weil die Sicherstellung einem anderen Leistungserbringer obliegt. Der Fall ist auch in § 75 Abs 3 SGB V gesetzlich geregelt (dazu auch Vertrag zwischen der Bundesrepublik Deutschland und der KBV zur Versorgung von Bundeswehrangehörigen). 14

6. Die ärztliche Behandlung von Gefangenen in Justizvollzugsanstalten. Den Gefangenen werden Krankenbehandlung und Maßnahmen zur Früherkennung von Krankheiten (Gesundheitsvorsorge) und Mutterschaftshilfe bei Schwangerschaft in dem für gesetzlich Krankenversicherte geltenden Umfang gewährt. Der Anspruch besteht gegenüber der Justizvollzugsanstalt. Ansprüche aus dem Versicherungsverhältnis in der GKV vor dem Vollzug ruhen. 15

---

2 BT-Drucks 11/2237, 163.

§ 3   Leistungen außerhalb der vertragsärztlichen Versorgung

16   7. **Maßnahmen zur Früherkennung von Krankheiten, wenn sie im Rahmen der Krankenhausbehandlung oder der stationären Entbindung durchgeführt werden – es sei denn, die ärztlichen Leistungen werden von einem Belegarzt erbracht.** Die Regelung ist identisch mit § 73 Abs 6 SGB V[3].

17   8. **Leistungen für Krankenhäuser, Vorsorgeeinrichtungen oder Rehabilitationseinrichtungen, die auf deren Veranlassung durch an der vertragsärztlichen Versorgung teilnehmende Ärzte erbracht werden (interkurrente Erkrankungen).** Die Regelung ist die Konsequenz daraus, dass der Sicherstellungsauftrag der KV für die ambulante vertragsärztliche Versorgung mit der Einweisung des Patienten in ein Krankenhaus gem § 39 SGB V endet. Dementsprechend haben die Krankenhäuser, Vorsorgeeinrichtungen oder Rehabilitationseinrichtungen für die Kosten der Behandlung von Krankheiten während des Aufenthalts in diesen Einrichtungen auch dann aufzukommen, wenn diese Krankheiten nicht in den Einrichtungen versorgt werden können. Dabei spielt es keine Rolle, ob die Zweiterkrankung im Rahmen vor- oder nachstationärer Behandlung, teilstationärer Behandlung oder ambulanter Operationen auftritt. Ebenso spielt es keine Rolle, ob ein Vertragsarzt, ein ermächtigter Arzt oder eine ermächtigte ärztlich geleitete Einrichtung auf Veranlassung des Krankenhauses die Behandlung des Patienten übernimmt. Schließlich kommt es auch nicht darauf an, ob die Behandlung im Krankenhaus der Vorsorge- oder Rehabilitationseinrichtung, in ambulanten Einrichtungen oder schließlich in der Vertragsarztpraxis vorgenommen wird. Eine Ausnahme von diesen Grundsätzen gilt für die von einem Belegarzt veranlassten Leistungen nachgeordneter Ärzte des Krankenhauses, die bei der Behandlung seiner Belegpatienten in demselben Fachgebiet wie der Belegarzt tätig werden (§ 121 Abs 3 Nr 2 SGB V).

18   9. **Ärztliche Behandlung außerhalb des Geltungsbereichs dieses Vertrages.** Der Geltungsbereich des BMV-Ä ist gem § 1 Abs 1 S 2 der des SGB V. Nach § 30 Abs 1 SGB I gelten die Vorschriften des SGB für alle Personen, die ihren Wohnsitz oder gewöhnlichen Aufenthalt in seinem Geltungsbereich haben. Einen Wohnsitz hat nach der Beschreibung in § 30 Abs 3 SGB I *„jemand dort, wo er eine Wohnung unter Umständen innehat, die darauf schließen lassen, dass er die Wohnung beibehalten und benutzen wird. Den gewöhnlichen Aufenthalt hat jemand dort, wo er sich unter Umständen aufhält, die erkennen lassen, dass er an diesem Ort oder in diesem Gebiet nicht nur vorübergehend verweilt"*. Regelungen des über- und zwischenstaatlichen Rechts bleiben gem § 30 Abs 2 SGB I unberührt.

19   10. **Leistungen in einer zeitlich begrenzten vor- und nachstationären Behandlung im Krankenhaus.** Auch die vor- und nachstationäre Behandlung im Krankenhaus gem § 115a SGB V ist eine Form der Krankenhausbehandlung iSv § 39 SGB V und setzt damit die Einweisung ins Krankenhaus voraus. Mit dieser endet der Sicherstellungsauftrag für die ambulante vertragsärztliche Versorgung und gilt demnach das zu § 3 Abs 2 Nr 8 Ausgeführte. Neu geregelt wurde, dass der Leistungsausschluss von der vertragsärztlichen Versorgung auch dann gilt, wenn die vor- und nachstationäre Behandlung durch Vertragsärzte im Krankenhaus oder in der Vertragsarztpraxis erbracht wird. Die Rechtmäßigkeit dieser Form von Leistungserbringung war bis zur Klarstellung durch das GKV-VStG in § 115a Abs 1 S 2 SGB V strittig. § 115a SGB V

---

3 S hierzu auch § 61 Rn 5.

Leistungen außerhalb der vertragsärztlichen Versorgung § 3

richtet sich an die Krankenhäuser und regelt die gesetzlichen Voraussetzungen zur vor- und nachstationären Behandlung im Krankenhaus und deren Abgrenzung zur vertragsärztlichen Versorgung. Die sog Auslagerung von Leistungen auf Vertragsärzte durch Krankenhäuser im Rahmen der vor- und nachstationären Behandlung des Krankenhauses nach § 115a SGB V ist nach nunmehr geltendem Recht auf der Grundlage einer ausdrücklichen Beauftragung des niedergelassenen Vertragsarztes durch das behandelnde Krankenhaus zulässig. Beauftragt das Krankenhaus einen niedergelassenen Vertragsarzt mit der vor- und nachstationären Behandlung, erbringt dieser Leistungen des Krankenhauses und wird demzufolge nicht im Rahmen des Sicherstellungsauftrages tätig.

Die nachstationäre Behandlung im Krankenhaus wird durch die Fallpauschale abgegolten. Dies gilt auch, wenn die nachstationäre Behandlung durch einen hierzu ermächtigten Vertragsarzt erfolgt. Die Zuordnung der nachstationären Behandlung zum Krankenhaus kann daher nicht durch die Ermächtigung eines Krankenhausarztes umgangen werden.[4]   20

Die Regelung in § 115a Abs 2 S 5 SGB V, wonach eine notwendige ärztliche Behandlung außerhalb des Krankenhauses während der vor- und nachstationären Behandlung im Rahmen des Sicherstellungsauftrags durch die an der vertragsärztlichen Versorgung teilnehmenden Ärzte gewährleistet wird, ist bei der Beauftragung eines niedergelassenen Vertragsarztes mit der vor- und nachstationären Behandlung nicht anwendbar. Hierauf weist S 3 in § 115a Abs 1 SGB V ausdrücklich hin.   21

11. Ambulant vom Krankenhaus durchgeführte Operationen und stationsersetzende Eingriffe (§ 115b Abs 1 SGB V). Auch für ambulante Operationen im Krankenhaus hat das GKV-VStG eine Flexibilisierung der Zusammenarbeit von Krankenhäusern und niedergelassenen Vertragsärzten gebracht: In der vom GKV-Spitzenverband, der Deutschen Krankenhausgesellschaft oder den Bundesverbänden der Krankenhausträger gemeinsam und der KBV zu schließenden Vereinbarung ist vorzusehen, dass die ambulant durchführbaren Operationen und sonstigen stationsersetzenden Eingriffe auch auf der Grundlage einer vertraglichen Zusammenarbeit des Krankenhauses mit niedergelassenen Vertragsärzten ambulant im Krankenhaus erbracht werden können (§ 115b Abs 1 S 4 SGB V). Die so erbrachten Leistungen sind dann vom Krankenhaus zu vergüten; sie sind nicht Gegenstand der vertragsärztlichen Versorgung.   22

12. Leistungen, die im Krankenhaus teilstationär erbracht werden. Hier gilt das zu Nr 10 Ausgeführte.   23

13. Ambulante spezialfachärztliche Versorgung gem § 116b SGB V. Leistungen der ambulanten spezialfachärztlichen Versorgung gem § 116b SGB V gehören nicht zur vertragsärztlichen Versorgung, auch wenn sie durch Vertragsärzte erbracht werden. Dies ergibt sich ua aus § 116b Abs 6 SGB V, wonach diese Leistungen unmittelbar von der KK vergütet werden; Leistungserbringer können die KV lediglich mit der Abrechnung von solchen Leistungen beauftragen. Die ambulante spezialfachärztliche Versorgung ist ein sektorenverbindender Versorgungsbereich im Gesundheitsversorgungssystem der GKV, an dem sowohl niedergelassene Vertragsärzte als auch Krankenhäuser teilnehmen können. Die in diesem Bereich erbrachten Leistungen sind nicht Gegenstand der vertragsärztlichen Versorgung.   24

---

4   *BSG* v 17.7.2013 – B 6 KA 14/12 R.

14. Leistungen auf der Grundlage von Verträgen nach § 73b, 73c und § 140a SGB V.
25 Seit dem GMG und GKV-WSG wird im Vertragsarztrecht zwischen der kollektivvertraglich organisierten vertragsärztlichen Versorgung/Leistungserbringung und der selektivvertraglich organisierten Versorgung/Leistungserbringung unterschieden. Diese Termini tauchen im Gesetzestext selbst nicht auf, aber in der Gesetzesbegründung, und haben sich so in der gesundheitspolitischen Diskussion etabliert. § 73b SGB V steht für die hausarztzentrierte Versorgung, § 73c SGB V für die besondere ambulante ärztliche Versorgung und § 140a SGB V für die integrierte Versorgung. Alle drei Typen von Selektivverträgen unterscheiden sich wesentlich von der kollektivvertraglich organisierten ambulanten vertragsärztlichen Versorgung. Die aufgrund der Selektivverträge erbrachten Leistungen werden von den KK den Leistungserbringern oder Zusammenschlüssen von diesen direkt vergütet. Die GV wird insoweit bereinigt (§§ 73b Abs 7, 73c Abs 6, 140d SGB V).[5] So die Rechtslage bis zum Inkrafttreten des GKV-VSG (2015). Verträge, die auf der Grundlage der genannten Bestimmungen, in der am 22.7.2015 geltenden Fassung geschlossen wurden, gelten fort (§ 140a Abs 1 S 3 SGB V). Im Übrigen wurden die Vorgaben für die besondere ambulante Versorgung in § 73c SGB V aF unter der Überschrift „*Besondere Versorgung*" in § 140a neugefasst und systematisiert. Krankenkassen und ihren Vertragspartnern gibt der neugefasste § 140a SGB V die Möglichkeit, neuartige Formen der Versorgung zu erproben, wobei der Kreis der möglichen Vertragspartner erweitert wurde.

26 Die auf den genannten Rechtsgrundlagen geschlossenen Verträge gelten fort (§ 140a Abs 1 S 3 SGB V). Insofern ist es weiterhin richtig, sämtliche Paragrafen aufzuführen, auch wenn seit dem GKV-VSG nur noch Verträge nach § 73b SGB V (Hausarztzentrierte Versorgung) und § 140a SGB V (Besondere Versorgung) geschlossen werden können.

27 Im Hinblick darauf, dass Verträge auf der Rechtsgrundlage des § 73c in der am 22.7.2015 geltenden Fassung fortgelten und § 140a SGB V (lediglich) neugefasst wurde, erscheint eine Korrektur des Wortlauts von § 3 Abs 2 Nr 14 nicht zwingend notwendig.

28 Die Bereinigung des Behandlungsbedarfs ist in § 140a Abs 6 idF des GKV-VSG geregelt, die die hausarztzentrierte Versorgung betreffende in § 73b Abs 7 SGB V.

29 **15. Leistungen, die in Modellvorhaben erbracht werden.** Die KK und ihre Verbände können im Rahmen ihrer gesetzlichen Aufgabenstellung zur Verbesserung der Qualität und der Wirtschaftlichkeit **Modellvorhaben** zur Weiterentwicklung der Verfahrens-, Organisations-, Finanzierungs- und Vergütungsformen der Leistungserbringung durchführen oder nach § 64 SGB V vereinbaren (§ 63 Abs 1 SGB V). Solche Modellvorhaben können im Rahmen der ambulanten vertragsärztlichen Versorgung durchgeführt und vergütet werden. Werden jedoch in einem Modellvorhaben nach § 63 Abs 1 SGB V oder § 64a SGB V Leistungen außerhalb der für diese Leistungen geltenden Vergütungen nach § 85 oder § 87a SGB V, der Ausgabenvolumen nach § 84 SGB V oder der Krankenhausbudgets vergütet, sind die Vergütungen oder der Behandlungsbedarf nach § 87a Abs 3 S 2 SGB V, die Ausgabenvolumen oder die Budgets, in denen die Ausgaben für diese Leistungen enthalten sind, nach den Vorgaben des § 64 Abs 3 S 1 SGB V zu bereinigen. In diesem Fall sind die in Modellvorhaben erbrachten Leistungen nicht Gegenstand der vertragsärztlichen Versorgung.

---

5 Zu alledem HK-AKM/*Schiller* 4835 Selektivverträge, Stand: 2011.

III. Versorgung in Eigeneinrichtungen der KK (Abs 3)

Die KK dürfen die der Versorgung der Versicherten dienenden Eigeneinrichtungen, die am 1.1.1989 bestanden, weiterbetreiben. Neue Eigeneinrichtungen dürfen sie nur unter den Voraussetzungen des § 140 Abs 2 SGB V errichten. Die Inanspruchnahme dieser Eigeneinrichtungen der KK richtet sich gem § 76 Abs 1 S 3 SGB V nach den hierüber abgeschlossenen Verträgen. Darauf weist Abs 3 deklaratorisch hin. **30**

3. Abschnitt –
Teilnahme an der vertragsärztlichen Versorgung

§ 4 Zulassung und Ermächtigung

(1) ¹An der vertragsärztlichen Versorgung nehmen zugelassene Ärzte (Vertragsärzte), zugelassene medizinische Versorgungszentren, nach § 311 Abs. 2 Satz 1 und 2 SGB V zugelassene Einrichtungen in dem Umfang, in dem sie am 31. Dezember 2003 zur vertragsärztlichen Versorgung zugelassen waren, sowie ermächtigte Ärzte und ermächtigte ärztlich geleitete Einrichtungen teil. ²Angestellte Ärzte in Vertragsarztpraxen und in Medizinischen Versorgungszentren nehmen an der vertragsärztlichen Versorgung im Rahmen ihres Status teil; sie haben die sich aus der Teilnahme an der vertragsärztlichen Versorgung ergebenden Pflichten zu beachten, auch wenn sie nicht Mitglied der Kassenärztlichen Vereinigung sind. ³Die für Vertragsärzte getroffenen Regelungen gelten auch für zugelassene Einrichtungen sowie ermächtigte Ärzte und ermächtigte ärztlich geleitete Einrichtungen, soweit nichts Anderes bestimmt ist.

(2) ¹An der vertragsärztlichen Versorgung nehmen auch zugelassene und ermächtigte Psychologische Psychotherapeuten und Kinder- und Jugendlichenpsychotherapeuten sowie ermächtigte Einrichtungen nach § 117 Absatz 2 SGB V teil. ²Absatz 1 Satz 2 gilt entsprechend für angestellte Psychotherapeuten.

(3) ¹Die Kassenärztliche Vereinigung kann die Weiterführung der Praxis eines verstorbenen Vertragsarztes durch einen anderen Arzt bis zur Dauer von zwei Quartalen genehmigen. ²Sie informiert darüber die Verbände der Krankenkassen.

Übersicht

	Rn		Rn
I. Gesetzliche Vorgaben	1	c) Fachübergreifende Einrichtung	36
II. Teilnahmeformen an der vertragsärztlichen Versorgung (Abs 1)	4	d) Ärztliche Leitung	37
1. Zulassung	10	e) Zulassungsverfahren	38
a) Voraussetzungen	10	f) Rechtsfolgen der Zulassung	39
b) Formen der Zulassung	13	3. Zugelassene Einrichtungen nach § 311 Abs 2 S 1 und 2 SGB V	40
c) Zulassungsverfahren	19		
d) Ruhen/Ende/Entziehung der Zulassung	20	4. Ermächtigung	41
2. Medizinisches Versorgungszentrum (MVZ)	28	a) Formen der Ermächtigung	41
a) Definition	29	b) Umfang der Ermächtigung	51
b) Gründung/Organisationsform	30	c) Ruhen/Ende/Widerruf der Ermächtigung	53
		5. Angestellte Ärzte	54

	Rn		Rn
a) Teilnahme angestellter Ärzte im Rahmen ihres Status	54	6. Statusentscheidungen	67
b) Voraussetzungen der Anstellung	56	7. Rangverhältnis der Teilnahmeformen	70
c) Wechsel von Zulassung zur Anstellung und umgekehrt	60	8. Rechtsschutz	76
d) Rechtsfolgen der Anstellung	63	III. Psychotherapeuten (Abs 2)	82
		IV. Witwenquartal (Abs 3)	87

I. Gesetzliche Vorgaben

1 Die Formen der Teilnahme an der ambulanten vertragsärztlichen Versorgung einschließlich ihrer jeweiligen Voraussetzungen, Umfänge, Rechtsfolgen sowie ihr Verhältnis zueinander sind grundlegend in den §§ 95 ff SGB V, in der Ärzte-ZV und in den BPRL-Ä geregelt.

2 Die vom BMG mit Zustimmung des Bundesrates erlassene Ärzte-ZV (Rechtsverordnung) regelt gem § 98 Abs 1 S 1 SGB V das Nähere über die Teilnahme an der vertragsärztlichen Versorgung sowie die zu ihrer Sicherstellung erforderliche Bedarfsplanung (§ 99 SGB V) und die Beschränkung von Zulassungen (§ 103 SGB V).

3 Die Ärzte-ZV enthält insbesondere Bestimmungen über die Eintragung ins Arztregister als Zulassungsvoraussetzung, zur Bedarfsplanung, zu Über- und Unterversorgung, Einzelheiten zur Erteilung, zum Ruhen, zur Entziehung und zum Ende der Zulassung sowie Details zur Ermächtigung.

II. Teilnahmeformen an der vertragsärztlichen Versorgung (Abs 1)

4 Abs 1 beschränkt sich darauf, die in § 95 Abs 1 und § 311 Abs 2 S 1 SGB V genannten Formen der Teilnahme an der ambulanten vertragsärztlichen Versorgung deklaratorisch aufzuzählen.

5 Danach nehmen an der vertragsärztlichen Versorgung teil:
– zugelassene Ärzte,
– zugelassene MVZ,
– ermächtigte Ärzte,
– ermächtigte Einrichtungen,
– Einrichtungen nach § 311 Abs 2 SGB V.

6 Die Aufzählung ist nicht abschließend, da weitere gesetzlich vorgesehene Teilnahmemöglichkeiten an der vertragsärztlichen Versorgung bestehen. Insbesondere können
– KV Eigeneinrichtungen zur unmittelbaren medizinischen Versorgung von Versicherten betreiben (§ 105 Abs 1c SGB V), ohne dass hierfür eine Zulassung oder Ermächtigung durch den Zulassungsausschuss (ZA) erforderlich ist[1],
– im Rahmen des Notdienstes an sich nicht an der vertragsärztlichen Versorgung teilnehmende Ärzte (zB Privatärzte) und zugelassene Krankenhäuser durch Kooperationsvereinbarungen einbezogen werden (§ 75 Abs 1b S 3 SGB V); dies gilt entsprechend auch für die notärztliche Versorgung im Rahmen des Rettungsdienstes, soweit diese aufgrund landesrechtlicher Regelungen vom Sicherstellungsauftrag der KV umfasst ist (§ 75 Abs 1b S 4 SGB V).

---
1 Vgl. *Ladurner* Ärzte-ZV, Vor § 19 ff, Rn 5.

Zulassung und Ermächtigung § 4

Bei Erfüllung besonderer Voraussetzungen sind auch sonst nicht an der vertragsärztlichen Versorgung teilnehmende Ärzte zur Erbringung einer Zweitmeinung nach § 27b Abs 3 Nr 5 SGB V berechtigt. **7**

Alle Teilnehmer an der vertragsärztlichen Versorgung haben die sich aus dieser Teilnahme ergebenden Pflichten zu beachten, unabhängig davon, ob sie Mitglieder der KV sind (S 2).² **8**

Soweit nichts Anderes bestimmt ist, gelten die für Vertragsärzte getroffenen Regelungen auch für zugelassene Einrichtungen, ermächtigte Ärzte und ermächtigte ärztlich geleitete Einrichtungen (S 3). Diese Regelung entspricht den gesetzlichen Vorgaben in § 95 Abs 3 S 3, Abs 4 S 2 und 3 SGB V. **9**

1. Zulassung. – a) Voraussetzungen. Um die Zulassung als Vertragsarzt (§ 1a Nr 4) kann sich jeder Arzt bewerben (schriftlicher Antrag, Antragsformulare halten die KV vor Ort bereit), der seine Eintragung in ein Arztregister nachweist (§ 95 Abs 2 SGB V). **Voraussetzungen** hierfür sind **10**
– die **Approbation** als Arzt,
– der erfolgreiche **Abschluss** entweder einer allgemeinmedizinischen Weiterbildung oder einer **Weiterbildung** in einem anderen Fachgebiet mit der Befugnis zum Führen einer entsprechenden Gebietsbezeichnung oder der Nachweis einer Qualifikation, die gem § 95a Abs 4 und 5 SGB V anerkannt ist (§ 3 Ärzte-ZV).³

Die durch Art 1 Nr 52 GSG zum 1.1.1994 eingeführte Regelung sollte die allgemeinmedizinische Qualifikation dadurch verbessern, dass eine (damals) dreijährige strukturierte Weiterbildung in der Allgemeinmedizin als obligatorische Voraussetzung für die Kassenzulassung vorgesehen wurde. Hierdurch sollte sichergestellt werden, dass auch in der Allgemeinmedizin ebenso wie in allen anderen ärztlichen Fachgebieten nur **weitergebildete Ärzte** die Versicherten der GKV betreuen.⁴ **11**

Seither ist eine Zulassung als Arzt ohne Gebietsbezeichnung nicht mehr möglich.⁵ **12**

b) Formen der Zulassung. Welche Form der Zulassung in Betracht kommt, hängt in erster Linie davon ab, ob die Zulassung in einem gesperrten oder nicht gesperrten Planungsbereich beantragt wird und in welchem Umfang der Arzt tätig werden möchte. **13**

In **nicht gesperrten Planungsbereichen** ist die Zulassung möglich als **14**
– Vollzulassung, dh mit der Verpflichtung, die vertragsärztliche Tätigkeit vollzeitig auszuüben (§ 19a Abs 1 Ärzte-ZV),
– Teilzulassung (§ 1a Nr 4a), dh Beschränkung des Versorgungsauftrages auf drei Viertel bzw. auf die Hälfte (§ 19a Abs 2 Ärzte-ZV).⁶

---

2 Zur Mitgliedschaft s § 60 Rn 4.
3 Zur Eintragung ins Arztregister s *Ladurner* Ärzte-ZV, § 95a SGB V Rn 1, § 3 Ärzte-ZV Rn 7 ff; juris PK-SGB V/*Pawlita* § 95a Rn 11 ff; *Schallen* Zulassungsverordnung, § 3 Rn 2 ff.
4 BT-Drucks 12/3209, 50 und 12/3608, 94.
5 *BSG* SozR 3-2500 § 95 Nr 19.
6 S *Frehse/Lauber* Rechtsfragen der vertragsärztlichen Teilzulassung nach § 19a Ärzte-ZV, GesR 2011, 278; *Schiller/Pavlovic* Teilzulassung – neue Gestaltungsmöglichkeit ohne praktische Bedeutung?, MedR 2007, 86 ff.

Hochgesang

15 Einem Vertragsarzt können zwei Zulassungen mit jeweils hälftigem Versorgungsauftrag (zwei Teilzulassungen) für zwei Vertragsarztsitze auch in unterschiedlichen Zulassungsbezirken erteilt werden.[7]

16 In **gesperrten Planungsbereichen** besteht die Möglichkeit einer
   – Job-Sharing Zulassung, dh gemeinsame fachidentische Berufsausübung bei gleichzeitiger Beschränkung der Partner[8], den bisherigen Praxisumfang nicht wesentlich zu überschreiten (§ 101 Abs 1 Nr 4 SGB V iVm §§ 40 ff der BPLR-Ä),
   – Sonderbedarfszulassung[9], dh ausnahmsweise Zulassung bei nachgewiesenem quantitativen oder qualitativen Versorgungsbedarf (§ 101 Abs 1 Nr 3 SGB V iVm § 36 der BPLR-Ä),
   – Sonderzulassung für Belegärzte nach § 103 Abs 7 SGB V.[10]

17 Die Zulassungen werden grundsätzlich **unbefristet** erteilt.

18 Ausnahme: In einem Planungsbereich ohne Zulassungsbeschränkungen mit einem allgemeinen bedarfsgerechten Versorgungsgrad ab 100 Prozent kann der ZA die Zulassung **befristen** (§ 19 Abs 4 Ärzte-ZV). Dies dient dem Ziel, perspektivisch die Festschreibung von Überversorgung zu reduzieren, da befristete Zulassungen mit Ablauf des Befristungszeitraumes – ohne Nachbesetzungsmöglichkeit – enden.[11]

19 **c) Zulassungsverfahren.** Die Zulassung erteilt der örtlich zuständige ZA (§ 96 SGB V). Sie erfolgt für den Ort der Niederlassung (Vertragsarztsitz, s § 1a Nr 16).[12] Das Nähere zum Verfahren regelt die Ärzte-ZV (§ 95 Abs 2 S 4 SGB V iVm §§ 18 ff Ärzte-ZV).

20 **d) Ruhen/Ende/Entziehung der Zulassung.** Die Zulassung **ruht** auf Beschluss des ZA,
   – wenn der Vertragsarzt seine Tätigkeit nicht aufnimmt oder nicht ausübt, ihre Aufnahme aber in angemessener Frist zu erwarten ist oder
   – auf Antrag eines Vertragsarztes, der in den hauptamtlichen Vorstand einer Kassenärztlichen Vereinigung nach § 79 Abs 1 SGB V gewählt worden ist (§ 95 Abs. 5 SGB V).

21 Das Ruhen der Zulassung bedeutet eine befristete (temporäre) Suspendierung des Versorgungsauftrages[13] bei Fortbestehen des Zulassungsstatus.[14] Bei Vorliegen der Voraussetzungen nach § 95 Abs 5 SGB V iVm § 26 Ärzte-ZV hat der ZA bzgl des „Ob" der Ruhensanordnung kein Ermessen (gebundene Entscheidung). Neben einem vollständigen Ruhen kommen bei einer vollen Zulassung das hälftige Ruhen oder das Ruhen eines Viertels der Zulassung in Betracht, bei einer drei Viertel Zulassung ist das Ruhen eines Viertels möglich (§ 26 Abs 1 Ärzte-ZV).

---

7 *BSG* v 11.2.2015 – B 6 KA 11/14R, GesR 2015, 472 ff; s auch *Ladurner* § 19a Rn 13.
8 Zur Neubestimmung der vom ZA festgesetzten Leistungsobergrenzen s *BSG* ZMGR 2013, 177–183.
9 S hierzu *BSG* SozR 4-2500 § 101 Nr 7; *BSG* SozR 4-2500 § 101 Nr 8.
10 S hierzu auch § 38 Rn 2.
11 S *Schallen* Zulassungsverordnung, § 19 Rn 28; *Ladurner* § 19 Rn 40.
12 S hierzu *BSG* v. 13.5.2015 – B 6 KA 25/14 R, Rn 34; *Schiller* Niederlassung, Praxissitz, Vertragsarztsitz, ausgelagerte Praxisräume, Zweigpraxis – Fragen zum Ort der Tätigkeit des (Vertrags-)Arztes, NZS 1997, 103.
13 S auch *Ladurner* § 19a Rn 3 ff.
14 S zum Ruhen der Zulassung *Ladurner* § 19 Rn 1 ff.

Zulassung und Ermächtigung § 4

Tatsachen, die das Ruhen der Zulassung bedingen können (zB Zeiten der Kindererziehung, Krankheit etc.), haben der Vertragsarzt, die KV, die KK und die Landesverbände der KK dem ZA mitzuteilen (§ 95 Abs 5 SGB V iVm § 26 Abs 2 Ärzte-ZV). 22

Die Zulassung **endet**, ohne dass es eines konstitutiven Beschlusses des ZA bedarf, mit 23
- der Nichtaufnahme der vertragsärztlichen Tätigkeit in einem von Zulassungsbeschränkungen betroffenen Planungsbereich innerhalb von 3 Monaten nach Zustellung des Beschlusses über die Zulassung,
- dem Tod des Vertragsarztes,
- dem Wirksamwerden eines Verzichts,
- dem Ablauf des Befristungszeitraumes,
- dem Wegzug des Berechtigten aus dem Bezirk seines Vertragsarztsitzes (§ 95 Abs 7 SGB V).

Der ZA stellt das Ende der Zulassung dann regelmäßig mit deklaratorischem Beschluss fest. Eine Feststellung von Amts wegen ist durch den ZA zu treffen, wenn die Zulassung aus den in §§ 95 Abs 7 und 95d Abs 3 und 5 SGB V genannten Gründen endet (§ 28 Abs 1 S 3 Ärzte-ZV). Tatsachen, die das Ende der Zulassung bedingen, haben die KV, die KK und die Landesverbände der KK dem ZA mitzuteilen (§ 28 Abs 2 Ärzte-ZV). 24

Die Zulassung **ist** durch den ZA von Amts wegen **zu entziehen**, wenn 25
- ihre Voraussetzungen nicht oder nicht mehr vorliegen,
- der Vertragsarzt seine Tätigkeit nicht aufnimmt oder nicht mehr ausübt,
- der Vertragsarzt seine vertragsärztlichen Pflichten gröblich verletzt (§ 95 Abs 6 SGB V iVm § 27 Ärzte-ZV).[15]

Der ZA kann in diesen Fällen statt einer vollständigen auch die Entziehung der Hälfte oder eines Viertels der Zulassung beschließen (§ 95 Abs 6 S 2 SGB V). 26

Die Zulassung kann entzogen werden bei fehlendem Nachweis der in § 95d SGB V vorgeschriebenen Fortbildungspflicht (§ 95d Abs 3 SGB V). Die KV soll einen Antrag auf Entziehung unverzüglich beim ZA stellen, wenn der Nachweis nicht spätestens zwei Jahre nach Ablauf des Fünfjahreszeitraums erfolgt (§ 95d Abs 3 S 6 SGB V) die Landesverbände der KK können die Entziehung der Zulassung beim ZA unter Angabe der Gründe beantragen (§ 27 S 2 Ärzte-ZV).[16] 27

2. Medizinisches Versorgungszentrum (MVZ). Seit 1.1.2004 besteht die durch das GMG eingeführte Teilnahmeform des MVZ, das den ehemaligen Polikliniken der DDR nachgebildet wurde, im Unterschied zu diesen aber auf freiwilliger Basis gegründet und durch Gesellschaftsformen des Privatrechts getragen werden kann. 28

a) Definition. MVZ sind ärztlich geleitete Einrichtungen, in denen Ärzte, die in das Arztregister nach § 95 Abs 2 S 3 SGB V eingetragen sind, als Angestellte oder Vertragsärzte tätig sind (§ 95 Abs 1 S 2 SGB V). 29

---

15 Zur Zulassungsentziehung wegen gröblicher Pflichtverletzung s *BSG* SozR 4-2500 § 95 Nr 26, mit diesem Urteil hat das BSG seine bisherige Rspr zum „*Wohlverhalten*" aufgegeben.
16 Zur Zulassung insgesamt s *Ladurner* §§ 18 ff; *Schallen* Vor zu § 18, §§ 18 ff; Schnapp/Wigge/*Schiller* § 5 Rn 6 ff; Wenzel/*Hess* Kap 2 Rn 172 ff. Zu den Zulassungsinstanzen s Wenzel/ *Hess* Kap 2 Rn 163 ff. Zum Begriff, den Rechten und Pflichten des Vertragsarztes und der Abgrenzung zu anderen Begriffen s HK-AKM/*Steinhilper* 5389 Vertragsarzt (Stand: 2013).

30 b) Gründung/Organisationsform. Bis zum 1.1.2012 waren alle Leistungserbringer, die auf Grund von Zulassung, Ermächtigung oder Vertrag an der medizinischen Versorgung der Versicherten teilnahmen, gründungsberechtigt. Mit der Neuregelung durch das GKV-Versorgungsstrukturgesetz (GKV-VStG) hat der Gesetzgeber den Kreis der Berechtigten eingeschränkt, nachdem besonders in den kapitalintensiven Bereichen wie der Labormedizin oder der operierenden Augenheilkunde MVZ immer häufiger von Investoren gegründet wurden, die keinen fachlichen Bezug zur medizinischen Versorgung haben, sondern allein Kapitalinteressen verfolgten. Der Gesetzgeber hat hierin die Gefahr gesehen, dass medizinische Entscheidungen von Kapitalinteressen beeinflusst werden.[17] Das GKV-Versorgungsstärkungsgesetz (GKV-VSG) hat auch den Kommunen die Möglichkeit eröffnet, ein MVZ zu gründen, mit dem Ziel, die Versorgung in ihrer Region zu stärken und zu verbessern und insbesondere in ländlichen Regionen Versorgungsdefizite zu vermeiden.[18]

31 MVZ können gem § 95 Abs 1a S 1 SGB V gegründet werden von
- zugelassenen Ärzten,
- zugelassenen Krankenhäusern,
- Erbringern nichtärztlicher Dialyseleistungen nach § 126 Abs 3 SGB V,[19]
- anerkannten Praxisnetzen nach § 87b Abs 2 S 3 SGB V,
- gemeinnützigen Trägern, die auf Grund von Zulassung oder Ermächtigung an der vertragsärztlichen Versorgung teilnehmen,
- von Kommunen.[20]

32 Die Gründung eines MVZ ist grds nur in den nachstehenden Rechtsformen möglich:
- Personengesellschaft (dh Gesellschaft bürgerlichen Rechts, Partnerschaftsgesellschaft oder Ärztegesellschaft nach § 23a MBO-Ä),
- eingetragene Genossenschaft,
- Gesellschaft mit beschränkter Haftung.[21]

33 Insbesondere durch den Ausschluss von Aktiengesellschaften als zulässige Rechtsform (wie vor dem Jahr 2012 zulässig) werde – so die Gesetzesbegründung zum GKV-VStG – die Unabhängigkeit ärztlicher Entscheidungen von reinen Kapitalinteressen gewährleistet.[22]

34 Kommunen können MVZ sowohl als nicht rechtsfähige Organisationsform des öffentlichen Rechts (Regie- oder Eigenbetrieb) oder in einer rechtsfähigen Organisationsform (Anstalt des öffentlichen Rechts) gründen.[23]

---

17 S Begründung zum GKV-VStG, BT-Drucks 17/6906, 114 f.
18 S BT-Drucks 18/4095 v 25.2.2015, 105; s auch Schnapp/Wigge/*Wigge* § 6 Rn 175.
19 Gründungsbefugnis nur für fachbezogene MVZ, § 95 Abs. 1a S 2 SGB V.
20 Kommunen benötigen hierfür keine Zustimmung der KV, gem § 95 Abs 1a S 5 SGB V findet § 105 Abs 5 SGB V keine Anwendung.
21 Voraussetzung für die Zulassung, dass die Gesellschafter entweder selbstschuldnerische Bürgschaftserklärungen oder andere Sicherheitsleistungen nach § 232 BGB für Forderungen der KV und KK gegen das MVZ aus vertragsärztlicher Tätigkeit, s § 95 Abs 2 S 6 SGB V.
22 Vgl. BT-Drucks 17/6906, 71.
23 S auch Schnapp/Wigge/*Wigge* § 6 Rn 176.

Zulassung und Ermächtigung § 4

MVZ, die bereits am 1.1.2012 zugelassen waren, bestehen unabhängig von der Trägerschaft und ihrer Rechtsform unverändert fort, ebenso wie MVZ von Erbringern nichtärztlicher Dialyseleistungen, die am 10.5.2019 bereits zugelassen waren, unabhängig von ihrem Versorgungsangebot (§ 95 Abs 1a S 4 SGB V, Bestandsschutz). 35

c) Fachübergreifende Einrichtung. Die Anforderung, dass es sich bei einem MVZ um eine fachübergreifende Einrichtung handeln muss, ist mit dem Inkrafttreten des GKV-Versorgungsstärkungsgesetz vom 16.7.2015 **entfallen**.[24] 36

d) Ärztliche Leitung. Der ärztliche Leiter muss im MVZ selbst als angestellter Arzt oder Vertragsarzt tätig sein; er ist in medizinischen Fragen weisungsfrei (§ 95 Abs 1 S 3 SGB V). Sind in einem MVZ Angehörige unterschiedlicher Berufsgruppen, die an der vertragsärztlichen Versorgung teilnehmen, tätig, ist auch eine kooperative Leitung möglich (§ 95 Abs 1 S 4 SGB V). 37

e) Zulassungsverfahren. Die Formalien des Zulassungsverfahrens für ein MVZ sind – wie für Vertragsärzte – in der Ärzte-ZV geregelt. Nach § 1 Abs 3 Nr 2 Ärzte-ZV gilt diese für MVZ und die dort angestellten Ärzte und Psychotherapeuten entsprechend. 38

f) Rechtsfolgen der Zulassung. Die Zulassung des MVZ bewirkt, dass die im MVZ angestellten Ärzte **Mitglieder** der für den Vertragsarztsitz des MVZ zuständigen KV sind, wenn sie mindestens zehn Stunden pro Woche beschäftigt sind (§ 77 Abs 3 S 2 SGB V) und dass das zugelassene MVZ insoweit zur Teilnahme an der vertragsärztlichen Versorgung berechtigt und verpflichtet ist. Die vertraglichen Bestimmungen über die vertragsärztliche Versorgung sind verbindlich (§ 95 Abs 3 S 2, 3 SGB V).[25] 39

3. Zugelassene Einrichtungen nach § 311 Abs 2 S 1 und 2 SGB V. Die im Gebiet der ehemaligen DDR („Beitrittsgebiet") bestehenden ärztlich geleiteten kommunalen, staatlichen und freigemeinnützigen Gesundheitseinrichtungen einschließlich der Einrichtungen des Betriebsgesundheitswesens (Polikliniken, Ambulatorien ua) wurden durch § 311 Abs 2 SGB V idF des Einigungsvertrags vom 31.8.1990 iVm Art 1 des Gesetzes zum Einigungsvertrag vom 23.9.1990 seit dem 1.10.1990 kraft Gesetzes zur Teilnahme an der ambulanten vertragsärztlichen Versorgung zugelassen. Die Zulassung galt zunächst befristet bis 31.12.1995, nach Art 1 Nr 168 GSG ab 1.1.1993 und dann nach Art 1 Nr 182 GMG ab 1.1.2004 – mit Ausnahme der kirchlichen Fachambulanzen – unbefristet. 40

4. Ermächtigung. – a) Formen der Ermächtigung. Neben der Zulassung von Ärzten, Psychotherapeuten und MVZ bzw Einrichtungen nach § 311 Abs 2 SGB V besteht als weitere Teilnahmeform die Ermächtigung. Diese bewirkt, dass der ermächtigte Arzt oder die ermächtigte Einrichtung zur Teilnahme an der vertragsärztlichen Versorgung berechtigt und verpflichtet ist (§ 95 Abs 4 S 1 SGB V). Die vertraglichen Bestimmungen über die vertragsärztliche Versorgung (und somit auch der BMV-Ä) sind für ermächtigte Ärzte und Einrichtungen ebenfalls verbindlich (§ 95 Abs 4 S 2 SGB V). 41

Die Ermächtigung hat eine ganze Reihe von Erscheinungsformen, die unterteilt werden können zum einen in bedarfsabhängige und bedarfsunabhängige Formen, zum 42

---

24 Vgl hierzu *Schallen* Vor § 18 Rn 12.
25 Umfassend zum MVZ s *Ladurner* § 95 Rn 17 ff, § 9; *Schallen* Vor § 18 Rn 10 ff; Wenzel/Haack Kap 11 Rn 213 ff; Wenzel/*Hess* Kap 2 Rn 227 ff; Schnapp/Wigge/*Wigge* § 6 Rn 141 ff.

Hochgesang 113

anderen in persönliche Ermächtigungen von (Krankenhaus-)Ärzten bzw Psychotherapeuten und Ermächtigungen von Einrichtungen (Institutsermächtigungen).

43 **Beispiele bedarfsabhängiger Ermächtigungen:**
   – Persönliche Ermächtigung nach §§ 116, 98 Abs 2 Nr 11 SGB V iVm §§ 31, 31a Ärzte-ZV,
   – Ermächtigung von Einrichtungen in besonderen Fällen nach § 31 Abs 1 2. Alternative Ärzte-ZV und fachgebietsbezogene Ermächtigung von Krankenhäusern bei Unterversorgung nach § 116a SGB V,
   – Ermächtigung von geriatrischen Institutsambulanzen nach § 118a SGB V, sozialpädiatrischen Zentren nach § 119 SGB V, Einrichtungen der Behindertenhilfe nach § 119a SGB V.

44 **Beispiele bedarfsunabhängiger Ermächtigungen:**
   – Hochschulambulanzen und psychologische Ausbildungsambulanzen nach § 117 SGB V (Ermächtigung kraft Gesetzes)[26],
   – Psychiatrische und psychosomatische Institutsambulanzen nach § 118 SGB V

45 Darüber hinaus sieht der BMV-Ä in den §§ 5–8 verschiedene Ermächtigungen vor. Auf die dortigen Kommentierungen wird verwiesen.

46 Zu den Gegenständen, den Voraussetzungen, Art und Umfang der **relevantesten** Ermächtigungen s nachstehende Tabellen.

47 **Persönliche Ermächtigungen**

Tabelle 1: Persönliche Ermächtigungen

Unterart	Rechtsgrundlage	Voraussetzungen, Beschränkungen	Bedarfsprüfung	KV-Abrechnung
Unterversorgung	§ 98 Abs 2 Nr 11 SGB V, § 31 Abs 1 S 1 Nr 1, 1. Alt Ärzte-ZV	– Feststellung bestehender/unmittelbar drohender **Unterversorgung** durch Landesausschuss, § 100 Abs 1 SGB V, § 16 Ärzte-ZV – Beschränkungen durch ZA, § 31 Abs 7 Ärzte-ZV[27]	Ja	Ja
Zusätzlicher lokaler Versorgungsbedarf	§ 98 Abs 2 Nr 11 SGB V, § 31 Abs 1 S 1 Nr 1, 2. Alt Ärzte-ZV	– Feststellung **zusätzlicher lokaler Versorgungsbedarf** durch Landesausschuss, § 100 Abs 3, § 101 Abs 1 S 1 Nr 3a SGB V – Beschränkungen durch ZA, § 31 Abs 7 Ärzte-ZV	Ja	Ja
Versorgung begrenzter Personenkreis	§ 98 Abs 2 Nr 11 SGB V, § 31 Abs 1 S 1 Nr 2 Ärzte-ZV	– Bestimmter oder **bestimmbarer Personenkreis** – Notwendigkeit der Ermächtigung zur Versorgung des Personenkreises – Beschränkungen durch ZA, § 31 Abs 7 Ärzte-ZV	Ja	Ja

---

26 S Rn 85 zu psychologischen Universitätsinstituten und Ambulanzen an Ausbildungsstätten nach § 6 des PsychThG.
27 S Rn 51.

Zulassung und Ermächtigung § 4

Unterart	Rechtsgrundlage	Voraussetzungen, Beschränkungen	Bedarfsprüfung	KV-Abrechnung
Katalogermächtigung	§ 98 Abs 2 Nr 11 SGB V, § 31 Abs 2 Ärzte-ZV, § 5 Abs 1 BMV-Ä	– **Definierter Leistungskatalog** auf Basis EBM – Vorliegen einer nicht nach § 31 Abs 1 Ärzte-ZV zu schließenden Versorgungslücke, grds nur spezialisierte Einzelleistungen – Beschränkungen durch ZA, § 31 Abs 7 Ärzte-ZV, regelmäßig Überweisungsvorbehalt[28]	Ja	Ja
Durchführung bestimmter ärztlicher Leistungen	§ 98 Abs 2 Nr 11 SGB V, § 31 Abs 2 Ärzte-ZV, § 5 Abs 2 BMV-Ä	– **Zytologische Diagnostik** von Krebserkrankungen – Ambulante Beratungen und Untersuchungen zur **Planung der Geburtsleitung** im Rahmen der Mutterschaftsvorsorge – Beschränkungen durch ZA, § 31 Abs 7 Ärzte-ZV	Nein	Ja
Besondere Untersuchungs- und Behandlungsmethoden – Krankenhausärzte (bzw angestellte Ärzte in Vorsorge-, Reha- bzw stationären Pflegeeinrichtungen)	§ 116 SGB V iVm § 31a Ärzte-ZV	– Besondere Untersuchungs- und Behandlungsmethoden oder Kenntnisse – **Abgeschlossene Weiterbildung** – Bestehendes Anstellungsverhältnis – Nebentätigkeitserlaubnis des Trägers – Bestimmung zeitlich, räumlich, dem Umfang nach durch ZA, regelmäßig Überweisungsvorbehalt, § 31a Abs 3 Ärzte-ZV	Ja	Ja
Ärzte mit geriatrischer Weiterbildung in Krankenhäusern oder in geriatrischen Rehabilitationskliniken	§ 118a Abs 1 SGB V	– **Abgeschlossene geriatrische Weiterbildung** – Betreuung von Patienten, die wegen Art und Schwere und Komplexität ihrer Krankheitsverläufe strukturierter und koordinierter ambulanter geriatrischer Versorgung bedürfen – Vereinbarung von Inhalt und Umfang der Versorgung durch Spitzenverband Bund der KK, KBV im Einvernehmen mit DKG[29]	Ja	Ja
Angestellte Ärzte in stationären Pflegeeinrichtungen	§ 119b Abs 1 S 4 SGB V	– Nichtzustandekommen Kooperationsvertrag nach § 119b Abs 1 S 1 SGB V innerhalb Frist von 6 Monaten nach Antrag der Pflegeeinrichtung bei KV – Arzt ist in **mehreren Pflegeeinrichtungen** angestellt – **Keine** Bestimmung des Ermächtigungsumfangs gem § 31 Abs 7 S 1 und 2 Ärzte-ZV durch ZA, § 31 Abs 7 S 3 Ärzte-ZV	Nein (nur Prüfung, ob Vertrag nach § 119b Abs 1 SGB V vorliegt)	Ja

---

28 Vgl. *Ladurner* § 31 Rn 58.
29 Vereinbarung gem § 118a SGB V (Geriatrische Institutsambulanzen) idF der Sitzung des Erweiterten Bundesschiedsamts v. 15.7.2015.

48 Ermächtigung von Einrichtungen

Tabelle 2: Ermächtigung von Einrichtungen

Unterart	Rechtsgrundlage	Ausrichtung, Beschränkungen	Bedarfs-prüfung	KV-Ab-rechnung
Unterversorgung	§ 98 Abs 2 Nr 11 SGB V, § 31 Abs 1 Nr 1, 1. Alt Ärzte-ZV	– Feststellung einer bestehen- den/ unmittelbar drohenden Unterversorgung **durch Landesausschuss**, § 100 Abs 1 SGB V, § 16 Ärzte-ZV – **Abwendung der Unterversorgung durch persönliche Ermächtigung nicht möglich** (Institutsermächtigung subsidiär[30], „in besonderen Fällen") – Beschränkungen durch ZA, § 31 Abs 7 Ärzte-ZV	Ja	Ja
Zusätzlicher lokaler Versorgungsbedarf	§ 98 Abs 2 Nr 11 SGB V, § 31 Abs 1 Nr 1, 2. Alt Ärzte-ZV	– Feststellung zusätzlicher lokaler Versorgungsbedarf **durch Landesausschuss**, § 100 Abs 3, § 101 Abs 1 S 1 Nr 3a SGB V – **Keine Bedarfsdeckung durch persönliche Ermächtigung** (Institutsermächtigung subsidiär) – Beschränkungen durch ZA, § 31 Abs 7 Ärzte-ZV	Ja	Ja
Versorgung eines begrenzten Personenkreises	§ 98 Abs 2 Nr 11 SGB V, § 31 Abs 1 Nr 2 Ärzte-ZV	– Bestimmter oder **bestimmbarer Personenkreis** – Notwendigkeit der Ermächtigung zur Versorgung des Personenkreises – **Versorgung des Personenkreises durch persönliche Ermächtigung nicht möglich** (Institutsermächtigung subsidiär) – Beschränkungen durch ZA, § 31 Abs 7 Ärzte-ZV	Ja	Ja
Katalogermächtigung	§ 98 Abs 2 Nr 11 SGB V, § 31 Abs 2 Ärzte-ZV, § 5 Abs 1 BMV-Ä	– Vorliegen einer nicht nach § 31 Abs 1 Ärzte-ZV zu schließenden Versorgungslücke – regelmäßig nur spezialisierte Einzelleistungen – Versorgungslücke kann nicht durch persönliche Ermächtigung geschlossen werden (Institutsermächtigung subsidiär) – **Definierter Leistungskatalog** auf Basis EBM – Beschränkungen durch ZA, § 31 Abs 7 Ärzte-ZV, regelmäßig Überweisungsvorbehalt	Ja	Ja
Ermächtigung von Krankenhäusern bei Unterversorgung	§ 116a S 1 SGB V	– **Zugelassenes Krankenhaus**, §§ 107 f SGB V – **Feststellung einer eingetretenen Unterversorgung**, § 100 Abs 1 SGB V, § 16 Ärzte-ZV oder **Feststellung eines zusätzlichen lokalen Versorgungsbedarfs**, § 100 Abs 3, § 101 Abs 1 S 1 Nr 3a SGB V **durch Landesausschuss (LA)** – Beschränkungen durch ZA, § 31 Abs 7 Ärzte-ZV	Nur Prüfung, ob Feststellung LA vorliegt	Ja

---

30 Zur Subsidiarität der Institutsermächtigung s *Ladurner* § 31 Rn 19.

Ermächtigte Institutsambulanzen

Tabelle 3: Ermächtigung von Institutsambulanzen

Unterart	Rechtsgrundlage	Ausrichtung	Bedarfsprüfung	KV-Abrechnung
Hochschulambulanzen	§ 117 Abs 1 SGB V	– Ambulanzen, Institute und Abteilungen der Hochschulkliniken – Konkretisierung des für „**Forschung und Lehre**" erforderlichen Ermächtigungsumfangs durch KV und Hochschulkliniken durch Vertrag im Einvernehmen mit den KK, § 117 Abs 1 S 3 SGB V (Normenvertrag)	Nein	Nein
Psychologische Universitätsinstitute (Ausbildungsambulanzen)	§ 117 Abs 2 SGB V	– **Hochschulambulanzen an psychologischen Universitätsinstituten** – § 117 Abs 1 SGB V gilt entsprechend	Nein	Nein
Ambulanzen an Ausbildungsstätten nach § 6 (§ 28[31]) des PsychThG	§ 117 Abs 3 SGB V	– Staatliche Anerkennung der **Ausbildungsstätte** nach § 6 (§ 28) PsychThG erforderlich – Behandlung unter Verantwortung von qualifizierten Psychotherapeuten	Prüfung § 117 Abs 3a, 3b SGB V, Bestandsschutz § 117 Abs 3b S 2 SGB V[32]	Nein
Psychiatrische Institutsambulanzen	§ 118 Abs 1 SGB V	– Zugelassenes Krankenhaus, §§ 107 f SGB V – Beschränkung auf **Versicherte, die wegen Art, Schwere oder Dauer ihrer Erkrankung oder zu großer Entfernung zu geeigneten Ärzten auf Behandlung durch das Krankenhaus angewiesen**	Nein	Nein
Allgemeinkrankenhäuser mit selbstständigen, fachärztlich geleiteten psychiatrischen Abteilungen mit regionaler Versorgungsverpflichtung	§ 118 Abs 2 SGB V	– Zugelassenes Krankenhaus, §§ 107 f SGB V – Konkretisierung durch Normenvertrag zwischen Spitzenverband, Bund der KK, DKG und KBV[33]: **Psychisch Kranke, die wegen ihrer Art, Schwere oder Dauer ihrer Erkrankung der ambulanten Behandlung durch die Einrichtungen bedürfen**	Nein	Nein

---

31 Ab 1.9.2020, Inkrafttreten PsychRefG.
32 S Rn 85 zu psychologischen Universitätsinstituten und Ambulanzen an Ausbildungsstätten nach § 6 des PsychThG.
33 Dreiseitige Vereinbarung zu § 118 Abs 2 SGB V in Kraft getreten zum 31.7.2010, letzte Änderung v 19.9.2019, in Kraft getreten zum 1.10.2019.

Unterart	Rechtsgrundlage	Ausrichtung	Bedarfs-prüfung	KV-Ab-rechnung
Psychosomatische Institutsambulanzen (PIA)	§ 118 Abs 3 SGB V	– Zugelassenes Krankenhaus, §§ 107 f SGB V – Krankenhäuser und Allgemeinkrankenhäuser mit selbstständigen, fachärztlich geleiteten psychosomatischen Abteilungen mit regionaler Versorgungsverpflichtung – Konkretisierung des Umfangs der Ermächtigung durch Normenvertrag zwischen Spitzenverband Bund der KK, DKG und KBV[34]: Schwere und Dauer der Erkrankung bedürfen einer spezifischen ambulanten Behandlung, die nicht durch niedergelassene Vertragsärzte und -psychotherapeuten erfolgen kann	Nein	Nein
Außenstellen Psychiatrischer Krankenhäuser	§ 118 Abs 4 SGB V	– Bedarfsabhängige Ermächtigung ausschließlich für die in § 118 Abs 1 und 2 SGB V angesprochenen Krankheitsbilder – Außenstellen müssen **nicht** in einem organisatorischen und räumlichen Zusammenhang mit dem sie tragenden KH stehen[35]	Ja	Nein
Geriatrische Institutsambulanzen (GIA)	§ 118a SGB V	– Fachkrankenhäuser, Allgemeinkrankenhäuser mit selbstständigen geriatrischen Abteilungen, geriatrische Rehabilitationskliniken – Betreuung von **Patienten, die wegen Art und Schwere und Komplexität ihrer Krankheitsverläufe einer strukturierten und koordinierten ambulanten geriatrischen Versorgung bedürfen** – Vereinbarung von Inhalt und Umfang der Versorgung durch Spitzenverband Bund der KK und KBV im Einvernehmen mit der DKG[36]	Ja	Ja
Sozialpädiatrische Zentren (SPZ)	§ 119 SGB V	– Fachlich-medizinisch unter ärztlicher Leitung – Ambulante, **ganzheitliche sozialpädiatrische Behandlung** von Kindern, die wegen der Art, Schwere oder Dauer ihrer Krankheit oder einer drohenden Krankheit nicht von geeigneten Ärzten oder in geeigneten Früh- förderstellen behandelt werden können – Beschränkungen durch ZA, § 31 Abs 7 Ärzte-ZV, Überweisungsvorbehalt[37]	Ja	Nein

---

34 Vereinbarung zu § 118 Abs 3 SGB V in Anhang 2 der Vereinbarung zu § 118 Abs 2 SGB V, in Kraft getreten zum 1.10.2019.
35 Reaktion des Gesetzgebers auf Rspr d BSG, vgl. *BSG* v 21.6.1995 – B 6 RKa 49/94, Rn 18.
36 Vereinbarung nach § 118a SGB V – Geriatrische Institutsambulanzen (GIA), in Kraft getreten zum 1.10.2015.
37 Zur Notwendigkeit eines Überweisungsvorbehaltes in Form eines Facharztfilters s *Ladurner* § 119 SGB V Rn 19.

Zulassung und Ermächtigung § 4

Unterart	Rechtsgrundlage	Ausrichtung	Bedarfsprüfung	KV-Abrechnung
Einrichtungen der Behindertenhilfe	§ 119a SGB V	– Leitung der Einrichtung/Abteilung durch einen Arzt – **Versorgungslücke iSe qualitativ-speziellen Bedarfs**[38] – Versicherte, die wegen der Art oder Schwere ihrer Behinderung auf die ambulante Behandlung in diesen Einrichtungen angewiesen sind. – Beschränkungen durch ZA, § 31 Abs 7 Ärzte-ZV	Ja	Ja
Stationäre Pflegeeinrichtung, Einrichtung mit angestellten Ärzten, die in das Arztregister eingetragen sind und geriatrisch fortgebildet sein sollen	§ 119b S 3 SGB V	– Stationäre Pflegeeinrichtungen gem § 71 Abs 2 SGB XI – **Nichtzustandekommen Kooperationsvertrag nach § 119b Abs 1 S 1 SGB V innerhalb Frist von 6 Monaten nach Antrag** der Pflegeeinrichtung bei KV – Anstellung eines Arztes mit Fortbildung Geriatrie – Keine Bestimmung des Ermächtigungsumfangs gem § 31 Abs 7 S 1 und 2 Ärzte-ZV durch ZA, § 31 Abs 7 S 3 Ärzte-ZV	Nein, Fristenlösung	Ja
Medizinische Behandlungszentren für Erwachsene mit geistiger Behinderung oder schwerer Mehrfachbehinderung	§ 119c Abs 1 SGB V	– **Spezialisierte Einrichtungen der ambulanten Versorgung für Erwachsene mit geistiger Behinderung** in Analogie zu SPZ – Unter ärztlicher Leitung, interdisziplinär besetzt – Ambulante, ganzheitliche Behandlung von Erwachsenen, die wegen der Art, Schwere oder Komplexität ihrer Behinderung auf die ambulante Behandlung in der Einrichtung angewiesen sind – Beschränkungen durch ZA, § 31 Abs 7 Ärzte-ZV	Ja	Nein

Sonstige Ermächtigungstatbestände 50

Tabelle 4: Sonstige relevante Ermächtigungstatbestände

§ 24 Abs 3 S 6 Ärzte-ZV	Ermächtigung Filialpraxis im fremden KV-Bezirk
§ 31 Abs 1 S 2 Ärzte-ZV	Ermächtigung zur ambulanten psychotherapeutischen und psychiatrischen Versorgung von Empfängern laufender Leistungen nach § 2 Asylbewerberleistungsgesetz
§ 31 Abs 3 Ärzte-ZV	Ermächtigung von Ärzten mit Erlaubnis zur vorübergehenden Ausübung des ärztlichen Berufs durch KV
§ 98 Abs 2 Nr 14 SGB V, § 31 Abs 5 Ärzte-ZV iVm § 8 BMV-Ä, Art 57 AEUV	Vorübergehende EU-grenzüberscheitende Dienstleistungserbringung ohne Niederlassung

---

38 *BSG* v 28.10.2015 – B 6 KA 14/15 B, Rn 19.

51 b) Umfang der Ermächtigung. Der ZA hat die Ermächtigungen zeitlich, räumlich und ihrem Umfang nach zu bestimmen (§ 31 Abs 7 S 1 Ärzte-ZV). Dies gilt auch für Ermächtigungen, die nicht im SGB V und – auf der Grundlage der Ermächtigung des § 98 Abs 2 Nr 11 SGB V – in der Ärzte-ZV selbst geregelt, sondern auf der Grundlage des § 31 Abs 2 Ärzte-ZV im BMV-Ä geschaffen worden sind.[39]

52 Im Ermächtigungsbeschluss ist auch auszusprechen, ob der ermächtigte Arzt unmittelbar oder auf Überweisung in Anspruch genommen werden darf (§ 31 Abs 7 S 2 Ärzte-ZV).

53 c) Ruhen/Ende/Widerruf der Ermächtigung. Die Vorschriften über das Ruhen, die Entziehung und das Ende der Zulassung gelten für Ermächtigungen entsprechend (§ 95 Abs 4 S 3 SGB V). Im Übrigen endet die Ermächtigung mit Ablauf des vom Zulassungsausschuss festgelegten Befristungszeitraumes.[40]

5. Angestellte Ärzte. – a) Teilnahme angestellter Ärzte im Rahmen ihres Status.
54 Neben zugelassenen und ermächtigten Ärzten und Einrichtungen können auch **angestellte Ärzte und Psychotherapeuten** an der vertragsärztlichen Versorgung teilnehmen. Die Möglichkeit der Teilnahme von angestellten Ärzten und Psychotherapeuten an der vertragsärztlichen Versorgung beruht für MVZ auf § 95 Abs 1, Abs 2 S 7 ff SGB V, für Vertragsärzte auf § 95 Abs 9 SGB V iVm § 32b Ärzte-ZV.[41]

55 Die Formulierung in Abs 1 S 2 *„nehmen ... im Rahmen ihres Status teil"* ist etwas missverständlich, denn an der vertragsärztlichen Versorgung nehmen gem § 95 Abs 1 S 1 SGB V zugelassene Ärzte und zugelassene MVZ sowie ermächtigte Ärzte und Einrichtungen teil. Angestellte Ärzte und Psychotherapeuten wirken an der vertragsärztlichen Versorgung mit. Nur das MVZ, der Vertragsarzt bzw die BAG[42] erhalten auf Antrag vom ZA die Anstellungsgenehmigung nach § 32b Ärzte-ZV, nur diese erhalten gem § 11 Abs 2a S 2 ff von der KV die erforderlichen Qualitätssicherungs-Genehmigungen für das Tätigwerden ihrer Angestellten, ihnen werden gem § 15 Abs 1 die Leistungen ihrer Angestellten als eigene persönliche Leistungen zugerechnet und sie rechnen diese gegenüber der KV ab. Angestellte Ärzte verfügen demnach allenfalls über einen von ihrem anstellenden MVZ oder Vertragsarzt **abgeleiteten Status**.

56 b) Voraussetzungen der Anstellung. Der Vertragsarzt kann mit Genehmigung des ZA Ärzte anstellen, die in das **Arztregister eingetragen** sind. Die Arztregistereintragung setzt nach § 95a SGB V iVm § 3 Ärzte-ZV nicht nur die Approbation, sondern auch eine abgeschlossene Weiterbildung voraus (s Rn 10). Angestellte Ärzte sind

---
39 *BSG* SozR 3-5540 § 5 Nr 4.
40 Zu Ermächtigungen s *Ladurner* § 31 Rn 1 ff; *Schallen* § 31 Rn 1 ff; *Wenzel/Hess* Kap 2 Rn 284 ff; *Wenner* § 17 Rn 1 ff.
41 Zur Beschäftigung von angestellten Ärzten s Halbe/Schirmer/*Steinhilper* Der angestellte Arzt in der vertragsärztlichen Versorgung, Beitrag A 1300 (Stand 2011); *Kamps* Die Beschäftigung von Assistenten in der Arztpraxis, MedR 2003, 63 ff; *Ladurner* § 32b Rn 1 ff; *Schallen* § 32b Rn 1 ff; *Schallen/Kleinheidt/Schäfer* Verträge für angestellte Ärzte, Zahnärzte und Vertreter. Zu angestellten Ärzten im MVZ s Wenzel/*Haack/Rösch-Mock* Kap 11 Rn 239 ff.
42 Bei einer BAG ist nach *BSG* v 4.5.2016 – B 6 KA 24/15 die Genehmigung zur Anstellung eines Arztes regelhaft der BAG als solcher zu erteilen. Eine Genehmigung der Anstellung bei einem bestimmten Partner der BAG ist aber ausnahmsweise weiterhin möglich, wenn alle BAG-Partner dem zustimmen.

damit grundsätzlich – unter Berücksichtigung der für bestimmte Leistungen gesondert zu erfüllenden Anforderungen der Qualitätssicherung (s hierzu § 11) – dazu befähigt, in der vertragsärztlichen Versorgung medizinisch eigenverantwortlich, vertragsarztrechtlich aber unter Leitung und Verantwortung des anstellenden Vertragsarztes bzw des anstellenden MVZ ihre Leistungen zu erbringen. Sie zählen daher in der Bedarfsplanung anteilig nach Beschäftigungsumfang mit. Dies unterscheidet sie von bloßen Assistenten nach § 32 Abs 2 Ärzte-ZV, die nur unter Aufsicht und Verantwortung des Vertragsarztes tätig werden und deren Beschäftigung nicht der Vergrößerung der Kassenpraxis oder der Aufrechterhaltung eines übergroßen Praxisumfangs dienen darf (§ 32 Abs 3 Ärzte-ZV).

In Planungsbereichen, in denen für das Fachgebiet des anzustellenden Arztes Zulassungsbeschränkungen bestehen, setzt die Genehmigung zur Anstellung voraus, dass sich der anstellende Vertragsarzt zu Leistungsbeschränkungen verpflichtet (**Job-Sharing**). Das Nähere hierzu ist in den §§ 58–62 BPLR-Ä geregelt. **57**

Dies gilt entsprechend für Vertragspsychotherapeuten, die Psychotherapeuten anstellen wollen. Auch können Vertragsärzte Psychotherapeuten anstellen, nicht aber umgekehrt. Dies ergibt sich aus dem berufsrechtlichen Verbot für die Anstellung von Ärzten durch Nichtärzte (vgl § 19 Abs 1 S 2 MBO-Ä). **58**

In § 95 Abs 9a SGB V ist seit dem GKV-WSG ein Sonderfall geregelt, in welchem ein verbeamteter Hochschullehrer für Allgemeinmedizin oder ein wissenschaftlicher Assistent eines solchen Hochschullehrers ohne Anrechnung in der Bedarfsplanung als Angestellter bei einem an der hausärztlichen Versorgung teilnehmenden Vertragsarzt beschäftigt werden darf. **59**

c) Wechsel von Zulassung zur Anstellung und umgekehrt. Verzichtet ein Vertragsarzt in einem Planungsbereich, für den Zulassungsbeschränkungen angeordnet sind, auf seine Zulassung, um in einem MVZ tätig zu werden, hat der ZA die Anstellung zu genehmigen, wenn Gründe der vertragsärztlichen Versorgung dem nicht entgegenstehen. Wegen bestehender Überversorgung im Planungsbereich ist die Nachbesetzung der bisherigen Praxis nicht möglich (§ 103 Abs 4a SGB V). Gleiches gilt für den Verzicht auf Zulassung zum Zweck der Anstellung bei einem niedergelassenen Vertragsarzt (§ 103 Abs 4b SGB V). **60**

Ein Vertragsarzt muss bei einem Verzicht auf seine Zulassung zum Zwecke der Anstellung die Absicht haben, **mindestens drei Jahre** selbst im Umfang der genehmigten Anstellung tätig zu werden. Er muss in der Folge im Regelfall mindestens 3 Jahre auf der genehmigten Anstellungsstelle und im genehmigten zeitlichen Umfang tätig sein, bevor die Stelle mit einem anderen anzustellenden Arzt nachbesetzt werden kann. Ansonsten droht dem Ansteller der Verlust des Nachbesetzungsrechts für diese Anstellungsstelle.[43] **61**

Auf Antrag des anstellenden Vertragsarztes ist eine genehmigte Anstellung (wieder) in eine Zulassung zugunsten des angestellten Arztes umzuwandeln, sofern der Umfang der Tätigkeit des angestellten Arztes einem ganzen, einem drei Viertel oder halben Versorgungsauftrag entspricht. Alternativ kann die Umwandlung mit einer Ausschreibung als Vertragsarztsitz verbunden werden (§ 95 Abs 9b SGB V). Die glei- **62**

---

43 S *BSG* v 4.5.2016 – B 6 KA 21/15 R.

chen Regularien gelten auch für MVZ nach § 72 Abs 1 S 2 SGB V. Gerade für junge Ärzte, die die Risiken einer freiberuflichen Tätigkeit in der vertragsärztlichen Versorgung zunächst scheuen, bieten sich damit flexible Bedingungen.

63 **d) Rechtsfolgen der Anstellung.** Angestellte Ärzte werden ebenso wie zugelassene Ärzte und ermächtigte Krankenhausärzte **Mitglieder** der KV, in deren Bezirk ihr Anstellungsverhältnis genehmigt wurde, voraus- gesetzt sie sind mindestens 10 Stunden pro Woche beschäftigt (§ 77 Abs 3 SGB V).

64 Die vertraglichen Bestimmungen über die vertragsärztliche Versorgung sind für im MVZ angestellte Ärzte verbindlich (§ 95 Abs 3 S 3 SGB V).

Eine entsprechende Regelung für bei Vertragsärzten angestellte Ärzte fehlt hingegen; weder § 95 Abs 9 SGB V noch § 32b Ärzte-ZV enthält eine vergleichbare Regelung. Nach § 32b Abs 3 Ärzte-ZV hat der Vertragsarzt lediglich den bei ihm angestellten Arzt zur Erfüllung der vertragsärztlichen Pflichten anzuhalten.

65 Damit besteht einerseits für bei Vertragsärzten angestellte Ärzte eine Lücke im Geltungsanspruch der vertragsärztlichen Pflichten und andererseits bei weniger als 10 Wochenstunden beim Vertragsarzt oder beim MVZ beschäftigten Ärzten eine Lücke in den Möglichkeiten für die KV, die Beachtung der vertragsärztlichen Pflichten im Wege von Disziplinarmaßnahmen nach § 81 Abs 5 SGB V iVm mit der jeweiligen Disziplinarordnung/Satzungsregelung der KV durchzusetzen (s hierzu § 60 Rn 4).

66 Im Falle der Nichtbeachtung vertragsärztlicher Pflichten durch einen angestellten Arzt, der nicht Mitglied der KV ist, kann die KV mit disziplinarischen Mitteln zwar nicht unmittelbar den Angestellten in Person, wohl aber den anstellenden Vertragsarzt belangen, soweit dieser seine Pflicht aus § 32b Abs 3 Ärzte-ZV nicht erfüllt hat, und im Falle der Ungeeignetheit des Angestellten den Widerruf der Anstellungsgenehmigung beim ZA betreiben.[44]

67 **6. Statusentscheidungen.** Zulassung und Ermächtigung sind sog Statusentscheidungen, die grundsätzlich nicht rückwirkend erteilt, geändert oder beendet werden können. Nach ständiger Rspr des BSG[45] wird dies mit den Eigenheiten des vertragsärztlichen Leistungssystems begründet, in dem sowohl der Versicherte als auch der Leistungserbringer selbst und die übrigen Beteiligten zum Zeitpunkt der Inanspruchnahme der Leistung Gewissheit darüber haben müssen, ob diese der Leistungspflicht der KK im Rahmen des Sachleistungs- bzw des gewählten Kostenerstattungsprinzips unterliegt oder nicht.

68 Grundsätzlich ist die Erteilung des Teilnahmestatus den **Zulassungsgremien** (Zulassungsausschüsse und Berufungsausschüsse nach §§ 96, 97 SGB V) als Gremien der gemeinsamen Selbstverwaltung vorbehalten, vgl §§ 19 Abs 1 S 1, 31, 31a, 32b Abs 2 S 1 Ärzte-ZV, §§ 103 Abs 3a ff, §§ 116, 116a SGB V.[46]

---

44 Zur Beendigung der Anstellungsgenehmigung s *Schallen* § 32b Rn 103 ff.
45 S *BSG* SozR 4-2500 § 98 Nr 4; *BSG* SozR 4-2500 § 96 Nr 1; *BSG* v 3.2.2010 – B 6 KA 20/09 B, juris; *BSG* SozR 3-2500 § 116 Nr 5; vgl *Schallen* Vor § 18 Rn 1 mwN; vgl *Wenner* § 14 Rn 1.
46 S *BSG* SozR 3-5520 § 31 Nr 8 mwN.

Zulassung und Ermächtigung §4

Ausnahmen: 69
- Ermächtigungen kraft Gesetzes, zB für Hochschulambulanzen nach § 117 SGB V[47] sowie für psychiatrische und psychosomatische Institutsambulanzen nach § 118 Abs 2 und 3 SGB V,
- Erteilung von bedarfsabhängigen Ermächtigungen durch KV für Ärzte, die zwar keine deutsche Approbation, aber eine Erlaubnis zur vorübergehenden und gelegentlichen Ausübung des ärztlichen Berufs im Rahmen einer EU-grenzüberschreitenden Dienst- leistungserbringung nach § 10b BÄO haben (§ 31 Abs 3 Ärzte-ZV),
- Erteilung von Ermächtigungen durch KV für Fachwissenschaftler der Medizin nach § 7 BMV-Ä.[48]

7. Rangverhältnis der Teilnahmeformen. Nach gefestigter Rspr des BSG[49] wird die 70 ambulante vertragsärztliche Versorgung in erster Linie durch niedergelassene Vertragsärzte bzw Vertragspsychotherapeuten sowie seit dem GMG durch MVZ gewährleistet.

Verbleibende Versorgungslücken sind vorrangig durch Ermächtigung von Krankenhausärzten (§ 116 SGB V iVm § 31a Ärzte-ZV), sodann durch Ermächtigung weiterer Ärzte zu beseitigen (§ 31 Abs 1 Ärzte-ZV). 71

Erst danach kommen bedarfsabhängige Institutsermächtigungen nach § 31 Abs 1 Nr 1 und 2 Ärzte-ZV in Betracht. 72

Verweigert ein Krankenhausträger die notwendige Zustimmungserklärung für eine persönliche Ermächtigung eines angestellten Krankenhausarztes nach § 116 SGB V, kommt auch eine Institutsermächtigung nicht in Betracht, denn ansonsten hätten die Institution und ihre Ärzte es in der Hand, über das Eingreifen des Nachranggrundsatzes zu entscheiden.[50] 73

An diesen Rangverhältnissen hat sich durch die Neufassung der BPLR-Ä zum 1.1.2013 infolge der Anforderungen durch das GKV-VStG, wonach die persönlichen Ermächtigungen und sonstigen Ärzte, die in ermächtigten Einrichtungen tätig sind, auf den Versorgungsgrad anzurechnen sind, nichts geändert. Denn die Auslegung der höchstrichterlichen Rspr beruht auf der Rechtsauslegung von Normen des SGB V und der Ärzte-ZV, die als solche unberührt geblieben sind. 74

Kein Nachrang gegenüber den erstrangigen Leistungserbringern besteht nach der Rspr des BSG für **bedarfsunabhängig zu ermächtigende Institutionen**.[51] Bei den bedarfsunabhängigen Ermächtigungen auf der Grundlage bundesmantelvertraglicher Bestimmungen, auf deren Erteilung ein Rechtsanspruch besteht, findet der Grundsatz des Vorrangs der persönlichen Ermächtigung von Ärzten gegenüber ärztlich geleiteten Einrichtungen ebenfalls keine Anwendung.[52] 75

---

47 S Rn 85 zu psychologischen Universitätsinstituten und Ambulanzen an Ausbildungsstätten nach § 6 des PsychThG.
48 Mangels gesetzlicher Ermächtigungsgrundlage Rechtmäßigkeit dieser Ermächtigungen fraglich, s *BSG* SozR 3-5520 § 31 Nr 8, s auch § 7 Rn 2.
49 Vgl *Ladurner* § 31 Rn 6 mwN.
50 S *BSG* SozR 4-2500 § 101 Nr 6 Rn 19; *BSG* SozR 4-2500 § 101 Nr 7 Rn 32.
51 ZB Dialyseeinrichtungen, s *BSG* GesR 2013, 305 ff; vgl *Ladurner* § 31 Rn 8 mwN.
52 *BSG* v 25.1.2017 – B 6 KA 11/16 R, BSGE 122, 264–271, SozR 4-5540 § 5 Nr 2.

76 **8. Rechtsschutz.** Die Entscheidungen der Zulassungsausschüsse werden durch **Beschluss** gefasst (Verwaltungsakt nach § 31 SGB X). Hiergegen können die am Verfahren beteiligten Ärzte und Einrichtungen, die KV und die Landesverbände der KK sowie die Ersatzkassen den Berufungsausschuss anrufen. Die Anrufung hat **aufschiebende Wirkung** (§ 96 Abs 4 SGB V).

77 In Fällen, in denen mehrere Ärzte über eine nur einmal verfügbare Position streiten[53], ist jeder abgelehnte Bewerber widerspruchsbefugt (sog **offensiver Konkurrenzschutz**).[54]

78 Anders zu beurteilen ist die Situation in den Fällen, in denen niedergelassene Ärzte versuchen, die Teilnahme an der vertragsärztlichen Versorgung von Konkurrenten gänzlich (zB Sonderbedarfszulassung, Ermächtigung) oder in Teilbereichen (zB bestimmte qualifikationsgebundene und damit genehmigungspflichtige Leistungen) zu verhindern (sog **defensiver Konkurrenzschutz**).

79 Nach der Rspr des BSG[55] ist ein solcher defensiver Konkurrenzschutz nur dann gegeben, wenn
– der Kläger und der Konkurrent im selben räumlichen Bereich die gleichen Leistungen anbieten und
– dem Konkurrenten die Teilnahme an der vertragsärztlichen Versorgung eröffnet oder erweitert und nicht nur ein weiterer Leistungsbereich genehmigt wird und
– der dem Konkurrenten eingeräumte Status gegenüber demjenigen des Anfechtenden nachrangig ist.

80 Letzteres ist der Fall, wenn die Einräumung des Status an den Konkurrenten vom Vorliegen eines Versorgungsbedarfs abhängt, der von den bereits zugelassenen Ärzten nicht abgedeckt wird.[56]

81 Bei statusbegründenden Entscheidungen im Vertragsarztrecht tritt die aufschiebende Wirkung eines von einem Dritten gegen eine begünstigende Entscheidung erhobenen Rechtsbehelfs erst (ex nunc) mit dem Zeitpunkt ein, in dem der Begünstigte hiervon Kenntnis erlangt.[57]

III. Psychotherapeuten (Abs 2)

82 An der vertragsärztlichen Versorgung nehmen auch zugelassene und ermächtigte **Psychologische Psychotherapeuten und Kinder- und Jugendlichenpsychotherapeuten** teil.

83 Durch das PsychThG wurden ab dem 1.1.1999 die Psychotherapeuten in das System der vertragsärztlichen Versorgung integriert und damit den Versicherten das Erstzugangsrecht zu diesen Leistungserbringern eröffnet. Zuvor konnten Psychotherapeuten oder Kinder- und Jugendlichenpsychotherapeuten nur im sogenannten Delegationsverfahren nach den Psychotherapie-Richtlinien an der psychotherapeutischen Behandlung von

---

53 ZB Besetzung eines Vertragsarztsitzes im Wege der Praxisnachfolge nach § 103 Abs 4 SGB V, *BSG* SozR 4-2500 § 103 Nr 1.
54 Zum Konkurrenzschutz im Vertragsarztrecht s gleichnamigen Beitrag HK-AKM/*Reiter* 2920 (Stand: 2010); *Wenner* Vertragsarztrecht nach der Gesundheitsreform, § 18 Rn 35 f.
55 Vgl *Ladurner* § 44 Rn 10 ff; *Schallen* § 44 Rn 20 mwN.
56 S *BSG* SozR 4-1500 § 54 Nr 10.
57 S *BSG* SozR 4-2500 § 96 Nr 1.

Zulassung und Ermächtigung § 4

gesetzlich Krankenversicherten mitwirken. Bei Nachweis der durch das PsychThG neugeschaffenen Approbationen als Psychologischer Psychotherapeut oder Kinder- und Jugendlichenpsychotherapeut, der Eintragung in das Arztregister sowie der erforderlichen Qualifikation in den in der GKV anerkannten Behandlungsverfahren innerhalb der gesetzlich vorgegebenen Fristen bestand ein Anspruch auf Zulassung gem § 95 Abs 10 SGB V[58] unabhängig von bedarfsplanerischen Aspekten. Konnte die Eintragung in das Arztregister noch nicht nachgewiesen werden, aber eine bestimmte Anzahl an Behandlungsstunden, konnten die Psychotherapeuten Antrag auf Nachqualifikation stellen und damit bereits zur Teilnahme an der vertragspsychotherapeutischen Versorgung ermächtigt werden (§ 95 Abs 11 SGB V). Nunmehr erfolgen Zulassung und Ermächtigung der Psychotherapeuten bedarfsabhängig nach § 95 Abs 2 SGB V iVm § 95c SGB V bzw § 95 Abs 4 iVm § 95c SGB V.

Für das Zulassungsverfahren gelten die Regelungen der Ärzte-ZV entsprechend (§ 1 Abs 3 Nr 1 Ärzte-ZV).[59] **84**

An der vertragsärztlichen (besser: vertragspsychotherapeutischen) Versorgung nehmen bislang auch ermächtigte Hochschulambulanzen an psychologischen Universitätsinstituten im Rahmen des für Forschung und Lehre erforderlichen Umfangs und Ambulanzen an Ausbildungsstätten nach § 6 des PsychThG teil (§ 117 Abs 2, 3 SGB V).[60] Mit dem Gesetz zur Reform der Psychotherapeutenausbildung kehrt der Gesetzgeber wieder zum Modell der Ermächtigung durch den ZA zurück, s § 117 Abs 3a, 3b SGB V.[61] Für die bereits bestehenden Ambulanzen besteht Bestandsschutz nach Maßgabe von § 117 Abs 3b S 2 SGB V. **85**

Für angestellte Psychotherapeuten gelten die Sorgfaltspflichten und die Beachtung der vertragsärztlichen Pflichten in gleicher Weise wie für angestellte Ärzte (Abs 2 S 2). **86**

IV. Witwenquartal (Abs 3)

Verstirbt ein Vertragsarzt, kann die KV die **Weiterführung der Praxis** des Verstorbenen durch einen anderen Arzt, der zumindest die Voraussetzungen für eine Eintragung ins Arztregister erfüllen muss (§ 95a Abs 1 SGB V), **bis zur Dauer von zwei Quartalen** genehmigen. Der Beginn des Zeitraumes wird in der Regel von den KV wegen des Quartalsbezugs (Einreichung der Abrechnung für erbrachte Leistungen quartalsweise) auf den Beginn des auf den Todeseintritt folgenden Quartals gelegt. **87**

Die Regelung soll insbesondere den Angehörigen des Verstorbenen für eine begrenzte Übergangszeit zur Regelung der persönlichen Verhältnisse und der Praxisnachfolge die Einkünfte aus der Praxis erhalten. **88**

---

58 § 95 Abs 10–12 SGB V wegen Zeitablauf aufgehoben mit Wirkung v 1.9.2020 durch Gesetz zur Reform der Psychotherapeutenausbildung v 15.11.2019, BGBl I, 1640.
59 Hinweise zur Umsetzung des PsychThG enthalten bspw *Behnsen/Bell/Best/Gerlach/Schirmer/Schmid* MHP, Kap 300, 540, 2350; *Liebold/Zalewski* Handbuch Psychotherapie in der vertragsärztlichen Versorgung, Kap 3. Zur Leistungserbringung durch psychologische Psychotherapeuten s HK-AKM/*Best/Steinhilper* 4430 Psychologische Psychotherapeuten (Stand 2012); *Stellpflug* Psychotherapeutenrecht – Berufs- und vertragsarztrechtliche Fragen; Wenzel/*Hess* Kap 2.1 Rn 268 ff.
60 S Kommentierung Anhang 1 Psychotherapievereinbarung, § 6 Rn 2.
61 S hierzu ausführlich Anhang 1 Psychotherapievereinbarung, § 8 Rn 6 ff.

§ 5 Ermächtigung zur Durchführung bestimmter ärztlicher Leistungen

Aber auch unter dem Gesichtspunkt der Erhaltung von Bestandspraxen in strukturschwachen Regionen ist die (zeitlich befristete) Fortführung der Praxis aus Sicherstellungsgründen von Bedeutung.

89 **Antragsberechtigt** für die notwendige Genehmigung sind die Erben des Verstorbenen.

90 Als **Nachweise** sind mit dem Antrag idR vorzulegen:
 – Approbation und Facharztanerkennung des Vertreters,
 – Sterbeurkunde im Original oder amtlich beglaubigter Kopie.

91 Die KV informiert die Verbände der KK über die Weiterführung der Praxis eines verstorbenen Vertragsarztes.

§ 5 Ermächtigung zur Durchführung bestimmter ärztlicher Leistungen

(1) Die Zulassungsausschüsse können über die Ermächtigungstatbestände des § 31 Abs. 1 Ärzte-ZV hinaus gemäß § 31 Absatz 2 Ärzte-ZV geeignete Ärzte und in Ausnahmefällen ärztlich geleitete Einrichtungen zur Durchführung bestimmter, in einem Leistungskatalog definierter Leistungen auf der Grundlage des EBM ermächtigen, wenn dies zur Sicherstellung der vertragsärztlichen Versorgung erforderlich ist.

(2) ¹Die Zulassungsausschüsse können ferner ohne Prüfung eines Bedarfs auf Antrag für folgende Leistungsbereiche Ärzte und ärztlich geleitete Einrichtungen zur Teilnahme an der vertragsärztlichen Versorgung ermächtigen:
1. Zytologische Diagnostik von Krebserkrankungen, wenn der Arzt oder die Einrichtung mindestens 6 000 Untersuchungen jährlich in der Exfoliativ-Zytologie durchführt und regelmäßig die zum Erwerb der Fachkunde in der zytologischen Diagnostik notwendigen eingehenden Kenntnisse und Erfahrungen vermittelt,
2. ambulante Untersuchungen und Beratungen zur Planung der Geburtsleitung im Rahmen der Mutterschaftsvorsorge gemäß den Richtlinien des Gemeinsamen Bundesausschusses.

²Die Zulassungsausschüsse erteilen ohne Prüfung eines Bedarfs auf Antrag Ärzten, die nicht an der vertragsärztlichen Versorgung teilnehmen sowie Ärzten, die an zugelassenen Krankenhäusern oder ermächtigten Einrichtungen tätig sind, eine Ermächtigung zur Teilnahme an der vertragsärztlichen Versorgung nach § 73 Abs. 2 Nr. 13 SGB V, soweit diese Ärzte eine Genehmigung zur Durchführung der Abrechnung von Zweitmeinungsleistungen gemäß der Richtlinie zum Zweitmeinungsverfahren des G-BA (Zm-RL) von der zuständigen Kassenärztlichen Vereinigung erhalten haben. ³Die Ermächtigung nach Satz 2 erfolgt für die Dauer der Teilnahme am Zweitmeinungsverfahren.

(3) Für Ärzte, die am 31. Dezember 1994 zur Erbringung von Leistungen der Mutterschaftsvorsorge und Früherkennung von Krankheiten ermächtigt waren, ist bei der Prüfung des Bedarfs für die Fortsetzung der Ermächtigung zu berücksichtigen, ob und inwieweit hierdurch die Inanspruchnahme dieser Untersuchungen gefördert wird.

Ermächtigung zur Durchführung bestimmter ärztlicher Leistungen §5

Übersicht

	Rn		Rn
I. Gesetzliche Vorgaben	1	IV. Bedarfsunabhängige Ermächtigung für Teilnahme am Zweitmeinungsverfahren	7
II. Ermächtigung zur Durchführung bestimmter, in einem Leistungskatalog definierter Leistungen auf der Grundlage des EBM (Abs 1)	3	V. Prüfmaßstab bei Fortsetzung der Ermächtigungen nach Abs 2 (Abs 3)	9
III. Bedarfsunabhängige Ermächtigung für spezielle Leistungen (Abs 2 S 1)	5		

I. Gesetzliche Vorgaben

Gem § 98 Abs 1 SGB V iVm § 31 Abs 2 Ärzte-ZV können die KBV und der Spitzenverband Bund der KK im BMV-Ä Regelungen treffen, die über die Voraussetzungen des § 31 Abs 1 Ärzte-ZV hinaus Ermächtigungen zur Erbringung bestimmter ärztlicher Leistungen im Rahmen der vertragsärztlichen Versorgung vorsehen. 1

Die Partner des BMV-Ä haben auf Grundlage dieser Öffnungsklausel die Erteilung weiterer Ermächtigungen in § 5 aufgenommen. 2

II. Ermächtigung zur Durchführung bestimmter, in einem Leistungskatalog definierter Leistungen auf der Grundlage des EBM (Abs 1)

Abs 1 regelt die Erteilung von **bedarfsabhängigen Ermächtigungen** für geeignete Ärzte und in Ausnahmefällen auch ärztlich geleitete Einrichtungen[1] zur Durchführung von Leistungen, die in einem Leistungskatalog auf der Grundlage des EBM definiert sind. 3

Eine Ermächtigung im Rahmen des § 5 Abs 1 muss also so bestimmt sein, dass die darin aufgeführten Leistungen den Leistungslegenden des EBM entsprechen. Das systematische Verhältnis zwischen der in § 31 Abs 1 Ärzte-ZV geregelten Ermächtigung von Ärzten bzw ärztlich geleiteten Einrichtungen und den Ermächtigungstatbeständen des § 5 Abs 1 schließt darüber hinaus aus, globale oder umfangreiche Ermächtigungen für alle ärztlichen Leistungen eines Teil- oder Schwerpunktgebiets in Form einer Katalogermächtigung zu erteilen.[2] Wegen des Nachrangs der Katalogermächtigung des § 5 Abs 1 gegenüber der generellen Ermächtigungsvorschrift für andere als Krankenhausärzte (*„über die Ermächtigungstatbestände des § 31 Abs 1 Ärzte-ZV hinaus"*) kann eine solche nur zur Schließung von Versorgungslücken bei **spezialisierten Einzelleistungen** genutzt werden.[3] 4

III. Bedarfsunabhängige Ermächtigung für spezielle Leistungen (Abs 2 S 1)

Nach Abs 2 S 1 können Ärzte und ärztlich geleitete Einrichtungen **bedarfsunabhängig** zur Teilnahme an der vertragsärztlichen Versorgung ermächtigt werden für die Durchführung 5

- **zytologischer Diagnostik von Krebserkrankungen** (Ziffer 1)
  Die Erbringung dieser Leistung ist qualifikationsgebunden. Voraussetzung hierfür ist, dass der Arzt oder die Einrichtung mindestens 6.000 Untersuchungen jährlich

---

1 Nachrang der Institutsermächtigung ggü der pers Ermächtigung, s § 4 Rn 70 ff.
2 Vgl. *Ladurner* § 31 Rn 34 mwN.
3 *BSG* v 1.7.1998 – B 6 KA 11/98 R, SozR 3-5520 § 31 Nr 8, SozR 3-1500 § 12 Nr 12.

§ 5 Ermächtigung zur Durchführung bestimmter ärztlicher Leistungen

in der Exfoliativ-Zytologie durchführt und regelmäßig die zum Erwerb der Fachkunde in der zytologischen Diagnostik notwendigen eingehenden Kenntnisse und Erfahrungen vermittelt.[4]
– **ambulanter Untersuchungen und Beratungen zur Planung der Geburtsleitung im Rahmen der Mutterschaftsvorsorge gem den Richtlinien des G-BA** (Ziffer 2)
Maßnahmen nach den Richtlinien des G-BA über die ärztliche Betreuung während der Schwangerschaft und nach der Entbindung („*Mutterschafts-Richtlinien*")[5] dürfen nur diejenigen Ärzte ausführen, die die vorgesehenen Leistungen (hier Untersuchung und Beratung zur Planung der Geburtsleitung) auf Grund ihrer Kenntnisse und Erfahrungen erbringen können und über die erforderlichen Einrichtungen verfügen (s Allgemeines Ziffer 4 der Mutterschafts-Richtlinien).

6 IRd bedarfsunabhängigen Ermächtigungen des § 5 Abs 2 S 1 besteht **kein Vorrang der persönlichen Ermächtigung gegenüber der Institutsermächtigung**.[6] Es ist aber durch die Zulassungsgremien sicherzustellen, dass Leistungen mit besonderen Qualifikationsanforderungen auch im Rahmen der Institutsermächtigung ausschließlich von entsprechend qualifizierten Ärzten erbracht werden. Dies muss durch eine ausdrückliche Inhaltsbestimmung[7] in der Ermächtigung erfolgen, die die jeweilige Einrichtung verpflichtet, die zuständige KV fortlaufend darüber zu informieren, welche namentlich benannten Ärzte die Qualifikationsanforderungen erfüllen und die entsprechenden Leistungen abrechnen. Die abgerechneten Leistungen sind durch die ermächtigte Einrichtung in geeigneter und durch die Zulassungsgremien festzulegender Form (zB mittels der Anfügung der LANR des die Leistung erbringenden Arztes) zu kennzeichnen.[8]

IV. Bedarfsunabhängige Ermächtigung für Teilnahme am Zweitmeinungsverfahren

7 Abs 2 S 2 sieht eine **bedarfsunabhängige Ermächtigung von Ärzten im Rahmen des sog. Zweitmeinungsverfahrens** vor. Der Anspruch auf Einholung einer Zweitmeinung als Sachleistung der gesetzlichen Krankenversicherung (GKV) wurde erstmals durch das GKV-Versorgungsstärkungsgesetz[9] in § 27b SGB V unter spezifischen Voraussetzungen verankert. Versicherte, bei denen eine Indikation für einen planbaren Eingriff gestellt wird, bei dem die Gefahr einer Indikationsausweitung nicht auszuschließen ist, haben gem § 27b Abs 1 SGB V einen Anspruch darauf, eine unabhängige ärztliche Zweitmeinung bei einem Arzt oder einer Einrichtung mit einer besonderen Expertise für den jeweiligen Eingriff einzuholen. Die Zweitmeinung kann hierbei nicht bei einem Arzt oder einer Einrichtung eingeholt werden, durch den oder durch die der Eingriff durchgeführt werden soll.

8 Die Zulassungsgremien erteilen Ärzten die nicht an der vertragsärztlichen Versorgung teilnehmen sowie Ärzten, die an zugelassenen Krankenhäusern oder ermächtigten Einrichtungen tätig sind, eine Ermächtigung zur Teilnahme an der vertragsärztlichen

---

4 Zur Exfoliativ-Zytologie s auch die Zusatz-Weiterbildung für Gynäkologen in Abschnitt C der MWBO.
5 BAnz AT 27.05.2019 B 3.
6 S *BSG* v 25.1.2017 – B 6 KA 11/16 R, GesR 2017, 631 f.
7 Zur Abgrenzung Inhaltsbestimmung/Nebenbestimmung siehe *BSG* v 28.9.2016 – B 6 KA 40/15 R, BSGE 122, 55–64, SozR 4-2500 § 103 Nr 22.
8 S *BSG* v 25.1.2017 – B 6 KA 11/16 R, Rn 27 ff.
9 GKV-Versorgungsstärkungsgesetz v 16.7.2015, BGBl I, 1211.

Versorgung nach § 73 Abs. 2 Nr 13 SGB V. Voraussetzung dafür ist, dass diese eine Genehmigung zur Durchführung der Abrechnung von Zweitmeinungsleistungen nach der Richtlinie zum Zweitmeinungsverfahren des G-BA (ZM-RL)[10] von der zuständigen KV nach erfolgtem Nachweis der jeweiligen Qualifikationsanforderungen[11] erhalten haben. Die Ermächtigung ist auf die Dauer der Teilnahme am Zweitmeinungsverfahren zu befristen.

V. Prüfmaßstab bei Fortsetzung der Ermächtigungen nach Abs 2 (Abs 3)

Abs 3 beinhaltet einen Maßstab für die Ausübung des Beurteilungsspielraums der Zulassungsausschüsse bei der Prüfung des Bedarfs für Leistungen der Mutterschaftsvorsorge und Früherkennung von Krankheiten. Die Zulassungsausschüsse haben für Ärzte, die am 31.12.1994 zur Erbringung der vorstehend genannten Leistungen bereits ermächtigt waren, bei der Prüfung des Bedarfs für die Fortsetzung der Ermächtigung zu berücksichtigen, ob und inwieweit hierdurch die Inanspruchnahme dieser Leistungen gefördert wird. 9

Die Vorschrift dient dem Ziel, die aus gesundheitspolitischen Erwägungen als dringend geboten angesehene Teilnahme der Versicherten an den Früherkennungsmaßnahmen zu fördern. 10

Ein Bedarf für Leistungen der Mutterschaftsvorsorge und Früherkennung von Krankheiten ist gegeben, wenn konkret belegt werden kann, ob und inwieweit die Inanspruchnahme dieser Untersuchungen gefördert wird. Nicht ausreichend ist eine lediglich abstrakt bestehende Fördermöglichkeit („gefördert werden können"). Als ausreichend wird hingegen auch die Verhinderung des Rückgangs der Inanspruchnahme dieser Leistungen gesehen.[12] 11

§ 6 Ermächtigung von Fachzahnärzten für Kieferchirurgie und Fachzahnärzten für theoretisch-experimentelle Fachrichtungen der Medizin

(1) ¹Approbierte Fachzahnärzte für Kieferchirurgie, welche Inhaber einer unbefristeten gültigen Erlaubnis nach § 10a Abs. 1 Bundesärzteordnung (BÄO) zur Ausübung des ärztlichen Berufs auf dem Gebiet der Mund-, Kiefer- und Gesichtschirurgie und zur vertragszahnärztlichen Versorgung zugelassen sind, werden auf ihren Antrag durch die Zulassungsausschüsse für die Dauer ihrer Teilnahme an der vertragszahnärztlichen Versorgung im Umfang ihrer berufsrechtlichen Erlaubnis zur Teilnahme an der vertragsärztlichen Versorgung ermächtigt. ²Der ermächtigte Fachzahnarzt ist verpflichtet, die Beendigung oder das Ruhen der Teilnahme an der vertragszahnärztlichen Versorgung der Kassenärztlichen Vereinigung mitzuteilen.

(2) ¹Approbierte Fachzahnärzte für eine theoretisch-experimentelle Fachrichtung der Medizin, welche Inhaber einer unbefristeten gültigen Erlaubnis nach § 10a Abs. 2 BÄO zur Ausübung des ärztlichen Berufs in ihrem Fachgebiet sind, werden auf ihren Antrag durch die Zulassungsausschüsse für die Dauer und im Umfang ihrer berufsrechtlichen

---

10 Richtlinie zum Zweitmeinungsverfahren (ZM-RL), BAnz AT 7.12.2018 B4, in Kraft getreten 8.12.2018.
11 Vgl. § 7 ZM-RL.
12 *BSG* SozR 3-5540 § 5 Nr 1.

Erlaubnis zur Teilnahme an der vertragsärztlichen Versorgung ermächtigt, wenn und solange sie in freier Praxis niedergelassen sind und im Rahmen ihrer Erlaubnis ärztliche Leistungen erbringen können, welche Gegenstand der vertragsärztlichen Versorgung sind. ²Dies gilt nur, wenn in dem Versorgungsgebiet, für das der approbierte Fachzahnarzt eine Ermächtigung beantragt, keine Zulassungssperren für Gebiete bestehen, denen die Leistungen, für die eine Ermächtigung beantragt wird, zuzuordnen sind. ³Im Ermächtigungsbescheid sind die ärztlichen Leistungen, welche in der vertragsärztlichen Versorgung erbracht werden dürfen, in einem Leistungskatalog auf der Grundlage des EBM festzulegen. ⁴Der Fachzahnarzt hat die Beendigung seiner Tätigkeit in niedergelassener Praxis der Kassenärztlichen Vereinigung mitzuteilen.

Übersicht

	Rn			Rn
I. Gesetzliche Vorgaben	1		III. Ermächtigung von Fachzahnärzten für eine theoretisch-experimentelle Fachrichtung der Medizin (Abs 2)	7
II. Ermächtigung von Fachzahnärzten für Kieferchirurgie (Abs 1)	5			

I. Gesetzliche Vorgaben

1   Die Partner des BMV-Ä haben für die Teilnahme von **Fachzahnärzten für Kieferchirurgie** und **Fachzahnärzten für eine theoretisch-experimentelle Fachrichtung der Medizin** an der vertragsärztlichen Versorgung im Rahmen einer Ermächtigung (Übergangs-)Regelungen auf Grundlage des § 98 Abs 2 Nr 11 SGB V iVm § 31 Abs 2 Ärzte-ZV getroffen.

2   Das gewachsene Berufsbild des **Mund-Kiefer-Gesichtschirurgen** ist grundsätzlich durch die notwendige Doppelqualifikation und durch die Gestattung sowohl der ärztlichen als auch der zahnärztlichen Berufsausübung geprägt.[1] Auf der Ebene der Zulassung wird dieser Besonderheit dadurch Rechnung getragen, dass Mund-Kiefer-Gesichtschirurgen typischerweise sowohl zur vertragsärztlichen als auch zur vertragszahnärztlichen Versorgung zugelassen werden.

3   Die in der früheren DDR ausgebildeten **Fachzahnärzte für Kieferchirurgie**, die neben der zahnärztlichen auch über eine ärztliche Ausbildung verfügten, als Ärzte aber nicht approbiert waren, konnten außer der Approbation und Zulassung als (Vertrags-)Zahnarzt auf Antrag die Erlaubnis zur Ausübung ärztlicher Tätigkeiten gem § 10a Abs 1 BÄO erhalten. In der DDR war die Doppelapprobation als Voraussetzung für die Weiterbildung und Anerkennung als Kieferchirurg im Jahr 1978 abgeschafft worden. Für die Weiterbildung zum Facharzt für Kieferchirurgie genügte die Approbation als Arzt, zur Weiterbildung als Fachzahnarzt für Kieferchirurgie die Approbation als Zahnarzt. Diese Fachärzte und Fachzahnärzte waren in der DDR berechtigt, alle Tätigkeiten auf dem Gebiet der Kieferchirurgie auszuüben. In Folge des Einigungsvertrags hatten die Fachzahnärzte für Kieferchirurgie diese Berechtigung verloren und benötigten eine Berechtigung zur Ausübung einschlägiger ärztlicher Tätigkeiten auf dem gesamten Gebiet der Mund-, Kiefer- und Gesichtschirurgie.[2]

4   Die in der DDR ausgebildeten **Fachzahnärzte für eine theoretisch-experimentelle Fachrichtung der Medizin** waren berechtigt und verpflichtet, alle „medizinischen

---

1   BSGE 85, 145 = SozR 3-5525 § 20 Nr 1.
2   Vgl BT-Drucks 12/1524, 15 f.

Tätigkeiten auf ihrem Fachgebiet durchzuführen". Derartige Weiterbildungen erfolgten unter anderem in den Fachrichtungen Anästhesie, Labordiagnostik, Pathologische Anatomie und Radiologie. In Folge des Einigungsvertrags hatten diese Fachzahnärzte ihr Recht verloren, ärztliche Tätigkeiten in einem Fachgebiet außerhalb der Zahnmedizin auszuüben. § 10a Abs 2 BÄO sieht daher eine auf die jeweiligen Tätigkeiten der theoretisch-experimentellen Fachrichtung beschränkte unbefristete Erlaubnis für die Ausübung des ärztlichen Berufs vor.[3]

II. Ermächtigung von Fachzahnärzten für Kieferchirurgie (Abs 1)

Approbierte Fachzahnärzte für Kieferchirurgie, die

– Inhaber einer **unbefristeten** gültigen Erlaubnis nach § 10a Abs 1 BÄO zur Ausübung des ärztlichen Berufs auf dem Gebiet der Mund-, Kiefer- und Gesichtschirurgie und
– zur vertrags**zahn**ärztlichen Versorgung zugelassen sind,

werden **auf Antrag**

– im Umfang ihrer berufsrechtlichen Erlaubnis
– für die Dauer ihrer Teilnahme an der vertrags**zahn**ärztlichen Versorgung

durch die Zulassungsausschüsse zur Teilnahme an der vertrags**ärztl**ichen Versorgung (bedarfsunabhängig) ermächtigt.

Wegen der Abhängigkeit der Teilnahme an der vertragsärztlichen Versorgung von der Teilnahme an der vertragszahnärztlichen Versorgung hat der ermächtigte Fachzahnarzt sowohl die Beendigung als auch das Ruhen der Teilnahme an der vertragszahnärztlichen Versorgung der KV mitzuteilen (S 2).

III. Ermächtigung von Fachzahnärzten für eine theoretisch-experimentelle Fachrichtung der Medizin (Abs 2)

Approbierte Fachzahnärzte für eine theoretisch-experimentelle Fachrichtung der Medizin, die Inhaber einer **unbefristeten** gültigen Erlaubnis nach § 10a Abs 2 BÄO zur Ausübung des ärztlichen Berufs auf ihrem jeweiligen Fachgebiet sind, werden **auf Antrag** durch die Zulassungsausschüsse für die Dauer und im Umfang ihrer berufsrechtlichen Erlaubnis ermächtigt,

– **wenn und solange** sie in freier Praxis niedergelassen sind und
– im Rahmen ihrer Erlaubnis **ärztliche Leistungen** erbringen können, die **Gegenstand der vertragsärztlichen Versorgung** sind.

Für den Planungsbereich, für den der jeweilige Fachzahnarzt eine Ermächtigung beantragt, dürfen keine Zulassungsbeschränkungen für diejenigen Gebiete bestehen, denen die beantragten Leistungen zuzuordnen sind. Die Leistungen, die in der vertragsärztlichen Versorgung erbracht werden dürfen, müssen in einem Leistungskatalog auf Basis des EBM abschließend durch den Zulassungsausschuss festgelegt werden.

Der ermächtigte Fachzahnarzt hat die Beendigung seiner Teilnahme in niedergelassener Praxis der KV mitzuteilen (S 4).

---

3 Vgl BT-Drucks 12/1524, 16.

§ 7 Fachwissenschaftler der Medizin

(1) ¹Soweit dies zur Sicherstellung der vertragsärztlichen Versorgung notwendig ist, kann die Kassenärztliche Vereinigung im Einvernehmen mit den Verbänden der Krankenkassen Fachwissenschaftler der Medizin zur Teilnahme an der vertragsärztlichen Versorgung ermächtigen, wenn der Fachwissenschaftler nachweist, dass er in der jeweiligen Fachrichtung die nach dem maßgeblichen Recht der neuen Bundesländer für ein entsprechendes postgraduales Studium vorgesehene Weiterbildung erfolgreich abgeschlossen hat. ²Der Ermächtigungsbescheid der Kassenärztlichen Vereinigung muss bestimmen, für welche einzelnen Leistungen oder Leistungsbereiche der Fachwissenschaftler ermächtigt wird und dass er nur auf Überweisung in Anspruch genommen werden kann. ³Die Ermächtigung kann sich nur auf solche Leistungen beziehen, für die der Fachwissenschaftler der Medizin aufgrund der Vorlage entsprechender Zeugnisse und Bescheinigungen eine Qualifikation zur selbstständigen Leistungserbringung nachgewiesen hat. ⁴Mit der Ermächtigung darf der Fachwissenschaftler die entsprechenden Leistungen selbstständig und eigenverantwortlich ausführen. ⁵Die Ermächtigung darf unbefristet erteilt werden.

(2) ¹Fachwissenschaftler der Medizin der Fachrichtung Klinische Chemie und Labordiagnostik können unter Voraussetzung von Abs. 1 zur Durchführung laboratoriumsmedizinischer Leistungen des Kapitels 32 und des Abschnitts 1.7 sowie von Leistungen der Abschnitte 11.4 und 19.4 sowie des Kapitels 12 EBM ermächtigt werden. ²Die Ermächtigung nur für Leistungen der Abschnitte 11.4, 19.4 und 32.3, sowie dem Abschnitt 32.3 entsprechende Leistungen des Abschnitts 1.7 EBM kann auch erfolgen, wenn der Klinische Chemiker Leiter eines Gemeinschaftslabors von niedergelassenen Ärzten ist, in der für die Mitglieder der Laborgemeinschaft Leistungen des Abschnitts 32.2 EBM des Leistungsverzeichnisses erbracht werden. ³Die Ermächtigung des Klinischen Chemikers gestattet den ärztlichen Mitgliedern der Gemeinschaftseinrichtung nicht, die Leistungen der Abschnitte 11.4, 19.4 und 32.3, sowie dem Abschnitt 32.3 entsprechende Leistungen des Abschnitts 1.7 EBM in der Gemeinschaftseinrichtung als eigene Leistungen zu beziehen und abzurechnen. ⁴Die Ermächtigung des Klinischen Chemikers begründet entsprechend der für Ärzte geltenden Regelung die Verpflichtung, Leistungen der Abschnitte 11.4, 19.4 und 32.3 sowie dem Abschnitt 32.3 entsprechende Leistungen des Abschnitts 1.7 EBM nach Maßgabe des § 25 Abs. 2 Nr. 2 als persönliche Leistung auszuführen.

Übersicht

	Rn		Rn
I. Gesetzliche Vorgaben	1	III. Ermächtigung von Fachwissenschaftlern der Fachrichtung „Klinische Chemie und Labordiagnostik" (Abs 2)	6
II. Ermächtigung von Fachwissenschaftlern der Medizin (Abs 1)	3		

I. Gesetzliche Vorgaben

1 Die Berufsbezeichnung „Fachwissenschaftler der Medizin" wurde an Biologen, Biochemiker, Chemiker, Ingenieure technischer Fachrichtungen und andere fachverwandte Naturwissenschaftler verliehen, die an der Akademie für Ärztliche Fortbildung der DDR eine entsprechende Weiterbildung in Form eines **postgradualen Studiums** absolviert hatten. Die jeweilige Berufsbezeichnung berechtigte die Absolventen, innerhalb

eines bestimmten Fachgebietes eigenständig Maßnahmen der medizinischen Diagnostik durchzuführen. Innerhalb der Weiterbildung zum Fachwissenschaftler der Medizin erfolgte analog zur Ausbildung als Facharzt eine Spezialisierung auf eine bestimmte Fachrichtung. Im Jahr 1990 gab es in der DDR rund 700 ausgebildete Fachwissenschaftler für Medizin der Fachrichtung „Klinische Chemie und Labordiagnostik".

Die Partner des BMV-Ä haben sich darauf verständigt, Fachwissenschaftlern der Medizin unter Voraussetzungen die Erbringung bestimmter Leistungen weiterhin im Rahmen der vertragsärztlichen Versorgung zu ermöglichen. Eine solche Regelungsbefugnis der Partner des BMV-Ä für eine Ermächtigung zur Teilnahme an der vertragsärztlichen Versorgung, die durch eine KV ausgesprochen wird, ist jedoch – schon mangels einer die Partner des BMV-Ä insoweit legitimierenden (parlaments-)gesetzlichen Regelung – zweifelhaft. Für die Erteilung von Ermächtigungen sind nach den Vorgaben des Vertragsarztrechts regelmäßig (mit Ausnahme des hier nicht einschlägigen § 31 Abs 3 Ärzte-ZV) die Zulassungsausschüsse zuständig, Ermächtigungen sind zudem grundsätzlich zu befristen.[1] **2**

II. Ermächtigung von Fachwissenschaftlern der Medizin (Abs 1)

Aus Sicherstellungsgründen können KV im Einvernehmen mit den Verbänden der KK **auf Antrag** einen Fachwissenschaftler der Medizin zur Teilnahme an der vertragsärztlichen Versorgung **unbefristet** ermächtigen, wenn durch diesen der Nachweis erfolgt, dass er in der jeweiligen Fachrichtung die nach dem maßgeblichen Recht der neuen Bundesländer für ein entsprechendes postgraduales Studium vorgesehene Weiterbildung erfolgreich abgeschlossen hat. **3**

Der Ermächtigungsbescheid muss die einzelnen Leistungen oder Leistungsbereiche, für welche der Fachwissenschaftler der Medizin ermächtigt wird, bestimmen sowie einen Vorbehalt beinhalten, dass dieser nur auf Überweisung in Anspruch genommen werden kann. **4**

Die Ermächtigung selbst kann sich nur auf solche Leistungen beziehen, für die der Fachwissenschaftler der Medizin durch Vorlage entsprechender Zeugnisse und Bescheinigungen eine Qualifikation zur selbstständigen Leistungserbringung nachgewiesen hat. **5**

III. Ermächtigung von Fachwissenschaftlern der Fachrichtung „Klinische Chemie und Labordiagnostik" (Abs 2)

Fachwissenschaftler der Medizin der Fachrichtung *„Klinische Chemie und Labordiagnostik"* können unter den in II. dargestellten Voraussetzungen zur Durchführung laboratoriums-diagnostischer Leistungen des Kapitels 32 und des Abschnitts 1.7 sowie von Leistungen der Abschnitte 11.4 und 19.4 und des Kapitels 12 des EBM ermächtigt werden. **6**

Abs 2 S 2–4 beinhalten Regelungen für den Fall, dass der Klinische Chemiker Leiter eines Gemeinschaftslabors von niedergelassenen Ärzten ist, in der für die Mitglieder der Laborgemeinschaft Leistungen des Abschnitts 32.2 des EBM erbracht werden. **7**

---

1 S auch *Ladurner* Ärzte-ZV, § 31 Rn 38 f.

§ 8 Ermächtigung von Ärzten aus Mitgliedstaaten der Europäischen Union (EU) zur Erbringung von Dienstleistungen

(1) Ärzte, die als Angehörige eines der anderen Mitgliedstaaten der Europäischen Gemeinschaften nach Maßgabe des Titels 2 der Richtlinie 2005/36/EG vom 7. September 2005 ärztliche Leistungen ohne Begründung einer Niederlassung in der Bundesrepublik Deutschland (Dienstleistungen) erbringen wollen, werden auf ihren Antrag gemäß § 31 Abs. 5 Ärzte-ZV von den Zulassungsausschüssen des Bereichs, in dem die Leistungen durchgeführt werden sollen, hierzu ermächtigt, wenn

1. der Antragsteller aufgrund einer Anzeige an die zuständige Behörde in der Bundesrepublik Deutschland berechtigt ist, als Dienstleistungserbringer im Sinne des Artikels 57 des Vertrages über die Arbeitsweise der Europäischen Union (AEUV) vorübergehend den ärztlichen Beruf im Geltungsbereich der Bundesärzteordnung auszuüben,
2. der Antragsteller die persönlichen Voraussetzungen erfüllt, die ein Vertragsarzt nach seinem Berufsrecht, den Bestimmungen dieses Vertrages und den Richtlinien des Gemeinsamen Bundesausschusses erfüllen muss, um die gleichen Leistungen zu erbringen,
3. in der Person des Antragstellers keine Gründe vorliegen, die bei einem Vertragsarzt die Entziehung der Zulassung zur Folge haben würden,
4. die Dienstleistungen, welche der Antragsteller erbringen will, Gegenstand der vertragsärztlichen Versorgung nach § 73 Abs. 2 SGB V sind,
5. die Dienstleistungen, welche der Antragsteller erbringen will, nicht einem Gebiet zuzuordnen sind, für das nach Maßgabe der Bedarfsplanungs-Richtlinien eine Zulassungssperre besteht.

(2) ¹Unterliegen die Dienstleistungen, die der Antragsteller erbringen will, Bestimmungen der Qualitätssicherung gemäß § 135 Abs. 2 SGB V, sind vom Antragsteller Zeugnisse vorzulegen, aus denen die Erfüllung der geforderten Qualifikationsvoraussetzungen hervorgeht. ²Bestehen trotz der vorgelegten Zeugnisse Zweifel an der Qualifikation des Antragstellers, ist die Genehmigung zum Erbringen der beantragten Dienstleistungen von der erfolgreichen Teilnahme an einem Kolloquium durch die zuständige Kassenärztliche Vereinigung abhängig zu machen.

(3) Die Ermächtigung berechtigt den Arzt zur Erbringung der ärztlichen Leistungen nach Maßgabe der für Vertragsärzte geltenden Bestimmungen.

(4) Der Versicherte hat entstehende Mehrkosten (insbesondere Reisekosten) zu tragen, wenn ohne zwingenden Grund ermächtigte Ärzte aus anderen Mitgliedstaaten der Europäischen Gemeinschaften als Dienstleistungserbringer in Anspruch genommen werden.

(5) ¹Für die Erbringung von Dienstleistungen in Notfällen durch Ärzte aus anderen Mitgliedstaaten der Europäischen Gemeinschaften finden die für die Behandlung im Notfall durch nicht an der vertragsärztlichen Versorgung teilnehmende Ärzte geltenden Bestimmungen Anwendung. ²Der Dienstleistungserbringer hat die Notfallbehandlung unverzüglich der Kassenärztlichen Vereinigung anzuzeigen, in deren Bereich die Behandlung durchgeführt worden ist.

Ermächtigung von Ärzten aus Mitgliedstaaten der EU § 8

Übersicht

	Rn		Rn
I. Gesetzliche Vorgaben	1	V. Inanspruchnahme von Ermächtigten ohne zwingenden Grund (Abs 4)	13
II. Ermächtigung (Abs 1)	7		
III. Qualitätssicherung (Abs 2)	11		
IV. Geltung der vertragsarztrechtlichen Bestimmungen (Abs 3)	12	VI. Erbringung von Dienstleistungen in Notfällen (Abs 5)	15

I. Gesetzliche Vorgaben

Mit der Richtlinie 2005/36/EG des Europäischen Parlaments und des Rates v 7.9.2005 (idF der Richtlinie 2013/55/EU v 20.11.2013[1], im Folgenden EU-Richtlinie genannt) über die Anerkennung von Berufsqualifikationen wird das Ziel verfolgt, durch eine erleichterte Anerkennung die Freizügigkeitsrechte zu stärken. **1**

Knüpft ein Mitgliedstaat den Zugang zu einem reglementierten Beruf oder dessen Ausübung in seinem Hoheitsgebiet an den Besitz bestimmter Berufsqualifikationen, so legt die EU-Richtlinie für den Zugang zu diesem Beruf und für dessen Ausübung Vorschriften fest, nach denen die in einem oder mehreren anderen Mitgliedstaaten erworbenen Berufsqualifikationen, die ihren Inhaber berechtigen, dort denselben Beruf auszuüben (Art 1 der EU-Richtlinie), anerkannt werden.[2] **2**

Zur vorübergehenden und gelegentlichen Ausübung des ärztlichen Berufs gelten die Bestimmungen des Titels II der EU-Richtlinie. **3**

Auch wenn für deutsche Ärzte die Mitgliedschaft in ihrer Berufskörperschaft (zB Ärztekammer, KV) für die Dauer ihrer ärztlichen Tätigkeit verpflichtend ist, darf von Ärzten aus Mitgliedstaaten der EU, die sich zur Erbringung von Dienstleistungen nur vorübergehend in einem Mitgliedstaat aufhalten, eine solche Mitgliedschaft **nicht** verlangt werden (Art 6 der EU-Richtlinie). **4**

Gem § 98 Abs 2 Nr 14 SGB V iVm § 31 Abs 5 Ärzte-ZV haben die KBV und der GKV-Spitzenverband im BMV-Ä Regelungen über die Ermächtigung von Ärzten zu treffen, die als Staatsangehörige eines Mitgliedstaats der EU oder eines anderen Vertragsstaates des Abkommens über den Europäischen Wirtschaftsraum oder eines Vertragsstaates, dem Deutschland und die EG oder Deutschland und die EU vertraglich einen entsprechenden Rechtsanspruch eingeräumt haben, den ärztlichen Beruf im Inland zur vorübergehenden Erbringung von Dienstleistungen iSd Art 50 des Vertrages zur Gründung der EG oder des Art 37 des Abkommens über den Europäischen Wirtschaftsraum ausüben dürfen.[3] **5**

Die Partner des BMV-Ä sind diesem Auftrag mit der Regelung in § 8 nachgekommen. **6**

II. Ermächtigung (Abs 1)

Abs 1 bestimmt die Voraussetzungen für die Ermächtigung von Ärzten aus Mitgliedstaaten der EU zur Erbringung von Dienstleistungen in Deutschland **ohne Begrün- 7**

---

1 ABl L 354/132.
2 Zur Einwirkung des Gemeinschaftsrechts auf das Vertragsarztrecht s *Schnapp/Wigge* § 23 Rn 17 ff; zur Niederlassung und Dienstleistungserbringung im Rahmen ärztlicher Berufsausübung s *Wenzel* Kap 10 Rn 284 ff.
3 Vgl *Ladurner* § 31 Rn 44.

§ 8   Ermächtigung von Ärzten aus Mitgliedstaaten der EU

dung einer Niederlassung. Die Ermächtigung wird auf Antrag vom Zulassungsausschuss erteilt, in dessen Bezirk die Dienstleistungen erbracht werden sollen.

8 **Voraussetzungen** hierfür sind:
- Berechtigung auf Grund einer Anzeige an die zuständige Behörde, nach europarechtlichen Bestimmungen als Dienstleister vorübergehend den ärztlichen Beruf im Geltungsbereich der BÄO auszuüben (Ziffer 1)[4],
- persönliche Qualifikation nach Berufsrecht, BMV-Ä und Richtlinien des G-BA wie ein Vertragsarzt (Ziffer 2),
- persönliche Eignung wie ein Vertragsarzt, dh es dürfen keine Gründe vorliegen, die bei einem Vertragsarzt zur Entziehung der Zulassung führen würden, s § 95 Abs 6 SGB V, zB gröbliche Verletzung vertragsärztlicher Pflichten (Ziffer 3),
- Dienstleistungen, die der Antragsteller erbringen will, müssen Gegenstand der vertragsärztlichen Versorgung nach § 73 Abs 2 SGB V sein, (Ziffer 4), s hierzu auch § 2,
- Dienstleistungen, die der Antragsteller erbringen will, dürfen nicht einem Gebiet zuzuordnen sein, für das nach Maßgabe der BPRL-Ä eine Zulassungssperre besteht (Ziffer 5).[5]

9 Es gelten mithin grundsätzlich dieselben Voraussetzungen, insbesondere die gleich hohen Qualifikationsanforderungen, wie für Vertragsärzte mit Ausnahme der eigenen Niederlassung. Diese Ausnahme ist dem europarechtlichen Grundsatz der Dienstleistungsfreiheit[6] geschuldet, der eine vorübergehende Tätigkeit in Mitgliedstaaten der EU zulässt.

10 Zum Ermächtigungsverfahren nach den Regelungen der Ärzte-ZV s § 4 Rn 41 ff.

III. Qualitätssicherung (Abs 2)

11 Auch Ärzte aus Mitgliedstaaten der EU unterliegen den Regelungen zur Qualitätssicherung wie inländische Vertragsärzte. Sind für bestimmte Leistungen besondere Qualifikationsvoraussetzungen nach § 135 Abs 2 SGB V vorgeschrieben, haben die Antragsteller nach Abs 1 die geforderten Voraussetzungen durch geeignete Zeugnisse nachzuweisen. Bleiben Zweifel an der Qualifikation des Antragsstellers, hat die zuständige KV die Genehmigung zur Erbringung der qualifikationsgebundenen Leistungen von der erfolgreichen Teilnahme an einem Kolloquium abhängig zu machen. Zum Kolloquium im Einzelnen s § 11 Rn 71 ff.

IV. Geltung der vertragsarztrechtlichen Bestimmungen (Abs 3)

12 Für eine ärztliche Tätigkeit von ermächtigten Ärzten aus Mitgliedstaaten der EU in Deutschland gelten nach Abs 3 die Bestimmungen für die vertragsärztliche Tätigkeit inländischer Ärzte gleichermaßen. Die ermächtigten Ärzte haben sich danach insbesondere an die Vorgaben des SGB V, Rechtsverordnungen (zB Ärzte-ZV) und die untergesetzlichen Normen für die vertragsärztliche Versorgung, insbesondere den BMV-Ä, die Vereinbarungen der KBV, die Richtlinien des G-BA und das Satzungs-

---

4 Vgl § 10b Abs 2 BÄO.
5 Fraglich, ob diese Regelung nicht die Dienstleistungsfreiheit unverhältnismäßig einschränkt, s hierzu Stellpflug/Hildebrandt/Middendorf/*Stock* Gesundheitsrecht Kompendium, B 6000 Die Ermächtigung zur vorübergehenden Erbringung von Dienstleistungen, Rn 337.
6 S Art 56 ff AEUV.

recht der KV zu halten. Nach Abs 3 ist auch das Disziplinarrecht der KV (§ 81 Abs 5 SGB V iVm der jeweiligen Disziplinarordnung bzw dem Satzungsrecht der KV) auf sie anwendbar, obwohl ermächtigte Ärzte aus Mitgliedstaaten der EU bei vorübergehender Tätigkeit in einem anderen Mitgliedstaat der EU trotz Ermächtigung nicht Mitglied der KV werden (s Art 6 der Richtlinie 2005/36/EG).

V. Inanspruchnahme von Ermächtigten ohne zwingenden Grund (Abs 4)

GKV-Versicherte können im Rahmen ihrer freien Arztwahl (§ 76 Abs 1 SGB V) auch ermächtigte Ärzte aus Mitgliedstaaten der EU in Anspruch nehmen. Stehen für die ärztliche Versorgung der Versicherten zugelassene oder ermächtigte inländische Ärzte bzw ermächtigte Einrichtungen zur Verfügung und entstehen durch die Inanspruchnahme der ermächtigten Ärzte aus Mitgliedstaaten der EU Mehrkosten (insbesondere Reisekosten, da keine Niederlassung am Ort erforderlich), so hat diese der Versicherte selbst zu tragen. 13

Die Regelung in Abs 4 ist dem § 76 Abs 2 SGB V nachgebildet, der den Versicherten verpflichtet, das Gebot der Sparsamkeit und Wirtschaftlichkeit zu beachten und die KK davor schützt, nicht gerechtfertigte Mehrkosten übernehmen zu müssen. Aus diesem Grund werden entstandene Mehrkosten bei der Wahl eines ermächtigten Arztes aus Mitgliedstaaten der EU nur dann von der KK übernommen, wenn für diese Wahl zwingende Gründe vorliegen (zB der Ermächtigte erbringt eine vertragsärztliche Leistung, die von den ortsansässigen Vertragsärzten nicht angeboten wird). 14

VI. Erbringung von Dienstleistungen in Notfällen (Abs 5)

Für Notfallbehandlungen ermächtigter Ärzte aus Mitgliedstaaten der EU gelten die Bestimmungen für die Notfallbehandlung durch Ärzte, die nicht an der vertragsärztlichen Versorgung teilnehmen. Notfallbehandlungen sind nach der Rspr des BSG[7] für alle Leistungserbringer in gleicher Höhe zu vergüten, gleichgültig, ob sie ansonsten an der vertragsärztlichen Versorgung teilnehmen oder nicht. Notfallbehandlungen sind vom Dienstleistungserbringer (Ermächtigter) unverzüglich der KV anzuzeigen, in deren Bereich die Behandlung durchgeführt wurde. 15

§ 9

(unbesetzt)

**4. Abschnitt –
Hausärztliche und fachärztliche Versorgung**

§ 10 Inhalt und Umfang

¹**Die vertragsärztliche Versorgung gliedert sich in die hausärztliche und die fachärztliche Versorgung. ²Das Nähere über Inhalt und Umfang der hausärztlichen Versorgung regeln die Vertragspartner in einer Anlage zu diesem Vertrag (Anlage 5).**

---

7 *BSG* v. 12.12.2012 – B 6 KA 3/12 R, ZMGR 2013, 187–194.

§ 10 Inhalt und Umfang der Versorgung

Übersicht

	Rn		Rn
I. Gesetzliche Vorgaben	1	VI. Sicherstellungsgenehmigungen der KV	27
II. Vertragsärztliche Versorgung	6	VII. Genehmigungen der Zulassungsgremien	28
III. Hausärztliche Versorgung	10		
IV. Fachärztliche Versorgung	13		
V. Hausarztvertrag (Anlage 5)	19	VIII. Konsequenzen	29

I. Gesetzliche Vorgaben

1 Seit dem 1.1.1993 gliedert sich die vertragsärztliche Versorgung in eine hausärztliche und eine fachärztliche Versorgung (§ 73 Abs 1 S 1 SGB V, eingeführt durch GSG v 21.12.1992; die Trennung war schon im GRG angelegt). In § 73 Abs 1a S 1 SGB V sind die Arztgruppen der **hausärztlichen Versorgung** definiert (Allgemeinärzte; Kinder- und Jugendärzte; Internisten ohne Schwerpunktbezeichnung, die die Teilnahme an der hausärztlichen Versorgung gewählt haben; Ärzte, die nach § 95a Abs 4 und 5 S 1 SGB V in das Arztregister eingetragen sind, und Ärzte, die am 31.12.2000 an der hausärztlichen Versorgung teilgenommen haben). Nach § 73 Abs 1a S 2 SGB V nehmen alle übrigen Fachgruppen an der **fachärztlichen Versorgung** teil. Ausnahmen von dieser Zuordnung sind abschließend in § 73 Abs 1a S 3–5 SGB V geregelt. Die Gliederung in die beiden Versorgungsbereiche hat zur Folge, dass Ärzte im Rahmen der vertragsärztlichen Versorgung grundsätzlich nur Leistungen aus dem Versorgungsbereich erbringen und abrechnen dürfen, dem ihre Arztgruppe zugeordnet ist. Dies gilt unabhängig vom Umfang der Zulassung oder der ärztlichen Organisationsform (Einzelpraxis, BAG, MVZ, Apparategemeinschaft, Praxisgemeinschaft etc). Dies gilt auch für angestellte Ärzte, Vertreter und Assistenten in der vertragsärztlichen Versorgung.[1]

2 Die Gliederung der vertragsärztlichen Versorgung in einen hausärztlichen und einen fachärztlichen Versorgungsbereich und die Zuordnung der Ärzte zu diesen Versorgungsbereichen ist vom BSG und auch vom BVerfG als rechtmäßig beurteilt worden.[2]

3 Die Gründe für die Begrenzung der beruflichen Tätigkeit durch Zuordnung zu bestimmten Versorgungsbereichen ergeben sich – wie das BSG entschieden hat – aus den Zielen, die Funktion des Hausarztes zu stärken, der ständigen Zunahme spezieller fachärztlicher Leistungen entgegenzuwirken, um dadurch ökonomische Fehlentwicklungen in der vertragsärztlichen Versorgung zu beseitigen und so die Qualität der Versorgung der Patienten sowie die Finanzierung der GKV zu sichern.[3]

4 Zur Umsetzung der Gliederung nach § 73 Abs 1 SGB V auf der Ebene des Bewertungsmaßstabs als Verzeichnis der abrechnungsfähigen Leistungen sind im EBM alle ärztlichen Leistungen der hausärztlichen oder der fachärztlichen Versorgung zuzuordnen (§ 87 Abs 2a S 1 SGB V, der inhaltlich § 87 Abs 2a S 5 SGB V in der bis zum 31.3.2007 geltenden Fassung entspricht).[4]

---

1 *BSG* v 14.12.2011 – B 6 KA 31/10 R, juris.
2 *BSG* v 18.6.1997 – 6 RKa 58/96, juris; *BSG* v 31.5.2006 – B 6 KA 74/04 R, Rn 11 mwN; *BVerfG* v 17.6.1999 – 1 BvR 2507/97, juris.
3 Zur Neugliederung des Arztsystems nach dem GSG s *Schneider* Rechtsfragen zur Hausarzt- und Facharztregelung, MedR 1995, 175 ff.
4 Zum EBM und dem Vergütungssystem in der ambulanten vertragsärztlichen Versorgung s statt aller Ratzel/Luxenburger/*Hartmannsgruber* Kap 7 Rn 685 ff mwN.

Das BSG hat bisher über folgende Fallgestaltungen bei der Gliederung in die beiden 5
Versorgungsbereiche entschieden:
- keine gleichzeitige Teilnahme an der haus- und fachärztlichen Versorgung einer Internistin ohne Schwerpunktbezeichnung,[5]
- keine gleichzeitige Teilnahme an der haus- und fachärztlichen Versorgung eines Internisten ohne Schwerpunktbezeichnung, der in Gemeinschaftspraxis mit Allgemeinarzt tätig ist,[6]
- keine gleichzeitige Teilnahme an der haus- und fachärztlichen Versorgung eines Internisten mit Schwerpunktbezeichnung Hämatologie,[7]
- keine Abrechnung von chirurgischen Leistungen nach Kapitel 7 EBM, ambulanten und belegärztlichen Operationen nach Abschnitt 31.2 EBM sowie damit im Zusammenhang stehender Anästhesien nach Abschnitt 31.5 EBM durch Allgemeinarzt,[8]
- keine gegenseitige (interne) Vertretung durch die Partner einer fachgebiets- und versorgungsbereichsübergreifenden BAG,[9]
- keine gleichzeitige Teilnahme eines an der hausärztlichen Versorgung teilnehmenden Kinderarztes auch an der fachärztlichen Versorgung, wenn dieser die fachärztlichen Leistungen, auf die sich die Zulassung nach §73 Abs 1a S 3 SGB V bezieht, aufgrund seiner Qualifikation nicht erbringen darf und mithin keinen Beitrag zur Gewährleistung einer bedarfsgerechten Versorgung leisten kann,[10]
- keine gleichzeitige Anstellung auf einer halben hausärztlich-internistischen und einer halben fachärztlich-internistischen Stelle in demselben MVZ.[11]

II. Vertragsärztliche Versorgung

Die vertragsärztliche Versorgung nach §73 Abs 1 SGB V umfasst in den **beiden Ver-** 6
sorgungsbereichen die gesamte ambulante ärztliche Versorgung der gesetzlich Versicherten. Inhalt und Umfang der vertragsärztlichen Versorgung ist in §2 katalogmäßig abschließend geregelt. Der Katalog basiert auf den Vorgaben des Gesetzgebers in §73 Abs 2 bis 8 SGB V.

Zur vertragsärztlichen Versorgung gehört auch die **belegärztliche Tätigkeit**, da sie von 7
niedergelassenen Vertragsärzten ausgeübt wird (§121 SGB V).

Nicht Gegenstand der vertragsärztlichen Versorgung sind die in §3 im Detail aufge- 8
führten Leistungen, insbesondere Leistungen in einer zeitlich begrenzten vor- und nachstationären Behandlung im Krankenhaus, auch wenn sie durch Vertragsärzte im Krankenhaus oder in der Vertragsarztpraxis erbracht werden (§3 Abs 2 Nr 10), ambulant vom Krankenhaus durchgeführte Operationen oder stationsersetzende Eingriffe (§115 Abs 1 SGB V), auch wenn sie durch Vertragsärzte im Krankenhaus erbracht werden (§3 Abs 2 Nr 11), Leistungen, die im Krankenhaus teilstationär erbracht werden (§3 Abs 2 Nr 12), ambulante spezialfachärztliche Versorgung gem §116b SGB V, auch wenn sie durch Vertragsärzte erbracht wird (§3 Abs 2 Nr 13), Leistungen, die im

---

5 *BSG* v 18.6.1997 – 6 RKa 58/96, juris.
6 *BSG* v 1.7.1998 – B 6 KA 25/97 R, juris.
7 *BSG* v 1.7.1998 – B 6 KA 27/97 R, juris.
8 *BSG* v 28.10.2009 – B 6 KA 22/08 R, juris.
9 *BSG* v 13.12.2011 – B 6 KA 31/10 R, juris.
10 *BSG* v 10.12.2014 – B 6 KA 49/13 R, juris.
11 *BSG* v 13.2.2019 – B 6 KA 62/17 R, juris.

Modellvorhaben gem §§ 63, 64 SGB V erbracht werden und für die eine Bereinigung gem § 64 Abs 3 SGB V erfolgt (§ 3 Abs 2 Nr 15), stationäre Krankenhausversorgung, die nachstationäre (§ 115a SGB V) sowie ambulante Krankenhausbehandlung nach § 115b SGB V.

9   Ebenfalls **nicht** zur vertragsärztlichen Versorgung gehört die selektivvertragliche Versorgung nach den §§ 73b, 73c aF, 140a ff aF und § 140a SGB V idF des GKV-VSG (selektivvertragliche Versorgung – § 3 Abs 2 Nr 14)[12] und die ambulante spezialfachärztliche Versorgung nach § 116b SGB V idF des GKV-VStG.

III. Hausärztliche Versorgung

10 An der **hausärztlichen Versorgung** nehmen gem § 73 Abs 1a SGB V teil:
    – Allgemeinärzte,
    – Kinder- und Jugendärzte,
    – Internisten ohne Schwerpunktbezeichnung, die die Teilnahme an der hausärztlichen Versorgung gewählt haben,
    – Ärzte, die nach § 95a Abs 4 und 5 S 1 SGB V in das Arztregister eingetragen sind und
    – Ärzte, die am 31.12.2000 an der hausärztlichen Versorgung teilgenommen haben.[13]

11 Für Kinder- und Jugendärzte und Internisten ohne Schwerpunktbezeichnung kann der Zulassungsausschuss eine davon abweichende Regelung treffen, wenn ansonsten eine bedarfsgerechte Versorgung nicht gewährleistet ist (§ 73 Abs 1a S 3 SGB V).

12 Der Inhalt der hausärztlichen Versorgung richtet sich im Wesentlichen nach der exemplarischen Aufzählung im Katalog nach § 73 Abs 1 S 2 SGB V.

IV. Fachärztliche Versorgung

13 An der **fachärztlichen Versorgung** nehmen alle übrigen Fachärzte teil, die nicht der hausärztlichen Versorgung zuzurechnen sind (§ 73 Abs 1a S 2 SGB V).

14 **Ausnahmen:**

    Für **Kinder- und Jugendärzte und Internisten ohne Schwerpunktbezeichnung** kann der Zulassungsausschuss eine von § 73 Abs 1a S 1 SGB V abweichende befristete Regelung treffen, wenn eine bedarfsgerechte Versorgung nicht gewährleistet ist. Dies setzt voraus, dass der Landesausschuss der Ärzte und Krankenkassen für die Arztgruppe der Hausärzte, der Kinder- und Jugendärzte oder der Fachinternisten eine Feststellung nach § 100 Abs 1 S 1 SGB V (Unterversorgung ist eingetreten oder droht in absehbarer Zeit) getroffen hat und der Zulassungsausschuss innerhalb von 6 Monaten den Beschluss fasst, ob eine solche Regelung nach S 3 getroffen wird (§ 73 Abs 1a S 3 und 4 SGB V).

15 **Kinder- und Jugendärzte mit Schwerpunktbezeichnung** (Abschnitt B Nr 14 der MWBO 2003 idF v 21.10.2017) können auch an der fachärztlichen Versorgung teilnehmen (§ 73 Abs 1a S 5 SGB V). Diese Regelung durchbricht das Trennungsprinzip mit

---

12 Zu den Selektivverträgen s HK-AKM/*Schiller/Rückeshäuser* 4835 Selektivverträge, Stand: 2011; juris PK-SGB/*Pawlita* § 95 Rn 25.
13 S hierzu auch die Definition der Arztgruppen der hausärztlichen Versorgung nach § 11 BedPlR.

der Option, dass der Arzt erklärt, zusätzlich zur hausärztlichen auch an der fachärztlichen Versorgung teilzunehmen. Einer gesonderten Entscheidung der Zulassungsgremien bedarf es hier nicht. Mit dieser Ausnahmeregelung sollte der besonderen Situation der Kinderkardiologen Rechnung getragen werden, die ohne Teilnahme an der hausärztlichen Versorgung wirtschaftliche Probleme hätten.[14]

Allgemeinärzten und Ärzten ohne Gebietsbezeichnung kann der Zulassungsausschuss auf deren Antrag die ausschließliche Teilnahme an der fachärztlichen Versorgung genehmigen, wenn sie im Wesentlichen spezielle Leistungen erbringen, zB Psychotherapie, Proktologie, Phlebologie (§ 73 Abs 1a S 6 SGB V).[15] 16

Die fachärztliche Versorgung ist im Gegensatz zur hausärztlichen Versorgung im Gesetz nicht näher definiert – obwohl dies von Facharztverbänden immer wieder gefordert wurde. Und auch ein *„Vertrag über die fachärztliche Versorgung"*, wie ihn die KBV als Anl 5a zum BMV-Ä schon vor einigen Jahren konzipiert hatte, konnte mit dem GKV-Spitzenverband nicht abgeschlossen werden. 17

Hintergrund dieser Bestrebungen ist unter anderem, dass § 39 Abs 1 S 2 SGB V bislang lediglich den Nachrang der vollstationären Krankenhausbehandlung vor anderen Formen der Krankenhausbehandlung oder der ambulanten Behandlung definiert. Diskutiert wird bspw die Einfügung eines neuen Absatzes in § 73 SGB V mit dem Inhalt, dass die ambulante fachärztliche Versorgung vorrangig von Vertragsärzten mit Gebietsbezeichnungen, die nicht die Funktion eines Hausarztes wahrnehmen, durchgeführt wird. Die fachärztliche Versorgung habe ambulant zu erfolgen, soweit nicht eine vollstationäre, teilstationäre oder vor- oder nachstationäre Versorgung medizinisch erforderlich ist. Damit würde ganz konsequent der Vorrang der ambulanten Behandlung vor jeder anderen Form der Behandlung normiert. Bislang ist der Grundsatz *„ambulant vor stationär"* explizit so nur als Voraussetzung für die Verordnung von Krankenhausbehandlung in § 73 Abs 4 SGB V verankert. 18

V. Hausarztvertrag (Anlage 5)

Mit § 73 Abs 1c SGB V wurde zum 1.1.1993 eine Ermächtigungsgrundlage geschaffen für den Erlass normkonkretisierender Verträge zur Trennung der vertragsärztlichen Versorgung in einen hausärztlichen und fachärztlichen Versorgungsbereich, insbesondere zu Inhalt und Umfang der hausärztlichen Versorgung. 19

Auf der Grundlage des § 73 Abs 1c SGB V und in Erfüllung des Regelungsauftrags in § 10 S 2 haben die Partner der Bundesmantelverträge am 6.9.1993 mit Wirkung zum 1.1.1994 den *„Vertrag über die hausärztliche Versorgung"* (sog Hausarztvertrag) als Anlage 5 zu den Bundesmantelverträgen geschlossen. 20

Damit wollten die Partner der Bundesmantelverträge ergänzende Regelungen schaffen, *„um eine langfristige strukturelle Weiterentwicklung der ambulanten Versorgung einzuleiten, für deren Qualität die Wahrnehmung von hausärztlichen Aufgaben durch qualifizierte niedergelassene Vertragsärzte entscheidend ist"* (vgl § 1 Abs 1 des Hausarztvertrages). 21

---

14 juris PK-SGB V/*Matthäus* § 73 Rn 103.
15 juris PK-SGB V/*Matthäus* § 73 Rn 104.

22 Inhaltlich regelt der Hausarztvertrag im Wesentlichen die Definition der hausärztlichen Versorgungsfunktionen sowie vergütungsrechtliche Vorgaben: Form der hausärztlichen Grundvergütung (§ 8 des Hausarztvertrages) und Festlegung von Leistungen, die in der hausärztlichen Versorgung nur noch im Rahmen einer Übergangsregelung bis längstens 31.12.2002 abgerechnet werden konnten (sogenannte KO-Leistungen, §§ 6, 9 des Hausarztvertrages). Die vergütungsrechtlichen Bestimmungen haben seit Einführung des EBM 2000 plus zum 1.4.2008 und der dort geregelten Trennung der Versorgungsbereiche bei der Honorierung keine Relevanz mehr.

23 Mit dem GKV-WSG wurde § 73 Abs 1c SGB V mit Wirkung ab 1.7.2008 aufgehoben (Art 46 Abs 9 GKV-WSG). Als Begründung führte der Gesetzgeber an, im Rahmen der Verschlankung der Aufgaben des neuen GKV-Spitzenverbandes und der Vergrößerung der Gestaltungsmöglichkeiten der KK auf eine gemeinsame und einheitliche Vereinbarung über Inhalt und Umfang der hausärztlichen Versorgung zu verzichten.[16]

24 Dennoch ist der Hausarztvertrag über den 1.7.2008 hinaus gültig, weil
– die Beendigung dieses Vertrages, ggf mit Auslauffrist, vom Gesetzgeber nicht zugleich mit dem Wegfall der Ermächtigungsgrundlage angeordnet wurde,
 und auch
– der Vertrag von den Vertragspartnern nach § 59 Abs 1 SGB X nicht gekündigt wurde. Eine Kündigung eines öffentlich-rechtlichen Vertrags kommt nach § 59 SGB X dann in Betracht, wenn sich die Verhältnisse, die bei Abschluss des Vertrags maßgeblich gewesen sind, so wesentlich ändern, dass einer Vertragspartei das Festhalten am Vertrag nicht zuzumuten und eine Vertragsanpassung nicht möglich oder nicht zumutbar ist. Eine Änderung der Verhältnisse nach Abschluss des Vertrages kann im tatsächlichen oder rechtlichen Bereich liegen. Unter die maßgeblichen Rechtsänderungen können auch Änderungen von Rechtsvorschriften fallen, sofern diese den Vertragsinhalt mitbestimmt haben.[17]

25 Die Partner der Bundesmantelverträge sahen nach dem Wegfall der Ermächtigungsgrundlage keinen Grund, den Hausarztvertrag zu kündigen. Im Gegenteil: Es wurden seither eine Vielzahl von Entwürfen für die Überarbeitung der Anl 5 insbesondere von der KBV wohl auf der Rechtsgrundlage des § 82 SGB V vorgelegt und mit den KK diskutiert, ua mit einer wesentlich ausführlicheren Beschreibung der hausärztlichen Versorgungsfunktion (§ 2). Die Vergütung sollte unverändert durch eine hausärztliche Grundvergütung erfolgen und das Nähere im EBM geregelt werden. Nicht abrechenbar sollte diese Grundvergütung sein, wenn in einem Behandlungsfall Leistungen erbracht werden, die vom grundsätzlich hausärztlichen Versorgungsspektrum abweichen. Die Zahl dieser Leistungen war von Entwurf zu Entwurf unterschiedlich.

26 Bisher wurde keiner der vorgelegten Entwürfe konsentiert und vertraglich vereinbart.

VI. Sicherstellungsgenehmigungen der KV

27 Die **KV** sind trotz ihres Sicherstellungsauftrages nach §§ 72 Abs 1 S 1, 75 Abs 1 SGB V **nicht berechtigt**, ihren Mitgliedern **zusätzliche Abrechnungsgenehmigungen** außerhalb der Regelungen des EBM zu gewähren. Denn der Gesetzgeber hat mit § 87 Abs 2a S 1 SGB V eine abschließende Kompetenzzuweisung an den Bewertungsaus-

---

16 Vgl BT-Drucks 16/3100 zu Art 1 Nr 43.
17 Vgl von Wulffen/*Engelmann* SGB X, § 59 Rn 7.

schuss getroffen; allein diesem obliegt es danach zu bestimmen, welche Leistungen von Hausärzten abgerechnet werden dürfen.[18]

VII. Genehmigungen der Zulassungsgremien

Auch die **Zulassungsgremien sind nicht befugt,** über § 73 Abs 1a S 3 SGB V hinaus durch entsprechende Genehmigung Ärzte von der Erfüllung weiterer Abrechnungsvoraussetzungen, wie zB der Fachfremdheit der Leistung oder einer nach dem EBM vorgeschriebenen Erfüllung von zusätzlichen weiterbildungsrechtlichen Voraussetzungen zu befreien.[19] 28

VIII. Konsequenzen

Die Gliederung der Arztgruppen in einen hausärztlichen und einen fachärztlichen Versorgungsbereich hat für die an der vertragsärztlichen Versorgung teilnehmenden Ärzte weitreichende Konsequenzen, unter anderem: 29

- **Trennung der Gesamtvergütung/Honorarverteilung** 30
  Die KK entrichten nach Maßgabe der Gesamtverträge an die jeweilige KV mit befreiender Wirkung eine – nicht nach Versorgungsbereichen differenzierende – Gesamtvergütung für die gesamte vertragsärztliche Versorgung der Mitglieder mit Wohnort im Bezirk der KV einschließlich der mitversicherten Familienangehörigen (§ 85 Abs 1 SGB V).[20]
- Die KV verteilt die vereinbarte Gesamtvergütung an die Ärzte, Psychotherapeuten, MVZ sowie ermächtigten Einrichtungen, die an der vertragsärztlichen Versorgung teilnehmen, getrennt für die Bereiche der haus- und fachärztlichen Versorgung. Sie wendet bei der Verteilung den Verteilungsmaßstab an, der im Benehmen mit den Landesverbänden der KK und den Ersatzkassen festgesetzt worden ist. Dabei sollen die von fachärztlich tätigen Ärzten erbrachten hausärztlichen Leistungen nicht den hausärztlichen Teil der Gesamtvergütungen und die von den hausärztlich tätigen Ärzten erbrachten fachärztlichen Leistungen nicht den fachärztlichen Teil der Gesamtvergütung mindern (§ 87b Abs 1 SGB V idF des GKV-VStG). Bei der Verteilung hat die KV die Vorgaben zur Festlegung und Anpassung des Vergütungsvolumens für die hausärztliche und fachärztliche Versorgung nach § 87b Abs 1 S 1 SGB V der KBV im Einvernehmen mit dem GKV-Spitzenverband (§ 87b Abs 4 S 1 SGB V) zu beachten.[21] 31
- **EBM** 32
  Die im EBM aufgeführten Leistungen sind entsprechend der in § 73 Abs 1 SGB V festgelegten Gliederung der vertragsärztlichen Versorgung in Leistungen der hausärztlichen und Leistungen der fachärztlichen Versorgung zu gliedern mit der Maßgabe, dass unbeschadet gemeinsam abrechenbarer Leistungen solche der hausärztlichen Versorgung nur von den an der hausärztlichen Versorgung teilnehmenden

---

18 *BSG* v 28.10.2009 – B 6 KA 22/08 R, juris.
19 *Bayerisches LSG* v 15.10.2010 – L 12 KA 53/10 B ER; *Bayerisches LSG* v 27.10.2010 – L 12 KA 80/10 B ER für Ärzte mit Kinder- und Jugendmedizin mit Schwerpunktbezeichnung „*Neonatologie*" bezogen auf kinderkardiologische Leistungen.
20 Zur vertragsärztlichen Gesamtvergütung: § 54 und Kommentierung hierzu.
21 Zur strikten Trennung der Gesamtvergütung s auch *BSG* v 22.3.2006 – B 6 KA 67/04 R, juris; *BSG* v 6.9.2006 – B 6 KA 29/05 R, juris.

Ärzten und Leistungen der fachärztlichen Versorgung nur von den an der fachärztlichen Versorgung teilnehmenden Ärzten abgerechnet werden dürfen (§ 87 Abs 2a S 1 SGB V).

33 – **Beratende Fachausschüsse**
Bei den KV und der KBV werden abgesehen von dem gem § 79b zu bildenden beratenden Fachausschuss für Psychotherapie jeweils ein beratender Fachausschuss für die hausärztliche und die fachärztliche Versorgung sowie für angestellte Ärzte gebildet (§ 79c S 1 SGB V). Die Änderung dient der Weiterentwicklung der Organisation der KV. Ursprünglich war nur ein beratender Fachausschuss für die hausärztliche Versorgung bei der KBV zu bilden. Die Mehrzahl der KV hatte jedoch auf satzungsrechtlicher Grundlage bereits Fachausschüsse für die hausärztliche und fachärztliche Versorgung eingerichtet. Um die spezifischen Belange der an der haus- und fachärztlichen Versorgung teilnehmenden sowie der angestellten Ärzte stärker in die Arbeit der KV und der KBV einzubinden, wird die Bildung der drei beratenden Fachausschüsse verpflichtend auf Landes- und Bundesebene vorgeschrieben. Dies soll dazu beitragen, die Akzeptanz der Entscheidungen der KV und der KBV bei den an der vertragsärztlichen Versorgung teilnehmenden Ärzten zu verbessern.[22]

34 – **Getrennte Vorschlagsrechte bei Wahlen zum Vorstand der KV und der KBV**
Für jeweils ein Mitglied des Vorstandes der KV und der KBV erfolgt die Wahl auf der Grundlage von getrennten Vorschlägen der Mitglieder der Vertreterversammlung, die an der hausärztlichen Versorgung teilnehmen und der Mitglieder der Vertreterversammlung, die an der fachärztlichen Versorgung teilnehmen (§ 80 Abs 2 S 3 SGB V).
Die Regelung basiert auf der Vorstellung, einen gleichgewichtigen Einfluss der hausärztlichen und der fachärztlichen Mitglieder in der Vertreterversammlung auf die Wahl des Vorstandes zu gewährleisten und damit die Tätigkeit des gewählten Vorstandes insgesamt gegenüber den beiden Gruppen in der Vertreterversammlung stärker zu legitimieren. Gemeinsame Vorschläge innerhalb einer Gruppe sind nicht zwingend. Die vorgeschlagenen Kandidaten müssen von der Vertreterversammlung weiterhin mehrheitlich gewählt werden.[23] Das getrennte Vorschlagsrecht nach § 80 Abs 2 S 3 SGB V gilt bei einem Vorstand mit drei Mitgliedern nur für zwei der Vorstände.[24]

35 – In der Vertreterversammlung der KBV stimmen über die Belange, die ausschließlich die hausärztliche Versorgung betreffen, nur die Vertreter der Hausärzte, über Belange, die ausschließlich die fachärztliche Versorgung betreffen, nur die Vertreter der Fachärzte ab. Bei gemeinsamen Abstimmungen einschließlich der Wahlen nach § 80 Abs 2 SGB V sind die Stimmen so zu gewichten, dass insgesamt eine Parität der Stimmen zwischen Vertretern der Hausärzte und Vertretern der Fachärzte in der Vertreterversammlung besteht (§ 79 Abs 3a SGB V). Die Regelung soll zum einen gewährleisten, dass nur die Vertreter des Versorgungsbereichs stimmberechtigt sind, um deren Belange es geht (zB Honorarverteilung und versorgungsbereichsspezifische Bereinigung der Vergütung) und zum anderen bei gemeinsamen

---
22 S Begründung Regierungsentwurf zum GKV-VStG § 79c SGB V Nr 17.
23 S Begründung Regierungsentwurf zum GKV-VStG § 80 SGB V Nr 18.
24 BT-Drucks 17/6906, 57.

Abstimmungen die Funktionsfähigkeit der Selbstverwaltungskörperschaft dadurch sichergestellt wird, dass unabhängig von der Anzahl der Sitze in der Vertreterversammlung der KBV die Stimmen so gewichtet werden, dass den Vertretern des hausärztlichen Versorgungsbereichs das gleiche Stimmengewicht eingeräumt wird wie den Vertretern des fachärztlichen Versorgungsbereichs. Um die Interessen beider Versorgungsbereiche angemessen zur Geltung zu bringen, hat der Gesetzgeber eine paritätische Abstimmung für erforderlich gehalten.

– **Bindung an einen Hausarzt** 36
Im Kollektivvertragssystem hat der Versicherte in der GKV einen Hausarzt zu wählen, der ihn vorab über Inhalt und Umfang der hausärztlichen Versorgung zu unterrichten hat. Der Hausarzt hat seine Teilnahme an der hausärztlichen Versorgung auf seinem Schild anzugeben (§ 76 Abs 3 SGB V).
Im Selektivvertragssystem ist eine noch engere Bindung an den Hausarzt in § 73b SGB V vorgesehen. Hier verpflichtet sich der Versicherte bei Teilnahme an der hausarztzentrierten Versorgung für die Dauer von mindestens einem Jahr gegenüber seiner KK mit der Folge, dass er Fachärzte mit Ausnahme von Augenärzten und Gynäkologen nur auf Überweisung in Anspruch nehmen darf. Auch die direkte Inanspruchnahme eines Kinder- und Jugendarztes bleibt davon unberührt (§ 73b Abs 3 SGB V).
Beide Regelungen basieren auf dem Grundgedanken, dass der Hausarzt als Gatekeeper und Koordinator fungieren soll, damit unnötige Doppelbehandlungen vermieden werden.

– **Besuchsbehandlung** 37
Die Besuchsbehandlung ist nach § 17 Abs 6 grundsätzlich Aufgabe des Hausarztes. Ein Arzt mit Gebietsbezeichnung, der an der fachärztlichen Versorgung teilnimmt, ist unbeschadet seiner Verpflichtung zur Hilfeleistung in Notfällen in den in § 17 Abs 6 explizit genannten Fällen (zur konsiliarischen Beratung hinzugezogen und weiterer Besuch durch ihn erforderlich [Nr 1] oder wegen Erkrankung aus seinem Fachgebiet Besuch erforderlich [Nr 2]) auch zur Besuchsbehandlung berechtigt und verpflichtet.

5. Abschnitt –
Qualität der vertragsärztlichen Versorgung

§ 11 Qualitätssicherung in der vertragsärztlichen Versorgung

(1) ¹Ärztliche Untersuchungs- und Behandlungsmethoden, welche wegen der Anforderungen an ihre Ausführung oder wegen der Neuheit des Verfahrens besonderer Kenntnisse und Erfahrungen (Fachkunde) sowie einer besonderen Praxisausstattung oder weiterer Anforderungen an die Strukturqualität bedürfen, können in der vertragsärztlichen Versorgung nur ausgeführt und abgerechnet werden, wenn der Arzt die vorgeschriebenen Voraussetzungen erfüllt. ²Diese werden jeweils in den Anlagen zu diesem Vertrag unter Berücksichtigung des Weiterbildungsrechts von den Vertragspartnern vereinbart. ³Werden die Leistungen in einer Vertragsarztpraxis oder einem Medizinischen Versorgungszentrum durch angestellte Ärzte erbracht, ist es ausreichend, dass nur der angestellte Arzt die Voraussetzungen erfüllt. ⁴Werden Anforderungen definiert, die sich auf eine bestimmte apparative Ausstattung oder räumlich gebundene Voraussetzungen der Strukturqualität beziehen oder auf Praxisräume bezogene bestimmte Qualitätssicherungsverfahren bedingen, sind die Anforderungen betriebsstättenbezogen zu erfüllen. ⁵Die Vertragspartner können zur Sicherung der Qualität und der Wirtschaftlichkeit der Leistungserbringung Regelungen treffen, nach denen die Erbringung bestimmter medizinisch-technischer Leistungen den Fachärzten vorbehalten ist, für die diese Leistungen zum Kern ihres Fachgebietes gehören.

(2) ¹Der Nachweis der nach Abs. 1 geforderten fachlichen Qualifikation ist durch ein Kolloquium von der Kassenärztlichen Vereinigung zu führen, sofern der Arzt nicht die fachliche Qualifikation für diese Leistung durch Weiterbildung erworben und diese erfolgreich durch ein Fachgespräch oder eine andere Prüfung vor der Ärztekammer abgeschlossen hat. ²Dieses gilt, soweit in den Vereinbarungen nach § 135 Abs. 2 SGB V nichts Anderes ausdrücklich bestimmt ist.

(2a) ¹Sofern in den Anlagen zu diesem Vertrag nichts Anderes geregelt ist, bedarf die Erbringung von Leistungen nach Absatz 1 nach erfolgreichem Nachweis der Qualifikation einer Genehmigung der Kassenärztlichen Vereinigung. ²Sofern ein angestellter Arzt bei einem Vertragsarzt oder in einem Medizinischen Versorgungszentrum entsprechende Leistungen erbringen soll, ist die Genehmigung zur Erbringung dieser Leistungen dem Vertragsarzt oder dem Medizinischen Versorgungszentrum zu erteilen. ³Die Kassenärztliche Vereinigung teilt dem in der Vertragsarztpraxis oder Medizinischen Versorgungszentrum angestellten Arzt die Erteilung oder den Fortbestand der Genehmigung mit. ⁴Im Falle des Medizinischen Versorgungszentrums und im Falle des Vertragsarztes, sofern er nicht selbst die Qualifikationsvoraussetzungen erfüllt und eine Abrechnungsgenehmigung erhalten hat, beschränkt sich der Genehmigungsinhalt darauf, dass nur durch die entsprechend qualifizierten angestellten Ärzte die in Betracht kommenden Leistungen erbracht werden dürfen.

(3) ¹Der Gemeinsame Bundesausschuss bestimmt durch Richtlinien Kriterien zur Qualitätsbeurteilung sowie Auswahl, Umfang und Verfahren der Stichprobenprüfung gemäß § 136 SGB V. ²Diese Richtlinien sind in der vertragsärztlichen Versorgung verbindlich.

(4) ¹Der Gemeinsame Bundesausschuss bestimmt aufgrund § 137 SGB V durch Richtlinien nach § 92 SGB V die grundsätzlichen Anforderungen an ein einrichtungsinternes Qualitätsmanagement sowie die verpflichtenden einrichtungsübergreifenden Maßnahmen der Qualitätssicherung, die insbesondere zum Ziel haben, die Ergebnisqualität zu verbessern, sowie Kriterien für die indikationsbezogene Notwendigkeit und Qualität der durchgeführten diagnostischen und therapeutischen Leistungen, insbesondere aufwendiger medizinischer Leistungen. ²Diese Richtlinien sind in der vertragsärztlichen Versorgung verbindlich.

(5) ¹Die Erfüllung der Anforderungen nach Absatz 1 ist gegenüber der Kassenärztlichen Vereinigung nachzuweisen. ²Gemäß Absatz 1 Satz 3 ist der Nachweis gegebenenfalls betriebsstättenbezogen zu führen. ³Die Kassenärztlichen Vereinigungen teilen den Verbänden der Krankenkassen mit, welche Leistungserbringer die vorgeschriebenen Voraussetzungen erfüllen.

(6) ¹Vertragsärzte, Vertragspsychotherapeuten oder Medizinische Versorgungszentren, welche gemäß den Vereinbarungen nach § 135 Abs. 2 SGB V die Berechtigung

zur Ausführung und Abrechnung vertragsärztlicher Leistungen durch die Kassenärztliche Vereinigung erhalten haben, behalten diese Berechtigung auch dann, wenn sie diese Leistungen aufgrund einer Zulassung zur vertragsärztlichen Tätigkeit oder der Genehmigung zur Beteiligung an einer Berufsausübungsgemeinschaft oder der Genehmigung eines weiteren Tätigkeitsortes innerhalb desselben Bereichs der Kassenärztlichen Vereinigung an einer anderen Betriebsstätte oder Nebenbetriebsstätte erbringen. ²Dies gilt nicht bei betriebsstättenbezogenen Anforderungen (§ 11 Abs. 1 Satz 4). ³Ist eine Abrechnungsgenehmigung mit der Maßgabe erteilt worden, dass nur ein angestellter Arzt eines Vertragsarztes oder eines Medizinischen Versorgungszentrums diese Leistungen ausführen darf, und wechselt dieser den Arbeitgeber innerhalb des Bezirks der Kassenärztlichen Vereinigung, so kann der neue Arbeitgeber unter Bezugnahme auf die bei der Kassenärztlichen Vereinigung vorhandenen Unterlagen und die zuletzt erteilte Abrechnungsgenehmigung eine entsprechende Abrechnungsgenehmigung erhalten, wenn in der Person des angestellten Arztes die Voraussetzungen für die Ausführung der entsprechenden Leistungen fortbestehen. ⁴Sollen die entsprechenden Leistungen im Bereich einer anderen Kassenärztlichen Vereinigung erbracht werden, ist grundsätzlich für jeden Ort der Leistungserbringung in den Bereichen der beteiligten Kassenärztlichen Vereinigungen eine entsprechende Genehmigung durch die beteiligte Kassenärztliche Vereinigung erforderlich. ⁵Sätze 1 bis 3 gelten entsprechend für die Anerkennung der Berechtigung für den weiteren Tätigkeitsort.

(7) ¹Die Kassenärztlichen Vereinigungen führen Maßnahmen zur Förderung der Qualität durch. ²Sie veröffentlichen einen jährlichen Qualitätsbericht.

(7a) Soweit in Regelungen auf die Richtlinien der Kassenärztlichen Bundesvereinigung zu Verfahren zur Qualitätssicherung in der vertragsärztlichen Versorgung verwiesen wird, gelten diese weiter bis sie von einem Beschluss des Gemeinsamen Bundesausschusses abgelöst werden.

(8) Die von dem GKV-Spitzenverband, der Kassenärztlichen Bundesvereinigung und den betroffenen Bundesverbänden der Leistungserbringer bestimmten Maßnahmen zur Qualitätssicherung ambulant erbrachter Vorsorgeleistungen und/oder Rehabilitationsmaßnahmen gemäß § 137d SGB V sind in der vertragsärztlichen Versorgung verbindlich.

(9) ¹Der GKV-Spitzenverband, die Deutsche Krankenhausgesellschaft und die Kassenärztliche Bundesvereinigung vereinbaren Maßnahmen zur Qualitätssicherung bei ambulanten Operationen und stationsersetzenden Eingriffen gemäß § 115b SGB V. ²Diese Vereinbarungen sind in der vertragsärztlichen Versorgung verbindlich.

(10) ¹Psychotherapeutische Leistungen, die ihrer Eigenart nach besondere Kenntnisse und Erfahrungen voraussetzen, dürfen in der vertragsärztlichen Versorgung nur ausgeführt und abgerechnet werden, wenn der Leistungserbringer die vorgeschriebenen Qualifikationserfordernisse erfüllt. ²Diese sind in der Anlage 1 zu diesem Vertrag für Ärzte und für Psychotherapeuten von den Vertragspartnern vereinbart. ³Absatz 1 Satz 3 sowie die Absätze 2a, 3, 6 und 7a gelten entsprechend.

§ 11 Qualitätssicherung

Übersicht

	Rn		Rn
I. Gesetzliche Vorgaben	1	4. Bekanntgabe und Wirksamkeit	105
II. Vorbemerkung	10	5. Keine rückwirkende Genehmigungserteilung	106
1. Struktur-, Prozess-, Ergebnisqualität	10	6. Widerruf der Genehmigung	107
2. Normierung von Qualitätsanforderungen für bestimmte spezialisierte Leistungen	12	7. Rechtsschutz	109
		8. Erbringung genehmigungspflichtiger Leistungen ohne vorherige Genehmigung	117
a) Vereinbarungen auf der Grundlage von § 72 Abs 2, § 82 Abs 1 SGB V	13	VI. Stichprobenprüfung (Abs 3)	120
b) Vereinbarungen auf der Grundlage von § 135 Abs 2 SGB V	17	VII. Einrichtungsinternes Qualitätsmanagement, einrichtungsübergreifende Qualitätssicherungsmaßnahmen, Qualitätsbeurteilungsrichtlinien des G-BA (Abs 4)	141
c) Festlegung von Qualifikationsanforderungen im EBM	23		
III. Qualifikationsgebundene Leistungen (Abs 1)	24		
1. Regelungsgegenstand (Abs 1 S 1)	24	1. Einrichtungsinterne Qualitätsmanagementrichtlinie	143
2. Fachliche Qualifikation (Abs 1 S 1, 2)	28	2. Richtlinien zur einrichtungsübergreifenden Qualitätssicherung	153
a) Aus- und Weiterbildung	28	3. Richtlinien zur Qualitätsbeurteilung und -prüfung in der vertragsärztlichen Versorgung	158
b) Fachkundenachweis	34		
3. Nachweis von Mindestmengen/Frequenzregelungen (Abs 1, S 1, 2)	36	VIII. Nachweis- und Mitteilungspflicht (Abs 5)	161
4. Qualifikationsinhaber (Abs 1 S 3)	47	IX. Tätigkeit an mehreren Orten im selben KV-Bezirk, Arbeitgeberwechsel (Abs 6)	163
5. Apparative Ausstattung, räumliche Anforderungen (Abs 1 S 4)	48	X. Qualitätsbericht (Abs 7)	173
6. Rezertifizierung	55	XI. Richtlinien der KBV – Übergangsrecht (Abs 7a)	174
7. Facharztvorbehalt (Abs 1 S 5)	58	XII. Qualitätssicherung für ambulant erbrachte Vorsorgeleistungen und/oder Rehabilitationsmaßnahmen nach § 137d SGB V (Abs 8)	175
8. Übergangs-/Einführungsfristen	61		
a) Gleichwertige Qualifikation nach der Weiterbildungsordnung	62	XIII. Qualitätssicherung bei ambulanten Operationen und stationsersetzenden Eingriffen nach § 115b SGB V (Abs 9)	180
b) Anerkennung älterer Weiterbildungen in der Qualitätssicherungsvereinbarung	64	1. Vorbemerkung	180
		2. Gesetzliche Regelung des § 115b SGB V	181
c) Alternative Befähigungsnachweise	65	3. AOP-Vertrag	184
d) Übergangsfristen	66	4. Qualitätssicherungsvereinbarung (Abs 9)	195
IV. Kolloquium	71		
V. Genehmigungsverfahren (Abs 2a)	79	XIV. Qualitätssicherung für psychotherapeutische Leistungen (Abs 10)	203
1. Antragsverfahren	79	1. Genehmigungspflicht (Abs 10 S 1)	203
2. Fachfremde Leistungen	91		
3. Bescheiderteilung	101		

	Rn		Rn
2. Fachliche Voraussetzungen (Abs 10 S 2)	204	4. Richtlinie des G-BA zur Qualitätssicherung der Psychotherapie	210
3. Übergangsregelungen (Abs 10 S 3)	207		

Literatur: Zur Qualitätssicherung s *Egger* Rechtliche Regelungen der Qualitätssicherung im Vergleich ambulant/stationär, GuP 4/2013, 141 ff; *Harney/Huster/Recktenwald* Das Recht der Qualitätssicherung im SGB V – rechtliche Grundlagen und Systematisierung, MedR 2014, 273 (Teil 1) und 365 (Teil II); *Hase* Die verfassungsrechtliche Legitimation des Gemeinsamen Bundesausschusses – Die im Auftrag des BMG erstellten Rechtsgutachten, GuP 2019, 41; juris PK-SGB V/*R Klein* § 136 Rn 14 ff; *Klakow-Franck* Qualitätssicherung im Vergleich ambulant-stationär, GuP 4/2013, 147 ff; *Scholz* Rechtliche Regelungen zur Qualitätssicherung, GuP 4/2013, 154 ff; *Wenner* Maßnahmen zur Qualitätssicherung in der vertragsärztlichen Versorgung auf dem Prüfstand der Rechtsprechung, NZS 2002, 1. **Zur Rechtsqualität der untergesetzlichen Richtlinien und Verträge, zur verfassungsrechtlichen Zulässigkeit von Normverträgen in der GKV** umfassend *Engelmann* Untergesetzliche Normsetzung im Recht der gesetzlichen Krankenversicherung durch Verträge und Richtlinien, Teil 1, NZS 2000, 1–8, Teil 2, NZS 2000, 76–84. **Ausführlich zum ambulanten Operieren** HK-AKM/*Clemens* Ambulantes Operieren (Stand: 2012) und Halbe/Schirmer/*Nösser/Korthus/Schwarz* Ambulantes Operieren im Krankenhaus, C 1400 (Stand: 2012), jeweils mwN.

I. Gesetzliche Vorgaben

Das GKV-RefG 2000 v 22.12.1999 verfolgte das Ziel, die Qualität der medizinischen Versorgung durch ein **umfassendes System der Qualitätssicherung** und durch die Bewertung von Kosten und Wirtschaftlichkeit medizinischer Technologien zu verbessern. Das bereits im GRG angelegte und im GSG weiterentwickelte Instrumentarium zur Qualitätssicherung wurde nachhaltig umgestaltet und ausgebaut. Im Zentrum steht nunmehr ein Gebot der Qualitätssicherung in allen Leistungsbereichen (§ 135a SGB V), das durch die Verpflichtung der Krankenhäuser und Rehabilitationseinrichtungen zu einem umfassenden Qualitätsmanagement (§ 137d SGB V) ergänzt wird.[1] 1

Vorgaben zur Qualitätssicherung – sowohl für die vertragsärztliche Versorgung als auch für die Krankenhäuser – sind nach § 136 Abs 1 SGB V dem **G-BA** vorbehalten.[2] 2

Dieser bestimmt gem § 136 Abs 1 S 1 Nr 1 SGB V durch **Richtlinien** nach § 92 Abs 1 S 2 Nr 13 SGB V insbesondere die verpflichtenden Maßnahmen der Qualitätssicherung nach § 135a Abs 2 SGB V, auch für das ambulante Operieren § 115b SGB V und für ambulante spezialfachärztliche Leistungen gem § 116b SGB V sowie grundsätzliche Anforderungen an ein einrichtungsinternes Qualitätsmanagement. Auf Grundlage von § 136a SGB V werden zudem für den G-BA konkrete Richtlinienaufträge zur Qualitätssicherung in ausgewählten Bereichen (zB für Maßnahmen zur Sicherung der Hygienequalität in der Versorgung[3] oder zur Sicherung der Qualität der psychiatri- 3

---

1 *Wenner* Maßnahmen zur Qualitätssicherung in der vertragsärztlichen Versorgung auf dem Prüfstand der Rechtsprechung, NZS 2002, 1.
2 Vgl juris PK-SGB V/*R Klein* § 136 Rn 6.
3 § 136a Abs 1 SGB V.

schen und psychosomatischen Versorgung[4]) festgelegt. Zudem hat der G-BA gem § 136 Abs 1 S 1 Nr 2 SGB V Kriterien für die indikationsbezogene Notwendigkeit und Qualität der diagnostischen und therapeutischen Leistungen sowie Mindestanforderungen an die Struktur-, Prozess- und Ergebnisqualität festzulegen. Zur Förderung der Qualität hat der G-BA nach § 137 Abs 1 S 1 SGB V zudem ein gestuftes System zur Ahndung einer Nichteinhaltung der Qualitätsanforderungen nach den §§ 136 ff SGB V zu schaffen.

4 Richtlinien des G-BA **zur Qualitätssicherung** sind nach § 136 Abs 2 SGB V im Regelfall **sektorenübergreifend** zu erlassen, es sei denn, die Qualität der Leistungserbringung kann nur durch sektorenspezifische Vorgaben angemessen gesichert werden.

5 **Weitere Regelungen zur Qualitätssicherung** finden sich auch an anderen Stellen des SGB V. So bilden § 135b SGB V – Förderung der Qualität durch die KV und § 137f SGB V – Strukturierte Behandlungsprogramme (DMP) bei chronischen Krankheiten weitere Ermächtigungsgrundlagen für Vereinbarungen und Verträge zur Sicherung der Qualität der Leistungserbringung.

6 § 299 SGB V schafft als datenschutzrechtliche Befugnisnorm die **Voraussetzungen für die Erhebung, Verarbeitung und Nutzung von personen- und einrichtungsbezogenen Daten für Zwecke der Qualitätssicherung** nach § 135a Abs 2, § 136 Abs 2 und § 137a Abs 3 SGB V auch ohne Einwilligung der betroffenen Patienten.[5] Den Interessen der Patienten an dem Schutz ihrer Gesundheitsdaten wird durch umfangreiche Schutzmaßnahmen, wie zB durch die im Regelfall erforderliche Pseudonymisierung der Daten[6], Rechnung getragen.

7 Zur **Qualitätssicherung im weiteren Sinn** zählen auch der Arztvorbehalt nach § 27 SGB V und die Fortbildungsverpflichtungen nach §§ 81 Abs 4 und 95d SGB V iVm der berufsrechtlichen Fortbildungsverpflichtung nach § 4 MBO-Ä.[7]

8 Die Partner der Bundesmantelverträge vereinbaren auf der Rechtsgrundlage des § 135 Abs 2 SGB V für ärztliche Leistungen, die wegen der Anforderungen an ihre Ausführung oder wegen der Neuheit des Verfahrens besonderer Kenntnisse und Erfahrungen (**Fachkundenachweis**) sowie einer besonderen Praxisausstattung oder weiterer Anforderungen an die Versorgungsqualität bedürfen, einheitlich entsprechende Voraussetzungen für die Ausführung und Abrechnung dieser Leistungen (**sog genehmigungspflichtige oder qualifikationsgebundene Leistungen**).

9 Die **Qualitätssicherungsvereinbarungen** werden in einigen Bereichen durch **Richtlinien des G-BA** ergänzt.[8] Diese sind Bestandteil der Bundesmantelverträge (§ 92 Abs 8 SGB V).

---

4 § 136a Abs 2 SGB V.
5 S juris PK-SGB V/*Koch* § 299 Rn 39.
6 Vgl zur erforderlichen Pseudonymisierung *LSG Berlin-Brandenburg* v 9.5.2018 – L 7 KA 52/14.
7 Liebold/Zalewski/*Hofmann*/Zalewski § 135, C 135-1.
8 Zur Grundlage der Richtlinien des G-BA s Rn 2.

II. Vorbemerkung

1. Struktur-, Prozess-, Ergebnisqualität. Die Qualitätssicherung unterscheidet zwischen: 10
- **Strukturqualität**: Ihr dient die Festlegung von Aus- und Weiterbildungsanforderungen sowie Fachkundenachweise der Leistungserbringer und Anforderungen an die personelle und technische Ausstattung.
- **Prozessqualität**: Ihr dienen zB Richtlinien zum Verfahren der Qualitätssicherung. Beispiele zur Verbesserung der Prozessqualität sind Empfehlungen zur Stufendiagnostik, Kontrolle des Diagnoseverhaltens durch Ringversuche, regelmäßige Überwachung der Bildqualität bei bildgebenden Verfahren wie zB Röntgen.
- **Ergebnisqualität**: Zur Beurteilung der Ergebnisqualität können zB gleichartig strukturierte Leistungen miteinander verglichen oder Nebenwirkungen von bestimmten Untersuchungs- und Behandlungsmethoden überprüft werden.[9]

Bis Ende 2011 konnten die Partner der Bundesmantelverträge für ärztliche Leistungen, die besonderer Voraussetzungen für ihre Ausführung oder Kenntnisse und Erfahrungen bedürfen, Anforderungen an die Strukturqualität vorgeben. Seit 1.1.2012 haben die Vertragspartner nach § 135 Abs 2 S 1 SGB V idF des GKV-VStG die Möglichkeit, die verschiedenen Dimensionen der **Versorgungsqualität** zu berücksichtigen und über Strukturqualitätsanforderungen hinaus **Vorgaben auch zur Prozess- und Ergebnisqualität** zu vereinbaren. Nach der Begründung des 14. Ausschusses[10] war diese Änderung notwendig, da eine eindeutige Abgrenzung zwischen den drei Qualitätsdimensionen nicht immer sachgerecht möglich war. Des Weiteren reichen häufig Maßnahmen zur Strukturqualität nicht aus, um umfassend die Qualität der Leistungserbringung bei diesen ausgewählten Untersuchungs- und Behandlungsmethoden zu sichern und beurteilen zu können. 11

2. Normierung von Qualitätsanforderungen für bestimmte spezialisierte Leistungen. Für bestimmte spezialisierte Leistungen in der vertragsärztlichen Versorgung können die Partner der Bundesmantelverträge nach § 72 Abs 2, § 82 Abs 1 oder § 135 Abs 2 SGB V Qualitätsanforderungen vereinbaren. Auch im EBM können ergänzend Qualifikationserfordernisse festgelegt werden. 12

a) Vereinbarungen auf der Grundlage von § 72 Abs 2, § 82 Abs 1 SGB V. Nach § 72 Abs 2 iVm § 82 Abs 1 SGB V ist die vertragsärztliche Versorgung unter anderem durch Verträge der KV mit den Verbänden der KK so zu regeln, dass eine ausreichende, zweckmäßige und wirtschaftliche Versorgung der Versicherten unter Berücksichtigung des allgemein anerkannten Standes der medizinischen Erkenntnisse gewährleistet ist (**sog Gewährleistungsauftrag**[11]). Die KBV hat mit dem Spitzenverband Bund der KK den allgemeinen Inhalt dieser Gesamtverträge in Bundesmantelverträgen bundeseinheitlich zu regeln. 13

Die KBV hat in der Vergangenheit sowohl mit dem Bundesverband der Primärkassen als auch mit dem Verband der Angestelltenkrankenkassen und dem Arbeiter-Ersatzkassenverband jeweils einen Bundesmantelvertrag geschlossen. Die Regelungsinhalte waren – von geringen Ausnahmen abgesehen – weitgehend identisch. 14

---
9 S Schnapp/Wigge/*Seewald* § 19 Rn 34.
10 BT-Drucks 17/8005, 120 zu Nr 50a-neu (§ 135 SGB V).
11 S dazu ergänzend § 75 Abs 1 S 1 SGB V.

§ 11 Qualitätssicherung

15 Infolge des GKV-WSG hat der GKV-Spitzenverband zum 1.7.2008 die Aufgaben und auch die vertraglichen Vereinbarungen der bisherigen Spitzenverbände der Primär- und Ersatzkassen übernommen. Nunmehr sind die Vertragspartner auf beiden Seiten der Bundesmantelverträge identisch, was zu einer Vereinheitlichung der getroffenen Regelungen in einem einheitlichen BMV-Ä[12], in Kraft getreten am 1.10.2013 geführt hat.

16 Die Krankenkassenverbände haben von der Möglichkeit, Qualitätsmaßnahmen nach § 72 Abs 2 iVm § 82 Abs 1 SGB V zu schließen, nur vereinzelt Gebrauch gemacht. Bedeutung erlangt hatte die Schmerztherapievereinbarung[13], die ausschließlich im Ersatzkassenbereich galt. Sie diente der Strukturqualität und der Verbesserung der sachlichen, personellen und organisatorischen Anforderungen von Behandlungen. Im Gegensatz zu einer Vereinbarung nach § 135 Abs 2 SGB V regelte diese Vereinbarung nicht die Voraussetzungen für die Durchführung und Abrechnung schmerztherapeutischer Leistungen nach dem EBM, sondern sah eine Zusatzvergütung für den besonderen Aufwand für an dieser Vereinbarung teilnehmende Ärzte vor.[14] Diese Schmerztherapievereinbarung wurde durch die auf der Grundlage des § 135 Abs 2 SGB V mit Wirkung zum 1.1.2005 erlassenen Schmerztherapievereinbarung v 27.12.2004 ersetzt.[15]

17 **b) Vereinbarungen auf der Grundlage von § 135 Abs 2 SGB V.** Für ärztliche Leistungen, welche wegen der Anforderungen an ihre Ausführung oder wegen der Neuheit des Verfahrens besonderer Kenntnisse und Erfahrungen (**Fachkundenachweis**) sowie einer besonderen Praxisausstattung oder weiterer Anforderungen an die Strukturqualität (ab 1.1.2012 Versorgungsqualität) bedürfen, können die Partner der Bundesmantelverträge einheitlich Voraussetzungen für ihre Ausführung und Abrechnung dieser Leistungen festlegen – sog qualifikationsgebundene Leistungen.[16] Diese Voraussetzungen werden – obwohl nicht ausdrücklich in § 135 Abs 2 SGB V vorgeschrieben – in den Anlagen zum BMV-Ä unter Berücksichtigung des Weiterbildungsrechts von den Vertragspartnern vereinbart.[17]

18 Gesetzliche Maßnahmen zur Qualitätssicherung gehören (wie der Sicherstellungsauftrag nach § 75 Abs 1 S 1 SGB V selbst) zum **Kernbereich des Vertragsarztrechts**, so dass Detailregelungen dazu Art 74 Abs 1 Nr 12 GG (Zuständigkeitsregelung) nicht verletzen.[18]

19 Gegen die Rechtsetzungskompetenz der Partner der Bundesmantelverträge nach § 135 Abs 2 SGB V bestehen auch im Hinblick auf das Verhältnis der vertragsärztlichen zur berufsrechtlichen Regelungskompetenz, die den Ländergesetzgebern zusteht und die Festlegung berufsrechtlicher Qualifikationsstandards umfasst, keine Bedenken, da die Vorgaben in den Qualitätssicherungsvereinbarungen nach § 135 Abs 2 SGB V an die landesrechtlichen Qualifikationsstandards anknüpfen.[19]

---

12 S DÄ 39/2013.
13 S DÄ 1994, C-1633 f; DÄ 1997, C-1186 ff.
14 Vgl *BSG* SozR 4-2500 § 82 Nr 1.
15 Anlage 12 BMV-Ä/Ersatzkassen aF; nunmehr Qualitätssicherungsvereinbarung Schmerztherapie, in Kraft getreten am 1.10.2016.
16 Vgl § 135 Abs 2 S 1 SGB V, inhaltsgleich § 11 Abs 1 S 1.
17 Vgl § 11 Abs 1 S 2.
18 *BSG* SozR 3-2500 § 135 Nr 9.
19 *BSG* SozR 3-2500 § 135 Nr 16 für kernspintomographische Leistungen.

Qualitätssicherung §11

Nachstehende **Vereinbarungen** zu besonderen Untersuchungs- und Behandlungsmethoden nach § 135 Abs 2 SGB V sind als Anlagen 3 zum BMV-Ä vereinbart (Stand: August 2020): 20
- **Rahmenvereinbarung** für Qualitätssicherungsvereinbarungen gem § 135 Abs 2 SGB V,
- Vereinbarung von Qualitätssicherungsmaßnahmen zur Abklärungskolposkopie (Qualitätssicherungsvereinbarung **Abklärungskolposkopie**),
- Qualitätssicherungsvereinbarung zur Akupunktur bei chronisch schmerzkranken Patienten (Qualitätssicherungsvereinbarung **Akupunktur**),
- Vereinbarung von Qualitätssicherungsmaßnahmen zum ambulanten Operieren (Qualitätssicherungsvereinbarung **ambulantes Operieren**),
- Vereinbarung von Qualifikationsvoraussetzungen zur Ausführung und Abrechnung arthroskopischer Leistungen (**Arthroskopie-Vereinbarung**),
- Vereinbarung von Qualitätssicherungsmaßnahmen zur Balneophototherapie (Qualitätssicherungsvereinbarung **Balneophototherapie**),
- Vereinbarung zur Ausführung und Abrechnung von Blutreinigungsverfahren (Vereinbarung **Blutreinigungsverfahren**),
- Vereinbarung von Qualitätssicherungsmaßnahmen für die Dünndarm-Kapselendoskopie zur Abklärung obskurer gastrointestinaler Blutungen (Qualitätssicherungsvereinbarung **Dünndarm-Kapselendoskopie**),
- Vereinbarung von Qualitätssicherungsmaßnahmen zur spezialisierten geriatrischen Diagnostik (Qualitätssicherungsvereinbarung **Spezialisierte geriatrische Diagnostik**),
- Vereinbarung von Qualitätssicherungsmaßnahmen zur hyperbaren Sauerstofftherapie bei diabetischem Fußsyndrom (Qualitätssicherungsvereinbarung **HBO bei DFS**),
- Vereinbarung von Qualitätssicherungsmaßnahmen zur histopathologischen Untersuchung im Rahmen des Hautkrebs-Screenings (Qualitätssicherungsvereinbarung **Histopathologie Hautkrebs-Screening**),
- Vereinbarung von Qualitätssicherungsmaßnahmen zur spezialisierten Versorgung von Patienten mit HIV-Infektion/Aids-Erkrankung (Qualitätssicherungsvereinbarung **HIV/Aids**),
- Vereinbarung von Qualitätssicherungsmaßnahmen zur Hörgeräteversorgung (Qualitätssicherungsvereinbarung **Hörgeräteversorgung**),
- Vereinbarung von Qualitätssicherungsmaßnahmen zur Hörgeräteversorgung für Kinder (Qualitätssicherungsvereinbarung **Hörgeräteversorgung Kinder**),
- Vereinbarung von Qualitätssicherungsmaßnahmen zur **interventionellen Radiologie** (Radiologie-Vereinbarung),
- Vereinbarung von Qualitätssicherungsmaßnahmen zur intravitrealen Medikamenteneingabe (Qualitätssicherungsvereinbarung **IVM**),
- Voraussetzungen zur Ausführung und Abrechnung invasiver kardiologischer Leistungen (Vereinbarung zur **invasiven Kardiologie**),
- Vereinbarung von Qualifikationsvoraussetzungen zur Durchführung von Untersuchungen in der Kernspintomographie (**Kernspintomographie-Vereinbarung**),
- Voraussetzungen zur Ausführung und Abrechnung von koloskopischen Leistungen (**Koloskopie-Vereinbarung**),
- Vereinbarung von Qualifikationsvoraussetzungen zur Durchführung von **Langzeitelektrokardiographischen Untersuchungen**,

- Vereinbarung von Qualitätssicherungsmaßnahmen zu Nicht-medikamentösen, lokalen Verfahren zur Laserbehandlung des benignen Prostatasyndroms (bPS), (Qualitätssicherungsvereinbarung **Laserbehandlung bei bPS**),
- Vereinbarung von Qualitätssicherungsmaßnahmen zur kurativen Mammographie (**Mammographie-Vereinbarung**),
- Vereinbarung von Qualitätssicherungsmaßnahmen zur Erbringung von molekular– genetischen Untersuchungen bei monogenen Erkrankungen (Qualitätssicherungsvereinbarung **Molekulargenetik**),
- Vereinbarung von Qualitätssicherungsmaßnahmen zur Magnetresonanz-Angiografie, (Qualitätssicherungsvereinbarung zur **MR-Angiographie**),
- Vereinbarung von Qualitätssicherungsmaßnahmen zur speziellen Diagnostik und Eradikationstherapie im Rahmen von Methicillin-resistenten Staphylococcus aureus (Qualitätssicherungsvereinbarung **MRSA**),
- Vereinbarung von Qualitätssicherungsmaßnahmen zur photodynamischen Therapie am Augenhintergrund (Qualitätssicherungsvereinbarung **PDT**),
- Vereinbarung von Qualitätssicherungsmaßnahmen zur diagnostischen Positronenemissionstomographie, diagnostischen Positronenemissionstomographie mit Computertomographie (Qualitätssicherungsvereinbarung **PET, PET/CT**),
- Vereinbarung von Qualitätssicherungsmaßnahmen zur phototherapeutischen Keratektomie (Qualitätssicherungsvereinbarung **PTK**),
- Vereinbarung von Qualitätssicherungsmaßnahmen zur Kontrolle von aktiven kardialen Rhythmusimplantaten (Qualitätssicherungsvereinbarung **Rhythmusimplantat-Kontrolle**),
- Qualitätssicherungsvereinbarung zur Diagnostik und Therapie schlafbezogener Atmungsstörungen (**Schlafapnoe-Vereinbarung**),
- Qualitätssicherungsvereinbarung zur schmerztherapeutischen Versorgung chronisch schmerzkranker Patienten (**Schmerztherapie-Vereinbarung**),
- Vereinbarung von Qualitätssicherungsmaßnahmen zur Erbringung von speziellen Untersuchungen der Laboratoriumsmedizin (Qualitätssicherungsvereinbarung **Spezial-Labor**),
- Vereinbarung von Qualifikationsvoraussetzungen zur Durchführung von Untersuchungen in der diagnostischen Radiologie und Nuklearmedizin und von Strahlentherapie (Vereinbarung zur **Strahlendiagnostik und -therapie**),
- Vereinbarung von Qualitätssicherungsmaßnahmen zur Ultraschalldiagnostik (**Ultraschall-Vereinbarung**),
- Vereinbarung von Qualitätssicherungsmaßnahmen zur **Vakuumbiopsie der Brust**,
- Vereinbarung von Qualitätssicherungsmaßnahmen zur zytologischen Untersuchung von Abstrichen der Zervix Uteri (**Zervix-Zytologie-Vereinbarung**).

21 Die **Qualitätssicherungs-Vereinbarungen** sind in der jeweils aktuellen Fassung unter www.kbv/Rechtsquellen/Qualitätssicherung abrufbar.

22 Alle qualitätssichernden Maßnahmen in der vertragsärztlichen Versorgung sind für die Mitglieder der KV **verbindlich**.[20] Darüber hinaus haben nach § 81 Abs 3 SGB V die Satzungen der KV Bestimmungen zu enthalten, nach denen die von der KBV abzuschließenden Verträge und die Richtlinien nach §§ 75 Abs 7, 92 und 136 Abs 1 und § 136a Abs 4 SGB V die KV selbst und deren Mitglieder binden.

---

20 § 95 Abs 3 S 3 und Abs 4 S 2 SGB V.

Qualitätssicherung §11

c) Festlegung von Qualifikationsanforderungen im EBM. Anknüpfungspunkt für Qualifikationsanforderungen im **EBM** ist idR die berufsrechtliche Qualifikation nach der Weiterbildungsordnung und hier in erster Linie das **Fachgebiet**, dh die **Gebietsbezeichnung** nach Abschnitt B der MWBO sowie **Schwerpunkt- und Zusatzbezeichnungen**.[21] Ist Qualifikationsvoraussetzung ein bestimmtes Fachgebiet, so ist die Rechtsgrundlage für eine Gliederung nach Facharztbereichen § 87 Abs 2a SGB V. Sofern das Erfordernis der Qualifikation nicht sachwidrig ist und Ärzte nicht von einem Leistungsbereich ausschließt, der zum Kern ihres Fachgebietes gehört bzw für dieses wesentlich und prägend ist, ist eine solche Vorgabe insbesondere im Hinblick auf Art 12 GG unbedenklich. Qualifikationsanforderungen im EBM in Form von Schwerpunkt- und Zusatzbezeichnungen basieren auf § 72 Abs 2 iVm § 82 Abs 1 SGB V.[22] Diese Qualifikationsanforderungen begrenzen nicht die Berufswahl iSv Art 12 GG, sondern lediglich die Berufsausübung. Zu ihrer Legitimation bedarf es je nach Gewicht des Eingriffs unterschiedlich gewichtiger rechtfertigender Gründe. Dabei sind an sog berufswahlnahe Ausübungsregelungen erhöhte Anforderungen zu stellen und an statusrelevante höhere als an nicht statusrelevante. Statusrelevant ist eine Ausübungsregelung, wenn eine Arztgruppe von der Erbringung und Abrechnung von Leistungen ausgeschlossen wird, für die diese Leistungen wesentlich sind.[23] 23

III. Qualifikationsgebundene Leistungen (Abs 1)

1. Regelungsgegenstand (Abs 1 S 1). Ärztliche Untersuchungs- und Behandlungsmethoden, die wegen der Anforderungen an ihre Ausführung oder wegen der Neuheit des Verfahrens besonderer Kenntnisse und Erfahrungen (**Fachkunde**) sowie einer besonderen Praxisausstattung oder weiterer Anforderungen an die Strukturqualität bedürfen, dürfen in der vertragsärztlichen Versorgung nur ausgeführt und abgerechnet werden, wenn der Arzt die vorgeschriebenen Voraussetzungen erfüllt (§ 11 Abs 1 S 1 iVm § 135 Abs 2 S 1 SGB V in der bis Ende 2011 geltenden Fassung). Mit Inkrafttreten des GKV-VStG eröffnet § 135 Abs 2 S 1 SGB V auch Regelungen zu Anforderungen an die Prozess- und Ergebnisqualität („andere Anforderungen an die Versorgungsqualität"). § 11 Abs 1 S 1 wurde bislang noch nicht angepasst. 24

Der Gesetzgeber hat in § 135 Abs 2 S 1 SGB V mit der Wendung „*besondere Kenntnisse und Erfahrungen*" die einzelnen Leistungen, für die bestimmte Anforderungen normiert werden sollen, nicht selbst definiert, sondern einen ausfüllungsfähigen **unbestimmten Rechtsbegriff** verwendet. Eine solche Vorgehensweise ist nach der Rspr des BVerfG zulässig, wenn das Gesetz die äußeren Grenzen absteckt und damit die Möglichkeit richterlicher Überprüfung der Einhaltung der Grenzen gibt.[24] Die Entscheidung, welche ärztlichen Untersuchungs- und Behandlungsmethoden einer besonderen Strukturqualität bedürfen, ist dem untergesetzlichen Normsetzer übertragen. 25

---

21 S hierzu § 2 Abs 1 MWBO.
22 Zur Einführung einer Zuschlagsziffer für Anästhesisten bei ambulanter Durchführung von Anästhesien in der Praxis eines niedergelassenen Arztes s *BSG* SozR 3-2500 § 87 Nr 5 S 21 ff.
23 Vgl *BSG* SozR 3-2500 § 72 Nr 11: Physikalisch-medizinische Leistungen nur bei Führen der Zusatzbezeichnung „Physikalische Medizin".
24 *BSG* SozR 3-2500 § 135 Nr 9 mwN.

§ 11

26 **Qualifikationsanforderungen** begrenzen idR die Berufsausübung, nicht die Berufswahl im Sinne des Art 12 Abs 1 GG. Bei statusrelevanten Berufsausübungsregelungen, dh bei Leistungen, die für das betroffene Fachgebiet wesentlich sind, sind die für die Grundrechte wesentlichen Entscheidungen im Gesetz selbst zu treffen. Bei nicht statusrelevanten Berufsausübungsregelungen können diese dem untergesetzlichen Normgeber übertragen werden, hier den Partnern der Bundesmantelverträge. Diesem ist dabei eine weitgehende Gestaltungsfreiheit eingeräumt.[25] Die **Qualitätssicherungsvereinbarungen** betreffen idR **nicht statusrelevante Leistungsbereiche**. Dennoch müssen auch diese qualitätssichernden Maßnahmen durch vernünftige Erwägungen des Gemeinwohls gerechtfertigt sein.

27 Die Qualitätssicherung für ärztliche Leistungen dient der Sicherstellung der ärztlichen Versorgung der versicherten Bevölkerung mit qualitativ hochwertigen Leistungen, somit der Gesundheit und dem Leben von Menschen und damit dem Gemeinwohl. Darüber hinaus müssen die vereinbarten Anforderungen auch dem **Verhältnismäßigkeitsgrundsatz** entsprechen, wobei ein gewisser „Überschuss" an Qualifikationsanforderungen bei Ärzten hinzunehmen wäre.[26]

28 **2. Fachliche Qualifikation (Abs 1 S 1, 2). – a) Aus- und Weiterbildung.** Die Qualifikationsanforderungen in der vertragsärztlichen Versorgung knüpfen in erster Linie an das **landesrechtliche Berufsrecht** an. Soweit das ärztliche Berufsrecht in der jeweiligen Weiterbildungsordnung Fachgebiete, Schwerpunkte und Zusatzbezeichnungen definiert, sind diese auch in der vertragsärztlichen Versorgung maßgebend und grenzen bei einer für ein Fachgebiet ausgesprochenen Zulassung den Umfang der vertragsärztlichen Tätigkeit ab (**Fachgebietsgrenzen**)[27]. Die Bindung an das jeweilige Fachgebiet ergibt sich aus den Heilberufe- und Kammergesetzen der Länder.[28] Diese Regelungen greifen die Weiterbildungsordnungen der Länder auf und normieren die Verpflichtung eines Arztes, der eine bestimmte Gebietsbezeichnung führt, sich auf dieses Gebiet zu beschränken.[29]

29 **Fachgebietsgrenzen** können weder durch besondere persönliche Qualifikationen noch durch Sondergenehmigungen der KV zur Erbringung und Abrechnung weiterer Leistungen noch durch berufsrechtliche Berechtigungen zur Führung von Zusatzbezeichnungen erweitert werden.[30] Die Facharzt- und Schwerpunktbezeichnungen sind in Abschnitt B, Zusatzbezeichnungen in Abschnitt C der MWBO gelistet.

30 Die **Regelungen des Berufsrechts** werden durch das **Vertragsarztrecht beschränkt**. So kann sich ein Arzt als Vertragsarzt nach § 95a Abs 1 Nr 2 SGB V nur niederlassen, wenn er eine abgeschlossene Weiterbildung und damit die Voraussetzungen für die Eintragung ins Arztregister erfüllt. Durch die Gliederung der vertragsärztlichen Ver-

---

25 *BSG* SozR 3-2500 § 72 Nr 11.
26 *BSG* SozR 3-2500 § 135 Nr 9 mwN.
27 Zu den Regelungen des Weiterbildungsrechts (Facharztanerkennung) s HK-AKM/*Jaeger* 5490 Weiterbildung (Stand: 2009); Wenzel/*Schirmer* Kap 10 Rn 217 ff.
28 Vgl zB Art 34 HKaG Bayern § 34 Abs 1 Heilberufsgesetz Hessen, § 41 Abs 1 Heilberufsgesetz Nordrhein-Westfalen, § 36 HKG Niedersachsen.
29 *BSG* SozR 4-2500 § 135 Nr 10; *BSG* SozR 3-2500 § 95 Nr 30; *BSG* SozR 4-2500 § 95 Nr 8; *BSG* SozR 4-2500 § 95 Nr 1; *BSG* SozR 3-2500 § 95 Nr 9.
30 Vgl *BSG* v 4.5.2016 – B 6 KA 13/15 R Rn 18 ff; BSG v 8.9.2004 – B 6 KA 39/04 B, juris mwN.

sorgung nach § 73 Abs 1 S 1 SGB V in eine haus- und eine fachärztliche Versorgung sind die Vertragsärzte entsprechend ihrer Fachgruppe entweder dem einen oder anderen Bereich zugeordnet bzw üben ein Wahlrecht aus.[31] Teilnehmer an der hausärztlichen Versorgung dürfen fachärztliche Leistungen grundsätzlich nicht erbringen[32], Teilnehmer an der fachärztlichen Versorgung nicht den hausärztlichen Versorgungsauftrag übernehmen.

Die Partner der Bundesmantelverträge haben die Befugnis, Verträge zur Verbesserung der Versorgungsqualität nach §§ 72 Abs 2, 82 Abs 1 SGB V zu schließen und zusätzlich über das ärztliche Berufsrecht hinausgehende Qualifikationsanforderungen nach § 135 Abs 2 SGB V festzulegen. Qualifikationsanforderungen des Vertragsarztrechts können grundsätzlich über diejenigen des Berufsrechts hinaus gehen.[33] In seiner Entscheidung zu den Anforderungen an die Kernspintomographie-Vereinbarung hat das BVerfG darauf abgestellt, dass diese Anforderungen weniger unter dem Gesichtspunkt der Qualitätssicherung als unter dem Gesichtspunkt der Wirtschaftlichkeit der Versorgung gerechtfertigt sind. Der Wirtschaftlichkeit diene allerdings letztlich auch die Qualitätssicherung in der GKV, indem sie nicht nur ein bestimmtes Niveau der Versorgung gewährleistet, sondern auch den sparsamen Einsatz von Ressourcen. 31

Soweit für die notwendigen Kenntnisse und Erfahrungen, welche als Qualifikation vorausgesetzt werden müssen, in landesrechtlichen Regelungen zur ärztlichen Berufsausübung, insbesondere solchen des Facharztrechts, bundesweit inhaltsgleich und hinsichtlich der Qualitätsvoraussetzungen nach § 135 Abs 2 S 1 SGB V gleichwertige Qualifikationen eingeführt worden sind, sind diese notwendige und ausreichende Voraussetzung (§ 135 Abs 2 S 2 SGB V). 32

Nach § 2 Abs 1 MWBO kann der Abschluss der Weiterbildung unter anderem zur „**Zusatzbezeichnung**" führen. Nach § 2 Abs 4 MWBO beinhaltet eine Zusatzweiterbildung die Spezialisierung in Weiterbildungsinhalten, die zusätzlich zu den Facharzt- und Schwerpunktweiterbildungsinhalten abzuleisten sind. Soweit solche Zusatzweiterbildungen[34] nach Inkrafttreten einzelner Qualitätssicherungsvereinbarungen neu eingeführt werden, haben die Partner der Bundesmantelverträge zu prüfen, ob Qualitätssicherungsvereinbarungen diesen neuen Entwicklungen des ärztlichen Berufsrechts anzupassen sind.[35] 33

b) Fachkundenachweis. Die Weiterbildungsordnungen enthalten zunehmend innerhalb von Gebiets- und Schwerpunktdefinitionen **Fachkundenachweise**, die ein Facharzt zusätzlich zu seiner Facharztqualifikation nachweisen muss, wenn er berufsrechtlich entsprechende Leistungen erbringen will. Sie sind nach § 135 Abs 2 S 2 SGB V auch in der vertragsärztlichen Versorgung unter der Voraussetzung maßgebend, wenn sie bundesweit inhaltsgleiche und hinsichtlich ihrer Qualitätsvoraussetzungen gleichwertige Qualifikationen wie § 135 Abs 2 S 1 SGB V einführen. Die Einschränkung der 34

---

31 S § 10 Rn 1.
32 *BSG* SozR 4-2500 § 73 Nr 3.
33 *BVerfG* SozR 4-2500 § 135 Nr 2.
34 S Abschnitt C der MWBO.
35 *BSG* SozR 4-2500 § 135 Nr 10 Rn 36 für den Fall der Genehmigung eines Kardiologen zur Erbringung von kernspintomographischen Untersuchungen des Herzens.

Hochgesang

Vorrangigkeit des landesrechtlichen ärztlichen Berufsrechts ergibt sich zwingend aus der Notwendigkeit bundeseinheitlich geregelter Fachkundeanforderungen für Vertragsärzte in einem bundeseinheitlichen Leistungsrecht der GKV.[36]

35 Bei der Übernahme der Psychologischen Psychotherapeuten und Kinder- und Jugendlichenpsychotherapeuten in die vertragsärztliche Versorgung[37] erlangten Fachkundenachweise für diese Leistungserbringer wegen der Beschränkung auf in Richtlinien des G-BA anerkannte Behandlungsverfahren eine besondere Bedeutung.[38]

36 **3. Nachweis von Mindestmengen/Frequenzregelungen (Abs 1, S 1, 2).** Der Qualitätssicherung soll auch der Nachweis von **Mindestmengen** für bestimmte Untersuchungs- und Behandlungsleistungen dienen; solche Nachweise sind nur dann gerechtfertigt, wenn die Qualität des Behandlungsergebnisses in besonderem Maße von der Menge der erbrachten Leistung abhängig ist, insbesondere im stationären Bereich: zB im Rahmen der planbaren stationären Eingriffe nach § 136b Abs 1 S 1 Nr 2 SGB V, auch für die Krankenhausplanung sowie die Disease Management Programme und nicht zuletzt beim ambulanten Operieren und der ambulanten Behandlungen im Krankenhaus.[39]

37 Im Bereich der ambulanten vertragsärztlichen Versorgung sind **Mindestzahlen** bspw für Leistungen zur Früherkennung von Krankheiten gesetzlich vorgesehen.[40] Diese Berufsausübungsregelung hat die Zahl leistungsberechtigter Ärzte begrenzt und sich insbesondere bei der Umsetzung des Mammographie-Screenings in den Leistungskatalog der GKV ausgewirkt.[41] Mittlerweile haben **Frequenzregelungen** im Rahmen der Qualitätssicherungsvereinbarungen nach § 135 Abs 2 SGB V immer mehr an Bedeutung gewonnen.

38 In der vertragsärztlichen Versorgung werden **Mindestzahlen** zum Teil nur initial (dh einmal im Rahmen der Antragstellung zum Erhalt der Genehmigung) oder auch fortlaufend in regelmäßigen Abständen zum Nachweis fortbestehender Qualifikation gefordert.

39 Beispiele für ausschließlich **initiale Frequenzregelungen**: § 4 Abs 2 Buchst a Vereinbarung Blutreinigungsverfahren, § 5 Abs 1 Nr 2 Qualitätssicherungsvereinbarung Rhythmusimplantat-Kontrolle, Abschnitt A Nr 2 Vereinbarung zur Durchführung von langzeitelektrokardiographischen Untersuchungen, § 3 Abs 1 Nr 2 Vereinbarung zur Magnetresonanz-Angiographie.

40 Beispiele für **initiale und fortlaufende Frequenzregelungen** enthalten folgende Qualitätssicherungsvereinbarungen:
§§ 4, 6 Koloskopie-Vereinbarung, §§ 3, 10 Qualitätssicherungsvereinbarung HIV/Aids, §§ 3, 5 Qualitätssicherungsvereinbarung Histopathologie Hautkrebs-Screening, §§ 3, 7

---

36 S juris PK-SGB V/*Ihle* § 135 Rn 70.
37 PsychThG, in Kraft getreten zum 1.1.1999.
38 *BSG* SozR 4-2500 § 95c Nr 3 – Entscheidung, dass Gesprächspsychotherapie kein anerkanntes Richtlinienverfahren ist.
39 Umfassend zu Mindestmengen im Krankenhaus s den gleichnamigen Beitrag von *Bohle* GesR 11/2010, 587 ff; vgl auch Schnapp/Wigge/*Seewald* § 19 Rn 29, 107 ff.
40 Vgl § 25 Abs 5 SGB V.
41 BT-Drucks 15/1525, 83 mit Hinweis auf die einschlägige europäische Leitlinie für die Qualitätssicherung des Mammographie-Screenings.

Qualitätssicherung §11

Onkologie-Vereinbarung (Anlage 7 BMV-Ä), §§ 3, 7 Qualitätssicherungsvereinbarung Interventionelle Radiologie, §§ 3, 8 Qualitätssicherungsvereinbarung Vakuumbiopsie der Brust, § 4a Kernspintomographie-Vereinbarung (Magnetresonanztomographie Mamma), §§ 4, 7 Qualitätssicherungsvereinbarung Invasive Kardiologie, §§ 4, 24, 25 Mammographie-Screening (Anlage 9.2 BMV-Ä).

Für welche Untersuchungsgebiete konkret **Mindestzahlen** vereinbart werden, obliegt den untergesetzlichen Normgebern. Bundesrechtlich ist nicht zu beanstanden, dass die Normgeber der Kernspintomographie-Vereinbarung darauf verzichten, für jedes einzelne Untersuchungsgebiet Mindestzahlen vorzugeben und sich vielmehr darauf beschränken, die betroffenen Untersuchungsgebiete zu nennen und insgesamt eine Mindestzahl der nachzuweisenden eigenständigen Untersuchungen festzulegen.[42]   **41**

Die untergesetzlichen Normgeber sollten sich bei der **Festlegung von Mindestzahlen** nach Maßgabe des § 135 Abs 2 S 2 SGB V auch an den Erfordernissen im Weiterbildungsrecht orientieren und erhöhte Untersuchungszahlen nur dann fordern, wenn dies aus Qualitätssicherungsgründen unabdingbar und sachlich geboten ist.   **42**

Die festgelegten **Anforderungen** an die Aufrechterhaltung der fachlichen Befähigung (so auch Mindestmengen) sind nach § 6 Abs 2 Rahmenvereinbarung zu Qualitätssicherungsvereinbarungen (Bestandteil der Anlage 3 BMV-Ä) auch von angestellten Ärzten in Teilzeitbeschäftigung sowie von Vertragsärzten mit hälftigem Versorgungsauftrag **voll zu erfüllen**.   **43**

Die Regelungen zum Nachweis von **Mindestmengen** sind inhaltlich **gerichtlich überprüfbar**. Soweit die Tatbestandsvoraussetzungen bereits gesetzlich normiert sind[43], besteht für die Umsetzung dieser Regelungselemente kein Gestaltungsspielraum. Kann nicht wissenschaftlich (zB durch evidenz-basierte Nachweise über kontrollierte Studien) nachgewiesen werden, dass eine besondere Kausalität der Leistungsmenge für bessere Ergebnisqualität besteht, so ist die Mindestmengenregelung als Eingriff in die Berufsausübung rechtswidrig.[44]   **44**

Nach BSG ist bei der Frage nach dem Umfang der festzusetzenden Mindestmenge, bei der Auswahl, ob die Festsetzung pro Arzt oder pro Krankenhaus vorzunehmen ist, und inwieweit Ausnahmetatbestände zu statuieren sind, die gerichtliche Prüfung im Weiteren darauf beschränkt, ob der G-BA auf Grundlage der zutreffend ausgewerte-   **45**

---

42 *BSG* SozR 4-2500 § 135 Nr 10 Rn 22.
43 Vgl für den stationären Bereich § 136b Abs 1 S 1 Nr 2 SGB V.
44 S *LSG Berlin-Brandenburg* 17.8.2011 – L 7 KA 77/08 KL, entschieden für die Mindestmengenvereinbarung des G-BA in Bezug auf Kniegelenk-Totalendoprothesen, Vereinbarung wurde in diesem Punkt für nichtig befunden mit allgemeinverbindlicher Wirkung „inter omnes". Die hiergegen eingelegte Revision führte zur Zurückverweisung; s auch *BSG* Urteil v 14.10.2014 – B 1 KR 33/13 R, BSGE 117, 94–117, SozR 4-2500 § 137 Nr 5 Festsetzung einer Mindestmenge von jährlich 50 implantierten Kniegelenk-Totalendoprothesen je Krankenhaus (Betriebsstätte) ist rechtmäßig.
Eine Korrektur hatte das BSG in Bezug auf eine vorgesehene Erhöhung der Mindestmengen für Perinatalzentren durch den G-BA gefordert, *BSG* GesR 2013, 363–373. Die aktuell bestehende Festsetzung der Mindestmenge von jährlich 14 in Perinatalzentren der obersten Kategorie zu behandelnden äußerst geringgewichtigen Früh- und Neugeborenen ist rechtmäßig, Bestätigung von *BSG* v 18.12.2012 – B 1 KR 34/12 R = BSGE 112, 257 = SozR 4-2500 § 137 Nr 2.

ten Studienlage und unter Berücksichtigung der berührten Interessen – insbesondere im Hinblick auf das Ausübungsverbot des § 137 Abs 3 S 2 SGB V (nunmehr § 136b Abs 4 S 1 SGB V) – vertretbar zu der Einschätzung gelangt ist, dass die Güte der betreffenden Versorgung durch eine Mindestmenge in relevanter Weise zusätzlich gefördert werden kann.[45]

46 Frequenzregelungen für die vertragsärztliche Versorgung sind mangels vergleichbarer gesetzlicher Tatbestandsvoraussetzungen wie im stationären Bereich unter Berücksichtigung der Grundsätze der Geeignetheit, Notwendigkeit und Verhältnismäßigkeit der Berufsausübungsregelung zu beurteilen.

47 **4. Qualifikationsinhaber (Abs 1 S 3).** Werden qualifikationsgebundene Leistungen in einer Vertragsarztpraxis, einer BAG oder einem MVZ durch **angestellte Ärzte** erbracht, reicht es nach § 11 Abs 1 S 3 für die Abrechnung dieser Leistungen durch den Praxisinhaber, die BAG oder das MVZ aus, wenn nur der angestellte Arzt in dem erforderlichen Umfang fachlich qualifiziert ist. Diese Regelung ist Teil der Liberalisierung des Vertragsarztrechtes zum 1.1.2007 durch das VÄndG (Zulässigkeit der fachgebietsfremden Anstellung). Es muss allerdings sichergestellt sein, dass tatsächlich der Arzt, der über die geforderte Qualifikation verfügt, die qualifikationsgebundenen Leistungen erbringt. Aus diesem Grund sind die Leistungen in der Abrechnung mit der lebenslangen Arztnummer des erbringenden Arztes zu kennzeichnen (s § 37a Abs 1). Damit wird gleichzeitig die Prüfmöglichkeit der KV gewährleistet. Der anstellende Arzt ist bei der Anstellung eines gebietsfremden Arztes zudem verpflichtet, darauf zu achten, dass dieser seine Gebietsgrenzen einhält.[46]

48 **5. Apparative Ausstattung, räumliche Anforderungen (Abs 1 S 4).** Viele Qualitätssicherungsvereinbarungen fordern eine bestimmte apparative Ausstattung, räumlich gebundene Voraussetzungen der Strukturqualität oder bestimmte Qualitätssicherungsverfahren an die Räume (zB Hygienevorschriften für operative Eingriffe). Diese Genehmigungsvoraussetzungen sind nach § 11 Abs 1 S 4 **betriebsstättenbezogen** (zur Betriebsstätte s Definition in § 1a Nr 21, zur Nebenbetriebsstätte § 1a Nr 22) zu erfüllen. Der Antragsteller hat die Erfüllung der geforderten räumlichen Anforderungen zugleich mit seinem Antrag auf Genehmigung zu erklären. Apparative Anforderungen werden durch Garantieerklärungen der Hersteller nachgewiesen.

49 Ist die Erfüllung der **apparativen Anforderungen** nach der Qualitätssicherungsvereinbarung ausdrücklich durch Vorlage einer Herstellergewährleistung nachzuweisen, führt nach dem Wortlaut („*Nachweise der Erfüllung der Anforderungen*" und nicht nur „*Erfüllung der Anforderungen*") sowie unter Berücksichtigung von Sinn und Zweck der Regelung (die Qualität der Untersuchungen zu sichern) iVm dem Rechtscharakter der Genehmigung als Dauerverwaltungsakt, ein ausdrücklicher Widerruf der Gewährleistung durch den Hersteller zum automatischen Erlöschen der Genehmigung ex nunc, ohne dass es eines gesonderten Widerrufes der Genehmigung bedarf.[47]

50 Die KV ist berechtigt, die Einhaltung der Anforderungen an Praxisräume durch eine **Praxisbegehung** nachzuprüfen, wenn dies in der Qualitätssicherungsvereinbarung vor-

---

45 S *BSG* NZS 2013, 224–230.
46 § 95 Abs 9 SGB V iVm § 32b Abs 3 Ärzte-ZV.
47 *BSG* v 8.9.2004 – B 6 KA 32/04 B, juris, so entschieden für den Fall einer Kernspintomographie-Genehmigung.

Qualitätssicherung §11

gesehen ist[48] oder bei einem Kolloquium Zweifel an der Ausstattung oder Organisation der Praxis oder an der fachlichen Qualifikation des Arztes bestehen.[49]

Das Verfahren einer **Praxisbegehung** ist in §12 der Qualitätsprüfungs-Richtlinie vertragsärztliche Versorgung geregelt. Voraussetzung für die Durchführung ist das schriftliche Einverständnis des Arztes mit der Begehung.[50] Mit dieser Vorgabe wird **keine Mitwirkungspflicht** des Arztes begründet, die erzwingbar wäre, sondern lediglich eine **Mitwirkungslast,** mit der Konsequenz, dass bei Verweigerung des Einverständnisses mit der Ablehnung der Genehmigung gerechnet werden muss.[51] 51

Die **Praxisbegehung** übernehmen Mitglieder der Qualitätssicherungs-Kommission mit einem Vertreter der KV.[52] Bei Bedarf können ergänzend Sachverständige beratend hinzugezogen werden. 52

Die Ergebnisse der **Praxisbegehung** sind in einer Niederschrift festzuhalten und dem Arzt per Bescheid mitzuteilen. Die festgestellten Mängel sind darin zu benennen und der Arzt ist zu verpflichten, diese innerhalb einer angemessenen Frist zu beseitigen.[53] 53

Geschieht dies nicht, kann die KV die Genehmigung widerrufen. Eine neue Genehmigung kann erst nach Mängelbeseitigung, die im Rahmen einer erneuten Praxisbegehung zu überprüfen ist, erteilt werden.[54] 54

6. Rezertifizierung. Werden qualifikationsgebundene Leistungen nach Einführung einer Genehmigungspflicht zu einem späteren Zeitpunkt ganz oder teilweise von einem zusätzlichen Qualifikationsnachweis oder einer erneuten Prüfung abhängig gemacht, spricht man von **„Rezertifizierung"**. 55

Die Voraussetzungen einer solchen **Rezertifizierung** in der vertragsärztlichen Versorgung richten sich nach den gleichen verfassungsrechtlichen und sozialgesetzlichen Vorgaben wie die erstmalige Einführung einer Qualitätssicherungsmaßnahme. Mit anderen Worten: die Rezertifizierung muss erforderlich, geeignet und verhältnismäßig und ggf mit einer angemessenen Übergangsfrist verbunden sein. 56

Erfüllt ein Leistungserbringer die berechtigterweise eingeführte Rezertifizierungsmaßnahme nicht innerhalb der vorgegebenen Frist, ist er nach Ablauf der Rezertifizierungsfrist nicht mehr berechtigt, die qualifikationsgebundenen Leistungen in der vertragsärztlichen Versorgung zu erbringen und abzurechnen. Die ihm unter den vorherigen Bedingungen erteilte Genehmigung ist nach §48 Abs 1 S 1 SGB X aufzuheben. Insoweit stellen die weiteren Qualifikationsanforderungen eine wesentliche Änderung der rechtlichen Verhältnisse dar, die eine Aufhebung eines Verwaltungsaktes mit Dauerwirkung (Genehmigung) für die Zukunft rechtfertigt.[55] 57

---

48 S zB §6 Abs 3 Arthroskopie-Vereinbarung, §7 Abs 3 Qualitätssicherungsvereinbarung zu den Blutreinigungsverfahren.
49 S §12 Abs 1 der Qualitätsprüfungs-Richtlinie vertragsärztliche Versorgung.
50 S §12 Abs 2 der Qualitätsprüfungs-Richtlinie vertragsärztliche Versorgung.
51 Zur Mitwirkungslast eines Arztes im Rahmen seiner vertragsärztlichen Tätigkeit s *Bayerisches LSG* v 12.4.2000 – L 12 KA 85/98.
52 S §12 Abs 3 der Qualitätsprüfungs-Richtlinie vertragsärztliche Versorgung.
53 S §12 Abs 4, 5 der Qualitätsprüfungs-Richtlinie vertragsärztliche Versorgung.
54 S §12 Abs 6 der Qualitätsprüfungs-Richtlinie vertragsärztliche Versorgung.
55 *BSG* SozR 3-2500 §135 Nr 9 betreffend präparatebezogene Prüfung nach Abschnitt C der Zytologie-Vereinbarung.

58 **7. Facharztvorbehalt (Abs 1 S 5).** Die Regelung in § 11 Abs 1 S 5, die inhaltlich dem § 135 Abs 2 S 4 SGB V entspricht, ermöglicht einen **Facharztvorbehalt** für die Erbringung bestimmter medizinisch-technischer Leistungen (insbesondere Großgeräte), wenn diese Leistungen zum **Kern eines Fachgebietes** gehören (zB Röntgendiagnostik, Strahlentherapie). Die Erbringung dieser Leistungen kann dann diesen Gebietsärzten vorbehalten werden, wenn dadurch die Qualität und Wirtschaftlichkeit der Erbringung dieser Leistung erhöht wird. Die Konzentration dieser Leistungen auf einen für diese Tätigkeit besonders qualifizierten Arzt gewährleistet, dass die für die spezifische medizinische Fragestellung geeignetste diagnostische Methode ausgewählt wird und die Ergebnisse sachgerecht interpretiert werden, zB sog Zufallsbefunde erkannt werden.[56] Die vom Gesetzgeber beabsichtigte Leistungssteuerung, die eine Trennung zwischen der Diagnosestellung und Therapie ermöglicht, kann auch nicht durch die Einführung fachgebietsbezogener Zusatzweiterbildungen in die Muster-WBO beeinflusst werden, so gehört bspw die MRT-Untersuchung auch dann zum Kernbereich des Fachgebiets der Radiologen, wenn eine fachgebundene Zusatzweiterbildung für MRT besteht.[57]

59 Für Arztgruppen, die nach Maßgabe des Weiterbildungsrechts diese Leistungen ebenfalls erbringen könnten, greift diese Regelung in deren berufsrechtlichen Status ein; dieser Eingriff ist durch die spezifischen Anforderungen der GKV an die Qualität und Wirtschaftlichkeit der Leistungserbringung gerechtfertigt.[58]

60 Die Entscheidung, welchen Facharztgruppen welche qualifikationsgebundenen Leistungen zugeordnet werden, darf von typischen Sachverhalten und Konstellationen ausgehen. Dabei ist im Einzelfall nie auszuschließen, dass ein Arzt einer bestimmten Fachrichtung für eine bestimmte hochspezialisierte Leistung in besonderer Weise qualifiziert ist, die üblicherweise von Ärzten einer anderen Fachrichtung erbracht wird und dass umgekehrt ein Facharzt im Rahmen seiner Weiterbildung mit einer ganz speziellen Leistung nur am Rande befasst war.[59]

61 **8. Übergangs-/Einführungsfristen.** Zum Zeitpunkt der Einführung neuer Qualifikationsanforderungen und deren Geltung auch für Altrechtsinhaber sind folgende Fallgestaltungen zu unterscheiden:

62 **a) Gleichwertige Qualifikation nach der Weiterbildungsordnung.** Wird die Erbringung ärztlicher Leistungen erstmalig von einer Qualifikation abhängig gemacht, können die Partner der Bundesmantelverträge nach § 135 Abs 2 S 3 SGB V für Ärzte, die diese Qualifikationen nicht während einer Weiterbildung erworben haben, übergangs-

---

56 Vgl BT-Drucks 15/1525, 124 zu § 135; *BSG* SozR 3-2500 § 135 Nr 16, sog Kernspintomographie- Entscheidung; hierzu sowie zum Beschlusses des *BVerfG* (NZS 2005, 91 ff) s *Wigge* Zur Verfassungsmäßigkeit der Beschränkung der Abrechnungsgenehmigung in der Kernspintomographie-Vereinbarung auf Fachgebiete Radiologie und Nuklearmedizin, NZS 2005, 176 ff.
57 Vgl *BSG* v. 2.4.2014 – B 6 KA 24/13 R, SozR 4-2500 § 135 Nr 21; s juris PK-SGB V/*Ihle* § 135 Rn 73.
58 Vgl juris PK-SGB V/*Ihle* § 135 Rn 73.
59 *BSG* SozR 4-2500 § 135 Nr 10 Rn 20, zur Typisierungsbefugnis s *BSG* SozR 4-2500 § 85 Nr 28 mwN.

weise Qualifikationsanforderungen nach dem Kenntnis- und Erfahrungsstand der facharztrechtlichen Regelungen einführen. Aus rechtsstaatlichen Grundsätzen des Vertrauensschutzes und der Verhältnismäßigkeit ist dies nach der Rspr des BVerfG[60] zulässig.[61]

Der Gesetzgeber ist nicht verpflichtet, Übergangsregelungen selbst zu treffen oder dem untergesetzlichen Normgeber vorzugeben, dass Altrechtsinhaber die neuen und zulässigen Qualifikationsanforderungen auch erfüllen können. Erforderlich ist vielmehr eine am Ziel der berufsausübungsbeschränkenden Maßnahme orientierte Interessenabwägung. (Zumutbarkeit der Übergangsregelung für Altrechtsinhaber).[62] 63

b) Anerkennung älterer Weiterbildungen in der Qualitätssicherungsvereinbarung. Weiterbildungen, die auf einer MWBO vor dem konkreten Erfordernis eines Qualifikationsnachweises beruhen, sind anzuerkennen, wenn die qualifikationsgebundene Leistung bereits Bestandteil der früheren Weiterbildung war. Für Ärzte, die ihre Weiterbildung nach einer Weiterbildungsordnung vor 2003 absolviert haben, gilt die fachliche Befähigung für die Ausführung und Abrechnung ambulanter operativer Leistungen zB als nachgewiesen, wenn der Arzt nach dem für seine Facharztanerkennung maßgeblichen Weiterbildungsrecht zur Durchführung ambulanter Operationen berechtigt und dies durch Zeugnisse und Bescheinigungen nachgewiesen ist.[63] 64

c) Alternative Befähigungsnachweise. Bei Einführung höherer Qualifikationsanforderungen (zB durch Forderung einer bestimmten Schwerpunktbezeichnung nach Abschnitt B der MWBO) kann für Altrechtsinhaber, die nicht über diese Schwerpunktbezeichnung verfügen, alternativ der Nachweis der Durchführung einer bestimmten Anzahl der betreffenden Leistungen (Frequenzregelung, Rn 36 ff) oder ggf zusätzlich die erfolgreiche Teilnahme an einem Kolloquium (Rn 71 ff) gefordert werden.[64] 65

d) Übergangsfristen. Unter dem Gesichtspunkt der Verhältnismäßigkeit und der Zumutbarkeit sind bei der Entscheidung, ob und ggf wie lang Übergangsfristen einzuräumen sind, nachstehende Fallgestaltungen zu beachten: 66

– Bei Einführung neuer Qualifikationsanforderungen als berufsausübungsbeschränkende Maßnahmen sind grundsätzlich die betroffenen Interessen gegeneinander abzuwägen. Zu prüfen ist zB, ob die Übergangsregelung die Altrechtsinhaber unzumutbar belastet, dh je länger die Übergangsfrist gestaltet ist, desto zumutbarer der Eingriff.[65] Im Übrigen sollte sich eine Übergangsfrist auch danach richten, in wel- 67

---

60 S BVerfGE 21, 173, 183; 50, 265, 274; 55, 185, 201.
61 S ergänzend juris PK-SGB V/*Ihle* § 135 Rn 72.
62 S *BSG* SozR 3-2500 § 135 Nr 9 mwN, für den Fall einer viereinhalbjährigen Frist zur Absolvierung einer Prüfung nach der Zytologie-Vereinbarung.
63 S Protokollnotiz zur Qualitätssicherungsvereinbarung ambulantes Operieren, Stand: 1.12.2011.
64 Vgl zB § 10 der Qualitätssicherungsvereinbarung zu den Blutreinigungsverfahren idF v 1.10.1997: statt der Schwerpunktbezeichnung Nephrologie konnten Ärzte, die vor Inkrafttreten der Vereinbarung berechtigterweise Dialysen in der vertragsärztlichen Versorgung erbracht hatten, ihre Befähigung durch Nachweis von 2000 selbstständig durchgeführten Dialysebehandlungen und erfolgreiche Teilnahme an einem Kolloquium nachweisen.
65 *BSG* SozR 3-2500 § 135 Nr 9 mwN, für den Fall einer viereinhalb-jährigen Frist zur Absolvierung einer Prüfung nach der Zytologie-Vereinbarung.

cher Zeit die Altrechtsinhaber die erhöhten Qualifikationsanforderungen durch entsprechende Weiterbildungsmaßnahmen tatsächlich aufgrund der Angebote an Weiterbildungskursen der Landesärztekammern nachweisen können.

68 – Greifen neue Qualifikationsanforderungen in die Belange der Ärzte nur geringfügig ein, dh sind die betreffenden Leistungen für das Fachgebiet nicht wesentlich und prägen es nicht, sind Übergangsregelungen nicht zwingend erforderlich.[66]

69 – Ist eine qualifikationsgebundene Leistung für das Fachgebiet zwar nicht prägend, hatte aber eine größere Zahl jetzt ausgeschlossener Ärzte ihren Praxisschwerpunkt auf diese Leistungen gelegt und dafür erheblich investiert, ist eine angemessene Übergangsregelung aus verfassungsrechtlichen Gesichtspunkten erforderlich.[67]

70 – Werden einzelne apparatebezogene Leistungen nach § 135 Abs 2 S 4 SGB V iVm § 11 Abs 1 S 5 bestimmten Fachärzten vorbehalten und folglich Altrechtsinhaber von der Leistungserbringung künftig ausgeschlossen, ist diesen Ärzten eine ausreichend lange Übergangsfrist einzuräumen, um bspw die Apparaturen angemessen amortisieren oder veräußern sowie die Praxisstruktur (personelle Veränderungen) anpassen zu können.[68]

IV. Kolloquium

71 Die Qualitätssicherungsvereinbarungen sehen idR vor, dass bestimmte Kenntnisse und Fähigkeiten (Fachkunde) zum Erhalt der Genehmigung nachgewiesen werden müssen. Sofern der Arzt die fachliche Qualifikation für diese Leistung nicht durch Weiterbildung erworben und diese erfolgreich durch ein Fachgespräch oder eine andere Prüfung vor der Ärztekammer abgeschlossen hat, ist er nach § 11 Abs 2 S 1 berechtigt, die erforderliche Qualifikation im Rahmen eines **Kolloquiums** nachzuweisen, soweit in den Vereinbarungen nach § 135 Abs 2 SGB V nichts anderes ausdrücklich bestimmt ist.

72 In folgenden Fällen sind **Kolloquien** möglich bzw erforderlich:
– bei Unklarheiten über die Aussagekraft von Zeugnissen über die geforderten Fähigkeiten[69],
– bei Nachweis einer abweichenden, aber gleichwertigen Befähigung[70],
– als Pflichtbestandteil fachlicher Befähigung (zB im Laborbereich für Nicht-Laborärzte).

73 Das **Kolloquium** ist ein kollegiales Fachgespräch zur Feststellung der fachlichen Befähigung des Leistungserbringers. Zuständig ist die jeweilige Qualitätssicherungskommission. Sie bestellt drei ihrer Mitglieder als Prüfer. Werden spezielle ärztliche Fertig-

---

66 *BSG* SozR 3-2500 § 72 Nr 11, zur Einführung von Qualifikationsanforderungen durch ergänzende Regelungen zum EBM-Ä mit Wirkung ab 1.1.1996 für physikalisch-medizinische Leistungen.
67 BVerfGE 98, 265, 309–311, im Jahre 1998 entschieden für Schwangerschaftsabbrüche durch Allgemeinärzte.
68 Vgl. hierzu juris PK-SGB V/*Ihle* § 135 Rn 69 f; Peters/*Hencke* § 135 Rn 9.
69 *BSG* SozR 4-2500 § 135 Rn 33 f.
70 S § 3 Abs 2 Rahmenvereinbarung für Qualitätssicherungsvereinbarungen; sog Europaklausel, die Weiterbildungen im europäischen Ausland berücksichtigt, zB in § 17 Abs 1 Vereinbarung zur Strahlendiagnostik und -therapie.

Qualitätssicherung § 11

keiten geprüft, muss mindestens ein Prüfer auch in diesen Fertigkeiten besondere Erfahrungen besitzen. Zusätzlich zu diesen Prüfern nimmt ein Vertreter der zuständigen KV an dem Kolloquium teil.

Im Ausnahmefall kann der Arzt mit Zustimmung seiner KV das Kolloquium auch bei einer anderen KV absolvieren. Diese Regelung gewährleistet die Neutralität der Prüfung und dient dazu, eventuelle Befangenheitsaspekte angemessen berücksichtigen zu können. So sollte einem Antrag eines Arztes auf Durchführung eines Kolloquiums in einer anderen KV dann stattgegeben werden, wenn aus nachvollziehbaren Gründen Prüfer mit dem Prüfling in einem unmittelbaren Konkurrenzverhältnis stehen, so dass deren Befangenheit zu befürchten ist. 74

Die KV lädt den Arzt mit einer Frist von mindestens vier Wochen zum Kolloquium ein. Mit dieser Frist soll dem Arzt eine angemessene Vorbereitungszeit eingeräumt werden. Mit Einverständnis des Arztes können auch kürzere Fristen vereinbart werden. Das Kolloquium selbst soll für jeden Arzt mindestens 30 Minuten betragen. Die Entscheidung über das Bestehen oder Nichtbestehen des Kolloquiums treffen die Prüfer der Qualitätssicherungskommission mehrheitlich. 75

Das **Kolloquium** ist nicht bestanden bzw gilt als nicht bestanden, wenn 76
– die erforderliche fachliche Befähigung nicht nachgewiesen wird,
– der Arzt dem Kolloquium aus Gründen, die er zu vertreten hat, fern bleibt oder
– er das Kolloquium ohne ausreichenden Grund abbricht.

Wird die erforderliche fachliche Befähigung nicht nachgewiesen, kann die KV Hinweise zum Erwerb dieser Befähigung geben und die erneute Teilnahme an einem Kolloquium von der Vorlage dieser Nachweise abhängig machen. 77

Einzelheiten zur Durchführung eines Kolloquiums sind in § 7 der Qualitätsprüfungs-Richtlinie vertragsärztliche Versorgung geregelt. 78

V. Genehmigungsverfahren (Abs 2a)

1. Antragsverfahren. Qualifikationsgebundene Leistungen unterliegen idR der **Genehmigungspflicht** durch die zuständige KV, § 11 Abs 2a. Die Genehmigung wird durch die örtlich zuständige KV auf schriftlichen Antrag (Antragsformulare der KV) des Leistungserbringers erteilt. Dem Antrag sind die notwendigen Zeugnisse und Bescheinigungen im Original oder amtlich beglaubigter Kopie beizufügen. 79

Sind alle Voraussetzungen der beantragten Genehmigung erfüllt, **hat** die KV die Genehmigung **zu erteilen** (Bescheid mit Begründung). Andernfalls wird sie die beantragte Genehmigung unter Angabe von Gründen ablehnen. 80

In Ergänzung zu den leistungsbereichsbezogenen Anforderungen in den einzelnen Qualitätssicherungsvereinbarungen nach § 135 Abs 2 SGB V haben die Partner der Bundesmantelverträge einheitliche Grundsätze erstellt, die sich aus der Umsetzung des VÄndG ergeben. Diese Grundsätze sind als Bestandteil von Anlage 3 in einer Rahmenvereinbarung für Qualitätssicherungsvereinbarungen gem § 135 Abs 2 SGB V[71] aufgenommen. 81

---

71 DÄ 2008, A-2415 ff.

§ 11

82 **Adressat der Genehmigung** können nach § 2 Abs 1 Rahmenvereinbarung nur Vertragsärzte, ermächtigte Ärzte oder MVZ sein. **Antragsteller** ist nach § 2 Abs 2 die Arztpraxis, dh der Vertragsarzt in Einzelpraxis, eine BAG von Vertragsärzten, der Träger eines zugelassenen MVZ oder ein ermächtigter Arzt.

83 Ärztlich geleitete Einrichtungen konnten nach der Rechtsprechung des BSG[72] in der Vergangenheit grundsätzlich keine Ermächtigung für qualifikationsgebundene Leistungen erhalten, es sei denn, diese Möglichkeit war ausdrücklich gesetzlich vorgesehen (zB Versorgungsauftrag nach Anlage 9.1 mit qualifikationsgebundener Dialyseleistung zur Versorgung niereninsuffizienter Patienten oder nach § 118 Abs 2 S 5 SGB V im Rahmen der Ermächtigung psychiatrischer Krankenhausabteilungen).

84 Mit Einführung der lebenslangen Arztnummer für jeden Arzt in der Bundesrepublik Deutschland wurde jedoch eine entsprechende Kennzeichnung der erbrachten Leistungen und damit auch eine Überprüfbarkeit der jeweils geforderten Qualifikationen für Ärzte in ermächtigten Einrichtungen grundsätzlich möglich.

85 Mit Urteil vom 25.1.2017 hat das BSG[73] nunmehr seine bisherige Rechtsprechung fortentwickelt und ausgeführt, dass ärztlich geleitete Einrichtungen auch für Leistungen ermächtigt werden können, die nur bei Nachweis spezieller Fachkunde des Arztes erbracht und abgerechnet werden können, sofern durch eine entsprechende Inhaltsbestimmung im Ermächtigungsbescheid sichergestellt wird, dass die Leistungen nur von hierzu aufgrund ihrer Qualifikation berechtigten Ärzten erbracht werden.

86 Die Genehmigung ist **arzt- und betriebsstättenbezogen** zu erteilen, dh der Genehmigungsbescheid enthält die Angabe, welcher Arzt der Arztpraxis über die geforderte fachliche Befähigung verfügt und an welcher Betriebsstätte diese qualifikationsgebundenen Leistungen erbracht werden dürfen.

87 **Angestellte** in einer Vertragsarztpraxis oder einem MVZ dürfen qualifikationsgebundene Leistungen nur dann erbringen, wenn sie selbst die Voraussetzungen hierfür erfüllen, s auch § 14 Abs 1.

88 Erfüllt ein **beim Antragsteller tätiger oder angestellter Arzt** die fachlichen Voraussetzungen und sind im Übrigen für die Betriebsstätte die apparativen, räumlichen, organisatorischen und hygienischen Voraussetzungen erfüllt, erhält nach § 2 Abs 3 Rahmenvereinbarung der Antragsteller die Genehmigung. Dies gilt auch dann, wenn der anstellende Vertragsarzt selbst die Qualifikation nicht erfüllt, vgl § 11 Abs 2a S 4. Es handelt sich hierbei um einen Fall der **Durchbrechung des Grundsatzes der persönlichen Leistungserbringung**, vgl § 15. Die Regelung ist konsequent, da die zu erteilende Genehmigung nicht nur zur Erbringung der qualifikationsgebundenen Leistung, sondern auch zur Abrechnung der betreffenden Leistung legitimiert. Abrechnungsberechtigter ist nur der anstellende Arzt, nicht hingegen der angestellte Arzt. Letztgenannter wird über die Erteilung der Genehmigung bzw ihren Fortbestand von der KV informiert (zB durch nachrichtliche Übermittlung des Genehmigungsbescheides), § 11 Abs 2a S 3, § 4 Abs 2 Rahmenvereinbarung.

---

72 *BSG* SozR 4-2500 § 135 Nr 10 für kernspintomographische Leistungen, *BSG* SozR 3-5520 § 31 Nr 5.
73 *BSG* v 25.1.2017 – B 6 KA 11/16 R, BSGE 122, 264-271, SozR 4-5540 § 5 Nr 2.

Wird ein **Vertreter** in der Arztpraxis beschäftigt, muss sich der vertretene Arzt die erforderliche Qualifikation seines Vertreters nachweisen lassen, vgl § 14 Abs 1. Unerheblich ist dabei, ob es sich bei der Vertretung um eine ansonsten genehmigungsfreie Vertretung nach § 32 Abs 1 Ärzte-ZV handelt.[74] 89

Bei **Ermächtigungen** sind die Qualifikationsnachweise für genehmigungspflichtige Leistungen bereits im Ermächtigungsverfahren vor den Zulassungsinstanzen zu berücksichtigen. Fehlen die Qualifikationsanforderungen, darf eine Ermächtigung für diese Leistungen nicht erteilt werden.[75] 90

2. Fachfremde Leistungen. Die Berufsordnungen der Länder beschränken Ärzte in ihren Leistungen auf das jeweilige Fachgebiet, das durch die jeweilige Weiterbildungsordnung bestimmt wird.[76] **Ausnahmsweise** kann auch eine **fachfremde Leistung** erbracht werden, wenn diese entweder im Rahmen einer **Notfallbehandlung** unverzüglich erbracht werden muss oder als sog **Annexleistung** erforderlich ist, also im konkreten Behandlungsfall in einem engen medizinisch-persönlichen Zusammenhang mit einer gebietskonformen Leistung steht und deren Nichterbringung die gebotene Leistung des eigenen Faches entwerten oder deren Erfolg gefährden würde.[77] 91

Auch der Vertragsarzt ist an die **Grenzen seines Fachgebietes** bei der Versorgung der GKV-Versicherten gebunden, denn auch insoweit gelten die Regeln des ärztlichen Berufsrechts.[78] Vertragsärzte dürfen darüber hinaus nur in den Grenzen des Fachgebietes tätig werden, für das sie zugelassen sind. Dies ergibt sich aus einer Gesamtschau der zulassungsrechtlichen Regelungen der §§ 18 Abs 1 S 2, 24 Abs 6 Ärzte-ZV (Angabe im Zulassungsantrag, für welchen Vertragsarztsitz und unter welcher Arztbezeichnung die Zulassung beantragt wird; Wechsel des Fachgebietes, für das die Zulassung erfolgt ist, nur mit Genehmigung des Zulassungsausschusses) und der §§ 101, 103 Abs 2 S 3 SGB V (arztgruppenbezogene Festlegung in der Bedarfsplanung; arztgruppenbezogene Anordnung von Zulassungsbeschränkungen). Fachgebietsgrenzen können nen weder durch persönliche Qualifikationen des Arztes noch durch Sondergenehmigungen der KV zur Erbringung und Abrechnung weiterer Leistungen oder durch berufsrechtliche Berechtigungen zur Führung von Zusatzbezeichnungen erweitert werden.[79] 92

Die Möglichkeiten, in der gesamten Breite eines Fachgebietes nach der MWBO tätig zu werden, werden in der vertragsärztlichen Versorgung zudem eingeschränkt durch gesetzliche und vertragliche Regelungen des Vertragsarztrechtes, insbesondere durch die Bestimmungen zur Gliederung der vertragsärztlichen Versorgung in einen hausärztlichen und einen fachärztlichen Bereich, Regelungen des EBM und die Bestimmungen zur Qualitätssicherung. 93

Bei der Prüfung der Voraussetzungen und der Erteilung einer Genehmigung für qualifikationsgebundene Leistungen ist das Kriterium „**fachfremd**" nur im Falle der Ertei- 94

---

[74] Vertretung für die Dauer von maximal drei Monaten innerhalb eines Zwölf-Monatszeitraums, *BSG* SozR 3-2500 § 135 Nr 6.
[75] *BSG* SozR 4-2500 § 135 Nr 10 Rn 12, 31.
[76] Vgl Abschnitt B der MWBO.
[77] *BSG* SozR 3-2500 § 95 Nr 21.
[78] *BSG* SozR 3-2500 § 95 Nr 7, Nr 9, Nr 21, Nr 30.
[79] *BSG* v 8.8.2018 – B 6 KA 47/17 R = SozR 4-2500 § 135 Nr 27 Rn 17.

lung von Genehmigungen für sog **Methodenfächer** (zB Radiologie) zu prüfen. Ein für ein Methodenfach zugelassener Arzt kann unter dem Aspekt der Fachfremdheit keine Fachkundegenehmigung für die Leistungen eines anderen Methodenfachs (zB Strahlentherapie) erhalten. Fachkundebezogene Genehmigungen muss die KV in solchen Fällen nicht erteilen, weil von vornherein und ausnahmslos ausgeschlossen ist, dass der Arzt davon im Rahmen der vertragsärztlichen Versorgung Gebrauch machen kann.[80]

95 Bei Ärzten, die für **organbezogene Fachgebiete** zugelassen sind, kann indessen kaum generell ausgeschlossen werden, dass bestimmte fachgruppenübergreifende Leistungen (zB Sonographie, Arthroskopie) in besonders gelagerten Fällen erbracht werden können, auch wenn sie typischerweise fachfremd sind. Ob das der Fall ist, kann und muss im Verfahren der Berichtigung nach § 106d SGB V geklärt werden und nicht im Verfahren der Rücknahme einer fachkundebezogenen Genehmigung.[81] Das Fachgebiet der Physikalischen und Rehabilitativen Medizin ist zwar nicht rein organ-, aber auch nicht rein methodenbezogen. Insoweit kann nicht ausgeschlossen werden, dass in diesem Fachgebiet sonographische Leistungen in besonderen Konstellationen erbracht werden können.[82]

96 Die Qualitätssicherungsvereinbarungen nach § 135 Abs 2 SGB V sollen die Qualität ärztlicher Tätigkeit durch den Nachweis von Fachkundeanforderungen sichern. Sie betreffen nicht die Frage der Fachgebietsabgrenzung und den Ausschluss der Vergütungsfähigkeit fachfremder Leistungen. Erfüllt ein Leistungserbringer die vorgegebenen Qualifikationsvoraussetzungen, so kann ihm (für organbezogene Fachgebiete) die Genehmigung nicht mit der Begründung verweigert werden, es handle sich bei der qualifikationsgebundenen Leistung um eine für ihn fachfremde Leistung.[83] Das BSG weist jedoch auch darauf hin, dass eine solche Genehmigung nicht die Möglichkeit zur systematischen Erbringung fachfremder Leistungen eröffnet. Der Ausschluss fachfremder Leistungen von der Vergütungsfähigkeit gilt auch dann, wenn die einmal erteilte Genehmigung nicht widerrufen wird.[84]

97 Bedeutung hatte diese Rechtsprechung für Allgemein- und Praktische Ärzte, für die durch die Trennung in eine hausärztliche und eine fachärztliche Versorgung zum 1.10.2000[85]die Abrechenbarkeit von Leistungen des jeweils anderen Bereichs dauerhaft eingeschränkt wurde.[86]

98 Auch für Internisten, die sich unter Aufgabe ihres früher erbrachten fachärztlichen Leistungsspektrums mit den entsprechenden Genehmigungen für die Teilnahme an der hausärztlichen Versorgung entschieden haben, galt gleiches: Die früher erteilten Genehmigungen wurden im Hinblick auf die berufsrechtliche Erbringbarkeit der Leistungen und entsprechend der Vorgaben des BSG zwar nicht widerrufen; die Ärzte

---

80 *BSG* v 4.5.2016 – B 6 KA 13/15 R – SozR 4-2500 § 135 Nr 25 Rn 19; kritisch hierzu *Schiller* MedR 2017, 182–184.
81 *BSG* v 8.8.2018 – B 6 KA 47/17 R, SozR 4-2500 § 135 Nr 27 Rn 19.
82 *BSG* v 15.7.2020 – B 6 KA 19/19 R.
83 S *BSG* SozR 3-2500 § 135 Nr 3, Genehmigung zur Durchführung der Abdominalsonographie für Gynäkologen.
84 *BSG* SozR 3-2500 § 95 Nr 7; *BSG* SozR 4-2500 § 95 Nr 5.
85 Beschl des Bewertungsausschusses v 20.6.2000.
86 Vgl sog KO-Leistungen, § 10 Rn 22.

können aber für die Dauer ihrer Zugehörigkeit zum hausärztlichen Versorgungsbereich im Rahmen der vertragsärztlichen Versorgung hiervon keinen Gebrauch machen.

Um Rechtsstreitigkeiten möglichst zu vermeiden, weisen die KV idR ihre Mitglieder rechtzeitig auf solche Einschränkungen der erteilten Genehmigung hin. 99

Vertrauensschutzgesichtspunkte rechtfertigen grundsätzlich nicht die Erbringung und Abrechnung fachfremder Leistungen, es sei denn, die zuständige KV hatte für einen längeren Zeitraum die systematisch fachfremde Tätigkeit eines Vertragsarztes wissentlich geduldet.[87] 100

3. Bescheiderteilung. Nach § 2 Abs 5 Rahmenvereinbarung ist die **Genehmigung** (Verwaltungsakt gem § 31 SGB X) mit der Maßgabe zu erteilen, dass nur derjenige Arzt, der die fachliche Befähigung nachgewiesen hat, die genehmigungspflichtigen Leistungen erbringen darf. Weiterhin ist festzulegen, dass diese Leistungen nur in Betriebs- oder Nebenbetriebsstätten erbracht werden dürfen, in denen die erforderlichen apparativen, räumlichen, organisatorischen und hygienischen Voraussetzungen erfüllt sind. 101

Die Genehmigung ist mit einer **Auflage** (§ 32 Abs 2 SGB X) zu erteilen, dass 102
– für arzt- oder betriebsstättenbezogene Voraussetzungen nach Ablauf bestimmter Fristen Nachweise über deren Fortbestand zu führen sind (§ 2 Abs 5 Rahmenvereinbarung),
– der Genehmigungsinhaber der KV unverzüglich den Wegfall der arzt- und betriebsstättenbezogenen Voraussetzungen anzeigt (§ 2 Abs 7 Rahmenvereinbarung).

Die Genehmigung hat neben dem Genehmigungsinhaber auch die Arztnummern derjenigen Ärzte zu enthalten, welche die Anforderungen an die fachliche Befähigung erfüllen (§ 2 Abs 6 Rahmenvereinbarung). 103

Die Erteilung der Genehmigung für eine Betriebsstätte und/oder eine oder mehrere Nebenbetriebsstätte(n) ist zulässig (§ 5 Abs 1 Rahmenvereinbarung). 104

4. Bekanntgabe und Wirksamkeit. Die **Genehmigung** für qualifikationsgebundene Leistungen wird dem Leistungserbringer als rechtsmittelfähiger Bescheid (Verwaltungsakt) erteilt. Der Verwaltungsakt wird nach §§ 37 Abs 1, 39 Abs 1 SGB X mit seiner Bekanntgabe an den Betroffenen existent und damit wirksam. Bei Zustellung mit Postzustellungsurkunde gilt der tatsächliche Zugangszeitpunkt als Wirksamkeitszeitpunkt; bei Zustellung im normalen Postbetrieb gilt der Bescheid nach § 37 Abs 2 SGB X mit dem dritten Tag nach Aufgabe zur Post als bekannt gegeben. 105

5. Keine rückwirkende Genehmigungserteilung. Genehmigungen für qualifikationsgebundene Leistungen können **nicht rückwirkend** erteilt werden. Bestimmungen, die die Vergütung ärztlicher und sonstiger Leistungen von der Erfüllung bestimmter formaler oder inhaltlicher Voraussetzungen abhängig machen, haben innerhalb des Systems der GKV zu gewährleisten, dass Leistungen nach den für die vertragsärztliche Versorgung geltenden gesetzlichen und vertraglichen Bestimmungen erbracht werden.[88] Leistungen, die unter Verstoß gegen derartige Vorschriften bewirkt werden (zB 106

---
87 *BSG* SozR 3-2500 § 95 Nr 9 und Nr 21.
88 St Rspr des BSG; s zB *BSG* 3.2.2010 – B 6 KA 20/09 B, juris mwN.

Erbringung von qualifikationsgebundenen Leistungen ohne die erforderliche Genehmigung), werden nicht vergütet, auch wenn diese Leistungen im Übrigen ordnungsgemäß erbracht worden sind. Stellt sich der Verstoß nachträglich heraus, ist die Honorarabrechnung sachlich-rechnerisch zu korrigieren und der zu Unrecht erlangte Honorarteil zurückzufordern.[89] Rechtswidrig erwirkte Leistungen sind auch nicht nach den Grundsätzen der ungerechtfertigten Bereicherung zu vergüten.[90]

107 **6. Widerruf der Genehmigung.** Entfallen während der Genehmigungsdauer arzt- oder betriebsstättenbezogene genehmigungsbegründende Voraussetzungen in der Arztpraxis, ist die **Genehmigung** gegenüber dem Arzt bzw der Arztpraxis/dem MVZ **zu widerrufen** (§ 2 Abs 7 Rahmenvereinbarung). Unterhält die Arztpraxis mehrere Betriebsstätten und/oder Nebenbetriebsstätten und werden von einer oder mehrerer dieser (Neben-)Betriebsstätten betriebsstättenbezogene Anforderungen nicht mehr erfüllt, ist die Genehmigung für die jeweilige (Neben-)Betriebsstätte zu widerrufen (§ 5 Abs 3 Rahmenvereinbarung).

108 Der **Widerruf** wirkt wegen der anspruchsbegründenden Genehmigung **ex nunc**, dh ab dem Zeitpunkt der Bekanntgabe des Widerrufs gegenüber der betroffenen Arztpraxis.[91]

109 **7. Rechtsschutz.** Dem Leistungserbringer stehen je nach Fallgestaltung unterschiedliche Möglichkeiten zu:

110 – Wendet sich der Leistungserbringer gegen die Rechtmäßigkeit der Voraussetzungen der Qualitätssicherungsvereinbarung (zB Nachweis bestimmter Fachkunde sei rechtswidrig), so kann er beim Sozialgericht beantragen festzustellen, dass er auch ohne den formellen Nachweis der Fachkunde berechtigt ist, die betreffenden Leistungen zu erbringen. Eine solche Feststellungsklage nach § 55 SGG gegen die KV zur Frage der Rechtsgültigkeit einer untergesetzlichen Norm ist unter dem Gesichtspunkt der Rechtsschutzgarantie des Art 19 Abs 4 GG ausnahmsweise dann zulässig, wenn der Kläger auf keine andere zumutbare Weise wirksamen Rechtsschutz erlangen kann.[92]

111 – Macht der Leistungserbringer hingegen geltend, den geforderten Nachweis durch Vorlage bestimmter Dokumente bereits geführt zu haben und reagiert die KV hierauf nicht, hat er die Möglichkeit, die KV im Wege der Verpflichtungsklage auf Erteilung der Genehmigung in Anspruch zu nehmen.

112 – Wurde ein Antrag auf Genehmigung abgelehnt, muss der Leistungserbringer zur Wahrung seiner Rechte dem belastenden Bescheid innerhalb eines Monats nach Bekanntgabe des Verwaltungsaktes (§ 84 Abs 1 SGG) widersprechen und bei abweisendem Widerspruchsbescheid kombinierte Anfechtungs- und Verpflichtungsklage (§ 54 Abs 1 S 1 Regelung 3 SGG) gegen die KV erheben. Für die Beurteilung des Klagebegehrens ist die Sachlage im Zeitpunkt der letzten mündlichen Verhandlung vor dem Tatsachengericht, für die Beurteilung der Rechtslage der Zeitpunkt der Entscheidung in der Revisionsinstanz maßgebend.[93]

---

89 Vgl § 106d SGB V; s auch § 45.
90 St Rspr des BSG, vgl *BSG* SozR 3-2500 § 95 Nr 9; BSGE 80, 48–54; *BSG* SozR 4-2500 § 39 Nr 3 mwN; *Wenner* Vertragsarztrecht nach der Gesundheitsreform, § 19 Rn 15.
91 *BSG* SozR 4-5520 § 24 Nr 2 Rn 10 ff; *BSG* v 5.6.2013 – B 6 KA 4/13 B, juris.
92 BSGE 71, 42; Peters/*Hencke* § 92 Rn 35.
93 *BSG* SozR 3-2500 § 135 Nr 3.

- Im Einzelfall ist auch eine kombinierte Anfechtungs-, Verpflichtungs- und Feststellungsklage zulässig.⁹⁴ **113**
- Gegen den Widerruf einer Genehmigung ist Widerspruch und bei abweisendem Widerspruchsbescheid nachfolgend Anfechtungsklage möglich. **114**
- Die Anfechtung von Entscheidungen der KV im Zusammenhang mit der Bewertung von Leistungen im Kolloquium folgt den allgemeinen Grundsätzen der gerichtlichen Kontrolle von Prüfungsentscheidungen, wie sie sich in der Verwaltungsgerichtsbarkeit entwickelt haben.⁹⁵ **115**

Anderen Ärzten, die mit dem Genehmigungsinhaber konkurrieren, steht keine Anfechtungsbefugnis gegen die dem Konkurrenten erteilte Genehmigung zu (**sog defensive Konkurrentenklage**). Die Rechtsordnung gewährt bei der Ausübung beruflicher Tätigkeiten grundsätzlich keinen Schutz vor Konkurrenz.⁹⁶ Demzufolge haben Marktteilnehmer regelmäßig keinen Anspruch darauf, dass die Wettbewerbsbedingungen für sie gleich bleiben und insbesondere Konkurrenten vom Markt fern bleiben.⁹⁷ Nach der Rspr des BSG ist eine Anfechtungsberechtigung nur dann gegeben, wenn durch den Verwaltungsakt, gegen den der Kläger vorgeht, dem Konkurrenten die Teilnahme an der vertragsärztlichen Versorgung eröffnet, der hierdurch vermittelte Status des Konkurrenten gegenüber dem des Klägers nachrangig im Sinne eines noch nicht gedeckten Versorgungsbedarfs ist und Kläger und Konkurrent im selben räumlichen Bereich die gleichen Leistungen erbringen dürfen. Die Regelungen zur Qualitätssicherung nach § 135 Abs 2 SGB V eröffnen keinen Status im Sinne der Rspr (anders Zulassung und Ermächtigung), sondern erschließen nur einen qualifikationsabhängigen weiteren Leistungsbereich.⁹⁸ **116**

8. Erbringung genehmigungspflichtiger Leistungen ohne vorherige Genehmigung. Erbringt ein Leistungserbringer qualifikationsgebundene Leistungen **ohne die erforderliche Genehmigung**, ist die Abrechnung dieser Leistungen ausgeschlossen.⁹⁹ Die zuständige KV setzt die Leistungen im Wege der sachlich-rechnerischen Richtigstellung im Honorarbescheid ab.¹⁰⁰ **117**

Darüber hinaus liegt ein **Verstoß gegen vertragsärztliche Pflichten** vor, der die Einleitung eines Disziplinarverfahrens, insbesondere bei wiederholtem Verstoß, nach sich ziehen kann. Je nach Schwere der Verfehlung kommen Verwarnung, Verweis, Geldbuße (bis zu 50.000 €) oder Anordnung des Ruhens der Zulassung bis zu zwei Jahren in Betracht (s § 60 Rn 7). **118**

Erbringen angestellte Ärzte genehmigungspflichtige Leistungen ohne die erforderliche Genehmigung, unterliegen auch sie der Disziplinargewalt der KV, sofern sie mindestens zehn Stunden pro Woche angestellt und damit Mitglied in der KV sind (§ 81 **119**

---

94 *BSG* SozR 4-2500, § 135 Nr 10 Rn 11.
95 BVerfGE 84, 34–58 = NJW 1991, 2005–2008.
96 Zum Konkurrenzschutz im Vertragsarztrecht s gleichnamigen Beitrag von HK-AKM/*Reiter* 2920, Stand: 2010.
97 *BVerfG* SozR 4-1500 § 54 Nr 4.
98 *BSG* SozR 4-1500 § 54 Nr 10; Zum Rechtsschutz im Hinblick auf qualitätsgebundene Leistungen s auch *Wenner* Vertragsarztrecht nach der Gesundheitsreform, § 19 Rn 25.
99 *BSG* SozR 4-2500 § 39 Nr 3.
100 Vgl § 106d SGB V, s auch § 45.

Abs 5 SGB V iVm § 77 Abs 3 S 2 SGB V). Sie verstoßen dann regelmäßig auch gegen ihren Anstellungsvertrag, so dass zusätzlich vertragliche Ansprüche des Arbeitgebers bis hin zur Kündigung des Beschäftigungsverhältnisses möglich sind.

VI. Stichprobenprüfung (Abs 3)

120 Nach § 135b Abs 2 SGB V[101] haben die KV die Qualität der Leistungen in der vertragsärztlichen Versorgung einschließlich der belegärztlichen Leistungen in **Stichproben** zu prüfen, nur im Ausnahmefall sind Vollerhebungen zulässig.

121 Der G-BA bestimmt durch Richtlinien Kriterien zur Qualitätsbeurteilung **(s Rn 158)** sowie Auswahl, Umfang und Verfahren der Stichprobenprüfung gem **§ 135b Abs 2 S 2 SGB V**. § 11 Abs 3 gibt insoweit nur die gesetzliche Rechtslage wieder und erklärt die Richtlinien in der vertragsärztlichen Versorgung für verbindlich. Ein eigenständiger Regelungsgehalt ist damit nicht verbunden.

122 Nach **§ 136 Abs 2 S 1 SGB V** sind die vom G-BA zu erlassenden Richtlinien grundsätzlich sektorenübergreifend zu erlassen. Dies ist aus Sicht des Gesetzgebers notwendig, um gerade bei bereichsübergreifenden Behandlungen eine sachgerechte Beurteilung der Qualität zu ermöglichen.[102] Viele Patienten werden im Verlauf einer Behandlung sowohl im ambulanten als auch im stationären Sektor des Gesundheitswesens versorgt. Der Gesetzgeber hat deshalb den G-BA verpflichtet, Verfahren zur **sektorenübergreifenden Qualitätssicherung** zu entwickeln. Der G-BA hat hierzu die am 1.1.2019 in Kraft getretene „*Richtlinie zur datengestützten einrichtungsübergreifenden Qualitätssicherung (DeQS-RL)*" erlassen.[103] Die DeQS-RL gilt sowohl für sektorübergreifende als auch für sektorspezifische QS-Verfahren **(s Rn 158)**.

123 Nach der **Qualitätsprüfungs-Richtlinie vertragsärztliche Versorgung**[104] sind nach einer Zufallsauswahl (per Zufallsgenerator) idR mindestens vier Prozent derjenigen Ärzte zu überprüfen, die die entsprechende Leistung abgerechnet haben. Zu prüfen sind zwölf Fälle (Patienten), die ebenfalls zufällig ausgewählt werden. Ein Abweichen von den geforderten Zahlen ist möglich, eine Unterschreitung ist zu begründen (§§ 5 Abs 1 und 4, 6 Abs 2 der Qualitätsprüfungs-Richtlinie vertragsärztliche Versorgung).

124 Zusätzlich zu den zufallsgesteuerten Stichprobenprüfungen können auch **kriterienbezogene Stichprobenprüfungen** durchgeführt werden, wenn eines der in § 5 Abs 2 der Qualitätsprüfungs-Richtlinie vertragsärztliche Versorgung genannten Kriterien zutrifft. Dies ist insbesondere dann der Fall, wenn von einem Arzt mindestens zwei Jahre keine Leistungen des betreffenden Leistungsbereichs mehr abgerechnet wurden und erneut solche Leistungen abgerechnet werden oder wenn bei der Stichprobenprüfung nach dem Zufallsprinzip erhebliche oder schwerwiegende Beanstandungen festgestellt wurden.

---

101 Die ursprünglich in § 136 SGB V geregelte Vorschrift ist mit Wirkung zum 1.1.2016 durch das Krankenhausstrukturgesetz (KHSG) in § 135b SGB V überführt worden, G v 10.12.2015, BGBl I 2015, 2229.
102 S in juris PK-SGB V/*R Klein* § 136 Rn 30.
103 Richtlinie nach § 92 Abs 1 S 2 Nr 13 iVm § 136 Abs 1 S 1 Nr 1 SGB V über Maßnahmen der datengestützten einrichtungsübergreifenden Qualitätssicherung (Richtlinie zur datengestützten einrichtungsübergreifenden Qualitätssicherung – DeQS-RL) v 19.7.2018, BAnz AT 18.12.2018 B.
104 Qualitätsprüfungs-Richtlinie vertragsärztliche Versorgung in der Fassung v 20.6.2019, zuletzt geändert 17.10.2019, BAnz AT 13.1.2020 B6, in Kraft getreten am 14.1.2020.

Qualitätssicherung § 11

Den Stichprobenprüfungen sind zur Qualitätsbeurteilung bestimmte Kriterien zu Grunde zu legen (§ 2 Abs 2 der Qualitätsprüfungs-Richtlinie), derzeit nach den **Qualitätsbeurteilungs-Richtlinien** (s Rn 158) für 125
- Arthroskopie[105],
- Kernspintomographie[106],
- Radiologie.[107]

Zur Durchführung der Stichprobenprüfungen richtet jede KV für die einzelnen Leistungsbereiche Qualitätssicherungskommissionen ein. Zulässig sind solche Qualitätssicherungskommissionen auch mit Zuständigkeit für mehrere Leistungsbereiche und auch für den Bereich mehrerer KV (§ 4 Abs 1 der Qualitätsprüfungs-Richtlinie vertragsärztliche Versorgung). 126

Nach § 4 Abs 2 ff der Qualitätsprüfungs-Richtlinie vertragsärztliche Versorgung muss jede Kommission mit mindestens drei Ärzten besetzt sein, die in dem jeweiligen Leistungsbereich besonders erfahren sind und über Kenntnisse oder Erfahrungen in der Qualitätssicherung verfügen. Mindestens ein Mitglied soll eine abgeschlossene Facharztweiterbildung in dem jeweiligen Leistungsbereich haben. Sofern in dem Leistungsbereich besondere ärztliche Fertigkeiten erforderlich sind, muss darüber hinaus mindestens ein Kommissionsmitglied auch in diesen Fertigkeiten besondere Erfahrungen besitzen. 127

Bei Bedarf können Sachverständige beratend hinzugezogen werden. An den Sitzungen nimmt ein Vertreter der KV beratend ohne Stimmrecht teil. Zwei ständige ärztliche Vertreter der KK mit beratendem Status und ohne Stimmrecht können benannt werden. 128

Die Entscheidungen der Kommission werden mit einfacher Mehrheit getroffen; bei Stimmengleichheit gibt die Stimme des Vorsitzenden den Ausschlag (§ 4 Abs 6 der Qualitätsprüfungs-Richtlinie vertragsärztliche Versorgung). 129

Die Stichprobenprüfung erfolgt auf der Grundlage der Dokumentationen, die von der KV vom Arzt angefordert werden. 130

Kommt ein Arzt seiner Verpflichtung zur Vorlage der Dokumentationen innerhalb einer Frist von vier Wochen nicht nach, wird er einmal erinnert. Reagiert er hierauf binnen vier Wochen nicht, wird vermutet, dass die im betreffenden Prüfquartal abgerechneten Leistungen nicht den Qualitätsanforderungen entsprechen. Die Leistungen werden in diesem Fall nicht vergütet bzw bereits geleistete Zahlungen zurückgefordert.

Damit sich kein Arzt seiner Nachweispflicht entziehen kann, werden in solchen Fällen auch für das Folgequartal Dokumentationen angefordert. Werden diese wiederum nicht eingereicht, kann die KV neben der Verweigerung der Vergütung bzw der Rückforderung bereits geleisteter Zahlungen auch die Genehmigung des Arztes widerru- 131

---

105 Richtlinie über Kriterien zur Qualitätsbeurteilung arthroskopischer Operationen am Knie- und am Schultergelenk nach § 135b Abs 2 SGB V – QBA-RL, v 17.10.2019, in Kraft getreten 1.1.2020, BAnz AT 23.12.2019 B4.
106 Qualitätsbeurteilungs-Richtlinie Kernspintomographie, v 17.10.2019, in Kraft getreten 1.1.2020, BAnz AT 30.1.2020 B3.
107 Qualitätsbeurteilungs-Richtlinie Radiologie v 17.10.2019, in Kraft getreten 1.1.2020, BAnz AT 23.1.2020 B3.

fen. Eine erneute Genehmigungserteilung ist dann erst nach erfolgter Vorlage möglich (§ 7 Abs 3 der Qualitätsprüfungs-Richtlinie vertragsärztliche Versorgung). Im Interesse der qualitativ hochwertigen Patientenversorgung ist die „Kann-Vorschrift" als „Muss-Vorschrift" anzusehen, es sei denn, der betroffene Arzt kann ausnahmsweise die nicht fristgerechte Vorlage der weiteren Dokumentationen nachvollziehbar begründen (zB schwerwiegende Erkrankung des Arztes, die eine fristgerechte Vorlage der Dokumentationen unmöglich macht). In diesem Fall sollte eine adäquate Nachfrist gesetzt werden.

132 Die Qualitätsprüfungs-Richtlinie vertragsärztliche Versorgung sieht vier Beurteilungskategorien vor: „*keine*", „*geringe*", „*erhebliche*" oder „*schwerwiegende*" Beanstandungen. Wann geringe oder erhebliche Beanstandungen anzunehmen sind, war bislang nicht näher vorgegeben. Lediglich die Beurteilung „schwerwiegende Beanstandungen" wurde in § 9 Abs 2 der Qualitätsprüfungs-Richtlinie vertragsärztliche Versorgung näher beschrieben. Aus diesem Grund war eine direkte Vergleichbarkeit der Ergebnisse der Stichprobenprüfungen in den verschiedenen KV-Bezirken kaum möglich.

133 Nunmehr beinhalten die **Qualitätsbeurteilungsrichtlinien des G-BA** (s Rn 158) einheitliche Beurteilungskriterien und Bewertungsschemata.[108] Die Bewertung der einzelnen erbrachten Leistungen (Einzelbewertung) sowie die Bildung der Gesamtbewertung zu allen für eine Qualitätsprüfung ausgewählten Patientinnen und Patienten einer Ärztin oder eines Arztes erfolgen nach den Bewertungsschemata. Diese bilden die Grundlage für eine einheitliche Beurteilung und Bewertung durch die Mitglieder der Qualitätssicherungs-Kommissionen der KV.

134 Nach **§ 137 Abs 1 SGB V** hat der G-BA zur Durchsetzbarkeit seiner Qualitätsanforderungen ein **gestuftes Sanktionssystem für die Leistungserbringer** festzulegen, die die nach den §§ 136–136c SGB V festgesetzten Qualitätsanforderungen nicht erfüllen. Dabei ist entsprechend dem Grundsatz der Verhältnismäßigkeit sowohl bei der Ausgestaltung als auch bei der Anwendung von Sanktionsmaßnahmen die Art und Schwere des Qualitätsverstoßes zu berücksichtigen.[109]

135 Primär sollen Maßnahmen zur Förderung der Qualitätsverbesserung in Form von Beratungs- oder Unterstützungsleistungen greifen. Bleiben diese erfolglos, kommen nachhaltigere Mechanismen wie der Wegfall des Vergütungsanspruchs oder der Widerruf der Genehmigung in Betracht.[110]

136 Der G-BA ist dem gesetzlichen Auftrag mit Beschluss vom 18.4.2019 durch den Erlass der Richtlinie zur Förderung der Qualität und zu Folgen der Nichteinhaltung sowie zur Durchsetzung von Qualitätsanforderungen gem § 137 Abs 1 SGB V (**Qualitätsforderungs- und Durchsetzungs-Richtlinie** – QFD-RL) nachgekommen.[111] Die Richtlinie ist **Bestandteil der Richtlinien über die Qualitätssicherung** gem § 92 Abs 1 S 2 Nr 13 SGB V.[112]

---

108 S zB Anlagen 3, 4 Qualitätsbeurteilungsrichtlinie Radiologie.
109 juris PK-SGB V/*R Klein* § 137 Rn 13.
110 juris PK-SGB V/*R Klein* § 137 Rn 14 ff.
111 Qualitätsförderungs- und Durchsetzungs-Richtlinie v 18.4.2019, in Kraft getreten am 25.9.2019, BAnz AT 24.9.2019 B1.
112 Vgl. § 1 Abs 1 S 2 QFD-RL.

Qualitätssicherung §11

Als **Maßnahmen der Beratung und Unterstützung**, die im Rahmen einer Zielvereinbarung mit dem Leistungserbringer vereinbart werden können, kommen **nach § 4 QFD-RL** in Betracht: 137
1. Schriftliche Empfehlung,
2. Zielvereinbarung,
3. Teilnahme an geeigneten Fortbildungen, Fachgesprächen, Kolloquien,
4. Teilnahme an Qualitätszirkeln,
5. Teilnahme an Audits,
6. Begehungen/Visitationen,
7. Teilnahme an Peer Reviews,
8. Implementierung von Vorgaben für das interne Qualitätsmanagement,
9. Implementierung von Behandlungspfaden,
10. Implementierung von Standard Operating Procedures (SOP),
11. Implementierung von Handlungsempfehlungen anhand von Leitlinien und
12. Prüfung unterjähriger Auswertungsergebnisse.

Bei schwerwiegenderen oder wiederholten Beanstandungen kommt die Festlegung folgender **Durchsetzungsmaßnahmen nach § 5 Abs 1 QFD-RL** in den einzelnen themenspezifischen Richtlinien oder Beschlüssen des G-BA in Betracht: 138
1. **Vergütungsabschläge**,
2. der **Wegfall des Vergütungsanspruchs** für Leistungen, bei denen Mindestanforderungen nach § 136 Abs 1 S 1 Nr 2 SGB V nicht erfüllt sind,
3. die **Information Dritter** über die Verstöße.

Bei der Festlegung der Durchsetzungsmaßnahmen ist nach **§ 5 Abs 2** ua **zu beachten**: 139
1. Werden Mindestanforderungen nach § 136 Abs 1 S 1 Nr 2 SGB V nicht erfüllt, **ist** der Wegfall des Vergütungsanspruchs festzulegen.
2. Wird gegen Dokumentationspflichten gem § 137 Abs 2 SGB V verstoßen, **sind** Vergütungsabschläge festzulegen (nur für Krankenhäuser).
3. Eine unverzügliche einrichtungsbezogene Information Dritter über die Qualitätsverstöße **ist** insbesondere festzulegen, wenn der Dritte seine gesetzlichen Aufgaben nur in Kenntnis dieser Informationen sachgerecht erfüllen kann.
4. Eine einrichtungsbezogene Veröffentlichung von Informationen zur Nichteinhaltung von Qualitätsanforderungen **ist** insbesondere bei folgenden besonders schwerwiegenden Verstößen festzulegen: bei erheblicher Gefährdung der Patientensicherheit oder bei erheblichen Verstößen gegen Transparenzpflichten.

Die Ergebnisse der Stichprobenprüfungen der KV sowie die Anzahl und Leistungsbereiche der Qualitätssicherungskommissionen werden in einem **jährlichen Bericht der KBV** zusammengefasst und bis zum 30.6. des Folgejahres dem G-BA zur Verfügung gestellt (§ 13 Abs 3 Qualitätsprüfungs-Richtlinie vertragsärztliche Versorgung). 140

VII. Einrichtungsinternes Qualitätsmanagement, einrichtungsübergreifende Qualitätssicherungsmaßnahmen, Qualitätsbeurteilungsrichtlinien des G-BA (Abs 4)

§ 11 Abs 4 gibt den gesetzlichen Regelungsinhalt der **§§ 136 Abs 1, 136a Abs 3 SGB V** wieder. Danach bestimmt der G-BA durch Richtlinien nach § 92 SGB V die grundsätzlichen Anforderungen an ein einrichtungsinternes Qualitätsmanagement sowie die verpflichtenden einrichtungsübergreifenden Maßnahmen der Qualitätssicherung, die insbesondere zum Ziel haben, die Ergebnisqualität zu verbessern, sowie Kriterien für die indikationsbe- 141 zogene Notwendigkeit und Qualität der durchgeführten diagnostischen und therapeutischen Leistungen, insbesondere aufwendiger medizinisch-technischer Leistungen. Diese Richtlinien des G-BA sind nach § 11 Abs 4 S 2 und nach § 92 Abs 8 SGB V (Richtlinie ist Bestandteil des BMV-Ä) in der vertragsärztlichen Versorgung verbindlich.

142 Die Regelung des § 92 Abs 8 SGB V ist insoweit allerdings zu weit gefasst, als der G-BA nicht nur Richtlinien für die vertragsärztliche Versorgung, sondern auch für den stationären Sektor erlässt. Aufgabe des BMV-Ä ist es indessen nur, bundesweit einheitliche Standards für die vertragsärztliche Versorgung zu gewährleisten, nicht auch für den stationären Bereich. Bestandteil des BMV-Ä können demzufolge nur diejenigen Richtlinien des G-BA werden, die in ihrem Regelungsinhalt (auch) die vertragsärztliche Versorgung betreffen. Diese sind:

143 **1. Einrichtungsinterne Qualitätsmanagementrichtlinie.** Nach § 135a Abs 2 Nr 2 SGB V sind Vertragsärzte und MVZs verpflichtet, einrichtungsintern ein **Qualitätsmanagement** einzuführen und weiterzuentwickeln. Die grundsätzlichen Anforderungen hat der G-BA nach **§ 136 Abs 1 S 1 Nr 1 SGB V** durch Richtlinien zu bestimmen. Nach der Gesetzesbegründung zum GMG sind die Vorgaben des G-BA als grundlegende Mindestanforderungen zu normieren, weil die Einführung und Umsetzung von Qualitätsmanagementsystemen stark von den einrichtungsspezifischen Gegebenheiten und Bedingungen „*vor Ort*" abhängen.[113]

144 Der Grundgedanke des Qualitätsmanagements bezieht sich auf den sog PDCA-Zirkel nach *Demming*. Die vier Schritte „*Plan*", „*Do*", „*Check*", „*Act*" sollen helfen, relevante Vorgänge und Abläufe in der Arztpraxis zu planen, zu strukturieren, regelmäßig zu überprüfen und zu verbessern. Unter Qualitätsmanagement ist daher die systematische und kontinuierliche Durchführung von Aktivitäten zu verstehen, mit denen eine anhaltende Qualitätsförderung im Rahmen der Patientenversorgung erreicht werden soll. Dies bedeutet konkret, dass Organisation, Arbeits- und Behandlungsabläufe festgelegt und zusammen mit den Ergebnissen regelmäßig intern überprüft werden. Erforderlichenfalls werden dann Strukturen und Prozesse angepasst und verbessert. Gleichzeitig soll die Ausrichtung der Abläufe an fachlichen Standards, gesetzlichen und vertraglichen Grundlagen in der jeweiligen Einrichtung unterstützt werden.

145 Der G-BA hatte zum 1.1.2006 die Richtlinie über grundsätzliche Anforderungen an ein einrichtungsinternes Qualitätsmanagement für die an der vertragsärztlichen Versorgung teilnehmenden Ärzte, Psychotherapeuten und MVZ[114] erlassen. Hiernach mussten die Leistungserbringer innerhalb von vier Jahren nach Aufnahme ihrer vertragsärztlichen Tätigkeit ein einrichtungsinternes Qualitätsmanagement vollständig einführen und im Anschluss an die geforderte Selbstbewertung weiterentwickeln.[115]

146 Zum 16.11.2016[116] wurde mit der **sektorenübergreifenden Qualitätsmanagement-Richtlinie** für Praxen und Krankenhäuser **einheitliche Anforderungen** an ein einrich-

---

113 S Orlowski/Remmert/*Büscher*/Remmert § 135a Verpflichtung der Leistungserbringer zur Qualitätssicherung, Rn 22.
114 Qualitätsmanagement-Richtlinie vertragsärztliche Versorgung, BAnz 2005, Nr 248, 17329.
115 § 5 Abs 1 Qualitätsmanagement-Richtlinie vertragsärztliche Versorgung.
116 Richtlinie des G-BA über grundsätzliche Anforderungen an ein einrichtungsinternes Qualitätsmanagement für Vertragsärztinnen und Vertragsärzte, Vertragspsychotherapeutinnen und Vertragspsychotherapeuten, medizinische Versorgungszentren, Vertragszahnärztinnen und Vertragszahnärzte sowie zugelassene Krankenhäuser – QM-RL, BAnz AT 15.11.2016 B2, in Kraft getreten am 16.11.2016.

tungsinternes Qualitätsmanagement geschaffen und damit die drei bisherigen Qualitätsmanagement-Richtlinien (ÄQM-RL, ZÄQM-RL und KQM-RL) abgelöst.

Alle Vertragsärztinnen und Vertragsärzte, Vertragspsychotherapeutinnen und Vertragspsychotherapeuten sowie MVZ sind verpflichtet, ein einrichtungsinternes Qualitätsmanagement umzusetzen und weiterzuentwickeln. Die in Teil A § 4 QM-RL aufgeführten Methoden und Instrumente (bspw Vereinbarung von Qualitätszielen, Checklisten, Teambesprechungen, Beschwerdemanagement) sind **innerhalb von drei Jahren nach Zulassung** bzw. Ermächtigung der an der vertragsärztlichen Versorgung Teilnehmenden in der Einrichtung umzusetzen, zu überprüfen und kontinuierlich weiterzuentwickeln.[117] Die Umsetzung und Weiterentwicklung des einrichtungsinternen Qualitätsmanagements kann schrittweise, in frei gewählter Reihenfolge der Instrumente, erfolgen.[118] 147

Der Einführungs- und Entwicklungsstand in den Praxen wird von der KV unter Einbindung einer Qualitätsmanagement-Kommission überprüft. Die KV fordert mindestens 2,5 % zufällig ausgewählte Vertragsärztinnen und Vertragsärzte zu einer schriftlichen Darlegung des erreichten Umsetzungsstandes des einrichtungsinternen Qualitätsmanagements ihrer Praxis auf. Die Darlegung muss Angaben zum Umsetzungsstand und zu den ergriffenen Maßnahmen sowie entsprechende Unterlagen umfassen.[119] 148

Kommt die Qualitätsmanagement-Kommission bei ihrer Bewertung mehrheitlich zu dem Ergebnis, dass der vorgegebene Umsetzungsstand des Qualitätsmanagements noch nicht erreicht ist, berät sie die jeweiligen Vertragsärztinnen und Vertragsärzte, wie der erforderliche Stand in einem angemessenen Zeitraum erreicht werden kann. 149

Die gesammelten Ergebnisse werden Bestandteil des Qualitätsberichtes der KBV an den G-BA (s Rn 173). 150

Vor dem Hintergrund der politischen Diskussion um ein Qualitätsmanagement hat die KBV ein eigenes Qualitätsmanagementsystem entwickelt. Qualität und Entwicklung in Praxen (QEP) ist das Ergebnis einer Sichtung und Exzerption für Arztpraxen geeigneter Bestandteile bislang bekannter Qualitätsmanagementsysteme wie zB EFQM, ISO, Joint Commission, Visitatie sowie weiterer ausländischer Verfahren. Weitere am Markt vorhandene Qualitätsmanagementsysteme sind: KV Westfalen-Lippe Praxis Qualitätsmanagement (KPQM 2006), Kooperation und Transparenz im Gesundheitswesen (KTQ) und European Praxisassessment (EPA). 151

Jedes Qualitätsmanagementsystem, das den Anforderungen der Richtlinie des G-BA entspricht, ist geeignet, den gesetzlichen Verpflichtungen der Leistungserbringer nach § 135a Abs 2 Nr 2 SGB V zu genügen. 152

2. Richtlinien zur einrichtungsübergreifenden Qualitätssicherung. Der G-BA ist nach § 136 Abs 1 S 1 Nr 1 SGB V ermächtigt, als Maßnahme zur Qualitätssicherung die infrastrukturellen und verfahrenstechnischen Grundlagen zur Messung der Versorgungsqualität durch die Verarbeitung von Daten der Leistungserbringer und der KK und die Nutzung dieser Daten für den **Vergleich der Leistungserbringer untereinander** (externe Qualitätssicherung) festzulegen. 153

---

117 Vgl Teil B II § 1 und § 2 QM-RL.
118 Vgl Teil B II § 3 QM-RL.
119 Vgl Teil A § 7 Ziffer 2 QM-RL.

§ 11   Qualitätssicherung

154   Der G-BA hat in seiner Sitzung am 19.7.2018 die Richtlinie nach § 92 Abs 1 S 2 Nr 13 iVm § 136 Abs 1 S 1 Nr 1 SGB V über Maßnahmen der datengestützten einrichtungsübergreifenden Qualitätssicherung (Richtlinie zur datengestützten einrichtungsübergreifenden Qualitätssicherung – DeQS-RL)[120] beschlossen.

155   Mit der DeQS-RL hat der G-BA neben den verpflichtenden Maßnahmen zur Qualitätssicherung nach § 136 Abs 1 S 1 Nr 1 SGB V auch die notwendigen Durchführungsbestimmungen nach § 136 Abs 1 S 2 SGB V und die Vorgaben zur Finanzierung für die notwendigen Strukturen nach § 136 Abs 1 S 3 SGB V normativ geregelt.

156   Die Richtlinie legt in Teil 1 – den Rahmenbestimmungen – die infrastrukturellen und verfahrenstechnischen Grundlagen zur Messung der Versorgungsqualität durch das Erheben, Verarbeiten und Nutzen von Daten bei den Leistungserbringern und bei den KK, für den Vergleich der Leistungserbringer untereinander fest. In Teil 2 der Richtlinie werden in themenspezifischen Bestimmungen die Einzelheiten des jeweiligen Qualitätssicherungsverfahrens geregelt (Stand: August 2020):

Verfahren 1 – Perkutane Koronarintervention (PCI) und Koronarangiographie (QS PCI)

Verfahren 2 – Vermeidung nosokomialer Infektionen – postoperative Wundinfektionen (QS WI)

Verfahren 3 – Cholezystektomie (QS CHE)

Verfahren 4 – Nierenersatztherapie bei chronischem Nierenversagen einschließlich Pankreastransplantationen (QS NET)

Verfahren 5 – Transplantationsmedizin (QS TX)

Verfahren 6 – Koronarchirurgie und Eingriffe an Herzklappen (QS KCHK)

157   In der Richtlinie ist ein Qualitätsvergleich von Leistungen vorgesehen, die gleichermaßen im Krankenhaus und in der vertragsärztlichen Praxis erbracht werden (**sektorgleiche Verfahren**). Darüber hinaus wird die Erfassung von Behandlungsergebnissen ermöglicht, an denen sowohl das Krankenhaus als auch den niedergelassenen Vertragsarzt maßgeblichen Anteil gehabt haben (**sektorverbindende Verfahren**). Die Richtlinie regelt zudem das Verfahren zur Entdeckung qualitativer Auffälligkeiten sowie die sich hieran anschließenden Qualitätssicherungsmaßnahmen.[121]

158   **3. Richtlinien zur Qualitätsbeurteilung und -prüfung in der vertragsärztlichen Versorgung.** Die Qualitätsprüfungs-Richtlinie vertragsärztliche Versorgung[122] gem § 136 Abs 2 S 2 SGB V gibt den Rahmen für die Organisation und Durchführung von **Stichprobenprüfungen** und darauf basierenden Qualitätsbeurteilungen in der vertragsärztlichen Versorgung vor.

159   Daneben gelten themenspezifische Qualitätsbeurteilungs-Richtlinien (**s Rn 151**, Stand: August 2020) für:
– Arthroskopie,

---

120   Richtlinie zur datengestützten einrichtungsübergreifenden Qualitätssicherung (DeQS-RL) idF v 19.7.2018, veröffentlicht im Bundesanzeiger (BAnz AT 18.12.2018 B3), in Kraft getreten am 1.1.2019, zuletzt geändert am 27.3.2020, veröffentlicht im Bundesanzeiger (BAnz AT 8.4.2020 B4), in Kraft getreten am 27.3.2020.

121   Umfassend zu Inhalt, Aufbau und Qualitätssicherungsverfahren der DeQS-RL s juris PK-SGB V/*Müller* G-BA, 1. Aufl., § 1 DeQS-RL Teil 1, Stand: 23.8.2019.

122   Qualitätsprüfungs-Richtlinie vertragsärztliche Versorgung in der Fassung vom 20.6.2019, zuletzt geändert 17.10.2019, BAnz AT 13.1.2020 B6, in Kraft getreten am 14.1.2020.

- Kernspintomographie,
- Radiologie.

Die Richtlinien in der jeweils aktuellen Fassung sind unter www.g-ba.de/Richtlinien abrufbar. 160

VIII. Nachweis- und Mitteilungspflicht (Abs 5)

Die Erfüllung der Anforderungen nach § 11 Abs 1 und der Genehmigungsvoraussetzungen hat die Arztpraxis der KV nachzuweisen (§ 3 Abs 1 Rahmenvereinbarung), ggf betriebsstättenbezogen (§ 5 Abs 2 Rahmenvereinbarung), insbesondere bei apparativen und räumlichen Anforderungen. 161

Die KV teilen den Landesverbänden der KK mit, welche Leistungserbringer die vorgeschriebenen Voraussetzungen erfüllen. Diese Informationen dienen den KK insbesondere dazu, ihre Versicherten im Rahmen ihrer Beratungstätigkeit bei Bedarf über das vorhandene Versorgungsangebot vor Ort aufzuklären. 162

IX. Tätigkeit an mehreren Orten im selben KV-Bezirk, Arbeitgeberwechsel (Abs 6)

Berechtigte Vertragsärzte, Vertragspsychotherapeuten oder MVZ behalten ihre Berechtigung nach § 135 Abs 2 SGB V auch dann, wenn sie diese Leistungen 163
- aufgrund einer Zulassung zur vertragsärztlichen Tätigkeit oder
- der Genehmigung zur Beteiligung an einer BAG oder
- der Genehmigung eines weiteren Tätigkeitsortes

innerhalb desselben Bereichs der KV an einer anderen Betriebsstätte oder Nebenbetriebsstätte erbringen. Dies gilt nicht bei betriebsstättenbezogenen Anforderungen (§ 11 Abs 1 S 4).

Grundsätzlich sind **für jeden Tätigkeitsort** die vorgeschriebenen Genehmigungsvoraussetzungen nachzuweisen. Erfüllt der Arzt die fachlichen Voraussetzungen, wird ihm für jeden Tätigkeitsort, für den er die apparativen, räumlichen, organisatorischen und hygienischen Voraussetzungen nachweist, die Genehmigung erteilt. Die fachliche Befähigung eines Arztes ist innerhalb desselben KV-Bezirks nur einmal zu prüfen. Dies berücksichtigt die Liberalisierung des Vertragsarztrechtes durch das VÄndG, das insbesondere Neuregelungen zu Teilzulassungen, Beteiligungen an mehreren BAG und zur Filialtätigkeit eingeführt hat.[123] Die betriebsstättenbezogenen Anforderungen sind für jeden Tätigkeitsort gesondert zu prüfen. 164

Ist eine Abrechnungsgenehmigung mit der Maßgabe erteilt worden, dass nur ein **angestellter Arzt** eines Vertragsarztes oder eines MVZ diese Leistungen ausführen darf (vgl § 11 Abs 1 S 3), und **wechselt dieser den Arbeitgeber** innerhalb des Bezirks der KV, so kann der neue Arbeitgeber unter Bezugnahme auf die bei der KV vorhandenen Unterlagen und die zuletzt erteilte Abrechnungsgenehmigung auf Antrag eine neue Abrechnungsgenehmigung erhalten, wenn in der Person des angestellten Arztes die Voraussetzungen für die Ausführung der entsprechenden Leistungen fortbestehen. Die bisherige Genehmigung ist also auf den neuen Arbeitgeber nicht übertragbar. Es kann lediglich auf die bereits bei der KV hinterlegten Unterlagen Bezug genommen werden. Bedeutung hat diese Regelung für die Nachweise zur fachlichen Befähigung, so dass bspw ein erneutes Kolloquium nicht erforderlich ist, wenn der angestellte Arzt seine fachliche Befähigung im Rahmen seines vorherigen Beschäftigungsverhältnisses 165

---

123 S dazu *Orlowski/Halbe/Karch* VÄndG, Chancen und Risiken.

bereits lückenlos nachgewiesen hatte (s auch § 4 Abs 1 Rahmenvereinbarung). Diese Regelung für angestellte Ärzte entspricht der Vorgehensweise für zugelassene Ärzte, die im selben KV-Bezirk ihren Vertragsarztsitz verlegen.

166 Unproblematisch erscheint die Bestimmung im Hinblick auf die Vermeidung unnötigen Verwaltungsaufwandes, wenn der Arbeitgeberwechsel sich nahtlos vollzieht. Bei Wechseln mit längeren Unterbrechungszeiten zwischen Alt- zu Neubeschäftigung kann anderes gelten. Soweit sich die Unterbrechung im Rahmen der für Vertragsärzte nach § 32 Ärzte-ZV geregelten Zeiten und Gründe bewegt (Krankheit, Urlaub, Teilnahme an ärztlicher Fortbildung oder an einer Wehrübung), erscheint die uneingeschränkte Anwendung des § 11 Abs 6 S 3 gerechtfertigt. Die Anwendbarkeit dieser Regelung setzt in jedem Fall voraus, dass sich die Anforderungen in den betreffenden Qualitätssicherungsvereinbarungen zwischen Alt- und Neubeschäftigungsverhältnis nicht geändert haben.

167 Bislang nicht explizit geregelt ist der Fall eines **Statuswechsels eines Arztes** (von der Zulassung zur Anstellung und umgekehrt). In analoger Anwendung der vorstehend genannten Regelung sollte aber auch hier eine unbürokratische Lösung von den KV gefunden werden.

168 Sollen die qualifikationsgebundenen Leistungen im Bereich einer anderen KV erbracht wer– den, ist grundsätzlich für jeden Ort der Leistungserbringung in den Bereichen der beteiligten KV eine entsprechende Genehmigung durch die beteiligte KV erforderlich. Diese Regelung ist nicht eindeutig; sie meint nach ihrem Sinn und Zweck, dass die genehmigungspflichtigen Leistungen von einem Arzt in mehreren KV-Bezirken erbracht werden. Diese Regelung wird durch § 7 Rahmenvereinbarung konkretisiert. Nach dessen Abs 1 sind die notwendigen Anträge an jede der beteiligten KV zu richten. Der Antragsteller hat die jeweils andere beteiligte KV über seine Antragstellung zu informieren. Um die Genehmigungsverfahren zu vereinfachen und mehrfache Einreichung derselben Unterlagen zu vermeiden, sind die beteiligten KV nach § 7 Abs 3 Rahmenvereinbarung verpflichtet, sich die nach den Qualitätssicherungsvereinbarungen erforderlichen Angaben und Daten gegenseitig zu übermitteln. Dies ist den KV nur möglich, wenn der Antragsteller auch tatsächlich seiner Informationspflicht aus § 7 Abs 2 Rahmenvereinbarung umfassend nachkommt.

169 Soweit eine beteiligte KV die fachliche Befähigung geprüft und hierüber einen positiven Bescheid erlassen hat, gilt dieser Nachweis nach Abs 4 auch gegenüber den anderen beteiligten KV. Bezweifelt eine KV die fachliche Befähigung eines Arztes, kann sie die Genehmigung von der erfolgreichen Teilnahme an einem **Kolloquium** abhängig machen. Mit Zustimmung dieser KV kann der Arzt das Kolloquium auch bei einer anderen KV durchführen (vgl Rn 74).

170 Anders ist zu verfahren, wenn ein Arzt in einem KV-Bezirk eine Genehmigung hatte, dort auf seine Zulassung verzichtet und sich später in einem anderen KV-Bezirk erneut niederlässt.

171 Da die Genehmigung einer KV zur Durchführung qualifikationsgebundener Leistungen ausschließlich Leistungen der vertragsärztlichen Versorgung betrifft, enden bei einem Wechsel des Zulassungsbezirks mit der ursprünglichen Zulassung auch die erteilten Genehmigungen nach § 39 Abs 2 SGB X, ohne dass es insoweit einer gesonderten Aufhebung bedarf.[124]

---

124 *BSG* SozR 3-2500 § 135 Nr 3.

Danach muss bei einem Wechsel des Zulassungsbezirkes die jetzt zuständige KV die Genehmigungsvoraussetzungen neu prüfen und eine neue Genehmigung erteilen. Die KV ist bei ihrer Prüfung grundsätzlich frei; sie ist allenfalls an die Beurteilung der von einer anderen KV nachgewiesenen fachlichen Qualifikation gebunden.[125]

X. Qualitätsbericht (Abs 7)

§ 11 Abs 7 enthält den Regelungsinhalt des § 135b Abs 1 SGB V. Danach haben die KV Maßnahmen zur Förderung der vertragsärztlichen Versorgung durchzuführen, die Ziele und Ergebnisse der Qualitätssicherungsmaßnahmen zu dokumentieren und jährlich zu veröffentlichen. Nach § 13 Abs 2 der Qualitätsprüfungs-Richtlinie vertragsärztliche Versorgung stellen die KV für jedes Kalenderjahr bis zum 30.4. des Folgejahres der KBV die katalogartig aufgeführten Informationen zur Verfügung. Die KBV ihrerseits stellt nach § 13 Abs 3 dieser Qualitätsprüfungs-Richtlinie dem G-BA bis zum 30.6. des Folgejahres einen Bericht mit den Informationen der KV, gegliedert nach Leistungsbereichen und KV zur Verfügung. Mit dieser Veröffentlichungspflicht ihrer Qualitätsberichte, die unter www.kbv.de/Mediathek/ Qualitätsbericht abrufbar sind, wird größtmögliche Transparenz über die Förderungsaktivitäten der einzelnen KV und den Qualitätsstandard der Leistungserbringer in den einzelnen KV-Bezirken gewährt.

XI. Richtlinien der KBV – Übergangsrecht (Abs 7a)

Soweit in Regelungen auf die Richtlinien der KBV zu Verfahren zur Qualitätssicherung in der vertragsärztlichen Versorgung nach § 75 Abs 7 SGB V verwiesen wird, gelten diese bis zu Änderungen des G-BA. Bezüglich Auswahl, Umfang und Verfahren der Qualitätsprüfungen im Einzelfall (Stichproben) werden diese Richtlinien durch die Qualitätsprüfungs-Richtlinie vertragsärztliche Versorgung nach § 135b Abs 2 SGB V, durch die Richtlinie zur datengestützten einrichtungsübergreifenden Qualitätssicherung nach § 136 Abs 1 SGB V, durch die Qualitätsförderungs- und Durchsetzungs-Richtlinie nach § 137 Abs 1 SGB V, sowie durch die Qualitätssicherungsvereinbarungen nach § 135 Abs 2 SGB V abgelöst.

XII. Qualitätssicherung für ambulant erbrachte Vorsorgeleistungen und/oder Rehabilitationsmaßnahmen nach § 137d SGB V (Abs 8)

Nach § 135a Abs 2 SGB V haben alle Leistungserbringer, die **ambulante Vorsorgeleistungen und/oder Rehabilitationsmaßnahmen** erbringen, einrichtungsintern ein Qualitätsmanagement einzuführen und weiterzuentwickeln.

Für stationäre und ambulante Rehabilitationseinrichtungen vereinbart der Spitzenverband Bund der KK mit den für die Wahrnehmung der Interessen der ambulanten und stationären Rehabilitationseinrichtungen und der Einrichtungen des Müttergenesungswerks oder gleichartiger Einrichtungen auf Bundesebene maßgeblichen Spitzenorganisationen die Qualitätssicherungsmaßnahmen nach § 135a Abs 2 Nr 1 SGB V.

Für ambulante Vorsorgeleistungen nach § 23 Abs 2 SGB V vereinbart der Spitzenverband Bund der KK mit der KBV und den maßgeblichen Bundesverbänden der Leistungserbringer die grundsätzlichen Anforderungen an ein solches Qualitätsmanage-

---

125 *Bayerisches LSG* v 31.1.2007 – L 12 KA 217/05.

ment, § 137d Abs 3 SGB V. Die Vereinbarung ist für Einrichtungen und (selbstständige) Leistungserbringer, die ambulante Vorsorgeleistungen am Kurort nach § 23 Abs 2 SGB V erbringen, verbindlich. Von dieser Vereinbarung ausgenommen sind die nach §§ 9, 10 des Kurarztvertrages (Anlage 25 zum BMV-Ä) teilnehmenden Vertragsärzte, für sie gelten die Regelungen der Richtlinie des Gemeinsamen Bundesausschusses über grundsätzliche Anforderungen an ein einrichtungsinternes Qualitätsmanagement für Vertragsärzte (QM-RL).

178 Die Vertragspartner haben nach § 137d Abs 4 SGB V sicherzustellen, dass die Anforderungen an die Qualitätssicherung für die ambulante und stationäre Vorsorge und Rehabilitation einheitlichen Grundsätzen genügen und die Erfordernisse einer sektor- und berufsgruppenübergreifenden Versorgung angemessen berücksichtigt sind. Damit sollen für den ambulanten und stationären Sektor vergleichbare Qualitätsstandards gewährleistet werden.

179 § 11 Abs 8 verweist auf die Regelung des § 137d SGB V und bestimmt, dass die vorstehend genannten Regelungen in der vertragsärztlichen Versorgung verbindlich sind. Ein über die gesetzlichen Vorgaben hinausgehender Regelungsgehalt ist damit nicht verbunden.

XIII. Qualitätssicherung bei ambulanten Operationen und stationsersetzenden Eingriffen nach § 115b SGB V (Abs 9)

180 **1. Vorbemerkung.** § 11 Abs 9 verweist auf § 115b SGB V, wonach der Spitzenverband Bund der KK, die Deutsche Krankenhausgesellschaft oder die Bundesverbände der Krankenhausträger und die KBV Maßnahmen zur Qualitätssicherung bei **ambulanten Operationen und stationsersetzenden Eingriffen** vereinbaren und erklärt diese Vereinbarungen in der vertragsärztlichen Versorgung als verbindlich. Zusätzliche Regelungsinhalte enthält der BMV-Ä nicht.[126]

181 **2. Gesetzliche Regelung des § 115b SGB V.** Die weitgehende Trennung von ambulanter und stationärer Versorgung führte in vielen Fällen zu nicht notwendigen oder zu langen Krankenhausbehandlungen. Sie war eine maßgebende strukturelle Ursache für Unwirtschaftlichkeit, der mit den Regelungen der §§ 115a und b SGB V und der Öffnung der Krankenhäuser für die ambulante Versorgung der GKV-Versicherten begegnet wurde. Die Regelung des § 115b SGB V ist damit begründet worden, den Krankenhäusern die Möglichkeit ambulanter Operationen zu geben, die diese zuvor nicht hatten, um so die stationäre Behandlung von Patienten, die auch ambulant ausreichend und angemessen versorgt werden könnten, zu vermeiden.[127]

182 Nach § 115b Abs 1 SGB V ist bis zum 30.6.2021 eine Neuvereinbarung auf Basis eines nach § 115b Abs 1a SGB V zu beauftragenden Gutachtens vorgesehen, in dem der Stand der medizinischen Erkenntnisse zu ambulant durchführbaren Operationen, stationsersetzenden Eingriffen und stationsersetzenden Behandlungen untersucht wird.

---

126 Ausführlich zum ambulanten Operieren juris PK-SGB V/*Köhler-Hohmann* § 115b Rn 25 ff.
127 Vgl BT-Drucks 12/3608, 103.

| Qualitätssicherung | § 11 |

Nach dem **Grundsatz „ambulant vor stationär"** (§ 39 Abs 1 S 2 SGB V) soll aus Gründen der Wirtschaftlichkeit vollstationär nur behandelt werden, wenn das Behandlungsziel durch teilstationäre, vor- und nachstationäre oder ambulante Behandlung einschließlich häuslicher Krankenpflege nicht erreicht werden kann. **183**

3. AOP-Vertrag. Der dreiseitige AOP-Vertrag[128] hat 1993 § 115b SGB V erstmals umgesetzt; der Vertrag ist in der Folgezeit mehrfach aktualisiert worden.[129] Ziel dieses Vertrages ist es, einheitliche Rahmenbedingungen zur Durchführung ambulanter Operationen und stationsersetzender Eingriffe (nachfolgend Eingriffe genannt) im niedergelassenen Bereich und im Krankenhaus zu schaffen und die Zusammenarbeit zwischen Vertragsärzten und Krankenhäusern zu fördern. Welche Eingriffe unter den Geltungsbereich des AOP-Vertrages fallen, haben KBV, Spitzenverband **Bund der KK** und Deutsche Krankenhausgesellschaft nach den Vorgaben des Gesetzgebers in einem Katalog abschließend gelistet, der als Anlage zum AOP-Vertrag vereinbart ist (§ 3 AOP-Vertrag). Darüber hinaus vereinbaren sie nach § 115b Abs 1 S 1 Nr 2 SGB V für diese Leistungen einheitliche Vergütungen für Krankenhäuser und Vertragsärzte (§ 7 AOP-Vertrag). **184**

Krankenhäuser sind nach §§ 1 Abs 1, 3 AOP-Vertrag zur ambulanten Durchführung der dort genannten Eingriffe **zugelassen**, und zwar in den Leistungsbereichen, in denen sie auch stationäre Krankenhausbehandlung erbringen dürfen. Voraussetzung ist eine bloße (maschinenlesbare) Mitteilung des Krankenhauses unter Angabe der Leistungen, die ambulant erbracht werden sollen, an die zuständigen Verbände der KK, die KV und den Zulassungsausschuss (§ 1 AOP-Vertrag). Einer zusätzlichen Zulassung durch den Zulassungsausschuss bedarf es nicht.[130] **185**

Der Zugang der Patienten zum ambulanten Operieren im Krankenhaus erfolgt in der Regel durch **Überweisung** (§ 2 Abs 1 AOP-Vertrag). Die Entscheidung, ob unter Berücksichtigung der Art und Schwere des beabsichtigten Eingriffs und des Gesundheitszustandes des Patienten tatsächlich ambulant operiert werden kann, hat der Arzt für jeden Einzelfall unter Berücksichtigung des Gesundheitszustandes des jeweiligen Patienten zu treffen (§ 2 Abs 2 AOP-Vertrag). **186**

Eingriffe nach § 115b SGB V sind nach dem zum Behandlungszeitpunkt geltenden **Facharztstandard** zu erbringen; grundsätzlich nur von Fachärzten, unter Assistenz von Fachärzten oder unter deren unmittelbarer Aufsicht und Weisung mit der Möglichkeit des unverzüglichen Eingreifens (§ 14 AOP-Vertrag). **187**

Leistungen nach § 115b SGB V, für die in der vertragsärztlichen Versorgung **Qualitätssicherungsmaßnahmen** nach § 135 SGB V gelten, sind unter denselben Bedingungen stationär zu erbringen (§ 15 S 1 AOP-Vertrag). **188**

Richtlinien und Beschlüsse des G-BA (insbesondere Durchführung von Hygienekontrollen, Einhaltung der weiteren Strukturqualität sowie Einhaltung von Frequenzregelungen) sind zu berücksichtigen (§ 15 S 2, 3 AOP-Vertrag). **189**

---

128 S dazu HK-AKM/*Clemens* 60 Ambulantes Operieren (Stand: 2012), Rn 1–5; s ferner *Clemens* Ambulante und stationäre Operationen am Krankenhaus durch niedergelassene Ärzte („*Honorarärzte*")?, MedR 2011, 770, 773.
129 Zuletzt geändert am 8.4.2014, in Kraft getreten am 16.5.2014.
130 *BSG* SozR 3-2500 § 116 Nr 19 S 92.

§ 11 Qualitätssicherung

190 Weitere Vorgaben insbesondere zum Abrechnungsverfahren und zur Datenübermittlung enthalten §§ 18 ff AOP-Vertrag.

191 Im AOP-Vertrag sind zum **Abrechnungsverfahren** (§ 7 Abs 4 S 2, § 18 Abs 1 S 4 AOP-Vertrag) folgende Konstellationen im Krankenhaus im Rahmen der Zusammenarbeit von Operateur und Anästhesist geregelt:
– Operateur und Anästhesist sind angestellte Ärzte des Krankenhauses. Das Krankenhaus rechnet für diesen Fall sämtliche Leistungen über den AOP-Vertrag mit den KK ab.
– Operateur ist Belegarzt und kooperiert mit angestelltem Krankenhausanästhesisten. Die belegärztlichen Leistungen werden über die zuständige KV, die anästhesiologischen Leistungen vom Krankenhaus über den AOP-Vertrag abgerechnet.

192 Nicht zulässig war bis Ende 2011 das Operieren von Vertragsärzten ohne Belegarztanerkennung im Krankenhaus. Bei Verstoß gegen die Bestimmungen des AOP-Vertrages durch rechtswidrige Inanspruchnahme eines Vertragsarztes ohne Belegarztanerkennung für ambulante Operationen durch das Krankenhaus setzte sich dieses Schadensersatzansprüchen nach wettbewerbsrechtlichen Grundsätzen aus.[131]

193 Durch das GKV-VStG wurden die Möglichkeiten der Zusammenarbeit beim ambulanten Operieren zum 1.1.2012 erweitert (§ 115b Abs 1 S 6 SGB V). Danach ist in einer Vereinbarung vorzusehen, dass die Leistungen nach § 115b Abs 1 S 1 SGB V auch **auf der Grundlage einer vertraglichen Zusammenarbeit des Krankenhauses mit niedergelassenen Vertragsärzten** ambulant im Krankenhaus erbracht werden können. Der 14. Ausschuss[132] begründete die Gesetzesänderung damit, dass eine Anpassung des AOP-Vertrages mit dem Ziel, Vertragsärzten ohne Belegarztstatus ambulante Operationen von Patienten im Krankenhaus auf der Grundlage von **Kooperationsverträgen** zu ermöglichen, nicht in Aussicht steht. Aus diesem Grund sind zur wünschenswerten Flexibilisierung der Zusammenarbeit von Krankenhäusern und Vertragsärzten entsprechende Kooperationsmöglichkeiten gesetzlich zu verankern.

194 Seit 1.6.2012 finden sich nun auch im AOP-Vertrag entsprechende Regelungen. § 7 Abs 4 AOP-Vertrag bestimmt, dass Vertragsärzte aufgrund einer vertraglichen Zusammenarbeit die Leistungen des § 115b SGB V ambulant erbringen dürfen. § 18 Abs 2 AOP-Vertrag regelt die Vergütung dergestalt, dass das Krankenhaus alle Leistungen der jeweiligen KK in Rechnung stellt. Eine gesonderte Vergütung des Vertragsarztes ist weder durch die KK noch durch die KV erlaubt. Die Vergütung des Vertragsarztes ist im Binnenverhältnis mit dem Krankenhaus zu regeln.

195 **4. Qualitätssicherungsvereinbarung (Abs 9).** Neben dem AOP-Vertrag gelten spezielle Anforderungen an die Qualitätssicherung ambulanter Operationen, die in der Vereinbarung von Qualitätssicherungsmaßnahmen nach § 135 Abs 2 SGB V zum ambulanten Operieren (**Qualitätssicherungsvereinbarung ambulantes Operieren**) mit Wirkung zum 1.12.2011 festgelegt sind.

196 Die **Qualitätssicherungsvereinbarung ambulantes Operieren** regelt die fachlichen, organisatorischen, hygienischen, räumlichen und apparativ-technischen Voraussetzungen für die Ausführung und Abrechnung von Leistungen nach Kapitel 31.2 EBM, die

---
131 *BSG* MedR 2011, 677–684.
132 BT-Drucks 17/8005, 114 f zu Nr 41b (§ 115b SGB V).

| Qualitätssicherung | § 11 |

Leistungen in Anlage 1 Abschnitt 1 zum AOP-Vertrag betreffen sowie für die Ausführung und Abrechnung von in Anlage 1 Abschnitt 2 und 3 des AOP-Vertrages genannten EBM-Leistungen (nachfolgend „Eingriffe" genannt).

Die **Durchführung ambulanter Operationen** nach dem AOP-Vertrag ist genehmigungspflichtig. Die Genehmigung wird erteilt, wenn der Vertragsarzt die Voraussetzungen nach den §§ 3 bis 6 dieser Vereinbarung erfüllt. Ausnahmen von den Anforderungen sind für eine geringe Anzahl von Leistungen in der Anlage zu dieser Vereinbarung aufgeführt. Das Genehmigungsverfahren richtet sich nach § 7 der Qualitätssicherungsvereinbarung ambulantes Operieren. Eine zusätzliche Genehmigungspflicht aufgrund anderer fachspezifischer Qualitätssicherungsvereinbarungen nach § 135 Abs 2 SGB V bleibt hiervon unberührt (§ 2 Abs 1 Qualitätssicherungsvereinbarung ambulantes Operieren). 197

Für die Nachweispflicht gegenüber der KV gelten die Regelungen in Abschnitt C der Vereinbarung in Verbindung mit der Rahmenvereinbarung für Qualitätssicherungsvereinbarungen nach § 135 Abs 2 SGB V und den Richtlinien der KBV für Verfahren zur Qualitätssicherung nach § 75 Abs 7 SGB V (§ 2 Abs 2 Qualitätssicherungsvereinbarung ambulantes Operieren). 198

Leistungen des Kataloges ambulantes Operieren sind grundsätzlich nach **Facharztstandard** zu erbringen (s auch § 14 AOP-Vertrag). Ist für bestimmte Eingriffe gem § 115b SGB V über das Recht zum Führen einer Facharztbezeichnung hinaus nach den jeweils gültigen Weiterbildungsordnungen der Erwerb einer Schwerpunktbezeichnung, einer Fachkunde und/oder der Abschluss einer fakultativen Weiterbildung Voraussetzung, können solche Eingriffe nur erbracht werden, wenn der erfolgreiche Abschluss dieser zusätzlichen Weiterbildung durch entsprechende Zeugnisse und/oder Bescheinigungen nachgewiesen ist (§ 3 Qualitätssicherungsvereinbarung ambulantes Operieren). 199

Die Eingriffe nach dem AOP-Vertrag iVm § 115b SGB V gliedern sich nach Ausmaß und Gefährdungsgrad auf der Grundlage der Empfehlungen des Robert Koch-Institutes[133] in: 200

- Operationen,
- kleinere invasive Eingriffe,
- invasive Untersuchungen, vergleichbare Maßnahmen und Behandlungen und
- Endoskopien (§ 6 Abs 1 der Vereinbarung ambulantes Operieren).

Daraus ergeben sich unterschiedliche Anforderungen an den Ort der Leistungserbringung. Die räumlichen, apparativ-technischen, hygienischen und organisatorischen Voraussetzungen sind detailliert vorgeschrieben (§§ 4–6 der Qualitätssicherungsvereinbarung ambulantes Operieren) und mit geeigneten Maßnahmen zu überprüfen (§ 7 Abs 4 der Vereinbarung). Die KV kann die zuständige Qualitätssicherungskommission beauftragen, die Erfüllung der räumlichen, apparativ-technischen, hygienischen und organisatorischen Anforderungen in der Praxis zu überprüfen (**Praxisbegehung**). Die Genehmigung wird nur erteilt, wenn der Arzt in seinem Antrag sein Einverständnis zu einer solchen Überprüfung erteilt (§ 7 Abs 4 der Vereinbarung). Der antragstellende Vertragsarzt trägt insoweit eine Mitwirkungslast (s Rn 51). 201

---

133 Veröffentlicht im BGBl 8/2000, 644–648 und 4/2002, 412–441.

§ 11   Qualitätssicherung

202   Genehmigungen, die auf der Grundlage der bis zum 30.11.2011 geltenden Qualitätssicherungsvereinbarung nach § 115b Abs 1 Nr 3 SGB V erteilt wurden, gelten als Genehmigungen iSv § 2 der ab 1.12.2011 geltenden Qualitätssicherungsvereinbarung ambulantes Operieren fort (§ 8 Abs 1 der Vereinbarung).

XIV. Qualitätssicherung für psychotherapeutische Leistungen (Abs 10)

203   **1. Genehmigungspflicht (Abs 10 S 1).** Voraussetzung für die Ausführung und Abrechnung von psychotherapeutischen Leistungen in der vertragsärztlichen Versorgung durch ärztliche Psychotherapeuten und Psychologische Psychotherapeuten und Kinder- und Jugendlichenpsychotherapeuten ist die **Genehmigung** der KV.[134] Diese ist zu erteilen, wenn die Leistungserbringer die in der Psychotherapie-Vereinbarung normierten Voraussetzungen an die fachliche Befähigung erfüllen (§ 2 Psychotherapie-Vereinbarung). Die Psychotherapievereinbarung ist als Anlage 1 zum BMV-Ä vereinbart.[135]

204   **2. Fachliche Voraussetzungen (Abs 10 S 2).** Die fachlichen Voraussetzungen **ärztlicher Psychotherapeuten** knüpfen zunächst an das berufsrechtliche Weiterbildungsrecht an und setzen die Berechtigung zum Führen der Gebietsbezeichnung „Psychotherapeutische Medizin" oder „Psychosomatische Medizin und Psychotherapie" oder „ Psychiatrie und Psychotherapie" oder die Zusatzbezeichnung „Psychotherapie" oder „Psychoanalyse" voraus. Zusätzlich werden Nachweise über eingehende Kenntnisse und Erfahrungen im jeweiligen Richtlinienverfahren durch Vorlage von Weiterbildungszeugnissen gefordert. Für die Behandlung von Kindern und Jugendlichen wird auf die Gebietsbezeichnung „Kinder- und Jugendpsychiatrie und -psychotherapie" abgestellt und für den Nachweis eingehender Kenntnisse und Erfahrungen auf dem Gebiet der Psychotherapie bei Kindern und Jugendlichen Mindeststundenzahlen und -behandlungsfälle gefordert.

205   Sollen psychotherapeutische Behandlungen als Gruppenbehandlungen durchgeführt werden, sind auch hierzu entsprechende Kenntnisse und Erfahrungen anhand von Stundenzahlen nachzuweisen (§ 5 Psychotherapie-Vereinbarung).

206   Nach § 6 der Psychotherapie-Vereinbarung ist die fachliche Befähigung **Psychologischer Psychotherapeuten** und nach § 7 der Psychotherapie-Vereinbarung für **Kinder- und Jugendlichenpsychotherapeuten** durch den entsprechenden Fachkundenachweis nach § 95c SGB V nachzuweisen. Voraussetzung nach § 95c S 2 Nr 3 SGB V ist der entsprechende Nachweis in einem vom G-BA nach § 92 Abs 1 S 2 Nr 1 SGB V anerkannten Richtlinienverfahren.[136] Im Übrigen gelten auch hier Regelungen zu Mindestbehandlungsstunden und -behandlungsfälle zum Nachweis besonderer Kenntnisse und Erfahrungen.

207   **3. Übergangsregelungen (Abs 10 S 3).** Teil F der Psychotherapie-Vereinbarung enthält dezidierte Übergangsregelungen für Leistungserbringer, die vor Inkrafttreten des

---

134 S hierzu Kommentierung Anhang 1 zu § 2 Psychotherapievereinbarung.
135 Vereinbarung über die Anwendung von Psychotherapie in der vertragsärztlichen Versorgung (Psychotherapie-Vereinbarung) v 2.2.2017, zuletzt geändert am 27.2.2020, in Kraft getreten am 1.3.2020; s Kommentierung Anhang 1.
136 *BSG* SozR 4-2500 § 95c Nr 3 zur Entscheidung, dass Gesprächspsychotherapie kein anerkanntes Richtlinienverfahren ist.

PsychThG zum 1.1.1999 bereits psychotherapeutische Leistungen in der vertragsärztlichen Versorgung erbracht hatten. Ebenfalls geschützt werden sollten Psychologische Psychotherapeuten und Kinder- und Jugendlichenpsychotherapeuten, die mit Inkrafttreten des PsychoThG ihre Ausbildung zwar begonnen, aber noch nicht abgeschlossen hatten.[137]

208 Durch Verweis auf § 11 Abs 1 S 3 wird klargestellt, dass bei Leistungserbringung in einer Vertragsarztpraxis oder einem MVZ durch einen angestellten Psychotherapeuten nur dieser über die notwendige Qualifikation verfügen muss.

209 Ferner gelten die Vorgaben für das Genehmigungsverfahren nach § 11 Abs 2a, für die Stichprobenprüfung nach § 11 Abs 3, für die Tätigkeit an mehreren Orten im KV-Bezirk und für den Arbeitgeberwechsel nach § 11 Abs 6 sowie die Vorgaben zum Verhältnis Richtlinien KBV zu Beschlüssen des G-BA zu Verfahren der Qualitätssicherung nach § 11 Abs 7a.

210 **4. Richtlinie des G-BA zur Qualitätssicherung der Psychotherapie.** Mit dem Gesetz zur Weiterentwicklung der Versorgung und der Vergütung für psychiatrische und psychosomatische Leistungen (PsychVVG) v 19.12.2016 hat der Gesetzgeber den G-BA in § 136a Abs 2 SGB V verpflichtet, geeignete Maßnahmen zur Sicherung der Qualität in der psychiatrischen und psychosomatischen Versorgung festzulegen. Insbesondere sollen hierbei auch Indikatoren zur Beurteilung der Struktur-, Prozess und Ergebnisqualität für die einrichtungs- und sektorenübergreifende Qualitätssicherung bestimmt werden. Diesem gesetzlichen Auftrag ist der G-BA mit der am 1.1.2020 in Kraft getretenen Richtlinie über die Ausstattung der stationären Einrichtungen der Psychiatrie und Psychosomatik mit dem für die Behandlung erforderlichen therapeutischen Personal gem § 136a Abs 2 S 1 SGB V[138] nachgekommen.

211 Bis spätestens zum 31.12.2022 hat der G-BA nach der Vorgabe des mit dem Gesetz zur Reform der Psychotherapeutenausbildung eingeführten Regelung des § 136a Abs 2a SGB V nunmehr auch in einer **Richtlinie nach § 136a Abs 2 S 1 SGB V ein einrichtungsübergreifendes sektorenspezifisches Qualitätssicherungsverfahren für die ambulante psycho- therapeutische Versorgung** zu beschließen und hierbei insbesondere geeignete **Indikatoren zur Beurteilung der Struktur-, Prozess und Ergebnisqualität** sowie **Mindestvorgaben für eine einheitliche und standardisierte Dokumentation** (insbesondere des Therapieverlaufs) festzulegen. Zudem sollen bis zu diesem Zeitpunkt auch Regelungen geschaffen werden, die eine interdisziplinäre Zusammenarbeit in der ambulanten psychotherapeutischen Versorgung unterstützen.

---

137 Hinweise zur Umsetzung des PsychThG enthalten bspw *Behnsen/Bell/Best/Gerlach/Schirmer/Schmid* MHP, Kap 300, 540, 2350; *Liebold/Zalewski* Kap 3.
138 Personalausstattung Psychiatrie und Psychosomatik-Richtlinie – PPP-RL, BAnz AT 31.12.2019 B6.

§ 12 Neue Untersuchungs- und Behandlungsmethoden

(1) ¹Neue Untersuchungs- und Behandlungsmethoden im Sinne des § 135 Abs. 1 SGB V dürfen in der vertragsärztlichen Versorgung nur dann angewendet und abgerechnet werden, wenn der Gemeinsame Bundesausschuss in Richtlinien deren Anerkennung empfohlen hat, die erforderlichen Bestimmungen zur Qualitätssicherung getroffen wurden und sie in den Einheitlichen Bewertungsmaßstab aufgenommen wurden. ²Nicht anerkannte Behandlungsmethoden sind im Rahmen der vertragsärztlichen Versorgung auch keine verordnungsfähigen Leistungen.

(2) ¹Die Durchführung neuer Untersuchungs- und Behandlungsmethoden, für welche der Gemeinsame Bundesausschuss Empfehlungen über die notwendige Qualifikation der Ärzte und die apparativen Anforderungen abgegeben hat, bedarf der Genehmigung durch die Kassenärztliche Vereinigung. ²Die Genehmigung ist zu erteilen, wenn der an der vertragsärztlichen Versorgung teilnehmende Arzt die zu diesem Vertrag genannten Voraussetzungen erfüllt.

(3) Neue Behandlungsverfahren der Psychotherapie dürfen in der vertragsärztlichen Versorgung nur angewandt und abgerechnet werden, wenn der Gemeinsame Bundesausschuss dies in Richtlinien gem. § 92 Abs. 6a SGB V in Verbindung mit § 135 Abs. 1 SGB V geregelt hat und sie in den EBM aufgenommen worden sind.

Übersicht

	Rn		Rn
I. Gesetzliche Vorgaben	1	5. Aufnahme neuer Leistungen in den EBM	37
II. Neue Untersuchungs- und Behandlungsmethoden (Abs 1)	20	6. Rechtsschutz	45
1. Definition	20	III. Genehmigungsvorbehalt (Abs 2)	50
2. Verfahren zur Anerkennung einer neuen Untersuchungs- und Behandlungsmethode	24	IV. Psychotherapie-Richtlinie (Abs 3)	51
		1. Allgemein	51
3. Ausschluss einer Methode	30	2. Anerkannte Behandlungsverfahren	53
4. Richtlinie des G-BA zu Untersuchungs-und Behandlungsmethoden in der vertragsärztlichen Versorgung	33	3. Anwendungsbereich	55
		4. Anerkennung einer neuen Methode	59
		5. Qualifikation der Leistungserbringer	62

I. Gesetzliche Vorgaben

1 Der Gesetzgeber hat mit Einführung des § 135 SGB V erstmals mit Wirkung zum 1.1.1989 für die Qualitätssicherung eine ausdrückliche Regelung geschaffen.¹ Zuvor wurde die **Qualitätssicherung** unter Geltung der RVO als Teil des allgemeinen Sicherstellungsauftrages verstanden.²

2 Die Richtlinien des G-BA auf der Grundlage des § 135 Abs 1 S 1 SGB V wirken auf den Inhalt der Kollektivverträge und damit unmittelbar auf das Rechtsverhältnis der Vertragspartner ein. Nach § 92 Abs 8 SGB V sind die Richtlinien Bestandteil der Bundesmantelverträge und damit der Gesamtverträge.

---

1 Einführung mit dem Gesetz zur Reform im Gesundheitswesen (GRG) v 20.12.1988, BGBl I 1988, 2477.
2 juris PK-SGB V/*Filges* § 92 Rn 25 ff.

§ 12 Neue Untersuchungs- und Behandlungsmethoden

Systematisch (im Vierten Kapitel im SGB V – Beziehungen der KK zu den Leistungserbringern) gehört § 135 SGB V zum Leistungserbringerrecht, jedoch können Versicherte ihre Ansprüche nur innerhalb der Vorgaben des Leistungserbringerrechts verwirklichen. Insofern legt § 135 Abs 1 SGB V zugleich auch den Umfang der den Versicherten von den KK geschuldeten Leistungen fest.[3]   3

Versicherte haben Anspruch auf Krankenbehandlung nach § 27 Abs 1 S 1 SGB V, wenn sie notwendig ist, um Krankheit zu erkennen, zu heilen, ihre Verschlimmerung zu verhüten oder Krankheitsbeschwerden zu lindern. Der hierbei geschuldete Standard (**Facharztstandard**) ist bei Kassen- und Privatpatienten gleich hoch.[4]   4

Qualität und Wirksamkeit der Leistungen haben dem allgemein anerkannten Stand der medizinischen Erkenntnisse zu entsprechen und den medizinischen Fortschritt zu berücksichtigen, § 2 Abs 1 S 3 SGB V.[5]   5

In der **ambulanten Regelversorgung** in der GKV ist zunächst jede **herkömmliche Untersuchungs- und Behandlungsmethode**, die nicht vom G-BA ausgeschlossen worden ist und die Voraussetzungen einer Leistung erfüllt, die im nach § 87 SGB V vereinbarten EBM enthalten ist, prinzipiell abrechnungsfähig. Eine vorangegangene Wirksamkeitsprüfung durch den G-BA ist keine notwendige Voraussetzung.   6

Neue Untersuchungs- und Behandlungsmethoden dürfen hingegen nur dann zu Lasten der GKV erbracht werden, wenn der G-BA eine entsprechende Empfehlung in einer Richtlinie nach § 135 Abs 1 S 1 iVm § 92 Abs 1 S 2 Nr 5 SGB V ausgesprochen hat (**Verbot mit Erlaubnisvorbehalt**). Gleiches gilt für die Verordnung von neuen Heilmitteln nach § 138 SGB V iVm § 92 Abs 1 S 2 Nr 6 SGB V. Das gesetzliche Verbot hat im Interesse der Qualität der vertragsärztlichen Versorgung den Sinn, den Versicherten und die Versichertengemeinschaft vor riskanten und/oder ineffektiven medizinischen Maßnahmen zu schützen.[6]   7

Die Vorschrift des § 137e SGB V (Erprobung von Untersuchungs- und Behandlungsmethoden[7]) ändert nichts an der dem SGB V zugrunde liegenden Systematik, dass (neue) Untersuchungs- und Behandlungsmethoden im ambulanten Bereich gem § 135 SGB V einer positiven Empfehlung durch den G-BA bedürfen.[8]   8

Ausnahmen vom Verbot mit Erlaubnisvorbehalt[9] sind nur zulässig bei: 9
– Systemmangel/Systemversagen[10],
– seltener (singulärer) Erkrankung[11],

---

3 *BSG* SozR 3-2500 § 135 Nr 14; *BSG* USK 2005-77.
4 In der vertragsärztlichen Versorgung können jedoch nur approbierte Ärzte mit abgeschlossener fachärztlicher Weiterbildung, dh mit **Facharztstatus**, tätig werden, s § 4 Rn 10.
5 S § 16; s auch *Roters* Wissensgenerierung und -verwertung nach § 2 Abs 1 S 3 SGB V, SGb 8/15, 413 ff.
6 Vgl. *BSG* SozR 3-2500 § 135 Nr 12.
7 S Rn 16.
8 Vgl *BSG* v 11.9.2019 – B 6 KA 17/18 R, juris, Rn 29; vgl *BSG* v 21.3.2012 – B 6 KA 16/11 R, BSGE 110, 245 = SozR 4-1500 § 55 Nr 12, Rn 41; zur Erprobung von Untersuchungs- und Behandlungsmethoden s Rn 16 ff.
9 Vgl *BSG* v 27.8.2019 – B 1 KR 14/19 R, Rn 18 mwN.
10 Vgl *BSG* v 27.8.2019 – B 1 KR 14/19 R, Rn 16 mwN; vgl *BSG* v 11.5.2017 – B 3 KR 17/16 R, juris, Rn 53 mwN; *BSG* SozR 3-2500 § 92 Nr 12; *BSG* SozR 4-2500 § 18 Nr 5; *BSG* SozR 3-2500 § 135 Nr 12; *BSG* v 7.5.2013 – B 1 KR 44/12 R.
11 Vgl *BSG* v 28.5.2019 – B 1 KR 32/18 R, juris, Rn 13; *BSG* SozR 4-2500 § 27 Nr 1.

Hochgesang

- Arzneimitteltherapien im Off-Label-Use[12],
- lebensbedrohlicher Erkrankung, die mit neuer noch nicht empfohlener Behandlungsmethode behandelt werden soll.

Nach der Rechtsprechung des BVerfG (sog Nikolausbeschluss[13]) ist es mit den Grund- rechten aus Art 2 Abs 1 GG iVm dem Sozialstaatsprinzip und aus Art 2 Abs 2 S 1 GG nicht vereinbar, einen GKV-Versicherten, für dessen lebensbedrohliche oder regelmäßig tödliche Erkrankung eine allgemein anerkannte, medizinischem Standard entsprechende Behandlung nicht zur Verfügung steht, von der Leistung einer von ihm gewählten, ärztlich angewandten Behandlungsmethode auszuschließen, wenn eine nicht ganz entfernt liegende Aussicht auf Heilung oder auf eine spürbare positive Einwirkung auf den Krankheitsverlauf besteht.

Mit Einfügung eines neuen Abs 1a in § 2 SGB V durch das GKV-VStG zum 1.1.2012 hat der Gesetzgeber diese Anspruchsvoraussetzungen klarstellend ins Gesetz übernommen.[14]

10 Im Gegensatz zur ambulanten Regelversorgung sind in der **stationären Versorgung** grundsätzlich alle Untersuchungs- und Behandlungsmethoden zu Lasten der GKV erbringbar, solange der G-BA bestimmte Methoden nicht ausgeschlossen hat, § 137c SGB V **(Erlaubnis mit Verbotsvorbehalt)**.

11 Dies hat zur Folge, dass der medizinische Fortschritt im Rahmen einer Krankenhausbehandlung vor dem Hintergrund des § 137c SGB V grds deutlich leichter umgesetzt werden kann als in der ambulanten Versorgung.

12 Insbesondere seitens der Belegärzte wird daher unter Hinweis auf eine bislang mangelnde Durchlässigkeit der Versorgungsformen eine Gleichstellung mit der stationären Versorgung gefordert.

13 Der gleiche Grundsatz wie in der stationären Versorgung (Erlaubnis mit Verbotsvorbehalt) gilt in der ambulanten Versorgung im Bereich der **Selektivverträge (Hausarztzentrierte Versorgung, Besondere Versorgung),** innerhalb derer alle Leistungen vereinbart werden dürfen, über deren Eignung als Leistung der Krankenversicherung der G-BA nach § 91 SGB V im Rahmen der Beschlüsse nach § 92 Abs 1 S 2 Nr 5 SGB V (vgl § 73b Abs 5 S 3 SGB V) und zusätzlich nach § 137c Abs 1 SGB V (vgl § 140a Abs 2 S 2 und 3 SGB V) keine ablehnende Entscheidung getroffen hat.[15]

14 Gleiches gilt auch für den Bereich der sektorenverbindenden **ambulanten spezialfachärztlichen Versorgung** des § 116b SGB V, da in diesem Versorgungsbereich auch solche Behandlungen vorgenommen werden sollen, die zuvor typischerweise im Rahmen einer stationären Krankenhausbehandlung erbracht wurden (§ 116b Abs 1 S 3 SGB V).

---

12 *Vgl BSG* v 13.12.2016 – B 1 KR 1/16 R, Rn 15 mwN; *BSG* SozR 4-2500 § 106 Nr 27; *BSG v* 18.8.2010 – B 6 KA 21/10 B, juris; *BSG* SozR 4-2500 § 106 Nr 30; *BSG* v 8.12.2010 – B 6 KA 43/10 B; *BSG* SozR 4-2500 § 31 Nr 22.
13 *BVerfG* SozR 4-2500 § 27 Nr 5, sogenannter „Nikolausbeschluss".
14 Zu den Grenzen des Anspruchs nach § 2 Abs 1a SGB V s gleichnamigen Beitrag von *Marburger* WzS 08/12, 236 ff; vgl zusammenfassend *BSG* SozR 4-2500 § 27 Nr 16 Rn 12 ff mwN.
15 Zu den Selektivverträgen s HK-AKM/*Schiller/Rückeshäuser* 4835 Selektivverträge (Stand: 2011), mwN.

Neue Untersuchungs- und Behandlungsmethoden §12

Im Rahmen der **Versorgung mit Arzneimitteln** gelten die Grundsätze des § 135 SGB V nur hinsichtlich Rezepturarzneimitteln, während Fertigarzneimittel mit Blick auf deren Zulassungsbedürftigkeit vom Erlaubnisvorbehalt des § 135 SGB V ausgenommen werden. Zulassungsbedürftige Arzneimittel dürfen nur dann zu Lasten der GKV erbracht werden, wenn sie zugelassen sind und für eine Anwendung innerhalb des in der Zulassung benannten Anwendungsgebietes verordnet werden. 15

Zum 1.1.2012 hat der Gesetzgeber mit dem GKV-VStG neue **Erprobungsregelungen** eingeführt (§§ 137c, 137e SGB V). 16

Gelangt der G-BA bei der Prüfung von Untersuchungs- und Behandlungsmethoden nach § 135 SGB V oder § 137c SGB V zu der Feststellung, dass eine Methode das Potential einer erforderlichen Behandlungsalternative bietet, ihr Nutzen aber noch nicht hinreichend belegt ist, **muss** der G-BA nach § 137e Abs 1 SGB V unter Aussetzung seines Bewertungsverfahrens **gleichzeitig** eine Erprobungsrichtlinie beschließen, um die notwendigen Erkenntnisse für die Bewertung des Nutzens der Methode zu gewinnen. 17

Eine Methode bietet dann das Potential einer erforderlichen Behandlungsalternative, wenn ihr Nutzen mangels aussagekräftiger wissenschaftlicher Unterlagen weder eindeutig belegt noch ihre Schädlichkeit oder Unwirksamkeit festgestellt werden kann, die Methode aufgrund ihres Wirkprinzips und der bisher vorliegenden Erkenntnisse aber mit der Erwartung verbunden ist, dass sie im Vergleich zu anderen Methoden eine effektivere Behandlung ermöglicht und dass die nach den internationalen Standards der evidenzbasierten Medizin bestehende Evidenzlücke in einem begrenzten Zeitraum geschlossen werden kann.[16] 18

Versicherte haben nach Inkrafttreten des EIRD[17] nunmehr nach § 137c Abs 3 S 1 SGB V auch einen leistungsrechtlichen Anspruch auf stationäre Krankenhausbehandlung mit Methoden, die lediglich das Potential einer erforderlichen Behandlungsalternative bieten, wenn ihre Anwendung nach den Regeln der ärztlichen Kunst erfolgt, diese also insbesondere medizinisch indiziert und notwendig ist.[18]

Unabhängig von den Regelungen zur Einführung neuer Untersuchungs- und Behandlungsmethoden hat der Gesetzgeber den KK in § 11 Abs 6 SGB V idF des GKV-VStG über **erweiterte Satzungsregelungen** die Möglichkeit eingeräumt, in dem dort ausdrücklich und abschließend genannten Leistungskatalog ihren Versicherten zusätzliche Leistungen anzubieten. Voraussetzung ist, dass der G-BA diese Leistungen bislang nicht ausgeschlossen hat. 19

---

16 Zur Bewertung innovativer Behandlungsmethoden nach dem GKV-VStG s HK-AKM/*Bender* 12/2019, Rn 237; Halbe/Orlowski/Preusker/Schiller/Wasem/*Preusker* GKV-VStG – Auswirkungen auf die Praxis, 2012, 167. Zum G-BA als Institution des Gesundheitsversorgungssystems s *Hess* Die Dynamik des medizinischen Wissens und die Anforderungen an die Institutionen des Gesundheitsversorgungssystems, GesR 10/2012, 591 ff.
17 Gesetz zur Errichtung des Implantateregisters Deutschland und zu weiteren Änderungen des Fünften Buches Sozialgesetzbuch (EIRD), BGBl I, 2494, in Kraft getreten am 1.1.2020.
18 Klarstellung durch den Gesetzgeber da die Rspr des 1. Senats des BSG einen solchen Anspruch bislang negiert hatte, vgl *BSG* v 28.5.2019 – B 1 KR 32/18 R, Festhalten an *BSG* v 24.4.2018 – B 1 KR 10/17 R = BSGE 125, 283 = SozR 4-2500 § 137c Nr 10.

II. Neue Untersuchungs- und Behandlungsmethoden (Abs 1)

20 **1. Definition.** Als neue Methode im Sinne des § 135 Abs 1 S 1 SGB V können nur ärztliche Behandlungsleistungen gelten,
- die nicht als abrechnungsfähige ärztliche Leistungen im EBM enthalten sind oder
- die als Leistungen im EBM enthalten sind, deren Indikation oder deren Art der Erbringung aber wesentliche Änderungen oder Erweiterungen erfahren hat.[19]

21 Es kommt also darauf an, ob die Methode bisher nicht oder nicht in dieser Form Gegenstand der vertragsärztlichen Versorgung war.[20] Bestehen Zweifel an der Neuartigkeit einer Methode ist eine Stellungnahme des Bewertungsausschusses (§ 87 SGB V) einzuholen.[21]

22 Nach der Rspr des BSG sind auch **neuartige Arzneitherapien** vom Erlaubnisvorbehalt des § 135 Abs 1 SGB V nicht grundsätzlich ausgenommen. Begründet wird dies damit, dass durch das Erfordernis der vorherigen Prüfung und Anerkennung neuer Untersuchungs- und Behandlungsmethoden die Qualität nicht nur der ärztlichen Leistungen im engeren Sinne, sondern aller für die vertragsärztliche Versorgung relevanten diagnostischen und therapeutischen Maßnahmen gewährleistet werden soll. Deshalb seien zumindest solche Pharmakotherapien der Kontrolle durch den G-BA zu unterwerfen, bei denen das eingesetzte Medikament keiner arzneimittelrechtlichen Zulassung bedarf, weil andernfalls die Qualitätsprüfung bei neuen Behandlungsmethoden lückenhaft bliebe und die gesetzliche Regelung teilweise leerliefe.[22]

23 Allerdings sind Maßnahmen zur Behandlung einer Krankheit, die so selten auftritt, dass ihre systematische Erforschung praktisch ausscheidet, vom Leistungsumfang der GKV nicht allein deshalb ausgeschlossen, weil der G-BA dafür keine Empfehlung abgegeben hat oder weil das dabei verwendete, in Deutschland nicht zugelassene Arzneimittel im Einzelfall aus dem Ausland beschafft werden muss.[23]

24 **2. Verfahren zur Anerkennung einer neuen Untersuchungs- und Behandlungsmethode.** Das **Verfahren** zur Anerkennung einer neuen Untersuchungs- und Behandlungsmethode richtet sich nach der Verfahrensordnung des G-BA (VerfO G-BA)[24]. Danach wird ein solches Verfahren nur auf Antrag durchgeführt. Antragsberechtigt für Bewertungen von Methoden und Leistungen der vertragsärztlichen Versorgung nach § 135 Abs 1 SGB V sind:
- die unparteiischen Mitglieder nach § 91 Abs 2 S 1 SGB V,
- die KBV,
- die Länder-KV,
- der GKV-Spitzenverband,
- die nach der Patientenbeteiligungsverordnung anerkannten Organisationen.[25]

25 Alle neuen Leistungen und Methoden, die künftig in der vertragsärztlichen Versorgung erbracht werden sollen, werden nach festgelegten Kriterien vom G-BA geprüft.

---

19 Vgl 2. Kap 1. Abschn § 2 Abs 1 Verfahrensordnung des G-BA (VerfO G-BA).
20 *BSG* USK 2005-77.
21 Vgl. 2. Kap 1. Abschn § 2 Abs 3 VerfO G-BA.
22 *BSG* SozR 3-2500 § 135 Nr 14; *BSG* SozR 3-2500 § 31 Nr 5.
23 *BSG* SozR 4-2500 § 27 Nr 1.
24 Ab 24.6.2020 regelt die Methodenbewertungsverfahrensverordnung des BMG das Nähere zum Verfahren, s Rn 28.
25 Vgl 2. Kap 2. Abschn § 4 Abs 2 VerfO G-BA.

Der G-BA seinerseits greift bei seinen Entscheidungen idR gem §§ 139a f SGB V auf Bewertungen des Instituts für Qualität und Wirtschaftlichkeit im Gesundheitswesen (IQWIG) zurück.

Der G-BA entscheidet durch Beschluss.[26]

Zu Methoden, die die gesetzlichen Kriterien erfüllen, sollen gem § 135 Abs 1 S 1 SGB V Empfehlungen abgegeben werden über
- die notwendige Qualifikation der Ärztinnen und Ärzte (Nr 2),
- die apparativen Anforderungen (Nr 2),
- die Anforderungen an Maßnahmen der Qualitätssicherung, um eine sachgerechte Anwendung der Methode zu sichern (Nr 2) und
- die erforderlichen Aufzeichnungen über die ärztliche Behandlung (Nr 3).[27]

Der Gesetzgeber hat zudem mit dem zum 1.1.2020 in Kraft getretenen EIRD[28] in § 91b SGB V eine Verordnungsermächtigung für das Bundesministerium für Gesundheit (BMG) zur Regelung der Verfahrensgrundsätze der Bewertung von Untersuchungs- und Behandlungsmethoden in der vertragsärztlichen Versorgung und im Krankenhaus geschaffen. Auf dieser Grundlage hat das BMG die zum 24.6.2020 in Kraft getretene Verordnung über die Verfahrensgrundsätze der Bewertung von Untersuchungs- und Behandlungsmethoden in der vertragsärztlichen Versorgung und im Krankenhaus (Methodenbewertungsverfahrensverordnung) erlassen und in dieser ua das Nähere zum Verfahrensablauf beim G-BA, aber auch Anforderungen an die Unterlagen und die Nachweise zur Bewertung von Untersuchungs- und Behandlungsmethoden geregelt.

Zur Abgrenzung der Zuständigkeiten des G-BA nach § 135 Abs 1 SGB V von der der Partner des BMV-Ä nach § 135 Abs 2 SGB V:

§ 135 Abs 2 SGB V überschneidet sich insoweit mit Abs 1 dieser Vorschrift, als der G-BA im Zusammenhang mit der Anerkennung einer Methode auch eine Empfehlung zu Anforderungen an die notwendige Qualifikation der Ärzte, die apparativen Anforderungen sowie Anforderungen an Maßnahmen der Qualitätssicherung abzugeben hat, um deren sachgerechte Anwendung zu sichern. Die Empfehlungen des G-BA sind verbindliche Vorgaben im Zusammenhang mit der Anerkennung einer Methode.[29] Kann nur durch eine solche Verbindung der Anerkennung einer Methode mit qualitativen Anforderungen eine sachgerechte Anwendung gewährleistet werden, muss der G-BA sie in seinen Richtlinien festlegen und kann nicht auf die Vereinbarung der Partner des BMV-Ä nach Abs 2 verweisen.[30, 31]

---

26 Vgl 2. Kap 4. Abschn § 15 Abs 1 VerfO G-BA.
27 Vgl 2. Kap 4. Abschn § 15 Abs 2 VerfO G-BA.
28 Gesetz zur Errichtung des Implantateregisters Deutschland und zu weiteren Änderungen des Fünften Buches Sozialgesetzbuch (EIRD), BGBl I, 2494, in Kraft getreten am 1.1.2020.
29 *BSG* SozR 3-2500 § 92 Nr 6.
30 KassKomm/*Roters* SGB V, § 135 Rn 18.
31 Zur Organisationsstruktur und der Aufgabenstellung des G-BA sowie zur rechtlichen Einordnung seiner Richtlinien s HK-AKM/*Hess* 2045 Der Gemeinsame Bundesausschuss (Stand: 2009); *Zimmermann* Der Gemeinsame Bundesausschuss: Normsetzung durch Richtlinien sowie Integration neuer Untersuchungs- und Behandlungsmethoden; zur demokratischen Legitimation des G-BA s *Kingreen* Der Gemeinsame Bundesausschuss vor dem BVerfG, MedR 2017, 8 ff; s auch *Ebsen* Brauchen die Richtlinien des Gemeinsamen Bundesausschusses eine neue rechtliche Fundierung?, MedR 2018, 931 ff

30 3. Ausschluss einer Methode. Hat der G-BA eine Methode **ausgeschlossen**, darf der Vertragsarzt diese in der ambulanten vertragsärztlichen Versorgung nicht erbringen und abrechnen. Mit anderen Worten: Der behandelnde Arzt hat keinen Anspruch auf Abrechnung dieser vom G-BA ausgeschlossenen Leistung im Rahmen der vertragsärztlichen Versorgung.[32] Der Versicherte kann die ausgeschlossene Leistung im Rahmen seines gesetzlichen Leistungsanspruches nicht – auch nicht über den Weg der Kostenerstattung – erhalten.[33]

31 Dies gilt auch für den stationären Sektor und die Versorgungsaufträge, die im Rahmen der selektivvertraglichen Versorgung vereinbart werden, da es sich nun um ein explizites Verbot durch den G-BA handelt.

32 Allein wegen fehlender Wirtschaftlichkeit kann eine Methode nur dann ausgeschlossen werden, wenn andere – weitgehend gleichwertige – Untersuchungs- oder Behandlungsmethoden zur Verfügung stehen. Andernfalls ist der Gestaltungsspielraum des G-BA beschränkt, dh er darf die neue Methode (als einzig vorhandene) von der Behandlung im Rahmen der GKV nicht ausschließen.[34]

33 4. Richtlinie des G-BA zu Untersuchungs-und Behandlungsmethoden in der vertragsärztlichen Versorgung. Die Richtlinie des G-BA zu Untersuchungs- und Behandlungsmethoden der vertragsärztlichen Versorgung (Richtlinie Methoden vertragsärztliche Versorgung[35]) benennt in Anlage I die vom G-BA nach Überprüfung gem § 135 Abs 1 SGB V anerkannten ärztlichen Untersuchungs- und Behandlungsmethoden der vertragsärztlichen Versorgung und – soweit zur sachgerechten Anwendung der neuen Methode erforderlich – die notwendige Qualifikation der Ärzte, die apparativen Anforderungen sowie die Anforderungen an Maßnahmen der Qualitätssicherung und die erforderliche Aufzeichnung über die ärztliche Behandlung.

34 Ärztliche Untersuchungs- und Behandlungsmethoden, die nach Überprüfung gem § 135 Abs 1 SGB V aus der vertragsärztlichen Versorgung ausgeschlossen wurden, sind in Anlage II der Richtlinie aufgeführt; Methoden, deren Bewertungsverfahren ausgesetzt ist, sind in Anlage III genannt.[36]

35 Der Ausschluss einer Methode gem Anlage II lässt die Leistungserbringung bei Vorliegen der im Leitsatz des sogenannten Nikolaus-Beschlusses des BVerfG[37]aufgeführten Voraussetzungen ausdrücklich unberührt.[38]

36 Die Richtlinie ist nach § 91 Abs 6 SGB V für die an der vertragsärztlichen Versorgung teilnehmenden Leistungserbringer, für die gesetzlichen KK und deren Versicherte verbindlich.

37 5. Aufnahme neuer Leistungen in den EBM. Der EBM bestimmt den Inhalt der abrechnungsfähigen Leistungen und ihr wertmäßiges, in Punkten ausgedrücktes Verhältnis zueinander (§ 87 Abs 2 S 1 SGB V). Leistungen, die im EBM nicht als „abrech-

---

32 *Dalichau* SGB V, § 135 Abschn II.
33 Vgl juris PK-SGB V/*Ihle* § 135 Rn 20 mwN.
34 *BSG* SozR 3-2500 § 92 Nr 6.
35 BAnz 2006 Nr 48, 1523 in Kraft getreten am 1.4.2006, zuletzt geändert am 18.6.2020, veröffentlicht im Bundesanzeiger (BAnz AT 21.07.2020 B1), in Kraft getreten am 22.7.2020.
36 § 1 Abs 2 Richtlinie Methoden vertragsärztliche Versorgung.
37 S Rn 9; *BVerfG* SozR 4-2500 § 27 Nr 5.
38 § 2 Abs 2 Richtlinie Methoden vertragsärztliche Versorgung.

nungsfähig" verzeichnet sind, dürfen im Rahmen der vertragsärztlichen Versorgung von den Leistungserbringern grundsätzlich nicht erbracht und abgerechnet werden. Das gilt unabhängig davon, ob eine Leistung ambulant oder stationär im Rahmen der belegärztlichen Versorgung erbracht wird.[39]

Die wissenschaftliche Beurteilung einer neuen Untersuchungs- und Behandlungsmethode ob- liegt dem G-BA im Rahmen der nach § 135 Abs 1 SGB V vor Abgabe einer Empfehlung erforderlichen Prüfungen.[40] Dies schließt jedoch nicht aus, dass Anforderungen an die Wirtschaftlichkeit einer als abrechnungsfähig definierten oder zur Aufnahme in den EBM vorgeschlagenen ärztlichen Leistung auch dann durch den Bewertungsausschuss festgelegt werden können, wenn die zugrunde liegende Methode bereits vom G-BA anerkannt wurde. Obgleich durch den Gesetzgeber mit der Neufassung des § 135 Abs 1 SGB V durch das 2. GKV-Neuordnungsgesetz (2. GKV-NOG) festgelegt wurde, dass zu den Kriterien für die Entscheidung über die Aufnahme neuer Verfahren in die Leistungspflicht der Krankenkassen auch die Wirtschaftlichkeit dieser Verfahren gehört[41], obliegt es auch weiterhin nach § 87 Abs 2 S 2 SGB V dem Bewertungsausschuss die wirtschaftlichen Aspekte der Leistungserbringung zu prüfen.[42] **38**

Bevor der Bewertungsausschuss die Einführung neuer Leistungen als abrechnungsfähige Leistungen in der GKV beschließt, muss er seinerseits die Finanzierbarkeit dieser Leistungen zu Lasten der GKV beurteilen.[43] **39**

Bis zum Inkrafttreten des 2. GKV-NOG[44] ging die Rechtsprechung davon aus, dass die Bindung der Berechnungsfähigkeit ärztlicher Leistungen an ihre Aufnahme in den EBM ein so wichtiger Bestandteil des Systems der vertragsärztlichen Versorgung ist, dass ohne sie die Leistung nicht erbracht und abgerechnet werden durfte, selbst wenn der Bundesausschuss der Ärzte und KK seinerzeit eine positive Empfehlung bereits abgegeben hatte. Denn der Gegenstand dessen, für den die KK die Gesamtvergütung mit befreiender Wirkung an die KV zahlen, müsse bekannt sein, bevor die angemessene Höhe der Vergütung feststehe. Dies betraf vor allem neue und teure ärztliche Leistungen und die Zuordnung zum ambulanten oder stationären Bereich.[45] **40**

Mit dem 2. GKV-NOG wurde in § 135 Abs 1 S 1 SGB V das Wort „*abrechnen*" durch das Wort „*erbringen*" ersetzt. Damit hat der Gesetzgeber terminologisch klargestellt, dass es sich nicht um eine bloße Abrechnungsvorschrift, sondern um eine den Leistungsumfang der GKV konkretisierende Regelung handelt.[46] Mit **positiver Empfehlung des G-BA** nach § 135 Abs 1 SGB V haben **GKV-Versicherte Anspruch auf Behandlung** nach § 27 Abs 1 S 2 Nr 1 SGB V iVm §§ 2 Abs 1, 12 Abs 1 SGB V.[47] **41**

---

39 *BSG* SozR 3-2500 § 87 Nr 14; vgl Hauck/Noftz/*Hamdorf* SGB V, 12/19, § 87 Rn 100 ff.
40 S Rn 7.
41 Vgl BT-Drucks. 13/6087, 29.
42 Zum Diskussionsstand s Hauck/Noftz/*Hamdorf* SGB V, 12/19, § 87 Rn 111 ff.
43 Vgl Hauck/Noftz/*Hamdorf* SGB V, 12/19, § 87 Rn 114.
44 Zweites Gesetz zur Neuordnung von Selbstverwaltung und Eigenverantwortung in der gesetzlichen Krankenversicherung (2. GKV-NOG) v 23.6.1997, BGBl I 1997, 1520.
45 *BSG* SozR 3-2500 § 87 Nr 14; *Wenner* Vertragsarztrecht nach der Gesundheitsreform, 6. Abschn, § 19 Rn 8.
46 *BSG* SozR 3-2500 § 135 Nr 4.
47 *BSG* SozR 4-2500 § 27 Nr 12; *BSG* SozR 4-2500 § 13 Nr 19; *BSG* SozR 4-2500 § 27 Nr 16.

42 Man hätte daraus schließen können, dass die Rspr auf die Notwendigkeit der Aufnahme der neuen Leistung in den EBM verzichten würde. Das BSG[48] hat jedoch eindeutig klargestellt, dass Leistungen, die auf der Grundlage des § 135 Abs 1 SGB V vom G-BA mit einer positiven Richtlinienempfehlung versehen sind, erst dann Gegenstand der vertragsärztlichen Versorgung werden können, wenn entsprechende Leistungspositionen dafür geschaffen worden sind[49], worauf auch § 12 Abs 1 S 1 ausdrücklich hinweist.

43 Fallen also der Zeitpunkt der Anerkennung einer Leistung als neue Behandlungs- und Untersuchungsmethode nach § 135 Abs 1 SGB V durch den G-BA und die Bewertung der neuen Leistung im EBM durch den Bewertungsausschuss zeitlich auseinander, können GKV-Versicherte in der Zwischenzeit diese neue Leistung grundsätzlich (noch) nicht beanspruchen.[50] In unaufschiebbaren Fällen und/oder im Falle der willkürlichen Verzögerung der Aufnahme der Leistung in den EBM kann der Anspruch des Versicherten mit Wirksamwerden des Beschlusses des G-BA bei Leistungserbringung der Vertragsärzte nur über den Weg der **Kostenerstattung** gem § 13 Abs 3 SGB V erfüllt werden.

44 Zu beachten ist aber, dass ein solcher Kostenerstattungsanspruch gem § 13 Abs. 3 SGB V wegen Systemversagens nur dann geltend machen kann, wenn der Bewertungsausschuss nicht **innerhalb von sechs Monaten** hierfür eine Gebührenordnungsposition (GOP) im EBM geschaffen beziehungsweise eine bestehende GOP angepasst hat.[51]

45 **6. Rechtsschutz.** Da das Sozialrecht grundsätzlich kein Normenkontrollverfahren für untergesetzliche Rechtsnormen kennt, kann eine gerichtliche Überprüfung der Regelungen in den Richtlinien idR nur inzidenter im Rahmen einer Anfechtungs- oder Verpflichtungsklage erfolgen.

46 **Versicherte** in der GKV haben daher zwei Möglichkeiten, eine neue Untersuchungs- oder Behandlungsmethode, über die vom G-BA noch nicht positiv entschieden ist, zu erhalten:
– im Wege einer Klage auf Verpflichtung der KK zur Leistungsgewährung oder
– im Wege einer Klage auf Erstattung der Kosten einer selbst beschafften Leistung nach § 13 Abs 3 SGB V.

47 Ein Kostenerstattungs- oder Freistellungsanspruch des Versicherten kommt insbesondere dann in Betracht, wenn die fehlende Anerkennung einer Methode darauf zurückzuführen ist, dass das Verfahren zur Anerkennung trotz Erfüllung der für eine Überprüfung notwendigen formalen und inhaltlichen Voraussetzungen nicht oder nicht zeitgerecht (s Rn 43) durchgeführt wird.[52]

48 Bei lebensbedrohlichen Erkrankungen wird meist der Weg über den einstweiligen Rechtsschutz gewählt, da ein Hauptsacheverfahren wegen der langen Verfahrensdauer kaum abgewartet werden kann.

---

48 *BSG* v 12.12.2012 – B 6 KA 15/12 R.
49 *BSG* NZS 2013, 394–397.
50 S auch Rn 3.
51 § 87 Abs. 5b SGB V, eingefügt durch GKV-VSG.
52 Orlowski/Remmert/*Wiese* GKV-Kommentar SGB V, 54. AL 3/20, § 13 Rn 78 ff.

Die **Leistungserbringer** in der GKV haben grundsätzlich nur die Möglichkeit, gegen eine bestehende Richtlinie im Rahmen des sie selbst betreffenden Genehmigungsverfahrens vorzugehen (bspw weil sie eine vom G-BA festgelegte Qualifikationsvoraussetzung für unzulässig halten) und dadurch eine inzidente Prüfung der jeweiligen Richtlinie des G-BA zu erwirken. 49

III. Genehmigungsvorbehalt (Abs 2)

Hat der G-BA für eine neue Untersuchungs- oder Behandlungsmethode Empfehlungen über die notwendige Qualifikation der Ärzte und die apparativen Anforderungen abgegeben, so darf diese von den Leistungserbringern erst nach entsprechender **Genehmigung** durch die KV erbracht und abgerechnet werden. Dieses Genehmigungsverfahren unterscheidet sich nicht von demjenigen nach § 11. Auf die entsprechende Kommentierung darf an dieser Stelle verwiesen werden.[53] 50

IV. Psychotherapie-Richtlinie (Abs 3)

1. Allgemein. In Kenntnis der zahlreichen miteinander konkurrierenden **psychotherapeutischen Behandlungsverfahren** hat der Gesetzgeber zeitgleich mit der Integration der Psychotherapeuten in die vertragsärztliche Versorgung (durch das zum 1.1.1999 in Kraft getretene PsychThG) den Bundesausschuss der Ärzte und KK (heute: G-BA) über § 92 Abs 6a SGB V verpflichtet, das Nähere über die psychotherapeutisch behandlungsbedürftigen Krankheiten, die zur Krankenbehandlung geeigneten Verfahren, das Antrags- und Gutachterverfahren, die probatorischen Sitzungen sowie Art, Umfang und Durchführung der Behandlung zu regeln. Dieser Regelungsauftrag geht weit über die Generalermächtigung des § 92 Abs 1 S 2 Nr 1 SGB V hinaus und hat zur praktischen Folge, dass die auf der Grundlage des § 92 Abs 6a SGB V erlassene Psychotherapie-Richtlinie des G-BA[54]die eigentliche Grundlage der psychotherapeutischen Behandlung bildet.[55] 51

Die Psychotherapie-Richtlinie wird ergänzt durch die von den Vertragspartnern des BMV-Ä getroffene Psychotherapie-Vereinbarung, die als Anlage 1 zum BMV-Ä vereinbart ist. Auf die ausführliche Kommentierung zur Psychotherapie-Vereinbarung im Anhang 1 darf an dieser Stelle verwiesen werden. 52

2. Anerkannte Behandlungsverfahren. Die nach der Psychotherapie-Richtlinie anerkannten[56] und demzufolge als „**Richtlinien-Verfahren**" bezeichneten Verfahren sind: 53
– psychoanalytisch begründete Verfahren (dazu zählen die tiefenpsychologisch fundierte Psychotherapie und die analytische Psychotherapie),
– Verhaltenstherapie,
– Systemische Therapie.[57]

Für die Leistungspflicht der gesetzlichen KK und damit auch für den Leistungsanspruch der GKV-Versicherten sind ausschließlich die verbindlichen Richtlinien des G-BA (§ 92 Abs 6a SGB V) maßgeblich. Gutachterliche positive Empfehlungen des Wis- 54

---
53 Vgl § 11 Rn 79 ff.
54 Letzte Änderung v 22.11.2019, BAnz AT 23.1.2020 B4, in Kraft getreten am 24.1.2020.
55 *Wenner* Vertragsarztrecht nach der Gesundheitsreform, 2. Abschn, § 6 Rn 6.
56 Vgl § 15 Psychotherapie-Richtlinie.
57 Beschl v 22.11.2018.

senschaftlichen Beirates Psychotherapie allein reichen für die Aufnahme weiterer Behandlungsverfahren in den Katalog der GKV nicht aus.

55 **3. Anwendungsbereich. Psychotherapie** als Leistung der GKV kann im Rahmen der Psychotherapie-Richtlinie nur erbracht werden, soweit und solange eine seelische Krankheit vorliegt.[58]

56 **Ausgeschlossen** sind insbesondere Maßnahmen der beruflichen Anpassung oder zur Berufsförderung, zur Erziehungs- und Sexualberatung sowie körperbezogene Therapie- verfahren, darstellende Gestaltungstherapie und heilpädagogische oder ähnliche Maßnahmen. Der Katalog der ausgeschlossenen Maßnahmen ist in § 1 Abs 5–7 der Psychotherapie- Richtlinie festgelegt.

57 Die psychologische Behandlung ehemaliger Straftäter, bei der die Durchsetzung strafgerichtlicher Therapieauflagen und die Verhinderung von Rückfalltaten im Vordergrund steht und bei der zentrale Bestandteile jeder ärztlichen/psychotherapeutischen Behandlung wie die Schweigepflicht des Behandlers systembedingt ausgeschlossen sind, ist keine Behandlung im Sinne des Krankenversicherungsrechts.[59]

58 Die Eignung von Psychotherapie zur Behandlung einer Lese-Rechtschreib-Schwäche kann im Rahmen schulpsychologischer Betreuung in Ausnahmefällen gegeben sein.[60]

59 **4. Anerkennung einer neuen Methode.** Eine **neue Methode** kann nach vorangegangener Anerkennung durch den wissenschaftlichen Beirat gem § 11 des PsychThG und Nachweis von Nutzen, medizinischer Notwendigkeit und Wirtschaftlichkeit nach Maßgabe der VerfO des G-BA indikationsbezogen Anwendung finden. In begründeten Ausnahmefällen kann hiervon abgewichen werden. Der G-BA stellt fest, für welche Verfahren und Methoden in der Psychotherapie und Psychosomatik die der VerfO des G-BA und der Psychotherapie-Richtlinie zugrunde liegenden Erfordernisse als erfüllt gelten und ggf unter welchen Bedingungen diese zur Behandlung von Krankheit Anwendung finden können.[61]

60 Bislang wurden vom G-BA folgende Feststellungen[62] getroffen (Stand: April 2020):

Anerkannt wurden:
1. Katathymes Bilderleben kann ggf im Rahmen eines übergeordneten tiefenpsychologisch fundierten Therapiekonzeptes Anwendung finden.
2. Rational Emotive Therapie (RET) kann als Methode der kognitiven Umstrukturierung im Rahmen eines umfassenden verhaltenstherapeutischen Behandlungskonzepts Anwendung finden.
3. Eye-Movement-Desensitization and Reprocessing (EMDR) kann bei Erwachsenen mit posttraumatischen Belastungsstörungen als Behandlungsmethode im Rahmen eines umfassenden Behandlungskonzeptes der Verhaltenstherapie, der tiefenpsychologisch fundierten Psychotherapie oder analytischen Psychotherapie Anwendung finden.

---

58 § 1 Abs 1 S 2 iVm § 2 Psychotherapie-Richtlinie.
59 *BSG* SozR 4-5520 § 31 Nr 1.
60 *BSG* SozR 4-2500 § 95c Nr 2 Rn 19; Zum Anwendungsbereich der Psychotherapie insgesamt s auch *Wenner* Vertragsarztrecht nach der Gesundheitsreform, 2. Abschn, § 6 Rn 7.
61 § 20 Abs 3 S 2 Psychotherapie-Richtlinie.
62 Gem § 20 Abs 3 Psychotherapie Richtlinie.

Nicht anerkannt wurden:
1. Gesprächspsychotherapie[63]
2. Gestalttherapie
3. Logotherapie
4. Psychodrama
5. Respiratorisches Biofeedback
6. Transaktionsanalyse

Die Feststellungen des G-BA sind in Anlage 1 der Psychotherapie-Richtlinie aufgeführt. **61**

5. Qualifikation der Leistungserbringer. Die Leistungserbringer haben zur Erbringung der Psychotherapie in der vertragsärztlichen Versorgung bestimmte **Qualifikationsvoraussetzungen** gegenüber der KV nachzuweisen, die in der Psychotherapievereinbarung näher bestimmt sind. § 37 Psychotherapie-Richtlinie beinhaltet insoweit keine eigenen Qualifikationsvorgaben, sondern verweist auf die Regelungen in der Psychotherapievereinbarung.[64] **62**

Die Qualifikationsanforderungen sind in den §§ 5–7 der Psychotherapievereinbarung geregelt. Es wird an dieser Stelle auf die Kommentierung in Anhang 1, §§ 5 ff verwiesen. **63**

6. Abschnitt –
Allgemeine Grundsätze der vertragsärztlichen Versorgung

§ 13 Anspruchsberechtigung und Arztwahl

(1) ¹Anspruchsberechtigt nach diesem Vertrag sind alle Versicherten, die ihre Anspruchsberechtigung durch Vorlage der elektronischen Gesundheitskarte oder eines Anspruchsnachweises gemäß § 19 Abs. 2 belegen. ²Die Versicherten sind verpflichtet, die elektronische Gesundheitskarte vor jeder Inanspruchnahme eines Vertragsarztes vorzulegen. ³Die Krankenkassen werden ihre Mitglieder entsprechend informieren.

(2) ¹Kostenerstattungsberechtigte Versicherte, die sich nicht nach Abs. 1 ausweisen, sind Privatpatienten. ²Unberührt davon bleiben die Regelungen nach § 18 Abs. 8 Satz 3 Nr. 1 und Absatz 9. ³Ärztliche Leistungen im Rahmen einer Privatbehandlung sind nach den Grundsätzen der Gebührenordnung für Ärzte (GOÄ) in Rechnung zu stellen. ⁴Die Krankenkassen erstatten nach Maßgabe ihrer Satzung ihren kostenerstattungsberechtigten Versicherten höchstens hierfür die entsprechende Vergütung, die die Krankenkassen bei Erbringung als Sachleistung zu tragen hätten, abzüglich des Erstattungsbetrages für Verwaltungskosten und fehlende Wirtschaftlichkeitsprüfung sowie vorgesehene Zuzahlungen.

(3) ¹Den Versicherten steht die Wahl unter den Vertragsärzten, zugelassenen medizinischen Versorgungszentren, den nach § 311 Abs. 2 SGB V zugelassenen Einrichtungen, den ermächtigten Ärzten und den ermächtigten ärztlich geleiteten Einrichtungen

---
63 Vgl auch *BSG* SozR 4-2500 § 95c Nr 3.
64 Zuletzt geändert am 27.2.2020; in Kraft getreten am 1.7.2020.

im Umfang der jeweiligen Ermächtigung sowie den zu ambulanten Operationen in den betreffenden Leistungsbereichen zugelassenen Krankenhäusern frei. ²Andere Ärzte und ärztlich geleitete Einrichtungen dürfen nur in Notfällen in Anspruch genommen werden.

(4) ¹Ärzte für Laboratoriumsmedizin, Mikrobiologie und Infektionsepidemiologie, Nuklearmedizin, Pathologie, Radiologische Diagnostik bzw. Radiologie, Strahlentherapie und Transfusionsmedizin können nur auf Überweisung in Anspruch genommen werden. ²Abweichend von Satz 1 können Ärzte für Radiologische Diagnostik bzw. Radiologie im Rahmen des Programms zur Früherkennung von Brustkrebs durch Mammographie-Screening gemäß den Krebsfrüherkennungs-Richtlinien des Gemeinsamen Bundesausschusses i. V. m. Anlage 9.2 des Bundesmantelvertrages direkt in Anspruch genommen werden. ³Sie sind berechtigt, gemäß Anlage 9.2 die notwendigen Leistungen zu veranlassen.

(5) Im Einheitlichen Bewertungsmaßstab (EBM) können hochspezialisierte Leistungen bestimmt werden, die wegen besonderer apparativer und fachlicher Voraussetzungen oder zur Sicherung der Qualität der Versorgung nur auf Überweisung in Anspruch genommen werden können.

(6) ¹Bei psychotherapeutischer Behandlung durch Psychologische Psychotherapeuten und Kinder- und Jugendlichenpsychotherapeuten ist spätestens nach den probatorischen Sitzungen der Konsiliarbericht einzuholen. ²Das Nähere bestimmt Anlage 1 zu diesem Vertrag.

(7) ¹Der Vertragsarzt ist berechtigt, die Behandlung eines Versicherten, der das 18. Lebensjahr vollendet hat, abzulehnen, wenn dieser nicht vor der Behandlung die elektronische Gesundheitskarte vorlegt. ²Dies gilt nicht bei akuter Behandlungsbedürftigkeit sowie für die nicht persönliche Inanspruchnahme des Vertragsarztes durch den Versicherten. ³Der Vertragsarzt darf die Behandlung eines Versicherten im Übrigen nur in begründeten Fällen ablehnen. ⁴Er ist berechtigt, die Krankenkasse unter Mitteilung der Gründe zu informieren.

(8) ¹Die Übernahme der Behandlung verpflichtet den Vertragsarzt dem Versicherten gegenüber zur Sorgfalt nach den Vorschriften des bürgerlichen Vertragsrechtes. ²Hat der Vertragsarzt die Behandlung übernommen, ist er auch verpflichtet, die in diesem Rahmen notwendigen Verordnungen zu treffen, soweit die zu verordnenden Leistungen in die Leistungspflicht der gesetzlichen Krankenversicherung fallen.

(9) ¹Bei der Verordnung von zuzahlungspflichtigen Arznei-, Verband-, Heil- und Hilfsmitteln – sofern der Patient das 18. Lebensjahr vollendet hat – und Verordnung von Krankenbeförderungen ist von der Zuzahlungspflicht des Patienten auszugehen. ²Dies gilt nicht im Falle von Verordnungen im Rahmen der Behandlung von Schwangeren, die im Zusammenhang mit der Schwangerschaft und/oder Entbindung erbracht werden. ³Vertragsärzte dürfen nur dann die Befreiung von der Zuzahlung kenntlich machen, wenn der Versicherte einen gültigen Befreiungsbescheid seiner Krankenkasse vorlegt.

§ 13 Anspruchsberechtigung und Arztwahl

Übersicht

	Rn		Rn
I. Gesetzliche Vorgaben	1	VII. Psychotherapeutische Behandlung (Abs 6)	24
II. Anspruchsberechtigung (Abs 1)	2	VIII. Ablehnung der Behandlung (Abs 7)	29
III. Kostenerstattung (Abs 2)	6	IX. Sorgfaltspflicht des Arztes (Abs 8)	33
IV. Freie Arztwahl (Abs 3)	10	X. Zuzahlungspflicht bei Verordnung von Arznei-, Verband-, Heil- und Hilfsmittel (Abs 9)	38
V. Zuweisungsgebundene Fachgebiete (Abs 4)	14		
VI. Hochspezialisierte Leistungen (Abs 5)	21		

I. Gesetzliche Vorgaben

§ 13 wiederholt und konkretisiert die gesetzlichen Regelungen zu Behandlungsansprüchen und zur freien Arztwahl: **1**

– Das SGB V begrenzt Ansprüche auf vertragsärztliche Versorgung (§ 2 SGB V) auf gesetzlich Versicherte, die eine elektronische Gesundheitskarte (eGK; §§ 291, 291a SGB V)[1] vorlegen[2].
– An Stelle der Sach- oder Dienstleistung können gesetzlich Versicherte seit 1.1.2004 auch **Kostenerstattung** nach § 13 SGB V[3] wählen.
– IRd Leistungsanspruchs nach § 2 Abs 2 SGB V haben die gesetzlich Versicherten ein Recht auf freie Arztwahl unter den zur vertragsärztlichen Versorgung zugelassenen Ärzten, den MVZ, den ermächtigten Ärzten, den ermächtigten oder nach § 116b SGB V an der ambulanten Versorgung teilnehmenden Einrichtungen, den Zahnkliniken der KK, den Eigeneinrichtungen der KK nach § 140 Abs 2 S 2 SGB V, den nach § 72a Abs 3 SGB V vertraglich zur ärztlichen Behandlung verpflichteten Ärzten und Zahnärzten, den zum ambulanten Operieren zugelassenen Krankenhäusern sowie den Einrichtungen nach § 75 Abs 9 SGB V. Andere Ärzte dürfen nur in Notfällen in Anspruch genommen werden (§ 76 Abs 1 SGB V).
– Für die Behandlung der Versicherten gilt der **Sorgfaltsmaßstab** nach bürgerlichem Vertragsrecht (§ 76 Abs 4 SGB V).
– Für die Verordnung von Arznei- und Verbandmittel (§ 31 Abs 3 SGB V), Heilmittel (§ 32 Abs 2 SGB V), Hilfsmittel (§ 33 Abs 8 SGB V) und Krankentransport (§ 60 Abs 2 S 2 SGB V) haben erwachsene GKV-Versicherte **Zuzahlungen** zu leisten. Die Höhe dieser Zuzahlungen ist gestaffelt (§§ 61, 62 SGB V).

---

[1] Zur **eGK** Sodan/*Lücking* § 41 Rn. 40 ff. Die **eGK** ist mit dem GG vereinbar (*BVerfG* v 8.6.2016 – 1 BvR 864/15). Erg s Anl 4a BMV-Ä (Grundlage: § 19 Abs 1 S 2 BMV-Ä), dazu *Hahn* Digitalisierung im Gesundheitswesen (Anhang 2) Rn 6–21 mwN. Zur Verwendung der **eGK** während der COVID-19-Pandemie 2020 s die Vereinbarung der KBV und des GKV-Spitzenverbandes v 1.4.2020 und 1.7.2020 (AU-Bescheinigung per Telefon). Zu den Auswirkungen der COVID-19-Pandemie auf die Aufklärungspflicht des Arztes *Schulte* ZMGR 2020, 199. Zu den Auswirkungen der Pandemie auf das Gesundheitswesen in Deutschland s die Beiträge in MedR 2020, Heft 6 und in GuP 2020, Heft 3.
[2] Bis 31.12.2014 genügte auch die Vorlage einer anderen Anspruchsberechtigung nach § 291a SGB V.
[3] Zur Kostenerstattung s Quaas/Zuck/Clemens/*Quaas* § 9 Rn 9 ff.

II. Anspruchsberechtigung (Abs 1)

2 Vor der Inanspruchnahme vertragsärztlicher Leistungen haben GKV-Versicherte ihre Anspruchsberechtigung grundsätzlich mit einer **eGK** (§§ 291, 291a SGB V)[4] nachzuweisen. Ausgenommen sind medizinische Notfallbehandlungen. Die **eGK** ist bei jeder weiteren Behandlung dem Arzt erneut vorzulegen (zur Vermeidung einer missbräuchlichen Nutzung). Die KK, haben ihre Versicherten auf den ordnungsgemäßen Umgang mit der **eGK** hinzuweisen.

3 GKV-Versicherte sind verpflichtet, nach Übermittlung der **eGK** durch ihre KK, diese als Berechtigungsnachweis zu verwenden. Ein Wahlrecht, die Verwendung der **eGK** abzulehnen und dafür die herkömmliche KVK zu nutzen, steht ihnen nicht zu. Zwar enthält die **eGK** die Möglichkeit, weitere Daten als bisher zu speichern. Diese werden aber nur dann auf der Karte abgelegt, wenn der Versicherte hierzu sein Einverständnis erklärt. Das Selbstbestimmungsrecht des Versicherten hinsichtlich der gespeicherten Informationen wird durch die Erweiterung der bisherigen KVK zur **eGK** nicht eingeschränkt; der Versicherte bleibt weiterhin Herr seiner Daten.

4 Die KK gaben seit 1.10.2011 schrittweise die **eGK** an ihre Versicherten aus (Basis-Rollout). Mittlerweile sind die **eGK** der Generation 1 durch aktualisierte, erweiterte eGK ersetzt worden[5].

5 Zu den Voraussetzungen, Folgen und Grenzen einer telemedizinischen Fernbehandlung s die Anlagen 31, 31a, 31b, 32 BMV-Ä und die Erläuterungen dazu von *Hahn* im Anhang 2[6].

III. Kostenerstattung (Abs 2)

6 Die Pflicht zur Vorlage der **eGK** trifft alle gesetzlich Krankenversicherten unabhängig davon, ob sie im Sachleistungssystem oder iRd **Kostenerstattung** nach § 13 SGB V behandelt werden.

---

4 Den Inhalt der **eGK**, ihre Anwendung und Verwendung in der Arztpraxis haben die Spitzenverbände der KK und die KBV auf der Grundlage von § 291 Abs 3 SGB V iVm § 291a Abs 1–5a SGB V als Anlage 4a zum BMV-Ä vereinbart. S dazu *Hahn* Digitalisierung im Gesundheitswesen, Anhang 2 Rn 7 ff; zu Sonderregelungen während der CORONA-Krise Anhang 2 Rn 16.

5 Zur **eGK** s die Kommentierung von *Altmiks* zu § 19 iVm Anlage 4a BMV-Ä. S auch Scholz/Treptow/*Schröder* eGK, D IV 6.

6 Digitalisierung im Gesundheitswesen: Rn 21 ff (telemedizinische Leistungen), Rn 27 ff (Telekonsil) und Rn 35 ff und 57 ff (Videosprechstunde/Fernbehandlung), Rn 40 ff (Datenschutz), Rn 71 ff (Finanzierung der Telematikstruktur), jeweils mwN. Zur Bescheinigung einer Arbeitsunfähigkeit nach Fernbehandlung ua *Braun* GesR 2018, 409 und MedR 2018, 563; *Dochow* MedR 2019, 636; *Hahn* MedR 2018, 279 und MedR 2020, 370; *Müller* BB 2019, 229; *Heider* NZA 2019, 288. Zu Grenzen der Fernbehandlung *Katzenmeier* MedR 2019, 259 und NJW 2019, 1769; *Schulte/Tisch* NZA 2020, 761; *Steinhilper/Schiller* Digitalisierung im Gesundheitswesen – Zur Fernbehandlung in der ambulanten vertragsärztlichen Versorgung, Jacobs ua (Hrsg.), Weiterdenken – Recht an der Schnittstelle zur Medizin, FS für Hermann Plagemann zum 70. Geburtstag, 2020, 579 ff mwN.

Weist sich ein kostenerstattungsberechtigte Versicherter nicht ordnungsgemäß aus, ist er nach § 13 Abs 2 S 1 Privatpatient[7]. Die erbrachten Leistungen sind dann vom Arzt als Privatbehandlung nach GOÄ abzurechnen. Ausnahme: vor der ersten Inanspruchnahme im Quartal war eine **eGK** nicht vorgelegt, aber innerhalb einer Frist von zehn Tagen nach der ersten Inanspruchnahme nachgereicht worden (§ 18 Abs 8 S 3 Nr 1). In diesem Fall verbleibt es bei der Abrechnung der Leistungen im GKV-System. 7

Legt der Versicherte seinen **eGK** nicht vor der ersten Behandlung vor, reicht sie aber bis zum Ende des Behandlungsquartales, nach, ist eine nach § 18 Abs 8 Nr 1 entrichtete Vergütung an ihn zurückzuzahlen (§ 18 Abs 9)[8]. 8

Hat der Versicherte Kostenerstattung gewählt, erstattet die KK – nach Maßgabe ihrer Satzung – höchstens die Kosten, die sie bei Erbringung als Sachleistung zu tragen hätte abzüglich des Erstattungsbetrages für Verwaltungskosten, fehlende Wirtschaftlichkeitsprüfung und vorgesehene Zuzahlungen. Den verbleibenden Rechnungsbetrag hat der Versicherte selbst zu tragen. 9

IV. Freie Arztwahl (Abs 3)

Abs 3 wiederholt das Recht des Patienten auf grundsätzlich freie Arztwahl nach § 76 Abs 1 SGB V. 10

Die **Wahlfreiheit** ist aber teilweise **eingeschränkt**.[9] So dürfen zB bestimmte Fachgruppen nur auf Überweisung in Anspruch genommen werden (Abs 4) und qualifikationsgebundene Leistungen können nur von Ärzten mit entsprechender Genehmigung erbracht werden (§ 11). Ermächtigte Ärzte können nur im Umfang ihrer Ermächtigung tätig werden und als Hausarzt kann nur ein Arzt gewählt werden, der dem hausärztlichen Versorgungsbereich angehört (§ 10). GKV-Versicherte dürfen nur **berechtigte Leistungserbringer des GKV-Systems** und nur in dem Umfang deren vertragsärztlicher Leistungspflicht in Anspruch nehmen. 11

Andere Ärzte dürfen nur im Notfall in Anspruch genommen werden. Ein Notfall liegt vor, wenn eine dringende Behandlungsbedürftigkeit besteht und ein teilnahmeberechtigter Behandler mangels Erreichbarkeit, Umfang des Teilnahmerechts, Qualifikation oder eigener Bereitschaft zur Behandlungsübernahme nicht rechtzeitig zur Verfügung steht. Dringende Behandlungsbedürftigkeit ist anzunehmen, wenn aus einer ex-ante-Betrachtung ohne sofortige Behandlung Gefahren für Leib oder Leben bestehen oder Schmerzen unzumutbar lange dauern würden. 12

Leistungen eines nicht teilnahmeberechtigter Arztes bei einer zulässigen **Notfallbehandlung** gehören ebenfalls zu den vertragsärztlichen Sachleistungen und sind nicht nach GOÄ (privat), sondern über die KV nach den vertragsärztlichen Abrechnungsbestimmungen (EBM) abzurechnen.[10] 13

---

7 Zur Nichtvorlage einer gültigen **eGK** *Hahn* Digitalisierung im Gesundheitswesen, Anhang 2, Rn 10 f.
8 Dazu die Kommentierung von *Altmiks* zu § 18 Rn. 24 ff mit weiteren Fallgestaltungen, zB auch Wunschbehandlung des gesetzlich Versicherten als Privatpatient (§ 18 Abs 8 S 3 Nr 2).
9 Erg s die Kommentierung *Steinhilper* zu § 24 Abs 5 Rn 12 ff.
10 *BSG* SozR 4-2500 § 75 Nr 2.

V. Zuweisungsgebundene Fachgebiete (Abs 4)

14 Nach Abs 4 dürfen Ärzte folgender Fachgruppen **nur auf Überweisung**[11] in Anspruch genommen werden:
- Laboratoriumsmedizin,
- Mikrobiologie und Infektionsepidemiologie,
- Nuklearmedizin,
- Pathologie,
- Radiologische Diagnostik bzw Radiologie,
- Strahlentherapie und Transfusionsmedizin.

15 (Rechtsgrundlage: § 72 Abs 2 SGB V iVm dem landesrechtlichen Berufsrecht). Die bundesmantelvertragliche Regelung verstößt nicht gegen höherrangiges Recht.[12]

16 Der **Überweisungsvorbehalt** dient in erster Linie dem Gebot der Zweckmäßigkeit und Wirtschaftlichkeit in der vertragsärztlichen Versorgung (§ 12 SGB V). Durch Vorschaltung eines überweisenden Arztes sollen unnötige Untersuchungen vermieden werden (Stufendiagnostik sowie Trennung von Indikationsstellung und Honorarerzielung).

17 Bedeutung erlangt die Zuordnung unter anderem bei der Gründung von BAG nach § 33 Abs 2 Ärzte-ZV. Danach ist die gemeinsame Berufsausübung, bezogen auf einzelne Leistungen nur zulässig, sofern diese nicht einer Umgehung des Verbots der Zuweisung von Versicherten gegen Entgelt oder sonstigen wirtschaftlichen Vorteilen nach § 73 Abs 7 SGB V dient (sog Kick-Back-Konstellationen[13]).

18 Eine Umgehung liegt zB vor, wenn sich der Beitrag des Arztes auf das Erbringen medizinisch-technischer Leistungen auf Veranlassung der übrigen Mitglieder einer BAG beschränkt (§ 18 Abs 1 MBO-Ä, § 33 Abs 2 S 3, 4 Ärzte-ZV) Unzulässig ist auch der Zusammenschluss ausschließlich konservativer Augenärzte mit (auch) operativ tätigen Augenärzten, wenn die Zuweiser zB für die Zuweisung mit dem Operateur finanzielle Vorteile vereinbaren.[14]

19 Leistungen überweisungsgebundener Fachgebiete **ohne Überweisung** können nicht vergütet werden, auch nicht nach nach bereicherungsrechtlichen Grundsätzen.[15]

20 **Vom Überweisungsvorbehalt ausgenommen** ist die Inanspruchnahme der Ärzte für Radiologische Diagnostik bzw Radiologie iRd Programms zur Früherkennung von Brustkrebs durch Mammographie-Screening gem den Krebsfrüherkennungs-Richtlinien des G-BA iVm Anlage 9.2 des BMV-Ä. Zur Förderung der Inanspruchnahme des Früherkennungsprogramms können die Versicherten diese Leistungserbringer für die Untersuchungen direkt in Anspruch nehmen. Diese sind danach berechtigt, zusätzlich notwendige Leistungen selbst zu veranlassen (Anlage 9.2).

---

11 Zur Überweisung s auch die Kommentierung zu § 24 mwN.
12 *BVerfG* SozR 3-2500 § 72 Nr 10. S auch *BSG* SozR 3-2500 § 72 Nr 7 für Laborärzte; *BSG* SozR 2200 § 368g RVO Nr 13 für Radiologen.
13 Dazu *Szebrowski* Kick-Back, Schriften der Bucerius Law School, Bd II/3, 2005; *Kiefer/Meschke* VSSR 2011, 211; s auch *Ladurner* § 33 Rn 51.
14 *BSG* ZMGR 2015, 348 = GesR 2015, 617. Erg s *Schmidt* Grenzen finanzieller Einflussnahme auf ärztliche Entscheidungen, 2014, 230 ff; Schallen/*Düring* § 33 Rn 55 f; *Wigge* NZS 2007, 393 (Teil-BAG). Zu Zuweisungen gegen Entgelt siehe Schiller/Tsambikakis/*Dahm* FS für Gernot Steinhilper, 2013, 25 ff. S auch unten § 15a Rn 21.
15 *BSG* SozR 3-2500 § 72 Nr 7.

VI. Hochspezialisierte Leistungen (Abs 5)

KBV und GKV-Spitzenverband können durch den Bewertungsausschuss (§ 87 SGB V) im EBM **hochspezialisierte Leistungen** bestimmen, die wegen besonderer apparativer und fachlicher Voraussetzungen oder zur Sicherung der Qualität der Versorgung nur auf Überweisung in Anspruch genommen werden dürfen.[16] Neben Abs 4, wonach bestimmte Fachgruppen zuweisungsgebunden sind, hat diese Möglichkeit, auf die Abs 5 Bezug nimmt, inzwischen praktische Bedeutung erlangt, insbesondere bei Tumor- und Rheumaerkrankungen sowie bei Tuberkulose. Die Teilnahme an der ASV im Krankenhaus erfordert keine besondere Zulassung oder Ermächtigung. Für bestimmte Tumorerkrankungen ist aber eine Überweisung durch den behandelnden Arzt erforderlich (s zB Anl 1.1, Tumorgruppe 3 Nr 4). Eine Überweisung ist aber nur zulässig bzw notwendig, wenn die gewünschte multimodule Therapie medizinisch möglich und notwendig ist (Beachtung des medizinischen Standards). Der überweisende Arzt hat dem Überweisungsempfänger Diagnose, Verdachtsdiagnose und Befunde mitzuteilen und die Befunde des Leistungserbringers einschließlich der Diagnose nach ICD-10 sowie der Behandlung und der veranlassten Leistungen sind zu dokumentieren (§ 24 Abs 6 S 2 und § 24 Abs 7 S 1 BMV-Ä). Eine Überweisungsnotwendigkeit ist auch aus § 24 Abs 1 S 3 BMV-Ä ableitbar, wonach ein Überweisungsschein auch dann zu verwenden ist, wenn die ambulante spezialärztliche Behandlung im Krankenhaus veranlasst wird.[17]

Hiervon zu unterscheiden sind Fälle, bei denen zur Erbringung der besonderen Leistung **bestimmte Indikationen** von qualifizierten Ärzten vorliegen müssen.

Bspw muss ein Arzt, der die GOP 34504 EBM erbringt, entweder

– selbst über die Genehmigung zur schmerztherapeutischen Versorgung chronisch schmerzkranker Patienten nach der Qualitätssicherungsvereinbarung Schmerztherapie nach § 135 Abs 2 SGB V verfügen oder
– auf Überweisung eines Vertragsarztes tätig werden, der die Voraussetzungen gem der Qualitätssicherungsvereinbarung Schmerztherapie nach § 135 Abs 2 SGB V erfüllt oder die Zusatzweiterbildung *„Spezielle Schmerztherapie"* gem der Weiterbildungsordnung besitzt. Nur bei Nachweis einer gesicherten Diagnose (Angabe der ICD-GM-Diagnose mit Zusatzkennzeichen „G") kann überwiesen werden.

VII. Psychotherapeutische Behandlung (Abs 6)

Nach Abs 6 sind Psychologische Psychotherapeuten und Kinder- und Jugendlichenpsychotherapeuten spätestens nach probatorischen Sitzungen zur Einholung eines **Konsiliarberichts** verpflichtet. Einzelheiten regelt Anlage 1 des BMV-Ä vom 1.7.2020 (Psychotherapie-Vereinbarung[18]).

Der Konsiliararzt erstellt seinen Bericht nach persönlicher Untersuchung des Patienten und teilt der KK nur die für ihre Leistungsentscheidung notwendigen Angaben mit.

---

16 Detailregelungen finden sich gegenwärtig in der ASV-Richtlinie mit 15 Anlagen; Stand: 21.3.2020, BAnz AT 23.7.2020 B 1; Grundlage: § 116b SGB V. Dazu auch *KBV* Ambulante Spezialärztliche Versorgungen, PraxisWissen, Akt. Fassung 2018.
17 Die Richtlinie des G-BA (Fassung v 20.3.2020) enthält dazu allerdings keine Regelung.
18 Die wiederum auf § 31 der Psychotherapie-Richtlinie des G-BA (Fassung v 24.11.2016; BAnz AT 15.2.2017) verweist.

26 Zur Abgabe von Konsiliarberichten sind alle Vertragsärzte mit folgenden Ausnahmen berechtigt:
- Laborärzte,
- Mikrobiologen und Infektionsepidemiologen,
- Nuklearmediziner,
- Pathologen,
- Radiologen,
- Strahlentherapeuten,
- Transfusionsmediziner,
- Humangenetiker.

27 Für die Abgabe eines Konsiliarberichts vor einer psychotherapeutischen Behandlung von Kindern ausschließlich sind nachstehende Fachärzte berechtigt:
- Fachärzte für Kinder- und Jugendmedizin
- Fachärzte für Kinder- und Jugendpsychiatrie und -psychotherapie,
- Internisten,
- Allgemeinmediziner/Praktische Ärzte/Ärzte.

28 Die notwendigen Angaben im **Konsiliarbericht** regelt § 24 Abs 3 der Psychotherapie-Richtlinie.

VIII. Ablehnung der Behandlung (Abs 7)

29 Jeder Vertragsarzt hat **das Recht und die Pflicht**, im Rahmen seiner Zulassung GKV-Versicherte nach Maßgabe der gesetzlichen und vertraglichen Bestimmungen zu behandeln (§ 95 Abs 3 S 1 SGB V). Für MVZ ergibt sich dies aus § 95 Abs 3 S 2 SGB V. Für Ermächtigte gelten Rechte und Pflichten der vertragsärztlichen Versorgung nach § 95 Abs 4 S 1 SGB V im Umfang ihrer Ermächtigung. Die Leistungserbringer dürfen Leistungen nicht splitten oder Zuzahlungen (zB für Teilleistungen) von den Patienten verlangen. Über die Wahl einer Behandlung mit Kostenerstattung (§ 13 SGB V) entscheidet der Patient alleine (nach Aufklärung durch den Arzt).

30 Der Vertragsarzt ist kraft seiner Zulassung gegenüber Kassenpatienten zur vertragsärztlichen Versorgung (öffentlich-rechtlich) verpflichtet.[19] Es besteht insoweit – anders als bei Privatpatienten – ein Kontrahierungszwang.[20]

31 Der Vertragsarzt darf die Behandlung eines GKV-Versicherten im Sachleistungssystem nach pflichtgemäßem Ermessen[21] **nur in ausdrücklich geregelten Fällen** (s dazu § 7 Abs 2 MBO-Ärzte) **ablehnen**. Hierzu gehören:
- Nichtvorlage der eGK (Abs 7 S 1), Ausnahme: Notfallbehandlung,
- begründete Fälle, zB
  - Überlastung des Arztes,
  - nicht gerechtfertigte Überschreitung des Fachgebietes,
  - Störung des Vertrauensverhältnisses im Verlauf einer Behandlung,
  - angeforderter Hausbesuch außerhalb des üblichen Praxisbereiches.

---

19 Der Behandlungsvertrag selbst ist zivilrechtlicher Natur. Ausführlich dazu (Literatur und Rechtsprechung) Wenzel/*Wenzel* Kap 4.
20 *LSG Bayern* GesR 2014, 362. Erg s die Kommentierung von *Altmiks* zu § 18 Abs 8.
21 Ausschluss zB sachfremder oder diskriminierender Erwägungen.

Der Arzt darf eine Behandlung zB nicht wegen Ausschöpfung seines Budgets[22] oder wegen aus seiner Sicht ungenügender Honorierung der Leistung[23] ablehnen. Eine Behandlungsverweigerung aus diesen Gründen stellt einen schwerwiegenden Verstoß gegen die vertragsärztlichen Pflichten des Arztes dar. Gleiches gilt für das Drängen zur Behandlung gegen Kostenerstattung nach § 13 Abs 2 SGB V oder das Drängen zur privatärztlichen Behandlung. Solches Vorgehen kann disziplinarisch geahndet werden (§ 60).[24] 32

IX. Sorgfaltspflicht des Arztes (Abs 8)

Abs 8 S 1 wiederholt die in § 76 Abs 4 SGB V normierte gesetzliche Verpflichtung zur **Einhaltung der Sorgfalt nach den Vorschriften des bürgerlichen Vertragsrechts** (§ 630a Abs. 1 BGB).[25] 33

Die Sorgfaltspflichten eines an der vertragsärztlichen Versorgung teilnehmenden Arztes umfassen neben der Behandlung nach den anerkannten aktuellen Stand medizinischer Erkenntnisse (§ 16)[26] auch Aufklärungs-, Informations- und Dokumentationspflichten (§ 57). 34

Bei Verletzung seiner Sorgfaltspflicht macht sich der Arzt gegenüber seinem Patienten **schadenersatzpflichtig**. Hierbei haftet er 35
– aus Vertrag für eigenes Verschulden und für das seiner Erfüllungsgehilfen (§§ 276, 278 BGB) und
– aus unerlaubter Handlung bei Vorsatz oder Fahrlässigkeit (§ 823 BGB); hier grundsätzlich auch für das Verschulden seines Verrichtungsgehilfen, wenn er sich nicht exkulpieren kann (§ 831 BGB).

Zum 26.2.2013 sind zum Behandlungsverhältnis zwischen Arzt und Patient Detailregelungen in das BGB aufgenommen worden (§§ 630a–h BGB[27]). Die Bestimmungen umfassen die Behandlung nach allgemein anerkannten fachlichen Standards, ärztliche Informations-, Aufklärungs- und Dokumentationspflichten, die Patienteneinwilligung, das Einsichtnahmerecht des Patienten in seine Patientenakte und Regelungen zur Beweislast bei Behandlungs- und Aufklärungsfehlern. 36

Bei Behandlungsübernahme ist der Vertragsarzt verpflichtet, auch die notwendigen Verordnungen auszustellen (insbesondere Arznei-, Heil- und Hilfsmittel; zur Verordnung veranlasster Leistungen s § 25a Rn 3–6). Die Verweigerung einer notwendigen 37

---

22 Quaas/Zuck/Clemens/*Clemens* § 24 Rn 14.
23 *BSG* MedR 2018, 353 = GesR 2018, 257.
24 Zu Disziplinarverfahren Ratzel/Luxenburger/*Hartmannsgruber* Kap K, Rn 1173 ff; Quaas/Zuck/Clemens/*Clemens* § 24 Rn 14 ff; Schnapp/Wigge/*Schroeder-Printzen* § 17 mwN.
25 Zum Medizinstandard umfassend mit ausführlicher Dokumentation *Jansen* Der Medizinische Standard, 2019. Zum Sorgfaltsmaßstab Wenzel/*Wenzel* Kap 4, Rn 214 ff mwN zu Leitlinien, Rechtsprechung und Literatur. Zur Sicherstellung der Versorgung „durch" Qualität Katzenmeier/Ratzel/*Plagemann* FS für Franz Josef Dahm, 2017, 327; s auch Katzenmeier/Ratzel/*Voigt* FS für Franz Josef Dahm, 2017, 25 (private Zuzahlungen).
26 S dazu unten § 16 Abs 2 Rn 6 ff.
27 Grundlage: PatRG. Dazu die Kommentare von *Wenzel* Patientenrechtsgesetz, 2017; *Jaeger* Patientenrechtegesetz, 2013; s ferner *Hart* MedR 2013, 159; *Katzenmeier* NJW 2013, 817; *Preis/Schneider* NZS 2013, 281; *Spickhoff* MedR 2015, 845; *Thole* MedR 2013, 145; *Taupitz* GesR 2015, 136; *Thurn* MedR 2013, 153; *Wenner* SGb 2013, 162.

Verordnung – auch im Fall der Überweisung des Patienten an einen anderen Arzt, um mögliche Prüf- und ggf Regressmaßnahmen zu vermeiden – ist unzulässig und stellt einen schwerwiegenden Verstoß gegen vertragsärztliche Pflichten dar. Dies kann zur Einleitung eines Disziplinarverfahrens führen (ggf auch zur Entziehung der Zulassung).

X. Zuzahlungspflicht bei Verordnung von Arznei-, Verband-, Heil- und Hilfsmittel (Abs 9)

38 Das SGB V sah bis 31.12.2012 (mit Übergangsregelungen) für volljährige GKV-Versicherte eine sog Praxisgebühr vor (§ 28 Abs 4 SGB V alt). Nach dem Wegfall dieser Zuzahlungspflicht wurden die Regelungen im BMV-Ä dem angepasst.[28]

39 Patienten, die das 18. Lebensjahr vollendet haben, sind grundsätzlich **zuzahlungspflichtig** für die Verordnung von
 – Arznei- und Verbandmittel (§ 31 Abs 3 SGB V),
 – Heilmittel (§ 32 Abs 2 SGB V),
 – Hilfsmittel (§ 33 Abs 8 SGB V),
 – Krankentransport (§ 60 Abs 2 S 2 SGB V).

40 **Befreiungen** von der Zuzahlungspflicht sind möglich, wenn der Versicherte gegenüber seiner KK nachweist, dass er die Belastungsgrenze des § 62 SGB V (grundsätzlich zwei vom Hundert der jährlichen Bruttoeinnahmen zum Lebensunterhalt; für Chroniker und in strukturierte Behandlungsprogramme eingeschriebene Versicherte nur eins vom Hundert) bereits innerhalb eines Kalenderjahres erreicht hat. In diesen Fällen stellt die KK eine Bescheinigung über die Befreiung aus.

41 Bis zur Vorlage einer solchen schriftlichen Befreiung hat der behandelnde Arzt grundsätzlich von der Zuzahlungspflicht seiner volljährigen Patienten auszugehen. Er darf auf den Verordnungen die Befreiung von der Zuzahlung nur nach Vorlage des Befreiungsbescheids der KK kenntlich machen.

42 **Schwangere** sind bei Verordnungen wegen Schwangerschaftsbeschwerden und im Zusammenhang mit der Entbindung von der Zuzahlungspflicht **befreit**.[29]

§ 14 Vertreter, Assistenten, angestellte Ärzte, nichtärztliche Mitarbeiter

(1) [1]Erbringen Vertreter Leistungen, für deren Erbringung eine Qualifikation gemäß § 11 dieses Vertrages Voraussetzung ist, hat sich der vertretene Arzt darüber zu vergewissern, dass die Qualifikationsvoraussetzungen erfüllt sind. [2]Sind diese Qualifikationsvoraussetzungen nicht erfüllt, dürfen die Leistungen, die eine besondere Qualifikation erfordern, nicht erbracht werden. [3]Im Rahmen der Verordnung von Substitutionsmitteln gilt im Vertretungsfall § 5 Absatz 5 Satz 2 Betäubungsmittel-Verschreibungsverordnung. [4]Für die Leistungserbringung durch angestellte Ärzte in einer Vertragsarztpraxis oder in einem Medizinischen Versorgungszentrum gilt § 11 Abs.1 Satz 3. [4]Sind die Qualifikationsvoraussetzungen nicht erfüllt, darf der angestellte Arzt diese Leistungen nicht eigenverantwortlich ausführen.

---

28 Zur Praxisgebühr s den Überblick von *Altmiks* in der Kommentierung zu § 18 Rn 2–4.
29 Abschnitt G der Mutterschaftsrichtlinie, zuletzt geändert am 21.4.2016, BAnz AT 19.7.2016 B5.

§ 14 Vertreter, Assistenten, angestellte Ärzte

(2) ¹Werden Assistenten, angestellte Ärzte oder Vertreter (§§ 32, 32a, 32b Ärzte-ZV) beschäftigt, so haftet der Vertragsarzt oder das medizinische Versorgungszentrum für die Erfüllung der vertragsärztlichen Pflichten wie für die eigene Tätigkeit. ²Das Gleiche gilt bei der Beschäftigung nichtärztlicher Mitarbeiter.

(3) ¹Vertretung bei genehmigungspflichtigen psychotherapeutischen Leistungen einschließlich der probatorischen Sitzungen ist grundsätzlich unzulässig. ²Im Übrigen ist eine Vertretung nur im Rahmen der Absätze 1 und 2 und unter Beachtung der berufsrechtlichen Befugnisse zulässig.

Übersicht

	Rn		Rn
I. Gesetzliche Vorgaben	1	III. Haftung für Vertreter, angestellte Ärzte und Assistenten (Abs 2)	17
II. Qualifikationsvorgaben für ärztliche Vertretung; Voraussetzungen für die Anstellung von Ärzten (Abs 1)	8	IV. Vertretung bei genehmigungspflichtigen psychotherapeutischen Leistungen (Abs 3)	20

I. Gesetzliche Vorgaben

§ 95 Abs 1–3, 9–9b SGB V und §§ 24, 32, 32b, 33 Ärzte-ZV sehen für die ambulante vertragsärztliche Versorgung neben der Tätigkeit des zugelassenen Vertragsarztes auch die Leistungserbringung durch Vertreter[1], angestellte Ärzte[2] und Assistenten[3] in verschiedenen Organisations- und Kooperationsformen vor (Einzelpraxis, Teilzulassung, (Teil)BAG, MVZ sowie Tätigkeiten „an weiteren Orten" (Zweigpraxis, ausgelagerte Praxisstätte)[4].

1

---

[1] Zu den Möglichkeiten und rechtlichen Voraussetzungen einer Vertretung in der ambulanten vertragsärztlichen Versorgung HK-AKM/*Dahm* Vertreter Beitrag 840 (Stand: 2019); erg s unten Rn 5, 17 ff und 20.

[2] Das Gesetz regelt die Voraussetzungen für die Genehmigung der Anstellung von Ärzten Vertretern und Assistenten nicht abschließend, gibt aber in §§ 95 Abs 9, 98 Abs 2 Nr 13 SGB V vor, dass weitere Einzelheiten (zB zu persönlichen Leistungserbringung) in der Ärzte-ZV zu regeln sind. Die Zahl der angestellten Ärzte ist ua aufgrund erleichterter Anstellungs- und Kooperationsmöglichkeiten seit 2007 drastisch gestiegen, am stärksten bei Frauen, und zwar häufig in Teilzeitbeschäftigung (dazu *Bodemer* KBVklartext 2018, 2. Quartal, 20).

[3] Zu den unterschiedlichen Formen von Assistenten (Weiterbildungsassistent, Sicherstellungs(Entlastungs-)assistent, Ausbildungsassistent) in der vertragsärztlichen Versorgung, den Rechtsgrundlagen und Auswirkungen HK-AKM/*Dahm* Beitrag 610 (Stand: 2019); erg s unten Rn 5 und 17 ff.

[4] Zu angestellten Ärzten, Assistenten und Vertretern Halbe//*Steinhilper* Angestellte Ärzte und Assistenten in der vertragsärztlichen Versorgung, A 1300 (Stand: 2018); Laufs/*Steinhilper* § 35 Abs 3; Bäune/Meschke/Rothfuß/*Bäune* §§ 32, 32b; *Kremer/Wittmann* Vertragsärztliche Zulassungsverfahren, Rn 1535 ff, 1373 ff, 1559, 1471, 1391 f, 1496 f, 1499 ff, 1456 f, 1499 f, 1464 ff; jeweils mwN; *Rieger* Verträge zwischen Ärzten in der freien Praxis, 8. Aufl 2009. Zur bisherigen Rechtslage *Kamps* MedR 2003, 63; *Rompf/Schröder/Willaschek* § 14 Rn 5. Bis 31.12.1993 war für die vertragsärztliche Versorgung auch der Vorbereitungsassistent vorgesehen (dazu HK-AKM/*Dahm* 610, Rn 45 f). Im zahnärztlichen Bereich dürfen weiterhin Vorbereitungsassistenten angestellt werden (§ 32 Zahnärzte-ZV; s dazu *Schneider/Steinhilper* MedR 2020, Heft 12 und *BSG* v 12.2.2020 – B 6 KA 1/19 R, MedR 12/2020).

§ 14 Vertreter, Assistenten, angestellte Ärzte

2 Die Anstellungsmöglichkeiten in der vertragsärztlichen Versorgung waren durch das VÄndG[5] zum 1.1.2007 erheblich erweitert worden (zB Anstellung auch in nicht gesperrten Gebieten in Einzelpraxen, BAG; Anstellung auch für Zweigpraxis, Anstellung auch fachgebietsfremder Ärzte, etc. Schon zum 1.1.2004 war durch das GMG[6] die Anstellung von Ärzten in MVZ (§ 95 Abs 1–3 SGB V) ermöglicht worden. Grundlage für ergänzende Regelungen zur Anstellung (zB in der Ärzte-ZV) ist § 98 Abs 2 Nr 13 SGB V.

3 Das ärztliche Berufsrecht ist mit den Kooperations- und Anstellungsmöglichkeiten nach dem Vertragsarztrecht nicht durchgehend deckungsgleich. Während zB die fachgebietsfremde Anstellung eines Arztes nach Vertragsarztrecht zulässig ist (§ 14a Abs 2 iVm § 95 Abs 9 S 1 SGB V), ist sie es nach den Berufsordnungen einiger Länder nicht (zB Bayern). Dieses Spannungsverhältnis zwischen Vertragsarztrecht und Berufsrecht der Länder wurde anfangs unterschiedlich bewertet[7].

4 In der Praxis verweisen die Zulassungsausschüsse bei ihren Entscheidungen nach SGB V und Ärzte-ZV auf uU entgegenstehende berufsrechtliche Regelungen.

5 Die Beschäftigung von Ärzten in der ambulanten vertragsärztlichen Versorgung bedarf bei
– **angestellten Ärzten**
 Vertretung
 ab einer Dauer von mehr als einer Woche der Anzeige an die KV (kurzzeitige Vertretung) und bei längerer Vertretung deren vorherige Genehmigung (§ 32 Abs 2 Ärzte-ZV) auf Antrag des vertretenen Arztes,
– **Assistenten**
 der vorherigen Genehmigung der KV (§ 32 Abs 2 S 4 Ärzte-ZV) auf Antrag des anstellenden Arztes, der BAG oder des MVZ.

6 Die gesetzlichen Genehmigungsvoraussetzungen (zB Eintragung im Arztregister; § 95 Abs 9 S 1 und 2 SGB V), das Genehmigungsverfahren sowie die Anforderungen an die Leistungserbringung (Qualifikationsvoraussetzungen; Anforderungen an die „*persönliche Leitung der Facharztpraxis bei angestellten Ärzten*") sind in der Ärzte-ZV und in den §§ 14 bis 15c konkretisiert. Sie regeln auch die Arbeitsbedingungen, Abrechnungsvoraussetzungen und -möglichkeiten (Ausnahmen vom Grundsatz der persönlichen Leistungserbringung), Leitungspflichten des Praxisinhabers, zahlenmäßige Beschränkung der anzustellenden Ärzte etc. Weitere Voraussetzungen für die Anstellung eines Arztes in einer Vertragsarztpraxis enthalten §§ 58, 59 der BPRL-Ä v 20.6.2013 (BAnz AT 29.7.2013 B3). Gründe für die Ablehnung einer Anstellungsgenehmigung regelt § 95 Abs 9 S 2 SGB V. Der Widerspruch gegen die Ablehnung einer Genehmigung hat aufschiebende Wirkung (§ 96 Abs 4 S 2 SGB V), bewirkt aber nichts; die (Verpflichtungs-)Klage hat keine aufschiebende Wirkung (§ 86a S 1 SGG).

---

5 Zum VÄndG s *Orlowski/Halbe/Karch* Vertragsarztrechtsänderungsgesetz. Zur Rechtsprechung zur Anstellung von Ärzten im MVZ *Kuhlmann* ZMGR 2018, 3.
6 Zum GMG v 14.11.2003 (BGBl I, 2190) *Dalichau* MedR 2004, 197; *Orlowski* MedR 2004, 202; *Kingreen* MedR 2004, 188; *Luckhaupt* GesR 2004, 266.
7 Vorrang des Berufsrechts vor dem Vertragsarztrecht (so zB *Wenner* Vertragsarztrecht nach der Gesundheitsreform, Rn 58 f); **aA** *Pestalozza* GesR 2006, 389; s auch Bäune/Meschke/Rotfuß/*Bäune* § 32b Rn 33. Auch das *BSG* verneint den Vorrang des Berufsrechts vor dem Vertragsarztrecht (v 9.4.2008 – 6 KA 40/07 R).

Die Anstellung eines Arztes in der vertragsärztliche Versorgung erfordert einen **7**
Anstellungsvertrag zur Regelung des Arbeitsverhältnisses zwischen angestelltem und
anstellendem Arzt.[8] Dieser Vertrag ist dem Zulassungsausschuss vorzulegen (§ 58
Abs 1 Nr 3 BPRL-Ä).

II. Qualifikationsvorgaben für ärztliche Vertretung; Voraussetzungen für die Anstellung von Ärzten (Abs 1)

Abs 1 formuliert für ärztliche Vertreter den allgemeinen Grundsatz: Der **Vertreter** **8**
muss vertretungsberechtigt sein; hierüber muss sich der Praxisinhaber vergewissern,
Der Vertretermuss also die Voraussetzungen des § 3 Abs 2 Ärzte-ZV erfüllen und dieselbe fachliche Qualifikation aufweisen wie der vertretene Arzt: er muss also derselben Fachgebietsgruppe wie der Vertretene angehören und muss über dieselben Zusatzqualifikationen verfügen, will er in Abwesenheit des Vertretenen auch Leistungen aus dessen Schwerpunkt oder Zusatzqualifikation erbringen. Ohne die erforderliche Qualifikation darf er solche Leistungen nicht erbringen (S 2) und der Praxisinhaber darf sie nicht abrechnen. Auch ein hausärztlicher Internist darf nicht als Vertreter für einen fachärztlichen Internisten die speziallfachärztlichen Leistungen erbringen.[9]

Bei der **Anstellung eines Arztes** (in einer Vertragsarztpraxis oder in einem MVZ) ist **9**
zu differenzieren:

- Bei der sog Job-Sharing-Anstellung (gesperrtes Gebiet; s § 95 Abs 9 SGB V) muss **10**
der angestellte Arzt dieselbe fachliche Qualifikation wie der anstellende Arzt nachweisen (Fachidentität nach § 101 Abs 1 S 1 Nr 5 SGB V; s dazu die Regelung in § 58 BPRL-Ä; für Psychotherapeuten s ergänzend § 61 Nr 2 BPRL-Ä; zum Begriff der Fachidentität bei gemeinsamer Berufsausübung nach § 101 Abs 1 Nr 4 SGB V s § 41 BPRL-Ä); weitere Genehmigungsvoraussetzung: freiwillige Leistungsbeschränkung; § 58 Abs 5 iVm § 42 BPRL-Ä. Verfügt der angestellte Arzt über weitere Qualifikationen, die der anstellende Arzt nicht besitzt, dürfen solche Leistungen von ihm nicht erbracht und vom Praxisinhaber nicht abgerechnet werden.
- In nicht gesperrten Gebieten können in Einzelpraxen, BAG und MVZ seit 1.1.2007 **11**
unter bestimmten Voraussetzungen auch fachgebietsfremde Ärzte angestellt werden. Dies folgt aus § 95 Abs 9 SGB V.[10] Der Behandlungsvertrag kommt auch in diesem Fall mit dem Vertragsarzt zustande. Der anstellende Arzt muss den angestellten Arzt zur Einhaltung vertragsärztlicher Pflichten anhalten (§ 32b Ärzte-ZV) und die Anforderungen an die „persönliche Leitung" nach § 14a einhalten.
- Bei fachgebietsübergreifender Anstellung eines Arztes ist (ausnahmsweise) die **12**
gleichzeitige Teilnahme der anstellenden Praxis sowohl an der hausärztlichen als auch an der fachärztlichen Versorgung zulässig (§ 14a Abs 2 S 3).

---

8 Zu solchen Verträgen s *Rieger* Verträge zwischen Ärzten in der freien Praxis, 8. Aufl 2009; *Schallen/Kleinheidt/Schäfer* Verträge für angestellte Ärzte, Zahnärzte und Vertreter, jeweils mit Mustertexten.
9 *BSG* MedR 2012, 826. Generell zu den Voraussetzungen (beim Vertreter und beim vertretenen Arzt) für eine Vertretergenehmigung *Rompf/Schröder/Willaschek* § 14 IV. Rn 9.
10 Zum Begriff der Fachgebietsfremdheit s *Peikert* MedR 2000, 199. Ergänzend s die Regelungen zur Fachidentität bei Anstellung in §§ 59, 41 Abs 2–7 BPLR-Ä.

13 – Ergänzung: Bis 30.9.2013 war die Anstellung fachgebietsfremder Ärzte bei Ärzten mit überwiegend medizinisch-technischen Leistungen und bei überweisungsabhängigen Leistungen **ausgeschlossen** (s § 14a Abs 2 S 1 und 2); diese Beschränkung wurde zum 1.10.2013 aufgehoben[11].

14 – Für **Psychotherapeuten** gilt Folgendes: Ein Vertragsarzt darf einen Psychotherapeuten anstellen (also fachgebietsfremd), ein Psychotherapeut aber nicht einen Arzt (§ 58 Abs 7 BPRL-Ä).[12]

15 – Ergänzung: Nach § 61 BPRL-Ä sind in gesperrten Gebieten Anstellungsverhältnisse nur zwischen Psychologischen Psychotherapeuten einerseits und Kinder- und Jugendlichenpsychotherapeuten andererseits zulässig. In nicht-gesperrten Gebieten gilt diese Einschränkung nicht; allerdings darf ein Psychologischer Psychotherapeut, der bei einem Kinder- und Jugendlichenpsychotherapeuten angestellt ist, nur Kinder und Jugendliche versorgen (§ 61 S 1 Nr 1 BPRL-Ä).

16 Leistungen, für die der angestellte Arzt nicht die erforderliche Qualifikation besitzt, darf ihm der Praxisinhaber nicht zur **eigenverantwortlichen** Ausführung übertragen (S 4). Dennoch ist seine Stellung dem des Praxisinhabers inzwischen weitgehend angenähert. So darf er zB Bescheinigungen und Verordnungen selbst unterschreiben (s § 35 Abs 2). Zu den Anforderungen an die persönliche Leitung einer Praxis mit angestellten Ärzten durch den anstellenden Arzt s § 14a.

III. Haftung für Vertreter, angestellte Ärzte und Assistenten (Abs 2)

17 Abs 2 wiederholt eine weitreichende Pflicht des anstellenden Arztes: Bedient er sich zur Erfüllung seiner Leistungspflichten Dritter, so haftet er für die Erfüllung der vertragsärztlichen Pflichten wie für eigene Tätigkeit. Dies gilt grundsätzlich für die Beschäftigung
– ärztlichen Personals (Vertreter, angestellte Ärzte, Assistenten, S 1),
– genauso wie für nicht-ärztlichen Personals (S 2).

18 Behandlungsfehler und Verstöße gegen das Vertragsarztrecht (Verstoß gegen den Grundsatz der persönlichen Leistungserbringung, Überschreitung der Fachgebietsgrenzen, Fehler im Notfalldienst, Überschreitung von Zeitobergrenzen nach dem EBM – Anhang 3 für die Plausibilitätsprüfung nach § 106a SGB V, aber auch Einhaltung der Höchststundenzahl bei teilzeitangestellten Ärzten, etc) werden dem Vertragsarzt, der BAG oder dem MVZ genauso zugerechnet wie eigene Pflichtverstöße. Der angestellte Arzt ist Erfüllungsgehilfe des anstellenden Arztes, so dass er für dessen Fehler nach Vertragsarzt- und Zivilrecht (§ 278 BGB) haftungsrechtlich grundsätzlich einstehen muss (§ 14 Abs 2).

19 Exkulpationsmöglichkeiten bestehen nur in begrenztem Umfang (zB Pflichtenverstoß des angestellten Arztes trotz sorgfältiger Auswahl und Einführung des Personals und trotz eindringlicher vorheriger Belehrung und konsequenter Überwachung durch den anstellenden Arzt). Bei manchen Verstößen, die zB zu Honorarrückforderungen führen, kommt es auf ein Verschulden des Praxisinhabers, des angestellten Arztes, Assis-

---

11 Zur bisherigen Rechtslage und den Folgerungen aufgrund der Gesetzesänderung *Rompf/Schröder/Willaschek* § 14 III. 2. Rn 4 mwN.
12 Kritisch zur bisherigen Regelung des § 23i Abs 7 BPRL-Ä *Stellpflug/Warntjen* MedR 2008, 281 und *Stellpflug* Psychotherapeutenrecht, 66 ff).

tenten oder Vertreters nicht an. Strafrechtlich bleiben angestellter Arzt, Vertreter und Assistent für zurechenbare strafrechtliche Verstöße (zB Behandlungsfehler) jeweils selbst verantwortlich. Sie haften nach §§ 823 ff BGB auch für unerlaubte Handlungen bei ihrer ärztlichen Tätigkeit. Der Vertragsarzt muss sie unter bestimmten Voraussetzungen von solchen Ansprüchen Dritter jedoch freistellen.

IV. Vertretung bei genehmigungspflichtigen psychotherapeutischen Leistungen (Abs 3)

Für **genehmigungspflichtige** psychotherapeutische Leistungen (einschließlich der probatorischen Sitzungen) verbietet Abs 3 **grundsätzlich** eine Vertretung. Dies hängt mit dem speziellen, auf besonderem Vertrauen aufgebauten individuellen Behandlungsverhältnis zwischen Psychotherapeuten und Patienten zusammen. **Ausnahmen** sind zulässig, soweit zwischen dem Vertreter und dem Patienten zB aus Vorkontakten ein belastbares Vertrauensverhältnis besteht und wenn der Vertreter in die laufende Behandlung einsteigen kann. Dies setzt die Zustimmung des Patienten voraus. **20**

Bei anderen psychotherapeutischen Leistungen ist eine Vertretung grundsätzlich möglich. Es gelten dann die in Abs 1 und 2 genannten Bedingungen. Eventuelle einschränkende Vorgaben nach dem Berufsrecht für Psychotherapeuten sind zu beachten (Abs 3 S 2). **21**

§ 14a Persönliche Leitung der Vertragsarztpraxis bei angestellten Ärzten

(1) ¹In Fällen, in denen nach § 95 Abs. 9 SGB V i. V. m. § 32b Abs. 1 Ärzte-ZV der Vertragsarzt einen angestellten Arzt oder angestellte Ärzte beschäftigen darf, ist sicherzustellen, dass der Vertragsarzt die Arztpraxis persönlich leitet. ²Die persönliche Leitung ist anzunehmen, wenn je Vertragsarzt nicht mehr als drei vollzeitbeschäftigte oder teilzeitbeschäftigte Ärzte in einer Anzahl, welche im zeitlichen Umfang ihrer Arbeitszeit drei vollzeitbeschäftigten Ärzten entspricht, angestellt werden. ³Bei Vertragsärzten, welche überwiegend medizinisch-technische Leistungen erbringen, wird die persönliche Leitung auch bei der Beschäftigung von bis zu vier vollzeitbeschäftigten Ärzten vermutet; Satz 2 2. Halbsatz gilt entsprechend. ⁴Bei Vertragsärzten, welche eine Zulassung nach § 19a Ärzte-ZV für einen hälftigen Versorgungsauftrag haben, vermindert sich die Beschäftigungsmöglichkeit auf einen vollzeitbeschäftigten oder zwei teilzeitbeschäftigte Ärzte je Vertragsarzt. ⁵Die Beschäftigung eines Weiterbildungsassistenten wird insoweit nicht angerechnet. ⁶Will der Vertragsarzt über den Umfang nach Sätzen 2 bis 4 hinaus weitere Ärzte beschäftigen, hat er dem Zulassungsausschuss vor der Erteilung der Genehmigung nachzuweisen, durch welche Vorkehrungen die persönliche Leitung der Praxis gewährleistet ist.

(2) ¹Die Beschäftigung eines angestellten Arztes eines anderen Fachgebiets oder einer anderen Facharztkompetenz als desjenigen Fachgebiets oder derjenigen Facharztkompetenz, für die der Vertragsarzt zugelassen ist, ist zulässig. ²Dies gilt auch für eine Anstellung nach § 15a Abs. 6 Satz 2. ³Beschäftigt der Vertragsarzt einen angestellten Arzt eines anderen Fachgebiets oder einer anderen Facharztkompetenz, der in diesem Fachgebiet oder unter dieser Facharztkompetenz tätig wird, so ist die gleichzeitige Teilnahme dieser Arztpraxis an der hausärztlichen und fachärztlichen Versor-

§ 14a Persönliche Leitung bei angestellten Ärzten

gung zulässig. ⁴Im Übrigen gelten Absatz 1 und § 15 Abs. 1 Satz 1 mit der Maßgabe, dass der Vertragsarzt bei der Erbringung der fachärztlichen Leistungen des angestellten Arztes die Notwendigkeit der Leistung mit zu verantworten hat.

Übersicht

	Rn		Rn
I. Gesetzliche Vorgaben	1	III. Anstellung fachgebietsfremder Ärzte; Voraussetzungen und Ausschlüsse (Abs 2)	17
II. Persönliche Leitung; zahlenmäßige Begrenzung angestellter Ärzte (Abs 1)	2		

I. Gesetzliche Vorgaben

1 § 95 Abs 9 SGB V ist die Grundnorm zur Anstellung von Ärzten in der ambulanten vertragsärztlichen Versorgung; § 32b Ärzte-ZV regelt weitere Einzelheiten, insbes Genehmigungserfordernis, Umfang der persönlichen Leitung die Mitverantwortung des Vertragsarztes. Nach § 98 Abs 2 Nr 13 SGB V hat die Ärzte-ZV auch zu regeln, unter welchen Voraussetzungen die Tätigkeit des Vertragsarztes selbst und auch die des angestellten Arztes (auch Vertreter, Assistenten) ihre Tätigkeit nach den Grundsätzen eines „*freien Berufes*" ausüben können[1]. Weitere Details zur Anstellung von Ärzten sind im BMV-Ä geregelt (§§ 1a Nr 25, 4, 14, 14a).

II. Persönliche Leitung; zahlenmäßige Begrenzung angestellter Ärzte (Abs 1)

2 § 14a regelt den Umfang der Einflussnahme des anstellenden Vertragsarztes auf den angestellten Arzt Zu den Möglichkeiten und Grenzen gab es in der Vergangenheit sehr unterschiedliche Meinungen. Der angestellte Arzt sollte nicht unter der Anordnung und unbegrenzten Aufsicht des anstellenden Arztes stehen, sondern weitgehend eigenverantwortlich tätig sein können, dem Vertragsarzt also jedenfalls in medizinischen Fragen und Entscheidungen nahezu gleichgestellt sein.[2] Seit 1.10.2013 darf ein angestellter Arzt auch Bescheinigungen (zB zur Arbeitsunfähigkeit) und Verordnungen (zB von Arzneimitteln) selbst unterschreiben (§ 35 Abs 2), was bisher dem anstellenden Vertragsarzt vorbehalten war.

3 Schon aus berufsrechtlichen Gründen muss der angestellte Arzt in medizinischen Fragen unabhängig sein von Weisungen des Praxisinhabers. Unzulässig sind auch Weisungen von Nicht-Ärzten an den angestellten Arzt. Die Regelung aus § 14a betrifft nicht nur die Anstellung eines Arztes bei einem Einzelvertragsarzt, sondern gilt mit Abwandlungen auch bei der Anstellung in einer Berufsausübungsgemeinschaft und in einem MVZ.

4 Der angestellte Arzt ist Erfüllungsgehilfe des anstellenden Arztes. Dieser haftet für ihn (§ 14 Abs 2). Der Vertragsarzt muss sicherstellen, dass er seinen gesetzlichen Versorgungsauftrag gegenüber dem Patienten auch durch Leistungen des angestellten

---

[1] Generell zur Anstellung von Ärzten in der ambulanten vertragsärztlichen Versorgung *Rompf/Schröder/Willaschek* § 14a Rn 1 ff; Halbe/Schirmer/*Steinhilper* Beitrag A 1300 (Stand: 2018; mit Erläuterungen zu den unterschiedlichen Anstellungsformen und dem Genehmigungsverfahren). Zur selbstständigen freiberuflichen Tätigkeit von Vertragsärzten und angestellten Ärzten in der ambulanten Versorgung *Steinhilper* MedR 2018, 639.

[2] juris PK-SGB V/*Pawlita* § 95 Rn 576; BSGE 78, 291. Zur Rechtslage Bäune/Meschke/Rothfuß/*Bäune* § 32b Rn 24 ff und *Orlowski/Halbe/Karch* Vertragsarztrechtsänderungsgesetz, 8 ff.

Arztes „*persönlich erfüllt und dafür die Verantwortung übernehmen kann*" (§ 1a Nr 25). Der Vertragsarzt hat den angestellten Arzt anzuhalten, die vertragsärztlichen Pflichten einzuhalten (§ 32b Abs 3 Ärzte-ZV), zB auch die Pflicht zur Fortbildung.[3] Bei einer wöchentlichen Arbeitszeit von mindestens 10 Stunden ist der angestellte Arzt seit 1.3.2017 (Zwangs)Mitglied der jeweiligen örtlichen KV (§ 77 Abs 3 S 2 SGB V[4]) und unterliegt insoweit denselben Pflichten wie der Vertragsarzt selbst. Dennoch muss der anstellende Arzt den Angestellten auf seine vertragsärztlichen Pflichten hinweisen (§ 32b Ärzte-ZV).

§ 14a formuliert in Abs 1 eine (weiterhin nicht näher konkretisierte) Pflicht des Vertragsarztes, seine Praxis mit angestellten Ärzten „*persönlich zu leiten*". Nur dann können/dürfen die vom angestellten Arzt erbrachten Leistungen dem Praxisinhaber als Eigenleistung zugerechnet und von ihm abgerechnet werden. 5

Der Begriff „*persönliche Leitung*" der Praxis ist inhaltlich nicht näher bestimmt. Er bedeutet keineswegs, dass der Vertragsarzt alle vertragsärztlichen Leistungen in seiner Praxis persönlich erbringen muss (zur persönlichen Leistungserbringung s § 15). § 14a normiert aber eine formale zahlenmäßige Obergrenze, bei deren Überschreitung eine persönliche Leitung grundsätzlich als ausgeschlossen gilt. Die „*persönliche Leitung*" durch den Praxisinhaber ist nach § 14a Abs 1 nur „*anzunehmen*", wird also unwiderleglich vermutet,[5] wenn der Vertragsarzt maximal **drei** Ärzte vollzeitig angestellt hat oder wenn bei Teilzeitbeschäftigung deren anteilige Arbeitszeit insgesamt den Umfang von drei Vollzeit-Angestellten nicht überschreitet (§ 14a Abs 1). Dies gilt auch bei der Anstellung fachgebietsfremder Ärzte. Wird diese zahlenmäßige Obergrenze eingehalten, wird die „*persönliche Leitung*" gleichsam fingiert. Bei Überschreitung sind dennoch erbrachte Leistungen von Ärzten jenseits der zulässigen Obergrenze nicht abrechenbar. Der Zulassungsausschuss kann allerdings auf Antrag die Anstellung weiterer Ärzte unter bestimmten Voraussetzungen genehmigen (Abs 1 S 6; s Rn 13). 6

Durch die Begrenzung der Zahl der anstellbaren Ärzte soll gewährleistet werden, dass sich der anstellende Arzt „*nicht übernimmt*", sondern die Verantwortung für die Tätigkeit der angestellten Ärzte zur Erfüllung des Versorgungsauftrages noch selbst tragen kann. Er muss ausreichend Zeit haben, um die angestellten Ärzte in ihre Aufgaben einzuführen und bei ihrer Tätigkeit im erforderlichen Umfang zu überwachen. Eine sachgerechte Leitung ist danach als ausgeschlossen, wenn die Zahl der angestellten Ärzte zu groß ist. Der Vertragsarzt muss sich als Leiter der Praxis nicht um jede Einzelentscheidung aller angestellten Ärzte persönlich kümmern; verbindliche allgemeine Anleitungen sowie Stichprobenüberprüfungen reichen aus. Die Zahl der angestellten Ärzte, ihr Tätigkeitsumfang und auch die Inhalte ihrer Arbeit müssen für den Vertragsarzt also überschaubar und kontrollierbar sein. Nur dann leitet er die Praxis „*persönlich*". Der Praxisinhaber sollte auch nach außen seine Stellung dokumentieren, so dass er Ansprechpartner für Patienten und überweisende Ärzte ist. 7

---

[3] Dazu HK-AKM/*Scholz* 1850 Fortbildung (Stand: 2013).
[4] Grundlage: GK-VSG, BGBl I 2017, 265; dazu *Rixen* SozSich 2017, 115; und GesR 2017, 361.
[5] So auch Orlowski/Halbe/Karch/*Orlowski* 1. Zuvor waren angestellte Ärzte nur bei einer Halbtagsbeschäftigung Mitglied einer KV.

§ 14a   Persönliche Leitung bei angestellten Ärzten

8   Nach S 3 beträgt die zahlenmäßige Obergrenze in Praxen mit *„überwiegend medizinisch-technischen Leistungen"* **bis zu vier** angestellte Ärzte (bei teilzeitbeschäftigten Ärzten entsprechende Umrechnung). Bei Ärzten mit einer Teilzulassung (hälftiger Versorgungsauftrag; s § 19a Abs 2 Ärzte-ZV) verringert sich das Anstellungskontingent auf die Hälfte.

9   Die Beschäftigungsobergrenze gilt für angestellte Ärzte in gesperrten und nichtgesperrten Gebieten; Weiterbildungsassistenten werden insoweit auf die Obergrenze nicht angerechnet (S 5).

10 Die Obergrenze bezieht sich auf Vollzeit- und Teilzeittätigkeit. Beide Begriffe sind nicht definiert. Vollzeit erfordert mehr als 30 Wochenstunden (analog der Zeitgrenze in § 51 Abs 1 BPRL-Ä). Zum Teil werden 40 Stunden gefordert. Die Aufteilung bei Teilzeitbeschäftigung erweist sich mangels ausdrücklicher Regelung als schwierig. In den KV wird unterschiedlich verfahren[6].

11 Unterschiedlich wird die Frage beantwortet, welche Stundenzahl für eine Halbtagsbeschäftigung erforderlich ist. Die KV Nordrhein lässt eine wöchentliche Arbeitszeit von 10–20 Stunden genügen; die meisten KV fordern mindestens 20 Stunden.[7] Bedeutung hat diese Frage für den Status des angestellten Arztes. Nach § 77 Abs 3 S 2 SGB V wird ein angestellter Arzt Mitglied der KV erst ab einer mindestens halbtätigen Beschäftigung (bei strenger Auslegung also mindestens 20 Stunden pro Woche; nach anderer Ansicht genügen 10–20 Stunden). Zudem: diese Tätigkeit muss in dem Bereich der KV erbracht werden, die die Anstellung genehmigt hat. *Bäune*[8] weist zu Recht daraufhin, dass ein angestellter Arzt Mitglied einer anderen KV nur werden kann, wenn er nach der erteilten Genehmigung ausschließlich in einer Zweigpraxis im Bereich dieser KV tätig wird.

12 An manchen Stellen im Gesetz ist von halbtägiger, an anderer Stelle von Teilzeitbeschäftigung die Rede. Die Begriffe werden in der Praxis gleichgesetzt: der Arzt mit einer Halbtagsanstellung muss also nicht jeden Tag die Hälfte seiner Arbeitsleistung erbringen; er kann seine vertragliche Gesamtarbeitszeit zB auf 2,5 Tage pro Woche oder zwei Wochen monatlich konzentrieren oder auch anders aufteilen.

13 S 6 erlaubt Ausnahmen von der zahlenmäßigen Beschränkung der Anstellung von Ärzten nach S 2 bis 4: Der Vertragsarzt, der dieses Anstellungskontingent überschreiten will, muss dann allerdings nachweisen, durch welche Vorkehrungen er die persönliche Leitung der Praxis dennoch gewährleisten kann. Die Anforderungen an den Nachweis sind nicht definiert; sie hängen von dem jeweiligen Fachgebiet und auch der Erfahrung des anstellenden Arztes ab. Der Nachweis, dass durch besondere Vorkehrungen die persönliche Leitung der Praxis auch bei Anstellung weiterer Ärzte gewährleistet ist, ist dem Zulassungsausschuss gegenüber zu erbringen. Der Nachweis der erweiterten persönlichen Leitung ist Genehmigungsvoraussetzung, wird also nicht in einem gesonderten Genehmigungsverfahren geprüft.

14 § 14a Abs 1 gilt für Vertragsärzte und Zusammenschlüsse von Vertragsärzten zur gemeinsamen Berufsausübung (BAG), nicht für MVZ. Die Zahl der dort anstellbaren

---

6 Dazu differenzierend Bäune/Meschke/Rothfuß/*Bäune* § 32b Rn 27.
7 Wohl ableitbar aus *BSG* B 6 KA 23/11 R, SozR 4-2500 § 103 Nr 8.
8 Bäune/Meschke/Rothfuß/*Bäune* § 32b Rn 49.

Ärzte ist nicht begrenzt (§ 1 Abs 7 gilt insoweit nicht). Das ärztliche Berufsrecht begrenzt die Zahl der Vertragsärzte, die in einer Arztpraxis angestellt werden dürfen, ebenfalls nicht (§ 19 MBO-Ä).

Die „großzügige" Regelung des § 14a Abs 1 (persönliche Leitung wird vermutet) hat steuerrechtliche Fragen ausgelöst. Nach § 18 EStG liegen steuerfreie freiberufliche Einkünfte nur vor, wenn ärztliche Tätigkeit persönlich ausgeübt wird, wobei es nach Abs 1 Nr 1 S 3 ausreicht, wenn er sich der Mithilfe fachlich vorgebildeter Arbeitskräfte bedient und weiterhin leitend und eigenverantwortlich tätig ist. Das Modell der Anstellung eines auch fachgebietsfremden Arztes ist nach Ansicht von Kritikern mit dieser Vorgabe nur schwer vereinbar.[9]   15

Der angestellte Arzt ist ab einer Beschäftigung von mindestens 10 Wochenstunden (vgl oben Rn 4 Pflichtmitglied der KV; § 77 Abs 3 S 2 SGB V) und für vertragsarztrechtliche Verstöße disziplinarrechtlich **selbst verantwortlich** (s § 60 Rn 4). Auch dann muss ihn der anstellende Arzt auf seine vertragsärztlichen Pflichten ausdrücklich hinweisen und dafür sorgen, dass er die Pflichten auch erfüllt (§ 32b Abs 3 Ärzte-ZV). Der Vertragsarzt darf für einen bedarfsgeplanten angestellten Arzt einen Vertreter beschäftigen oder für ihn einen Assistenten genehmigen lassen (§ 1 Abs 3 Nr 3 Ärzte-ZV).   16

III. Anstellung fachgebietsfremder Ärzte; Voraussetzungen und Ausschlüsse (Abs 2)

Nach § 95 Abs 9 SGB V können seit 1.1.2007 (VÄndG) in einer Vertragsarztpraxis, in einer BAG und auch in einem MVZ grundsätzlich auch Ärzte eines anderen Fachgebietes angestellt werden (s ergänzend § 32b Abs 1 Ärzte-ZV). Einschränkend ist teilweise das Berufsrecht einzelner Länder, wonach zumindest ein gemeinsamer Versorgungsauftrag gefordert wird (§ 19 Abs 2 MBO-Ä). Ob diese Einschränkung auch für das Vertragsarztrecht gilt, ist fraglich (s dazu oben Rn 3 mwN).   17

Abs 2 der bisherigen Fassung verbot die Anstellung eines fachgebietsfremden Arztes, wenn   18
– der anzustellende Arzt einer Fachgebietsgruppe angehört oder über eine Facharztkompetenz verfügt, die nur auf Überweisung in Anspruch genommen werden darf (s § 13 Abs 4; insbesondere Laborärzte, Nuklearmediziner, Pathologen, Radiologen),
– der angestellte Arzt bestimmte hochspezialisierte Leistungen erbringen sollte, die nach EBM wegen besonderer apparative Ausstattung und fachliche Voraussetzung oder zur Sicherung der Versorgungsqualität eine Überweisung erfordern (§ 13 Abs 5).

Nach S 2 galt das auch in der umgekehrten Richtung. Anlass für diese Regelungen war die Befürchtung, dass (insbesondere in Teil-BAG) andernfalls vermehrt medizinisch nicht indizierte Leistungen erbracht werden (Mengensteuerung) und das Zuweisungsverbot gegen Entgelt (unzulässig nach § 31 MBO-Ä) umgangen wird, Rechtsgrundlage: § 33 Abs 2 und 3 Ärzte-ZV[10]).   19

---

9 ZB *Orlowski/Halbe/Karch* 18; zu den steuerrechtlichen Aspekten der Anstellung von Ärzten s 78 ff; ergänzend s *Müssig* GesR 2005, 50; *Michels/Möller* Ärztliche Kooperationen, 311 ff; *Marneit* ZMGR 2018, 357; *Halbe/Karch/Kuhnert* Angestellte Ärzte im Steuerrecht, A 1300.1 (Stand: 2018).
10 Kritisch dazu *Orlowski/Halbe/Karch* Rn 18.

20 Abs 2 S 1 stellt jetzt ausdrücklich fest, dass auch fachgebietsfremde Ärzte (Ärzte eines anderen Fachgebietes oder einer anderen Facharztkompetenz als der des anstellenden Vertragsarztes) angestellt werden dürfen. Nach S 2 gilt dies auch für die Anstellung von Ärzten in genehmigten Nebenbetriebsstätten (§ 15a Abs 5 S 2).

21 Ist ein fachgebietsfremder Arzt angestellt, so kann die Arztpraxis gleichzeitig sowohl an der hausärztlichen als auch der fachärztlichen Versorgung teilnehmen (S 3).

22 Auch bei einer fachgebietsfremden Anstellung eines Arztes sind die Grundsätze der *„persönlichen Leistungserbringung"* (§ 15 Abs 1 S 1) und der *„persönlichen Leitung"* durch den Praxisinhaber (§ 14a Abs 1) einzuhalten (S 4). Der anstellende Arzt hat die Notwendigkeit der fachärztlichen Leistungen des angestellten Arztes mit zu verantworten. Persönliche Leitung bedeutet in diesem Zusammenhang nicht, dass der anstellende Arzt dem angestellten Arzt inhaltliche Vorgaben machen darf. Der Vertragsarzt ist jedoch verpflichtet, den gebietsfremd angestellten Arzt auf die Einhaltung der vertragsärztlichen Pflichten hinzuweisen und hat organisatorische Maßnahmen zu treffen, so dass der angestellte Arzt seine Leistungen leistungsgerecht erbringen und die erforderlichen Abrechnungsvoraussetzungen, berufsrechtlichen und sonstige rechtliche Vorgaben (zB Hygienevorschriften) einhalten kann.

§ 15 Persönliche Leistungserbringung

(1) [1]Jeder an der vertragsärztlichen Versorgung teilnehmende Arzt ist verpflichtet, die vertragsärztliche Tätigkeit persönlich auszuüben. [2]Persönliche Leistungen sind auch ärztliche Leistungen durch genehmigte Assistenten und angestellte Ärzte gemäß § 32b Ärzte-ZV, soweit sie dem Praxisinhaber als Eigenleistung zugerechnet werden können. [3]Dem Praxisinhaber werden die ärztlichen selbstständigen Leistungen des angestellten Arztes zugerechnet, auch wenn sie in der Betriebsstätte oder Nebenbetriebsstätte der Praxis in Abwesenheit des Vertragsarztes erbracht werden. [4]Dasselbe gilt für fachärztliche Leistungen eines angestellten Arztes eines anderen Fachgebiets (§ 14a Abs. 2), auch wenn der Praxisinhaber sie nicht selbst miterbracht oder beaufsichtigt hat. [5]Persönliche Leistungen sind ferner Hilfeleistungen nichtärztlicher Mitarbeiter, die der an der vertragsärztlichen Versorgung teilnehmende Arzt, der genehmigte Assistent oder ein angestellter Arzt anordnet und fachlich überwacht, wenn der nichtärztliche Mitarbeiter zur Erbringung der jeweiligen Hilfeleistung qualifiziert ist. [6]Das Nähere zur Erbringung von ärztlich angeordneten Hilfeleistungen durch nichtärztliche Mitarbeiter in der Häuslichkeit der Patienten, in Alten- oder Pflegeheimen oder in anderen beschützenden Einrichtungen ist in Anlage 8 zu diesem Vertrag geregelt.

(2) [1]Verordnungen dürfen vom Vertragsarzt nur ausgestellt werden, wenn er sich persönlich von dem Krankheitszustand des Patienten überzeugt hat oder wenn ihm der Zustand aus der laufenden Behandlung bekannt ist. [2]Hiervon darf nur in begründeten Ausnahmefällen abgewichen werden.

(3) [1]Vertragsärzte können sich bei gerätebezogenen Untersuchungsleistungen zur gemeinschaftlichen Leistungserbringung mit der Maßgabe zusammenschließen, dass die ärztlichen Untersuchungsleistungen nach fachlicher Weisung durch einen der beteiligten Ärzte persönlich in seiner Praxis oder in einer gemeinsamen Einrichtung durch einen gemeinschaftlich beschäftigten angestellten Arzt nach § 32b Ärzte-ZV erbracht werden. [2]Die Leistungen sind persönliche Leistungen des jeweils anweisen-

§ 15 Persönliche Leistungserbringung

den Arztes, der an der Leistungsgemeinschaft beteiligt ist. ³Sind Qualifikationsvoraussetzungen gemäß § 11 dieses Vertrages vorgeschrieben, so müssen alle Gemeinschaftspartner und ein angestellter Arzt nach § 32b Ärzte-ZV, sofern er mit der Ausführung der Untersuchungsmaßnahmen beauftragt ist, diese Voraussetzungen erfüllen.

(4) ¹Ein Zusammenschluss von Vertragsärzten bei gerätebezogenen Untersuchungsleistungen zur gemeinschaftlichen Leistungserbringung von Laboratoriumsleistungen des Abschnitts 32.2 des Einheitlichen Bewertungsmaßstabes ist mit Wirkung ab 01. Januar 2009 ausgeschlossen. ²Bestehende Leistungserbringergemeinschaften (Gründung vor dem 1. Januar 2009) dürfen bis zum 31.12.2009 fortgeführt werden.

Übersicht

	Rn		Rn
I. Gesetzliche Vorgaben	1	5. Gerätebezogene Untersuchungsleistungen	38
II. Anwendungsbereich des Grundsatzes der persönlichen Leistungserbringung (Abs 1)	8	6. Erbringer der Leistung (angewiesener Arzt)	39
III. Sorgfaltspflicht bei Verordnungen (Abs 2)	19	7. Fachliche Weisung	41
IV. Leistungserbringergemeinschaft (Abs 3)	27	8. Qualifikationsvoraussetzungen	42
1. Begriffsbestimmung (Glossar)	27	9. Adressat der fachlichen Genehmigung	43
2. Vorbemerkung: Durchbrechung des Grundsatzes der persönlichen Leistungserbringung	29	10. Ort der Leistungserbringung	44
3. Berechtigte Leistungserbringer	32	11. Rechtliche Qualifizierung	45
a) Vertragsärzte	32	12. Verhältnis: Leistungserbringergemeinschaft – Teil-BAG	50
b) Psychologische Psychotherapeuten/Kinder- und Jugendlichenpsychotherapeuten	33	13. Privatärztliche Leistungserbringergemeinschaften	51
c) MVZ	34	14. Vertragliche Regelungen	55
d) Ermächtigte Krankenhausärzte/ermächtigte ärztlich geleitete Einrichtungen	35	15. Vertragliche Beziehungen und Haftung	56
4. Qualifikation und Fachgebietszugehörigkeit	37	V. Gemeinsame Leistungserbringung bei gerätebezogenen Leistungen (Abs 4)	58

Literatur: **Zu den Rechtsgrundlagen und Auswirkungen des Grundsatzes der persönlichen Leistungserbringung** s grundlegend *Gitter/Köhler* Der Grundsatz der persönlichen Leistungserbringung, 1989; *Köhler/Fleischmann* Der Grundsatz der persönlichen ärztlichen Leistungspflicht, 1991; *Peikert* ZMGR 2008, 186. *Steinhilper* Die Pflicht des Vertragsarztes zur persönlichen Leistungserbringung, Laufs/Kern (Hrsg), § 30; *ders* Die Pflicht zur persönlichen Leistungserbringung in der ambulanten vertragsärztlichen Versorgung, Wenzel (Hrsg), Handbuch des Fachanwalts Medizinrecht, 4. Aufl 2020, Kap 11 H (= S 1413 ff). **Zur Delegation ärztlicher Leistungen** umfassend *Achterfeld* Aufgabenverteilung im Gesundheitswesen, 2014 mwN. **Zu Delegation und Substitution** *AG Rechtsanwälte im Medizinrecht* Delegation und Substitution – wenn der Pfleger den Doktor ersetzt; *Berg ua* Gesundheitswesen 2010, 285; *Bergmann* MedR 2009, 1. **Zu Delegation** kritisch (mangelnde gesetzliche Grundlagen) *Kunte* SgB 2009, 689. *Ratzel* MedR 2008, 186. **Zur Übertragung von Leistungen an Mitarbeiter im Heim** *Größmann* GuP 2011, 8.

§ 15 Persönliche Leistungserbringung

I. Gesetzliche Vorgaben

1 § 15 Abs 1 SGB V regelt die (gesetzlich vorgegebene) Pflicht zur persönlichen Leistungserbringung in der ambulanten vertragsärztlichen Versorgung nicht abschließend. Nähere Einzelheiten zum Umfang der persönlichen Leistungspflicht des Arztes ergeben sich aber ua aus dem Behandlungsanspruch des Patienten (§ 28 Abs 1 SGB V und § 630b BGB[1]) sowie § 32 Abs 1 S 1 Ärzte-ZV: vertragsärztliche Tätigkeit ist danach „*persönlich in freier Praxis auszuüben*". Der Grundsatz gilt für alle Leistungserbringer in der ambulanten vertragsärztlichen Versorgung, auch für ermächtigte Ärzte (§ 32a Ärzte-ZV)[2]. Der persönliche Kontakt zwischen Arzt und Patient galt bisher als „*Goldstandard ärztlicher Behandlung*". Seit dem e-Health-Gesetz von 2015[3], dem Beschl des 121. Deutschen Ärztetages und dem TSVG[4] ist stufenweise damit zu rechnen, dass aufgrund erweiterter Telematik-Infrastruktur[5] künftig ein persönlicher Kontakt zwischen Arzt und Patient nicht mehr in allen Bereichen im bisherigen Umfang bzw überhaupt nicht mehr erforderlich ist.[6] Das

---

1 Das BGB verpflichtete den Arzt schon immer, seine ärztlichen Leistungen im Zweifel selbst zu erbringen (Dienstvertrag; § 613 S 1 BGB; durch das PatRG 2013 neu geregelt).
2 Es genügt also nicht, dass der ermächtigte Arzt Befunde, die ein anderer Arzt vorbereitet, lediglich inhaltlich prüft und für richtig oder falsch erklärt, *BSG* MedR 2019, 166, Rn 19 f.
3 BGBl I, 2408. Dazu *Fischer/Krämer (Hrsg)* eHealth in Deutschland, 2016; *Schmucker* GuP, 81; *Hahn* MedR 2018, 384; *Hahn* Telemedizin – Das Rechts der Fernbehandlung, 2019; *Hahn* MedR 2020, 370; s auch *Hahn* unten Anhang 2 (Erläuterungen Anlagen im BMV-Ä zu Fragen der Digitalisierung im Gesundheitswesen); *Dierks* MedR 2016, 405; *Bergmann* MedR 2016, 497; *Buchner* MedR 2016, 660; *Karl* MedR 2016, 675; *Braun* MedR 2018, 409; *Kalb* GesR 2018, 481; *Kuhn/Heinz* GesR 2018, 691; *Spickhoff* MedR 2018, 563. Zu den Möglichkeiten und Grenzen einer medizinischen Fernbehandlung s die Beiträge von *Hübner*, *Katzenmeier* und *Wodarz* auf der Herbsttagung der BLS (Hamburg) am 29.1.2018 (dazu Bericht von *Schiller* MedR 2019, 388). Zu den Grenzen der Digitalisierung im Gesundheitswesen auch Jacobs ua/*Steinhilper/Schiller* Weiterdenken: Recht an den Schnittstellen zur Medizin, Festschrift für Hermann Plagemann zum 70. Geburtstag, 2020, 579. S auch *Lindenberg* ZMGR 2020,12 („Robotdoktor").
4 Beschl v 14.3.2019, BT-Drucks 128/19, in Teilen in Kraft seit Mai 2019. Zu dem Gesetz *Andreas* ArztR 2019, 145; *Ladurner* MedR 2019, 123 und 519.
5 Zur Digitalisierung im Gesundheitswesen und den Anforderungen an das Recht sehr informativ *Katzenmeier* MedR 2019, 259; s auch die Beiträge zu eHealth, Big Data etc auf der Medizinrechtstagung 2016 in Bremen, MedR 20116, 649. Zur Digitalisierung der Medizin *Kuhn/Hein* GesR 2018, 691; *Deutscher Ethikrat* Big Data und Gesundheit, Stellungnahme, 2017; *Hoffmann-Riem* A Big Data – Regulative Herausforderungen, 2018; *Hilgendorf* medstra 20117, 257; gefordert wird zunehmend eine genaue Regulierung zur Vermeidung von Unsicherheiten, Fehlern, Haftung und Datenschutz, so auch *Waldhoff* MedR 2016, 654. Zur Sicht der Ärzte (empirische Erhebung) s die Beiträge in *Schachinger ua* Was Ärzte über die Digitalisierung des Gesundheitswesens denken, 2019.
6 Die MBO sah bisher ein Verbot ausschließlich telematischer Patientenversorgung vor (§ 7 Abs 4; zu den Gründen Spickhoff/*Scholz* Medizinrecht § 7 MBO Rn 14; zu Fragen der Umgehung des Fernbehandlungsverbots *Achterfeld* 225 ff). 2018 hat der 121. Deutsche Ärztetag die medizinische Fernbehandlung in bestimmten Fällen berufsrechtlich für zulässig erklärt (§ 7 Abs 4 S 3 MBO; dazu Bedenken von *Hahn* MedR 2018, 384). Das bisherige Verbot von Fernbehandlungen (§ 48 Abs 1 S 2 AMG) soll aufgehoben werden (Referentenentwurf eines GSAV v. 14.11.2018; zu diesen Forderungen *Hahn* MedR 2018, 384 und *Hahn* GesR 2018, 687; *Braun* MedR 2018, 563). Zur Ausstellung von AU-Bescheinigungen nach medizinischer Fernbehandlung *Braun* GesR 2018, 409; *Hahn* ZMGR 2018, 279; *Kalb* GesR 2018, 481; zur Haftung bei Telemedizin *Stellpflug* GesR 2019, 76. Zur Frage, inwieweit der bisherige Behandlungsstandard durch die medizinische Fernbehandlung verlassen wird/verlassen werden muss *Eberbach* MedR 2019, 1.

Persönliche Leistungserbringung § 15

Verbot einer ausschließlich medizinischen Fernbehandlung wurde 2018 durch den 120. Deutschen Ärztetag gelockert. Auch nach dem TSVG können die Möglichkeiten der Digitalisierung im Gesundheitswesen künftig verstärkt genutzt werden.[7] Die ausschließliche Fernbehandlung ist aber berufsrechtlich weiterhin nur dann ausnahmsweise zulässig, wenn sie ärztlich vertretbar ist; der Patient muss zuvor ausreichend aufgeklärt sein. Durch diese Lockerungen können sich die Anforderungen an den bisherigen Grundsatz der persönlichen Leistungserbringung (dazu Rn 2 ff) im Laufe der Zeit ändern; auch bei einer telemedizinischen Behandlung muss der Arzt die medizinischen Entscheidungen indessen weiterhin selbst treffen und darf sie nicht an Dritte (im Hintergrund) übertragen.

Die Pflicht zur persönlichen Leistungserbringung ist in § 1a Nr 24 definiert. Eine ergänzende Bestimmung enthält Ziffer 2.2 des EBM: *„Eine Gebührenposition ist nur berechnungsfähig, wenn der an der vertragsärztlichen Versorgung teilnehmende Arzt die für die Abrechnung relevanten Inhalte gemäß §§ 14a, 15 und 25 BMV-Ä persönlich erbringt."* Ziffer 2.1.2. normiert ergänzend einen Abrechnungsausschluss, wenn Leistungsinhalte nicht vollständig erbracht sind.[8]   2

In der MBO-Ä ist der Grundsatz der persönlichen Leistungserbringung berufsrechtlich übergreifend für den privatärztlichen und den GKV-Bereich normiert (§ 19 Abs 1 MBO-Ä)[9].   3

Es gilt für die vertragsärztliche Versorgung für die Einzelpraxis, die BAG und das MVZ, ferner für die Praxisgemeinschaft[10] (wo allerdings eine gegenseitige Vertretung möglich ist) und mit Varianten für die Leistungserbringergemeinschaft (Apparategemeinschaft und Laborgemeinschaft; für Basislabor; Kap 32.21 EBM); für die Erbringung von Speziallabor (Kap 32.3 EBM) gilt der Grundsatz der persönlichen Leistungserbringung weiterhin (§ 25 Abs 3 BMV-Ä). Auch Leistungen an „weiteren Orten" (Nebenbetriebsstätte, Zweigpraxis; § 24 Abs 3 und 4 Ärzte-ZV) hat der Arzt medizinische Leistungen grundsätzlich persönlich zu erbringen. Der Grundsatz gilt auch für ermächtigte Ärzte bei Leistungen im Rahmen der vertragsärztlichen Versorgung.[11]   4

---

7   Zum 1.1.2021 sollen zB die Krankenkassen den Patienten elektronische Patientendaten zur Verfügung stellen.
8   Ratzel/Luxenburger/*Hartmannsgruber* Verpflichtung zur persönlichen Leistungserbringung, Kap 7 Rn 227 ff. Zur gegenwärtigen Rechtslage und Praxis Wenzel/*Steinhilper* Kap 11 H; Laufs/*Steinhilper* Kap 26; HK-AKM/*Steinhilper* 4060 Persönliche Leistungserbringung; zur persönlichen Leistungserbringung im privatärztlichen Bereich, s ua Bazan/Dann/Errestink/*Wenning* Rechtshandbuch für Ärzte und Zahnärzte, 2013, 148 ff.
9   Nach hM unterliegen auch Laborleistungen nach MIII und MIV (weitgehend übereinstimmend mit Kap 32.2 EBM) der persönlichen Leistungserbringung. In der Rspr (*LG Düsseldorf* medstra 2015, 318 m Anm *Dann* = MedR 2016, 353 m Anm *Warntjen*; *LG Düsseldorf* medstra 2016, 108 m Anm *Dann*; *OLG Düsseldorf* MedR 2017, 561 m Anm *Pauly* = medstra 2017, 361 m Anm *Dann* = GesR 2017, 178) und Literatur wird diese Anforderung aber zunehmend als praktisch nicht erforderlich und daher als nicht notwendig für eine korrekte Leistungserbringung erachtet, *Peikert* MedR 2000, 352; *Peikert/Gottwald* GesR 2018, 205 mwN.
10   Dazu neuestens HK-AKM/*Kremer* Beitrag 4270 Praxisgemeinschaft.
11   *LSG Brandenburg* GuP 2016, 159 m Anm *Makoski*. Zum Delegationsverbot bei Wahlleistungen *BGH* MedR 2017, 13; *Günther* Kriminalistik 2012, 40. S auch *OLG Hamm* MedR 2018, 583.

5 Ausnahmen von diesem Grundsatz (Delegation an ärztliches und nicht ärztliches Personal) sind nach §§ 32, 32b Ärzte-ZV ua möglich bei
- **angestellten Ärzten** (in Einzelpraxis, BAG jeglicher Form, in gesperrten und nicht gesperrten Planungsbereichen, bei Voll- oder Teilzulassung, in MVZ)[12],
- **Vertretern** (in Abwesenheit des vertretenen Arztes)[13] und
- **Assistenten** (zu unterscheiden sind Weiterbildungs-, Sicherstellungs-, Ausbildungs- und Fortbildungsassistent)[14].

6 Delegation[15] bedeutet Übertragung des „*Wie*" ärztlicher Tätigkeit auf einen Dritten **mit Überwachungspflicht** (dazu die Delegations-Vereinbarung in Anlage 24 zum BMV-Ä). Daneben sieht das Gesetz auch die Übertragung des „*Ob*" ärztlicher Tätigkeit auf Dritte zur **selbstständigen**, eigenverantwortlichen Ausführung vor (sog **Substitution**[16]), zB § 63 Abs 3b und 3c SGB V[17], § 4 HebG, § 4 NotSanG.

7 Die persönliche Leistungserbringungspflicht wurde in der Vergangenheit zum Teil unterschiedlich ausgelegt. BÄK und KBV hatte daher 1987 eine gemeinsame Erklärung zu diesem Grundsatz verabschiedet[18] und den Text am 29.8.2008 aktualisiert: Anpassung an die gesetzlichen Änderungen.[19] Anlage 24 zum BMV-Ä[20] konkretisierte erstmals zum 1.10.2013 die Möglichkeiten der Delegation ärztlicher Leistungen an nichtärztliches Personal (Grundlage: § 28 Abs 1 S 3 SGB V). Im Anhang zu dieser Anlage sind in einem Beispielkatalog zahlreiche ärztliche Tätigkeiten, die an Medizinische Fachangestellte delegiert werden können, mit ergänzenden Hinweisen und Bemerkungen aufgeführt. Anlage 8 zum BMV-Ä enthält konkrete Regelungen zur Erbringung ärztlich angeordneter Hilfeleistungen in der Häuslichkeit der Patienten, in Alten- und Pflegeheimen oder in anderen beschützenden Einrichtungen nach § 87 Abs 2b S 5 SGB V oder in hausärztlichen Praxen (Delegations-Vereinbarung).

II. Anwendungsbereich des Grundsatzes der persönlichen Leistungserbringung (Abs 1)

8 Abs 1 wiederholt zunächst den an anderer Stelle (vgl Rn 1 ff) mehrfach erwähnten Grundsatz der persönlichen Leistungserbringung. Verstöße dagegen sind Verstöße gegen vertragsärztliche Pflichten und können Folgeverfahren auslösen (zu den Folgen eines Verstoßes gegen diese Pflicht im vertragsärztlichen Bereich s § 60). Ausnahmen von diesem Grundsatz sind ärztliche Leistungen

---

12 S dazu im Einzelnen Halbe/*Steinhilper* Angestellte Ärzte und Assistenten in der vertragsärztlichen Versorgung, A-1300; *Steinhilper* MedR 2018, 639; *Kuhlmann* ZMGR 2018, 3.
13 S dazu HK-AKM/*Dahm* 5400 Vertreter.
14 S dazu ausführlich HK-AKM/*Dahm* 610 Assistent; *Kamps* MedR 2003, 63. Zu angestellten Ärzten, Assistenten und Praxisvertretern s die Übersicht bei *Schallen/Kleinheidt/Schäfer* Verträge für angestellte Ärzte, Zahnärzte, 1 ff und *Schlegel* Musterverträge, 200.
15 Ausführlich dazu HK-AKM/*Reuther* Beitrag 1360 Delegation ärztlicher Leistungen (Stand: 2019); *Achterfeld* Aufgabenverteilung im Gesundheitswesen, 2014.
16 Zur Substitution ausführlich *Andreas* ArztR 2008, 144; *Ellbogen* ArztR 2008, 312.
17 Zur Evaluation solcher Modellvorhaben (AGNES) s zB DÄ 2012, A-795 (Erfahrungsbericht).
18 DÄ 1987, A-2197.
19 DÄ 2008, A-2173. Kritisch zu den Anforderungen bei Wahlleistungen bei Krankenhausärzten *Baur* chefarzt aktuell 5/2008, 93. Zu Honorarabrechnung von Honorarärzten *Ufer* ZMGR 2017, 3.
20 DÄ 2013, C-1525.

- genehmigter Assistenten (§ 32 Ärzte-ZV),
- genehmigter angestellter Ärzte (§ 32b Ärzte-ZV),
- nichtärztlichen Personals bei zulässiger Delegation oder Substitution (§§ 63 Abs 3b, c, 87 Abs 2b SGB V),

soweit sie dem Praxisinhaber als „*Eigenleistung*" zugerechnet werden können.

Ärztliche Leistungen dieser Leistungserbringer können dem Praxisinhaber als „*Eigenleistungen*" indessen nur zugerechnet und von ihm dann auch wie selbst erbrachte Leistungen abgerechnet werden, wenn bestimmte Voraussetzungen erfüllt sind (insbesondere fachliche Überwachung des Leistungserbringers). Er hat auch die medizinische Notwendigkeit der Behandlung durch Dritte zu verantworten und die Praxis persönlich zu leiten (§ 14 BMV-Ä). 9

- Erbringt der angestellte Arzt die Leistungen in der Betriebsstätte (§ 1a Nr 21, Hauptvertragsarztsitz) selbstständig, gelten sie bei entsprechender Beaufsichtigung als vom Praxisinhaber selbst erbracht. Dasselbe gilt bei selbstständigen Leistungen des angestellten Arztes in einer Nebenbetriebsstätte (§ 1a Nr 22), also auch in einer ausgelagerten Praxisstätte (§ 1a Nr 20); der Praxisinhaber braucht bei der Leistungserbringung nicht selbst anwesend zu sein. (Ergänzung: Der Vertragsarzt hat den angestellten Arzt auf seine vertragsärztlichen Pflichten hinzuweisen und deren Einhaltung zu kontrollieren; vgl § 32b Abs 3 Ärzte-ZV. Zur Haftung des Praxisinhabers s § 14 Abs 2). 10

- Bei besonderen qualifikationsgebundenen Leistungen nach § 11 Abs 1 S 3 genügt es, wenn nur der angestellte Arzt über die erforderliche fachliche Qualifikation verfügt. Über diese Voraussetzung muss sich der Arzt vergewissern (§ 14 Abs 1 S 1). Nur dann ist die Leistung lege artis erbracht und kann vom Praxisinhaber als Eigenleistung abgerechnet werden. 11

- Auch ärztliche Leistungen, die für den Praxisinhaber fachgebietsfremd sind, aber von einem dafür qualifizierten (genehmigten) angestellten Arzt dieses Fachgebietes erbracht werden, können dem Praxisinhaber als Eigenleistung zugerechnet werden, auch wenn er sie nicht „*miterbracht oder beaufsichtigt hat*" (Abs 1 S 4). Nach § 95 Abs 9 SGB V idF des VÄndG ist in nicht gesperrten Planungsbereichen auch die Anstellung von (fachgebietsfremden) Ärzten unter bestimmten Voraussetzungen möglich geworden (zu den weiteren Voraussetzungen und Grenzen der Beschäftigung fachgebietsfremder Ärzte s § 14a Abs 2; bei der Job-Sharing-Anstellung ist demgegenüber Fachgebietsgleichheit erforderlich; s dazu §§ 40, 41 BPRL-Ä, für Psychotherapeuten: § 47 BPRL-Ä). 12

- Bedient sich der Arzt der Hilfeleistungen[21] nichtärztlichen Personals (Arzthelferin, MTA, Medizinische Fachangestellte etc), so werden ihm auch deren Leistungen zugerechnet, soweit er das Personal dazu anweist, überwacht und sofern das Personal für die übertragenen Aufgaben qualifiziert ist (Abs 1 S 5). Einzelheiten zur Erbringung ärztlicher Hilfeleistungen durch nichtärztliches Personal sind in 13

---

21 ZB Anamnesevorbereitung, Messung von Temperatur, Puls oder Blutdruck, Blutentnahme. Psychotherapeutische Leistungen darf der Therapeut indessen in aller Regel wegen des besonderen Vertrauensverhältnisses zum Patienten nicht delegieren.

Anlage 8 zum BMV-Ä[22] geregelt (Delegationsvereinbarung). Weitere konkretisierende Vorgaben finden sich vereinzelt auch im EBM oder in Verträgen und Richtlinien (auch auf Landesebene). 2009 wurden nach dem GKV-WSG ausdrücklich weitere Möglichkeiten geschaffen, ärztliche Leistungen an nichtärztliches Personal zu delegieren (§ 87 Abs 2b SGB V) und zu substituieren (§ 63 Abs. 2 und 3b–c SGB V[23]). Die Delegation ärztlicher Leistungen (zB Röntgenaufnahmen) an nichtärztliches Personal erfordert nach bisheriger Rechtsprechung die Anwesenheit des verantwortlichen Arztes in den Praxisräumen während der gesamten Untersuchung.[24] In der Literatur wurde diese Anforderung angesichts des weitgehend verselbstständigten technischen Untersuchungsvorganges kritisiert.[25]

14 Strittig war bisher, welche Anforderungen an Delegationen an nichtärztliche Mitarbeiter (§ 87 Abs 2b SGB V) außerhalb der Praxis in Räumen des Patienten, in Altenoder Pflegeheimen oder vergleichbaren Einrichtungen zu richten sind. Das GKV-WSG hatte zum 1.1.2009 neue Delegations- und auch Substitutionsmöglichkeiten eingeführt. Nichtärztliche Praxisassistenten können danach zur Versorgung häuslicher Patienten Hilfeleistungen nach § 28 Abs 1 S 2 SGB V erbringen (Grundlage: § 87 Abs 2b SGB V).

15 – Nach dem GKV-VStG können die Partner des BMV-Ä für die vertragsärztliche Versorgung weitere delegierbare ärztliche Leistungen vereinbaren (§ 28 Abs 1 S 3 SGB V) und auch den Anwendungsbereich für Substitution (§ 63 Abs 3b und c SGB V) ausdehnen. Zum 1.10.2013 haben KBV und die KK eine Vereinbarung über die Delegation ärztlicher Leistungen an nichtärztliches Personal in der ambulanten vertragsärztlichen Versorgung nach § 28 Abs 1 S 3 SGB V mit einem Beispielskatalog (Anhang zu Anlage 24) und ergänzenden Hinweisen und Bemerkungen verabschiedet.

16 – Leistungen eines Assistenten sind von dem Arzt zu beaufsichtigen, dem er durch die Genehmigung zugeordnet ist. Bei Weiterbildungsassistenten[26] muss dieser eine Weiterbildungsbefugnis besitzen (§ 8 Abs 5 MBO-Ä). Bei einem MVZ und einer BAG ist die Anstellungsgenehmigung[27] nicht von dem einzelnen Arzt, dem der

---

22 Anlage 8 zum BMV-Ä: Delegationsvereinbarung nach § 87 Abs 2 S 5 SGB V (Stand: 1.1.2019) und Anlage 24: Vereinbarung über die Delegation ärztlicher Leistungen an nichtärztliches Personal nach § 28 Abs 1 S 3 SGB V (Stand: 2015). Zu den Haftungsproblemen *Peikert* MedR 2000, 355; *Ratzel* ZMGR 2008, 186; *Bergmann* MedR 2009, 1. Zu den strafrechtlichen Folgen einer Delegation *Ellbogen* ArztR 2008, 312. Zu den haftungsrechtlichen Sorgfaltspflichten speziell in der Pflege s *Gaßner/Strömer* MedR 2012, 48.
23 Zum Unterschied zwischen Delegation und Substitution s oben Rn 6.
24 *LSG NRW* MedR 1999, 94. Anders das *LG Düsseldorf* MedR 2016, 131 m Anm *Warntjen* = medstra 2016 108 m Anm *Dann*.
25 ZB *Peikert* MedR 2000, 358.
26 Zur Einsetzung von Weiterbildungsassistenten *Schulte* GesR 2018, 622; *Schallen* § 32 Rn 87 ff.
27 Zum Genehmigungsverfahren *Schallen* § 32 Rn 110 ff; *Kremer/Wittmann* Rn 870 ff; *Ratzel/Luxenburger/Möller/Dahm/Remplik* Kap 9 Rn 226 ff: SGB V und Ärzte-ZV begrenzen der Zahl der in einem MVZ anstellbaren Assistenten nicht. Die Beschränkung in § 32 Abs 2 S 2 Ärzte-ZV kann auf MVZ nicht entsprechend angewendet werden (§ 1 Abs 3 Nr 2 Ärzte-ZV). juris PK-SGB V/*Pawlita* Rn 575 und 576.1 stimmt dem zu; *Ricken* GesR 2016, 271 fordert demgegenüber eine Zahlenbegrenzung.

angestellte Arzt zugeordnet wird, sondern vom Rechtsträger selbst zu beantragen. Die Beschäftigung des Assistenten darf nicht der Vergrößerung der Vertragsarztpraxis oder der Aufrechterhaltung einer übergroßen Praxis dienen (§ 32 Abs 3 Ärzte-ZV); überschießende Honorarteile sind zurückzufordern[28]; in diesen Fällen kann die Genehmigung uU auch widerrufen werden.
Leistungen des Weiterbildungsassistenten sowie des Famulus bedürfen der Überwachung durch den weiterbildenden Arzt[29] und sind ihm nur dann als persönlich erbracht zurechenbar und wie selbst erbrachte Leistungen abrechenbar. Der Entlastungsassistent, dem der anstellende Arzt seine Aufgaben während Urlaub, Krankheit oder Fortbildung überträgt, muss dieselbe Qualifikation haben wie der vertretene Arzt. Er ist eigenverantwortlich tätig und bedarf keiner Aufsicht. Assistenten sind für die Ärzte Erfüllungsgehilfen (§ 278 BGB, § 14 Abs 2 BMV-Ä).

Ärztliche Leistungen der angestellten Ärzte und Assistenten sind bei der KV von dem Arzt abrechenbar, dem diese durch die Anstellungsgenehmigung zugeordnet sind, und zwar nach denselben Regelungen (also auch in derselben Höhe) wie Leistungen, die er selbst erbracht hat. Sie werden mit in die Plausibilitätsprüfung nach § 106d Abs 2 S 2, 2. HS SGB V[30] einbezogen (Erbringbarkeit der abgerechneten Leistungen unter zeitlichen Gesichtspunkten), unterliegen aber gesonderten Anrechnungsfaktoren.[31] 17

In § 63 Abs 3b und 3c SGB V sind die Möglichkeiten von Modellvorhaben zur Substitution erweitert worden („Übertragung" ärztlicher Tätigkeit auf nicht ärztliches Personal zur selbstständigen Ausübung). 18

III. Sorgfaltspflicht bei Verordnungen (Abs 2)

Der Vertragsarzt erfüllt durch seine Leistungen den gesetzlichen Anspruch des Versicherten auf eine angemessene Behandlung; diese kann auch die Verordnung von Arznei-, Heil- und Hilfsmitteln, die stationäre Behandlung sowie die medizinische Rehabilitation einschließen. Die verordneten Leistungen werden von Dritten erbracht (vgl §§ 69–139 SGB V, §§ 129–131 SGB V; §§ 124–128 SGB V). Abs 2 verdeutlicht die Pflicht des Arztes, sich bei Verordnungen vom Krankheitszustand des Patienten persönlich zu überzeugen oder verlässliche Informationen über den jeweiligen Zustand des Patienten, den Behandlungsbedarf und die Behandlungsmöglichkeit einzuholen. Mit der Berechtigung und Verpflichtung von Verordnungen kommt dem Vertragsarzt zugleich ein erheblicher Einfluss auf und auch Verantwortung für die Kosten der Krankenkassen zu. Verordnungen hat der Vertragsarzt selbst zu unterschreiben. Das 19

---

28 Zu den Grenzen einer Praxisgröße *BSG* MedR 2006, 307; MedR 2011, 111. Seit dem GKV-VSG (2015) gibt es Ausnahmen zur vorübergehenden Weiterbeschäftigung zur Weiterbildung zum Hausarzt (§ 32 Abs 2 Ärzte-ZV). Zur Honorarrückforderung *BSG* MedR 2006, 307.
29 *BSG* MedR 2011, 111.
30 Grundlage: Änderung durch das GKV-VSG zum 17.6.2015. S dazu unten die Kommentierung von *Hofmayer* zu § 46.
31 Laufs/Clemens/*Steinhilper* Sachlich-rechnerische Richtigstellung und Plausibilitätsprüfung, § 35 B II, jeweils mwN. Speziell für Ärzte: *Scholz* Abrechnungs- und Plausibilitätsprüfung, *Bazan/Dann/Errenstink* Rechtshandbuch für Ärzte und Zahnärzte, 2013, 127 ff. Zur Plausibilitätsprüfung s Wenzel/*Steinhilper* Handbuch des Fachanwalts für Medizinrecht, Kap 13 C, Rn 400 ff; HK-AKM/*Steinhilper* 4160 Plausibilitätsprüfung in der vertragsärztlichen Versorgung, Rn 48 ff; *Braun/Walter* GuP 2020, 68 (Plausibilitätsprüfung im MVZ).

Gleiche gilt für Überweisungen. Seit 1.10.2013 darf auch ein angestellter Arzt Bescheinigungen und Vordrucke sowie Arzneimittelverordnungen unterschreiben (§ 35 Abs 2). Auch der ermächtigte Krankenhausarzt hat Verordnungen für Arznei-, Heil- und Hilfsmittel selbst zu unterzeichnen.[32] Dies ist Ausfluss des Grundsatzes der persönlichen Leistungserbringung, der auch für den persönlich ermächtigten Arzt gilt.[33] Kann der Krankenhausarzt ausnahmsweise eine Verordnung nicht zeitgerecht unterzeichnen, kann er den Apotheker von der Verordnung fernmündlich unterrichten und die Verschreibung schriftlich oder elektronisch nachreichen (§ 4 der Verordnung). Auch bei Wiederholungsrezepten muss der Arzt selbst unterschreiben und darf die Unterschrift nicht Dritten übertragen. Nach der Entscheidung des BSG wird diese Kenntnis beim ermächtigten Arzt vorausgesetzt, so dass Verstöße dagegen schuldhaft sind und Regresse auslösen können (nach § 48, nicht: § 106 SGB V).

20 Der Begriff „Verordnung" ist gesetzlich nicht ausdrücklich definiert. Er wird im SGB V an verschiedenen Stellen verwandt und umfasst danach die Veranlassung folgender Drittleistungen[34]:
– Arzneimittel (§ 29 iVm §§ 31, 34–35c SGB V),
– Krankenhausbehandlung (§ 26 Abs 1 iVm § 39 SGB V),
– Häusliche Krankenpflege (§ 27 Abs 1 und 2 iVm § 37 SGB V),
– medizinische Behandlung in Vorsorge- und Rehabilitationseinrichtungen (§ 25a Abs 1 iVm §§ 40, 41 SGB V),
– Heil- und Hilfsmittel sowie Verbandmittel (§ 30 iVm §§ 32, 33, 34 SGB V),
– Ausstellung von Bescheinigungen für Dritte (zB Arbeitsunfähigkeit nach § 2 Abs 1 AU-RL nach § 81 Abs 3 Nr 2 SGB V – § 31; Tag der Entbindung – § 32; s ferner § 33, jeweils iVm §§ 274, 295 Abs 1 SGB V),
– Lieferung von Praxisbedarf.

21 Der Vertragsarzt trägt auch für die von ihm veranlassten und von Dritten erbrachten Leistungen die Verantwortung. So unterliegt er bei Arzneimittelverordnungen und bei verordneten Leistungen Dritter genauso wie bei eigenen ärztlichen Leistungen dem Wirtschaftlichkeitsgebot (§ 2 Abs 1 S 1 iVm §§ 12 Abs 1, 70 Abs 1 SGB V) und damit der Wirtschaftlichkeitsprüfung nach § 106 SGB V und/oder der Prüfung nach § 48.[35]

22 Der BMV-Ä legt Sorgfaltsmaßstäbe fest für die Verantwortung des Arztes bei der Verordnung von Leistungen Dritter. So darf ein Arzt bspw auf Anforderung von Angehörigen eines Patienten ein Folgerezept nur ausstellen, wenn er den Hintergrund der Erkrankung, deren Verlauf und Behandlungsnotwendigkeit aufgrund der Fremdangaben verlässlich beurteilen kann. Hat der Arzt auch nur den geringsten Hinweis darauf, dass eine Verordnung ohne medizinischen Anlass, also missbräuchlich, angefordert wird, ist er verpflichtet, die Verordnung abzulehnen. Das Haftungsrisiko verbleibt in jedem Fall bei ihm. Dasselbe gilt bei der Verordnung von Heil- und Hilfsmitteln, aber auch bei der Ausstellung von Bescheinigungen von Arbeitsunfähigkeit und anderen ärztlichen Attesten.

---

32 Vgl § 2 Abs 1 Nr 10 Arzneimittelverschreibungsverordnung; so auch ausdrücklich *BSG* GesR 2013, 540–546.
33 *BSG* GesR 2013, 540–546 und schon BSGE 110, 269.
34 S auch § 2 Rn 10 ff.
35 Zur Abgrenzung s *BSG* Urt v 20.3.2013 – B 6 KA 17/12 R.

Nach Abs 2 darf der Arzt nur in begründeten Ausnahmefällen darauf verzichten, sich selbst einen Eindruck von der medizinischen Verordnungsnotwendigkeit zu verschaffen (zB Notsituationen, in denen der Arzt keine Möglichkeit hat, verlässliche Informationen zB durch einen Hausbesuch zu erlangen). Kennt der Arzt aufgrund längerer Betreuung das Beschwerdebild des Patienten, die bisherigen Behandlungserfolge der Medikation und auch das Verhalten des Patienten, ist nicht vor jeder Folgeverordnung eine persönliche Vorstellung beim Arzt vor einer Verordnung erforderlich. Seit dem eHealthG von 2015 und dem Beschluss des 121. Deutschen Ärztetages besteht unter bestimmten (engen) Voraussetzungen auch die Möglichkeit einer ausschließlichen Fernbehandlung. Auch die Bescheinigung der Arbeitsunfähigkeit (AU) eines Patienten und eines Rezeptes darf nach neuem Recht ausnahmsweise auch aufgrund ausschließlicher Fernbehandlung ausgestellt werden. Während der CORONA-Krise dürfen AU-Bescheinigungen zeitweise bei bestimmten Atemwegserkrankungen auch nach telefonischer Anamnese ausgestellt werden (vorübergehende Änderung des § 31 BMV-Ä).[36] 23

Auch bei Verordnungen des Arztes ist zu beachten, dass der Patient dem zustimmen muss. 24

Zu den formalen Anforderungen an eine Verordnung s § 25a, zu einzelnen Verordnungen im Detail s §§ 26 bis 30. 25

§ 15 Abs 2 bezieht sich nach dem Wortlaut nicht auf Überweisungen. Detailregelungen dazu (Sorgfaltsanforderungen, Überweisungsvordrucke, Ausschlüsse etc) finden sich in § 24. 26

IV. Leistungserbringergemeinschaft (Abs 3)

1. Begriffsbestimmung (Glossar). Der Begriff „Leistungs**erbringer**gemeinschaft" ist in § 1a Nr 14 definiert 27

„Eine bundesmantelvertraglich bestimmte Form der Zusammenarbeit von Vertragsärzten, insbesondere im Bereich der medizinisch-technischen Leistungen gem § 15 Abs 3 BMV-Ä als Sonderfall der Leistungszuordnung im Rahmen der persönlichen Leistungserbringung."

und hat mit diesem Inhalt auch Eingang in die Literatur gefunden.[37]

---

36 Zu den Sorgfaltspflichten des Arztes bei der Verschreibung von Medikamenten, Laufs/*Kern* Kap 56 Rezeptur und Verschreibung. Zur Ausstellung von AU-Bescheinigungen Laufs/*Kern* Kap 55; zur AU-Bescheinigung nach telemedizinischer Diagnose *Braun* GesR 2018, 409; *Hahn* ZMGR 2018, 279; *Hahn* MedR 2018, 563 und MedR 2020, 370; *Hahn* Telemedizin – Das Recht der Fernbehandlung, 2019; *Kalb* GesR 2018, 481; zum Beweiswert der digitalen AU-Bescheinigung *Schulte/Tisch* NZA 2020, 761. Zur Haftung bei Fernbehandlung *Katzenmeier* MedR 2019, 259. Generell zu Telemedizin nach den Vorgaben des BMV-Ä (Anlagen) s unten *Hahn* Anhang 2 mwN. Zu ersten rechtlichen Bewertungen der Auswirkungen des COVID-19-Virus im deutschen Gesundheitswesen s. die Beiträge in MedR 2020, Heft 6.
37 Umfassend zu dieser Organisationsform s *Kremer/Wittmann* 2050 Gemeinschaftspraxis; HK-AKM/*Kremer/Wittmann* 840 (Stand: 2018), Rn 24; HK-AKM/*Peikert/Küntzel* 150 Apparategemeinschaft, Rn 18; *Ratzel/Möller/Michels* MedR 2006, 377, 378; Halbe/Schirmer/*Schäfer-Gölz* A 1200 Rn 16; Halbe/Schirmer/*Schiller* A 1400 Rn 4; HK-AKM/*Steinhilper* 4060 Leistungserbringung (Stand: 2014); Halbe/Schirmer/*Steinhilper* Persönliche Leistungserbringung in der ambulanten vertragsärztlichen Versorgung, E 1200 (Stand: 2014); Wenzel/*Steinhilper* Kap 11 H; Laufs/*Steinhilper* § 30.

28 Er ist synonym mit dem Ausdruck „*Leistungserbringungsgemeinschaft*". Der Begriff „*Leistungsgemeinschaft*" aus § 15 Abs 3 S 2 wurde demgegenüber in der Literatur nicht aufgenommen.[38]

29 **2. Vorbemerkung: Durchbrechung des Grundsatzes der persönlichen Leistungserbringung.** Für die Leistungserbringergemeinschaft wird der Grundsatz der persönlichen Leistungserbringung (zu den normativen Grundlagen dieser Pflicht s o Rn 1 ff, zu den einzelnen Anwendungsbereichen Rn 8 ff) durchbrochen. Danach ist eine ansonsten (höchst)persönlich zu erbringende ärztliche Leistung nach fachlicher Weisung an einen Partner der Gemeinschaft oder an einen dort angestellten Arzt übertragbar (**angewiesener Arzt**). Die von diesem erbrachte Leistung gilt als persönlich erbracht und kann von dem anweisenden Vertragsarzt im eigenen Namen abgerechnet werden.

30 Rechtsdogmatisch wurde die Rechtsfigur der Leistungserbringergemeinschaft anfangs kontrovers diskutiert; hinterfragt wurde zB, ob sie mit dem Grundsatz der persönlichen Leistungserbringung vereinbar ist und die in einer solchen Gemeinschaft erbrachten Leistungen dem Vertragsarzt rechtlich als selbst erbrachte Leistungen zugerechnet werden können.

31 Der Grundsatz der persönlichen Leistungserbringung in § 15 Abs 1 wurde über die Zeit stark liberalisiert, zB durch die Möglichkeit der Anstellung eines fachfremden Arztes und die Zurechnung von Leistungen eines angestellten Arztes, die in Abwesenheit des Vertragsarztes in der Betriebsstätte (§ 1a Nr 21) oder Nebenbetriebsstätte (§ 1a Nr 22) erbracht wurden. Dadurch haben die rechtsdogmatischen Bedenken gegen die Leistungserbringergemeinschaft an Gewicht verloren.

32 **3. Berechtigte Leistungserbringer. – a) Vertragsärzte.** Nach dem Wortlaut der Regelung können sich zu einer Leistungserbringergemeinschaft **Vertragsärzte** zusammenschließen und zwar **mit vollem, halbem oder mit dreiviertelm Versorgungsauftrag** (sog „*Teilzulassung*").[39] Das gilt auch für Sonderbedarfszulassungen.

33 **b) Psychologische Psychotherapeuten/Kinder- und Jugendlichenpsychotherapeuten.** Der BMV-Ä einschließlich seiner Anlagen gilt – soweit nichts Abweichendes bestimmt ist – grundsätzlich auch entsprechend für **Psychologische Psychotherapeuten und Kinder- und Jugendlichenpsychotherapeuten**. Gegenstand der Leistungserbringergemeinschaft sind jedoch gerätebezogene Untersuchungsleistungen (s dazu Nr 5), und diese gehören nicht zum Leistungsspektrum der Psychotherapeuten. Leistungserbringergemeinschaften unter Psychotherapeuten oder mit diesen erfüllen daher nicht die Tatbestandsvoraussetzungen, so dass der Verweis in § 1 Abs 5 insoweit obsolet ist.

34 **c) MVZ.** Mitglied einer Leistungserbringergemeinschaft kann auch ein **MVZ** (§ 95 Abs 1 und 2 SGB V) sein, sofern auch nur ein Mitglied die erforderliche Qualifikation für die Leistungen der Leistungserbringergemeinschaft hat.

---

38 So zB bei *Möller* MedR 1998, 60; Schnapp/Wigge/*Wigge* § 6 Rn 135.
39 S § 19a Abs 2 Ärzte-ZV idFd TSVG, der nunmehr auch eine Beschränkung des Versorgungsauftrags auf dreiviertel vorsieht, dazu *Ladurner* Das Terminservice- und Versorgungsgesetz – TSVG, MedR 2019, 440, 443; *Becker* GuP 2020, 41; *Rademacher* GuP 2020, 49; *Wrase* GuP 2020, 57; *Willaschek* GuP 2020, 63; zur Teilzulassung s *Schiller/Pavlovic* MedR 2008, 86.

d) Ermächtigte Krankenhausärzte/ermächtigte ärztlich geleitete Einrichtungen. Ermächtigte Krankenhausärzte nehmen zwar an der vertragsärztlichen Versorgung teil (§ 95 Abs 1 und 4 SGB V, § 4 Abs 1 S 1), sie sind jedoch nicht Vertragsärzte. Die Regelungen des BMV-Ä wurden für die ermächtigten Krankenhausärzte nicht explizit im BMV-Ä für anwendbar erklärt, sie sind jedoch gem § 95 Abs 4 S 2 SGB V verbindlich. Die Ermächtigung von weitergebildeten Krankenhausärzten setzt einen Versorgungsbedarf voraus, der von den niedergelassenen Vertragsärzten – sei es aus Gründen fachlicher oder aber apparativer Voraussetzungen oder wegen Überlastung – nicht (mehr) abgedeckt werden kann (qualitative oder quantitative Versorgungslücke). Dem Krankenhausarzt wird dann mit der Ermächtigung ein originärer Teilnahmestatus erteilt, der ihn – genauso wie der Teilnahmestatus „Zulassung" – berechtigt und verpflichtet, als im Rechtssinne eigenständiger Leistungserbringer an der vertragsärztlichen Versorgung teilzunehmen und Leistungen als eigene Leistungen zu erbringen und abzurechnen. Daraus könnte abgeleitet werden, ihm stünden dieselben Anstellungs- und auch Kooperationsmöglichkeiten wie Vertragsärzten offen. Die Frage der persönlichen Leistungserbringung und Vertretung ist jedoch in § 32a Ärzte-ZV ausdrücklich geregelt.[40] **35**

Nach der Ärzte-ZV wird der ermächtigte Arzt vom Patienten unmittelbar oder auf Überweisung (von niedergelassenen Vertragsärzten oder Facharztkollegen) in Anspruch genommen (§ 31 Abs 7 S 2 Ärzte-ZV). Weder dem SGB V noch der Ärzte-ZV kann entnommen werden, dass der ermächtigte Arzt im Rahmen einer Kooperation mit anderen (so wie es § 15 Abs 3 S 2 vorsieht) oder aber als Erfüllungsgehilfe für einen niedergelassenen Arzt tätig wird. Ermächtigte Ärzte können deshalb nicht Mitglieder einer Leistungserbringergemeinschaft sein. Dasselbe gilt für ärztlich geleitete ermächtigte Einrichtungen. Hierfür spricht auch die Differenzierung im Wortlaut des § 15: Während Adressat der Verpflichtung zur persönlichen Leistungserbringung in § 15 Abs 1 „*jeder an der vertragsärztlichen Versorgung teilnehmende Arzt*" ist, ist die Möglichkeit, sich zur Leistungserbringergemeinschaft zusammenzuschließen, in § 15 Abs 3 nur **Vertragsärzten** eröffnet. Dies entspricht schließlich auch dem Sinn und Zweck der Ermächtigung von Krankenhausärzten, die gegenüber der Zulassung subsidiär ist. Wird ein Krankenhausarzt ermächtigt, kommt es darauf an, dass er die Leistungen, für die er aufgrund einer Lücke in der ambulanten vertragsärztlichen Versorgung ermächtigt wird, aufgrund seiner Qualifikation höchstpersönlich erbringt. Die Zurechnung von Leistungen, die von anderen erbracht werden, würde dieser Intention widersprechen.[41] **36**

4. Qualifikation und Fachgebietszugehörigkeit. Die Partner einer Leistungserbringergemeinschaft müssen nicht derselben Fachgruppe (nach der MWBO) angehören, Fachgebietsgleichheit ist nicht erforderlich; sämtliche Partner der Gemeinschaft müssen jedoch bei qualifikationsgebundenen Leistungen, die innerhalb der Leistungserbringergemeinschaft erbracht werden, die erforderliche Fachkunde dafür nach § 11 besitzen. Die Leistungserbringergemeinschaft kann auch einen **fachfremden Arzt anstellen,** wenn er die Fachkunde für die gerätebezogenen Leistungen besitzt und die Leistungen für sich und die Partner der Leistungserbringergemeinschaft fachgebiets- **37**

---

40 Schallen/*Harwart/Thome* § 32a Rn 1 ff mwN; *Ladurner* § 32a Rn 1 ff mwN.
41 S hierzu *Ladurner* § 32a Rn 4; Schallen/*Harwart/Thome* § 32a Rn 2 ff. **AA** Halbe/*Steinhilper* Persönliche Leistungserbringung in der Einzelpraxis und bei ärztlichen Kooperationen, E 1200 (Stand: 2020), Rn 74.

konform erbringen kann. Unabhängig davon gelten auch für die Mitglieder einer Leistungserbringergemeinschaft die Grundsätze der Fachgebietsgrenzen. Es können nur fachgebietskonform erbrachte Leistungen abgerechnet werden.

38 **5. Gerätebezogene Untersuchungsleistungen.** Die Leistungserbringergemeinschaft ist nach dem Wortlaut des § 15 Abs 3 auf „gerätebezogene Untersuchungsleistungen" begrenzt, Therapie- bzw Behandlungsmaßnahmen können daher nicht in einer Leistungserbringergemeinschaft erbracht werden.[42] Gerätebezogene Untersuchungsleistungen sind solche, bei denen sich der Arzt zur Diagnose oder Therapie eines Geräts bedient. Der technische Vorgang der Untersuchung muss dabei in der Gesamtbewertung den medizinischen Teil überwiegen. Dies ist so zB bei Röntgenaufnahmen, Computertomographie und Magnetresonanztherapie der Fall. Hierbei wird ein unveränderbarer Status erhoben und bildlich dokumentiert; die ärztliche Befundung kann sich anschließen. Bei Durchleuchtungen, Gastroskopien, Koloskopien, Stressecho-Kardiographien und auch bei Linksherzkatheteruntersuchungen stehen demgegenüber ärztliche Kompetenz und Erfahrung sowie die unmittelbare Leistung des Arztes beim Untersuchungsgang im Vordergrund. Sie können deshalb nicht in einer Leistungserbringergemeinschaft erbracht werden.[43] Keine gerätebezogenen Leistungen iSv § 15 Abs 3 sind auch Laborleistungen. Für sie gilt vielmehr die Sonderregelung in § 25. Ebenso sind zytologische Leistungen keine gerätebezogenen Leistungen.[44]

39 **6. Erbringer der Leistung (angewiesener Arzt).** Leistungen in einer Leistungserbringergemeinschaft können erbracht werden von einem
– **an der Leistungserbringergemeinschaft beteiligten Arzt**, und zwar **in seiner Praxis**
– **gemeinschaftlich angestellten Arzt nach § 32b Ärzte-ZV** in einer gemeinsamen Einrichtung (Einrichtung der Leistungserbringergemeinschaft).

40 Die zweite Alternative stellt auf einen angestellten Arzt nach § 32b Ärzte-ZV ab. Daraus ergibt sich, dass zB **Assistenten, die im Rahmen der Aus- oder Weiterbildung oder aus Gründen der Sicherstellung der vertragsärztlichen Versorgung** nach § 32 Abs 2 Ärzte-ZV **beschäftigt werden,** keine Leistungen erbringen dürfen, die den Mitgliedern der Leistungserbringergemeinschaft als persönlich erbracht zuzurechnen sind.[45] Die Regelung geht von einem von der Leistungserbringergemeinschaft gemeinschaftlich beschäftigten (angestellten) Arzt aus.[46] Sie entspricht damit der neueren Rspr des BSG, das – entgegen der bis zu dieser Entscheidung ganz überwiegenden Auffassung in der Literatur und auch der Praxis der Zulassungsgremien – davon aus-

---

42 *Eisenberg* Ärztliche Kooperations- und Organisationsformen, Europäische Hochschulschriften, 126; *Möller* MedR 1998, 60, 61.
43 Wenzel/*Steinhilper* Kap 11 C Rn 362; *Möller* MedR 1998, 60, 61.
44 So auch *LG Lübeck* v 1.8.2005 – 7 KLs 21/04.
45 Zur Differenzierung der angestellten Ärzte nach § 32b Ärzte-ZV von den Assistenten aus Weiterbildungs- oder Sicherstellungsgründen s Schallen/*Clemens* § 32b Rn 1 und *Ladurner* § 32b Rn 4. **AA** Halbe/*Steinhilper* Persönliche Leistungserbringung in der Einzelpraxis und bei ärztlichen Kooperationen, E 1200 (Stand: 2020), Rn 77. Zu beachten sind dabei auch die unterschiedlichen Zuständigkeiten für die Entscheidung; Weiterbildungs- und Sicherstellungsassistenten gem § 32 Abs 2 Ärzte-ZV genehmigt die KV, während die Anstellung eines Arztes nach § 32b Abs 2 Ärzte-ZV der Genehmigung des Zulassungsausschusses bedarf.
46 So auch Wenzel/*Steinhilper* Kap 11 C Rn 361; HK-AKM/*Steinhilper* 4060 Persönliche Leistungserbringung, Rn 59.

geht, dass der Anspruch auf eine Anstellungsgenehmigung nach § 95 Abs 9 S 1 SGB V, § 32b Abs 2 S 1 Ärzte-ZV im Grundsatz nur der BAG und nicht dem einzelnen Vertragsarzt als Mitglied der BAG zustehen kann.[47] Sind für die Arztgruppe des angestellten Arztes keine Zulassungsbeschränkungen angeordnet (1. Alt von § 95 Abs 9 SGB V), ist die Ausnahme unproblematisch. Bei Zulassungsbeschränkungen (2. Alt von § 95 Abs 9 SGB V) ist die Anstellung eines Arztes nur unter den Bedingungen des § 101 Abs 1 S 1 Nr 5 SGB V möglich, dh der anstellende Vertragsarzt muss sich zu einer Leistungsbegrenzung verpflichten, die den bisherigen Praxisumfang nicht wesentlich überschreitet (**angestellter Arzt** unter **Job-Sharing-Bedingungen**). Für die Leistungserbringergemeinschaft bedeutet dies, dass eine gemeinschaftliche Anstellung eines Arztes vom Sinn und Zweck der Regelung her nur dann möglich ist, wenn jeder der Partner der Gemeinschaft, der sich Leistungen des angestellten Arztes zurechnen lassen will, die Leistungsbeschränkung gegenüber dem Zulassungsausschuss akzeptiert. Aus Gründen der Gleichbehandlung kann auf die Leistungsbegrenzung auch bei einem gemeinsam angestellten Arzt nicht verzichtet werden. Wenn schon der einzelne Vertragsarzt durch die Anstellung eines Arztes, dessen volle Arbeitskraft ihm zur Verfügung steht, die Leistungsbegrenzung (100 % eigener + 3 % Fachgruppen-Durchschnitt!) akzeptieren muss, muss dies erst recht für Ärzte gelten, die (nur) gerätebezogene Untersuchungsleistungen von einem angestellten Arzt erbringen lassen.

7. Fachliche Weisung. Den Mitgliedern einer Leistungserbringergemeinschaft werden Leistungen eines anderen Mitgliedes als persönlich erbrachte Leistungen nur zugerechnet, wenn sie nach der fachlichen Weisung des anweisenden Vertragsarztes durchgeführt wurden, dh der anweisende Vertragsarzt muss die gerätebezogene Leistung präzise definieren, zB durch Vorgaben für die Geräteeinstellung etc. 41

8. Qualifikationsvoraussetzungen. Erfordern Leistungen bestimmte fachliche Qualifikationen gem § 11 (Fachkunde), müssen alle Partner der Leistungserbringergemeinschaft diese Voraussetzungen erfüllen. Dies gilt auch für einen angestellten Arzt nach § 32b Ärzte-ZV, sofern er mit der Ausübung der Leistung beauftragt ist (§ 15 Abs 3 S 3). Die Ausnahme in § 11 Abs 1 S 3 bezieht sich nur auf das MVZ oder eine Vertragsarztpraxis: dort reicht es aus, wenn nur der angestellte Arzt die Qualifikation für bestimmte Leistungen besitzt. 42

9. Adressat der fachlichen Genehmigung. Im Hinblick auf § 11 Abs 2a S 2 BMV-Ä stellt sich die Frage, wer bei einem gemeinschaftlich angestellten Arzt Adressat der Genehmigung der KV zur Leistungserbringung ist. Die Regelung sieht vor, dass der anstellende Vertragsarzt oder das anstellende MVZ Genehmigungsadressat ist. Dies sollte auch für die Leistungserbringergemeinschaft gelten, umso mehr, wenn man die Auffassung teilt, dass ihr auch die Genehmigung für die Anstellung des Arztes erteilt wird.[48] 43

---

[47] Das *BSG* begründet dies sehr ausführlich ua mit dem Hinweis darauf, dass auch Adressat des Honorarbescheids im Falle der gemeinschaftlichen Ausübung der ärztlichen Tätigkeit die BAG und nicht der einzelne Arzt ist und die BAG der KV wie ein Einzelarzt als einheitliche Rechtspersönlichkeit gegenübertrete und schließlich auch mit dem Hinweis auf den Wortlaut des § 58 Abs 4 S 3 BPL-RL. *BSG* v 4.5.2016 – B 6 KA 24/15 R. Ungeklärt sind nach diesem „Paradigmenwechsel" hin zur BAG als „*Ansteller und Zuordnungssubjekt der Status-Zuweisung Anstellungsgenehmigung*" die Rechtsfolgen, wenn sich eine „2er-BAG" auflöst (Status-Weiterleitung bzw Übertragung an den Verbliebenen?).

[48] Anders noch in der 1. Aufl (§ 15 Rn 37) s dazu auch oben Rn 40.

44 **10. Ort der Leistungserbringung.** Die Leistungen sind entweder in der **Praxis eines der beteiligten Ärzte** oder **in einer gemeinsamen Einrichtung** der Leistungserbringergemeinschaft von einem gemeinschaftlich beschäftigten Arzt zu erbringen. Für den Vertragsarzt, dem die Leistung zugerechnet wird, handelt es sich bei beiden Möglichkeiten im Verhältnis zu seiner eigenen Betriebsstätte um **ausgelagerte Praxisräume bzw ausgelagerte Praxisstätten,** wie sie in § 24 Abs 5 Ärzte-ZV geregelt und in § 1a Nr 20 begrifflich bestimmt sind. Wesentliche Voraussetzung für die Zulässigkeit von ausgelagerten Praxisräumen/-stätten ist die „räumliche Nähe" zum Vertragsarzt. Konkrete Vorgaben für die zulässige Entfernung zum Vertragsarztsitz sehen die einschlägigen Normen nicht vor. Nach § 24 Abs 5 Ärzte-ZV kommt es vielmehr auf den Grad der Spezialisierung und darauf an, ob es sich dabei um patientenbezogene Leistungen handelt. In Übereinstimmung mit der Rspr des BSG zur Belegarzttätigkeit muss die Nebenbetriebsstätte vom Praxissitz aus in etwa 30 Minuten erreicht werden können.[49] Zu Recht weist *Bäune* darauf hin, dass sich die Nebenbetriebsstätte nicht mehr im selben Planungsbereich wie der Vertragsarzt befinden muss.[50] Eine größere Distanz dürften auch die Patienten in der Regel nur bei hoch spezialisierten gerätebezogenen Untersuchungsleistungen akzeptieren. Wenn auch der Wortlaut der Bestimmung dies nicht eindeutig zum Ausdruck bringt, ist dennoch davon auszugehen, dass auch der Partner der Leistungserbringergemeinschaft die Leistungen nicht nur in seiner eigenen Praxis, sondern auch in einer gemeinsamen Einrichtung erbringen kann, ebenso wie in einer ausgelagerten Praxisstätte oder Zweigpraxis (so wie sie dort der angestellte Arzt erbringen kann).[51]

45 **11. Rechtliche Qualifizierung.** Die Frage, ob die Leistungserbringergemeinschaft eine (Teil-)BAG ist, also ein gemeinsames ärztliches Zusammenwirken erfordert, oder ob sie bloße Organisationsgemeinschaft ist, wird in der Kommentarliteratur kontrovers diskutiert. BAG bedürfen der vorherigen Genehmigung des Zulassungsausschusses, wohingegen über Organisations- und Apparategemeinschaften die KV lediglich zu unterrichten sind.

46 Für die Qualifizierung als (Teil-)BAG spricht der Wortlaut des § 15 Abs 3, wo in S 1 von gemeinschaftlicher Leistungserbringung und gemeinschaftlicher Beschäftigung angestellter Ärzte die Rede ist. Den Zusammenschluss zur gemeinsamen Berufsausübung zum Zwecke der Erbringung einzelner Leistungen erklärt die MBO-Ä seit den Beschlüssen des 107. Deutschen Ärztetags 2004 in Bremen ausdrücklich für zulässig, sofern er nicht lediglich einer Umgehung des Verbots der Zuweisung der Patienten gegen Entgelt (§ 31 MBO) dient.

---

49 *BSG* MedR 2004, 405 = NZS 2004, 499 = GesR 2004, 242; s Meschke/Bäune/Rothfuß/ *Bäune* § 24 Rn 75.
50 Meschke/Bäune/Rothfuß/*Bäune* § 24 Rn 76; so auch Schallen/*Clemens* § 24 Rn 14.
51 Laufs/*Steinhilper* § 27 Rn. 13 ff; *Möller* MedR 1998, 60, 61. So auch *LG Lübeck* v 1.8.2005 – 7 KLs 21/04; *BSG* MedR 2004, 405, 408 unter Hinweis auf *LSG Schleswig-Holstein* MedR 2000, 385 ff; Halbe/*Schiller* Leistungserbringergemeinschaft, A 1400 (Stand: 2019); Schallen/*Clemens* § 24 Rn 70 ff; Halbe/*Halbe/Keller* Laborkooperationen, C 1800 (Stand: 2007); Meschke/Bäune/Rothfuß/*Bäune* § 24 Rn 76; s auch die Hinw und Erl zu §§ 17–19 und 23a–d MBO, beschlossen von den Berufsordnungsgremien der BÄK am 11.11.2004 idF v 21.2.2008, DÄ 2008, A-105; Meschke/Bäune/Rothfuß/*Bäune* § 23 Rn 48; Wenzel/*Steinhilper* Kap 11 Rn 388 ff.

Persönliche Leistungserbringung § 15

Zudem ist in § 33 Abs 2 Ärzte-ZV iVm § 73 Abs 7 SGB V ein ausdrückliches Verbot 47
solcher Zusammenschlüsse zur Umgehung unzulässiger Zusammenarbeit untereinander und mit Dritten vorgesehen.

Sieht man die Leistungserbringergemeinschaft als (Teil-)BAG, sind für ihre Zulässigkeit auch die Vorgaben des § 33 Abs 2 S 3 Ärzte-ZV zu beachten. Danach ist die 48
(Teil-)BAG zulässig, sofern sie nicht zur Erbringung medizinisch-technischer Leistungen mit überweisungsberechtigten Leistungserbringern gebildet wird. Diese Regelung ist dann jedenfalls für die Zusammensetzung der Leistungserbringergemeinschaft zu berücksichtigen.

Gegen die Qualifizierung als (Teil-)BAG spricht, dass es unabhängig vom Wortlaut 49
des § 15 Abs 3 bei der Leistungserbringergemeinschaft an der erforderlichen Vergemeinschaftung des Zwecks fehlt: Es liegt keine gemeinschaftliche Berufsausübung vor und keine gemeinschaftliche Abrechnung. Stattdessen dient der Zusammenschluss lediglich dazu, Leistungen so erbringen zu lassen, dass sie dem Arzt als persönlich erbrachte Leistungen zugerechnet werden können. Statt einer gemeinsamen Berufsausübung handelt es sich um eine Form der Organisationsgemeinschaft bzw Apparategemeinschaft mit organisierter weisungsgebundener Leistungserbringung.[52]

12. Verhältnis: Leistungserbringergemeinschaft – Teil-BAG. Teilweise wird bezweifelt, ob angesichts des Ausschlusses einer Teil-BAG mit überweisungsberechtigten 50
Leistungserbringern von der Erbringung überweisungsgebundener medizinisch-technischer Leistungen § 15 Abs 3 in der heutigen Form Bestand haben kann.

13. Privatärztliche Leistungserbringergemeinschaften. Eine ausdrückliche Regelung 51
für privatärztliche Leistungserbringergemeinschaften, wie sie § 15 Abs 3 BMV-Ä für die vertragsärztliche Versorgung vorsieht, ist weder der (M-)BO noch den Berufsordnungen der Länder zu entnehmen. Prüfungsmaßstab für die Zulässigkeit solcher privatärztlicher Leistungserbringergemeinschaften sind demzufolge die allgemeinen berufsrechtlichen Regelungen.[53]

Die Berechtigung, sich zum Zwecke der gemeinschaftlichen Inanspruchnahme von 52
Praxisräumen und Praxiseinrichtungen mithin zu einer Praxisgemeinschaft zusammenzuschließen, ergibt sich aus § 18 Abs 1 (M-)BO. Eine Bestimmung, wonach ausgelagerte Praxisräume nicht gemeinschaftlich durch mehrere niedergelassene Ärzte in Anspruch genommen werden dürfen, gibt es nicht.

Vor diesem Hintergrund verbleibt lediglich die Frage, ob die zu einer privatärztlichen 53
Leistungsgemeinschaft zusammengeschlossenen niedergelassenen Ärzte zur Leistungs-

---

52 Stellungnahme der Arbeitsgruppe Berufsrecht der Arbeitsgemeinschaft Medizinrecht im DAV, ZMGR 2/2003, 59; *Luxemburger* Schriftenreihe der ARGE Medizinrecht, DAVZ, 67, 71: „*Praxisgemeinschaft*" in der Form einer (partiellen) Apparategemeinschaft bezeichnet die Leistungserbringergemeinschaft Schnapp/Wigge/*Wigge* § 6 Rn 25 unter Hinweis auf *Luxemburger* Schriftenreihe der ARGE Medizinrecht, DAVZ, 70. Von einer „*Apparategemeinschaft zur Erbringung gerätebezogener Leistungen*" spricht Wenzel/Steinhilper Kap 11 C Rn 361 und Halbe/*Steinhilper* E 1200 (Stand: 2020), Rn 70; Halbe/*Schäfer-Gölz* A 1200 (Stand: 2009), Rn 16 spricht von einer „*Apparategemeinschaft mit einem diagnostischen Zwecken dienenden Medizingerät*".
53 Darauf weist Schnapp/Wigge/*Wigge* § 6 Rn 135 ausdrücklich hin, ohne jedoch die Zulässigkeit im privatärztlichen Bereich abschließend zu beurteilen.

erbringung in ausgelagerten Praxisräumen gemeinschaftlich einen angestellten Praxisarzt beschäftigen können. Auch hier gilt der Grundsatz, dass Ärztinnen und Ärzte die ärztliche Tätigkeit persönlich ausüben müssen. Die Beschäftigung ärztlicher Mitarbeiterinnen und Mitarbeiter in der Praxis setzt die Leistung der Praxis durch die niedergelassene Ärztin oder den niedergelassenen Arzt und die Anzeige der ärztlichen Mitarbeiterin oder des ärztlichen Mitarbeiters bei der Ärztekammer voraus (§ 19 Abs 1 (M-)BO). Wenn und soweit durch organisatorische Maßnahmen und arbeitsvertragliche Weisungen das Leitungsrecht der in der Leistungserbringergemeinschaft zusammengeschlossenen Ärzte sichergestellt ist, stehen der gemeinschaftlichen Beschäftigung keine rechtlichen Bedenken entgegen. Auch hier gilt, dass, wenn nicht der angestellte Praxisarzt und die Partner der Leistungserbringergemeinschaft die gleiche Facharztbezeichnung führen, es notwendig ist, dass alle beteiligten Ärzte die gegenständlichen Leistungen fachgebietskonform erbringen können und die qualitativen Voraussetzungen (Fachkunde) in eigener Person erfüllen. Die so erbrachten Leistungen für Privatversicherte werden dann aufgrund der Zurechnungsnorm des § 4 Abs 2 GOÄ dem abrechnenden Arzt als persönlich erbrachte Leistungen zugerechnet.

54 Wird demnach im privatärztlichen Bereich die Leistungserbringergemeinschaft als Organisations- bzw. als Apparategemeinschaft gesehen, in der ein gemeinschaftlich angestellter Arzt die Leistung für den abrechnenden Arzt erbringt, so gilt insoweit die Einschränkung des § 15 Abs 3 BMV-Ä nicht, wonach die Leistungserbringergemeinschaft auf gerätebezogene Untersuchungsleistungen beschränkt ist.

55 **14. Vertragliche Regelungen.** Bei einem Zusammenschluss zu einer Leistungserbringergemeinschaft sollte die unmittelbare Patientenbetreuung sorgfältig vertraglich geregelt werden, damit Verstöße gegen Patientenrechte und berufsrechtliche Pflichten vermieden werden. Um der Aufklärungspflicht nach § 8 (M-)BO zu genügen, ist vertraglich festzulegen, dass die Aufklärung des Patienten durch den Arzt erfolgt, der die Leistung als persönlich erbrachte abrechnet. Dies sollte sich nicht in der Aufklärung über das mit der Untersuchung verbundene Risiko erschöpfen, sondern den Patienten auch darüber in Kenntnis setzen, wo und durch welchen der Ärzte welche Leistung erbracht wird. Um sowohl das Recht des Patienten auf freie Arztwahl nach § 7 Abs 2 (M-)BO zu wahren als auch einen Verstoß gegen die ärztliche Schweigepflicht nach § 9 (M-)BO zu vermeiden, muss sich das Einverständnis des Patienten auch darauf erstrecken, dass die für die Untersuchung benötigten Befunddaten anderen an der Leistungserbringung beteiligten Ärzten zur Verfügung gestellt werden.[54]

56 **15. Vertragliche Beziehungen und Haftung.** Innerhalb der Leistungserbringergemeinschaft kommt der Behandlungsvertrag – weil es sich gerade nicht um eine BAG handelt – zwischen dem anweisenden Arzt und dem Patienten zustande. Die Untersuchung wird dem anweisenden Arzt als persönliche zugerechnet. Er ist bezüglich des gesamten Behandlungsgeschehens weisungsbefugt. Durch ihn erfolgt auch die Befundung und Auswertung der Untersuchungsergebnisse. Er rechnet sie gegenüber der KV ab und hat dieser auch für die Ordnungsmäßigkeit der Leistungserbringung einzu-

---

54 *Eisenberg* Ärztliche Kooperations- und Organisationsformen, 2002, 131 unter Hinweis auf *Möller* MedR 1998, 60, 62.

stehen. Sofern bei bestimmten Untersuchungen besondere Anwesenheitspflichten verlangt werden, hat der anweisende Arzt diese zu erfüllen.[55] Unabhängig von der umfassenden Verpflichtung und Verantwortlichkeit des anweisenden Arztes hat jeder an der Leistungserbringung beteiligte Arzt im Rahmen der Untersuchung auftretende Komplikationen festzustellen, gegebenenfalls Hilfsmaßnahmen zu treffen und diesbezügliche Dokumentationen anzufertigen.[56]

Als Vertragspartner haftet der anweisende Arzt dem Patienten für jede Schlechterfüllung des Patientenvertrages. Die in die Leistungserbringung eingebundenen Ärzte sowie das nichtärztliche medizinische Hilfspersonal werden mit Willen und Wollen des anweisenden Arztes bei der Erfüllung der diesem obliegenden Verpflichtung tätig. Damit sind sie dessen Erfüllungsgehilfen und er muss sich deren eventuelles Verschulden nach § 278 BGB zurechnen lassen. Im deliktischen Bereich haftet der anweisende Arzt nach §§ 823 ff BGB.[57] 57

V. Gemeinsame Leistungserbringung bei gerätebezogenen Leistungen (Abs 4)

Vertragsärzte konnten sich bis 2008 zu einer Apparategemeinschaft[58] zusammenschließen, um dort **Laborleistungen des Kapitels 32.2** des EBM erbringen zu lassen und sie als eigene Leistungen abzurechnen. Leistungen, die ein Arzt dort angefordert hatte, die aber ein anderer Arzt zulässigerweise erbracht hat, galten bisher als Eigenleistung des anfordernden Arztes und konnten daher nur von ihm (als persönlich erbracht) unmittelbar bei der KV abgerechnet werden. Zum 1.1.2009 wurden Laborgemeinschaften (s Definition § 1a Nr 14a) verpflichtet, Laborleistungen ihrer Mitglieder unmittelbar über die Laborgemeinschaft bei der KV abzurechnen mit der Auflage, die jeweiligen Produktionskosten nachzuweisen und eventuelle Differenzen zum EBM-Satz an die KV zurückzuzahlen. Übergangsweise hatte die KBV Laborgemeinschaften als Leistungserbringergemeinschaften (Definition: § 1a Nr 14) klassifiziert, so dass deren Mitglieder unter bestimmten Voraussetzungen wieder selbst abrechnen durften. 58

Die Partner der Bundesmantelverträge haben solche Leistungserbringergemeinschaften (**Laborgemeinschaften**)[59] zum 1.1.2009 für unzulässig erklärt (mit einer Übergangsfrist bis 31.12.2009; § 15 Abs 4 S 2). Ob durch die jetzt normierte sog **Direktabrechnung**[60] der Laborgemeinschaften in Verbindung mit der Nachweispflicht die Kosten – wie erhofft – tatsächlich gesenkt oder ob dadurch teurere Überweisungen begünstigt und höhere Kosten als bisher verursacht werden, ist empirisch noch nicht näher belegt. 59

---

55 Eine solche Verpflichtung besteht zB bei der computergestützten Auswertung eines kontinuierlich aufgezeichneten Langzeit-EKG gem Nr 609 EBM.
56 *Möller* MedR 1998, 60, 63.
57 *Eisenberg* Ärztliche Kooperations- und Organisationsformen, 2002, 131.
58 S dazu HK-AKM/*Peikert/Küntzel* 150.
59 S dazu Halbe/*Halbe/Keller* Laborkooperationen, 1800.
60 Kritisch zur Direktabrechnung aus praktischen Gründen und aus verfassungsrechtlicher Sicht *Imbeck* MedR 2009, 10 mwN.

§ 15a Vertragsärztliche Tätigkeit an weiteren Orten (Betriebsstätten) und in gemeinschaftlicher Berufsausübung

(1) [1]Der Vertragsarzt kann unter den Voraussetzungen des Absatzes 2 an weiteren Orten vertragsärztlich tätig sein. [2]Betriebsstätte ist der Vertragsarztsitz. [3]Jeder Ort einer weiteren Tätigkeit des Vertragsarztes ist eine Nebenbetriebsstätte der vertragsärztlichen Tätigkeit. [4]Wird der Vertragsarzt gleichzeitig als angestellter Arzt in einem Medizinischen Versorgungszentrum oder bei einem anderen Vertragsarzt tätig, ist dieser Tätigkeitsort des Arztes die Betriebsstätte des Medizinischen Versorgungszentrums oder die Betriebsstätte des anderen Vertragsarztes. [5]Wird der Vertragsarzt außerhalb seines Vertragsarztsitzes gemäß Absatz 4 in einer Berufsausübungsgemeinschaft tätig, ist der weitere Tätigkeitsort die Betriebsstätte der Berufsausübungsgemeinschaft. [6]Dies gilt auch, wenn sich die gemeinsame Berufsausübung auf einzelne Leistungen beschränkt. [7]Betriebsstätte des Belegarztes ist sowohl die Arztpraxis als auch das Krankenhaus. [8]Betriebsstätte des ermächtigten Arztes ist der Ort der Ausübung seiner vertragsärztlichen Tätigkeit, zu der er ermächtigt ist.

(2) [1]Die Tätigkeit des Vertragsarztes in einer weiteren Nebenbetriebsstätte außerhalb des Vertragsarztsitzes ist zulässig, wenn sie gemäß § 24 Ärzte-ZV genehmigt worden ist oder nach dieser Vorschrift ohne Genehmigung erlaubt ist. [2]Tätigkeitsorte, an denen Anästhesisten vertragsärztliche Leistungen außerhalb ihres Vertragsarztsitzes erbringen, gelten als Nebenbetriebsstätten des Anästhesisten; Nebenbetriebsstätten des Anästhesisten sind auch Vertragszahnarztpraxen. [3]Die Nebenbetriebsstätten der Anästhesisten bedürfen der Genehmigung der Kassenärztlichen Vereinigung. [4]Soweit es sich um Nebenbetriebsstätten handelt, an denen schmerztherapeutische Leistungen erbracht werden, ist die Genehmigung zu erteilen, wenn die Voraussetzungen des § 24 Abs. 3 Ärzte-ZV vorliegen. [5]Werden nur anästhesiologische Leistungen erbracht, ist die Genehmigung zu erteilen, wenn die Versorgung durch die Anzahl der Nebenbetriebsstätten nicht gefährdet ist. [6]Nebenbetriebsstätten des Anästhesisten in Bezirken einer anderen Kassenärztlichen Vereinigung bedürfen der Genehmigung der Kassenärztlichen Vereinigung seines Vertragsarztsitzes; § 24 Abs. 3 Ärzte-ZV bleibt unberührt, sofern es sich um schmerztherapeutische Leistungen handelt.

(3) [1]Absätze 1 und 2 gelten für Medizinische Versorgungszentren entsprechend. [2]Weitere Einrichtungen von Medizinischen Versorgungszentren sind Nebenbetriebsstätten des Medizinischen Versorgungszentrums.

(4) [1]Die gemeinsame Berufsausübung ist mit Genehmigung des Zulassungsausschusses gemäß § 33 Ärzte-ZV zulässig. [2]Haben die Berufsausübungsgemeinschaftspartner denselben Vertragsarztsitz, ist dieser Ort Betriebsstätte der Berufsausübungsgemeinschaft. [3]Die Bildung weiterer Nebenbetriebsstätten bedarf, soweit vorgeschrieben, der Genehmigung nach Absatz 2. [4]Hat die Berufsausübungsgemeinschaft mehrere örtlich unterschiedliche Vertragsarztsitze im Bezirk einer Kassenärztlichen Vereinigung, bestimmen die Berufsausübungsgemeinschaftspartner durch Anzeige an die Kassenärztliche Vereinigung einen Vertragsarztsitz als Betriebsstätte und den oder die weiteren Vertragsarztsitze als Nebenbetriebsstätten; die Wahl des Sitzes ist für den Ort zulässig, wo der Versorgungsschwerpunkt der Tätigkeit der Berufsausübungsgemeinschaft liegt. [5]Die Wahlentscheidung ist für die Dauer von zwei Jahren verbindlich. [6]Sie kann nur jeweils für den Beginn eines Quartals getroffen werden. [7]Unterbleibt die Festlegung nach Fristsetzung der Kassenärztlichen Vereinigung, bestimmt diese die Betriebsstätte

Tätigkeit an weiteren Orten und in BAG § 15a

und die Nebenbetriebsstätte. [8]Sind die Berufsausübungsgemeinschaftspartner wechselseitig an diesen Vertragsarztsitzen tätig, bedarf dies nicht der Genehmigung nach Absatz 2, wenn die Voraussetzungen der Präsenzverpflichtung nach § 17 erfüllt sind und eine Tätigkeit am jeweils anderen Vertragsarztsitz nur in begrenztem Umfang ausgeübt wird; hinsichtlich des zeitlichen Umfangs einer entsprechenden Tätigkeit gilt insoweit § 17 Abs. 1a. [9]Auf Verlangen der zuständigen Kassenärztlichen Vereinigung ist dies nachzuweisen; sie kann die Verpflichtung durch Auflagen sichern. [10]Sollen neben der Tätigkeit an den Vertragsarztsitzen weitere Nebenbetriebsstätten errichtet werden, bedarf dies der Genehmigung nach Absatz 2, soweit diese vorgesehen ist. [11]Für Gemeinschaftspraxen mit Vertragsarztsitzen in Bereichen von mindestens zwei Kassenärztlichen Vereinigungen gilt ergänzend § 15b.

(5) [1]Die gemeinsame Berufsausübung kann sich auf die Erbringung einzelner Leistungen beschränken (Teilberufsausübungsgemeinschaft). [2]Die Möglichkeit für den Patienten, die Zweitmeinung anderer Ärzte, welche nicht in der Teilberufsausübungsgemeinschaft zusammengeschlossen sind, einzuholen, darf nicht beeinträchtigt werden.

(6) [1]Wird die Tätigkeit in einer Nebenbetriebsstätte nach Absatz 2 genehmigt, ist der Arzt verpflichtet, die Behandlung von Versicherten an diesem Tätigkeitsort grundsätzlich persönlich durchzuführen. [2]Die Beschäftigung eines angestellten Arztes allein zur Durchführung der Behandlung an dieser Nebenbetriebsstätte ist gestattet, wenn dies von der Genehmigung der Tätigkeit an diesem Ort umfasst ist. § 17 Abs. 1a Satz 5 bleibt unberührt.

(7) Wird die Genehmigung nach Absatz 2 widerrufen, ist dem Vertragsarzt eine angemessene Übergangszeit zur Beendigung seiner Tätigkeit an der Nebenbetriebsstätte einzuräumen.

Übersicht

	Rn		Rn
I. Gesetzliche Vorgaben	1	VI. Teil-BAG (Abs 5)	17
II. Tätigkeit an weiteren Orten – Nebenbetriebsstätten (Abs 1)	4	VII. Persönliche Leistungserbringungspflicht in Nebenbetriebsstätten und Ausnahmen davon (Abs 6)	26
III. Genehmigungserfordernis; Tätigkeit von Anästhesisten an weiteren Orten (Abs 2)	8	VIII. Folgen des Widerrufs einer Genehmigung nach § 24 Ärzte-ZV (Abs 7)	27
IV. Regelungen für MVZ (Abs 3)	10		
V. BAG (Abs 4)	11		

Literatur: **Zum VÄndG** *Dahm/Ratzel* MedR 2006, 555; *Fiedler/Fürstenberg* NZS 2007, 184; *Orlowski* VSSR 2007, 157; *Pestalozza* GesR 2006, 389; *Rixen* VSSR 2007, 213; *Sodan* NJW 2006, 3617; *Wenner* Vertragsarztrecht nach der Gesundheitsreform, 2008. **Zum GKV-WSG** *Bitter* GesR 2007, 152; *Pfeiffer* ZMGR 2007, 111; *Santer/Ellerbrock* GesR 2007, 297; *Wille/Koch* Die Gesundheitsreform 2007 – Grundriss 2007. **Zum GKV-OrgWG** *Bultmann* MedR 2009, 25; *Füsser* SGb 2009, 126. **Zum GKV-VStG** *Gerdts/Arnold* GuP 20014, 176; *Grewe* ZMGR 2012, 95; *Wasem* GuP 2012, 1. **Zum GKV-VSG** *Bäune/Dahm/Flasbarth* MedR 2016, 4; *Berner/Strüwe* GesR 2015, 451; *Reuter/Volmering/Weinrich* GesR 2015, 455; *Ricken* GesR 2015, 265. **Zum GKV-SVSG** *Bördner* NZS 2017, 413. **Zum GKV-TSVG** *Gottwald/Huster* MedR 2018, 447. **Zu den Reformgesetzen ab 2007** s auch die Übersicht bei Laufs/Kern/Rehborn/*Steinhilper* Gesundheitsreformgesetze 2007–2019, § 27.

§ 15a Tätigkeit an weiteren Orten und in BAG

I. Gesetzliche Vorgaben

1   Durch das VÄndG v 20.12.2006 wurden die organisatorischen Möglichkeiten für die ambulante vertragsärztliche Versorgung zum 1.1.2007 erheblich erweitert, *„flexibilisiert"* und *„liberalisiert"*. Zusätzliche Strukturänderungen (zB weitere Öffnung der Krankenhäuser zur ambulanten vertragsärztlichen Versorgung; § 116b Abs 2–4 SGB V) brachten das GKV-WSG (2007), GKV-OrgWSG (2009), GKV-VStG (2012), PatRG (2013), GKV-VSG (2015), GKV-VSVSG (2017) sowie das TSVG (2019). Die Gesetze selbst haben jeweils spezielle Details für ihre Grundsatzaussagen und Ziele nicht selbst immer abschließend geregelt, sondern dies der Ärzte-ZV, dem BMV-Ä und anderen untergesetzlichen Normen, zB auch Richtlinien der ärztlichen Selbstverwaltung etc überlassen. Grundlegende Voraussetzung für eine BAG ist die *„gemeinsame Tätigkeit"*; bei Teil-BAG bezogen auf einzelne Leistungen (§ 33 Abs 2 S 3–5 Ärzte-ZV).[1]

2   Vertragsärztliche Leistungen dürfen nicht nur am Hauptsitz der Praxis, sondern auch an weiteren Orten erbracht werden, sog *„Nebenbetriebsstätten"* (Zweigpraxis, ausgelagerte Praxisstätte). Zahlreiche Reformgesetze eröffneten Vertragsärzten auch weitere Kooperationsformen untereinander (Teil-BAG, überörtliche BAG, KV-übergreifende BAG) und mit Dritten (zB Krankenhäusern). Möglich wurden auch Teilzulassungen (hälftiger Versorgungsauftrag).[2] Die Möglichkeiten zur Anstellung von Ärzten wurden nach und nach erweitert; auch fachgebietsfremde Ärzte können angestellt werden. Die Unvereinbarkeit gleichzeitiger vertragsärztlicher mit stationärer Tätigkeit im Krankenhaus (§ 20 Abs 2 Ärzte-ZV) ist entfallen[3]. Auch BAG zwischen Vertragsärzten und Privatärzten sind möglich.[4] Für MVZ (eingeführt durch das GMG; § 95 Abs 1 SGB V) ergaben sich in Verbindung mit den genannten neuen Kooperations- und Organisationsformen weitere Gestaltungsmöglichkeiten.

3   Die Regelungen zu diesen erweiterten Tätigkeits- und Kooperationsformen nach SGB V und der Ärzte-ZV waren in den Bundesmantelverträgen zu konkretisieren. Dem dient ua § 15a. Definitionen zu einzelnen Begriffen finden sich im Glossar in § 1a: Teilzulassung (Nr 4 a), BAG/Teil-BAG (Nr 12, 12a, 13), KV-bereichsübergreifende Tätigkeit (Nr 15), Tätigkeitsort (Nr 17), Zweigpraxis (Nr 19), ausgelagerte Praxisstätte (Nr 20), Betriebsstätte (Nr 21), Nebenbetriebsstätte (Nr 22), persönliche Leitung (Nr 25), persönliche Leistungserbringung (Nr 24), angestellter Arzt (Nr 8), Assistent (Nr 9).

II. Tätigkeit an weiteren Orten – Nebenbetriebsstätten (Abs 1)

4   § 15a Abs 1 S 1 wiederholt zunächst, dass ein Vertragsarzt (in Einzelpraxis und auch in BAG) vertragsärztliche Leistungen auch außerhalb seines Vertragsarztsitzes (Hauptbetriebsstätte) an weiteren Orten erbringen darf.[5] Gleiches gilt für das MVZ.

---

1   Aus der Rechtsprechung grundlegend *BSG* ZMGR 2010, 370; *LSG NRW* MedR 2008, 746 (Gesamtbetrachtung erforderlich); *LSG BW* medstra 2017 301, m krit Anm *Scholz/Tsambikakis*.
2   S dazu *Schiller/Pavlovic* MedR 2007, 86.
3   S dazu *Makoski/Krapohl* GesR 2016, 616.
4   HK AKM/*Kremer/Wittmann* 840 Berufsausübungsgemeinschaften (Stand: 2018), Rn 26 ff. AA *OLG München* MedR 2006, 172.
5   Grundlage: § 24 Ärzte-ZV; zur Tätigkeit an weiteren Orten nach dem VÄndG s *Orlowski/Halbe/Karch* 28 ff; zu Zweigpraxen s *Wollersheim* GesR 2008, 281.

Betriebsstätte des Vertragsarztes ist dessen Vertragsarztsitz (bestimmt durch Ort, Straße, Hausnummer).

Jeder weitere Ort der ärztlichen Tätigkeit eines Vertragsarztes ist sog Nebenbetriebsstätte (vgl Definition § 1a Nr 22; Zweigpraxis oder ausgelagerte Praxisstätte); diese kann außerhalb des Planungsbereichs des Vertragsarztsitzes und auch in einem anderen KV-Bereich (s dazu § 15b) liegen. Zu den weiteren Voraussetzungen für eine Tätigkeit in einer weiteren Nebenbetriebsstätte wird auf Abs 2 verwiesen (s Rn 8 ff). 5

S 4–6 stellen klar: Wird ein Vertragsarzt (zulässigerweise) gleichzeitig als genehmigter angestellter Arzt tätig, gilt als „*weiterer Ort seiner Tätigkeit*" die Betriebsstätte des anstellenden MVZ, der BAG oder des Vertragsarztes. 6

Betriebsstätten des Belegarztes sind sowohl sein Arztsitz als auch das Krankenhaus, in dem er belegärztliche Leistungen erbringt (S 7). Seit 1.10.2013 kann die Belegarztanerkennung auch für mehrere Krankenhäuser ausgesprochen werden (§ 39 Abs 4). Betriebsstätte des ermächtigten Krankenhausarztes ist der Ort, an dem er Leistungen aus seinem Ermächtigungskatalog für die ambulante vertragsärztliche Versorgung erbringt (S 8), in der Regel mithin das Krankenhaus, in dem er hauptamtlich tätig ist. 7

III. Genehmigungserfordernis; Tätigkeit von Anästhesisten an weiteren Orten (Abs 2)

Die Tätigkeit in einer Nebenbetriebsstätte bedarf in der Regel der vorherigen **Genehmigung** durch die KV (§ 24 Abs 3 S 1 Ärzte-ZV)[6], bei KV-bereichsübergreifender Tätigkeit der **Ermächtigung** durch den Zulassungsausschuss, in dessen Bereich die Zweigpraxis betrieben werden soll (§ 24 Abs 3 S 3 Ärzte-ZV). Bei einer überörtlichen BAG entfällt das Genehmigungs- bzw Ermächtigungserfordernis, wenn das eine Mitglied an der Betriebsstätte eines anderen tätig wird (§ 24 Abs 3, S 2 und 3 Ärzte-ZV). § 15a selbst enthält in Abs 4 S 8 weitere (seltene) Ausnahmen, bei denen die Zweigpraxistätigkeit keiner Genehmigung bedarf. 8

Abs 2 S 2 enthält Sonderregelungen zu Nebenbetriebsstätten für Anästhesisten. Die Texte sind eindeutig. In der Praxis wird allerdings wenig Verständnis für die Regelungen gezeigt. Wenn ein Anästhesist bspw 10 oder mehr Vertragsarztpraxen aufsucht und dort Leistungen erbringt, sind nach dem Wortlaut in S 2 alle Praxen Nebenbetriebsstätten und mithin genehmigungsbedürftig. In der Praxis wird häufig nicht so verfahren. Abs 2 S 6 sieht für Nebenbetriebsstätten eines Anästhesisten in einem anderen KV-Bereich statt der Ermächtigung (so § 24 Abs 3 S 3 Ärzte-ZV) durch den Zulassungsausschuss eine Genehmigung der KV vor, in deren Zuständigkeitsbezirk die weitere Tätigkeit ausgeübt wird (sogenannte „*Sitz-KV*"). 9

IV. Regelungen für MVZ (Abs 3)

Auch für MVZ[7] gelten die Regelungen in Abs 1 und 2, sie dürfen also eine BAG gründen; aber zwei BAG dürfen kein MVZ gründen. Hat das MVZ „*weitere Einrichtungen*", so gelten diese als Nebenbetriebsstätten des MVZ. 10

---

6 Zusammenfassend zu den Voraussetzungen *BSG* v 5.6.2013 – B 6 KA 29/12 R.
7 Dazu Halbe/*Halbe/Orlowski/Schirmer* Medizinische Versorgungszentren, B 1400 (Stand: 2018) mwN.

V. BAG (Abs 4)

11 Abs 4 S 1 wiederholt zunächst unter Verweis auf § 33 Ärzte-ZV als Erfordernis einer BAG-Genehmigung die gemeinsame Tätigkeit/Leistungserbringung (s dazu Rn 1) und umschreibt dann die Möglichkeiten der Leistungserbringung an verschiedenen Ort nach § 33 Abs 2 S 2 Ärzte-ZV (eingeführt durch das VÄndG zum 1.1.2007)[8] Danach sind auch überörtliche BAG in der ambulanten vertragsärztlichen Versorgung zulässig.[9]

12 Durch die Änderung des § 18 Abs 3 S 3 MBO-Ä 2004 war die Gesetzesänderung vorbereitet worden. Definiert ist die überörtliche BAG als ärztliche Kooperationsgemeinschaft mit mehreren Praxissitzen (unterschiedliche Vertragsarztsitzen), die ihrerseits durch den jeweiligen Ort, Straße und Hausnummer (Anschrift) bestimmt werden.[10]

13 Die Regelung betrifft die gemeinsame ärztliche Berufsausübung.[11] Die Voraussetzungen dazu bestimmt § 33 Ärzte-ZV. Ergänzend sind die (zum Teil unterschiedlichen) berufsrechtlichen Vorgaben in den Berufsordnungen der Länder zu beachten (Grundlage: Empfehlungen der MBO-Ä in §§ 18, 18a).

14 Eine örtliche BAG (§ 33 Abs 2 S 1 Ärzte-ZV) hat einen gemeinsamen Vertragsarztsitz. Für diesen (Praxisanschrift) sind alle Mitglieder zugelassen. Diese Praxisanschrift ist zugleich ihre Betriebsstätte (S 1). Bei einer überörtlichen BAG im Zuständigkeitsbereich einer KV bestimmen die Mitglieder den Hauptsitz (Betriebsstätte) und die Nebenbetriebsstätte(n) durch Anzeige an die KV (vor Quartalsbeginn; S 2 iVm S 4). Am Hauptsitz muss der Schwerpunkt der Versorgungstätigkeit liegen. Die Wahl des Hauptsitzes bindet die BAG für zwei Jahre (S 5). Versäumt die BAG, einen Hauptsitz zu wählen, so bestimmt diesen und die Nebenbetriebsstätten die KV nach vorheriger erfolgloser Fristsetzung (S 7).

15 Werden die Mitglieder einer überörtlichen BAG wechselseitig an deren Betriebsstätten tätig, bedarf dies nach Abs 2 keiner Genehmigung durch die KV, wenn die Präsenzpflicht aus § 17 eingehalten ist (S 7). Die KV kann dazu einen Nachweis fordern und bei Bedarf eine Auflage erteilen (S 8).

16 S 9 verweist für die überörtliche KV-bereichsübergreifende BAG auf die ergänzenden Regelungen in § 15b (s ebenda).

VI. Teil-BAG (Abs 5)

17 Auch in einer (örtlichen oder überörtlichen) Teil-BAG[12] ist eine gemeinsame Berufsausübung möglich[13], aber auf bestimmte vertragsärztliche Leistungen begrenzt. Zuläs-

---

8 Halbe/*Halbe/Rothfuß* Berufsausübungsgemeinschaft A 1100 (Stand: 2017); zu den steuerrechtlichen Folgen einer BAG Halbe/*Karch/Vloet* A 1100.1 (Stand: 2017); HK-AKM/*Kremer/Wittmann* 840 Berufsausübungsgemeinschaften (Stand: 2018), Rn 5 ff.
9 Zu den Streitfragen nach der bisherigen Rechtslage s *Preissler* MedR 2001, 543 und *Koch* GesR 2005, 241; zur grenzüberschreitenden überörtlichen BAG *Weimer* GesR 2007, 204 ff.
10 S dazu *BSG* GesR 2006, 455.
11 Dazu HK-AKM/*Kremer/Wittmann* 840 Berufsausübungsgemeinschaft (Stand: 2018), Rn 1410 ff.
12 Zulässig nach § 33 Abs 2 S 3 Ärzte-ZV; eingeführt zum 1.1.2007 im Anschluss an die Neufassung des § 18 Abs 1 MBO-Ä von 2004; ergänzend s Definition in § 1a Nr 13.
13 Der privatrechtliche Behandlungsvertrag wird mit der BAG, nicht mit dem jeweils behandelnden Arzt geschlossen. Diese haftet auch im Außenverhältnis mit ihrem gesamten Vermögen, auch für deliktische Ansprüche gegen einzelne Mitglieder der BAG. Haftungsausschluss im Innenverhältnis ist möglich.

sig sind fachgebietsgleiche und fachgebietsübergreifende Teil-BAG unter Vertragsärzten und auch mit MVZ unter bestimmten Voraussetzungen.[14]

S 1 in Abs 5 wiederholt zunächst diese Möglichkeit des Zusammenschlusses zur gemeinsamen Berufsausübung in begrenzten Leistungsbereichen (Teilberufsausübungsgemeinschaft; Definition in § 1a Nr 13 BMV-Ä). **18**

Der Wortlaut von S 2 fordert dafür unter Hinweis auf § 33 Abs 3 Ärzte-ZV für die Zulässigkeit dieser Leistungserbringung in einer Teil-BAG, dass dafür ein zeitlich begrenztes Zusammenwirken der Ärzte für eine ausreichende und angemessene Versorgung der Patienten erforderlich ist, und dass die Ärzte der Teil-BAG dafür *„gemeinschaftlich im Rahmen des § 17 Absatz 1a zur Verfügung stehen"*. Nach Auffassung des BSG[15] verstößt diese Einschränkung gegen höherrangiges Recht; § 33 Abs 3 Ärzte-ZV biete dazu keine ausreichende Ermächtigungsgrundlage[16]. Das BSG fordert aber zur Prüfung der Genehmigung der BAG durch den Zulassungsausschuss die Vorlage eines klaren und nachvollziehbaren Vertrages, anhand dessen geprüft werden kann, ob die Bildung der Teil-BAG nicht der Umgehung des Verbots der Zuweisung gegen Entgelt dienen soll. Die Erbringung nur einer Leistung in der Teil-BAG genügt nicht. Nach BSG reicht es aber aus, wenn die Leistungsinhalte der Teil-BAG dem Inhalt einer Zusatzweiterbildung entsprechen (zB Diabetologie), sofern diese Leistungen nicht die gesamte vertragsärztliche Tätigkeit eines Teil-BAG-Mitgliedes ausmachen. Das BSG betont, die Bildung von Teil-BAG sei keine Ausnahme vom Verbot der entgeltlichen Patientenzuweisung. **19**

Nach BGH[17] darf sich der Zusammenschluss zur gemeinsamen Ausübung des Arztberufes auf die Veranlassung bestimmter Leistungen (jedenfalls bei radiologischen Leistungen) beschränken. Berufsordnungen, die dies ausschließen, verstoßen nach Ansicht des Gerichts gegen Art 12 Abs 1 GG.[18] **20**

In den genannten BSG-Entscheidungen (Fn 9) wurde aber deutlich gemacht, der Teil-BAG-Vertrag müsse sicherstellen, dass zB nichtoperierende Ärzte (Zuweiser) am Gewinn der Teil-BAG nur im Umfang der von ihnen selbst erbrachten Leistungen beteiligt werden dürfen; verzichten die operierenden Ärzte (ohne sachlichen Grund) auf ihren Gewinn zugunsten der zuweisenden Gesellschafter, wäre dies unzulässig. Ein fachlich nicht Leistungsberechtigter soll nicht an den Honoraren eines anderen Leistungsberechtigten durch die Beteiligung an einer Teil-BAG partizipieren dürfen. Verbotsnormen und Sanktionen dazu sieht mittlerweile § 128 **21**

---

14 *Ratzel/Möller/Michels* MedR 2006, 377; *Wigge* NZS 2007, 393. Zur Teil-BAG *Ladurner* Ärzte-ZV – Zahnärzte-ZV, § 33 Rn 48 ff.
15 U v 25.3.2015 – B 6 KA 9/14 R, MedR 2016, 149 m Anm *Kremer* und B 6 KA 24/14, juris, Rn 30.
16 Bäune/Meschke/Rothfuß/*Bäune* § 33 Rn 25 warnte schon früh vor einer zu engen Auslegung im Zusammenhang mit der BAG; Halbe/*Halbe/Rothfuß* Berufsausübungsgemeinschaft A 1100 (Stand: 2017) Rn 35 f hielten die Vorgaben in § 15a Abs 5 schon vor der Entscheidung des BSG für rechtswidrig, da dadurch der in § 33 Abs 3 S 5 HS 1 Ärzte-ZV vorgegebene Konkretisierungsrahmen ohne Rechtsgrundlage überschritten werde.
17 MedR 2014, 807 (m Anm *Cramer/Henkel*) = ZMGR 2014, 276.
18 Zustimmend *Bahner* AMK 2014, Nr 7, S 1.

SGB V vor. Der Leitfaden der KBV zu den Kooperationsmöglichkeiten der Vertragsärzte[19] weist hierauf ausdrücklich hin.[20]

22 Laborärzte, Nuklearmediziner, Pathologen, Radiologen und Strahlentherapeuten dürfen nach § 33 Abs 2 S 3 Ärzte-ZV nicht mit therapieorientierten Ärzten eine Teil-BAG zur Erbringung überweisungsabhängiger medizinisch-technischer Leistungen bilden. Diese Regelung ist nicht deckungsgleich mit § 31 MBO-Ä.

23 Die Mitglieder der Teil-BAG müssen für ihre gemeinsamen Leistungen in dem nach § 17 Abs 1a vorgesehenen zeitlich begrenzten Umfang gemeinsam zur Verfügung stehen.

24 Der BMV-Ä hat die **Abrechnung der Leistungen** von Teil-BAG nicht näher geregelt. Hierzu bestehen auf regionaler Ebene teilweise unterschiedliche Regelungen.

25 S 3 unterstreicht das Recht des Patienten, bei Zweifelsfragen die Zweitmeinung eines Arztes außerhalb der Teil-BAG einzuholen. Der Verordnungsgeber warnt damit die Mitglieder, die Selbstbestimmung des Patienten (Recht auf freie Arztwahl) einzuschränken.

VII. Persönliche Leistungserbringungspflicht in Nebenbetriebsstätten und Ausnahmen davon (Abs 6)

26 Abs 6 S 1 stellt zunächst klar, dass der Grundsatz der persönlichen Leistungserbringung (§ 15) grundsätzlich auch für ärztliche Leistungen in einer (genehmigten) Nebenbetriebsstätte gilt.[21] Ist die Anstellung eines Assistenten oder angestellten Arztes jedoch genehmigt mit dem Recht, die Tätigkeit könne auch an einer bestimmten Nebenbetriebsstätte zu erbringen, so dürfen Leistungen an diesem „*weiteren Ort*" auch in Abwesenheit des Praxisinhabers erbracht und von ihm als eigene Leistungen abgerechnet werden. Auch bei dieser Konstruktion muss jedoch die Tätigkeit am Hauptsitz (Betriebsstätte) zeitlich überwiegen. Hierauf weist S 2 durch Verweisung auf § 17 Abs 1a S 3 ausdrücklich hin. Diese Einschränkung greift allerdings nicht, wenn der angestellte Arzt speziell für eine Tätigkeit an einem weiteren Ort oder an mehreren weiteren Orten angestellt wurde (s § 24 Abs 4 S 2 Ärzte-ZV).

VIII. Folgen des Widerrufs einer Genehmigung nach § 24 Ärzte-ZV (Abs 7)

27 Die Genehmigung[22] für eine Zweigpraxis/Nebenbetriebsstätte entfällt, wenn die Zulassung der Vertragsarztpraxis endet (durch Rückgabe oder Entzug der Zulassung). Die Genehmigung kann unabhängig davon auch widerrufen werden, wenn die Genehmigungsvoraussetzungen nicht mehr vorliegen. Ärzte-ZV und BMV-Ä regeln die Widerrufsvoraussetzungen nicht. Es gelten daher die allgemeinen Anforderungen aus § 45 SGB X (rechtswidriger Verwaltungsakt) und § 48 SGB X.[23]

---

19 Richtig kooperieren, 2013.
20 Zur entgeltlichen Patientenzuweisung s ua *Wittmann* MedR 2008, 716; Bäune/Meschke/Rothfuß/*Rothfuß* § 33 Rn 56; zu den Grenzen und Gefahren unternehmerischer Betätigung von Ärzten und Beteiligung an Unternehmen s die ausführliche rechtliche Stellungnahme der BÄK v 25.10.2013, DÄ 2013, A-2226.
21 S dazu auch *Wollersheim* GesR 2008, 285.
22 S dazu *Wollersheim* GesR 2008, 281; *Ladurner* § 33 Rn 60 ff.
23 Wesentliche Veränderung der Verhältnisse; so auch Bäune/Meschke/Rothfuß/*Bäune* § 24 Rn 45 f; Schallen/*Schallen* § 24 Rn 119.

Hat sich die Versorgungssituation im Gebiet der Nebenbetriebsstätte anfänglich zwar verbessert, ist die Verbesserung aber nachträglich entfallen, kann die Genehmigung widerrufen werden. Der Nachweis dazu kann in der Praxis schwierig sein. Die KV sind daher inzwischen dazu übergegangen, in ihre Genehmigungen Nebenbestimmungen und Auflagen aufzunehmen, um unter erleichterten Bedingungen widerrufen zu können. Die Genehmigung kann nach § 47 SGB X nur widerrufen werden, wenn die jeweilige Nebenbestimmung (insbes Widerrufsvorbehalt) wirksam ist. Für eine Befristung der Genehmigung als Nebenbestimmung gibt es keine ausreichende Rechtsgrundlage. Auch § 32 SGB X rechtfertigt eine solche Befristung nicht. § 24 Abs 3 Ärzte-ZV gibt als Genehmigungsvoraussetzung lediglich ein *„wenn und soweit"* vor, was lediglich eine inhaltliche Begrenzung auf bestimmte Leistungsbereiche zulässt. (§ 116 S 2 SGB V sieht demgegenüber bei Ermächtigungen bspw ein *„soweit und solange"* vor, was eine zeitliche Befristung erlaubt.) 28

Wird die Genehmigung für eine Nebenbetriebsstätte widerrufen, ist dem Vertragsarzt eine *„angemessene Übergangsfrist zur Beendigung seiner (dortigen) Tätigkeit"* einzuräumen (Abs 7). Damit soll erreicht werden, dass begonnene Behandlungen nicht abrupt abgebrochen werden müssen; der Vertragsarzt soll auch die Möglichkeit erhalten, eventuelle Vertragsverhältnisse (Miete, Leasing von Geräten, Anstellung von Personal etc) ordnungsgemäß abzuwickeln. Dies ist eine Folge des Vertrauensschutzes. 29

Die Dauer der Übergangszeit richtet sich nach den Umständen des Einzelfalles. Bei investitions-intensiven Praxen sind längere Zeiten notwendig als bei gesprächsorientierten Fachgruppen. Die Dauer der Übergangszeit kann auch davon abhängig gemacht werden, ob der Vertragsarzt den Widerruf der Genehmigung selbst verschuldet hat oder nicht. 30

§ 15b KV-bereichsübergreifende Berufsausübungsgemeinschaften

¹Für Berufsausübungsgemeinschaften, welche Vertragsarztsitze in Bereichen mehrerer Kassenärztlicher Vereinigungen haben, gelten ergänzend die Richtlinien der Kassenärztlichen Bundesvereinigung gemäß § 75 Abs. 7 SGB V. ²Die Wahl des Vertragsarztsitzes für zwei Jahre gemäß § 33 Abs. 3 Ärzte-ZV [Hauptsitz der bereichsübergreifenden Berufsausübung] kann nur jeweils zum Beginn eines Quartals durch Anzeige an die maßgebliche Kassenärztliche Vereinigung erfolgen. ³Für die Tätigkeit der Mitglieder der Berufsausübungsgemeinschaft an örtlich unterschiedlichen Vertragsarztsitzen gilt § 17 Abs. 1a.

Übersicht

	Rn		Rn
I. Gesetzliche Vorgaben	1	II. KV-bereichsübergreifende BAG	4

I. Gesetzliche Vorgaben

Das Gesetz sieht örtliche und überörtliche BAG vor, und zwar mit Tätigkeiten innerhalb des Bezirks einer KV und mit vertragsärztlicher Tätigkeit in mindestens zwei KV-Bereichen (§ 33 Abs 2 und 3 Ärzte-ZV).[1] 1

---

[1] Zur BAG umfassend Halbe/*Halbe/Rothfuß* Beitrag A 1100 (Stand: 2017); HK-AKM/ *Kremer/Wittmann* 840 (Stand: 2018); zu den steuerrechtlichen Folgen einer BAG Halbe/ *Karch/Vloet* Beitrag A 1100.1 (Stand: 2017).

2 Eine KV-bereichsübergreifende BAG muss nach § 15b einen (Haupt)Vertragsarztsitz wählen (Grundlage: § 33 Abs 3 S 3 und 4 Ärzte-ZV).[2] Aus dieser Wahlentscheidung ergibt sich die Zuständigkeit der sog *„Heimat-KV"* der BAG; deren Zulassungsausschuss ist zuständig für das Genehmigungsverfahren; ihre Regelungen sind nach dem Wortlaut der Ärzte-ZV auch *„maßgeblich, insbesondere"* für die Vergütung, Abrechnung sowie für die Abrechnungs-, Wirtschaftlichkeits- und Qualitätsprüfungen der Gemeinschaft.

3 Die KBV hatte nach § 75 Abs 7 Nr 2 SGB V eine **„KV-übergreifenden Berufsausübungs-Richtlinie"** erlassen.[3] Dort sind Einzelheiten zur Leistungserbringung, der Abrechnung der Leistungen (Zuteilung von Regelleistungsvolumina, Honorarbescheiden, Verwaltungskosten), der Prüfung der sachlich-rechnerischen Richtigkeit (einschließlich der zeitlichen Erbringbarkeit – Plausibilität nach § 106d SGB V), der Wirtschaftlichkeit (§§ 106–106c SGB V) und der Qualität sowie der gegenseitigen Unterrichtung (einschließlich Datenaustausch zur Zusammenführung der Daten) geregelt. Die Richtlinien stellen für die Vergütung, die Abrechnung und die Prüfung der Leistungen überwiegend auf die Regelungen am Ort der Leistungserbringung ab. Zum Teil sind die Ergebnisse der Verfahren in den unterschiedlichen KV zusammenzuführen.

II. KV-bereichsübergreifende BAG

4 § 15b konkretisiert die Regelungen des § 33 Abs 3 Ärzte-ZV zur KV-bereichsübergreifenden BAG[4]. Grundlage für diese ergänzenden Regelungen im BMV-Ä ist S 5, 2. HS Ärzte-ZV.

5 § 1a Nr 15 definiert den Begriff *„KV-bereichsübergreifende ärztliche Berufstätigkeit"*, und zwar mit fünf Fallgestaltungen (Grundvarianten; identisch damit § 1 Abs 2 der KBV-Richtlinie). Diese Begriffsbestimmung gilt für KV-bereichsübergreifende BAG zwischen Vertragsärzten und zwischen Vertragsärzten und MVZ (§ 15c).

6 § 15b S 2 konkretisiert die Pflicht der BAG mit Betriebsstätten in mehreren KV-Bereichen, ihren sog Hauptsitz der bereichsübergreifenden Berufstätigkeit zu wählen (§ 33 Abs 3 S 3 Ärzte-ZV): diese Wahl ist der KV anzuzeigen, in deren Bereich der Hauptsitz liegen soll, und zwar zum Beginn des Quartals. Der Hauptsitz (und damit die Heimat-KV) ist für zwei Jahre zu wählen; die Wahl ist für diesen Zeitraum unwiderruflich (§ 33 Abs 1a Ärzte-ZV und § 15a Abs 4 S 5). Durch die zeitliche Bindung wollten Gesetz- und Richtliniengeber verhindern, dass eine KV-bereichsübergreifende BAG als Hauptsitz-KV jeweils die für sie honorargünstigste KV wählt. Der Zulassungsausschuss dieser Hauptsitz-KV (s § 3 Nr 2 der KBV-Richtlinie) ist zuständig für das Genehmigungsverfahren. Zeigen die Mitglieder einer KV-bereichsübergreifenden BAG den Hauptsitz der maßgeblichen KV nicht rechtzeitig an, so ist – wie bei der einfachen überörtlichen BAG – eine Ersatzvornahme (nach Fristsetzung durch die KV) möglich (§ 15a Abs 4 S 7.[5]

---

2 Zu dieser Wahlpflicht (aus der Zeit vor den ergänzenden Regelungen im BMV-Ä) *Weimer* GesR 2007, 204.
3 DÄ 2007, A-1868; wirksam ab 1.7.2007; zuletzt geändert zum 8.3.2011; DÄ 2011, A-863.
4 Zur KV-übergreifenden BAG Halbe/*Halbe*/*Rothfuß* Beitrag A 1100, Rn. 25; HK-AKM/*Kremer/Wittmann* 840 (Stand: 2018), Rn 13.
5 Weitere Einzelheiten bei *Weimer* GesR 2007, 204.

Nach dem Wortlaut der **Ärzte-ZV** (§ 33 Abs 3 S 3 SGB V) gelten für die Leistungserbringung, ihre Vergütung (Honorarbescheide) sowie die Abrechnungsprüfung (Richtigkeits- und Plausibilitätsprüfung), die Wirtschaftlichkeits- und die Qualitätsprüfung der KV-übergreifenden ÜBAG die Regelungen der Hauptsitz-KV. 7

Die **KBV-Richtlinie** sieht zum Teil abweichende Zuständigkeiten vor. Danach gelten für die Abrechnung (§ 4), die Honorarbescheide (§ 6) und für die Qualitätsprüfung (§ 8) die Regelungen der KV, in deren Zuständigkeitsbereich die Leistung erbracht wurde. Für die Wirtschaftlichkeitsprüfung ist nach den Richtlinien „grundsätzlich" die Hauptsitz-KV zuständig (§ 7). Für Disziplinarverfahren, die die BAG betreffen, ist ebenfalls die KV nach § 3 Nr 2 zuständig (§ 9). Die Richtigkeits- und Plausibilitätsprüfung (§ 106d SGB V) obliegt der KV, in deren Zuständigkeitsbereich die Leistung erbracht wurde (Ort der Leistungserbringung; § 5 S 1). Nach S 2 haben die KV aber nach Erlass der Honorarbescheide die Abrechnungsdaten bei der „zuständigen" KV (= Hauptsitz-KV) zusammenzuführen. S 3 schreibt eine zusammenfassende Prüfung nach § 106d SGB V" nach einem „*bundeseinheitlichen Maßstab*" (internes Papier) vor. Bei Auffälligkeiten in der Abrechnung wirken zum weiteren Verfahren die „*beteiligten*" KV (§ 3 Nr 1 der KBV-Richtlinie) mit der Hauptsitz-KV zusammen (Grundlage für den erforderlichen Datenaustausch: § 10 KBV-Richtlinie). Bei Verstößen sind denkbar zB Korrekturen der Honorarbescheide (für die Vergangenheit) und Vorbehalte in den Honorarbescheiden (für die Zukunft). 8

Bedeutsam für die Praxis ist § 15b S 3, der auf § 17 Abs 1a verweist. Danach sind an den Betriebsstätten ua Mindestzeiten für Sprechstunden und auch Höchstzeiten einzuhalten. Für Hauptsitz und weitere Tätigkeitsorte **sollen** Mindest- und/oder Höchstzeiten festgelegt werden (S 6), um eine ausreichende Versorgung der Patienten an den verschiedenen Sitzen zu gewährleisten. Im Ergebnis muss die Tätigkeit am (Haupt-)Vertragsarztsitz die Tätigkeiten an den anderen Tätigkeitsorten überwiegen (S 3). Das gilt bei Voll- und Teilzulassung sowie für MVZ. 9

§ 15c Berufsausübungsgemeinschaften zwischen Medizinischen Versorgungszentren und Vertragsärzten

§§ 15a und 15b gelten entsprechend für Berufsausübungsgemeinschaften zwischen Medizinischen Versorgungszentren und Vertragsärzten unabhängig von der jeweiligen Rechtsform.

Das SGB V hat das MVZ den Vertragsärzten in der ambulanten vertragsärztlichen Versorgung weitgehend gleichgestellt (§ 95 Abs 9 SGB V)[1]. MVZ können mithin zB Ärzte anstellen (auch zu Teilzeiten), Zweigpraxen unterhalten (s dazu § 15a Abs 3 iVm Abs 1 und 2)[2] und 1

---

1 Dies wird teilweise kritisiert, weil die Liberalisierung insgesamt (zB bei der Anstellung) den MVZ mehr Möglichkeiten und Vorteile bringt als dem Einzelarzt oder der BAG.
2 S dazu *BSG* MedR 2012, 545.

sich seit 1.1.2007 auch an BAG³ beteiligen (§ 33 Abs 2 Ärzte-ZV iVm § 1a Nr 12), also mit Vertragsärzten gemeinsam vertragsärztliche Tätigkeit ausüben⁴

2   Für solche gemischten BAG gelten nach § 15c dieselben Regelungen wie für „*reine*" BAG unter Vertragsärzten (§§ 15a und 15b). Ein MVZ kann danach auch mehrere Nebenbetriebsstätten unterhalten, auch eine KV-bereichsübergreifende BAG (§ 15b) mit Vertragsärzten bilden und gemeinsam mit MVZ-externen Vertragsärzten Räume oder Apparate nutzen sowie Personal anstellen, also Apparate- oder Organisationsgemeinschaften bilden.

---

3   Zur BAG Halbe/*Halbe/Rothfuß* Beitrag A 1100 (Stand: 2017); HK-AKM/*Kremer/Wittmann* 840 (Stand: 2018); zu den steuerrechtlichen Aspekten bei der BAG Halbe/*Karch/Vloet* Beitrag A 1100.1 (Stand: 2017).
4   Zur Zusammenarbeit von MVZ mit Dritten Halbe/*Halbe/Orlowski/Schirmer* Medizinische Versorgungszentren B 1400 (Stand: 2018), Rn 276 ff. Auf die Gefahren und Grenzen der Zusammenarbeit im Zusammenhang mit §§ 299a, b StGB weisen ausdrücklich hin Halbe/Schirmer/*Tsambikakis/Graf* E 2000 (Stand: 2017). S auch *Meschke* Ausgewählte Probleme der Gestaltung ärztlicher Kooperationsverträge, DAI-Fachinstitut für Medizinrecht, 2020, 329 ff.

§ 16   Regeln der ärztlichen Kunst, Qualität, Wirtschaftlichkeit

¹Jeder Vertragsarzt hat die vertragsärztlichen Leistungen nach den Regeln der ärztlichen Kunst und unter Berücksichtigung des allgemein anerkannten Standes der medizinischen Erkenntnisse zu erbringen sowie das Gebot der Wirtschaftlichkeit (§ 12 SGB V) zu beachten und hierauf seine Behandlungs- und Verordnungsweise einzurichten. ²Die vom Gemeinsamen Bundesausschuss beschlossenen Richtlinien nach § 92 SGB V zur Sicherung einer ausreichenden, zweckmäßigen und wirtschaftlichen Versorgung sind für den Vertragsarzt, die Krankenkasse und für den Leistungsanspruch des Versicherten verbindlich. ³Außerdem hat der Vertragsarzt die Anforderungen an die Qualität der Leistungserbringung nach § 11 zu beachten.

Übersicht

	Rn		Rn
I. Gesetzliche Vorgaben	1	III. Wirtschaftlichkeit	12
II. Regeln der ärztlichen Kunst	6	IV. Qualität	15

I. Gesetzliche Vorgaben

1   Die KK stellen ihren Versicherten die im Dritten Kapitel des SGB V genannten Leistungen unter Beachtung des **Wirtschaftlichkeitsgebots** (§ 12 SGB V) zur Verfügung, soweit diese Leistungen nicht der Eigenverantwortung der Versicherten zugerechnet werden. Behandlungsmethoden, Arznei- und Heilmittel der besonderen Therapierichtungen sind nicht per se ausgeschlossen.¹ Qualität und Wirksamkeit der Leistungen

---

1   Zu den besonderen Therapierichtungen gehören insbes die Homöopathie, Phytotherapie und die anthroposophischen Arzneimittel. Nach der Rspr des BSG muss auch für diese auf Basis des allgemein anerkannten Standes der medizinischen Erkenntnisse der Nachweis der Wirksamkeit als Voraussetzung für eine Leistungspflicht geführt werden, s hierzu umfassend juris PK-SGB V/*Plagemann* § 2 Rn 38 ff.

haben dem **allgemein anerkannten Stand der medizinischen Erkenntnisse** zu entsprechen und den **medizinischen Fortschritt** zu berücksichtigen (§ 2 Abs 1 SGB V).

Der Gesetzgeber hat eine Orientierung am medizinischen Fortschritt auch dadurch festgeschrieben, dass er in verschiedenen neueren Vorschriften des SGB V die **evidenzbasierte Medizin** ausdrücklich erwähnt.[2] Dies weist darauf hin, dass die evidenzbasierte Medizin nach dem Idealbild des Gesetzgebers als gesetzlicher Standard der Versorgung in der GKV gelten soll.[3]   **2**

Hieran haben sich die untergesetzlichen Regelungen, insbesondere die des G-BA auszurichten.[4]   **3**

Die ärztliche Behandlung umfasst die Tätigkeit des Arztes, die zur Verhütung, Früherkennung und Behandlung von Krankheiten nach den Regeln der ärztlichen Kunst ausreichend und zweckmäßig ist (§ 28 Abs 1 S 1 SGB V).   **4**

§ 16 knüpft an diese gesetzlichen Vorgaben an und normiert entsprechende Pflichten für die an der vertragsärztlichen Versorgung teilnehmenden Leistungserbringer.   **5**

II. Regeln der ärztlichen Kunst

Jeder Vertragsarzt ist verpflichtet, die vertragsärztlichen Leistungen nach den Regeln der ärztlichen Kunst und unter Berücksichtigung des allgemein anerkannten Standes der medizinischen Erkenntnisse zu erbringen.   **6**

Die **Regeln der ärztlichen Kunst** als Maßstab der ärztlichen Behandlung (§ 28 Abs 1 S 1 SGB V) stellen die anerkannten Grundsätze und Methoden der Medizin dar sowie die berufsethischen Grundsätze. Die ärztliche Behandlung muss daher auf medizinisch-wissenschaftlichen Erkenntnissen beruhen.[5]   **7**

Qualität und Wirksamkeit der Leistungen haben dem **allgemein anerkannten Stand der medizinischen Erkenntnisse** zu entsprechen.   **8**

Der allgemein anerkannte Stand umfasst das Ziel einer evidenzbasierten Medizin ebenso wie Elemente der besonderen Therapierichtungen.[6]   **9**

Bei den medizinischen Erkenntnissen geht es um Erkenntnisse, die von dem Kollektiv der Mediziner (international oder auch national) anerkannt sind.[7]   **10**

Nach der Rechtsprechung des BSG entspricht eine Behandlungsmethode dem allgemein anerkannten Stand der medizinischen Erkenntnisse, wenn sie von einer großen Mehrheit der einschlägigen Fachleute (Ärzte, Wissenschaftler) befürwortet wird. Von einzelnen, nicht ins Gewicht fallenden Gegenstimmen abgesehen, muss über die Zweckmäßigkeit der Therapie Konsens bestehen. Das setzt im Regelfall voraus, dass   **11**

---

2 Vgl §§ 35 Abs 1b S 4, 35a Abs 1 S 8 Nr 2, 35b Abs 1 S 5, 73b Abs 2 Nr 2, 137f Abs 2 S 2 Nr 1, 139a Abs 3 Nr 3, Abs 4 S 1 SGB V.
3 Zum Medizinischen Fortschritt im Recht der GKV s den gleichnamigen Beitrag von *Gaßner/Strömer* SGb 08/11, 421–429.
4 Umfassend zur Entwicklung und Bedeutung von evidenzbasierten Richtlinien und Leitlinien in der GKV s *Wigge* Evidenzbasierte Richtlinien und Leitlinien, MedR 2000, 574 ff.
5 Zur Behandlung lege artis s Wenzel/*Wenzel* Kap 4 Rn 214 ff.
6 S *Zuck* Der verfassungsrechtliche Rahmen von Evaluation und Pluralismus, MedR 2006, 515 ff.
7 S juris PK-SGB V/*Plagemann* § 2 Rn 50.

über Qualität und Wirksamkeit der neuen Methode zuverlässige, wissenschaftlich nachprüfbare Aussagen gemacht werden können. Die Therapie muss in einer für die sichere Beurteilung ausreichenden Zahl von Behandlungsfällen erfolgreich gewesen sein. Der Erfolg muss sich aus wissenschaftlich einwandfrei geführten Statistiken über die Zahl der behandelten Fälle und die Wirksamkeit der Methode ablesen lassen.[8]

III. Wirtschaftlichkeit

12 S 1 enthält darüber hinaus den deklaratorischen Hinweis, dass die in der vertragsärztlichen Versorgung angebotenen Leistungen dem **Gebot der Wirtschaftlichkeit** entsprechen müssen.

13 Die Legaldefinition des Begriffs der Wirtschaftlichkeit findet sich in §§ 12, 70 Abs 1 S 2 SGB V. Danach müssen die Leistungen ausreichend, zweckmäßig und wirtschaftlich sein; sie dürfen das Maß des Notwendigen nicht überschreiten. Nicht notwendige oder unwirtschaftliche Leistungen dürfen GKV-Versicherte nicht beanspruchen, Leistungserbringer nicht bewirken[9] und eine KK nicht bewilligen.[10]

14 Die vom G-BA beschlossenen Richtlinien nach § 92 SGB V zur Sicherung einer ausreichenden, zweckmäßigen und wirtschaftlichen Versorgung sind als Bestandteil der Bundesmantelverträge (§ 92 Abs 8 SGB V) sowohl für den Vertragsarzt als auch für die KK und für den Leistungsanspruch des Versicherten verbindlich (S 2).

IV. Qualität

15 Zur **Sicherung der Qualität** in der vertragsärztlichen Versorgung verweist S 3 auf die Verpflichtung der Vertragsärzte, die Regelungen in § 11 zu beachten.

§ 17 Sprechstunden, Besuche

(1) ¹**Der Vertragsarzt ist gehalten, an seinem Vertragsarztsitz sowie weiteren Tätigkeitsorten Sprechstunden entsprechend dem Bedürfnis nach einer ausreichenden und zweckmäßigen vertragsärztlichen Versorgung mindestens in dem in Absatz 1a geregelten Umfang festzusetzen und seine Sprechstunden auf einem Praxisschild bekannt zu geben; die Höchstzeiten für Tätigkeiten an weiteren Tätigkeitsorten sind zu beachten.** ²**Die Sprechstunden sind grundsätzlich mit festen Uhrzeiten auf dem Praxisschild anzugeben.** ³**Sprechstunden „nach Vereinbarung" oder die Ankündigung einer Vorbestellpraxis dürfen zusätzlich angegeben werden.** ⁴**Die Ankündigung besonderer Sprechstunden ist nur für die Durchführung von Früherkennungsuntersuchungen zulässig.** ⁵**Wenn mehrere Ärzte einer Arztgruppe in einer Arztpraxis tätig sind, kann die Veröffentlichung der Sprechstundenzeiten praxisbezogen für die jeweilige Arztgruppe erfolgen.** ⁶**Die Sprechstundenzeiten nach Absatz 1a Satz 1 und 3 sind der Kas-**

---

8 *BSG* SozR 3-2500 § 18 Nr 4 mwN; *BSG* SozR 4-2500 § 18 Nr 5.
9 Zur Wirtschaftlichkeitsprüfung s § 47.
10 Zum Wirtschaftlichkeitsgebot s juris PK-SGB V/*Heinz* § 12 Rn 14 ff; *Geis* Das sozialrechtliche Wirtschaftlichkeitsgebot – kriminalstrafbewehrtes Treuegesetz des Kassenarztes?, GesR 8/2006, 345 ff; *Kluth* Ärztliche Berufsfreiheit unter Wirtschaftlichkeitsvorbehalt?, MedR 2005, 65 ff; Wenzel/*Wenzel* Kap 4 Rn 237 ff. Zum Wirtschaftlichkeitsbegriff s Schnapp/Wigge/*Steinhäuser* 18 Rn 3; HK-AKM/*Dahm/Hofmayer* 5560 Wirtschaftlichkeitsprüfung (Stand: 2012), Rn 18 ff.

senärztlichen Vereinigung zu melden. [7]Die Kassenärztlichen Vereinigungen informieren die Versicherten im Internet in geeigneter Weise bundesweit einheitlich über die Sprechstundenzeiten der Vertragsärzte und die Barrierefreiheit der Arztpraxen; offene Sprechstunden nach Absatz 1a Satz 3 sind gesondert auszuweisen.

(1a) [1]Der sich aus der Zulassung des Vertragsarztes ergebende Versorgungsauftrag ist dadurch zu erfüllen, dass der Vertragsarzt an allen zugelassenen Tätigkeitsorten persönlich mindestens 25 Stunden wöchentlich in Form von Sprechstunden zur Verfügung steht. [2]Als Sprechstunden gelten die Zeiten, in denen der Vertragsarzt für die Versorgung der Versicherten unmittelbar zur Verfügung steht. [3]Ärzte der in Absatz 1c aufgeführten Arztgruppen müssen von diesen Sprechstundenzeiten mindestens fünf Stunden wöchentlich als offene Sprechstunden ohne vorherige Terminvereinbarung anbieten. [4]Bei einem reduzierten Versorgungsauftrag gelten die Sprechstundenzeiten nach Satz 1 und 3 jeweils anteilig. [5]In allen Fällen der Ausübung vertragsärztlicher Tätigkeit an einem weiteren oder mehreren Tätigkeitsorten außerhalb des Vertragsarztsitzes gilt, dass die Tätigkeit am Vertragsarztsitz alle Tätigkeiten außerhalb des Vertragsarztsitzes zeitlich insgesamt überwiegen muss. [6]Auf die Sprechstundenzeiten nach Satz 1 werden die Besuchszeiten des Vertragsarztes angerechnet; das Nähere zu einer angemessenen Berücksichtigung der Wegezeiten regeln die Gesamtvertragspartner.

(1b) Für angestellte Ärzte gilt Absatz 1a unter Berücksichtigung des vom Zulassungsausschuss genehmigten Tätigkeitsumfangs entsprechend.

(1c) Folgende Arztgruppen müssen offene Sprechstunden gemäß Absatz 1a Satz 3 anbieten:
- Arztgruppen nach Nr. 1 der Präambel zu Kapitel 6 EBM
- Arztgruppen nach Nr. 1 der Präambel zu Kapitel 7 EBM
- Arztgruppen nach Nr. 1 der Präambel zu Kapitel 8 EBM
- Arztgruppen nach Nr. 1 der Präambel zu Kapitel 9 EBM
- Arztgruppen nach Nr. 1 der Präambel zu Kapitel 10 EBM
- Arztgruppen nach Nr. 1 der Präambel zu Kapitel 14 EBM
- Arztgruppen nach Nr. 1 der Präambel zu Kapitel 16 EBM
- Arztgruppen nach Nr. 1 der Präambel zu Kapitel 18 EBM
- Arztgruppen nach Nr. 1 der Präambel zu Kapitel 21 EBM
- Arztgruppen nach Nr. 1 der Präambel zu Kapitel 26 EBM.

(2) Bei der Verteilung der Sprechstunden auf den einzelnen Tag sind die Besonderheiten des Praxisbereiches und die Bedürfnisse der Versicherten (z. B. durch Sprechstunden am Abend oder an Samstagen) zu berücksichtigen.

(3) [1]Ist der Vertragsarzt länger als eine Woche an der Ausübung seiner Praxis verhindert, so hat er dies der Kassenärztlichen Vereinigung unter Benennung der vertretenden Ärzte unverzüglich mitzuteilen. [2]Darüber hinaus soll der Vertragsarzt – auch bei Verhinderung von weniger als einer Woche – dies in geeigneter Weise (z. B. durch Aushang) bekanntgeben. [3]Die Vertretung ist jeweils mit dem vertretenden Arzt abzusprechen. [4]Bei Krankheit, Urlaub oder Teilnahme an ärztlicher Fortbildung oder an einer Wehrübung kann sich der Vertragsarzt innerhalb von zwölf Monaten bis zu einer Dauer von drei Monaten ohne Genehmigung der Kassenärztlichen Vereinigung vertreten lassen. [5]Eine Vertragsärztin kann sich in unmittelbarem zeitlichen Zusammenhang mit einer Entbindung bis zu einer Dauer von zwölf Monaten vertreten lassen.

§ 17

(4) Besuche außerhalb seines üblichen Praxisbereiches kann der Vertragsarzt ablehnen, es sei denn, dass es sich um einen dringenden Fall handelt und ein Vertragsarzt, in dessen Praxisbereich die Wohnung des Kranken liegt, nicht zu erreichen ist.

(5) Wird ohne zwingenden Grund ein anderer als einer der nächsterreichbaren Vertragsärzte in Anspruch genommen, hat der Versicherte die Mehrkosten zu tragen.

(6) ¹Die Besuchsbehandlung ist grundsätzlich Aufgabe des behandelnden Hausarztes. ²Ein Arzt mit Gebietsbezeichnung, der nicht die Funktion des Hausarztes wahrnimmt, ist unbeschadet seiner Verpflichtung zur Hilfeleistung in Notfällen auch zur Besuchsbehandlung berechtigt und verpflichtet:
1. Wenn er zur konsiliarischen Beratung hinzugezogen wird und nach dem Ergebnis der gemeinsamen Beratung weitere Besuche durch ihn erforderlich sind,
2. wenn bei Versicherten, die von ihm behandelt werden, wegen einer Erkrankung aus seinem Fachgebiet ein Besuch notwendig ist.

(7) Die Krankenkassen haben ihre Versicherten darüber aufzuklären, dass sie einen Anspruch auf Besuchsbehandlung nur haben, wenn ihnen das Aufsuchen des Arztes in dessen Praxisräumen wegen Krankheit nicht möglich oder nicht zumutbar ist.

Übersicht

	Rn		Rn
I. Gesetzliche Vorgaben	1	4. Offene Sprechstunden (Abs 1a S 3, Abs 1c)	32
II. Abhaltung von Sprechstunden (Abs 1–2)	2	5. Ankündigung der Sprechstunden	35
1. Überblick	2	6. Prüfpflichten und Sanktionsmechanismen	39
2. Präsenzpflicht (Abs 1 S 1, Abs 2)	9	III. Vertretung (Abs 3)	43
a) Grundsatz	9	1. Überblick	43
b) Verpflichtete Arztgruppen	11	a) Praxisvertretung iSv § 32 Ärzte-ZV	44
c) Begriff der Sprechstunde	14	b) Kollegiale gegenseitige Vertretung	48
d) Ausgestaltung der Sprechstunden	16	2. Mitteilungspflichten (Abs 3 S. 1 bis 3)	49
e) Ausnahmen	18	3. Anlass und Dauer der Vertretung (Abs 3 S 4 und 5)	50
3. Zeitlicher Umfang (Abs 1a, Abs 1b)	20	4. Weitere Voraussetzungen	53
a) Grundsatz	20	IV. Besuche (Abs 4 bis 7)	55
b) Gemeinsame Berufsausübung, Anstellung, MVZ	26		
c) Mehrere Tätigkeitsorte	30		

I. Gesetzliche Vorgaben

1 § 17 Abs 1–2 konkretisieren die Pflicht des Vertragsarztes, Sprechstunden anzubieten; diese Verpflichtung ist Teil der sich aus § 95 Abs 3 S 1 SGB V ergebenden Präsenzpflicht des Arztes. § 24 Abs 2 Ärzte-ZV schreibt ergänzend vor, dass der Vertragsarzt am Vertragsarztsitz „*seine Sprechstunde*" abhalten muss. Darüber hinaus enthalten die durch das TSVG an § 19a Abs 1 Ärzte-ZV angefügten S 2–7 konkrete Vorgaben zu den Sprechstunden und einen Regelungsauftrag an die Partner des BMV-Ä. § 17 Abs 3 betrifft die in § 98 Abs 2 Nr 13 SGB V iVm § 32 Ärzte-ZV geregelte Beschäftigung von Vertretern. Für die in § 17 Abs 4–7 geregelten Besuche durch einen Vertragsarzt bestehen keine unmittelbar einschlägigen gesetzlichen Vorgaben.

II. Abhaltung von Sprechstunden (Abs 1–2)

1. Überblick. Die Abhaltung von Sprechstunden ist insbesondere für **Arztgruppen mit unmittelbarem Patientenkontakt** ein ebenso typischer wie wesentlicher Bestandteil der vertragsärztlichen Tätigkeit und des Versorgungsauftrages. Denn die Inanspruchnahme vertragsärztlicher Leistungen durch die Versicherten erfolgt überwiegend im Rahmen der Sprechstunden, sei es aufgrund einer vorherigen Terminvereinbarung oder auch im Rahmen einer so genannten offenen Sprechstunde, bei der der Patient die Praxis ohne einen Termin aufsucht. Ein ausreichendes Sprechstundenangebot und damit verbunden die persönliche Erreichbarkeit des Arztes sind eine wesentliche Voraussetzung für den Zugang der Versicherten zur ambulanten ärztlichen Versorgung.

Dennoch enthielt das SGB V bis zum In-Kraft-Treten des TSVG am 11.5.2019 keine näheren Vorgaben zur Abhaltung von Sprechstunden. Auch die Ärzte-ZV in der bis zum 10.5.2019 geltenden Fassung normierte lediglich in § 24 Abs 2 die grundsätzliche Verpflichtung des Vertragsarztes, am Vertragsarztsitz seine Sprechstunde abzuhalten, sowie in § 19a Abs 1 die grundsätzliche Pflicht zur vollzeitigen Ausübung der vertragsärztlichen Tätigkeit. Die nähere Ausgestaltung der sich aus § 24 Abs 2 Ärzte-ZV ergebenden **Präsenzpflicht** erfolgte auf bundesmantelvertraglicher Ebene in § 17. Dort war im Zuge der Umsetzung des VÄndG mWv 1.7.2007 auch eine konkrete **Mindestsprechstundenzeit** (20 Stunden pro Woche bei einem vollen Versorgungsauftrag) festgelegt worden.[1]

Auf Kritik an längeren Wartezeiten für gesetzlich Versicherte – insbesondere beim Übergang von der hausärztlichen zur fachärztlichen Versorgung – reagierte der Gesetzgeber im Zuge des **GKV-VStG** zunächst mit einer konkretisierenden Regelung in § 75 Abs 1 S 2 SGB V. Dort wurde mWv 1.1.2012 klargestellt, dass der Sicherstellungsauftrag der KV auch die angemessene und zeitnahe Zurverfügungstellung der fachärztlichen Versorgung umfasst. Zusätzlich war gem § 75 Abs 1 S 4 SGB V idF des GKV-VStG in den Gesamtverträgen nach § 83 SGB V zu regeln, welche Wartezeiten auf Termine im Regelfall und im Ausnahmefall noch eine zeitnahe fachärztliche Versorgung darstellen. Hierdurch sollten vermeidbare Wartezeiten in der fachärztlichen Versorgung vermindert und die erlebte Versorgungsrealität verbessert werden.[2]

Das (in wesentlichen Teilen) am 23.7.2015 in Kraft getretene **GKV-VSG** sah weitere Maßnahmen vor, um zu gewährleisten, dass alle Patienten in einer angemessenen Frist einen Facharzttermin erhalten[3]. Die mit dem GKV-VStG eingefügte Regelung, wonach die Sicherstellung auch die angemessene und zeitnahe Zurverfügungstellung der fachärztlichen Versorgung umfasst, wurde als S 1 in den neu eingefügten § 75 Abs 1a SGB V überführt und durch konkrete Vorgaben für die KV ergänzt. So wurde in § 75 Abs 1a S 2 SGB V vorgegeben, dass die KV bis zum 23.1.2016 **Terminservicestellen** einzurichten haben. Nach § 75 Abs 1a S 10 und 11 SGB V waren im BMV-Ä nähere Vorgaben und Regelungen zu den Terminservicestellen zu treffen. Diesem

---
1 Vgl § 17 Abs 1a in der bis zum 30.8.2019 geltenden Fassung sowie die Kommentierung zur 1. Auflage.
2 BT-Drucks 17/8005, 107.
3 Vgl BT-Drucks 18/4095, 86.

Regelungsauftrag sind die Partner des BMV-Ä mit der als **Anlage 28** zum BMV-Ä geschlossenen „*Vereinbarung über die Einrichtung von Terminservicestellen und die Vermittlung von Facharztterminen*" v 16.12.2015[4] nachgekommen.

6 Mit dem (in wesentlichen Teilen) am 11.5.2019 in Kraft getretenen **TSVG**[5] verfolgte der Gesetzgeber schon mit der Bezeichnung des Gesetzes (**„Gesetz für schnellere Termine und bessere Versorgung"**) das ausdrückliche Ziel, den Zugang zur ambulanten haus- und fachärztlichen Versorgung für die gesetzlich versicherten Patienten zu verbessern. Nach den Gesetzesmaterialien[6] sollte allen gesetzlich Versicherten ein gleichwertiger Zugang zur ambulanten ärztlichen Versorgung ermöglicht werden, indem Wartezeiten auf Arzttermine verkürzt werden, das Sprechstundenangebot erweitert und die Vergütung vertragsärztlicher Leistungen verbessert wird. Hierzu wurde in § 75 Abs 1a S 1 SGB V festgelegt, dass der Sicherstellungsauftrag die zeitnahe Zurverfügungstellung nicht mehr nur der fachärztlichen, sondern der (gesamten) vertragsärztlichen Versorgung, also auch der hausärztlichen Versorgung, umfasst.

7 Die Terminservicestellen wurden zu **„Servicestellen mit erweitertem Aufgabenspektrum"**[7] weiterentwickelt: Gem § 75 Abs 1a S 3 SGB V haben die Terminservicestellen nunmehr haus- und fachärztliche Termine zu vermitteln (Nr 1), Versicherte bei der Suche nach einem dauerhaft versorgenden Haus- oder Kinderarzt zu unterstützen (Nr 2) sowie spätestens ab dem 1.1.2020 auf der Grundlage eines bundeseinheitlichen, standardisierten Ersteinschätzungsverfahrens in Akutfällen eine unmittelbare ärztliche Versorgung in der medizinisch gebotenen Versorgungsebene zu vermitteln (Nr 3). Die Terminservicestellen müssen zudem unter einer bundesweit einheitlichen Rufnummer (116 117) 24 Stunden täglich an sieben Tagen in der Woche erreichbar sein (§ 75 Abs 1a S 2 SGB V). Zur Berücksichtigung dieser Änderungen haben die Partner des Bundesmantelvertrages am 27.8.2019 eine Neufassung der „*Vereinbarung über die Einrichtung von Terminservicestellen und die Vermittlung von Facharztterminen*" (Anlage 28 BMV-Ä)[8] vereinbart, die am 1.9.2019 in Kraft getreten ist.

8 Darüber hinaus wurden mit dem TSVG die bisher nur bundesmantelvertraglich geregelten **Mindestsprechstundenzeiten** für die Versorgung von gesetzlich Versicherten von 20 auf 25 Stunden erhöht. Hierzu wurde § 19a Abs 1 Ärzte-ZV durch die Anfügung der S 2 bis 7 um konkrete **Vorgaben zu den Sprechstunden** und einen Regelungsauftrag an die Partner des BMV-Ä ergänzt. Neben der in § 19a Abs 1 S 2 Ärzte-ZV festgelegten Mindestsprechstundenzahl ist zudem vorgesehen, dass Facharztgruppen der grundversorgenden und wohnortnahen Versorgung mindestens **fünf offene Sprechstunden ohne vorherige Terminvereinbarung** anbieten müssen (§ 19a Abs 1 S 3 Ärzte-ZV). Die KV sind nach § 95 Abs 3 S 4 SGB V iVm § 19a Abs 4 S 1 Ärzte-ZV

---

4 DÄ 2016, A-44. Mit einer Änderungsvereinbarung v 1.3.2017 (DÄ 2017, A-601) wurde die Anlage 28 mWv 1.4.2017 um Regelungen für die Vermittlung von Terminen zu psychotherapeutischen Behandlungen ergänzt. Durch einen Schiedsspruch des Bundesschiedsamtes für die vertragsärztliche Versorgung v 7.11.2017 (DÄ 2018, A-1351) wurde der Anwendungsbereich der Anlage 28 zudem auch auf die Vermittlung von Terminen zu probatorischen Sitzungen erstreckt.
5 Zum TSVG vgl *Andreas* ArztR 2019, 145; *Ladurner* MedR 2019, 123 und 519; *Orlowski* MedR 2019, 777.
6 Vgl BT-Drucks 19/6337, 54.
7 BT-Drucks 19/6337, 99.
8 DÄ 2019 A-1684.

zur bundeseinheitlichen **Überprüfung des Sprechstundenangebots** verpflichtet. Für den Fall von Verstößen sind in § 19a Abs 4 S 2–6 Ärzte-ZV **Sanktionsmechanismen** bis hin zur Zulassungsentziehung vorgesehen. § 75 Abs 1a S 2 SGB V verpflichtet schließlich die KV, im Internet bundesweit einheitlich über die Sprechstundenzeiten zu informieren. Mit einer Änderungsvereinbarung vom 27.8.2019[9] wurde der BMV-Ä mWv 31.8.2019 an die Vorgaben des TSVG angepasst.

2. Präsenzpflicht (Abs 1 S 1, Abs 2). – a) Grundsatz. § 17 Abs 1 S 1 konkretisiert die vertragsärztliche **Präsenzpflicht**[10]. Danach ist der Vertragsarzt gehalten, an seinem Vertragsarztsitz (sowie ggf an weiteren Tätigkeitsorten) Sprechstunden entsprechend dem Bedürfnis nach einer ausreichenden und zweckmäßigen vertragsärztlichen Versorgung festzusetzen und seine Sprechstunden auf einem Praxisschild bekanntzugeben. Auch wenn der Arzt nach Abs 1 S 1 nur „*gehalten*" ist, Sprechstunden festzusetzen, handelt es sich nicht lediglich um eine Obliegenheit, sondern um eine rechtliche Pflicht.[11] Dies ergab sich bereits vor Inkrafttreten des TSVG aus § 24 Abs 2 Ärzte-ZV, wonach der Vertragsarzt am Vertragsarztsitz seine Sprechstunde halten muss. Der durch das TSVG mWv 11.5.2019 eingefügte § 19a Abs 1 S 2 Ärzte-ZV stellt nunmehr eine ausdrückliche Verbindung zwischen der in § 19 Abs 1 S 1 Ärzte-ZV geregelten Pflicht zur grundsätzlich vollzeitigen Teilnahme an der Versorgung und dem Abhalten von Sprechstunden her, indem bestimmt wird, dass der Arzt verpflichtet ist, im Rahmen seiner vollzeitigen vertragsärztlichen Tätigkeit **mindestens 25 Stunden wöchentlich** in Form von Sprechstunden für gesetzlich Versicherte zur Verfügung zu stehen. Die mit dem TSVG verschärften Überprüfungspflichten der KV sowie die neu geschaffenen besonderen Sanktionsmechanismen für den Fall von Verstößen (vgl § 19a Abs 4 Ärzte-ZV), belegen ebenfalls, dass es sich bei der Abhaltung von Sprechstunden um eine zentrale und wesentliche vertragsärztliche Pflicht handelt.

Die Verpflichtung des Vertragsarztes, in seiner Praxis Sprechstunden abzuhalten und damit für die Versicherten erreichbar zu sein, ergibt sich nach der Rechtsprechung des BSG unmittelbar aus dem **Zulassungsstatus** des Vertragsarztes.[12] Sie steht im Zusammenhang mit der Pflicht zur Behandlungsübernahme nach dem Sachleistungsprinzip und der Pflicht zur persönlichen Leistungserbringung: Wer nicht in der Praxis erreichbar ist, kann auch diese Pflichten nicht erfüllen.[13] Durch diese Pflichten soll es den KV ermöglicht werden, ihren Sicherstellungsauftrag nach § 75 Abs 1 SGB V zu erfüllen. In diesem Sinn geht auch das BVerfG[14] davon aus, dass die die Berufsausübung regelnde Präsenzpflicht der am Vertragsarztsystem teilnehmenden Ärzte aus der Verpflichtung zur vertragsärztlichen Versorgung nach § 95 Abs. 3 SGB V folgt.

---

9 DÄ 2019, A-1683.
10 In § 1a Nr 26 wird der Begriff Präsenzpflicht definiert als „*Der zeitliche Umfang des Zur-Verfügung-Stehens des Vertragsarztes / Vertragspsychotherapeuten bzw. der Ärzte / Psychotherapeuten des Medizinischen Versorgungszentrums am Vertragsarztsitz und gegebenenfalls Nebenbetriebsstätten, in Form von angekündigten Sprechstunden.*"
11 **AA** *Orlowski* MedR 2019, 777, 778.
12 *BSG* SozR 4-5520 § 24 Nr 1, Rn 29.
13 *BSG* SozR 4-2500 § 75 Nr 18, Rn 24.
14 *BVerfG* GesR 2020, 28, 29.

11 **b) Verpflichtete Arztgruppen.** Die Regelungen zur Präsenzpflicht in § 19a Abs 1 S 2 Ärzte-ZV und § 24 Abs 2 Ärzte-ZV wie auch in Abs 1 S 1 differenzieren nicht nach Arztgruppen und gelten damit grundsätzlich für alle Vertragsärzte, unabhängig vom Tätigkeitsprofil. Ohne weiteres einleuchtend ist die Geltung für alle **Arztgruppen mit unmittelbarem Patientenkontakt**, bei denen die vertragsärztlichen Leistungen üblicherweise von den Patienten im Rahmen der Sprechstunde in Anspruch genommen werden. Zum Angebot von Sprechstunden sind auch **Psychologische Psychotherapeuten** und Kinder- und Jugendlichenpsychotherapeuten verpflichtet, auf die § 17 Abs 1–2 gem § 1 Abs 5 iVm Abs 6 Anwendung finden.[15] Bestätigt wird dies nunmehr auch durch die Vorschrift des § 87 Abs 2c S 9 SGB V, wonach eine besondere Förderung von Kurzzeittherapien nur für solche Psychotherapeuten erfolgt, die für die in § 19a Abs 1 Ärzte-ZV festgelegten Mindestsprechstunden tatsächlich zur Verfügung stehen.

12 Nach Abs 1a S 2 in der ab 31.8.2019 geltenden Fassung gelten als Sprechstunden diejenigen Zeiten, in denen der Vertragsarzt für die Versorgung der Versicherten **unmittelbar** zur Verfügung steht. In diesem Sinn halten auch bei Operationen tätige Anästhesisten und Belegärzte Sprechstunden ab.[16] Aus diesem Grund ist die Regelung des § 17 Abs 1b in der bis zum 30.8.2019 geltenden Fassung, wonach die Mindestsprechstundenzeiten nicht für **Anästhesisten und Belegärzte** galten, durch die Änderungsvereinbarung vom 27.8.2019[17] mWv 31.8.2019 gestrichen worden. Allerdings darf gem § 39 Abs 3 S 1 bei Belegärzten die stationäre Tätigkeit nach wie vor nicht das Schwergewicht der Tätigkeit bilden; Belegärzte müssen auch im erforderlichen Maß der ambulanten Versorgung zur Verfügung stehen (§ 39 Abs 3 S 2).

13 Arztgruppen, die ohne unmittelbaren Patientenbezug tätig sind (zB **Laborärzte, Pathologen**), halten keine Sprechstunden im herkömmlichen Sinn ab, in denen Patienten die Praxis aufsuchen. Sie können daher nach den Vorgaben des Berufsrechts (§ 17 Abs. 4 S 2 MBO-Ä) auch auf ein Praxisschild verzichten. Vor diesem Hintergrund wird die Auffassung vertreten, dass diese Arztgruppen – abweichend vom Wortlaut der Regelungen der Ärzte-ZV und des BMV-Ä – aus dem Anwendungsbereich auszunehmen seien.[18] Das BSG geht insoweit allerdings zutreffend davon aus, dass auch, wenn von diesen Arztgruppen keine Sprechstunde für die Patienten angeboten wird, eine Erreichbarkeit für die überweisenden Ärzte gegeben sein muss.[19] Die Präsenzpflicht und die damit verbundenen Mindestzeiten gelten somit auch für diese Arztgruppen, wenn auch in modifizierter Form.[20] Die diesen Arztgruppen angehörenden Ärzte müssen also ebenfalls im Umfang der Mindestzeiten in ihrer Praxis persönlich für die Versorgung der gesetzlich Versicherten zur Verfügung stehen (wenn auch ohne unmittelbaren Patientenkontakt in Form von Sprechstunden) und für die überweisenden Ärzte erreichbar sein.

---

15 *Schallen* § 24 Rn 27, der zur Begründung allerdings auf die in § 11 der Psychotherapie-RL geregelten psychotherapeutischen Sprechstunden abstellt.
16 juris PK-SGB V/*Pawlita* § 95 Rn 445.2.
17 DÄ 2019, A-1683.
18 *Orlowski* MedR 2019, 777, 779, der in diesem Zusammenhang auf die so genannten Methodenfächer abstellt. Hierzu zählt allerdings zB auch das Fachgebiet der Radiologie, in dem durchaus ein unmittelbarer Patientenkontakt stattfindet.
19 *BSG* SozR 4-5520 § 20 Nr 4 Rn 30.
20 So im Ergebnis auch *Schallen* § 24 Rn 29.

c) Begriff der Sprechstunde. Die Sprechstunde ist gem § 19a Abs 1 S 2 Ärzte-ZV 14 dadurch gekennzeichnet, dass der Vertragsarzt in dieser Zeit **persönlich für gesetzlich Versicherte** zur Verfügung steht. Diese Vorgabe wird in Abs 1a S 2 in der ab 31.8.2019 geltenden Fassung dahingehend konkretisiert, dass als Sprechstunden diejenigen Zeiten gelten, in denen der Vertragsarzt für die Versorgung der Versicherten unmittelbar zur Verfügung steht. Diese Voraussetzung ist bei Ärzten, die nicht unmittelbar patientenbezogen tätig werden, erfüllt, wenn sie am Vertragsarztsitz bzw einem anderen zugelassenen Tätigkeitsort für die überweisenden Ärzte erreichbar und für nachgeordnetes Personal ansprechbar sind.[21] Nicht zu den Sprechstunden in diesem Sinn zählen Zeiten für Verwaltungstätigkeiten (Abrechnung, Praxisorganisation) oder Zeiten, in denen die Praxis zwar geöffnet, der Vertragsarzt aber nicht anwesend ist.

Die Verpflichtung zur Abhaltung von Sprechstunden kann sowohl durch eine vorherige Terminvergabe als auch durch offene Sprechstunden erfüllt werden. Nach § 19a 15 Abs 1 S 3 Ärzte-ZV müssen Ärzte, die an der fachärztlichen Versorgung nach § 73 Abs 1a S 2 SGB V teilnehmen und die insbesondere den Arztgruppen der grundversorgenden und wohnortnahen Patientenversorgung angehören, mindestens fünf Stunden wöchentlich als offene Sprechstunden ohne vorherige Terminvereinbarung anbieten (vgl auch Rn 32 ff). Grundsätzlich möglich ist auch die Abhaltung von Videosprechstunden.[22] Da bei einer Videosprechstunde aufgrund des fehlenden persönlichen Kontakts regelmäßig nicht das volle Leistungsspektrum erbracht werden kann[23], ist eine Erfüllung der Präsenzpflicht auf diese Weise nur in einem untergeordneten Umfang möglich. Zudem muss der Arzt die Videosprechstunde nach Abs 1 S 1 von einem zugelassenen Tätigkeitsort (Vertragsarztsitz, Zweigpraxis) aus durchführen. Besuchszeiten sind keine Sprechstunden, weil Besuche nicht am Vertragsarztsitz bzw einem zugelassenen Tätigkeitsort (Betriebsstätte, Nebenbetriebsstätte, vgl § 1a Nr 17) durchgeführt werden. Sie sind aber gem § 17 Abs 1 S 5 iVm Abs 1a S 6 auf die Mindestsprechstundenzeiten anzurechnen (vgl Rn 22).

d) Ausgestaltung der Sprechstunden. Aus Abs 1 S 1 ergibt sich, dass die angebotenen 16 Sprechstunden dem Bedürfnis nach einer **ausreichenden und zweckmäßigen vertragsärztlichen Versorgung** entsprechen müssen. Hieraus kann sich auch die Notwendigkeit ergeben, über die vorgeschriebene Mindestsprechstundenzahl hinaus Sprechstunden anzubieten. Weiter konkretisiert wird Abs. 1 S 1 durch die Regelung des Abs 2, wonach bei der Verteilung der Sprechstunden auf den einzelnen Tag die Besonderheiten des Praxisbereiches und die Bedürfnisse der Versicherten (zB durch Sprechstunden am Abend oder an Samstagen) zu berücksichtigen sind. Dabei kann aus Abs 2 geschlossen werden, dass der Vertragsarzt grundsätzlich an jedem Werktag Sprechstunden anzubieten hat.[24] Denn den Bedürfnissen der Versicherten entspricht es am ehesten, wenn sie den Vertragsarzt an jedem Werktag aufsuchen können.[25]

---

21 Vgl *BSG* SozR 4-5520 § 20 Nr 4 Rn 30.
22 *Orlowski* MedR 2019, 777, 783, der allerdings neben Video- auch Telefonsprechstunden als zulässige Sprechstundenform ansieht.
23 Dies wird im EBM durch einen Abschlag auf die Punktzahl der Versicherten-, Grund-, oder Konsiliarpauschalen berücksichtigt, vgl Ziffer 4.3.1 der Allgemeinen Bestimmungen zum EBM.
24 Vgl *Wenner* Vertragsarztrecht nach der Gesundheitsreform, § 20 Rn 5.
25 *BSG* SozR 4-2500 § 75 Nr 18 Rn 28.

§ 17 Sprechstunden, Besuche

17 Eine ärztliche Praxis muss in den Zeiten, in denen kein Notfalldienst eingerichtet ist, grundsätzlich für die Versorgung der Versicherten erreichbar sein und darf nicht nur Sprechstunden an einzelnen Wochentagen anbieten.[26] Die Sprechstunden sind grundsätzlich **gleichmäßig** auf die einzelnen Wochentage zu verteilen und dürfen nicht „*geblockt*" werden (etwa durch zwei zehnstündige Sprechstunden am Wochenanfang).[27]

18 **e) Ausnahmen.** Der Vertragsarzt ist nicht nur verpflichtet, Sprechstunden anzukündigen; er muss die angekündigten Sprechstunden auch einhalten.[28] In den angekündigten Sprechstundenzeiten muss er dauernd für die vertragsärztliche Versorgung der Patienten bereit sein, sofern er keinen **zulässigen Unterbrechungsgrund** vorweisen kann.[29] Liegt kein anzuerkennender Unterbrechungsgrund vor und ist der Vertragsarzt nicht zur Versorgung der Versicherten bereit, verstößt er gegen seine vertragsärztlichen Pflichten. Ein solcher Verstoß rechtfertigt die Verhängung von **Disziplinarmaßnahmen**.

19 Eine Unterbrechung ist nach der Rechtsprechung des BSG[30] zulässig, wenn Gründe für eine Vertretung iSv § 32 Ärzte-ZV vorliegen (zB Krankheit, Urlaub, Teilnahme an ärztlicher Fortbildung oder an einer Wehrübung). In welchen Fällen Vertragsärzte – über die in § 32 Ärzte-ZV geregelten Konstellationen hinaus – ihre Praxis während der regulären Sprechstundenzeiten schließen dürfen, ohne gegen ihre vertragsärztlichen Pflichten zu verstoßen, ist bisher nicht abschließend entschieden. Außerhalb von § 32 Ärzte-ZV kommen als rechtfertigende Gründe etwa gerichtliche Zeugenvorladungen und Hausbesuche in Betracht; die Teilnahme an einem vertragsärztlichen „**Warnstreik**" ist dagegen kein Anlass, der eine Praxisschließung rechtfertigen kann, da derartige ärztliche „*Kampfmaßnahmen*" durch die Bestimmungen des Vertragsarztrechts ausgeschlossen sind.[31] Die Nichteinhaltung angekündigter Sprechstundenzeiten zur Teilnahme an einem Ärztestreik verstößt daher gegen vertragsärztliche Pflichten und rechtfertigt die Verhängung von Disziplinarmaßnahmen durch die KV nach § 81 Abs 5 S 1 SGB V iVm den Satzungsregelungen der jeweiligen KV.[32]

20 **3. Zeitlicher Umfang (Abs 1a, Abs 1b). – a) Grundsatz.** Die Regelung des § 17 Abs 1 S 1, wonach der Vertragsarzt gehalten ist, Sprechstunden entsprechend dem Bedürfnis nach einer ausreichenden und zweckmäßigen vertragsärztlichen Versorgung abzuhalten, ist durch die Partner der Bundesmantelverträge mit Wirkung zum 1.7.2007 um konkrete **Mindestsprechstundenzeiten** ergänzt worden. Gem § 17 Abs 1a aF war der sich aus der Zulassung des Vertragsarztes ergebende Versorgungsauftrag dadurch zu erfüllen, dass der Vertragsarzt an seinem Vertragsarztsitz persönlich mindestens 20 Stunden (bei einem hälftigen Versorgungsauftrag 10 Stunden) wöchentlich in Form von Sprechstunden zur Verfügung steht.

---

26 *BSG* SozR 4-2500 § 95 Nr 29 Rn 44.
27 So *BSG* SozR 4-2500 § 75 Nr 18 Rn 28 in Bezug auf die bis zum Inkrafttreten des TSVG geltende Mindestsprechstundenzeit von 20 Stunden.
28 juris PK-SGB V/*Pawlita* § 95 Rn 20; *BSG* SozR 4-2500 § 75 Nr 18 Rn. 27
29 *Bayerisches LSG* MedR 2014, 840 ff; *BSG* SozR 4-2500 § 75 Nr 18 Rn 27.
30 *BSG* SozR 4-2500 § 75 Nr 18, Rn 31; vgl auch *BVerfG* GesR 2020, 28 ff.
31 *BSG* SozR 4-2500 § 75 Nr 18, Rn 31.
32 *BSG* SozR 4-2500 § 75 Nr 18; die gegen dieses Urteil erhobene Verfassungsbeschwerde wurde nicht zur Entscheidung angenommen, vgl *BVerfG* GesR 2020, 28 ff.

Mit dem TSVG wurden die Mindestsprechstundenzeiten erhöht und auf Grundlage von § 98 Abs 2 Nr 10 SGB V in der Ärzte-ZV vorgegeben. Der am 11.5.2019 in Kraft getretene § 19a Abs 1 S 2 Ärzte-ZV bestimmt, dass der Arzt verpflichtet ist, im Rahmen seiner vollzeitigen vertragsärztlichen Tätigkeit **mindestens 25 Stunden wöchentlich** in Form von Sprechstunden für gesetzlich Versicherte zur Verfügung zu stehen. Mit einer Änderungsvereinbarung vom 27.8.2019[33] wurde § 17 Abs 1a mWv 31.8.2019 klarstellend[34] an die erhöhte Mindestsprechstundenzeit angepasst, die abweichend von der bisherigen Regelung nicht nur auf den Vertragsarztsitz (§ 1a Nr 16), sondern auf alle zugelassenen Tätigkeitsorte (§ 1a Nr 17) bezogen wird. Darüber hinaus wurden mit der Änderungsvereinbarung der Sprechstundenbegriff konkretisiert (Abs 1a S 2 nF, vgl Rn 13) und eine Regelung zu offenen Sprechstunden eingefügt (Abs 1a S 3 nF vgl Rn 32 ff). In Abs 1a S 4 wurde die Regelung des § 19a Abs 1 S 4, wonach bei einem reduzierten Versorgungsauftrag die Sprechstundenzeiten jeweils anteilig gelten, übernommen. Bei einem halben Versorgungsauftrag beträgt die Mindestsprechstundenzeit mithin 12,5 Stunden, bei der mit dem TVSG neu geschaffenen Möglichkeit der Reduzierung des Versorgungsauftrages auf drei Viertel (vgl § 19a Abs 2 S 1 Ärzte-ZV) 18,75 Stunden. 21

Besuchszeiten sind keine Sprechstundenzeiten (vgl Rn 15). Nach § 19a Abs 1 S 5 Ärzte-ZV sind Besuchszeiten aber auf die Mindestsprechstundenzeit von 25 Stunden anzurechnen, um Ärzte, die Patienten zu Hause oder im Heim aufsuchen, nicht zu benachteiligen[35]. Gem § 19a Abs 1 S 6 waren die Einzelheiten zur angemessenen Anrechnung der Besuchszeiten bis zum 31.8.2019 im BMV-Ä zu regeln. Die hierzu mit der Änderungsvereinbarung vom 27.8.2019[36] fristgemäß in Abs 1a S 6 getroffene Regelung beschränkt sich allerdings auf eine Wiederholung der Regelung in § 19a Abs 1 S 5 Ärzte-ZV und delegiert die Frage der angemessenen Berücksichtigung von Wegezeiten an die Gesamtvertragspartner. 22

Nicht auf die Mindestsprechstundenzeiten anzurechnen sind Zeiten, in denen der Vertragsarzt **Privatpatienten** behandelt.[37] Denn während der Behandlung eines Privatpatienten steht der Vertragsarzt – anders als in § 19a Abs 1 S 2 Ärzte-ZV vorausgesetzt – nicht für gesetzlich Versicherte zur Verfügung. Der Einwand „Zur-Verfügung-Stehen" bedeute nur Präsenz und die Bereitschaft, auch (aber nicht nur) von GKV-Patienten zu behandeln[38], überzeugt vor diesem Hintergrund nicht. Die Nichtberücksichtigung der Behandlung von Privatpatienten bedeutet auch nicht, dass eine ausschließliche GKV-Sprechstunde angeboten werden müsste. Eine solche Vorgabe ist dem Wortlaut des § 19a Abs 1a S 2 Ärzte-ZV in der Tat nicht zu entnehmen. Zu fordern ist vielmehr, dass die für Versicherte in einer gemischten Sprechstunde **effektiv zur Verfügung stehende Behandlungs-** 23

---

33 DÄ 2019, A-1683.
34 Auch wenn diese Änderung erst zum 31.8.2019 in Kraft getreten ist, galt die erhöhte Mindestsprechstundenzeit bereits ab Inkrafttreten vom § 19a Abs 1 S 2 Ärzte-ZV am 11.5.2019, weil das Verordnungsrecht dem BMV-Ä vorgeht. Die Anpassung zum 31.8.2019 war insoweit nur klarstellender Natur, vgl auch *Orlowski* MedR 2019, 777, 781 f.
35 BT-Drucks 19/6337, 158.
36 DÄ 2019, A-1683.
37 *Ladurner* MedR 2019, 440, 443; **aA** *Orlowski* MedR 2019, 777, 779 sowie zur Rechtslage vor Inkrafttreten des TSVG auch *Amoulong/Willaschek* ZMGR 2017, 291, 293 f; *Schallen* § 24 Rn 36.
38 *Orlowski* MedR 2019, 777, 779.

zeit der vollen Mindestsprechstundenzeit entspricht.[39] Bestätigt wird dies auch durch die in § 19a Abs 4 S 1 Ärzte-ZV iVm § 95 Abs 3 S 4 SGB V vorgesehene Verpflichtung, die Einhaltung der Mindestsprechstunden anhand der für die abgerechneten Leistungen hinterlegten Prüfzeiten zu kontrollieren (vgl Rn 38 ff). Denn eine Berücksichtigung von Zeiten, die der Arzt für die Behandlung von Privatpatienten aufgewendet hat, ist bei diesem Verfahren nicht möglich.

24 Wie sich aus der Formulierung von Abs 1a S 1 wie auch § 19a Abs 1 S 2 Ärzte-ZV ergibt, handelt es sich bei den Mindestsprechstunden um eine bindende Vorgabe, die nicht unterschritten werden darf. Kommt ein Vertragsarzt dieser Verpflichtung nicht nach, verstößt er gegen die ihm obliegenden vertragsärztlichen Pflichten. Die KV ist in diesem Fall im Rahmen des ihr gem § 75 Abs 1 SGB V obliegenden Sicherstellungsauftrages zum Einschreiten verpflichtet.[40] Bereits nach dem bisherigem Recht konnten dabei auch **Disziplinarmaßnahmen** gegen den Vertragsarzt verhängt werden (§ 81 Abs 5 S 1 SGB V iVm den Satzungsregelungen der jeweiligen KV).[41] Im Zuge des TSVG sind in § 19a Abs 4 Ärzte-ZV darüber hinaus besondere Sanktionsregelungen für die Nichteinhaltung der Mindestsprechstundenzeiten geschaffen worden (vgl Rn 38 ff).

25 Bei der zeitlichen Vorgabe von 25 Stunden wöchentlicher Sprechstundenzeit handelt es sich ausdrücklich nur um eine **Mindestvorgabe**. Ärzte dürfen zwar die Zahl ihrer Sprechstunden auf diese Mindestzahl reduzieren, müssen aber unabhängig davon in weitergehendem Umfang zumindest für Akutversorgungen zur Verfügung stehen; diese Pflicht tritt nur insoweit zurück, als ein organisierter Notfalldienst zur Verfügung steht.[42]

26 **b) Gemeinsame Berufsausübung, Anstellung, MVZ.** Bei BAG (vgl § 1a Nr 12) trifft die Verpflichtung zum Angebot von Sprechstunden die Gemeinschaft und nicht den einzelnen Arzt.[43] Grund hierfür ist, dass die **BAG als Einheit** an der vertragsärztlichen Versorgung teilnimmt und die Behandlung durch einen anderen Arzt einer Gemeinschaftspraxis rechtlich keine Vertretung darstellt (vgl unten Rn 46). Aufgrund dessen kommt es grundsätzlich nicht darauf an, durch welchen der in einer BAG tätigen Ärzte die Sprechstunden wahrgenommen werden. Eine Ausnahme hiervon gilt allerdings gem § 15a Abs 4 S 8 bzw § 15b S 3 für die wechselseitige Tätigkeit am anderen Vertragsarztsitz bei überörtlichen BAG (vgl auch Rn 30 f).

27 Der Zusammenschluss zu einer BAG erlaubt es jedoch nicht, das Versorgungsangebot zu reduzieren und die Präsenzpflichten nach Abs 1 und 1a zu umgehen. Denn die aus § 95 Abs 3 S 1 SGB V folgende Verpflichtung zur Teilnahme an der vertragsärztlichen Versorgung im Umfang des aus der Zulassung folgenden Versorgungsauftrages gilt auch für in einer BAG zusammengeschlossene Vertragsärzte. Daher muss die BAG sicherstellen, dass die Präsenzpflichten nach Abs 1 und 1a, die sich aus der **Summe der Versorgungsaufträge** (voll, dreiviertel, hälftig) ihrer Mitglieder fachgebietsbezogen ergeben, insgesamt erfüllt werden, wobei es nicht entscheidend ist, durch welches Mit-

---

39 Zutreffend *Ladurner* MedR 2019, 440, 443.
40 Vgl *LSG Baden-Württemberg* v 14.7.1999 – L 5 KA 566/98 Rn 62, juris.
41 Vgl auch *BSG* SozR 4-2500 § 75 Nr 18 und *BVerfG* GesR 2020, 28 ff zum „Ärztestreik".
42 *BSG* SozR 4-5520 § 24 Nr 5 Rn 20.
43 *Wenner* Vertragsarztrecht nach der Gesundheitsreform, 2008, § 20 Rn 6.

glied der BAG dies geschieht, solange die Fachgebiets- und Versorgungsbereichsgrenzen beachtet werden.[44] Im Rahmen des Job-Sharing (§ 101 Abs 1 S 1 Nr 4 und 5 SGB V) tätige Ärzte gelten aufgrund der zu beachtenden Leistungsbegrenzung zusammen mit dem bereits tätigen Vertragsarzt als „ein Vertragsarzt".

Bei einem Vertragsarzt oder einer BAG[45] angestellte Ärzte (§ 95 Abs 9 SGB V) haben keinen eigenen Versorgungsauftrag.[46] Sie sind damit auch nicht Adressaten der sich aus dem Versorgungsauftrag ergebenden Verpflichtung zur Einhaltung der Mindestsprechstundenzeiten. Statt dessen kommt dem anstellenden Vertragsarzt bzw der anstellenden BAG entsprechend dem Anstellungsumfang der angestellten Ärzte eine ergänzend sicherzustellende Sprechstundenverpflichtung im jeweiligen Fachgebiet der angestellten Ärzte zu.[47] In diesem Sinn bestimmt Abs 1b in der ab 31.8.2019 geltenden Fassung, dass für angestellte Ärzte Abs 1a unter Berücksichtigung des vom Zulassungsausschuss genehmigten Tätigkeitsumfangs entsprechend gilt. Zur Berechnung der konkreten Mindestzeiten bietet es sich an, die bedarfsplanungsrechtlichen Faktoren für die Anrechnung angestellter Ärzte heranzuziehen.[48] Aus den Anrechnungsfaktoren gem § 58 Abs 2 S 4 BPRL-Ä ergeben sich folgende Mindestsprechstunden: 28

Vertraglich vereinbarte Arbeitszeit	**Anrechnungsfaktor**	**Mindestsprechstunden**
bis zu 10 Stunden pro Woche	0,25	6,25
über 10 bis 20 Stunden pro Woche	0,5	12,5
über 20 bis 30 Stunden pro Woche	0,75	18,75
über 30 Stunden pro Woche	1,0	25

Bei **MVZ** trifft die Pflicht zum Angebot der Mindestsprechstundenzeiten ebenfalls nicht die einzelnen dort tätigen Ärzte, sondern das MVZ insgesamt als Träger der aus der Zulassung resultierenden Versorgungsaufträge. Vor diesem Hintergrund bestimmt § 24 Abs 3 S 4 Ärzte-ZV, dass Regelungen zu Mindest- und Höchstzeiten bei MVZ nicht für den einzelnen im MVZ tätigen Arzt gelten. Maßstab für die Präsenzpflicht ist der Versorgungsauftrag des MVZ, dh der inhaltliche, zeitliche und fachliche Umfang der Versorgungspflicht (vgl § 1a Nr 23). Der ärztliche Leiter des MVZ hat daher sicherzustellen, dass die Mindestzeiten, die sich aus der Summe der im MVZ vorhandenen Arztstellen ergeben, fachgebietsbezogen eingehalten werden. Gem Abs 1b gilt Abs 1a für in MVZ angestellte Ärzte unter Berücksichtigung des vom Zulassungsausschuss genehmigten Tätigkeitsumfangs entsprechend. Zur Berechnung 29

---

44 Vgl *BSG* MedR 2012, 826, 829 f.
45 Nach der neueren Rechtsprechung des BSG ist eine Anstellungsgenehmigung einer BAG selbst und nicht dem einzelnen in der BAG tätigen Vertragsarzt zu erteilen, vgl *BSG* SozR 4-2500 § 103 Nr 19 Rn 12 ff.
46 *Schallen* § 24 Rn 30.
47 *Ladurner* MedR 2019, 440, 444.
48 So auch *Ladurner* MedR 2019, 440, 444; aA juris PK-SGB V/*Pawlita* § 95 Rn 445.2, der nicht aus den bedarfsplanungsrechtlichen Umrechnungsfaktor, sondern auf die konkret genehmigte wöchentliche Arbeitszeit abstellt. Zutreffend ist insoweit, dass die bedarfsplanungsrechtlichen Faktoren pauschalieren. Es leuchtet jedoch nicht ein, weshalb diese Pauschalierung iRd Mindestsprechstundenzeiten nicht gelten sollte.

der konkreten Mindestzeiten bietet es sich – wie bei von Vertragsärzten und BAG angestellten Ärzten – an, die bedarfsplanungsrechtlichen Faktoren für die Anrechnung (vgl Rn 28) zu übernehmen. Diese sind für Angestellte in MVZ (§ 51 Abs 1 S 4 BPRL-Ä) identisch mit den Faktoren nach § 58 Abs 2 S 4 BPRL-Ä.

30 **c) Mehrere Tätigkeitsorte.** Die Mindestsprechzeiten nach Abs 1a S 1 in der bis zum 30.8.2019 geltenden Fassung bezogen sich ausdrücklich auf den Vertragsarztsitz, dh den Ort der Zulassung für den Vertragsarzt (§ 1a Nr 16). Sprechstunden an weiteren Orten (Nebenbetriebsstätten, vgl § 15 Abs 1 S 3) wurden hierauf nicht angerechnet, waren also zusätzlich zu erbringen. Die ab dem 31.8.2019 geltende Fassung stellt dagegen auf „alle zugelassenen Tätigkeitsorte" ab. Der (zugelassene) Tätigkeitsort ist in § 1a Nr 17 definiert als Ort der ärztlichen oder psychotherapeutischen Berufsausübung oder Versorgung durch ein MVZ, der als Betriebsstätte oder Nebenbetriebsstätte zulässigerweise ausgewiesen ist. Die mit der Neuregelung einhergehende Lockerung kann Versorgungsverschlechterungen in Zweigpraxen aufgrund der erhöhten Mindestsprechstundenzahlen verhindern. Die Vorgabe des § 24 Abs 3 S 1 Ärzte-ZV, wonach eine Tätigkeit außerhalb des Vertragsarztsitzes nur zulässig ist, soweit die **ordnungsgemäße Versorgung der Versicherten am Ort des Vertragsartsitzes nicht beeinträchtigt** wird, bleibt hiervon unberührt.

31 Darüber hinaus gibt Abs 1a S 5 vor, dass die Tätigkeit am Vertragsarztsitz die Summe aller Tätigkeiten außerhalb des Vertragsarztsitzes insgesamt überwiegen muss. Bietet der Vertragsarzt somit zB am Vertragsarztsitz die Mindestzahl von 25 Sprechstunden an, muss die Summe der Sprechzeiten an allen anderen Tätigkeitsorten kleiner als 25 sein. Diese Vorgabe gilt gem § 15a Abs 4 S 8 bzw § 15b Abs 5 S 3 auch für die Tätigkeit an anderen Vertragsarztsitzen bei überörtliche BAG sowie gem Abs 1a S 5 auch für MVZ, wobei die Regelungen zur Verteilung der Tätigkeit zwischen dem Vertragsarztsitz und weiteren Orten gem § 24 Abs 3 S 4 Ärzte-ZV nicht für den einzelnen im MVZ tätigen Arzt, sondern für das MVZ insgesamt gelten.

32 **4. Offene Sprechstunden (Abs 1a S 3, Abs 1c).** Neben einer Erhöhung der Mindestsprechstundenzeiten sieht das TSVG auch die verpflichtende Einführung so genannter offener Sprechstunden für bestimmte Arztgruppen vor. Gem § 19a Abs 1 S 3 Ärzte-ZV müssen Ärzte des **fachärztlichen Versorgungsbereichs** (§ 73 Abs 1a S 2 SGB V), die insbesondere den Arztgruppen der grundversorgenden und wohnortnahen Patientenversorgung angehören, mindestens fünf Stunden wöchentlich als offene Sprechstunden ohne vorherige Terminvereinbarung anbieten. Der Vorgabe des § 19a Abs 1 S 6 Ärzte-ZV, die zum Angebot offener Sprechstunden verpflichteten Arztgruppen im BMV-Ä festzulegen, wurde mit der Änderungsvereinbarung vom 27.8.2019[49] mWv 31.8.2019 umgesetzt. Abs 1a S 3 verweist insoweit auf die Aufzählung in Abs 1c. Zur Abhaltung offener Sprechstunden sind danach Augenärzte, Chirurgen, Gynäkologen, HNO- Ärzte, Hautärzte, Kinder- und Jugendpsychiater, Nervenärzte, Neurologen, Neurochirurgen, Orthopäden, Psychiater und Urologen verpflichtet.

33 Die offenen Sprechstunden werden auf die **Mindestsprechstundenzeit** angerechnet.[50] Bei reduzierten Versorgungsaufträgen sind sie anteilig anzubieten (Abs 1a S 4 iVm S 4, vgl auch Rn 21). Bei BAG, angestellten Ärzten und MVZ gelten die in Rn 26 ff

---

49 DÄ 2019, A-1683.
50 BT-Drucks 19/6337, 184.

dargestellten Grundsätze auch für die Verpflichtung zum Angebot offener Sprechstunden. Offene Sprechstunden müssen ohne vorherige Terminvereinbarung frei zugänglich sein. Von der in § 19a Abs 1 S 7 Ärzte-ZV vorgesehenen Möglichkeit, im BMV-Ä Regelungen zur zeitlichen Verteilung der offenen Sprechstunden zu treffen, ist nicht Gebrauch gemacht worden, so dass der Vertragsarzt in der Verteilung der offenen Sprechstunden auf die Woche grundsätzlich frei ist. Um den Versicherten eine gezielte Inanspruchnahme der offenen Sprechstunden zu ermöglichen, müssen sie **gesondert angekündigt** werden. Ausdrücklich ist dies in Abs 1 S 7 für die Information durch die KV im Internet vorgegeben. Nichts anderes kann aber auch für die Ankündigung auf dem Praxisschild gelten.[51]

Flankiert wurde die Einführung offener Sprechstunden mit **Vergütungsanreizen** für die Vertragsärzte. Gem § 87a Abs 3 S 5 Nr 6 SGB V werden Leistungen im Behandlungsfall, die im Rahmen von bis zu fünf offenen Sprechstunden je Kalenderwoche ohne vorherige Terminvereinbarung gem § 19a Abs 1 S 3 Ärzte-ZV erbracht werden, **extrabudgetär** außerhalb der morbiditätsbedingten Gesamtvergütung (MGV) vergütet. Zur Umsetzung der Vorgabe, dass im Behandlungsfall (nur) die im Rahmen von bis fünf offenen Sprechstunden erbrachten Leistungen (und damit nicht alle Leistungen im Behandlungsfall) extrabudgetär zu vergüten sind, stellen die Umsetzungsbeschlüsse des Bewertungsausschusses[52] auf den Behandlungsfall in der Form des so genannten **Arztgruppenfalls** (vgl § 21 Abs 1c) ab. Zudem wurde die im Gesetz vorgesehene Beschränkung der extrabudgetären Vergütung auf höchstens fünf offene Sprechstunden „*operationalisiert*", indem höchstens **17,5 %** der als „*offene Sprechstunde*" gekennzeichneten Arztgruppenfälle extrabudgetär vergütet werden. Mit dieser typisierenden und generalisierenden Regelung wird vermieden, dass für die Abrechnung im Einzelnen anhand der Uhrzeit geprüft werden muss, ob eine Leistung tatsächlich innerhalb der angekündigten offenen Sprechstunden erbracht worden ist. 34

5. Ankündigung der Sprechstunden. Um den Versicherten eine Inanspruchnahme der Sprechstunden zu ermöglichen, sieht § 17 Abs 2 vor, dass bei der Verteilung der Sprechstunden auf den jeweils einzelnen Tag die Besonderheiten des Praxisbereiches und die Bedürfnisse der Versicherten zu berücksichtigen sind. Hiermit korrespondiert die in § 17 Abs 1 vorgesehene Verpflichtung, die Sprechstunden anzukündigen. Danach sind die Sprechstunden grundsätzlich mit **festen Uhrzeiten auf dem Praxisschild** anzugeben. Sprechstunden nach Vereinbarung oder die Ankündigung einer Vorbestellungspraxis dürfen lediglich zusätzlich angegeben werden. Diese Pflicht zur Ankündigung ermöglicht es den Versicherten, sich darauf einzustellen, wann der Vertragsarzt in seiner Praxis erreichbar ist und aufgesucht werden kann. Für Praxen, in denen Ärzte mehrerer Arztgruppen tätig sind, lässt Abs 1 S 5 eine praxisbezogene Veröffentlichung der Sprechzeiten getrennt nach Arztgruppen zu. Damit wird berücksichtigt, dass es bei BAG nur darauf ankommt, dass die Sprechstundenzeiten, die sich aus der Summe der Versorgungsaufträge fachgebietsbezogen ergeben, insgesamt erfüllt werden (vgl Rn 29). Zudem kann eine solche Ankündigung der Sprechstunden auch die Übersichtlichkeit deutlich erhöhen, gerade auch in größeren Einheiten, bei 35

---

51 Vgl auch *Orlowski* MedR 2019, 777, 783.
52 Beschl des Bewertungsausschusses gem § 87 Abs 1 S 1 SGB V in seiner 439. Sitzung am 19.6.2019, DÄ 2019, A-1398; geändert durch Beschl des Bewertungsausschusses gem § 87 Abs 1 S 1 SGB V in seiner 452. Sitzung (schriftliche Beschlussfassung), DÄ 2019, A-1625.

denen sich die Sprechzeiten arztgruppenbezogen unterscheiden. Soweit gem Abs 1a S 3 iVm Abs 1c offene Sprechstunden angeboten werden, sind diese gesondert anzukündigen (vgl Rn 33).

36 Die Pflicht zur Ankündigung ergibt sich auch aus dem ärztlichen Berufsrecht. Gem § 17 Abs 4 S 1 MBO-Ä ist der Praxissitz durch ein Praxisschild kenntlich zu machen; auf dem Praxisschild haben die Ärzte neben Namen, (Fach-)Arztbezeichnung und ggf Zugehörigkeit zu einer BAG auch die Sprechzeiten anzugeben. Eine Ausnahme gilt nach § 17 Abs 4 S 2 MBO-Ä für Ärzte, die nicht unmittelbar patientenbezogen tätig werden.

37 Eine Ankündigung besonderer Sprechstunden darf nach Abs 1 S 4 nur für die Durchführung von Früherkennungsuntersuchungen (vgl §§ 25 ff SGB V) erfolgen. Die Ankündigung sog **Wahlleistungs- oder Privatsprechstunden**, in denen ausschließlich Leistungen für Selbstzahler sowie IGeL-Leistungen angeboten werden, dürfte damit dem Wortlaut nach nicht zulässig sein (vgl zur Privatliquidation bei GKV-Versicherten § 18 Rn 4 ff sowie zu IGeL-Leistungen § 18 Rn 24 ff).[53] In diesem Zusammenhang ist auch zu beachten, dass nach § 18 Abs 8 S 2 Vertragsärzte, die Versicherte zur Inanspruchnahme einer privatärztlichen Versorgung an Stelle der ihnen zustehenden GKV-Leistungen beeinflussen, gegen ihre vertragsärztlichen Pflichten verstoßen. Eine solche unzulässige Beeinflussung wird auch dann anzunehmen sein, wenn die Vergabe eines zeitnahen Termins in der Arztpraxis davon abhängig gemacht wird, dass der Versicherte sich bereit erklärt, die Kosten der ärztlichen Behandlung im Rahmen einer sog Wahlleistungssprechstunde selbst zu tragen (vgl auch § 18 Rn 5).

38 Abs 1 S 6 verpflichtet die Vertragsärzte, ihre Sprechstundenzeiten einschließlich offener Sprechstunden der KV zu melden. Dies ist erforderlich, damit die KV – wie in § 75 Abs 1a S 2 SGB V vorgegeben – die Versicherten im Internet bundesweit einheitlich über die Sprechstundenzeiten der Vertragsärzte informieren können. Diese gesetzliche Verpflichtung wird in Abs 1 S 7 wiederholt und dahingehend konkretisiert, dass offene Sprechstunden hierbei gesondert auszuweisen sind.

39 **6. Prüfpflichten und Sanktionsmechanismen.** Eine Verletzung der Pflicht zur Abhaltung von Sprechstunden kann die Verhängung von **Disziplinarmaßnahmen** der KV rechtfertigen (vgl Rn 24). Darüber hinaus waren die KV nach § 95 Abs 3 S 4 SGB V in der am 23.7.2015 in Kraft getretenen Fassung des GKV-VSG verpflichtet, die Einhaltung der Mindestsprechstundenzeiten zu überprüfen und die Ergebnisse dieser Prüfung mindestens jährlich an die Landes- bzw. die Zulassungsausschüsse zu übermitteln. Nachdem relevante Wirkungen dieser Vorgaben nicht festzustellen waren[54], sind die Prüfpflichten durch das TSVG konkretisiert und durch besondere Sanktionsmechanismen ergänzt worden.

---

53 So auch *Schallen* § 24 Rn 36; **aA** Rompf/Schröder/Willaschek/*Schröder* § 17 Rn 5; *Ladurner* § 24 Rn 18, der davon ausgeht, dass sich die Kompetenz der Partner des BMV-Ä nicht auf andere ärztliche Tätigkeit beziehe und ein Verbot der Ankündigung privatärztlicher Sprechstunden nicht erforderlich sei, soweit die vertragsärztlichen Mindestsprechstunden eingehalten werden; auch *Schiller* NZS 1997, 103, 105 geht im Zusammenhang mit der Frage einer Teilbarkeit der Niederlassung davon aus, die Zulässigkeit einer Ankündigung (nur) nach berufsrechtlichen und nicht auch nach vertragsarztrechtlichen Vorgaben zu beurteilen sei.
54 *Orlowski* MedR 2019 777, 781.

Nach § 95 Abs 3 S 4 SGB V idF des TSVG sind die KV verpflichtet, die Einhaltung des Versorgungsauftrages – und damit auch der zur Erfüllung des Versorgungsauftrages anzubietenden Mindestsprechstunden – anhand bundeseinheitlicher Maßstäbe, insbesondere anhand der **abgerechneten Fälle** und anhand der in Anhang 3 des EBM gem § 87 Abs 2 S 1 SGB V festgelegten **Prüfzeiten**, zu überprüfen. Während diese Zeiten im Rahmen der Abrechnungsprüfung nach § 106d Abs 2 SGB V dazu dienen, den Umfang der abgerechneten Leistungen im Hinblick auf den damit verbundenen Zeitaufwand auf Plausibilität zu prüfen, wird hier aus dem Zeitaufwand für die abgerechneten Leistungen auf den Sprechstundenumfang geschlossen. Problematisch ist insoweit allerdings, dass aufgrund der weitgehenden Pauschalierung der Vergütung im EBM viele Leistungsanteile nicht mehr mit einer konkreten Datums- oder gar Uhrzeitangabe erfasst werden.[55] Von der neuen Prüfung anhand der Fallzahlen und der Prüfzeiten unberührt bleibt die bereits bisher bestehende Verpflichtung der KV, die Einhaltung der Mindestsprechstundenzeiten anhand der vom Vertragsarzt **angekündigten und gem Abs 1 S 6 an die KV gemeldeten Sprechstundenzeiten** zu überwachen. **40**

Die Rechtsfolgen eines Verstoßes gegen die Einhaltung der Mindestsprechstundenzeiten ergeben sich aus der Ärzte-ZV[56]. Wenn bei der Überprüfung durch die KV festgestellt wird, dass der Versorgungsauftrag in mindestens zwei aufeinanderfolgenden Quartalen nicht erfüllt wurde, ist der Arzt gem § 19a Abs 4 S 2 Ärzte-ZV aufzufordern, umgehend die **Anzahl seiner Sprechstunden** zu **erhöhen** oder seinen **Versorgungsauftrag** durch schriftliche Erklärung gegenüber dem ZA nach § 19a Abs 2 Ärzte-ZV zu **beschränken**. Zudem ist er auf die Möglichkeit einer Kürzung der Vergütung als Sanktionsmaßnahme und eines Zulassungsentzugs gem § 95 Abs 6 SGB V hinzuweisen (§ 19a Abs 4 S 3 Ärzte-ZV). **41**

Der Vertragsarzt hat nach einer solchen „**Abmahnung**"[57] entweder die Möglichkeit, rechtfertigende Gründe für das Unterschreiten vorzutragen oder sein Sprechstundenangebot zu erhöhen bzw den Versorgungsauftrag zu reduzieren. Trägt der Vertragsarzt keine rechtfertigenden Gründe vor und kommt er auch der Aufforderung zur Erhöhung der Sprechstundenzahl bzw. der Verringerung des Versorgungsauftrags nicht innerhalb einer von der KV gesetzten Frist[58] nach, ist die KV nach § 19a Abs 4 S 4 Ärzte-ZV verpflichtet („*hat*"), sein **Honorar zum nächstmöglichen Zeitpunkt zu kürzen**. Nähere Vorgaben zur Höhe der Vergütungskürzung lassen sich der Ärzte-ZV allerdings nicht entnehmen.[59] Bei wiederholtem oder fortgesetztem Verstoß muss der Zulassungsausschuss die **Zulassung** – abhängig vom Umfang der Unterschreitung – von Amts wegen zu einem Viertel, hälftig oder vollständig **entziehen** (§ 19a Abs 4 S 6 Ärzte-ZV). **42**

---

55 Vgl auch *Orlowski* MedR 2019, 777, 781.
56 Zu der Frage, ob für die Regelungen des § 19a Abs 4 Ärzte-ZV eine ausreichende Ermächtigungsgrundlage besteht, vgl *Ladurner* MedR 2019, 440, 445; *Orlowski* MedR 2019, 777, 782.
57 Vgl *Ladurner* MedR 2019, 440, 445.
58 Zur Straffung des Verfahrens ist es sachgerecht, eine solche Fristsetzung bereits mit der Abmahnung nach § 19a Abs. 4 S 2 Ärzte-ZV zu verbinden,
59 Kritisch zur der Honorarkürzung nach § 19a Abs 4 S 4 Ärzte-ZV sowohl im Hinblick auf das Bestehen einer ausreichenden Ermächtigungsgrundlage als auch im Hinblick auf den Bestimmtheitsgrundsatz *Ladurner* MedR 2019, 440, 445.

III. Vertretung (Abs 3)

43 **1. Überblick.** Abs 3 trifft Regelungen zur Vertretung des Vertragsarztes durch einen anderen Arzt. Dabei sind zwei Konstellationen zu unterscheiden:

44 **a) Praxisvertretung iSv § 32 Ärzte-ZV.** Gem § 32 Abs 1 S 1 Ärzte-ZV hat der Vertragsarzt die vertragsärztliche Tätigkeit persönlich auszuüben (zur persönlichen Leistungserbringung vgl insbesondere § 15 Rn 1 ff mwN). Hiervon bilden die auf Grundlage von § 98 Abs 2 Nr 13 SGB V in § 32 Ärzte-ZV getroffenen Regelungen zur Vertretung eine Ausnahme. Vertreter iSv § 32 Abs 1 Ärzte-ZV ist derjenige Arzt, der bei Verhinderung des Vertragsarztes **in dessen Namen die Praxis** weiterführt.[60] Kennzeichnend für diese Form der Vertretung ist, dass der Vertragsarzt die Leistung seines Vertreters als eigene gegenüber der KV abrechnet. Da zwischen dem Vertreter und der KV keine unmittelbaren Rechtsbeziehungen bestehen, hat der Vertragsarzt seinen Vertreter gem § 32 Abs 4 Ärzte-ZV zur Einhaltung der vertragsärztlichen Pflichten anzuhalten. Gem § 14 Abs 2 haftet der Vertragsarzt bei Beschäftigung eines Vertreters für die Erfüllung der vertragsärztlichen Pflichten wie für die eigene Tätigkeit (vgl § 14 Rn 17). Das Rechtsverhältnis zwischen Praxisinhaber und Vertreter ist privatrechtlicher Natur.[61]

45 Die Vertretung setzt voraus, dass der Vertragsarzt selbst aus den in § 32 Abs 1 und 2 Ärzte-ZV genannten Gründen (vgl Rn 50) für die vertragsärztliche Tätigkeit nicht zur Verfügung steht. Eine Beschränkung auf die Ausübung einer privatärztlichen Tätigkeit genügt daher nicht.[62] Bei genehmigungspflichtigen psychotherapeutischen Leistungen ist eine Vertretung gem § 14 Abs 3 grundsätzlich ausgeschlossen (vgl im Einzelnen § 14 Rn 20 f).

46 Innerhalb von **BAG** liegt grundsätzlich keine Vertretung im Sinne des § 32 Ärzte-ZV vor, solange ein Mitglied in der Praxis tätig (so genannte *„interne Vertretung"*[63])ist.[64] Denn die BAG tritt der KV gegenüber als einheitliche Rechtspersönlichkeit auf mit der Folge, dass sich die Vertretungsregelungen nicht auf einen einzelnen Arzt, sondern auf die Praxis als Gesamtheit beziehen.[65] Allerdings ist in fach- und versorgungsbereichsübergreifenden BAG das einem anderen Fachgebiet oder Versorgungsbereich zugeordnete Mitglied der BAG nicht berechtigt, bei Abwesenheit eines anderen Mitglieds vertragsärztliche Leistungen abzurechnen, die dessen Fachgebiet oder Versorgungsbereich zugewiesen sind.[66] In einem solchen Fall ist daher eine „externe" – und damit § 32 Ärzte-ZV unterfallende – Vertretung durch einen Arzt erforderlich, der dem entsprechenden Fachgebiet bzw Versorgungsbereich angehört.

47 Eine nicht § 32 Ärzte-ZV unterfallende „interne" Vertretung liegt auch dann vor, wenn ein angestellter Arzt den Ausfall des Praxisinhabers *„auffängt"* und umgekehrt; Gleiches gilt, wenn ein im MVZ tätiger Arzt den Ausfall eines anderen im MVZ täti-

---

60 *Schallen* § 32 Rn 14.
61 Vgl hierzu im Einzelnen HK-AKM/*Rieger* 4360 Praxisvertreter Rn 4 ff; *Schallen* § 32 Rn 71 ff.
62 *Schallen* § 32 Rn 22.
63 Vgl *Ladurner* § 32 Rn 24.
64 Vgl *BSG* MedR 1993, 279.
65 *BSG* SozR 3-2500 § 106a Nr 8 Rn 29.
66 Vgl *BSG* MedR 2012, 826, 830 zur versorgungsbereichsübergreifenden BAG.

gen Arztes „auffängt".⁶⁷ Erfolgt die Vertretung dagegen durch einen externen Arzt, findet § 32 Ärzte-ZV Anwendung.

b) Kollegiale gegenseitige Vertretung. Von der Vertretung durch einen Praxisvertreter iSv § 32 Ärzte-ZV ist die in der Ärzte-ZV nicht geregelte kollegiale gegenseitige Vertretung nach § 20 Abs 1 MBO-Ä zu unterscheiden. Gem § 20 Abs 1 MBO-Ä sollen niedergelassene Ärzte grundsätzlich zur gegenseitigen Vertretung bereit sein, wobei übernommene Patienten nach Beendigung der Vertretung zurück zu überweisen sind. Auch berufsrechtlich dürfen Ärzte sich grundsätzlich nur durch einen Facharzt desselben Fachgebiets vertreten lassen (§ 20 Abs 1 S 2 MBO-Ä, vgl. auch Rn 54). Die kollegiale Vertretung ist dadurch gekennzeichnet, dass sie in der Praxis des Vertreters stattfindet und die erbrachten Leistungen von diesem selbst und im eigenen Namen gegenüber der KV abgerechnet werden. Für die Abrechnung wird der als Muster 19 in der Vordruckvereinbarung (Anlage 2 BMV-Ä) geregelte *„Vertreterschein"* verwendet. Der weiterbehandelnde (= vertretende) Arzt erhält eine Durchschrift (Muster 19b); eine formale *„Rücküberweisung"* ist vertragsarztrechtlich nicht notwendig. 48

2. Mitteilungspflichten (Abs 3 S.1 bis 3). Nach Abs 3 S 1 hat der Vertragsarzt der KV unverzüglich (ohne schuldhaftes Zögern, § 121 Abs 1 S 1 BGB) mitzuteilen, wenn er länger als eine Woche an der Ausübung seiner Praxis verhindert ist. Damit knüpft die bundesmantelvertragliche Mitteilungspflicht anders als § 32 Abs 1 S 4 Ärzte-ZV nicht erst an die Vertretung, sondern schon an die Verhinderung an. Abs 3 S 1 findet daher auch auf die kollegiale Vertretung Anwendung. Gleiches gilt auch für den in Abs 3 S 2 vorgesehenen Hinweis an die Patienten. Dieser ist insbesondere bei der kollegialen Vertretung von Bedeutung, damit die Patienten erfahren, an welchen Vertragsarzt sie sich vertretungsweise wenden können. Neben dem ausdrücklich genannten Aushang sind zur Information der Versicherten insbesondere auch Hinweise auf dem Praxisanrufbeantworter geeignet. Die in Abs 3 S 3 vorgesehene Absprache mit dem vertretenden Arzt versteht sich bei einer Praxisvertretung iSv § 32 Abs 1 Ärzte-ZV, bei der der Vertreter in der Praxis des Vertretenen tätig wird (vgl Rn 44), von selbst. Eine Absprache ist aber auch bei der kollegialen Vertretung erforderlich, um sicherzustellen, dass der Vertreter informiert ist und die kollegiale Vertretung auch tatsächlich übernehmen kann. 49

3. Anlass und Dauer der Vertretung (Abs 3 S 4 und 5). Abs 3 S 4 und 5 nennen mögliche Vertretungsfälle (Krankheit, Urlaub, Teilnahme an ärztlicher Fortbildung, Wehrübung oder Entbindung) und die Dauer einer genehmigungsfreien Vertretung. Danach ist eine Vertretung wegen Krankheit, Urlaub, Teilnahme an ärztlicher Fortbildung oder Wehrübung bis zu einer Dauer von 3 Monaten innerhalb eines Zeitraums von 12 Monaten (nicht eines Kalenderjahres) genehmigungsfrei. Dies entspricht der Regelung in § 32 Abs 1 S 2 Ärzte-ZV. Nach Abs 3 S 5 kann sich eine Vertragsärztin sich in unmittelbarem zeitlichen Zusammenhang mit einer Entbindung bis zu einer Dauer von 12 Monaten vertreten lassen kann (vgl auch § 32 Abs 1 S 3 Ärzte-ZV). 50

Über die in Abs 3 S 4 und 5 und § 32 Abs 1 Ärzte-ZV geregelte kurzzeitige Vertretung hinaus ermöglicht § 32 Abs 2 Ärzte-ZV aus Gründen der Sicherstellung der vertragsärztlichen Versorgung während Zeiten der Kindererziehung (36 Monate) und während der Pflege eines nahen Angehörigen in häuslicher Umgebung (6 Monate) nach 51

---

67 *Ladurner* § 32 Rn 25 f.

vorheriger Genehmigung der KV auch eine längerfristige Vertretung. Die Zeiträume können gem § 32 Abs 2 S 3 Ärzte-ZV verlängert werden. Die Dauer der Vertretergenehmigung ist zu befristen (§ 32 Abs 2 S 5 Ärzte-ZV). Adressat der Genehmigung ist bei einer Einzelpraxis der Praxisinhaber und bei einem MVZ das MVZ als Inhaber der Zulassung. Bei einer BAG ist Adressat die BAG und nicht der zu vertretende Arzt.[68] Die Genehmigung ist zu widerrufen, wenn die Beschäftigung des Vertreters nicht mehr begründet ist; sie kann widerrufen werden, wenn in der Person des Vertreters Gründe liegen, welche beim Vertragsarzt die Entziehung der Zulassung rechtfertigen würden (§ 32 Abs 2 S 6 Ärzte-ZV).

52 Leistungen, die ein **nicht genehmigter Dauervertreter** erbracht hat, werden von der KV nicht vergütet.[69] Ist die Abwesenheit eines Vertragsarztes von der Praxis von nicht nur vorübergehender Natur, zB bei dauerhafter Berufsunfähigkeit, scheidet eine Vertretergenehmigung aus, so dass eine Entziehung der Zulassung zu prüfen ist.[70]

53 **4. Weitere Voraussetzungen.** Über die Regelungen des Abs 3 hinaus ergeben sich aus § 32 Ärzte-ZV weitere Anforderungen an eine Vertretung. Gem § 32 Abs 1 S 5 Ärzte-ZV muss der Vertretungsarzt Vertragsarzt sein oder die Voraussetzung des § 3 Abs 2 Ärzte-ZV erfüllen. Überschreitet die Dauer der Vertretung innerhalb von 12 Monaten einen Monat, kann die KV nach § 32 Abs 1 S 6 Ärzte-ZV beim Vertragsarzt oder beim Vertreter überprüfen, ob der Vertreter diese Voraussetzungen erfüllt und keine Ungeeignetheit nach § 21 vorliegt.

54 Wegen des Grundsatzes der Bindung an die Grenzen des Fachgebiets muss der Vertreter zudem über eine Weiterbildung auf einem fachidentischen Gebiet oder zumindest auf einem fachverwandten Gebiet verfügen.[71] Leistungen, für die bestimmte Qualifikationsanforderungen erforderlich sind, darf der Vertragsarzt gem § 14 Abs 1 S 2 nur dann abrechnen, wenn auch der Vertreter diese Qualifikation besitzt (vgl auch § 14 Rn 8 ff).[72] Darüber hinaus sind von zur vertragsärztlichen Versorgung zugelassenen Vertretern auch Regelungen in den Abrechnungsbestimmungen zu beachten, die die gesetzlich vorgegebene Trennung der Versorgungsbereiche (hausärztlich/fachärztlich) umsetzen. Ein zur hausärztlichen Versorgung zugelassener Internist ist daher als Vertreter eines fachärztlichen Internisten nicht berechtigt, Leistungen der fachärztlichen Versorgung zu erbringen und abzurechen.[73]

IV. Besuche (Abs 4 bis 7)

55 (Haus-)Besuche durch den Vertragsarzt sind Bestandteil der ärztlichen Behandlung im Rahmen der vertragsärztlichen Versorgung iSv § 73 Abs 2 S 1 SGB V. Die Regelungen zu Besuchen in Abs 4, 6 und 7 gelten gem § 1 Abs 5 iVm Abs 6 nicht für Psychologische Psychotherapeuten und Kinder- und Jugendlichenpsychotherapeuten. Ärzte, die an der fachärztlichen Versorgung teilnehmen, sind nur unter den Vorausset-

---

68 *Schallen* § 32 Rn 63 unter Hinweis auf *BSG* SozR 4-2500 § 103 Nr 19 Rn 15.
69 *Wenner* Vertragsarztrecht nach der Gesundheitsreform, § 20 Rn 14.
70 *Schallen* § 32 Rn 63.
71 *BSG* MedR 2012, 826, 828 f mwN.
72 *BSG* SozR 3-2500 § 135 Nr 6, bestätigt durch *BSG* MedR 2012, 826, 829.
73 *BSG* MedR 2012, 826, 829.

zungen des Abs 6 S 2 zu Besuchsbehandlungen berechtigt und verpflichtet. Die Durchführung von Hausbesuchen gehört auch in Notfällen nicht zu den Aufgaben der Krankenhäuser.[74]

Der Begriff des Besuchs ist in Nr 1 der Präambel zum Kapitel 1.4 EBM definiert: Ein Besuch ist danach eine ärztliche Inanspruchnahme, zu der der Arzt seine Praxis, Wohnung oder einen anderen Ort verlassen muss, um sich an eine andere Stelle zur Behandlung eines Erkrankten zu begeben. Ein Besuch liegt auch vor, wenn der Arzt zur Notversorgung eines Unfallverletzten auf der Straße gerufen wird. Kein (berechnungsfähiger) Besuch liegt dagegen vor, wenn der Arzt seine eigene Arztpraxis oder eine andere Betriebs- oder Nebenbetriebsstätte aufsucht, wo er selbst vertragsärztlich oder angestellt tätig ist. Besuchszeiten werden gem Abs 1a S 6 auf die Mindestsprechstundenzeiten nach Abs 1a S 1 angerechnet (vgl Rn 22). **56**

Aufgrund des **Wirtschaftlichkeitsgrundsatzes** (§ 2 Abs 4 SGB V) besteht ein Anspruch der Versicherten auf einen Besuch aber nur, wenn ihnen das Aufsuchen des Vertragsarztes in seinen Praxisräumen wegen Krankheit nicht möglich oder nicht zumutbar ist (vgl Abs 7). In Anlehnung an den für den zahnärztlichen Bereich geltenden § 87 Abs 2i SGB V wird ein Anspruch auf Besuche auch dann zu bejahen sein, wenn Versicherte die Praxis aufgrund von Pflegebedürftigkeit, Behinderung oder Einschränkungen der Alltagskompetenz nach § 45a SGB XI nicht oder nur mit hohem Aufwand aufsuchen können. Ebenfalls unter Wirtschaftlichkeitsgesichtspunkten ist der nächsterreichbare Arzt in Anspruch zu nehmen. Geschieht dies nicht, hat der Versicherte nach Abs 5 die Mehrkosten zu tragen. Dies entspricht der gesetzlichen Regelung in § 76 Abs 2 SGB V. **57**

Die Verpflichtung zur Durchführung von Hausbesuchen trifft gem Abs 6 S 1 primär die **Hausärzte**. Dies korrespondiert mit § 73 Abs 1 S 2 Nr 1 SGB V, wonach die hausärztliche Versorgung insbesondere die allgemeine und fortgesetzte ärztliche Betreuung in Kenntnis des häuslichen und familiären Umfeldes umfasst. Hausärzte sind daher bei Vorliegen der in Rn 57 dargestellten Voraussetzungen zu Hausbesuchen in ihrem üblichen Praxisbereich verpflichtet (vgl Abs 4). Handelt es sich um einen dringenden Fall und ist ein Arzt, in dessen Praxisbereich die Wohnung des Kranken liegt, nicht zu erreichen, dürfen nach Abs 4 auch Besuche außerhalb des üblichen Praxisbereichs nicht abgelehnt werden. Für die Größe des üblichen Praxisbereichs kommt es auf die Umstände des Einzelfalls an. In ländlichen Bereichen ist von einem deutlichen größeren Gebiet auszugehen als in städtischen Gebieten mit hoher (Haus-)Arztdichte. **58**

§ 17a Anforderungen für vom Hausarzt an den Facharzt gemäß § 73 Abs. 1 Nr. 2 SGB V vermittelten Termin

¹Der Hausarzt kann für den Versicherten bei einem Facharzt einen Termin vermitteln, wenn dies aus medizinischen Gründen dringend erforderlich ist (§ 73 Abs. 1 Nr. 2 SGB V). ²Der vermittelte Termin muss innerhalb eines Zeitraums von vier Kalendertagen nach Feststellung der Behandlungsnotwendigkeit durch den Hausarzt liegen.

---

74 *BSG* SozR 4-2500 § 75 Nr 13 Rn 17 ff.

§ 17a Anforderungen für vermittelten Termin

Übersicht

	Rn		Rn
I. Überblick	1	III. Dringend erforderlicher Termin	3
II. Gesetzliche Grundlagen	2		

I. Überblick

1 § 17a wurde im Zuge der Umsetzung des TSVG mWv 6.8.2019[1] in den BMV-Ä eingefügt. Die Regelung steht in Zusammenhang mit § 87 Abs 2b S 3 Nr 4 SGB V, wonach ein Hausarzt für die Vermittlung eines aus medizinischen Gründen dringend erforderlichen Facharzttermins (vgl auch § 73 Abs 1 Nr 2 SGB V) einen Vergütungszuschlag erhält. S 2 konkretisiert, unter welcher Voraussetzung die Vermittlung eines Termins durch den Hausarzt bei einem Facharzt als aus medizinischen Gründen dringend erforderlich gilt.

II. Gesetzliche Grundlagen

2 § 73 Abs 1 S 2 Nr 2 SGB V idF des TSVG stellt klar[2], dass die hausärztliche Versorgung auch die **Vermittlung eines aus medizinischen Gründen dringend erforderlichen Behandlungstermins** bei einem an der fachärztlichen Versorgung teilnehmenden Leistungserbringer umfasst. Flankierend wurde der Bewertungsausschuss mit dem TSVG verpflichtet, mit Wirkung zum 1.9.2019 einen **Zuschlag** in Höhe von mindestens 10 € für die erfolgreiche Vermittlung eines Behandlungstermins nach § 73 Abs 1 S 2 Nr 2 SGB V vorzusehen (§ 87 Abs 2b S 3 Nr 4 SGB V). Dieser Zuschlag wird gem § 87a Abs 3 S 5 Nr 2 SGB V extrabudgetär vergütetet.

III. Dringend erforderlicher Termin

3 Die Vorschrift nimmt in S 1 nimmt Bezug auf § 73 Abs 1 S 2 Nr 2 SGB V, gibt diesen allerdings nur in abgeschwächter Form wieder. Während das Gesetz davon ausgeht, dass die Vermittlung eines aus medizinischen Gründen dringend erforderlichen Behandlungstermins Teil des hausärztlichen Versorgungsauftrages ist, stellt S 1 die Vermittlung eines solchen Termins ins *„Ermessen"* des Hausarztes *(„kann")*. Allerdings gehen auch die Gesetzesmaterialien[3] davon aus, dass die Vermittlung eines Facharzttermins durch den Hausarzt insbesondere dann erforderlich ist, wenn eine Terminvermittlung durch die Terminservicestelle oder eine eigenständige Terminvereinbarung durch den Patienten aufgrund der medizinischen Besonderheit des Einzelfalls oder der Dringlichkeit nicht angemessen oder nicht zumutbar ist. In diesem Sinn ist daher auch die *„kann"*-Regelung in S 1 zu verstehen.

4 Die aus medizinischen Gründen dringende Erforderlichkeit des Behandlungstermins ist Voraussetzung für die Abrechnung des Zuschlages nach § 87 Abs 2b S 3 Nr 4 SGB V. Diese bei der Abrechnung durch die KV nur sehr aufwendig prüfbare Voraussetzung ist durch die Partner des BMV-Ä in S 2 dahingehend „operationalisiert" worden, dass der vermittelte **Termin innerhalb eines Zeitraums von vier Kalendertagen** nach Feststellung der Behandlungsnotwendigkeit durch den Hausarzt liegen muss. Das Nähere zur Abrechnung des Zuschlags für die Terminvermittlung durch den

---

1 DÄ 2019, A-1452.
2 BT-Drucks 19/6337, 96.
3 BT-Drucks 19/6337, 96.

Hausarzt ist in den Gebührenordnungspositionen 03008 und 04008 des EBM geregelt. Dort ist auch bestimmt, dass der Tag nach der Feststellung der Behandlungsnotwendigkeit als erster Zähltag der vier Kalendertage gilt.

7. Abschnitt –
Inanspruchnahme vertragsärztlicher Leistungen durch den Versicherten

§ 18 Zuzahlungspflichten der Versicherten und Vergütungsanspruch gegen Versicherte

(1) *(aufgehoben)*

(2) *(aufgehoben)*

(3) *(aufgehoben)*

(4) *(aufgehoben)*

(5) *(aufgehoben)*

(5a) *(aufgehoben)*

(6) *(aufgehoben)*

(7) *(aufgehoben)*

(7a) *(aufgehoben)*

(8) [1]Der Versicherte hat Anspruch auf Sachleistung, wenn er nicht Kostenerstattung gewählt hat. [2]Vertragsärzte, die Versicherte zur Inanspruchnahme einer privatärztlichen Versorgung an Stelle der ihnen zustehenden Leistungen der gesetzlichen Krankenversicherung beeinflussen, verstoßen gegen ihre vertragsärztlichen Pflichten. [3]Der Vertragsarzt darf von einem Versicherten eine Vergütung nur fordern,

1. wenn die elektronische Gesundheitskarte vor der ersten Inanspruchnahme im Quartal nicht vorgelegt worden ist bzw. ein Anspruchsnachweis gemäß § 19 Abs. 2 nicht vorliegt und nicht innerhalb einer Frist von zehn Tagen nach der ersten Inanspruchnahme nachgereicht wird,
2. wenn und soweit der Versicherte vor Beginn der Behandlung ausdrücklich verlangt, auf eigene Kosten behandelt zu werden, und dieses dem Vertragsarzt schriftlich bestätigt,
3. wenn für Leistungen, die nicht Bestandteil der vertragsärztlichen Versorgung sind, vorher die schriftliche Zustimmung des Versicherten eingeholt und dieser auf die Pflicht zur Übernahme der Kosten hingewiesen wurde.

(8a) Bei Leistungen der künstlichen Befruchtung rechnet der Vertragsarzt 50 % der nach dem Behandlungsplan genehmigten Behandlungskosten unmittelbar gegenüber dem nach § 27a SGB V anspruchsberechtigten Versicherten auf der Grundlage des EBM ab.

(9) Eine entsprechend Absatz 8 Satz 3 Nr. 1 vom Versicherten entrichtete Vergütung ist zurückzuzahlen, wenn dem Vertragsarzt bis zum Ende des Kalendervierteljahres eine gültige elektronische Gesundheitskarte bzw. ein Anspruchsnachweis gemäß § 19 Abs. 2 vorgelegt wird.

§ 18 Zuzahlungspflichten/Vergütungsanspruch

(10) ¹Der Vertragsarzt darf für vertragsärztliche Leistungen mit Ausnahme von Massagen, Bädern und Krankengymnastik, die als Bestandteil der ärztlichen Behandlung erbracht werden, von Versicherten keine Zuzahlungen fordern. ²Die Verbände der Krankenkassen verständigen sich intern über einheitliche Zuzahlungsbeträge für Leistungen gemäß Satz 1 und teilen diese den Kassenärztlichen Vereinigungen spätestens sechs Wochen vor Quartalsende mit Wirkung zum folgenden Quartal mit. ³Den Vertragsärzten wird durch die Kassenärztlichen Vereinigungen der für ihren Praxissitz geltende, für alle Kassenarten einheitliche Zuzahlungsbetrag mitgeteilt.

Übersicht

	Rn		Rn
I. Überblick	1	a) „Ausdrückliches Verlangen vor Behandlungsbeginn"	17
II. Praxisgebühr	2	b) Schriftliche Bestätigung	20
III. Privatliquidation gegenüber Versicherten (Abs 8–9)	4	c) Abrechnung	22
1. Gesetzliche Grundlagen	4	4. Leistungen außerhalb der vertragsärztlichen Versorgung (Nr 3)	23
a) Sachleistungsprinzip	4	a) Mögliche Leistungen	24
b) Rechtsprechung des BSG	6	b) Information des Patienten	29
2. Nichtvorlage der eGK (Abs 8 S 3 Nr 1, Abs 9)	9	c) Schriftlicher Behandlungsvertrag	33
a) Gesetzliche Grundlagen	9	d) Abrechnung	34
b) Privatliquidation bei Nichtvorlage (Abs 8 Nr 1)	11	5. Künstliche Befruchtung (Abs 8a)	35
c) Nachreichung der eGK (Abs 9)	15	IV. Zuzahlungen (Abs 10)	37
3. Wunschbehandlung als Privatpatient (Abs 8 S 3 Nr 2)	16	1. Grundsatz	37
		2. Ausnahmen	38

Literatur: Vgl *Hüwelmeier/Schlingmann* Möglichkeit und Grenzen der Privatliquidation durch Vertragsärzte am Beispiel psychologischer Psychotherapeuten, NZS 2005, 623; *Krieger* Die Behandlungsverweigerung bei Kassenpatienten, insbesondere wegen unzureichender Honorierung, MedR 1999, 519; *Ruppel* Der Anspruch der Vertragsärzte auf kostendeckende Einzelleistungsvergütung – Behandlungspflichten aus Indienstnahmen und Inhalts- und Schrankenbestimmungen, VSSAR 2019, 63; *Steinhilper/Schiller* Privatärztliche Liquidation – Möglichkeiten und Grenzen bei Leistungen für GKV-Patienten, MedR 1997, 59; *dies* Zum Spannungsverhältnis Vertragsarzt/Privatarzt – Darf ein Vertragsarzt Leistungen bei einem Kassenpatienten ablehnen, sie aber zugleich privatärztlich anbieten?, MedR 2001, 29; *Theodoridis/Gersch* Ärztliche Privatliquidation gegenüber GKV-Patienten, ASR 2010, 156; *Wimmer* Dürfen Vertragsärzte unrentable Leistungen verweigern?, NZS 2000, 588.

I. Überblick

1 Regelungsgegenstand von § 18 sind Zuzahlungen (Abs 10) und vom Versicherten an den Vertragsarzt zu zahlende Vergütungen (Abs 8–9). Die mit Wirkung zum 1.1.2019 aufgehobenen[1] Abs 4–7a betreffen die sog Praxisgebühr und regelten für Altfälle den Einzug dieser bereits zum 1.1.2013 entfallenen Zuzahlung. Abs 8, 9 legen fest, unter welchen Voraussetzungen der Vertragsarzt von GKV-Patienten (ausnahmsweise) eine (Privat-)Vergütung verlangen darf. Abs 8a enthält eine Sonderregelung für die Ab-

---
1 DÄ 2019, A-164.

rechnung reproduktionsmedizinischer Leistungen nach § 27a SGB V. Die Fälle, in denen ein Vertragsarzt von Versicherten eine Zuzahlung fordern darf, sind in Abs 10 abschließend aufgeführt.

II. Praxisgebühr

Nach Streichung der Regelungen zur Praxisgebühr[2] (§ 28 Abs 4 SGB V und § 43b Abs 2 SGB V jeweils in der bis zum 31.12.2012 geltenden Fassung) durch Art 1 Nr 2 und 3 des Gesetzes zur Regelung des Assistenzpflegebedarfs in stationären Vorsorge- oder Rehabilitationseinrichtungen v 20.12.2012[3] hatten die Partner des Bundesmantelvertrages die Regelungen in § 18 Abs 1–3 und Abs 6 des Bundesmantelvertrags-Ärzte und § 21 Abs 1–3 sowie 6 und 7 des Ersatzkassenvertrages jeweils mit Wirkung zum 1.1.2013 aufgehoben.[4] Die das Verfahren der Einziehung der Praxisgebühr betreffenden Bestimmungen in Abs 4–5a (einschließlich der Anlage 18) sowie die Regelung zum Zurückbehaltungsrecht in Abs 7a wurden mit Blick auf die noch nicht abgeschlossene Abwicklung der bis zum 31.12.2012 angefallenen Praxisgebühren mit geringfügigen redaktionellen Anpassungen beibehalten. Auf diese Weise bestand die Möglichkeit, die in dem Zeitraum vor der Abschaffung zum 1.1.2013 noch angefallenen Praxisgebühren nach dem bisherigen Verfahren einzuziehen.

Mit einer Änderungsvereinbarung vom 10.12.2018[5] wurden mWv zum 1.1.2019 nunmehr auch die Abs 4a–7a und die Anlage 18 aufgehoben. In einer Protokollnotiz zu der Änderungsvereinbarung wurde klarstellend festgehalten, dass für bis zum 31.12.2018 aufgetretene Altfälle die aufgehobenen Regelungen nach wie vor Anwendung finden.

III. Privatliquidation gegenüber Versicherten (Abs 8–9)

1. Gesetzliche Grundlagen. – a) Sachleistungsprinzip. Die ärztliche Behandlung (§ 28 Abs 1 SGB V) wird den Versicherten im Rahmen des **Sach- bzw Naturalleistungsprinzips** gem § 2 Abs 2 SGB V zur Verfügung gestellt (Ausnahme: Wahl von Kostenerstattung gem § 13 Abs 2 SGB V). Dieser Grundsatz wird durch den mit Wirkung zum 1.10.2013 in Kraft getretenen Abs 8 S 1 ausdrücklich klargestellt.

Der ebenfalls zum 1.10.2013 in Kraft getretene Abs 8 S 2 übernimmt in Teilen wörtlich die durch das GKV-VStG mWv 1.1.2012 in das SGB V eingefügte Regelung des § 128 Abs 5a. Danach verstoßen Vertragsärzte, die Versicherte zur Inanspruchnahme einer privatärztlichen Versorgung an Stelle der ihnen zustehenden GKV-Leistungen beeinflussen, gegen ihre vertragsärztlichen Pflichten. Die Regelung ergänzt die bestehende Vorgabe in Abs 8 S 3 Nr 2, wonach der Vertragsarzt von einem Versicherten eine Vergütung nur fordern darf, wenn und soweit der Versicherte selbst vor Beginn der Behandlung ausdrücklich verlangt hat, als Privatpatient behandelt zu werden (vgl unten Rn 16 ff). Angesichts des ohnehin vorrangig geltenden § 128 Abs 5a SGB V hätte es einer entsprechenden Ergänzung des Bundesmantelvertrages nicht unbedingt bedurft. Die dennoch erfolgte Aufnahme in den BMV-Ä macht deutlich, dass **jede Beeinflussung** des Patienten durch den Arzt zur Inanspruchnahme der privatärztli-

---
2 Vgl Zur Praxisgebühr im Einzelnen die Kommentierung zur 1. Aufl.
3 BGBl I 2012, 2789.
4 DÄ 2013, A-45.
5 DÄ 2019, A-164.

chen Versorgung anstelle der ihm zustehenden Sachleistung unzulässig ist. Eine solche unzulässige Beeinflussung wird zB auch dann anzunehmen sein, wenn die Vergabe eines zeitnahen Termins in der Arztpraxis davon abhängig gemacht wird, dass der Versicherte sich bereit erklärt, die Kosten der ärztlichen Behandlung im Rahmen einer sog **Wahlleistungssprechstunde** selbst zu tragen. Darüber hinaus stellt Abs 8 S 2 – ebenso wie die gesetzliche Regelung in § 128 Abs 5a SGB V – klar, dass eine solche Beeinflussung einen Pflichtenverstoß darstellt, der von den KV im Rahmen ihrer Disziplinargewalt (vgl § 81 Abs 5 SGB V sowie die Kommentierung zu § 60) zu ahnden ist.

6 **b) Rechtsprechung des BSG.** Die lange Zeit umstrittene Frage, ob ein Vertragsarzt Leistungen bei einem Kassenpatienten ablehnen, sie aber zugleich privatärztlich anbieten darf,

ist durch das BSG in drei grundlegenden Entscheidungen vom 14.3.2001[6] geklärt worden. Das BSG betont in diesen Urteilen die besondere Bedeutung des Naturalleistungsprinzips. Das Naturalleistungsprinzip ist danach ein „**grundsätzliches Strukturprinzip**" der GKV. Nach der Konzeption des Gesetzes solle – von besonders geregelten Ausnahmen abgesehen – den Versicherten der GKV die gesamte Krankenbehandlung als Sach- bzw Dienstleistung zur Verfügung gestellt werden. Dies habe zum einen den Schutz der Versicherten vor mangelnder medizinischer Versorgung infolge der damit eintretenden finanziellen Belastungen zum Ziel, zum anderen diene es der Sicherstellung einer wirtschaftlichen Versorgung mittels Einflussnahme auch der das System finanzierenden KK auf die Ausgestaltung des Inhalts und insbesondere der Honorierung des Leistungsgeschehens. Es werde als selbstverständlich vorausgesetzt, dass der Vertragsarzt die der vertragsärztlichen Versorgung zuzurechnenden wesentlichen Leistungen seines Fachgebietes im Rahmen des Systems – dh unter Einhaltung des Naturalleistungsprinzips, also ohne Verlangen einer gesonderten Honorierung – anbietet und diese bei Bedarf auch bei den Versicherten tatsächlich ausführt. Nach Auffassung des BSG ist ein Vertragsarzt daher schon aus der vertragsärztlichen Zulassung iVm dem Naturalleistungsprinzip (§ 95 Abs 3 iVm § 2 Abs 2, § 13 Abs 1 SGB V) verpflichtet, die Versicherten grundsätzlich umfassend und ohne ein an diese gerichtete (zusätzliche) Zahlungsverlangen zu behandeln.

7 Ein Vertragsarzt ist nach Auffassung des BSG insbesondere nicht berechtigt, vom Leistungskatalog der GKV umfasste Leistungen aus finanziellen Gründen von seinem Leistungsangebot in der vertragsärztlichen Versorgung auszunehmen und den Versicherten statt dessen nur noch im Wege der Privatbehandlung anzubieten; dem Zuschnitt der vertragsärztlichen Vergütung insgesamt liegt eine „**Mischkalkulation**" zugrunde, so dass es durchaus Leistungen geben kann, bei denen selbst für eine kostengünstig organisierte Praxis kein Gewinn zu erzielen ist.[7] Satzungsbestimmungen einer KV, nach der ein Arzt sein vertragsärztliches Leistungsangebot von der kostendeckenden Vergütung einzelner ärztlicher Leistungen abhängig machen darf, sind rechtswidrig.[8]

---

6 *BSG* MedR 2002, 39 ff; *BSG* MedR 2002, 42 ff; *BSG* MedR 2002, 47 ff mit Anmerkung von *Steinhilper.*
7 *BSG* MedR 2002, 47 ff.
8 *BSG* MedR 2002, 37.

Aufgrund des geltenden Naturalleistungsprinzips bestehen daher nur ausnahmsweise 8
Vergütungsansprüche des Vertragsarztes gegen Versicherte (Ausnahme: Wahl von
Kostenerstattung gemäß § 13 Abs 2 SGB V). Nach Abs 8 darf der Vertragsarzt nur in
den dort aufgeführten drei Fallgruppen eine Vergütung von Versicherten fordern.
Eine weitere Ausnahme regelt Abs 8a für medizinische Maßnahmen zur Herbeiführung einer Schwangerschaft (§ 27a SGB V). Verlangt ein Vertragsarzt eine Vergütung,
ohne dass die Voraussetzungen einer dieser Ausnahmen vorliegen, liegt ein Verstoß
gegen vertragsärztliche Pflichten vor, gegen den mit Disziplinarmaßnahmen der KV
gem §§ 75 Abs 2 S 2, 81 Abs 5 SGB V vorgegangen werden kann.[9] Diese Grundsätze
gelten auch bei belegärztlicher Behandlung (vgl § 41 Rn 10 f).

2. Nichtvorlage der eGK (Abs 8 S 3 Nr 1, Abs 9). – a) Gesetzliche Grundlagen. Gem 9
§ 15 Abs 2 SGB V haben Versicherte, die ärztliche oder zahnärztliche Behandlung in
Anspruch nehmen, grundsätzlich dem Arzt vor Beginn der Behandlung ihre eGK (vgl
§ 291 SGB V) zum Nachweis der Berechtigung zur Inanspruchnahme von Leistungen
vorzulegen. Entsprechende Regelungen enthält auch § 13 Abs 1.

Die eGK stellt für den Versicherten einen **Nachweis für die Berechtigung zur Inan-** 10
spruchnahme von Leistungen gegenüber den ärztlichen (und zahnärztlichen) Leistungserbringern dar[10] (vgl auch § 13 Abs 1 und § 19 Abs 1 S 1). Der Versicherte kann
bei Vorlage der eGK gegenüber dem Vertragsarzt grundsätzlich Sachleistungen ohne
vorherige Antragstellung nach § 19 S 1 SGB IV bei der KK in Anspruch nehmen.[11]
Aus § 13 Abs 7 S 1 folgt, dass der Arzt dann grundsätzlich zur Behandlung verpflichtet
ist. § 15 Abs 5 SGB V sieht vor, dass die eGK in dringenden Fällen auch nachgereicht
werden kann (vgl auch § 13 Abs 7 S 2).

b) Privatliquidation bei Nichtvorlage (Abs 8 Nr 1). Nach Abs 8 Nr 1 ist der Vertrags- 11
arzt berechtigt, von einem Versicherten eine (Privat-)Vergütung zu fordern, wenn die
eGK vor der ersten Inanspruchnahme im Quartal nicht vorgelegt worden ist bzw ein
anderer gültiger Anspruchsnachweis nicht vorliegt und nicht innerhalb einer Frist von
zehn Tagen nach der ersten Inanspruchnahme nachgereicht wird. Nach Abs 9 besteht
zudem die Möglichkeit einer Nachreichung bis zum Quartalsende; in diesem Fall kann
der Vertragsarzt aber zunächst eine GOÄ-Vergütung von dem Patienten fordern. Vergleichbare Regelungen enthält Ziffer 2.1 des Anhangs 1 zur Anl 4a BMV-Ä (vgl § 19
Rn 23).

Bis zu dem von den Partnern des BMV in Ziffer 4 der Anl 4a zum BMV-Ä festgeleg- 12
ten Gültigkeitsende der KVK zum 31.12.2013 konnte statt der eGK auch die KVK
vorgelegt werden (vgl § 19 Rn 4). Neben der Vorlage der eGK lässt Abs 8 Nr 1 die
Möglichkeit zu, einen Anspruchsnachweis nach § 19 Abs 2 S. 1 vorzulegen (vgl § 19
Rn 34). Hierin liegt ein Abweichen von der gesetzlichen Regelung des § 15 Abs 2
SGB V, wonach vor Beginn der ärztlichen Behandlung die eGK vorzulegen ist. Aus
praktischen Gründen ist diese Regelung sachgerecht, weil das Ausstellen einer eGK
regelmäßig eine gewisse Zeit erfordern wird. Als Ausnahme ist die Vorschrift jedoch

---

9 *BSG* MedR 2002, 47; zum Disziplinarrecht vgl auch die Kommentierung zu § 60.
10 *BSG* SozR 3-2500 § 19 Nr 2.
11 Nach Auffassung des *LSG Berlin-Brandenburg* v 10.4.2019 – 1 KA 35/16 KL, juris können
daher keine Genehmigungsvorbehalte der KK in den EBM aufgenommen werde; Revision
anhängig beim *BSG* (B 6 A 1/19 R).

eng auszulegen. Ein Anspruchsnachweis darf die eGK nicht ersetzen und damit nur für notwendige Übergangszeiten bzw als Einzelfallbestätigung ausgestellt werden. In diesem Sinn bestimmt § 19 Abs 2 S 2 dass ein solcher Anspruchsnachweis nur im Ausnahmefall zu Überbrückung von Übergangszeiten bis zur Ausstattung mit einer eGK ausgestellt werden darf. Der Anspruchsnachweis ist entsprechend zu befristen (§ 19 Abs 2 S 3).

13 Wird weder eine eGK noch ein Anspruchsnachweis nach § 19 Abs 2 S 1 vorgelegt bzw innerhalb von 10 Tagen nachgereicht, ist der Arzt berechtigt, von dem Versicherten selbst eine Vergütung zur fordern. Die Abrechnung der erbrachten Leistungen erfolgt in diesem Fall nicht nach dem EBM gegenüber der KV, sondern nach der **GOÄ** (vgl § 1 Abs 1 GOÄ, § 12 Abs 1 MBO-Ä sowie § 13 Abs 2 S 3) gegenüber dem Patienten selbst, der dann – zivilrechtlich betrachtet – auch Schuldner der Vergütung ist.

14 Ein Anspruch auf Erstattung der Kosten bzw Freistellung gegenüber der KK besteht nur unter engen Voraussetzungen. Gem § 13 Abs 1 SGB V ist eine **Kostenerstattung** nur zulässig, soweit das SGB V oder das SGB IX dies vorsehen. Denkbar ist ein Kostenerstattungsanspruch nach § 13 Abs 2 SGB V, wenn der Versicherte die KK vor Inanspruchnahme der Leistung über die Wahl von Kostenerstattung in Kenntnis gesetzt hat (§ 13 Abs 2 S 1 SGB V). Allerdings besteht in diesem Fall gem § 13 Abs 2 S 8 SGB V auch bei der Wahl von Kostenerstattung ein Anspruch auf Erstattung höchstens in Höhe der Vergütung, die die KK bei der Erbringung der Leistung als Sachleistung zu tragen hätte (vgl auch § 13 Abs 2). Ein weiterer Kostenerstattungsanspruch ist in § 13 Abs 3 SGB V für den Fall geregelt, dass die KK eine Leistung zu Unrecht abgelehnt hat oder eine unaufschiebbare Leistung nicht rechtzeitig erbringen konnte. Diese Voraussetzungen werden im Rahmen von Abs 8 S 3 Nr 1 jedoch regelmäßig nicht erfüllt sein, weil die KK in der Lage gewesen wäre, die Leistung im Rahmen des Sachleistungsprinzips zu erbringen, wenn der Versicherte die eGK oder einen anderen gültigen Anspruchsnachweis vorgelegt oder nachgereicht hätte. Auch ein Kostenerstattungsanspruch aufgrund der Genehmigungsfiktion des § 13 Abs 3a SGB V kommt regelmäßig nicht in Betracht, weil die Inanspruchnahme vertragsärztlicher Leistungen grundsätzlich keine Genehmigung der KK voraussetzt (vgl Rn 10).

15 **c) Nachreichung der eGK (Abs 9).** Abs 9 eröffnet den Versicherten die Möglichkeit, die eGK oder einen Anspruchsnachweis nach § 19 Abs 2 S 1 bis zum Ende des Quartals nachzureichen. Die bereits erstellte GOÄ-Rechnung ist in diesem Fall zu stornieren und eine vom Versicherten ggf nach Abs 8 S 3 Nr 1 bereits entrichtete Vergütung durch den Vertragsarzt zurückzuzahlen. Die Abrechnung erfolgt in diesem Fall nach dem EBM gegenüber der KV im Rahmen des Sachleistungsprinzips. Vergleichbare Regelungen enthält auch der Anhang 1 zur Anl 4a BMV-Ä, vgl § 19 Rn 23).

16 **3. Wunschbehandlung als Privatpatient (Abs 8 S 3 Nr 2).** Nach Abs 8 Nr 2 darf der Vertragsarzt von einem Versicherten eine Vergütung fordern, wenn und soweit der Versicherte vor Beginn der Behandlung **ausdrücklich verlangt** hat, auf eigene Kosten behandelt zu werden, und dieses dem Vertragsarzt **schriftlich** bestätigt. Abs 8 Nr 2 betrifft damit Fallgestaltungen, in denen ein Versicherter, der die Behandlung im Rahmen seines Sachleistungsanspruchs ohne weiteres kostenfrei in Anspruch nehmen könnte, dennoch die Behandlungskosten selbst tragen will. In der Praxis dürften die Voraussetzungen dieser – als Ausnahme zudem eng auszulegenden – Vorschrift nur selten erfüllt sein.

a) „**Ausdrückliches Verlangen vor Behandlungsbeginn**". Wie aus der Formulierung 17
„*ausdrücklich verlangt*" folgt, muss die **Initiative** für die Behandlung auf eigene Kosten vom Patienten ausgehen. Jede vorherige Beeinflussung durch den Arzt ist unzulässig. Das BSG[12] geht davon aus, dass ein Versicherter, der von seinem behandelnden Arzt vor die vermeintlich „*freie Wahl*" zwischen der Inanspruchnahme einer kostenfreien „*Kassenleistung*" und einer Leistung gegen Privatzahlung gestellt wird, letztlich keine echte Entscheidungsfreiheit besitze. Er befinde sich vielmehr in einer Zwangssituation; denn lehne er die von dem sachkundigen Arzt seines Vertrauens angebotene und empfohlene vermeintlich „*bessere*" privatärztliche Leistung ab, laufe er Gefahr, den weiteren Zugang zu diesem Arzt seines Vertrauens zu verlieren. Darüber hinaus werde er – wie beim Unterbreiten solcher Behandlungsalternativen einkalkuliert ist – bereits um seiner Gesundheit willen typischerweise auf die angebotene privatärztliche Behandlung nicht verzichten wollen. Schon das **Angebot einer Privatbehandlung** durch den Vertragsarzt trägt nach Auffassung des BSG die Gefahr einer **faktischen Diskriminierung** von Versicherten der GKV in sich und ist geeignet, das Naturalleistungsprinzip auszuhöhlen bzw zu umgehen.

Diese Rechtsprechung wird durch die mit dem GKV-VStG mit Wirkung zum 1.1.2012 18
geschaffene Regelung in § 128 Abs 5a SGB V bestätigt. Danach verstoßen Vertragsärzte, die Versicherte zur Inanspruchnahme einer privatärztlichen Versorgung anstelle der ihnen zustehenden Leistungen beeinflussen, gegen ihre vertragsärztlichen Pflichten.

Fraglich ist vor diesem Hintergrund die Zulässigkeit der sog **Wahlleistungssprechstunden**. 19
Zu berücksichtigen ist insoweit, dass gem § 17 Abs 1 S 4 eine Ankündigung besonderer Sprechstunden nur für die Durchführung von Früherkennungsuntersuchungen (vgl §§ 25 ff SGB V) erfolgen darf. Die Ankündigung sog Wahlleistungs- oder Privatsprechstunden, in denen ausschließlich Leistungen für Selbstzahler sowie IGeL-Leistungen angeboten werden, dürfte damit nach dem Wortlaut nach ausgeschlossen sein (vgl auch § 17 Rn 37). Auch unabhängig davon ist es aber wohl unzulässig, gesetzlich Versicherte unter Verweis auf lange Wartezeiten auf einen Termin in der regulären Sprechstunde darauf hinzuweisen, dass sie als Selbstzahler in einer Wahlleistungssprechstunde deutlich eher einen Termin erhalten könnten. Hierin ist eine nach § 128 Abs 5a SGB V unzulässige Beeinflussung zu sehen (vgl oben Rn 5).

b) **Schriftliche Bestätigung.** Weitere Voraussetzung für die Zulässigkeit einer Privatliquidation 20
ist die schriftliche Bestätigung des Versicherten vor Behandlungsbeginn, dass er trotz eines bestehenden Sachleistungsanspruchs auf eigene Kosten behandelt werden will. Sinn und Zweck der Regelung ist es, dem Versicherten Klarheit darüber zu verschaffen, dass er durch die im Rahmen der GKV abgedeckten Leistungen eine ausreichende ärztliche Behandlung erfährt und dass er, sollte er dennoch eine privatärztliche Behandlung wünschen, die Kosten hierfür grundsätzlich selbst zu tragen hat. Dieser Schutzzweck ist nur erfüllt, wenn die mit dem Versicherten abgeschlossene Honorarvereinbarung **seinen ausdrücklichen Wunsch nach privatärztlicher Behandlung und Privatliquidation** der ärztlichen Leistungen trotz bestehenden Versicherungsschutzes im Rahmen der gesetzlichen Krankenversicherung dokumentiert.[13] Eine reine Einverständniserklärung allein mit einer Privatliquidation genügt somit

---

12 *BSG* MedR 2002, 47 ff.
13 Vgl *AG München* ZMGR 2011, 401.

nicht. Die Anforderungen an die schriftliche Bestätigung gehen damit deutlich über Voraussetzungen der allgemeinen Schriftform und auch einer Honorarvereinbarung nach § 2 GOÄ hinaus.

21 Die schriftliche Bestätigung nach § 18 Abs 8 Nr 2 ist eine über § 630c Abs 3 S 1 BGB hinausgehende Formanforderung, die gem § 630c Abs 3 S 2 BGB von den Neuregelungen durch das Patientenrechtegesetz unberührt bleibt (BT-Drucks 17/10488, 22).

22 **c) Abrechnung.** Sind die Voraussetzungen des Abs 8 Nr 2 erfüllt, findet für die Abrechnung der erbrachten Leistungen die GOÄ Anwendung (vgl § 1 Abs 1 GOÄ und § 12 Abs 1 MBO-Ä sowie § 13 Abs 2 S 3).

23 **4. Leistungen außerhalb der vertragsärztliche Versorgung (Nr 3).** Nach Abs 8 Nr 3 dürfen Leistungen, die nicht Bestandteil der vertragsärztlichen Versorgung sind, privat gegenüber dem Versicherten abgerechnet werden, wenn vorher die schriftliche Zustimmung des Versicherten eingeholt und dieser auf die Pflicht zur Übernahme der Kosten hingewiesen wurde.

24 **a) Mögliche Leistungen.** Im Unterschied zu Abs 8 Nr 2 fallen unter Abs 8 Nr 3 Leistungen, für die eine Leistungspflicht der GKV nicht besteht. Dies sind im vertragsärztlichen Bereich zunächst alle Leistungen, die nicht im EBM aufgeführt sind. Denn der **EBM** bestimmt den Inhalt der abrechnungsfähigen Leistungen. Er ist ein **abschließender Leistungskatalog**; Leistungen, die in ihm nicht enthalten sind, können von Vertragsärzten nicht zu Lasten der GKV abgerechnet und von Versicherten daher auch nicht als GKV-Leistungen beansprucht werden.[14] Darüber hinaus gilt Abs 8 Nr 3 auch für Leistungen, die zwar grundsätzlich GKV-Leistungen darstellen, nach Auffassung des Arztes im konkreten Fall aber nicht notwendig oder unwirtschaftlich sind.

25 Hauptanwendungsfall für Abs 8 Nr 3 sind die sog Individuellen Gesundheitsleistungen (**IGeL**). In einer Entschließung des 109. Deutschen Ärztetages aus dem Jahr 2006[15] werden IGeL-Leistungen als Leistungen definiert, die nicht zum Leistungsumfang der GKV gehören, dennoch aber von Patienten nachgefragt werden, ärztlich empfehlenswert oder aufgrund des Patientenwunsches ärztlich vertretbar sind. Die Entschließung sieht vor, dass dabei folgende Grundsätze beachtet werden sollen:
– sachliche Information,
– ärztliche Leistungen, die notwendig, empfehlenswert oder vertretbar sind und keine gewerblichen Leistungen sind,
– korrekte und transparente Indikationsstellung,
– seriöse Beratung,
– umfassende Aufklärung einschließlich wirtschaftlicher Aufklärung,
– angemessene Informations- und Bedenkzeit,
– schriftlicher Behandlungsvertrag,
– Trennung von GKV- und IGeL-Leistungen,
– Einhaltung der Fachgebietsgrenzen und Qualität,
– GOÄ Liquidation.

---

14 *BSG* SozR 3-2500 § 87 Nr 14 S 49 ständige Rechtsprechung.
15 Abrufbar unter https://www.bundesaerztekammer.de/aerztetag/beschlussprotokolle-ab-1996/109-daet-2006/punkt-vii/igel/1/, letzter Abruf am 9.10.2020.

IGeL-Leistungen können zum einen vorbeugende Impfungen für Auslandsreisen, 26
Einstellungs- und Sporttauglichkeitsuntersuchungen sowie das Ausstellen von Attesten, zB für den Kindergarten oder die Schule etc, sein. Darüber hinaus werden als IGeL-Leistungen aber auch zahlreiche medizinische Maßnahmen zur Vorsorge, Früherkennung und Therapie von Krankheiten angeboten, deren Nutzen bisher nicht bewiesen werden konnte. Gewerbliche Dienstleistungen dürfen gem § 3 Abs 2 MBO-Ä nicht als IGeL-Leistungen angeboten werden.

Aus Sicht des Patienten ist regelmäßig nur schwer einzuschätzen, welche Leistungen 27
für ihn tatsächlich sinnvoll sein könnten. Problematisch ist dabei insbesondere das Informationsgefälle zwischen Arzt und Patient. Die KBV und die Bundesärztekammer haben vor diesem Hintergrund die Broschüre „Selbst zahlen? Ein Ratgeber zu individuellen Gesundheitsleistungen für Patientinnen und Patienten sowie Ärztinnen und Ärzte" herausgegeben.[16] Der medizinische Dienst des Spitzenverbandes Bund der Krankenkassen (MDS) betreibt unter http://www.igel-monitor.de eine Webseite, auf der IGeL-Leistungen bewertet werden.

Die Abrechnung von **EBM-Leistungen als IGeL-Leistungen** kann eine gröbliche Ver- 28
letzung vertragsärztlicher Pflichten sein.[17]

b) Information des Patienten. Anders als im Rahmen von Abs 8 Nr 2 setzt eine Pri- 29
vatliquidation nach Nr 3 nicht ein initiales Verlangen des Patienten voraus (vgl Rn 16 ff). Eine **sachliche Information** über angebotene Selbstzahler- bzw IGeL-Leistungen durch den Vertragsarzt ist daher zulässig. Zu beachten ist aber § 11 Abs 2 MBO-Ä. Danach ist es untersagt, diagnostische oder therapeutische Methoden unter missbräuchlicher Ausnutzung des Vertrauens, der Unwissenheit, der Leichtgläubigkeit oder der Hilflosigkeit von Patientinnen und Patienten anzuwenden.

Weitere Grundsätze für die Information des Patienten lassen sich der Entschließung 30
des 109. Deutschen Ärztetages im Jahr 2006[18] entnehmen:
– Bei der Information darf der Leistungsumfang der GKV nicht pauschal als unzureichend abgewertet werden.
– Unzulässig sind marktschreierische und anpreisende Werbung und eine Koppelung sachlicher Informationen über individuelle Gesundheitsleistungen mit produktbezogener Werbung.
– Individuelle Gesundheitsleistungen dürfen nicht aufgedrängt werden.
– Die Beratung muss so erfolgen, dass der Patient nicht verunsichert oder verängstigt wird, dass nicht zur Inanspruchnahme einer Leistung gedrängt wird und dass keine falschen Erwartungen hinsichtlich des Erfolges einer Behandlung geweckt werden.
– Bei Leistungen, die nicht dem anerkannten Stand der medizinischen Wissenschaft entsprechen, muss umfassend über mögliche Alternativen sowie darüber aufgeklärt werden, warum eine Behandlung mit nicht anerkannten Methoden in Betracht zu ziehen ist.

---

16 In der 2. Aufl abrufbar unter https://www.kbv.de/html/igel.php, letzter Abruf am 9.10.2020.
17 *LSG München* v 5.1.2011 – L 12 KA 116/10 B ER, juris.
18 Abrufbar unter https://www.bundesaerztekammer.de/aerztetag/beschlussprotokolle-ab-1996/109-daet-2006/punkt-vii/igel/1/, letzter Abruf am 9.10.2020.

- Eine besondere ärztliche Darlegungslast besteht bei Leistungen, die durch Beschluss des G-BA von der Leistungspflicht der GKV ausgeschlossen sind oder die aus ärztlicher Sicht nicht als empfehlenswert oder sinnvoll zu betrachten sind.
- Das Recht, eine Zweitmeinung einzuholen, muss respektiert werden; vor Abschluss des Behandlungsvertrages muss eine der Leistung angemessene Bedenkzeit gewährt werden.

31 Nach Abs 8 Nr 3 ist der Vertragsarzt verpflichtet, den Versicherten vor der Untersuchung bzw Behandlung auf seine Pflicht zur Übernahme der Kosten hinzuweisen. Eine solche Pflicht ergibt sich darüber hinaus auch aus der mit dem Patientenrechtegesetz eingeführten Regelung des § 630c Abs 3 S 1 BGB.

32 Zusätzlich gelten für Leistungen nach Abs 8 Nr 3 die allgemeinen Anforderungen an die ärztliche Aufklärung.

33 **c) Schriftlicher Behandlungsvertrag.** Weitere Voraussetzung für die Privatliquidation ist die vorherige Einholung einer schriftlichen Zustimmungserklärung des Versicherten. Der danach schriftlich abzuschließende Behandlungsvertrag sollte die Leistungen anhand von Gebührenpositionen der Amtlichen Gebührenordnung für Ärzte (GOÄ) konkretisieren und den Steigerungssatz festlegen sowie den ausdrücklichen Hinweis enthalten, dass die Leistungen mangels Leistungspflicht der GKV privat zu honorieren sind.

34 **d) Abrechnung.** Sind die Voraussetzungen des Abs 8 Nr 3 erfüllt, findet für die Abrechnung der erbrachten Leistungen die GOÄ Anwendung (vgl § 1 Abs 1 GOÄ und § 12 Abs 1 MBO-Ä). Selbstständige ärztliche Leistungen, die im Gebührenverzeichnis der GOÄ nicht aufgenommen sind, können entsprechend einer nach Art, Kosten- und Zeitaufwand gleichwertigen Leistung der GOÄ berechnet werden (§ 6 GOÄ). Von der GOÄ abweichende Pauschalen sind nicht zulässig.

35 **5. Künstliche Befruchtung (Abs 8a).** § 27a Abs 3 S 3 SGB V sieht vor, dass die KK bei Maßnahmen zur Herbeiführung einer Schwangerschaft nur 50 % der mit dem Behandlungsplan genehmigten Kosten der Maßnahmen, die bei ihrem Versicherten durchgeführt werden, übernimmt. Die andere Hälfte der Kosten muss von dem Versicherten als Eigenanteil selbst getragen werden. Diese durch das GMG mWv 1.1.2004 eingeführte Leistungsbegrenzung ist verfassungsgemäß.[19]

36 In Ausfüllung der gesetzlichen Regelung sieht Abs 8a vor, dass der Vertragsarzt bei Leistungen der künstlichen Befruchtung 50 % der nach dem Behandlungsplan genehmigten Behandlungskosten unmittelbar gegenüber dem nach § 27a SGB V anspruchsberechtigten Versicherten abrechnet. Durch die Verwendung der Worte „auf der Grundlage des EBM" wird klargestellt, dass der Versicherte in diesem Fall keine GOÄ-Rechnung erhält, sondern eine Abrechnung auf Grundlage des EBM. Dies entspricht der Regelung in § 27a Abs 3 S 1 SGB V, wonach es sich bei den Leistungen nach § 27a Abs 1 SGB V ausdrücklich um Sachleistungen handelt. Auch aus den Gesetzesmaterialien ergibt sich, dass keine privatärztliche Behandlung unter Anwendung der GOÄ vorliegen soll.[20]

---

19 *BSG* SozR 4-2500 § 27a Nr 5; *BVerfG* NJW 2009, 1733; Zur Abgrenzung der Leistungspflicht bei Beteiligung mehrerer KK oder der privaten Krankenversicherung vgl KassKomm/*Zieglmeier* § 27a SGB V Rn 55 ff.
20 Vgl BT-Drucks 15/1525, 83.

IV. Zuzahlungen (Abs 10)

1. Grundsatz. Abs 10 S 1 stellt klar, dass ein Vertragsarzt für vertragsärztliche Leistungen grundsätzlich von Versicherten **keine Zuzahlung** fordern darf. Dies entspricht der oben unter Rn 6 ff dargestellten Rechtsprechung des BSG. Weder eine angeblich unzureichende Honorierung noch (behauptete oder auch tatsächlich bestehende) qualitative Unterschiede bei einer bestimmten ärztlichen Behandlungsweise, die im EBM enthalten und damit Gegenstand der vertragsärztlichen Versorgung ist, erlauben es, von GKV-Versicherten der gesetzlichen Krankenversicherung private Zahlungen zu beanspruchen.[21] Das systematische Verlangen einer „Zuzahlung" als Gegenleistung für die Erbringung einer ärztlichen Leistung – dh zusätzlich zu einer von der KV vorgenommenen vertragsärztlichen Honorierung – begründet einen Pflichtverstoß des Vertragsarztes und kann gem §§ 75 Abs 2 S 2, 81 Abs 5 SGB V im Wege des Disziplinarrechts sanktioniert werden.[22]

37

2. Ausnahmen. Die wichtigste Ausnahme von dem Verbot, Zuzahlungen von den Versicherten zu fordern, war die Praxisgebühr gem § 28 Abs 4 SGB V aF (vgl oben Rn 2 f). Nach deren Abschaffung zum 1.1.2013 bleiben als Ausnahmen die in Abs 10 S 1 genannten Massagen, Bäder und Krankengymnastik, die als Bestandteil der ärztlichen Behandlung erbracht werden. Dies entspricht der gesetzlichen Regelung in § 32 Abs 2 S 2 SGB V. Abs 10 S 2 und 3 treffen verfahrensrechtliche Vorgaben für die Erhebung dieser Zuzahlungen.

38

§ 19 Elektronische Gesundheitskarte

(1) ¹Zum Nachweis der Anspruchsberechtigung ist der Versicherte verpflichtet, eine elektronische Gesundheitskarte gem. § 291 Abs. 2a SGB V vorzulegen. ²Das Nähere zum Inhalt und zur Anwendung sowie zu einem Ersatzverfahren ist in Anlage 4a geregelt.

(1a) Wenn für einen Patienten bis zum vollendeten 3. Lebensmonat zum Zeitpunkt der Arzt-/Patientenbegegnung noch keine elektronische Gesundheitskarte vorliegt, ist für die Abrechnung das Ersatzverfahren durchzuführen.

(2) ¹Wird von der Krankenkasse anstelle der elektronischen Gesundheitskarte im Einzelfall ein Anspruchsnachweis zur Inanspruchnahme von Leistungen ausgegeben, muss dieser die Angaben gemäß § 291 Abs. 2 Satz 1 Nr. 1 bis 9 SGB V enthalten. ²Die Krankenkasse darf einen Anspruchsnachweis nach Satz 1 nur im Ausnahmefall zur Überbrückung von Übergangszeiten bis der Versicherte eine elektronische Gesundheitskarte erhält, ausstellen. ³Der Anspruchsnachweis ist entsprechend zu befristen. ⁴Die Krankenkasse ist verpflichtet, ungültige elektronische Gesundheitskarten einzuziehen.

(3) ¹Der Leistungsanspruch von Versicherten, die ihrer Verpflichtung zur Beitragszahlung nicht nachkommen, ist eingeschränkt (§ 16 Abs. 3a SGB V). ²Der Vertragsarzt darf in diesen Fällen nur die notwendigen Untersuchungen, die zur Früherkennung von Krankheiten nach § 25 (Gesundheitsuntersuchung) und § 26 (Kinderuntersuchung) SGB V und Leistungen, die zur Behandlung akuter Erkrankungen und

---

21 Vgl *BSG* v 14.3.2001 – B 6 KA 76/00 B, juris.
22 So ausdrücklich *BSG* v 14.3.2001 – B 6 KA 76/00 B, juris; zum Disziplinarrecht vgl auch die Kommentierung zu § 60.

Schmerzzustände sowie bei Schwangerschaft und Mutterschaft erforderlich sind, erbringen, veranlassen und verordnen. ³Art und Umfang der notwendigen Leistungen zur Klärung und Behandlung akuter Erkrankungen und Schmerzzustände oder bei auffälligen Befunden im Rahmen der Früherkennung von Krankheiten sind von dem ausführenden Vertragsarzt nach medizinischem Erfordernis zu bestimmen. ⁴Die Krankenkasse zieht die elektronische Gesundheitskarte ein. ⁵Zum Nachweis des eingeschränkten Anspruchs erhalten die Versicherten ein von der Krankenkasse ausgestelltes Vordruckmuster 85. ⁶Bei erforderlicher Veranlassung diagnostischer oder therapeutischer Maßnahmen ist der eingeschränkte Leistungsanspruch des Versicherten auf dem Überweisungsschein gemäß Muster 6 der Vordruckvereinbarung zu kennzeichnen. ⁷Das ausgestellte Vordruckmuster 85 ist jeweils für die Abrechnung der Leistungen in dem Quartal der Ausstellung gültig. ⁸Für die Abrechnung der Leistungen und die Ausstellung von Verordnungen ist das Ersatzverfahren nach Anlage 4a zu dieser Vereinbarung anzuwenden. ⁹Der vorgelegte Vordruck verbleibt in der Arztpraxis.

(4) ¹Kann die an Empfänger von Gesundheitsleistungen mit eingeschränktem Leistungsanspruch nach den §§ 4 und 6 des Asylbewerberleistungsgesetzes ausgegebene elektronische Gesundheitskarte nicht verwendet werden und sind die Felder der Europäischen Krankenversichertenkarte (EHIC) entwertet oder ist die EHIC als ungültig gekennzeichnet, kommt ebenfalls das Ersatzverfahren nach Anlage 4a zu diesem Vertrag zur Anwendung. ²Soweit der behandelnde Arzt in diesen Fällen nicht erkennen kann, dass ein eingeschränkter Leistungsanspruch vorliegt, ist die Krankenkasse, die die eGK ausgegeben hat, verpflichtet, alle erbrachten Leistungen zu vergüten. ³Die Vergütung richtet sich gemäß § 4 Abs. 3 Satz 3 des Asylbewerberleistungsgesetzes nach den am Ort der Niederlassung des Arztes geltenden Verträgen nach § 72 Abs. 2 und § 132e Abs. 1 SGB V. ⁴Findet das Ersatzverfahren bei Leistungsberechtigten nach § 264 Abs. 2 SGB V statt, besteht ein Vergütungsanspruch nur für die Leistungen, die nicht Bestandteil der morbiditätsbedingten Gesamtvergütung sind. ⁵Dies gilt auch für Leistungsberechtigte mit eingeschränktem Leistungsanspruch nach den §§ 4 und 6 des Asylbewerberleistungsgesetzes, soweit für die Vergütung der Leistungen, die Bestandteil der morbiditätsbedingten Gesamtvergütung wären, ein eigenständiger Behandlungsbedarf gilt.

Übersicht

	Rn		Rn
I. Überblick	1	b) Versichertenstammdatenmanagement – Ziffer 1.3 und 1.4 des Anhangs 1	22
II. Elektronische Gesundheitskarte (Abs 1, Abs 3 S 2)	4		
1. Entwicklung	4	c) Nichtvorlage/ungültige eGK – Ziffer 2.1 des Anhangs 1	23
2. Funktionen	7		
a) Berechtigungsnachweis	7	d) Ersatzverfahren – Ziffer 2.3–5 des Anhangs 1	24
b) Versichertenstammdatenmanagement	11		
c) Elektronisches Rezept	13	e) Ausnahmen von der Vorlagepflicht (Ziffer 3 und 4 des Anhangs 1)	27
d) Freiwillige Anwendungen	15		
3. Verwendung in der vertragsärztlichen Versorgung	19	4. Einziehung der eGK (Abs 2 S 4, Abs 3 S 4)	29
a) Identitätsprüfung – Ziffer 1.2 des Anhangs 1	20	5. Missbrauch der eGK	30

eGK   § 19

	Rn		Rn
III. Anspruchsnachweis im Ausnahmefall (Abs 2 S 1 und 2)	34	VI. Ersatzverfahren bei eGK nach §§ 4 und 6 AsylbLG (Abs 4)	38
IV. Eingeschränkter Leistungsanspruch nach § 16 Abs 3a SGB V (Abs 3)	35		

Literatur zur eGK *Bales/von Schwanenflügel/Holland* Die elektronische Gesundheitskarte – Rechtliche Fragen und zukünftige Herausforderungen, NJW 2012, 2475; *Dochow* Die elektronische Gesundheitskarte im Spiegel der sozialgerichtlichen Rechtsprechung (Teil I), WzS 2015, 104 *ders* Die elektronische Gesundheitskarte im Spiegel der sozialgerichtlichen Rechtsprechung (Teil II), WzS 2015, 137; *Holland* Das Verfahren zur Einführung der elektronischen Gesundheitskarte, GesR 2005, 299; *Katzenmeier* Big Data, E-Health, M-Health, KI und Robotik in der Medizin, MedR 2019, 267; *Pitschas* Regulierung des Gesundheitssektors durch Telematikinfrastruktur – die elektronische Gesundheitskarte, NZS 2009, 177; *Weichert* Vertrauen in die Vertraulichkeit bei der elektronischen Gesundheitskarte, GesR 2005, 151. **Zur Digitalisierung in der vertragsärztlichen Versorgung** vgl auch die ausführliche Darstellung in Anhang 2.

I. Überblick

Die in § 291 SGB V geregelte eGK stellt einen **Nachweis** für die Berechtigung zur 1
Inanspruchnahme von Leistungen gegenüber den ärztlichen und zahnärztlichen Leistungserbringern dar und ermöglicht den Leistungserbringern die **Identifizierung** des Patienten (§ 291 Abs 1 S 2 SGB V und § 15 Abs 2 SGB V). Nach § 291 Abs 1 S 2 SGB V dient die eGK darüber hinaus der **Abrechnung** mit den Leistungserbringern. Gemäß § 291 Abs 3 SGB V ist das Nähere zur bundesweiten Verwendung der eGK als Versicherungsnachweis im Rahmen des BMV-Ä zu regeln. Auf dieser Rechtsgrundlage enthalten § 19 Abs 1, Abs 1a, Abs 2 S 4, Abs 3 S 4 und die Anl 4a und 4b zum BMV-Ä Regelungen zur eGK sowie zu im Ausnahmefall übergangsweise ausgegebenen Anspruchsnachweisen (Abs 2 S 1–3).

§ 19 Abs 3 bezieht sich auf das in § 16 Abs 3a SGB V vorgesehene **Ruhen des Leistungsanspruchs bei Beitragsschulden**. Gem § 16 Abs 3a S 2 SGB V ruht der Leistungsanspruch von nach dem SGB V Versicherten, die mit einem Betrag in Höhe von Beitragsanteilen für zwei Monate im Rückstand sind und trotz Mahnung nicht zahlen. Ausgenommen hiervon sind nur Untersuchungen zur Früherkennung von Krankheiten nach den §§ 25 und 26 SGB V und Leistungen, die zur Behandlung akuter Erkrankungen und Schmerzzustände sowie bei Schwangerschaft und Mutterschaft erforderlich sind. 2

§ 19 Abs 4 enthält Sonderregelungen für das Ersatzverfahren bei Empfängern von 3
Gesundheitsleistungen mit eingeschränktem Leistungsanspruch nach den §§ 4 und 6 AsylbLG, bei denen die KK die Übernahme der Krankenbehandlung gem § 264 Abs 1 SGB V übernommen hat.

II. Elektronische Gesundheitskarte (Abs 1, Abs 3 S 2)

1. Entwicklung. Vorläufer der eGK war die im Jahr 1995 eingeführte Krankenversichertenkarte (KVK), die ihrerseits den Krankenschein ersetzt hat.[1] Der durch das 4

---

1 Vgl *Feige* Die Einführung der Krankenversichertenkarte, KrV 1992, 323; *Kilian* Rechtliche Aspekte bei der Verwendung von Patientenchipkarten, NJW 1992, 2313.

GMG mWv 1.1.2004 eingefügte § 291a SGB V aF sah die Weiterentwicklung der KVK zur eGK bis spätestens zum 1.1.2006 vor. Die flächendeckende Einführung der eGK hat sich jedoch deutlich verzögert. Die Partner des BMV-Ä haben am 11.9.2013[2] eine Neufassung der Anl 4a BMV-Ä vereinbart, die in § 4 regelte, dass ab dem 1.1.2014 grundsätzlich die eGK als Nachweis für die Berechtigung zu einer Inanspruchnahme von Leistungen gilt und die KVK zum 31.12.2013 ihre Gültigkeit verliert. Damit wurde dem Umstand Rechnung getragen, dass zu diesem Zeitpunkt ca 95 % der Versicherten mit einer eGK versorgt waren. Allerdings war nach § 19 Abs 2 BMV-Ä aF weiterhin eine Vorlage der KVK möglich, wenn der Versicherte noch keine eGK erhalten hatte und das auf der KVK aufgedruckte Gültigkeitsdatum nicht abgelaufen war. Mit einer Änderungsvereinbarung v 6.8.2014[3] wurde in dem – inzwischen aufgehobenen – § 4 der Anlage 4a BMV-Ä ausdrücklich geregelt, dass die KVK ab dem 1.1.2015 ungültig ist und ab diesem Zeitpunkt nicht mehr als Nachweis für die Berechtigung zur Inanspruchnahme von Leistungen verwendet werden kann. Zugleich wurde festgehalten, dass § 19 Abs 2 aF ab dem 1.1.2015 keine Anwendung mehr findet. Seit dem 1.1.2015 kann damit nur noch die eGK verwendet werden.

5 Das BVerfG hat eine gegen die Einführung der eGK gerichtete Verfassungsbeschwerde nicht zur Entscheidung angenommen.[4] Versicherte haben keinen Anspruch auf Befreiung von der Einführung der eGK.[5] Die gesetzlichen Regelungen zur Ausgestaltung und Verwendung der elektronischen Gesundheitskarte verletzen auch nicht das Grundrecht Versicherter auf informationelle Selbstbestimmung.[6] Nicht zulässig ist allerdings die Speicherung des Lichtbildes des Versicherten bei der KK über die Übermittlung der eGK an den Versicherten hinaus.[7]

6 Mit dem am 3.7.2020 vom Bundestag beschlossenen Gesetz zum Schutz elektronischer Patientendaten in der Telematikinfrastruktur (**Patientendaten-Schutz-Gesetz – PDSG**)[8] werden die Regelungen der bisherigen §§ 291–291h SGB V umfassend neu strukturiert. Die Vorgaben zur Telematikinfrastruktur finden sich gesondert im neu eingefügten 11. Kapitel „*Telematikinfrastruktur*" wieder. Die Regelungen zur eGK in den §§ 291–291c SGB V nF entsprechen inhaltlich weitgehend dem bisherigen Regelungsinhalt. Mit dem PDSG erhält die eGK zusätzlich die Funktion eines Schlüssels für den Zugriff des Versicherten auf Anwendungen der Telematikinfrastruktur wie zB die elektronische Patientenakte (vgl § 336 SGB V nF).

7 **2. Funktionen. – a) Berechtigungsnachweis.** Die eGK dient ebenso wie zuvor die KVK dem **Nachweis der Berechtigung zur Inanspruchnahme von vertragsärztlichen Leistungen** sowie der **Abrechnung** mit Leistungserbringern (vgl § 291 Abs 1 S 2 SGB V). Hierzu sieht § 291 Abs 2 S 1 SGB V vor, dass die eGK folgende Angaben zu enthalten hat[9]:

---

2 DÄ 2013, 2040.
3 DÄ 2014, A-1483.
4 *BVerfG* v 13.2.2006 – 1 BvR 1184/04, juris.
5 *LSG Baden-Württemberg* v 30.11.2012 – L 11 KR 4746/12 ER-B, juris.
6 *BSG* SozR 4-2500 § 291a Nr 1, vgl auch *BSG* v 24.5.2017 – B 1 KR 79/16 B, juris.
7 *BSG* SozR 4-2500 § 284 Nr 4.
8 Vgl BT-Drucks 19/18792 und BT-Drucks 19/20708.
9 Mit Inkrafttreten des PDSG werden die Vorgaben zu den Inhalten der eGK in § 291a SGB V nF zusammengefasst.

- Bezeichnung der ausstellenden KK, einschließlich eines Kennzeichens für die KV, in deren Bezirk der Versicherte seinen Wohnsitz hat,
- Familienname und Vorname des Versicherten,
- Geburtsdatum,
- Geschlecht,
- Anschrift,
- Krankenversichertennummer,
- Versichertenstatus, für die Personengruppen nach § 264 Abs 2 SGB V den Status der auftragsweisen Betreuung,
- Zuzahlungsstatus,
- Tag des Beginns des Versicherungsschutzes,
- bei befristeter Gültigkeit der Karte das Datum des Fristablaufs.

Bei Vereinbarungen nach § 264 Abs 1 S 3 SGB V hat die eGK nach § 291 Abs 2 S 6 SGB V auch die Angabe zu enthalten, dass es sich um einen Empfänger von Gesundheitsleistungen nach den §§ 4 und 6 des AsylbLG handelt (vgl hierzu Rn 38 ff). Hinzu kommen ein **Lichtbild**[10] (§ 291 Abs 1 S 4 und 5 SGB V) sowie die **Unterschrift** des Versicherten (§ 291 Abs 1 S 4 SGB V). **8**

Darüber hinaus kann die eGK gem § 291 Abs 2 S 2 SGB V auch Angaben zum Nachweis von Wahltarifen nach § 53 SGB V, von zusätzlichen Vertragsverhältnissen und in den Fällen des § 16 Abs 1 S 1 Nr 2–4 und Abs 3a SGB V Angaben zum Ruhen des Anspruchs auf Leistungen enthalten (vgl Rn 37). Zudem können weitere Angaben aufgenommen werden, soweit die Verarbeitung dieser Angaben zur Erfüllung gesetzlich zugewiesener Aufgaben erforderlich ist. **9**

Gem § 291a Abs 2 Nr 2 SGB V muss die eGK geeignet sein, auch als Berechtigungsnachweis zur Inanspruchnahme von Leistungen in einem Mitgliedstaat der Europäischen Union, einem Vertragsstaat des Abkommens über den Europäischen Wirtschaftsraum oder in der Schweiz zu dienen. Hierzu befindet sich auf der Rückseite der eGK die **Europäische Krankenversicherungskarte** (European Health Insurance Card – **EHIC**), mit der Versicherte während eines vorübergehenden Aufenthalts in den EU-Ländern sowie in Island, Liechtenstein, Norwegen und der Schweiz Anspruch auf medizinisch notwendige Leistungen des öffentlichen Gesundheitswesens haben. Die EHIC tritt an die Stelle der bisher verwendeten Formulare. **10**

b) Versichertenstammdatenmanagement. Der mWv 30.6.2010 durch das Gesetz zur Änderung krankenversicherungsrechtlicher und anderer Vorschriften v 24.6.2010[11] eingefügte § 291 Abs 2b SGB V schreibt für die eGK die Einführung eines Versichertenstammdatendienstes (**Online-Versichertenstammdatenmanagement – VSDM**) vor.[12] Danach sind die KK dazu verpflichtet, Dienste anzubieten, mit denen die Leistungserbringer die Gültigkeit und die Aktualität der Versichertenstammdaten bei den KK online überprüfen und auf der eGK aktualisieren können. Gem § 291 Abs 2b S 3 SGB V sind die an der vertragsärztlichen Versorgung teilnehmenden Ärzte, Einrichtungen und Zahnärzte verpflichtet, die Leistungspflicht der KK bei der erstmaligen Inanspruchnahme ihrer Leistungen durch einen Versicherten im Quartal durch Nut- **11**

---

10 Zur Speicherung des Lichtbildes bei der KK vgl *BSG* SozR 4-2500 § 284 Nr 4.
11 BGBl I 2010, 983.
12 Mit Inkrafttreten des PDSG finden sich die Regelungen zum VDSM in § 291b SGB V nF.

zung dieser Dienste zu prüfen. Auf diese Weise soll es möglich werden, Veränderungen, die der Versicherte seiner KK gemeldet hat (zB Adressänderung), beim nächsten Arztbesuch auf der eGK zu aktualisieren. Gleichzeitig können ungültige, verlorene oder gestohlene eGK auf diesem Weg erkannt und gesperrt werden, um einem Missbrauch vorzubeugen. Eine **Ausnahme von der Prüfungspflicht** gilt nach § 291 Abs 2b S 12 SGB V für an der vertragsärztlichen Versorgung teilnehmende Leistungserbringer, die Versicherte ohne persönlichen Kontakt behandeln oder in die Behandlung des Versicherten einbezogen sind. Relevant kann dies zB für Laborärzte und Pathologen oder für die Behandlung im Rahmen von Videosprechstunden sein.

12 Allerdings besteht diese Prüfungspflicht gem § 291 Abs 2b S 5 SGB V erst ab dem Zeitpunkt, ab dem die Dienste nach § 291 Abs 2b S 1 SGB V sowie die Anbindung an die Telematikinfrastruktur zur Verfügung stehen und die Vereinbarungen nach § 291a Abs 7a und 7b SGB V geschlossen sind. Diese Voraussetzungen sind inzwischen erfüllt. Vor diesem Hintergrund bestimmt § 291 Abs 2b S 9 SGB V, dass vertragsärztlichen Leistungserbringern, die die Prüfung ab dem 1.1.2019 nicht durchführen, die Vergütung vertragsärztlicher Leistungen pauschal um 1 % und ab dem 1.3.2020 um 2,5 %, so lange zu kürzen, bis sie die Prüfung durchführen. Bis zum 30.6.2019 war von einer Kürzung abzusehen, wenn gegenüber der zuständigen KV nachgewiesen wurde, dass bereits vor dem 1.4.2019 die Anschaffung der für die Prüfung erforderlichen Ausstattung vertraglich vereinbart worden war.

13 **c) Elektronisches Rezept.** Gem § 291a Abs 2 S 1 Nr 1 SGB V in der bis zum 18.12.2019 geltenden Fassung musste die eGK geeignet sein, Angaben für die Übermittlung ärztlicher Verordnungen in elektronischer und maschinell verwertbarer Form aufzunehmen. Der Regelung lag die Vorstellung zugrunde, dass das **elektronische Rezept auf der eGK gespeichert** und so durch den Patienten von der Praxis in die Apotheke gelangen sollte. Dieses System ist nicht umgesetzt worden und die Regelung mit dem DVG aufgehoben worden.

14 Stattdessen sollen Rezepte künftig über die **Telematikinfrastruktur** übermittelt werden. Gem § 291a Abs 5d SGB V hat die (Gesellschaft für Telematik, vgl § 291b SGB V) hierzu bis zum 30.6.2020 die für eine Übermittlung ärztlicher Verordnungen für apothekenpflichtige Arzneimittel in elektronischer Form erforderlichen Maßnahmen durchzuführen. Flankierend gibt § 86 Abs 1 S 1 SGB V einen konkreten **Zeitplan für bundesmantelvertragliche Regelungen** vor: Danach sind die notwendigen Regelungen für die Verwendung von Arzneimittelverschreibungen in elektronischer Form bis zum 31.3.2020 und die notwendigen Regelungen für sonstige in der vertragsärztlichen Versorgung verordnungsfähige Leistungen bis zum 31.12.2020 zu treffen. Mit dem PDSG wird § 86 SGB V erneut geändert. Darüber hinaus werden in den §§ 360 ff SGB V nF Regelungen zur Übermittlung vertragsärztlicher Verordnungen in elektronischer Form geschaffen.

15 **d) Freiwillige Anwendungen.** Zusätzlich muss die eGK gem § 291a Abs 3 S 1 SGB V auch geeignet sein, die dort in den Nr 1–9 genannten medizinischen Anwendungen zu unterstützen. Dies sind das Erheben, Verarbeiten und Nutzen von

- medizinischen Daten, soweit sie für die Notfallversorgung erforderlich sind (Nr 1)[13],
- Befunden, Diagnosen, Therapieempfehlungen sowie Behandlungsberichten in elektronischer und maschinell verwertbarer Form für eine einrichtungsübergreifende, fallbezogene Kooperation (elektronischer Arztbrief) (Nr 2),
- Daten des Medikationsplans nach § 31a SGB V einschließlich Daten zur Prüfung der Arzneimitteltherapiesicherheit (Nr 3)[14],
- Daten über Befunde, Diagnosen, Therapiemaßnahmen, Behandlungsberichte sowie Impfungen für eine fall- und einrichtungsübergreifende Dokumentation über die Versicherten sowie durch von Versicherten selbst oder für sie zur Verfügung gestellte Daten (elektronische Patientenakte) (Nr 4)[15],
- Daten über in Anspruch genommene Leistungen und deren vorläufige Kosten für die Versicherten (§ 305 Abs 2 SGB V) (Nr 6),
- Erklärungen der Versicherten zur Organ- und Gewebespende (Nr 7)[16],
- Hinweisen der Versicherten auf das Vorhandensein und den Aufbewahrungsort von Erklärungen zur Organ- und Gewebespende (Nr 8)[17] sowie
- Hinweisen der Versicherten auf das Vorhandensein und den Aufbewahrungsort von Vorsorgevollmachten oder Patientenverfügungen nach § 1901a BGB (Nr 9)[18].

Eine Nutzung dieser Anwendungen setzt das Einverständnis des Versicherten voraus (vgl § 291a Abs 5 S 1 SGB V). **16**

Von besonderer Bedeutung ist in diesem Zusammenhang die **elektronische Patientenakte**. Im Zuge des TSVG wurden die bisherigen Anwendungen der elektronischen Patientenakte und des „Patientenfachs" nach § 291a Abs 3 S 1 Nr. 4 und 5 SGB V (jeweils in der bis zum 10.5.2019 geltenden Fassung) begrifflich zusammengeführt. Die „neue" elektronische Patientenakte enthält gem § 291a Abs 3 S 1 Nr 4 SGB V Daten über Befunde, Diagnosen, Therapiemaßnahmen, Behandlungsberichte sowie Impfungen für eine fall- und einrichtungsübergreifende Dokumentation über die Versicherten sowie durch von den Versicherten selbst oder für sie zur Verfügung gestellte Daten. Folgende Informationen sollen künftig – soweit der Versicherte dies wünscht – in der elektronischen Patientenakte gespeichert werden können: Befunde, Diagnosen, Therapiemaßnahmen, Behandlungsberichte, Impfungen, elektronische Medikationspläne. **17**

§ 291a Abs 5c S 4 SGB V verpflichtet die Krankenkassen, ihren Versicherten spätestens ab dem 1.1.2021 eine von der gematik nach § 291b Abs 1a S 1 SGB V zugelassene elektronische Patientenakte zur Verfügung zu stellen. Um einen einfachen Zugang zu den hinterlegten Daten zu ermöglichen, sieht die ebenfalls durch das TSVG geschaffene Regelung des § 291a Abs 5 S 9 SGB V vor, dass Versicherte auch ohne Einsatz der eGK auf ihre elektronische Patientenakte zugreifen können. Sie sollen so eigene Smartphones oder Tablets nutzen und selbstständig, dh auch ohne Anwesenheit eines Leistungserbringers, auf ihre Daten zugreifen und Berechtigungen zum Zugriff auf ihre Daten erteilen können.[19] Die so ausgestaltete elektronische Patientenakte soll – **18**

---

13 Vgl § 358 Abs 1 SGB V idF des PDSG.
14 Vgl § 358 Abs 2 SGB V idF des PDSG.
15 Vgl §§ 341 ff SGB V idF des PDSG.
16 Vgl § 356 SGB V idF des PDSG.
17 Vgl § 356 SGB V idF des PDSG.
18 Vgl § 357 SGB V idF des PDSG.
19 BT-Drucks 19/6337, 139.

auf freiwilliger Basis für die Versicherten – als **lebenslange Informationsquelle** dienen, die jederzeit einen schnellen und sicheren Austausch der Daten ermöglicht. Die hierzu erforderlichen Regelungen werden mit dem PDSG in dem neu eingefügten 11. Kapitel getroffen, vgl §§ 341 ff SGB V nF.

Der mWv 1.10.2020 eingefügte Abs 1a[20] trifft eine Sonderregelung für den Fall, dass für einen Säugling bis vollendeten 3. Lebensmonat noch keine eGK vorliegt. In diesem Fall findet das Ersatzverfahren nach Anlage 4a Anwendung (vgl Rn 24). Damit wird berücksichtigt, dass die Ausstellung der eGK für ein Neugeborenes regelmäßig etwas Zeit in Anspruch nimmt. Nach der bis zum 30.9.2020 geltenden Rechtslage erfolgte in diesen Fällen eine Abrechnung über die eGK eines Elternteils.

19 **3. Verwendung in der vertragsärztlichen Versorgung.** In der vertragsärztlichen Versorgung wird die eGK derzeit in erster Linie zum Nachweis der Berechtigung zur Inanspruchnahme von vertragsärztlichen Leistungen sowie zur Abrechnung mit Leistungserbringern verwendet. Gem § 19 Abs 1 S 1 ist der Versicherte verpflichtet, zum Nachweis seiner Anspruchsberechtigung eine eGK vorzulegen. Eine entsprechende Regelung enthält auch § 13 Abs 1 S 2. Diese Vorgaben entsprechen der gesetzlichen Bestimmung in § 15 Abs 2 SGB V. Das BSG geht davon aus, dass es sich bei der so normierten Vorlagepflicht um eine Obliegenheit des Versicherten handelt, die verfassungsgemäß ist.[21] Hinsichtlich der Einzelheiten zur Anwendung und zum Inhalt der eGK sowie zu einem Ersatzverfahren verweist § 19 Abs 1 S 2 auf die **Anlage 4a BMV-Ä**, die gem § 1 Abs 3 Vertragsbestandteil ist. Das Nähere zur Verwendung der eGK in der vertragsärztlichen Praxis ist in Anhang 1 der Anl 4a BMV-Ä geregelt. Zur Verwendung der eGK bei belegärztlicher Behandlung vgl § 41 Rn 9.

20 **a) Identitätsprüfung – Ziffer 1.2 des Anhangs 1.** Nach Ziffer 1.1 des Anhangs 1 ist der Versicherte verpflichtet, bei jedem Arztbesuch die eGK vorzulegen. Der Arzt hat gem Ziffer 1.2 des Anhangs 1 die Identität des Versicherten anhand der auf der eGK aufgebrachten **Identitätsdaten** (Lichtbild, Unterschrift, Name, Vorname, Geburtsdatum) zu prüfen. Dabei muss sich der Vertragsarzt von der Identität des Karteninhabers auch durch einen Vergleich der Unterschriften des Patienten auf der eGK (§ 291 Abs 1 S 2 iVm Abs 2 S. 1 SGB V) und auf dem in der Arztpraxis zu unterschreibenden Abrechnungsschein (§ 291 Abs 2 S 1 SGB V) überzeugen.[22]

21 Eine Ausnahme von der grundsätzlichen Vorlagepflicht bei jedem Arztbesuch gilt, wenn die eGK bereits einmal im betreffenden Quartal dem Arzt vorgelegen hat, sie aber bei einer späteren Arzt-/Patientenbegegnung nicht verwendet werden kann: In diesem Fall ist der Arzt nach Ziffer 2.2 des Anhangs 1 berechtigt, die für die Übertragung vorgesehenen Daten aus der mit der eGK erstellten Patientenstammdatei durch Verwendung eines zertifizierten Praxisverwaltungssystems für die unmittelbar notwendige Ausstellung von Vordrucken für die vertragsärztliche Versorgung (zB Rezepten) zu verwenden.

22 **b) Versichertenstammdatenmanagement – Ziffer 1.3 und 1.4 des Anhangs 1.** Nach Einführung des in § 291 Abs 2b SGB V vorgesehenen Versichertenstammdatendienstes

---

20 DÄ 2020, A-2009.
21 *BSG* SozR 4-2500 § 291a Nr 1; Die Verfassungsbeschwerde gegen dieses Urteil wurde nicht zur Entscheidung angenommen, *BVerfG* v 8.6.2016 –1 BvR 864/15.
22 *BSG* SozR 4-2500 § 112 Nr 2 Rn 24.

(**VSDM**) sind die Vertragsärzte darüber hinaus verpflichtet, die Leistungspflicht der KK und damit die Gültigkeit der eGK bei der erstmaligen Inanspruchnahme im Quartal durch einen **Online-Abgleich** zu prüfen (vgl oben Rn 11). Werden dem Arzt dabei geänderte Versichertenstammdaten bereitgestellt, hat er nach Ziffer 1.4 des Anhangs 1 eine Online-Aktualisierung der Versichertenstammdaten auf der eGK vorzunehmen und die aktualisierten Daten anschließend in sein Praxisverwaltungssystem zu übernehmen.

c) Nichtvorlage/ungültige eGK – Ziffer 2.1 des Anhangs 1. Ziffer 2.1 Abs 1 des Anhangs 1 zur Anl 4a BMV-Ä trifft Regelungen für den Fall, dass eine gültige eGK nicht vorgelegt werden oder die Identität des Versicherten nicht bestätigt werden kann. In diesem Fall ist der Arzt nach Ziffer 2.1 Abs 1 S 1 berechtigt, nach Ablauf von 10 Tagen eine Privatvergütung für die Behandlung zu verlangen, die jedoch zurückzuzahlen ist, wenn dem Arzt eine zum Zeitpunkt der Behandlung gültige eGK oder ein anderer gültiger Anspruchsnachweis bis zum Ende des Quartals vorgelegt wird. Diese Vorgaben korrespondieren mit den Regelungen in § 18 Abs 8 S 3 Nr 1 und Abs 9 (vgl im Einzelnen § 18 Rn 9 ff). Arznei-, Verbands-, Heil- und Hilfsmittel sind in diesem Fall nach Ziffer 2.1 Abs 1 S 2 der Anlage 1 iVm § 25a Abs 4 S 1 auf dem entsprechenden Vordruck mit dem Vermerk „ohne Versicherungsnachweis" privat zu verordnen. Bei einer Nachreichung der eGK lässt § 25a Abs 4 S 2 eine Zweitausstellung der Verordnung gegen Rückgabe der zunächst ausgestellten Verordnung zu (vgl § 25a Rn 11 f). Dies kommt insbesondere dann in Betracht, wenn der Versicherte die Verordnung noch nicht eingelöst hat.

d) Ersatzverfahren – Ziffer 2.3–8 des Anhangs 1. Der Anhang 1 benennt Fallgestaltungen, in denen die eGK nicht verwendet werden kann, und eine Abrechnung im sogenannten „**Ersatzverfahren**" zulässig ist. Dies ist der Fall, wenn

– bei Notfallbehandlungen, die nach Vordruckmuster 19 abgerechnet werden, die eGK nicht vorgelegt werden kann oder ungültig ist (Ziffer 2.3 des Anhangs 1),
– der Arzt noch nicht am Versichertenstammdatendienst nach Ziffer 1.3 des Anhangs 1 (vgl Rn 22) teilnimmt und der Versicherte darauf hinweist, dass sich die zuständige KK, die Versichertenart oder die Besondere Personengruppe geändert hat, die Karte dies aber noch nicht berücksichtigt (Ziffer 2.4.1 des Anhangs 1),
– die Karte defekt ist (Ziffer 2.4.2 des Anhangs 1),
– eine für das Einlesen der Karte erforderliche Komponente defekt ist (Ziffer 2.4.3 des Anhangs 1),
– die Karte nicht benutzt werden kann, da für Haus- und Heimbesuche kein entsprechendes Gerät zur Verfügung steht und keine bereits in der Arztpraxis mit den Daten der eGK vorgefertigten Formulare verwendet werden können (Ziffer 2.4.4 des Anhangs 1),
– bei Untersuchung oder Behandlung eines Patienten bis zum vollendeten 3. Lebensmonat noch keine eGK vorliegt (Ziffer 2.8 des Anhangs 1, vgl auch Rn 19).

Das Ersatzverfahren ist auf die im Anhang 1 zur Anlage 4a BMV-Ä sowie an anderer Stelle im BMV-Ä (vgl § 19 Abs 3 S 8) ausdrücklich genannten Fälle beschränkt. In anderen Fallgestaltungen (zB „vergessene" oder „verlorene" eGK) darf das Ersatzverfahren nicht genutzt werden.

Bei Durchführung des Ersatzverfahrens werden die in Ziffer 2.5 des Anhangs 1 aufgeführten Daten aufgrund von Unterlagen in der Patientendatei oder Angaben des Versicherten (und bei Notfallbehandlungen ggf auch anderer Auskunftspersonen)

erhoben. Mit Ausnahme von Notfallbehandlungen nach dem Muster 19 muss der Versicherte durch seine Unterschrift das Bestehen der Mitgliedschaft bestätigen (Ziffer 2.6 des Anhangs 1). Ziffer 2.7 des Anhangs 1 regelt den Fall, dass im weiteren Verlauf des Quartals die eGK verwendet werden kann.

27 **e) Ausnahmen von der Vorlagepflicht (Ziffer 3 und 4 des Anhangs 1).** Ziffer 3 des Anhangs 1 enthält eine besondere Regelung für **Auftrags- und Konsiliaruntersuchungen ohne persönlichen Arzt-Patienten-Kontakt** (zB Leistungen eines Laborarztes oder Pathologen). In diesem Fall werden die Versichertendaten für die Abrechnung aus dem Personalienfeld des Auftrages übernommen. Ziffer 1.1.–1.3. des Anhangs 1 finden in diesem Fall keine Anwendung. Die Vorlage der eGK, die Identitätsprüfung und die Durchführung des Versichertenstammdatendienstes entfallen damit.

Gem Ziffer 4 des Anhangs 1 finden Ziffer 1.1.–1.3. des Anhangs 1 ebenfalls keine Anwendung, wenn der Arzt einen ihm bereits bekannten Versicherten ohne persönlichen Kontakt behandelt (zB telefonische Konsultation, Videosprechstunde). In diesem Fall ist er berechtigt, die für die Übertragung vorgesehenen Versichertenstammdaten auf der Grundlage der Patientendatei zu übernehmen.

28 Die Ausnahmen nach Ziffer 3 und 4 des Anhangs 1 korrespondieren mit § 291 Abs 2b S 12 SGB V, wonach für an der vertragsärztlichen Versorgung teilnehmende Leistungserbringer, die Versicherte ohne persönlichen Kontakt behandeln oder in die Behandlung des Versicherten einbezogen sind, die Prüfpflicht nach § 291 Abs 2b S 2 SGB V entfällt.

29 **4. Einziehung der eGK (Abs 2 S 4, Abs 3 S 4).** § 19 Abs 2 S 4 verpflichtet die KK, ungültige eGK einzuziehen. Eine vergleichbare Bestimmung enthält auch Abs 3 S 4. Diese Regelungen beruhen auf § 291 Abs 4 S 1 SGB V in der bis zum 28.12.2015 geltenden Fassung (aF), wonach die KVK bei Beendigung der Versicherungsschutzes oder bei einem Krankenkassenwechsel von der bisherigen KK einzuziehen war. Aus § 291 Abs 4 S 5 und 6 SGB V aF wurde abgeleitet, dass die Pflicht zur Einziehung auch für die eGK gelten sollte. Sinn und Zweck der Einziehung der KVK war die Missbrauchsverhinderung. Vor diesem Hintergrund ist eine Einziehung der eGK mit Einführung des in § 291 Abs 2b SGB V vorgeschriebenen Versichertenstammdatendienstes, der eine Online-Überprüfung der eGK ermöglicht, nicht mehr erforderlich, weil statt dessen eine Sperrung ungültiger Karten durch die KK erfolgen kann. Vor diesem Hintergrund lässt § 291 Abs 4 S 1 SGB V in der ab dem 29.12.2015 geltenden Fassung statt einer Einziehung auch die **Sperrung der eGK** zu, sobald die Dienste nach § 291 Abs 2b SGB V zur Verfügung stehen. Da diese Voraussetzung mittlerweile erfüllt ist (vgl Rn 12), sind die Regelungen zur Einziehung der eGK durch die KK überholt und sollten an den geänderten § 291 Abs 4 S 1 SGB V angepasst werden.

30 **5. Missbrauch der eGK.** Gem § 15 Abs 6 S 2 SGB V haben die KK einem Missbrauch der Karten durch geeignete Maßnahmen entgegenzuwirken. Eine besonders effektive Form der Missbrauchsvermeidung stellen die Ausstattung der eGK mit einem **Lichtbild** des Versicherten sowie die im Rahmen des **Versichertenstammdatendienstes** (§ 291 Abs 2b SGB V) vorgesehene Möglichkeit zur Online-Sperrung ungültiger eGK dar (vgl oben Rn 11). Aufgrund der in Ziffer 1.2 und 1.3 des Anhangs 1 zur Anlage 4a vorgesehenen Identitäts- und Gültigkeitsprüfung (vgl oben Rn 20 ff) hat auch der Vertragsarzt aktiv zu einer Verhinderung des Missbrauchs der eGK beizutragen. Er ist darüber hinaus nach Ziffer 2.1 Abs 2 des Anhangs 1 zur Anlage 4a BMV-Ä auch verpflichtet, im Fall eines Verdachts auf Missbrauch die zuständige KK zu informieren.

Im Hinblick auf die Haftung für einen Kartenmissbrauch hat das BSG[22] entschieden, dass allein die Ausgabe einer KVK an einen Versicherten und die damit eröffnete Möglichkeit eines Missbrauchs der Karte durch den Versicherten – wie zB in Form der unbefugten Weitergabe an einen Nichtversicherten – nicht ausreiche, um die KK aus Vertrauensschutz- oder Rechtsscheinaspekten haften zu lassen, weil die Ausgabe der KVK einer gesetzlichen Pflicht der KK entspreche und die Nichtübertragbarkeit auf jeder Karte vermerkt sei. Zwar hätten die KK einem Missbrauch der Karten durch geeignete Maßnahmen entgegenzuwirken, einer KK könne aber eine Verletzung dieser Pflicht nur vorgeworfen werden, wenn sie von einem erfolgten Missbrauch (bzw einer konkreten Missbrauchsmöglichkeit) erfahren habe und sie dann nicht alle ihr zu Gebote stehenden Maßnahmen ergreife, um die Fortsetzung des Missbrauchs (bzw dessen Eintritt) zu verhindern. Ein Krankenhaus habe daher gegen eine KK keinen Anspruch auf Vergütung einer stationären Behandlung, die ein nicht krankenversicherter, unter dem Namen eines Versicherten auftretender Patient durch missbräuchliche Verwendung der ihm vom Versicherten überlassenen KVK erlangt hat. 31

Soweit eine KK somit in Kenntnis eines erfolgten Missbrauchs oder einer konkreten Missbrauchsmöglichkeit nicht untätig bleibt, haben Leistungserbringer bei missbräuchlicher Verwendung der eGK grundsätzlich keine Ansprüche gegen die KK. Abweichend von diesem Grundsatz ist das BSG bislang allerdings davon ausgegangen, dass ein Vertragsarzt bei unberechtigter oder missbräuchlicher Benutzung einer KVK in der Weise geschützt sei, dass er seinen Honoraranspruch behalte.[23] Abgeleitet wurde diese Ausnahme aus § 19 Abs 9 BMV-Ä aF, der vorsah, dass die KK für den Vergütungsanspruch bei Benutzung einer falschen KVK nur dann nicht haftet, wenn der Vertragsarzt einen offensichtlichen Missbrauch hätte erkennen können. Eine entsprechende Regelung ist allerdings in der aktuellen Fassung des BMV-Ä nicht mehr enthalten. Vor diesem Hintergrund erscheint es zumindest fraglich, ob das BSG in Zukunft an dieser Rechtsprechung festhalten wird. 32

Gem § 48 Abs 3 S 1 kann gegen einen Vertragsarzt auf Antrag der KK durch die KV ein **Schadensersatzanspruch** festgestellt werden, wenn der Vertragsarzt die KK auf den Abrechnungs- und Verordnungsunterlagen fälschlicherweise als Kostenträger angegeben und die weiteren Voraussetzungen nach § 48 Abs 3 S 2 erfüllt sind (vgl zu den Einzelheiten § 48 Rn 7). Nach § 48 Abs 4 ist bei Verwendung einer eGK allerdings ein Schadensersatzanspruch gegen den Vertragsarzt ausgeschlossen, es sei denn die Entstehung des Schadens lag in diesem Fall im **Verantwortungsbereich des Arztes**. Für den Fall, dass der Arzt der in Anhang 1 zur Anl 4a vorgesehenen Pflicht zur Überprüfung der Identität nicht oder nicht ausreichend nachgekommen ist, ist von einem Verschulden seinerseits auszugehen, so dass hier ein Schadensersatzanspruch nicht ausgeschlossen ist. Einen möglichen Schadensersatz der KV gegen die KK für den Fall der unzulässigen Verwendung einer eGK enthält der zum 1.10.2013 in Kraft getretene § 48 Abs 5 (vgl hierzu § 48 Rn 10). 33

III. Anspruchsnachweis im Ausnahmefall (Abs 2 S 1 und 2)

KK können unter den Voraussetzungen des Abs 2 S 2 anstelle der eGK einen Anspruchsnachweis zur Inanspruchnahme von Leistungen ausgeben (vgl zB § 18 34

---
22 *BSG* MedR 2009, 169.
23 *BSG* v 12.11.2003 – B 3 KR 1/03 R, juris.

Abs 8 S 3 Nr 1 und § 18 Abs 9). Abs 2 S 1 schreibt für diesen Fall vor, dass der Anspruchsnachweis die für die KVK vorgesehenen Angaben nach § 291 Abs 2 S 1 Nr. 1–9 SGB V enthalten muss. Auf diese Weise ist sichergestellt, dass dem Vertragsarzt die zur Abrechnung erforderlichen Daten vorliegen. Die Ausstellung eines Anspruchsnachweises ist nach S 2 allerdings nur im **Ausnahmefall zur Überbrückung von Übergangszeiten** bis zur Ausstattung mit einer eGK zulässig. Der Anspruchsnachweis ist entsprechend zu befristen (§ 19 Abs 2 S 3).

IV. Eingeschränkter Leistungsanspruch nach § 16 Abs 3a SGB V (Abs 3)

35 § 19 Abs 3 trifft besondere Regelungen für Versicherte, deren Leistungsanspruch nach § 16 Abs 3a SGB V eingeschränkt ist. Bei nach dem SGB V Versicherten ruht gem § 16 Abs 3a S 2 SGB V der Leistungsanspruch, wenn sie mit einem Betrag in Höhe von Beitragsanteilen für zwei Monate im Rückstand sind und trotz Mahnung nicht zahlen. Das Ruhen endet, wenn alle rückständigen und die auf die Zeit des Ruhens entfallenden Beitragsanteile gezahlt sind (§ 16 Abs 3a S 2 SGB V). Nach § 16 Abs 3a S 3 SGB V besteht mit Wirkung ex nunc auch wieder ein Anspruch auf Leistungen, wenn eine wirksame Ratenzahlungsvereinbarung zustande gekommen ist und die Raten vertragsgemäß entrichtet werden. § 16 Abs 3a S 4 SGB V bestimmt, dass das Ruhen nicht eintritt oder endet, wenn Versicherte hilfebedürftig iSd SGB II oder XII sind oder werden. Gemäß § 16 Abs 3b SGB V hat die KK Versicherte, die mit einem Betrag in Höhe von Beitragsanteilen für zwei Monate im Rückstand sind, schriftlich darauf hinzuweisen, dass sie im Fall der Hilfebedürftigkeit die Übernahme der Beiträge durch den zuständigen Sozialleistungsträger beantragen können.

36 Ein Ruhen nach § 16 Abs 3a SGB V führt nicht zu einem vollständigen Leistungsausschluss. Von dem Ruhen ausgenommen sind Untersuchungen zur Früherkennung von Krankheiten nach den §§ 25 und 26 SGB V und Leistungen, die zur Behandlung akuter Erkrankungen und Schmerzzustände sowie bei Schwangerschaft und Mutterschaft erforderlich sind. Welche Leistungen zur Behandlung akuter Erkrankungen und Schmerzzustände erforderlich sind, ist nach Abs 3 S 3 von dem ausführenden Vertragsarzt nach medizinischen Erfordernissen zu bestimmen. Notwendig ist somit eine auf den **Einzelfall bezogene Einschätzung**, die anhand objektiver medizinischer Kriterien nachvollziehbar sein muss. Darüber hinaus erlaubt Abs 3 S 3 dem Vertragsarzt, nach denselben Maßstäben über die notwendigen Leistungen bei auffälligen Befunden im Rahmen der Früherkennung von Krankheiten zu entscheiden. Diese Regelung ist zwar gesetzlich nicht ausdrücklich vorgegeben, erscheint aber sachgerecht: Wenn Untersuchungen zur Früherkennung von Krankheiten gesetzlich vom Ruhen des Leistungsanspruchs ausgenommen sind, ist es konsequent, dass auf eventuelle Befunde mit den medizinisch notwendigen Leistungen reagiert werden kann, auch wenn noch keine akute Erkrankung vorliegt.

37 Abs 3 S 4 und 5 verpflichtet die KK, die eGK einzuziehen und stattdessen ein besonderes Formular (**Vordruckmuster 85**) auszustellen. Auf diese Weise ist für den Vertragsarzt erkennbar, dass der Versicherte nur über einen eingeschränkten Leistungsanspruch verfügt. Das Nähere zum Abrechnungsverfahren ist in S 6–9 geregelt. Zu dem in S 8 vorgeschriebenen Ersatzverfahren vgl oben Rn 24. Auch hier ist nach Einführung des in § 291 Abs 2b SGB V vorgeschriebenen Versichertenstammdatendienstes, der eine Online-Überprüfung der eGK ermöglicht, eine Einziehung nicht mehr als erforderlich anzusehen (vgl im Einzelnen Rn 29), weil statt dessen eine Sperrung

durch die KK erfolgen kann. Darüber hinaus besteht nach § 291 Abs 2 S 2 SGB V in der seit dem 29.12.2015 geltenden Fassung auch die Möglichkeit, auf der eGK Angaben zum Ruhen des Leistungsanspruches nach § 16 Abs 3a SGB V zu speichern. Hieraus hat das LSG Berlin-Brandenburg in einem obiter dictum abgeleitet, dass eine Krankenkasse einem Versicherten die Ausstellung einer eGK nicht deshalb verweigern dürfe, weil sein Anspruch auf Leistungen ruht.[24] Gegen diese Auffassung spricht allerdings, dass § 291 Abs 2 S 2 SGB V – anders als die weiteren Vorgaben des § 291 Abs 2 SGB V – als „kann"-Regelung ausgestaltet ist.

VI. Ersatzverfahren bei eGK nach §§ 4 und 6 AsylbLG (Abs 4)

Der mWv 1.1.2016 in den BMV-Ä eingefügte Abs 4 enthält Sonderregelungen für das Ersatzverfahren bei Empfängern von Gesundheitsleistungen mit eingeschränktem Leistungsanspruch nach den §§ **4 und 6 AsylbLG**. Das AsylbLG nimmt im Hinblick auf die medizinische Versorgung von Asylbewerbern eine Differenzierung vor: **38**

Asylbewerber, die sich **seit 18 Monaten** (bis 20.9.2019: 15 Monate) ohne wesentliche Unterbrechung im Bundesgebiet aufhalten und die Dauer des Aufenthalts nicht rechtsmissbräuchlich selbst beeinflusst haben, erhalten gem § 2 Abs 1 AsylbLG (Gesundheits-)Leistungen entsprechend dem SGB XII. Ihre Krankenbehandlung wird nach § 264 Abs 2 S 1 SGB V von den KK übernommen. Sie sind leistungsrechtlich grundsätzlich den GKV-Mitgliedern gleichgestellt. Die KK stellt eine eGK mit dem Statusmerkmal „4" im Element „*Besondere Personengruppe*" aus (vgl § 264 Abs 2 S 1 SGB V). Die Felder der Europäischen Krankenversichertenkarte (EHIC) (vgl Rn 10) werden entwertet oder als ungültig gekennzeichnet. **39**

Asylbewerber mit einer Aufenthaltsdauer von **weniger als 18 Monaten** haben dagegen nur einen **eingeschränkten Leistungsanspruch** nach den §§ 4 und 6 AsylbLG. Mit der Anfügung der S 2–7 an § 264 Abs 1 SGB V durch das Asylverfahrensbeschleunigungsgesetz vom 20.10.2015 wurden die KK zur Übernahme der Krankenbehandlung für Empfänger von Gesundheitsleistungen nach den §§ 4 und 6 des AsylbLG verpflichtet, wenn sie durch die Landesregierung oder die von der Landesregierung beauftragte oberste Landesbehörde dazu aufgefordert werden und mit ihnen eine entsprechende Vereinbarung mindestens auf Ebene der Landkreise oder kreisfreien Städte geschlossen wird. Nach der gem § 264 Abs 1 S 5 und 6 SGB V geschlossenen Bundesrahmenempfehlung[25] erhalten die Leistungsberechtigten in diesem Fall eine eGK mit dem Statusmerkmal „*9*" im Element „Besondere Personengruppe". Eine entsprechende Kennzeichnung wird auch durch § 291 Abs 2 S 6 SGB V vorgegeben. Aufgrund dieser Angabe ist der eingeschränkte Leistungsanspruch für die Vertragsärzte erkennbar. Die Felder der Europäischen Krankenversichertenkarte (EHIC) (vgl Rn 10) sind auch hier entwertet oder als ungültig gekennzeichnet. **40**

Ob ein Patient, auf dessen eGK die EHIC-Felder entwertet sind, über einen eingeschränkten Leistungsanspruch verfügt, ist nur beim Auslesen der Karte anhand des Sta- **41**

---

24 *LSG Berlin-Brandenburg* v 18.7.2017 – L 9 KR 274/17 B ER , juris; so auch *SG Wiesbaden* MedR 2019, 503.
25 Bundesrahmenempfehlung zur Übernahme der Krankenbehandlung für nicht Versicherungspflichtige gegen Kostenerstattung nach § 264 Abs 1 SGB V (Empfänger von Gesundheitsleistungen nach §§ 4 und 6 Asylbewerberleistungsgesetz) v 27.5.2016, abrufbar unter www.gkv-spitzenverband.de.

tusmerkmals „4" im Element „Besondere Personengruppe" erkennbar. Muss das **Ersatzverfahren** nach Anlage 4a BMV-Ä angewendet werden, weil die Karte oder das Lesegerät der Praxis defekt ist, kann der Vertragsarzt nicht erkennen, dass es sich um einen Empfänger von Gesundheitsleistungen mit eingeschränktem Leistungsanspruch handelt. Vor diesem Hintergrund legt Abs 4 S 2 fest, dass die KK, die die eGK ausgegeben hat, verpflichtet ist, alle erbrachten Leistungen zu vergüten, soweit der behandelnde Arzt nicht erkennen kann, dass ein eingeschränkter Leistungsanspruch vorliegt. Die Vergütung richtet sich in diesem Fall gem § 4 Abs 3 S 3 AsylbLG nach den am Ort der Niederlassung des Arztes geltenden Verträgen nach § 72 Abs 2 und § 132e SGB V.

42 Abs 4 S 4 stellt klar, dass bei Anwendung des Ersatzverfahrens bei Leistungsberechtigten nach § 264 Abs 2 SGB V ein Vergütungsanspruch nur für die Leistungen besteht, die nicht Bestandteil der **morbiditätsbedingten Gesamtvergütung** (MGV, § 87a Abs 3 S 3 SGB V) sind. Grund hierfür ist, dass für die nach § 264 Abs 2 SGB V Leistungsberechtigten von der KK keine MGV an die KV gezahlt wird. Gesondert sind daher – nach den allgemeinen Regeln – nur extrabudgetäre Leistungen zu vergüten. Abs 4 S 5 regelt schließlich den Fall, dass für Leistungsberechtigte mit eingeschränktem Leistungsanspruch nach den §§ 4 und 6 AsylbLG analog zu den Regelungen zur MGV ein eigenständiger Behandlungsbedarf vereinbart worden ist. Auch in diesem Fall bezieht sich der Vergütungsanspruch nur auf extrabudgetäre Leistungen.

§ 20

(gestrichen)

§ 21 Behandlungsfall/Krankheitsfall/Betriebsstättenfall/Arztfall/Arztgruppenfall

(1) ¹Die gesamte von derselben Arztpraxis (Vertragsarzt, Vertragspsychotherapeut, Berufsausübungsgemeinschaft, Medizinisches Versorgungszentrum) innerhalb desselben Kalendervierteljahres an demselben Versicherten ambulant zu Lasten derselben Krankenkasse vorgenommene Behandlung gilt jeweils als Behandlungsfall. ²Ein einheitlicher Behandlungsfall liegt auch dann vor, wenn sich aus der zuerst behandelten Krankheit eine andere Krankheit entwickelt oder während der Behandlung hinzutritt oder wenn der Versicherte, nachdem er eine Zeitlang einer Behandlung nicht bedurfte, innerhalb desselben Kalendervierteljahres wegen derselben oder einer anderen Krankheit in derselben Arztpraxis behandelt wird. ³Ein einheitlicher Behandlungsfall liegt auch dann vor, wenn sich die Versichertenart während des Quartals ändert. ⁴Es wird die Versichertenart bei der Abrechnung zugrunde gelegt, der bei Quartalsbeginn besteht. ⁵Stationäre belegärztliche Behandlung ist ein eigenständiger Behandlungsfall auch dann, wenn in demselben Quartal ambulante Behandlung durch denselben Belegarzt erfolgt. ⁶Unterliegt die Häufigkeit der Abrechnung bestimmter Leistungen besonderen Begrenzungen durch entsprechende Regelungen im Einheitlichen Bewertungsmaßstab (EBM), die auf den Behandlungsfall bezogen sind, können sie nur in diesem Umfang abgerechnet werden, auch wenn sie durch denselben Arzt in demselben Kalendervierteljahr bei demselben Versicherten sowohl im ambulanten als auch stationären Behandlungsfall durchgeführt werden. ⁷Alle Leistungen, die in einer Einrichtung nach § 311 SGB V oder einem medizinischen Versorgungszentrum bei einem Versicherten pro Quartal erbracht werden, gelten als ein Behandlungsfall.

Behandlungs-/Krankheits-/Betriebsstätten-/Arztfall § 21

[8]Die Abrechnung der Leistungen, ihre Vergütung sowie die Verpflichtung zur Erfassung der erbrachten Leistungen werden durch die Gesamtvertragspartner geregelt. [9]Ein Krankheitsfall umfasst das aktuelle sowie die nachfolgenden drei Kalendervierteljahre, die der Berechnung der krankheitsfallbezogenen Leistungsposition folgen.

(1a) [1]Die gesamten innerhalb desselben Kalendervierteljahres in derselben Betriebsstätte oder Nebenbetriebsstätte bei demselben Versicherten zu Lasten derselben Krankenkasse vorgenommenen Behandlungsleistungen gelten jeweils als Betriebsstättenfall. [2]Ein Betriebsstättenfall liegt auch vor, wenn die ärztlichen Leistungen bei demselben Versicherten von einem angestellten Arzt des Vertragsarztes oder einem angestellten Arzt des Medizinischen Versorgungszentrums in einer Betriebsstätte oder Nebenbetriebsstätte erbracht werden und von dieser nicht selbst, sondern dem Träger der Betriebsstätte abgerechnet werden. [3]Werden von demselben Arzt bei demselben Versicherten ärztliche Leistungen an unterschiedlichen Betriebsstätten erbracht, in welchen der Arzt in einem jeweils unterschiedlichen vertragsarztrechtlichen Status tätig ist (Vertragsarzt, angestellter Arzt, Arzt im Medizinischen Versorgungszentrum, ermächtigter Arzt, Arzt in genehmigter Berufsausübungsgemeinschaft), liegt jeweils ein gesonderter Betriebsstättenfall vor. [4]Betriebsstättenfälle sind nach Maßgabe der dazu bestehenden besonderen Vorschriften, insbesondere bei der Abrechnung, zu kennzeichnen.

(1b) [1]Als Arztfall werden alle Leistungen bei einem Versicherten bezeichnet, welche durch denselben Arzt unabhängig vom vertragsarztrechtlichen Status in der vertragsärztlichen Versorgung in demselben Kalendervierteljahr und unabhängig von der Betriebsstätte/ Nebenbetriebsstätte zu Lasten derselben Krankenkasse erbracht werden. [2]Der Bewertungsausschuss trifft im Einheitlichen Bewertungsmaßstab (EBM) besondere Abrechnungsregelungen für Arztfälle. [3]Für Arztfälle bei verordneten Leistungen kann in den maßgeblichen Prüfungsvereinbarungen (z. B. Prüfung von Richtgrößen) nach dem vertragsarztrechtlichen Status unterschieden werden.

(1c) [1]Der Arztgruppenfall stellt einen Behandlungsfall dar, bei dem an die Stelle der Arztpraxis die Arztgruppe einer Arztpraxis tritt. [2]Damit gilt die gesamte von derselben Arztgruppe einer Arztpraxis innerhalb desselben Kalendervierteljahres an demselben Versicherten ambulant zu Lasten derselben Krankenkasse vorgenommene Behandlung als Arztgruppenfall. [3]Zu einer Arztgruppe gehören diejenigen Ärzte, denen im EBM ein Kapitel bzw. in Kapitel 13 ein Unterabschnitt zugeordnet ist.

(2) Die ausschließliche Abrechnung von Befundberichten und schriftlichen Mitteilungen an andere Ärzte bzw. von Kosten zu Lasten der Krankenkasse in einem auf das Behandlungsquartal folgenden Quartal lösen keinen erneuten Behandlungsfall aus.

(3) [1]Endet die Anspruchsberechtigung eines Versicherten bei seiner Krankenkasse im Laufe eines Behandlungsfalles, ohne dass dies dem Vertragsarzt bei der Behandlung bekannt ist, so hat die Krankenkasse die Vergütung für die bis zum Zeitpunkt der Unterrichtung des Vertragsarztes erbrachten Leistungen zu entrichten. [2]Dasselbe gilt für den Fall des Kassenwechsels, solange der Versicherte dem Vertragsarzt die elektronische Gesundheitskarte bzw. den Anspruchsnachweis der neuen Krankenkasse nicht vorgelegt hat. [3]Legt der Versicherte noch während des laufenden Kalendervierteljahres die neue elektronische Gesundheitskarte bzw. den neuen Anspruchsnachweis vor, gilt dieser rückwirkend zum Tage des Kassenwechsels; bereits bis dahin ausgestellte Verordnungen oder Überweisungen des Vertragsarztes bleiben davon unberührt.

Altmiks

§ 21 Behandlungs-/Krankheits-/Betriebsstätten-/Arztfall

(4) Die Krankenkasse hält die Versicherten dazu an, einen Vertragsarzt innerhalb eines Kalendervierteljahres nur bei Vorliegen eines wichtigen Grundes zu wechseln.

Übersicht

	Rn		Rn
I. Überblick	1	4. Kein erneuter Behandlungsfall (Abs 2)	13
II. Behandlungsfall (Abs 1 S 1–7, Abs 2)	2	III. Krankheitsfall (Abs 1 S 9)	14
1. Bedeutung	2	IV. Betriebsstättenfall (Abs 1a)	16
2. Begriff	3	V. Arztfall (Abs 1b)	20
a) Gesamte ambulante Behandlung desselben Versicherten	4	VI. Arztgruppenfall (Abs 1c)	22
		VII. Weitere Abrechnungszeiträume	29
		1. Sitzung	30
b) Durch dieselbe Arztpraxis	6	2. Behandlungstag	31
c) Zu Lasten derselben Krankenkasse	9	3. Leistungsfall	32
3. Belegärztliche Behandlung (Abs 1 S 5 und 6)	10	VIII. Ende der Anspruchsberechtigung/Kassenwechsel (Abs 3)	33
		IX. Wechsel des Vertragsarztes im laufenden Quartal (Abs 4)	35

I. Überblick

1 In § 21 Abs 1–2 werden mit dem Behandlungsfall, dem Krankheitsfall, dem Betriebsstättenfall, dem Arztfall und dem Arztgruppenfall Abrechnungszeiträume definiert. Diese sind sowohl für die Abrechnung von Leistungen nach dem EBM (vgl 3.1–3.5 der Allgemeinen Bestimmungen zum EBM) als für die Abrechnung zwischen KV und KK von Bedeutung. Der Arztgruppenfall als besondere Ausprägung des Behandlungsfalls (vgl 3.5 der Allgemeinen Bestimmungen zum EBM) ist insbesondere im Zusammenhang mit der durch das TSVG eingeführten extrabudgetären Vergütung von Leistungen nach § 87a Abs 3 S 5 Nr 3–6 SGB V relevant. Das Nähere zur Abrechnung der Leistungen, ihrer Vergütung sowie der Verpflichtung zur Erfassung der erbrachten Leistungen ist gem Abs 1 S 8 durch die Gesamtvertragspartner (vgl § 83 SGB V), dh auf der Landesebene, zu regeln. Abs 3 regelt die Auswirkungen von Änderungen im Versicherungsverhältnis; Abs 4 betrifft den Wechsel des Vertragsarztes im laufenden Quartal.

II. Behandlungsfall (Abs 1 S 1–7, Abs 2)

2 **1. Bedeutung.** Der in Abs 1 S 1 und § 1a Nr 28 definierte Behandlungsfall hat zentrale Bedeutung für die Abrechnung nach dem EBM. Zahlreiche Gebührenordnungspositionen sehen vor, dass Leistungen unabhängig von der Zahl der Arzt-Patienten-Kontakte nur einmal im Behandlungsfall abgerechnet werden können. Er ist zudem Anknüpfungspunkt für die Ausgestaltung der fachärztlichen Grundpauschalen gem § 87 Abs 2c S 2 SGB V und von Bedeutung für die Finanzierung des Instituts des Bewertungsausschusses (§ 87 Abs 3c SGB V) und die Abrechnung der Vergütung durch die KV gegenüber den KK (§ 295 Abs 2 S 1 SGB V).

3 **2. Begriff.** Als Behandlungsfall gilt nach Abs 1 S 1 die gesamte ambulante Behandlung desselben Versicherten durch dieselbe Arztpraxis zu Lasten derselben KK innerhalb desselben Kalendervierteljahres. Aus dieser **Definition des Behandlungsfalls** folgt, dass dieser Begriff in der vertragsärztlichen Versorgung nicht medizinisch geprägt ist, sondern einen (Abrechnungs-)Zeitraum beschreibt.

a) Gesamte ambulante Behandlung desselben Versicherten. Anknüpfungspunkt für 4
den vertragsärztlichen Behandlungsfall ist die gesamte ambulante Behandlung des
Versicherten, nicht aber die der Behandlung zugrundeliegende(n) Erkrankung(en).
Abs 1 S 2 stellt ausdrücklich klar, dass ein einheitlicher Behandlungsfall auch dann
vorliegt, wenn sich aus der zuerst behandelten Krankheit eine andere Krankheit entwickelt oder während der Behandlung hinzutritt oder wenn der Versicherte, nachdem
er eine Zeitlang einer Behandlung nicht bedurfte, innerhalb desselben Kalendervierteljahres wegen derselben oder einer anderen Krankheit in derselben Arztpraxis
behandelt wird.

Damit unterscheidet sich der Behandlungsfall in der vertragsärztlichen Versorgung 5
grundlegend von dem Behandlungsfall im Sinne der GOÄ: Nach den Allgemeinen
Bestimmungen zu Abschnitt B der GOÄ gilt dort als Behandlungsfall der Zeitraum
eines Monats nach der jeweils ersten Inanspruchnahme des Arztes für die Behandlung
derselben Erkrankung. Der Behandlungsfall nach der GOÄ knüpft damit jeweils an
die konkrete Erkrankung an. Anders als in der vertragsärztlichen Versorgung löst
eine weitere Erkrankung somit einen neuen GOÄ-Behandlungsfall aus.[1]

b) Durch dieselbe Arztpraxis. Gem § 1a Nr 18 S 1 ist Arztpraxis der Tätigkeitsort des 6
Vertragsarztes oder Vertragspsychotherapeuten an seiner Betriebsstätte, der auch die
Nebenbetriebsstätten der Arztpraxis einschließt. Nach § 1a Nr 18 S 2 ist Arztpraxis idS
auch eine BAG oder ein MVZ. Der Begriff der Arztpraxis iSv § 21 Abs 1 umfasst –
wie durch den Klammerzusatz zusätzlich klargestellt wird – neben vertragsärztlichen
und vertragspsychotherapeutischen Einzelpraxen ausdrücklich auch BAG und MVZ.
Damit führt eine (auch fachübergreifende) Behandlung eines Versicherten durch
unterschiedliche Ärzte in einer Gemeinschaftspraxis oder einem MVZ nicht zum Entstehen eines weiteren Behandlungsfalls. Dies gilt auch, wenn es innerhalb eines Quartals zu einer Änderung der in einer Berufsausübungsgemeinschaft oder einem MVZ
tätigen Ärzte kommt.[2]

Abs 1 S 7 ordnet darüber hinaus ausdrücklich an, dass alle Leistungen, die in einer 7
Einrichtung nach § 311 SGB V (insbesondere Polikliniken etc in den neuen Bundesländern) oder MVZ bei einem Versicherten pro Quartal erbracht werden, als ein
Behandlungsfall gelten. Für MVZ, die ohnehin unter Abs 1 S 1 fallen, ist diese Regelung redundant. Sie ist zudem einschränkend dahingehend auszulegen, dass dies nur
gilt, wenn die weiteren Voraussetzungen eines einheitlichen Behandlungsfalls erfüllt
sind, die Leistungen also insbesondere für denselben Versicherten und zu Lasten derselben KK erbracht worden sind.

Gem 4.3.4 S 1 der Allgemeinen Bestimmungen zum EBM gelten auf den Behand- 8
lungsfall bezogene Abrechnungsbestimmungen und Berechnungsausschlüsse auch bei
der Erbringung von Gebührenordnungspositionen bei arztpraxisübergreifender Tätigkeit bezogen auf den Arztfall. Auf diese Weise wird sichergestellt, dass Abrechnungsbestimmungen und Berechnungsausschlüsse nicht dadurch unterlaufen werden können, dass ein Arzt Leistungen bei demselben Patienten in einer anderen Betriebsstätte
erbringt (vgl auch Rn 21).

---

1 Vgl hierzu im Einzelnen *Wezel/Liebold* Abschn B 1. GOÄ.
2 Kölner Kommentar zum EBM B 1-39.

9 **c) Zu Lasten derselben Krankenkasse.** Ein einheitlicher Behandlungsfall setzt voraus, dass die Leistungen zu Lasten derselben KK erbracht worden sind. Ein Wechsel des Versichertenstatus (Pflichtversicherung, freiwillige Versicherung, Familienversicherung, Krankenversicherung der Rentner) lässt den einheitlichen Behandlungsfall gem Abs 1 S 3 unberührt. Nach Abs 1 S 4 ist in einem solchen Fall der Versichertenstatus bei der Abrechnung zugrunde zu legen, der bei Quartalsbeginn bestand. Der – in der Praxis allerdings seltene – Wechsel der KK im laufenden Quartal begründet dagegen einen neuen Behandlungsfall (vgl auch Rn 33).

10 **3. Belegärztliche Behandlung (Abs 1 S 5 und 6).** Die belegärztliche Behandlung ist in § 121 SGB V geregelt. Sie ist dadurch gekennzeichnet, dass nicht am Krankenhaus angestellte Vertragsärzte ihre Patienten (Belegpatienten) im Krankenhaus voll- oder teilstationär behandeln, ohne hierfür vom Krankenhaus eine Vergütung zu erhalten (vgl § 121 Abs 2 SGB V). Die Leistungen des Belegarztes werden in diesem Fall aus der vertragsärztlichen Gesamtvergütung vergütet (§ 121 Abs 3 S 1 SGB V). Abweichend hiervon lässt der durch das KHRG mWv 26.3.2009 eingefügte § 121 Abs 5 SGB V auch die Möglichkeit einer Vergütung der belegärztlichen Leistungen durch das Krankenhaus im Rahmen eines Honorarvertrages („*Honorarmodell*") zu; in diesem Fall erfolgt keine Abrechnung über die KV.[3] Das Nähere zur belegärztlichen Behandlung ist in den §§ 38–41 geregelt.

11 Abs 1 S 5 bestimmt, dass eine **stationäre belegärztliche Behandlung** einen eigenständigen Behandlungsfall darstellt. Dies gilt ausdrücklich auch dann, wenn in demselben Quartal zusätzlich eine ambulante Behandlung durch denselben Vertragsarzt erfolgt ist. Behandelt ein Vertragsarzt somit einen Patienten zunächst ambulant in seiner Praxis und dann in demselben Quartal als Belegarzt auch stationär im Krankenhaus (zB um einen operativen Eingriff durchzuführen), entstehen ein ambulanter und ein stationärer Behandlungsfall.

12 Die nach Abs 1 S 5 bestehende **Trennung von ambulantem und stationärem Behandlungsfall** wird durch Abs 1 S 6 relativiert. Für den Fall, dass die Häufigkeit der Abrechnung einer Leistung durch auf den Behandlungsfall bezogene Regelungen im EBM begrenzt ist (zB „*zweimal im Behandlungsfall*"), können die Leistungen nur in diesem Umfang abgerechnet werden, auch wenn sie sowohl im ambulanten als auch stationären Behandlungsfall durchgeführt werden. Beide Behandlungsfälle werden insoweit also einer einheitlichen Betrachtung unterzogen. Auf diese Weise wird verhindert, dass Abrechnungsbegrenzungen durch ein Verschieben der Leistung zwischen ambulantem und stationärem Behandlungsfall umgangen werden können. Fraglich ist, ob dieser Grundsatz auch für die im EBM bei den Gebührenordnungspositionen aufgeführten Abrechnungsausschlüsse im Behandlungsfall gilt. Hierfür spricht, dass auch in diesem Fall die Gefahr besteht, dass im Ergebnis eigentlich ausgeschlossene Abrechnungskombinationen doch abgerechnet werden können.

13 **4. Kein erneuter Behandlungsfall (Abs 2).** Abs 2 stellt klar, dass die ausschließliche Abrechnung von **Befundberichten und schriftlichen Mitteilungen** an andere Ärzte bzw von Kosten zu Lasten der KK in einem auf das Behandlungsquartal folgenden Quartal keinen erneuten Behandlungsfall auslöst. Es ist damit nicht möglich, durch eine Abrechnung von Befundberichten und Kosten im Folgequartal einen weiteren Behandlungsfall zu generieren.

---

3 Zum Honorarmodell vgl juris PK-SGB V/*Köhler-Hohmann* § 121 Rn 65 ff.

III. Krankheitsfall (Abs 1 S 9)

Nach der Definition in Abs 1 S 9 umfasst ein Krankheitsfall das **aktuelle Quartal sowie die drei nachfolgenden Quartale**, die der Berechnung der krankheitsfallbezogenen Leistungsposition folgen. Damit beschreibt der Begriff des Krankheitsfalls iSd BMV-Ä und des EBM ebenso wie der Begriff des Behandlungsfalls (vgl Rn 3) ausschließlich einen (Abrechnungs-)Zeitraum. Anders als für den Begriff des Krankheitsfalls in der GOÄ (vgl B Nr 1 des Gebührenverzeichnisses für ärztliche Leistungen) kommt es nicht auf eine bestimmte Erkrankung des Patienten an. Das Auftreten einer anderen Krankheit oder das erneute Auftreten derselben Erkrankung führt nicht zur Möglichkeit einer erneuten Abrechnung einer auf den Krankheitsfall beschränkten Leistungsposition. Eine auf den Krankheitsfall bezogene Gebührenordnungsposition kann somit im Ergebnis nur einmal pro Jahr abgerechnet werden. Hat ein Vertragsarzt bei einem Patienten zB im 2. Quartal eines Jahres eine auf den Krankheitsfall bezogenen Leistung abgerechnet, ist eine erneute Abrechnung dieser Leistung erst wieder im 2. Quartal des Folgejahres möglich.   14

Der Krankheitsfall bezieht sich ebenso wie der Behandlungsfall (vgl Abs 1 S 1) auf die Arztpraxis (Vertragsarzt, Vertragspsychotherapeut, BAG, MVZ). Gem 4.3.4 S 2 der Allgemeinen Bestimmungen zum EBM gelten auf den Krankheitsfall bezogene Abrechnungsbestimmungen und Berechnungsausschlüsse auch bei der Erbringung von Gebührenordnungspositionen bei arztpraxisübergreifender Tätigkeit. Krankheitsfallbezogene Abrechnungsbestimmungen und Berechnungsausschlüsse müssen damit auch bei einer praxisübergreifenden Tätigkeit berücksichtigt werden. Sie können nicht dadurch umgangen werden, dass ein Arzt in mehreren Praxen vertragsärztlich tätig ist.   15

IV. Betriebsstättenfall (Abs 1a)

Im Zuge der Liberalisierung des Vertragsrechts durch das VÄndG wurde mit Abs 1a die Definition eines Betriebsstättenfalls in den BMV-Ä aufgenommen (vgl auch § 1a Nr 29). Die Regelung steht in engem Zusammenhang mit § 15a, der die vertragsärztliche Tätigkeit an weiteren Orten regelt. Die praktische Relevanz der Regelung ist gering. Der EBM sieht keine Abrechnungsbestimmungen vor, die sich auf den Betriebsstättenfall beziehen.   16

Der Betriebsstättenfall betrifft die Behandlung desselben Versicherten in einem Quartal durch einen oder mehrere Ärzte derselben (Neben-)Betriebsstätte zu Lasten derselben KK. Der Begriff der Betriebsstätte ist in § 1a Nr 21 sowie in § 15 Abs 1 S 1, der Begriff der Nebenbetriebsstätte in § 1a Nr 22 sowie § 15a Abs 1 S 2 definiert. Danach ist die Betriebsstätte grundsätzlich der Vertragsarztsitz, dh der Ort der Zulassung (vgl § 1a Nr 16), und Nebenbetriebsstätte jeder zulässige weitere Tätigkeitsort.   17

Kennzeichnend für den Betriebsstättenfall ist, dass ihm alle Behandlungen in derselben (Neben-)Betriebsstätte unabhängig vom Arzt zugeordnet sind. Beim Betriebsstättenfall kommt es also auf den Ort der Leistungserbringung an, nicht auf den Arzt, der tätig wird.[4] Vor diesem Hintergrund erscheint die Regelung des Abs 1a S 3, wonach jeweils ein gesonderter Betriebsstättenfall vorliegt, wenn von demselben Arzt bei demselben Versicherten ärztliche Leistungen an unterschiedlichen Betriebsstätten   18

---

4 Rompf/Schröder/Willaschek/*Schröder* § 21 Rn 7.

erbracht werden, in welchen der Arzt in einem jeweils unterschiedlichen vertragsarztrechtlichen Status tätig ist, überflüssig. Gleiches gilt für die Regelung in § 1a Nr 29, wonach ein jeweils gesonderter Betriebsstättenfall vorliegt, wenn ein Vertragsarzt an zwei Orten gem § 19a Ärzte-ZV zugelassen ist. Denn wenn die Leistungen an unterschiedlichen Betriebsstätten erbracht werden, liegt schon nach der Definition in Abs 1a S 1 kein einheitlicher Betriebsstättenfall vor.

19 Die in Abs 1a S 4 vorgesehene Kennzeichnungspflicht (vgl auch § 1a Nr 27) dient der Transparenz der Leistungserbringung. § 37a sieht hierzu die Verwendung von Betriebsstätten- und Arztnummern vor. Die Arztnummer (LANR) ist dabei unabhängig vom Status oder der Betriebsstätte (§ 1a Nr 31) gültig und dient der Identifikation des Arztes. Die Betriebsstättennummer ermöglicht die Zuordnung ärztlicher Leistungen zum Ort der Leistungserbringung (§ 1a Nr 32).

V. Arztfall (Abs 1b)

20 Die Definition des Arztfalls in Abs 1b trägt dem Umstand Rechnung, dass Vertragsärzte aufgrund der Liberalisierung des Vertragsarztrechts durch das VÄndG Patienten nicht nur in Nebenbetriebsstätten, sondern auch in mehreren Vertragsarztpraxen oder MVZ behandeln können. Um diese Konstellationen abzubilden, erfasst der Arztfall nach Abs 1b S 1 die Behandlung desselben Versicherten zu Lasten derselben KK durch denselben Arzt, unabhängig von dessen vertragsarztrechtlichen Status in demselben Quartal (vgl auch § 1a Nr 30).

21 In Umsetzung von Abs 1b S 2 hat der Bewertungsausschuss in 4.3.4 S 1 der Allgemeinen Bestimmungen zum EBM geregelt, dass auf den Behandlungsfall bezogene Abrechnungsbestimmungen und Berechnungsausschlüsse auch bei der Erbringung von Gebührenordnungspositionen bei arztpraxisübergreifender Tätigkeit bezogen auf den Arztfall gelten. Damit wird sichergestellt, dass Abrechnungsbestimmungen und Berechnungsausschlüsse nicht dadurch unterlaufen werden können, dass ein Arzt Leistungen bei demselben Patienten in einer anderen Betriebsstätte erbringt (vgl auch Rn 8). Die Kennzeichnung des Arztfalls erfolgt durch die LANR (vgl Rn 19).[5]

VI. Arztgruppenfall (Abs 1c)

22 Die Definition des Arztgruppenfalls in Abs 1c ist im Zuge der Umsetzung des TSVG mWv 31.8.2019[6] in den BMV-Ä aufgenommen worden. MWv 1.4.2020[7] wurde Abs 1c klarstellend angepasst und die Definition des Arztgruppenfalls auch in das Glossar (§ 1a Nr 30b) übernommen. Als Arztgruppenfall gilt nach Abs 1c S 2 die gesamte von **derselben Arztgruppe** einer Arztpraxis innerhalb desselben Kalendervierteljahres an demselben Versicherten ambulant zu Lasten derselben Krankenkasse vorgenommene Behandlung. Wie Abs 1c S 1 in der ab 1.4.2020 geltenden Fassung ausdrücklich klarstellt, ist der Arztgruppenfall somit ein Behandlungsfall, bei dem an die Stelle der Arztpraxis die Arztgruppe einer Arztpraxis tritt.

23 Die **Abgrenzung der Arztgruppen** folgt gem Abs 1c S 3 grundsätzlich den in den Präambeln der jeweiligen Kapitel des EBM genannten **Arztbezeichnungen**. Eine Aus-

---

5 Rompf/Schröder/Willaschek/*Schröder* § 21 Rn 8.
6 DÄ 2019, A-1683.
7 DÄ 2020, A-740.

nahme gilt allerdings für das Kapitel 13 des EBM (Fachärztliche Innere Medizin). Eine Arztgruppe umfasst dort jeweils die in den Präambeln der Unterabschnitte aufgeführten Facharzt- bzw. Schwerpunktbezeichnungen. ISd Abs 1c gehören zB Fachärzte für Innere Medizin mit Schwerpunkt Gastroenterologie (Unterschnitt 13.3.3) einer anderen Arztgruppe an als Fachärzte für Innere Medizin mit Schwerpunkt Kardiologie (Unterschnitt 13.3.5). Bei fachgruppengleichen Praxen ist der Arztgruppenfall identisch mit dem Behandlungsfall; bei fachgruppenübergreifenden Praxen löst die Behandlung eines Versicherten durch jede Arztgruppe iSd Abs 1c einen gesonderten Arztgruppenfall aus.

Der Begriff des Arztgruppenfalls ist insbesondere für die mit dem TSVG neu geschaffenen **extrabudgetären Vergütungstatbestände in § 87a Abs 3 S 5 Nr 3–6 SGB V** von Bedeutung. Diese Regelungen nehmen einerseits Bezug auf den bundesmantelvertraglich definierten Begriff des Behandlungsfalls (eine Praxis/ein Quartal/ein Versicherter), schränken ihn aber andererseits jeweils im Hinblick auf das Kriterium „*eine Praxis*" ein und modifizieren ihn damit. Diese Modifikation des Behandlungsfalls hat der Bewertungsausschuss in seinen Beschlüssen zur Umsetzung des TSVG[8] durch das Abstellen auf den Arztgruppenfall (eine Arztgruppe in der Praxis/ein Quartal/ein Versicherter) abgebildet und „*operationalisiert*": 24

– **Vermittlung durch Terminservicestelle:** Gem § 87a Abs 3 S 5 Nr 3 SGB V sind „*Leistungen im Behandlungsfall, die aufgrund der Vermittlung durch die Terminservicestelle erbracht werden*", extrabudgetär zu vergüten (zur Terminservicestelle vgl auch § 17 Rn 1 f). Danach sind nicht **alle** Leistungen im Behandlungsfall extrabudgetär zu vergüten, sondern nur die aufgrund der Vermittlung erbrachten Leistungen.[9] Mit dem Abstellen auf den Arztgruppenfall wird berücksichtigt, dass die Terminvermittlung grundsätzlich zu einer bestimmten Arztgruppe erfolgt (vgl § 75 Abs 1a S 4 SGB V). 25

– **Hausarzt-Facharzt-Vermittlung:** Nach § 87a Abs 3 S 5 Nr 4 SGB V werden „*Leistungen im Behandlungsfall bei Weiterbehandlung eines Patienten durch einen an der fachärztlichen Versorgung teilnehmenden Leistungserbringer*" nach Vermittlung durch einen Hausarzt extrabudgetär vergütet (vgl auch § 17a Rn 1 ff). Nach § 295 Abs 1 S 1 Nr 3 SGB V hat der Hausarzt in seiner Abrechnung die Arztnummer des Arztes anzugeben, bei dem der Termin vermittelt wurde. Das Gesetz geht also davon aus, dass ein Termin bei einem bestimmten Facharzt vermittelt wird. Ein Abstellen auf den gesamten Behandlungsfall wäre hier nicht sachgerecht, weil dann nicht nur die Leistungen des Facharztes zu dem vermittelt wurde, sondern alle Leistungen der Praxis – dh sogar hausärztliche Leistungen – extrabudgetär vergütet würden. 26

---

8 Beschl des Bewertungsausschusses gem § 87 Abs 1 S 1 SGB V in seiner 439. Sitzung am 19.6.2019 zur Umsetzung des TSVG mWz 11.5.2019, DÄ 2019, A-1398; geändert durch Beschl des Bewertungsausschusses gem § 87 Abs 1 S 1 SGB V in seiner 444. Sitzung (schriftliche Beschlussfassung) zur Änderung des Beschl des Bewertungsausschusses in seiner 439. Sitzung am 19.6.2019, DÄ 2019, A-1626.
9 Auch die Gesetzesmaterialien (BT-Drucks 19/6337, 109) stellen auf „*alle aufgrund der Terminvermittlung im Behandlungsfall erforderlichen Leistungen*" ab.

§ 21 Behandlungs-/Krankheits-/Betriebsstätten-/Arztfall

27 – **Neupatienten:** § 87a Abs 3 S 5 Nr 5 SGB V ordnet eine extrabudgetäre Vergütung bei Neupatienten an *„für Leistungen im Behandlungsfall, die von Ärzten, die an der grundversorgenden oder unmittelbaren medizinischen Versorgung teilnehmen,"* erbracht werden. Sowohl das Gesetz als auch die Begründung[10] gehen davon aus, dass Gegenstand der extrabudgetären Vergütung nicht der gesamte Behandlungsfall, sondern nur ein Ausschnitt daraus (Leistungen der grundversorgenden Arztgruppen) ist. Ein Abstellen auf den gesamten Behandlungsfall würde dazu führen, dass auch Leistungen anderer – nach dem Gesetz nicht erfasster – Arztgruppen extrabudgetär vergütet würden. Vor diesem Hintergrund hat der Bewertungsausschuss im Sinne einer typisierenden und generalisierenden Betrachtungsweise vorgesehen, dass ein Patient in Praxen mit mehreren Arztgruppen für bis zu zwei grundversorgende Arztgruppen als Neupatient gelten kann.

28 – **Offene Sprechstunden:** § 87a Abs 3 S 5 Nr 6 SGB V bestimmt, dass Leistungen im Behandlungsfall, die im Rahmen von bis zu fünf offenen Sprechstunden (vgl hierzu auch § 17 Rn 32 ff) erbracht werden, extrabudgetär vergütet werden. Auch hier stellt das Gesetz nicht auf den gesamten Behandlungsfall ab, sondern nur auf die Leistungen, die im Rahmen der fünf offenen Sprechstunden erbracht werden. Nach Vorstellung des Gesetzgebers sollten also (nur) die Leistungen privilegiert werden, die tatsächlich während einer offenen Sprechstunde erbracht werden. Gegen eine extrabudgetäre Vergütung aller Leistungen im Behandlungsfall spricht zudem, dass damit alle Leistungen einer Praxis extrabudgetär wären, dh selbst Leistungen von Ärzten, die nicht unter die – in § 17 Abs 1c konkretisierte – Regelung des § 19a Abs 1 S 3 Ärzte-ZV fallen.

VII. Weitere Abrechnungszeiträume

29 Neben den in § 21 BMV-Ä definierten Abrechnungszeiträumen sind für die Abrechnung der vertragsärztlichen Leistungen nach dem EBM noch die folgenden Begriffe von Bedeutung:

30 **1. Sitzung.** Ist im EBM bei einer Leistung kein anderer Abrechnungszeitraum angegeben, ist Abrechnungszeitraum die Sitzung. Bei einer Sitzung handelt es sich um einen auf den Leistungsinhalt bezogenen **Arzt-Patienten-Kontakt**.[11] Die Sitzung umfasst den gesamten Zeitraum, in dem sich der Patient in der Praxis seines Arztes zur Untersuchung, Behandlung oder Beratung befindet.[12] Bei der Beurteilung der Frage, ob eine Sitzung vorliegt, ist eine funktionale Betrachtung vorzunehmen.[13] Eine einheitliche Sitzung liegt daher auch vor, wenn der Patient zwischenzeitlich aus medizinischen Gründen oder wegen seines Zustandes warten muss oder er zeitweise allein durch Praxispersonal betreut wurde; eine neue Sitzung ist erst anzunehmen, wenn eine Leistung ihrer Eigenart nach in mehrere Phasen aufgeteilt werden muss, die nicht unmittelbar aneinander anschließen können.[14]

31 **2. Behandlungstag.** Der Behandlungstag entspricht dem **Kalendertag** (Beginn 00:00 Uhr, Ende 24:00 Uhr). Ist im EBM als Abrechnungszeitraum der Behandlungs-

---

10 Vgl BT-Ducks 19/8351, 183 f.
11 *BSG* SozR 3-5533 Nr 505 Nr 1.
12 Kölner Kommentar zum EBM B 1-9.
13 Vgl *BSG* SGb 1994, 568.
14 Kölner Kommentar zum EBM B 1-9.

tag angeführt, können die Leistungen nur einmal pro Kalendertag zur Abrechnung gebracht werden.

3. Leistungsfall. Nach § 1a Nr 30a liegt ein Leistungsfall vor, sofern im Behandlungsfall oder im Arztfall mindestens eine Leistung eines definierten Leistungskataloges abgerechnet worden ist. Diese Definition war für die zum 3. Quartal 2010 durch den Bewertungsausschuss für die Honorarverteilung gem § 87b SGB V in der bis zum 31.12.2012 geltenden Fassung ergänzend zu den Regelleistungsvolumen (RLV) eingeführten qualitätsgebundenen Zusatzvolumen (QZV) von Bedeutung.[15] Voraussetzung für die Zuerkennung eines QZV war danach, dass der Arzt die jeweiligen fachlichen Voraussetzungen erfüllt und im Vorjahresquartal mindestens eine Leistung aus dem Ziffernkatalog des jeweiligen QZV abgerechnet hat. 32

VIII. Ende der Anspruchsberechtigung/Kassenwechsel (Abs 3)

Abs 3 S 1 enthält eine auf den Behandlungsfall bezogene **Vertrauensschutzregelung** zugunsten des Vertragsarztes für den Fall, dass die Anspruchsberechtigung eines Versicherten bei seiner KK im Laufe des Behandlungsfalls, dh eines Quartals endet. In Betracht kommt dabei insbesondere ein Wechsel in die private Krankversicherung (PKV). Für den Fall eines Wechsels der gesetzlichen KK gelten Abs 3 S 2 und 3. Solange dem Vertragsarzt der Wegfall der Anspruchsberechtigung nicht bekannt ist, bleibt die KK verpflichtet, die Vergütung für die erbrachten Leistungen (an die KV) zu entrichten. Eine ergänzende Regelung für den Fall der unzulässigen Verwendung einer eGK enthält die zum 1.10.2013 in Kraft getretene § 48 Abs 5 (vgl hierzu § 48 Rn 10 sowie allgemein zum Kartenmissbrauch § 19 Rn 30). 33

Abs 3 S 2 und 3 regeln den Fall des Wechsels der gesetzlichen KK während des Behandlungsfalls, dh innerhalb eines Quartals. In diesem Fall bleibt die bisherige KK verpflichtet, bis dem Vertragsarzt eine eGK oder ein Anspruchsnachweis der neuen KK vorgelegt werden. Wenn allerdings noch während des Quartals die neue eGK bzw ein Anspruchsnachweis der neuen KK vorgelegt werden, ist die neue KK rückwirkend zum Tag des Kassenwechsels verpflichtet (Abs 3 S 3). Aus Praktikabilitätsgründen bleiben bereits ausgestellte Verordnungen und Überweisungen hiervon jedoch unberührt. 34

IX. Wechsel des Vertragsarztes im laufenden Quartal (Abs 4)

§ 76 Abs 1 SGB V enthält einen Anspruch auf **freie Arztwahl**. Danach können die Versicherten grundsätzlich aus den Teilnehmern an der ambulanten Versorgung frei auswählen. Innerhalb eines Quartals sollen die Versicherten gem § 76 Abs 3 S 1 SGB V den Arzt jedoch nur bei Vorliegen eines wichtigen Grundes wechseln. Die Regelung in Abs 4 trägt dieser gesetzlichen Vorgabe Rechnung. 35

Problematisch ist allerdings, dass die KK über kein wirksames Mittel verfügen, um einen Arztwechsel während des laufenden Quartals zu verhindern. Das Gesetz sieht in § 76 Abs 3 S 1 SGB V anders als zB in § 76 Abs 2 SGB V keine Sanktionsmöglichkeiten vor. Darüber hinaus begünstigt auch die Abschaffung der Praxisgebühr zum 1.1.2013 (vgl § 18 Rn 2 f) eine Mehrfachinanspruchnahme von Ärzten während des Quartals („Ärzte-Hopping"). 36

---

15 Vgl hierzu im Einzelnen Bergmann/Pauge/Steinmeyer/*Altmiks* § 87b SGB V Rn 3 ff.

37 Über die Regelung des Abs 4 hinaus können allerdings auch Vertragsärzte dazu verpflichtet sein, einer unkoordinierten Mehrfachinanspruchnahme von Ärzten entgegenzuwirken. Nach Auffassung des BSG[16] ergibt sich für den hausärztlichen Versorgungsbereich eine solche Pflicht aus § 76 Abs 3 S 3 SGB V, wonach der Versicherte vorab über den Umfang der hausärztlichen Versorgung zu unterrichten ist. Insbesondere Ärzte einer **Praxisgemeinschaft**, die vormals eine Gemeinschaftspraxis im statusrechtlichen Sinne war, sind daher – so das BSG – bei Fortführung des Praxisbetriebes unter im Wesentlichen für den Patienten unveränderten äußeren Bedingungen verpflichtet, die Versicherten darauf hinzuweisen, dass sie im Rahmen der hausärztlichen Versorgung innerhalb eines Quartals an die Behandlung durch einen Hausarzt gebunden sind, soweit kein wichtiger Grund für einen Wechsel des Hausarztes vorliegt. Im Hinblick auf den naheliegenden Gestaltungsmissbrauch sieht es das BSG für erforderlich an, einen entsprechenden Hinweis auch zu dokumentieren.

§ 22 Inanspruchnahme der Früherkennungsmaßnahmen

(1) Versicherte mit Anspruch auf Maßnahmen zur Früherkennung von Krankheiten (Gesundheitsuntersuchungen, Krebsfrüherkennung, Früherkennung von Krankheiten bei Kindern) weisen diesen durch Vorlage der elektronischen Gesundheitskarte oder eines Anspruchsnachweises nach.

(2) Wenn für einen Patienten bis zum vollendeten 3. Lebensmonat zum Zeitpunkt der Untersuchungen nach den Richtlinien über die Früherkennung von Krankheiten bei Kindern noch keine elektronische Gesundheitskarte vorliegt, ist für die Abrechnung das Ersatzverfahren durchzuführen.

(3) ¹Die Krankenkassen informieren ihre Versicherten über die Voraussetzung zur Inanspruchnahme von Früherkennungsmaßnahmen. ²Der Vertragsarzt hat die Erfüllung der Voraussetzungen zu beachten, soweit dies an Hand der Angaben des Versicherten und seiner ärztlichen Unterlagen und Aufzeichnungen möglich ist.

Übersicht

	Rn		Rn
I. Überblick	1	IV. Information der Versicherten (Abs 3 S 1)	7
II. Gesetzliche Vorgaben	2	V. Pflichten des Arztes (Abs 3 S 2)	8
III. Inanspruchnahme von Früherkennungsmaßnahmen (Abs 1 und 2)	6		

I. Überblick

1 § 22 Abs 1 und 3 regeln die Inanspruchnahme von Früherkennungsmaßnahmen (§§ 25, 25a und 26 SGB V) durch die Versicherten. Abs 2 bestimmt Ausnahmen für die ersten Früherkennungsuntersuchungen bei Neugeborenen.

II. Gesetzliche Vorgaben

2 Gem § 11 Abs 1 Nr 3 SGB V haben Versicherte nach Maßgabe der §§ 25 und 26 SGB V Anspruch auf Leistungen zur **Erfassung von gesundheitlichen Risiken** und zur **Früherkennung von Krankheiten**. Der Anspruch nach § 25 SGB V umfasst dabei

---

16 *BSG* SozR 4-5520 § 33 Nr 6.

auch die **organisierten Früherkennungsprogramme** nach § 25a SGB V.[1] Früherkennungsuntersuchungen werden als Maßnahmen der sekundären Prävention angesehen, die im Krankheitsvor- oder -frühstadium ansetzen und anders als die in §§ 27 ff SGB V geregelte Krankenbehandlung keine Krankheit voraussetzen, sondern rein diagnostischer Natur sind.[2] Maßnahmen zur Früherkennung dienen also dazu, Krankheiten zu erkennen, die bisher noch nicht festgestellt und auch noch nicht in Erscheinung getreten sind. Sie setzen also zu einem Zeitpunkt an, in dem **noch kein Anspruch auf Krankenbehandlung** besteht. Tritt bei einer Früherkennungsuntersuchung ein Verdachtsfall auf, der weiterer (eingehender) Diagnostik bedarf, enden die Leistungen der Früherkennung und der Fall wird ein **Vorgang der Krankenbehandlung**, der sodann Anspruch auf ärztliche Behandlung, Versorgung mit Arzneimitteln usw. einschließt.[3]

Nach § 25 Abs 1 SGB V haben Versicherte, die das 18. Lebensjahr vollendet haben, einen 3 Anspruch auf alters-, geschlechter- und zielgruppengerechte ärztliche Gesundheitsuntersuchungen. Gegenstand der Untersuchungen ist die Erfassung und Bewertung gesundheitlicher Risiken und Belastungen sowie die Früherkennung von bevölkerungsmedizinisch bedeutsamen Krankheiten und eine darauf abgestimmte präventionsorientierte Beratung. Sie schließen ferner eine Überprüfung des Impfstatus ein. Zudem umfassen sie bei Bedarf eine Präventionsempfehlung. Ebenfalls für Versicherte, die das 18. Lebensjahr vollendet haben, besteht nach § 25 Abs 2 SGB V ein Anspruch auf Krebsfrüherkennungsuntersuchungen. Die allgemeinen Leistungsvoraussetzungen regelt § 25 Abs 3 SGB V. Das Nähere über die Erfüllung dieser Voraussetzungen und über Inhalt, Art und Umfang der Untersuchungen bestimmt der G-BA in Richtlinien nach § 92 SGB V (§ 25 Abs 4 S 2–6 SGB V). Er hat hierzu

– die Richtlinie des Gemeinsamen Bundesausschusses über die Gesundheitsuntersuchungen zur Früherkennung von Krankheiten (Gesundheitsuntersuchungs-Richtlinie) vom 24.8.1989 (Bundesarbeitsblatt 1989 Nr 10), zuletzt geändert am 19.12.2019 (BAnz AT 6.3.2020 B), und

– die Richtlinie des Gemeinsamen Bundesausschusses über die Früherkennung von Krebserkrankungen (Krebsfrüherkennungs-Richtlinie/KFE-RL) v 18.6.2009 (BAnz 2009 Nr 148a [Beilage]), zuletzt geändert am 18.6.2020 (BAnz AT 27.8.2020 B3),

erlassen (jeweils abrufbar unter http://www.g-ba.de/informationen/richtlinien).

§ 25a SGB V sieht eine Weiterentwicklung der Krebsfrüherkennung nach § 25 Abs 2 4 SGB V durch die Schaffung **organisierter Krebsfrüherkennungsprogramme** vor, die insbesondere ein Einladungsverfahren, eine systematische Qualitätssicherung und eine Erfolgskontrolle umfassen. Das Nähere über die Durchführung der organisierten Früherkennungsprogramme bestimmt der G-BA in Richtlinien nach § 92 SGB V (§ 25a Abs 2 S 1 SGB V). Einschlägig ist insoweit

---

1 § 25a SGB V ist keine eigenständige leistungsrechtliche Anspruchsgrundlage, sondern bezieht sich auf den Anspruch auf Krebsfrüherkennungsuntersuchungen nach § 25 Abs 2 SGB V, vgl Becker/Kingreen/*Kingreen* § 25a Rn 1.
2 Vgl Becker/Kingreen/*Kingreen* § 25 Rn 1.
3 Hauck/Noftz/*Gerlach* SGB V, § 25 Rn 4; zum Krankheitsverdacht vgl auch *Hauck* Erkrankungsrisiko als Krankheit im Sinne der gesetzlichen Krankenversicherung, NJW 2016, 2695.

- die Richtlinie des Gemeinsamen Bundesausschusses für organisierte Krebsfrüherkennungsprogramme (oKFE-Richtlinie/oKFE-RL) vom 19.7.2018 (BAnz AT 18.10.2018 B3), zuletzt geändert am 18.6.2020 (BAnz AT 27.8.2020 B3), abrufbar unter http://www.g-ba.de/informationen/richtlinien.

5 § 26 SGB V sieht Leistungsansprüche der **sekundären Prävention** speziell für Kinder vor. Auch hier obliegt die nähere Ausgestaltung den Richtlinien des G-BA (§ 26 Abs 2 iVm § 25 Abs 4 S 2 SGB V). Der G-BA hat hierzu
- die Richtlinie des Gemeinsamen Bundesausschusses über die Früherkennung von Krankheiten bei Kindern bis zur Vollendung des 6. Lebensjahres (Kinder-Richtlinien) vom 18.6.2015 (BAnz AT 18.8.2016 B1), zuletzt geändert am 14.5.2020 (BAnz AT 29.5.2020 B6),
- die Richtlinie des Gemeinsamen Bundesausschusses zur Jugendgesundheitsuntersuchung (Jugendgesundheitsuntersuchungs-Richtlinie) vom 26.6.1998 (BAnz 1999, 947), zuletzt geändert am 21.7.2016 (BAnz AT 12.10.2016 B4), und
- die Richtlinien des Gemeinsamen Bundesausschusses über die Früherkennungsuntersuchungen auf Zahn-, Mund- und Kieferkrankheiten (FU-RL) vom 19.1.2019 (BAnz AT 28.5.2019 B2)

erlassen (jeweils abrufbar unter http://www.g-ba.de/informationen/richtlinien).

III. Inanspruchnahme von Früherkennungsmaßnahmen (Abs 1 und 2)

6 Die Inanspruchnahme der Früherkennungsmaßnahmen erfolgt nach Abs 1 durch die **Vorlage der eGK** oder eines Anspruchsnachweises(vgl hierzu § 19). Der mWv 1.10.2020 neugefasste[4] Abs 2 regelt eine Ausnahme für Früherkennungsuntersuchungen bei Säuglingen bis zum vollendeten 3. Lebensmonat. Nach der Kinder-Richtlinie des G-BA soll zB die Neugeborenen-Erstuntersuchung U1 unmittelbar nach der Geburt vorgenommen werden, die Neugeborenen-Untersuchung U2 vom 3. bis 10. Lebenstag (Toleranzgrenze 3. bis 14. Lebenstag), die Neugeborenen-Untersuchung U3 von der 4. bis zur 5. Lebenswoche (Toleranzgrenze 3. bis 8. Lebenswoche) und die Neugeborenen-Untersuchung U4 vom 3. bis zum 4. Lebensmonat (Toleranzgrenze 2. bis 4½. Lebensmonat). Für den Fall, dass für den Säugling noch keine eGK vorliegt, erfolgt die Abrechnung im Ersatzverfahren nach Anlage 4a (vgl. § 19 Rn 24). Damit wird berücksichtigt, dass die Ausstellung der eGK für ein Neugeborenes regelmäßig etwas Zeit in Anspruch nimmt. Nach der bis zum 30.9.2020 geltenden Rechtslage erfolgte in diesen Fällen eine Abrechnung über die eGK eines Elternteils.

IV. Information der Versicherten (Abs 3 S 1)

7 Die Information der Versicherten über die Leistungsvoraussetzungen für die Inanspruchnahme von Früherkennungsmaßnahmen obliegt nach Abs 3 S 1 den KK. Damit wird die sich aus den §§ 13 und 14 SGB I folgende Pflicht der KK, die Bevölkerung über ihre Pflichten nach dem SGB V aufzuklären und den Einzelnen über seine Rechte und Pflichten nach dem SGB V zu beraten, näher konkretisiert. Auskünfte und Belehrungen gem § 14 SGB I sind grundsätzlich richtig, klar, unmissverständlich, eindeutig und vollständig zu erteilen.[5] Unrichtige Auskünfte von Mitarbeitern einer

---
4 DÄ 2020, A-2009.
5 *BGH* NJW 1994, 2087.

KK über den Leistungsanspruch können eine Haftung der KK nach den Grundsätzen der Amtshaftung (Art 34 GG iVm § 839 BGB) begründen.[6]

V. Pflichten des Arztes (Abs 3 S 2)

Nach Abs 3 S 2 trifft den Arzt eine eingeschränkte Prüfungspflicht für die Leistungsvoraussetzungen. Er hat grundsätzlich zu prüfen, ob die (materiellen) Voraussetzungen eines Anspruchs auf Früherkennungsmaßnahmen erfüllt sind. Prüfungsmaßstab sind dabei allerdings nur die Angaben des Versicherten und die Unterlagen und Aufzeichnungen des Arztes. Sofern sich aus den Angaben des Patienten und/oder seinen Behandlungsunterlagen ergibt, dass ein Anspruch nach §§ 25 ff SGB V besteht, genügt der Vertragsarzt seinen Pflichten. Zu der Frage, inwieweit der Vertragsarzt verpflichtet ist, eine ihm vorgelegte eGK zu überprüfen, vgl § 19 Rn 20 f. 8

§ 23 Information über Richtlinien des Gemeinsamen Bundesausschusses

Die Krankenkassen informieren ihre Versicherten, die Kassenärztlichen Vereinigungen die Vertragsärzte über den durch die Richtlinien des Gemeinsamen Bundesausschusses geregelten Umfang des Leistungsanspruchs.

Übersicht

	Rn		Rn
I. Überblick	1	III. Information der Versicherten	9
II. Gesetzliche Vorgaben	2	IV. Information der Vertragsärzte	13

Literatur: Grundlegend zum G-BA *Axer* Normsetzung der Exekutive in der Sozialversicherung, 2000, 119 ff; *ders* Begründungspflichten des Gemeinsamen Bundesausschusses im Licht des SGB V, GesR 2013, 211–219; *ders* Beobachtungspflichten des G-BA und ihre rechtliche Verankerung, KrV 2018, 45; *Ebsen* Brauchen die Richtlinien des Gemeinsamen Bundesausschusses eine neue rechtliche Fundierung?, MedR 2018, 931; *Engelmann* Untergesetzliche Normsetzung im Recht der gesetzlichen Krankenversicherung durch Verträge und Richtlinien, NZS 2000, 1, 76; *Hannes* Rechtsfolgen von Begründungsmängeln und sonstigen Fehlern im Verfahren der Normsetzung, GesR 2013, 219; *Hase* Die verfassungsrechtliche Legitimation des Gemeinsamen Bundesausschusses – Die im Auftrag des BMG erstellten Rechtsgutachten, GuP 2019, 41; *ders* Die Legitimität der untergesetzlichen Regelbildung in der GKV – Zum Verfassungsstreit über die Normsetzung des G-BA, MedR 2018, 1; *Hauck* Der Gemeinsame Bundesausschuss (G-BA) – ein unbequemes Kind unserer Verfassungsordnung?, NZS 2010, 600; HK-AKM/*Hess* Beitrag 2045; *Kingreen* Verfassungsrechtliche Grenzen der Rechtsetzungsbefugnis des Gemeinsamen Bundesausschusses im Gesundheitsrecht, NJW 2006, 877; *ders* Mehr Staat wagen! Die Aufsicht über den Gemeinsamen Bundesausschuss, VSSAR 2019, 155 ff; *Kluth* Der Gemeinsame Bundesausschuss (GBA) aus der Perspektive des Verfassungsrechts, GesR 2017, 205; *Neumann* Verantwortung, Sachkunde, Betroffenheit, Interesse – Zur demokratischen Legitimation der Richtlinien des Gemeinsamen Bundesausschusses, NZS 2010, 593; *Steiner* Verfassungsrechtliche Anforderungen an die Begründung von untergesetzlichen Rechtsnormen, GesR 2013, 193.

I. Überblick

§ 23 trifft Regelungen zur Information der Versicherten und der Vertragsärzte über die Richtlinien des G-BA. Durch diese Richtlinien wird der **Umfang des Leistungsan-** 1

---
6 *OLG Karlsruhe* KrV 2013, 31.

spruchs sowohl für die Versicherten als auch für die Vertragsärzte mit bindender Wirkung konkretisiert. Ihnen kommt daher für die Praxis eine große Bedeutung zu. § 23 sieht insoweit eine geteilte Verantwortung der KK und der KV vor. Vergleichbare Regelungen finden sich in § 23a sowie in § 25a Abs 7.

II. Gesetzliche Vorgaben

2   Gem § 92 Abs 1 S 1 SGB V beschließt der von der KBV, der KZBV, der Deutschen Krankenhausgesellschaft und dem Spitzenverband Bund der KK gebildete (§ 91 Abs 1 S 1 SGB V) G-BA die zur Sicherung der ärztlichen Versorgung erforderlichen Richtlinien über die Gewährung für eine ausreichende, zweckmäßige und wirtschaftliche Versorgung der Versicherten; er kann dabei die Erbringung und Verordnungen von Leistungen einschränken oder ausschließen, wenn nach dem allgemein anerkannten Stand der medizinischen Wissenschaft der diagnostische oder therapeutische Nutzen, die medizinische Notwendigkeit oder die Wirtschaftlichkeit nicht nachgewiesen sind.

3   Dem G-BA obliegt somit die Aufgabe, den **Leistungsanspruch der Versicherten durch seine Richtlinien so zu konkretisieren**, dass er im Alltag von Ärzten und KK bei der Behandlung von Versicherten umgesetzt werden kann.[1] Durch diese Übertragung von Entscheidungskompetenzen sollen das Parlament und der Verordnungsgeber vom Regelungsaufwand im Detail entlastet werden.[2] Der G-BA beurteilt dabei nicht selbst den medizinischen Nutzen von Leistungen, sondern hat sich einen Überblick über die veröffentlichte Literatur und die Meinung der einschlägigen Fachkreise zu verschaffen und danach festzustellen, ob ein durch **wissenschaftliche Studien hinreichend untermauerter Konsens** über die Qualität und Wirksamkeit der in Rede stehenden Behandlungsweise besteht.[3]

4   Die Richtlinien des G-BA sind kraft Gesetzes Bestandteil der Bundesmantelverträge (§ 92 Abs 8 SGB V)[4] und damit für die Vertragsärzte (§ 82 Abs 1 S 2 SGB V iVm § 95 Abs 3 S 3 SGB V, vgl auch § 81 Abs 3 Nr 1 SGB V) und die KK und ihre Landesverbände (§ 217e Abs 2 SGB V) verbindlich. Nach der Rechtsprechung des BSG handelt es sich um **untergesetzliche Rechtsnormen**, in denen mit normativer Wirkung auch für die Versicherten der Umfang der Leistungspflicht im Rahmen der gesetzlichen Krankenversicherung festgelegt werden kann.[5] Mit dem durch das GMG eingefügten § 91 Abs 6 SGB V hat der Gesetzgeber in Bestätigung dieser Rechtsprechung die Verbindlichkeit der Beschlüsse des G-BA für seine Träger, deren Mitglieder und Mitgliedskassen sowie für die Versicherten und die Leistungserbringer ausdrücklich klargestellt.

5   Das BVerfG hat sich bislang nicht abschließend zu der – vom BSG in ständiger Rechtsprechung bejahten – **Verfassungsmäßigkeit der Normsetzungsbefugnisse** des G-BA geäußert. Neue Nahrung hat die Diskussion um die Verfassungsmäßigkeit untergesetzlicher Normsetzung zwischenzeitlich durch einen Beschluss des BVerfG[6] gewonnen. In dieser Entscheidung hatte das BVerfG in einem obiter dictum die von der Beschwerdeführerin vorgebrachten allgemeinen und generellen Zweifel an der demokratischen Legitimation des G-BA als „*durchaus gewichtig*" bezeichnet, ohne ihnen jedoch abschließend

---

1   juris PK-SGB V/*Beier* § 92 Rn 12.
2   *BSG* SozR 3-2500 § 92 Nr 6.
3   *BSG* SozR 4-2500 § 135 Nr 1 Rn 8.
4   Eine entsprechende Regelung enthält auch § 1 Abs 4.
5   *BSG* SozR 3-2500 § 92 Nr 6.
6   Beschl v 10.11.2015, BVerfGE 140, 229, Rn 22 f.

nachzugehen. Es sei nicht ausgeschlossen, dass der G-BA für eine Richtlinie hinreichende Legitimation besitze, wenn sie zB nur an der Regelsetzung Beteiligte mit geringer Intensität trifft, während sie für eine andere seiner Normen fehlen könne, wenn sie zB mit hoher Intensität Angelegenheiten Dritter regelt, die an deren Entstehung nicht mitwirken konnten. Maßgeblich sei hierfür insbesondere, inwieweit der Ausschuss für seine zu treffenden Entscheidungen gesetzlich angeleitet sei.

Die für das Krankenversicherungsrecht zuständigen Senate des BSG haben unter Berücksichtigung des oben genannten Beschlusses des BVerfG in mehreren Entscheidungen[7] an ihrer bisherigen Rechtsprechung festgehalten und die demokratische Legitimation des G-BA ausdrücklich bestätigt. Dem hat sich auch der für das Vertragsarztrecht zuständige Senat angeschlossen.[8] Das BSG[9] geht davon aus, dass das demokratische Prinzip im Bereich der funktionalen Selbstverwaltung nicht fordert, dass eine lückenlose personelle Legitimationskette vom Volk zum Entscheidungsträger vorliegen muss. Es sei vielmehr bei hinreichend normdichter gesetzlicher Ausgestaltung ausreichend, dass Aufgaben und Handlungsbefugnisse gesetzlich ausreichend vorherbestimmt sind, ihre Wahrnehmung der Aufsicht personell legitimierter Amtswalter unterliege und die Wahrung der Interessen der Betroffenen rechtssicher gewährleistet ist. Mit Blick auf die Partner der Bundesmantelverträge ist das BVerfG zudem in einem Nichtannahmebeschluss v 15.8.2018[10] von einer ausreichenden demokratischen Legitimation ausgegangen: Bedenken gegen eine ausreichende demokratische Legitimation der Vertragspartner seien nicht vorgetragen und auch sonst nicht ersichtlich. 6

Für den **Leistungsanspruch der Versicherten** sind in der vertragsärztlichen Versorgung insbesondere die folgenden Richtlinien des G-BA von besonderer praktischer Bedeutung: 7
– Richtlinie des Gemeinsamen Bundesausschusses zu Untersuchungs- und Behandlungsmethoden der vertragsärztlichen Versorgung (Richtlinie Methoden vertragsärztliche Versorgung) v 17.1.2006 (BAnz 2006 Nr 48, 1523), zuletzt geändert am 18.6.2020 (BAnz AT 21.7.2020 B1),
– Richtlinie des Gemeinsamen Bundesausschusses über die Verordnung von Arzneimitteln in der vertragsärztlichen Versorgung (Arzneimittel-Richtlinie/AM-RL) v 18.12.2008/22.1.2009 (BAnz 2009 Nr 49 [Beilage]), zuletzt geändert am 16.7.2020 (BAnz AT 21.8.2020 B1),
– Richtlinie des Gemeinsamen Bundesausschusses über die Verordnung von häuslicher Krankenpflege (Häusliche Krankenpflege-Richtlinie) v 17.9.2009 (BAnz 2010 Nr 21a [Beilage]), zuletzt geändert am 28.5.2020 (BAnz AT 12.6.2020 B3),
– Richtlinie des Gemeinsamen Bundesausschusses über die Verordnung von Heilmitteln in der vertragsärztlichen Versorgung (Heilmittel-Richtlinien) v 19.5.2011 (BAnz 2011 Nr 96, 2247), zuletzt geändert am 29.6.2020 (BAnz AT 28.7.2020 B3),
– Richtlinie des Gemeinsamen Bundesausschusses über die Verordnung von Hilfsmitteln in der vertragsärztlichen Versorgung (Hilfsmittel-Richtlinie/HilfsM-RL) v 21.12.2011 (BAnz AT 10.4.2012 B2), zuletzt geändert am 28.5.2020 (BAnz AT 12.6.2020 B3),

---

7 *BSG* SozR 4-2500 § 34 Nr 18 Rn 42 ff; *BSG* SozR 4-2500 § 137 Nr 7 Rn 28; *BSG* SozR 4-2500 § 132a Nr 9 Rn 21 ff; *BSG* SozR 4-2500 § 125 Nr 9 Rn 24; *BSG* SozR 4-2500 § 137e Nr 1 Rn 47; *BSG* SozR 4-2500 § 137e Nr 2 Rn 18.
8 *BSG* SozR 4-2500 § 103 Nr 19 Rn 25.
9 *BSG* KrV 2017, 29, 32.
10 *BVerfG* MedR 2019, 296, 297.

– Richtlinie des Gemeinsamen Bundesausschusses über die Verordnung von Krankenfahrten, Krankentransportleistungen und Rettungsfahrten nach § 92 Abs 1 S 2 Nr 12 SGB V (Krankentransport-Richtlinien) v 22.1.2004 (BAnz 2004 Nr 18, 1342), zuletzt geändert am 29.6.2020 (BAnz AT 28.7.2020 B3),
– Richtlinie des Gemeinsamen Bundesausschusses über die Durchführung von Soziotherapie in der vertragsärztlichen Versorgung (Soziotherapie-Richtlinie/ST-RL) v 22.1.2015 (BAnz AT 14.4.2015 B5), zuletzt geändert am 14.5.2020 (BAnz AT 3.7.2020 B1) und geändert am 28.5.2020 (BAnz AT 12.6.2020 B3),
– Richtlinie des Gemeinsamen Bundesausschusses zur Verordnung von spezialisierter ambulanter Palliativversorgung (Spezialisierte Ambulante Palliativversorgungs-Richtlinie/SAPV-RL) v 20.12.2007 (BAnz 2008 Nr 39, 911), zuletzt geändert am 28.5.2020 (BAnz AT 12.6.2020 B3),
– Richtlinien des Gemeinsamen Bundesausschusses über die ärztliche Betreuung während der Schwangerschaft und nach der Entbindung (Mutterschafts-Richtlinien) v 10.12.1985 (BAnz 1985 Nr 60a, Beilage), zuletzt geändert am 20.2.2020 (BAnz AT 27.4.2020 B3),
– Richtlinie des Gemeinsamen Bundesausschusses über die Durchführung der Psychotherapie (Psychotherapie-Richtlinie) v 19.2.2009 (BAnz 2009 Nr 58, 1399), zuletzt geändert am 22.11.2019 (BAnz AT 23.1.2020 B4),
– Richtlinie des Gemeinsamen Bundesausschusses über die ambulante spezialfachärztliche Versorgung nach § 116b SGB V (ASV-RL) v 21.3.2013 (BAnz AT 19.7.2013 B1), zuletzt geändert am 20.3.2020 (BAnz AT 23.7.2020 B1).

8 Diese und die weiteren Richtlinien sind unter http://www.g-ba.de/informationen/richtlinien abrufbar.

III. Information der Versicherten

9 Zu der Information der Versicherten über den Leistungsumfang der GKV macht das SGB V selbst keine näheren Vorgaben. § 1 S 3 SGB V regelt lediglich allgemein, dass die KK den Versicherten durch Aufklärung, Beratung und Leistungen zu helfen und auf gesunde Lebensverhältnisse hinzuwirken haben. Aus den §§ 13 und 14 SGB I folgt eine Pflicht der KK, die Bevölkerung über ihre Pflichten nach dem SGB V aufzuklären und den einzelnen über seine Rechte und Pflichten zu beraten. Diese Pflicht der KK wird durch § 23 konkretisiert. Auskünfte und Belehrungen der KK sind grundsätzlich richtig, klar, unmissverständlich, eindeutig und vollständig zu erteilen.[11] Unrichtige Auskünfte von Mitarbeitern einer KK über den Leistungsanspruch können eine Haftung der Krankenkasse nach den Grundsätzen der Amtshaftung (Art 34 GG iVm § 839 BGB) begründen.[12]

10 Die Information der Versicherten über den Leistungsumfang obliegt danach zunächst den KK. Dies ist konsequent, weil es die KK sind, die gem § 2 Abs 2 SGB V den Versicherten die Leistungen – in der Regel im Rahmen des Sachleistungsprinzips (§ 2 Abs 2 SGB V) – zur Verfügung stellen. Insbesondere vor dem Hintergrund, dass in der Praxis häufig der Vertragsarzt erster Ansprechpartner des Versicherten sein wird,

---

11 *BGH* NJW 1994, 2087.
12 *OLG Karlsruhe* KrV 2013, 31.

wenn es um Fragen des Leistungsumfangs (zB die Verordnungsfähigkeit bestimmter Arzneimittel) geht, wird mit § 23 die grundsätzliche Verantwortung der KK für die Information der Versicherten klargestellt.

Die Regelung in § 23 lässt aber die Pflichten des Vertragsarztes gegenüber seinen Patienten im Rahmen der sog **wirtschaftlichen Aufklärung** unberührt.[13] Wirtschaftliche Aufklärungspflicht bedeutet, dass der Patient auch über die wirtschaftlichen Folgen einer Untersuchung bzw Behandlung ausreichend unterrichtet werden muss, damit er selbstverantwortlich entscheiden kann, ob er dem vorgeschlagenen Weg zustimmt oder eine andere Behandlung wählt.[14] GKV-Patienten gehen bei der Behandlung regelmäßig von einer Leistungspflicht der KK aus. Aus diesem Grund trifft den Arzt immer dann eine **besondere Hinweispflicht**, wenn ihm bekannt ist, dass eine Behandlung nicht vom Leistungskatalog der GKV umfasst ist oder Probleme bei der Kostenübernahme zu erwarten sind. Die Anforderungen an den Arzt dürfen dabei nicht überspannt werden, er ist insbesondere nicht verpflichtet, Nachforschungen zum konkreten Versicherungsverhältnis anzustellen.[15] 11

Der mit dem PatRG v 20.2.1013 mit Wirkung zum 26.2.2013 geschaffene **§ 630c Abs 3 S 1 BGB** sieht ausdrücklich vor, dass der Behandelnde den Patienten vor Beginn der Behandlung über die voraussichtlichen Kosten der Behandlung in Textform informieren muss, wenn er weiß, dass eine vollständige Übernahme der Behandlungskosten durch einen Dritten nicht gesichert ist oder sich nach den Umständen hierfür hinreichende Anhaltspunkte ergeben.[16] Diese Voraussetzung ist bei Leistungsausschlüssen, die sich aus den Richtlinien des G-BA ergeben und damit für alle Versicherten gelten, erfüllt. In den Gesetzesmaterialien zum PatRG[17] wird ausdrücklich darauf abgestellt, dass ein Vertragsarzt die für die Erstattung maßgeblichen Richtlinien des G-BA (§ 92 SGB V) kennt, da diese für die Leistungserbringer gem § 91 Abs 6 SGB V verbindlich sind und gem § 94 Abs 2 S 1 SGB V bekanntgemacht werden. Demgegenüber könne der Patient als medizinischer Laie die Frage der medizinischen Notwendigkeit und die damit verbundene Übernahmefähigkeit der Behandlungskosten in der Regel nicht beurteilen. 12

IV. Information der Vertragsärzte

Für die Vertragsärzte ist die Kenntnis der – für sie verbindlichen Richtlinien (vgl Rn 4) – des G-BA von erheblicher Bedeutung. Durch die Richtlinien des G-BA werden die von ihnen erbringbaren bzw. verordnungsfähigen Leistungen konkretisiert. Zudem sind die Vertragsärzte ihrerseits im Verhältnis zu den Patienten zur Information über den Leistungsumfang der GKV iRd wirtschaftlichen Aufklärung (vgl jetzt auch § 630c Abs 3 BGB) verpflichtet (vgl Rn 12). 13

---

13 Allgemein zur wirtschaftlichen Aufklärung *Schelling* Die Pflicht des Arztes zur wirtschaftlichen Aufklärung im Lichte zunehmender ökonomischer Zwänge im Gesundheitswesen, MedR 2004, 422.
14 Laufs/*Steinhilper* § 25 Rn 24.
15 Vgl Laufs/*Steinhilper* § 25 Rn 26.
16 Vgl hierzu *Katzenmeier* Der Behandlungsvertrag – Neuer Vertragstypus im BGB, NJW 2013, 817, 818; *Thole* Das Patientenrechtegesetz – Ziele der Politik, MedR 2013, 145, 147; *Thurn* Das Patientenrechtegesetz – Sicht der Rechtsprechung, MedR 2013, 153, 156.
17 BT-Drucks 17/10488, 22.

14 Die Pflicht zur Information der Vertragsärzte über die Richtlinien trifft die KV. Sie ist eine Ausprägung der den KV im Rahmen des **Sicherstellungsauftrags** (§ 75 Abs 1 SGB V) obliegenden Pflicht zur Übernahme der Gewähr dafür, dass die vertragsärztliche Versorgung den gesetzlichen und vertraglichen Anforderungen entspricht.

§ 23a Information über gesetzliche Zuzahlung

Die Krankenkassen informieren ihre Versicherten, die Kassenärztlichen Vereinigungen die Vertragsärzte über gesetzliche Zuzahlungsverpflichtungen.

Übersicht

	Rn		Rn
I. Überblick	1	III. Information der Versicherten und	
II. Gesetzliche Vorgaben	2	der Vertragsärzte	4

I. Überblick

1 § 23a trifft Regelungen zur Information der Versicherten und der Vertragsärzte über die gesetzlichen Zuzahlungspflichten.[1] § 23a sieht insoweit eine geteilte Verantwortung vor. Vergleichbare Regelungen finden sich in § 23 sowie in § 25a Abs 7.

II. Gesetzliche Vorgaben

2 Das SGB V sieht in zahlreichen leistungsrechtlichen Vorschriften Zuzahlungspflichten des Versicherten vor, zB für
- ärztlich verordnete empfängnisverhütende Mittel für Versicherte bis zum 22. Lebensjahr (§ 24a Abs 2 Hs 2 SGB V iVm § 31 Abs 3 S 1 SGB V),
- Arznei- und Verbandmittel (§ 31 Abs 3 S 1 SGB V),
- in die Versorgung mit Arzneimitteln einbezogene Mittel und Medizinprodukte (§ 31 Abs 3 S 2 SGB V),
- Heilmittel (§ 32 Abs 2 S 1 SGB V),
- Hilfsmittel (§ 33 Abs 8 S 1 SGB V),
- häusliche Krankenpflege (§ 37 Abs 5 SGB V),
- Soziotherapie (§ 37a Abs 3 SGB V),
- Haushaltshilfe (§ 38 Abs 5 SGB V),
- Fahrtkosten (§ 60 Abs 1 S 3, Abs 2 S 1 SGB V),
- stationäre Maßnahmen (§ 23 Abs 6 S 1 SGB V, § 24 Abs 3 S 1 SGB V, § 39 Abs 4 S 1 SGB V, § 40 Abs 5 S 1 SGB V, § 40 Abs 6 S 1 SGB V, § 41 Abs 3 S 1 SGB V).

3 Allgemeine Regelungen über die Höhe der Zuzahlungen und die Belastungsgrenze enthalten die §§ 61 ff SGB V. Das Verfahren zur Einziehung der Zuzahlungen durch die Leistungserbringer ist in § 43c SGB V geregelt.

---

1 Zu Zuzahlungen in der GKV allgemein vgl *Brockmann/Ulrich* Zuzahlungen in der gesetzlichen Krankenversicherung – (k)eine Grenze in Sicht?, VSSR 2009, 339; *Rixen* Der Leistungserbringer als Inkassobüro, SGb 2004, 2; *Marburger* Zuzahlungen und Belastungsgrenze in der GKV, SuP 2014, 214.

III. Information der Versicherten und der Vertragsärzte

Die Regelungen zur Information der Versicherten durch die KK und Vertragsärzte 4
durch die KV entsprechen der Regelung in § 23. Auf die dortige Kommentierung wird
verwiesen. Die vom Arzt unabhängig von § 23a geschuldete wirtschaftliche Aufklärung
des Patienten (vgl § 23 Rn 11 f) betrifft auch den Umfang eventueller Zuzahlungen.[2]

8. Abschnitt –
Vertragsärztliche Leistungen

1. Unterabschnitt
Überweisungen

§ 24 Überweisungen

(1) [1]Der Vertragsarzt hat die Durchführung erforderlicher diagnostischer oder therapeutischer Leistungen durch einen anderen Vertragsarzt, eine nach § 311 Abs. 2 Satz 1 und 2 SGB V zugelassene Einrichtung, ein medizinisches Versorgungszentrum, einen ermächtigten Arzt oder eine ermächtigte ärztlich geleitete Einrichtung durch Überweisung auf vereinbartem Vordruck (Muster 6 bzw. Muster 10 der Vordruckvereinbarung) zu veranlassen. [2]Dies gilt auch nach Einführung der elektronischen Gesundheitskarte. [3]Ein Überweisungsschein ist auch dann zu verwenden, wenn der Vertragsarzt eine ambulante Operation im Krankenhaus oder eine ambulante spezialfachärztliche Behandlung im Krankenhaus gemäß § 116b SGB V veranlasst. [4]Ärztliche Leistungen, die im Rahmen des Programms zur Früherkennung von Brustkrebs durch Mammographie-Screening erbracht werden, bedürfen abweichend von Satz 1 keiner Überweisung auf Vordruck.

(2) [1]Eine Überweisung kann – von begründeten Ausnahmefällen abgesehen – nur dann vorgenommen werden, wenn dem überweisenden Vertragsarzt ein gültiger Anspruchsnachweis oder die elektronische Gesundheitskarte vorgelegen hat. [2]Eine Überweisung hat auf dem Überweisungsschein (Muster 6 bzw. Muster 10 der Vordruckvereinbarung) zu erfolgen; die Krankenkassen informieren ihre Versicherten darüber, dass ein ausgestellter Überweisungsschein dem in Anspruch genommenen Vertragsarzt vorzulegen ist. [3]Der ausführende Arzt ist grundsätzlich an den Überweisungsschein gebunden und darf sich keinen eigenen Abrechnungsschein ausstellen. [4]Überweisungen durch ermächtigte ärztlich geleitete Einrichtungen und ermächtigte Ärzte sind zulässig, soweit die Ermächtigung dies vorsieht; in der Ermächtigung sind die von der Überweisungsbefugnis umfassten Leistungen festzulegen. [5]Satz 4 gilt nicht, wenn die betreffenden Leistungen in Polikliniken und Ambulatorien als verselbstständigte Organisationseinheiten desselben Krankenhauses erbracht werden. [6]Das Recht des Versicherten, auch einen anderen an der vertragsärztlichen Versorgung teilnehmenden Arzt zu wählen, bleibt davon unberührt (§ 13).

---

2 Laufs/*Steinhilper* § 25 Rn 25.

(3) ¹Eine Überweisung an einen anderen Arzt kann erfolgen:
1. Zur Auftragsleistung oder
2. zur Konsiliaruntersuchung oder
3. zur Mitbehandlung oder
4. zur Weiterbehandlung.

²Dabei ist in der Regel nur die Überweisung an einen Arzt einer anderen Arztgruppe zulässig.

(4) Überweisungen an einen Vertragsarzt derselben Arztgruppe sind, vorbehaltlich abweichender Regelungen im Gesamtvertrag, nur zulässig zur
1. Inanspruchnahme besonderer Untersuchungs- und Behandlungsmethoden, die vom behandelnden Vertragsarzt nicht erbracht werden,
2. Übernahme der Behandlung durch einen anderen Vertragsarzt bei Wechsel des Aufenthaltsortes des Kranken,
3. Fortsetzung einer abgebrochenen Behandlung.

(5) ¹Zur Gewährleistung der freien Arztwahl soll die Überweisung nicht auf den Namen eines bestimmten Vertragsarztes, sondern auf die Gebiets-, Teilgebiets- oder Zusatzbezeichnung ausgestellt werden, in deren Bereich die Überweisung ausgeführt werden soll. ²Eine namentliche Überweisung kann zur Durchführung bestimmter Untersuchungs- oder Behandlungsmethoden an hierfür ermächtigte Ärzte bzw. ermächtigte ärztlich geleitete Einrichtungen erfolgen.

(6) ¹Der Vertragsarzt hat dem auf Überweisung tätig werdenden Vertragsarzt, soweit es für die Durchführung der Überweisung erforderlich ist, von den bisher erhobenen Befunden und/oder getroffenen Behandlungsmaßnahmen Kenntnis zu geben. ²Der auf Grund der Überweisung tätig gewordene Vertragsarzt hat seinerseits den erstbehandelnden Vertragsarzt über die von ihm erhobenen Befunde und Behandlungsmaßnahmen zu unterrichten, soweit es für die Weiterbehandlung durch den überweisenden Arzt erforderlich ist. ³Nimmt der Versicherte einen an der fachärztlichen Versorgung teilnehmenden Facharzt unmittelbar in Anspruch, übermittelt dieser Facharzt mit Einverständnis des Versicherten die relevanten medizinischen Informationen an den vom Versicherten benannten Hausarzt.

(7) ¹Der überweisende Vertragsarzt soll grundsätzlich die Diagnose, Verdachtsdiagnose oder Befunde mitteilen. ²Er ist verpflichtet, auf dem Überweisungsschein zu kennzeichnen, welche Art der Überweisung vorliegt:
1. Auftragsleistung
   Die Überweisung zur Ausführung von Auftragsleistungen erfordert
   1. die Definition der Leistungen nach Art und Umfang (Definitionsauftrag) oder
   2. eine Indikationsangabe mit Empfehlung der Methode (Indikationsauftrag).
   Für die Notwendigkeit der Auftragserteilung ist der auftragserteilende Vertragsarzt verantwortlich. Die Wirtschaftlichkeit der Auftragsausführung ist vom auftragsausführenden Arzt zu gewährleisten. Dies erfordert bei Aufträgen nach Nr. 1 dann eine Rücksprache mit dem überweisenden Arzt, wenn der beauftragte Arzt aufgrund seines fachlichen Urteils eine andere als die in Auftrag gegebene Leistung für medizinisch zweckmäßig, ausreichend und notwendig hält. Auftragserteilungen nach Nr. 2 erfordern eine Rücksprache nur dann, wenn der beauftragte Arzt eine konsiliarische Absprache zur Indikation für notwendig hält.

Überweisungen § 24

Ist eine Auftragsleistung hinsichtlich Art, Umfang oder Indikation nicht exakt angegeben, das Auftragsziel – ggf. nach Befragung des Patienten – aber hinreichend bestimmbar, gelten für die Auftragsausführung die Regelungen zu Nr. 2.

2. Konsiliaruntersuchung
Die Überweisung zur Konsiliaruntersuchung erfolgt ausschließlich zur Erbringung diagnostischer Leistungen. Sie gibt dem überweisenden Arzt die Möglichkeit, den Überweisungsauftrag auf die Klärung einer Verdachtsdiagnose einzugrenzen. Art und Umfang der zur Klärung dieser Verdachtsdiagnose notwendigen Leistungen sind vom ausführenden Vertragsarzt nach medizinischem Erfordernis und den Regeln der Stufendiagnostik unter Beachtung des Wirtschaftlichkeitsgebotes zu bestimmen. Die Verantwortung für die Wirtschaftlichkeit liegt hinsichtlich der Indikationsstellung beim auftraggebenden Vertragsarzt, hinsichtlich der ausgeführten Leistungen beim auftragnehmenden Vertragsarzt.

3. Mitbehandlung
Die Überweisung zur Mitbehandlung erfolgt zur gebietsbezogenen Erbringung begleitender oder ergänzender diagnostischer oder therapeutischer Maßnahmen, über deren Art und Umfang der Vertragsarzt, an den überwiesen wurde, entscheidet.

4. Weiterbehandlung
Bei einer Überweisung zur Weiterbehandlung wird die gesamte diagnostische und therapeutische Tätigkeit dem weiterbehandelnden Vertragsarzt übertragen.

(8) [1]Überweisungen zur Durchführung von Leistungen der Abschnitte 11.4, 32.2 und 32.3 EBM, von entsprechenden Leistungen der Abschnitte 1.7 und 8.5 EBM und von Leistungen der Abschnitte 19.4 und 30.12.2 EBM sind nur als Auftragsleistung zulässig. [2]Hierfür ist das Muster 10 zu verwenden. [3]Werden im Behandlungsfall oder Krankheitsfall vom Versicherten Leistungen der Abschnitte 11.4, 19.4, 30.12.2, 32.2 oder 32.3 und von entsprechenden Leistungen der Abschnitte 1.7 und 8.5 EBM bei demselben Vertragsarzt direkt oder auf eine Überweisung nach Muster 6 in Anspruch genommen, sind Leistungen nach Satz 1 auf diesem Behandlungsschein und nicht auf Überweisung nach Muster 10 zu berechnen. [4]Abweichend von Sätzen 1 und 2 ist für die Untersuchungen der organisierten Krebsfrüherkennungs-Richtlinie nach den Gebührenordnungspositionen 01763 und 01767 Muster 39 zu verwenden.

(9) [1]Der Vertragsarzt, der die Überweisung für eine Auftragsleistung nach Absatz 8 erstmalig auf Muster 10 ausstellt, gilt als Erstveranlasser. [2]Sofern ein Vertragsarzt, eine Überweisung auf Muster 10 annimmt und einzelne oder alle Auftragsleistungen gemäß Absatz 4 an einen anderen Vertragsarzt weiterüberweist (Weiterüberweisung), ist ebenfalls das Muster 10 zu verwenden. [3]Der weiterüberweisende Vertragsarzt übermittelt die Arzt- und Betriebsstättennummer des Erstveranlassers. [4]Bei erneuter Weiterüberweisung sind die Angaben zum Erstveranlasser unverändert zu übernehmen.

(10) Eine Überweisung von Leistungen durch eine Laborgemeinschaft ist unzulässig.

(11) Überweisungen an Zahnärzte sind nicht zulässig.

(12) [1]Eine von einem Vertragszahnarzt ausgestellte formlose Überweisung an einen ausschließlich auftragnehmenden Vertragsarzt gemäß § 13 Absatz 4 gilt als Anspruchsnachweis im Sinne dieses Vertrages. [2]Der Vertragsarzt rechnet seine Leistungen auf einem selbst ausgestellten Überweisungsschein ab, dem die formlose Überweisung des Vertragszahnarztes beizufügen ist.

§ 24 Überweisungen

(13) Psychologische Psychotherapeuten und Kinder- und Jugendlichenpsychotherapeuten können Überweisungen nur im Rahmen des in den Psychotherapie-Richtlinien des Gemeinsamen Bundesausschusses geregelten Konsiliarverfahrens vornehmen.

Übersicht

	Rn		Rn
I. Gesetzliche Vorgaben	1	VIII. Der Überweisungsauftrag (Abs 7)	17
II. Überweisungsschein: Vordruck Muster 6 bzw 10 (Abs 1)	2	IX. Laborleistungen als Auftragsleistungen (Abs 8)	19
III. Überweisungsvoraussetzung; Bindung an den Überweisungsauftrag (Abs 2)	5	X. Erstüberweisung/Weiterüberweisung (Abs 9)	21
IV. Arten der Überweisung (Abs 3)	9	XI. Überweisungsverbot an Laborgemeinschaften (Abs 10)	22
V. Überweisung an Vertragsarzt derselben Facharztgruppe (Abs 4)	12	XII. Überweisungsverbot an Zahnärzte (Abs 11)	23
VI. Freie Arztwahl des Patienten auch bei Überweisungen (Abs 5)	13	XIII. Überweisungsschein (Abs 12)	24
VII. Gegenseitige Unterrichtung (Abs 6)	15	XIV. Psychologische Psychotherapeuten/Kinder- und Jugendlichenpsychotherapeuten: Konsiliarüberweisung (Abs 11)	25

I. Gesetzliche Vorgaben

1 Weder Gesetz noch BMV-Ä definieren den Begriff *„Überweisung"*, der üblicherweise verwendet wird, wenn der behandelnde Arzt einem anderen Arzt Untersuchungen zur ergänzenden Diagnose, Weiterbehandlung oder die Verantwortung für bestimmte Leistungen überträgt. Dies gilt insbesondere, wenn ein Hausarzt eine fachärztliche Versorgung für seinen Patienten anfordert. Auch Leistungen aufgrund einer Überweisung sind Teil der vertragsärztlichen Versorgung (§ 73 Abs 2 SGB V). Die Überweisung darf das Recht des Patienten auf freie Arztwahl aber nicht einschränken. Von der Überweisung ist zu unterscheiden der Begriff der **Verordnung** (zB von Arznei-, Verbands-, Heil- und Hilfsmitteln, Krankentransporten, Krankenhausbehandlungen, Behandlung in Vorsorge- und Reha-Einrichtungen; s dazu §§ 15 Abs 2, 25a–30).

II. Überweisungsschein: Vordruck Muster 6 bzw 10 (Abs 1)

2 Abs 1 beschränkt Überweisungen zunächst auf *„erforderliche"* Leistungen. Die Entscheidung hierüber trifft der veranlassende Überweiser. Medizinischer Standard und Sorgfalt sind hierbei zu beachten. Der Überweisungsempfänger ist grundsätzlich an den Auftrag des Überweisenden gebunden (s Abs 2). Überweisungsberechtigt sind ein Vertragsarzt, eine Einrichtung nach § 11 Abs 2 S 1 und 2 SGB V, ein MVZ, ein ermächtigter Arzt (s dazu Rn 7) oder eine ermächtigte Einrichtung.

3 Für die Überweisung sind Vordrucke nach Muster 6 bzw 10 der Vordruckvereinbarung (Anl 2 BMV-Ä) zu verwenden. Der überweisende Arzt muss die Überweisung selbst unterzeichnen (Ausfluss des Grundsatzes der persönlichen Leistungserbringung; s dazu § 15). Dies gilt auch für ermächtigte Ärzte.[1] Der Vertragsarzt hat eine *„Überweisung"* nach Muster 6 und 10 auch für eine ambulante Operation oder eine spezial-

---

1 *BSG* GesR 2013, 540–546 – für den Fall der Arzneimittelverordnung; er darf die Unterschrift also nicht an Personal im Krankenhaus delegieren.

Überweisungen § 24

fachärztliche Behandlung nach § 116b SGB V im Krankenhaus auszustellen (Abs 1 S 3 – in § 26 wird bei stationärer Behandlung statt von „Überweisung" von „Verordnung" gesprochen). Keiner Überweisung bedürfen Vorsorgeleistungen durch Mammographie-Screening (S 4).

Abs 7 regelt, was auf dem Überweisungsschein anzugeben ist, Abs 5, was er nicht enthalten darf. 4

III. Überweisungsvoraussetzung; Bindung an den Überweisungsauftrag (Abs 2)

Die Überweisung setzt voraus, dass dem Überweisenden ein gültiger Anspruchsnachweis (bisher: Behandlungsausweis) oder eine eGK vorliegt. Sie erfordert zudem die Ausfüllung eines Überweisungsscheines, der dem Überweisungsempfänger vorzulegen ist. Überweisungsempfänger können Vertragsärzte, ermächtigte Ärzte und ermächtigte ärztlich geleitete Einrichtungen sein. Anzugeben ist dabei grundsätzlich nur das jeweilige Facharztgebiet (Abs 5 S 1), nicht der Arztname; Ausnahmen gelten für spezielle Überweisungen an ermächtigte Ärzte und ermächtigte ärztlich geleitete Einrichtungen (S 2). Überweisungen an Zahnärzte sind nicht zulässig (Abs 11). 5

Der Auftragnehmer ist grundsätzlich an Inhalt und Umfang des Auftrages des überweisenden Arztes gebunden. Er darf davon nur in Ausnahmefällen (zB Notsituation) eigenverantwortlich oder nach Rücksprache mit dem Auftraggeber (Ergänzung des Überweisungsauftrages) abweichen. 6

S 4 enthält für ermächtigte Ärzte und ärztlich geleitete Einrichtungen eine Besonderheit: die Ermächtigung beider muss eine Überweisungsbefugnis im Ermächtigungsbeschluss ausdrücklich vorsehen und dabei auch den Leistungsumfang der Überweisungsbefugnis festlegen. – Die Regelung ist lückenhaft. Sie konnte nur für künftige, also neue Ermächtigungen gelten.[2] Bisherige Ermächtigungen brauchten auf diese Vorgaben nicht angepasst zu werden. Für ärztliche geleitete Einrichtungen zur Versorgung chronisch nierenkranker Patienten (Dialysezentren mit einem Versorgungsauftrag nach Anl 9.1 zum BMV-Ä; insbes KfH) gilt diese Einschränkung generell nicht.[3] Der Versorgungsauftrag dieser Zentren ist nebst Leistungsumfang in Anhang 9.1.3 zur Anl 9.1 zum BMV-Ä abschließend definiert. Dazu gehören auch Laborleistungen, die diese Zentren nicht selbst erbringen können, sondern als Auftragsleistungen anfordern müssen. Eine weitere Ausnahme vom Überweisungserfordernis besteht, wenn die erforderliche ergänzende Leistung (zB Labor) in Polikliniken oder Ambulatorien als verselbstständigten Organisationseinheiten desselben Krankenhauses erbracht werden (S 5). 7

Durch die Überweisung kann der überweisende Arzt dem Patienten nicht vorgeben, welchen Arzt er für die Überweisungsleistungen in Anspruch nehmen muss. Sein Recht auf freie Arztwahl (§ 13) wird also bei Überweisungen nicht ausgeschaltet, ist aber bei „bestimmten Untersuchungen und Behandlungen" auf ermächtigte Ärzte bzw ermächtigte ärztlich geleitete Einrichtungen einschränkbar (Abs 5 S 2). 8

---

2 So ausdrücklich das Rundschreiben der KBV v 28.10.2013, Nr 164/2013.
3 So auch das Rundschreiben der KBV für ärztlich geleitete Einrichtungen mit einer Ermächtigung vor dem 1.10.2013.

IV. Arten der Überweisung (Abs 3)

9 Zu unterscheiden sind vier Überweisungsarten/-anlässe:
- **Auftragsleistung** (Beispiel: Erhebung von radiologischen, zytologischen oder Laborbefunden),
- **Konsiliaruntersuchung** (Beispiel: Diagnose oder Behandlungsempfehlung für den Patienten aus der Sicht eines weiteren Fachgebietes),
- **Mitbehandlung** (Beispiel: Patient wird aus anderer Facharztsicht ergänzend diagnostiziert und/oder ergänzend behandelt),
- **Weiterbehandlung** (Beispiel: Behandlung durch einen (anderen) Facharzt mit Leistungen, die der überweisende Arzt nicht selbst erbringen kann/darf).

10 Einzelheiten zu den vier Überweisungsarten regelt Abs 7.

11 Überweisungsfälle werden in der Regel erforderlich, weil und wenn der überweisende Arzt die erforderlichen Leistungen zB aufgrund der Fachgebietsgrenzen nicht selbst erbringen darf. S 2 geht daher grundsätzlich von der Überweisung an einen Arzt eines anderen Fachgebietes aus. Unter bestimmten Voraussetzungen ist eine Überweisung aber auch an einen Arzt desselben Fachgebietes zulässig (näher dazu Abs 4).

V. Überweisung an Vertragsarzt derselben Facharztgruppe (Abs 4)

12 Überweisungen an einen Vertragsarzt derselben Fachgruppe sind grundsätzlich ausgeschlossen. Abs 4 sieht aber drei Ausnahmen vor:
- Der überweisende Arzt verfügt nicht über die erforderliche (Zusatz)Qualifikation, gerätetechnische Ausstattung, Räume etc um beim Patienten die notwendigen weiteren Leistungen seines Fachgebietes zu erbringen (Ziffer 1).
- Der behandelnde Arzt kann den Patienten zwar theoretisch weiterbehandeln, dieser hat aber seinen Aufenthaltsort gewechselt, sodass ein Arzt derselben Fachgruppe die Behandlung an dem neuen Aufenthaltsort fortsetzen muss (Ziffer 2).
- Die Überweisung an einen Arzt desselben Fachgebietes ist auch dann erforderlich und zulässig, wenn das Behandlungsverhältnis zwischen Arzt und Patient abgebrochen wurde (Ziffer 3). Dabei spielt es keine Rolle, ob der Arzt oder der Patient den Behandlungsvertrag gekündigt hat. Auch der Grund des Behandlungsabbruchs ist unerheblich (zB gestörtes Vertrauensverhältnis).

VI. Freie Arztwahl des Patienten auch bei Überweisungen (Abs 5)

13 Auch bei einer Überweisung gilt das Recht des Patienten auf freie Arztwahl erhalten (Grundlage: § 76 Abs 1 SGB V; ergänzend s § 13). Es gibt Einschränkungen für den Zeitraum (§ 76 Abs 3 SGB V) und beim MVZ (Wahlmöglichkeit nur unter Vertragsärzten als dortige Leistungserbringer, nicht unter den angestellten Ärzten).

14 In Umsetzung dieses Patientenrechts darf die Überweisung grundsätzlich nicht auf einen bestimmten Arzt (nach Wahl des Überweisenden) ausgestellt werden, sondern muss und darf nur die Qualifikation des Auftragnehmers enthalten (Angabe des Fachgebietes, des Teilgebietes oder der Zusatzqualifikation). Ausnahmsweise kann ein bestimmter Arzt als Auftragnehmer angegeben werden (namentliche Überweisung) bei bestimmten (speziellen) Untersuchungs- oder Behandlungsmethoden, für die Ärzte oder ärztlich geleitete Einrichtungen speziell ermächtigt sind (s oben Rn 8).

VII. Gegenseitige Unterrichtung (Abs 6)

Im Interesse einer effektiven und auch kostensparenden (Weiter)Behandlung oder ergänzenden Untersuchung muss der überweisende Arzt dem Überweisungsempfänger alle erforderlichen Informationen für den Überweisungsauftrag zur Verfügung stellen(Abs 6 S 1). Umgekehrt hat der Auftragnehmer im Interesse des Patienten dem Auftraggeber die Unterlagen (Befunde) und Informationen zum Überweisungsauftrag zu geben, soweit eine Weiterbehandlung durch den Auftraggeber erforderlich ist (S 2). 15

Hat der Patient einen Facharzt (ohne Überweisung) unmittelbar in Anspruch genommen, kann er die notwendigen Informationen an den Hausarzt nur übermitteln, wenn der Patient damit einverstanden ist (S 3). 16

VIII. Der Überweisungsauftrag (Abs 7)

Inhalt und Art der Unterrichtung sind normativ nicht näher vorgegeben. Abs 7 S 1 umschreibt allerdings die Mindestangaben für einen Überweisungsschein: Diagnose, Verdachtsdiagnose oder Befunde sowie Art bzw Zweck der gewünschten Überweisung. In der Praxis haben sich dazu bisher keine Unstimmigkeiten ergeben. Die jeweils eine Seite unterrichtet demnach die andere Seite so, dass der Empfänger weiterarbeiten kann. Rückfragen sind zulässig. 17

Die Voraussetzungen für die vier Überweisungsarten sowie Einschränkungen dazu sind in S 2 Ziffern 1–4 angegeben: 18
– **Auftragsleistung** (Ziffer 1):
Bei Auftragsleistungen verbleibt die Verantwortung für Art und Umfang der angeforderten Leistung beim Auftraggeber. Die Wirtschaftlichkeit der angeforderten Leistungen hat allerdings der Auftragnehmer zu gewährleisten. Kommt er bei Art und Umfang der angeforderten Leistungen zu einer anderen Beurteilung als der Auftraggeber, so muss er sich mit ihm kurzschließen. Bei Indikationsüberweisungen kann ausnahmsweise eine konsiliarische Absprache zwischen Auftraggeber und -nehmer erforderlich sein.
– **Konsiliaruntersuchung** (Ziffer 2):
Braucht der behandelnde Arzt ergänzende Informationen, um eine Verdachtsdiagnose zu klären, so kann er an einen Spezialisten überweisen mit dem Auftrag, ergänzende diagnostische Leistungen zu erbringen. Der überweisende Arzt hat dabei Art und Umfang der zur Klärung der Verdachtsdiagnose medizinisch notwendigen Leistungen zu bestimmen. Für die Wirtschaftlichkeit der Indikationsstellung ist der Auftraggeber, für die Ausführung des Überweisungsauftrages der Auftragnehmer verantwortlich.
– **Mitbehandlung** (Ziffer 3):
Hält der behandelnde Arzt zur Absicherung/Verbesserung der Behandlung des Patienten die Unterstützung eines anderen Facharztes für erforderlich, so kann er diesen zur Mitbehandlung beauftragen. Über Art und Umfang der geforderten diagnostischen und therapeutischen Maßnahmen entscheidet dabei der mitbehandelnde Arzt.
– **Weiterbehandlung** (Ziffer 4):
Kann der Arzt, der eine Behandlung begonnen hat, diese nicht fortsetzen – aus welchem Grund auch immer (zB Kündigung des Behandlungsvertrages, Wegzug des Patienten), so kann er den Patienten zur Weiterbehandlung an einen anderen Arzt desselben Fachgebiets überweisen.

§ 24

IX. Laborleistungen als Auftragsleistungen (Abs 8)

19 Abs 8 S 1 stellt zunächst klar, dass die im Text genannten Leistungen des EBM nur als Auftragsleistungen zulässig sind, also nicht bezogen werden dürfen. Für diese Aufträge ist Muster 10 zu verwenden. Nach S 3 sind die dort aufgeführten Leistungen nicht auf Vordruck nach Muster 10, sondern über den Behandlungsschein abrechenbar, wenn sie vom selben Vertragsarzt oder auf Überweisung nach Muster 6 in Anspruch genommen werden. Für bestimmte Leistungen zur Krebsfrüherkennung ist Muster 39 zu verwenden.

20 Zu Einzelheiten bei der Erbringung und Abrechnung von Laborleistungen s § 25.

X. Erstüberweisung/Weiterüberweisung (Abs 9)

21 Der Arzt, der eine Überweisung auf Muster 10 ausstellt, ist sog *„Erstveranlasser"*. Annehmende Ärzte haben dann ebenfalls Muster 10 zu verwenden. Bei jeder Weiterüberweisung sind Arzt- und Betriebsstättennummer des Erstveranlassers zu vermerken. Diese Daten dienen späterer Überprüfungen.

XI. Überweisungsverbot an Laborgemeinschaften (Abs 10)

22 Nach dieser Regelung sind Laborgemeinschaften nicht berechtigt, Leistungen an Dritte zu überweisen (Überweisungsverbot).

XII. Überweisungsverbot an Zahnärzte (Abs 11)

23 Vertragsärzte dürfen Patienten nicht an Zahnärzte überweisen.

XIII. Überweisungsschein (Abs 12)

24 Vertragszahnärzte dürfen demgegenüber unter bestimmten Voraussetzungen an Vertragsärzte überweisen. Hierzu bedarf es keines Vordrucks. Die formlos ausgestellte Überweisung des Vertragszahnarztes an einen berechtigten Vertragsarzt nach § 13 Abs 4 gilt als Anspruchsnachweis. Der Vertragsarzt muss aufgrund dieser Überweisung einen Überweisungsschein nach der Vordruckvereinbarung selbst ausfüllen und kann damit seine Leistungen abrechnen. Die formlose Überweisung des Vertragszahnarztes ist den Abrechnungsunterlagen beizufügen.

XIV. Psychologische Psychotherapeuten/Kinder- und Jugendlichenpsychotherapeuten: Konsiliarüberweisung (Abs 11)

25 Psychologische Psychotherapeuten sowie Kinder- und Jugendlichenpsychotherapeuten sind bei Überweisungen beschränkt auf Konsiliarverfahren nach den Psychotherapie-Richtlinien des G-BA.[4]

---

[4] V 19.2.2009, BAnz Nr 58 17.4.2009, 1399; zuletzt geändert am 14.4.2011, BAnz Nr 100 v 7.7.2011, 2424.

§ 25 Erbringung und Abrechnung von Laborleistungen

(1) ¹Ziel der laboratoriumsmedizinischen Untersuchung ist die Erhebung eines ärztlichen Befundes. ²Die Befunderhebung ist in vier Teile gegliedert:
1. Ärztliche Untersuchungsentscheidung,
2. Präanalytik,
3. Laboratoriumsmedizinische Analyse unter Bedingungen der Qualitätssicherung,
4. Ärztliche Beurteilung der Ergebnisse.

(2) Für die Erbringung von laboratoriumsmedizinischen Untersuchungen gilt § 15 mit folgender Maßgabe:
1. Bei Untersuchungen des Abschnitts 32.2 EBM und bei entsprechenden laboratoriumsmedizinischen Leistungen des Abschnitts 1.7 EBM ist der Teil 3 der Befunderhebung einschließlich ggf. verbliebener Anteile von Teil 2 beziehbar.
2. Bei Untersuchungen des Abschnitts 32.3 EBM und entsprechenden laboratoriumsmedizinischen Leistungen der Abschnitte 1.7 und 30.12.2 des EBM sowie bei molekulargenetischen und zytogenetischen Untersuchungen gemäß der Abschnitte 1.7, 8.5, 11.4 und 19.4 EBM kann der Teil 3 der Befunderhebung nicht bezogen werden, sondern muss entweder nach den Regeln der persönlichen Leistungserbringung selbst erbracht oder an einen anderen zur Erbringung dieser Untersuchung qualifizierten und zur Abrechnung berechtigten Vertragsarzt überwiesen werden.
3. Für die Erbringung des biomarkerbasierten Tests beim primären Mammakarzinom gemäß dem Beschluss des Gemeinsamen Bundesausschusses vom 20. Juni 2019 (BAnz AT 22. August 2019 B5) gilt abweichend von Nr. 2, dass die molekularbiologische Analyse von Tumorgewebe und die daraus resultierende Ermittlung eines Risikoscores in Bezug auf das Rezidivrisiko auf Anordnung des Vertragsarztes als Teil der ärztlichen Behandlung in den USA erbracht werden kann. Soweit das Testverfahren eine Verarbeitung personenbezogener oder personenbeziehbarer Daten vorsieht, muss sichergestellt sein, dass diese allein zum Zwecke der Risikoeinschätzung bei der getesteten Patientin erfolgt. § 25 Abs. 2 Nr. 3 tritt mit Ablauf des 31. Dezember 2021 außer Kraft.¹

(3) ¹Für die Abrechnung aus Laborgemeinschaften bezogener Auftragsleistungen des Abschnitts 32.2 EBM gelten folgende ergänzende Bestimmungen: ²Der Teil 3 der Befunderhebung kann nach Maßgabe von Abs. 2 aus Laborgemeinschaften bezogen werden, deren Mitglied der Arzt ist. ³Der den Teil 3 der Befunderhebung beziehende Vertragsarzt rechnet die Analysekosten gemäß dem Anhang zum Abschnitt 32.2 EBM durch seine Laborgemeinschaft gegenüber der Kassenärztlichen Vereinigung an deren Sitz ab. ⁴Die Laborgemeinschaft macht den beziehenden Arzt durch Angabe seiner Arztnummer und der (Neben-) Betriebsstättennummer der beziehenden Arztpraxis kenntlich.

(4) Der Vertragsarzt, der den Teil 3 der Befunderhebung bezieht, ist ebenso wie der Vertragsarzt, der Laborleistungen persönlich erbringt, für die Qualität der erbrachten Leistungen verantwortlich, indem er sich insbesondere zu vergewissern hat, dass die

---

1 Unbeschadet der in § 25 Abs. 2 Nr. 3 Satz 4 vorgesehenen Befristung werden die Partner des Bundesmantelvertrages § 25 Abs. 2 Nr. 3 aufheben, sobald gleichwertige vom Gemeinsamen Bundesausschuss als Untersuchungs- und Behandlungsmethode anerkannte Untersuchungsverfahren nach § 25 Abs. 3 Nr. 2 erbracht werden können.

§ 25 Erbringung und Abrechnung von Laborleistungen

"Richtlinien der Bundesärztekammer zur Qualitätssicherung in medizinischen Laboratorien" von dem Erbringer der Analysen eingehalten worden sind.

(5) ¹Für die Steuerung der wirtschaftlichen Veranlassung gemäß Abschnitt 32.1 EBM gelten für die Abrechnung der auf Muster 10 überwiesenen und der auf Muster 10A bezogenen Leistungen der Abschnitte 32.2 und 32.3 EBM folgende ergänzende Bestimmungen:

²Die vom Vertragsarzt eingereichte Abrechnung der auf Muster 10 überwiesenen Leistungen und die von der Laborgemeinschaft eingereichte Abrechnung der auf Muster 10A bezogenen Leistungen müssen den Veranlasser unter Angabe seiner Arzt- und Betriebsstättennummer enthalten. ³Bei Weiterüberweisung gemäß § 24 Abs. 8a ist zusätzlich der Erstveranlasser in der Abrechnung anzugeben. ⁴Die Kassenärztliche Vereinigung, in deren Zuständigkeitsbereich die veranlassten Leistungen abgerechnet werden, meldet der Kassenärztlichen Bundesvereinigung die Fälle mit veranlassten Auftragsleistungen der Abschnitte 32.2 und 32.3 EBM, die von außerhalb ihres Zuständigkeitsbereichs veranlasst und von Vertragsärzten oder von Laborgemeinschaften ihres Zuständigkeitsbereichs abgerechnet worden sind. ⁵Die Kassenärztliche Bundesvereinigung meldet der Kassenärztlichen Vereinigung des Erstveranlassers unter Angabe seiner Arzt- und Betriebsstättennummer die Fälle mit veranlassten Auftragsleistungen der Abschnitte 32.2 und 32.3 EBM.

(6) ¹Die Arztpraxis, die auf Überweisung Auftragsleistungen durchführt, teilt der überweisenden Arztpraxis zum Zeitpunkt der abgeschlossenen Untersuchung die Gebührenordnungspositionen dieser Leistungen und die Höhe der Kosten in Euro gemäß EBM mit. ²Leistungen, für die diese Regelung gilt, werden im EBM bestimmt. ³Im Falle der Weiterüberweisung eines Auftrages oder eines Teilauftrages hat jede weiter überweisende Arztpraxis dem vorhergehenden Überweiser die Angaben nach Satz 1 sowohl über die selbst erbrachten Leistungen als auch über die Leistungen mitzuteilen, die ihr von der Praxis gemeldet wurden, an die sie weiter überwiesen hatte.

(7) ¹Die Abrechnung von Laborleistungen setzt die Erfüllung der Richtlinien der Bundesärztekammer zur Qualitätssicherung laboratoriumsmedizinischer Untersuchungen gemäß Teil A und B1 sowie ggf. ergänzender Regelungen der Partner der Bundesmantelverträge zur externen Qualitätssicherung von Laborleistungen und den quartalsweisen Nachweis der erfolgreichen Teilnahme an der externen Qualitätssicherung durch die Betriebsstätte voraus. ²Sofern für eine Gebührenordnungsposition der Nachweis aus verschiedenen Materialien (z. B. Serum, Urin, Liquor) möglich ist und für diese Materialien unterschiedliche Ringversuche durchgeführt werden, wird in einer Erklärung bestätigt, dass die Gebührenordnungsposition nur für das Material berechnet wird, für das ein gültiger Nachweis einer erfolgreichen Ringversuchsteilnahme vorliegt. ³Der Nachweis ist elektronisch an die zuständige Kassenärztliche Vereinigung zu übermitteln.

Übersicht

	Rn		Rn
I. Gesetzliche Vorgaben	1	IV. Beziehbarkeit bestimmter Laborleistungen (Abs 3)	8
II. Ziel des Laborauftrages und Befunderhebung (Abs 1)	5	V. Verantwortlichkeit für Qualitätsnachweis (Abs 4)	10
III. Persönliche Leistungserbringung: Grundsatz und Ausnahmen (Abs 2)	6	VI. Überweisungsverbot an Nichtlaborärzte (Abs 4a aF)	11

	Rn		Rn
VII Abrechnung kurativ-ambulanter Auftragsleistung nach Kapitel 32 EBM (Abs 5)	14	VIII. Kostennachweis bei Überweisungsleistungen (Abs 6)	16
		IX. Qualitätssicherung (Abs 7)	17

I. Gesetzliche Vorgaben

Zu den vertragsärztlichen Leistungen zählen auch Laborleistungen. Die Leistungslegenden und damit Abrechnungsvoraussetzungen sind in Kapitel 32 des EBM beschrieben. Ergänzend sind Vorgaben zur Qualitätssicherung nach den Richtlinien der KBV nach § 75 Abs 7 SGB V einzuhalten, die nach § 81 Abs 3 Nr 2 SGB V iVm den Satzungen der KV für die Vertragsärzte verbindlich sind. 1

Nach § 13 Abs 4 EBM können Ärzte für Laboratoriumsmedizin, nur auf Überweisung in Anspruch genommen werden. Ihre Leistungen können auch in Laborgemeinschaften erbracht werden. Nach § 13 Abs 5 kann der EBM für **hochspezialisierte** Leistungen vorsehen, dass sie nur auf Überweisung in Anspruch genommen werden dürfen, da sie eine besondere apparative Ausstattung oder besondere Fachkenntnisse erfordern oder weil dies zur Qualität der Versorgung der Patienten erforderlich ist. 2

Dieser Überweisungsvorbehalt (zur Überweisung generell s § 24) bedarf keiner ergänzenden zielgerichteten ausdrücklichen **gesetzlichen** Grundlage.[2] 3

Einzelheiten des Überweisungsvorbehalts bei Laborärzten können im BMV-Ä (hier: § 25) abschließend geregelt werden. Nicht ausreichend wären Detailregelungen nur im HVM. Im Einzelnen sind zur Erbringung und Abrechnung von Laborleistungen geregelt: 4
– Befunderhebung,
– Anforderungen an die persönliche Leistungserbringung,
– Beziehbarkeit einzelner Teile der Befunderhebung von Laborgemeinschaften,
– Qualitätsanforderungen (ergänzend s § 11),
– Abrechnungsvoraussetzungen für überwiesene kurativ-ambulante Auftragsleistungen,
– Unterrichtungspflichten.

Zur Dokumentation auch solcher Leistungen und zu Aufbewahrungsfristen s ergänzend § 57.

II. Ziel des Laborauftrages und Befunderhebung (Abs 1)

Abs 1 beschreibt als Ziel der Laboruntersuchung die Befunderhebung, die sich in vier Arbeitsschritte gliedert (Ziffern 1–4). 5

---

[2] So ausdrücklich Umbach/Clemens/*Clemens* Grundgesetz, Anhang zu Art 12, Rn 138 unter Hinweis auf die BSG-Rspr (*BSG* SozR 3-2500 § 72 Nr 7; Überweisungsvorbehalt als Ausfluss des ärztlichen Berufsrechts; die Beschränkungen im Vertragsarztrecht lediglich deklaratorisch-wiederholender Natur); juris PK-SGB V/*Pawlita* § 95 Rn 590 fordert demgegenüber eine ausdrückliche gesetzliche Grundlage, weil durch den Überweisungsvorbehalt in den Zulassungsstatus eines Vertragsarztes eingegriffen werde. Er verweist insoweit auf BSGE 68, 190, 193. Die Entscheidung betrifft jedoch nur die Sondersituation der Schmerztherapeuten, bei denen die Beschränkung auf Überweisungsfälle einer „*besonderen Rechtfertigung*" bedürfe.

III. Persönliche Leistungserbringung: Grundsatz und Ausnahmen (Abs 2)

6 Nach Abs 2 gilt der Grundsatz der persönlichen Leistungserbringung (§ 15) auch für vertragsärztliche Laborleistungen[3] mit zwei bedeutsamen Ausnahmen:
- Nach Ziffer 1 S 1 sind Teil 3 der Befunderhebung (laboratoriumsmedizinische Analyse) und eventuell verbliebende Teile der Präanalytik (Teil 2 der Befunderhebung) bei Untersuchungen nach **Kapitel 32.2** und bei Laborleistungen nach Kapitel 1.7 EBM beziehbar.
- Nach Ziffer 2 kann bei Untersuchungen nach Abschnitt 32.3 EBM (und Abschnitte 1.7 und 30.12.2) sowie bei bestimmten molekular- und zytogenetischen Untersuchungen (Abschnitte 1.7, 3.5, 11.4, 19,4) Teil 3 der Befunderhebung nicht bezogen werden, sondern muss selbst erbracht oder überwiesen werden.
- Ziffer 3 regelt Ausnahmen von den Vorgaben nach Ziffer 2 für bestimmte Tests. Sicherzustellen ist, dass diese Tests nur der Risikoeinschätzung der getesteten Patienten dienen dürfen. Diese Regelung soll zum 31.12.2021 außer Kraft treten (S 3); die Frist kann allerdings nach einer Fußnote zu dieser Vorschrift von den Partnern des BMV-Ä auch verkürzt werden, sobald gleichwertige andere Untersuchungsmethoden verfügbar sind.

7 Abweichend von diesen Ausnahmen legt Ziffer 2 in S 1 ausdrücklich fest, dass Untersuchungen nach **Kapitel 32.3 nicht** beziehbar sind. Sie sind persönlich zu erbringen oder müssen zur Erbringung an einen anderen leistungsberechtigten Vertragsarzt überwiesen werden. Die Überweisung ihrerseits muss vom überweisenden Arzt (Vertragsarzt, ermächtigter Arzt) selbst unterzeichnet sein (Ausfluss des Grundsatzes der persönlichen Leistungserbringung; s dazu § 15).

IV. Beziehbarkeit bestimmter Laborleistungen (Abs 3)

8 Abs 3 sieht eine Ausnahme von der Pflicht zur persönlichen Leistungserbringung vor für Teil 3 der Befunderhebung (labormedizinische Analyse), sofern die Leistungen von einem Facharzt von einer Laborgemeinschaft bezogen werden (s dazu die Definition in § 1a Nr 14a; Rechtsgrundlage: § 105 Abs 2 SGB V). Der beziehende Facharzt muss allerdings Mitglied der der Laborgemeinschaft sein. (S 1).[4] Diese Ausnahme erfasst jedoch nicht Laborärzte. Auch für sie gilt der Grundsatz der persönlichen Leistungserbringung, so dass sie Teil 3 der Befunderhebung selbst erbringen müssen und nicht von deiner Laborgemeinschaft beziehen dürfen, der sie angehören.[5]

---

3 Der Grundsatz gilt auch nach der GOÄ für privatärztliche Leistungen, Bazan/Dann/Errestink/*Wenning* 149 f.
4 Einzelheiten zu Laborgemeinschaften bei Ratzel/Luxenburger/*Möller* § 16 Rn 347 ff mwN; HK-AKM/*Peikert* 3300 (Stand: 2015); Halbe/*Halbe/Keller* 1800 (Stand: 2007); Laufs/Kern/Rehborn/*Steinhilper* § 35 Rn 66 ff. Zur Laborreform *Rompf* ZMGR 2014, 3; *Prütting* MedR 2013, 508; Halbe/*Schiller* Leistungserbringergemeinschaft, A 1400 (Stand: 2020), Rn 8 ff. Zur Abrechnung von Laborleistungen gegenüber Privatpatienten durch an einer Laborgemeinschaft beteiligte Ärzte (Abrechnungsbetrug?) *Gercke/Leimenstoll* MedR 2010, 695 ff.
5 So *LSG Rheinland-Pfalz* GesR 2014, 181; bestätigt vom *BSG* MedR 2016. In dem entschiedenen Fall hatten die behandelnden Ärzte Überweisungen zur Laboranalyse an Laborärzte ausgestellt, die diese ihrerseits von einer Laborgemeinschaft bezogen. Dies wurde für unzulässig erachtet. Bedenken gegen die Argumentation des *BSG* bei HK-AKM/*Peikert/Küntzel* 3300 Laborgemeinschaft (Stand: 2015), Rn 103 ff.

Diese Leistungen rechnet nicht der Arzt selbst ab, sondern die Laborgemeinschaft, **9**
und zwar bei der KV, wo die Laborgemeinschaft ihren Sitz hat (Abs 3 S 2)[6]. Der
anweisende Arzt ist dabei für die Abrechnung durch seine Arztnummer und die
(Neben-)Betriebsstättennummer zu kennzeichnen (S 3).

V. Verantwortlichkeit für Qualitätsnachweis (Abs 4)

Abs 4 legt Verantwortlichkeiten fest: Macht der Vertragsarzt die laboratoriumsmedi- **10**
zinische Analyse (Teil 3) selbst, muss er die Qualität nach den Vorgaben der einschlägigen Richtlinie selbst prüfen und die Verantwortung dafür tragen. Bezieht er diese
Leistung (berechtigterweise) von einem anderen Vertragsarzt oder zulässigerweise
von einer Laborgemeinschaft (s dazu Rn 8), hat er sich zu vergewissern, ob der Leistungserbringer die Qualitätsvorgaben nach den Richtlinien der BÄK zur Qualitätssicherung eingehalten hat.

VI. Überweisungsverbot an Nichtlaborärzte (Abs 4a aF)

Die Vertragspartner hatten im Oktober 2008 vereinbart[7], zum 1.1.2014 die Überwei- **11**
sungsmöglichkeit für laboratoriumsmedizinische Leistungen (Speziallabor) an spezialisierte Fachärzte zu begrenzen (Abs 4a)[8], um zur Kosteneinsparung den Anreiz zu sog
Selbstzuweisungen zu nehmen.

Bei Leistungen nach Kapitel 32.2 EBM und den korrespondierenden Leistungen nach **12**
Kapitel 1.7 dürfen Teil 3 (Analyse) und Teil 4 (Ärztliche Beurteilung der Ergebnisse)
dieser Leistungen nur von Vertragsärzten erbracht und abgerechnet werden, wenn sie
zum Kernbereich ihres Fachgebietes gehören (S 2).[9]

Das Verbot zur Überweisung von Laborleistungen an Nichtlaborärzte sollte zunächst **13**
2008 in Kraft treten. Das Datum wurde mehrfach verschoben (zuletzt bis 31.12.2019),
wurde aber zum 1.1.2020 ersatzlos aufgehoben.

VII Abrechnung kurativ-ambulanter Auftragsleistung nach Kapitel 32 EBM (Abs 5)

Für die Erbringung von Leistungen der Labormedizin, Molekulargenetik und Moleku- **14**
larpathologie (Kapitel 32 EBM) umschreibt der Vorspann zu diesem Kapitel zahlreiche
Voraussetzungen und Obergrenzen und verweist auf ergänzende Bestimmungen in der
Richtlinie der BÄK zur Qualitätssicherung quantitativer labormedizinischer Untersuchungen sowie die Qualitätssicherungs-Richtlinie der KBV nach § 75 Abs 7 SGB V.

---

6 Kritisch zu dieser sog Direktabrechnung *Imbeck* MedR 2009, 10. S auch *Steinhilper* GesR 2009, 337, 344.
7 DÄ 2008, A-1683.
8 Verfassungsrechtlichen Zulässigkeit dieser Beschränkung s *Prütting* MedR 2013, 508 mwN. Zur Laborreform 2008–2014 (einschließlich der Beschränkung der Selbstzuweisung nach § 25 Abs 4a) *Rompf* ZMGR 2014, 3.
9 Was zum Kernbereich der einzelnen Fachgebiete gehört, sollte nach S 3 in einer Anlage zum BMV-Ä geregelt werden. Eine klare Zuordnung einer Laborleistung zum Kern eines Fachgebietes erwies sich in der Praxis schwierig bis unmöglich. Es lag nahe, den Kernbereich eines Fachgebietes zB nach der Weiterbildungsordnung zu bestimmen (unter Berücksichtigung der Facharztbezeichnung, der Schwerpunkte und der Zusatzbezeichnungen). Überlegt wurde auch, ob ein historisch gewachsener tatsächlicher Leistungsumfang des einzelnen spezialisierten Facharztes, der bisher Speziallabor erbracht hat, berücksichtigt werden kann. Der zweite Fall käme einer Besitzstandswahrung gleich.

§ 25a   Verordnung von veranlassten Leistungen

15   Abs 5 legt dazu ergänzend die Modalitäten der Abrechnung dieser Leistungen fest (Muster Vordruck 10) und formuliert die Voraussetzungen für eine Weiterüberweisung. Beschrieben ist auch der Informationsweg: KV – KBV – KV (wie beim Bezug von Leistungen aus einer Laborgemeinschaft; s Abs 4).

VIII. Kostennachweis bei Überweisungsleistungen (Abs 6)

16   Werden bestimmte kurativ-ambulante Laborleistungen auf Überweisung erbracht, hat der ausführende Arzt der überweisenden Arztpraxis nach Abschluss der Untersuchungen die jeweiligen Gebührenpositionen sowie die Kosten mitzuteilen. Im Fall der Weiterüberweisung legt Abs 6 ergänzende Unterrichtungspflichten fest.

IX. Qualitätssicherung (Abs 7)

17   Diese Vorschrift fasst nochmals zusammen, welche Vorgaben bei der Abrechnung von Laborleistungen einzuhalten sind:
– Richtlinie der BÄK zur Qualitätssicherung laboratoriumsmedizinischer Untersuchungen (Teil A und B 1),
– Regelungen der Vertragspartner des BMV-Ä zur externen Qualitätssicherung von Laborleistungen,
– Quartalsweiser Nachweis über die erfolgreiche Teilnahme der Betriebsstätte an der externen Qualitätssicherung.

18   Zur Vermeidung unkorrekter Abrechnungen begrenzt S 1 die Abrechnung bei Labornachweisen aus verschiedenen Materialien mit unterschiedlichen Ringversuchen auf die Untersuchung des Materials, für das die erfolgreiche Teilnahme am Ringversuch nachgewiesen ist (Ringversuchszertifikat). Der abrechnende Arzt hat elektronisch eine entsprechende Erklärung an die KV zu übermitteln (S 3).

2. Unterabschnitt

Verordnungen und Bescheinigungen

§ 25a   Verordnung von veranlassten Leistungen

(1) Näheres über die Verordnung von Krankenhausbehandlung, häuslicher Krankenpflege, spezialisierter ambulanter Palliativversorgung, Arzneimitteln, Heil- und Hilfsmitteln, medizinischer Rehabilitation, Soziotherapie und Krankentransport (veranlasste Leistungen) bestimmen die Richtlinien des Gemeinsamen Bundesausschusses.

(2) ¹Die Verordnung von veranlassten Leistungen ist über die jeweils dafür vorgesehenen papiergebundenen oder digitalen Vordrucke gemäß der entsprechenden Vereinbarungen dieses Vertrages (Anlagen 2 und 2b) vorzunehmen. ²Die gilt auch, wenn der Versicherte die ärztlichen Leistungen im Wege der Kostenerstattung erhält.

(3) ¹Änderungen und Ergänzungen der Verordnung von veranlassten Leistungen bedürfen einer erneuten Arztunterschrift mit Datumsangabe, soweit in den Richtlinien des Gemeinsamen Bundesausschusses nicht anders geregelt. ²Bei elektronischen Verordnungen muss ein neuer E-Verordnungsdatensatz erstellt und mit einer qualifizierten elektronischen Signatur versehen werden.

Verordnung von veranlassten Leistungen § 25a

(4) ¹Wird dem Vertragsarzt bei der ersten Inanspruchnahme im Quartal die elektronische Gesundheitskarte oder ein anderer gültiger Anspruchsnachweis nicht vorgelegt, ist für die Verordnung von veranlassten Leistungen auf dem entsprechenden Vordruck anstelle der Kassenangabe der Vermerk „ohne Versicherungsnachweis" anzubringen. ²Eine Zweitausstellung einer Verordnung ist nur gegen Rückgabe der zuerst ausgestellten Verordnung zulässig. ³Bei elektronischen Verordnungen muss geprüft werden, ob die erste elektronische Verordnung eingelöst wurde.

(5) ¹Will ein Versicherter für veranlasste Leistungen Kostenerstattung in Anspruch nehmen, ist die Verordnung auf einem Vordruck gemäß der Vordruckvereinbarung vorzunehmen. ²Dabei ist anstelle der Angabe des Namens der Krankenkasse der Vermerk „Kostenerstattung" anzubringen. ³Die Krankenkasse erstattet nach Maßgabe ihrer Satzung ihren kostenerstattungsberechtigten Versicherten hierfür die Kosten entsprechend dem Leistungsanspruch einer vertragsärztlichen Versorgung. ⁴Wird die Verordnung vom Patienten als Privatbehandlung gemäß § 18 Abs. 8 Nr. 2 gewünscht, ist dafür ein Privatrezept zu benutzen. ⁵Die Verwendung des Vertragsarztstempels auf diesem Privatrezept ist nicht zulässig.

(6) ¹Verlangt ein in der gesetzlichen Krankenversicherung Versicherter die Verordnung von veranlassten Leistungen, die aus der Leistungspflicht der gesetzlichen Krankenversicherung ausgeschlossen oder für die Behandlung nicht notwendig sind, kann die Verordnung nur auf einem Privatrezept vorgenommen werden. ²Die Verwendung des Vertragsarztstempels auf diesem Privatrezept ist nicht zulässig.

(7) Die Versicherten sind sowohl von den Krankenkassen allgemein als auch von dem verordnenden Arzt im konkreten Fall darüber aufzuklären, dass der Versicherte die Kosten für eine nicht verordnungsfähige veranlasste Leistung selbst zu tragen hat.

Übersicht

	Rn		Rn
I. Vorbemerkung	1	VI. Kostenerstattung/Privatbehandlung (Abs. 5)	15
II. Verordnung veranlasster Leistungen (Abs 1)	3	VII. Verordnung ausgeschlossener oder nicht notwendiger Leistungen (Abs 6)	22
III. Vordrucke (Abs 2)	8		
IV. Änderungen/Ergänzungen von Verordnungen (Abs 3)	10	VIII. Aufklärungspflichten (Abs 7)	25
V. Verordnung ohne Vorlage Anspruchsnachweis (Abs 4)	12		

I. Vorbemerkung

In der Vergangenheit waren die Modalitäten der Verordnung von Leistungen in der die konkrete Verordnung betreffenden Bestimmung geregelt. **1**

Mit der Vereinheitlichung der Regelungen im BMV-Ä für alle Kassenarten zum 1.10.2013 sind die formalen Anforderungen vollständig und übersichtlich für alle Verordnungen vorangestellt worden. **2**

II. Verordnung veranlasster Leistungen (Abs 1)

Die vertragsärztliche Versorgung umfasst neben der ärztlichen Behandlung auch die **Verordnung** von **3**
– Krankenhausbehandlung (§ 73 Abs 2 Nr 7 SGB V),
– Häuslicher Krankenpflege (§ 73 Abs 2 Nr 8 SGB V),

§ 25a Verordnung von veranlassten Leistungen

– Spezialisierter ambulanter Palliativversorgung (§ 37b Abs 1 S 2 SGB V),
– Arzneimitteln (§ 73 Abs 2 Nr 7 SGB V),
– Heil- und Hilfsmitteln (§ 73 Abs 2 Nr 7 SGB V),
– Medizinischer Rehabilitation (§ 73 Abs 2 Nr 5 und 7 SGB V),
– Soziotherapie (§ 73 Abs 2 Nr 12 SGB V),
– Krankentransport (§ 73 Abs 2 Nr 7 SGB V).

4 Einzelheiten zur jeweiligen Verordnung bestimmen die **Richtlinien des G-BA**, auf die Abs 1 deklaratorisch hinweist. Ein eigenständiger Regelungsgehalt ist damit nicht verbunden.

5 Es gelten für die Verordnung der vorstehend veranlassten Leistungen folgende **Richtlinien**:
– Krankenhauseinweisungs-Richtlinie v 22.1.2015 (BAnz AT 29.4.2015 B2), zuletzt geändert am 16.3.2017 (BAnz AT 7.6.2017 B2),
– Häusliche Krankenpflege-Richtlinie v 17.9.2009 (BAnz Nr 21a, Beilage), zuletzt geändert am 15.8.2019 (BAnz AT 5.12.2019 B4),
– Spezialisierte Ambulante Palliativversorgungs-Richtlinie v 20.12.2007 (BAnz Nr 39 S 911), zuletzt geändert am 15.4.2010 (BAnz Nr 92, 2190),
– Arzneimittel-Richtlinie v 18.12.2008/22.1.2009 (BAnz Nr. 49a, Beilage), zuletzt geändert am 22.11.2019 (BAnz AT 10.2.2020 B1),
– Heilmittel-Richtlinie v 20.1.2011/19.5.2011 (BAnz Nr 96, 2247), zuletzt geändert am 19.9.2019 / 22.11.2019 (BAnz AT 31.12.2019 B7),
– Hilfsmittel-Richtlinie v 21.12.2011/15.3.2012 (BAnz AT 10.4.2012 B2), zuletzt geändert am 20.7.2019 (BAnz AT 12.9.2019 B4),
– Rehabilitations-Richtlinie v 16.3.2004 (BAnz Nr 63, 6769), zuletzt geändert am 17.5.2018 (BAnz AT 3.8.2018 B3),
– Soziotherapie-Richtlinie v 23.8.2001 (BAnz Nr 217, 23735), Neufassung v 22.1.2015 (BAnz AT 14.4.2015 B 5), zuletzt geändert am 16.3.2017 (BAnz AT 7.6.2017 B3),
– Krankentransport-Richtlinie v 22.1.2004 (BAnz Nr 18, 1342), zuletzt geändert am 19.12.2019 (BAnz AT 4.3.2020 B2).

6 Bei der Verordnungstätigkeit haben die an der vertragsärztlichen Versorgung teilnehmenden Ärzte den Grundsatz der persönlichen Leistungserbringung (§ 15 Abs 2) zu beachten. Ermächtigte, die über ihre Ermächtigung nur **persönlich berechtigt** sind, haben die Verordnungen **persönlich auszustellen**.[1] Verstöße hiergegen können zu Regressen führen (s auch § 29 Rn 15, § 48 Rn 3). Der Arztvorbehalt nach § 15 Abs 1 S 2 SGB V für Hilfeleistungen durch andere Personen gilt nicht im Hilfsmittelbereich. Das Fehlen einer vertragsärztlichen Verordnung schließt daher den Leistungsanspruch des Versicherten auf das Hilfsmittel grds nicht aus.[2] Entsprechend der Rechtsprechung des BSG hat der Gesetzgeber in § 33 Abs 5a SGB V klargestellt, dass eine Verordnung im Falle von Hilfsmitteln in der vertragsärztlichen Versorgung nicht generell erforderlich ist[3]. Gleichwohl statuiert § 7 Abs 1 S 2 Hilfsmittel-Richtlinie die Verpflichtung des Vertragsarztes, Verordnungen für Hilfsmittel stets auf den entsprechenden Vordruckmustern vorzunehmen. Bei der Arzneimittelverordnung besteht zwar

---
1 *BSG* v 20.3.2013 – B 6 KA 17/12 R, juris.
2 *BSG* v 10.3.2010 – B 3 KR 1/09 R, Rn 31, juris; *BSG* v 16.9.1999 – B 3 KR 1/99 R, Rn 11, juris mwN.
3 BT-Drucks 17/10170, 21 zu Nr 8.

eine besondere sozialrechtliche Dokumentationspflicht, im Falle einer Verordnung nach § 31 Abs 1 S 4 SGB V, § 16 Abs 5 Arzneimittel-Richtlinie aber nicht eine besondere Pflicht zur **Bekanntgabe** der Begründung auf dem Verordnungsvordruck.[4] Hierfür spricht, dass Muster 16 keine besonderen Angaben für eine Begründung enthält und das Feld „*Begründungspflicht*" nach wie vor unbesetzt ist bzw lediglich zur Kennzeichnung zahnärztlicher Behandlungen zu verwenden ist.[5] Zudem erscheint eine hinreichende Begründung für die Arzneimittelverordnung auf einem standardisierten und räumlich stark begrenzten Vordruckformular praktisch nur schwer darstellbar und ist ein besonderes Schutzbedürfnis der KK, die Begründung bereits mit Übermittlung eines Vordruckformulars (in verkürzter Form) zu erhalten, nicht ersichtlich.

Zu den **Sorgfaltspflichten des Vertragsarztes** bei der Ausstellung von Verordnungen s § 15 Rn 19 ff. 7

III. Vordrucke (Abs 2)

Die Verordnung von veranlassten Leistungen ist **formgebunden**. Auf Grundlage des § 295 Abs 3 Nr 2 SGB V haben die Partner des BMV-Ä in Abs 2 und in der Vordruckvereinbarung (Anlage 2) das Nähere über Form und Inhalt der iRd vertragsärztlichen Versorgung erforderlichen Vordrucke geregelt und Musterformulare festgelegt, die für die Vertragsärzte verbindlich sind. Sie gelten sowohl für die Verordnung im Sachleistungssystem als auch im Fall der vom Versicherten nach § 13 Abs 2 SGB V gewählten Kostenerstattung (Abs 5). 8

Folgende **Vordrucke** stehen für die Verordnung zur Verfügung: 9

Tabelle 5: Vordrucke gem § 25a Abs 2 BMV-Ä

Krankenhausbehandlung	Muster 2
Häusliche Krankenpflege	Muster 12
Spezialisierte ambulante Palliativversorgung	Muster 63
Arzneimittel	Muster 16
Heilmittel	Muster 13: physikalische Therapie (zB Krankengymnastik oder Massagen) und Podologie (medizinische Fußpflege) Muster 14: Maßnahmen der Stimm-, Sprech- und Sprachtherapie Muster 18: Ergotherapie/Ernährungstherapie Ab 1.1.2021: Einheitliches Muster 13 für Heilmittelverordnungen (s § 30 Rn 34)

---

4 *SG Marburg* v 13.9.2017 – S 12 KA 349/16, juris; *Sächsisches LSG* v 10.12.2014 – L 8 KA 15/13, juris; *SG Dresden* v 27.2.2013 – S 18 KA 141/11, juris; **aA** bzgl der Kundgabe der Begründung auf dem Verordnungsvordruck: *LSG Berlin-Brandenburg* v 15.2.2012 – L 9 KR 292/10, juris.
5 Erläuterungen zur Vereinbarung über Vordrucke in der vertragsärztlichen Versorgung, Stand Januar 2020, S 55 zu Nr 8 (abrufbar unter: http://kbv.de/media/sp/02_Erlaeuterungen.pdf; zuletzt abgerufen am 1.9.2020).

Hilfsmittel	Muster 8: Sehhilfenverordnung Muster 8A: Verordnung von vergrößernden Sehhilfen Muster 15: Ohrenärztliche Verordnung einer Hörhilfe Muster 16: Arzneimittelformular für allgemeine Hilfsmittel
Medizinische Rehabilitation	Muster 56: Antrag auf Kostenübernahme von Rehabilitationssport/Funktionstraining Muster 61: Einleitung von Leistungen zur Rehabilitation oder alternativen Angeboten Teil A: Beratung zu medizinischer Rehabilitation/Prüfung des zuständigen Rehabilitationsträgers: Auf Teil A des Musters 61 können Vertragsärzte eine ergänzende Beratung zu medizinischer Rehabilitation durch die Krankenkasse veranlassen bzw den zuständigen Rehabilitationsträger durch die Krankenkasse ermitteln lassen, wenn dieser durch den Vertragsarzt nicht abschließend beurteilt werden kann, die Krankenkasse informiert den Vertragsarzt sodann über den zuständigen Rehabilitationsträger. Teil B bis D : Verordnung von medizinischer Rehabilitation: Die Verordnung von medizinischer Rehabilitation zu Lasten der gesetzlichen Krankenkasse ist auf dem Muster 61 in Teil B bis D vorzunehmen.
Soziotherapie gem § 37a SGB V	Muster 26: Verordnung Soziotherapie Muster 27: soziotherapeutischer Betreuungsplan Muster 28: Verordnung bei Überweisung zur Indikationsstellung für Soziotherapie
Krankentransport	Muster 4

IV. Änderungen/Ergänzungen von Verordnungen (Abs 3)

10   Soll eine Verordnung von veranlassten Leistungen **nachträglich geändert oder ergänzt** werden, ist die Änderung bzw. Ergänzung vom verordnenden Vertragsarzt mit Datumsangabe zu unterschreiben, soweit in den Richtlinien des G-BA nichts anderes geregelt ist (s Rn 5). Abs 3 konkretisiert insofern die Aufzeichnungspflichten des Vertragsarztes nach §§ 294, 295 Abs 1 Nr 2 und 3 SGB V. Mit seiner Unterschrift zeichnet er verantwortlich für den erfolgten Nachtrag und haftet hierfür nach den in der vertragsärztlichen Versorgung geltenden Regelungen (s auch § 3 Abs 4 Häusliche Krankenpflege-Richtlinie, § 13 Abs 1 Heilmittel-Richtlinie, § 7 Abs 4 Hilfsmittel-Richtlinie).

11   Etwas anderes geregelt iSv Abs 3 ist bei der Heilmittelverordnung, wenn Änderungen zur festgelegten Frequenz der Heilmittelbehandlung oder ein Wechsel von der angegebenen Gruppentherapie zur Einzeltherapie erfolgen müssen. In diesen Fällen dokumentiert der Therapeut nach einvernehmlicher Absprache mit dem verordnenden Arzt die notwendige Änderung auf dem Verordnungsvordruck (§ 16 Abs 2 und 5 Heilmittel-Richtlinie).

V. Verordnung ohne Vorlage Anspruchsnachweis (Abs 4)

Legt der Versicherte bei der ersten Inanspruchnahme im Quartal dem Vertragsarzt die eGK bzw einen anderen gültigen Anspruchsnachweis nicht vor, hat der verordnende Arzt für eine notwendige Verordnung veranlasster Leistungen auf dem Verordnungsvordruck (s Rn 9) anstelle der Kassenangabe den **Vermerk „ohne Versicherungsnachweis"** anzubringen (s auch Anhang 1 Ziffer 2.1 der Anl 4a BMV-Ä). Der Versicherte hat beim Einlösen der Verordnung (zB Vorlage des Rezeptes in der Apotheke) die Kosten zunächst selbst zu begleichen, da der Verordnungsadressat (zB Apotheke, Sanitätshaus) aufgrund fehlender Angabe des Kostenträgers keine andere Abrechnungsmöglichkeit hat. Der Versicherte hat dann die Möglichkeit, seine verauslagten Kosten – zumindest anteilig – im Wege der Kostenerstattung (§ 13 SGB V) von seiner KK zurück zu verlangen. 12

Eine **Zweitausstellung einer Verordnung**, zB weil der Versicherte die eGK im laufenden Quartal nachreicht, ist nur gegen Rückgabe der zuerst ausgestellten Verordnung möglich. Damit soll vermieden werden, dass 13
– Verordnungen doppelt eingelöst werden und dadurch den KK unnötige Kosten entstehen,
– Missbrauch betrieben wird (zB mit unnötig vielen Medikamenten) und letztlich
– die verordnenden Ärzte wegen unwirtschaftlicher Verordnung in Regress genommen werden müssen.

Jeder Vertragsarzt sollte hierauf besonders im Hinblick auf seine eigene Verantwortlichkeit und Haftbarkeit für die von ihm ausgestellten Verordnungen achten. 14

VI. Kostenerstattung/Privatbehandlung (Abs. 5)

Versicherte der GKV haben nach § 13 Abs. 2 SGB V die Möglichkeit, anstelle der Sach- und Dienstleistungen (§ 2 Abs 2 SGB V) **Kostenerstattung** zu wählen. Dabei haben die Versicherten die Wahl, Kostenerstattung nur beschränkt auf den Bereich der ärztlichen Versorgung, der zahnärztlichen Versorgung, auf den stationären Bereich oder auf veranlasste Leistungen zu wählen (§ 13 Abs 2 S 4 SGB V); zur Kostenerstattung.[6] 15

Wählt der Versicherte für die Verordnung von veranlassten Leistungen Kostenerstattung, muss der Vertragsarzt zunächst entscheiden, ob es sich um eine der Leistungspflicht der gesetzlichen KK unterliegende Leistung handelt. Dies ist Bestandteil seiner **Beratungspflicht**.[7] Bei festgestellter Leistungspflicht hat der Vertragsarzt auf der Verordnung anstelle des Namens der KK den **Vermerk** *„Kostenerstattung"* anzubringen. Der Versicherte erhält dann von seiner KK entsprechend ihrer Satzung (vgl § 13 Abs 2 S 9–11 SGB V) Erstattung der Kosten in der Höhe, die sie im Falle der Erbringung als Sachleistung zu tragen hätte. Mehrkosten hat der Versicherte selbst zu tragen. 16

Hält die KK dem Versicherten den Einwand unwirtschaftlicher Verordnung entgegen, kann er seinerseits einen Anspruch auf Schadenersatz gegen den verordnenden Arzt geltend machen, der seine Pflicht aus § 76 Abs 4 SGB V verletzt hat.[8] 17

---

[6] S Wenzel/*Hess/Hübner* Kap 13 Rn 179 ff.
[7] *BSG* v 18.7.2006 – B 1 KR 9/05 R, Rn 13, juris.
[8] *BSG* v 14.12.2006 – B 1 KR 8/06 R, Rn 15, juris.

18 Auch bei Wahl der **Kostenerstattung nach § 13 Abs 2 SGB V** dürfen von den Versicherten grds nur zur vertragsärztlichen Versorgung zugelassene oder sonst nach dem vierten Kapitel des SGB V berechtigte Leistungserbringer in Anspruch genommen werden. Im Einzelfall können nach § 13 Abs 2 S 5 SGB V durch den Versicherten auch nicht-zugelassene Leistungserbringer in Anspruch genommen werden, wenn die KK dem im Vorfeld zugestimmt hat.

19 Hiervon zu unterscheiden ist die **Kostenerstattung nach § 13 Abs 3 SGB V**. Sie eröffnet dem Versicherten im Falle eines Systemversagens oder einer rechtswidrigen Ablehnung der Leistung durch die KK die Möglichkeit, die von der KK geschuldete, aber als Sachleistung nicht erhältliche oder rechtswidrig verweigerte Behandlung selbst zu beschaffen. Der Versicherte hat in diesem Fall jedoch grds zuerst seine KK über die Behandlungsnotwendigkeit in Kenntnis zu setzen, bevor er sich die Leistung selbst beschafft und Erstattung der Kosten verlangt. Ohne vorherige Einbindung der KK selbst beschaffte nicht verschreibungspflichtige und damit nach § 34 Abs 1 S 2 SGB V für die vertragsärztliche Versorgung ausgeschlossene Arzneimittel sind nicht erstattungsfähig.[9] Eine Ausnahme ist nur dann gegeben, wenn es dem Versicherten nicht möglich oder nicht zumutbar ist, sich vor der Leistungsbeschaffung mit der KK in Verbindung zu setzen.[10]

20 Wünscht der Versicherte **Privatbehandlung** nach § 18 Abs 8 S 3 Nr 2, hat die entsprechende Verordnung auf Privatrezept zu erfolgen. Die Verwendung des in der vertragsärztlichen Versorgung vereinbarten Vertragsarztstempels ist in diesem Fall unzulässig.

21 Die Kosten für die verordneten Leistungen sind dann vom Versicherten selbst zu tragen und können nicht gegenüber der GKV geltend gemacht werden.

VII. Verordnung ausgeschlossener oder nicht notwendiger Leistungen (Abs 6)

22 Verlangt ein GKV-Versicherter die **Verordnung von Leistungen, die aus der Leistungspflicht der GKV ausgeschlossen sind** (zB nach § 34 SGB V iVm den auf der Rechtsgrundlage des § 92 SGB V erlassenen Richtlinien des G-BA ausgeschlossene Arznei-, Heil- und Hilfsmittel), dürfen Vertragsärzte diese nur auf Privatrezept vornehmen.

23 Gleiches gilt für die Verordnung nicht notwendiger Leistungen, die gegen das Wirtschaftlichkeitsgebot des § 12 SGB V verstoßen. Denn ein Leistungsanspruch in der GKV besteht nur dann, wenn die Leistung ausreichend, zweckmäßig und wirtschaftlich ist und das Maß des Notwendigen nicht überschreitet.

24 Zur Abgrenzung der Privatverordnung von der vertragsärztlichen Verordnung ist die Verwendung des Vertragsarztstempels auf diesem Privatrezept nicht zulässig.

VIII. Aufklärungspflichten (Abs 7)

25 Abs 7 enthält die Verpflichtung für die KK und die verordnenden Ärzte, die Versicherten darüber **aufzuklären**, dass sie die Kosten für nicht verordnungsfähige veranlasste Leistungen selbst zu tragen haben. Die KK trifft diese Pflicht ganz allgemein (zB durch Informationsschreiben an ihre Versicherten); die verordnenden Ärzte

---

9 *BSG* v 14.12.2006 – B 1 KR 8/06 R, juris.
10 *BSG* v 20.5.2003 – B 1 KR 9/03 R, juris; *BSG* v 25.9.2000 – B 1 KR 5/99 R, juris.

haben ihre Patienten jeweils im konkreten Einzelfall bei Verordnung aufzuklären (s auch § 8 Abs 5 Arzneimittel-Richtlinie, § 1 Abs 9 Heilmittel-Richtlinie, § 10 Abs 1 Hilfsmittel-Richtlinie). Die Versicherten sollen damit vor überraschenden Kosten, mit denen sie aufgrund des Sachleistungssystems der GKV nicht ohne weiteres rechnen konnten und mussten, geschützt werden.

Nach § 630c Abs 3 BGB hat der behandelnde Arzt seinen Patienten in Textform darüber zu informieren, wenn er weiß oder den Umständen nach annehmen muss, dass die vollständige Übernahme der Behandlungskosten durch Dritte nicht gesichert ist, also finanzielle Belastungen auf den Patienten zukommen können. Ein bloßer Hinweis auf die fehlende Kostentragung durch die KK ist dann nicht ausreichend, wenn dem behandelnden Arzt iRd wirtschaftlichen Aufklärung nach § 630c Abs 3 BGB eine Quantifizierung der voraussichtlichen Selbstkosten möglich ist.[11] 26

§ 26 Verordnung von Krankenhausbehandlung

(1) ¹Krankenhausbehandlung darf nur verordnet werden, wenn sie erforderlich ist, weil das Behandlungsziel nicht durch ambulante Behandlung einschließlich häuslicher Krankenpflege erreicht werden kann. ²Die Notwendigkeit der Krankenhausbehandlung ist bei der Verordnung zu begründen, wenn sich die Begründung nicht aus der Diagnose oder den Symptomen ergibt.

(2) In der Verordnung sind in geeigneten Fällen auch die beiden nächsterreichbaren, für die vorgesehene Krankenhausbehandlung geeigneten Krankenhäuser anzugeben.

Übersicht

	Rn		Rn
I. Gesetzliche Vorgaben	1	III. Verordnung von Krankenhaus-	
II. Grundsatz „ambulant vor		behandlung (Abs 2)	9
stationär" (Abs 1)	5		

Literatur: Zur Krankenhausbehandlung s auch *Landherr/Anter/Kampe* Sensible Schnittstelle – Umfrage – Niedergelassene als Einweiser, f&w 2018, 700 f; *Makoski* Krankenhausbehandlung auch ohne Einweisung, juris PR-MedizinR 1/2019, Anm 4; *Mittelbach* Anspruch auf Versorgung mit stationär durchgeführter Liposuktion, NZS 2019, 64 ff; *Ossege* Aspekte des Entlassmanagements nach § 39 SGB V, GesR 2012, 204 ff; *Pilz* Die „Schlüsselstellung" des Krankenhausarztes – Der Vergütungsanspruch des Krankenhausträgers bei umstrittener Fehlbelegung in der Rechtsprechung des BSG, NZS 2003, 350 ff; *Ratzel* Schnittstelle Vertragsarzt – Krankenhaus – Vertragsarzt: Übergabe- und Übernahmeprobleme (ohne Rehabilitation und Anschlussheilbehandlung), ZMGR 2006, 132 ff; *Schroeder-Printzen* Fiktiv genehmigte Krankenhausbehandlung bei privater Selbstbeschaffung im Ausland, GesR 2019, 23; *Seewald* Probleme und Lösungen bei der Krankenhausbehandlung, SGb 2009, 501 ff; *Thier/Flasbarth* Zur Vertretbarkeit der Aufnahmeentscheidung des Krankenhausarztes – Rechte und Pflichten an der Schnittstelle zwischen Leistungsrecht und Leistungserbringerrecht, GesR, 2006, 481 ff.

---

11 BT-Drucks 17/10488, 22.

§ 26 Verordnung von Krankenhausbehandlung

I. Gesetzliche Vorgaben

1 GKV-Versicherte haben gem §§ 2 Abs 2 S 1, 11 Abs 1 Nr 4, 27 Abs 1 Nr 5 SGB V einen Anspruch auf **Krankenhausbehandlung**.

2 Nach § 39 SGB V wird die Krankenhausbehandlung vollstationär, teilstationär, vor- und nachstationär (s § 115a SGB V) oder ambulant erbracht[1]. Versicherte haben Anspruch auf vollstationäre oder stationsäquivalente Behandlung durch ein nach § 108 SGB V zugelassenes Krankenhaus, wenn die Aufnahme nach Prüfung durch das Krankenhaus erforderlich ist, weil das Behandlungsziel nicht durch teilstationäre, vor- und nachstationäre oder ambulante Behandlung einschließlich häuslicher Krankenpflege erreicht werden kann **(Grundsatz: ambulant vor stationär)**.

3 Die Krankenhausbehandlung umfasst iRd Versorgungsauftrags des Krankenhauses alle Leistungen, die im Einzelfall nach Art und Schwere der Erkrankung für die medizinische Versorgung der Versicherten im Krankenhaus notwendig sind, insbesondere ärztliche Behandlung (§ 28 Abs 1 SGB V), Krankenpflege, Versorgung mit Arznei-, Heil- und Hilfsmitteln, Unterkunft und Verpflegung. Sie umfasst auch ein Entlassmanagement zur Lösung von Problemen beim Übergang in die ambulante Versorgung nach der Krankenhausbehandlung.

4 Auf der Grundlage des § 92 Abs 1 S 2 Nr 6 SGB V hat der G-BA Richtlinien über die Verordnung von Krankenhausbehandlung erlassen (Krankenhauseinweisungs-Richtlinie v 22.1.2015, BAnz AT 29.4.2015 B2, zuletzt geändert am 16.3.2017, BAnz AT 7.6.2017 B2).

II. Grundsatz „ambulant vor stationär" (Abs 1)

5 Abs 1 S 1 wiederholt verkürzt die Vorgaben des § 39 SGB V, wonach (stationäre) Krankenhausbehandlung nur verordnet werden darf, wenn sie erforderlich ist, weil das Behandlungsziel nicht durch ambulante Behandlung einschließlich häuslicher Krankenpflege erreicht werden kann. Die Notwendigkeit der Krankenhausbehandlung hat der Vertragsarzt nach Untersuchung des Versicherten festzustellen. Er hat sie zu begründen, wenn sich die Begründung nicht schon eindeutig aus der Diagnose oder den Symptomen ergibt (zB Schlaganfall, Herzinfarkt).

6 Stationäre Krankenhausbehandlung darf also nur verordnet werden, wenn die Weiterbehandlung mit Mitteln eines Krankenhauses **medizinisch zwingend erfolgen muss**. Sinn und Zweck dieser Regelung ist es, Belegungen der Krankenhäuser mit Patienten zu vermeiden, die einer stationären Behandlung nicht bedürfen (§ 1 Krankenhauseinweisungs-Richtlinie). Dies dient darüber hinaus der Eindämmung der Kosten in der medizinischen Versorgung, da stationäre Behandlungen idR teurer sind als ambulante Behandlungen.

7 Vor Verordnung stationärer Krankenhausbehandlung hat der Vertragsarzt daher abzuwägen, ob er selbst die ambulante Behandlung fortsetzen kann oder ob eine Überweisung zur Weiterbehandlung beispielsweise an
– einen weiteren Vertragsarzt mit entsprechender Zusatzqualifikation oder eine Schwerpunktpraxis,

---

[1] Zur Abgrenzung zwischen voll-, teilstationärer und ambulanter Behandlung s: *BSG* v 3.4.2004 – B 3 KR 4/04 R, juris.

Verordnung von Krankenhausbehandlung §26

– einen ermächtigten Krankenhausarzt oder eine Institutsambulanz (§§ 116–118 SGB V),
– ein Krankenhaus zur ambulanten Behandlung (§ 39 iVm § 115b SGB V),
– eine Notfallpraxis im Bezirk einer KV

ausreicht, um eine stationäre Behandlung zu vermeiden (§ 3 Krankenhauseinweisungs-Richtlinie). Auch das Krankenhaus selbst bzw den behandelnden Krankenhausarzt trifft die Verpflichtung, die Notwendigkeit der stationären Behandlung mit Blick auf die zur Verfügung stehenden Alternativen in eigener Verantwortung zu überprüfen.[2] Die Entscheidung darüber, ob dem Versicherten ein Anspruch auf Gewährung vollstationärer Krankenhausbehandlung **als Sachleistung** zusteht und die hiermit wiederum verbundene Prüfung der Erforderlichkeit der Krankenhausbehandlung, als Voraussetzung des Sachleistungsanspruchs des Versicherten, obliegt der Krankenkasse, gegen die sich der Anspruch richtet.[3] Der Versicherte kann im Falle einer rechtswidrig abgelehnten Krankenhausbehandlung auf Grundlage der Genehmigungsfiktion nach § 13 Abs 3a SGB V Anspruch auf Kostenerstattung erlangen.[4]

Bei der gerichtlichen Überprüfung der medizinischen Erforderlichkeit einer Krankenhausbehandlung sind die konkreten Umstände des Einzelfalls zu beurteilen. Zu prüfen ist, ob anhand von objektiven medizinischen Befunden und wissenschaftlichen Erkenntnissen zum Zeitpunkt der Behandlung und dem damals verfügbaren Wissens- und Kenntnisstand des Krankenhausarztes – ex ante – eine Krankenhausbehandlung erforderlich war. Die Erforderlichkeit bemisst sich dabei einerseits nach den mit der Behandlung verfolgten Zielen und andererseits nach den Mitteln, die zur Erreichung des Behandlungsziels eingesetzt werden müssen.[5] Für diese Beurteilung ist eine Gesamtbetrachtung vorzunehmen, bei der den mit Aussicht auf Erfolg angestrebten Behandlungszielen und den vorhandenen Möglichkeiten einer vorrangigen ambulanten Behandlung entscheidende Bedeutung zukommt.[6] Vor allem bei psychiatrischer Behandlung kann allein schon die Notwendigkeit des kombinierten Einsatzes von Ärzten, therapeutischen Hilfskräften und Pflegepersonal sowie die Art der Medikation die Möglichkeit einer ambulanten Behandlung ausschließen und eine stationäre Behandlung erforderlich machen.[7] Entscheidend für die Beurteilung der Erforderlichkeit kann weiterhin sein, ob eine geeignete ambulante Versorgung überhaupt verfügbar und für den Versicherten in zumutbarer Weise zu erreichen ist.[8] 8

III. Verordnung von Krankenhausbehandlung (Abs 2)

Hat der Vertragsarzt sich vom Zustand des Patienten überzeugt und die Notwendigkeit einer stationären Behandlung festgestellt, **verordnet** er die Krankenhausbehandlung auf dem Vordruck Muster 2 der Vordruckvereinbarung. Die Notwendigkeit ist 9

---

2 *BSG* v 25.9.2007 – GS 1/06, Rn 29, juris.
3 *BSG* v 25.9.2007 – GS 1/06, Rn 28, juris; *BSG* v 3.8.2006 –B 3 KR 1/06 S, Rn 10, juris; *BSG* v 18.5.1989 – 6 RKa 10/88, Rn 27 ff, juris.
4 *BSG* v 11.9.2018 – B 1 KR 1/18 R, Rn 12, juris.
5 jurisPK-SGB V/*Wahl* 3. Aufl 2016, § 39 Rn 55.
6 *BSG* v 4.4.2006 – B 1 KR 32/04 R, Rn 18, juris; *BSG* v 13.5.2004 – B 3 KR 18/03 R, Rn 22, juris.
7 *BSG* v 10.4.2008 – B 3 KR 19/05 R, Rn 29, juris.
8 *BSG* v 10.4.2008 – B 3 KR 19/05 R, Rn 29, 39, 41, juris.

auf dem Formular zu dokumentieren. Hierzu gehören die Angabe der Hauptdiagnose, der Nebendiagnosen und die Gründe für die stationäre Behandlung (**Ausnahme** s Rn 5).

10 In der Verordnung sind nach Abs 2 auch die beiden nächsterreichbaren, für die vorgesehene Krankenhausbehandlung geeigneten Krankenhäuser anzugeben (s auch § 6 Abs 1 Krankenhauseinweisungs-Richtlinie). Die Regelung entspricht der Regelung des § 73 Abs 4 S 3, 4 SGB V. Das Verzeichnis stationärer Leistungen und Entgelte nach § 39 Abs 3 SGB V ist zu berücksichtigen .[9]

11 Wählen Versicherte ohne zwingenden Grund ein anderes, nicht in der ärztlichen Einweisung genanntes Krankenhaus, können ihnen die Mehrkosten ganz oder teilweise auferlegt werden (§ 39 Abs 2 SGB V, Ermessensentscheidung der KK). Ein zwingender Grund liegt vor, wenn die Behandlung in einem der genannten Krankenhäuser dem Versicherten aufgrund von objektiven und fundierten Umständen des Einzelfalls nicht zuzumuten ist[10], zB bei besonders negativen Erfahrungen des Versicherten oder seiner Angehörigen aus früheren Behandlungen oder aus religiösen Gründen nach § 2 Abs 3 S 2 SGB V[11].

12 Der Anspruch des Versicherten auf Krankenhausbehandlung und hieraus folgend der Vergütungsanspruch des Krankenhauses hängen nicht formal von einer vorherigen vertragsärztlichen Verordnung ab sondern davon, dass Krankenhausbehandlungsbedürftigkeit besteht.[12] Dies folgert das BSG aus Wortlaut, Regelungssystematik sowie Sinn und Zweck des Anspruchs auf Krankenhausbehandlung (insbesondere aus den §§ 39, 27, 12 Abs 1, § 2 Abs 1 und Abs 1a, § 109 Abs 4 S 2, § 137c SGB V). Eine Verordnung ist nur dann anspruchsbegründende Voraussetzung für die Behandlung des Versicherten und die Vergütung des Krankenhauses, wenn das SGB V dies ausdrücklich fordert, wie bspw in § 115a SGB V für die vollstationäre Krankenhausbehandlung.[13] Dies ergibt sich daraus, dass der vertragsärztlichen Verordnung von Krankenhausbehandlung eine bloße Ordnungsfunktion zukommt, soweit das Gesetz nicht explizit die Notwendigkeit einer Verordnung vorsieht.[14] Mit Blick auf die sowohl im Falle einer teil- als auch einer vollstationären Krankenhausbehandlung vorzunehmenden Erforderlichkeitsprüfung (s Rn 5–8) stellt die dokumentierte Verordnung des niedergelassenen Vertragsarztes gleichwohl in beiden Fällen ein maßgebliches Beurteilungskriterium für die Entscheidung des Krankenhausarztes über die Erforderlichkeit der Krankenhausbehandlung dar.

13 Weitere Einzelheiten zur Verordnung von Krankenhausbehandlung, unter anderem zur Beratung des Patienten und zur Zusammenarbeit von Vertragsarzt und Krankenhaus regelt die Krankenhauseinweisungs-Richtlinie in den §§ 4–6.[15]

---

9 S KassKomm/*Gamperl* § 39 Rn 95.
10 Vgl zur Begrifflichkeit des zwingenden Grundes *BSG* v 8.9.2015 – B 1 KR 27/14 R, Rn 19f, juris.
11 KassKomm/*Gamperl* § 39 SGB V Rn 98.
12 *BSG* v 19.6.2018 – B 1 KR 26/17 R, Rn 19, juris.
13 *BSG* v 19.6.2018 – B 1 KR 26/17 R, Rn 19, juris.
14 *BSG* v 19.6.2018 – B 1 KR 26/17 R, Rn 24, juris.
15 Krankenhauseinweisungs-Richtlinie, BAnz AT 7.6.2017 B2.

§ 27 Verordnung häuslicher Krankenpflege

(1) Der Vertragsarzt kann häusliche Krankenpflege (§ 37 SGB V) verordnen, wenn Krankenhausbehandlung geboten, aber nicht ausführbar ist oder wenn sie durch die häusliche Krankenpflege vermieden oder verkürzt wird.

(2) Häusliche Krankenpflege kann auch verordnet werden, wenn sie zur Sicherung des Ziels der ärztlichen Behandlung dient (Behandlungspflege).

(3) ¹Die von dem Versicherten durch Vorlage der ärztlichen Verordnung beantragte Leistung bedarf der Genehmigung der Krankenkasse. ²Über ihre Entscheidung hat die Krankenkasse den behandelnden Vertragsarzt zu unterrichten, sofern die verordnete Leistung nicht oder nicht in vollem Umfange gewährt wird.

(4) ¹Der Vertragsarzt hat sich über die sachgerechte Durchführung und über den Erfolg der häuslichen Krankenpflege zu vergewissern. ²Rückwirkende Verordnungen sind grundsätzlich nicht zulässig; Ausnahmefälle sind besonders zu begründen. ³Sind einzelne Maßnahmen der häuslichen Krankenpflege ganz oder teilweise nicht mehr notwendig, ist die Krankenkasse zu informieren. ⁴Die Krankenkassen verpflichten die Leistungserbringer der häuslichen Krankenpflege, die ärztlichen Weisungen zu beachten.

(5) ¹Sofern Krankenkassen nach Maßgabe ihrer Satzungen Grundpflege und hauswirtschaftliche Versorgung gewähren, wenn diese zur Sicherung des Ziels der ärztlichen Behandlung erforderlich ist, erfolgt deren Verordnung in gleicher Weise. ²Die Verbände der Krankenkassen informieren die Kassenärztlichen Vereinigungen über den Inhalt der Satzungsbestimmungen.

Übersicht

	Rn		Rn
I. Gesetzliche Vorgaben	1	V. Sachgerechte Durchführung (Abs 4)	25
II. Vermeidungspflege (Abs 1)	8		
III. Behandlungspflege (Abs 2)	19	VI. Grundpflege und hauswirtschaftliche Versorgung (Abs 5)	28
IV. Genehmigung der KK (Abs 3)	22		

I. Gesetzliche Vorgaben

Der Gesetzgeber gewährt als Bestandteil des Leistungskatalogs der GKV gem § 37 SGB V den Versicherten Anspruch auf ambulante **häusliche Krankenpflege**. 1

Das Gesetz unterscheidet die **Krankenhausvermeidungspflege** als Regelleistung der GKV mit den Bestandteilen Behandlungspflege, Grundpflege und hauswirtschaftliche Versorgung (§ 37 Abs 1 SGB V) und die **Sicherungspflege** nach § 37 Abs 2 SGB V, die nur die Behandlungspflege als Regelleistung enthält, bei der die Grundpflege und die hauswirtschaftliche Versorgung als Satzungsleistung der KK gewährt werden können. 2

Kann die KK keine Kraft für die häusliche Krankenpflege stellen oder besteht Grund, davon abzusehen, sind den Versicherten die Kosten für eine selbstbeschaffte Kraft in angemessener Höhe zu erstatten (§ 37 Abs 4 SGB V).¹ 3

Für Versicherte, die das 18. Lebensjahr vollendet haben, ist die Gewährung häuslicher Krankenpflege zuzahlungspflichtig (§ 37 Abs 5 SGB V). 4

---
1 *BSG* v 3.8.2006 – B 3 KR 24/05 R, juris.

§ 27   Verordnung häuslicher Krankenpflege

5   Der G-BA legt in **Richtlinien** nach § 92 SGB V fest, an welchen Orten und in welchen Fällen Leistungen nach § 37 Abs 1 und 2 SGB V auch außerhalb des Haushalts und der Familie des Versicherten erbracht werden können. Er bestimmt das Nähere über Art und Inhalt der verrichtungsbezogenen krankheitsspezifischen Pflegemaßnahmen nach § 37 Abs 2 S 1 SGB V (§ 37 Abs 6 SGB V). Er regelt ferner in Richtlinien nach § 92 SGB V unter Berücksichtigung bestehender Therapieangebote das Nähere zur Versorgung von chronischen und schwer heilenden Wunden (§ 37 Abs 7 SGB V).

6   Der GKV-Spitzenverband und die für die Wahrnehmung der Interessen von Pflegediensten maßgeblichen Spitzenorganisationen auf Bundesebene haben unter Berücksichtigung der Richtlinien nach § 92 Abs 1 S 2 Nr 6 gemeinsam **Rahmenempfehlungen** über die einheitliche und flächendeckende Versorgung mit häuslicher Krankenpflege abzugeben (§ 132a Abs 1 SGB V idF des HHVG).

7   Über die Einzelheiten der Versorgung mit häuslicher Krankenpflege, über die Preise und deren Abrechnung und die Verpflichtung der Leistungserbringer zur Fortbildung schließen die KK regional Verträge mit den Leistungserbringern (§ 132a Abs 4 S 1 SGB V).

II. Vermeidungspflege (Abs 1)

8   Abs 1 wiederholt lediglich den Gesetzestext des § 37 Abs 1 SGB V ohne eigenen Regelungsgehalt. Danach kann der Vertragsarzt häusliche Krankenpflege **verordnen**, wenn Krankenhausbehandlung geboten, aber nicht ausführbar ist oder wenn sie durch die häusliche Krankenpflege vermieden oder verkürzt wird (Vermeidungspflege). Dieses Vorrang-/Nachrangverhältnis zwischen häuslicher Vermeidungspflege und Krankenhausbehandlung korrespondiert mit der Orientierung an der häuslichen Pflege in § 3 SGB XI, der einen Vorrang der Leistungen der häuslichen Pflege vor den anderen Leistungsarten (teilstationäre Pflege, Kurzzeitpflege, §§ 41 f SGB XI) statuiert.[2] Im Sozialhilferecht besteht aufgrund des Nachranggrundsatzes die Möglichkeit, den Leistungsempfänger auf die, ggü der ambulanten Pflege, kostengünstigere vollstationäre Versorgung zu verweisen.[3]

9   Leistungsberechtigt sind alle Versicherten nach §§ 5–10 SGB V, dh auch mitversicherte Familienmitglieder.

10   Voraussetzungen sind:
- Leistungsanspruch des Versicherten in seinem Haushalt, seiner Familie oder sonst an einem geeigneten Ort[4] ,
- Ärztliche Behandlung wegen Krankheit iSv 27 SGB V[5],
- Notwendigkeit von Krankenhausbehandlung,
  - Krankenhausbehandlung nicht ausführbar (zB weil Patient nicht transportfähig oder wegen Bettenmangels im Krankenhaus) oder

---

2   S näher zu § 3 SGB XI: *Möwisch ua (Hrsg)* § 3 Vorrang der häuslichen Pflege, Rn 7 ff.
3   *Möwisch ua (Hrsg)* § 3 Vorrang der häuslichen Pflege, Rn 12.
4   Zur Definition von Haushalt und Familie s *BSG* v 21.11.2002 – B 3 KR 13/02 R, juris; *BSG* v 1.9.2005 – B 3 KR 19/04 R, juris.
5   S näher zum Krankheitsbezug *BSG* v 13.6.2006 – B 8 KN 4/04 KR R, Rn 17f, juris.

- durch häusliche Krankenpflege vermeidbar oder verkürzbar (eine Verkürzung ist auch dann gegeben, wenn durch den Krankenhausarzt im Rahmen des Entlassmanagements eine häusliche Krankenpflege bis zur Dauer von sieben Tagen als nahtlose Anschlussversorgung verordnet wird, s § 2a Abs 1 iVm § 7 Abs 5 Häusliche Krankenpflege- Richtlinie[6]),
- Einverständnis des Versicherten[7].

Die Vermeidungspflege umfasst die Behandlungs- und Grundpflege sowie die hauswirtschaftliche Versorgung. **11**

Behandlungspflege bezieht sich auf medizinische Hilfeleistungen und richtet sich nach dem Grad der Kenntnisse, Erfahrungen und Fertigkeiten der Pflegekraft (zB Injektionen, Versorgung angegriffener Körperteile durch Einsalben, Verbinden, Verbandswechsel). **12**

Grundpflege sind pflegerische Leistungen nichtmedizinischer Art (zB Körperpflege, Messen der Temperatur, Überwachen der Medikamenteneinnahme). **13**

Hauswirtschaftliche Versorgung bezieht sich auf den zu pflegenden Menschen und umfasst die in diesem Rahmen erforderlichen Verrichtungen zur Weiterführung der Hauswirtschaft.[8] **14**

Nach § 92 Abs 1 S 2 Nr 6 SGB V beschließt der G-BA **Richtlinien über die Verordnung häuslicher Krankenpflege** (Häusliche Krankenpflege-Richtlinie, v 17.9.2009, BAnz Nr 21a (Beilage) v 9.2.2010, zuletzt geändert am 16.3.2017, BAnz AT 1.6.2017 B3), die gem § 92 Abs 8 SGB V Bestandteil der Bundesmantelverträge und damit für die verordnenden Ärzte verbindlich sind. Die Richtlinie regelt die Verordnung häuslicher Krankenpflege, deren Dauer und deren Genehmigung durch die KK sowie die Zusammenarbeit der Ärzte mit den die häusliche Krankenpflege durchführenden ambulanten Pflegediensten und den Krankenhäusern. Sie enthält in der Anlage ein Verzeichnis verordnungsfähiger Maßnahmen der häuslichen Krankenpflege (Leistungsverzeichnis). **15**

Die Häusliche Krankenpflege-Richtlinie stellt keinen abschließenden Leistungskatalog dar, sondern definiert Maßnahmen für den Regelfall, sodass ein Abweichen bei Verordnung häuslicher Krankenpflege, die sich im Einzelfall als erforderliche und wirtschaftliche Maßnahme darstellt, möglich ist.[9] **16**

Die **Dauer** der häuslichen Krankenpflege ist grundsätzlich **auf vier Wochen beschränkt** (§ 37 Abs 1 S 4 SGB V). In begründeten Ausnahmefällen kann die KK eine längere Dauer gewähren, wenn der MDK (§ 275 SGB V) festgestellt hat, dass Krankenhausbehandlung noch geboten ist (§ 37 Abs 1 S 5 SGB V; § 5 Abs 3 Häusliche Krankenpflege-Richtlinie). **17**

Die Verordnung häuslicher Krankenpflege erfolgt auf dem Muster 12 der Vordruckvereinbarung (Anl 2 BMV-Ä). **18**

---

6 S Rn 15.
7 S näher Peters/*Mengert* § 37 Rn 27.
8 Zum Inhalt der Pflege s auch juris PK-SGB V/*Padé* § 37 Rn 23 ff; KassKomm/*Nolte* § 37 SGB V Rn 21 ff.
9 *BSG* v 17.3.2005 – B 3 KR 35/04 R, Rn 23, juris.

III. Behandlungspflege (Abs 2)

19 Die Regelung entspricht § 37 Abs 2 SGB V, wonach Versicherte in ihrem Haushalt, ihrer Familie oder sonst an einem geeigneten Ort als häusliche Krankenpflege **Behandlungspflege** erhalten, wenn diese zur Sicherung des Ziels der ärztlichen Behandlung erforderlich ist.

20 Das BSG stellt darauf ab, dass die Krankenpflege im hohen Grade zweckmäßig sein muss, zB weil die Pflegekraft Leistungen erbringen kann, die sonst durch den Arzt erbracht werden müssten[10]. Die Krankenpflege muss darüber hinaus unvermeidbar und unentbehrlich sein, im Sinne der Wahrscheinlichkeit im Rahmen einer ex ante Betrachtung, dass ohne die Pflege der Behandlungserfolg entfällt.[11] Dies ist bereits dann der Fall, wenn wegen der Grunderkrankung jederzeit unvorhergesehene Situationen eintreten können, die geeignet sind, den Behandlungserfolg grundlegend zu gefährden.[12]

21 Der gesetzliche Anspruch ist auf die Behandlungspflege beschränkt. Die KK können im Wege von **Satzungsregelungen** Grundpflege und hauswirtschaftliche Versorgung gewähren (§ 37 Abs 2 S 4 SGB V).[13]

IV. Genehmigung der KK (Abs 3)

22 Die Erbringung häuslicher Krankenpflege bedarf neben der ärztlichen Verordnung der **Genehmigung** der KK (§ 6 Häusliche Krankenpflege-Richtlinie). Die KK ist an den Inhalt der ärztlichen Verordnung nicht gebunden. Sie kann den MDK mit der Prüfung der Erforderlichkeit der verordneten Maßnahmen beauftragen.[14] Stimmt die KK dem Umfang der Verordnung nicht oder nicht in vollem Umfang zu, hat sie den behandelnden Arzt über ihre Ablehnung bzw einschränkende Entscheidung zu unterrichten.

23 Bei einschränkender oder ablehnender Entscheidung der KK hat der Versicherte die Möglichkeit, diese im Wege des Widerspruchs und nachfolgend Klage überprüfen zu lassen.

24 Die Klageart richtet sich nach den Umständen des Einzelfalls:
– bei Ablehnung der Gewährung häuslicher Krankenpflege ist Verpflichtungsklage (§ 54 Abs 1 S 1 Alt 2 SGG),
– bei einschränkender Entscheidung Verpflichtungs- oder kombinierte Anfechtungs- und Verpflichtungsklage,
– bei Ablehnung der Übernahme der Kosten für eine selbstbeschaffte Pflegekraft (§ 37 Abs 4 SGB V) kombinierte Anfechtungs- und Leistungsklage möglich[15] ,
– bei Ablehnung aus verfahrensrechtlichen Gründen (§ 66 Abs 1 SGB I) ist nur eine isolierte Anfechtungsklage zulässig, da über die Leistungsvoraussetzungen noch nicht entschieden wurde.[16]

---

10 *BSG* v. 20.4.1988 – 3/8 RK 16/86.
11 *SG Berlin* v 7.11.2014 – S 89 KR 1954/11, Rn 29, juris mwN; juris PK-SGB V/*Padé* § 37 Rn 62.
12 Vgl *SG Berlin* v 7.11.2014 – S 89 KR 1954/11, Rn 29, juris.
13 Zur Abgrenzung von Maßnahmen der häuslichen Krankenpflege zu den Verrichtungen der Grundpflege in der sozialen Pflegeversicherung s *BSG* v 17.3.2005 – B 3 KR 9/04 R, juris.
14 *BSG* v 30.3.2000 – B 3 KR 23/99 R, juris; ; KassKomm/*Nolte* § 37 SGB V Rn 5a.
15 *BSG* v 28.5.2003 – B 3 KR 32/02 R, Rn 12, juris.
16 *BSG* v 17.2.2004 – B 1 KR 4/02 R, juris.

V. Sachgerechte Durchführung (Abs 4)

Der **verordnende Vertragsarzt** bleibt für die sachgerechte Durchführung und den 25 erfolgversprechenden Einsatz der Maßnahmen **verantwortlich**. Er hat sich hierüber regelmäßig zu vergewissern (vgl § 5 Abs 1 Häusliche Krankenpflege-Richtlinie). Werden bestimmte Maßnahmen nicht mehr benötigt, ist die KK zu informieren. Dieses Vorgehen trägt den in der vertragsärztlichen Versorgung geltenden Grundsätzen der Wirtschaftlichkeit und Notwendigkeit nach § 12 SGB V Rechnung.

Rückwirkende Verordnungen sind grundsätzlich unzulässig. Voraussetzung für die Verordnung häuslicher Krankenpflege ist, dass sich der Vertragsarzt von dem Zustand des Kranken und der Notwendigkeit häuslicher Krankenpflege persönlich überzeugt hat oder dass ihm beides aus der laufenden Behandlung bekannt ist (§ 3 Abs 1 Häusliche Krankenpflege-Richtlinie). Nur in Ausnahmefällen (zB nicht rechtzeitige Kontaktaufnahme wegen Nachfolgeverordnung) kann häusliche Krankenpflege mit entsprechender Begründung (bspw der Kontinuität in der dringend notwendigen Versorgung) rückwirkend verordnet werden. Für diesen Ausnahmecharakter der rückwirkenden Verordnung spricht insbesondere, dass anderenfalls die strengen Anforderungen an die ex ante Beurteilung der medizinischen Notwendigkeit und Dauer der Verordnung, die ferner auch dem Wirtschaftlichkeitsgrundsatz geschuldet sind, umgangen werden könnten. 26

Die Leistungserbringer der häuslichen Krankenpflege haben keine Rechtsbeziehung 27 zum verordnenden Vertragsarzt. Um eine die ärztliche Behandlung unterstützende Krankenpflege zu gewährleisten, verpflichten die KK die **Pflegedienste**, sich an die Weisungen des Vertragsarztes zu halten. Die konkreten Vorgaben sind Gegenstand der Verträge der KK mit den Leistungserbringern nach § 132a Abs 4 SGB V.

VI. Grundpflege und hauswirtschaftliche Versorgung (Abs 5)

Die KK haben die Möglichkeit, Grundpflege und hauswirtschaftliche Versorgung 28 auch im Rahmen der Sicherungspflege zu gewähren. Hierzu können sie entsprechende Satzungsleistungen vereinbaren. S 1 entspricht der gesetzlichen Regelung des § 37 Abs 2 S 4 SGB V. In den Satzungen der KK kann dabei nicht nur der Anspruch an sich geregelt werden sondern auch Dauer und Umfang der Leistung konkretisiert werden.[17]

Die Gewährung von Grundpflege und hauswirtschaftliche Versorgung zur Sicherung 29 des Ziels der ärztlichen Behandlung ist – trotz Satzungsregelung – **ausgeschlossen**, wenn der Versicherte mit mindestens Pflegegrad 2 **pflegebedürftig** iSd SGB XI ist (§ 37 Abs 2 S 6 SGB V), da in diesen Fällen der Aufgabenbereich der Pflegeversicherung für derartige Leistungen eröffnet ist (§ 4 Abs 1 SGB XI).[18]

Zur Information über den Umfang der verordnungsfähigen Leistungen haben die 30 Landesverbände der KK die KV über den Umfang ihrer Satzungsbestimmungen zu informieren soweit sie die Grundpflege und hauswirtschaftliche Versorgung betreffen (§ 8 Häusliche Krankenpflege-Richtlinie).

---

17 jurisPK-SGB V/*Padé* § 37 SGB V Rn 79; Peters/*Mengert* Handbuch KV (SGB V), § 37 Rn 50.
18 *BSG* v 28.1.1999 – B 3 KR 4/98 R, Rn 20, juris.

§ 28 Verordnung von spezialisierter ambulanter Palliativversorgung

(1) ¹Die Verordnung der spezialisierten ambulanten Palliativversorgung (SAPV) liegt in der Verantwortung des Vertragsarztes. ²Die Dauer der Verordnung ist anzugeben.

(2) Bei der Verordnung von SAPV prüft die Krankenkasse den Leistungsanspruch des Versicherten nach Maßgabe der Richtlinie des Gemeinsamen Bundesausschusses zur Verordnung von spezialisierter ambulanter Palliativversorgung.

Übersicht

	Rn		Rn
I. Gesetzliche Vorgaben	1	4. Leistungserbringer/-umfang/-ort	23
II. Verordnung der SAPV (Abs 1)	10	a) Leistungserbringer	23
1. Vorbemerkung	10	b) Leistungsumfang	27
2. Grundlagen und Ziele der SAPV	11	c) Leistungsort	30
		5. Verordnung	31
3. Anspruchsberechtigte	12	III. Prüfung KK (Abs 2)	37

I. Gesetzliche Vorgaben

1 Der Gesetzgeber hat zur Schließung der Versorgungslücke zwischen häuslicher Krankenpflege (§ 37 SGB V), der Krankenhausbehandlung (§ 39 SGB V), der vollstationären Pflege der sozialen Pflegeversicherung (§ 43 SGB XI) und den Leistungen der ambulanten, teilstationären und vollstationären Hospize (§ 39a SGB V) mit Wirkung zum 1.4.2007 die besondere ambulante Pflege für sterbenskranke Menschen mit besonderen Bedürfnissen geschlossen (§ 37b SGB V idF des GKV-WSG, sog **SAPV**). Er hat damit auf die Bedürfnisse reagiert, die sich im Rahmen der ambulanten Krankenpflege, der Hospizleistungen und hin zur gesetzlichen Pflegeversicherung ergeben haben.

2 Ziel des Gesetzes ist es, *„dem Wunsch der Menschen zu entsprechen, in Würde und möglichst in der eigenen häuslichen Umgebung zu sterben"* (BT-Drucks 16/3100, 105).

3 SAPV ist nicht Bestandteil der vertragsärztlichen Versorgung, weil es sich um eine ärztliche und pflegerische Komplexleistung einschließlich Koordinierungsanteilen handelt, die über Leistungsart und -umfang der vertragsärztlichen Versorgung hinausgeht[1].

4 Der G-BA hat auf der Grundlage des § 92 Abs 1 S 2 Nr 14 SGB V **Richtlinien** über die Verordnung von SAPV beschlossen (§ 37b Abs 3 SGB V; SAPV-Richtlinie v 20.12.2007, BAnz 2008 S 911, zuletzt geändert am 15.4.2010, BAnz 2010, 2190). Vor seiner Entscheidung hat er den maßgeblichen Organisationen der Hospizarbeit und der Palliativversorgung sowie den in § 132a Abs 1 S 1 SGB V genannten Organisationen Gelegenheit zur Stellungnahme gegeben (§ 92 Abs 7b SGB V).

5 Mit Genehmigung der SAPV-Richtlinie im Jahr 2008 hatte das BMG zunächst dem G-BA die Auflage erteilt, jährlich einen **Bericht über die Leistungsentwicklung im Bereich der SAPV** vorzulegen. Um die vertragliche Entwicklung in diesem Leistungsbereich besser nachvollziehen zu können, hatte das BMG im Mai 2010 zusätzlich den GKV-Spitzenverband gebeten – zunächst halbjährlich und ab dem Berichtszeitraum

---

1 BT-Drucks 16/3100, Begründung zu Nr 102 [§ 132d], 144.

2011 jährlich – einen Bericht zur vertraglichen Umsetzung vorzulegen.[2] Durch das Gesetz zur Verbesserung der Hospiz- und Palliativversorgung in Deutschland (Hospiz- und Palliativgesetz – HPG) ist die Berichtsverpflichtung über die Leistungsentwicklung im Bereich der SAPV gänzlich auf den GKV-Spitzenverband übergegangen, der nun gem § 37b Abs 4 SGB V gesetzlich verpflichtet ist, auf Basis statistischer Erhebungen seiner Mitgliedskassen alle drei Jahre einen Bericht über die Entwicklungen der SAPV und die Umsetzung der SAPV-Richtlinie des G-BA zu erstellen. Dies erfolgte erstmals mit Bericht des GKV-Spitzenverbandes zur Palliativversorgung v 8.12.2017.[3]

Die KK schließen über die SAPV einschließlich der Vergütung und deren Abrechnung unter Berücksichtigung der Richtlinien des G-BA nach § 37b SGB V **Verträge** mit geeigneten Einrichtungen oder Personen, soweit dies für eine bedarfsgerechte Versorgung notwendig ist (§ 132d Abs 1 SGB V). 6

Der GKV-Spitzenverband legte bis zum 31.12.2018 unter Beteiligung der Deutschen Krankenhausgesellschaft, der Vereinigungen der Träger der Pflegeeinrichtungen auf Bundesebene, der Spitzenorganisationen der Hospizarbeit und der Palliativversorgung sowie der KBV in **Empfehlungen** 7
– die sächlichen und personellen Anforderungen an die Leistungserbringung,
– Maßnahmen zur Qualitätssicherung und Fortbildung,
– Maßstäbe für eine bedarfsgerechte Versorgung mit SAPV fest (§ 132d Abs 2 SGB V).

Der Abschluss dieser Verträge über SAPV-Leistungen unterliegt den Vorschriften des Kartellvergaberechts nach §§ 97 ff GWB.[4] Eine Ausschreibungspflicht ist insbesondere gegeben, wenn für die Beteiligung an dem Vertragssystem der SAPV zwischen KK und Leistungserbringern keine im Vorhinein festgelegten Bedingungen gelten und eine Auswahl zwischen den Leistungserbringern erfolgt.[5] Einzelne KK sind in der Folge zu einem offenen Zulassungsverfahren nach festgelegten Bedingungen und ohne Auswahlentscheidung übergegangen, um ein Ausschreibungsverfahren zu vermeiden (sog **open-house-Verfahren**). 8

Die aufgrund der Vergabeverpflichtung entstandenen Unsicherheiten haben den Gesetzgeber dazu bewogen, das vereinzelt praktizierte offene Zulassungsverfahren (s Rn 8) gesetzlich abzusichern[6]. Hierzu wurde § 132d Abs 1 SGB V iRd Pflegepersonal-Stärkungsgesetzes[7] neu gefasst und mit Wirkung zum 1.1.2019 geregelt, dass die maßgeblichen Voraussetzungen, nach denen ein Leistungserbringer den Zugang zur Versorgung erhält, zwischen dem GKV-Spitzenverband und den Vertretern der Hospizarbeit und der SAPV auf Bundesebene in einem **Rahmenvertrag** festgelegt werden. Der Rahmenvertrag ersetzt die bisherigen Rahmenempfehlungen nach § 132d Abs 2 SGB V (s Rn 7). 9

---
2 Bericht des GKV-Spitzenverbandes zur Palliativversorgung v 8.12.2017, 6.
3 Abrufbar unter: https://www.gkv-spitzenverband.de/media/dokumente/krankenversicherung_1/hospiz_palliativversorgung/20171208_Bericht_GKV-SV_Palliativversorgung.pdf, zuletzt abgerufen am 1.9.2020.
4 Vergabekammer des Bundes v 23.11.2015 – VK 2-103/15.
5 *OLG Düsseldorf* v 15.6.2016 – VII-Verg 56/15, Rn 17, juris.
6 BT-Drucks 19/5593, 117.
7 BGBl I 2018, Nr 45, 2394.

§ 28 Verordnung von SAPV

II. Verordnung der SAPV (Abs 1)

10 **1. Vorbemerkung.** Da SAPV nicht zur vertragsärztlichen Versorgung zählt (s Rn 3), aber in gleicher Weise wie in der vertragsärztlichen Versorgung eine Verordnung durch einen Vertragsarzt oder einen Krankenhausarzt voraussetzt (§ 37b Abs 1 S 2 SGB V), haben die Partner des BMV-Ä eine auf diese Verordnungstätigkeit beschränkte Regelung mit Wirkung zum 1.10.2013 in den einheitlichen BMV-Ä aufgenommen.

11 **2. Grundlagen und Ziele der SAPV.** Die SAPV dient dem Ziel, die Lebensqualität und die Selbstbestimmung schwerstkranker Menschen zu erhalten, zu fördern und zu verbessern und ihnen ein menschenwürdiges Leben bis zum Tod in ihrer vertrauten häuslichen oder familiären Umgebung zu ermöglichen. Aufgrund des Schweregrades und mangels hinreichender Aussicht auf Heilung der Krankheit, verfolgt die SAPV vordergründig keinen kurativen Ansatz, sondern die medizinisch-pflegerische Zielsetzung, Symptome und Leiden einzelfallgerecht zu lindern (s § 1 Abs 1 SAPV-Richtlinie; Ziffer 1.1 der Empfehlungen des GKV- Spitzenverbandes).

12 **3. Anspruchsberechtigte.** Versicherte mit einer nicht heilbaren, fortschreitenden oder weit fortgeschrittenen Erkrankung bei einer zugleich begrenzten Lebenserwartung, die eine besonders aufwändige Versorgung benötigen, haben Anspruch auf SAPV (§ 37b Abs 1 S 1 SGB V, § 2 SAPV-Richtlinie).

13 Der Begriff „**Erkrankung**" entspricht dem Begriff „**Krankheit**" iSv § 27 SGB V; **Krankheit** ist *„ein regelwidriger Körper- oder Geisteszustand, der die Notwendigkeit ärztlicher Heilbehandlung oder – zugleich oder allein – Arbeitsunfähigkeit zur Folge hat"*.[8]

14 **Unheilbar** ist eine Krankheit, wenn sie mit den Mitteln der Medizin nicht geheilt werden kann. Ob Heilung erreicht werden kann, bestimmt sich nach den Erkenntnissen der medizinischen Wissenschaft. Maßgeblich ist, ob die Leistung, die auf die Heilung der Krankheit abzielt, nach dem allgemeinen Stand der medizinischen Erkenntnisse und unter Berücksichtigung des medizinischen Fortschritts wirksam ist (§ 2 Abs 1 S 3 SGB V, s auch § 16 Rn 8f).

15 Zu den unheilbaren Erkrankungen zählen insbesondere
– Tumorerkrankungen im fortgeschrittenen Stadium,
– tödlich verlaufende Viruserkrankungen (zB HIV),

aber auch

– Erbkrankheiten,
– Mucoviszidose oder
– Muskeldystrophien.

16 Eine Erkrankung kann auch dann unheilbar sein, wenn sie nicht zum Tode führt, aber aufgrund ihrer gravierenden Folgen mit einer lebensbedrohlichen oder regelmäßig tödlich verlaufenden Erkrankung auf eine Stufe gestellt werden kann.[9]

---

[8] juris PK-SGB V/*Padé* § 37b Rn 24.
[9] *BSG* v 4.4.2006 – B 1 KR 12/04 R, Rn 31, juris; *Dalichau* SGB V, § 37b II 3. S 13; juris PK-SGB V/*Padé* § 37b Rn 25.

Eine Krankheit ist **fortschreitend**, wenn ihr Verlauf trotz medizinischer Maßnahmen nach dem allgemein anerkannten Stand der medizinischen Erkenntnisse nicht nachhaltig aufgehalten werden kann (§ 3 Abs 2 SAPV-Richtlinie). 17

Sie ist **weit fortgeschritten**, wenn die Verbesserung von Symptomatik und Lebensqualität sowie die psychosoziale Betreuung im Vordergrund der Versorgung stehen und nach begründeter Einschätzung des verordnenden Arztes die Lebenserwartung auf Tage, Wochen oder Monate gesunken ist (§ 3 Abs 3 SAPV-Richtlinie). 18

Ein Bedarf an **besonders aufwändiger Versorgung** besteht, wenn die anderweitigen ambulanten Versorgungsformen sowie ggf die Leistungen des ambulanten Hospizdienstes nicht oder nur unter besonderer Koordination ausreichen würden, um die Ziele der SAPV (Rn 11) zu erreichen. Anhaltspunkt dafür ist das Vorliegen eines komplexen Symptomgeschehens, dessen Behandlung spezifische palliativmedizinische und/oder palliativpflegerische Kenntnisse und Erfahrungen sowie ein interdisziplinär, insbesondere zwischen Ärzten und Pflegekräften in besonderem Maße abgestimmtes Konzept voraussetzt (§ 4 SAPV-Richtlinie). 19

Den besonderen Belangen von Kindern ist Rechnung zu tragen (§ 37b Abs 1 S 6 SGB V; § 1 Abs 4 SAPV-Richtlinie, Empfehlungen des GKV-Spitzenverbands, der Deutschen Gesellschaft für Palliativmedizin und dem Deutschen Hospiz- und PalliativVerband eV zur Ausgestaltung der Versorgungskonzeption der SAPV von Kindern und Jugendlichen vom 12.6.2013). 20

Eine **begrenzte Lebenserwartung** ist anzunehmen, wenn nach ärztlicher Beurteilung die Krankheit bei dem konkreten Versicherten in absehbarer Zeit zum Tode führen wird.[10] 21

Hingegen ist ein möglicherweise tödlicher Ausgang in ferner Zukunft – auch wenn eine Verschlimmerung mit medizinischen Mitteln nicht verhindert werden kann – nicht ausreichend, um Palliativversorgung nach § 37b SGB V zu rechtfertigen.[11] 22

4. Leistungserbringer/-umfang/-ort. – a) Leistungserbringer. SAPV wird ausschließlich von Leistungserbringern erbracht, mit denen die KK zur Sicherung einer bedarfsgerechten Versorgung einen Vertrag nach § 132d SGB V geschlossen hat (s Rn 7–9). Sofern sie die in den Rahmenverträgen nach § 132d Abs 1 SGB V festgelegten Voraussetzungen erfüllen, haben Personen und Einrichtungen Anspruch einzeln oder gemeinsam mit der KK Versorgungsverträge zu schließen, wobei der Gleichbehandlungsgrundsatz zu beachten ist (§ 132d Abs 1 S 6 SGB V). 23

Die Leistungserbringer nach § 132d SGB V müssen eine interdisziplinäre Versorgungsstruktur vorhalten, bestehend insbesondere aus qualifizierten Ärzten und Pflegefachkräften unter Beteiligung der ambulanten Hospizdienste und ggf der stationären Hospize (§ 5 Abs 2 SAPV-Richtlinie). 24

Die personellen Anforderungen wurden bisher in Ziffer 5, die organisatorischen Voraussetzungen in Ziffer 4 der Empfehlungen des GKV-Spitzenverbandes geregelt, die zukünftig durch die obligatorische Rahmenvereinbarung nach § 132d Abs 1 SGB V ersetzt werden (s Rn 9). 25

---

10 Zur Definition der begrenzten Lebenserwartung s *BVerfG* v 6.12.2005 – 1 BvR 347/98, juris; *BSG* v 7.11.2006 – B 1 KR 24/06 R, juris.
11 *BSG* v 14.12.2006 – B 1 KR 12/06 R, Rn 19, juris; vgl auch *BSG* v 7.11.2006 – B 1 KR 24/06 R, Rn 29, juris; juris PK-SGB V/*Padé* § 37b Rn 37.

§ 28 Verordnung von SAPV

26 GKV-Versicherte haben keinen Anspruch darauf, dass ihre KK mit bestimmten Leistungserbringern einen Vertrag nach § 132d SGB V schließt. Ihre Ansprüche ergeben sich direkt aus § 37b Abs 1 SGB V auf Erhalt der spezialisierten ambulanten Palliativversorgung, wenn die Voraussetzungen vorliegen. Stehen keine geeigneten Leistungserbringer zur Verfügung bzw fehlt es an den notwendigen Verträgen nach § 132d SGB V, können die Versicherten ihre Ansprüche individualrechtlich nur iRd § 13 Abs 3 SGB V (mögliches Systemversagen) geltend machen.[12]

27 **b) Leistungsumfang.** Sofern der versicherte Patient an einer nicht heilbaren, fortschreitenden oder weit fortgeschrittenen Erkrankung (s Rn 12 ff) leidet, die eine spezialisierte Betreuung erfordert, hat er Anspruch auf ambulante Palliativversorgung. Je nach aktuellem Versorgungsbedarf kann die SAPV als

– Beratungsleistung,
– Koordination der Versorgung,
– additiv unterstützende Teilversorgung,
– vollständige Versorgung

erbracht werden (§ 1 Abs 6 SAPV-Richtlinie).

28 Die Leistungen müssen ausreichend und zweckmäßig sein; sie dürfen das Maß des Notwendigen nicht überschreiten und sind wirtschaftlich zu erbringen (§ 5 Abs 2 S 4 SAPV-Richtlinie,).

29 Die Inhalte der SAPV sind katalogartig (nicht abschließend) in § 5 Abs 3 SAPV-Richtlinie aufgeführt.

30 **c) Leistungsort.** SAPV kann erbracht werden

– im Haushalt des schwerstkranken Menschen oder seiner Familie,
– in stationären Pflegeeinrichtungen (§ 72 Abs 1 SGB XI),
– in Einrichtungen der Eingliederungshilfe für behinderte Menschen iSv § 55 SGB XII und der Kinder- und Jugendhilfe iSv § 34 SGB VIII,
– an weiteren Orten, an denen sich der schwerstkranke Mensch in vertrauter häuslicher oder familiärer Umgebung aufhält und diese Versorgung zuverlässig erbracht werden kann, wenn und soweit nicht andere Leistungsträger zur Leistung verpflichtet sind (§ 1 Abs 2 SAPV-Richtlinie).

31 **5. Verordnung.** Liegen die Voraussetzungen der SAPV vor und hält der behandelnde Arzt sie im konkreten Fall für erforderlich, kann er sie **verordnen**. Verordnungsberechtigt ist sowohl der Vertragsarzt als auch der Krankenhausarzt, der einen Patienten ambulant versorgt.

32 Befindet sich der Patient in stationärer Behandlung und hält der Krankenhausarzt die Entlassung für möglich und die Verordnung von SAPV für erforderlich, kann er auch in diesem Fall die Verordnung ausstellen, idR jedoch längstens für 7 Tage (§ 7 Abs 1 SAPV-Richtlinie).

33 Konsequenterweise weist Abs 1 dieser bundesmantelvertraglichen Regelung nur auf die Verantwortlichkeit des Vertragsarztes hin, da Regelungsgegenstand des BMV-Ä nur die vertragsärztliche Versorgung ist, nicht hingegen die stationäre Versorgung (anders die Richtlinienkompetenz des G-BA, die beide Sektoren umfasst).

---

12 *LSG Nordrhein-Westfalen* v 30.3.2009 – L 16 B 15/09 KR ER, juris.

Die Verordnung der SAPV erfolgt auf dem zwischen den Partnern des BMV-Ä vereinbarten **Vordruck** (Muster 63 der als Anlage 2 vereinbarten Vordruckvereinbarung). 34

Die Verordnung hat Angaben zum jeweiligen aktuellen Versorgungsbedarf (gem § 5 Abs 2 SAPV-Richtlinie) sowie Angaben zur Dauer zu enthalten (Abs 1 S 2, § 7 Abs 2 SAPV-Richtlinie). 35

Notwendige **Arznei-/Heil- und Hilfsmittel** werden auf den für die vertragsärztliche Versorgung vereinbarten Verordnungsvordrucken verordnet (s § 25a Rn 8). Das Nähere ist in der Vereinbarung zwischen dem GKV-Spitzenverband und der KBV über die Vergabe von Betriebsstätten-Nummern und einer Pseudo-Arztnummer an Leistungserbringer der SAPV gem § 132d Abs 1 SGB V zur Verordnung von Arznei-, Heil- und Hilfsmitteln im Rahmen der SAPV festgelegt (Ziffer 3.4 der Empfehlungen des GKV-Spitzenverbandes).[13] Jeder Vertragspartner einer Krankenkasse nach § 132d Abs 1 SGB V (SAPV-Team) erhält eine eigene Betriebsstättennummer, die von der KBV auf Antrag vergeben und bei der Verordnung von Arznei-/Heil- und Hilfsmitteln im Rahmen der SAPV auf den jeweiligen Vordrucken (s § 25a Rn 8) gemeinsam mit einer einheitlichen Pseudo-Arztnummer anzugeben ist.[14] 36

III. Prüfung KK (Abs 2)

Die Leistungen der SAPV sind **genehmigungspflichtig**. Die KK prüft den Leistungsanspruch des Versicherten nach Maßgabe der SAPV-Richtlinie des G-BA. Um eine unverzügliche Versorgung der Versicherten zu gewährleisten, übernimmt die KK bis zu einer Entscheidung über die weitere Leistungserbringung die Kosten für die verordneten und von den Leistungserbringern nach § 132d SGB V erbrachten Leistungen entsprechend der vereinbarten Vergütung nach § 132d SGB V, wenn die Verordnung gem § 7 Abs 2 SAPV-Richtlinie spätestens an dem dritten der Ausstellung folgenden Arbeitstag der KK vorgelegt wird (§ 8 SAPV-Richtlinie; Ziffer 3.1 der Empfehlungen des GKV-Spitzenverbandes). 37

§ 29 Verordnung von Arzneimitteln

(1) ¹Die Verordnung von Arzneimitteln liegt in der Verantwortung des Vertragsarztes. ²Die Genehmigung von Arzneimittelverordnungen durch die Krankenkasse ist unzulässig.

(2) ¹Will der Vertragsarzt zu einer Verordnung ausschließen, dass die Apotheken ein preisgünstigeres wirkstoffgleiches Arzneimittel an Stelle des verordneten Mittels abgeben, hat er den Ausschluss durch Kennzeichnen des aut-idem-Feldes auf der Verordnung kenntlich zu machen. ²Der Ausschluss des Austausches des verordneten Arzneimittels durch ein preisgünstigeres Arzneimittel in der Apotheke ist nur aus medizinisch-therapeutischen Gründen zulässig.

(3) ¹Vertragsärzte dürfen für die Verordnung von Arzneimitteln nur solche Arzneimittel-Datenbanken einschließlich der zu ihrer Anwendung notwendigen elektronischen Programme (Software) nutzen, die die Informationen gemäß § 73 Abs. 9 SGB V

---

13 SAPV-BSNR-Vereinbarung, abrufbar unter https://www.kbv.de/html/palliativversorgung.php, zuletzt abgerufen am 1.9.2020.
14 S SAPV-BSNR-Vereinbarung v 1.5.2009, Ziffern 4 und 6.

enthalten und die von der Prüfstelle der Kassenärztlichen Bundesvereinigung auf Basis der jeweils aktuellen Anforderungskataloge für die vertragsärztliche Versorgung zugelassen (Zertifizierung) sind. ²Es sind nur solche Arzneimittel-Datenbanken einschließlich der zu ihrer Anwendung notwendigen elektronischen Programme (Software) und ihrer Folgeversionen (Updates) zuzulassen, die dem Vertragsarzt eine manipulationsfreie Verordnung von Arzneimitteln ermöglichen. ³Alle zugelassenen elektronischen Programme erhalten eine Prüfnummer.

(4) ¹Die Prüfstelle der Kassenärztlichen Bundesvereinigung kann eine bereits zertifizierte Software einer erneuten Prüfung (Rezertifizierung oder außerordentliche Kontrollprüfung) unterziehen. ²Die außerordentliche Kontrollprüfung kann von der Kassenärztlichen Bundesvereinigung, einer Kassenärztlichen Vereinigung, dem GKV-Spitzenverband oder einer Krankenkasse beantragt werden. ³Der Antrag ist zu begründen. ⁴Ein bereits erteiltes Zertifikat kann in begründeten Fällen entzogen werden. ⁵Das gilt insbesondere dann, wenn der Verdacht besteht, dass die nach Abs. 3 zugelassenen Arzneimittel-Datenbanken und Software-Versionen bei der Anwendung durch den Vertragsarzt eine manipulationsfreie Verordnung von Arzneimitteln entsprechend den Zulassungskriterien nach Abs. 3 nicht gewährleisten.

(5) ¹Der Vertragsarzt teilt der Kassenärztlichen Vereinigung in der Sammelerklärung zur Quartalsabrechnung gem. § 35 Abs. 2 mit, welche nach Abs. 3 zugelassene Arzneimittel-Datenbank und zu ihrer Nutzung zugelassene Software angewendet wurde. ²In vorgenannter Quartalserklärung bestätigt der Vertragsarzt, dass er zur Verordnung von Arzneimitteln ausschließlich zertifizierte Arzneimittel-Datenbanken und Software-Versionen eingesetzt hat.

(6) Verordnet der Arzt ein Arzneimittel, dessen Preis den Festbetrag nach § 35 SGB V überschreitet, hat er den Versicherten auf die Verpflichtung zur Übernahme der Mehrkosten hinzuweisen.

(7) ¹Nicht verschreibungspflichtige Arzneimittel sind von der Verordnung ausgeschlossen. ²Satz 1 gilt nicht für Kinder bis zum vollendeten 12. Lebensjahr und versicherte Jugendliche bis zum vollendeten 18. Lebensjahr mit Entwicklungsstörungen. ³Der Gemeinsame Bundesausschuss legt in den Richtlinien nach § 92 Abs. 1 Satz 2 SGB V fest, welche nicht verschreibungspflichtigen Arzneimittel ausnahmsweise verordnet werden dürfen.

(8) Kosten für Arzneimittel, die aus der Leistungspflicht der gesetzlichen Krankenversicherung ausgeschlossen oder für die Behandlung nicht notwendig sind, dürfen von den Krankenkassen nicht erstattet werden.

(9) Muss für ein Arzneimittel aufgrund eines Arzneimittelrückrufs oder einer von der zuständigen Behörde bekannt gemachten Einschränkung der Verwendbarkeit erneut ein Arzneimittel verordnet werden, ist die erneute Verordnung eines Arzneimittels oder eines vergleichbaren Arzneimittels auf einem separaten Arzneiverordnungsblatt vorzunehmen und zu kennzeichnen.

Übersicht

	Rn		Rn
I. Gesetzliche Vorgaben	1	III. Aut idem (Abs 2)	21
II. Verordnung von Arzneimitteln (Abs 1)	10	IV. Arzneimitteldatenbanken (Abs 3)	29

	Rn		Rn
V. Rezertifizierung/außerordentliche Kontrollprüfung (Abs 4)	33	IX. Kosten für ausgeschlossene Arzneimittel (Abs 8)	44
VI. Sammelerklärung (Abs 5)	36	X. Erneute Verordnung bei Rückruf oder behördlicher Einschränkung der Verwendbarkeit (Abs 9)	46
VII. Festbetrag (Abs 6)	37		
VIII. Nicht verschreibungspflichtige Arzneimittel (Abs 7)	42		

I. Gesetzliche Vorgaben

GKV-Versicherte haben iRd Krankenbehandlung auch Anspruch auf die **Versorgung** **1** **mit Arznei- und Verbandmitteln**, Heil- und Hilfsmitteln sowie digitalen Gesundheitsanwendungen (§ 27 Abs 1 S 2 Nr 3 SGB V). Sie ist nach § 73 Abs 2 S 1 Nr 7 SGB V Gegenstand der vertragsärztlichen Versorgung. Ein Anspruch besteht nur auf Verordnung von Arzneimitteln, die nach § 21 AMG arzneimittelrechtlich zugelassen sind.[1] Eine allein die Verkehrsfähigkeit des Arzneimittels betreffende arzneimittelrechtliche Entscheidung begründet hingegen im Leistungsrecht der gesetzlichen Krankenversicherung noch keinen Anspruch auf Versorgung mit diesem Arzneimittel.[2]

Nach § 31 Abs 1 SGB V haben Versicherte Anspruch auf Versorgung mit apothekenpflichtigen Arzneimitteln, soweit sie nicht nach § 34 SGB V oder durch die auf der Rechtsgrundlage des § 92 Abs 1 S 2 Nr 6 SGB V erlassenen Arzneimittel-Richtlinien des G-BA ausgeschlossen sind.[3] **2**

Durch Gesetz **ausgeschlossen** sind: **3**
– nicht apothekenpflichtige Arzneimittel (§ 31 Abs 1 S 1 SGB V),
– apothekenpflichtige, nicht verschreibungspflichtige Arzneimittel (§ 34 Abs 1 S 1 SGB V)[4],
– für Versicherte, die das 18. Lebensjahr vollendet haben: Verschreibungspflichtige Arzneimittel zur Anwendung bei sog geringfügigen Gesundheitsstörungen, zB Erkältungskrankheiten (§ 34 Abs 1 S 6 SGB V),
– Arzneimittel, bei deren Anwendung eine Erhöhung der Lebensqualität im Vordergrund steht, sog Lifestyle Arzneimittel (§ 34 Abs 1 S 7 SGB V).[5]

Die in der Verordnung über unwirtschaftliche Arzneimittel in der GKV[6] genannten **4** Arzneimittel sind als unwirtschaftlich von der vertragsärztlichen Versorgung ausgeschlossen (sog Negativliste). Diese Verordnungsausschlüsse gelten seit Aufhebung der gesetzlichen Ermächtigungsgrundlage für die oben benannte Rechtsverordnung als Teil der Arzneimittel-Richtlinie des G-BA weiter (s § 34 Abs 3 SGB V).[7]

---

1 *BSG* v 8.3.1995 –1 RK 8/94, juris; *BSG* v 27.9.2005 – B 1 KR 6/04 R, juris.
2 *BSG* v 27.9.2005 – B 1 KR 6/04 R, Rn 22, juris.
3 Zur Arzneimittelversorgung insgesamt s HK-AKM/*Becker* 250 Arzneimittel in der Krankenversicherung (Stand: 2013); Wenzel/*Hess* Kap 2 Rn 380 ff. Zu den Steuerungsinstrumenten des G-BA im Rahmen der Arzneimittelversorgung s *Becker* MedR 2010, 218 ff mwN sowie *Hauck* GesR 2011, 69 ff.
4 Zur Verfassungsmäßigkeit des Ausschlusses s *BVerfG* v 12.12.2012 – 1 BvR 69/09, juris.
5 Exemplarisch: *BSG* v 12.12.2012 – B 6 KA 50/11 R, juris.
6 BGBl I 2002, 4554.
7 § 34 Abs 3 SGB V wurde neu gefasst durch das Arzneimittelmarktneuordnungsgesetz (AMNOG) v 22.10.2010, BGBl I 2010, 2262.

§ 29   Verordnung von Arzneimitteln

5   Für Erwachsene ist die Verordnung von Arzneimitteln mit Ausnahme der Harn- und Blutteststreifen zuzahlungspflichtig[8]. Bei Arzneimitteln, für die eine Rabattvereinbarung nach § 130a Abs 8 SGB V besteht, kann die KK die Zuzahlung ermäßigen oder aufheben. Im Falle eines behördlichen Arzneimittelrückrufs oder einer Verwendungsbeschränkung entfällt für das aus diesem Grunde verordnete neue Arzneimittel die Zuzahlung (§ 31 Abs 3 S 7 SGB V).

6   Ergänzend enthält die **Arzneimittel-Richtlinie des G-BA**[9] Regelungen über die Verordnung von Arzneimitteln in der vertragsärztlichen Versorgung.

7   Der GKV-Spitzenverband und die für die Wahrnehmung der wirtschaftlichen Interessen gebildete maßgebliche Spitzenorganisation der Apotheker regeln in einem gemeinsamen **Rahmenvertrag** das Nähere zur Abgabe verordneter Arzneimittel (§ 129 Abs 2 SGB V).[10] Auf Landesebene können zwischen den KK oder ihren Verbänden und den Apothekerverbänden ergänzende Verträge geschlossen werden (§ 129 Abs 5 SGB V).

8   Die Landesverbände der KK und die Ersatzkassen gemeinsam und einheitlich und die KV treffen zur Sicherstellung der Versorgung mit Arzneimitteln eine **Arzneimittelvereinbarung**, die das Ausgabenvolumen für die insgesamt von den Vertragsärzten veranlassten Leistungen nach § 31 SGB V umfasst, Verordnungsanteile für Generika und im Wesentlichen gleiche biotechnologisch hergestellte biologische Arzneimittel festlegt sowie Versorgungs- und Wirtschaftlichkeitsziele definiert und Kriterien für Sofortmaßnahmen zur Einhaltung des vereinbarten Ausgabenvolumens festlegt (§ 84 Abs 1 SGB V).

9   Darüber hinaus bestimmt der G-BA in Richtlinien nach § 92 Abs 1 S 2 Nr 6 SGB V, für welche Gruppen von Arzneimitteln **Festbeträge** festgesetzt werden können (§ 35 Abs 1 SGB V)[11] und bewertet den Nutzen von erstattungsfähigen Arzneimitteln mit neuen Wirkstoffen (§ 35a Abs 1 SGB V). Auf Grundlage des Beschlusses des G-BA über die Nutzenbewertung (§ 35a Abs 3 SGB V) vereinbart der GKV-Spitzenverband mit dem pharmazeutischen Unternehmer im Benehmen mit dem Verband der Privaten Krankenkassen Erstattungsbeträge mit Wirkung für sämtliche KK, für diejenigen Arzneimittel, die aufgrund des Beschlusses des G-BA keiner Festbetragsgruppe zugeordnet wurden (§ 130b Abs 1, Abs 3 SGB V). Im Falle eines Antrages nach § 130b Abs 8 SGB V (nach erfolgtem Schiedsspruch über eine Vereinbarung zwischen dem GKV-Spitzenverband und pharmazeutischen Unternehmern über Erstattungsbeträge für Arzneimittel) beauftragt der G-BA das IQWIG mit einer Kosten-Nutzen-Bewertung (§ 35b Abs 1 SGB V). Die Geltung des Schiedsspruchs bleibt hiervon unberührt.

---

8 Zur Verfassungsmäßigkeit von Zuzahlungen in der GKV s *BSG* v 22.4.2008 – B 1 KR 10/07 R, juris; *BVerfG* v 7.3.1994 –1 BvR 2158/93, juris.
9 BAnz AT 9.10.2012 B 1.
10 Rahmenvertrag über die Arzneimittelversorgung nach § 129 Abs 2 SGB V in der zuletzt durch die Zweite Änderungsvereinbarung v 15.12.2019 geänderten Fassung; abrufbar unter https://www.gkv-spitzenverband.de/krankenversicherung/arzneimittel/rahmenvertraege/rahmenvertraege.jsp, zuletzt abgerufen am 1.9.2020.
11 S hierzu *BVerfG* v 17.12.2002 – 1 BvL 28/95, juris.

II. Verordnung von Arzneimitteln (Abs 1)

Nach der Rspr des BSG sind Präparate, die von der Grunddefinition des § 2 Abs 1 AMG erfasst werden, regelmäßig zugleich Arzneimittel iSv §§ 27, 31 SGB V.[12] Die Arzneimittelbegriffe des AMG und des SGB V sind weitgehend deckungsgleich; der auf die medizinisch-physiologische Wirkungsweise der Mittel und die Gefahrenabwehr zugeschnittene Arzneimittelbegriff des AMG ist aber umfassender als der des SGB V, welcher allein auf die Verhütung von Krankheiten ausgerichtet ist.[13] **10**

Nach § 2 Abs 1 AMG sind **Arzneimittel** *„Stoffe und Zubereitungen aus Stoffen, die dazu bestimmt sind, durch Anwendung am oder im menschlichen Körper oder tierischen Körper Krankheiten, Leiden, Körperschäden oder krankhafte Beschwerden zu heilen, zu lindern, zu verhüten oder zu erkennen, oder die Beschaffenheit, den Zustand oder die Funktion des Körpers oder seelische Zustände zu beeinflussen."* Ergänzend werden in § 4 Abs 2 AMG auch Blutzubereitungen iSd Patientenschutzes ausdrücklich als Arzneimittel bezeichnet.[14] **11**

Keine Arzneimittel sind zB Lebensmittel, auch dann, wenn der Versicherte aus Krankheitsgründen eine Diät- oder Krankenkost verwenden muss[15], Tabakerzeugnisse und kosmetische Mittel, § 2 Abs 3 AMG[16]. **12**

Ebenfalls keine Arzneimittel sind **Medizinprodukte** iSv § 3 MPG sowie deren Zubehör. In Abgrenzung zu Arzneimitteln, die (grundsätzlich) überwiegend pharmakologische Wirkung am und im Körper haben, wirken Medizinprodukte im oder am menschlichen Körper weder pharmakologisch oder immunologisch noch durch Metabolismus (§ 3 MPG). **13**

Ein **zugelassenes Arzneimittel** kann zu Lasten der GKV grundsätzlich nur in einem Anwendungsgebiet verordnet werden, auf das sich die Zulassung erstreckt. Eine Ausnahme besteht nur dann, wenn es bei einer schwerwiegenden Erkrankung keine Behandlungsalternative gibt und nach dem Stand der wissenschaftlichen Erkenntnisse die begründete Aussicht besteht, dass mit dem Medikament ein Behandlungserfolg erzielt werden kann (sog **Off-Label-Use**[17]; s auch § 12 Rn 9). Der G-BA hat in § 30 Abs 1 Arzneimittel-Richtlinie Voraussetzungen für die Verordnung von Arzneimitteln im Rahmen des Off-Label-Use festgelegt. Hiernach ist die Verordnung zulässig, wenn die Expertengruppen (§ 35c Abs 1 SGB V) mit Zustimmung des pharmazeutischen Unternehmers eine positive Bewertung zum Stand der wissenschaftlichen Erkenntnis über die Anwendung dieser Arzneimittel in den nicht zugelassenen Indikationen oder Indikationsbereichen als Empfehlung abgegeben haben und der G-BA die Empfehlung in Anlage VI Teil A der Arzneimittel-Richtlinie aufgenommen hat. **14**

---

12 *BSG* v 28.3.2000 – B 1 KR 11/98 R, Rn 15, juris.
13 *BSG* v 31.8.2000 – B 3 KR 11/98 R, Rn 31, juris.
14 Zum Arzneimittelbegriff s juris PK-SGB V/*Pitz* § 31 Rn 67 ff; HK-AKM/*Hart* 320 Arzneimittelzulassung (Stand: 2018), Rn 5; Wenzel/*Lippert* Kap 17 Rn 8 ff; Laufs/Kern/*Ulsenheimer* § 135 Rn 15 ff; Schnapp/Wigge/*Wille* § 19 Rn 2 ff; Zu den Medizinprodukten s Wenzel/*Lippert* Kap 17 Rn 16; Kap 18 Rn 1 ff.
15 *BSG* v 9.12.1997 – 1 RK 23/95, juris.
16 *BSG* v 6.3.2012 – B 1 KR 24/10 R, juris.
17 *BSG* v 19.3.2002 – B 1 KR 37/00 R, juris; *BSG* v 8.11.2011 – B 1 KR 19/10 R, Rn 16, juris; HK-AKM/*Hart* 3910 Off-Label-Use (Stand: 2013).

15 Für die Verordnung von Arzneimitteln in der vertragsärztlichen Versorgung trägt der verordnende Vertragsarzt die Verantwortung, insbesondere für die
- Zulässigkeit der Verordnung nach den gesetzlichen und untergesetzlichen Bestimmungen (s Rn 1 ff),
- Wirtschaftlichkeit der Verordnung (§ 12 SGB V iVm § 9 Arzneimittel-Richtlinie),
- Geeignetheit des Arzneimittels unter Berücksichtigung des Gesundheitszustands des Patienten und bereits vorhandener Medikation (§ 8 Arzneimittel-Richtlinie).[18]

16 Die Verordnung muss „die eigenhändige Unterschrift der verschreibenden Person" oder bei elektronischer Verschreibung eine qualifizierte elektronische Signatur enthalten (§ 2 Abs 1 Nr 10 der Arzneimittelverschreibungsverordnung). Nach der Rspr des BSG gilt der Grundsatz der persönlichen Leistungserbringung nicht nur für die Behandlungs-, sondern auch für die Verordnungstätigkeit des Arztes (§ 15 Abs 2), den Vertragsärzte und ermächtigte Krankenhausärzte gleichermaßen beachten müssen.[19] Da eine **Ermächtigung** den ermächtigten Arzt nur **persönlich berechtigt**, muss er die Verordnung **persönlich unterschreiben** und kann sie nicht von anderen Ärzten des Krankenhauses unterschreiben lassen. Nur in Notfällen besteht die Möglichkeit, dem Apotheker die Verordnung schriftlich oder elektronisch nachzureichen (§ 4 der Arzneimittelverschreibungsverordnung). Verstöße gegen den Grundsatz der persönlichen Leistungserbringung können zu Regressen führen.

17 Ein **Genehmigungsverfahren** hinsichtlich der Arzneimittelversorgung durch die KK ist grundsätzlich nicht vorgesehen. Es obliegt allein dem behandelnden Arzt, ob und ggf welches in der vertragsärztlichen Versorgung verordnungsfähige Medikament im konkreten Einzelfall zur Heilung oder Linderung der Beschwerden notwendig ist (Therapiefreiheit).

18 Ausnahmen bestehen insbesondere bei
- Kostenerstattung nach § 13 Abs 3 SGB V[20], s § 25a Rn 19,
- Off-Label-Use,[21]
- aut idem (s Rn 21 ff).

19 In Fällen der Kostenerstattung und des Off-Label-Use gewährt das BSG die Möglichkeit einer sog „Vorab-Prüfung" durch den Kostenträger. Diese „**Vorab-Prüfung**" kann entweder vom Arzt selbst veranlasst werden, um einem späteren möglichen Regress vorzubeugen oder aber auch durch den Versicherten, der Kostenerstattung nach § 13 Abs 3 SGB V begehrt.

20 Ein gängiger Weg ist es, dem Versicherten ein Privatrezept auszustellen und es diesem zu überlassen, die Kosten im Wege der Kostenerstattung nach § 13 Abs 3 SGB V von seiner KK erstattet zu bekommen. Der Vertragsarzt kann aber auch selbst bei der KK deren Auffassung als Kostenträger einholen und (erst) im Ablehnungsfall ein Privatrezept ausstellen.[22]

---

18 Zur Arzneimittelbehandlung und -haftung s HK-AKM/*Hart* 240 Arzneimittelbehandlung (Stand: 2016) und 243 Arzneimittelhaftung (Stand: 2016).
19 *BSG* v 20.3.2013 – B 6 KA 17/12 R, juris.
20 *BSG* v 14.12.2006 – B 1 KR 8/06 R, juris.
21 *BSG* v 31.5.2006 – B 6 KA 53/05 B, juris.
22 Ständige Rspr BSG, zuletzt *BSG* v 20.3.2013 – B 6 KA 27/12 R, Rn 28, juris mwN.

III. Aut idem (Abs 2)

Die Apotheken sind bei der Abgabe verordneter Arzneimittel an Versicherte nach **21**
Maßgabe des zwischen dem GKV-Spitzenverband und dem Deutschen Apothekerverband geschlossenen Rahmenvertrags zur Abgabe eines preisgünstigen Arzneimittels in den Fällen in denen der verordnende Arzt
– ein Arzneimittel nur unter seiner Wirkstoffbezeichnung verordnet oder
– die Ersetzung des Arzneimittels durch ein wirkstoffgleiches Arzneimittel nicht ausgeschlossen hat,

verpflichtet (§ 129 Abs 1 S 1 SGB V). Die letztgenannte Variante wird als „**aut idem**" bezeichnet (lateinisch: „oder das Gleiche").[23] Für diesen Fall konkretisiert Abs 2, dass der Vertragsarzt die Ersetzung des verordneten Arzneimittels durch die Apotheke ausschließen kann, wenn er dies durch Ankreuzen des aut-idem-Feldes auf dem Verordnungsblatt kenntlich macht. Dieser Ausschluss ist, wie S 2 festlegt, nur aus medizinisch-therapeutischen Gründen zulässig. Die Regelung ist Ausfluss des Wirtschaftlichkeitsgrundsatzes (§ 12 SGB V) und soll einer wirtschaftlichen Verordnungsweise des Arztes Rechnung tragen.

Während bis zum Inkrafttreten des AABG im Februar 2002 der Arzt durch Ankreu- **22**
zen des aut-idem-Feldes auf dem Rezeptformular dem Apotheker die Substitution erst erlaubt hatte, hat das Ankreuzen seitdem die umgekehrte Bedeutung. Wird kein Kreuz gesetzt, ist nun die Substitution als Regelfall durch den Apotheker erlaubt; das Ankreuzen schließt sie aus.

Die Apotheke hat bei der aut-idem-Substitution ein Medikament grundsätzlich durch **23**
ein wirkstoffgleiches Arzneimittel auszutauschen, für das ein Rabattvertrag nach § 130a Abs 8 SGB V zwischen der KK und dem pharmazeutischen Unternehmen geschlossen wurde (§ 129 Abs 1 S 3 SGB V).[24] Liegt kein Rabattvertrag vor, hat die Apotheke das verordnete eines der drei preisgünstigsten Arzneimittel abzugeben, das die Substitutionsvoraussetzungen erfüllt (§ 129 Abs 1 S 5 SGB V iVm § 12 des Rahmenvertrags).[25] Ist ein rabattiertes Arzneimittel zum Zeitpunkt der Vorlage der ärztlichen Verordnung nicht verfügbar, ist die Apotheke unmittelbar zur Abgabe eines lieferbaren wirkstoffgleichen Arzneimittels berechtigt, sofern die Substitutionsvoraussetzungen vorliegen (§ 129 Abs 4c S 2 SGB V).

Voraussetzungen der Substitution sind nach § 129 Abs 1 S 2 SGB V: **24**
– identische Wirkstärke und Packungsgröße; als identisch gelten dabei Packungsgrößen mit dem gleichen Packungsgrößenkennzeichen nach der in § 31 Abs 4 SGB V genannten Rechtsverordnung,
– für gleiches Anwendungsgebiet zugelassen,
– gleiche oder austauschbare Darreichungsform.

Die austauschbaren Darreichungsformen bestimmt der G-BA in Richtlinien nach § 92 **25**
Abs 1 S 2 Nr 6 SGB V (§ 129 Abs 1a SGB V, § 40 iVm Anl VII Teil A Arzneimittelrichtlinie).

---

23 Zur aut-idem-Regelung insgesamt s HK-AKM/*Brucklacher* 695 aut idem (Stand: 2015).
24 Zu den rechtlichen Rahmenbedingungen der Arzneimittelabgabe durch den Apotheker s *Effertz* GesR 2019, 15 ff.
25 S bereits: BT-Drucks 16/3100 zu Nr 95, 142.

26 Wählt der Versicherte ein anderes als das rabattierte Arzneimittel, hat er die Kosten zunächst selbst zu zahlen und kann sich nach § 13 Abs 2 SGB V – ohne dass die KK im Vorfeld eingebunden werden muss – einen Teil der Kosten von seiner KK erstatten lassen. Liegt der Sonderfall nach § 129 Abs 4c S 2 SGB V vor (s Rn 23) und ist kein Arzneimittel zum Festbetrag verfügbar, trägt die Krankenkasse abweichend von § 31 Abs 2 S 1 SGB V die Mehrkosten.

27 Für den verordnenden Arzt hat die Entscheidung, die Substitution durch den Apotheker zuzulassen oder nicht, unterschiedliche Konsequenzen:
 – kennzeichnet er das aut-idem-Feld nicht und lässt damit die Substitution zu, haftet er für die Medikamentenauswahl des Apothekers, falls durch die Umstellung unerwünschte Nebenwirkungen beim Patienten auftreten,[26] denn mit der fehlenden aut-idem-Kennzeichnung gibt der verordnende Arzt kund, dass eine Ersetzung des Medikaments den Erfolg der Therapie offensichtlich nicht beeinträchtigen kann,[27]
 – bei massivem unkritischen Einsatz des aut-idem-Kreuzes besteht die Gefahr der Unwirtschaftlichkeit der Verordnung und hieraus folgende Regressmaßnahmen.

28 Die Verordnung ohne aut-idem-Kreuz wird in der überwiegenden Zahl der Fälle als medizinisch vertretbar angesehen, sodass der Gesetzgeber die Realisierung der Rabattverträge als Regelfall aufgrund ihrer Wirtschaftlichkeit präferiert.

IV. Arzneimitteldatenbanken (Abs 3)

29 Abs 3 basiert auf § 73 Abs 8 SGB V, der zur Sicherung der wirtschaftlichen Verordnungsweise den KV und der KBV sowie den KK und ihren Verbänden aufgibt, die Vertragsärzte auch vergleichend über preisgünstige verordnungsfähige Leistungen und Bezugsquellen, einschließlich der jeweiligen Preise und Entgelte zu informieren sowie nach dem allgemein anerkannten Stand der medizinischen Erkenntnisse Hinweise zu Indikation und therapeutischem Nutzen zu geben.

30 Vertragsärzte dürfen für die Verordnung von Arzneimitteln nur solche **elektronischen Programme** nutzen, die die gesetzlich vorgegebenen Informationen nach § 73 Abs 8 S 2, 3 SGB V enthalten und die von der KBV für die vertragsärztliche Versorgung **zugelassen** sind (§ 73 Abs 9 S 1 SGB V). Die zugelassenen Programme (Zertifizierung) erhalten zu ihrer Identifizierung eine Prüfnummer. Es dürfen nur solche Programme (einschließlich Updates) zugelassen werden, die dem Vertragsarzt eine manipulationsfreie Verordnung von Arzneimitteln ermöglichen. Software ist zB unzulässig, wenn eine mit regulären Programmfunktionen belegte Eingabetaste in einem Programmfenster die Öffnung von Werbung auslöst und dieser werbebehaftete Weg den Nutzer dann besonders einfach zu der Verordnung des beworbenen Medikaments bringt[28]. Nach den Vorgaben der KBV und des GKV-Spitzenverbandes zur Software sollen die Arzneimittelverordnungen wirtschaftlicher und sicherer sowie die Regressgefahr für den verordnenden Arzt gemindert werden. Hierzu haben sie in Anl 23 Ziffer 3.3 BMV-Ä ua bestimmt, dass

---

26 Vgl *BGH* v 17.4.2007 – VI ZR 108/06, juris.
27 *SG Koblenz* v 7.1.2014 – S 13 KR 379/13, Rn 29, juris.
28 *LSG Berlin-Brandenburg* v 17.2.2009 – L 7 B 115/08 KA ER, juris.

Verordnung von Arzneimitteln § 29

- fachbezogene Inhalte unmissverständlich von werblichen Inhalten zu trennen sind,
- jeder Software-Anbieter mindestens eine Version seines Programms komplett werbefrei zur Verfügung stellen muss und
- in den werbehaltigen Versionen die Arzneimittelreklame nicht dazu führen darf, dass der Arzt vom Verordnungsvorgang abgelenkt wird oder dass der Workflow unterbrochen wird[29],
- Werbung oder Hinweise, die ausdrücklich oder sinngemäß auf das Ankreuzen von „aut idem" gerichtet sind, unzulässig sind.

Zum Verfahren der Zertifizierung hält die KBV Informationen auf ihrer Homepage bereit.[30] **31**

Zur Erfüllung dieser Aufgaben haben die KBV und der GKV-Spitzenverband einen Anforderungskatalog für Verordnungssoftware/Arzneimitteldatenbanken mit detaillierten Anforderungen an Datenbanken und Software zur Verordnung von Arzneimitteln für Vertragsarztpraxen erstellt. Der Anforderungskatalog ist als Anl 23 zum BMV-Ä vereinbart. **32**

V. Rezertifizierung/außerordentliche Kontrollprüfung (Abs 4)

Auf Antrag der KBV, einer KV, des GKV-Spitzenverbandes oder einer KK, der jeweils zu begründen ist, kann die Prüfstelle der KBV eine bereits zertifizierte Software einer **außerordentlichen Kontrollprüfung** unterziehen. Das bereits erteilte Zertifikat kann in begründeten Fällen entzogen werden. **33**

Begründete Fälle liegen insbesondere dann vor, wenn der Verdacht besteht, dass die nach Abs 3 zugelassenen Arzneimittel-Datenbanken und Software-Versionen bei der Anwendung durch den Vertragsarzt eine manipulationsfreie Verordnung von Arzneimitteln entsprechend den Zulassungskriterien nach Abs 3 nicht gewährleisten. **34**

Die bundesmantelvertragliche Regelung ist inhaltlich mit der Regelung in § 1 Ziffer 6 der Richtlinien der KBV für den Einsatz von IT-Systemen in der Arztpraxis zum Zwecke der Abrechnung gem § 295 Abs 4 SGB V idF v 27.3.2015 (DÄ 2015, A-595) vergleichbar (s auch § 42 Rn 8). **35**

VI. Sammelerklärung (Abs 5)

Jeder Vertragsarzt hat mit seiner quartalsweisen Abrechnung gegenüber seiner KV mitzuteilen, welche nach Abs 3 zugelassene Arzneimittel-Datenbank und zu ihrer Nutzung zugelassene Software er angewendet hat. Die Mitteilung erfolgt in der **Sammelerklärung** zur Quartalsabrechnung gem § 35 Abs 2. Gleichzeitig hat der Vertragsarzt zu bestätigen, dass er zur Verordnung von Arzneimitteln ausschließlich zertifizierte Arzneimittel-Datenbanken und Software-Versionen eingesetzt hat. **36**

VII. Festbetrag (Abs 6)

Abs 6 beinhaltet eine **Aufklärungspflicht** des verordnenden Arztes gegenüber seinem Patienten. **37**

---

29 Zur Frage der wettbewerblichen Beurteilung eines Angebotes auf kostenlose Überlassung einer durch Werbung finanzierten Arzneimitteldatenbank s *BGH* v 17.8.2011 – I ZR 13/10, juris.
30 www.kbv.de/ita, zuletzt abgerufen am 1.9.2020.

38 Nach § 31 Abs 2 S 1 SGB V trägt die gesetzliche KK die Kosten für ein Arzneimittel, für das ein **Festbetrag** nach § 35 SGB V oder § 35a SGB V festgesetzt ist, nur in Höhe dieses Festbetrages.

39 Die im Regelfall anfallenden Mehrkosten sind vom Patienten zu zahlen. Dies gilt auch dann, wenn der Patient von der Zuzahlung befreit ist. Hierauf hat der behandelnde Arzt seinen Patienten bei der Arzneimittelverordnung hinzuweisen.

40 Ausnahme: Versicherte können Vollversorgung mit Arzneimitteln ohne Begrenzung auf den hierfür festgesetzten Festbetrag beanspruchen, wenn aufgrund ungewöhnlicher Individualverhältnisse keine ausreichende Versorgung zum Festbetrag möglich ist.

41 Sie erhalten keine ausreichende Arzneimittelversorgung zum Festbetrag, wenn bei ihnen die zu einem Preis bis zur Höhe des Festbetrags erhältlichen Arzneimittel mit überwiegender Wahrscheinlichkeit Nebenwirkungen im Ausmaß einer behandlungsbedürftigen Krankheit verursachen würden, während ein Arzneimittel, dessen Preis den Festbetrag überschreitet, demgegenüber keine vergleichbaren Nebenwirkungen mit überwiegender Wahrscheinlichkeit verursacht.[31] Gilt die Vollversorgung mit einem zu verordnenden Arzneimittel ohne Begrenzung auf den Festbetrag als genehmigt (§ 13 Abs 3a S 6 SGB V), hat die KK den Versicherten ohne Begrenzung auf Bewilligungsabschnitte solange mit dem Arzneimittel zu versorgen, wie es vertragsärztlich verordnet wird.[32]

VIII. Nicht verschreibungspflichtige Arzneimittel (Abs 7)

42 Nicht verschreibungspflichtige Arzneimittel sind grundsätzlich von der Verordnung iRd vertragsärztlichen Versorgung ausgeschlossen (§ 34 Abs 1 S 1 SGB V). **Ausnahmen** von diesem Grundsatz sind:
– Arzneimittel gelten bei der Behandlung schwerwiegender Erkrankungen als Therapiestandard (§ 34 Abs 1 S 2 SGB V iVm § 12 Abs 2–11 Arzneimittel-Richtlinie),
– Verordnung für Kinder bis zum vollendeten 12. Lebensjahr und versicherte Jugendliche bis zum vollendeten 18. Lebensjahr mit Entwicklungsstörungen (§ 34 Abs 1 S 5 SGB V iVm § 12 Abs 12 Arzneimittel-Richtlinie).

43 Der G-BA hat in der Arzneimittel-Richtlinie festgelegt, welche nicht verschreibungspflichtigen Arzneimittel ausnahmsweise verordnet werden dürfen (Anl I zum Abschnitt F der Arzneimittel-Richtlinie – OTC-Übersicht).

IX. Kosten für ausgeschlossene Arzneimittel (Abs 8)

44 Ausgeschlossene oder nicht notwendige Arzneimittel (§ 25a Abs 6) unterfallen nicht dem Leistungsanspruch des gesetzlich Versicherten nach § 2 Abs 2 SGB V iVm § 31 SGB V iRd GKV.

45 Die Kosten solcher Arzneimittel, wenn sie **auf Wunsch des Versicherten** trotzdem auf Privatrezept verordnet werden, sind vom Patienten vollständig selbst zu übernehmen. Eine Kostenübernahme – auch anteilig – durch die gesetzliche KK ist unzulässig.

---

31 *BSG* v 3.7.2012 – B 1 KR 22/11 R, juris.
32 *BSG* v 26.2.2019 – B 1 KR 24/18 R, juris.

X. Erneute Verordnung bei Rückruf oder behördlicher Einschränkung der Verwendbarkeit (Abs 9)

Im Falle eines Arzneimittelrückrufs oder der behördlichen Beschränkung der Verwendbarkeit eines Arzneimittels aufgrund von schwerwiegenden Mängeln hat der Arzt die deshalb notwendig gewordene erneute Verordnung eines Arzneimittels oder eines vergleichbaren anderen Arzneimittels auf einem separaten Verordnungsblatt vorzunehmen und besonders zu kennzeichnen. Die erneute Verordnung aus den oben benannten Gründen ist für den Versicherten zuzahlungsfrei (§ 31 Abs 3 S 7 SGB V, s Rn 5). Das Nähere zu derartigen Ersatzverordnungen, insbesondere zu deren Kennzeichnung und zu Mitwirkungspflichten des Apothekers ist gem § 129 Abs 4b SGB V im Rahmenvertrag (s Rn 7 Fn 10) zu regeln. Mit der Ersatzverordnung kann ausschließlich das **ersetzende** Arzneimittel verordnet werden. Liegt der Sonderfall einer Ersatzverordnung vor, hat die Apotheke das Ersatzarzneimittel zuzahlungsfrei abzugeben und auf dem Arzneiverordnungsblatt das vereinbarte Sonderkennzeichen[33] anzugeben (s § 31a Rahmenvertrag).

46

---

33 Das Nähere zu dem vereinbarten Sonderkennzeichen ist in der Arzneimittelabrechnungsvereinbarung gem § 300 SGB V (Technische Anlagen 1 und 3) geregelt.

§ 29a Medikationsplan

(1) ¹Vertragsärzte haben auf Verlangen des Versicherten einen Medikationsplan nach § 31a SGB V in Papierform zu erstellen dem Versicherten zu erläutern und an den Versicherten auszuhändigen, sofern der Versicherte dauerhaft gleichzeitig mindestens drei zu Lasten der gesetzlichen Krankenversicherung verordnete systemisch wirkende Arzneimittel[1] anwendet und die Anwendung nicht durch den Arzt erfolgt. ²Der Medikationsplan ist mittels der elektronischen Gesundheitskarte zu speichern, sofern der Versicherte dies wünscht und gegenüber dem Vertragsarzt den Zugriff auf die Daten nach § 291a Absatz 3 Satz 1 Nummer 3 SGB V erlaubt. ³Davon unberührt bleiben abweichende Regelungen im Einheitlichen Bewertungsmaßstab. ⁴Von einer dauerhaften Anwendung ist auszugehen, wenn ein Arzneimittel zum Erreichen des Therapieziels über einen Zeitraum von mindestens 28 Tagen angewendet wird. ⁵Eine Gleichzeitigkeit im Sinne des Satzes 1 ist gegeben, sofern die Anwendung oder die pharmakologische Wirkung am gleichen Tag erfolgt. ⁶Ist Gleichzeitigkeit nach Satz 4 erst in der Zukunft gegeben, kann ein Medikationsplan erstellt und ausgehändigt werden.

(2) ¹Bei der Erstellung des Medikationsplanes hat der Vertragsarzt grundsätzlich diejenigen Arzneimittel einzubeziehen, die er selbst verordnet hat. ²Von anderen Vertragsärzten verordnete Arzneimittel sind in den Medikationsplan aufzunehmen, sofern der Arzt ausreichend Kenntnis (z. B. durch eine Information gemäß Abs. 4) von diesen hat. ³Darüber hinaus enthält der Medikationsplan apothekenpflichtige Arznei-

---

1 Unter systemisch wirkenden Arzneimitteln werden im Sinne des § 29a Arzneimittel verstanden, deren Hauptwirkung systemisch ist oder die gegebenenfalls wesentliche systemische Begleitwirkungen haben (z. B. Inhalativa zur Behandlung von COPD oder Asthma, Augentropfen zur Glaukombehandlung).

mittel, die der Versicherte ohne Verschreibung anwendet, soweit diese dem Arzt bekannt sind, und deren Dokumentation im Medikationsplan medizinisch notwendig ist.

(3) ¹Die Verpflichtung nach Abs. 1 Satz 1 ist grundsätzlich Aufgabe des an der Versorgung nach § 73 Abs. 1a SGB V teilnehmenden Vertragsarztes. ²Vertragsärzte der fachärztlichen Versorgung unterliegen nur dann der Verpflichtung nach Abs. 1 Satz 1, sofern der Versicherte keinen an der Versorgung nach § 73 Abs. 1a SGB V teilnehmenden Vertragsarzt für die Koordination seiner diagnostischen und therapeutischen Maßnahmen beansprucht.

(4) ¹An der fachärztlichen Versorgung teilnehmende Vertragsärzte sind insbesondere gemäß § 73 Abs. 1b SGB V und § 24 Abs. 6 BMV-Ä verpflichtet, dem Vertragsarzt nach Abs. 3 Informationen zur Arzneimittelverordnung nach § 29 zu übermitteln, sofern der Versicherte in diese Übermittlung eingewilligt hat. ²Die Therapieverantwortung für die vom Vertragsarzt nach Satz 1 verordneten Arzneimittel liegt bei diesem. ³§ 8 Abs. 4 der Arzneimittel-Richtlinie ist zu beachten.

(5) ¹Vertragsärzte nach Abs. 3 sind verpflichtet, den Medikationsplan zu aktualisieren, sobald die Medikation durch sie geändert wird oder sie ausreichend (z. B. durch eine Information gemäß Abs. 4) Kenntnis von einer Änderung erhalten haben. ²Neben den Vertragsärzten nach Absatz 3 ist gemäß § 31a Absatz 3 Satz 3 SGB V jeder weitere Vertragsarzt verpflichtet, den Medikationsplan zu aktualisieren und mittels der elektronischen Gesundheitskarte zu speichern, sobald die Medikation durch ihn geändert wird oder er ausreichend (z. B. durch eine Information gemäß Absatz 4) Kenntnis von einer Änderung erhalten hat und soweit der Versicherte dies wünscht und gegenüber dem Vertragsarzt den Zugriff auf die Daten nach § 291a Absatz 3 Satz 1 Nummer 3 SGB V erlaubt. ³Weitere Vertragsärzte können den Medikationsplan aktualisieren, sobald die Medikation durch sie geändert wird oder sie ausreichend (z. B. durch eine Information gemäß Abs. 4) Kenntnis von einer Änderung erhalten haben.

(6) Die Erstellung und Aktualisierung des Medikationsplans erfolgt in der durch die Partner der Vereinbarung nach § 31a Abs. 4 Satz 1 SGB V vorgegebenen Form.

Übersicht

	Rn		Rn
I. Verpflichtung des Vertragsarztes zur Erstellung eines Medikationsplans (Abs 1)	1	IV. Informationsübermittlung durch Fachärzte (Abs 4)	14
II. Inhalt des Medikationsplans (Abs 2)	8	V. Aktualisierung des Medikationsplans (Abs 5)	17
III. Verpflichteter Personenkreis (Abs 3)	12	VI. Formvorgaben (Abs 6)	20

I. Verpflichtung des Vertragsarztes zur Erstellung eines Medikationsplans (Abs 1)

1   Versicherte der GKV haben mit Einführung des § 31a SGB V durch das E-Health-Gesetz[2] seit dem 1.10.2016 den Anspruch auf die Erstellung eines individuellen Medikationsplans in Papierform erworben. Die Einführung stand in Zusammenhang mit den Regelungen zur elektronischen Gesundheitskarte, auf welcher der Medikations-

---
2 BGBl I 2015, 2408.

plan ab zur Verfügung stehen der hierfür notwendigen Telematik-Infrastruktur gespeichert werden kann (s § 291a Abs 3 S 1 Nr 3 SGB V). Darüber hinaus ist dieser, wie Abs 1 und § 31a Abs 1 SGB V vorgeben, jedoch auch (noch) in Papierform zu erstellen. Das Nähere über Inhalt, Struktur und Vorgaben zur Erstellung und Aktualisierung des Medikationsplans enthält die Vereinbarung gem § 31a Abs 4 SGB V zwischen KBV, Bundesärztekammer und Deutschem Apothekerverband.[3]

Sinn und Zweck des Medikationsplans ist es, die Therapiesicherheit im Rahmen der Arzneimittelverordnung für den Patienten zu erhöhen und den hierfür erforderlichen Informationsaustausch zwischen den behandelnden Ärzten zu gewährleisten. Hiermit soll einerseits eine für den Patienten verständliche Information über seine aktuelle Medikation sichergestellt werden und andererseits die verpflichtende Information des verordnenden Facharztes über die bisherige Medikation des Patienten erleichtert werden.[4] **2**

Korrespondierend zu dem Anspruch des Versicherten auf Erstellung und Aushändigung eines Medikationsplans (§ 31a Abs 1 S 1 SGB V) begründet und konkretisiert Abs 1 die entsprechenden Verpflichtungen des Vertragsarztes. Die diesbezügliche Regelungsbefugnis für die Partner des Bundesmantelvertrages ergibt sich aus § 31a Abs 1 S 2 SGB V. **3**

Konkret hat der Vertragsarzt die Verpflichtung, bei einem entsprechenden Verlangen des Versicherten, den Medikationsplan zu erstellen, in Papierform auszuhändigen und für den Patienten verständlich zu erläutern. Voraussetzung ist, dass der Versicherte **dauerhaft gleichzeitig mindestens drei** zu Lasten der gesetzlichen Krankenversicherung verordnete **systemisch wirkende Arzneimittel** selbst anwendet. Unter den Begriff systemisch wirkende Arzneimitteln fallen sämtliche Arzneimittel, die eine systemische Hauptwirkung oder wesentliche systemische Begleitwirkungen besitzen.[5] Erfasst werden also insbesondere risikobehaftete Arzneimittel, die auf den gesamten Körper wirken oder zumindest Begleitwirkungen verursachen, wie bspw Inhalativa, Augentropfen zur Glaukombehandlung oder Kortisonsalben.[6] Eine **dauerhafte** Anwendung ist gegeben, wenn die Arzneimittel zum Erreichen des Therapieziels über einen Zeitraum von mindestens 28 Tagen angewendet werden.[7] Dies entspricht der Abpackung eines Fertigarzneimittels für eine ärztlich zu begleitende Dauertherapie nach § 1 Abs 1 Nr 2 der Packungsgrößenverordnung.[8] **4**

Die mindestens drei Arzneimittel müssen ferner **gleichzeitig** angewendet werden, was der Fall ist, wenn ihre Anwendung oder die pharmakologische Wirkung am gleichen Tage erfolgt. Sofern eine in diesem Sinne gleichzeitige Wirkung aufgrund von geplanten Verordnungen prospektiv zu erwarten ist, kann ein Medikationsplan erstellt werden. Dem Arzt wird insofern zwar ein Ermessen eingeräumt, mit Blick darauf, dass in **5**

---

3 Vereinbarung eines bundeseinheitlichen Medikationsplans – BMP v 30.4.2016, abrufbar unter: https://www.kbv.de/media/sp/Medikationsplan.pdf, zuletzt abgerufen am 2.9.2020.
4 BT-Drucks 18/5293, 37.
5 Zum Arzneimittelbegriff s näher § 29 Rn 10.
6 S näher KassKomm/*Schifferdecker* § 31a SGB V Rn 8; Hauck/Noftz/*Luthe* § 31a SGB V Rn 6.
7 Kritisch hierzu mit Blick auf die Regelungskompetenz: KassKomm/*Schifferdecker* § 31a SGB V Rn 11.
8 Packungsgrößenverordnung v 22.6.2004, BGBl, 1318, zuletzt geändert durch Art 15 des Gesetzes v 9.9.2019, BGBl I 2019, 1202.

diesen Fällen aber bereits absehbar ist, dass eine gleichzeitige Wirkung prognostisch eintreten wird, erscheint die Erstellung eines Medikationsplans auch in dieser Konstellation grundsätzlich sinnvoll. Jedenfalls ist der Arzt verpflichtet, den Versicherten bei der Verordnung von weiteren Arzneimitteln über dessen Anspruch auf einen Medikationsplan zu informieren, sobald die oben benannten Voraussetzungen vorliegen (s § 31a Abs 1 S 2 SGB V).

6   Wenn dies vom Versicherten gewünscht wird, ist der Medikationsplan auf der elektronischen Gesundheitskarte zu speichern. Voraussetzung ist, dass der Versicherte ggü dem Arzt zuvor sein Einverständnis in die Verarbeitung von personenbezogenen Daten zu diesem Zweck erteilt hat (s auch § 291a Abs 5 SGB V). Der Medikationsplan wird zum fakultativen Inhalt der elektronischen Gesundheitskarte (s § 291a Abs 3 S 1 Nr 3 SGB V). Weitere Voraussetzungen ergeben sich aus Anhang 3 der Anlage 4a zum BMV-Ä. Hiernach muss eine elektronische Gesundheitskarte vorliegen, die den Spezifikationen der gematik nach der Generation 2 oder höher entspricht und es müssen die erforderlichen technischen Komponenten in der Arztpraxis vorhanden sein; dies sind insbesondere ein Konnektor, ein stationäres Kartenterminal, ein Praxisverwaltungssystem jeweils gem des Releases 2.1 der gematik oder höher. Auf Verlangen des Versicherten sind die Daten zum Medikationsplan von der elektronischen Gesundheitskarte zu löschen (s § 291a Abs 6 SGB V).

7   Abweichende Vorgaben des EBM für die Erstellung eines Medikationsplans und dessen Dokumentation auf der elektronischen Gesundheitskarte bleiben von § 29a unberührt.

II. Inhalt des Medikationsplans (Abs 2)

8   Nach § 31a Abs 2 SGB V sind in einem Medikationsplan folgende Angaben zu dokumentieren:
  – Sämtliche verordneten verschreibungspflichtigen Arzneimittel des Versicherten
  – Nicht verschreibungspflichtige Arzneimittel des Versicherten
  – Hinweise zu Medizinprodukten, die für eine bestehende Medikation relevant sind.

9   In Abs 2 werden die obligatorischen und fakultativen Inhalte des Medikationsplans einschränkend konkretisiert. Demnach hat der Vertragsarzt in den Medikationsplan einzubeziehen
  – diejenigen Arzneimittel, die er selbst verordnet hat,
  – von anderen Vertragsärzten verordnete Arzneimittel, sofern der Arzt ausreichend Kenntnis (zB durch eine Information gem Abs 4) von diesen hat,
  – sowie apothekenpflichtige Arzneimittel, die der Versicherte ohne Verschreibung anwendet, soweit diese dem Arzt bekannt sind, und deren Dokumentation im Medikationsplan medizinisch notwendig ist.[9]

10 Weiterhin sind auch die entsprechenden **Anwendungshinweise** der verordneten Arzneimittel aufzunehmen, dh alle Hinweise, die sich an den Patienten richten und dazu dienen, diesem die korrekte Anwendung des Arzneimittels zu erläutern, wie bspw

---

[9] S auch § 3 Abs 1 und 2 der Vereinbarung eines bundeseinheitlichen Medikationsplans – BMP (s Fn in Rn 2).

Hinweise zu den Anwendungszeiten und zur Dosierung (Dosierschema) oder zur Art und Weise der Anwendung (Einnahme im Kontext von Mahlzeiten etc).[10] Der Medikationsplan enthält darüber hinaus Angaben zur Identifikation des Versicherten und des Arztes, zur Apotheke oder zu einer Einrichtung der Krankenversorgung, durch welche der Medikationsplan dem Versicherten zuletzt zur Verfügung gestellt wurde, einschließlich der Daten zur Kontaktaufnahme und Angaben zum Datum des letzten Ausdrucks des Medikationsplans sowie ggf weitere relevante Angaben und Hinweise.[11]

Abgesehen von denjenigen Arzneimitteln, die der Vertragsarzt persönlich verordnet hat, ist er für die Dokumentation weiterer Arzneimittel oder Medizinprodukte, die für die Medikation relevant sind, auf die Angaben von anderen Vertragsärzten (insbesondere Fachärzten nach Abs 4) sowie des Versicherten angewiesen. Hieraus folgt, dass der Medikationsplan stets nur ein Abbild der konkret verfügbaren bzw. zur Verfügung gestellten Medikationsangaben ist. Vor diesem Hintergrund ist der Medikationsplan mit dem Hinweis auszustellen, dass keine Gewähr für die Vollständigkeit und Aktualität übernommen werden kann.[12] Bei apothekenpflichtigen Arzneimitteln, die der Versicherte ohne Verordnung aktuell anwendet, ist eine Dokumentation im Medikationsplan dann vorzunehmen, wenn dies, bspw wegen der Gefahr von negativen Wechselwirkungen, medizinisch notwendig ist und sofern dem Arzt die Anwendung (aufgrund einer Nachfrage bei dem Versicherten oder einer autorisierten Datenspeicherung auf der elektronischen Gesundheitskarte durch den Apotheker s § 291a Abs 4 S 1 Nr 2 Buchst c, Abs 5 SGB V) bekannt ist. **11**

III. Verpflichteter Personenkreis (Abs 3)

Die Verpflichtung zur Erstellung eines Medikationsplans trifft nach Abs 3 zunächst den Hausarzt (§ 73 Abs 1a SGB V), der insoweit eine Koordinierungsverantwortung für die Gesamtmedikation des Versicherten übernimmt. Hat der Versicherte noch keinen Hausarzt für die Erstellung eines Medikationsplans in Anspruch genommen, besteht die subsidiäre Verpflichtung von Fachärzten, diesen auf Verlangen des Versicherten zu erstellen und die entsprechende Koordinierungsverantwortung zu übernehmen. Auch wenn bereits ein Medikationsplan des Hausarztes vorliegt, ist der Facharzt jedenfalls verpflichtet, diesem die notwendigen Informationen zu eventuellen weiteren Verordnungen zu übermitteln, die er vornimmt, soweit der Versicherte dieser Übermittlung zugestimmt hat (s Abs 4). **12**

Erstellt oder aktualisiert der hierzu verpflichtete Vertragsarzt den Medikationsplan entgegen der Aufforderung des Versicherten oder bei entsprechender Kenntnis nicht nach den Vorgaben der Abs 1, 2 und 5, wird ein Verstoß gegen vertragsärztliche Pflichten begründet, den die zuständige KV (disziplinarrechtlich, s näher § 60) ahnden kann. **13**

---

10 S § 2 Abs 4 der Vereinbarung eines bundeseinheitlichen Medikationsplans – BMP (s Fn in Rn 2).
11 S § 3 Abs 4 ff und Anlage 2 der Vereinbarung eines bundeseinheitlichen Medikationsplans – BMP (Fn in Rn 2).
12 Ebenso Hauck/Noftz/*Luthe* SGB V, Rn 13.

IV. Informationsübermittlung durch Fachärzte (Abs 4)

14 Ärzte aus dem fachärztlichen Versorgungsbereich, die im Rahmen einer Überweisung (§ 24 Abs 6) in Anspruch genommen werden und nicht bereits selbst für die Erstellung eines Medikationsplans verantwortlich sind (s Rn 12), haben die Verpflichtung, dem verantwortlichen Ersteller des Medikationsplans die relevanten Informationen über die von ihnen verordnete Medikation zu übermitteln, sofern der Versicherte hierzu sein Einverständnis erklärt hat. Wie Abs 4 deklaratorisch feststellt, resultiert diese Verpflichtung grundsätzlich bereits aus § 73 Abs 1b SGB V und § 24 Abs 6 S 2 BMV-Ä.

15 Hat der Versicherte den auf Überweisung in Anspruch genommenen Facharzt über das Vorliegen eines Medikationsplans informiert, besteht die Verpflichtung nach § 24 Abs 6 S 2 BMV-Ä zur Information über Arzneimittelverordnungen unabhängig davon, ob die Übermittlung für die Weiterbehandlung notwendig ist (vgl § 24 Abs 6 S 2 HS 2 BMV-Ä). Ansonsten könnte der Sinn und Zweck des Medikationsplans, den zugriffsberechtigten Personen einen Überblick über die Gesamtmedikation eines Patienten zu verschaffen sowie diese zu koordinieren nicht erreicht werden. Darüber hinaus soll die gegenseitige Information im Rahmen der Überweisung der Vorbeugung von Fehlverordnungen und der Gewährleistung einer wirtschaftlichen Behandlungsweise des Versicherten dienen.[13]

16 Ein Verstoß gegen die Übermittlungspflichten nach Abs 4 stellt eine vertragsarztrechtliche Pflichtverletzung dar, die von der KV (disziplinarrechtlich, s näher § 60) geahndet werden kann (vgl Rn 13).

V. Aktualisierung des Medikationsplans (Abs 5)

17 Wird die Medikation durch einen behandelnden Arzt geändert, ist der Medikationsplan entsprechend zu aktualisieren. Mit Aktualisierung des Medikationsplans wird jedwede Änderung und Ergänzung der Inhalte eines bereits bestehenden Medikationsplans, einschließlich der entsprechenden Erzeugung eines neuen Ausdrucks, bezeichnet.[14] Nicht erfasst ist hingegen die bloße Ersetzung eines wirkstoffgleichen Arzneimittels durch die Apotheke (§ 129 Abs 1 SGB V).[15] In den Fällen des § 129 Abs 1 SGB V hat der Arzt aber zu erwägen, ob es sinnvoll ist, den Medikationsplan ausschließlich auf der Basis von Wirkstoffbezeichnungen zu erstellen oder die in der Apotheke bei Abgabe vorgenommenen Änderungen in den Medikationsplan zu übernehmen.[16]

18 Nach Abs 5 wird die Verpflichtung zur Aktualisierung zunächst für diejenigen Ärzte begründet, die nach Abs 3 verantwortlich für die Erstellung des Medikationsplanes sind. Auch alle weiteren Ärzte, die der Versicherte konsultiert, sind jedoch seit

---

13 S auch Erläuterungen zur Vordruckvereinbarung (Anlage 2 zum BMV-Ä), S 25 Ziffer 12 zu Muster 6 (Stand: Januar 2020).
14 S § 2 Abs 5 der Vereinbarung eines bundeseinheitlichen Medikationsplans – BMP (Fn in Rn 2).
15 S § 6 Abs 1 der Vereinbarung eines bundeseinheitlichen Medikationsplans – BMP (Fn in Rn 2).
16 S Anlage 1 Ziffer (1) der Vereinbarung eines bundeseinheitlichen Medikationsplans – BMP (Fn in Rn 2).

1.1.2019 zu einer Aktualisierung verpflichtet, sofern eine Anpassung des Medikationsplans veranlasst sowie vom Versicherten gewünscht ist und dieser in die Datenerhebung eingewilligt hat (s § 31a Abs 3 S 3 SGB V).

Durch die Apotheke sind auf Wunsch des Versicherten die abgegebenen Arzneimittel zu aktualisieren soweit diese von den ursprünglich im Medikationsplan erfassten Arzneimitteln und den hiermit verbundenen Anwendungshinweisen abweichen. Darüber hinaus können apothekenpflichtige Arzneimittel, die der Versicherte ohne Verschreibung anwendet, auf Wunsch des Versicherten bei Abgabe durch die Apotheke ergänzt werden.[17] **19**

VI. Formvorgaben (Abs 6)

Weitere Formvorgaben für die Erstellung und Aktualisierung des Medikationsplans sind in der Vereinbarung nach § 31a Abs 4 SGB V geregelt.[18] Konkretisierende Formvorgaben für den Inhalt des Medikationsplans ergeben sich aus Anl 1 der Vereinbarung[19]. Anl 2[20] enthält Empfehlungen für die Erstellung des Medikationsplans und Anl 3[21] verbindliche technische Spezifikationen. **20**

§ 30 Verordnung von Heilmitteln und Hilfsmitteln

(1) In der Verordnung ist das Heilmittel oder das Hilfsmittel so eindeutig wie möglich zu bezeichnen; ferner sind alle für die individuelle Therapie oder Versorgung erforderlichen Einzelangaben zu machen.

(2) Der Vertragsarzt darf Heilmittel und Hilfsmittel, deren Verordnung zu Lasten der Krankenkassen nach Maßgabe des § 34 SGB V (Heilmittel und Hilfsmittel von geringem oder umstrittenem therapeutischen Nutzen oder geringem Abgabepreis) ausgeschlossen ist, nicht verordnen.

(3) ¹Die Abgabe von Hilfsmitteln aufgrund der Verordnung eines Vertragsarztes bedarf der Genehmigung durch die Krankenkasse, soweit deren Bestimmungen nichts Anderes vorsehen. ²Die Abgabe von Heilmitteln bedarf keiner Genehmigung, soweit die Richtlinien des Gemeinsamen Bundesausschusses nichts Anderes vorsehen. ³Die Krankenkasse hat ihre Versicherten soweit nötig im Einzelfall darüber zu unterrichten, welche Heil- und Hilfsmittel genehmigungspflichtig sind.

(4) Die Genehmigung von Heilmittelverordnungen innerhalb des Regelfalls durch die Krankenkasse ist unzulässig.

(5) Kosten für Heilmittel und Hilfsmittel, die aus der Leistungspflicht der gesetzlichen Krankenversicherung ausgeschlossen oder für die Behandlung oder Versorgung nicht notwendig sind, dürfen von den Krankenkassen nicht erstattet werden.

---

17 S § 6 Abs 3 der Vereinbarung eines bundeseinheitlichen Medikationsplans – BMP (Fn in Rn 2).
18 S §§ 5 und 6 der Vereinbarung eines bundeseinheitlichen Medikationsplans – BMP (Fn in Rn 2).
19 Anl 1 der Vereinbarung eines bundeseinheitlichen Medikationsplans – BMP (Fn in Rn 2).
20 Anl 2 der Vereinbarung eines bundeseinheitlichen Medikationsplans – BMP (Fn in Rn 2).
21 Anl 3 der Vereinbarung eines bundeseinheitlichen Medikationsplans – BMP (Fn in Rn 2).

§ 30 Verordnung von Heilmitteln und Hilfsmitteln

(6) ¹Vertragsärzte dürfen für die Verordnung von Heilmitteln ab dem 1.1.2017 nur solche elektronischen Programme (Software) nutzen, die die Informationen der Richtlinien nach § 92 Absatz 1 Satz 2 Nummer 6 in Verbindung mit § 92 Absatz 6 SGB V (Heilmittel-Richtlinie) und über die besonderen Verordnungsbedarfe nach § 106b Absatz 2 Satz 4 enthalten und die von der Prüfstelle der Kassenärztlichen Bundesvereinigung auf Basis des jeweils aktuellen Anforderungskatalogs (Anlage 29 BMV-Ä) für die vertragsärztliche Versorgung zugelassen sind (Zertifizierung). ²Es sind nur solche elektronischen Programme (Software) einschließlich ihrer Folgeversionen (Updates) zuzulassen, die dem Vertragsarzt eine gemäß der Heilmittel-Richtlinie des Gemeinsamen Bundesausschusses formal gültige Verordnung von Heilmitteln ermöglichen. ³Alle zugelassenen elektronischen Programme erhalten eine Prüfnummer.

(7) ¹Die Prüfstelle der Kassenärztlichen Bundesvereinigung kann eine bereits zertifizierte Software einer erneuten Prüfung (Rezertifizierung oder außerordentliche Kontrollprüfung) unterziehen. ²Die außerordentliche Kontrollprüfung kann von der Kassenärztlichen Bundesvereinigung, einer Kassenärztlichen Vereinigung, dem GKV-Spitzenverband oder einer Krankenkasse beantragt werden. ³Der Antrag ist zu begründen. ⁴Ein bereits erteiltes Zertifikat kann in begründeten Fällen entzogen werden. ⁵Das gilt insbesondere dann, wenn der Verdacht besteht, dass die nach Absatz 6 zugelassenen Software-Versionen bei der Anwendung durch den Vertragsarzt die Verordnung von Heilmitteln entsprechend den Zulassungskriterien nach Absatz 6 nicht gewährleisten.

(8) ¹Der Vertragsarzt teilt der Kassenärztlichen Vereinigung in der Sammelerklärung zur Quartalsabrechnung gemäß § 35 Abs. 2 mit, welche nach Absatz 6 zugelassene Software angewendet wurde. ²In vorgenannter Quartalserklärung bestätigt der Vertragsarzt, dass er zur Verordnung von Heilmitteln ausschließlich zertifizierte Software-Versionen eingesetzt hat.

Übersicht

	Rn		Rn
I. Gesetzliche Vorgaben	1	VII. Kosten für ausgeschlossene Heil-/Hilfsmittel (Abs 5)	35
II. Vorbemerkung	11	VIII. Verordnungssoftware (Abs 6)	36
III. Angaben zur Verordnung (Abs 1)	18	IX. Rezertifizierung (Abs 7)	38
IV. Verordnungsausschluss (Abs 2)	20	X. Erklärung des Vertragsarztes zur Verordnungssoftware (Abs 8)	40
V. Genehmigungsvorbehalt (Abs 3)	25		
VI. Heilmittelverordnung innerhalb Regelfall (Abs 4)	33		

I. Gesetzliche Vorgaben

1 Der Anspruch der Versicherten auf Krankenbehandlung umfasst auch die **Versorgung mit Heil- und Hilfsmittel** (§ 27 Abs 1 S 2 Nr 3 SGB V). Sie ist nach § 73 Abs 2 S 1 Nr 7 SGB V Gegenstand der vertragsärztlichen Versorgung.

2 Nach § 32 SGB V haben Versicherte Anspruch auf Versorgung mit **Heilmitteln**, soweit sie nicht nach § 34 SGB V ausgeschlossen oder durch die auf der Rechtsgrundlage des § 92 Abs 1 S 2 Nr 6 SGB V erlassene Heilmittel-Richtlinie des G-BA[1] beschränkt sind.

---
1 BAnz AT 31.12.2019 B7.

Neue Heilmittel sind bis zu ihrer Anerkennung durch den G-BA grundsätzlich von der Leistungspflicht ausgeschlossen (§ 138 SGB V). Für Erwachsene sind Heilmittel zuzahlungspflichtig (§ 32 Abs 2 SGB V).

Die Abgabe von Heilmitteln an GKV-Versicherte darf nur von nach § 124 SGB V **zugelassenen Leistungserbringern** erfolgen.

Mit Wirkung zum 1.10.2020 haben der GKV SP sowie die Spitzenorganisationen der Heilmittelerbringer auf Bundesebene für jeden Heilmittelbereich einen Vertrag über die Einzelheiten der Versorgung, insbesondere über die Preise, Abrechnung, (elektronische) Verordnung, den Leistungsinhalt und die Qualitätssicherung zu schließen (§ 125 SGB V).

Nach § 33 SGB V haben Versicherte Anspruch auf Versorgung mit Hörhilfen, Körperersatzstücken, orthopädischen und anderen **Hilfsmitteln**, die im Einzelfall erforderlich sind, um den Erfolg der Krankenbehandlung zu sichern, einer drohenden Behinderung vorzubeugen oder eine Behinderung auszugleichen, soweit die Hilfsmittel nicht als allgemeine Gebrauchsgegenstände des täglichen Lebens anzusehen oder nach § 34 Abs 4 SGB V ausgeschlossen sind.

Hilfsmittel dürfen an Versicherte nur auf der Grundlage von Verträgen nach § 127 Abs 1, 2 und 3 SGB V abgegeben werden. Gem § 127 Abs 1 SGB V[2] sind diese Versorgungsverträge zwischen den KK oder ihren Verbänden bzw Arbeitsgemeinschaften sowie Leistungserbringern im Rahmen individueller Vertragsverhandlungen zu schließen, an denen sämtliche interessierten Leistungserbringer bzw Zusammenschlüsse derselben zu beteiligen sind. Die zuvor in § 126 Abs 1 SGB V vorgesehenen Möglichkeiten eines Ausschreibungsverfahrens oder sog „open-house-Verträge" sind mit der Änderung der Norm durch das Terminservice- und Versorgungsgesetz (TSVG) entfallen.[3] Aufgrund der Neufassung durch das TSVG haben KK die Hilfsmittelversorgung ihrer Versicherten nun grundsätzlich im Wege von Rahmenverträgen mit Beitrittsmöglichkeit sicherzustellen. Abweichend hiervon können KK weiterhin im Ausnahmefall Einzelvereinbarungen schließen, wenn der Aufwand für eine Vertragsanbahnung nach § 126 Abs 1 SGB V, etwa wegen des besonderen Versorgungsbedarfs eines Versicherten, wirtschaftlich nicht zweckmäßig wäre.[4]

Hilfsmittel sind für Versicherte, die das 18. Lebensjahr vollendet haben, zuzahlungspflichtig (§ 33 Abs 8 SGB V).

Ergänzend enthalten die **Hilfsmittel-Richtlinie des G-BA**[5] und das **Hilfsmittelverzeichnis des GKV-Spitzenverbandes**[6] nach § 139 SGB V Regelungen über die Verordnung von Hilfsmitteln in der vertragsärztlichen Versorgung. Das Hilfsmittelverzeichnis des GKV-Spitzenverbandes ist – mangels gesetzlicher Ermächtigung – rechtlich nicht als verbindliche „*Positivliste*" zu qualifizieren, sondern als Auslegungshilfe für die Ärzte anzusehen.[7]

---

2 § 127 Abs 1 SGB V idF d Terminservice- und Versorgungsgesetzes, BGBl I 2019, 646 ff, 670.
3 BGBl I 2019, 646 ff, 670; zu den Auswirkungen der Gesetzesänderung auf die Anwendbarkeit des Vergaberechts s Hauck/Noftz/*Luthe* SGB, Stand: 8/19, § 127 SGB V Rn 89 ff.
4 BT Drucks 19/8351, 202 zu Nr 68.
5 BAnz AT 31.12.2019 B7.
6 Abrufbar unter https://www.gkv-spitzenverband.de/krankenversicherung/hilfsmittel/hilfsmittelverzeichnis/hilfsmittelverzeichnis.jsp, zuletzt abgerufen am 2.9.2020.
7 *BSG* v 10.3.2011 – B 3 KR 9/10 R, Rn 10, juris; *BSG* v 3.8.2006 – B 3 KR 25/05 R, Rn 11, juris.

§ 30 Verordnung von Heilmitteln und Hilfsmitteln

9   Der GKV-Spitzenverband setzt für die von ihm bestimmten Hilfsmittel unter Berücksichtigung des Hilfsmittelverzeichnisses **Festbeträge** fest (§ 36 SGB V).

10 Zu beachten ist darüber hinaus die durch das GKV-VStG **verschärfte Regelung zur unzulässigen Zusammenarbeit zwischen Leistungserbringern und Vertragsärzten** (§ 128 SGB V). Verstöße gegen die gesetzlichen Vorgaben stellen neben ihrer straf- und berufsrechtlichen Relevanz für Vertragsärzte auch Verstöße gegen vertragsärztliche Pflichten dar, die disziplinarisch geahndet werden können. Für Heil- und Hilfsmittelerbringer können sie zum Ausschluss für die Dauer von bis zu zwei Jahren von der Versorgung der GKV-Versicherten führen (§ 128 Abs 3, 5b SGB V).[8]

II. Vorbemerkung

11 **Heilmittel** sind alle ärztlich verordneten Dienstleistungen, die einem Heilzweck dienen oder einen Heilerfolg sichern und nur von entsprechend ausgebildeten Personen erbracht werden dürfen. Hierzu gehören insbesondere Maßnahmen der physikalischen Therapie sowie der Sprach- und Beschäftigungstherapie. Die Definition des Heilmittelbegriffs, die sich nicht aus § 32 SGB V selbst ergibt, sondern sich im Lauf der Zeit in der GKV herausgebildet hat, wurde vom Gesetzgeber im Recht der gesetzlichen Unfallversicherung in § 30 SGB VII übernommen.[9]

12 Die **Heilmittel-Richtlinie des G-BA**[10] konkretisiert den Heilmittelbegriff. Nach § 2 Heilmittel-Richtlinie sind Heilmittel persönlich zu erbringende medizinische Leistungen. Hierzu zählen die einzelnen Maßnahmen der
– Physikalischen Therapie (§§ 18–25 Heilmittel-Richtlinie),
– Podologischen Therapie (§ 28 Abs 4 Nr 1–4 Heilmittel-Richtlinie),
– Stimm-, Sprech- und Sprachtherapie (§§ 31–33 Heilmittel-Richtlinie),
– Ergotherapie (§§ 36–40 Heilmittel-Richtlinie),
– Ernährungstherapie (§§ 42–45 Heilmittel-Richtlinie).

13 **Hilfsmittel** sind dagegen alle ärztlich verordneten sächlichen medizinischen Leistungen (s auch § 31 SGB VII). Der Hilfsmittelbegriff wird in § 2 Hilfsmittel-Richtlinie[11] konkretisiert.[12]

14 App-Anwendungen können Hilfsmittel iSv § 33 Abs 1 oder § 11 Abs 6 SGB V iVm § 33 SGB V sein, da auch die auf einem Datenträger verkörperte Standardsoftware als bewegliche Sache anzusehen ist[13] und auch eine Software ein Hilfsmittel sein kann[14].

---

8   S hierzu *Kaufmann/Grühn* Das Versorgungsstrukturgesetz jenseits der Reform des Vertragsarztrechts, MedR 2012, 297 ff; zu den Möglichkeiten und Grenzen unternehmerischer Betätigungen von Ärzten aus berufs- und vertragsarztrechtlicher Sicht s gleichnamigen Beitrag der BÄK, DÄ 2013, A-2266 ff.
9   BT-Drucks 13/2204, 83; *BSG* v 28.6.2001 – B 3 KR 3/00 R Rn 36, juris.
10 BAnz AT 31.12.2019 B7.
11 BAnz AT 14.02.2020 B2.
12 Zu Hilfsmitteln, über deren Verordnungsfähigkeit höchstrichterlich entschieden wurde, s juris PK-SGB V/*Pitz* § 33 Rn 54 ff; KassKomm/*Nolte* § 33 SGB V Rn 29 ff.
13 *BGH* v 15.11.2006 – XII ZR 120/04, Rn 15, juris.
14 *BSG* v 28.6.2001 – B 1 KR 3/00 R, juris; *BSG* v 30.1.2001 – B 3 KR 10/00 R, juris.

Heil- und Hilfsmittel dürfen nach § 3 Abs 2 Heilmittel-Richtlinie bzw § 3 Abs 1 Hilfsmittel-Richtlinie zu Lasten der KK nur **verordnet** werden, wenn sie notwendig sind, um 15
– eine Krankheit zu heilen, ihre Verschlimmerung zu verhüten oder Krankheitsbeschwerden zu lindern (Heilmittel) bzw den Erfolg der Krankenbehandlung zu sichern oder einer drohenden Behinderung vorzubeugen oder eine Behinderung bei der Befriedigung von Grundbedürfnissen des täglichen Lebens auszugleichen (Hilfsmittel),
– eine Schwächung der Gesundheit, die in absehbarer Zeit voraussichtlich zu einer Krankheit führen würde, zu beseitigen,
– einer Gefährdung der gesundheitlichen Entwicklung eines Kindes entgegenzuwirken,
– Krankheiten zu verhüten oder deren Verschlimmerung zu vermeiden (Hilfsmittel) oder
– Pflegebedürftigkeit zu vermeiden oder zu mindern.

Detaillierte Vorgaben zu den Grundsätzen einer Verordnung von Heil- und Hilfsmitteln enthalten §§ 3 ff Heilmittel-Richtlinie bzw §§ 6 ff Hilfsmittel-Richtlinie. 16

Nach der Rspr des BSG ist ein Leistungsanspruch im Bereich der Heilmittelversorgung nicht gegeben, wenn das Mittel nicht vertragsärztlich verordnet worden ist.[15] Hingegen schließt das Fehlen einer vertragsärztlichen Verordnung den Leistungsanspruch auf ein Hilfsmittel nicht grds aus; vielmehr ist nach § 33 Abs 5a S 1 SGB V eine vertragsärztliche Verordnung nur bei einer erstmaligen oder erneuten ärztlichen Diagnose oder Therapieentscheidung erforderlich. Ein Anspruch auf ein nicht im Hilfsmittelverzeichnis aufgeführtes Hilfsmittel besteht unabhängig vom Vorliegen einer vertragsärztlichen Verordnung, wenn es im Einzelfall geeignet, notwendig und wirtschaftlich ist.[16] 17

III. Angaben zur Verordnung (Abs 1)

Für die Verordnung von Heil- und Hilfsmitteln soll individuell unter Berücksichtigung des **Grundsatzes der Wirtschaftlichkeit** auf die Bedürfnisse des Versicherten abgestellt werden. Eine Verordnung von Heil- und Hilfsmitteln darf daher nur erfolgen, wenn sich der behandelnde Vertragsarzt von dem Zustand des Versicherten überzeugt und sich erforderlichenfalls über die persönlichen Lebensumstände informiert hat oder wenn ihm diese aus der laufenden Behandlung bekannt sind (§ 3 Abs 3 Heilmittel-Richtlinie bzw § 6 Abs 2 Hilfsmittel-Richtlinie). 18

Das Heil- oder Hilfsmittel ist in der Verordnung so eindeutig wie möglich zu bezeichnen. Die Richtlinien sehen katalogartig aufgeführte Angaben vor (§ 13 Abs 2 Heilmittel-Richtlinie, § 7 Abs 2 und 3 Hilfsmittel-Richtlinie). 19

IV. Verordnungsausschluss (Abs 2)

Heil- und Hilfsmittel, die nach § 34 Abs 4 SGB V in der vertragsärztlichen Versorgung **ausgeschlossen** sind, darf der Vertragsarzt nicht verordnen. Der Ausschluss soll dazu beitragen, das überproportionale Ausgabenwachstum im Heil- und Hilfsmittelbereich 20

---

15 *BSG* v 19.11.1996 – 1 RK 15/96, juris.
16 *BSG* v 28.6.2001 – B 3 KR 3/00 R, Rn 38, juris mwN.

§ 30   Verordnung von Heilmitteln und Hilfsmitteln

dauerhaft auf ein vertretbares Maß zurückzuführen[17] und ist dem Wirtschaftlichkeitsgebot in der GKV geschuldet.

21   Das BMG kann durch **Rechtsverordnung** mit Zustimmung des Bundesrates Heil- und Hilfsmittel von geringem oder umstrittenem therapeutischen Nutzen oder geringem Abgabepreis bestimmen, deren Kosten die KK nicht übernimmt. Es hat hiervon erstmalig durch Verordnung v 13.12.1989 Gebrauch gemacht.[18]

22   Versicherte können die aufgrund von Rechtsverordnung erfolgten Leistungsausschlüsse inzidenter im Rahmen einer Klage auf Leistung gegen ihre KK überprüfen lassen.

23   Der verordnende Vertragsarzt kann dies im Falle eines gegen ihn ausgesprochenen Regresses inzidenter im Rahmen einer Anfechtungsklage gerichtlich überprüfen lassen.

24   Weitere Verordnungsausschlüsse hat der G-BA auf der Rechtsgrundlage des § 32 Abs 1 S 2 SGB V in § 5 iVm der Anlage 1 sowie in § 6 der Heilmittel-Richtlinie festgelegt. Hiernach ist die Verordnung eines Heilmittels ua bei nicht nachgewiesenem therapeutischen Nutzen, geringfügigen Gesundheitsbeeinträchtigungen sowie für Maßnahmen der persönlichen Lebensführung ausgeschlossen. Auch ist die Verordnung eines Hilfsmittels ausgeschlossen, wenn es Bestandteil einer neuen, nicht anerkannten Behandlungsmethode ist (§ 6 Abs 11 Hilfsmittel-Richtlinie).

V. Genehmigungsvorbehalt (Abs 3)

25   Die Abgabe von Hilfsmitteln aufgrund ärztlicher Verordnung bedarf stets der **Genehmigung** der KK. Dies gilt nur dann nicht, wenn in den Bestimmungen der KK etwas anderes geregelt ist. Verzichtserklärungen auf das Genehmigungserfordernis finden sich bspw in den Hilfsmittelversorgungsverträgen der KK nach § 127 Abs 1 SGB V (s zB § 6 Ziffer 2 des Vertrages nach § 127 Abs 1 SGB V der AOK Bayern mit dem Bayerischen Apothekerverband e.V. über die Versorgung mit Bandagen und konfektionierten Orthesen durch Apotheken vom 1.3.2020). Die Hilfsmittelversorgungsverträge sind über die Homepage der jeweiligen KK abrufbar.

26   Der Versorgungsanspruch des Versicherten mit Hilfsmitteln setzt voraus, dass das begehrte Hilfsmittel ausreichend, zweckmäßig und wirtschaftlich ist und das Maß des Notwendigen nicht überschreitet. Die Prüfung dieser Voraussetzungen obliegt der KK, die den Sachverhalt unter Berücksichtigung aller für den Einzelfall bedeutsamen Umstände von Amts wegen zu ermitteln hat (§ 20 SGB X). Allerdings ist die Krankenkasse dabei nicht zu einer originären Beurteilung des zugrundeliegenden medizinischen Sachverhalts verpflichtet. Sie kann daher nach § 275 Abs 3 Nr 1 SGB V den MDK mit der Prüfung der Erforderlichkeit beauftragen.[19]

27   Die Abgabe von Heilmitteln ist grundsätzlich **genehmigungsfrei**; dh die ärztliche Verordnung muss der zuständigen KK nicht gesondert zur Genehmigung vorgelegt werden. Die Genehmigungsfreiheit resultiert aus den umfassenden Vorgaben des G-BA zur Heilmittelverordnung in der Heilmittel-Richtlinie. Neben der Listung verord-

---

17 BT-Drucks 11/2237, 139.
18 BGBl I 1989, 2237, zuletzt geändert durch Verordnung v 17.1.1995 – BGBl I 1995, 44.
19 S hierzu sowie zur Haftung der KK für Fehler des MDK: *OLG Saarbrücken* v 27.11.2012 – 4 U 291/11-92, Rn. 30, juris.

nungsfähiger Heilmittel im Heilmittelkatalog (§ 4 Heilmittel-Richtlinie) enthält die Richtlinie unter anderem konkrete Vorgaben zur Verordnung im Regelfall (§ 7 Heilmittel-Richtlinie). Hält sich der behandelnde Vertragsarzt an diese Vorgaben, ist eine zusätzliche Genehmigung der KK nicht erforderlich.

Ausnahmen von der Genehmigungsfreiheit bestehen nur dann, wenn dies in der Heilmittel-Richtlinie ausdrücklich vorgesehen ist. **Genehmigungspflichtig** sind danach **Verordnungen außerhalb des Regelfalls**, wenn sich die Behandlung mit der nach Maßgabe des Heilmittelkatalogs bestimmten Gesamtverordnungsmenge nicht abschließen lässt und weitere Verordnungen notwendig sind (§ 8 Heilmittel-Richtlinie).[20] 28

Aufgrund von schweren dauerhaften funktionellen/strukturellen Schädigungen kann ein langfristiger Heilmittelbedarf (§ 32 Abs 1a SGB V) bestehen. In Anl 2 der Heilmittel-Richtlinie hat der G-BA einen abschließenden Katalog von Diagnosen und hieraus resultierenden funktionellen/strukturellen Schädigungen aufgenommen, bei denen per se von einem langfristigen Heilmittelbedarf auszugehen ist. Für die Katalog-Fälle in Anl 2 der Heilmittel-Richtlinie findet im Vorfeld der Verordnung kein Antrags- oder Genehmigungsverfahren der KK statt (§ 8a Abs 2 Heilmittel-Richtlinie). Lediglich Verordnungen für einen langfristigen Heilmittelbedarf aufgrund von schweren dauerhaften funktionellen/strukturellen Schädigungen, die nicht in Anl 2 der Heilmittel-Richtlinie benannt aber mit diesen vergleichbar sind, bedürfen der Genehmigung durch die KK (§ 8a Abs 3 Heilmittel-Richtlinie). Hierfür kann der Patient im Rahmen einer Einzelfallregelung einen formlosen Antrag auf Genehmigung des Heilmittels bei seiner KK stellen.[21] Die Genehmigung soll mindestens ein Jahr umfassen (§ 8a Abs 7 Heilmittel-Richtlinie). 29

Viele KK verzichten mittlerweile bei Heilmittelverordnungen außerhalb des Regelfalls auf die Genehmigung. Die meisten KV veröffentlichen Listen der betreffenden KK im Internet.[22] 30

Weitere Informationen zur Genehmigung langfristiger Heilmittelbehandlungen nach § 32 Abs 1a SGB V iVm § 8 Abs 3 Heilmittel-Richtlinie insbesondere zu Hintergrund und Zweck der Regelung, begünstigtem Personenkreis sowie zum Antragsverfahren und zur Genehmigung finden sich auf der Website des G-BA.[23] 31

Die KK haben ihre Versicherten – soweit nötig – im Einzelfall darüber aufzuklären, welche Heil- und Hilfsmittel genehmigungspflichtig sind (s auch § 10 Hilfsmittel-Richtlinie). 32

---

20 Zur Aufhebung der Regelfallsystematik und Genehmigungspflicht aufgrund der Änderungen der Heilmittelrichtlinie des G-BA mit Wirkung zum 1.1.2021 s Rn 34.
21 S hierzu KBV- Informationen für die Praxis- Heilmittel (Stand: Februar 2013), abrufbar unter: https://www.kbv.de/media/sp/Praxisinformation_Heilmittel.pdf, zuletzt abgerufen am 2.9.2020.
22 Die Angaben zu den veröffentlichenden KV sind unter https://www.gkv-spitzenverband.de/krankenversicherung/ambulante_leistungen/heilmittel/genehmigung_ausserhalb_des_regelfalls/genehmigung_ausserhalb_des_regelfalls.jsp abrufbar, zuletzt abgerufen am 2.9.2020.
23 https://www.g-ba.de/themen/veranlasste-leistungen/heilmittel/verordnung-heilmittel-vertragsaerzte/, zuletzt abgerufen am 2.9.2020.

VI. Heilmittelverordnung innerhalb Regelfall (Abs 4)

33 Die Partner des BMV-Ä haben zur Klarstellung bei der Zusammenführung der Bundesmantelverträge zu einem einheitlichen Vertrag ausdrücklich aufgenommen, dass die Genehmigung von Heilmittelverordnungen innerhalb des Regelfalls durch die KK unzulässig ist (s auch Rn 27).

34 Mit Beschluss v 19.9.2019 hat der G-BA maßgebliche Änderungen der Heilmittel-Richtlinie getroffen, die mit Wirkung zum 1.1.2021 in Kraft treten[24]. Die als kompliziert empfundene Regelfallsystematik, mit ihrer Unterscheidung zwischen Erstverordnung, Folgeverordnung und Verordnung außerhalb des Regelfalles, wird durch einen Verordnungsfall ersetzt, mit dem eine sog „**orientierende Behandlungsmenge**" verbunden ist. Die Behandlungsmenge dient dabei expressis verbis lediglich der Orientierung für den Arzt, Abweichungen aufgrund des konkreten medizinischen Bedarfs des Patienten sind möglich. Weiterhin entfällt mit der Abschaffung der Regelfallsystematik auch das Genehmigungserfordernis für Verordnungen außerhalb des Regelfalles (s Rn 28), sodass auch bei einem erhöhten medizinischen Heilmittel-Bedarf des Patienten für die Verordnung keine Begründung mehr angegeben werden muss. Auch die Verordnung des Heilmittels an sich wurde vereinfacht und ein einheitliches Verordnungsformular geschaffen (Muster 13), das die bisherigen Muster 13, 14 und 18 ersetzt.

VII. Kosten für ausgeschlossene Heil-/Hilfsmittel (Abs 5)

35 Verordnet ein Vertragsarzt nach § 34 SGB V **ausgeschlossene Heil- oder Hilfsmittel** oder solche, die zwar nicht ausgeschlossen, aber **nicht notwendig** sind (Wunschverordnung, s § 25a Rn 22), darf die KK die hierfür anfallenden Kosten nicht erstatten. Im erstgenannten Fall wird idR ein Regressverfahren gegen den verordnenden Vertragsarzt eingeleitet; Gleiches gilt im letztgenannten Fall, wenn die Verordnung auf dem vertragsärztlichen Formular erfolgt ist. Wird für die Wunschverordnung ein Privatrezept ausgestellt, hat der Patient keinen Erstattungsanspruch gegen seine KK. Er muss die Kosten selbst tragen.

VIII. Verordnungssoftware (Abs 6)

36 Gem § 73 Abs 10 SGB V dürfen Vertragsärzte seit dem 1.1.2017 für die Verordnung von Heilmitteln ausschließlich Programme nutzen, welche die Informationen nach der Heilmittel-Richtlinie des G-BA über besondere Versorgungsbedarfe nach § 106b Abs 2 S 4 SGB V sowie die Besonderheiten von Verträgen über eine Heilmittelversorgung mit erweiterter Versorgungsverantwortung gem § 125a SGB V enthalten. Die Programme müssen von der KBV zertifiziert sein. Die konkreten Anforderungen an eine Zertifizierung des Programms durch die KBV sind in Anlage 29 geregelt. Die Software muss dem Vertragsarzt insbesondere eine nach den Vorgaben der Heilmittel-Richtlinie formal korrekte Verordnung ermöglichen. Um dies zu gewährleisten sieht Anlage 29 ua vor, dass zwingender Bestandteil der Software die von der KBV bereitgestellte Heilmittel-Stammdatei ist, mittels derer die für eine richtlinienkonforme Verordnung benötigten Daten elektronisch lesbar zur Verfügung gestellt werden.[25]

---

24 BAnz AT 31.12.2019 B7; BAnz AT 24.9.2020 B1.
25 S näher Anlage 29 Ziff 2.

Sinn und Zweck der Regelung ist – entsprechend der Vorgaben für die Verordnung von Arzneimitteln (s § 29 Rn 29 ff) – formale Fehler bei der Ausstellung der Heilmittelverordnung zu vermeiden. So soll durch die Praxissoftware insbesondere eine heilmittelrichtlinienkonforme Verordnung und die Berücksichtigung von besonderen Verordnungsbedarfen gewährleistet werden.[26]

IX. Rezertifizierung (Abs 7)

Eine bereits auf Basis der Vorgaben nach Anlage 29 zertifizierte Software kann durch die KBV einer erneuten Prüfung unterzogen werden (Rezertifizierung). Ferner können die KBV, eine einzelne KV, der GKV Spitzenverband sowie einzelne KK auf Antrag, der zu begründen ist, eine Kontrollprüfung der Software durch die KBV veranlassen.

Im Rahmen ihrer Kontrollbefugnisse nach Abs 7 kann die KBV ein Zertifikat in begründeten Fällen entziehen, insbesondere dann, wenn der Verdacht besteht, dass bei Anwendung der zertifizierten Software-Version durch den Vertragsarzt die Verordnungskriterien nach Abs 6 nicht eingehalten werden.

X. Erklärung des Vertragsarztes zur Verordnungssoftware (Abs 8)

Der Vertragsarzt hat in der Quartals-Sammelerklärung (§ 35 Abs 2) zu bestätigen, dass er zur Verordnung von Heilmitteln ausschließlich eine von der KBV zertifizierte Software-Version eingesetzt hat. Die konkret verwendete Software ist zu benennen.

---

26 BT Drucks 18/4095, 84 zu Nr 25.

§ 31 Bescheinigung von Arbeitsunfähigkeit

¹Die Beurteilung der Arbeitsunfähigkeit und ihrer voraussichtlichen Dauer sowie die Ausstellung der Bescheinigung darf nur auf Grund einer ärztlichen Untersuchung erfolgen. ²Näheres bestimmen die Richtlinien des Gemeinsamen Bundesausschusses.

Die **Feststellung der Arbeitsunfähigkeit** und die Bescheinigung über ihre voraussichtliche Dauer erfordern wegen ihrer Tragweite für die Versicherten und ihrer arbeits- und sozialversicherungsrechtlichen sowie wirtschaftlichen Bedeutung besondere Sorgfalt. Sie ist Voraussetzung insbesondere für den Anspruch des Versicherten auf Entgeltfortzahlung im Krankheitsfall und für den Anspruch auf Krankengeld (§ 3 EntgFG, §§ 44 ff SGB V).

Wann **Arbeitsunfähigkeit** vorliegt, definiert die Arbeitsunfähigkeits-Richtlinie des G-BA[1] nach § 92 Abs 1 S 2 Nr 7 SGB V. Danach ist zB ein erwerbstätiger GKV-Versicherter arbeitsunfähig, wenn er aufgrund von Krankheit seine zuletzt vor der Arbeitsunfähigkeit ausgeübte Tätigkeit nicht mehr oder nur unter der Gefahr der Verschlimmerung der Erkrankung ausüben kann oder wenn auf Grund eines bestimmten Krankheitszustandes, der für sich allein noch keine Arbeitsunfähigkeit bedingt, absehbar ist, dass aus der Ausübung der Tätigkeit für die Gesundheit oder die Gesund-

---

1 BAnz AT 3.4.2020 B4.

des Arbeitnehmers abträgliche Folgen erwachsen, die Arbeitsunfähigkeit unmittelbar hervorrufen Ein Bezieher von Arbeitslosengeld ist dagegen arbeitsunfähig, wenn er krankheitsbedingt nicht mehr in der Lage ist, leichte Arbeiten in einem zeitlichen Umfang zu verrichten, für den er sich bei der Agentur für Arbeit zur Verfügung gestellt hat oder bei Bezug von Grundsicherung gem SGB II, wenn der erwerbsfähige Leistungsberechtigte krankheitsbedingt nicht in der Lage ist, mindestens drei Stunden täglich zu arbeiten bzw. an einer Eingliederungsmaßnahme in das Berufsleben teilzunehmen (§ 2 Arbeitsunfähigkeits-Richtlinie).[2]

3 Ausnahmetatbestände regelt § 3 der Arbeitsunfähigkeits-Richtlinie. Danach liegt bspw Arbeitsunfähigkeit bei kosmetischen und anderen Operationen ohne krankheitsbedingten Hintergrund und ohne Komplikationen nicht vor (s auch § 58 Rn 13).

4 Bei der Feststellung der Arbeitsunfähigkeit sind körperlicher, geistiger und seelischer Gesundheitszustand des Versicherten zu berücksichtigen. Deshalb darf die Feststellung nur **aufgrund ärztlicher Untersuchung** erfolgen. Auf dieses Erfordernis weist § 31 ausdrücklich hin (so auch in § 4 Abs 1 Arbeitsunfähigkeits-Richtlinie konkretisiert). Eine Ausnahme von der Pflicht zur persönlichen ärztlichen Untersuchung wurde während der Covid-19-Pandemie bei Erkrankungen der oberen Atemwege ohne schwere Symptomatik in § 4 Abs 1 Arbeitsunfähigkeits-Richtlinie begründet. Im Zeitraum v 23.3.2020 bis 31.5.2020 war eine AU Bescheinigung in diesen Fällen auch auf Basis einer telefonischen Anamnese des Arztes möglich.

5 Zum Entstehen des Anspruchs auf Krankengeld für den Versicherten nach § 46 SGB V ist die ärztliche Feststellung der Arbeitsunfähigkeit Voraussetzung. Arzt iSd Vorschrift ist nicht gleichbedeutend mit behandelndem Arzt. Die Feststellung der Arbeitsunfähigkeit kann von jedem Arzt getroffen werden, der hierzu bei Ausübung seiner ärztlichen Tätigkeit Gelegenheit hat, zB auch Amtsärzte und Betriebsärzte.[3]

6 Nach den Regelungen in der vertragsärztlichen Versorgung dürfen Arbeitsunfähigkeitsbescheinigungen nur von Vertragsärzten oder deren persönlichen Vertretern ausgestellt werden (§ 5 Abs 1 Arbeitsunfähigkeits-Richtlinie). Erst- und Folgebescheinigungen sowie seit 1.1.2016 auch die Bescheinigung für Krankengeldzahlung (vorher Muster 17) erfolgen auf dem Vordruck Muster Nr 1 der Vordruckvereinbarung (Anlage 2 BMV-Ä). IRd Bürokratieabbaus wurde Muster 17 in das Muster 1 integriert.

7 Die Arbeitsunfähigkeit soll grundsätzlich nicht für einen Zeitraum vor der ersten Inanspruchnahme des Arztes bescheinigt werden; in Ausnahmefällen ist sie rückwirkend bis zu drei Tagen zulässig (§ 5 Abs 3 Arbeitsunfähigkeits-Richtlinie).

8 Besonderer Aufmerksamkeit bedurfte bei länger dauernder Arbeitsunfähigkeit eines Versicherten deren **nahtlose Feststellung durch den Arzt**. Bedeutsam war dies insbesondere für die Aufrechterhaltung des Versicherungsschutzes aus der Beschäftigtenversicherung bei zwischenzeitlich eingetretener Arbeitslosigkeit (Versicherungspflicht nach § 5 Abs 1 Nr 1 SGB V für Beschäftigte mit Krankengeldanspruch oder nach § 5 Abs 1 Nr 13 SGB V ohne Krankengeldanspruch). Wurde bspw ein in einem Beschäfti-

---
2 *BSG* v 10.5.2012 – B 1 KR 20/11 R, Rn 9, juris: Das Krankengeld stellt sich in der Krankenversicherung der Arbeitslosen nicht als Ersatz für den Ausfall des früher auf Grund von Beschäftigung bezogenen Arbeitsentgelts dar, sondern als Ersatz für eine entgehende Leistung wegen Arbeitslosigkeit.
3 Peters/*Schmidt* § 46 Rn 24 mwN.

gungsverhältnis Pflichtversicherter an seinem letzten Arbeitstag vor Beendigung seines Beschäftigungsverhältnisses arbeitsunfähig krank, so hatte er bei entsprechender ärztlicher Feststellung und Meldung bei der KK Anspruch auf Krankengeld nach § 44 SGB V (Krankengeldanspruch entstand bei Krankenhausbehandlung oder Behandlung in einer Vorsorge- oder Rehabilitationseinrichtung von ihrem Beginn an, im Übrigen von dem Tag an, der auf den Tag der ärztlichen Feststellung der Arbeitsunfähigkeit folgte, § 46 S 1 SGB V). Trotz mittlerweile eingetretener Arbeitslosigkeit bestand die ursprüngliche Krankenversicherung nach § 192 SGB V solange fort, solange Anspruch auf Krankengeld bestand. Verlängerte sich die Arbeitsunfähigkeit über den festgestellten Zeitraum hinaus, bestand ein weiterer Anspruch auf Krankengeld nur dann, wenn die andauernde Arbeitsunfähigkeit spätestens am letzten Tag des zunächst festgestellten Zeitraumes ärztlich bescheinigt wurde. Eine ärztliche Folgebescheinigung am Tag nach dem ersten Arbeitsunfähigkeitszeitraum war nicht mehr ausreichend.[4] Ausnahmen ließ das BSG nur ausnahmsweise zu, wenn Arbeitsunfähigkeit zwar vorlag, der Arzt aber irrtümlich die Arbeitsunfähigkeitsbescheinigung nicht zeitgerecht ausgestellt hatte, wenn die Fehleinschätzung des Arztes über die Notwendigkeit der Arbeitsunfähigkeits-Bescheinigung auf nichtmedizinischen Gründen beruhte.[5]

Mit Änderung des § 46 S 1 Ziffer 2 SGB V zum 17.7.2016 ist das Problem der nahtlosen Folgebescheinigungen entschärft worden. Danach entsteht der Krankengeldanspruch bei Krankschreibung durch Vertragsärzte von dem Tag der ärztlichen Feststellung der Arbeitsunfähigkeit an. Der Anspruch auf Krankengeld bleibt jeweils bis zu dem Tag bestehen, an dem die weitere Arbeitsunfähigkeit wegen derselben Krankheit ärztlich festgestellt wird, wenn diese ärztliche Feststellung spätestens am nächsten Werktag nach dem zuletzt bescheinigten Ende der Arbeitsunfähigkeit erfolgt; Samstage gelten insoweit nicht als Werktage (§ 46 S 1, 2 SGB V idF des GKV-VSG). Mit dem TSVG erfolgte mit Wirkung zum 11.5.2019 eine weitere Lockerung. Für Versicherte, deren Mitgliedschaft nach § 192 Abs 1 Nr 2 SGB V vom Bestand des Anspruchs auf Krankengeld abhängig ist, bleibt der Anspruch auf Krankengeld auch dann bestehen, wenn die weitere Arbeitsunfähigkeit wegen derselben Krankheit zwar nicht am nächsten Werktag, aber spätestens innerhalb eines Monats nach dem zuletzt bescheinigten Ende der Arbeitsunfähigkeit ärztlich festgestellt wird (§ 46 S 3 SGB V idF des TSVG).[6]

Ab dem 1.1.2021 sind Vertragsärzte verpflichtet, die von ihnen erhobenen Arbeitsunfähigkeitsdaten und Diagnosen unter Nutzung der Telematikinfrastruktur (§ 291a SGB V) unmittelbar elektronisch an die KK zu übermitteln (s § 291 Abs 1 S 1 Nr 1, S 2 SGB V idF des TSVG[7]). Korrespondierend hierzu wurden die KK mit dem dritten Bürokratieentlastungsgesetz[8] verpflichtet, aus den Daten, die ihnen aus der Übermittlung nach § 295 Abs 1 S 1 Nr 1 SGB V in den Fällen einer Arbeitsunfähigkeit vorliegen, eine Meldung zum elektronischen Abruf durch den Arbeitgeber zu erzeugen, mit dem der Arbeitgeber insbesondere über den Beginn und das Ende einer Arbeitsunfä-

---

4 *BSG* v 10.5.2012 – B 1 KR 20/11 R, Rn 12, juris.
5 *BSG* v 11.5.2017 – B 3 KR 22/15 R, juris; Zur Altrechtslage s auch *Knispel* Zur ärztlichen Feststellung des Fortbestehens von Arbeitsunfähigkeit bei abschnittsweiser Krankengeldgewährung, NZS 2014, 561 ff.
6 BGBl I 2019, 646 ff, 649 zu Ziffer 22.
7 BGBl I 2019, 682.
8 BGBl I 2019, 1746 ff, 1750.

higkeit des Arbeitnehmers unterrichtet wird (§ 109 Abs 1 SGB IV). Die elektronische Meldung zum Abruf durch den Arbeitgeber ersetzt jedoch bislang nicht die vom Vertragsarzt nach § 73 Abs 2 S 1 Nr 9 SGB V iVm § 5 Abs 1 S 2 EFZG auszustellende Arbeitsunfähigkeitsbescheinigung für den Arbeitgeber, die der gesetzlich versicherte Arbeitnehmer nach wie vor benötigt, um in Störfällen das Vorliegen einer Arbeitsunfähigkeit nachweisen zu können.[9]

11 IRd Entlassmanagements kann das Krankenhaus (der Krankenhausarzt) wie ein Vertragsarzt Arbeitsunfähigkeit für einen Zeitraum von bis zu sieben Kalendertagen nach der Entlassung feststellen, soweit und solange dies für die Versorgung des Versicherten unmittelbar nach Entlassung aus dem Krankenhaus erforderlich ist (§ 4a Arbeitsunfähigkeits-Richtlinie). Gleiches gilt auch für die stationsäquivalente psychiatrische Behandlung sowie für Ärzte in Einrichtungen der medizinischen Rehabilitation bei Leistungen nach §§ 40 Abs 2 und 41 SGB V.

12 Bei Feststellung oder Verdacht des Vorliegens eines Arbeitsunfalls, auf Folgen eines Arbeitsunfalls, einer Berufskrankheit, eines Versorgungsleidens, eines sonstigen Unfalls oder bei Vorliegen von Hinweisen auf Gewaltanwendung oder drittverursachte Gesundheitsschäden ist gem § 294a SGB V auf der Arbeitsunfähigkeitsbescheinigung ein entsprechender Vermerk anzubringen (s auch § 58 Rn 4 ff).

13 Weitere Einzelheiten zum Verfahren und zum Zusammenwirken mit anderen Einrichtungen (zB dem MDK) enthält die Arbeitsunfähigkeits-Richtlinie des G-BA.

14 Ergänzender Hinweis: IRd ambulanten Operierens und sonstiger stationsersetzender Eingriffe im Krankenhaus kann Arbeitsunfähigkeit vom Krankenhausarzt in der Regel bis zu fünf Tagen bescheinigt werden (§ 10 Abs 1 AOP-Vertrag).

---

9 BT-Drucks 19/13959, 38 f zu Nr 3.

§ 32 Bescheinigung über den voraussichtlichen Tag der Entbindung

Der Vertragsarzt darf für die Krankenkasse bestimmte Bescheinigungen über den voraussichtlichen Tag der Entbindung nur auf Grund einer Untersuchung der Schwangeren ausstellen.

1 Die Ausstellung der für die KK bestimmten Bescheinigung über die **Feststellung der Schwangerschaft und des voraussichtlichen Entbindungstermins** bedarf besonderer Sorgfalt, da sich hieran Rechte und Ansprüche der Schwangeren knüpfen.[1] Der Vertragsarzt darf eine solche Bescheinigung deshalb nur nach eingehender Untersuchung der Versicherten ausstellen. Die Untersuchung zum Zwecke der Feststellung der Schwangerschaft ist Bestandteil der kurativen Versorgung.

---

1 Zur Bedeutung der ärztlichen Bescheinigung über den voraussichtlichen Entbindungstermin im Kündigungsschutzprozess s *BAG* v 7.5.1998 – 2 AZR 417/97, juris; *BAG* v 12.12.1985 – 2 AZR 82/85, juris.

Besondere Rechte schwangerer Arbeitnehmerinnen: 2
Sie erhalten alle Schutzrechte und Ansprüche aus dem MuSchG, insbesondere
- Mutterschaftsgeld (§ 19 MuSchG),
- Gestaltungsoptionen der Arbeitsbedingungen und des Arbeitsplatzes (§ 13 MuSchG),
- Keine Heranziehung zu Mehrarbeit und Tätigkeiten zwischen 20 und 6 Uhr und an Sonn- und Feiertagen (§§ 4–6 MuSchG),
- Freistellung von Arbeit in Form von betrieblichen oder ärztlichen Beschäftigungsverboten (§ 13 Abs 1 Ziffer 3, § 16 Abs 1 MuSchG),
- Kündigungsschutz (§ 17 MuSchG).

Unabhängig vom Vorliegen eines Beschäftigungsverhältnisses haben alle schwangeren GKV-Versicherten Anspruch auf besondere ärztliche Betreuung während der Schwangerschaft und nach der Entbindung (§§ 2 Abs 1, 12 Abs 1, 28 Abs 1, 70 Abs 1 und 73 Abs 2 Nr 4 SGB V) gemäß den Mutterschafts-Richtlinien des G-BA[2]. 3

Ziel dieser Regelungen ist es, durch die ärztliche Betreuung während der Schwangerschaft und nach der Entbindung mögliche Gefahren für Leben und Gesundheit von Mutter oder Kind abzuwenden sowie Gesundheitsstörungen rechtzeitig zu erkennen und diese der Behandlung zuzuführen. 4

Vorrangiges Ziel der ärztlichen Schwangerenvorsorge ist die frühzeitige Erkennung von Risikoschwangerschaften und Risikogeburten. 5

Unter den Voraussetzungen des § 24i SGB V besteht Anspruch auf Mutterschaftsgeld. Diese Regelung gilt für Mitglieder der gesetzlichen Krankenkassen unmittelbar, so dass § 13 Abs 1 MuSchG (s Rn 2) insoweit nur deklaratorische Bedeutung hat. Für Personen, die nicht Mitglied einer gesetzlichen Krankenkasse sind, richtet sich der Mutterschaftsgeldanspruch nach § 13 Abs 2 MuSchG, der konstitutive Wirkung hat.[3] 6

§ 33 Sonstige Verordnungen und Bescheinigungen

Die Ausstellung sonstiger Verordnungen und Bescheinigungen durch den Vertragsarzt erfolgt nach Maßgabe der Anlagen zu diesem Vertrag und weiterer vertraglicher Regelungen.

Die Ausstellung **sonstiger Verordnungen und Bescheinigungen** erfolgt nach Maßgabe weiterer vertraglicher Regelungen, die für den Vertragsarzt im Rahmen seiner Teilnahme an der vertragsärztlichen Versorgung verbindlich sind. Beispiele finden sich in der als Anl 2 zum BMV-Ä vereinbarten Vordruckvereinbarung (Stand: April 2020), der Anl 2a zur Blankoformularbedruckung (Stand: April 2020), der Anl 2b zur Vereinbarung von digitalen Vordrucken und den als Anl 3 BMV-Ä festgelegten Vereinbarungen zu den besonderen Untersuchungs- und Behandlungsmethoden (s zB Qualitätssicherungsvereinbarung Hörgeräteversorgung idF v 1.4.2019); alle Vereinbarungen sind abrufbar unter www.kbv.de/rechtsquellen/qualität/qualitätssicherung). 1

---

2 BAnz AT 6.4.2020 B2.
3 S auch juris PK-SGB V/*Pitz* § 24i Rn 4.

§ 34 Vordrucke

2 Bescheinigungen sowie Auskünfte, Zeugnisse, Berichte und Gutachten dürfen von den KK ausnahmsweise auf nicht vereinbarten Vordrucken angefordert werden, wenn vereinbarte Vordrucke zur Klärung der Sachverhalte nicht zur Verfügung stehen. Dabei soll die KK angeben, nach welcher Gebührennummer die erbetene Information berechnet werden kann. Hierfür ist maßgebend, ob es sich um eine kurze Auskunft handelt, die weder einen besonderen Arbeitsaufwand erfordert noch gutachtliche Fragestellungen enthält – diese ist ohne besonderes Honorar zu erteilen –, oder ob es sich um eine Anfrage handelt, die inhaltlich die Anforderung einer Leistung des Abschnitts 1.6 „Schriftliche Mitteilungen, Gutachten" unter II „Arztübergreifende Allgemeine Leistungen" des EBM erfüllt und danach zu vergüten ist (Abschnitt 1 Ziffer 1.2.3 der Vordruckvereinbarung gem Anlage 2).

3 Nachdem es in der Vergangenheit gehäuft zu Rückfragen und Mehraufwand in den Arztpraxen bei formlosen Anfragen der KK kam, haben sich die Partner des BMV-Ä mit Wirkung zum 1.10.2013 darauf verständigt, ein **Rahmenformular** einzuführen (s § 36 Abs 5).

9. Abschnitt –
Vordrucke, Bescheinigungen und Auskünfte, Vertragsarztstempel

§ 34 Vordrucke

(1) ¹Abrechnungs- und Verordnungsvordrucke sowie Vordrucke für schriftliche Informationen werden als verbindliche Muster in der Vordruckvereinbarung (Anlage 2) festgelegt. ²Gegenstand der Vordruckvereinbarung sind auch die Erläuterungen zur Ausstellung der Vordrucke. ³Die Vordrucke können gemäß der Vereinbarung über den Einsatz des Blankoformularbedruckungs-Verfahrens zur Herstellung und Bedruckung von Vordrucken für die vertragsärztliche Versorgung (Anlage 2a) mittels zertifizierter Software und eines Laserdruckers vom Vertragsarzt selbst in der Praxis erzeugt werden.

(2) ¹Die Kosten für die Vordrucke werden von den Krankenkassen getragen. ²Die Verteilung an die Ärzte kann zwischen den Gesamtvertragspartnern geregelt werden.

(3) Für die psychotherapeutische Versorgung gelten die Regelungen zu Vordrucken nach den Anlagen 1 und 2 dieses Vertrages.

Übersicht

	Rn		Rn
I. Vordrucke (Abs 1)	1	III. Vordrucke für psychotherapeutische Behandlung (Abs 3)	8
II. Kostentragung für Vordrucke (Abs 2)	7		

I. Vordrucke (Abs 1)

1 Die Partner des BMV-Ä haben sowohl für Abrechnungszwecke und für Verordnungen als auch für schriftliche Informationen verbindliche Vordrucke in der Vordruckvereinbarung (Anl 2 zum BMV-Ä) vorgegeben. Derzeit sind 44 verbindliche Muster vereinbart (Stand: April 2019).

Vordrucke § 34

Tabelle 6: Muster gem Vordruckvereinbarung

Muster 1	Arbeitsunfähigkeitsbescheinigung
Muster 2	Verordnung von Krankenhausbehandlung
Muster 3	Zeugnis über den mutmaßlichen Tag der Entbindung
Muster 4	Verordnung einer Krankenbeförderung
Muster 5	Abrechnungsschein ambulante Behandlung, belegärztliche Behandlung, Abklärung somatischer Ursachen vor Aufnahme einer Psychotherapie, anerkannte Psychotherapie
Muster 6	Überweisungsschein
Muster 7	Überweisung vor Aufnahme einer Psychotherapie zur Abklärung somatischer Ursachen
Muster 8	Sehhilfenverordnung
Muster 8A	Verordnung von vergrößernden Sehhilfen
Muster 9	Ärztliche Bescheinigung für die Gewährung von Mutterschaftsgeld bei Frühgeburten oder einer Behinderung des Kindes
Muster 10	Überweisungsschein für Laboratoriumsuntersuchungen als Auftragsleistung
Muster 10A	Anforderungsschein für Laboratoriumsuntersuchungen bei Laborgemeinschaften
Muster 11	Bericht für den MDK
Muster 12	Verordnung häuslicher Krankenpflege
Muster 13	Heilmittelverordnung (Maßnahmen der Physikalischen Therapie/Podologischen Therapie)
Muster 14	Heilmittelverordnung (Maßnahmen der Stimm-, Sprech- und Sprachtherapie)
Muster 15	Ohrenärztliche Verordnung einer Hörhilfe
Muster 16	Arzneiverordnungsblatt
Muster 18	Heilmittelverordnung (Maßnahmen der Ergotherapie/Ernährungstherapie)
Muster 19	Notfall-/Vertretungsschein
Muster 20	Maßnahmen zur stufenweisen Wiedereingliederung in das Erwerbsleben (Wiedereingliederungsplan), bestehend aus Muster 20a bis 20d.
Muster 21	Ärztliche Bescheinigung für den Bezug von Krankengeld bei Erkrankung eines Kindes
Muster 22	Konsiliarbericht vor Aufnahme einer Psychotherapie
Muster 25	Anregung einer ambulanten Vorsorgeleistung in anerkannten Kurorten gemäß § 23 Abs 2 SGB V

§ 34 Vordrucke

Muster 26	Verordnung Soziotherapie gemäß § 37a SGB V
Muster 27	Soziotherapeutischer Betreuungsplan gemäß § 37a SGB V
Muster 28	Verordnung bei Überweisung zur Indikationsstellung für Soziotherapie gemäß § 37a SGB V im Umfang von maximal 5 Therapieeinheiten
Muster 36	Empfehlung zur verhaltensbezogenen Primärprävention gem § 20 Abs 5 SGB V
Muster 39	Krebsfrüherkennung Zervix Karzinom (gemäß G-BA Richtlinie)
Muster 40	Dokumentationsvordruck für Krebsfrüherkennungsuntersuchung Männer
Muster 50	Anfrage zur Zuständigkeit einer anderen KK
Muster 51	Anfrage zur Zuständigkeit eines sonstigen Kostenträgers
Muster 52	Bericht für die KK bei Fortbestehen der Arbeitsunfähigkeit
Muster 53	Anfrage zum Zusammenhang von Arbeitsunfähigkeitszeiten
Muster 55	Bescheinigung zum Erreichen der Belastungsgrenze bei Feststellung einer schwerwiegenden chronischen Krankheit im Sinne des § 62 SGB V
Muster 56	Antrag auf Kostenübernahme für Rehabilitationssport/Funktionstraining
Muster 60	Einleitung von Leistungen zur Rehabilitation oder alternativen Angeboten
Muster 61	Teil A: Beratung zu medizinischer Rehabilitation/Prüfung des zuständigen Rehabilitationsträgers Teil B bis D: Verordnung von medizinischer Rehabilitation
Muster 63	Verordnung spezialisierter ambulanter Palliativversorgung (SAPV)
Muster 64	Verordnung medizinischer Vorsorge für Mütter/Väter gemäß § 24
Muster 65	Ärztliches Attest Kind für die Mitaufnahme in eine Vorsorge-/Rehabilitationseinrichtung gemäß §§ 24, 41 SGB V
Muster 70	Behandlungsplan für Maßnahmen zur künstlichen Befruchtung gemäß § 27a SGB V sowie der „Richtlinien über künstliche Befruchtung" des G-BA für die hier genannten Ehegatten
Muster 70A	Folge-Behandlungsplan für Maßnahmen zur künstlichen Befruchtung gemäß § 27a SGB V sowie der „Richtlinien über künstliche Befruchtung" des G-BA für die hier genannten Ehegatten
Muster 85	Nachweis der Anspruchsberechtigung bei Ruhen des Anspruchs gemäß § 16 Abs 3a SGB V
Muster 86	Weiterleitungsbogen für angeforderte Befunde an den MDK

Die Vordrucke der Muster 6, 10, 10A und 39 können auch digital verwendet werden. Einzelheiten hierzu regelt die Anl 2b zum BMV-Ä.

In Abschnitt 1 der Vordruckvereinbarung (Anl 2) sind detailliert Hinweise zur Verwendung der Muster und deren Verbindlichkeit (Ziffer 1.1) und Hinweise zum Ausfüllen der Vordrucke (Ziffer 1.2) enthalten.

Ergänzend haben die Partner des BMV-Ä Erläuterungen zur Ausstellung jedes einzelnen Vordrucks gegeben. Diese Erläuterungen sind Bestandteil der Vordruckvereinbarung (Anl 2) und damit ebenfalls verbindlich zu beachten.

Ferner steht es dem Arzt frei, individuell zu entscheiden, ob er Formulare unter Nutzung zertifizierter Software und geeigneter Hardware auf Blankoformularpapier selbst erstellt. Zu den Einzelheiten dieses Verfahrens s § 42 und Anl 2a zum BMV-Ä.

II. Kostentragung für Vordrucke (Abs 2)

Die Kosten für die Vordrucke übernehmen die KK. Die Gesamtvertragspartner können zur Verteilung der Vordrucke an die Ärzte Regelungen auf Landesebene treffen (s zB Anl 4 zum Gesamtvertrag nach § 83 SGB V zwischen der KV Sachsen und der IKK Sachsen – „Vereinbarung über den Druck von Vordrucken für die vertragsärztliche Versorgung und die Lieferung an die an der ambulanten vertragsärztlichen Versorgung teilnehmenden Ärzte und Einrichtungen im Freistaat Sachsen sowie an die Bezirksstelle der KV Sachsen").

III. Vordrucke für psychotherapeutische Behandlung (Abs 3)

Für die psychotherapeutische Behandlung gelten die Regelungen der Vordruckvereinbarungen (Anl 2 und Anl 2a zum BMV-Ä) und der Psychotherapie-Vereinbarungen (Anl 1 zum BMV-Ä). Letztgenannte beinhaltet in Teil E die nachstehenden Vordrucke (Stand: 1.3.2020), deren Inhalt und Gestaltung verbindlich sind:

Tabelle 7: Vordrucke für psychotherapeutische Behandlung

PTV 1	Antrag des Versicherten auf Psychotherapie
PTV 2	Angaben des Therapeuten zum Antrag des Versicherten
PTV 3	Leitfaden zur Erstellung des Berichts an den Gutachter
PTV 4	Auftrag der KK zur Begutachtung
PTV 5	Stellungnahme des Gutachters
PTV 8	Briefumschlag zur Weiterleitung der Unterlagen an den Gutachter
PTV 10	Allgemeine Patienteninformation „Ambulante Psychotherapie in der gesetzlichen Krankenversicherung"
PTV 11	Individuelle Patienteninformation zur ambulanten psychotherapeutischen Sprechstunde
PVT 12	Anzeige der Akutbehandlung oder der Beendigung einer Psychotherapie

10 Daneben sind folgende Muster nach Anl 2 bzw Anl 2a zum BMV-Ä zu verwenden (s § 19 Abs 1 Psychotherapie-Vereinbarung):

11

Muster 7 Muster 7/E	Überweisung an einen Vertragsarzt durch einen Psychologischen Psychotherapeuten oder einen Kinder- und Jugendlichenpsychotherapeuten zur Abklärung somatischer Ursachen und Erstellung des Konsiliarberichtes vor Aufnahme einer Psychotherapie
Muster 22 Muster 22/E	Konsiliarbericht des Vertragsarztes vor Aufnahme einer durch einen Psychologischen Psychotherapeuten oder einen Kinder- und Jugendlichenpsychotherapeuten durchgeführten Psychotherapie

12 Weitere Vorgaben für die Verwendung der Vordrucke sind in Teil E der Psychotherapie-Vereinbarung (Anl 1) enthalten.

§ 35 Ausstellen von Bescheinigungen und Vordrucken

(1) ¹Für die Ausstellung von Vordrucken im Rahmen der vertragsärztlichen Behandlung hat der Vertragsarzt die elektronische Gesundheitskarte zu verwenden. ²Sollte vom Versicherten die elektronische Gesundheitskarte im Rahmen der vertragsärztlichen Behandlung nach der ersten Inanspruchnahme im Quartal nicht vorgelegt werden oder die elektronische Gesundheitskarte aus technischen Gründen nicht lesbar sein, sind die versichertenbezogenen Daten im Rahmen eines Ersatzverfahrens auf die vereinbarten Vordrucke zu übernehmen. ³Den Umfang der manuell zu übernehmenden Daten regelt die Anlage 4a dieses Vertrages.

(2) ¹Der Vertragsarzt hat bei der Ausstellung von Vordrucken die dazu gegebenen Erläuterungen zur Vordruckvereinbarung zu beachten. ²Vordrucke und Bescheinigungen sind vollständig und leserlich auszufüllen, mit dem Vertragsarztstempel zu versehen und vom Arzt persönlich zu unterzeichnen. ³Die Unterschrift des abrechnenden Arztes auf dem einzelnen der Kassenärztlichen Vereinigung zu übermittelnden Abrechnungsschein kann entfallen, wenn er stattdessen eine Sammelerklärung abgibt, deren Wortlaut im Benehmen mit den Verbänden der Krankenkassen von der Kassenärztlichen Vereinigung festgelegt wird.

(3) Sofern kein vom Versicherten unterschriebener Abrechnungsschein vorliegt, muss die Sammelerklärung zusätzlich die Bestätigung enthalten, dass im betreffenden Quartal die elektronische Gesundheitskarte vorgelegen hat.

(4) ¹Vordrucke, die Bestandteil der Vereinbarung über die Verwendung digitaler Vordrucke in der vertragsärztlichen Versorgung (Anlage 2b BMV-Ä) sind, können digital erstellt, übermittelt und empfangen werden. ²Dabei sind die Vorgaben der Vereinbarung über die Verwendung digitaler Vordrucke in der vertragsärztlichen Versorgung (Anlage 2b BMV-Ä) einzuhalten.

Übersicht

	Rn		Rn
I. eGK (Abs 1)	1	IV. Digitale Erstellung von Vordrucken nach Anl 2b zum BMV-Ä (Abs 4)	16
II. Ausstellen von Vordrucken (Abs 2)	5		
III. Bestätigung des Vorliegens der eGK (Abs 3)	14		

I. eGK (Abs 1)

Das Ausstellen von Bescheinigungen und Vordrucken im Rahmen der ärztlichen Versorgung von GKV-Versicherten ist ebenfalls Gegenstand der vertragsärztlichen Versorgung (s § 73 Abs 2 SGB V iVm § 2 Abs 1). Jeder GKV-Versicherte weist seine Anspruchsberechtigung durch Vorlage der eGK nach.[1] Von dem Zeitpunkt an, ab dem alle notwendigen technischen Komponenten in der Arztpraxis installiert sind, erfolgt die Prüfung der Leistungspflicht der Krankenkasse des Versicherten durch Nutzung der Dienste nach § 291 Abs 2b SGB V (Versicherten-Stammdaten-Abgleich, s Anhang 1 der Anl 4a zum BMV-Ä). Der Vertragsarzt hat zur Ausstellung von Bescheinigungen (zB zur Feststellung der Arbeitsunfähigkeit) und Vordrucken (zB zur Verordnung von Arznei- und Heilmitteln) die eGK zu verwenden. Mit Einlesen der Karte werden alle notwendigen Daten des Versicherten (zB Name des Versicherten, zuständige KK) in der Praxissoftware gespeichert und auf die Bescheinigung bzw Verordnung übertragen.

Können die Daten der eGK nicht übertragen werden, entweder weil
– die eGK nach der ersten Behandlung im Quartal nicht vorgelegt wird oder
– die eGK aus technischen Gründen nicht lesbar ist,

hat der Vertragsarzt die versichertenbezogenen Daten im Rahmen eines **Ersatzverfahrens**, geregelt in Anl 4a zum BMV-Ä auf die vereinbarten Vordrucke zu übernehmen.[2]

Nach Ziffer 2.5 des Anhangs 1 zur Anl 4a sind auf Grund von Unterlagen in der Patientendatei oder von Angaben des Versicherten folgende Daten zu erheben:
– die Bezeichnung der KK,
– der Name, Vorname und das Geburtsdatum des Versicherten,
– die Versichertenart,
– die Postleitzahl des Wohnortes,
– und nach Möglichkeit die Krankenversichertennummer.

Zur Ausstellung von Verordnungen ohne Vorlage der eGK s auch § 25a Rn 12, zur eGK und dem Ersatzverfahren gem § 19.

II. Ausstellen von Vordrucken (Abs 2)

Die Partner des BMV-Ä haben neben der Vordruckvereinbarung (Anl 2 zum BMV-Ä) zu den einzelnen Vordrucken detaillierte Erläuterungen gegeben. Diese sind als Bestandteil der Anl 2 von den Vertragsärzten beim Ausfüllen zu beachten. Sie dienen als Hilfestellung und beinhalten eine Reihe von Voraussetzungen, die der Vertragsarzt unbedingt zu beachten hat (zB Angabe Geschlecht des Versicherten bei Muster 10A, Angabe vollständiger Indikationsschlüssel bei Muster 14).

Vordrucke und Bescheinigungen sind vollständig und leserlich auszufüllen. Dies ist deshalb von großer Bedeutung, weil insbesondere die Verordnungen für die Abrechnung gegenüber den KK elektronisch verarbeitet werden.

Sie sind mit dem Vertragsarztstempel zu versehen und **vom Arzt persönlich zu unterschreiben**. Mit der Formulierung „*vom Arzt persönlich zu unterschreiben*" haben die

---
1 S hierzu näher: Anhang 2 Rn 9 ff.
2 S hierzu näher: Anhang 2 Rn 12 ff.

Geier

Partner des BMV-Ä klargestellt, dass Bescheinigungen und Vordrucke (zB Arzneimittelverordnungen) ab dem 1.10.2013 auch von angestellten Ärzten unterschrieben werden können. Bisher war dies dem Vertragsarzt vorbehalten. Mit seiner Unterschrift zeichnet der Arzt verantwortlich für die Inhalte der Verordnungen/Bescheinigungen.

8   Die Unterschrift des abrechnenden Arztes kann auf jedem einzelnen der KV zu übermittelnden Abrechnungsschein entfallen, wenn er stattdessen eine **Sammelerklärung** abgibt, deren Wortlaut im Benehmen mit den Verbänden der KK von der KV festgelegt wird (bislang wurde der Inhalt der Sammelerklärung in den Gesamtverträgen vereinbart). Seit dem 1.1.2005 sind Vertragsärzte verpflichtet, die für die Abrechnung der ärztlichen Leistungen notwendigen Angaben der KV im Wege elektronischer Datenübermittlung oder maschinell verwertbar auf Datenträgern zu übermitteln (§ 295 Abs 4 SGB V), seit dem 1.1.2011 ist die elektronische Abrechnung für alle Vertragsärzte verpflichtend (s § 44 Rn 12, 23). Seither reichen die Vertragsärzte grundsätzlich keine Abrechnungsscheine mehr bei der KV ein, sondern geben regelhaft die sog Sammelerklärung quartalsweise im Rahmen ihrer Abrechnung ab.

9   Näheres enthalten die Erläuterungen zur Vereinbarung über Vordrucke für die vertragsärztliche Versorgung (Anl 2, Stand: April 2020) unter Allgemeines Ziffer 1–11.

10 Nach BSG ist die Abgabe der **Sammelerklärung mit Garantiefunktion** (Bestätigung des Vertragsarztes, dass die Angaben in seiner Abrechnung richtig sind) Voraussetzung für die Entstehung des Honoraranspruchs des einzelnen Vertragsarztes. Die Garantiefunktion ist gerade wegen der aufgrund des Sachleistungsprinzips im Vertragsarztrecht auseinanderfallenden Beziehungen bei der Leistungserbringung (Verhältnis Arzt zum Patienten) und der Vergütung (Verhältnis Arzt zur KV) sowie den damit verbundenen Kontrolldefiziten unverzichtbar.[3] Fehlt sie, kann der Vertragsarzt seinen Honoraranspruch nur realisieren, wenn er die Richtigkeit jeder einzelnen Abrechnung eines Behandlungsfalles schriftlich bestätigt. Liegt kein Fall der vorstehend genannten Alternativen vor, darf die KV die zur Abrechnung eingereichten Leistungen des Arztes nicht vergüten.

11 Die Sammelerklärung bezieht sich auf die **jeweilige Quartalsabrechnung** des Vertragsarztes. Sie **verliert ihre Garantiefunktion**, wenn sie unrichtig ist. Dies ist dann gegeben, wenn
   – bereits nur ein einziger mit ihr erfasster Behandlungsausweis eine unrichtige Angabe über erbrachte Leistungen enthält (zB Leistung wurde gar nicht erbracht oder nicht in der für die Abrechenbarkeit vorgesehenen Form) und
   – die unrichtigen Angaben vorsätzlich oder zumindest grob fahrlässig erfolgt sind.

12 Mit Wegfall der Garantiefunktion der Sammelerklärung entfällt eine Voraussetzung für die Entstehung des Honoraranspruchs, so dass der auf der Honorarabrechnung des Vertragsarztes iVm seiner Bestätigung der ordnungsgemäßen Abrechnung beruhende Honorarbescheid rechtswidrig ist. Die KV ist dann berechtigt, diesen aufzuheben und das Honorar neu festzusetzen (weites Schätzungsermessen der KV). Solche Fälle werden hauptsächlich im Rahmen von Plausibilitätsprüfungen (§ 46) festgestellt.

---

3 *BSG* v 17.9.1997 – 6 RKa 86/95, Rn 19, juris.

Leichte Fahrlässigkeit/schlichtes Versehen reicht hingegen nicht aus, die Garantiefunktion der Sammelerklärung zu zerstören. In diesen Fällen wird die KV die Fehler in der Abrechnung sachlich-rechnerisch richtig stellen (§ 45).[4]

III. Bestätigung des Vorliegens der eGK (Abs 3)

Liegt kein vom Versicherten unterschriebener Abrechnungsschein vor (dies ist heute der Regelfall), muss die Sammelerklärung zusätzlich die Bestätigung enthalten, dass im betreffenden Quartal die eGK vorgelegen hat. Diese Regelung kann sich frühestens auf den Zeitraum ab 1.1.2014 beziehen, da jedenfalls bis zum Ende des Jahres 2013 als Anspruchsberechtigung auch andere KVK gültig waren. Haben Versicherte bis zum 1.1.2014 noch keine eGK von ihrer KK erhalten, gilt die bisherige KVK als Anspruchsberechtigung bis zum Erhalt der eGK weiter, längstens bis zum aufgedruckten Gültigkeitszeitraum (§ 19 Abs 2).

Ohne Vorlage der eGK oder bis Ende 2013 einer anderen KVK dürfte der Vertragsarzt die erbrachten Leistungen nicht über die KV abrechnen, sondern muss die erbrachten Leistungen (ärztliche Behandlung und Ausstellen von Verordnungen und Bescheinigungen etc) dem Patienten privat in Rechnung stellen (s § 18 Abs 8).

IV. Digitale Erstellung von Vordrucken nach Anl 2b zum BMV-Ä (Abs 4)

Für Vordrucke stellt Abs 4 klar, dass diese auch digital erstellt, übermittelt und empfangen werden können und verweist für das Nähere auf Anl 2b zum BMV-Ä, welche die Anforderungen an Inhalt und technische Voraussetzungen sowie den Übermittlungsweg digitaler Verordnungen konkretisiert.[5]

So sind digitale Vordrucke insbesondere, mit Ausnahme der Muster 10A (Anforderungsschein für Laboratoriumsuntersuchungen bei Laborgemeinschaften) und Muster 39 (Krebsfrüherkennung Zervix-Karzinom), durch den Vertragsarzt vor dem Versenden mit einer qualifizierten elektronischen Signatur unter Nutzung des elektronischen Heilberufsausweises zu versehen (s § 2 Abs 4 Anl 2b). Ferner ist die Prüfnummer der zertifizierten Software auf dem digitalen Vordruck anzugeben (s § 2 Abs 3 Anl 2b).[6]

§ 36 Schriftliche Informationen

(1) [1]Der Vertragsarzt ist befugt und verpflichtet, die zur Durchführung der Aufgaben der Krankenkassen erforderlichen schriftlichen Informationen (Auskünfte, Bescheinigungen, Zeugnisse, Berichte und Gutachten) auf Verlangen an die Krankenkasse zu übermitteln. [2]Wird kein vereinbarter Vordruck verwendet, gibt die Krankenkasse an, gemäß welcher Bestimmungen des Sozialgesetzbuches oder anderer Rechtsvorschriften die Übermittlung der Information zulässig ist. [3]Eine patientenbezogene mündliche Auskunft des Vertragsarztes ist nur zulässig, wenn der Arzt sich vergewissert hat, dass der Gesprächspartner berechtigt ist, die Information zu erhalten.

---

4 Zur Sammelerklärung s Schnapp/Wigge/*Steinhilper* § 16 Rn 13 ff.
5 S hierzu auch: Anhang 2, Rn 3 ff.
6 S zum Ganzen: Anl 2b zum BMV-Ä und „Technisches Handbuch digitale Vordrucke" der KBV v 27.6.2017, abrufbar unter: www.vesta-gematik.de/standards/Technisches Handbuch für Digitale Muster.

(2) Der Vertragsarzt hat im Rahmen der gesetzlichen Vorgaben der Kassenärztlichen Vereinigung sowie den bei ihr errichteten Gremien und den Prüfungseinrichtungen die für die Erfüllung ihrer Aufgaben im Einzelfall notwendigen Auskünfte – auch durch Vorlage der Behandlungsunterlagen – zu erteilen.

(3) ¹Für schriftliche Informationen werden Vordrucke vereinbart. ²Vereinbarte Vordrucke, kurze Bescheinigungen und Auskünfte sind vom Vertragsarzt ohne besonderes Honorar gegen Erstattung von Auslagen auszustellen, es sei denn, dass eine andere Vergütungsregelung vereinbart wurde. ³Der Vordruck enthält einen Hinweis darüber, ob die Abgabe der Information gesondert vergütet wird oder nicht. ⁴Gutachten und Bescheinigungen mit gutachtlichen Fragestellungen, für die keine Vordrucke vereinbart wurden, sind nach den Leistungspositionen des EBM zu vergüten.

(4) ¹Die Partner des Bundesmantelvertrages werden die Vordrucke gemäß § 36 Abs. 3 in regelmäßigen Abständen auf ihre inhaltliche Richtigkeit sowie auf die Erforderlichkeit der anzugebenden Daten mit dem Ziel überprüfen, einen umfassenden, aber möglichst unbürokratischen Informationsfluss zu gewährleisten, um die Zahl formloser Anfragen von Krankenkassen auf das notwendige Maß zu begrenzen. ²Die Vertragspartner verständigen sich ferner auf geeignete Maßnahmen zur Vermeidung von fehlerhaft bzw. unvollständig ausgefüllten Formularen, z. B. durch ein IT-gestütztes Qualitätsmanagement.

(5) ¹Für formlose Anfragen, die auf die Erteilung von Auskünften, Bescheinigungen, Gutachten oder Bescheinigungen mit gutachterlicher Fragestellung gerichtet sind, für deren Zweck jedoch kein gesonderter Vordruck vereinbart worden ist, wird ein vereinbartes Rahmenformular verwendet. ²In diesem Rahmenformular sind Angaben vorzusehen, aus denen dem Arzt der Grund und die Berechtigung für die Beantwortung der Anfrage ersichtlich wird. ³Für die Vergütung gilt Abs. 3. ⁴Das Rahmenformular ist kein Vordruck im Sinne des Abs. 3.

(6) Soweit Krankenkassen Versicherte bei der Verfolgung von Schadensersatzansprüchen, die bei der Inanspruchnahme von Versicherungsleistungen aus Behandlungsfehlern entstanden sind, unterstützen, sind die Vertragsärzte bei Vorliegen einer aktuellen Schweigepflichtentbindung berechtigt, die erforderlichen Auskünfte zu erteilen.

(7) Die Bestätigung (Stempel und Unterschrift) von gesundheitsbewusstem Verhalten bei Inanspruchnahme von Leistungen nach §§ 20, 25 und 26 SGB V in Bonusheften ist Bestandteil der vertragsärztlichen Versorgung, soweit sich die Bestätigung auf eine ärztliche Leistung im selben Quartal bezieht; ein gesonderter Vergütungsanspruch besteht insoweit nicht.

Übersicht

	Rn		Rn
I. Schriftliche Informationen (Abs 1)	1	IV. Überprüfung der Vordrucke auf inhaltliche Richtigkeit und Erforderlichkeit (Abs 4)	12
II. Pflicht zur Erteilung von Auskünften (Abs 2)	7	V. Rahmenformular (Abs 5)	14
III. Vordrucke für schriftliche Informationen (Abs 3)	9	VI. Berechtigung zur Auskunftserteilung in Schadensfällen (Abs 6)	18
		VII. Stempelung Bonushefte (Abs 7)	21

Schriftliche Informationen § 36

I. Schriftliche Informationen (Abs 1)

Die KK haben im System der GKV vielfältige Aufgaben zu erfüllen. In erster Linie sind dies: **1**
- Gewährung von Krankenbehandlung im Sachleistungssystem (§§ 2, 11, 27 SGB V),
- Prüfung der Abrechnung der Ärzte nach § 106d SGB V,
- Überwachung der Wirtschaftlichkeit der Leistungserbringung nach §§ 106–106b SGB V.

Der Tätigkeitsumfang, für den die KK Sozialdaten erheben und speichern dürfen, ist in § 284 Abs 1 SGB V abschließend aufgeführt.   **2**

Für die Erledigung dieser Aufgaben benötigen die KK idR zahlreiche Auskünfte der behandelnden Ärzte und sonstigen Leistungserbringer.   **3**

Abs 1 regelt die Verpflichtung der Vertragsärzte, die für die Erfüllung der Aufgaben der KK notwendigen schriftlichen Informationen (Auskünfte, Bescheinigungen, Zeugnisse, Berichte und Gutachten) auf Verlangen an die KK zu übermitteln. Die gesetzliche Befugnis zur Übermittlung dieser Informationen, die idR Sozialdaten enthalten, gewährt § 294 SGB V.   **4**

Die Partner des BMV-Ä haben auf der Grundlage des § 295 Abs 3 Nr 2 SGB V Vordrucke zur Verwendung in der vertragsärztlichen Versorgung vereinbart (Vordruckvereinbarung als Anl 2 zum BMV-Ä). Verwendet die KK keinen der vereinbarten Vordrucke für ihre Anfrage, hat sie anzugeben, nach welcher Rechtsgrundlage die Übermittlung der begehrten Information zulässig ist. Ohne diese Angabe ist der Vertragsarzt nicht verpflichtet, die Information zu erteilen.   **5**

Anfragen der KK sollten aus Datenschutzgründen idR schriftlich erfolgen und schriftlich beantwortet werden. Werden telefonische Auskünfte erteilt, hat der Vertragsarzt sich zu vergewissern, dass bei patientenbezogenen Auskünften der Gesprächspartner berechtigt ist, diese Informationen zu erhalten. Für Verletzungen des Datenschutzes haftet der Vertragsarzt.   **6**

II. Pflicht zur Erteilung von Auskünften (Abs 2)

Das SGB V sieht an zahlreichen Stellen Übermittlungsbefugnisse und -pflichten für Vertragsärzte vor, die den KK, den KV sowie den bei ihr errichteten Gremien und den Prüfeinrichtungen die Erfüllung ihrer Aufgaben erst ermöglichen (s hierzu auch § 57 Rn 2). Ergänzende Verpflichtungen sind darüber hinaus in den auf der Ermächtigungsgrundlage des § 81 Abs 5 SGB V erlassenen Satzungen der KV verankert (zB Pflicht zur Auskunftserteilung im Disziplinarverfahren).   **7**

Abs 2 konkretisiert diese gesetzlichen Verpflichtungen dergestalt, dass der Vertragsarzt verpflichtet ist, die **im Einzelfall** notwendigen Auskünfte, ggf durch Vorlage der Behandlungsunterlagen, zu erteilen. Diese Verpflichtung ist eine Mitwirkungspflicht in den gesetzlich vorgesehenen Prüfverfahren, deren Verletzung zulasten des Vertragsarztes gewertet wird.   **8**

III. Vordrucke für schriftliche Informationen (Abs 3)

Die Partner des BMV-Ä haben für schriftliche Informationen Vordrucke vereinbart (zB Muster 50–53 der Vordruckvereinbarung; eine vollständige Auflistung aller vereinbarten Vordrucke enthält § 34).   **9**

10   Für das Ausstellen vereinbarter Vordrucke, kurze Bescheinigungen und Auskünfte erhält der Vertragsarzt grundsätzlich keine besondere Honorierung, es sei denn eine solche ist ausdrücklich vereinbart worden. Entsprechende Hinweise sind im Vordruck enthalten.

11   Für Gutachten und Bescheinigungen mit gutachtlichen Fragestellungen, für die keine Vordrucke vereinbart sind, erhält der Vertragsarzt eine gesonderte Vergütung nach EBM (Anforderung einer Leistung des Abschnitts 1.6 *„Schriftliche Mitteilungen, Gutachten"* unter II *„Arztübergreifende Allgemeine Leistungen"* des EBM; s auch Abschnitt 1 Ziffer 1.2.3 der Vordruckvereinbarung, § 33 Rn 2).

IV. Überprüfung der Vordrucke auf inhaltliche Richtigkeit und Erforderlichkeit (Abs 4)

12   Als Beitrag zur Entbürokratisierung werden die Vordrucke nach Abs 3 in regelmäßigen Abständen von den Partnern des BMV-Ä auf inhaltliche Richtigkeit und Erforderlichkeit geprüft. Ziel der Überprüfung ist die Gewährleistung eines unbürokratischen Informationsflusses zwischen den Vertragsärzten und den KK. Die Vordrucke sollen die für die KK notwendigen Informationen und Auskünfte abbilden, auf überflüssige Angaben aber verzichten. Je präziser die Vordrucke auf die Erfordernisse in der Praxis abgestellt sind, desto weniger formlose Anfragen der KK (die idR einen hohen Verwaltungsaufwand in den Praxen der niedergelassenen Ärzte verursachen) werden nötig.

13   Fehlerhaft oder unvollständig ausgefüllte Formulare können die Aufgabenerledigung der KK behindern bzw verzögern. Um dies zu vermeiden, verständigen sich die Partner des BMV-Ä auf geeignete Maßnahmen, zB auf ein IT-gestütztes Qualitätsmanagement.

V. Rahmenformular (Abs 5)

14   Eine im Jahr 2012 durchgeführte Umfrage der KBV ergab, dass ein Vertragsarzt im Durchschnitt 35 formlose Anfragen von KK im Quartal erhält. Um diesen Arbeitsaufwand und die damit verbundene Rechtsunsicherheit (zB Berechtigung zur Auskunftserteilung durch den Arzt, Anspruchsgrundlage für die Auskunft) zu reduzieren, haben sich die Partner des BMV-Ä im Zuge der Vereinheitlichung des BMV-Ä zum 1.10.2013 auf die Verwendung eines sog Rahmenformulars geeinigt. Dieses Rahmenformular soll für alle formlosen Anfragen verwendet werden, die auf die Erteilung von Auskünften, Bescheinigungen, Gutachten oder Bescheinigungen mit gutachterlicher Fragestellung gerichtet sind, für deren Zweck jedoch kein gesonderter Vordruck vereinbart wurde. Das Rahmenformular hat Angaben darüber zu enthalten, aus denen der Vertragsarzt den Grund und die Berechtigung für die Beantwortung erkennen kann.

15   Das Formular gilt nicht als Vordruck iSv Abs 3, lediglich die Vergütung richtet sich danach.

16   Vertragsärzte, die im Zusammenhang mit solchen Anfragen ein Gutachten oder eine Bescheinigung mit gutachterlicher Stellungnahme erstellen, erhalten hierfür eine gesonderte Vergütung. Die Höhe der Vergütung ist von der KBV und den KK zu verhandeln.

Zum Redaktionsschluss lagen das Formular und eine gültige Vergütungsvereinbarung noch nicht vor. 17

VI. Berechtigung zur Auskunftserteilung in Schadensfällen (Abs 6)

Die KK sollen die Versicherten bei der Verfolgung von Schadensersatzansprüchen, die bei der Inanspruchnahme von Versicherungsleistungen aus Behandlungsfehlern entstanden sind und nicht nach § 116 SGB X auf die KK übergehen, unterstützen (§ 66 SGB V idF des PatRG). 18

Bis zur Änderung der Regelung durch das PatRG war es den KK freigestellt („*können*" statt „*sollen*"), ihre Versicherten in Fällen, in denen der Verdacht auf einen Behandlungsfehler vorliegt, zu unterstützen. Da die KK hiervon in unterschiedlicher Weise Gebrauch gemacht haben, hat der Gesetzgeber mit der Änderung durch das PatRG für die KK eine grundsätzliche Verpflichtung aufgenommen. Unterstützungsleistungen der KK können zB darin bestehen, die Beweisführung der Versicherten zu erleichtern (zB durch medizinische Gutachten). 19

Abs 6 regelt deklaratorisch, dass in diesen Fällen die Vertragsärzte bei Vorliegen einer aktuellen Schweigepflichtentbindung berechtigt sind, den KK die erforderlichen Auskünfte zu erteilen. 20

VII. Stempelung Bonushefte (Abs 7)

Das Abstempeln von Bonusheften wurde in der Vergangenheit sehr unterschiedlich gehandhabt: Während ein Teil der Vertragsärzte ohne weitere Diskussion und ohne eine zusätzliche Vergütung vom Patienten zu fordern, die Bonushefte ihrer Patienten abgestempelt haben, haben andere Vertragsärzte hierfür eine (geringe) Gebühr gefordert. 21

Die Partner des BMV-Ä haben mit Wirkung zum 1.10.2013 klargestellt, dass das Abstempeln von Bonusheften grundsätzlich nicht zur vertragsärztlichen Tätigkeit gehört. Nur wenn die Durchführung und Dokumentation einer Leistung (zB Checkup 35) **im selben Quartal** erfolgen, muss der Vertragsarzt den Eintrag ohne gesonderte Vergütung vornehmen. In allen anderen Fällen stellt der Eintrag keine vertragsärztliche Leistung dar. Der Arzt darf daher das Ausfüllen des Bonusheftes dem Patienten in Rechnung stellen. 22

§ 37 Vertragsarztstempel

(1) ¹Der Vertragsarzt hat einen Vertragsarztstempel zu verwenden. ²Das Nähere über den Vertragsarztstempel ist im Gesamtvertrag zu vereinbaren.

(2) Bei den Vordrucken für die vertragsärztliche Versorgung kann auf die Verwendung des Vertragsarztstempels verzichtet werden, wenn dessen Inhalt auf dem Vordruck an der für die Stempelung vorgesehenen Stelle ausgedruckt ist.

(3) Bei der Verordnung von Arznei-, Verband- sowie Heil- und Hilfsmitteln ist vom Arzt einer versorgungsbereichs- und/oder arztgruppenübergreifenden Berufsausübungsgemeinschaft, eines medizinischen Versorgungszentrums oder einer Einrichtung gemäß § 311 Abs. 2 SGB V ein Vertragsarztstempel der Praxis bzw. des medizinischen Versorgungszentrums bzw. der Einrichtung zu verwenden, in dem zusätzlich der Name des verordnenden Arztes enthalten ist, oder der Name des verordnenden Arztes ist zusätzlich auf der Verordnung lesbar anzugeben.

§ 37

(4) ¹Die zur Durchführung der vertragsärztlichen Versorgung erforderlichen Vordrucke und Stempel sind sorgfältig aufzubewahren. ²Der Arzt haftet für schuldhafte Verletzung seiner Sorgfaltspflicht.

(5) Abweichend von Absatz 1 wird das Nähere zu den notwendigen arzt- und institutionenspezifischen Informationen auf digitalen Vordrucken in der Anlage 2b geregelt.

Übersicht

	Rn		Rn
I. Vertragsarztstempel (Abs 1)	1	III. Zusätzliche Angaben bei Verordnung von Arznei-, Verband- sowie Heil- und Hilfsmittel (Abs 3)	8
II. Verzicht auf Verwendung des Vertragsarztstempels bei Vordrucken (Abs 2)	7	IV. Sorgfaltspflicht des Vertragsarztes (Abs 4)	9

I. Vertragsarztstempel (Abs 1)

1 Jeder Arzt hat im Rahmen seiner vertragsärztlichen Tätigkeit zur Kennzeichnung seiner Vertragsarztpraxis seinen Vertragsarztstempel zu verwenden. Form und **Angaben auf dem Vertragsarztstempel** legen die Gesamtvertragspartner auf Landesebene fest.

2 Der Stempel beinhaltet idR
- Titel, Vor- und Zuname des Vertragsarztes bzw des persönlich ermächtigten Arztes,
- Name der ermächtigten Einrichtung bzw des Krankenhauses,
- Fachgebietsbezeichnung, ggf Schwerpunkt- und Zusatzbezeichnungen,
- Praxisanschrift, Telefonnummer, ggf Telefaxnummer; bei ermächtigten Krankenhausärzten die Anschrift des Krankenhauses,
- Vor- und Zunamen der Partner einer BAG,
- KV-spezifische Arzt-Abrechnungsnummer,
- Praxis-Betriebsstättennummer,
- bei MVZ Vor- und Zuname des Ärztlichen Leiters mit dem Zusatz „*Ärztliche Leitung*",
- Art der BAG (insbes „*Gemeinschaftspraxis*", „*Berufsausübungsgemeinschaft*" oder „*MVZ*").

3 Dem Berufsrecht entsprechende zusätzliche Angaben auf dem Stempeleindruck sind zulässig.

4 Entsprechende Regelungen beinhalten zB § 13 Abs 2 des Gesamtvertrages zwischen der KV Bayerns und dem BKK Landesverband Bayern, gültig ab 1.1.2016; § 6 des Gesamtvertrages zwischen der KV Sachsen und der AOK Sachsen, gültig ab 1.1.2011).

5 Für privatärztliche Behandlung darf der Vertragsarztstempel nicht verwendet werden (s hierzu auch § 25a Rn 20).

6 Wer die Kosten des Vertragsarztstempels zu tragen hat, bestimmen die Partner der Gesamtverträge (zB der Vertragsarzt selbst nach § 13 Abs 2 des Gesamtvertrages zwischen der KV Bayerns und dem BKK Landesverband Bayern, gültig ab 1.1.2016; die KV nach § 11 Abs 1 des Gesamtvertrages zwischen der KV Nordrhein und der AOK Rheinland, gültig ab 1.12.2003).

Vertragsarztstempel § 37

II. Verzicht auf Verwendung des Vertragsarztstempels bei Vordrucken (Abs 2)

Werden die Daten des Vertragsarztstempels beim Ausfüllen/Drucken von Vordrucken über die Praxissoftware direkt auf die Vordrucke übertragen, dh an die für die Stempelung vorgesehene Stelle gedruckt, kann der Vertragsarzt auf eine zusätzliche Stempelung verzichten. Voraussetzung hierfür ist, dass alle Daten des Vertragsarztstempels, so wie es die gesamtvertraglichen Regelungen vorsehen, an die richtige Stelle im Vordruck platziert werden. 7

III. Zusätzliche Angaben bei Verordnung von Arznei-, Verband- sowie Heil- und Hilfsmitteln (Abs 3)

Abs 3 gewährleistet eine **verursachergerechte Zuordnung** der Verordnungen von Arznei-, Verband- sowie Heil- und Hilfsmitteln und ermöglicht so eine arztgruppenspezifische Prüfung der Wirtschaftlichkeit (s § 47). Die Verordnungen sind so zu kennzeichnen, dass der verordnende Arzt eindeutig erkennbar ist, dh in einer versorgungsbereichs- und/oder arztgruppenübergreifenden BAG, einem MVZ oder einer Einrichtung gem § 311 Abs 2 SGB V ist ein Vertragsarztstempel zu verwenden, in dem zusätzlich der Name des verordnenden Arztes enthalten ist; alternativ kann der Name des verordnenden Arztes zusätzlich auf der Verordnung lesbar angegeben werden. 8

IV. Sorgfaltspflicht des Vertragsarztes (Abs 4)

Die für die vertragsärztliche Versorgung zu verwendenden Vordrucke und Vertragsarztstempel sind **sorgfältig aufzubewahren** und vor Missbrauch zu schützen. Entsprechende Regelungen finden sich ebenfalls in den Gesamtverträgen (s § 7 Abs 2 und 3 des Gesamtvertrages zwischen der KV Sachsen und der AOK Sachsen, gültig ab 1.1.2008; § 11 Abs 3 des Gesamtvertrages zwischen der KV Nordrhein und der AOK Rheinland, gültig ab 1.12.2003). Jeder Vertragsarzt haftet für die schuldhafte Verletzung seiner Sorgfaltspflicht. 9

Falls es dennoch zum **Verlust von Vordrucken oder Stempeln** in einer Praxis kommt, sind folgende Maßnahmen durch den Vertragsarzt angezeigt: 10
- unverzügliche Information der zuständigen KV,
- bei Verlust von Arzneimittel-Verordnungsvordrucken darüber hinaus Information an die umliegenden Apotheken,
- bei Verdacht auf eine Straftat (Diebstahl in der Praxis) zusätzlich Benachrichtigung der zuständigen Polizeidienststelle (s § 7 Abs 3 des Gesamtvertrages zwischen der KV Sachsen und der AOK Sachsen, gültig ab 1.1.2008),
- vorsorglich immer Information an die eigene Haftpflichtversicherung.

Die zuständige KV 11
- vergibt schnellstmöglich, spätestens zum Quartalswechsel eine neue Vertragsarztnummer (s § 11 Abs 3 des Gesamtvertrages zwischen der KV Nordrhein und der AOK Rheinland, gültig ab 1.12.2003),
- informiert ihre Prüfabteilung über den angezeigten Verlust,
- informiert ggf die zuständige Stelle zur Bekämpfung von Fehlverhalten im Gesundheitswesen nach § 81a SGB V.

§ 37a Betriebsstättennummer, Arztnummer

(1) ¹In den vorgeschriebenen Fällen hat der Vertragsarzt die ihm von der Kassenärztlichen Vereinigung zugewiesene Betriebsstättennummer, gegebenenfalls eine Nebenbetriebsstättennummer sowie die Arztnummer zu verwenden. ²Satz 1 gilt entsprechend für die Anstellung von Ärzten.

(2) ¹Wird der Arzt außerhalb des Bereichs der Kassenärztlichen Vereinigung tätig, die die Arztnummer vergeben hat, hat er der Kassenärztlichen Vereinigung, in deren Bereich er die weitere Tätigkeit aufnimmt, vor Aufnahme der Tätigkeit seine Arztnummer mitzuteilen. ²Diese prüft die Richtigkeit der Angabe.

(3) Die Regelung über die Verwendung der Arztnummer und der Betriebsstättennummer nach Maßgabe der Absätze 1 und 2 gilt ab 1. Juli 2008.

Übersicht

	Rn		Rn
I. Verwendung der Betriebsstätten-, Nebenbetriebsstätten- und Arztnummer (Abs 1)	1	5. Vergabe der Arzt- und Betriebsstättennummern im Rahmen der SAPV	14
1. Allgemein	1	II. Aufnahme der Tätigkeit außerhalb der KV, die Arztnummer vergeben hat (Abs 2)	18
2. Vergabe der Arztnummern	3		
3. Vergabe der Betriebsstättennummern	8	III. Inkrafttreten der Regelung (Abs 3)	19
4. Vergabe der Praxisnetznummern	12		

I. Verwendung der Betriebsstätten-, Nebenbetriebsstätten- und Arztnummer (Abs 1)

1. Allgemein. Um feststellen zu können, welcher vertragsärztliche Leistungserbringer welche Leistungen in der vertragsärztlichen Versorgung an welchem Ort erbringt, hat die KBV zum 1.7.2008 eine **Kennzeichnungspflicht** mit lebenslanger Arztnummer, Betriebsstätten- und Nebenbetriebsstättennummer eingeführt.[1] Sie dient der Umsetzung des VÄndG, das den niedergelassenen Ärzten ermöglicht, flexibel an mehreren Orten tätig sein zu können.[2] Diese Flexibilisierung macht es notwendig, dass die KV den Leistungsort kennen, um die Abrechnungen, die an unterschiedlichen Orten/in unterschiedlichen KV-Bezirken anfallen, korrekt zuordnen zu können. Die Zuordnung zum Leistungsort erfolgt durch die Betriebsstätten- (§ 1a Nr 21) und Nebenbetriebsstättennummer (§ 1a Nr 22). Die lebenslange Arztnummer (§ 1a Nr 31) bezieht sich auf die Person und eröffnet zugleich die Möglichkeit, arztbezogene Abrechnungsregeln (zB Arztfall, § 1a Nr 30) umzusetzen und zu prüfen.

Die Verwechslung der lebenslangen Arztnummer bei der Zuordnung der einzelnen Leistungen auf die in einer Gemeinschaftspraxis tätigen Ärzte im Rahmen der Abrechnung kann zu Honorarkürzungen führen, wenn zB die Abrechnungsbestimmungen der KV eine Ergänzung oder einen Austausch angesetzter Leistungspositionen ausschließen.[3]

---

[1] S Richtlinie der KBV nach § 75 Abs 7 SGB V zur Vergabe der Arzt-,Betriebsstätten- sowie Praxisnetznummern (Stand: 1.5.2019), abrufbar unter www.kbv.de.
[2] Zu den Regelungen des VÄndG s *Orlowski* Vertragsarztrechtsänderungsgesetz, 47 ff.
[3] *BayLSG* v 12.11.2015 – L 12 KA 58/13, juris.

2. Vergabe der Arztnummern. Die **Arztnummer** ermöglicht die Zuordnung der ärztlichen Leistungen und Verordnungen zu der Person des Leistungserbringers. Die Vergabe und Verwendung der Arztnummer bei der Abrechnung und Verordnung ärztlicher Leistungen bestimmt sich nach den Bestimmungen des BMV-Ä, der Richtlinie der KBV[4] sowie der Vereinbarung gem § 293 Abs 4 und 7 SGB V über eine zentrale Arztnummernvergabe (Vereinbarung ANRV).

Die Arztnummer setzt sich aus neun Ziffern zusammen:
- einer sechsstelligen eineindeutigen Ziffernfolge (Ziffern 1–6),
- einer Prüfziffer (Ziffer 7),
- einem zweistelligen Arztgruppenschlüssel, der den Versorgungsbereich sowie die Facharztgruppe differenziert nach Schwerpunkten angibt (Ziffern 8–9).

Die KBV generiert die ersten sieben Ziffern durch die zentrale Arztnummernvergabe (ANRV) und legt die Systematik des Arztgruppenschlüssels in Anl 2 der Richtlinie fest.

Die zuständige KV (in deren Bezirk die vertragsärztliche Tätigkeit erstmals aufgenommen wird) vergibt eine Arztnummer an folgende Leistungserbringer:
- freiberuflich tätige Vertragsärzte,
- Partnerärzte (Ärzte im Job-Sharing mit vinkulierter Zulassung),
- bei Vertragsärzten angestellte Ärzte,
- in MVZ bzw Einrichtungen nach § 311 Abs 2 SGB V angestellte Ärzte,
- ermächtigte Ärzte,
- Privatärzte im Notdienst,
- Krankenhausärzte im Notdienst (soweit der KV bekannt),
- Fachwissenschaftler der Medizin,
- Ärzte in KV-eigenen Erste-Hilfe-Einrichtungen,
- ggf Ärzte in Institutsambulanzen und Rettungsdienst,
- Ärzte, in ermächtigten Einrichtungen nach § 118a Abs 1 S 1 SGB V und ermächtigte Ärzte nach § 118a Abs 1 S 1 SGB V,
- ggf Vertreter angestellter Ärzte nach § 32b Abs 6 Ärzte-ZV
- Fachärzte, die für Krankenhäuser Leistungen auf Grundlage von § 7 Abs 4 der Anl 28 zum BMV-Ä erbringen.

Die ersten sieben Ziffern der Arztnummer gelten lebenslang; die beiden letzten Ziffern des Arztgruppenschlüssels können sich ändern bspw bei Wechsel des Versorgungsbereichs, der Fachgruppe oder des Schwerpunktes.[5]

3. Vergabe der Betriebsstättennummern. Die Betriebsstättennummer ermöglicht die Zuordnung ärztlicher Leistungen zum Ort der Leistungserbringung. Sie ist nach Maßgabe der Richtlinie der KBV zur Vergabe der Arzt-, Betriebsstätten- sowie Praxisnetznummern sowie den Bestimmungen des BMV-Ä bei der **Abrechnung** und **Verordnung** ärztlicher Leistungen zu verwenden.

---

4 S Richtlinie der KBV nach § 75 Abs 7 SGB V zur Vergabe der Arzt-, Betriebsstätten- sowie Praxisnetznummern (Stand: 1.5.2019), abrufbar unter www.kbv.de.
5 Zur Vergabe der Arztnummern s §§ 1–4 der Richtlinie der KBV zur Vergabe der Arzt-, Betriebsstätten- sowie Praxisnetznummern.

9 Die Betriebsstättennummer setzt sich aus neun Ziffern zusammen:
   – einer zweistelligen Ziffer für den KV-Landes- oder Bezirksstellenschlüssel nach Anlage 1 der KBV-Richtlinie (Ziffern 1–2),
   – sieben KV-eigene Ziffern, die so zu wählen sind, dass anhand der Ziffern 3–7 die Betriebsstätte unter Berücksichtigung der ersten beiden Ziffern eindeutig zu identifizieren ist.

10 Die Vergabe erfolgt durch die KV, in deren Bezirk die Betriebsstätte liegt.[6]

11 **Sonderfälle:**
   – Teil-BAG erhalten eine eigene Betriebsstättennummer (§ 8 Abs 2 der KBV-Richtlinie).
   – Anästhesisten mit Genehmigung zur Erbringung von Leistungen in Zahnarztpraxen erhalten für diese Nebenbetriebsstätten insgesamt eine Betriebsstättennummer für alle Leistungen im Zusammenhang mit zahnärztlicher Behandlung (§ 9 der KBV-Richtlinie).
   – Bilden mehrere Vertragsärzte eine Laborgemeinschaft iSv § 15 Abs 3, erhält diese eine einheitliche Betriebsstättennummer, die die Mitglieder dieser Laborgemeinschaft bei der Abrechnung der dort erbrachten Leistungen anzugeben haben (§ 10 der KBV-Richtlinie).

12 **4. Vergabe der Praxisnetznummern.** Bisher nicht in der Norm erwähnt wird, dass die KV auch an die von ihnen anerkannten Praxisnetze (§ 87b Abs 4 SGB V) eine eigenständige Praxisnetznummer (PNR) vergeben. Wie sich aus der Richtlinie der KBV[7] ergibt, ist die 5-stellige PNR für die am Netz beteiligten Betriebsstätten und Nebenbetriebsstätten neben der jeweiligen Betriebsstättennummer zu führen. Die ersten beiden Ziffern stellen wie bei der Betriebsstättennummer (s Rn 9) den KV-Landes- oder Bezirksstellenschlüssel gem Anl 1 der KBV-Richtlinie dar. Die Ziffern 3–5 werden von der KV vergeben und dienen der eindeutigen Identifizierung des Praxisnetzes.[8]

13 Erstreckt sich ein Praxisnetz über mehrere KV-Bezirke, haben sich die beteiligten KV gegenseitig zu informieren und untereinander bzgl der Führung der PNR abzustimmen (s § 14 KV-Richtlinie).[9]

14 **5. Vergabe der Arzt- und Betriebsstättennummern im Rahmen der SAPV.** Mit den §§ 37b, 132d SGB V hat der Gesetzgeber den GKV-Versicherten einen eigenständigen Anspruch auf eine „*spezialisierte ambulante Palliativversorgung*", sog SAPV außerhalb der vertragsärztlichen Versorgung eingeräumt (s § 28).

15 Die SAPV zählt nicht zur vertragsärztlichen Versorgung, setzt aber in gleicher Weise wie in der vertragsärztlichen Versorgung eine Verordnung durch einen Vertragsarzt oder einen Krankenhausarzt voraus (§ 37b Abs 1 S 2 SGB V). Die vertragsärztlichen

---

6 Zur Vergabe der Betriebsstättennummern s §§ 5–10 der Richtlinie der KBV zur Vergabe der Arzt-, Betriebsstätten- sowie Praxisnetznummern.
7 S Richtlinie der KBV nach § 75 Abs 7 SGB V zur Vergabe der Arzt-, Betriebsstätten- sowie Praxisnetznummern (Stand: 1.5.2019), abrufbar unter www.kbv.de.
8 Zur Vergabe der Praxisnetznummern s §§ 11–14 der Richtlinie der KBV zur Vergabe der Arzt-, Betriebsstätten- sowie Praxisnetznummern.
9 Einzelheiten hierzu sind in Anl 2 der Rahmenvorgabe zur Anerkennung von Praxisnetzen gem § 87b Abs 4 SGB V der KBV geregelt.

Vordrucke für die Verordnung von Arznei-, Heil- und Hilfsmitteln (Muster 13, 14, 16, 18 der als Anl 2 zum BMV-Ä vereinbarten Vordruckvereinbarung) werden auch hier von den Leistungserbringern verwendet.

Die Partner des BMV-Ä haben zur eindeutigen Abgrenzung der Verordnungen im Rahmen der SAPV von der vertragsärztlichen Versorgung eine Vereinbarung über die Vergabe von Betriebsstättennummern und einer Pseudo-Arztnummer an Leistungserbringer der SAPV geschlossen (abrufbar unter www.kbv.de). Danach hat jeder Leistungserbringer die Pseudo-Arztnummer 333333300 einzutragen und eine spezielle Betriebsstättennummer anzugeben, die sich wie folgt zusammensetzt: 16
– immer die 74 (Ziffern 1–2),
– zweistellige KV-Landesstellen- oder Bezirksstellennummer (Ziffern 3–4),
– dreistellige Seriennummer (Ziffern 5–7),
– immer die 63 (Kennzeichnung von SAPV, Ziffern 8–9).

Die Vergabe der Betriebsstättennummer erfolgt durch die KBV. 17

II. Aufnahme der Tätigkeit außerhalb der KV, die Arztnummer vergeben hat (Abs 2)

Wechselt ein Arzt im Rahmen seiner vertragsärztlichen Tätigkeit in einen anderen KV-Bezirk, behält er seine lebenslange Arztnummer, die ihm von der KV erteilt worden ist, in deren Bezirk er erstmals vertragsärztlich tätig geworden ist. Diese Arztnummer hat er der KV, in deren Bezirk er seine weitere Tätigkeit aufnimmt, mitzuteilen. Die neue KV prüft die Richtigkeit der Angabe durch Abfrage über den Arztnummerngenerator der KBV. 18

III. Inkrafttreten der Regelung (Abs 3)

Abs 3 regelt das Inkrafttreten der Regelung zur Verwendung der Betriebsstätten- und der Arztnummer nach Maßgabe der vorstehenden Abs 1 und 2. Danach sind die Vorgaben seit dem 1.7.2008 verbindlich. 19

10. Abschnitt –
Belegärztliche Versorgung

§ 38 Stationäre vertragsärztliche (belegärztliche) Behandlung

Stationäre vertragsärztliche Behandlung (belegärztliche Behandlung) liegt vor,
1. **wenn und soweit das Krankenhaus gemäß § 108 SGB V zur Krankenbehandlung zugelassen ist,**
2. **wenn die Krankenkasse Krankenhausbehandlung oder stationäre Entbindung gewährt,**
3. **wenn die stationäre ärztliche Behandlung nach dem zwischen der Krankenkasse und dem Krankenhaus bestehenden Rechtsverhältnis nicht aus dem Pflegesatz abzugelten ist und**
4. **wenn der Vertragsarzt gemäß § 40 als Belegarzt für dieses Krankenhaus anerkannt ist.**

§ 38 Stationäre (belegärztliche) Behandlung

Übersicht

	Rn		Rn
I. Gesetzliche Vorgaben	1	2. Gewährung Krankenhaus-	
II. Definition der belegärztlichen		behandlung oder stationäre	
Behandlung	10	Entbindung	13
1. Zugelassenes Krankenhaus	11	3. Vergütung nicht aus dem	
		Pflegesatz	20
		4. Anerkennung als Belegarzt	27

Literatur: **Zur honorarärztlichen Tätigkeit** s die Grundsatzentscheidung des *BSG* v 23.3.201, BSGE 108, 35 = MedR 2011, 677 m Anm *Dahm*. **Umfassend zum Honorararzt** s *Clemens* MedR 2011, 770 ff; *Möller/Makoski* Der Honorararzt im Krankenhaus – Möglichkeiten und Grenzen, GesR 2012, 647 ff; *Quaas* Der Honorararzt im Krankenhaus: Zukunfts- oder Auslaufmodell?, GesR 2009, 459 ff; s auch *Ricken* NZS 2011, 881 ff; *Wenzel/Clemens* Kooperation zwischen Krankenhaus und niedergelassenem Arzt: Zulässigkeit von Honorarärzten?, Kap 11 G; *BÄK/KBV* Honorarärztliche Tätigkeit in Deutschland (Stand: April 2011), abrufbar unter www.bundesärztekammer.de bzw www.kbv.de; **Zur Vergütung der Honorarärzte** s *Debong* Vergütung von Honorarärzten, ArztRecht 2011, 200 ff. **Zur belegärztlichen Tätigkeit insgesamt** s Wenzel/*Hess* Handbuch des Fachanwalts Medizinrecht, Kapitel 2 Rn 250 ff; Halbe/Schirmer/*Kallenberg* Kooperationen im Gesundheitswesen, Belegarzttätigkeit (Beitrag C 1500, Stand: 2012); HK-AKM/*Peikert* Belegarzt (Beitrag Nr 805, Stand: 2002).

I. Gesetzliche Vorgaben

1 Die belegärztliche Versorgung ist in § 121 SGB V geregelt. Die Vorschrift wurde durch das GRG v 20.12.1988 mit Wirkung zum 1.1.1989 in das SGB V eingeführt. Abs 1 normiert die Förderung des Belegarztwesens, insbesondere des **kooperativen Belegarztwesens**.

2 Der Gesetzgeber hat als weiteres konkretes Mittel zur Förderung der belegärztlichen Tätigkeit die **Sonderzulassung für Belegärzte nach § 103 Abs 7 SGB V** eingeführt. Hiernach können Ärzte, die die gesetzlichen Voraussetzungen einer Zulassung erfüllen und den Abschluss eines Belegarztvertrages mit einem Krankenhausträger nachweisen, ohne Berücksichtigung bedarfsplanerischer Aspekte eine beschränkte Zulassung (sog vinkulierte Zulassung) für die Dauer der belegärztlichen Tätigkeit erhalten.[1] Damit soll sichergestellt werden, dass die Tätigkeit geeigneter Belegärzte nicht an Zulassungsbeschränkungen scheitert. Die Bindung der Zulassung an die belegärztliche Tätigkeit entfällt mit Aufhebung der Zulassungsbeschränkungen, spätestens nach Ablauf von zehn Jahren. Diese Entkoppelung der Zulassung von der belegärztlichen Tätigkeit trägt den berechtigten Interessen des Belegarztes Rechnung, in der Ausübung seiner ambulanten ärztlichen Tätigkeit nicht auf Dauer von einem Belegarztvertrag abhängig zu sein.[2]

3 Gesetzliches Regelungsinstrument zur Förderung des Belegarztwesens ist außerdem ein dreiseitiger Vertrag nach § 115 Abs 2 Nr 1 SGB V zwischen den Landesverbänden der KK und der Ersatzkassen gemeinsam, den Landeskrankenhausgesellschaften bzw Vereinigungen der Krankenhäuser auf Landesebene und der jeweiligen KV.

---

[1] S näher: *Schallen* Zulassungsverordnung, § 16b Rn 180 ff mwN.
[2] BT-Drucks 13/7264, 67.

§ 121 Abs 2 SGB V definiert Belegärzte gesetzlich als nicht am Krankenhaus angestellte Vertragsärzte, die berechtigt sind, ihre Patienten (Belegpatienten) im Krankenhaus unter Inanspruchnahme der hierfür bereitgestellten Dienste, Einrichtungen und Mittel vollstationär oder teilstationär zu behandeln, ohne hierfür vom Krankenhaus eine Vergütung zu erhalten. 4

Diese gesetzliche Definition wird durch die Rechtsprechung des BSG konkretisiert, nach der die Belegarztanerkennung personenbezogen ist und daher einem bestimmten, namentlich benannten und hinsichtlich seiner Qualifikation identifizierbaren Arzt zu erteilen ist. Ausgeschlossen ist demgegenüber bspw einem MVZ ohne Bezug auf einen konkreten Arzt die Genehmigung zur Ausübung der belegärztlichen Tätigkeit zu erteilen.[3] 5

§ 121 Abs 3 SGB V regelt die **Vergütung belegärztlicher Leistungen** mit Zuordnung zur vertragsärztlichen Tätigkeit. 6

Der Bewertungsausschuss ist nach § 121 Abs 4 SGB V verpflichtet, nach § 87 SGB V im EBM für belegärztliche Leistungen eine **angemessene Bewertung** zu treffen. 7

Letztlich hat der Gesetzgeber mit dem KHRG mit Wirkung vom 25.3.2009 einen neuen Abs 5 in § 121 SGB V angefügt, der den Krankenhäusern die fakultative Möglichkeit eröffnet, zur Vergütung und Abrechnung der belegärztlichen Leistungen mit den Belegärzten abweichend von den Regelungen in Abs 2–4 eigenständige **Honorarverträge** zu schließen. 8

Die bundesmantelvertraglichen Regelungen zur belegärztlichen Versorgung (§§ 38 bis 41) knüpfen an die Legaldefinition des § 121 Abs 2 SGB V an und konkretisieren den Begriff. Sie stellen die belegärztliche Tätigkeit unter einen **präventiven Erlaubnisvorbehalt**. Erforderlich für die Erbringung belegärztlicher Leistungen ist die sog **Anerkennung als Belegarzt**, über die die KV im Einvernehmen mit den KK entscheidet.[4] 9

II. Definition der belegärztlichen Behandlung

§ 38 definiert die belegärztliche Behandlung anhand der nachstehenden vier Kriterien, die kumulativ vorliegen müssen. 10

1. Zugelassenes Krankenhaus. Gem § 108 SGB V dürfen KK Krankenhausbehandlung nur durch folgende zugelassene Krankenhäuser erbringen lassen: 11
– Krankenhäuser, die nach landesrechtlichen Vorschriften als Hochschulklinik anerkannt sind,
– Krankenhäuser, die in den Krankenhausplan eines Landes aufgenommen sind (Plankrankenhäuser) oder
– Krankenhäuser, die einen Versorgungsvertrag mit den Landesverbänden der KK und den Verbänden der Ersatzkassen abgeschlossen haben.

Die Vorschrift unterscheidet zwischen Krankenhäusern, die kraft Gesetzes in die GKV einbezogen sind (1. und 2. Alternative) und solchen, die aufgrund von Versorgungsverträgen Krankenbehandlung nach § 39 Abs 1 SGB V gewähren dürfen (3. Alternative).[5] 12

---
3 *BSG* v 23.3.2011 – B 6 KA 15/10 R, Rn 20, juris.
4 Zur belegärztlichen Tätigkeit insgesamt s Wenzel/*Hess* Kap 2 Rn 250 ff; Halbe/Schirmer/*Kallenberg* Belegarzttätigkeit C 1500 (Stand: 2012); HK-AKM/*Peikert* 805 Belegarzt (Stand: 2002).
5 S Peters/*Hencke* SGB V, § 108 Rn 2.

§ 38   Stationäre (belegärztliche) Behandlung

13   **2. Gewährung Krankenhausbehandlung oder stationäre Entbindung.** Weitere Voraussetzung ist die Gewährung von Krankenhausbehandlung oder stationärer Entbindung durch die KK.

14   **Krankenhausbehandlung** wird gem § 39 Abs 1 SGB V vollstationär, stationsäquivalent (§ 115d SGB V), teilstationär, vor- und nachstationär (§ 115a SGB V) sowie ambulant (§ 115b SGB V) erbracht. Da die belegärztliche Behandlung stationäre Behandlung ist, kommen für diesen Fall nur die voll- oder teilstationäre Behandlung in Betracht (s § 39 Abs 1).

15   **Vollstationäre Behandlung** liegt vor, wenn ein zeitlich durchgehender Aufenthalt, in Form einer physischen und organisatorischen Eingliederung in das spezifische Versorgungssystem des Krankenhauses, für mindestens einen Tag und eine Nacht erforderlich ist.[6]

16   **Teilstationäre Behandlung** ist demgegenüber entweder auf die Tages- oder auf die Abendstunden beschränkt, muss sich jedoch insgesamt über mehrere Tage erstrecken.[7] Nach ständiger Rspr des BSG ist zur Abgrenzung auf die geplante Aufenthaltsdauer abzustellen.[8] Eine teilstationäre Behandlung kann insbesondere nur dann vorliegen, wenn eine zeitliche Begrenzung der Krankenhausbehandlung (bspw in Form einer Kurzzeit- oder Intervallbehandlung) vorher entsprechend geplant wurde.[9]

17   In Abgrenzung dazu ist die **vor- und nachstationäre Behandlung** keine Form der stationären Behandlung, sondern findet vor deren Beginn oder nach ihrer Beendigung statt. Inhaltlich ist sie der ambulanten Behandlung so stark angenähert, dass sie als quasi-ambulant bezeichnet werden kann.[10]

18   Die stationsäquivalente Behandlung (§§ 39 Abs 1 S 1 und 4, 115d SGB V) umfasst eine psychiatrische Behandlung im häuslichen Umfeld durch mobile ärztlich geleitete multiprofessionelle Behandlungsteams und wird mithin ebenfalls nicht stationär erbracht.

19   Bei einer **stationären Entbindung** wird im Gegensatz zur ambulanten Entbindung (zB in einem Geburtshaus oder als Hausgeburt) stationäre Unterkunft, Pflege und Verpflegung für die Versicherte und ihr Neugeborenes in einem zugelassenen Krankenhaus gewährt.

20   **3. Vergütung nicht aus dem Pflegesatz.** Die stationäre (belegärztliche) Behandlung wird nicht über den zwischen KK und Krankenhaus vereinbarten Pflegesatz abgegolten; denn belegärztliche Leistungen sind nach den Bestimmungen des KHEntgG keine Krankenhausleistungen. Sie werden aus der **Gesamtvergütung** finanziert.

21   Gem § 18 Abs 1 S 2 KHEntgG sind **Leistungen des Belegarztes**:
– die persönlichen Leistungen, dh ärztliche Leistungen, die der Belegarzt gegenüber dem Belegpatienten erbringt,
– der ärztliche Bereitschaftsdienst für die Belegpatienten,

---

6 *BSG* v 8.9.2004 – B 6 KA 14/03 R, Rn 19, juris.
7 S Peters/*Schmidt* SGB V, § 39 Rn 134; gegen die Beschränkung auf mehrtägige Aufenthalte *Trefz* SGb 2005, 46, 47.
8 *BSG* v 4.3.2004 – B 3 KR 4/03 R, juris.
9 *BSG* v 28.2.2007 – B 3 KR 17/06 R, Rn 21, juris.
10 S Peters/*Schmidt* § 39 SGB V Rn 142 mwN.

Stationäre (belegärztliche) Behandlung § 38

- die von ihm veranlassten Leistungen nachgeordneter Ärzte, die bei der Behandlung seiner Belegpatienten in demselben Fachgebiet wie der Belegarzt tätig werden und
- die von ihm veranlassten Leistungen von Ärzten und ärztlich geleiteten Einrichtungen außerhalb des Krankenhauses.

Daher sind für die belegärztliche Behandlung und Abrechnung dieser Leistungen **drei Verträge** erforderlich: 22

- Krankenhausvertrag zwischen dem Krankenhaus und dem Patienten über die Leistungen der Unterkunft und Pflege (gespaltener Krankenhausaufnahmevertrag),
- Vertrag zwischen Belegarzt und Patient über die ärztlichen Leistungen und
- **Belegarztvertrag** zwischen Krankenhaus und Belegarzt, der die Bindung zwischen Krankenhaus und Arzt sicherstellt.

Der Belegarztvertrag ist ein sog atypischer zivilrechtlicher Vertrag mit Elementen der Leihe, der Miete, des Dienstverschaffungs- und des Gesellschaftsvertrags. Er umfasst Regelungen der Einordnung in die Krankenhausorganisation, zB Anwesenheit der Ärzte im Krankenhaus, Betriebsablauf, Vertretung bei Urlaub, Krankheit, Teilnahme an Fortbildung und Verhältnis zum Krankenhauspersonal.[11]

Bei Abschluss eines sog **kooperativen Belegarztvertrages** verpflichtet sich der Belegarzt gegenüber dem Krankenhausträger zur Zusammenarbeit mit den anderen Belegärzten gleicher Fachrichtung und zur gemeinsamen Patientenversorgung. Der Vertrag kann zwischen dem Krankenhausträger und der Gemeinschaft der Belegärzte, aber auch mit einem einzelnen Belegarzt geschlossen werden. Für letztgenannten Fall ist eine Regelung zur Zusammenarbeit (insbes Aufgabenverteilung, gegenseitige Konsultation und Unterstützung bei Eingriffen, die Sicherstellung der ärztlichen Versorgung und Durchführung der Patientendokumentation) notwendig.[12] 23

Den im kooperativen Belegarztwesen verbundenen Ärzten stehen dieselben Rechtsformen zur Organisation ihrer Zusammenarbeit zur Verfügung wie bei ambulanter ärztlicher Tätigkeit. 24

Jeder Belegarzt bleibt für die von ihm eingewiesenen oder ihm zugewiesenen Patienten verantwortlich.[13] 25

Die Deutsche Krankenhausgesellschaft eV, die KBV und die BÄK haben Grundsätze für die Gestaltung von Verträgen zwischen Krankenhäusern und Belegärzten erarbeitet.[14] Die Belegarzt-Vertragsmuster sind in aktualisierter Fassung über die Deutsche Krankenhaus Verlagsgesellschaft mbH beziehbar.[15] 26

---

11 *BGH* v 20.6.2006 – III ZR 145/05, Rn 5, juris, mit Verweis auf: *BGH* v 28.2.1972 – III ZR 212/70, juris; *BGH* v 22.1.1987 – III ZR 67/86, juris; *BGH* v 26.2.1987 – III ZR 164/85, juris; juris PK-SGB V/*Köhler-Hohmann* § 121 Rn 23 f mwN. Zur stationären Aufnahme s HK-AKM/*Bender* 3080 Krankenhausaufnahmevertrag (Stand: 2018), Rn 1 ff.
12 HK-AKM/*Peikert* 805 Belegarzt (Stand: 2002), Rn 39.
13 Vgl HK-AKM/*Peikert* 805 Rn 39 (Stand: 2002); *Ratzel/Luxenburger* § 21 Rn 12. Zur Frage der gesamtschuldnerischen Haftung einer Belegärztegemeinschaft s *BGH* v 8.11.2005 – VI ZR 319/04, juris und *BGH* v 16.5.2000 – VI ZR 321/98, juris.
14 DÄ 1959, 1247; DÄ 1981, C-749 ff; DÄ 1996, A-3430.
15 DÄ 1996, A-3430.

27 **4. Anerkennung als Belegarzt.** Als letzte Voraussetzung der belegärztlichen Behandlung muss vor Erbringung der stationären Behandlung der Vertragsarzt die Anerkennung als Belegarzt erhalten haben. Die Voraussetzungen für eine solche Anerkennung und für das Anerkennungsverfahren sind in § 40 geregelt. Auf die dortige Kommentierung wird verwiesen.

§ 39 Belegärzte

(1) Belegärzte sind nicht am Krankenhaus angestellte Ärzte, die berechtigt sind, Patienten (Belegpatienten) im Krankenhaus unter Inanspruchnahme der hierfür bereitgestellten Dienste, Einrichtungen und Mittel vollstationär oder teilstationär zu behandeln, ohne hierfür vom Krankenhaus eine Vergütung zu erhalten.

(2) [1]Der Vertragsarzt, der auf Basis des Honorarvertragsmodells nach § 121 Abs. 5 SGB V stationäre Leistungen in einer Belegabteilung erbringt, teilt der zuständigen Kassenärztlichen Vereinigung die Tätigkeit im Rahmen des Honorarvertragsmodells mit. [2]Die Kassenärztliche Vereinigung übermittelt diese Angaben an die Verbände der Krankenkassen.

(3) [1]Die stationäre Tätigkeit des Vertragsarztes darf nicht das Schwergewicht der Gesamttätigkeit des Vertragsarztes bilden. [2]Er muss im erforderlichen Maße der ambulanten Versorgung zur Verfügung stehen.

(4) Die Anerkennung als Belegarzt kann auch für mehrere Krankenhäuser ausgesprochen werden.

(5) Als Belegarzt ist nicht geeignet,
1. wer neben seiner ambulanten ärztlichen Tätigkeit eine anderweitige Nebentätigkeit ausübt, die eine ordnungsgemäße stationäre Versorgung von Patienten nicht gewährleistet,
2. ein Arzt, bei dem wegen eines in seiner Person liegenden wichtigen Grundes die stationäre Versorgung der Patienten nicht gewährleistet ist,
3. ein Arzt, dessen Wohnung und Praxis nicht so nahe am Krankenhaus liegen, dass die unverzügliche und ordnungsgemäße Versorgung der von ihm ambulant und stationär zu betreuenden Versicherten gewährleistet ist; hat der Arzt mehrere Betriebsstätten, gilt dies für die Betriebsstätte, in welcher hauptsächlich die vertragsärztliche Tätigkeit ausgeübt wird.

(6) [1]Die Belegärzte sind verpflichtet, einen Bereitschaftsdienst für die Belegpatienten vorzuhalten. [2]Der Bereitschaftsdienst kann in zwei Formen wahrgenommen werden:
1. [1]Bereitschaftsdienst wird wahrgenommen, wenn sich der bereitschaftsdiensthabende Arzt auf Anordnung des Krankenhauses oder des Belegarztes außerhalb der regelmäßigen Arbeitszeit im Krankenhaus aufhält, um im Bedarfsfall auf der (den) Belegabteilung(en) rechtzeitig tätig zu werden. [2]Die Krankenkassen entgelten die Wahrnehmung dieses Bereitschaftsdienstes, wenn dem Belegarzt durch seine belegärztliche Tätigkeit Aufwendungen für diesen ärztlichen Bereitschaftsdienst entstehen (§ 121 Abs. 3 SGB V). Das Nähere regeln die Partner auf Landesebene. [3]Der Belegarzt hat – ggf. durch eine Bestätigung des Krankenhausträgers – gegenüber der Kassenärztlichen Vereinigung nachzuweisen, dass ihm Kosten für den ärztlichen Bereitschaftsdienst für Belegpatienten entstanden sind. [4]Die Kassenärztliche Vereinigung unterrichtet hierüber die Krankenkasse.

Belegärzte § 39

2. ¹Der von Belegärzten selbst wahrgenommene Bereitschaftsdienst fällt nicht unter die vorstehende Regelung. ²Für einen solchen Bereitschaftsdienst wird kein zusätzliches Entgelt gezahlt; dieser ist mit der Abrechnung der belegärztlichen Leistungen auf Basis des einheitlichen Bewertungsmaßstabes (EBM) abgerechnet. ³Dies gilt auch für jegliche Art von Rufbereitschaft des Belegarztes, seines Assistenten oder von Krankenhausärzten für den Belegarzt.

Übersicht

	Rn		Rn
I. Definition Belegarzt (Abs 1)	1	1. Verpflichtung zur Vorhaltung Bereitschaftsdienst	19
II. Honorarvertragsmodell (Abs 2)	7	a) Bereitschaftsdienst für Belegpatienten	19
III. Verhältnis ambulante zu stationärer Tätigkeit (Abs 3)	9	b) Abgrenzung zum allgemeinärztlichen Bereitschaftsdienst	20
IV. Anzahl Belegkrankenhäuser (Abs 4)	10	2. Art, Umfang und Vergütung Bereitschaftsdienst (Abs 6)	26
V. Kriterien der Ungeeignetheit (Abs 5)	12		
VI. Bereitschaftsdienst (Abs 6)	19		

I. Definition Belegarzt (Abs 1)

§ 39 Abs 1 gibt wörtlich die **Legaldefinition** des § 121 Abs 2 SGB V wieder. Danach sind Belegärzte **1**
- nicht am Krankenhaus angestellte Vertragsärzte, die berechtigt sind,
- ihre Patienten (Belegpatienten) im Krankenhaus unter Inanspruchnahme der hierfür bereitgestellten Dienste, Einrichtungen und Mittel,
- vollstationär oder teilstationär zu behandeln,
- ohne hierfür vom Krankenhaus eine Vergütung zu erhalten.

Die Definition stimmt inhaltlich mit § 18 Abs 1 S 1 KHEntgG überein. **2**

Zu den **Belegpatienten** gehören sowohl eigene Patienten des Belegarztes als auch an ihn zur belegärztlichen Behandlung überwiesene Patienten. Im Rahmen einer Entbindung ist nur die Gebärende Belegpatientin des Gynäkologen, nicht hingegen der neu geborene Säugling[1]. Die ärztliche Behandlung des neugeborenen Kindes im Rahmen der Erstversorgung zählt allerdings noch als Leistung des Belegarztes.[2] Die Zuordnung als Belegpatient wirkt sich insbesondere auf die Abrechenbarkeit der an ihm erbrachten Leistungen aus (§ 41). **3**

Für die Versorgung der Belegpatienten werden die **vom Krankenhaus bereit gestellten Dienste, Einrichtungen und Mittel** in Anspruch genommen, also alle personellen und sächlichen Hilfen, die das Krankenhaus als Träger allgemein und speziell für den Belegarzt bereithält, insbesondere ärztliche und pflegerische Hilfeleistungen, nichtärztliche Gesundheitsleistungen wie Ergotherapie, Krankengymnastik sowie Labor- und Radiologieassistenz, vgl auch § 2 KHG.[3] **4**

---

[1] *BSG* v 10.12.2003 – B 6 KA43/02 R; *BSG* v 16.5.2018 – B 6 KA 45/16 R, Rn 18f, juris.
[2] *BSG* v 16.5.2018 – B 6 KA 45/16 R, Rn 18, juris, mit Verweis auf § 19 Abs 1 der Kinder-Richtlinie des G-BA (BAnz AT 18.12.2019 B4) und § 18 Abs 1 S 2 Nr 4 KHEntgG.
[3] Halbe/Schirmer/*Kallenberg* Belegarzttätigkeit C 1500, Rn 55 (Stand: 2012).

5   Seit der Liberalisierung des Vertragsarztrechts durch das VÄndG ist es Vertragsärzten möglich, neben ihrer ambulanten Tätigkeit auch ein **zeitlich begrenztes Anstellungsverhältnis** im Krankenhaus einzugehen (Wegfall der bisherigen Unvereinbarkeitsregelung in § 21 Ärzte-ZV). Diese (honorarärztliche) Tätigkeit, die der stationären Krankenhausbehandlung iSd § 39 SGB V zuzuordnen ist, ist von der Belegarzttätigkeit strikt zu unterscheiden. Sie steht grundsätzlich weder einer Zulassung noch einer Belegarztanerkennung entgegen (§ 20 Abs 2 Ärzte-ZV).

6   Für die voll- oder teilstationäre Behandlung (zur Definition s § 38 Rn 15, 16) seiner Belegpatienten erhält der Belegarzt keine Vergütung vom Krankenhaus. Diese Leistungen sind vielmehr der vertragsärztlichen Versorgung zugeordnet und demzufolge aus den **Gesamtvergütungen** der KV zu zahlen (s § 41).

II. Honorarvertragsmodell (Abs 2)

7   Krankenhäuser mit Belegbetten können zur Vergütung der belegärztlichen Leistungen abweichend von den Vergütungsregelungen des § 121 Abs 2–4 SGB V mit Belegärzten Honorarverträge schließen (**Honorarvertragsmodell**, § 121 Abs 5 SGB V). Erbringt ein Belegarzt auf der Basis dieses Honorarvertragsmodells stationäre belegärztliche Leistungen, hat er dies seiner KV mitzuteilen. Damit entfällt für ihn die Möglichkeit, diese Leistungen über die KV abzurechnen. Die KV übermittelt die Angaben an die Verbände der KK, die damit einen Überblick über die tatsächliche Inanspruchnahme dieses Honorarvertragsmodells durch Belegärzte erhalten (zum Honorarvertragsmodell s auch § 38 Rn 8; § 41 Rn 1).

8   Der „*Honorar-Belegarzt*" ist abzugrenzen vom „*Vertretungsarzt*", „*Kooperationsarzt*" und „*Konsiliararzt*", die alle zusammen auch als „*Honorarärzte*" bezeichnet werden.[4]

III. Verhältnis ambulante zu stationärer Tätigkeit (Abs 3)

9   Die belegärztliche Tätigkeit darf **nicht das Schwergewicht** der Tätigkeiten eines Belegarztes bilden. Diese über die gesetzliche Legaldefinition des § 121 Abs 2 SGB V hinausgehende Voraussetzung dient der Sicherstellung der ambulanten Versorgung. Jeder Belegarzt hat aufgrund seiner Teilnahmeberechtigung an der vertragsärztlichen Versorgung für die ambulante Versorgung seiner Patienten in erforderlichem Maße zur Verfügung zu stehen. Die Voraussetzung ist personenbezogen, dh auch im Rahmen einer BAG oder im Falle der Beschäftigung von angestellten Ärzten ist die untergeordnete stationäre Tätigkeit für jeden einzelnen Leistungserbringer maßgeblich. Eine Verschiebung der Anteile stationärer Tätigkeit untereinander ist unzulässig.[5]

IV. Anzahl Belegkrankenhäuser (Abs 4)

10 Nach § 39 Abs 4 idF bis zum 30.9.2013 durfte die Anerkennung als Belegarzt grundsätzlich nur für **ein Belegkrankenhaus** ausgesprochen werden. Diese Beschränkung diente dazu,

---

4   S Positionsbestimmung der *BÄK/KBV* zur Honorarärztlichen Tätigkeit in Deutschland (Stand: April 2011), abrufbar unter www.bundesärztekammer.de bzw www.kbv.de; ergänzend Laufs/*Genzel/Degener-Hencke* § 84 Rn 24 f; § 86 Rn 64 f; s auch § 38 Rn 8 mwN.
5   Vgl für angestellte Ärzte eines MVZ *BSG* v 23.3.2011 – B 6 KA 15/10 R, Rn 23, juris.

– die stationäre Tätigkeit des Belegarztes nicht über Gebühr ausweiten zu können (darf nicht Schwerpunkt seiner Tätigkeit sein),
– eine ordnungsgemäße Versorgung seiner Patienten (sowohl ambulant als auch stationär) mit entsprechend schneller Erreichbarkeit zu gewährleisten.

Mit Inkrafttreten des einheitlichen BMV-Ä zum 1.10.2013 wurde die Beschränkung auf ein Belegkrankenhaus aufgegeben; nunmehr haben die Partner des BMV-Ä ausdrücklich bestimmt, dass die Anerkennung auch **für mehrere Krankenhäuser** erteilt werden kann. Solange also die räumliche Nähe von Wohnung und Praxis des Belegarztes zum jeweiligen Krankenhaus gewährleistet ist, so dass die unverzügliche und ordnungsgemäße Versorgung der von ihm ambulant und stationär zu betreuenden Versicherten gewährleistet ist, steht einer belegärztlichen Tätigkeit an mehreren Krankenhäusern nichts mehr entgegen (s auch Rn 15). Mit dieser Lockerung tragen die Partner des BMV-Ä der Situation vor Ort Rechnung, wenn insbesondere in Ballungszentren sich mehrere Belegkrankenhäuser in räumlicher Nähe befinden. 11

V. Kriterien der Ungeeignetheit (Abs 5)

Nach Abs 5 stehen einer belegärztlichen Tätigkeit folgende drei Gründe entgegen: 12

– **Ausübung einer anderweitigen Nebentätigkeit**, die der Gewährleistung einer ordnungsgemäßen stationären Versorgung von Patienten entgegensteht 13
Eine neben der ambulanten und stationären (belegärztlichen) Tätigkeit ausgeübte dritte Tätigkeit ist nicht grundsätzlich, sondern nur dann ausgeschlossen, wenn sie kausal für eine Verhinderung der ordnungsgemäßen stationären Versorgung von Patienten ist. Dies ist bspw gegeben bei einer umfangreichen privatärztlichen Tätigkeit an einem entfernt liegenden Ort. Die gleichzeitige Anstellung des Belegarztes an einem Krankenhaus für maximal 13 Stunden pro Woche steht der Geeignetheit grundsätzlich nicht mehr entgegen Die Unvereinbarkeitsregelung in § 21 Ärzte-ZV wurde zum 1.1.2007 gestrichen[6], sodass diesbezüglich nicht mehr auf starre zeitliche Grenzen abzustellen ist sondern für die Geeignetheit des Belegarztes der Umfang der konkreten Nebentätigkeit und deren Auswirkungen im Einzelfall zu beurteilen sind.[7]

– **Wichtiger Grund in der Person des Arztes**, so dass die stationäre Versorgung der Patienten nicht gewährleistet ist 14
Hier kommen insbesondere gesundheitliche Gründe in Betracht, die die stationäre (zB operative) Tätigkeit unmöglich machen, jedoch die konservative ambulante Tätigkeit in der Praxis noch zulassen. Liegen Gründe vor, die zur Ungeeignetheit für die Ausübung der vertragsärztlichen Tätigkeit nach § 21 Ärzte-ZV führen[8], führt dies nicht nur zur Ungeeignetheit für die belegärztliche Versorgung, sondern zum Widerruf der erteilten Zulassung.

– **Keine räumliche Nähe von Wohnung und Praxis des Arztes zum Krankenhaus**, so dass die unverzügliche und ordnungsgemäße Versorgung der von ihm ambulant und stationär zu betreuenden Versicherten nicht gewährleistet ist 15

---

6 Zu weiteren Liberalisierungen der ärztlichen Tätigkeit durch das VÄndG s *Orlowski/Halbe/Karch* VÄndG, Kap A IV 2, 17 ff; Kap B VII, 102 ff.
7 Vgl *BSG* v 16.12.2015 – B 6 KA 19/15 R, Rn. 35, juris.
8 Vgl *Schallen* § 21 Rn 3–5.

§ 39 Belegärzte

Die sog **Residenzpflicht** (§ 24 Abs 2 Ärzte-ZV aF) bleibt für Belegärzte nach BMV-Ä bestehen, obwohl sie für Vertragsärzte allgemein durch das GKV-VStG abgeschafft wurde. Damit wird dem Umstand Rechnung getragen, dass der Belegarzt eine besondere persönliche Verantwortung für seine stationären Patienten trägt, die es erfordert, dass er neben seiner ambulanten Tätigkeit bedarfsgerecht im Belegkrankenhaus anwesend sein kann.

Bereits vor Inkrafttreten des GKV-VStG wurde die noch für alle Vertragsärzte geltende Residenzpflicht als verfassungsgemäß beurteilt.[9] Mit der Forderung, dass Wohnung und Praxis des Belegarztes so nahe am Krankenhaus liegen müssten, dass die unverzügliche und ordnungsgemäße Versorgung der ambulant und stationär zu betreuenden Versicherten gewährleistet ist, würden nur im Vertragsarztrecht ohnehin allgemein geltende Pflichten präzisiert (zB die Präsenzpflicht nach § 20 Abs 1 Ärzte-ZV die Residenzpflicht nach § 24 Abs 2 Ärzte-ZV (Anm: durch VStG abgeschafft) sowie der Grundsatz der persönlichen Leistungserbringung nach § 32 Abs 1 Ärzte-ZV).

An dieser Rechtsauffassung dürfte sich auch im Hinblick auf die entfallene Residenzpflicht nichts geändert haben, da sowohl die Präsenzpflicht als auch die persönliche Leistungserbringung nach wie vor wesentliche Pflichten des Vertragsarztes sind. Dies wird durch die Rspr des BSG bestätigt, nach der die Belegarztanerkennung personenbezogen ist und daher einem bestimmten, namentlich benannten und hinsichtlich seiner Qualifikation identifizierbaren Arzt zu erteilen ist. Ausgeschlossen ist demgegenüber, einem MVZ ohne Bezug auf einen konkreten Arzt die Genehmigung zur Ausübung der belegärztlichen Tätigkeit zu erteilen.[10] Das BSG hat ferner festgehalten, dass die belegärztliche Tätigkeit für den einzelnen Arzt, der sie ausübt, ein Annex zu seiner schwerpunktmäßig ambulanten Tätigkeit sein muss. Dafür ist unerheblich, ob ein Vertragsarzt seine eigene Praxis führt, ob ein Arzt als Vertragsarzt in einem MVZ tätig ist oder ob er als angestellter Arzt in einem MVZ arbeitet. Nur auf diese Weise kann die von § 121 Abs 1 SGB V intendierte effektive Verzahnung von ambulanter und stationärer Behandlung durch einen Arzt gegenüber demselben Patienten umgesetzt werden.[11]

16 – Das BSG sieht – wie schon zuvor das LSG Schleswig-Holstein – die Versorgung der Belegpatienten als **gewährleistet** an, wenn der Belegarzt innerhalb von 30 Minuten die Klinik von seiner Wohnung und seiner Praxis aus unter normalen Umständen erreichen kann.[12] Das LSG Baden-Württemberg hat einem Belegarzt die Eignung abgesprochen bei einer Fahrzeit für die Hin- und Rückfahrt zwischen Praxis und Klinik von 40 Minuten.[13]

17 Nach LSG Bayern ist für die Beurteilung der Erreichbarkeit von der Praxis im Einzelfall auch zu berücksichtigen, ob der Belegarzt Mitglied einer Berufsausübungsgemeinschaft mit weiteren Belegärzten ist, die ebenfalls am selben Klinikum tätig werden.[14]

---

9 Vgl *BSG* v 3.2.2000 – B 6 KA 53/99 B, juris mwN.
10 *BSG* v 23.3.2011 – B 6 KA 15/10 R, Rn 20, juris.
11 *BSG* v 23.3.2011 – B 6 KA 15/10 R, Rn 23, juris.
12 *BSG* v 5.11.2003 – B 6 KA 2/03 R, Rn 33, juris; *LSG Schleswig-Holstein* v 23.11.1999 – L 6 KA 18/99, juris; *SG Stuttgart* v 26.9.2018 – S 5 KA 1940/17, Rn 26, juris.
13 *LSG Baden-Württemberg* v 14.7.1999 – L 5 KA 3006/98, juris.
14 *LSG Bayern* v 22.1.2020 – L 12 KA 10/19 (Revision anhängig unter B 6 KA 6/20 R); s auch *SG Dortmund* v 5.3.2014 – S 9 KA 203/11, juris.

Gegen diese Auffassung ist anzuführen, dass es sich bei den Eignungsvoraussetzungen nach Abs 5 Nr 3 um personenbezogene Voraussetzungen des einzelnen Belegarztes handelt.[15] Die hiernach persönlich zu fordernde Erreichbarkeit des Belegarztes kann mithin nicht im Rahmen einer gemeinsamen vertragsärztlichen Berufsausübung in der ambulanten Versorgung, die zudem stets örtlich an den Sitz bzw. die Sitze der jeweiligen (überörtlichen) Berufsausübungsgemeinschaft gebunden ist (s § 33 Abs 2 S 2 Ärzte-ZV) und somit nicht die Tätigkeit am Belegkrankenhaus betrifft, aufgefangen bzw relativiert werden. Bei anderer Betrachtung könnten sich Belegärzte gegenseitig auf die Kooperationsmöglichkeiten aufgrund einer bestehenden Berufsausübungsgemeinschaft oder im Rahmen des kooperativen Belegarztsystems berufen, mit dem Ergebnis, dass keiner der zugelassenen Belegärzte noch die Voraussetzung eines 30-minütigen Fahrwegs zwischen Wohnung und Klinik erbringen müsste.[16]

Liegt ein Fall der Nichteignung vor, ist dem Vertragsarzt die Belegarztanerkennung zu versagen. **18**

VI. Bereitschaftsdienst (Abs 6)

1. Verpflichtung zur Vorhaltung Bereitschaftsdienst. – a) Bereitschaftsdienst für **19** **Belegpatienten.** Abs 6 enthält die Verpflichtung der Belegärzte, für ihre Belegpatienten einen Bereitschaftsdienst vorzuhalten. Für diesen haben die KK ein leistungsgerechtes Entgelt zu zahlen. Diese Zahlungsverpflichtung ergibt sich bereits aus § 121 Abs 3 SGB V. Das Nähere hierzu haben die Partner auf Landesebene zu regeln.

b) Abgrenzung zum allgemeinärztlichen Bereitschaftsdienst. Nach § 75 Abs 1 S 2 **20** SGB V iVm den Regelungen der Bereitschaftsdienstordnungen der KV ist grundsätzlich jeder Vertragsarzt verpflichtet, am allgemeinärztlichen Bereitschaftsdienst teilzunehmen. Diese Verpflichtung ergibt sich aus dem Zulassungsstatus der Ärzte.[17]

Die Sicherstellung eines ausreichenden Notdienstes zu den sprechstundenfreien Zeiten (§ 75 Abs 1 S 2 SGB V) regeln die KV selbstständig im Rahmen ihrer Satzungsautonomie (Bereitschaftsdienstordnung oder Notdienstordnung). Die Satzung kann dabei auch, soweit besondere Verhältnisse in Einzelfällen Berücksichtigung verdienen, der Verwaltung einen Ermessensspielraum einräumen.[18] Bei einer vom Vorstand einer KV satzungsgemäß erlassenen Richtlinie handelt es sich nicht um Satzungsrecht, sondern um Verwaltungsrichtlinien, die der gleichmäßigen Anwendung des Satzungsrechts dienen.[19] Solche Ermessensspielräume werden von den KV idR genutzt, um für besondere Fälle Befreiungstatbestände einzuführen (zB bei unzumutbarer Belastung wegen Schwangerschaft einer Ärztin oder schwerwiegender Erkrankung eines Arztes). **21**

Solche Satzungsregelungen (Möglichkeit der Freistellung vom Bereitschaftsdienst) **22** sind hinreichend bestimmt, wenn sie die Freistellung von einem wichtigen Grund und

---

15 *BSG* v 23.3.2011 – B 6 KA 15/10 R, Rn 20, juris.
16 *SG München* v 6.6.2019 – S 20 KA 18/18, nicht rechtskräftig.
17 *BSG* v 6.9.2006 – B 6 KA 43/05 R, juris; *BSG* v 6.2.2008 – B 6 KA 13/06 R, juris; *BSG* v 11.5.2011 – B 6 KA 23/10 R, juris.
18 *BSG* v 6.9.2006 – B 6 KA 43/05 R, Rn 17, juris.
19 *BSG* v 6.9.2006 – B 6 KA 43/05 R, Rn 17, juris.

ferner davon abhängig machen, dass die Durchführung des Bereitschaftsdienstes nicht gefährdet wird.[20]

23 Einige KV sehen auch für Belegärzte wegen der zusätzlichen Verpflichtung, für ihre Belegpatienten einen Bereitschaftsdienst vorzuhalten, unter bestimmten Voraussetzungen eine **Freistellung vom allgemeinärztlichen Bereitschaftsdienst** auf Antrag in ihrer Bereitschaftsdienst- bzw Notdienstordnung vor.[21]

24 Einen Rechtsanspruch auf Befreiung vom allgemeinärztlichen Bereitschaftsdienst haben Belegärzte hingegen nicht.[22] Wird ihre Mitwirkung zur Sicherstellung des allgemeinärztlichen Bereitschaftsdienstes benötigt, haben die KV grundsätzlich die Möglichkeit, auf ihrer Teilnahme zu bestehen. Die Einteilung zum Dienst ebenso wie die Ablehnung eines Befreiungsantrages erfolgt durch Verwaltungsakt gem § 31 SGB X. Hiergegen kann sich der Belegarzt mit Widerspruch (§ 83 SGG) und nachfolgend Klage (§§ 87 ff SGG) zur Wehr setzen.

25 Im Interesse der Sicherstellung eines ausreichenden Bereitschaftsdienstes kann die zuständige KV den Belegarzt auch unter **Anordnung der sofortigen Vollziehung** zum allgemeinärztlichen Bereitschaftsdienst heranziehen. Andernfalls wäre der Bereitschaftsdienst nicht verlässlich planbar, wenn sich jeder zur Teilnahme verpflichtete Vertragsarzt durch Widerspruch zumindest zeitweise entziehen könnte.[23]

26 **2. Art, Umfang und Vergütung Bereitschaftsdienst (Abs 6).** Abs 6 definiert Art, Umfang und Vergütung des ärztlichen Bereitschaftsdienstes. Bereitschaftsdienst wird wahrgenommen, wenn sich der bereitschaftsdiensthabende Arzt auf Anordnung des Krankenhauses oder des Belegarztes außerhalb der regelmäßigen Arbeitszeit **im Krankenhaus aufhält**, um im Bedarfsfall auf der (den) Belegabteilung(en) rechtzeitig tätig zu werden.

27 Für diesen Fall zahlen die KK für den Bereitschaftsdienst, wenn dem Belegarzt durch seine belegärztliche Tätigkeit Aufwendungen für diesen ärztlichen Bereitschaftsdienst entstehen. Die angefallenen Kosten für diesen Dienst hat der Belegarzt – ggf durch eine Bestätigung des Krankenhausträgers – gegenüber der KV nachzuweisen, die ihrerseits die KK hierüber unterrichtet.

28 Nimmt der Belegarzt den Bereitschaftsdienst **persönlich** wahr, zahlen die KK hierfür kein gesondertes Entgelt, da dieser Aufwand bereits in die Kostenkalkulation der Leistungen des Kapitels 36 EBM eingeflossen sind. Dies gilt auch für jegliche Art von Rufbereitschaft des Belegarztes, seines Assistenten oder von Krankenhausärzten für den Belegarzt. Dass im Rahmen der Rufbereitschaft die Einbindung von Assistenten möglich ist, der angestellte Arzt aber nicht erwähnt ist, ist wohl als redaktionelles Versehen zu deuten.[24]

---

20 *BSG* v 6.9.2006 – B 6 KA 43/05 R, Rn 18, juris.
21 Vgl KV Bayern § 14 Abs 1 S 2 lit d; KV Nordrhein § 7 Abs 3; s aber auch *LSG Rheinland-Pfalz* v 3.9.2009 – L 5 KA 20/08, juris: Ablehnung der Befreiung, da zusätzliche Teilnahme am allgemeinärztlichen Bereitschaftsdienst zumutbar.
22 *BSG* v 15.9.1977 – 6 RKa 12/77, juris; s auch: *BSG* v 23.3.2016 – B 6 KA 7/15 R, Rn 18, juris.
23 *LSG Nordrhein-Westfalen* v 29.8.2011 – L 11 KA 55/11 B ER, juris.
24 S Halbe/Schirmer/*Kallenberg* Belegarzttätigkeit C 1500, Rn 81 (Stand: 2012).

§ 40 Verfahren zur Anerkennung als Belegarzt

(1) Die Anerkennung als Belegarzt setzt voraus, dass an dem betreffenden Krankenhaus eine Belegabteilung der entsprechenden Fachrichtung nach Maßgabe der Gebietsbezeichnung (Schwerpunkt) der Weiterbildungsordnung in Übereinstimmung mit dem Krankenhausplan oder mit dem Versorgungsvertrag eingerichtet ist und der Praxissitz des Vertragsarztes in räumlicher Nähe dieser Belegabteilung liegt.

(1a) ¹Vertragsärztliche Anästhesisten können als Belegärzte bei belegärztlichen Leistungen anderer Fachgruppen tätig sein. ²Absatz 3 gilt insoweit nicht.

(2) ¹Über die Anerkennung als Belegarzt entscheidet die für seinen Niederlassungsort zuständige Kassenärztliche Vereinigung auf Antrag im Einvernehmen mit den Verbänden der Krankenkassen. ²Die Ziele der Krankenhausplanung sind zu berücksichtigen.

(3) ¹Dem Antrag ist eine Erklärung des Krankenhauses über die Gestattung belegärztlicher Tätigkeit und die Zahl der zur Verfügung gestellten Betten beizufügen. ²Die Erklärung wird den Verbänden der Krankenkassen zur Kenntnis gegeben.

(4) ¹Die Anerkennung als Belegarzt endet mit der Beendigung seiner vertragsärztlichen Zulassung oder mit der Beendigung der Tätigkeit als Belegarzt an dem Krankenhaus, für welches er anerkannt war. ²Die Verbände der Krankenkassen sind vom Ende der Anerkennung zu benachrichtigen. ³Ist ein Ruhen der vertragsärztlichen Zulassung angeordnet, ruht auch die belegärztliche Tätigkeit.

(5) ¹Die Anerkennung als Belegarzt ist durch die Kassenärztliche Vereinigung zurückzunehmen oder zu widerrufen, wenn ihre Voraussetzungen nicht oder nicht mehr vorliegen. ²Die Kassenärztliche Vereinigung kann die Anerkennung außerdem widerrufen, wenn entweder in der Person des Vertragsarztes ein wichtiger Grund vorliegt oder der Vertragsarzt seine Pflichten gröblich verletzt hat, so dass er für die weitere belegärztliche Tätigkeit ungeeignet ist. ³Die Entscheidung der Kassenärztlichen Vereinigung ist dem Vertragsarzt und den Verbänden der Krankenkassen mitzuteilen.

(6) Der Widerruf der Anerkennung kann auch von den Verbänden der Krankenkassen bei der Kassenärztlichen Vereinigung beantragt werden.

Übersicht

	Rn		Rn
I. Voraussetzungen in Bezug zum Krankenhaus (Abs 1)	1	V. Beendigung, Ruhen der Anerkennung als Belegarzt (Abs 4)	28
II. Belegärztlich tätige Anästhesisten (Abs 1a)	8	VI. Rücknahme, Widerruf der Anerkennung (Abs 5)	32
III. Antragsverfahren (Abs 2)	11	VII. Antragsrecht der Verbände der KK (Abs 6)	42
IV. Gestattung Krankenhaus (Abs 3)	22		

I. Voraussetzungen in Bezug zum Krankenhaus (Abs 1)

Voraussetzung für die **Anerkennung als Belegarzt** ist, 1

– dass an dem betreffenden Krankenhaus eine Belegabteilung der entsprechenden Fachrichtung nach Maßgabe der Gebietsbezeichnung (Schwerpunkt) der Weiterbildungsordnung in Übereinstimmung mit dem Krankenhausplan oder mit dem Versorgungsvertrag eingerichtet ist und
– der Praxissitz des Vertragsarztes in räumlicher Nähe dieser Belegabteilung liegt.

§ 40 Verfahren zur Anerkennung als Belegarzt

2   Die Bundesländer sind nach § 6 Abs 1 KHG verpflichtet, **Krankenhauspläne** aufzustellen, um eine bedarfsgerechte Versorgung der Bevölkerung mit leistungsfähigen, eigenverantwortlich wirtschaftenden Krankenhäusern zu gewährleisten und zu sozial tragbaren Pflegesätzen beizutragen. Wichtiges Indiz für die Bedarfsgerechtigkeit eines Krankenhauses, seiner Kapazität und seiner Fachabteilungen ist der Grad der Inanspruchnahme der Patienten. Der Krankenhausplan soll die Voraussetzung dafür schaffen, dass die Krankenhäuser durch Zusammenarbeit und Aufgabenteilung untereinander die Versorgung in wirtschaftlichen Betriebseinheiten sicherstellen können.

3   Ob ein Krankenhausträger eine oder mehrere Abteilungen seines Krankenhauses belegärztlich führt, obliegt seiner Organisationsfreiheit. Gem § 1 Abs 1 KHG ist er wirtschaftlich eigenverantwortlich, gem § 12 SGB V dem Wirtschaftlichkeitsgebot verpflichtet. Der Krankenhausträger muss sich daher regelmäßig fragen, ob die stationäre Versorgung bei gleicher oder besserer Qualität nicht kostengünstiger in Belegabteilungen gewährleistet werden kann.[1] Beleg- und Hauptabteilungen können in einem Krankenhaus nebeneinander geführt werden.

4   Die **Einrichtung einer Belegabteilung** erfolgt in Übereinstimmung mit dem Krankenhausplan oder dem Versorgungsvertrag für Fachrichtungen nach Maßgabe der Gebietsbezeichnung (Schwerpunkt) der Weiterbildungsordnung (Abschnitt B der MWBO).[2]

5   Die Anzahl der Belegärzte in Deutschland ging in den vergangenen Jahren zurück. Während es im Jahr 2010 noch 5.868 Belegärzte gab, waren es im Jahr 2019 lediglich 4.332.

Belegärztliche Tätigkeit wird vorrangig im Gebiet der Hals-Nasen-Ohrenheilkunde, in dem mehr als ein Viertel aller Belegärzte im Jahr 2019 tätig waren, erbracht, gefolgt von der Chirurgie und Orthopädie sowie der Frauenheilkunde mit rund 24 bzw. 12 Prozent.[3]

6   Zahnärztliche Leistungen können nicht belegärztlich erbracht werden, da der BMV-Z eine belegärztliche Leistungserbringung nicht vorsieht.[4]

7   Des Weiteren muss der Praxissitz des Vertragsarztes **in räumlicher Nähe** dieser Belegabteilung liegen. Diese Vorgabe korrespondiert mit § 39 Abs 5 Nr 3, der für die Geeignetheit auf die Person des Belegarztes abstellt. Was konkret „in räumlicher Nähe" bedeutet, hängt weniger von konkreten Kilometerangaben ab, sondern ist im Hinblick auf die ordnungsgemäße Versorgung der Belegpatienten von der benötigten Zeitdauer (Fahrzeit zwischen Wohnung, Praxis und Belegabteilung) abhängig (vgl § 39 Rn 15, 16).

---

1   BT-Drucks 11/2237, 203 zu § 130 Abs 1.
2   Zur Bedeutung des Versorgungsauftrages eines Plankrankenhauses s *Sodan* Der Versorgungsauftrag des Plankrankenhauses, GesR 2012, 641 ff.
3   *KBV* Gesundheitsdaten für Belegärzte, abrufbar unter: kbv.de/Service/Gesundheitsdaten, zuletzt abgerufen am 4.9.2020.
4   *BSG* v 12.12.2012 – B 6 KA 15/12 R, Rn 13, juris.

II. Belegärztlich tätige Anästhesisten (Abs 1a)

Die Vertragspartner des BMV-Ä haben mit der Neufassung des BMV-Ä zum 1.10.2013 explizit geregelt, dass vertragsärztliche Anästhesisten als Belegärzte unter Außerachtlassung der krankenhausseitigen Voraussetzungen des § 40 Abs 3 bei belegärztlichen Leistungen anderer Fachgruppen tätig sein können. Diese Regelung trägt den Schwierigkeiten der Vergangenheit Rechnung, nach dem in einigen Bundesländern Anästhesisten keine Belegarztanerkennung erhalten konnten, da in den Krankenhausplänen bzw Versorgungsverträgen keine entsprechende Belegabteilung in den betreffenden Krankenhäusern eingerichtet waren (so zB in Bayern). 8

Nach BSG sind Anästhesisten nach bundesrechtlichen Vorschriften von einer belegärztlichen Tätigkeit nicht grundsätzlich ausgeschlossen[5]. Für eine Anerkennung mussten aber sämtliche Voraussetzungen für eine Belegarztanerkennung und damit auch die krankenhausseitigen Voraussetzungen erfüllt sein. Dies hatte zur Konsequenz, dass Anästhesisten ohne Belegarztanerkennung von Belegärzten hinzugezogen werden konnten und deren Leistungen auf einem Abrechnungsschein für „Belegärztliche Behandlung" (Überweisung vom Belegarzt, s § 41 Abs 6, 7) mit der Scheinuntergruppe „Belegärztliche Mitbehandlung" abzurechnen waren. 9

Seit dem 1.10.2013 können Anästhesisten unter vereinfachten Voraussetzungen als Belegärzte anerkannt werden und als Belegärzte originär abrechnen. 10

III. Antragsverfahren (Abs 2)

Belegärztlich tätig werden können 11
– Vertragsärzte,
– in MVZ tätige Vertragsärzte,
– in MVZ angestellte Ärzte,
– in Vertragsarztpraxen angestellte Ärzte (auch fachgebietsfremd).

Vertragsärzte mit hälftigem oder drei-Viertel Versorgungsauftrag (§ 19a Abs 2 Ärzte-ZV) können ebenso wie vollzugelassene Vertragsärzte eine Belegarztanerkennung erhalten. Da bei Vertragsärzten mit beschränktem Versorgungsauftrag die Gefahr der Verlagerung des Schwerpunktes vom ambulanten in den stationären Bereich höher ist als bei Vertragsärzten mit vollem Versorgungsauftrag, empfiehlt es sich zur Verdeutlichung dieses Kriteriums, einen entsprechenden Widerrufsvorbehalt in den Anerkennungsbescheid mit aufzunehmen. 12

Über die Verweisungsnorm des § 1 Abs 7 gelten für MVZ die Regelungen des BMV-Ä entsprechend. Daraus folgt, dass auch für in MVZ tätige Vertragsärzte und angestellte Ärzte Belegarztanerkennungen bei Vorliegen der Voraussetzungen erteilt werden können. Die Anerkennung als Belegarzt iSv § 121 Abs 2 SGB V ist **personenbezogen**; sie ist für einen bestimmten, namentlich benannten und hinsichtlich seiner Qualifikation identifizierbaren Arzt zu erteilen. Belegärztliche Leistungen, die von Ärzten eines MVZ erbracht werden, werden vom MVZ abgerechnet. Demzufolge wird die Berechtigung dem MVZ für einen bestimmten Arzt und nicht dem angestellten Arzt selbst erteilt. Im Falle von im MVZ tätigen Vertragsärzten dürfte sich nichts anderes ergeben, da sich ansonsten eine Differenzierung in den Abrechnungsmodalitäten 13

---
5 *BSG* v 16.4.1986 – 6 RKa 24/84, juris.

ergeben würde (ambulante Leistungen über das MVZ, stationäre belegärztliche Leistungen über den betreffenden Belegarzt im MVZ), die im Gesetz zumindest typischerweise nicht angelegt ist. Es könnten sich sonst auch Friktionen zur Rspr des BSG ergeben, wonach bei der Anwendung von Honorarbegrenzungsregelungen die Vergütung aus belegärztlicher Tätigkeit mit zu berücksichtigen ist.[6]

14 Hinsichtlich der Beurteilung des Schwerpunktes in der ambulanten Tätigkeit ist auf das Tätigkeitsspektrum jedes einzelnen Arztes im MVZ abzustellen, dh die belegärztliche Tätigkeit muss für jeden einzelnen Arzt, der sie ausübt, ein Annex zu seiner schwerpunktmäßig ambulanten Tätigkeit sein. Eine Gesamtbetrachtung über alle im MVZ tätigen Ärzte mit der Konsequenz, dass ein Arzt auch ausschließlich belegärztlich tätig sein kann, ist unzulässig.[7]

15 Eine Verweisungsnorm entsprechend § 1 Abs 7 für angestellte Ärzte in Vertragsarztpraxen fehlt bislang im BMV-Ä. Seit dem VÄndG sind in nicht gesperrten Planungsbereichen mittlerweile auch Anstellungen von fachgebietsfremden Ärzten möglich (§ 95 Abs 9 S 1 SGB V). Diese Leistungen, die vom Praxisinhaber weder selbst erbracht noch von ihm überwacht werden, werden ihm dennoch als zulässige Durchbrechung vom Grundsatz der persönlichen Leistungserbringung (vgl § 15 Abs 1 S 3) zugerechnet. Zur Vermeidung einer sachlich nicht gerechtfertigten Ungleichbehandlung von Vertragsärzten gegenüber einem MVZ kann eine vom Vertragsarzt für seinen angestellten Arzt beantragte Belegarztanerkennung wohl nicht versagt werden.

16 Die **Belegarztanerkennung** wird auf Antrag nach Vorliegen sämtlicher im BMV-Ä normierter Voraussetzungen erteilt. Zuständig für die Erteilung der Anerkennung als Verwaltungsakt iSv § 31 SGB X ist die örtlich zuständige KV im Einvernehmen mit den Verbänden der KK. Vice versa ist die Versagung einer Belegarzterkennung nicht von der Erteilung eines Einvernehmens der KK Verbände abhängig, sondern liegt ebenso wie die Rücknahme oder der Widerruf einer Belegarztanerkennung nach Abs 5 (s Rn 32 ff) allein in der Kompetenz der örtlich zuständigen KV.

17 Für die Antragstellung halten die KV grundsätzlich entsprechende Antragsformulare bereit.

18 Wegen der Notwendigkeit, das Einvernehmen mit den Verbänden der KK herzustellen, ist mit einer Antragsbearbeitungszeit von vier bis sechs Wochen zu rechnen.

19 Wird die Anerkennung mangels Vorliegens einer oder mehrerer Voraussetzungen abgelehnt, so erhält der antragstellende Vertragsarzt einen mit Gründen versehenen ablehnenden Bescheid (Verwaltungsakt gem § 31 SGB X). Gegen diesen ist innerhalb einer Frist von einem Monat ab Bekanntgabe des Bescheids Verpflichtungswiderspruch und anschließend bei ablehnendem Widerspruchsbescheid Verpflichtungsklage möglich.

---

[6] *BSG* v 12.12.2001 – B 6 KA 5/01 R, juris; *BSG* v 23.3.2011 – B 6 KA 15/10 R, juris.
[7] Zur belegärztlichen Tätigkeit von im MVZ tätigen Ärzten eingehend: *BSG* v 23.3.2011 – B 6 KA 15/10 R, juris.

Verfahren zur Anerkennung als Belegarzt § 40

Da die Entscheidung der KV über die Belegarztanerkennung nur **im Einvernehmen** 20
mit den Verbänden der KK ergehen kann, ist typische Folge in einem möglichen Gerichtsverfahren, dass die Kassenverbände gem § 75 Abs 2, 1. Alt SGG notwendig beigeladen werden.[8]

Verweigert ein Krankenkassenverband das Einvernehmen, kann die zuständige KV 21
die Belegarztanerkennung nicht erteilen. Im Falle eines Rechtsstreits ersetzt ein für den Arzt positives Urteil dann das fehlende Einvernehmen.[9] Der unterlegene notwendig beizuladende Krankenkassenverband kann dieses Urteil im Rechtsmittelzug überprüfen lassen.

IV. Gestattung Krankenhaus (Abs 3)

Die Vertragspartner des BMV-Ä gehen davon aus, dass bei der Herstellung des Ein- 22
vernehmens über die Anerkennung als Belegarzt die Feststellung im jeweiligen Krankenhausplan über das Bestehen oder die Errichtung einer Belegabteilung bzw die entsprechende pflegesatzrechtliche Entscheidung zugrunde zu legen ist. Sie bekräftigen ihre gemeinsame Absicht zur Förderung eines leistungsfähigen und wirtschaftlichen Belegarztwesens (s Protokollnotiz zu § 40 Abs 3).

Zum Nachweis des Einverständnisses des Krankenhausträgers mit der belegärztlichen 23
Tätigkeit des antragstellenden Vertragsarztes hat dieser eine Erklärung des Krankenhauses über die Gestattung belegärztlicher Tätigkeit und die Zahl der zur Verfügung gestellten Betten beizufügen. Diese Erklärung wird den Verbänden der KK zur Kenntnis gegeben.

Hinsichtlich der Anzahl der Belegbetten gibt es **keine verbindliche Vorgabe zu** 24
Höchst- oder Mindestbettenzahlen.[10] Generell gilt, dass die für eine ernstlich gewollte belegärztliche Tätigkeit sprechenden Umstände umso gewichtiger sein müssen, je geringer die Zahl der zur Verfügung stehenden Belegbetten ist.[11] Während in der Vergangenheit Belegabteilungen mit 200–300 Betten keine Seltenheit waren, versorgen heute Belegärzte größtenteils bis 10, in den Hauptbelegarztgruppen auch bis 20, seltener mehr Betten.[12]

Bedeutung erlangte die Anzahl der vom Krankenhausträger zur Verfügung gestellten 25
Belegbetten in den Verfahren zur **Sonderzulassung** nach § 103 Abs 7 SGB V in gesperrten Planungsbereichen. Während bei bereits niedergelassenen Vertragsärzten die Belegarztanerkennung keinerlei Auswirkung auf die in der vertragsärztlichen Versorgung geltende Bedarfsplanung hat, wird über den Weg der Belegarztzulassung nach § 103 Abs 7 SGB V die im betreffenden Planungsbereich vorherrschende Überversorgung durch Neuzulassung noch verstärkt.

---

8 *BSG* v 23.3.2011 – B 6 KA 15/10 R, Rn 17, juris; Meyer-Ladewig/Keller/*Leitherer* SGG, § 75 Rn 10h.
9 *BSG* v 23.3.2011 – B 6 KA 15/10 R, Rn 17, juris.
10 *BSG* v 14.3.2001 – B 6 KA 34/00 R, Rn 45, juris; *BSG*, v 2.9.2009 – B 6 KA 27/08 R, Rn 41, juris; Eine Begrenzung des belegärztlichen Versorgungsauftrags auf die nach den Festlegungen des Krankenhausplans für die stationäre Versorgung zur Verfügung stehende Belegbettenzahl ist zulässig *BSG* v 29.11.2017 – B 6 KA 33/16 R, Rn 33, juris.
11 *BSG* v 2.9.2009 – B 6 KA 27/08 R, Rn 44, juris.
12 KBV Gesundheitsdaten für Belegärzte, abrufbar unter: kbv.de/Service/Gesundheitsdaten, zuletzt abgerufen am 4.9.2020.

26 Der Gesetzgeber hat mit Einführung des § 103 Abs 7 SGB V dem Umstand Rechnung getragen, dass es zwischen dem Ziel einer Förderung der als ökonomisch sinnvoll bewerteten belegärztlichen Tätigkeit und den auf der Grundlage der §§ 101, 103 SGB V angeordneten Zulassungsbeschränkungen zu Verwerfungen kommen kann. Zweck des § 103 Abs 7 SGB V ist es, die Ausübung der belegärztlichen Tätigkeit zu fördern und gleichzeitig einen Anstieg der Überversorgung zu verhindern. Um dies zu erreichen, wird das Interesse der im Planungsbereich niedergelassenen Ärzte an der Ausübung auch einer belegärztlichen Tätigkeit mobilisiert. So hat jeder Krankenhausträger nach erfolgter Ausschreibung ernsthaft mit allen geeigneten Interessenten Vertragsgespräche zu führen. Damit soll letztlich verhindert werden, dass das Angebot einer belegärztlichen Tätigkeit zu einer weiteren Steigerung der Überversorgung führt und weiterhin, dass die belegärztliche Tätigkeit als Durchgangsstation für die Erlangung einer Zulassung missbraucht wird.[13] Um eine sinnvolle belegärztliche Tätigkeit in allen Planungsbereichen zu ermöglichen, nimmt der Gesetzgeber zwar die Ausweitung einer Überversorgung hin. Dies mit Blick auf § 103 Abs 7 SGB V aber nur dann, wenn ein Belegarztvertrag mit Ärzten innerhalb des Planungsbereichs nicht zustande kommt.

27 Das BSG hat zur **Anzahl der Belegbetten** bislang folgende Entscheidungen getroffen:
– Eine Anzahl von zehn Belegbetten stellt keine absolute Untergrenze in dem Sinne dar, dass dann, wenn ein Arzt weniger als zehn Belegbetten zur Verfügung hat, von einer ernstlich gewollten Ausübung der belegärztlichen Tätigkeit nicht die Rede sein kann.[14]
– Die Zahl der Belegbetten stellt kein absolutes Kriterium dar, sondern nur ein Beurteilungselement bei der Prüfung, ob die Belegarzttätigkeit nur pro forma ausgeübt werden und faktisch völlig gegenüber der Tätigkeit in der niedergelassenen Praxis in den Hintergrund treten soll. So kann trotz einer für sich genommen ausreichenden Zahl von Belegbetten eine missbräuchliche Nutzung vorliegen, wenn ein Krankenhausträger an die Vertragspartner Anforderungen in Bezug auf den zeitlichen Umfang der belegärztlichen Tätigkeit, an die Präsenz des Belegarztes im Krankenhaus und an die Verzahnung von stationärer und ambulanter Behandlungstätigkeit stellt, die mit der Vorrangregelung in § 39 Abs 3 S 1 kollidieren.[15]
– Aus einer nur geringen Bettenanzahl darf nicht der Schluss gezogen werden, dass dies keine ernstliche belegärztliche Tätigkeit ermöglicht. Dies gilt selbst dann, wenn in der Belegabteilung bereits ein Belegarzt tätig ist, da der Gesetzgeber das kooperative Belegarztwesen unterstützt und es im Interesse einer umfassenden Versorgung der Patienten angezeigt ist, dass je Belegabteilung zumindest zwei Belegärzte kooperieren.[16]
– Wenn die Zahl der für den neu zuzulassenden Arzt zur Verfügung stehenden Belegbetten deutlich hinter der durchschnittlichen Belegbettenzahl der jeweiligen Fachgruppe zurückbleibt und dies nicht durch Besonderheiten der Landeskrankenhausplanung begründet ist, bedarf es konkreter Darlegungen des Krankenhausträgers, aus welchen Gründen er einen weiteren Belegarzt an sich binden will.[17]

---

13 *BSG* v 2.9.2009 – B 6 KA 27/08 R, juris; *BSG* v 23.3.2011 – B 6 KA 15/10 R, juris.
14 *BSG* v 14.3.2001 – B 6 KA 34/00 R, juris.
15 *BSG* v 2.9.2009 – B 6 KA 27/08 R, Rn 43, juris (der Entscheidung lagen vier Betten für einen Hals-Nasen-Ohrenarzt zugrunde).
16 *BSG* v 2.9.2009 – B 6 KA 44/08 R, Rn 42, juris.
17 *BSG* v 2.9.2009 – B 6 KA 44/08 R, Rn 47, juris.

– Die Regelung in einer Belegarztanerkennung, dass für die genehmigte belegärztliche Tätigkeit die gemäß Krankenhausplan vorhandenen Belegbetten zur Verfügung stehen, ist als Inhaltsbestimmung der erteilten Genehmigung anzusehen, die deren Reichweite näher umschreibt bzw. den Umfang des belegärztlichen Versorgungsauftrages definiert.[18]

V. Beendigung, Ruhen der Anerkennung als Belegarzt (Abs 4)

Die **Anerkennung als Belegarzt** endet automatisch, ohne dass es eines Widerrufes bedarf 28
– mit der Beendigung seiner vertragsärztlichen Zulassung oder
– mit der Beendigung der Tätigkeit als Belegarzt an dem Krankenhaus, für welches er anerkannt war.

Im Falle der Erteilung einer Belegarztanerkennung für einen angestellten Arzt endet diese wegen des Personenbezugs konsequenterweise mit dem Ende des Angestelltenverhältnisses. 29

Nachdem die Anerkennung als Belegarzt im Einvernehmen mit den Verbänden der KK erteilt wird, sind diese auch vom Ende der Anerkennung zu benachrichtigen. Damit werden die Träger der GKV in die Lage versetzt, zum einen das Versorgungsgeschehen an den Krankenhäusern unter Berücksichtigung des Grundsatzes der Wirtschaftlichkeit zu beurteilen und ggf geeignete Maßnahmen in die Wege zu leiten (zB Einwirken auf Krankenhaus mit dem Ziel der Ausschreibung einer Belegarztstelle zur unverzüglichen Nachbesetzung), zum anderen ihre Versicherten über das tatsächlich vorhandene Leistungsangebot umfassend aufzuklären. 30

Wird ein Ruhen der vertragsärztlichen Zulassung durch Beschluss des örtlich zuständigen Zulassungsausschusses angeordnet (§ 95 Abs 5 SGB V iVm § 26 Ärzte-ZV), ruht während dieses Zeitraumes auch die belegärztliche Tätigkeit. 31

VI. Rücknahme, Widerruf der Anerkennung (Abs 5)

Liegen die Voraussetzungen, die zur Erteilung der Belegarztanerkennung geführt haben, nicht oder nicht mehr vor, hat die KV die Anerkennung zurückzunehmen oder zu widerrufen (Rücknahme oder Widerruf als actus contrarius zur Erteilung der Anerkennung). 32

Eine **Rücknahme** erfolgt, wenn die Erteilung der Belegarztanerkennung rechtswidrig war, also zB eine der Voraussetzungen von Anfang an nicht vorlag (vgl §§ 44, 45 SGB X). 33

Demgegenüber erfolgt ein **Widerruf**, wenn die Erteilung der Anerkennung seinerzeit rechtmäßig war, eine der Voraussetzungen aber zu einem späteren Zeitpunkt entfallen ist (vgl §§ 46, 47 SGB X). 34

Darüber hinaus kann die KV die Anerkennung **widerrufen**, wenn in der Person des Vertragsarztes ein wichtiger Grund vorliegt oder er seine Pflichten gröblich verletzt, so dass er für die weitere belegärztliche Tätigkeit ungeeignet ist (S 2). 35

---

18 *BSG* v 29.11.2017 – B 6 KA 33/16 R, Rn 22, juris mwN.

§ 40 Verfahren zur Anerkennung als Belegarzt

36 Als **wichtiger Grund** kommt insbesondere eine körperliche Eingeschränktheit zur Ausübung der belegärztlichen Tätigkeit in Betracht.

37 Von einer **gröblichen Verletzung vertragsärztlicher Pflichten** ist dann auszugehen, wenn durch sie das Vertrauen der vertragsärztlichen Institutionen in die ordnungsgemäße Behandlung der Versicherten und in die Rechtmäßigkeit der Abrechnungen durch den Vertragsarzt so gestört ist, dass ihnen eine weitere Zusammenarbeit mit dem Vertragsarzt nicht zugemutet werden kann.[19]

38 Nach BSG[20] gelten auch für die belegärztliche Tätigkeit eines Vertragsarztes grundsätzlich die sich für ihn aus dem Vertragsarztrecht ergebenden Rechte und Pflichten gleichermaßen, also insbesondere
   – Einhaltung der Fachgebietsgrenzen,
   – Verfügbarkeit für Behandlungsmaßnahmen,
   – persönliche Leistungserbringung,
   – Beschränkung auf die im EBM aufgeführten Leistungen[21],
   – persönliche und fachliche Eignung für die Ausübung der Tätigkeit,
   – Beachtung des Wirtschaftlichkeitsgebotes.

39 Verstöße hiergegen stellen Pflichtverletzungen dar und berechtigen im Falle der Unzumutbarkeit die KV zum **Widerruf der Belegarztanerkennung**.

40 Bezieht sich die gröbliche Pflichtverletzung nicht nur auf die belegärztliche, sondern auf die vertragsärztliche Tätigkeit insgesamt, kommt nicht nur der Widerruf der Anerkennung, sondern eine Entziehung der Zulassung nach § 95 Abs 6 SGB V iVm § 27 Ärzte-ZV in Betracht.

41 Die Rücknahme bzw der Widerruf ist neben dem Vertragsarzt auch den Verbänden der KK mitzuteilen. Damit wird gewährleistet, dass
   – die Krankenkassenverbände über die Aufhebung der Anerkennung, an deren Erteilung sie notwendig mitgewirkt haben, informiert werden und
   – die KK damit in die Lage versetzt werden, ihre Versicherten über das tatsächlich vorhandene Angebot an belegärztlicher Versorgung zu informieren.

VII. Antragsrecht der Verbände der KK (Abs 6)

42 Da die Erteilung der Belegarztanerkennung auch vom positiven Votum der Krankenkassenverbände abhängt (Erteilung des Einvernehmens), haben diese ein eigenes Antragsrecht auf Widerruf der Anerkennung, wenn aus ihrer Sicht einer der in Abs 5 genannten Widerrufsgründe vorliegt.

---

19 S näher: *Schallen* § 27 Rn 26 ff mwN.
20 *BSG* v 12.12.2001 – B 6 KA 5/01 R, juris.
21 S auch *LSG Berlin* 25.10.2003 – L 9 KR 118/02: Verstoß gegen vertragsärztliche Pflichten, wenn Belegarzt für GKV-Patienten für postoperativen Aufwand Zusatzkosten in Rechnung stellt.

§ 41 Abgrenzung, Vergütung und Abrechnung der stationären vertragsärztlichen Tätigkeit

(1) ¹Ambulant ausgeführte vertragsärztliche Leistungen werden einem Vertragsarzt nach den Grundsätzen der Vergütung für stationäre Behandlung honoriert, wenn der Kranke an demselben Tag in die stationäre Behandlung dieses Vertragsarztes (Belegarztes) genommen wird. ²Werden diese Leistungen bei Besuchen erbracht oder in dringenden Fällen, in denen nach ambulanter vertragsärztlicher Behandlung außerhalb des Krankenhauses die Krankenhauseinweisung erfolgt, so werden sie als ambulante vertragsärztliche Leistungen vergütet.

(2) Über die weitere Abgrenzung, Berechnung, Abrechnung und Vergütung treffen die Partner des Gesamtvertrages nähere Bestimmungen.

(3) Liegt für die Abrechnung stationärer vertragsärztlicher Leistungen eine gültige elektronische Gesundheitskarte nicht vor oder ist sie aus technischen Gründen nicht lesbar, finden die Regelungen des Ersatzverfahrens Anwendung.

(4) Vereinbart der Versicherte mit dem Belegarzt Privatbehandlung gem. § 18 Abs. 8, besteht für den Vertragsarzt insoweit kein Vergütungsanspruch im Rahmen der vertragsärztlichen Versorgung.

(5) Nimmt ein Versicherter als Wahlleistungen Unterbringung und/oder Verpflegung in Anspruch, ohne dass eine Vereinbarung nach Abs. 4 abgeschlossen wurde, verbleibt es beim Vergütungsanspruch aus vertragsärztlicher Tätigkeit.

(6) Ein Belegarzt darf für eine Auftragsleistung, eine Konsiliaruntersuchung oder eine Mitbehandlung einen Vertragsarzt hinzuziehen, wenn das betreffende Fach an dem Krankenhaus nicht vertreten ist.

(7) Zugezogene Vertragsärzte rechnen ihre Leistungen auf einem vom behandelnden Belegarzt mit der elektronischen Gesundheitskarte oder im Rahmen des Ersatzverfahrens ausgestellten und im Feld „bei belegärztlicher Behandlung" gekennzeichneten Überweisungsschein (Muster 6 bzw. Muster 10) ab.

(8) Die Verordnung und Abrechnung von Arznei-, Verband-, Heil- und Hilfsmitteln sowie sonstiger Materialien für die stationäre Behandlung ist nicht zulässig.

Übersicht

	Rn		Rn
I. Grundsätzliches zur Abrechnung	1	VI. Wahlleistungen (Abs 5)	11
II. Abgrenzung ambulante und stationäre Leistungen (Abs 1)	7	VII. Hinzuziehung von Vertragsärzten (Abs 6)	13
III. Gesamtvertragliche Regelungen (Abs 2)	8	VIII. Abrechnung der Leistungen hinzugezogener Ärzte (Abs 7)	19
IV. EGK, Ersatzverfahren (Abs 3)	9	IX. Arznei-, Verband-, Heil- und Hilfsmittel im Rahmen belegärztlicher Versorgung	20
V. Privatbehandlung nach § 18 Abs 8 (Abs 4)	10		

I. Grundsätzliches zur Abrechnung

Belegärztliche Leistungen können wie folgt abgerechnet werden: 1
– Der Belegarzt rechnet seine belegärztlichen Leistungen über die KV nach EBM ab; das Krankenhaus erhält für die nichtärztlichen Leistungen gesonderte belegärztliche Fallpauschalen und Zusatzentgelte (§ 18 Abs 2 KHEntgG, sog klassische Variante).

– Die Krankenhäuser können die belegärztliche Versorgung auf ein Honorarsystem umstellen. Sie erhalten für die von Honorarbelegärzten behandelten Belegpatienten anstelle der speziellen Entgelte für Belegabteilungen die reguläre Hauptabteilungsfallpauschale anteilig zu 80 % (Wahloption für Krankenhäuser nach § 18 Abs 3 KHEntgG). Die Vergütung des Belegarztes ist in diesem Fall im Binnenverhältnis zwischen Arzt und Krankenhaus zu regeln.[1]

2 Bei der ersten Variante rechnet der Belegarzt seine stationären Leistungen nach den Regelungen des EBM mit der KV zu Lasten der Gesamtvergütung ab. Leistungen, die im EBM nicht aufgeführt sind, können nur dann erbracht werden, wenn das Krankenhaus entsprechende vertragliche Vereinbarungen mit den beteiligten Ärzten und/oder den Kostenträgern trifft.[2]

3 Über gesamtvertragliche Regelungen der belegärztlichen Vergütung können einzelne ärztliche Leistungen von der Vergütungsfähigkeit ausgeschlossen werden.[3]

4 Bei der Anwendung von Honorarbegrenzungsregelungen eines HVMs ist die Vergütung aus belegärztlicher Tätigkeit mit zu berücksichtigen. Eine getrennte Betrachtung der ambulanten und stationären Tätigkeit der Vertragsärzte ist nicht geboten. Der belegärztlichen Tätigkeit kommt regelmäßig kein eigenständiges Gewicht zu, weil sie zum einen nur eine Fortsetzung der ambulanten Tätigkeit darstellt und zum anderen nicht das Schwergewicht der Gesamttätigkeit des Belegarztes bilden darf. Aus diesen Gründen folgt, dass alle Rechte und Pflichten aus dem Vertragsarztrecht für den Belegarzt auch bezogen auf seine belegärztliche Tätigkeit gelten und Regelungen eines HVM auf die stationäre Tätigkeit uneingeschränkt zur Anwendung kommen.[4]

5 Maßgeblich für die Frage, welche Leistungen im Rahmen des vertragsärztlichen Vergütungsregimes zu vergüten sind, ist das Krankenhausfinanzierungsrecht. So darf bspw die Vergütung der von Belegärzten erbrachten oder veranlassten Laborleistungen, die im Belegpflegesatz des Krankenhauses nicht berücksichtigt sind, durch Regelungen im HVM einer KV nicht ausgeschlossen werden.[5]

6 Für die Abrechnung der belegärztlichen Leistungen gegenüber den Unfallversicherungsträgern gilt § 56 des Vertrages Ärzte/Unfallversicherungsträger.[6]

II. Abgrenzung ambulante und stationäre Leistungen (Abs 1)

7 Die belegärztliche Behandlung beginnt mit der Aufnahme in das Belegkrankenhaus. Die am Aufnahmetag erbrachten ambulanten vertragsärztlichen Leistungen gelten als belegärztliche Leistungen, es sei denn, dass diese bei Besuchen oder in dringenden Fällen außerhalb des Krankenhauses erbracht werden.

---

1 S BT-Drucks 17/10323, 300.
2 *BSG* v 13.11.1996 – 6 RKa 31/95, juris; *BSG* v 17.3.2010 – B 6 KA 3/09 R, juris; vgl auch: *BSG* v 9.5.2012 – B 6 KA 83/11 B, juris.
3 *BSG* v 1.2.1995 – 6 RKa 27/93, juris.
4 *BSG* v 17.3.2010 – B 6 KA 3/09 R, Rn 25, juris.
5 *BSG* v 28.1.2009 – B 6 KA 30/07 R, juris.
6 Vertrag Ärzte/Unfallversicherungsträger nach § 34 Abs 3 SGB VII (Stand: 1.1.2018), abrufbar unter: www.kbv.de/media/sp/Vertrag_Aerzte-Unfallversicherungstraeger.pdf.

III. Gesamtvertragliche Regelungen (Abs 2)

Die Regelung beinhaltet eine Ermächtigung der Gesamtvertragspartner, auf regionaler Ebene das Abrechnungs- und Vergütungsgeschehen für die stationäre belegärztliche Versorgung im Rahmen der höherrangigen gesetzlichen und bundesmantelvertraglichen Bestimmungen auszugestalten (s zB § 10 des Gesamtvertrags der KV Sachsen mit der AOK Sachsen; §§ 4, 5 des Gesamtvertrags der KV Nordrhein mit dem BKK Landesverband Nordrhein-Westfalen). **8**

IV. EGK, Ersatzverfahren (Abs 3)

Die Regelung ist im Zusammenhang mit § 19 zu sehen, dh jeder Versicherte ist verpflichtet, zum Nachweis seiner Anspruchsberechtigung im Rahmen der vertragsärztlichen Versorgung eine eGK nach § 291 Abs 1, Abs 2a SGB V vorzulegen.[7] Dies gilt auch für die stationäre belegärztliche Behandlung. Ist der Versicherte zwar gesetzlich krankenversichert, kann er sich aber aus irgendeinem Grund nicht mittels Vorlage der eGK legitimieren (zB die KK hat ihm die Karte noch nicht übermittelt) oder ist die Gesundheitskarte aus technischen Gründen nicht lesbar, so finden auch hier die **Regelungen des Ersatzverfahrens** Anwendung. Einzelheiten hierzu sind in § 19 iVm Anl 4a geregelt. **9**

V. Privatbehandlung nach § 18 Abs 8 (Abs 4)

Eine Vereinbarung über **privatärztliche Behandlung** ist unter den gleichen Voraussetzungen möglich wie für ambulante Behandlung. Maßgeblich ist § 18 Abs 8 Nr. 2. Danach darf ein Vertragsarzt von einem Versicherten eine Vergütung nur fordern, wenn und soweit der Versicherte vor Beginn der Behandlung ausdrücklich verlangt, auf eigene Kosten behandelt zu werden, und dieses dem Vertragsarzt schriftlich bestätigt. In diesem Fall erfolgt keine Vergütung der Leistungen als vertragsärztliche Leistungen. **10**

VI. Wahlleistungen (Abs 5)

Nimmt der Versicherte als **Wahlleistung** Unterbringung (zB Einbettzimmer) und/oder Verpflegung bei belegärztlicher Behandlung nach § 17 KHEntgG in Anspruch ohne Privatbehandlung nach § 18 Abs 8 zu vereinbaren, ist die ärztliche Behandlung Teil der vertragsärztlichen Versorgung. Der behandelnde Belegarzt hat in diesem Fall Anspruch auf Vergütung seiner erbrachten stationären Leistungen nach EBM. **11**

Wahlleistungen sind schriftlich zu vereinbaren (§ 17 Abs 2 HS 1 KHEntgG). Eine Vereinbarung über gesondert berechenbare Unterkunft darf nicht von einer Vereinbarung über sonstige Wahlleistungen abhängig gemacht werden (§ 17 Abs 4 KHEntgG). Die Angemessenheit der Vergütung für die Wahlleistung „*Unterbringung in einem Einbettzimmer*" nach § 17 Abs 1 S 3 KHEntgG ist im Verhältnis zwischen Patient und Krankenhausträger im Rahmen des § 134 BGB überprüfbar.[8] **12**

---

[7] Zur eGK s den gleichnamigen Beitrag von *Bales/von Schwanenflügel/Holland* NJW 2012, 2475 mwN sowie *Marburger* Elektronische Gesundheitskarte – wichtige Anspruchsgrundlage im Leistungsrecht der gesetzlichen Krankenversicherung, Die Leistungen 2018, 113–118, 169–175.

[8] *LG Itzehoe* v 22.8.2012 – 6 O 6/12, juris.

§ 41 Abgrenzung, Vergütung und Abrechnung stationärer Tätigkeit

VII. Hinzuziehung von Vertragsärzten (Abs 6)

13 Der belegärztlichen Tätigkeit zugerechnet werden auch veranlasste Leistungen von niedergelassenen Ärzten anderer Fachrichtungen.[9]

Nach Abs 6 darf ein Belegarzt für eine Auftragsleistung, eine Konsiliaruntersuchung oder eine Mitbehandlung einen Vertragsarzt hinzuziehen, wenn das betreffende Fach an dem Krankenhaus nicht vertreten ist.[10]

14 Die Hinzuziehung erfordert eine Überweisung (s § 24).

15 Die Überweisung zur Ausführung von **Auftragsleistungen** muss enthalten:
– die Definition der Leistungen nach Art und Umfang (Definitionsauftrag) oder
– eine Indikationsangabe mit Empfehlung der Methode (Indikationsauftrag).

16 Für die Notwendigkeit der Auftragserteilung ist der auftragserteilende Vertragsarzt (hier Belegarzt) verantwortlich. Die Wirtschaftlichkeit der Auftragsausführung ist vom auftragsausführenden Arzt zu gewährleisten (Näheres hierzu s § 24 Abs 7 Nr 1).

17 Die Überweisung zur **Konsiliaruntersuchung** dient ausschließlich der Erbringung diagnostischer Leistungen. Sie gibt dem überweisenden Arzt die Möglichkeit, den Überweisungsauftrag auf die Klärung einer Verdachtsdiagnose einzugrenzen (s § 24 Abs 7 Nr 2).

18 Die Überweisung zur **Mitbehandlung** erfolgt zur gebietsbezogenen Erbringung begleitender oder ergänzender diagnostischer oder therapeutischer Maßnahmen, über deren Art und Umfang der Vertragsarzt entscheidet, an den überwiesen wurde (s § 24 Abs 7 Nr 3).

VIII. Abrechnung der Leistungen hinzugezogener Ärzte (Abs 7)

19 Die Abrechnung zugezogener Vertragsärzte erfolgt über besonders gekennzeichnete Überweisungsscheine (*„bei belegärztlicher Behandlung"*). Zum Überweisungsverfahren insgesamt s § 24.

IX. Arznei-, Verband-, Heil- und Hilfsmittel im Rahmen belegärztlicher Versorgung

20 Arznei-, Verband-, Heil- und Hilfsmittel sind nach § 2 Abs 1 KHEntgG Krankenhausleistungen. Sie werden vom Krankenhausträger zur Verfügung gestellt und über den entsprechend verminderten Pflegesatz (ohne ärztliche Leistungen) abgegolten. Sie dürfen demzufolge iRd belegärztlichen Versorgung vom Belegarzt nicht gesondert verordnet werden.

21 Gleiches gilt für die Anforderung und Verwendung von Sprechstundenbedarf (s zB Abschnitt III 3. Sprechstundenbedarfs-Vereinbarung Bayern, Stand: 1.7.2019; Abschnitt I Ziffer 2 Sprechstundenbedarfs-Vereinbarung Mecklenburg-Vorpommern, Stand: 1.1.2017).

---

9 Vgl KassKomm/*Hess* § 121 SGB V Rn 5; Peters/*Hencke* § 121 SGB V Rn 9.
10 S *BSG* v 31.1.2001 – B 6 KA 23/99 R, juris (zur Hinzuziehung von niedergelassenen Anästhesisten).

11. Abschnitt –
Abrechnung der vertragsärztlichen Leistungen

§ 42 Blankoformularbedruckungsverfahren

(1) ¹Die Erzeugung von Formularvordrucken im Rahmen der Blankoformularbedruckung ist dann möglich, wenn die eingesetzte Software von der Prüfstelle bei der Kassenärztlichen Bundesvereinigung auf Basis der jeweils aktuellen Spezifikationen zertifiziert ist. ²Jede zertifizierte Software erhält eine Prüfnummer. ³Der Einsatz der zertifizierten Software ist gebunden an die jeweils in die Zertifizierung einbezogenen Formularmuster. ⁴Die Prüfnummer ist maschinell auf das Formular zu übertragen.

(2) ¹Informationen über auftretende Probleme werden an die zuständige Kassenärztliche Vereinigung weitergeleitet. ²Diese prüft den Sachverhalt und weist den Vertragsarzt bei Bedarf auf die vorschriftsgemäße Nutzung der Blankoformularbedruckung hin. ³Hinweise zu Problemen, die aus der eingesetzten Software resultieren, werden an die Kassenärztliche Bundesvereinigung weitergeleitet.

(3) ¹Die Prüfstelle der Kassenärztlichen Bundesvereinigung kann eine bereits zertifizierte Software einer erneuten Prüfung (außerordentliche Kontrollprüfung) unterziehen. ²Die außerordentliche Kontrollprüfung kann von der Kassenärztlichen Bundesvereinigung, einer Kassenärztlichen Vereinigung oder einer Krankenkasse beantragt werden. ³Ein bereits erteiltes Zertifikat kann in begründeten Fällen entzogen und eine erteilte Genehmigung widerrufen werden. ⁴Das gilt insbesondere dann, wenn der Verdacht besteht, dass die Kriterien für eine ordnungsgemäße Rechnungslegung des Vertragsarztes gegenüber der Kassenärztlichen Vereinigung nicht gewährleistet sind. ⁵Der Antragsteller wird über das Ergebnis der Prüfung unterrichtet.

Übersicht

	Rn		Rn
I. Zertifizierte Software (Abs 1)	1	III. Außerordentliche Kontrollprüfung (Abs 3)	8
II. Informationsweiterleitung und Beratung (Abs 2)	7		

I. Zertifizierte Software (Abs 1)

Blankoformularbedruckung ist die Formularerzeugung auf unbedrucktem Sicherheitspapier, bei der durch die Praxiscomputersoftware und einen Laserdrucker sowohl das eigentliche Formular als auch der Formularinhalt generiert wird. 1

Sie ist als zusätzliche Anwendung einer EDV-gestützten Quartalsabrechnung über ein für die Abrechnung zertifiziertes System möglich. 2

Die Berechtigung am Blankoformularbedruckungsverfahren teilzunehmen, ist an den Einsatz einer zertifizierten Software und an die für dieses Verfahren als zulässig vorgegebenen Musterformulare gebunden. Das ursprünglich obligatorisch vorgesehene Genehmigungsverfahren ist aufgrund der mittlerweile verpflichtenden EDV-Anwendung in Arztpraxen aus Entlastungsgründen entfallen. Inzwischen ist das Blankoformularbedruckungsverfahren den Ärzten damit freigestellt. Der Arzt kann individuell entscheiden, ob er Formulare unter Verwendung eines geeigneten Laserdruckers (Non-Impact-Drucker) auf Blankoformularpapier erstellen möchte.¹ 3

---

1 S Ziffer 1.1.3 der Anl 2a zum BMV-Ä (Stand: April 2020).

4 Die zusätzliche Blankoformularbedruckungs-Funktion einer Praxissoftware muss von der KBV zertifiziert sein. Die Zertifizierung mit einer Prüfnummer umfasst ein system-gebundenes Spektrum jeweils zulässiger Formulararten, deckt jedoch nicht alle Vordruckmuster der Vordruckvereinbarung (Anl 2 BMV-Ä) ab (zB Rezepte nach Muster 16 dürfen aus Sicherheitsgründen nicht im Blankoformularbedruckungsverfahren erstellt werden).[2]

5 Die im Rahmen des Zertifizierungsverfahrens vergebene Prüfnummer ist auf das Formular maschinell zu übertragen. Einzelheiten zum Blankoformularbedruckungsverfahren regelt Anl 2a BMV-Ä.

6 Ergänzende Hinweise zum Registrierungsverfahren und zum Bezug des für das Bedruckungsverfahren notwendigen Sicherheitspapieres geben die KV vor Ort.

II. Informationsweiterleitung und Beratung (Abs 2)

7 Informationen über auftretende Probleme, wie bspw eine fehlerhafte Formularbedruckung, sind der hierfür zuständigen örtlichen KV mitzuteilen. Diese hat nach eigener Prüfung des Sachverhaltes den Vertragsarzt ggf über eingetretene Fehler bei der Erstellung aufzuklären und auf die vorschriftsgemäße Nutzung des Blankoformulardruckverfahrens hinzuweisen. Resultieren aus Sicht der KV die konkreten Probleme des Arztes iRd Blankoformularbedruckung aus der von ihm verwendeten Software, hat die KV die entsprechenden Hinweise an die KBV weiterzuleiten.

III. Außerordentliche Kontrollprüfung (Abs 3)

8 Auf Antrag der KBV, der zuständigen KV oder einer KK kann die Prüfstelle der KBV eine bereits zertifizierte Software einer **Kontrollprüfung** unterziehen. Das bereits erteilte Zertifikat kann in begründeten Fällen entzogen werden.

9 Begründete Fälle liegen insbesondere dann vor, wenn der Verdacht besteht, dass die Kriterien für eine ordnungsgemäße Rechnungslegung des Vertragsarztes gegenüber der KV nicht gewährleistet sind. Der Antragsteller erhält eine Information über das Ergebnis der von ihm angeregten Prüfung.

10 Die bundesmantelvertragliche Regelung entspricht der Regelung in § 1 Ziffer 6 der Richtlinien der KBV für den Einsatz von IT-Systemen in der Arztpraxis zum Zwecke der Abrechnung gem § 295 Abs 4 SGB V idF v 23.5.2015.[3]

§ 43 Ausschuss zur EDV-Anwendung bei der Abrechnung

Der GKV-Spitzenverband und die Kassenärztliche Bundesvereinigung bilden einen paritätisch besetzten gemeinsamen Ausschuss zur Regelung kassenartenübergreifender vertraglicher, juristischer und technischer Fragen im Zusammenhang mit dem Einsatz von EDV in der Arztpraxis und dem Datenaustausch zwischen Kassenärztlichen Vereinigungen und Krankenkassen.

---

2 S zu den für das Blankoformulardruckverfahren zur Verfügung stehenden Mustern: Ziffer 2 der Anl 2a zum BMV-Ä (Stand: April 2020).
3 DÄ 2015, A-595.

Der GKV-Spitzenverband und die KBV haben zunächst im Zusammenhang mit der Einführung der Maschinenlesbarkeit der Abrechnungsunterlagen durch § 295 Abs 1 Nr. 2 SGB V idF des GKV-GSG umfangreiche Regelungen über den **Datenaustausch auf Datenträgern** getroffen, die als Anl 6 zum BMV-Ä vereinbart und laufend aktualisiert worden sind (Vertrag über den Datenaustausch). Die technische und organisatorische Form der Datenübermittlung ist in der jeweils gültigen Technischen Anlage geregelt, die Bestandteil des Vertrages ist (s § 19 Abs 1 der Anl 6 zum BMV-Ä). 1

Zur Klärung auftretender kassenartenübergreifender vertraglicher, juristischer und technischer Fragen im Zusammenhang mit dem Einsatz der EDV in der Arztpraxis und dem Datenträgeraustausch zwischen KV und KK errichteten der GKV-Spitzenverband und die KBV auf Bundesebene einen **paritätisch besetzten Ausschuss**. 2

Besteht bspw nach Auffassung der Vertragspartner die Notwendigkeit zur Änderung der Technischen Anlage, so kann die Anpassung durch eine Beschlussfassung des „*Ausschusses zur EDV-Anwendung bei der Abrechnung*" vorgenommen werden. 3

Diese Ermächtigung erstreckt sich auf EDV-technische Umsetzungsmaßnahmen des Vertrages zum Austausch von Daten auf Datenträgern. 4

Die Beschlüsse sind allen Beteiligten schriftlich zuzuleiten. Eine EDV-technische Umsetzungsmaßnahme gilt als beschlossen, wenn keiner der im Ausschuss vertretenen Vertragspartner der Umsetzungsmaßnahme innerhalb von vier Wochen nach Übermittlung schriftlich widersprochen hat. 5

Zur inhaltlichen Fortschreibung dieser Technischen Anlage kann der „*Ausschuss zur EDV-Anwendung bei der Abrechnung*" Vorschläge erarbeiten und den Vertragspartnern des Vertrages zum Austausch von Daten auf Datenträgern mit dem Ziel einer vertraglichen Regelung zuleiten. 6

Die Pflege der Technischen Anlage erfolgt durch Austausch/Ergänzung einzelner Seiten oder Abschnitte (s Abschnitt 1 – Allgemeines – Abs 1, 3 der Technischen Anlage). 7

Der Ausschuss hat zum jetzigen Zeitpunkt keine praktische Bedeutung mehr.[1] 8

§ 44 Sonstige Abrechnungsregelungen

(1) Der Vertragsarzt hat ergänzende Abrechnungsbestimmungen der Kassenärztlichen Vereinigung zu beachten.

(2) Nicht vollständig ausgefüllte Überweisungsscheine für ambulante vertragsärztliche Behandlung können von der Abrechnung ausgeschlossen werden.

(3) Die Verwendung von Aufklebern, Stempeln und anderen Aufdrucken, mit denen katalogartig Diagnosen und/oder Leistungspositionen des EBM auf die Abrechnungsbelege (Krankenscheine, Überweisungsscheine usw.) aufgebracht werden, auch wenn im Einzelfall durch Kennzeichnung besondere Diagnosen und/oder Leistungspositionen ausgewählt werden, ist für die Abrechnung unzulässig.

(4) Die Diagnosen auf den Abrechnungsvordrucken und den Arbeitsunfähigkeitsbescheinigungen sowie auf den Bescheinigungen für die Krankengeldzahlung sind

---
1 S *Rompf/Schröder/Willaschek* BMV-Ä, § 43 Rn 1.

unter Verwendung der jeweils vorgeschriebenen Fassung der Internationalen Klassifikation der Krankheiten (ICD) zu verschlüsseln.

(5) ¹Abrechnungen können nur vergütet werden, wenn die in § 303 Abs. 3 SGB V geforderten Daten in dem jeweils zugelassenen Umfang maschinenlesbar oder auf maschinell verwertbaren Datenträgern angegeben oder übermittelt worden sind. ²Dies gilt insbesondere für die in der elektronischen Gesundheitskarte enthaltenen Daten sowie die Arzt- und Betriebsstättennummer, die – mit Ausnahme im Ersatzverfahren – maschinell auf die Vordrucke für die vertragsärztliche Versorgung zu übertragen sind, und die verschlüsselten Diagnosen.

(6) ¹Die Kosten für Materialien, die gemäß Kapitel 7.3 Allgemeine Bestimmungen des Einheitlichen Bewertungsmaßstabes (EBM) nicht in den berechnungsfähigen Leistungen enthalten sind und auch nicht über Sprechstundenbedarf bezogen werden können, werden gesondert abgerechnet. ²Der Vertragsarzt wählt diese gesondert berechnungsfähigen Materialien unter Beachtung des Wirtschaftlichkeitsgebotes und der medizinischen Notwendigkeit aus. ³Die rechnungsbegründenden Unterlagen, wie z. B. die Originalrechnungen, sind bei der rechnungsbegleichenden Stelle einzureichen. ⁴Die Bestimmung der rechnungsbegleichenden Stelle ist durch die Partner der Gesamtverträge zu regeln. ⁵Die einzureichenden Unterlagen müssen mindestens folgende Informationen beinhalten:
- Name des Herstellers
- Produkt-/Artikelbezeichnung inkl. Artikel- und Modellnummer
- Versichertennummer des Patienten, im Rahmen dessen Behandlung die Materialien gesondert berechnet werden.

⁶Über die Notwendigkeit weiterer für die Prüfung der Abrechnung erforderlicher Angaben (z. B. die GOP der erbrachten Leistungen, den ICD, den OPS und das Datum der Leistungserbringung) entscheidet die rechnungsbegleichende Stelle. ⁷Der Vertragsarzt ist verpflichtet, die tatsächlich realisierten Preise in Rechnung zu stellen und ggf. vom Hersteller bzw. Lieferanten gewährte Rückvergütungen, wie Preisnachlässe, Rabatte, Umsatzbeteiligungen, Bonifikationen und rückvergütungsgleiche Gewinnbeteiligungen mit Ausnahme von Barzahlungsrabatten bis zu 3 % weiterzugeben. ⁸Der Vertragsarzt bestätigt dies durch Unterschrift gegenüber der rechnungsbegleichenden Stelle. ⁹Die Partner der Gesamtverträge können abweichende Regelungen treffen, insbesondere für einzelne gesondert berechnungsfähige Materialien Maximal- oder Pauschalbeträge vereinbaren.

(7) ¹Bei der Abrechnung sind die vertragsärztlichen Leistungen nach Maßgabe der von der Kassenärztlichen Vereinigung vorgeschriebenen Regelungen unter Angabe der Arztnummer sowie aufgeschlüsselt nach Betriebsstätten und Nebenbetriebsstätten zu kennzeichnen. ²Satz 1 gilt entsprechend für die Anstellung von Ärzten.

(8) ¹Die für die Finanzierung des Sprechstundenbedarfs und der Impfstoffe erforderlichen Mittel werden von den Krankenkassen derselben Kassenart mit Mitgliedern mit Wohnsitz im Zuständigkeitsbereich der Kassenärztlichen Vereinigung aufgebracht. ²Das Nähere zur Umsetzung dieses Grundsatzes und zu weiteren erforderlichen Regelungen vereinbaren die Verbände der Krankenkassen.

Sonstige Abrechnungsregelungen § 44

Übersicht

	Rn		Rn
I. Abrechnungsbestimmungen der KV (Abs 1)	1	VI. Sachkostenabrechnung (Abs 6)	15
II. Überweisungsscheine (Abs 2)	4	VII. Kennzeichnung vertragsärztlicher Leistungen (Abs 7)	22
III. Unzulässige Abrechnungsbelege (Abs 3)	5	VIII. Finanzierung Sprechstundenbedarf und Impfstoffe (Abs 8)	27
IV. ICD-Verschlüsselung (Abs 4)	7	1. Sprechstundenbedarf	27
V. Art und Umfang der Abrechnungsdaten (Abs 5)	12	2. Impfstoffe	32

I. Abrechnungsbestimmungen der KV (Abs 1)

Die KV haben die Möglichkeit, auf der Grundlage von § 79 Abs 3 S 1 Nr 1 SGB V durch ihre Vertreterversammlung eigene Abrechnungsbestimmungen als autonomes Recht zu beschließen. Diese können die Regelungen des BMV-Ä nur konkretisieren, nicht ändern. Regelungsinhalte sind insbesondere Angaben zu den formalen Anforderungen für die Einreichung der Abrechnungen (quartalsweise Einreichung, bestimmte Einreichungsfristen), Hinweise zur Prüfung der Abrechnung und zu Abschlags- und Restzahlungen. 1

Die Regelungswerke werden als „*Abrechnungsbestimmungen*" (zB KV Bayerns, KV Nordrhein, KV Saarland), „*Ergänzende Abrechnungsbestimmungen*" (zB KV Hamburg) oder „*Abrechnungsordnung*" (zB KV Sachsen, KV Rheinland-Pfalz) gestaltet. 2

Abs 1 weist darauf hin, dass die jeweiligen Abrechnungsbestimmungen der KV für die Vertragsärzte verbindlich sind. 3

II. Überweisungsscheine (Abs 2)

Die Regelung entstammt der Zeit, in der die Überweisungsscheine noch zu Abrechnungszwecken bei der jeweiligen KV eingereicht wurden. Mittlerweile werden die notwendigen Angaben der Überweisung in die EDV übertragen und mit der Abrechnung nur noch elektronisch eingereicht. Überweisungsscheine im Original sind in der Arztpraxis über einen Zeitraum von vier Quartalen aufzubewahren und auf Verlangen (zB in Einzelfällen iRd Plausibilitätsprüfung) vorzulegen. 4

III. Unzulässige Abrechnungsbelege (Abs 3)

Die in der vertragsärztlichen Versorgung vereinbarten Vordruckmuster (Anl 2 BMV-Ä) sind in ihrer Originalversion zu verwenden. Aufkleber, Stempel oder andere Aufdrucke, die katalogartig Diagnosen und/oder Leistungspositionen des EBM enthalten, dürfen auf den Vordruckmustern nicht angebracht werden. 5

Entsprechende Vorgaben (zB von Laborärzten an ihre Einsender) könnten zwar einerseits als Hilfestellung gesehen werden, bergen allerdings auch die Gefahr, dass der Überweiser unter Außerachtlassung der Prüfung der Notwendigkeit den gesamten Katalog in Auftrag gibt. Sie sind deshalb unzulässig. Die Entscheidung, welche Leistung im Einzelfall notwendig und ausreichend ist, hat der Überweiser nach pflichtgemäßer Prüfung zu treffen. Jegliche Beeinflussungsmöglichkeiten durch katalogartige Vorgaben – auch wenn dies nicht vorrangiger Zweck sein sollte – sind daher auszuschließen. 6

§ 44 Sonstige Abrechnungsregelungen

IV. ICD-Verschlüsselung (Abs 4)

7 Die Regelung bezogen auf die Arbeitsunfähigkeitsbescheinigung entspricht der gesetzlichen Vorgabe in § 295 Abs 1 S 2 SGB V. Danach sind die Diagnosen in dem Abschnitt der Arbeitsunfähigkeitsbescheinigung, den die KK erhält und in den Abrechnungsunterlagen für die vertragsärztlichen Leistungen nach der Internationalen Klassifikation der Krankheiten in der jeweiligen vom Deutschen Institut für medizinische Dokumentation und Information im Auftrag des Bundesministeriums für Gesundheit herausgegebenen deutschen Fassung zu verschlüsseln. Aktuell gilt die ICD-10-GM Version 2020.[1]

8 Durch diese vorgeschriebene Verschlüsselung der Diagnosen wird eine Standardisierung der Diagnoseangaben nach einem international gebräuchlichen, von der Weltgesundheitsorganisation empfohlenen Verfahren erreicht.[2]

9 Das Gleiche gilt für die bei bestehender Arbeitsunfähigkeit erforderlichen Bescheinigungen für die Krankengeldzahlung (Muster 1 der als Anl 2 vereinbarten Vordruckvereinbarung).

10 Richtiges Kodieren der Diagnosen ist in der Praxis wichtig, damit Veränderungen in der Morbidität gegenüber den KK nachgewiesen werden können, um die notwendigen finanziellen Mittel für die Versorgung der Versicherten zu erhalten.

11 Hinweise und Hilfestellungen zu den Kodiervorgaben können auf dem Homepage der KBV abgerufen werden.[3]

V. Art und Umfang der Abrechnungsdaten (Abs 5)

12 Unabhängig davon, dass seit 1.1.2004 die KK nach § 303 Abs 3 SGB V verpflichtet sind, nicht ordnungsgemäß übermittelte Leistungsdaten nachzuerfassen, besteht für die an der vertragsärztlichen Versorgung teilnehmenden Leistungserbringer nach Abs 5 nur dann ein Vergütungsanspruch ihrer Leistungen, wenn die vorgesehenen Daten maschinenlesbar oder auf maschinell verwertbaren Datenträgern angegeben oder übermittelt worden sind. Seit 1.1.2011 erfolgt die Einreichung der Abrechnung ausschließlich auf elektronischem Wege (s Abs 7).

13 Die abrechnenden Leistungserbringer haben nach den gesetzlichen Bestimmungen, auf die Abs 5 verweist, nachstehende Daten zu übermitteln:
– die auf der eGK gespeicherten Daten nach § 291 Abs 2 Nr 1–10 SGB V,
– die in § 295 Abs 1 und 2 SGB V geforderten Angaben (zB Art der Inanspruchnahme, Tag der Behandlung, verschlüsselte Diagnosen, Arztnummer),
– die Arzt- und Betriebsstättennummer.

14 Die Angabe der Betriebsstättennummer (ergänzt im Zuge der Vereinheitlichung des BMV-Ä) ist insbesondere für die Prüfung der Korrektheit der Abrechnung für die KV von Bedeutung. Da die apparatebezogenen Anforderungen qualifikationsgebundener Leistungen betriebsstättenbezogen geprüft und genehmigt werden (s § 11 Rn 86), kann nur mittels Angabe der Betriebsstättennummer geprüft werden, ob die erforderliche Genehmigung erteilt wurde und damit eine Abrechnungsberechtigung besteht.

---

1 Abrufbar unter: www.dimid.de/klassifikationen/icd/icd-10-gm, zuletzt abgerufen am 7.9.2020.
2 BT-Drucks 12/3608, 122.
3 www.kbv.de/Service/Service für die Praxis/Abrechnung/Kodieren.

Sonstige Abrechnungsregelungen § 44

VI. Sachkostenabrechnung (Abs 6)

Kosten für Materialien können über unterschiedliche Regelungen in der vertragsärztlichen Versorgung abgerechnet werden: 15
- Materialien sind in den berechnungsfähigen Leistungen des EBM bereits enthalten (zB Einmal-Spritzen, -Kanülen, -Trachealtuben, -Absaugkatheter, -Handschuhe, -Rasierer, -Harnblasenkatheter, -Skalpelle, -Proktoskope, -Darmrohre, -Spekula, -Küretten, -Abdecksets, s Kapitel 7.1 EBM), dh Kosten können nicht gesondert geltend gemacht werden[4],
- Materialien werden über Sprechstundenbedarf bezogen,
- Kosten werden über separate regionale Sachkostenregelungen abgegolten.

Trifft keiner der vorgenannten Fälle zu, ist eine gesonderte Abrechnung der Kosten für Materialien gem Kapitel 7.3 und 7.4 Allgemeine Bestimmungen des EBM möglich. 16

Für letztgenannten Fall erfolgt die Abrechnung der Kosten für Materialien unter Vorlage der Originalrechnungen bei der rechnungsbegleichenden Stelle, die von den Partnern des Gesamtvertrages bestimmt wird.[5] Notwendige Angaben in der Rechnung sind: 17
- Name des Herstellers,
- Produkt-/Artikelbezeichnung inklusive Artikel- und Modellnummer,
- Versichertennummer des Patienten, für dessen Behandlung die Materialien gesondert berechnet werden.

Bei der Auswahl dieser gesondert berechnungsfähigen Materialien hat der Vertragsarzt das in der vertragsärztlichen Versorgung geltende Wirtschaftlichkeitsgebot und den Grundsatz der Notwendigkeit zu beachten (§ 12 SGB V). 18

Die rechnungsbegleichende Stelle entscheidet darüber, ob und ggf welche zusätzlichen Angaben für die Prüfung der Abrechnung erforderlich sind (zB Abrechnungsziffer der erbrachten Leistung). 19

Jeder Vertragsarzt ist verpflichtet, die tatsächlich entstandenen Sachkosten abzurechnen, dh Rabatte, Preisnachlässe, gewährte Rückvergütungen etc mit Ausnahme von Barzahlungsrabatten bis zu 3 % weiterzugeben. Die Regelung stellt klar, dass die gesetzlichen KK nur verpflichtet sind, Kostenersatz in tatsächlich erfolgter Höhe zu leisten. Sog **Kick-Back-Geschäfte** sind unzulässig; Vertragsärzte, die entgegen diesen Vorgaben Preisnachlässe nicht weitergeben, machen sich ggf wegen Betruges (§ 263 StGB) bzw Untreue zum Nachteil der KK (§ 266 StGB) strafbar[6]. Zudem verstoßen sie gegen Vertragsarztrecht und ärztliches Berufsrecht (mit den hieraus ggf folgenden Sanktionsmöglichkeiten). Der Vertragsarzt bestätigt die Richtigkeit seiner Abrechnung durch Unterschrift gegenüber der rechnungsbegleichenden Stelle. 20

Als Ausnahme von vorstehendem Grundsatz können die Partner der Gesamtverträge regional abweichende Regelungen treffen, insbesondere für einzelne gesondert berechnungsfähige Materialien Maximal- oder Pauschalbeträge vereinbaren. In diesen Fällen ist der gesamtvertraglich vereinbarte Betrag abrechnungsfähig, unabhängig davon, welche Kosten dem Vertragsarzt tatsächlich entstanden sind. 21

---

4 *BSG* v 15.8.2012 – B 6 KA 34/11 R, juris (zu GOP 13423: Einmal-Polypektomieschlinge).
5 S exemplarisch: § 4 der Sachkostenvereinbarung der KV Baden-Württemberg v 1.7.2018, abrufbar unter: www.kvbawue.de/praxis/vertraege-recht, zuletzt abgerufen am 7.9.2020.
6 *BGH* v 27.4.2004 – 1 StR 165/03, juris; *BGH* v 22.8.2006 – 1 StR 547/05, juris.

VII. Kennzeichnung vertragsärztlicher Leistungen (Abs 7)

22 Seit dem 1.1.2005 sind Vertragsärzte verpflichtet, die für die Abrechnung der ärztlichen Leistungen notwendigen Angaben der KV im Wege elektronischer Datenübermittlung oder maschinell verwertbar auf Datenträgern zu übermitteln (§ 295 Abs 4 SGB V). Das Nähere zum Verfahren regelt die KBV, die diesem gesetzlichen Auftrag mit den „*Richtlinien für den Einsatz von IT-Systemen in der Arztpraxis zum Zweck der Abrechnung gemäß § 295 Abs. 4 SGB V*" idF v 23.5.2005[7], zuletzt geändert am 27.3.2015[8] nachgekommen ist.

23 Seit dem 1.1.2011 ist die Übermittlung der Abrechnungsdaten nur noch mittels EDV zulässig (§ 1 Nr 1 der Richtlinien). Eine alternative Übermittlungsart ist nicht mehr vorgesehen.[9]

24 Die Kennzeichnung der erbrachten und zur Abrechnung eingereichten Leistungen erfolgt mit der lebenslangen Arztnummer und der Betriebs- bzw Nebenbetriebsstättennummer des Vertragsarztes. Im Falle der Anstellung von Ärzten ist neben der Betriebs bzw Nebenbetriebsstättennummer die Arztnummer des angestellten Arztes anzugeben.

25 Mit dieser Kennzeichnung ist eine eindeutige Zuordnung der Leistungen zu den behandelnden Ärzten und dem jeweiligen Ort der Leistungserbringung möglich. Sie ist Grundlage für die Prüfung der eingereichten Abrechnung auf sachlich-rechnerische Richtigkeit, Plausibilität und Wirtschaftlichkeit (s §§ 45 ff).

26 Zu den Regelungen für die elektronische Abrechnung halten die KV umfangreiche Informationen für die Vertragsärzte vor[10].

VIII. Finanzierung Sprechstundenbedarf und Impfstoffe (Abs 8)

27 **1. Sprechstundenbedarf.** Als Sprechstundenbedarf gelten solche Artikel/Mittel, die ihrer Art nach bei mehr als einem Berechtigten iRd vertragsärztlichen Behandlung angewendet werden oder bei Notfällen für mehr als einen Berechtigten zur Verfügung stehen müssen.[11]

28 Sprechstundenbedarf soll grundsätzlich quartalsweise bezogen werden. Die Verordnung erfolgt durch den Arzt an sich selbst zu Lasten einer federführenden KK (in Bayern zB der AOK). Den Ausgleich der angefallenen Kosten regeln die KK untereinander. Soweit kein gesondertes Formular zwischen der KV und den KK vereinbart ist, erfolgt die Verordnung unter Verwendung des Musters 16 der Vordruckvereinbarung (Anl 2 zum BMV-Ä; abweichend in Bayern bspw Muster 16a – bay).[12]

---

7 DÄ 2005, A-1843.
8 DÄ 2015, A-595.
9 Zur Rechtmäßigkeit des Erfordernisses der Online-Abrechnung s *SG München* v 7.2.2011 – S 38 KA 1245/10 ER, juris.
10 ZB KV Bayerns unter www.kvb.de/Praxis/Online-Angebote/Online-Abrechnung, zuletzt abgerufen am 7.9.2020.
11 Zum Sprechstundenbedarf s näher: HK-AKM/*Flasbarth* 4940 Sprechstundenbedarf (Stand: Juli 2016).
12 Zu notwendigen Sonderkennzeichnungen bei der Verordnung von Sprechstundenbedarf auf Muster 16 s Erläuterungen zur Vordruckvereinbarung (Stand: Januar 2020), S 55, Ziffer 7.

Die Kosten des Sprechstundenbedarfs tragen die KK derselben Kassenart mit Mitgliedern mit Wohnsitz im Zuständigkeitsbereich der KV, worauf Abs 8 hinweist. 29

Hiervon ausgenommen ist die Verordnung von Artikeln/Mitteln für die Erstausstattung einer Praxis; diese Kosten hat der Vertragsarzt selbst zu tragen. 30

Das Nähere regeln die KV mit den Verbänden der KK auf Landesebene in den sogenannten Sprechstundenbedarfsvereinbarungen. 31

2. Impfstoffe. Schutzimpfungen sind nach § 20i SGB V Pflichtleistungen der KK; sie gehören zum Sicherstellungsauftrag der KK und nicht der KV.[13] 32

Der G-BA erlässt gem § 92 Abs 1 S 2 Nr 15 SGB V Richtlinien zum Anspruch der Versicherten auf Schutzimpfungen.[14] 33

Die KK oder ihre Verbände schließen mit den KV, Ärzten, deren Gemeinschaften, Einrichtungen mit geeignetem Personal oder dem öffentlichen Gesundheitsdienst Verträge über die Durchführung von Schutzimpfungen nach § 20i Abs 1 und 2 SGB V (§ 132e SGB V). Die ursprüngliche Regelung, dass KK zur Versorgung ihrer Versicherten mit Impfstoffen auch Rabattverträge mit einzelnen pharmazeutischen Unternehmern schließen konnten, wurde mit Inkrafttreten des AMVSG aufgehoben. Der 14. Ausschuss begründet diese Aufhebung damit, dass die Herstellung von Impfstoffen komplex ist und mit Unwägbarkeiten einhergehe, die auch Auswirkungen auf die Sicherheit und Sicherstellung der Versorgung haben könne und im Falle von exklusiven Rabattverträgen zu Unsicherheiten bei der Versorgung und zu zeitweiligen Lieferproblemen führen können.[15] Um dies zu vermeiden, sollen künftig die Impfstoffe aller Hersteller zur Verfügung stehen. 34

Die Kosten der Impfstoffe tragen die KK derselben Kassenart mit Mitgliedern mit Wohnsitz im Zuständigkeitsbereich der KV. Einzelheiten zu den Impfstoffen vereinbaren die Verbände der KK in den Sprechstundenbedarfsvereinbarungen. 35

12. Abschnitt –
Prüfung der Abrechnung und Wirtschaftlichkeit, Sonstiger Schaden

§ 45 Abrechnung (sachlich-rechnerische Richtigstellung)

(1) Der Vertragsarzt bestätigt, dass die abgerechneten Leistungen persönlich erbracht worden sind (§ 15), und dass die Abrechnung sachlich richtig ist.

(2) Leistungen, deren Abrechnung aufgrund gesetzlicher oder vertraglicher Bestimmungen oder Richtlinien der Kassenärztlichen Bundesvereinigung (§ 135 Abs. 2 SGB V) an die Erfüllung besonderer Voraussetzungen geknüpft ist, werden nur vergü-

---

13 Zu Schutzimpfungen insgesamt s Eichenhofer/Wenner/*Armbruster* SGB V, § 132e; Kass-Komm/*Altmiks* § 132e SGB V; juris PK-SGB V/*Schneider* § 132e; mit Blick auf das Infektionsschutzrecht: HK-AKM/*Lissel* 2605 Infektionsschutzrecht, Ziffer IV.4. Schutzimpfungen und andere Maßnahmen (Stand: März 2018).
14 Schutzimpfungs-Richtlinie idF v 18.10.2007, BAnz 2007, 8154, zuletzt geändert am 17.10.2019, BAnz AT 27.12.2019 B1.
15 BT Drucks 18/11449, 38 zu Nr 12.

tet, wenn der Vertragsarzt die Erfüllung dieser Voraussetzungen gegenüber der Kassenärztlichen Vereinigung nachgewiesen hat und – soweit vorgesehen – eine Genehmigung erteilt wurde.

(3) ¹Der Kassenärztlichen Vereinigung obliegt die Prüfung der von den Vertragsärzten vorgelegten Abrechnungen ihrer vertragsärztlichen Leistungen hinsichtlich der sachlich-rechnerischen Richtigkeit. ²Dies gilt insbesondere für die Anwendung des Regelwerks.

(4) ¹Die Kassenärztliche Vereinigung berichtigt die Honorarforderung des Vertragsarztes bei Fehlern hinsichtlich der sachlich-rechnerischen Richtigkeit. ²Die Gesamtverträge regeln das Nähere über das Antragsrecht der Krankenkassen für nachgehende sachlich-rechnerische Berichtigungen, insbesondere die dazu vorgesehenen Fristen.

(5) Im Übrigen gelten neben den gesamtvertraglichen Regelungen die Richtlinien der Kassenärztlichen Bundesvereinigung und des GKV-Spitzenverbandes zum Inhalt und zur Durchführung der Abrechnungsprüfungen der Kassenärztlichen Vereinigungen und der Krankenkassen gemäß § 106d Abs. 6 Satz 1 SGB V in der jeweiligen gültigen Fassung.

Übersicht

	Rn		Rn
I. Gesetzliche Vorgaben	1	aa) Durch Prüfungen der	
II. Vorbemerkung	3	KV	16
III. Bestätigung der persönlichen		bb) Auf Antrag des Ver-	
Leistungserbringung und Richtig-		tragsarztes	17
keit (Abs 1)	6	cc) Auf Antrag der KK	18
IV. Notwendige Genehmigungen		dd) In Folge einer „Unter-	
(Abs 2)	9	richtung" durch die KK	24
V. Prüfung durch die KV (Abs 3)	10	c) Rechtsschutz	41
1. Regelwerksprüfung	10	VI. Folgen einer inkorrekten Abrech-	
2. Das Verfahren der sachlich-		nung (Abs 4)	46
rechnerischen Richtigstellung	11	VII. Verweis auf Bundesrichtlinien	
a) Regelwerk	11	(Abs 5)	47
b) Nachträgliche sachlich-rech-			
nerische Richtigstellung	15		

I. Gesetzliche Vorgaben

1 Die Verpflichtung der KV, die Abrechnung der Vertragsärzte auf ihre sachlich-rechnerische Richtigkeit zu überprüfen, entspringt dem Gewährleistungsauftrag gem § 75 Abs 1 SGB V¹. Diese Aufgabe wurde konkretisiert mit der Einführung des § 106a SGB V, der durch das GMG zum 1.1.2004 in Kraft trat (seit dem GKV-VSG § 106d SGB V). Dieser Paragraph mit der Überschrift „Abrechnungsprüfung in der vertragsärztlichen Versorgung" nennt die Feststellung der sachlich-rechnerischen Richtigkeit der Abrechnung der Vertragsärzte explizit als Aufgabe der KV. Dabei ist festzustellen, ob die Abrechnungen mit den Abrechnungsvorgaben des Regelwerks, dh mit dem EBM, den Honorarverteilungsmaßstäben sowie weiteren Abrechnungsbestimmungen

---

1 S a HK-AKM/*Steinhilper* 4160 Plausibilitätsprüfung in der vertragsärztlichen Versorgung, Rn 1.

übereinstimmen oder ob zu Unrecht Honorare angefordert werden[2]. Die Prüfung auf sachlich-rechnerische Richtigkeit der Abrechnung zielt auf die Feststellung, ob die abgerechneten Leistungen rechtlich ordnungsgemäß, also ohne Verstoß gegen gesetzliche, vertragliche oder satzungsrechtliche Bestimmungen, erbracht worden sind[3]. Durch das GKV-VSG wurde § 106d Abs 4 SGB V durch einen S 4 ergänzt, der besagt, dass die KK den durch ihren Antrag geltend gemachten Betrag auf die zu zahlende Gesamtvergütung anrechnen kann, sofern die KV ihren Antrag nicht binnen sechs Monaten bearbeitet.

Gem § 106d Abs 6 SGB V wurden die Richtlinien der KBV und der Spitzenverband Bund der KK zum Inhalt und zur Durchführung der Abrechnungsprüfungen der Kassenärztlichen Vereinigungen und der Krankenkassen erlassen – nachfolgend als „*Bundesrichtlinien Abrechnungsprüfung*" bezeichnet[4]. Diese müssen aufgrund des GKV-VSG nun auch den Einsatz eines „*elektronisch gestützten Regelwerks*" beinhalten[5]. 2

II. Vorbemerkung

Die Abs 1 und 2 wurden erst in die Neufassung des einheitlichen BMV-Ä mit Wirkung zum 1.10.2013 aufgenommen. 3

Die sachlich-rechnerische Richtigstellung ist abzugrenzen zur Wirtschaftlichkeitsprüfung und zur Abrechnungsprüfung.[6] 4

Plausibilitätskontrollen sind Bestandteil der sachlich-rechnerischen Richtigstellung, § 106d Abs 2 S 1 HS 2 SGB V. In diesen Erläuterungen sollen aber die Plausibilitätsprüfungen ausgeblendet werden, da diese in § 46 geregelt sind und dort kommentiert werden. 5

III. Bestätigung der persönlichen Leistungserbringung und Richtigkeit (Abs 1)

Abs 1 verpflichtet den Vertragsarzt, die persönliche Leistungserbringung und die Richtigkeit seiner Abrechnung zu bestätigen. Diese Bestätigungen sind regelmäßig Inhalt der sog „**Sammelerklärung**" des § 35 Abs 2 S 3[7]. 6

Zur persönlichen Leistungserbringung zählen auch die Leistungen genehmigter Assistenten und genehmigter angestellter Ärzte sowie nichtärztliche Hilfestellungen durch qualifiziertes Praxispersonal[8]. 7

---

2 BT-Drucks 15/1525, 117.
3 § 4 Abs 1 der Richtlinien zum Inhalt und zur Durchführung der Prüfungen nach § 106d Abs 2 SGB V (Abrechnungsprüfung der KV) sowie nach § 106d Abs 3 SGB V (Abrechnungsprüfung der Krankenkassen) gem § 106d Abs 6 SGB V, Stand 19.12.2019, DÄ 2020, A-296.
4 Zu den Bundesrichtlinien ausführlich s Kommentierung zu § 46 Rn 70 ff.
5 S u Rn 47.
6 Zur Abgrenzung zur Wirtschaftlichkeitsprüfung s a HK-AKM/*Dahm/Hofmayer* 6500 Wirtschaftlichkeitsprüfung, Rn 1 f; Becker/Kingreen/*Scholz* § 106 SGB V Rn 4; § 46 Rn 3; KassKomm/*Hess* § 106d SGB V Rn 6 und § 106 SGB V Rn 5 f.
7 Vgl § 35 Rn 8 ff; zu den Folgen einer unrichtigen Sammelerklärung s zB Schnapp/Wigge/*Steinhilper* § 16 Rn 15 ff; § 46 Rn 30.
8 Vgl § 15 Rn 8 ff; zur persönlichen Leistungserbringung ausführlich HK-AKM/*Steinhilper* 4060 Persönliche Leistungserbringung.

8 Dass nicht persönlich erbrachte Leistungen rechtlich nicht ordnungsgemäß erbracht sind, deklariert auch § 6 Abs 2 Nr 3 der Bundesrichtlinien Abrechnungsprüfung.

IV. Notwendige Genehmigungen (Abs 2)

9 Abs 2 stellt klar, dass Leistungen nur dann vergütet werden, wenn der Vertragsarzt gesetzlich oder vertraglich notwendige Voraussetzungen gegenüber der KV nachgewiesen und eine ggf erforderliche Genehmigung zur Leistungserbringung erhalten hat[9]. Andernfalls sind entsprechende Leistungen zu korrigieren[10]. Der Nachweis der Voraussetzungen bzw die Genehmigung sind in den sog „**Arztstammdaten**" hinterlegt, sodass das Regelwerk darauf zugreifen und die Abrechnung automatisch korrigieren kann.

V. Prüfung durch die KV (Abs 3)

10 **1. Regelwerksprüfung.** In Abs 3 wird die sich bereits aus § 106d Abs 2 S 1 SGB V ergebende Prüfpflicht der KV hinsichtlich der sachlich-rechnerischen Richtigkeit wiederholt; dabei wird ausdrücklich das Regelwerk, also die automatische Korrektur[11] als Hauptform der Prüfung genannt. Diesem wird große Bedeutung beigemessen, da aufgrund der Vielzahl und der Komplexität der Regelungen eine vollständig sachlich korrekte Abrechnung durch den Vertragsarzt kaum mehr erstellbar ist[12]. Durch diese komplexen Regelungen wird es aber auch für die KV immer schwerer, ein durchgängiges und vollständiges Regelwerk technisch abzubilden.

11 **2. Das Verfahren der sachlich-rechnerischen Richtigstellung. – a) Regelwerk.** Die Überprüfung der Abrechnung mittels EDV-Programm (sog Regelwerk) setzt die Regelungen des EBM um, soweit dies technisch möglich ist[13]. Das bedeutet, dass hierbei insbesondere überprüft wird, ob bestimmte Leistungen nach dem EBM nebeneinander abrechenbar sind[14] und ob entsprechende Genehmigungen zur Leistungsabrechnung vorhanden sind[15].

12 Erfasst sind demnach nicht nur rechnerische und gebührenordnungsmäßige Fehler, sondern auch Fallgestaltungen, in denen der Vertragsarzt Leistungen unter Verstoß gegen Vorschriften über formale oder inhaltliche Voraussetzungen der Leistungserbringung durchgeführt und abgerechnet hat[16]. So zB sogar, wenn fälschlicherweise die Gebührenordnungspositionen mit der LANR des Vertragsarztes anstelle seines Angestellten gekennzeichnet wurden.[17]

---

9 S § 11 Rn 80 ff.
10 Vgl auch § 6 Abs 2 Nr 7 der Bundesrichtlinien Abrechnungsprüfung.
11 So auch HK-AKM/*Steinhilper* 4160 Plausibilitätsprüfung in der vertragsärztlichen Versorgung Rn 2 und KassKomm/*Hess* § 106d SGB V Rn. 4.
12 Sa Schnapp/Wigge/*Steinhilper* § 16 Rn 52.
13 Vgl KassKomm/*Hess* § 106d SGB V Rn 4; ebenso Becker/Kingreen/*Scholz* § 106d Rn 3 f.
14 Vgl Wenzel/*Steinhilper* Kap 13 Rn 362 f.
15 Zahlreiche Beispiele für Sachverhalte, bei denen eine sachlich-rechnerische Richtigstellung erforderlich ist, finden sich mwN bei Laufs/Kern/Rehborn/*Clemens*/*Steinhilper* § 39 Rn 18 ff, 26, 27 f, 42 ff, 52, 63, 78 f und Quaas/Zuck/*Clemens* Medizinrecht § 22 Rn 80 ff.
16 Vgl auch Bergmann/Pauge/*Steinmeyer* § 106d SGB V Rn 2.
17 *LSG NRW* v 18.10.2017 – L 11 KA 4/16.

Abrechnung (sachlich-rechnerische Richtigstellung) § 45

§ 6 der Bundesrichtlinien Abrechnungsprüfung zählt die Anlässe der sachlich-rechnerischen Richtigstellungen auf. In Abs 2 werden nicht abschließend Fallkonstellationen fehlerhafter Abrechnungen genannt: 13
1. Fehlende Berechtigung zur Leistungsabrechnung,
2. Abrechnung nicht oder nicht vollständig erbrachter Leistungen,
3. Abrechnung von Leistungen, welche unter Verstoß gegen das Gebot der persönlichen Leistungserbringung erbracht worden sind,
4. Ansatz der falschen Gebührennummer,
5. Nichtbeachtung der vertraglich vereinbarten Abrechnungsbestimmungen,
6. Abrechnung fachfremder Tätigkeit,
7. Fehlen der fachlichen und apparativen Voraussetzungen (einheitliche Qualifikationserfordernisse),
8. Nichteinhaltung von Qualitätsanforderungen, wenn die Leistungserbringung die erfolgreiche Teilnahme an Maßnahmen der Qualitätssicherung voraussetzt,
9. Nichteinhaltung des Überweisungsauftrags zur Auftragsleistung,
10. fehlende ICD- und/oder OPS-Kodierung

Die Korrekturen durch das Regelwerk (quartalsgleiche sachlich-rechnerische Richtigstellung) wirken sich direkt auf den Honorarbescheid aus, so dass das Honorar von vornherein nur in gemindertem Umfang gewährt wird. 14

b) Nachträgliche sachlich-rechnerische Richtigstellung. Als nachträgliche sachlich-rechnerische Richtigstellung bezeichnet man die Korrekturen, die nach Erlass des Honorarbescheids als erforderlich festgestellt werden. Sie führen dazu, dass der Honorarbescheid aufgehoben und das Honorar neu festgesetzt werden muss[18]. 15

aa) Durch Prüfungen der KV. Korrekturbedarf kann sich durch nachgehende, meist manuelle Prüfungen der KV ergeben. Diese können auf eigene Initiative erfolgen, aber auch durch Erkenntnisse im Rahmen anderer Prüfungen bedingt sein. 16

bb) Auf Antrag des Vertragsarztes. Manchmal stellt auch ein Vertragsarzt fest, dass er etwas fehlerhaft abgerechnet hat, was die Regelwerksprüfung der KV nicht erkannte. Auf entsprechende Mitteilung des Vertragsarztes nimmt die KV dann die Korrektur vor. 17

cc) Auf Antrag der KK. Auch die KK haben gem § 106d Abs 4 S 1 SGB V die Möglichkeit, sachlich-rechnerische Korrekturen bei der KV zu beantragen. Die Fehlerhaftigkeit der Abrechnung ergibt sich dabei zum Teil nicht nur aus der Abrechnung eines Vertragsarztes, sondern in Kombination mit der Abrechnung eines weiteren Vertragsarztes oder auch durch sektorenübergreifende Behandlung des Patienten, sodass weder die Regelwerke der Praxissoftware noch die der KV eine automatische Korrektur leisten können. 18

Ein Verschulden des Vertragsarztes ist für die Geltendmachung eines Rückforderungsanspruches nicht erforderlich[19]. Der – in der Vorauflage auch hier vertretenen (§ 46 Rn 46) – Ansicht, dass die fehlerhafte Abrechnung aus dem Einfluss- und Ver- 19

---

18 S HK-AKM/*Steinhilper* 4160 Plausibilitätsprüfung in der vertragsärztlichen Versorgung, Rn 71.
19 Vgl Laufs/Kern/Rehborn/*Clemens*/*Steinhilper* § 39 Rn 9; Bergmann/Pauge/*Steinmeyer* § 106d Rn 11; Wenzel/*Steinhilper* Kap 13 Rn 366.

antwortungsbereich des Vertragsarztes entspringen muss und deshalb eine Korrektur abzulehnen ist, wenn die Abrechnung des Vertragsarztes zwar objektiv fehlerhaft ist, diese Fehlerhaftigkeit aber durch eine Abrechnung eines anderen Vertragsarztes entsteht, von der der geprüfte Vertragsarzt nicht wissen konnte, folgte das BSG[20] leider nicht. Im zu beurteilenden Fall hat die beklagte KV ein Korrekturansinnen einer KK abgelehnt mit der Begründung, es sei für die in Anspruch genommenen Gynäkologen nicht erkennbar gewesen, dass weitere Gynäkologen in die Betreuung der Schwangeren eingebunden gewesen seien. Das BSG stellt aber auch in diesen Fällen gem seiner ständigen Rechtsprechung in erster Linie auf den Wortlaut der Gebührenordnung ab[21] und dieser besagt, dass die streitgegenständliche Leistung nur von einem Vertragsarzt im Quartal abgerechnet werden kann, auch wenn der Vertragsarzt, der die Leistung als Zweiter erbringt, von einer Vorbehandlung durch einen Kollegen nichts wusste. Der Bewertungsausschuss habe es selbst in der Hand, das Für und Wider solcher Regelungen abzuwägen[22] und ggf Sorge dafür zu tragen, dass diese Fälle nicht vorkommen. Dies überzeugt nur zum Teil und ist vor allem dann unbefriedigend, wenn Anlass der Falschabrechnung ein nicht regelkonformes Verhalten einer Versicherten ist.

20 Zu Form und Frist des Antrages der KK haben die Vertragspartner auf Landesebene Regelungen in den Gesamtverträgen zu treffen[23]. Antragsfristen für die Abrechnungsprüfung zu regeln, hat das BSG[24] aber den Vertragspartnern bislang abgesprochen. Derartig vereinbarte Fristen würden zwar der Verfahrensbeschleunigung dienen, könnten aber eine Prüfung und Korrektur einer falschen Abrechnung nicht verhindern. Durch das TSVG wurde die Ausschlussfrist, in der ein Honorarbescheid nachträglich noch abgeändert werden kann, auf zwei Jahre verkürzt[25], § 106d Abs 5 S 3 SGB V. Dies soll der Erhöhung der Planungssicherheit der vertragsärztlichen Leistungserbringer dienen[26]. In diesem Zusammenhang verpflichtet der Gesetzgeber die KBV und den Spitzenverband Bund der KK, die Voraussetzungen für die Einhaltung dieser Frist in den Bundesrichtlinien Abrechnungsprüfung zu regeln und nennt dabei in der Gesetzesbegründung explizit „*Datenübermittlungsfristen*"[27], mithin eine Antragsfrist für Prüfanträge bzw. Übermittlungsfrist für Prüfmitteilungen[28] der Krankenkassen. Die „*Form*" der Prüfanträge ist gem § 106d Abs 6 S 1, HS 1 SGB V iRd Bundesrichtlinien Abrechnungsprüfung als sog elektronisch gestütztes Regelwerk festzulegen. Die Bezeichnung als „*elektronisch gestütztes Regelwerk*" ist dabei unglücklich, da dieses bereits im Fachjargon die automatisierte Abrechnungskorrektur durch die KV bezeichnet[29].

---

20 *BSG* v 11.2.2015 – B 6 KA 15/14 R, Rn 38, NZS 2015, 433.
21 *BSG* v 11.2.2015 – B 6 KA 15/14 R, Rn 21, NZS 2015, 433.
22 *BSG* v 11.2.2015 – B 6 KA 15/14 R, Rn 41, NZS 2015, 433.
23 S dazu aber unten Rn 46.
24 *BSG* v 23.3.2016 – B 6 KA 14/15 R, Rn 17 ff mit Verweis auf die zur Wirtschaftlichkeitsprüfung ergangene Rechtsprechung.
25 Lesenswert *Ladurner* ZMGR 03/2019, 123 ff.
26 BT-Drucks 19/8351, 222.
27 BT-Drucks 19/8351, 223.
28 S u Rn 18 f.
29 S o Rn 11 ff.

Der Datensatzaufbau ist in Anl 1 zu den Bundesrichtlinien Abrechnungsprüfung geregelt. § 19 der Bundesrichtlinien Abrechnungsprüfung nennt weitere Vorgaben: So erfolgt der gegenseitige Datenaustausch über sFTP-Server der jeweiligen KV; eine Prüfung durch die KV erfolgt nur, wenn die KK glaubhaft macht, dass die zu korrigierenden Leistungen je Betriebsstättennummer, Quartal und KK eine Bagatellgrenze von 30 € je Datenübermittlung übersteigen; die Verbescheidung gegenüber der KK erfolgt ebenfalls elektronisch; die Datenübermittlung der KK (Prüfantrag) soll innerhalb von 15 Monaten nach Erlass des Honorarbescheides erfolgen, um die Einhaltung der Frist des § 106d Abs 5 S 3 SGB V zu gewährleisten; das entsprechende Versanddatum des Honorarbescheides teilt die KV den KK mit. Weitere Regelungen zu gegenseitigen Prüfanträgen bleiben den Vertragspartnern auf Landesebene vorbehalten. **21**

Die Richtigstellung gegenüber dem Arzt erfolgt per Bescheid und stellt einen eigenen Verwaltungsakt dar, der gem § 31 SGB X dem Vertragsarzt gegenüber bekannt gemacht wird. **22**

Über den Prüfantrag der KK entscheidet die KV ebenfalls per Verwaltungsakt[30]. Sofern die KV den Antrag der KK nicht binnen sechs Monaten bearbeitet, kann diese gem § 106d Abs 4 S 4 SGB V den ihrem Antrag zugrunde liegenden Honorarberichtigungsbetrag auf die zu zahlende Gesamtvergütung anrechnen. **23**

dd) In Folge einer „Unterrichtung" durch die KK. Mit Urt v 23.3.2016 hat das BSG[31] festgestellt, dass die den KK durch § 106d Abs 3 SGB V auferlegten Prüfpflichten dazu führen, dass diese Prüfungen in eigener Zuständigkeit der KK durchgeführt werden, die KV an die Ergebnisse gebunden sind und diese gegenüber dem Arzt umzusetzen haben, es sei denn, formelle Voraussetzungen oder Vertrauensschutzaspekte stünden dem entgegen. Bislang war man davon ausgegangen, dass KK, sofern sie fehlerhafte Abrechnungen eines Vertragsarztes monieren wollen, hierfür einen Prüfantrag bei der zuständigen KV stellen müssen, die dann das Vorbringen überprüft und per Verwaltungsakt entscheidet[32]. **24**

Dieser Meinung ist das BSG entgegengetreten. Ein *„Letztentscheidungsrecht"* habe die KV – anders als im Antragsverfahren nach § 106d Abs 4 SGB V – bei der Unterrichtung durch die KK über ihre Prüfergebnisse gem § 106d Abs 3 S 2 SGB V gerade nicht. Die KV habe vielmehr das Prüfergebnis der KK gegenüber dem Vertragsarzt umzusetzen, ohne das Ergebnis selbst in Frage zu stellen[33]. Nach rechtskräftigem Abschluss des Korrekturverfahrens gegenüber dem Vertragsarzt, entsteht ein entsprechender Zahlungsanspruch der KK gegenüber der KV.[34] **25**

Daraus ergibt sich nun ein neuartiges Verwaltungsverfahren: Die KK unterrichtet die KV über ihr Prüfergebnis[35], woraufhin die KV gegenüber ihrem Mitglied ein Verwaltungsverfahren einleitet. Sofern der Vertragsarzt in diesem Verfahren (zB iRd rechtlichen Gehörs bzw im Widerspruchsverfahren) materiell-rechtliche Einwände vor- **26**

---

30 Vgl zB *BSG* v 11.2.2015 – B 6 KA 15/14 R, Rn 16, NZS 2015, 433.
31 B 6 KA 8/15 R, MedR 2017, 337.
32 S o Rn 18.
33 *BSG* v 23.3.2016 – B 6 KA 8/15 R, Rn 24 ff, MedR 2017, 337, 339 f.
34 *BSG* v 23.3.2016 – B 6 KA 8/15 R, Rn 13, MedR 2017, 337, 338.
35 Die *„Form"* der Prüfmitteilungen ist gem § 106d Abs 6 S 1, HS 1 SGB V iRd Bundesrichtlinien Abrechnungsprüfung als sog elektronisch gestütztes Regelwerk festzulegen.

bringt, muss – da die KV kein „*Letztentscheidungsrecht*"[36] besitzt – die KK darüber entscheiden, ob die Argumente des Arztes geeignet sind, das Prüfergebnis der KK abzuändern. Hält die KK an ihrem Prüfergebnis fest, hat die KV einen entsprechenden Bescheid bzw auch Widerspruchsbescheid gegenüber dem Vertragsarzt zu setzen[37]. Dringt der Vertragsarzt dagegen mit seinen Argumenten im Widerspruchs- bzw Klageverfahren durch, so hat die KV ihm etwaige Kosten zu erstatten, da sie den angegriffenen Bescheid erlassen hat, wenn auch auf „Weisung" der KK. Im Klageverfahren wird die KV deshalb darauf hinwirken müssen, dass die KK notwendig beigeladen wird und ggf. zumindest insoweit zur Kostentragung verpflichtet wird.[38]

27 In genanntem Urteil schweigt sich das BSG leider zum Verhältnis der Abrechnungsprüfung nach § 106d Abs 3 SGB V und dem Kostenträger-internen Erstattungsverfahren nach den §§ 102 ff SGB X aus. Dieses scheint aufgrund seiner Ausgestaltung vorrangig zu sein, da die Kostenträger sich im Falle ihrer Unzuständigkeit die dennoch gewährten Sozialleistungen gegenseitig erstatten. Demnach kommt erst dann ein Prüfverfahren gem § 106d Abs 3 in Betracht, wenn diese Erstattung nicht in Anspruch genommen werden kann, weil der zuständige Kostenträger für den unzuständigen Kostenträger nicht ermittelbar ist.

28 Der Fall, dass der Vertragsarzt auf seiner Abrechnung eine KK fälschlicherweise als zuständigen Kostenträger eingetragen hat, unterfällt – trotz ausdrücklicher Erwähnung – seit Einführung des § 106a SGB V (inzwischen § 106d SGB V) nicht mehr der Regelung des § 48 Abs 3 BMV-Ä, da dieser Fall eine sachlich-rechnerische Richtigstellung darstellt, diese eben in § 106d SGB V geregelt ist und den Vertragspartnern des BMV-Ä somit eine Regelungskompetenz entzogen ist.[39] Die Normgeber der Bundesrichtlinien nach § 106d Abs 6 SGB V haben darauf reagiert und die Regelungen in § 18 Abs 6 dieser Richtlinien transferiert.

29 Für das anzuwendende Verfahren treffen § 18 Abs 3 und 4 der Bundesrichtlinien Abrechnungsprüfung Regelungen:

30 Gem Abs 3 ist das in Anl 1 beschriebene „*elektronisch gestützte Regelwerk*" zu verwenden. Dieses stellt einen definierten Datensatz dar, der von der KK entsprechend der Vorgaben ausgefüllt und unter Beachtung datenschutzrechtlicher Vorgaben an die KV übermittelt wird. Dies soll – so die Gesetzesbegründung – die bisher administrativ aufwendigen regional unterschiedlichen Abläufe vereinfachen.[40]

31 In Abs 4 des § 18 der Bundesrichtlinien Abrechnungsprüfung werden Grundsätze für das Verfahren vorgegeben:

32 Danach erfolgt eine Übermittlung der Prüfergebnisse nur, wenn die zu korrigierenden Leistungen je Betriebsstättennummer, Quartal und Krankenkasse eine Bagatellgrenze in Höhe von 30 € je Datenübermittlung übersteigen. Bei Korrektur unter dieser Grenze liegender Abrechnungsfehler würde der Aufwand für die beteiligten Institutionen den Richtigstellungsbetrag deutlich überschreiten. Auch das BSG[41] hatte keine

---

36 *BSG* v 23.3.2016 – B 6 KA 8/15 R, Rn 28, MedR 2017, 337, 340.
37 S a Schnapp/Wigge/*Steinhilper* § 16 Rn 20.
38 Zu den Regelungen in den Bundesrichtlinien Abrechnungsprüfung hierzu s § 46 Rn 70 ff.
39 *BSG* v 23.3.2016 – B 6 KA 8/15 R, Rn 39, MedR 2017, 337, 341.
40 BT-Drucks 18/4095, 110.
41 *BSG* v 23.3.2016 – B 6 KA 8/15 R, Rn 44 ff, MedR 2017, 337 m Anm *Altmiks*.

grundsätzlichen Bedenken gegen die Vereinbarung von Bagatellgrenzen gesehen. Zudem erscheint eine Bagatellgrenze geeignet, die Akzeptanz für die Korrekturen in der Ärzteschaft zu erhöhen. Verwaltungsverfahren, die zum Teil einstellige Eurobeträge zum Inhalt hatten, waren insbesondere mit dem damit – auch in der Arztpraxis verbundenen – Verwaltungsaufwand ein Ärgernis.

Der gegenseitige Datenaustausch erfolgt über sFTP-Server der jeweiligen KV. 33

Die Fehlerhaftigkeit ist durch vollständige Eintragungen in das elektronisch gestützte Regelwerk darzustellen. Die Eintragungen müssen in Inhalt und Umfang geeignet sein, dass das Prüfergebnis ohne weitere Sachverhaltsermittlung der KV in einen Bescheid umgesetzt werden kann. Dies ist Ausfluss der Rechtsprechung des BSG: Nachdem die KV das Prüfergebnis der KK im Verwaltungsverfahren gegenüber dem Vertragsarzt umzusetzen hat, muss diese auch die hierzu gem § 39 VwVfG erforderliche Begründung angeben. 34

Um zu vermeiden, dass eine KV ein Prüfergebnis umzusetzen hat, das nach ihren Erkenntnissen rechtswidrig wäre, steht der KV ein Remonstrationsrecht zu: sind ihr Sachverhalte bekannt, die zu einer Rechtswidrigkeit des Bescheides führen können, kann die KV dies der KK mitteilen. Die KK wiederum kann hierzu innerhalb von 4 Wochen schriftlich Stellung nehmen. Vor einer Rückmeldung der KK oder dem Fristablauf erfolgt keine Umsetzung des Prüfergebnisses. 35

Auch bei der Korrespondenz zwischen KV und KK ist das elektronisch gestützte Regelwerk zu verwenden. Es sieht hierfür entsprechende Datenfelder vor. 36

Ein Prüfergebnis muss von einer KV gegenüber dem Vertragsarzt dann nicht umgesetzt werden, wenn Vertrauensschutzgesichtspunkte dem Erlass eines Bescheides entgegenstehen. Gleiches gilt in den Fällen, in denen eine Umsetzung des Prüfergebnisses zu einem offensichtlich rechtswidrigen Bescheid führen würde. 37

§ 18 Abs 4 Nr 7 der Bundesrichtlinien Abrechnungsprüfung beschäftigt sich mit der Kostentragung bei sozialgerichtlichen Streitigkeiten, in denen der Vertragsarzt obsiegt: *„Im Fall eines Gerichtsverfahrens sind Kosten des Verfahrens, die der KV in der Kostengrundentscheidung auferlegt worden sind, von der KK zur Hälfte zu erstatten, wenn das Gericht das Prüfergebnis der KK als rechtswidrig angesehen hat. Eigene Kosten der KV sind nicht zu erstatten. Die Sätze 1 und 2 finden nur auf Rechtsstreitigkeiten Anwendung, die durch rechtskräftige Urteile beendet wurden und bei denen die KK zum Verfahren beigeladen war und ihr keine Kosten auferlegt wurden."* Dies erscheint nicht ausreichend zu sein, denn die KV würde damit Kosten tragen müssen, obwohl sie das Verwaltungsverfahren weder angestrengt noch Entscheidungen in dessen Rahmen getroffen hat. Sie hat lediglich auf „Weisung" der KK deren Prüfergebnis umgesetzt. Obsiegt nun der Vertragsarzt vor Gericht, ist es nur billig, wenn die KK die Verfahrenskosten des Klägers sowie der KV in vollem Umfang trägt. 38

Um zu gewährleisten, dass eine Korrektur des Honorarbescheides des Vertragsarztes innerhalb der Ausschlussfrist des § 106d Abs 5 S 3 SGB V[42] erfolgen kann, ist geregelt, dass die Datenübermittlung der KK an die KV innerhalb von 13 Monaten nach Erlass des Honorarbescheides erfolgen soll; das entsprechende Versanddatum wird den KK durch die KV mitgeteilt. 39

---

42 S auch Rn 20.

40 Die (deklaratorische) Bescheiderteilung gegenüber der KK erfolgt ebenfalls auf dem elektronischen Weg und bedarf nicht der Schriftform.

41 **c) Rechtsschutz.** Gegen die sachlich-rechnerische Richtigstellung[43] kann der Vertragsarzt Widerspruch erheben.

42 Sofern eine quartalsgleiche sachlich-rechnerische Richtigstellung durchgeführt wurde, kann der Vertragsarzt im Rahmen des vorläufigen Rechtsschutzes einen Antrag auf Erlass einer einstweiligen Anordnung nach § 86b Abs 2 SGG stellen.

43 Wurde eine nachgehende sachlich-rechnerische Richtigstellung vorgenommen, so haben weder Widerspruch noch Klage aufschiebende Wirkung, § 85 Abs 4 S 6 SGB V iVm § 86a Abs 2 Nr 4 SGG. In diesem Fall kann gem § 86a Abs 3 S 1 SGG bei der KV bzw gem § 86b Abs 1 Nr 2 SGG beim zuständigen Sozialgericht die Aussetzung der Vollziehung beantragt werden.

44 Gegen einen Widerspruchsbescheid kann der Vertragsarzt Klage erheben.

45 Sofern eine quartalsgleiche sachlich-rechnerische Richtigstellung erfolgte, ist eine kombinierte Anfechtungs- und Leistungsklage gem § 54 Abs 4 SGG zu erheben, im Fall der nachgehenden Korrektur reicht die Anfechtungsklage aus, da bei Obsiegen der ursprüngliche Verwaltungsakt, also der Honorarbescheid wieder ungeschmälert vorhanden ist.

VI. Folgen einer inkorrekten Abrechnung (Abs 4)

46 Die KV berichtigt die Abrechnung des Vertragsarztes bei festgestellten Fehlern, Abs 4 S 1. Die KV ist dabei nicht verpflichtet, eine Umsetzung der fehlerhaft abgerechneten Gebührenordnungsposition in eine andere, tatsächlich erbrachte Gebührenordnungsposition vorzunehmen[44]. Durch S 2 werden die Vertragspartner der Gesamtverträge verpflichtet, das Nähere zum Antragsrecht und insbesondere zu Antragsfristen[45] dieser Anträge der KK zu regeln. Die Vertragspartner des BMV-Ä gehen also davon aus, dass auch die KK noch Fehler der Abrechnung feststellen können, deren Korrektur sie nicht selbst durchführen können, sondern bei der KV innerhalb zu vereinbarender Fristen geltend machen müssen[46]. Zum Teil werden diese Vorgaben aus dem Gesamtvertrag ausgeklammert und direkt in der Vereinbarung nach § 106d Abs 5 SGB V geregelt[47]. Dies entspricht der Forderung des BSG zur Harmonisierung der Vorschriften zu einem „*geschlossenen Regelwerk (…), außerhalb dessen grundsätzlich keine die Abrechnungsprüfung betreffenden Normsetzungskompetenzen der Vertragspartner auf Bundes- oder Landesebene bestehen*"[48]. Deshalb sollte man Abs 4 insofern abändern und auf Regelungen in der Vereinbarung gem § 106d Abs 5 SGB V verweisen. Im Lichte der Rechtsprechung des BSG zu eigenen Prüfrechten mit Entscheidungskompetenz durch die KK[49] sollte man Abs 4 zudem um die Prüfmitteilungen erweitern.

---

43 Im Honorarbescheid, s Rn 14, oder im gesonderten Richtigstellungsbescheid, s Rn 22, 25.
44 *Bayerisches LSG* v 25.3.2015 – L 12 KA 37/13.
45 S hierzu aber Rn 21.
46 S *Wenner* Vertragsarztrecht nach der Gesundheitsreform, § 23 Rn 15.
47 S aber Rn 21.
48 *BSG* v 23.3.2016 – B 6 KA 8/15 R, Rn 47, MedR 2017, 337.
49 S Rn 18 f.

VII. Verweis auf Bundesrichtlinien (Abs 5)

Abs 5 verweist auf die Geltung der Bundesrichtlinien Abrechnungsprüfung[50]. In diesen sind neben der Zuständigkeit, den Prüfgegenständen, den Prüfungen durch die KV und KK auch Regelungen zu Prüfanträgen und Prüfmitteilungen[51] geregelt. Die Daten sind dabei gem den in Anl 1 verbindlich geregelten Vorgaben auszutauschen. Prüfmitteilungen und Prüfungen auf Antrag werden dabei nur dann bearbeitet, wenn eine Geringfügigkeitsgrenze von mehr als 30 € je Betriebsstätte, Quartal, Krankenkasse und Datenübermittlung erreicht wird.   47

§ 46 Plausibilitätskontrollen

Die Kassenärztlichen Vereinigungen und die Krankenkassen führen Plausibilitätsprüfungen gemäß den Richtlinien der Kassenärztlichen Bundesvereinigung und des GKV-Spitzenverbandes zum Inhalt und zur Durchführung der Abrechnungsprüfungen der Kassenärztlichen Vereinigungen und der Krankenkassen gemäß § 106d Abs. 6 Satz 1 SGB V sowie nach den ergänzenden gesamtvertraglichen Regelungen durch.

Übersicht

	Rn		Rn
I. Gesetzliche Vorgaben	1	4. Wechselwirkungen als Ergebnis der Prüfung	64
II. Die Regelungen im Einzelnen	6	5. Bundesrichtlinien Abrechnungsprüfung	67
1. Vorbemerkung	6	6. Vereinbarung auf Landesebene	68
2. Abgrenzung zur Wirtschaftlichkeitsprüfung	7	7. Vorstandshaftung	69
3. Das Verfahren der Plausibilitätsprüfung in der Praxis	9	IV. Richtlinien der KBV und des Spitzenverbandes Bund der KK zum Inhalt und zur Durchführung der Abrechnungsprüfungen der KV und der KK gem § 106d Abs 6 S 1 SGB V	70
a) Daten	9		
aa) Daten für Prüfung durch die KV	9		
bb) Daten für die Prüfung durch die KK	10	1. Anwendungsbereich und Begriffsbestimmungen	73
b) Aufgreifkriterien	12	a) Anwendbarkeit	74
aa) Aufgreifkriterien der KV	13	b) Arztbezug	75
bb) Aufgreifkriterien der KK	24	c) Negativabgrenzung	76
cc) Auswahl der zu prüfenden Praxen	27	d) Betriebsstättenübergreifende Prüfung	78
c) Durchführung der Prüfung	28	e) Zuständigkeit der KV	79
aa) Verfahrensablauf bei den KV	30	f) KV-übergreifende Prüfung	80
		g) Prüfgegenstände	83
bb) Verfahrensablauf bei den KK	57	2. Die Prüfungen durch die KV	87
III. Die Abrechnungsprüfung	59	a) Anlässe der sachlich-rechnerischen Richtigstellungen	87
1. Prüfung durch die KV	59	b) Plausibilitätsprüfungen	88
2. Prüfung durch die KK	62	c) Sachkostenprüfungen	96
3. Aufgabenverteilung	63	d) Zeitprüfung	97

---

50 S Rn 2.
51 S Rn 25 ff.

§ 46 Plausibilitätskontrollen

	Rn		Rn
e) Prüfung bei Patientenidentitäten	99	bb) Prüfung der Sachkosten	114
f) Beweislast	104	cc) Plausibilität der Abrechnung in Bezug auf die Diagnose	115
g) Verfahrensordnung der KV	105		
h) Unterrichtungspflichten der KV	106	dd) Doktor-Hopping	116
3. Die Prüfungen durch die KK	107	ee) Praxisgebühr	118
a) Allgemeine Vorgaben	107	c) Unterrichtungspflichten der KK	120
b) Die Prüfaufgaben der KK	112	4. Gemeinsame Vorschriften	121
aa) Prüfung des Bestehens und des Umfangs der Leistungspflicht	113	5. Inkrafttreten und Übergangsvorschriften	127
		6. Protokollnotizen	128

I. Gesetzliche Vorgaben

1 Die Aufgabe der Plausibilitätskontrolle wurde konkretisiert mit der Einführung des § 106a SGB V (seit dem GKV-VSG § 106d SGB V).[1] Der mit „*Die Abrechnungsprüfung in der vertragsärztlichen Versorgung*" überschriebene Paragraph trat durch das GMG zum 1.1.2004 in Kraft und verpflichtet nicht nur die KV, sondern weist auch den KK bestimmte Aufgaben iRd Abrechnungskontrollen zu.

2 Für die KV wurden die Prüfungen zusammengefasst und aufgewertet[2]. Die Prüfung der abgerechneten Leistungen anhand von Zeitprofilen wurde als eine zusätzliche Prüfmethode explizit im Gesetz genannt. Dabei haben die KV zu prüfen, ob die vom Vertragsarzt abgerechneten Leistungen unter zeitlichen Gesichtspunkten ordnungsgemäß erbringbar waren[3].

3 Mit dem GKV-WSG wurde klargestellt, dass die Zeitprüfung für vertrags**zahn**ärztliche Leistungen keine Anwendung findet, da diese systembedingt keine Aussagekraft habe[4]. Ansonsten erfolgten lediglich redaktionelle Änderungen. Von den Änderungen des GKV-VStG blieb § 106a SGB V unberührt. IRd GKV-VSG wurde aus § 106a SGB V nicht nur § 106d SGB V, sondern es wurden zwei für die Plausibilitätsprüfung relevante Änderungen vorgenommen:
1. Es wurde klargestellt, dass sich die Abrechnungsprüfung auf alle an der vertragsärztlichen Versorgung teilnehmenden Ärzte und Einrichtungen bezieht.
2. Es wurde geregelt, dass Vertragsärzte und angestellte Ärzte iRd Prüfung des mit der Leistungserbringung verbundenen Zeitaufwandes (Zeitprüfung) entsprechend des jeweiligen Versorgungsauftrages gleich zu behandeln sind.[5]

4 Durch das TSVG wurde (wie auch im Bereich der Wirtschaftlichkeitsprüfung[6]) festgelegt, dass Maßnahmen aus Abrechnungsprüfungen innerhalb von zwei Jahren nach Erlass des Honorarbescheides festgesetzt werden müssen (Ausschlussfrist); die KBV

---

1 Zu den Hintergründen s *Wenner* Vertragsarztrecht nach der Gesundheitsreform, § 23 Rn 5 f.
2 S a HK-AKM/*Steinhilper* 4160 Plausibilitätsprüfung in der vertragsärztlichen Versorgung, Rn 16.
3 Laufs/*Clemens/Steinhilper* § 39 Rn 99.
4 BT-Drucks 16/3100, 138.
5 S u Rn 15.
6 S § 47 Rn 10.

und der Spitzenverband Bund der KK haben durch Vorgaben in ihren Richtlinien nach § 106d Abs 6 SGB V zu gewährleisten, dass diese Frist eingehalten werden kann[7]. Als „neue" Prüfung wurde in § 106d Abs 2 S 1 HS 2 SGB V die Einhaltung der Vorgaben nach § 295 Abs 4 S 3 SGB V, die erstmals bis zum 30.6.2020 mit Wirkung zum 1.1.2022 zu regeln sind, aufgenommen – sog Kodierregelungen.

Gegenstand der Abrechnung und damit auch der Abrechnungsprüfung sind auch die mit dem TSVG eingeführten Leistungen gem § 73 Abs 1 Nr 2 SGB V, die Terminsvermittlung durch den Hausarzt. Die „bürokratiearme" Prüfung der erfolgreichen Terminvermittlung wird durch *„eine Ergänzung des § 295 Abs 1 S 1 Nr 3 und Abs 2 S 1 Nr 2"* SGB V erreicht[8].

II. Die Regelungen im Einzelnen

1. Vorbemerkung. § 46 ist eine Verweisungsnorm ohne eigenen Regelungsgehalt. Er verweist lediglich darauf, dass KV und KK die Plausibilitätsprüfung gem den Richtlinien der KBV und der Spitzenverband Bund der KK zum Inhalt und zur Durchführung der Abrechnungsprüfungen der KV und der KK[9] – nachfolgend als *„Bundesrichtlinien Abrechnungsprüfung"* bezeichnet – sowie ergänzenden Regelungen in den Gesamtverträgen durchführen.

2. Abgrenzung zur Wirtschaftlichkeitsprüfung. Während Basis der Wirtschaftlichkeitsprüfung die Frage ist, ob die erbrachten und abgerechneten Leistungen ausreichend, zweckmäßig und wirtschaftlich waren und das Notwendige nicht überschritten, ist Grundlage der Abrechnungsprüfung die Frage, ob die abgerechneten Leistungen
- **regelkonform**, also unter Beachtung aller vertragsärztlichen Vorgaben,
- **vollständig**, also mit Erfüllung aller im EBM vorgegebenen obligaten Leistungsbestandteile und
- **selbstständig**, also ohne Mitwirkung von nicht für die vertragsärztliche Versorgung zugelassenen oder genehmigten Personen

erbracht wurden.

Die Wirtschaftlichkeitsprüfung zieht also die regelkonforme Erbringung der Leistung nicht in Frage, setzt sie quasi voraus.[10]

3. Das Verfahren der Plausibilitätsprüfung in der Praxis. – a) Daten. – aa) Daten für Prüfung durch die KV. Die KV verwendet für die Abrechnungsprüfung die Daten, die ihr der Vertragsarzt gem § 295 Abs 1 SGB V mit seiner Abrechnung zur Verfügung stellt. Zudem sind die Vertragsärzte berechtigt und verpflichtet, der KV iRd Prüfung nach § 106d SGB V auf Verlangen die erforderlichen Befunde zu übermitteln, § 295 Abs 1a SGB V. Der Begriff „*Befund*" ist dabei weit auszulegen und umfasst alle

---

7 Lesenswert *Ladurner* ZMGR 03/2019, 123ff; s auch Rn 124.
8 BT-Drucks 19/6337, 107.
9 Stand 19.12.2019, DÄ 2020, A-296.
10 Zur Wirtschaftlichkeitsprüfung s § 47; zur Abgrenzung zur Wirtschaftlichkeitsprüfung s a HK-AKM/*Dahm*/*Hofmayer* 6500 Wirtschaftlichkeitsprüfung Rn 1f.; Becker/Kingreen/ *Scholz* § 106 SGB V Rn 4; § 46 Rn 3.

Unterlagen in der Patientenakte (auch Röntgenbilder und Laborbefunde), die das Leistungsgeschehen dokumentieren und Aufschluss geben über die Diagnosestellungen und die Therapie.

10 **bb) Daten für die Prüfung durch die KK.** Aufgrund der Installation von eigenen Prüfaufgaben für die KK iRd Abrechnungsprüfung der vertragsärztlichen Versorgung wurden auch die Datenübermittlungsvorschriften geändert. Die KV hat nun alle Daten versichertenbezogen und nicht mehr nur fallbezogen an die KK zu liefern. Der Bundesbeauftragte für den Datenschutz und der Informationsfreiheit hatte im Gesetzgebungsverfahren Bedenken hinsichtlich der Erforderlichkeit der Übermittlung aller versichertenbezogenen Daten an die KK angemeldet, die aber nicht aufgegriffen wurden. Allerdings wurde durch eine Entschließung des Deutschen BT v 26.9.2003[11] eine Klarstellung dahingehend erreicht, dass durch technische und organisatorische Maßnahmen die Bildung von Versichertenprofilen zu verhindern ist.[12]

11 Der Gesetzgeber hält aber die Übermittlung der versichertenbezogenen Abrechnungs- und Leistungsdaten an die KK für erforderlich, damit diese ihrer Pflicht der versichertenbezogenen Abrechnungsprüfung nachkommen können.[13] Diese weitergehenden Prüfpflichten sieht der Gesetzgeber nämlich als elementar wichtig an, da der mit dem GMG „*verbundene Übergang von einem System der Pauschalvergütung zu einem System der Vergütung nach Regelleistungsvolumina [...] das mit der Leistungsabrechnung der Ärzte verbundene finanzielle Risiko in erheblichem Umfang auf die KK*" verlagert.[14] Deshalb reiche eine auf den Behandlungsfall bezogene Prüfung nicht mehr aus, denn es sei notwendig, die für einen Versicherten abgerechneten Leistungen zusammen zu führen.[15] Zudem verfügen die KK für ihre Prüfungen über weitere, eigene Daten wie zB Versichertendaten, Krankenhausdaten, Daten weiterer Leistungserbringer und Verordnungsdaten.

12 **b) Aufgreifkriterien.** Als Aufgreifkriterien bezeichnet man die Kriterien, die die Abrechnung eines Vertragsarztes oder aber auch die Leistungen, die für einen Versicherten (ggf) von mehreren Vertragsärzten abgerechnet wurden, erfüllen müssen, damit eine arztbezogene bzw versichertenbezogene Prüfung standardisiert eröffnet wird. Dabei bedeutet das Erfüllen eines Aufgreifkriteriums alleine noch nicht, dass die Abrechnung zwangsläufig fehlerhaft ist, sie löst nur eine Prüfung aus.[16] Je höher allerdings das Aufgreifkriterium überschritten wird, desto größer ist die Wahrscheinlichkeit, dass eine fehlerhafte bzw unwirtschaftliche Abrechnung vorliegt bzw vom Versicherten Leistungen ohne Rechtsgrundlage in Anspruch genommen wurden.

13 **aa) Aufgreifkriterien der KV.** Die Aufgreifkriterien, die die KV ihrer Prüfung zugrunde zu legen hat, sind zum Teil in den Bundesrichtlinien Abrechnungsprüfung

---

11 Plenarprotokoll 15/64, 5475 iVm Nr IV der BT-Drucks 15/1584, 10.
12 Schreiben des Bundesbeauftragten v 28.12.2011 an die KBV.
13 BT-Drucks 15/1525, 146.
14 BT-Drucks 15/1525, 117.
15 BT-Drucks 15/1525, 118.
16 Vgl auch § 5 Abs 2 der Bundesrichtlinien Abrechnungsprüfung.

geregelt, da dies § 106d Abs 6 S 1 HS 2 SGB V so vorgibt. Diese sind aber weder vollständig noch entfalten sie eine Sperrwirkung für die Landesvereinbarungen. Deshalb finden sich oftmals weitere Aufgreifkriterien in den jeweiligen Landesvereinbarungen gem § 106d Abs 5 SGB V.

Wird ein Aufgreifkriterium erfüllt, führt die KV weitere Überprüfungen durch. Diese haben zum Ziel, mit Hilfe ergänzender Tatsachenfeststellungen und Bewertungen festzustellen, ob gegen die rechtliche Ordnungsmäßigkeit der Abrechnung verstoßen worden ist.[17]   14

– Zeitprüfung   15
Für die Zeitprüfung werden die vom Vertragsarzt persönlich zu erbringenden Leistungen im Anhang 3 zum EBM zeitlich bewertet und mit der jeweiligen Häufigkeit der abgerechneten Leistungen multipliziert[18]. Leistungen im organisierten Notfalldienst, die auf Muster 19 der Vordruckvereinbarung (Anl 2 zum BMV-Ä) abgerechnet werden, Leistungen aus der unvorhergesehenen Inanspruchnahme des Vertragsarztes außerhalb der Sprechstundenzeiten und bei Unterbrechung der Sprechstunde mit Verlassen der Praxis, unverzüglich nach Bestellung durchzuführende dringende Besuche sowie – bei Belegärzten – Visiten bleiben dabei außer Betracht, § 8 Abs 3 S 1 der Bundesrichtlinien Abrechnungsprüfung. Dabei unterscheidet man zudem zwischen Leistungen, die sich für die Erstellung von Tages- und Quartalsprofilen eignen und Leistungen, die nicht dem Tagesprofil unterliegen, § 8 Abs 3 S 2 der Bundesrichtlinien Abrechnungsprüfung. Eine Zeitprüfung ist durchzuführen, wenn jeweils mindestens eines der folgenden Aufgreifkriterien erfüllt ist:
§ 8 Abs 4 S 1 der Bundesrichtlinien:
– Bei Vertragsärzten und -therapeuten mit einem vollen Versorgungsauftrag bzw. bei in Vollzeit angestellten Ärzten und Therapeuten überschreitet der Zeitbedarf für persönlich zu erbringende Leistungen
  – im Quartal mehr als 780 Stunden
  – an mindestens 3 Tagen mehr als 12 Stunden
§ 8 Abs 4 S 2 der Bundesrichtlinien:
ein reduzierter Umfang des Versorgungsauftrages (zeitlich hälftige Zulassung gem § 95 Abs 3 S 1 2. Alt SGB V) bzw. des Tätigkeitsumfangs des angestellten Arztes bzw. Therapeuten ist anteilig zu berücksichtigen
§ 8 Abs 4 S 3 der Bundesrichtlinien:

– Bei ermächtigten Ärzten, ermächtigten Instituten, ermächtigten Krankenhäusern   16
überschreitet
der Zeitbedarf für persönlich zu erbringende Leistungen
  – im Quartal mehr als 156 Stunden,
  – an mindestens 3 Tagen mehr als 12 Stunden.

Bei Tätigkeit in unterschiedlichem Status wird die Prüfung jeweils nach den o g Maßstäben durchgeführt; die Prüfergebnisse werden zusammengeführt (§ 8 Abs 5 der Bundesrichtlinien).   17

---
17 S Rn 104.
18 Sehr lesenswert zum Umgang mit Zeitvorgaben in der Plausibilitätsprüfung *Dahm* MedR 2019, 373.

18 Die in den Bundesrichtlinien Abrechnungsprüfung nachvollzogene Gleichstellung von zugelassenen und angestellten Ärzten ergibt sich aus dem durch das GKV-VSG eingefügten HS 2 des § 106d Abs 2 S 2 SGB V. Diese gesetzliche Regelung negiert damit den Unterschied zwischen freiberuflicher und angestellter Tätigkeit und der damit verbundenen sonstigen gesetzlichen Regularien wie zB das Arbeitszeitgesetz.[19] Das wäre zu akzeptieren; allerdings steht die gesetzliche Regelung nun in einem *„Spannungsverhältnis"* zu den Regelungen der Bedarfsplanungsrichtlinie. In dieser wurden die zulässigen Höchststundenzahlen für die jeweilige Anrechnung der angestellten Ärzte iRd Bedarfsplanung nach Kriterien festgelegt, die den typischen Angestelltenverhältnissen in Deutschland entsprechen. Die Gleichstellung von Vertragsärzten und angestellten Ärzten iRd Zeitplausibilitätsprüfung führt nun zu Widersprüchen zwischen dem Zeitrahmen, in dem die Angestellten genehmigter Weise an der vertragsärztlichen Versorgung teilnehmen dürfen und demjenigen, für die sie ärztliche Leistungen erbringen dürfen; der letztgenannte Zeitrahmen ist höher. Der Gesetzgeber nimmt dies in Kauf, um eine pauschale Benachteiligung von angestellten Ärzten auszuschließen.[20] Ob und in wieweit das Ziel der Abrechnungsprüfung, nämlich die Gewährleistung einer ordnungsgemäßen Rechnungslegung, mit diesen Vorgaben erreicht werden kann, bleibt abzuwarten. Das BSG[21] jedenfalls akzeptiert aufgrund des in § 106d Abs 2 S 2 SGB V geregelten Gleichbehandlungsgebot bezogen auf die Plausibilitätsprüfung gleichwohl eine solche Festlegung.

19 Diese Vorgaben sind bereits rückwirkend – nämlich auch für Verfahren, die zum 31.12.2014 noch nicht abgeschlossen waren – anzuwenden. Bei diesem, in § 106d Abs 2 S 9 SGB V genannten Datum handelt es sich wohl um ein redaktionelles Versehen; es ist der Gesetzesbegründung nämlich nicht zu entnehmen, dass zwischenzeitlich rechtskräftig abgeschlossene Verfahren gem §§ 44, 46 SGB X durch Rücknahme bzw Widerruf des entsprechenden Verwaltungsaktes erneut nach der nun neuen Rechtslage beurteilt werden sollen.

20 Neu in den seit 1.4.2018 gültigen Richtlinien ist die in § 8 Abs 6 der Bundesrichtlinien Abrechnungsprüfung geregelte Möglichkeit für die KV, die Prüfung arztbezogen (LANR) oder praxisbezogen (BSNR) durchzuführen, wobei der Grundsatz gem § 8 Abs 2 der Bundesrichtlinien Abrechnungsprüfung die Erstellung nach der lebenslangen Arztnummer ist.

21 – Prüfung von Patientenidentitäten
Darunter versteht man die Prüfung, ob bei Praxen, die nicht in Berufsausübungsgemeinschaften verbunden sind, in einer nicht nachvollziehbaren hohen Zahl von identischen Patienten Leistungen zur Abrechnung kommen. Dabei ist eine Abrechnungsauffälligkeit zu vermuten, wenn bei einer der beteiligten Praxen eines der folgenden Aufgreifkriterien erfüllt ist:

---

19 Kritisch dazu auch *Willaschek* ZMGR 6/2015, 387, 392.
20 BT-Drucks 18/4095, 110.
21 *BSG* v 30.10.2019 – B 6 KA 9/18 R, Rn 21, ArztR 5/2020, 134, GesR 4/2020, 264.

- Fachgruppengleiche Praxen
  (§ 10 Abs 2 Buchst a Bundesrichtlinien Abrechnungsprüfung):
  - 20 % Patientenidentität – auf die abrechnenden Praxen bezogen.
- Fachgruppenübergreifende Praxen
  (§ 10 Abs 2 Buchst b Bundesrichtlinien Abrechnungsprüfung):
  - 30 % Patientenidentität – auf die abrechnenden Praxen bezogen.

Diese Prüfungen sind zumindest stichprobenartig durchzuführen.

- Stichprobenprüfung

  Die Stichprobenprüfung gilt in der Praxis als sehr ineffektive Prüfung, da es dem Zufall überlassen wird, welcher Arzt geprüft wird[22]. Auch die Möglichkeit, quartalsweise Zielrichtung und Zielgruppen für die Stichprobenprüfung festzulegen, ändert daran nicht viel. Einige KV machten deshalb in der Vergangenheit von der Möglichkeit Gebrauch, die Stichprobenprüfung im Einvernehmen mit den KK durch die Durchführung erweiterter Prüfungen nach § 9 der Bundesrichtlinien Abrechnungsprüfung einzuschränken oder sogar von ihr abzusehen.[23] Die aktuellen Bundesrichtlinien Abrechnungsprüfung sehen die Stichprobenprüfung nicht mehr als verpflichtend durchzuführende Prüfung vor. Der Gesetzgeber hatte die Stichprobenprüfung für die Abrechnungsprüfung (im Gegensatz zur Wirtschaftlichkeitsprüfung) noch nie vorgeschrieben gehabt.

- weitere Aufgreifkriterien

  Weitere Aufgreifkriterien finden sich in der Regel in den jeweiligen Vereinbarungen nach § 106d Abs 5 SGB V auf Landesebene. Gem § 9 Abs 2 der Bundesrichtlinien Abrechnungsprüfung kann die KV im regelhaften Prüfverfahren auch weitere Aufgreifkriterien zur Prüfung der Plausibilität der Abrechnung anwenden; diese müssen nicht zwangsläufig schriftlich niedergelegt sein, sondern können sich zB auch aus Erkenntnissen aus aktuellen Prüfverfahren oder aus Hinweisen von dritter Seite ergeben.[24]

bb) Aufgreifkriterien der KK. Die Aufgreifkriterien, die die KK für ihre Prüfungen verwenden, sind nicht in den Bundesrichtlinien Abrechnungsprüfung genannt, weil hierzu ein entsprechender Auftrag in § 106d Abs 6 SGB V fehlt. Sie sind deshalb regelmäßig in den jeweiligen Vereinbarungen nach § 106d Abs 5 SGB V auf Landesebene zu bestimmen.

Für die KK gibt es bezüglich der Aufgreifkriterien eine Bundesempfehlung des Spitzenverbandes Bund der KK. An diese Bundesempfehlung richten sich die Vorgaben zu den Aufgreifkriterien in der Regel aus.

---

22 Vgl auch die Gesetzesbegründung zur Abschaffung der Zufälligkeitsprüfung iRd Wirtschaftlichkeitsprüfung durch das TSVG, BT-Drucks 19/8351, 221.
23 § 10 Abs 2 der Bundesrichtlinien Abrechnungsprüfung aF.
24 Eine ausführliche Darstellung prüfrelevanter Sachverhalte findet sich bei Wenzel/*Steinhilper* Kap 13 Rn 372.

§ 46

26 Somit stellen sich die Aufgreifkriterien für die KK beispielhaft wie folgt dar:

Tabelle 8: Aufgreifkriterien der KK

Prüffeld	Prüfgegenstand	Prüfung gegen
1. Leistungspflicht (zu § 2 Muster-VO)	Dauer des Versichertenverhältnisses	Abrechnungszeitraum (EFN)
	Abrechnungszeitraum ambulant (EFN)	Abrechnungszeitraum stationär (§ 301 SGB V)
	Vergütung/Diagnosedaten gesamt	Sozialhilfeempfänger (Status 4); Wahl der Kostenerstattung; Unfallkennzeichen
	Vergütung bei Maßnahmen der künstlichen Befruchtung	Art und Anzahl der anrechenbaren Maßnahmen aus vergangenen Abrechnungszeiträumen; Genehmigung der Kasse
	Vergütung bei antrags- und genehmigungspflichtigen psychotherapeutischen Leistungen	Genehmigungsumfang der Kasse
	Vergütung bei Krebsfrüherkennung/ Gesundheits-/Kinderuntersuchung	Anspruchsberechtigung nach Anzahl pro Zeiteinheit, Alter, Geschlecht
	Vergütung bei Substitution	Anzeige nach § 7 Abs 2 der Methadon-Richtlinien; Mehrfachsubstitution
2. Diagnosen (zu § 3 Muster-VO)	EBM-Nummern	Diagnose
	EFN-Daten	Arzneimitteldaten
	Leistungsbeteiligung nach § 52 Abs 2 SGB V	ICD-10-Kennung U69.10
3. Anzahl in Anspruch genommener Vertragsärzte (zu § 4 Muster-VO)	EFN-Daten	Anzahl in Anspruch genommener Vertragsärzte derselben Fachgruppe (> 4)
	Überweisungen zur Mit-/Weiterbehandlung	Ringüberweisungen = Anzahl identischer Zuweiser (unabhängig von Fachgruppe) über mehrere Abrechnungsquartale hinweg; Anzahl in Anspruch genommener Vertragsärzte derselben Fachgruppe (> 4)
4. Sachkosten (zu § 6 Muster-VO)	Art	Vergütung/Diagnosedaten
	Anzahl	Vergütung/Diagnosedaten
	Preis	Preisspannen

Quelle: Entnommen aus Anlage 2 zur Vereinbarung nach § 106d Abs 5 SGB V in Bayern.

27 **cc) Auswahl der zu prüfenden Praxen.** Für die Überprüfung, ob eine Abrechnung ein Aufgreifkriterium erfüllt, werden idR automatisierte Verfahren eingesetzt und sog „Auswahllisten" erstellt. Für die zu prüfenden Praxen bzw Versicherten werden im Anschluss in der Regel weitere Statistiken erstellt, die die Prüfung unterstützen sollen.

c) Durchführung der Prüfung. Die Durchführungsbestimmungen sind in den einzelnen KV und KK sehr unterschiedlich gehalten. Insbesondere bei den KV sind vor allem die Entscheidungswege nicht einheitlich geregelt. So entscheiden über die Frage der Plausibilität der Abrechnung und etwaige Folgen in einigen KV die Vorstände (zB in der KV Saarland[25]), in anderen ein *„Plausibilitätsausschuss"* (zB in der KV Sachsen[26]), während es auch die Regelungen gibt, dass der Geschäftsführer (zB in der KV Niedersachsen) oder aber auch die Verwaltung selbst die entsprechenden Entscheidungen trifft (zB in der KV Bayerns) oder gar ein gemeinsames Gremium die Prüfung durchführt; so wurde zB in der KV Bremen ein gemeinsames Prüfgremium mit der Prüfung nach § 106d SGB V und der Erstellung entsprechender Entscheidungsvorschläge beauftragt.[27]   28

Auch bei den Durchführungsbestimmungen der KK gibt es Unterschiede.   29

Einige KK nehmen die Möglichkeit des § 17 Abs 5 der Bundesrichtlinien in Anspruch und beauftragen Dritte mit der Durchführung der Prüfungen; im Bereich der KV Nordrhein ist sogar die KV mit der Prüfung nach § 106d Abs 3 Nr 2 und 3 SGB V beauftragt.[28]

Aus diesem Grund kann hier nur eine allgemeine Darstellung erfolgen, die für den Großteil der KV bzw KK gültig sein dürfte.

aa) Verfahrensablauf bei den KV. Zu unterscheiden ist die sachlich-rechnerische Richtigstellung, die durch das sog *„Regelwerk"*, also automatisiert bei der Bearbeitung der Abrechnung erfolgt,[29] und die Plausibilitätsprüfung, die als Teil der sachlich-rechnerischen Richtigstellung durchgeführt wird und bei der individuelle Prüfungen notwendig sind. Zudem werden sachlich-rechnerische Richtigstellungen durch die KV auf Antrag einer KK oder ihres Verbandes[30] sowie aufgrund von Prüfmitteilungen der KK[31] vorgenommen.   30

Im Folgenden wird ausschließlich der Verfahrensablauf der Abrechnungsprüfung im Sinne der Plausibilitätsprüfung dargestellt.[32]   31

In der Regel findet die Abrechnungsprüfung in den KV quartalsversetzt statt, dh die Honorare wurden an die Vertragsärzte bereits ausbezahlt. Die Auszahlung der Honorare erfolgt dabei unter Vorbehalt der nachgelagerten Abrechnungs- und auch Wirtschaftlichkeitsprüfung. Nur die KV Brandenburg führt die Abrechnungsprüfung quartalsgleich durch, also noch vor Auszahlung des Honorars an die Vertragsärzte.   32

– **interne Vorprüfung**   33
  Bevor eine KV eine Abrechnungsprüfung gegenüber dem Vertragsarzt einleitet und damit das förmliche Verfahren in Gang setzt, prüft sie intern zunächst einmal, ob die Auffälligkeit in Form der Erfüllung eines Aufgreifkriteriums bereits durch Sichtung der vorliegenden Statistiken und Unterlagen nachvollziehbar, also plausibel ist. Dies

---

25 S § 8 Abs 2 der dortigen Verfahrensordnung (idF v 1.4.2005).
26 S § 10 der dortigen Verfahrensordnung (Stand: 16.5.2018).
27 Teil C der dortigen Vereinbarung nach § 106d Abs 5 SGB V, gültig ab 1.4.2005.
28 Anl 1 zur dortigen Vereinbarung nach § 106d Abs 5 SGB V v 24.1.2019.
29 S § 45 Rn 11.
30 S § 45 Rn 18.
31 S § 45 Rn 18 ff.
32 Zur sachlich-rechnerischen Richtigstellung s § 45.

kann zB bei einer Zeitprüfung dann der Fall sein, wenn bekannt ist, dass die Vertragsärzte in der zu prüfenden Praxis durch eine besondere Spezialisierung in der Lage sind, die im Anhang 3 des EBM genannten Prüfzeiten bei bestimmten Leistungen zu unterbieten. Um für aussagekräftige Zeitprofile geeignet zu sein, müssen die normierten Prüfzeiten nämlich Durchschnittszeiten darstellen, die ein erfahrener und geübter Vertragsarzt, der zügig arbeitet, zwar im Einzelfall unterbieten kann, in der Regel aber im Durchschnitt zur leistungslegendengerechten Erbringung benötigt.[33] *Willaschek*[34] und *Dahm*[35] kritisieren die Zeitvorgaben im EBM, da sie nicht den Vorgaben des BSG zu Prüfzeiten entsprächen und empirische Befunde für die Richtigkeit dieser Festlegungen fehlen. *Dahm* nennt zahlreiche Belege dafür und fordert von der Rechtsprechung eine kritische Auseinandersetzung mit der Literatur. Gerade bei Operateuren, die sich auf wenige spezifische Operationen spezialisiert haben, können die im Anhang 3 zum EBM geregelten Prüfzeiten im Durchschnitt wohl tatsächlich unterboten werden. Dies kann der Vertragsarzt zB anhand von Operationsberichten oder Anästhesieprotokollen nachweisen. Das BSG[36] scheint aber an den Prüfzeiten des Anhang 3 zum EBM festhalten zu wollen und erhebt diese in den gleichen normativen Rang zur Leistungslegende. Da das BSG andererseits aber die Prüfzeit als Durchschnittswert[37] einstuft, der im Einzelfall durchaus unterschritten werden kann, wird die Umsetzung dieser Rechtsprechung in der Praxis zumindest als schwierig anzusehen sein.

34 Bei der Prüfung von Patientenidentitäten ist eine hohe Zahl von gemeinsamen Patienten dann nachvollziehbar, wenn zB viele Leistungen in Auftrag gegeben werden[38] oder die regelhafte Kooperation zwischen Operateur und Anästhesist vorliegt. Auch sonstige Auffälligkeiten können bereits im Vorfeld, also ohne Stellungnahme des Vertragsarztes erklärbar sein; dies ist jeweils im Einzelfall zu überprüfen und entzieht sich in der Regel einer pauschalierten Betrachtung.

35 Eine Evaluierung von Aufgreifkriterien anhand von dadurch ausgewählten Abrechnungen erscheint auch dahingehend angezeigt, ob die Aufgreifkriterien trennscharf genug sind oder ob durch das Aufgreifkriterium sehr viele Abrechnungen auffällig werden, die sich aber bereits durch einfache Überprüfungen als plausibel erweisen. In letztgenanntem Fall sollte das Aufgreifkriterium überdacht und nachjustiert werden. Gerade die Aufgreifkriterien für die Zeitprüfung sind mit zunehmender Pauschalierung der Leistungen insbesondere ab dem Jahr 2008 immer weniger geeignet, nur mehr die Abrechnungen aufzuzeigen, bei denen eine Falschabrechnung auch zu vermuten ist. Die Erfahrungen zeigen, dass vielmehr die weit überwiegende Zahl von zunächst auffälligen Abrechnungen bereits iRd verwaltungsinternen Vorprüfung anerkannt werden können und zu keinen weiteren Prüfungen Anlass geben. Die Vertragspartner auf Bundesebene hatten dies erkannt und folgende Protokollnotiz den Bundesrichtlinien Abrechnungsprüfung (aF) angefügt:

---

33 Vgl zB *BSG* v 24.11.1993 – 6 RKa 70/91, BSGE 73, 234, NJW 1995, 1636.
34 ZMGR 2015, 387.
35 MedR 2019, 373, 378 ff mit zahlreichen Verweisen auf kritische Stimmen in der Literatur.
36 *BSG* v 15.7.2020 – B 6 KA 15/19 R, Rn 24.
37 *BSG* v 15.7.2020 – B 6 KA 15/19 R, Rn 28.
38 ZB Zytologie, Labor, radiologische Leistungen, etc.

"*Im Hinblick auf die veränderte Struktur des seit dem 1. Januar 2008 gültigen EBM (Pauschalenbildung) durch welche die Aussagefähigkeit der vorhandenen Instrumente der Plausibilitätsprüfung nur noch eingeschränkt gegeben ist, werden die Vertragspartner eine Anpassung der Richtlinien hinsichtlich der Festlegung geeigneter Prüfkriterien vornehmen.*"

Diese Protokollnotiz wurde bei den aktuell gültigen Bundesrichtlinien Abrechnungsprüfung durch die Regelung in § 12 Abs 3 Nr 1 Buchst d und e abgelöst. Darin werden die Hauptprobleme für zunächst zeitlich auffällige, schließlich aber plausible Abrechnungen genannt: quartalsbezogene Pauschalen, hohe Fallzahlen (oftmals durch Ärztemangel ausgelöst) sowie fachliche Spezialisierungen etc. Das Grundproblem der oftmals nicht realistischen Prüfzeiten[39] an sich wird dadurch nicht gelöst, den KV aber Möglichkeiten an die Hand gegeben, dies auszutarieren. Der Bewertungsausschuss[40] hat mit Wirkung zum 1.4.2020 Änderungen bei den Prüfzeiten vorgenommen und diese zum Teil deutlich reduziert. Diese Evaluation ist zu begrüßen, dennoch scheinen nicht alle Leistungen dieser Überprüfung unterzogen worden zu sein, weshalb die Kritik an den Prüfzeiten anhalten wird. Zudem wird man zu Recht einfordern, dass die evaluierten Prüfzeiten auch auf die Überprüfung von Abrechnungen vor dem Quartal 2/2020 angewendet werden, wenn sich die Leistungslegende nicht geändert hat. Denn die Veränderung der Prüfzeit bei gleichbleibender Leistungslegende besagt ja gerade, dass man diese Leistung im Durchschnitt schneller erbringen kann (und auch konnte). 36

Die Zeitprofile entbehren aber nicht vollends einer Aussagekraft. Gerade in Bereichen, in denen die Pauschalierung noch nicht so weit fortgeschritten ist wie bei den Hausärzten, lassen sich doch zumindest Hinweise für weitere Prüfungen entnehmen, zu einem großen Teil aber auch ganz klare Indizien für eine Falschabrechnung finden. 37

Ergibt die interne Vorprüfung, dass die Abrechnung als plausibel einzustufen ist, ist die Prüfung beendet. Die Gründe für die Beendigung sind zu dokumentieren. 38

– **formelle Einleitung des Prüfverfahrens** 39
Verbleiben nach der internen Vorprüfung Zweifel an der Ordnungsgemäßheit der Abrechnung, wird das Prüfverfahren formell eingeleitet, indem der Vertragsarzt schriftlich über die Auffälligkeiten seiner Abrechnung informiert und um Stellungnahme gebeten wird. Der Vertragsarzt ist nun aufgefordert, an der Aufklärung der Auffälligkeiten mitzuwirken. Dabei hat er aber grundsätzlich (noch) nicht die Pflicht, die Richtigkeit der Abrechnung nachzuweisen. Vielmehr muss die KV dem Vertragsarzt konkret nachweisen, welche Leistung aus welchem Grund nicht ordnungsgemäß erbracht wurde und somit von der Vergütung ausgeschlossen ist.
Der Nachweis kann durch Zeitprofile geführt werden.[41]

---

39 S a Wenzel/*Steinhilper* Kap 13 Rn 403.
40 In seiner 455. Sitzung am 11.12.2019.
41 ZB BSGE 73, 234, 238 f = SozR 3-2500 § 95 Nr 4 S 13 ff; ebenso *BSG* v 17.8.2011 – B 6 KA 27/11 B, juris.

40 Eine sog „*Beweislastumkehr*" tritt erst dann ein, wenn die KV dem Vertragsarzt nachweist, dass er in auch nur einem Abrechnungsfall zumindest grob fahrlässig falsche Angaben gemacht hat.[42]

41 Eine Besonderheit stellt dagegen ein Gestaltungsmissbrauch bei der Praxisform dar. Hier sieht es das BSG nicht als erforderlich an, dass die Sammelerklärung falsch ist und die KV zumindest eine grob fahrlässig falsche Abrechnung nachweist.[43] Es bedürfe nämlich für die sachlich-rechnerische Richtigstellung nach einem Verstoß gegen Vorschriften über formale oder inhaltliche Voraussetzungen der Leistungserbringung keines Verschuldens.[44]

42 Der Vertragsarzt ist berechtigt und verpflichtet, der KV für die Prüfung Befunde vorzulegen, § 295 Abs 1a SGB V. In den meisten Satzungen der KV ist geregelt, dass der Vertragsarzt bei der Prüfung mitwirken und entsprechende Unterlagen vorlegen muss.[45] Kommt er dem nicht nach, besteht sogar die Möglichkeit, ein Disziplinarverfahren gegen den Vertragsarzt einzuleiten.[46] Die Grenzen der Mitwirkungspflicht sind aber wohl dort zu sehen, wo der Vertragsarzt sich durch die Vorlage von Unterlagen iSd § 55 StPO selbst belasten und einer Strafverfolgung aussetzen würde.

43 Die KV ist verpflichtet, den Sachverhalt mit allen ihr zur Verfügung stehenden Mitteln aufzuklären. Dies entspringt letztlich auch aus der analogen Anwendung des § 76 SGB IV, der die KV dazu anhält, alle Einnahmen zu erheben, die ihr zustehen.

44 Als ultima ratio kann sie sogar die KK auffordern, eine Patientenbefragung durchzuführen, um letztlich Klarheit über die Ordnungsgemäßheit der Abrechnung zu erhalten. Diese Maßnahme ist aber sicherlich gut abzuwägen, denn sie ist durchaus geeignet, das Ansehen des Vertragsarztes in der öffentlichen Wahrnehmung zu beschädigen, wenn sich der Verdacht der Falschabrechnung nicht beweisen lassen sollte. Zudem dürfte diese Möglichkeit durch § 81a SGB V faktisch nicht mehr von Bedeutung sein. Denn als ultima ratio angedacht dürfte sich bei der KV bereits ein Anfangsverdacht auf einen Abrechnungsbetrug gebildet haben mit der Folge, die Staatsanwaltschaft vom Sachverhalt unterrichten zu müssen;[47] demnach würde eine Patientenbefragung sogar geeignet sein, staatsanwaltliche Ermittlungen zu gefährden.

45 Ergibt die Sachverhaltsaufklärung, dass die Abrechnung des Vertragsarztes korrekt ist, ist das Verfahren einzustellen; die Gründe für die Einstellung sind zu dokumentieren.

---

42 Ständige Rspr BSG, s zB *BSG* v 17.9.1997 – 6 RKa 86/95, MedR 1998, 338; zur Rechtsfolge s Rn 46 ff.
43 *BSG* v 17.2.2016 – B 6 KA 50/15 B, Rn 6f, GesR 2016, 311.
44 *BSG* v 11.10.2017 – B 6 KA 29/17 B, Rn 9, MedR 2018, 435, 436 f.
45 So zB § 9 Abs 8 Buchst a der Satzung der KV Berlin, § 5 Abs 3 der Satzung der KV Niedersachsen, § 5 Abs 4 der Satzung der KV Rheinland-Pfalz, § 3 Abs 8 der Satzung der KV Westfalen-Lippe sowie § 4 Abs 5 der Satzung der KV Bayerns.
46 S. § 60.
47 KassKomm/*Hess* § 81a SGB V Rn 13; s a Rn 55.

§ 46 Plausibilitätskontrollen

– **Konsequenzen einer fehlerhaften Abrechnung** 46

Verbleiben nach der Sachverhaltsaufklärung Zweifel an der Ordnungsgemäßheit 47
der Abrechnung, so führt das nicht zwangsläufig zu einer Honorarrückforderung[48].
Vielmehr hat die KV nachzuweisen, dass die Abrechnung fehlerhaft ist.
Aufgrund bestimmter Aufgreifkriterien wie zB den Tages- und/oder Quartalsprofilen kann allerdings ein Anscheinsbeweis[49] für eine fehlerhafte Abrechnung entstehen. So zB, wenn die täglich, auch unter Berücksichtigung, dass spezialisierte Ärzte bestimmte Leistungen sogar durchschnittlich schneller erbringen können,[50] eruierten Tagesarbeitszeiten eine Stundenzahl erreichen, die eine ordnungsgemäße Leistungserbringung ausschließen.

Ein Verschulden des Vertragsarztes ist für die Geltendmachung eines Rückforde- 48
rungsanspruches nicht erforderlich.[51]

Da das Abrechnungssystem in der GKV auf Vertrauen aufgebaut ist und der Ver- 49
tragsarzt mit der Sammelerklärung versichert, dass die von ihm abgerechneten Leistungen ordnungsgemäß erbracht wurden, ist der Vertragsarzt zur peinlich genauen Abrechnung verpflichtet.[52] Verstößt der Vertragsarzt gröblich gegen diese Verpflichtung, so entfällt die Garantiewirkung der Sammelerklärung[53] und der Vertragsarzt hat dezidiert nachzuweisen, welche Leistungen er korrekt erbracht hat.[54] Da ihm dies in der Regel nicht gelingen dürfte, ist die KV berechtigt, den Honorarbescheid aufzuheben und das Honorar zu schätzen; ihr wird dabei ein weites Schätzungsermessen zugebilligt.[55] Da die Prüfung von dem *„durch den Vertragsarzt angeforderten Punktzahlvolumen unabhängig von honorarwirksamen Begrenzungsregelungen"* auszugehen[56] ist, *„wird weiterhin vorgegeben, dass nicht nur bei der Überprüfung der angeforderten Punktzahlen, sondern auch bei den aus einer Korrektur zu ziehenden Schlussfolgerungen an das angeforderte Punktzahlvolumen anzuknüpfen ist"*[57]

Die KV ist nicht verpflichtet, eine Umsetzung der fehlerhaft abgerechneten 50
Gebührenordnungsposition in eine andere, tatsächlich erbrachte Gebührenordnungsposition vorzunehmen[58]. Somit sind die gestrichenen Punkte bzw Punktzahlen anhand der Anerkennungsquote und damit der praxisindividuellen Punktwerte, so wie diese aus dem Verhältnis zwischen dem bei der Honoraranforderung in Ansatz gebrachten Punktzahlvolumen und dem Umfang des honorarbegrenzenden Budgets errechnet wurden, in Euro zu bewerten, und dementsprechend ist die Rückforderung festzusetzen[59].

---

48 Bergmann/Pauge/*Steinmeyer* § 106d SGB V Rn 8.
49 Weitergehend KassKomm/*Hess* § 106d SGB V Rn 7.
50 Vgl hierzu HK-AKM/*Steinhilper* 4160 Plausibilitätsprüfung in der vertragsärztlichen Rn 32.
51 Vgl Laufs/*Clemens/Steinhilper* § 39 Rn 9; Bergmann/Pauge/*Steinmeyer* § 106d SGB V Rn 11, Spickhoff/*Clemens/Palsherm* § 106d SGB V Rn 10.
52 Vgl *BSG* v 24.11.1993 – 6 RKa 70/91 BSGE 73, 234, NJW 1995, 1636.
53 Vgl *BSG* v 17.9.1997 – 6 RKa 86/95 NJW 1998, 3445.
54 Vgl *BSG* v 8.3.2000 – B 6 KA 16/99 R BSGE 86, 30.
55 Vgl. *BSG* 17.9.1997 – 6 RKa 86/95 NJW 1998, 3445.
56 § 106d Abs 2 S 6 SGB V.
57 *BSG* v 11.3.2009 – B 6 KA 62/07 R
58 *Bayer LSG* v 25.3.2015 – L 12 KA 37/13.
59 *BSG* v 11.3.2009 – B 6 KA 62/07 Rn 17; zur Berechnung bei gleichzeitigem Überschreiten der Job-Sharing-Obergrenzen *BSG* v 13.2.2019 – B 6 KA 58/17 R, NZS 2019, 837.

§ 46 Plausibilitätskontrollen

51 Die Honorarrückforderung machen die KV in der Regel durch einen Honoraraufhebungs- und -neufestsetzungsbescheid geltend[60], gegen den der Vertragsarzt mit dem Widerspruch vorgehen kann. Bleibt auch dieser erfolglos, so steht der Rechtsweg vor die Sozialgerichte offen. Als richtige Klageart ist die Anfechtungsklage zu wählen.[61]

52 Oftmals werden Honorarrückforderungen auch mittels „Vergleich" erledigt. Dabei handelt es sich um einen öffentlich-rechtlichen Vertrag gem § 53 Abs 1 SGB X zwischen KV und dem Vertragsarzt. Dieser dient dazu, das Verfahren schnell und verwaltungsökonomisch abzuschließen. Ein relevantes Entgegenkommen seitens der KV hinsichtlich der Höhe der Rückforderung ist dabei nicht möglich, da die Vertreter der KV die Vermögensinteressen der Vertragsärzteschaft zu betreuen haben. Verstießen sie dagegen, indem sie ungerechtfertigt hohe Abschläge auf die Rückforderungssumme gewährten, machten sie sich ggf wegen Untreue gem § 266 StGB strafbar.[62] Ein Entgegenkommen ist demnach nur in den Grenzen des § 54 SGB X möglich, wenn bei der KV Ungewissheit über den Sachverhalt (die Alternative 2: Ungewissheit über die Rechtslage dürfte regelmäßig ausscheiden) herrscht.[63]

53 Die sachlich-rechnerische Richtigstellung war bisher nur innerhalb einer Frist von vier Jahren seit Erlass des Quartalsbescheids möglich.[64] Durch das TSVG wurde diese Frist auf zwei Jahre reduziert[65]. Nach Ablauf dieser Frist kann eine Rücknahme des Honorarbescheides nur nach § 45 SGB X erfolgen.[66]

54 Neben der Honorarrückforderung kann es im Einzelfall auch angezeigt sein, disziplinarische Maßnahmen gem § 81 SGB V iVm der jeweiligen Satzung gegen den Vertragsarzt zu ergreifen.[67]

55 Mit dem GMG wurden die KV verpflichtet, „*die Staatsanwaltschaft unverzüglich zu unterrichten, wenn die Prüfung ergibt, dass ein Anfangsverdacht auf strafbare Handlungen mit nicht nur geringfügiger Bedeutung für die gesetzliche Krankenversicherung bestehen könnte*", § 81a Abs 4 SGB V.[68] Dies soll die „*Selbstreinigung innerhalb des Systems der gesetzlichen Krankenversicherung*" fördern.[69] Dass die Vorschrift als Soll-Vorschrift formuliert ist, ändert an der Verpflichtung nichts, da ein Abweichen von einer Soll-Vorschrift für eine Körperschaft des öffentlichen Rechts nur bei entsprechender Begründung möglich ist.[70] Der Gesetzgeber nannte in seiner Gesetzesbegründung ausdrücklich die Möglichkeit einer Strafbarkeit nach § 158 StGB (Strafvereitelung) bei Unterbleiben einer Unterrichtung.[71] Eine entsprechende Regelung für die KK findet sich in § 197a SGB V.

---

60 Ausführlich zur Schadensberechnung HK-AKM/*Steinhilper* 4160 Plausibilitätsprüfung in der vertragsärztlichen Versorgung Rn 68 ff.
61 Vgl Quaas/*Clemens* § 22 Rn 78.
62 Vgl Laufs/*Ulsenheimer* § 163 Rn 10.
63 Vgl von Wulffen/*Engelmann* SGB X § 54 Rn 4 ff.
64 *BSG* v 10.5.1995 – 6 RKa 17/94 BSGE 76, 117; Laufs/*Clemens*/*Steinhilper* § 39 Rn 90.
65 S o Rn 1.
66 Ausführlich zum Vertrauensschutz Laufs/*Clemens*/*Steinhilper* § 39 Rn 87 ff.
67 Schnapp/Wigge/*Steinhilper* § 16 Rn 64; s § 60.
68 Vgl KassKomm/*Hess* § 81a SGB V Rn 13.
69 BT-Drucks 15/1525, 99.
70 Lesenswert zur Unterrichtungspflicht *Dannecker/Bülte* NZWiSt 2012, 1.
71 BT-Drucks 15/1525, 99.

Der Verfahrensablauf einer Plausibilitätsprüfung lässt sich wie folgt skizzieren: **56**

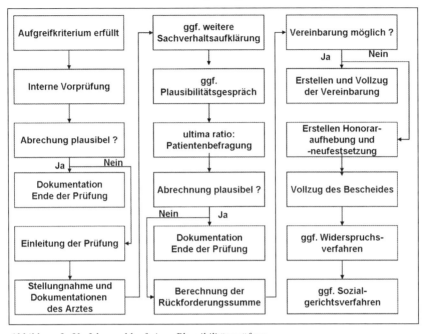

Abbildung 3: Verfahrensablauf einer Plausibilitätsprüfung

bb) Verfahrensablauf bei den KK. Auch der Verfahrensablauf bei den KK unterscheidet sich teilweise in wesentlichen Prozessen. So wurde zB in der KV Bremen ein gemeinsames Prüfgremium mit der Prüfung nach § 106d SGB V und der Erstellung entsprechender Entscheidungsvorschläge beauftragt, Teil C der Vereinbarung nach § 106a Abs 5 SGB V. In der Regel setzen auch die KK technische Hilfsmittel zur Prüfung der Aufgreifkriterien ein. **57**

58 Der Verfahrensablauf lässt sich am Beispiel einer BKK wie folgt skizzieren:

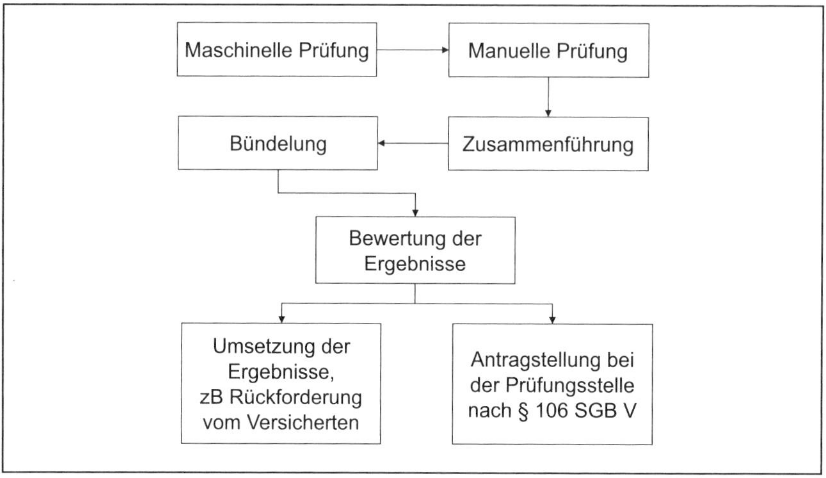

Abbildung 4: Verfahrensablauf bei den KK

III. Die Abrechnungsprüfung

59 **1. Prüfung durch die KV.** Die Verpflichtung der KV, die Abrechnung der Vertragsärzte auf ihre Plausibilität zu überprüfen, ergibt sich ursprünglich aus dem Gewährleistungsauftrag[72] gem § 75 Abs 1 SGB V und war bis 31.12.2003 in § 83 Abs 2 SGB V normiert.[73]

60 Für die KV sieht der Gesetzgeber in § 106d Abs 2 SGB V die sachlich-rechnerische Richtigstellung vor, zu der er die arztbezogene Prüfung der Plausibilität der Abrechnung, auf Einhaltung der Vorgaben nach § 295 Abs 4 S 3 SGB V und die Prüfung der abgerechneten Sachkosten zählt.[74]

61 Explizit im Gesetz genannt ist hinsichtlich der Plausibilitätsprüfung dabei die sog „Zeitprüfung",[75] also die Prüfung, ob der Vertragsarzt die abgerechneten Leistungen zeitlich erbringen konnte bzw durfte.

62 **2. Prüfung durch die KK.** § 106d Abs 3 SGB V weist den KK Prüfungen zu insbesondere hinsichtlich des Bestehens und des Umfangs ihrer Leistungspflicht, der Plausibilität von Art und Umfang der für die Behandlung eines Versicherten abgerechneten Leistungen in Bezug auf die angegebene Diagnose, bei zahnärztlichen Leistungen in Bezug auf die angegebenen Befunde, der Plausibilität der Zahl der vom Versicherten in Anspruch genommenen Vertragsärzte unter Berücksichtigung ihrer Fachgruppenzugehörigkeit.

---

72 So auch Wenzel/*Steinhilper* Kap 13 Rn 363; Sodan/*Bristle* § 19 Rn 49.
73 Zur uneinheitlichen Begriffsverwendung der Plausibilitätsprüfung s HK-AKM/*Steinhilper* 4160 Plausibilitätsprüfung in der vertragsärztlichen Versorgung Rn 2 ff.
74 Näheres zur sachlich-rechnerischen Richtigstellung s § 45.
75 S Rn 15.

3. Aufgabenverteilung. Die Aufgabenverteilung iRd Abrechnungsprüfung auf KV 63
und KK lässt sich wie folgt darstellen:

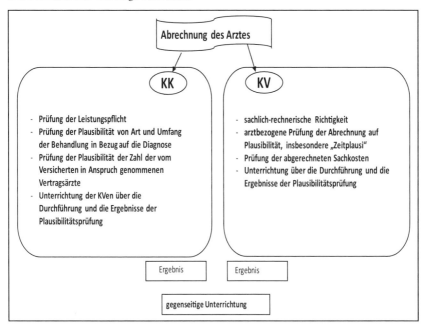

Abbildung 5: Aufgabenverteilung iRd Abrechnungsprüfung

4. Wechselwirkungen als Ergebnis der Prüfung. KV und KK haben sich unmittelbar 64
nach der Prüfung von der Durchführung und über die Ergebnisse gegenseitig zu
unterrichten, § 106d Abs 2 S 8 bzw Abs 3 S 2 SGB V.

Sofern Anlass aufgrund des Ergebnisses einer Prüfung besteht, können KV und KK 65
beim jeweils anderen gezielte Prüfungen in deren Aufgabenbereich beantragen, § 106d
Abs 4 S 1 und 2 SGB V. Dabei galten bislang vereinbarte Antragsfristen nicht.[76] Aufgrund der Verkürzung der Ausschlussfrist für Korrekturen des Honorarbescheides
durch das TSVG auf zwei Jahre und der in § 106d Abs 6 S 1 SGB V der KBV und dem
Spitzenverband Bund der KK auferlegten Pflicht, in den Bundesrichtlinien Abrechnungsprüfung Voraussetzungen zu vereinbaren, die die Einhaltung dieser Frist
gewährleisten, ist die nun in § 19 Abs 1 Nr 6 festgelegte Antragsfrist zwar immer noch
eine Sollvorschrift, sie zu versäumen wird aber dazu führen können, dass eine Abrechnungskorrektur innerhalb der Ausschlussfrist von zwei Jahren nach Erlass des Honorarbescheides tatsächlich nicht mehr erfolgen kann[77].

Wird von einer KK festgestellt, dass die Vermutung besteht, dass der Vertragsarzt hin- 66
sichtlich Art und Umfang der Behandlung in Bezug auf die Diagnose (§ 106d Abs 3

---

76 *BSG* v 23.3.2016 – B 6 KA 14/15 R; Näheres s § 45 Rn 13; **aA** damals noch *Wenner* Vertragsarztrecht nach der Gesundheitsreform, § 23 Rn 4.
77 S auch § 45 Rn 21.

S 1 Nr 2 SGB V) oder hinsichtlich von ausgestellten Überweisungen (§ 106d Abs 3 S 1 Nr 3 SGB V) unwirtschaftlich gehandelt hat, kann die KK, respektive ihr Verband, Antrag auf Wirtschaftlichkeitsprüfung ärztlicher Leistungen nach § 106a SGB V bei der zuständigen Prüfungsstelle stellen, § 106d Abs 4 S 3 1. HS SGB V. Entsprechend kann auch die KV verfahren, sofern das Ergebnis ihrer Prüfung eine unwirtschaftliche Behandlungsweise des Vertragsarztes vermuten lässt, § 106d Abs 4 S 3 2. HS SGB V.

67 **5. Bundesrichtlinien Abrechnungsprüfung.** § 106d Abs 6 SGB V verpflichtet die KBV und den Spitzenverband Bund der KK zur Vereinbarung von Richtlinien zum Inhalt und der Durchführung der Prüfungen nach Abs 2 und 3 einschließlich des Einsatzes eines elektronischen Regelwerks, wobei insbesondere die Kriterien für die Prüfungen vorgegeben werden müssen.

68 **6. Vereinbarung auf Landesebene.** Inhalt und Durchführung der Prüfungen sind zwischen der KV und den Landesverbänden der KK und den Ersatzkassen gemeinsam und einheitlich zu vereinbaren, § 106d Abs 5 S 1 SGB V. Dabei sind auch Maßnahmen zu regeln, sofern festgestellt wird, dass ein Vertragsarzt gegen Abrechnungsregeln verstößt, den Zeitrahmen überschreitet oder die Leistungspflicht einer KK nicht besteht und dem Vertragsarzt dies bekannt sein musste, § 106d Abs 5 S 2 SGB V. Die Bundesrichtlinien Abrechnungsprüfung sind Bestandteil der Vereinbarungen, § 106d Abs 5 S 3 SGB V.

69 **7. Vorstandshaftung.** § 106d Abs 7 SGB V verweist auf die Regelungen zur Vorstandshaftung in § 106 Abs 4 SGB V. Diese soll dann greifen, wenn Prüfungen nicht im vorgesehenen Umfang oder nicht entsprechend der Vorgaben durchgeführt werden.

IV. Richtlinien der KBV und des Spitzenverbandes Bund der KK zum Inhalt und zur Durchführung der Abrechnungsprüfungen der KV und der KK gem § 106d Abs 6 S 1 SGB V

70 Die Richtlinien der KBV und des Spitzenverbandes Bund der KK zum Inhalt und zur Durchführung der Abrechnungsprüfungen der KV und der KK gem § 106d Abs 6 S 1 SGB V (nachfolgend: Bundesrichtlinien Abrechnungsprüfung) traten erstmals zum 1.1.2005 in Kraft (DÄ 2004, A-2555), wurden mit Wirkung zum 1.7.2008 in Folge des VÄndG v 22.12.2006 (DÄ 2008, A-1925) sowie mit Wirkung zum 1.4.2018 in Folge des GKV-VSG (DÄ 2018, A-600) und zuletzt mit Wirkung zum 19.12.2919 aufgrund des TSVG (DÄ 2019, A-296) geändert.

71 Die Vorgaben der Richtlinie nach § 106d Abs 6 stellen einen Mindeststandard dar, der von den KV iRd sachlich-rechnerischen Überprüfung einzuhalten ist. Sämtliche Prüfmaßnahmen, auch die in den Richtlinien enthaltenen Mindestvorgaben zur Zeitplausibilitätsprüfung, dienen allein der Ermittlung, ob zu Unrecht Honorare angefordert wurden. Die Bundesrichtlinien Abrechnungsprüfung sind Bestandteil der Vereinbarungen auf Landesebene.[78]

72 Die KV[79] und KK[80] erlassen ergänzende konkretisierende Bestimmungen zur Abrechnungsprüfung.

---

[78] Becker/Kingreen/*Scholz* § 106d Rn 16.
[79] Rn 105.
[80] Rn 108.

§ 46 Plausibilitätskontrollen

1. Anwendungsbereich und Begriffsbestimmungen. Die §§ 1–5 der Bundesrichtlinien Abrechnungsprüfung befassen sich mit der Anwendbarkeit und den Begrifflichkeiten. 73

a) Anwendbarkeit. So definiert § 1 Abs 1 der Bundesrichtlinien Abrechnungsprüfung, dass die Richtlinie Anwendung findet auf die Prüfung der vertragsärztlichen Abrechnung sowohl von zugelassenen und ermächtigten Ärzten und Psychotherapeuten als auch von ärztlich geleiteten Einrichtungen (zugelassenen MVZs, zugelassenen Einrichtungen nach § 311 SGB V, zugelassenen Krankenhäusern, ermächtigten ärztlich geleiteten Einrichtungen). 74

b) Arztbezug. § 1 Abs 2 (bis 31.3.2018: Abs 1a) der Bundesrichtlinien Abrechnungsprüfung wurde mit Änderung der Richtlinien zum 1.7.2008 in Kraft gesetzt und nimmt ausdrücklich den von § 106d Abs 2 S 1 2. HS SGB V vorgegebenen Arztbezug der Plausibilitätsprüfung auf. Diese arztbezogene Prüfung wurde den KV nämlich erst mit der Verpflichtung der Vertragsärzte, unter Kennzeichnung der Leistungen mit der lebenslangen Arztnummer abzurechnen, ermöglicht. Folgerichtig nehmen die Bundesrichtlinien Abrechnungsprüfung deshalb den Arztbezug auf, halten ihn aber nicht in allen folgenden Regelungen konsequent durch.[81] 75

c) Negativabgrenzung. § 1 Abs 3 der Bundesrichtlinien Abrechnungsprüfung nimmt die Negativabgrenzung vor und stellt klar, dass die Bundesrichtlinien Abrechnungsprüfung nicht auf die an der vertragsärztlichen Versorgung teilnehmenden Einrichtungen Anwendung finden, die mit den KK direkt abrechnen: Ambulante spezialfachärztliche Versorgung gem § 116b SGB V, Hochschulambulanzen an psychologischen Universitätsinstituten gem § 117 Abs 2 und 3 SGB V und Ambulanzen an Ausbildungsstätten nach § 6 PsychThG, Hochschulambulanzen, psychiatrische Institutsambulanzen, sozialpädiatrische Zentren und medizinische Behandlungszentren gem § 120 Abs 2 S 1 SGB V. Vertraglich kann von dieser Bestimmung aber abgewichen werden, § 1 Abs 3 S 2 der Bundesrichtlinien Abrechnungsprüfung. 76

Auch die Prüfung der Abrechnung aus sog „*Selektivverträgen*" (§§ 73b und 140a SGB V) wird durch die Bundesrichtlinien Abrechnungsprüfung nicht erfasst, ohne dass diese Prüfung gänzlich ausgeschlossen wäre, § 1 Abs 4 der Bundesrichtlinien Abrechnungsprüfung. 77

d) Betriebsstättenübergreifende Prüfung. § 1 Abs 5 S 1 der Bundesrichtlinien Abrechnungsprüfung (bis 31.3.2018: Abs 4) – eingefügt durch die Änderungen zum 1.7.2008, DÄ 2008, A-1925 – regelt, dass bei einem Vertragsarzt, der an mehreren Betriebsstätten vertragsärztlich tätig wird – unabhängig von seinem Status – für die Beurteilung der Behandlungs- und Verordnungsweise die Tätigkeit an allen Betriebsstätten einbezogen wird. § 1 Abs 5 S 2 der Bundesrichtlinien Abrechnungsprüfung besagt, dass im Falle, dass der Arzt ein angestellter Arzt ist, die Beurteilung der anstellenden Arztpraxis bzw des anstellenden MVZ vorzunehmen ist. Dies korreliert nicht mit dem in § 106d Abs 2 SGB V und in § 1 Abs 2 der Bundesrichtlinien Abrechnungsprüfung vorgegebenen Arztbezug der Prüfung. Weshalb hier nun auch die Verordnungsweise des Vertragsarztes Erwähnung findet, erschließt sich nicht vollständig, da § 106d SGB V ausschließlich die Abrechnungsprüfung regelt und nur für diese Prüfung eine Normsetzungskompetenz für die Bundesrichtlinien Abrechnungsprüfung besteht. Auch wenn die Plausibilität der angegebenen Diagnosen gem § 17 Abs 1 78

---

81 Vgl § 8 Abs 6 der Bundesrichtlinien Abrechnungsprüfung.

Nr 5 der Bundesrichtlinien Abrechnungsprüfung durch Abgleich mit den Arzneimittelverordnungen erfolgen soll (s Rn 115), ist Beurteilungsgegenstand nicht die Verordnungsweise, sondern die Abrechnung des Vertragsarztes inklusive der von ihm angegebenen Diagnosen. Inwieweit die Prüfung der Plausibilität der Diagnose vom Regelungsumfang des § 106d SGB V umfasst ist und damit überhaupt in den Bundesrichtlinien Abrechnungsprüfung geregelt werden kann, ist zumindest unklar.

79 **e) Zuständigkeit der KV.** Grundsätzlich ist die KV für die Durchführung der Prüfung zuständig, in deren Bereich der Praxissitz der zu prüfenden Praxis liegt, vgl § 2 Abs 1 der Bundesrichtlinien Abrechnungsprüfung.

80 **f) KV-übergreifende Prüfung.** § 2 Abs 2 (eingefügt durch die Änderungen zum 1.7.2008, DÄ 2008, A-1925; bis 31.3.2018: Abs 1a) der Bundesrichtlinien Abrechnungsprüfung wiederholt die Zuständigkeitszuordnung für die Prüfungen aus § 106d Abs 2 und 3 SGB V bei KV-übergreifender Tätigkeit und verweist hinsichtlich der Prüfung einer KV-bereichsübergreifenden Berufsausübung auf § 11 Abs 2 der Bundesrichtlinien Abrechnungsprüfung. Danach wird unterschieden zwischen beteiligter KV und zuständiger KV. Gem § 11 Abs 3 wird die Prüfung der sachlich-rechnerischen Richtigkeit jeweils für den eigenen Bereich der KV durchgeführt. Nach Erlass der Honorarbescheide, bei denen eine Prüfung vorbehalten bleibt, führt die zuständige KV die Abrechnungsprüfung gem § 106d SGB V durch. Dafür ist grundsätzlich die KV für die Prüfung zuständig, welche bei KV-übergreifenden (Teil-)BAG von dieser für einen ihrer Vertragsarztsitze als Verwaltungs-KV gem § 33 Abs 3 S 2 und 3 der Ärzte-ZV gewählt worden ist, also die sog „*Hauptsitz-KV*" (§ 11 Abs 2 Nr 2 S 1 der Bundesrichtlinien Abrechnungsprüfung).

81 Ist ein Arzt gleichzeitig als Vertragsarzt mit zwei Teilzulassungen gem § 19a der Ärzte-ZV oder gem § 24 der Ärzte-ZV ermächtigter Arzt an einem weiteren Tätigkeitsort (Zweigpraxis) in Bereichen von mindestens zwei KV tätig bzw nimmt ein MVZ in Bereichen von mindestens zwei KV an der vertragsärztlichen Versorgung teil, ist gem § 11 Abs 2 Nr 2 S 2 der Bundesrichtlinien Abrechnungsprüfung die für die Prüfung zuständige KV diejenige, in welcher der Vertragsarztsitz liegt.

82 Ist ein Arzt in mehreren KV-Bereichen im Rahmen eines Angestelltenverhältnisses tätig (§ 11 Abs 1 Nr 4 und 5 der Bundesrichtlinien Abrechnungsprüfung), so haben sich die jeweiligen KV gem § 11 Abs 2 Nr 2 S 3 der Bundesrichtlinien Abrechnungsprüfung darüber zu verständigen, welche KV die Prüfung durchführt.

83 **g) Prüfgegenstände.** § 3 der Bundesrichtlinien Abrechnungsprüfung regelt den Gegenstand der Abrechnungsprüfung. Dieser ist gem Abs 1 die Rechtmäßigkeit der Abrechnung, die sowohl die ordnungsgemäße Leistungserbringung als auch die formal richtige Abrechnung der erbrachten Leistungen und der geltend gemachten Sachkosten umfasst. Diese Rechtmäßigkeit wird durch die KV iRd sachlich-rechnerischen Richtigkeitsprüfung, zu der auch die Plausibilitätsprüfung gehört,[82] überprüft (Abs 2). Sonderregelungen, auf die Abs 3 verweist[83], gibt es wiederum im Falle einer KV-bereichsübergreifenden Berufsausübung. Die KK haben die in den §§ 14 ff der Bundesrichtlinien Abrechnungsprüfung genannten Sachverhalte zu prüfen (Abs 4).

---
82 *BSG* v 8.3.2000 – B 6 KA 16/99 R, NZS 2001, 213, 215.
83 Eingefügt durch die Änderungen zum 1.7.2008, DÄ 2008, A-1925; bis 31.3.2018: Abs 2a.

§ 4 der Bundesrichtlinien Abrechnungsprüfung gibt als Prüfgegenstand der sachlich-rechnerischen Richtigstellung die Feststellung vor, ob die abgerechneten Leistungen ohne Verstoß gegen gesetzliche, vertragliche oder satzungsrechtliche Bestimmungen erbracht wurden, und grenzt den Prüfgegenstand in Abs 2 von dem der Wirtschaftlichkeitsprüfung ab. **84**

§ 5 der Bundesrichtlinien Abrechnungsprüfung definiert Prüfgegenstand und Ziel einer Plausibilitätsprüfung. Danach ist die Plausibilitätsprüfung ein Verfahren, *„mit dessen Hilfe aufgrund bestimmter Anhaltspunkte und vergleichender Betrachtungen die rechtliche Fehlerhaftigkeit ärztlicher Abrechnungen vermutet werden kann"* (§ 5 Abs 1 S 1). Anhaltspunkte für die Vermutung einer fehlerhaften Abrechnung seien Abrechnungsauffälligkeiten, die sich durch die Anwendung von Aufgreifkriterien mit sonstigen Erkenntnissen zu Indizien verdichten, die eine Falschabrechnung wahrscheinlich machen. **85**

Abs 2 stellt klar, dass alleine die Erfüllung von Aufgreifkriterien Maßnahmen im Sinne von Richtigstellungen nicht erlaubt. Vielmehr müssen KV bzw KK erst eine fehlerhafte Abrechnung nachweisen. Sofern das Ergebnis der Plausibilitätsprüfung eine unwirtschaftliche Leistungserbringung vermuten lässt, kann die KV einen entsprechendes Verfahren bei der für die Wirtschaftlichkeitsprüfung gem § 106a SGB V zuständigen Prüfstelle initiieren, § 5 Abs 3 der Bundesrichtlinien Abrechnungsprüfung. Abs 4 verweist für die Plausibilitätsprüfung der KK auf § 17 der Bundesrichtlinien Abrechnungsprüfung. **86**

2. Die Prüfungen durch die KV. – a) Anlässe der sachlich-rechnerischen Richtigstellungen. § 6 der Bundesrichtlinien Abrechnungsprüfung nennt die Anlässe der sachlich-rechnerischen Richtigstellungen[84]. In Abs 2 werden nicht abschließend Fallkonstellationen fehlerhafter Abrechnungen genannt: **87**

1. Fehlende Berechtigung zur Leistungsabrechnung,
2. Abrechnung nicht oder nicht vollständig erbrachter Leistungen,
3. Abrechnung von Leistungen, welche unter Verstoß gegen das Gebot der persönlichen Leistungserbringung erbracht worden sind,[85]
4. Ansatz der falschen Gebührennummer,
5. Nichtbeachtung der vertraglich vereinbarten Abrechnungsbestimmungen,
6. Abrechnung fachfremder Tätigkeit,
7. Fehlen der fachlichen und apparativen Voraussetzungen (einheitliche Qualifikationserfordernisse),
8. Nichteinhaltung von Qualitätsanforderungen, wenn die Leistungserbringung die erfolgreiche Teilnahme an Maßnahmen der Qualitätssicherung voraussetzt,
9. Nichteinhaltung des Überweisungsauftrags zur Auftragsleistung,
10. Fehlende ICD- und/oder OPS-Kodierung.

b) Plausibilitätsprüfungen. Die von den KV vorzunehmenden Plausibilitätsprüfungen werden in § 7 der Bundesrichtlinien Abrechnungsprüfung dargestellt. Diese wer- **88**

---

[84] Näheres s § 45.
[85] Zur Pflicht der persönlichen Leistungserbringung sehr ausführlich Wenzel//*Steinhilper* Kap 11 Rn 306 ff.

den als regelhafte (Abs 2), als ergänzende Plausibilitätsprüfungen (Abs 3) und als anlassbezogene Prüfungen (Abs 4) durchgeführt. Bis 31.3.2018 war in Abs 4 aF noch eine Stichprobenprüfung vorgesehen.[86]

89 Die regelhafte Plausibilitätsprüfung erstreckt sich dabei auf die Zeitprüfung, die in § 8 der Bundesrichtlinien Abrechnungsprüfung konkreter gefasst ist, und kann nach Maßgabe des § 9 der Bundesrichtlinien Abrechnungsprüfung erweitert werden.

90 Man nennt sie regelhafte Plausibilitätsprüfung, da gesetzlich als Gegenstand der arztbezogenen Plausibilitätsprüfung ausdrücklich „der Umfang der je Tag abgerechneten Leistungen im Hinblick auf den damit verbundenen Zeitaufwand des Vertragsarztes" genannt wird (§ 106d Abs 2 S 3 SGB V).

91 Durch die Richtlinien ergänzt wurde die (zumindest stichprobenweise durchzuführende) Plausibilitätsprüfung bei Patientenidentitäten (§ 10 der Bundesrichtlinien Abrechnungsprüfung).

92 Ergeben sich Auffälligkeiten iRd Prüfung, werden weitere Prüfungen gem § 12 der Bundesrichtlinien Abrechnungsprüfung durchgeführt.

93 Bis 31.3.2018 sahen die Bundesrichtlinien Abrechnungsprüfung in § 10 aF zudem Stichprobenprüfungen vor, die aber im Einvernehmen mit den KK durch die Durchführung erweiterter Prüfungen nach § 9 der Bundesrichtlinien Abrechnungsprüfung eingeschränkt oder abbedungen werden konnten. Um Stichprobenprüfungen effektiver gestalten zu können, ermöglichte es § 7 Abs 4 der Bundesrichtlinien Abrechnungsprüfung aF, Zielrichtung und Zielgruppen für die Stichprobenprüfung quartalsweise zu definieren.

94 § 10 der Bundesrichtlinien Abrechnungsprüfung aF regelte die Stichprobenprüfung, die mindestens 2 % der abrechnenden Ärzte je Quartal umfassen musste. Eine Stichprobenprüfung – auch Zufälligkeitsprüfung genannt – verlief meist ergebnislos und war deshalb sehr ineffektiv. Der Gesetzgeber, der eine Zufälligkeitsprüfung im Bereich der Wirtschaftlichkeitsprüfung viele Jahre lang vorschrieb, erkannte dies nun auch und nennt sei seit dem TSVG nicht mehr als Regelprüfung.[87] Auch deshalb ist es zu begrüßen, dass die Stichprobenprüfung in den Bundesrichtlinien Abrechnungsprüfung nicht mehr vorgegeben wird.

95 Bestehen außerhalb der regulären Prüfungen ausreichende und konkrete Hinweise auf Abrechnungsauffälligkeiten und werden diese schriftlich oder persönlich vorgetragen bzw von den KK an die KV weitergegeben (§ 20 der Bundesrichtlinien Abrechnungsprüfung), so führt die KV anlassbezogene Plausibilitätsprüfungen durch (§ 7 Abs 4 der Bundesrichtlinien Abrechnungsprüfung).

96 **c) Sachkostenprüfungen.** Die Prüfung der Sachkosten bezieht sich gem § 7 Abs 5 der Bundesrichtlinien Abrechnungsprüfung insbesondere auf den Zusammenhang zwischen den verwendeten Sachmitteln und deren Indikationsbereich sowie auf die Menge der abgerechneten Sachkosten. Unter Sachkosten versteht man dabei die geltend gemachten Kosten für Materialien, die gem Nr 7.3 der Allgemeinen Bestimmungen des EBM nicht in den berechnungsfähigen Leistungen enthalten sind und auch

---

86 S o Rn 22; s u Rn 93.
87 S § 47 Rn 85.

Plausibilitätskontrollen § 46

nicht über den Sprechstundenbedarf bezogen werden können und über die KV abgerechnet werden. Die Prüfung kann auf Stichproben beschränkt werden. Da die Prüfung iRd eigentlich der Wirtschaftlichkeitsprüfung entstammenden Vergleichsprüfung stattfindet, verweist § 7 Abs 5 S 4 der Bundesrichtlinien Abrechnungsprüfung nochmals auf die in § 5 Abs 3 der Bundesrichtlinien Abrechnungsprüfung genannte Möglichkeit, bei der Vermutung von Unwirtschaftlichkeit einen entsprechenden Antrag bei den für die Wirtschaftlichkeitsprüfung nach § 106a SGB V zuständigen Prüfungseinrichtungen zu stellen.

d) Zeitprüfung. § 8 der Bundesrichtlinien Abrechnungsprüfung beschreibt die Details zur Zeitplausibilitätsprüfung.[88] **97**

§ 9 der Bundesrichtlinien Abrechnungsprüfung ermöglicht es den KV, die Prüfung der Zeitprofile bei Ärzten mit zeitlich hälftiger Zulassung und bei angestellten Ärzten mit reduziertem Tätigkeitsumfang auf mögliche Fälle unzulässiger Fallzahlmehrung zu erstrecken (Abs 1) sowie im regelhaften Prüfverfahren weitere Aufgreifkriterien zur Prüfung der Plausibilität der Abrechnung zu verwenden (Abs 2). Zudem wurde in Umsetzung des TSVG[89] eine Regelung zur Prüfung von Hausarztvermittlungsfällen aufgenommen (Abs 1a). Danach ist eine Abrechnungsauffälligkeit zu vermuten, wenn bei einem Haus- oder Kinderarzt der Anteil der dringend vermittelten Facharzttermine mehr als 15 % der Gesamtfallzahl der Praxis beträgt. **98**

e) Prüfung bei Patientenidentitäten. Die Plausibilitätsprüfung bei Patientenidentitäten ist in § 10 der Bundesrichtlinien Abrechnungsprüfung geregelt und zielt seit der Überarbeitung aufgrund des GKV-VSG mit Wirkung zum 1.4.2018 nicht mehr primär nur auf Praxisgemeinschaften ab, sondern umfasst sämtliche Konstellationen von Praxiskooperationen. Sie kann stichprobenweise durchgeführt werden.[90] **99**

Diese Prüfung erfolgt unabhängig davon, ob Praxen (offiziell) in Kooperationen verbunden sind wie zB Praxisgemeinschaften, und können gem Abs 3 sogar als gemeinschaftliche Prüfung der KV und der KK bzw ihrer Verbände gestaltet werden. Die S 2 und 3 des Abs 4 erlauben den KV und den KK einen wechselseitigen Datenaustausch bei festgestellten Auffälligkeiten, der mangels Ermächtigungsgrundlage hierfür datenschutzrechtlichen Bedenken begegnet. **100**

Nachdem es Ärzten seit dem VÄndG ermöglicht ist, auch über KV-Grenzen hinweg tätig zu sein, wurde § 11 der Bundesrichtlinien Abrechnungsprüfung eingefügt, der die Prüfung auch dieser Fallkonstellationen ermöglichen soll. **101**

Geprüft werden sollen gem Abs 1 die Konstellationen, wenn ein Arzt **102**
1. gleichzeitig als Vertragsarzt mit zwei Teilzulassungen gem § 19a Ärzte-ZV oder gem § 24 Ärzte-ZV ermächtigter Arzt an einem weiteren Tätigkeitsort (Zweigpraxis) in Bereichen von mindestens zwei KV tätig ist; dasselbe gilt für ein MVZ, wenn es in Bereichen von mindestens zwei KV an der vertragsärztlichen Versorgung teilnimmt;
2. als Beteiligter einer BAG tätig ist, deren Vertragsarztsitze (Orte der Zulassung) in Bereichen von mindestens zwei KV gelegen sind (§ 33 Abs 2 S 2 Ärzte-ZV);

---
88 Vgl hierzu Rn 15.
89 Beschl d Bewertungsausschusses v 19.6.2019 (Teil B, Protokollnotiz).
90 Näheres zu den hierbei anzuwendenden Aufgreifkriterien s Rn 21.

3. als Vertragsarzt an seinem Vertragsarztsitz und als Beteiligter einer BAG oder Teil-BAG (§ 33 Abs 2 S 3 Ärzte-ZV) an einem weiteren Tätigkeitsort im Bereich einer weiteren KV tätig ist;
4. als zugelassener Vertragsarzt gleichzeitig als angestellter Arzt in einer Arztpraxis und/oder einem MVZ im Bereich einer weiteren KV tätig ist;
5. als angestellter Arzt in einer Arztpraxis und/oder einem MVZ in Bereichen von mindestens zwei KV tätig ist.

103 Abs 2 definiert die Begriffe *„Beteiligte KV"* und *„Zuständige KV"*, während Abs 3 klarstellt, dass die sachlich-rechnerische Richtigstellung[91] durch jede KV selbst durchgeführt wird und nach Erlass der jeweiligen Honorarbescheide die *„zuständige KV"* die zusammenfassende Prüfung durchführt. Dabei werden die Abrechnungen aus allen beteiligten KV für diesen Arzt zusammengeführt. Diese Abrechnung wird nun überprüft, indem zB auch Zeitprofile erstellt sowie Patientenidentitäten ermittelt werden. Schließlich können auch ergänzende Prüfungen, über die Regelungen des § 6 der Bundesrichtlinien Abrechnungsprüfung hinausgehende Prüfungen durchgeführt werden (Abs 4).

104 f) Beweislast. § 12 der Bundesrichtlinien Abrechnungsprüfung stellt klar, dass die in der Bundesrichtlinien Abrechnungsprüfung genannten Aufgreifkriterien lediglich Auffälligkeiten in der Abrechnung darstellen können, nicht aber schon die Fehlerhaftigkeit der Abrechnung beweisen. Deshalb sind bei Vorliegen von Auffälligkeiten weitere Prüfungen vorzunehmen (Abs 1). Diese haben zum Ziel, mit Hilfe ergänzender Tatsachenfeststellungen und Bewertungen die Ordnungsgemäßheit der Abrechnung beurteilen zu können (Abs 2). Dabei sind folgende, nicht abschließend benannte Merkmale in Abs 3 geregelt, die bei der erweiterten Prüfung berücksichtigt werden können:
1. Bei einem erhöhten Stundenaufkommen:
    a. die Beschäftigung eines genehmigten Assistenten (differenziert nach Art des Assistenten)
    b. Job-Sharing
    c. berechtigte Vertreterfälle (§§ 32, 32a Ärzte-ZV) gem Muster 19 der Vordruckvereinbarung
    d. quartalsbezogene Pauschalen
    e. überdurchschnittliche Fallzahl, fachliche Spezialisierung etc
2. Bei einem erhöhten Anteil gemeinsamer Patienten:
    a. berechtigte Vertreterfälle (§§ 32, 32a Ärzte-ZV) gem Muster 19 der Vordruckvereinbarung
    b. berechtigte Überweisungen (§ 24 BMV-Ä)
    c. Notfälle

105 g) Verfahrensordnung der KV. Dass die KV das Verfahren der Abrechnungsprüfung in einer VerfO zu regeln haben, gibt § 13 der Bundesrichtlinien Abrechnungsprüfung vor. Dabei sollen gem Abs 2 folgende Regelungen vorgesehen werden:
1. Aufbereitung der Prüfunterlagen,
2. Umfang der dem Prüfgremium zur Verfügung zu stellenden Prüfungsunterlagen,

---
91 Gemeint ist hier die Regelwerksprüfung, vgl § 45 Rn 10 f.

3. Erstellen eines Prüfberichts, der insbesondere folgende Feststellungen dokumentieren soll:
   a. Auffälligkeiten in der Abrechnung nach Maßgabe der Aufgreifkriterien,
   b. vermutete Höhe einer erforderlichen Honorarberichtigung aus den festgestellten Auffälligkeiten und deren Berechnungsgrundlage, soweit bestimmbar,
   c. festgestellte ordnungsgemäße Abrechnung bei zunächst vermuteter Unplausibilität,
   d. Empfehlung zur persönlichen Anhörung,
   e. Beteiligte an der Vorprüfung und zugezogene Unterlagen,
4. Verfahren der Anhörung des betroffenen Arztes und Wahrung des Datenschutzes,
5. Erstellung einer Entscheidungsunterlage durch das Prüfgremium für die in der KV maßgebliche Entscheidungsinstanz, welche die festgestellten und umstrittenen Abrechnungsverstöße sowie die Höhe des Schadens, Einlassungen des betroffenen Arztes aufführen und Maßnahmen vorschlagen soll.

h) Unterrichtungspflichten der KV. Abs 3 wiederholt die Unterrichtungspflichten, die sich aus § 106d Abs 2 S 8 SGB V ergeben. **106**

3. Die Prüfungen durch die KK. – a) Allgemeine Vorgaben. In § 14 der Bundesrichtlinien Abrechnungsprüfung wird deklaratorisch festgestellt, dass die sich aus § 106d Abs 3 SGB V ergebenden Prüfpflichten von Amts wegen, mithin ohne Antragserfordernis, durchzuführen sind. **107**

Gem § 15 der Bundesrichtlinien Abrechnungsprüfung kann die KK die Prüfung auf ihren Verband übertragen (Abs 1); zudem hat sie das Verfahren (analog zur KV[92]) in einer VerfO zu regeln. **108**

Gem § 17 Abs 5 der Bundesrichtlinien Abrechnungsprüfung kann die KK mit der Durchführung der Prüfung nach § 106d Abs 3 Nr 2 und 3 SGB V die KV oder einen Dritten beauftragen. In diesem Fall sind Art und Weise der Prüfung sowie das Verfahren bei festgestellter Unplausibilität zu vereinbaren. Die Zuständigkeit der KK zur Veranlassung entsprechender Maßnahmen wird dadurch nicht berührt. **109**

Die KK können die Prüfungen auf Stichproben, die nach dem Zufallsprinzip durchzuführen sind, beschränken (§ 17 Abs 3 der Bundesrichtlinien Abrechnungsprüfung). **110**

Bei Feststellung der Implausibilität in den Fällen des § 106d Abs 3 Nr 2 und 3 SGB V kann die KK eine Wirtschaftlichkeitsprüfung beantragen; im Falle der Nr 3 allerdings nur, wenn sie ausschließen kann, dass die Mehrfachinanspruchnahme nicht versicherteninduziert ist (§ 17 Abs 4 der Bundesrichtlinien Abrechnungsprüfung). **111**

b) Die Prüfaufgaben der KK. Die Prüfaufgaben aus § 106d Abs 3 SGB V werden in den Bundesrichtlinien Abrechnungsprüfung weiter differenziert: **112**

aa) Prüfung des Bestehens und des Umfangs der Leistungspflicht. Die Prüfung des Bestehens und des Umfangs ihrer Leistungspflicht wird in § 16 Abs 2 der Bundesrichtlinien Abrechnungsprüfung konkretisiert: **113**
1. die Feststellung der Leistungspflicht aufgrund des Versicherungsstatus
2. die Feststellung der Leistungspflicht im Hinblick auf die Zuständigkeit eines anderen Leistungsträgers

---

92 S Rn 105.

3. die Feststellung der Voraussetzungen der Leistungspflicht bei Maßnahmen der Krankheitsfrüherkennung und bei Leistungen, welche einer Genehmigung der KK bedürfen
4. die Feststellung, ob gleichzeitig ambulante/belegärztliche und stationäre Leistungen (insbesondere bei Notfallbehandlungen im Krankenhaus und anschließender stationärer Aufnahme) ungerechtfertigt abgerechnet worden sind

114 **bb) Prüfung der Sachkosten.** § 16 Abs 3 der Bundesrichtlinien Abrechnungsprüfung verpflichtet die KK zur Prüfung der über sie direkt abgerechneten Sachkosten.

115 **cc) Plausibilität der Abrechnung in Bezug auf die Diagnose.** § 17 Abs 1 der Bundesrichtlinien Abrechnungsprüfung zählt die Sachverhalte auf, auf die sich die Prüfung der Plausibilität von Art und Umfang der für die Behandlung eines Versicherten abgerechneten Leistungen in Bezug auf die angegebene Diagnose, bei zahnärztlichen Leistungen in Bezug auf die angegebenen Befunde beziehen kann:
1. Prüfung der angegebenen Diagnosen bei Leistungen mit Diagnosebezug,
2. Prüfung von Art und Umfang der abgerechneten Leistungen bei Diagnosen bzw. Krankheitsbildern, für die es evidenzbasierte Leitlinien gibt, die das diagnostische und therapeutische Vorgehen beschreiben. Der hausärztliche oder fachärztliche Versorgungsauftrag und das Gebiet bzw. der Schwerpunkt mit dem der Vertragsarzt zur Versorgung zugelassen ist, sind dabei zu beachten,
3. Prüfung der quartalsübergreifenden Plausibilität der Diagnosendokumentation,
4. Prüfung der Plausibilität von Art, Häufigkeit und Struktur der Leistungen sowie der Diagnosendokumentation bezogen auf das Gebiet, mit dem der Vertragsarzt zur Versorgung zugelassen ist, auch quartalsübergreifend,
5. Prüfung der Plausibilität der angegebenen Diagnose durch Vergleich mit Arzneimittelverordnungen.[93]

116 **dd) Doktor-Hopping.** Die Plausibilität der Zahl der vom Versicherten in Anspruch genommenen Vertragsärzte, unter Berücksichtigung ihrer Fachgruppenzugehörigkeit soll gem § 17 Abs 2 der Bundesrichtlinien Abrechnungsprüfung in Bezug auf folgende Sachverhalte geprüft werden:
1. Häufigkeit der Inanspruchnahme von Ärzten derselben Fachrichtung durch den Versicherten,
2. Häufigkeit der durch wechselseitige Zuweisung veranlassten Inanspruchnahme mehrerer Vertragsärzte.

117 Bei Feststellung der Unplausibilität kann die KK eine Wirtschaftlichkeitsprüfung allerdings nur dann beantragen, wenn sie ausschließen kann, dass die Mehrfachinanspruchnahme nicht versichertenindiziert ist (§ 17 Abs 4 der Bundesrichtlinien Abrechnungsprüfung).

118 **ee) Praxisgebühr.** Nur die Prüfung der vom Versicherten an den Arzt zu zahlenden Zuzahlung nach § 28 Abs 4 SGB V und der Beachtung des damit verbundenen Verfahrens nach § 43b Abs 2 SGB V erfuhr in den Bundesrichtlinien Abrechnungsprüfung keine weiteren Vorgaben.

---

93 S dazu auch Rn 78.

Die Prüfung der Praxisgebühr erübrigte sich ab dem 1.1.2013, da die Praxisgebühr und 119
entsprechende Prüfpflichten durch Art 1 des Gesetzes zur Regelung des Assistenzpflegebedarfs in stationären Vorsorge- und Rehabilitationseinrichtungen v 20.12.2012, BGBl I, 2789, mit Aufhebung der §§ 28 Abs 4, 43b Abs 2, 106a Abs 3 S 1 Nr 4 aF, 295 Abs 2 S 1 Nr 8 SGB V abgeschafft wurden.

c) Unterrichtungspflichten der KK. Die generelle Unterrichtungspflicht aus § 106d 120
Abs 3 S 2 SGB V wird in § 18 Abs 1 der Bundesrichtlinien Abrechnungsprüfung abgebildet. In Abs 2 wurde vereinbart, dass die KK der KV Gelegenheit zur Stellungnahme gibt, bevor sie Erkenntnisse aus den Prüfungen gegenüber Dritten verwenden. Die weiteren Regelungen des § 18 betreffen die *„speziellen Unterrichtungen"* der KK und werden in der Kommentierung zu § 45 (dort Rn 28 ff) behandelt.

4. Gemeinsame Vorschriften. § 19 der Bundesrichtlinien Abrechnungsprüfung ver- 121
weist in Abs 2 darauf, dass das Antragsverfahren gem § 106d Abs 4 SGB V in den Vereinbarungen gem § 106d Abs 5 SGB V zu regeln ist, gibt aber in Abs 1 einige Grundsätze vor:

Auch für die Antragstellung ist das in Anlage 1 beschriebene „elektronisch gestützte 122
Regelwerk"[94] zu verwenden. Dabei erfolgt auch bei diesem Verfahren der Datenaustausch inklusive der Bescheidübermittlung über bei der KV eingerichtete sFTP-Server. Vorgaben wie zB die unter Punkt 2.1 der Anlage 1 beschriebene „Form und Sicherung der Datenübertragung", aber auch die nach den jeweiligen Datensatzbeschreibungen angegebenen Erläuterungen sind dabei zu beachten.

Nennenswert ist vor allem die Regelung in § 19 Abs 1 Nr 4 der Bundesrichtlinien 123
Abrechnungsprüfung: Danach erfolgt ein Antrag nur dann, wenn die KK glaubhaft macht, dass die zu korrigierenden Leistungen je Betriebsstättennummer, Quartal und Krankenkasse eine Bagatellgrenze in Höhe von 30 € je Datenübermittlung übersteigen.

Eine Vereinbarung von Ausschlussfristen für eine Prüfung wurde vom BSG[95] als nicht 124
gesetzeskonform deklariert, mithin also erst nach Ablauf der vierjährigen Ausschlussfrist der Vertragsarzt auf den Bestand des Honorarbescheids vertrauen durfte. Durch das TSVG wurde diese Frist nun auf 2 Jahre verkürzt und den Vertragspartnern auf Bundesebene aufgegeben, in den Richtlinien Vorgaben zu den Voraussetzungen zur Einhaltung dieser Frist zu vereinbaren. Die Rechtsprechung des BSG, die zur 4-Jahresfrist erging, dürfte sich damit überholt haben, da der Gesetzgeber sich nun klar dazu geäußert hat, dass er es aus Planungssicherheit für den Vertragsarzt für geboten hält, hier entsprechende Verfahrensfristen zu vereinbaren[96]. Zudem stellte das BSG als Prämisse auf, dass Antragsfristen Prüfungen und Korrekturen nicht verhindern dürfen. Durch die verkürzte Ausschlussfrist des TSVG werden Antragsfristen nun aber erforderlich, um gewährleisten zu können, dass eine Korrektur des Honorarbescheides des Vertragsarztes innerhalb der Ausschlussfrist des § 106d Abs 5 S 3 SGB V[97] erfolgen kann[98].

---

94 S § 45 Rn 20 und Rn 30.
95 *BSG* v 23.3.2016 – B 6 KA 14/15 R, Rn 20.
96 BT-Drucks 19/8351, 223.
97 S auch Rn 3.
98 S Rn 53.

125 Die Prüfung aufgrund konkreter Hinweise und Verdachtsmomente ist in § 20 der Bundesrichtlinien Abrechnungsprüfung geregelt.[99]

126 § 21 der Bundesrichtlinien Abrechnungsprüfung ermöglicht die Installierung einer „*Gemeinsamen Beratungskommission Abrechnungsprüfung*" auf Landesebene. Diese dient der gegenseitigen Unterrichtung (auch aus den Unterrichtungspflichten gem § 106d Abs 2 S 8 und Abs 3 S 2 SGB V) und Abstimmung von Maßnahmen; es kann ihr auch die Aufgabe übertragen werden, eine möglichst einvernehmliche Bewertung der Ergebnisse der Prüfung herbeizuführen, soll also Rechtsstreitigkeiten zwischen KV und KK vermeiden.

127 **5. Inkrafttreten und Übergangsvorschriften.** Die geänderten Richtlinien traten gem § 22 der Bundesrichtlinien Abrechnungsprüfung zum 1.4.2018 in Kraft und lösten die Richtlinien in der ab 1.7.2008 geltenden Fassung außer Kraft. Sie sind unabhängig vom Abrechnungsquartal auf die nach ihrem Inkrafttreten gestellten Prüfmitteilungen und -anträge der KK anzuwenden. Das elektronische Regelwerk (Anl 1 der Bundesrichtlinien Abrechnungsprüfung) ist ab dem 1.1.2019 verpflichtend zu verwenden; die konkrete Rückmeldung der KV über die Rückforderungsbeträge finden ab 1.1.2020 Anwendung (Abs 2). Die Regelungen zur Zeitplausibilitätsprüfung (§ 8) sind auch auf solche Verfahren anzuwenden, die am 31.12.2014 noch nicht rechtskräftig abgeschlossen waren, da dies die gesetzliche Regelung nach dem GKV-VSG so vorgab (Abs 3).

128 **6. Protokollnotizen.** Die Protokollnotizen 1 und 2 regeln den Umgang mit Zuschlägen, die durch die Vermittlung durch Termin-Service-Stellen (TSS) entstehen.

129 Protokollnotiz 1 regelt eine Übergangslösung zum Abgleich der abgerechneten TSS-Fälle mit den von den Terminservicestellen gemeldeten Fällen bis eine automatisierte Zusetzung der entsprechenden Zuschläge erfolgen kann. Bis dahin erfolgt der Abgleich BSNR-bezogen mittels der vermittelten Patienten und der abgerechneten Zuschläge; das Ergebnis teilt die KV praxisbezogen den Landesverbänden der KK und den Ersatzkassen mittels einer vereinbarten Satzart fünf Monate nach Ende des Abrechnungsquartals mit.

130 Die 2. Protokollnotiz stellt klar, dass bei der Prüfung der Zeiträume zwischen Vermittlung und Termin beim Vertragsarzt der Quartalsübergang Berücksichtigung finden muss.

131 Die 3. Protokollnotiz befasst sich mit den Fristenregelungen zu Prüfmitteilungen und -anträgen. Darin bekräftigen die Vertragspartner, dass die Einhaltung der Fristen dazu dient, Korrekturen der Honorarbescheide innerhalb der Ausschlussfrist zu ermöglichen. Allerdings soll eine Überschreitung der Frist nicht zum automatischen Ausschluss der Annahme der Lieferung führen, da er nicht der Regelfall sein soll. Fristüberschreitungen sind als Ausnahmefall deshalb zu begründen.

132 Schließlich wird in dieser Protokollnotiz noch geregelt, dass die KV die Versanddaten der Honorarbescheide, die vor Abschluss der Bundesrichtlinien ergingen, zeitnah den KK zur Verfügung stellen.

---

99 Vgl hierzu Rn 23, 95.

§ 47 Wirtschaftlichkeitsprüfung

(1) Die vertragsärztliche Tätigkeit wird im Hinblick auf die Wirtschaftlichkeit der vertragsärztlichen Versorgung durch Prüfungseinrichtungen nach § 106c SGB V überwacht.

(2) Bei der Prüfung der vertragsärztlichen Behandlungs- und Verordnungsweise ist die Wirtschaftlichkeit der gesamten vertragsärztlichen Tätigkeit des Vertragsarztes zu berücksichtigen.

(3) ¹Sofern der Vertragsarzt an verschiedenen Betriebsstätten und/oder Nebenbetriebsstätten tätig ist, wird für die Beurteilung der Behandlungs- und Verordnungsweise seine Tätigkeit an allen Betriebsstätten einbezogen, es sei denn, es handelt sich um Fälle der Verordnung von Versicherungsleistungen bei Mitgliedern einer Berufsausübungsgemeinschaft, welche in Bereichen mehrerer Kassenärztlicher Vereinigungen tätig ist. ²Die Partner der Prüfvereinbarungen regeln Ausnahmen für Fälle einer weiteren Zulassung des Vertragsarztes oder seiner Tätigkeit in unterschiedlichen Berufsausübungsgemeinschaften oder in unterschiedlichen statusrechtlichen Verhältnissen.

Übersicht

	Rn		Rn
I. Gesetzliche Vorgaben	1	k) Prüfungsvereinbarung	61
1. Entwicklung im SGB V	1	l) Prüfungseinrichtungen	64
2. Wirtschaftlichkeitsprüfungs-Verordnung (WiPrüf-VO)	17	aa) Aufgaben der Prüfungsstelle	68
a) Prüfungseinrichtungen (§ 1 WiPrüfVO)	19	bb) Aufgaben des Beschwerdeausschusses	69
b) Unparteiischer Vorsitzender (§ 2 WiPrüfVO)	25	m) Beratungen	72
		aa) Präventive Beratung	73
c) Mitglieder des Ausschusses (§ 3 WiPrüfVO)	27	bb) Beratung als Maßnahme einer Prüfung	74
d) Prüfungsstelle (§ 4 WiPrüfVO)	30	cc) Beratung vor erstmaliger Nachforderungsfestsetzung bei statistischen Prüfungen	75
e) Kostentragung (§ 5 WiPrüfVO)	33	n) Praxisbesonderheiten	76
f) Inkrafttreten (§ 6 WiPrüfVO)	34	o) Rechtsfolgen unwirtschaftlichen Handelns	80
II. Wirtschaftlichkeitsprüfung	35	aa) Vorbemerkung	80
1. Überwachung der vertragsärztlichen Versorgung im Hinblick auf die Wirtschaftlichkeit (Abs 1)	35	bb) statistische Prüfung, zB Durchschnittsprüfung	81
a) Richtgrößenprüfung	45	cc) Einzelfallprüfung	82
b) Zufälligkeitsprüfung	47	dd) Prüfung der Feststellung der Arbeitsunfähigkeit	83
c) Wirkstoffprüfung	48		
d) Durchschnittsprüfung	54	p) Vorstandshaftung	84
f) Weitere Prüfungen	55	q) Rahmenempfehlung gem § 106a Abs 3 S 1 SGB V zur Wirtschaftlichkeitsprüfung ärztlicher Leistungen gem § 106a SGB V	85
g) Berücksichtigung von Rabattverträgen	56		
h) Selektivverträge	57		
i) Ausschluss von der Wirtschaftlichkeitsprüfung	58	aa) Präambel	86
j) Daten	60	bb) Anwendungsbereich	87

§ 47 Wirtschaftlichkeitsprüfung

	Rn		Rn
cc) Veranlassung und Einleitung der Wirtschaftlichkeitsprüfung	90	3. Wirtschaftlichkeitsprüfung bei KV-übergreifender Tätigkeit (Abs 3)	130
dd) Datenlieferung	92	4. Das Verfahren der Wirtschaftlichkeitsprüfung in der Praxis	131
ee) KV-übergreifende Tätigkeit	93	a) Zu prüfende Praxen	131
ff) Durchführung der Prüfung	95	aa) Prüfungen von Amts wegen	131
gg) Inkrafttreten	96	bb) Prüfungen auf Antrag	133
hh) Protokollnotiz	97	b) Durchführung der Prüfung	134
r) Rahmenvorgaben nach § 106b Abs 2 SGB V für die Wirtschaftlichkeitsprüfung ärztlich verordneter Leistungen	98	aa) Fristen für die Durchführung der Prüfung	134
		bb) Einleitung der Prüfung	138
		cc) Stellungnahme des Vertragsarztes	139
2. Bezug zur vertragsärztlichen Tätigkeit (Abs 2)	129	dd) Bescheid der Prüfungsstelle	140
		c) Widerspruchsverfahren	143
		d) Klageverfahren	151

I. Gesetzliche Vorgaben

1 **1. Entwicklung im SGB V.** Die Vorschriften zur Wirtschaftlichkeitsprüfung ärztlicher und ärztlich verordneter Leistungen, die seit dem GKV-VSG in den §§ 106–106c SGB V geregelt sind, unterliegen einem permanenten Wandel. Die Änderungen, die der Gesetzgeber vornimmt, erfolgen dabei in immer kürzeren Abständen. Dies konnte in der Vergangenheit nur damit erklärt werden, dass der Gesetzgeber bspw bei den Arzneimittelverordnungen hohes Wirtschaftlichkeitspotential vermutete und heben wollte. Die Änderungen in kurzen Abständen lassen der gemeinsamen Selbstverwaltung und den Prüfungseinrichtungen nicht genügend Zeit, die Regelungen sinnvoll umzusetzen. In letzter Zeit sind die Änderungen geprägt vom steigenden Arztmangel und der Erkenntnis, dass überbürdende Prüfungen junge Mediziner davon abschrecken, sich in einer ambulanten Praxis niederzulassen.

2 Seit dem GMG im Jahr 2004 werden die Professionalität und Selbstständigkeit der Prüfungseinrichtungen forciert. Waren die Prüfgremien bis dahin zwingend bei der KV zu bilden, können diese bei der KV, bei einem Landesverband der KK oder bei einem Verband der Ersatzkassen errichtet werden. Zudem wurde je Ausschuss ein unparteiischer Vorsitzender installiert. Die Ausschüsse wurden unterstützt durch eine neu geschaffene Geschäftsstelle.

3 Die Richtgrößenprüfung wurde zur Regelprüfung erhoben, die bis dahin als Prüfung der ersten Wahl vorgesehene Durchschnittsprüfung ist nur mehr optional vorgesehen.[1] Damit sollten etwaige Absprachen ganzer Fachgruppen zur Anhebung des Durchschnittswertes unterbunden werden.[2]

4 Im Jahr 2008 wurde mit dem GKV-WSG der zuvor paritätisch mit KV- und KK-Vertretern besetzte Prüfungsausschuss unter Leitung eines unparteiischen Vorsitzenden

---

[1] Vgl auch HK-AKM/*Dahm/Hofmayer* 5560 Wirtschaftlichkeitsprüfung, Rn 5.
[2] Vgl BT-Drucks 15/1525, 113.

durch die Prüfungsstelle ersetzt, die die Aufgaben des Prüfungsausschusses übernimmt und den Beschwerdeausschuss organisatorisch unterstützt.

Bereits 2010 sah der Gesetzgeber erneuten Handlungsbedarf und schuf mit dem AMNOG Regelungen, die nach langer Zeit Vorteile für die betroffenen Ärzte brachten: Die Regresse, die für die erstmalige Überschreitung von Richtgrößen festgesetzt werden, durften in den ersten beiden Jahren 25.000 € nicht übersteigen. Diese Regelung wurde notwendig, um einer Existenzgefährdung von betroffenen Ärzten entgegenzuwirken.[3]

Bereits ein Jahr später wurde diese Regelung ergänzt und mit dem GKV-VStG[4] der althergebrachte Grundsatz „Beratung vor Regress", der auch in der Rechtsprechung[5] immer weniger Berücksichtigung fand, zur Prämisse der Wirtschaftlichkeitsprüfung erhoben. Vor einer erstmaligen Regressfestsetzung im Rahmen einer statistischen Auffälligkeitsprüfung bei ärztlich verordneten Leistungen muss demnach zunächst eine individuelle Beratung des Vertragsarztes erfolgen. Zudem konnte der Vertragsarzt bereits im Vorfeld von Prüfungen die Anerkennung von Praxisbesonderheiten beantragen.

IRd Novelle des Gesetzes über den Verkehr mit Arzneimitteln[6] wurde geregelt, dass der Grundsatz „Beratung vor Regress" auch für die Verfahren anzuwenden ist, die zum 31.12.2011 noch nicht abgeschlossen waren.

Mit dem GKV-VSG setzte der Gesetzgeber den neu eingeschlagenen Weg fort, Niederlassungshemmnisse, die durch zu intensive Wirtschaftlichkeitsprüfungen entstehen, abzubauen. Um „*passgenauere Lösungen*"[7] zu ermöglichen, wurden Regelungen für die Wirtschaftlichkeitsprüfung der ärztlich verordneten Leistungen auf regionaler Ebene[8] präferiert. „*Gewisse Mindeststandards*"[9] sollen durch Vorgaben[10] gewährleistet werden, die die KBV mit dem Spitzenverband Bund der KK zu vereinbaren hatte. Dabei waren dem Gesetzgeber die Gewährleistung des mit dem VStG eingeführten verpflichtenden Grundsatzes der „Beratung vor Regress" und die Vereinbarung von besonderen Versorgungsbedarfen im Bereich der Verordnung physikalisch-medizinischer Leistungen (Heilmittel), die die Prüfungsstellen bei ihrer Prüfung verbindlich anerkennen müssen, besonders wichtig.[11]

Strukturell wurde die Wirtschaftlichkeitsprüfung im Gesetz neu aufgestellt: Aus dem ehemaligen § 106 SGB V wurden vier Paragraphen (§ 106–§ 106c SGB V). Dies sollte die „Übersichtlichkeit" und damit verbunden die „*effektive Umsetzung der Wirtschaftlichkeitsprüfung*" fördern und „*Unsicherheiten und abnehmender Akzeptanz*" entge-

---

3 BT-Drucks 17/6309, 7 zum AABG sowie BT-Drucks 484/10 (neu), 45.
4 Lesenswert zum GKV-VStG: *Bäune/Dahm/Flasbarth* MedR 2012, 77 ff; *Halbe/Orlowski/Preusker/Schiller/Wasem* Versorgungsstrukturgesetz (GKV-VStG), Auswirkungen auf die Praxis.
5 ZB *BSG* v 28.4.2004 – B 6 KA 24/03, MedR 2012, 96.
6 Arzneimittelgesetz – AMG v 24.8.1976, zuletzt geändert am 19.10.2012, BGBl I, 2192.
7 Vgl BT-Drucks 18/4095, 111.
8 Vgl KassKomm/*Hess* § 106 SGB V Rn. 2.
9 Vgl BT-Drucks 18/4095, 111.
10 Rahmenvorgaben nach § 106b Abs 2 SGB V für die Wirtschaftlichkeitsprüfung ärztlich verordneter Leistungen v 30.11.2015, zuletzt geändert 1.5.2020, DÄ 2020, A-1275.
11 Quaas/Zuck/*Clemens* § 23 Rn 6a.

genwirken.[12] Die gesetzlichen Regelungen zur Wirtschaftlichkeitsprüfung traten gem. Art 20 Abs 5 VSG zum 1.1.2017 in Kraft und galten hinsichtlich der Richtgrößenprüfung fort, sofern die Vertragspartner auf Landesebene bis dahin keine neue Prüfungsvereinbarung abgeschlossen hatten und diese auch durch das Schiedsamt nicht festgesetzt wurde (§ 106b Abs 3 S 3 SGB V).

10   Mit dem TSVG wird der Zeitraum, in der der Vertragsarzt mit einer Überprüfung seiner ärztlichen Tätigkeit in Hinblick auf wirtschaftliche Versorgung unterzogen wird, deutlich verkürzt. Bislang konnte ein Honorarbescheid gem. der Rechtsprechung des BSG[13] erst nach vier Jahren in Vertrauensschutz erwachsen. Gem § 106 Abs 3 S 3 SGB V muss die Festsetzung einer Kürzung ärztlicher Leistungen innerhalb von zwei Jahren nach Erlass des Honorarbescheides, die Festsetzung einer Nachforderung wegen unwirtschaftlicher ärztlich verordneter Leistungen innerhalb von zwei Jahren ab dem Schluss des Kalenderjahres, in dem die Leistungen verordnet wurden, erfolgen. Dies soll der Planungssicherheit der Vertragsärzte dienen.[14]

11   Die Zufälligkeitsprüfung wurde mit dem TSVG auch für ärztliche Leistungen abgeschafft. Sie stellte eine – immer wieder kritisierte – ineffektive Prüfart dar. Dieser Kritik schließt sich nun auch der Gesetzgeber an.[15] Vielmehr gestaltet er nun die Wirtschaftlichkeitsprüfung der ärztlichen Leistungen als *„begründete Antragsprüfung"* aus und nennt die bislang für die Zufälligkeitsprüfung genannten Gegenstände der Beurteilung der Wirtschaftlichkeit (§ 106a Abs 2 SGB V aF) als Gründe für die Beantragung einer Prüfung. Auch bei dieser Aufzählung weist er auf die Notwendigkeit der **Begründung** eines Prüfantrages hin (*„begründeter Verdacht auf..."*) und gibt der KBV und dem Spitzenverband Bund der KK auf, das Nähere zur Prüfung auf begründeten Antrag in Rahmenempfehlungen[16], die bis zum 30.11.2019 zu vereinbaren waren, zu konkretisieren (§ 106a Abs 3 SGB V).[17] Diese sind bei den Prüfungsvereinbarungen auf Landesebene zu berücksichtigen, sind aber anders als die Rahmenvorgaben[18] zur Wirtschaftlichkeitsprüfung ärztlich verordneter Leistungen nicht verpflichtend.

12   Die Vertragspartner der Prüfungsvereinbarung können darüber hinaus auch weitere Prüfungen (zB eine Durchschnittsprüfung) vereinbaren; Durchschnittsprüfungen dürfen aber bei Ärzten, die in einem unterversorgten oder in einem von Unterversorgung bedrohten oder in einem zwar nicht unterversorgten, aber einer zusätzlichen lokalen Versorgung bedürftigen Planungsbereich tätig sind, nicht zur Anwendung kommen (§ 106 Abs 4 SGB V). Zusätzlich ist in der Prüfungsvereinbarung festzulegen, wie viele Ärzte je Quartal höchstens zu prüfen sind. Zudem sind Praxisbesonderheiten festzulegen, die vor der Durchführung der Prüfung als besonderer Versorgungsbedarf zu berücksichtigen sind. Genannt sind hierbei explizit Besuchsleistungen; in der Gesetzesbegründung werden zusätzlich nicht abschließend „eine Landarztpraxis, eine Konzentration der Versorgung in Hospizen oder in Pflegeheimen, Besonderheiten bei der Versorgung bestimmter Patientengruppen (zB bei anerkannter Pflegebedürftig-

---

12   Vgl BT-Drucks 18/4095, 137.
13   ZB *BSG* v 21.3.2018 – B 6 KA 47/16 R, medstra 3/2019, 158, 163.
14   BT-Drucks 19/8351, 220.
15   Vgl BT-Drucks 19/8351, 221.
16   S Rn 85.
17   S a BT-Drucks 19/8351, 221.
18   S u Rn 98.

keit oder bei schwerer Erkrankung, bei der die Patientinnen und Patienten nicht in der Lage sind, ärztliche Leistungen selbstständig in Anspruch zu nehmen)" aufgezählt.[19] Die in der Begründung zum Gesetzesentwurf vorgesehene Möglichkeit der Vorab-Antragstellung des Vertragsarztes zur Anerkennung von Praxisbesonderheiten durch die Prüfungsstelle[20] findet sich im Gesetzestext nicht wieder. Darauf kann allerdings nur dann verzichtet werden, wenn die Vertragspartner der Prüfungsvereinbarung möglichst weitgehende Praxisbesonderheiten vereinbaren. Geht ein Antrag auf Vorab-Anerkennung von Praxisbesonderheiten bei der Prüfungsstelle ein, hat diese jedenfalls zu entscheiden, ob und in welcher Höhe Praxisbesonderheiten beim antragstellenden Vertragsarzt vorliegen und in etwaig künftigen Prüfverfahren zu berücksichtigen sein werden.

Zum Bezug saisonaler Grippeimpfstoffe stellt das TSVG klar, dass eine angemessene Überschreitung der verordneten Menge gegenüber den tatsächlich erbrachten Impfungen nicht unwirtschaftlich ist (§ 106b Abs 1a SGB V); der Gesetzgeber sieht offenbar eine Überschreitung von bis zu zehn Prozent noch als wirtschaftlich an.[21] Hintergrund hierfür sind sicherlich die Engpässe in der Versorgung in vergangenen Impfperioden, die möglicherweise auch durch – von Regressangst wegen zahlreicher Prüfverfahren – zurückhaltende Bestellungen von Vertragsärzten mit veranlasst waren. Durch das Zweite Gesetz zum Schutz der Bevölkerung bei einer epidemischen Lage von nationaler Tragweite[22] wurde unter dem Eindruck der Covid-19-Pandemie § 106b Abs 1a SGB V ergänzt und klargestellt, dass für die Grippesaison 2020/2021 eine Überschreitung von 30 % als angemessen gilt. Näheres sollen die Vertragspartner der Prüfungsvereinbarung regeln. **13**

Bemerkenswert ist, dass durch das TSVG der sog *„formelle Schadensbegriff"*, den das BSG in ständiger Rechtsprechung[23] entwickelte, ersetzt wird, zumindest soweit es um Nachforderungen wegen unwirtschaftlichen ärztlich verordneten Leistungen geht. Hierzu gibt § 106b Abs 2a SGB V nun vor, dass entsprechende Nachforderungen auf die Differenz der Kosten zwischen der wirtschaftlichen und der tatsächlich verordneten ärztlichen Leistung zu begrenzen sind. Dies ist aus Praxissicht zu begrüßen, da es in der Vergangenheit Fälle gab, bei denen zB der Bezugsweg über den Sprechstundenbedarf formal falsch war, die Kosten für die KK de facto aber geringer waren. Hier führte der formale Schadensbegriff zu unbilligen Nachforderungen. **14**

Das TSVG ergänzt die Sachverhalte, die nicht der Wirtschaftlichkeitsprüfung unterliegen in § 106b Abs 4 SGB V durch die Verordnung von Krankenhausbehandlung oder Behandlung in Vorsorge- oder Rehabilitationseinrichtungen nach § 73 Abs 2 S 1 Nr 7 SGB V (Nr 3) und Verordnungen von Heilmitteln nach § 73 Abs 11 S 1 SGB V, den sog „Blankoverordnungen" (Nr 4). Den Wegfall der Prüfung von Verordnungen zur Krankenhausbehandlung begründet der Gesetzgeber mit dem hohen Bürokratieaufwand für solche Prüfungen und der schlechten Datenlage; außerdem könnten die KK die Notwendigkeit, die das Krankenhaus selbst auch zu prüfen habe, jederzeit im Ein- **15**

---

19 BT-Drucks, 504/18, 144 f.
20 BT-Drucks 504/18, 145.
21 BT-Drucks 19/8351, 221 f.
22 Gesetz v 19.5.2020, BGBl I 2020, 1018.
23 ZB *BSG* v 25.1.2017 – B 6 KA 7/16 R, Rn 22, MedR 2017, 998, 1001; *BSG* v 20.3.2013 – B 6 KA 17/12 R, Rn 36 f, juris.

zelfall prüfen.[24] Die Behandlungen in Vorsorge- oder Rehabilitationseinrichtungen müssten die KK ohnehin im Vorfeld unter Beachtung des Wirtschaftlichkeitsgebotes genehmigen. Bei den sog „*Blankoverordnungen*" trage der Vertragsarzt die Wirtschaftlichkeitsverantwortung nicht mehr.[25]

16 Durch das Gesetz für mehr Sicherheit in der Arzneimittelversorgung[26] wurde Abs 1b in § 106b SGB V eingefügt, der klarstellt, dass eine erneute Verordnung eines Arzneimittels, die aufgrund eines Arzneimittelrückrufs oder einer von der zuständigen Behörde bekannt gemachten Einschränkung der Verwendbarkeit notwendig wird, iRd Wirtschaftlichkeitsprüfung als Praxisbesonderheit zu berücksichtigen ist. In der Praxis wurde – soweit übersehbar – ohnehin bereits so verfahren (zB beim Rückruf von Valsartan).

17 **2. Wirtschaftlichkeitsprüfungs-Verordnung (WiPrüf-VO).** Die Verordnung zur Geschäftsführung der Prüfungsstellen und der Beschwerdeausschüsse nach § 106c SGB V[27] ist eine Rechtsverordnung des BMG, die in § 106c Abs 2 S 7 und 8 SGB V ihre Rechtsgrundlage findet.

18 Sie wiederholt zahlreiche gesetzliche Regelungen und konkretisiert diese. Im Folgenden werden nur die Regelungen dargestellt, die nicht nur das Gesetz wiederholen.

19 **a) Prüfungseinrichtungen (§ 1 WiPrüfVO).** Die Prüfungsstelle und der Beschwerdeausschuss sind als jeweils organisatorisch selbstständige Einheiten einzurichten (§ 1 Abs 1 S 1 WiPrüfVO). Die Mitgliederzahl des Beschwerdeausschusses wird auf mindestens fünf, höchstens jedoch neun festgesetzt (§ 1 Abs 1 S 2 WiPrüfVO). Der Beschwerdeausschuss besteht neben dem unparteiischen Vorsitzenden aus einer paritätischen Anzahl von Vertretern der KV und der KK wobei auch Mitarbeiter der Landesverbände der KK und der Ersatzkassen in den Ausschuss entsandt werden können (§ 1 Abs 1 S 3 WiPrüfVO). Für alle Mitglieder – auch für den unparteiischen Vorsitzenden – sind ausreichend viele Stellvertreter zu benennen (§ 1 Abs 1 S 4 WiPrüfVO), die ebenfalls gegenüber den sie entsendenden Organisationen fachlich nicht weisungsgebunden sind (§ 1 Abs 1 S 5 WiPrüfVO).

20 Der Beschwerdeausschuss kann sich bei Bedarf – das wird bei flächenmäßig größeren KV-Bereichen regelmäßig der Fall sein – in Kammern gliedern, für deren Besetzung dieselben Regelungen gelten wie für den Beschwerdeausschuss selbst (§ 1 Abs 2 WiPrüfVO).

21 Der Beschwerdeausschuss hat sich zur Geschäftsverteilung, Besetzung der Kammern, Stellvertretung und zu den weiteren Einzelheiten eine Geschäftsordnung zu geben, die der Aufsichtsbehörde vorzulegen ist (§ 1 Abs 3 WiPrüfVO).

22 Beschlussfähig ist der Beschwerdeausschuss, wenn neben dem unparteiischen Vorsitzenden mindestens vier Mitglieder in paritätischer Verteilung anwesend sind; davon kann in der Geschäftsordnung für die Kammern abgewichen werden.

---

24 BT-Drucks 19/8351, 222.
25 BT-Drucks 19/8351, 222.
26 BGBl I 2019, 1202.
27 Wirtschaftlichkeitsprüfungs-Verordnung v 5.1.2004, BGBl I 2005, 29, zuletzt geändert durch Art 19 des Gesetzes v 16.7.2015, BGBl I 2015, 1211.

Scheitert die Durchführung einer Sitzung mangels Beschlussfähigkeit, kann nach erneuter Ladung mit der Mehrheit der anwesenden Mitglieder entschieden werden (§ 1 Abs 4 WiPrüfVO), also auch, wenn keine paritätische Besetzung mehr gegeben ist. Dies soll verhindern, dass eine „*Partei*" Beschlüsse durch Fernbleiben blockieren kann. 23

Die Prüfungsstelle kann sich bei Durchführung von Beratungen qualifizierter Berater bedienen (§ 1 Abs 5 WiPrüfVO). 24

b) Unparteiischer Vorsitzender (§ 2 WiPrüfVO). Der unparteiische Vorsitzende ist gem § 2 Abs 1 WiPrüfVO für die Durchführung der Aufgaben des Ausschusses verantwortlich; er führt unter Zuhilfenahme der Prüfungsstelle die laufenden Aufgaben des Beschwerdeausschusses und hat insbesondere 25

- die Sitzungstermine im Benehmen mit den Ausschussmitgliedern festzusetzen,
- soweit erforderlich, unabhängige Sachverständige mit der Erstellung von Gutachten zu beauftragen,
- die Entscheidung vorzubereiten, einschließlich der Anforderung von Angaben und Beweismitteln von den Beteiligten sowie der Zustellung von Anträgen und Schriftsätzen an die Beteiligten,
- die Sitzungen zu leiten und
- den Ausschuss gerichtlich und außergerichtlich zu vertreten.

Der Vorsitzende und seine Stellvertreter erhalten Reisekostenentschädigungen, die sich nach den Vorschriften über die Reiskostenvergütung der Beamten des Landes richten (§ 2 Abs 2 WiPrüfVO) sowie weitere pauschalierte Entschädigungen nach § 2 Abs 3 und 4 WiPrüfVO. 26

c) Mitglieder des Ausschusses (§ 3 WiPrüfVO). § 3 Abs 1 WiPrüfVO regelt die Pflicht der Mitglieder und ggf der Stellvertreter, an den Ausschusssitzungen teilzunehmen und im Verhinderungsfall für eine Vertretung zu sorgen. 27

Der Vorsitzende und seine Stellvertreter können nur aus wichtigem Grund während der zweijährigen Amtsdauer (§ 106c Abs 1 S 3 SGB V) durch Beschluss der Vertragspartner oder durch die Aufsichtsbehörde abberufen werden. Erfolgte die Berufung des Vorsitzenden und seiner Stellvertreter im Wege der Ersatzvornahme durch die Aufsichtsbehörde (§ 106c Abs 1 S 6 SGB V), kann nur diese eine Abberufung nach Anhörung der Vertragspartner vornehmen (§ 3 Abs 2 WiPrüfVO). 28

Die Mitglieder und Stellvertreter unterliegen der Schweigepflicht (§ 3 Abs 3 WiPrüfVO). 29

d) Prüfungsstelle (§ 4 WiPrüfVO). § 4 Abs 1 WiPrüfVO ergänzt die Aufgaben der Prüfungsstelle. Danach hat sie 30

- im Auftrag des Vorsitzenden mit einer Frist von mindestens zwei Wochen zu Ausschusssitzungen zu laden und die Vorlagen zu übersenden,
- das Protokoll der Sitzungen zu führen,
- die Entwürfe der Niederschriften und Entwürfe der Bescheide zu erstellen,
- Stellungnahmen zu Verfahren, Niederschriften und Bescheiden sowie die Sitzungsprotokolle zu versenden,
- die Prüfakten zu führen,
- ein laufendes Verzeichnis über die eröffneten Prüfungsverfahren, den Verfahrensstand, Widersprüche, Klageverfahren und deren Ergebnisse zu führen,

- die Einnahmen- und Ausgabenübersicht und den Rechenschaftsbericht nach Abs Abs 4 vorzubereiten,
- für jedes Kalenderjahr für Zwecke des § 106c Abs 5 S 2 und 3 SGB V einen Bericht über die Anzahl der eröffneten und abgeschlossenen Beratungen, Prüfungen sowie der festgesetzten Maßnahmen zu erstellen. Dieser Bericht, von dem auch die Vertragspartner eine Ausfertigung erhalten, ist bis zum 15.2. des Folgejahres den Ausschüssen (gemeint ist dem Beschwerdeausschuss) vorzulegen. Die Vorlagen nach S 1 Nr 1 können entweder in Papierform oder im Wege der elektronischen Datenübertragung oder maschinell verwertbar auf Datenträgern übermittelt werden.

31 Fachliche Weisungsgebundenheit der Mitarbeiter der Prüfungsstelle liegt nur gegenüber dem Ausschuss und dem Leiter der Prüfungsstelle vor. In sonstigen Angelegenheiten ist Einvernehmen mit der Organisation herzustellen, bei der die Prüfungsstelle errichtet ist (§ 4 Abs 3 WiPrüfVO).

32 § 4 Abs 4 WiPrüfVO regelt, dass die Prüfungseinrichtungen den Vertragspartnern jährlich eine Haushaltsplanung sowie nach Ablauf des Geschäftsjahres, das dem Kalenderjahr entspricht, einen Rechenschaftsbericht vorzulegen haben.

33 **e) Kostentragung (§ 5 WiPrüfVO).** Deklaratorisch wird dargestellt, dass zu den Kosten der Prüfungseinrichtungen auch die Kosten aus Rechtsbehelfs- oder Rechtsmittelverfahren, der Beauftragung Dritter sowie der Prüfung der Geschäfts-, Rechnungs- und Betriebsführung nach § 274 SGB V gehören (§ 5 Abs 1 WiPrüfVO). Nicht zu den Kosten der Prüfungseinrichtungen gehören dagegen die Kosten für die von den Vertragspartnern entsendeten Mitglieder; diese sind von den Vertragspartnern selbst zu tragen (§ 5 Abs 2 WiPrüfVO).

34 **f) Inkrafttreten (§ 6 WiPrüfVO).** Die Verordnung trat am Tage nach der Verkündung in Kraft.

II. Wirtschaftlichkeitsprüfung

35 **1. Überwachung der vertragsärztlichen Versorgung im Hinblick auf die Wirtschaftlichkeit (Abs 1).** § 47 verweist auf die Regelungen zur Wirtschaftlichkeitsprüfung durch die Prüfungseinrichtungen nach § 106c SGB V. Abs 1 fasst die Regelungen des § 106 Abs 1–3 SGB V zusammen, nach denen die Wirtschaftlichkeitsprüfung Aufgabe der gemeinsamen Selbstverwaltung ist, für die sie Prüfungseinrichtungen zu bilden hat, die ihre Aufgaben eigenverantwortlich wahrnehmen.[28]

36 Die häufigen Änderungen des § 106 SGB V in der Vergangenheit führten dazu, dass er in sich oftmals schwer verständlich wirkte. Zahlreiche Verweise innerhalb des Paragraphen erhöhten die Übersichtlichkeit nicht. Dankenswerterweise ist der Gesetzgeber da – auch hier erhobener Forderung[29] – nachgekommen, die Regelungen zur Wirtschaftlichkeitsprüfung neu zu strukturieren. Er tat dies durch eine Aufteilung in vier Paragrafen: § 106 SGB V regelt Allgemeines zur Wirtschaftlichkeitsprüfung, während die §§ 106a und 106b SGB V sich den Vorgaben zur Wirtschaftlichkeitsprüfung

---

28 Zur Abgrenzung zu anderen Prüfungen s § 46 Rn 3 und Becker/Kingreen/*Scholz* § 106 Rn 4.
29 Vgl auch Becker/Kingreen/*Scholz* § 106 Rn 1.

der ärztlichen Leistungen bzw der ärztlich verordneten Leistungen widmen. Den Abschluss bildet § 106c SGB V mit Regelungen zur Prüfungsstelle und zum Beschwerdeausschuss. Die wesentlichen Regelungen werden nachfolgend dargestellt.

§ 106 SGB V enthält die allgemeinen Regelungen zur Wirtschaftlichkeitsprüfung wie die Verpflichtung zur Vereinbarung einer Prüfungsvereinbarung und die Möglichkeit der Selektivvertragspartner, die Prüfungsstelle mit der Durchführung einer entsprechenden Wirtschaftlichkeitsprüfung gegen Kostenerstattung zu beauftragen (Abs 1). Umstritten ist immer noch, wer mit dem Begriff „*Vertragspartner*" in § 106 Abs 1 S 3 SGB V konkret gemeint ist. Vereinzelt wird die Auffassung vertreten, es handele sich dabei um die Vertragspartner der Prüfungsvereinbarung. Dies erschiene aber nicht nur unlogisch, sondern auch unzulässig: unlogisch ist diese Auslegung, da der Gesetzgeber sich dann die Regelung „*… und tragen die Kosten*" am Ende des S 3 hätte sparen können; denn die gemeinsame und je hälftige Kostentragung für die Prüfungseinrichtungen nach § 106c SGB V ist bereits in § 106c Abs 2 S 6 SGB V geregelt. Unzulässig wäre diese Auslegung überdies, da sie einen Vertrag zu Lasten Dritter darstellen würde: § 73b Abs 5 S 1 2. HS SGB V regelt nämlich dezidiert, dass die Vertragspartner der hausarztzentrierten Versorgung Wirtschaftlichkeitskriterien und Maßnahmen bei deren Nichteinhaltung zu vereinbaren haben. Dabei **kann** die gemeinsame Beauftragung der Prüfungsstelle eine Option sein. Gäbe man nun den Vertragspartnern der Prüfungsvereinbarung, zu denen regelhaft der arztseitige Partner des Selektivvertrages (zB ein Hausärzteverband) nicht gehört, die Möglichkeit, ohne diesem die Prüfungsstelle mit der Wirtschaftlichkeitsprüfung des selektivvertraglichen Leistungs- und Verordnungsgeschehens zu beauftragen, unterliefe man die Gestaltungsmöglichkeiten, die § 73b Abs 5 S 1 2. HS SGB V den Selektivvertragspartnern gemeinsam gewährt. Deshalb können nur die Selektivvertragspartner gemeinsam die Prüfungsstelle beauftragen.[30] **37**

Wirtschaftlichkeitsprüfungen werden unterschieden nach arztbezogener Prüfung **ärztlicher Leistungen** und **ärztlich verordneter Leistungen** (§ 106 Abs 2 SGB V), da die für diese Bereiche bereits bisher unterschiedlichen Prüfungsarten künftig noch weiter differieren werden.[31] In § 106 Abs 3 SGB V wird klargestellt, dass als Maßnahme **auch** die Festsetzung einer Nachforderung oder einer Kürzung in Betracht kommt. Eine Nachforderung ist somit nicht obligat, **kann** aber in den Prüfungsvereinbarungen als Maßnahme vorgesehen werden; deshalb können die Vertragspartner auch eine Wirtschaftlichkeitsprüfung regeln, die allein auf Steuerung und Beratung basiert, ohne zwangsläufig finanzielle Konsequenzen für den Vertragsarzt zu haben. Der Begriff der Nachforderung ist seit dem GKV-VSG neu und ersetzt den zuvor verwendeten und durchaus als „*negativ besetzt*" zu wertenden Begriff des Regresses. Der Gesetzgeber hielt es deshalb offenbar für angebracht, mit einer Änderung des Begriffes auch seine Intention einer Wirtschaftlichkeitsprüfung mit milderen Mitteln zu unterstreichen. **38**

Die Wirtschaftlichkeitsprüfung **ärztlicher Leistungen** wird in § 106a SGB V normiert. Diese findet gem. TVSG grundsätzlich nur mehr auf Veranlassung durch **begründete** Anträge einer KK, mehrerer KK gemeinsam oder der KV statt. Die KBV und der Spitzenverband Bund der KK haben das Nähere zu den Voraussetzungen dieser Prü- **39**

---

30 So auch Bergmann/Pauge/*Steinmeyer* § 106 SGB V nF Rn 4; **aA** KassKomm/*Hess* § 106 SGB V Rn 4.
31 Vgl BT-Drucks 18/4095, 138.

fung in Rahmenempfehlungen[32] zu vereinbaren, die bei den Prüfungsvereinbarungen zu berücksichtigen sind (§ 106a Abs 3 SGB V). Veranlassung für eine Prüfung besteht insbesondere bei begründetem Verdacht auf
- fehlende medizinische Notwendigkeit der Leistungen (Fehlindikation),
- fehlende Eignung der Leistungen zur Erreichung des therapeutischen oder diagnostischen Ziels (Ineffektivität),
- mangelnde Übereinstimmung der Leistungen mit den anerkannten Kriterien für ihre fachgerechte Erbringung (Qualitätsmangel), insbesondere in Bezug auf die in den Richtlinien des G-BA enthaltenen Vorgaben,
- Unangemessenheit der durch die Leistungen verursachten Kosten im Hinblick auf das Behandlungsziel oder
- Unvereinbarkeit von Leistungen des Zahnersatzes und der Kieferorthopädie mit dem Heil- und Kostenplan.

40 Der Gesetzgeber hat also die Gegenstände der vormaligen Zufälligkeitsprüfung auf das Antragsverfahren angepasst[33] und den KK und KV als Beurteilungskriterien für die Notwendigkeit eines Prüfantrages an die Hand gegeben.

41 § 106b SGB V steckt den Rahmen ab, innerhalb dessen Wirtschaftlichkeitsprüfungen **ärztlich verordneter Leistungen** zu vereinbaren sind. Prüfgegenständlich sind dabei alle Bereiche ärztlich verordneter Leistungen (§ 106b Abs 1 S 3 SGB V). Die KBV und der Spitzenverband Bund der KK haben einheitliche Rahmenvorgaben[34] zu vereinbaren. Diese wurden mit Wirkung zum 1.12.2015 abgeschlossen. Sie verpflichten die Vertragspartner auf Landesebene, bestimmte Regelungen in ihre Prüfungsvereinbarungen aufzunehmen, lassen aber auch Spielräume für regionale Besonderheiten und Lösungen.

42 Den Vertragspartnern auf Landesebene wird durch das GKV-VSG nun wieder die Gestaltung der Wirtschaftlichkeitsprüfungen übertragen. Dadurch sollen regionale Gegebenheiten besser berücksichtigt werden können.

43 Die Regelungen, die in den Prüfungsvereinbarungen zu treffen sind, wurden durch die Rahmenvorgaben konkretisiert. Verpflichtend zu treffen sind somit Regelungen
- zum Kostensatz und zur Datenlieferung bei der Beauftragung der Prüfungsstelle mit der Prüfung von verordneten Leistungen im Rahmen des Entlassmanagements (§ 39 Abs 1a S 5 SGB V) und bei Inanspruchnahme eines Krankenhauses nach § 76 Abs 1a SGB V sowie bei Verordnungen im Rahmen der spezialfachärztlichen Versorgung nach § 116b SGB V und von Selektivverträgen nach §§ 73b, 140a SGB V,
- zu den Voraussetzungen für Einzelfallprüfungen,
- zu den Voraussetzungen für die Festsetzung von Maßnahmen (dabei ist mit Ausnahme von Einzelfallprüfungen der Grundsatz von „Beratung vor Regress" zu beachten),
- zum Inhalt und zur Durchführung von individuellen Beratungen,
- zur Möglichkeit des Vertragsarztes, iRd individuellen Beratung die Feststellung über die Anerkennung von Praxisbesonderheiten (bei Heilmitteln: besonderer Verordnungsbedarfe) beantragen zu können,

---

32 S Rn 88 ff.
33 S a Kass-Komm/*Hess* § 106a SGB V Rn 7.
34 S u Rn 98 ff.

Wirtschaftlichkeitsprüfung   § 47

– zu weiteren Maßnahmen bei statistischen Prüfungen,
– zu weiteren Maßstäben zur Berücksichtigung von Praxisbesonderheiten (bei Heilmitteln: regional vereinbarter besonderer Verordnungsbedarfe),
– zu Datenlieferungen.

§ 106c SGB V enthält allgemeine Regelungen zu den Prüfungseinrichtungen und zum Beschwerdeverfahren. Neu ist dabei lediglich, dass nun generell Klagen gegen Entscheidungen des Beschwerdeausschusses keine aufschiebende Wirkung mehr zukommt. Bislang war diese Ausnahme zu § 86a Abs 1 SGG nur für Honorarkürzungen und Regresse aus Richtgrößenprüfungen geregelt. Dem Beschwerdeausschuss wird damit eine größere Verantwortung übertragen, denn in der Regel werden nur Entscheidungen beklagt, die einen Nachforderungsbetrag festsetzen bzw (zumindest teilweise) bestätigen; nach solchen Entscheidungen sind die finanziellen Konsequenzen also (zunächst) vom Vertragsarzt zu tragen bis er ggf im sozialgerichtlichen Verfahren eine für ihn günstige Entscheidung erstreiten kann. **44**

a) Richtgrößenprüfung. Richtgrößenprüfungen sind seit dem GKV-VSG nicht mehr als Regelprüfungen vorgeschrieben. In zahlreichen KV-Bereichen wurden sie dennoch als Regelprüfung vereinbart, ggf aber etwas anders bezeichnet[35]. Deshalb werden hier einige Ausführungen zur Richtgrößenprüfung aF gemacht. Richtgrößenprüfungen werden in der Regel für den Zeitraum eines Jahres durchgeführt **45**

In der Regel sollten Richtgrößenprüfungen für max 5 % der Ärzte durchgeführt werden (§ 106 Abs 2 S 7 HS 2 SGB V aF), damit eine unangemessene Ausweitung von Prüfungen auf größere Teile der Ärzteschaft vermieden wird.[36] Um eine zeitnahe und für die Betroffenen zumutbare Prüfung zu gewährleisten und damit die Transparenz und die Signalwirkung der Prüfungen zu verbessern, musste seit dem GKV-WSG die Festsetzung eines den KK zu erstattenden Mehraufwands innerhalb einer Regressfrist von zwei Jahren nach Ende des geprüften Verordnungszeitraums erfolgen (§ 106 Abs 2 S 7 HS 2 SGB V aF). Dies konnte nur für Verordnungszeiträume nach dem 1.1.2008 gelten. Nun hat der Gesetzgeber des TSVG die Frist für die „*Festsetzung einer Nachforderung*" generell auf zwei Jahre verkürzt. Die umständliche Formulierung der Vorschrift (wie bereits die Formulierung der Vorgängervorschrift) wird in der Praxis weiterhin unnötige Probleme bereiten. So stellt sich zB die Frage, ob der Beschwerdeausschuss auch außerhalb dieser 2-Jahres-Frist die Möglichkeit hätte, eine Nachforderung festzusetzen, wenn eine KK gegen die Entscheidung der Prüfungsstelle, keine Nachforderung festzusetzen, Widerspruch einlegt[37]. **46**

b) Zufälligkeitsprüfung. Zufälligkeitsprüfungen waren seit dem GKV-VSG für ärztlich verordnete Leistungen nicht mehr gesetzlich vorgegeben. Mit dem TSVG werden sie nun auch für ärztliche Leistungen vom Gesetzgeber nicht mehr als verpflichtend vorgegeben, da „*am Aufwand gemessen [...] der Nutzen dieser Prüfungsart nur gering*"[38] war. **47**

---
35 ZB Prüfungsvereinbarungen für den Bereich der KV RLP (Stand: 1.1.2017; als Arzneimittel-Fallwert bezeichnet), der KV BW (Stand: 1.1.2019; als Richtwerte bezeichnet).
36 BT-Drucks 16/3100, 136.
37 Vgl auch HK-AKM/*Dahm/Hofmayer* 5560 Wirtschaftlichkeitsprüfung, Rn 118.
38 BT-Drucks 19/8351, 221.

48 c) Wirkstoffprüfung. Die Richtgrößenprüfung war seit 2004 durch das GMG als Regelprüfung und auch die Zufälligkeitsprüfung gesetzlich verbindlich vorgegeben. Mit dem AMNOG bestand für die Vertragspartner der Prüfungsvereinbarung die Möglichkeit, diese beiden Prüfungen durch eine sog Wirkstoffprüfung abzulösen. Dazu, ob beide gesetzlich vorgeschriebenen Prüfungen abgelöst werden konnten oder nur die Richtgrößenprüfung bestand eine Diskrepanz zwischen der Begründung[39] und dem Gesetzestext in § 106 Abs 3b S 6 SGB V aF.[40]

49 Der Gesetzgeber kam mit der Möglichkeit einer Wirkstoffprüfung der lange erhobenen Forderung nach, dass die Ärzte nicht für die Preise der Arzneimittel, sondern ausschließlich für die Indikationsstellung und Menge der Verordnung verantwortlich gemacht werden sollen.

50 Aufgabe der Vertragspartner der Arzneimittelvereinbarung auf Bundes- (§ 84 Abs 7 SGB V) und der Landesebene (§ 84 Abs 1 SGB V) war es, festzulegen, welche Wirkstoffe und in welcher Menge diese auszuwählen sind. Wie auch bei der Richtgrößenprüfung war die Zahl der zu prüfenden Ärzte auf maximal 5 % zu begrenzen (§ 106 Abs 3b S 10 HS 2 SGB V aF).

51 Um dennoch – wie bei einer Richtgrößenprüfung – zu gewährleisten, dass von der Prüfung die relevanten Verordnungen und Verordnungskosten umfasst sind, mussten die Vertragspartner insbesondere für Wirkstoffe und Wirkstoffgruppen Verordnungsanteile und Wirkstoffmengen in allen Anwendungsgebieten, die für die Versorgung und die Verordnungskosten in der jeweiligen Arztgruppe bzw Vergleichsgruppe relevant sind, festlegen. Dabei waren „*versorgungsrelevante Aspekte und die Kosten der Behandlung zu berücksichtigen*"[41]. Diese Regelungen waren unter Beachtung der Richtlinien nach § 92 Abs 1 S 2 SGB V, der Vereinbarungen nach §§ 84, 130b oder 130c SGB V und der Hinweise nach § 73 Abs 8 S 1 SGB V zu treffen (§ 106 Abs 3b S 4 SGB V aF). Eine Vereinbarung zur „*Wirkstoffprüfung*" war zu veröffentlichen. Sie musste eine Regelung enthalten, wie die Nichterfüllung der Zielvorgaben auszugleichen ist. Praxisbesonderheiten waren auch bei dieser Prüfart zu berücksichtigen, es sei denn, die Vertragspartner würden dies anders regeln. Ein Ausschluss der Anerkennung von Praxisbesonderheiten wäre aber nur dann möglich, wenn die Zielvorgaben bereits alle potentiellen Praxisbesonderheiten berücksichtigen[42].

52 War eine Wirkstoffvereinbarung getroffen, erübrigte sich der Abschluss einer Richtgrößenvereinbarung nach § 84 Abs 6 SGB V aF.

53 Auch nach der Regionalisierung der Wirtschaftlichkeitsprüfung durch das GKV-VSG haben die Vertragspartner auf Landesebene weiterhin die Möglichkeit, eine Wirkstoffprüfung zu vereinbaren. Davon haben bisher einige KV Gebrauch gemacht.[43]

54 d) Durchschnittsprüfung. Die Vertragspartner der Prüfungsvereinbarung können auch eine Durchschnittsprüfung vereinbaren. Auch diese wurde in zahlreichen KV-

---

39 BT-Drucks 17/2413, 28.
40 S HK-AKM/*Dahm/Hofmayer* 5560 Wirtschaftlichkeitsprüfung, Rn 146.
41 BT-Drucks 17/2413, 28.
42 HK-AKM/*Dahm/Hofmayer* 5560 Wirtschaftlichkeitsprüfung, Rn 151.
43 ZB Prüfungsvereinbarungen im Bereich der KVB v 1.1.2020, der KVHH idF des 4. Nachtrags ab 1.7.2019.

Bereichen in die Prüfungsvereinbarungen aufgenommen[44]. Hat der Landesausschuss der Ärzte und KK eine Feststellung nach § 100 Abs 1 oder Abs 3 SGB V getroffen, dürfen bei Ärzten der betroffenen Arztgruppe keine Prüfungen nach Durchschnittswerten durchgeführt werden (§ 106a Abs 4 S 2 SGB V).

f) Weitere Prüfungen. Die Vertragspartner der Prüfungsvereinbarung können über die gesetzlich vorgegebenen Regelprüfungen auch Durchschnittsprüfungen für ärztliche und ärztlich verordnete Leistungen sowie andere arztbezogene Prüfungsarten vereinbaren. So sieht die Prüfungsvereinbarung im Bereich der KV Hamburg eine sachliche Berichtigung des Sprechstundenbedarfs vor[45] und im Bereich der KV Sachsen die Prüfung der Verordnung von Impfstoffen (§ 132e SGB V)[46]. 55

g) Berücksichtigung von Rabattverträgen. Mit dem AVWG erhielten die KK die Möglichkeit, mit den Herstellern von Arzneimitteln Rabattverträge abzuschließen, § 130a SGB V[47]. Da der Gesetzgeber davon ausging, dass den Ärzten ein Teilnahmerecht an diesen Verträgen ermöglicht werde, legte er den Grundsatz fest, dass die Verordnung von rabattierten Arzneimitteln nicht Gegenstand der Richtgrößenprüfung sind, da ihre Wirtschaftlichkeit bereits durch die Rabattverträge selbst gewährleistet sei; die KK hätten hierzu den Prüfungsstellen lediglich die entsprechenden Angaben zu liefern (§ 106b Abs 4 Nr 2 SGB V). In der Praxis zeigt sich aber, dass den Ärzten kaum eine Möglichkeit der Teilnahme an Rabattverträgen ermöglicht wird, so dass die Regelung nur sehr selten angewandt werden kann. 56

h) Selektivverträge. Für ärztliche und ärztlich verordnete Leistungen iRv Selektivverträgen sind die §§ 106–106c SGB V nicht direkt anwendbar[48]. Um der Prüfungsstelle die Möglichkeit zu geben, statistische Verwerfungen zu bereinigen[49], wurden die KK verpflichtet, der Prüfungsstelle auch Daten aus den Selektivverträgen zu übermitteln (§ 106 Abs 1 S 4 SGB V). Es besteht sogar die Möglichkeit, die Prüfung von iRd Selektivverträge ärztlich verordneten Leistungen gemeinsam zwischen den Selektivvertragspartnern[50] zu vereinbaren und gegen Kostentragung die Prüfungsstelle mit dieser Prüfung zu beauftragen (§ 106 Abs 1 S 3 SGB V). 57

i) Ausschluss von der Wirtschaftlichkeitsprüfung. Verordnungen von Heilmitteln für Versicherte mit langfristigem Behandlungsbedarf nach § 32 Abs 1a SGB V sowie Verordnungen von Heilmitteln nach § 73 Abs 11 S 1 SGB V unterfallen nicht der Wirtschaftlichkeitsprüfung (§ 106b Abs 4 Nr 1 und Nr 4 SGB V). 58

---

44 ZB Prüfungsvereinbarungen im Bereich der KVNo (Stand: 1.1.2017), der KVN (Stand: 1.1.2017), der KVH (Stand: 1.1.2017).
45 S § 20 der dortigen Prüfungsvereinbarung.
46 S §§ 8 Abs 1 lit c der dortigen Prüfungsvereinbarung.
47 Vgl auch *Orlowski/Wasem* Gesundheitsreform 2007 (GKV-WSG), Änderungen und Auswirkungen auf einen Blick, 140. Zur Problematik für die Datengrundlage in der Wirtschaftlichkeitsprüfung s HK-AKM/*Dahm/Hofmayer* 5560 Wirtschaftlichkeitsprüfung Rn 46 und 104 und Bergmann/Pauge/Steinmeyer § 106 SGB V nF, Rn 12.
48 HK-AKM/*Dahm/Hofmayer* 5560 Wirtschaftlichkeitsprüfung, Rn 18 und 45; ebenso Bergmann/Pauge/*Steinmeyer* § 106 Rn 4.
49 BT-Drucks 484/10 (neu), 43.
50 Zur verwirrenden Wortwahl s Rn 37.

59 Zudem unterfallen neben den Verordnungen von Arzneimitteln, für die der Arzt einem Rabattvertrag beigetreten ist[51], auch Verordnungen von Krankenhausbehandlung oder Behandlung in Vorsorge- oder Rehabilitationseinrichtungen nach § 73 Abs 2 S 1 Nr 7 SGB V nicht der Wirtschaftlichkeitsprüfung. Schließlich wurden durch das TSVG auch Heilmittel nach § 73 Abs 11 S 1 SGB V (sog „*Blankorezept*") von einer Wirtschaftlichkeitsprüfung ausgenommen, da in diesen Fällen Auswahl und Dauer der Therapie sowie die Frequenz der Behandlungseinheiten vom Heilmittelerbringer festzulegen sind.

60 j) Daten. Wirtschaftlichkeitsprüfungen finden auf Basis der Daten statt, die die KV und die KK gem § 296 Abs 1, 2 und 4 sowie § 297 Abs 2 SGB V der Prüfungsstelle zu übermitteln haben (§ 106 Abs 2 S 2 SGB V). Bei Zweifeln der Prüfungsstelle an der Richtigkeit der übermittelten Daten, hat diese eine Stichprobe aus den Daten zu ziehen und diese auf die Grundgesamtheit der Arztpraxis hochzurechnen (§ 106 Abs 2 S 2 SGB V)[52].

61 k) Prüfungsvereinbarung. Die Vertragspartner auf Landesebene (Landesverbände der KK, Ersatzkassen und KV) haben Inhalt und Durchführung der Beratung und Prüfung nach § 106 Abs 2 SGB V sowie die Voraussetzungen für Einzelfallprüfungen gemeinsam und einheitlich zu vereinbaren, wobei die Rahmenempfehlungen nach § 106a Abs 3 S 1 SGB V zu berücksichtigen (§ 106a Abs 3 S 2 SGB V) und die Rahmenvorgaben nach § 106b Abs 2 S 1 SGB V verpflichtend zu beachten sind (vgl Präambel der Rahmenvorgaben).

62 In dieser Prüfungsvereinbarung ist für die Prüfung ärztlicher Leistungen gem § 106a Abs 4 S 3 SGB V festzulegen
– die Zahl der je Quartal höchstens zu prüfenden Ärzte in einer KV,
– Praxisbesonderheiten iRd Antragsprüfungen nach § 106a Abs 1 SGB V und darüber hinausgehend (optional) vereinbarter Prüfungen nach § 106a Abs 4 S 1 SGB V als Kriterien zur Unterscheidung, die sich aus besonderen Standort- und Strukturmerkmalen des Leistungserbringers oder bei besonderen Behandlungsfällen ergeben.

63 Für die Prüfung ärztlich verordneter Leistungen ab dem 1.1.2017 muss die Prüfungsvereinbarung Regelungen enthalten
– zu Wirtschaftlichkeitsprüfungen in allen Bereichen ärztlich verordneter Leistungen (§ 106b Abs 1 S 3 SGB V);
– zur Wirtschaftlichkeitsbetrachtung der Überschreitung der Menge gegenüber den tatsächlich erbrachten Impfungen bei Verordnungen saisonaler Grippeimpfstoffe (§ 106b Abs 1a S 2 SGB V).

64 l) Prüfungseinrichtungen. Es sind eine gemeinsame Prüfungsstelle und ein gemeinsamer Beschwerdeausschuss von den Vertragspartnern zu bilden und bei der KV oder bei einem Landesverband der KK oder bei einer bestehenden Arbeitsgemeinschaft zu errichten (§ 106c Abs 1 S 1 iVm § 106c Abs 2 S 2 SGB V). Die Prüfungseinrichtungen können mit Zustimmung der Aufsichtsbehörden auch KV-übergreifend errichtet werden (§ 106c Abs 4 S 1 SGB V).

---

51 S Rn 56.
52 Mit kritischen Anmerkungen zur Datenproblematik HK-AKM/*Dahm/Hofmayer* 5560 Wirtschaftlichkeitsprüfung, Rn 134 ff.

Wirtschaftlichkeitsprüfung § 47

Die Prüfungseinrichtungen nehmen ihre Aufgaben eigenverantwortlich wahr, wobei **65**
der Beschwerdeausschuss durch die Prüfungsstelle organisatorisch unterstützt wird
(§ 106c Abs 2 S 1 SGB V). Die Vertragspartner einigen sich über die Errichtung, den
Sitz, den Leiter der Prüfungsstelle, der bei seiner Geschäftsführung die besonderen
Anforderungen des Datenschutzes zu beachten hat, sowie bis spätestens 30.11. eines
jeden Jahres über die personelle, sachliche und finanzielle Ausstattung der Prüfungsstelle, da ansonsten die Aufsichtsbehörde nach § 106c Abs 5 SGB V entscheidet
(§ 106c Abs 2 S 5 SGB V).

Der Beschwerdeausschuss, der paritätisch mit Vertretern der KK und der KV sowie **66**
einem unparteiischen Vorsitzenden, über den sich die Vertragspartner einigen müssen,
da er ansonsten durch die Aufsichtsbehörde nach § 106c Abs 5 SGB V berufen wird,
besetzt ist, entscheidet mit einfacher Mehrheit, wobei bei Stimmengleichheit die
Stimme des unparteiischen Vorsitzenden den Ausschlag gibt; die Amtsdauer für alle
Mitglieder beträgt 2 Jahre § 106c Abs 1 S 2–6 SGB V).

Die Kosten für die Prüfungseinrichtungen haben die Vertragspartner je zur Hälfte zu **67**
tragen (§ 106c Abs 2 S 6 SGB V). Weitere Regelungen wurden in der Verordnung zur
Geschäftsführung der Prüfungsstellen und der Beschwerdeausschüsse nach § 106c
SGB V[53] getroffen.

aa) Aufgaben der Prüfungsstelle. Die Prüfungsstelle bereitet die Daten und sonsti- **68**
gen Unterlagen auf, stellt den wesentlichen Sachverhalt fest und entscheidet unter
Beachtung der Prüfungsvereinbarung[54], ob der geprüfte Vertragsarzt gegen das Wirtschaftlichkeitsgebot verstoßen hat und welche Maßnahme ggf zu treffen ist (§ 106
Abs 3 S 1 SGB V).

bb) Aufgaben des Beschwerdeausschusses. Der Beschwerdeausschuss, der gegen die **69**
Entscheidung der Prüfungsstelle unter Berücksichtigung der Form gem § 84 Abs 1
SGG (§ 106c Abs 3 S 3 SGB V) vom betroffenen Vertragsarzt, von den KK und ihren
Verbänden sowie von der KV angerufen werden kann (§ 106c Abs 3 S 1), nimmt
erneut eine Überprüfung der Wirtschaftlichkeit vor, trifft also eine eigenständige Entscheidung[55] in Form eines Widerspruchsbescheides, der wiederum den Formvorschriften des § 85 Abs 3 SGG zu genügen hat (§ 106c Abs 3 S 3 SGB V).

Ein Widerspruchsverfahren, das als Vorverfahren iSd § 78 SGG gilt (§ 106c Abs 3 S 4 **70**
SGB V), findet nicht statt bei Leistungen, die durch Gesetz oder durch Richtlinien
nach § 92 SGB V ausgeschlossen sind (§ 106c Abs 3 S 6 SGB V).

Der Widerspruch entfaltet aufschiebende Wirkung (§ 106c Abs 3 S 2 SGB V). Dage- **71**
gen hat die Klage gegen Entscheidungen des Beschwerdeausschusses keine aufschiebende Wirkung. Eine Klage gegen die Entscheidung der Prüfungsstelle hinsichtlich
Leistungen, die durch Gesetz oder durch Richtlinien nach § 92 SGB V ausgeschlossen
sind, hat demnach gem § 86a Abs 1 SGG aufschiebende Wirkung.

---

53 Wirtschaftlichkeitsprüfungs-Verordnung – WiPrüfVO v 5.1.2004, BGBl I, 29, geändert durch Art 19 des Gesetzes v 16.7.2015, BGBl I 2015, 1211.
54 Zur Notwendigkeit der Berücksichtigung der Prüfungsvereinbarung s auch *Bayerisches LSG* Urt v 14.1.2015 – L 12 KA 43/13, BeckRS 2015, 68794.
55 Schnapp/Wigge/*Steinhäuser* § 18, Rn 14; Bergmann/Pauge/*Steinmeyer* § 106c SGB V Rn 6.

§ 47 Wirtschaftlichkeitsprüfung

72 **m) Beratungen.** Die Wirtschaftlichkeitsprüfung kannte bislang vier verschiedene Beratungen: die präventive Beratung anhand von Übersichten, die Beratung als Maßnahme einer Prüfung, Beratung bei einer Überschreitung des Richtgrößenvolumens um mehr als 15 %, aber weniger als 25 % und die „Beratung vor Regress". Die verpflichtende Beratung bei einer Richtgrößenvolumenüberschreitung zwischen 15 % und 25 % ist nun nicht mehr im Gesetz verankert, da es die Richtgrößenprüfung als Regelprüfung nicht mehr gibt. Somit bleiben drei verschiedene, gesetzlich geregelte Formen der Beratung:

73 **aa) Präventive Beratung.** Die Prüfungsstelle berät die Vertragsärzte anhand von Übersichten (§ 106 Abs 3 S 5 SGB V) über die verordneten oder veranlassten Leistungen zu Fragen der Wirtschaftlichkeit und Qualität der Versorgung. Diese Beratung soll erreichen, dass Wirtschaftlichkeitsreserven im Vorfeld von Prüfungen gehoben werden[56], hat also rein präventiven Charakter. Diese Aufgabe wird von den Prüfungsstellen meist nur sehr rudimentär wahrgenommen. Die „*Beratung*" beschränkt sich zumeist auf das Zur-Verfügung-Stellen von allgemeinen Statistiken. Detaillierte Unterlagen erhalten die Vertragsärzte meist durch ihre KV (zB Trendmeldungen, Analysen zu verordneten Wirkstoffen oä); dabei handelt es sich bei den Verordnungsdaten aber nur um Annäherungswerte, da die KV nicht über die sog „*geprüften*" Daten der KK verfügen.

74 **bb) Beratung als Maßnahme einer Prüfung.** § 106 Abs 3 S 4 SGB V besagt, dass gezielte Beratungen weiteren Maßnahmen, also Nachforderungen wie Regresse jetzt genannt werden, idR vorgehen sollen. Mit dieser Beratung soll dem Vertragsarzt eine Hilfestellung gegeben werden, sich künftig wirtschaftlich zu verhalten.

cc) Beratung vor erstmaliger Nachforderungsfestsetzung bei statistischen Prüfungen.
75 § 106 Abs 5e SGB V aF wurde mit dem VStG eingefügt und findet sich nun als Auftrag an die KBV und den Spitzenverband Bund der KK, in den einheitlichen Rahmenvorgaben ein Verfahren festzulegen, „*das sicherstellt, dass individuelle Beratungen bei statistischen Prüfungen [...] der Festsetzung einer Nachforderung bei erstmaliger Auffälligkeit vorgehen*" (§ 106b Abs 2 S 3 SGB V. Dies gilt nur für ärztlich verordnete Leistungen, da sich die Regelung in § 106b SGB V befindet. Zudem gilt die Regelung nicht bei Einzelfallprüfungen. Die **individuelle** Beratung ist sicherlich ein Mehr im Vergleich zu den übrigen in §§ 106 und 106b SGB V normierten Beratungen und soll dem Vertragsarzt die einmalige Chance geben, sich künftig stärker am Wirtschaftlichkeitsgebot zu orientieren und somit Prüfungen zu vermeiden, bevor ihm ein Regress auferlegt wird[57].

76 **n) Praxisbesonderheiten.** Das Vorliegen von Praxisbesonderheiten kann eine Überschreitung des Richtgrößenvolumens (§ 106 Abs 5a S 3 SGB V aF) oder anderer statistischer Vergleichswerte rechtfertigen; sie sind danach auf der ersten Stufe der Prüfung von Amts wegen zu berücksichtigen.[58]

77 Praxisbesonderheiten sind **bei allen Prüfungen** zu berücksichtigen, auch wenn der Begriff Praxisbesonderheit bei den gesetzlichen Regelungen zur Wirtschaftlichkeits-

---

56 BT-Drucks 15/1525, 113.
57 Ausführlich 106; s a Becker/Kingreen/*Scholz* SGB V, § 106 Rn 5 f; zum Verfahren s Rn 105.
58 So bereits *BSG* v 28.1.1998 SozR 3-2500 § 106 SGB V Nr 43, 238; *Spellbrink* MedR 1996, 125.

prüfung ärztlich verordneter Leistungen kaum mehr Erwähnung findet. Dennoch sind auch bei diesen Prüfungen Praxisbesonderheiten zu berücksichtigen, da eine Nachforderung einen Ersatz des Schadens darstellt, der durch unwirtschaftliches Handeln des Vertragsarztes entstanden ist; wo aber die ärztliche Verordnung durch Praxisbesonderheiten bedingt ist, kann der Vorwurf der Unwirtschaftlichkeit schlechterdings belastbar nicht erhoben werden. Erwähnt wird der Begriff Praxisbesonderheit aber in § 106b Abs 1b SGB V: Durch das Gesetz für mehr Sicherheit in der Arzneimittelversorgung[59] wurde nämlich ergänzt, dass die erneute Verordnung des Arzneimittels oder eines vergleichbaren Arzneimittels als Praxisbesonderheit zu berücksichtigen ist, wenn für ein Arzneimittel auf Grund eines Arzneimittelrückrufs oder einer von der zuständigen Behörde bekannt gemachten Einschränkung der Verwendbarkeit erneut ein Arzneimittel verordnet werden muss.

Für die Wirtschaftlichkeitsprüfung ärztlicher Leistungen hat der Gesetzgeber vorgegeben, dass in der Prüfungsvereinbarung Praxisbesonderheiten festzulegen sind.[60] Diese sind vor Durchführung der Prüfungen als besonderer Versorgungsbedarf durch die Prüfungsstellen anzuerkennen. Der Gesetzgeber hat betont, dass dies insbesondere auch bei der Beurteilung der Wirtschaftlichkeit von Besuchsleistungen gilt § 106a Abs 4 S 4 HS 2 SGB V. **78**

§ 106 Abs 5a S 8–10 SGB V aF regelte die Verpflichtung der Prüfungsstelle, auf Antrag des Vertragsarztes weitere Praxisbesonderheiten zB durch Vergleich mit den Diagnosen und Verordnungen in einzelnen Anwendungsbereichen mit der entsprechenden Fachgruppe zu ermitteln. Dabei handelte es sich um eine Konkretisierung der Amtsermittlungspflicht der Prüfungsstelle, der hierfür die erforderlichen Daten nach den §§ 296, 297 SGB V von den KV bzw den KK zu übermitteln waren. Keineswegs konnte und kann daraus geschlossen werden, dass die Prüfungsstelle ihrer Amtsermittlungspflicht nur dann nachkommen muss, wenn der Vertragsarzt einen entsprechenden Antrag stellt. Obwohl der Gesetzesentwurf zum TSVG im Begründungsteil[61] offenbar eine entsprechende Antragsmöglichkeit für den Vertragsarzt iRd Wirtschaftlichkeitsprüfung ärztlicher Leistungen vorsah, findet sich dies im Gesetzestext nicht wieder. **79**

o) Rechtsfolgen unwirtschaftlichen Handelns. – aa) Vorbemerkung. Der Gesetzgeber gibt den Vertragspartnern der Prüfungsvereinbarung hinsichtlich der Durchführung der Wirtschaftlichkeitsprüfung und damit auch hinsichtlich der Rechtsfolgen weitreichende Regelungskompetenzen.[62] Wichtig ist ihm dabei vor allem bei ärztlich verordneten Leistungen das Beratungselement. Bezüglich der Maßnahmen fand vielmehr eine Abkehr von zuvor bei der Richtgrößenprüfung verpflichtend geregelten Regressen und deren Berechnung statt. Nachforderungen wie Regresse inzwischen im Gesetz genannt werden, können als Maßnahmen festgesetzt werden, müssen es aber nicht § 106 Abs 3 S 2 SGB V. Den Vertragspartnern der Prüfungsvereinbarung ist anzuraten, den Katalog der Maßnahmen abschließend zu regeln. **80**

---

59 BGBl I 2019, 1202; BGBl I 2020, 318 (Berichtigung).
60 S o Rn 61.
61 BT-Drucks 19/6337, 126.
62 S o Rn 8.

81 bb) statistische Prüfung, zB Durchschnittsprüfung. Auch bezüglich statistischer Vergleichsprüfung bestehen nun deutlich weitreichendere Möglichkeiten der Vereinbarung. Die bekanntesten sind dabei die Durchschnittsprüfung und die Richtgrößenprüfung, die in vielen KV-Bereichen immer noch Anwendung finden. Aber auch die Wirkstoffprüfung stellt eine statistische Prüfung dar. Wird bei einer statistischen Prüfung Unwirtschaftlichkeit festgestellt, kann die Prüfungsstelle eine Honorarkürzung, einen Regress[63] oder eine Beratung festsetzen, soweit die Prüfungsvereinbarung nicht andere Maßnahmen vorschreibt. Dabei hat die Prüfungsstelle vorrangig zu prüfen, ob eine Beratung ausreicht (§ 106 Abs 3 S 4 SGB V). Bei Honorarkürzungen ist für die Kürzungsberechnung das zur Abrechnung eingereichte Honorarvolumen zugrunde zu legen.[64]

82 cc) Einzelfallprüfung. Bei Einzelfallprüfungen wird die Unwirtschaftlichkeit im Gegensatz zu den statistischen Prüfmethoden konkret festgestellt und nicht vermutet oder geschätzt. Auch bei Einzelfallprüfungen hat die Prüfungsstelle zu prüfen, ob eine Beratung als Maßnahme nicht ausreichend erscheint. Sogar wenn die Unwirtschaftlichkeit darin begründet liegt, dass Leistungen veranlasst wurden, für die von Gesetzes wegen oder nach den Richtlinien gem § 92 Abs 1 S 2 Nr 6 SGB V keine Leistungspflicht der KK besteht, was nach der ständigen Rechtsprechung des BSG die höchste Form der Unwirtschaftlichkeit darstellt[65], ist eine Beratung nicht von vorneherein als Maßnahme ausgeschlossen.[66]

83 dd) Prüfung der Feststellung der Arbeitsunfähigkeit. Mit dem TSVG ist die Zufälligkeitsprüfung aus dem Gesetz gestrichen worden.[67] Damit einhergehend findet auch die Prüfung der Bescheinigung von Arbeitsunfähigkeit, die im Rahmen einer Zufälligkeitsprüfung mitumfasst war, keine Erwähnung mehr. Dies hat einen guten Grund, denn die Prüfung war kaum durchführbar und die Rechtsfolge nicht umsetzbar: Ergab die Zufälligkeitsprüfung dennoch, dass ein Vertragsarzt grob fahrlässig oder vorsätzlich eine Arbeitsunfähigkeit festgestellt hatte, ohne dass die medizinischen Voraussetzungen hierfür vorlagen, konnten der dadurch geschädigte Arbeitgeber und die dadurch geschädigte KK Schadenersatz verlangen. Fraglich ist allerdings, wie der Arbeitgeber von dieser Feststellung hätte erfahren sollen, da der Arbeitgeber nicht Verfahrensbeteiligter und den Prüfungseinrichtungen regelmäßig nicht bekannt ist.

84 p) Vorstandshaftung. Die Folgen von Wirtschaftlichkeitsprüfungen, die nicht in dem vorgesehenen Umfang oder nicht entsprechend den für ihre Durchführung geltenden Vorgaben durchgeführt werden, sollen durch entsprechende Haftungsandrohung den Vorstandsmitgliedern der KK-Verbände und der KV unmittelbar auferlegt werden (§ 106 Abs 4 S 1 SGB V). Die Haftung der Vorstandsmitglieder beschränkt sich nicht nur auf die Durchführung der Wirtschaftlichkeitsprüfung als solche, sondern auch auf die fristgerechte Übermittlung der Daten nach §§ 296, 297 SGB V im vorgesehenen Umfang (§ 106 Abs 4 S 2 SGB V)[68].

---

63 Zum Vorrang der „*Beratung vor Nachforderung*" s Rn 75.
64 *BSG* v 15.5.2002 SozR 3-2500 § 106 SGB V Nr 32, 185.
65 ZB v *BSG* v 14.3.2001 – B 6 KA 19/00 R SozR 3-2500 § 106 Nr 52.
66 *BSG* v 5.11.2008 – B 6 KA 64/07 R, juris.
67 So Rn 11.
68 Zum hierbei einzuhaltenden Verfahren s HK-AKM/*DahmHofmayer* 5560 Wirtschaftlichkeitsprüfung, Rn 207.

q) Rahmenempfehlung gem § 106a Abs 3 S 1 SGB V zur Wirtschaftlichkeitsprüfung **85**
ärztlicher Leistungen gem § 106a SGB V. Nachdem durch das TSVG die Zufälligkeitsprüfung als Regelprüfung abgeschafft und durch eine begründete Antragsprüfung ersetzt wurde,[69] entfielen die Richtlinien der KBV und des GKV-Spitzenverbandes zum Inhalt und zur Durchführung der Prüfungen nach § 106 Abs 2 S 1 Nr 2 SGB V aF. Die KBV und der Spitzenverband Bund der KK haben dafür Rahmenempfehlungen[70] zu den Voraussetzungen der Antragsprüfung zu vereinbaren, die bei den Prüfungsvereinbarungen auf Landesebene gem § 106a Abs 3 S 2 SGB V zu berücksichtigen sind.

aa) Präambel. Die Vertragspartner geben als Ziel der Rahmenempfehlungen die **86**
Schaffung von rechtssicheren Grundlagen für die Wirtschaftlichkeitsprüfung ärztlicher Leistungen vor.

bb) Anwendungsbereich. § 1 Abs 1 der Rahmenempfehlungen wiederholt die gesetz- **87**
liche Regelung, nach der die Rahmenempfehlungen bei den Prüfungsvereinbarungen zu berücksichtigen sind. Zudem grenzt er den Anwendungsbereich negativ zu den Prüfungen nach Durchschnittswerten oder anderen arztbezogenen Prüfungsarten ab. Die Rahmenempfehlungen finden Anwendung auf alle selbst erbrachten und veranlassten Leistungen der
– zugelassenen Ärzte,
– zugelassenen Psychotherapeuten,
– ermächtigten Ärzte,
– ermächtigten Psychotherapeuten,
– zugelassenen Medizinische Versorgungszentren,
– zugelassenen Einrichtungen nach § 311 SGB V,
– ermächtigten ärztlich geleitete Einrichtungen.

Zudem können auch Überweisungen sowie sonstige veranlasste ärztliche Leistungen, **88**
insbesondere aufwendige medizinisch-technische Leistungen – eine entsprechende Vereinbarung auf Landesebene vorausgesetzt – einbezogen werden.

§ 1 Abs 4 der Rahmenempfehlungen erinnert daran, dass die Ergebnisse der Wirt- **89**
schaftlichkeitsprüfung, die von diesen Rahmenempfehlungen umfasst sind, auch Veranlassung für eine sachlich-rechnerische Prüfung geben können und ermächtigt die Prüfungsstelle, diese gewonnenen Erkenntnisse an die für die entsprechende Durchführung der Prüfung zuständige Institution, also KV oder KK weiterzugeben.

cc) Veranlassung und Einleitung der Wirtschaftlichkeitsprüfung. § 2 der Rahmen- **90**
empfehlungen regelt die Veranlassung und Einleitung der Wirtschaftlichkeitsprüfung. Danach kann eine Wirtschaftlichkeitsprüfung in Form einer Einzelfallprüfung erfolgen auf begründeten Antrag einer einzelnen oder mehrerer KK oder der KV. Der Antrag muss neben der Praxis auch den Prüfgegenstand und den Abrechnungszeitraum bezeichnen und einen ausreichenden Verdacht auf Unwirtschaftlichkeit nahelegen. Dabei reicht eine statistische Abweichung vom Fachgruppendurchschnitt nicht aus. Die Begründung des Antrags soll vielmehr anhand von Patientenbeispielen den Verdacht der Unwirtschaftlichkeit vermuten lassen. Dabei werden die im Gesetz genannten Sachverhalte wiedergegeben:

---
69 S o Rn 11.
70 Rahmenempfehlungen gem § 106a Abs 3 S 1 SGB V zur Wirtschaftlichkeitsprüfung ärztlicher Leistungen gem § 106a SGB V (Stand: 27.2.2020), veröffentlicht im DÄ 2020, A-742.

– Verdacht auf fehlende medizinische Notwendigkeit der Leistungen (Fehlindikation),
– Verdacht auf fehlende Eignung der Leistungen zur Erreichung des therapeutischen oder diagnostischen Ziels (Ineffektivität),
– Verdacht auf mangelnde Übereinstimmung der Leistungen mit den anerkannten Kriterien für ihre fachgerechte Erbringung (Qualitätsmangel), insbesondere in Bezug auf die in den Richtlinien des G-BA enthaltenen Vorgaben,
– Verdacht auf Unangemessenheit der durch die Leistungen verursachten Kosten im Hinblick auf das Behandlungsziel.

91 Dem Antrag sind die zur Begründung des Verdachts erforderlichen Unterlagen beizufügen. In der Prüfungsvereinbarung ist festzulegen wie viele Ärzte je Quartal höchstens geprüft werden. Zudem sind – unter Hinweis auf § 106a Abs 4 S 3 SGB V – Praxisbesonderheiten festzulegen, die sich aus besonderen Standort- und Strukturmerkmalen des Arztes oder bei besonderen Behandlungsfällen ergeben und vor Durchführung der Prüfung von der Prüfungsstelle als besonderer Versorgungsbedarf anzuerkennen sind. Wie im Gesetz wird in den Rahmenempfehlungen hierzu insbesondere auf Besuchsleistungen hingewiesen. Der Antrag soll innerhalb von 14 Monaten nach Erlass des Honorarbescheides gestellt werden. Diese Frist scheint erforderlich, um der durch das TSVG verkürzten Ausschlussfrist[71] gerecht zu werden. Die Prüfungsstelle prüft sodann die Einhaltung der Voraussetzungen für einen Antrag und führt ggf. eine Wirtschaftlichkeitsprüfung durch.

92 **dd) Datenlieferung.** Stellt eine KV einen Prüfantrag, so hat sie der Prüfungsstelle einen fallbezogenen Datensatz mit den zur Prüfung erforderlichen Inhalten zu liefern. Geht der Prüfantrag von einer oder mehreren KK aus, so hat die KV die entsprechenden Daten auf Anforderung durch die Prüfungsstelle dieser zur Verfügung zu stellen. Welche Daten dies sind und in welchem Format sie zu liefern sind, bleibt Regelungen in der Prüfungsvereinbarung vorbehalten.

93 **ee) KV-übergreifende Tätigkeit.** Gem § 4 Abs 1 der Rahmenempfehlungen liegt eine KV-übergreifende Tätigkeit vor, wenn der Arzt
– gleichzeitig als Vertragsarzt mit zwei Zulassungen gem § 19a Ärzte-ZV oder gemäß § 24 Ärzte-ZV ermächtigter Arzt an einem weiteren Tätigkeitsort (Zweigpraxis) in Bereichen von mindestens zwei KV tätig ist; dasselbe gilt für ein MVZ, wenn es in Bereichen von mindestens zwei KV an der vertragsärztlichen Versorgung teilnimmt;
– als Beteiligter einer BAG tätig ist, deren Vertragsarztsitze (Orte der Zulassung) in Bereichen von mindestens zwei KV gelegen sind (§ 33 Abs 2 S 1 und 6 Ärzte-ZV);
– als Vertragsarzt an seinem Vertragsarztsitz und als Beteiligter einer BAG oder Teil-BAG (§ 33 Abs 2 S 3 Ärzte-ZV) an einem weiteren Tätigkeitsort im Bereich einer weiteren KV tätig ist;
– als zugelassener Vertragsarzt gleichzeitig als angestellter Arzt in einer Arztpraxis und/oder einem MVZ im Bereich einer weiteren KV tätig ist;
– als angestellter Arzt einer Arztpraxis und/oder eines MVZ in Bereichen von mindestens zwei KV tätig ist.

---

71 S o Rn 10.

§ 4 Abs 2 der Rahmenempfehlungen definiert die Begriffe „*beteiligte KV*" und „*zuständige KV*", während § 4 Abs 3 der Rahmenempfehlungen vorschreibt, dass im Falle der Prüfung die Tätigkeit im Bereich einer anderen KV bzw auch die anderen Ärzte, die bei der KV-übergreifenden Tätigkeit mitwirken, in die Prüfung einbezogen werden. 94

ff) Durchführung der Prüfung. Die Prüfungsstelle informiert den betroffenen Arzt über den Prüfantrag. Das Verfahren selbst ist in der Prüfungsvereinbarung zu regeln. 95

gg) Inkrafttreten. Die Rahmenempfehlungen traten am Tag nach der Unterzeichnung am 11.3.2020 in Kraft und gelten nur für die Prüfzeiträume, auf die §§ 106, 106a SGB V in der Fassung des TSVG Anwendung finden. Diese umständliche Formulierung war notwendig, weil die Wirtschaftlichkeitsprüfung ärztlicher Leistungen gem TSVG Anwendung findet auf Honorarbescheide, die nach Inkrafttreten des TSVG erlassen wurden. Allerdings besagt die Formulierung nun auch, dass die Rahmenempfehlungen nicht mehr gelten würden, würde der Gesetzgeber § 106 oder § 106a SGB V ändern. Das dürfte aber so nicht gewollt sein. 96

hh) Protokollnotiz. In einer Protokollnotiz wird deklaratorisch festgehalten, dass die Prüfung von selbst erbrachten und veranlassten ärztlichen Leistungen von Hochschulambulanzen, Hochschulambulanzen an Universitätsinstituten und Ambulanzen an Ausbildungsstätten nach § 6 Psychotherapeutengesetz in der Prüfungsvereinbarung geregelt werden kann. 97

r) Rahmenvorgaben nach § 106b Abs 2 SGB V für die Wirtschaftlichkeitsprüfung ärztlich verordneter Leistungen. Für die Wirtschaftlichkeitsprüfung ärztlich verordneter Leistungen mussten gem § 106b Abs 2 SGB V die Vertragspartner auf Bundesebene Rahmenvorgaben[72] bis 31.10.2015 vereinbaren, welche insbesondere den Umfang der durchzuführenden Wirtschaftlichkeitsprüfungen festlegen sollen. Zudem soll durch die Rahmenvorgaben auch sichergestellt werden, dass bei statistischen Prüfungen der Grundsatz „*Beratung vor Regress*" eingehalten wird. Dabei stellt der Gesetzgeber klar, dass dieser Vorrang der individuellen Beratung vor der Festsetzung einer Nachforderung (ehemals Regress) nicht für Einzelfallprüfungen gilt. Gemeint sein können damit nur strenge Einzelfallprüfungen. Schließlich forderte der Gesetzgeber in § 106 Abs 2 S 4 SGB V von der KBV und dem Spitzenverband Bund der KK noch die Festlegung der besonderen Verordnungsbedarfe für die Verordnung von Heilmitteln, die bei den Prüfungen nach § 106b Abs 1 SGB V anzuerkennen sind. Zudem eröffnet § 106b Abs 2 S 5 SGB V die Möglichkeit, auf Landesebene darüber hinaus weitere anzuerkennende besondere Verordnungsbedarfe zu vereinbaren. 98

Der Gesetzgeber hat den Vertragspartnern zwar weitgehende Freiheit bei der Vereinbarung von Regelungen zur Wirtschaftlichkeitsprüfung der ärztlich verordneten Leistungen gegeben, damit auf regionaler Ebene „*passgenauere Lösungen*"[73] ermöglicht werden, ihnen aber andererseits vorgegeben, dass in den Vereinbarungen Regelungen zu Wirtschaftlichkeitsprüfungen in allen Bereichen ärztlich verordneter Leistungen enthalten sein müssen, § 106b Abs 1 S 3 SGB V. Deshalb führen die Rahmenvorgaben unter der Überschrift „*Geltungsbereich*" in § 2 Abs 2 auf: 99

---

72 Rahmenvorgaben nach § 106b Abs 2 SGB V für die Wirtschaftlichkeitsprüfung ärztlich verordneter Leistungen v 30.11.2015, zuletzt geändert am 1.5.2020, DÄ 2020, A-1275.
73 BT-Drucks 18/4095, 111.

- Verordnung von Leistungen der medizinischen Rehabilitation (§ 73 Abs 2 Nr 5 SGB V),
- Verordnung von Arznei- und Verbandmitteln einschließlich Sprechstundenbedarf (§ 73 Abs 2 Nr 7 SGB V),
- Verordnung von Heilmitteln (§ 73 Abs 2 Nr 7 SGB V),
- Verordnung von Hilfsmitteln (§ 73 Abs 2 Nr 7 SGB V),
- Verordnung von Krankentransporten (§ 73 Abs 2 Nr 7 SGB V),
- Verordnung von häuslicher Krankenpflege (§ 73 Abs 2 Nr 8 SGB V),
- Verordnung von Soziotherapie (§ 73 Abs 2 Nr 12 SGB V),
- Verordnung von Spezialisierter Ambulanter Palliativversorgung (§ 73 Abs 2 Nr 14 SGB V).

100 Da gem § 106 Abs 5 SGB V die Abs 1 und 4 des § 106 SGB V auch für die Prüfung der Wirtschaftlichkeit der im Krankenhaus erbrachten ambulanten ärztlichen und belegärztlichen Leistungen gelten, gelten folgerichtig hierfür auch die Rahmenvorgaben, was § 2 Abs 3 klarstellt.

101 Im Folgenden nennen die Rahmenvorgaben die Prüfungen, mit der die Prüfungseinrichtungen gegen Kostenersatz beauftragt werden können:
- verordnete Leistungen iRd Entlassmanagements nach § 39 Abs 1a SGB V und bei Inanspruchnahme eines Krankenhauses nach § 76 Abs 1a SGB V, soweit die KK mit dem Krankenhaus bzw Leistungserbringer nichts anderes vereinbart haben,
- Verordnungen iRd spezialfachärztlichen Versorgung nach § 116b SGB V, soweit die KK mit dem Leistungserbringern nach § 116b Abs 2 SGB V nichts anderes vereinbart haben (§ 116b Abs 7 S 7 SGB V),
- ärztlich verordnete Leistungen durch Hochschulambulanzen nach § 117 SGB V, Psychiatrische Institutsambulanzen nach § 118 SGB V, Sozialpädiatrische Zentren nach § 119 SGB V sowie medizinische Behandlungszentren nach § 119c SGB V, sofern in den Prüfvereinbarungen nach § 106b Abs 1 SGB V entsprechende Beauftragungsmöglichkeiten geschaffen werden.

102 Ferner sollen die Vertragspartner der Prüfvereinbarung auch die Möglichkeit einer Beauftragung der Prüfungseinrichtungen mit der Prüfung von ambulanten ärztlichen verordneten Leistungen außerhalb der in § 73 iVm § 83 SGB V geregelten vertragsärztlichen Versorgung vorsehen. § 2 Abs 7 der Rahmenvorgaben nennen hier „*insbesondere*" die Selektivverträge nach §§ 73b und 140a SGB V.

103 Hinsichtlich der Prüfungsarten lassen die Rahmenvorgaben den Vertragspartnern der Prüfvereinbarung – mit Ausnahme der verpflichtend zu regelnden Einzelfallprüfung (§ 3 Abs 3 S 1 der Rahmenvorgaben) – alle Freiheiten, empfehlen aber im Falle der Vereinbarung einer statistischen Prüfung, diese als Auffälligkeitsprüfung zu gestalten, die für den Prüfzeitraum eines Jahres durchgeführt werden soll, § 3 Abs 2 der Rahmenvorgaben. Nachdem das TSVG die Frist, innerhalb derer eine Maßnahme aus einer Wirtschaftlichkeitsprüfung festgesetzt werden kann, deutlich verkürzt hat,[74] wurde in den Rahmenvorgaben klargestellt, dass in der Prüfungsvereinbarung auch kürzere Prüfzeiträume vereinbart werden können. Vereinbaren die Vertragspartner auf Landesebene dieser Empfehlung entsprechend eine statistische Auffälligkeitsprüfung, verpflichtet § 3 Abs 2 S 7 der Rahmenvorgaben die Vertragspartner zu regeln, dass die Prüfung durch die Prüfungsstelle von Amts wegen erfolgt.

---

74 S o Rn 11.

Zu Recht werden in § 3 Abs 5 und Abs 6, letzter Aufzählungspunkt der Rahmenvorgaben Bagatellgrenzen thematisiert. Bagatellgrenzen dienen nicht nur dazu, die Wirtschaftlichkeit der Wirtschaftlichkeitsprüfung im Auge zu behalten, sondern auch dazu, die Akzeptanz bei der Ärzteschaft für die Wirtschaftlichkeitsprüfung zu fördern und damit deren Effekt, nämlich die künftige Beachtung des Wirtschaftlichkeitsgebotes, zu stärken. Werden hingegen Wirtschaftlichkeitsprüfungen und der damit verbundene Prüfaufwand für die Prüfungseinrichtungen, die KV, die (Verbände der) KK und – nicht zuletzt – für den geprüften Vertragsarzt bereits bei vermuteter Unwirtschaftlichkeit in unerheblichem Umfang veranlasst, steht der Ärger über die scheinbar sinnlose Prüfung im Vordergrund und der so genannte „Schutzmanneffekt" verpufft. Die Rahmenvorgaben eröffnen deshalb explizit die Möglichkeit, von der Vereinbarung von Bagatellgrenzen Gebrauch zu machen. Auch das BSG[75] hat sich mit der Zulässigkeit der Vereinbarung von Bagatellgrenzen auseinandergesetzt und diese sogar für den Bereich der Abrechnungsprüfung, bei der es nicht darum geht, ob eine ärztliche Leistung unwirtschaftlich war, sondern ob diese überhaupt (korrekt) erbracht wurde, bejaht. **104**

Die in § 106 Abs 2 S 7 SGB V aF geregelte – Vorgabe, dass eine Auffälligkeitsprüfung in der Regel für nicht mehr als 5 % der Ärzte einer Fachgruppe durchgeführt werden sollen, wurde in § 3 Abs 6, 2. Aufzählungspunkt der Rahmenvorgaben im Kontext mit Kriterien, unter denen Ärzte von Prüfungen ausgeschlossen werden können, übernommen. **105**

§§ 3a und 3b wurden aufgrund neuer Regelungen durch das TSVG in die Rahmenvorgaben eingefügt. § 3a der Rahmenvorgaben trifft Regelungen zur sog Differenzberechnung.[76] Eine Nachforderung (ehemals Regress) ist ein Schadensersatz, den der Arzt der KK zu erstatten hat, weil er unwirtschaftlich gehandelt hat. Nach dem sog „*formellen*" Schadensbegriff, den das BSG[77] entwickelt hat, musste der Arzt die unwirtschaftliche Verordnung in voller Höhe erstatten, ohne dass ihm eine wirtschaftliche Alternative gegengerechnet wurde. Die nun in § 106b Abs 2a SGB V geregelte Differenzberechnung gibt dies künftig aber vor. In den Rahmenvorgaben wird dabei klargestellt, dass die Differenzberechnung auch in den Fällen zur Anwendung kommt, in denen als Erstmaßnahme „nur" eine Beratung vor Nachforderung droht. Nicht anwendbar ist die Differenzberechnung aber bei Verordnungen, die gem § 34 SGB V oder Anl 1 der Heilmittel-Richtlinie ausgeschlossen sind, es sei denn, es liegt eine Ausnahme gem § 12 Abs 11 Arzneimittel-Richtlinie vor. **106**

Die Rahmenvorgaben verpflichten die Vertragspartner der Prüfungsvereinbarung, Regelungen für die Berücksichtigung einer Kostendifferenz bei Einzelfallprüfungen (Abs 2) und statistischen Prüfungen (Abs 3) zu treffen. Dabei soll es neben der Gegenrechnung der zu berücksichtigenden wirtschaftlichen Leistung (der hierbei verwendete Begriff der Leistung anstelle des Begriffs der ärztlich verordneten Leistung, ist wohl eine Ungenauigkeit in den Rahmenvorgaben) und deren Kosten auch die Möglichkeit geben, indikationsbezogene durchschnittliche wirtschaftliche Verordnungskosten festzulegen. **107**

---

75 *BSG* v 23.3.2016 – B 6 KA 8/15 R, Rn 44 ff, MedR 2017, 337.
76 S o Rn 14.
77 ZB *BSG* v. 25.1.2017 – B 6 KA 7/16 R, Rn 22, MedR 2017, 998 mit Anm *Clemens*.

108 § 3b der Rahmenvorgaben beschäftigt sich mit dem Fristenmanagement, das aufgrund der Verkürzung der sog Ausschlussfrist durch das TSVG erforderlich wurde, da nun § 106 Abs 3 S 3 SGB V vorgibt, dass Nachforderungen für ärztlich verordnete Leistungen nur innerhalb von zwei Jahren nach Abschluss des Kalenderjahres, in dem die ärztliche Leistung verordnet wurde, festgesetzt werden können. § 3b Abs 1 S 2 der Rahmenvorgaben stellt dabei ausdrücklich klar, dass innerhalb dieser Frist die Maßnahme, also auch eine Beratung, durch Bescheid der Prüfungsstelle festgesetzt werden muss und eine Mitteilung an den Arzt über die Durchführung der Prüfung oder über die Stellung eines Prüfantrag diese Frist nicht hemmt. Diese Regelung ist sehr zu begrüßen, da sie das Ziel des Gesetzgebers, für mehr Planungssicherheit[78] für den Arzt zu sorgen, erreichen lässt. Es war nämlich zu befürchten, dass Prüfanträge gegen Ende der Ausschlussfrist gestellt werden und der Arzt darüber nur noch informiert wird; dies hätte eine Umgehung der gesetzlichen Vorgabe bedeutet und die Verfahren nicht oder nur kaum beschleunigt.

109 In der Prüfungsvereinbarung ist ein Fristenmanagement zu regeln, das gewährleistet, dass die Ausschlussfrist eingehalten wird. Für Einzelfallprüfungen regelt § 3b Abs 2 S 1 der Rahmenvorgaben, dass der Prüfantrag der KK in der Regel mit den vollständigen prüfungsbegründenden Unterlagen spätestens sechs Monate vor Ablauf der Ausschlussfrist der Prüfungsstelle vorliegen muss. Diese Frist verlängert sich nur, wenn die KV ihre Daten nicht rechtzeitig gem § 1 Abs 5 des Vertrags über den Datenaustausch (Anl 6 zum BMV-Ä) an die KK liefert, also innerhalb von fünf Monaten nach Ende des Abrechnungsquartals. Die Frist verlängert sich dabei um den Zeitraum der Verzögerung. Diese Regelung erscheint fragwürdig, da sie sicherlich nicht die Ausschlussfrist gegenüber dem Arzt verlängern kann.

110 Die Prüfungsstelle hat dem Arzt für seine Stellungnahme eine angemessene Frist von in der Regel sechs Wochen einzuräumen, die in begründeten Einzelfällen auf Antrag des Arztes auch verlängert werden kann.

111 Die Vorschrift in § 3b Abs 3 der Rahmenvorgaben, dass der Beschwerdeausschuss innerhalb von zwei Jahren nach Zugang des Widerspruches entscheiden soll (§ 5 Abs 7 S 2 der Rahmenvorgaben), erscheint dagegen im Hinblick einer Verfahrensbeschleunigung als zu großzügig bemessen.

112 Als Maßnahme ist bei statistischen Prüfungen grundsätzlich zunächst eine individuelle Beratung vorzusehen bevor weitere Maßnahmen in Betracht kommen, § 4 Abs 1 der Rahmenvorgaben.

113 § 5 der Rahmenvorgaben beschäftigt sich mit individuellen Beratungen als Maßnahme bei statistischen Prüfungen. Hervorzuheben ist hierbei, dass bestehende Rechtsunsicherheiten bezüglich des Rechtscharakters und der Ausgestaltung der Beratung ausgeräumt werden: So wird geregelt, dass eine individuelle Beratung für jeden Verordnungsbereich iSd § 2 Abs 2 der Rahmenvorgaben gesondert festzusetzen und durchzuführen ist. Zudem wird definiert, wann eine erstmalige Auffälligkeit bei statistischen Prüfungen vorliegt. Bemerkenswert ist auch die Regelung, dass eine festgesetzte Maßnahme fünf Jahre nach formeller Rechtskraft nachwirkt, danach eine Auffälligkeit wieder als erstmalig gilt. Dies trägt dem Umstand Rechnung, dass der Beratungsinhalt einer früheren Beratung auf Grund des medizinischen Fortschritts und der pharmazeutischen Weiter-

---

78 BT-Drucks 19/8351, 194.

entwicklungen nach einem gewissen Zeitablauf nicht mehr geeignet ist, eine unwirtschaftliche Verordnungsweise von Arzneimitteln zu vermeiden. Problematisch erwies sich die Regelung in der Praxis aber deshalb, weil die Aufbewahrungsfrist der Daten bei der Prüfungsstelle gem § 304 Abs 1 Nr 2 SGB V aF lediglich vier Jahre betrug, somit eine Überprüfung, ob die Fünfjahresfrist tatsächlich schon abgelaufen war, oftmals schwierig machte. Dies wurde durch das DVG[79] behoben, indem die Löschfristen für die Daten der Prüfungseinrichtungen[80], die für die Wirtschaftlichkeitsprüfung benötigt werden auf zehn Jahre verlängert wurden.

§ 5 Abs 3 der Rahmenvorgaben ermöglicht, in der Prüfungsvereinbarung vom Standard der individuellen Beratung im Rahmen eines persönlichen Gesprächs abzuweichen und stattdessen eine schriftliche Beratung zu vereinbaren, bei dem der Arzt zusätzlich eine mündliche Beratung ermöglicht werden kann. Um eine fachlich qualifizierte Beratung sicherzustellen, kann die Einbeziehung von Vertretern der regionalen Vertragspartner in der Prüfungsvereinbarung geregelt werden. **114**

In begründeten Fällen kann der Arzt im Rahmen der individuellen Beratung oder wenn zu einem späteren Zeitpunkt die Festsetzung einer Nachforderung droht eine Feststellung der Prüfungsstelle über die Anerkennung von Praxisbesonderheiten bzw bei Heilmitteln von besonderen Versorgungsbedarfen beantragen, was gem § 5 Abs 4 der Rahmenvorgaben in der Prüfungsvereinbarung zu regeln ist. **115**

Die individuelle Beratung kann frühestens mit Eintritt der Vollziehbarkeit des Prüfbescheides erfolgen und soll spätestens sechs Monate danach durchgeführt worden sein, § 5 Abs 5 S 1 der Rahmenvorgaben. Dabei sind die Durchführung und die Inhalte der Beratung zu dokumentieren. Als „Dokumentation" empfiehlt sich hierbei sicherlich die Erstellung eines entsprechenden (deklaratorischen) Bescheides. Näheres regeln die Vertragspartner der Prüfungsvereinbarung, wobei insbesondere Bedingungen festzulegen sind, unter denen eine individuelle Beratung bei Ablehnung oder Nichtwahrnehmung von Beratungsterminen als durchgeführt gilt. **116**

In der Prüfungsvereinbarung ist auch zu regeln, dass die Prüfungsstelle zu prüfen hat, ob der Bescheid mit Wirkung für die Vergangenheit aufzuheben ist, wenn sich im Rahmen der Beratung einvernehmlich ergibt, dass eine Festsetzung der Beratung nicht hätte erfolgen dürfen. In diesem Fall gilt die individuelle Beratung als nicht erfolgt. **117**

§ 6 der Rahmenvorgaben regelt weitere Maßnahmen bei statistischen Prüfungen. Eine weitere Maßnahme kann die Festsetzung einer Nachforderung oder Kürzung nach erfolgter individueller Beratung sein, die allerdings erstmals für den Prüfzeitraum nach erfolgter individueller Beratung festgesetzt werden kann. Dabei sind gesetzliche Rabatte und die Zuzahlungen der Versicherten, deren Beträge die KK der Prüfungsstelle arztbezogen zu übermitteln hat, zu berücksichtigen. Die Vertragspartner der Rahmenvorgaben übersehen aber, dass auch vertragliche Rabatte gem §§ 130a ff SGB V bei der Höhe der Nachforderung Berücksichtigung finden müssen, da ansonsten ein Schadenersatz geleistet wird, der die Höhe der durch die Unwirtschaftlichkeit entstandenen Kosten übersteigt. **118**

---

79 Gesetz für eine bessere Versorgung durch Digitalisierung und Innovation (Digitale-Versorgung-Gesetz – DVG), BGBl I, 2562.
80 Das Gesetz spricht an dieser Stelle von Prüfungsausschüssen und ihren Geschäftsstellen, obwohl diese bereits mit dem GKV-WSG 2008 durch die Prüfungsstellen ersetzt wurden.

§ 47 Wirtschaftlichkeitsprüfung

119 § 6 Abs 4 der Rahmenvorgaben regelt die Vollziehung der Nachforderung aus Prüfungen vertragsärztlich verordneter Leistungen durch die KV durch Aufrechnung mit dem Vergütungsanspruch des Arztes. Dabei wird offenbar übersehen, dass § 52 BMV-Ä bereits eine Regelung enthält, die die Aufrechnung an das Vorliegen eines „regressbestätigenden" Urteils eines SG knüpft und die Regelungskompetenz zum Näheren auf die Vertragspartner der Gesamtverträge delegiert. Es ist also zu befürchten, dass es nun mehrere, ggf sogar unterschiedliche Regelungen hierzu in den KV-Bereichen gibt. Nicht umfasst von der Vollziehung durch die KV sind Nachforderungen im Falle der Beauftragung der Prüfungsstelle.

120 § 6 Abs 5 der Rahmenvorgaben regelt eine *„Schonfrist"* für erstmalig zugelassene Vertragsärzte: Diese sollen in den ersten beiden Jahren (§ 6 Abs 5 verweist auf die ersten beiden Prüfzeiträume des gem § 3 Abs 2 der Rahmenvorgaben) ihrer Zulassung keine Maßnahmen aus statistischen Wirtschaftlichkeitsprüfungen fürchten müssen, sondern die Vertragspartner auf Landesebene sollen sich überlegen, wie Neuzugelassene gesteuert, schöner gesagt, *„an die Hand genommen"* werden können, damit ihnen die Beachtung des Wirtschaftlichkeitsgebotes künftig gelingt. Die Festlegung einer *„Anfängerregelung"* ist gerade im Hinblick auf die schwankende Rechtsprechung[81] und vor allem zum Abbau von Niederlassungshemmnissen sehr zu begrüßen.

121 Regelungen zur Datenlieferung enthält § 7 der Rahmenvorgaben. Er verweist dabei auf die entsprechenden gesetzlichen und bundesmantelvertraglichen Normen und gibt den Vertragspartnern der Prüfungsvereinbarung auf, insbesondere Datenlieferungen zu Verordnungsbereichen zu regeln, für die es keine bundeseinheitlichen Vorgaben gibt. In Abs 3 wird die gesetzliche Regelung des § 106 Abs 2 S 2 SGB V wiederholt, nachdem die Prüfungsstelle bei Zweifeln an der Richtigkeit der übermittelten Daten die Datengrundlagen für die Prüfung aus einer Stichprobe der abgerechneten Behandlungsfälle des verordneten Arztes ermittelt und die so ermittelten Teildaten nach einem statistisch zulässigen Verfahren auf die Grundgesamtheit der durch den Arzt verordneten Leistungen hochrechnet.

122 Die Rahmenvorgaben idF v 1.5.2020 gelten für Prüfverfahren, die Prüfzeiträume betreffen, die auch ärztliche Leistungen ab dem 11.5.2019 (Inkrafttreten des TSVG) umfassen. Konkret bedeutet dies, dass sie Anwendung finden in folgenden Fällen:
- bei Einzelfallprüfung: Verordnungen ab 11.5.2019;
- quartalsbezogenen Prüfungen: Verordnungen ab 2/2019;
- kalenderjahresbezogene Prüfungen: Verordnungen ab 1.1.2019.

123 Anl 1 der Rahmenvorgaben regelt spezifische Vorgaben für die Wirtschaftlichkeitsprüfung verordneter Arzneimittel. § 1 nennt dabei die Prüfgegenstände, die gem Abs 1 auch auf Versorgungs- und Wirtschaftlichkeitsziele nach § 84 Abs 1 SGB V reflektieren können, wobei auch indikationsbezogene Wirkstoffziele sowohl fach- als auch vergleichsgruppenspezifisch vereinbart werden können. Nachdem der Gesetzgeber des VSG wohl versehentlich die Prüfung von Ärzten, die an Anwendungsbeobachtungen nach § 67 Abs 6 des AMG beteiligt sind, in § 106b SGB V nicht mehr geregelt hat, haben die Vertragspartner der Rahmenvorgaben diese in § 1 Abs 2 der Anlage 1 aufgenommen. In § 2 der Anlage 1 der Rahmenvorgaben wird der Umgang

---

81 *BSG* v 11.6.1986 – 6 RKa 2/85, MedR 1988, 216; *BSG* v 15.12.1987 – 6 RKa 19/87, SozR 2200, § 368n RVO Nr 52; *BSG* v 28.4.2004 – B 6 KA 24/03, MedR 2004, 577.

mit Rabatten nach § 130a Abs 8 SGB V und Nacherstattungen nach § 130b SGB V geregelt. Dabei wird wiederholt, dass Verordnungen von Arzneimitteln nicht der Wirtschaftlichkeitsprüfung unterliegen, wenn der Arzt einem entsprechenden Vertrag nach § 130a SGB V beigetreten ist.[82] Ist das nicht der Fall, so sind die Rabatte bei Festsetzung einer Nachforderung als Summe der Rabatte arztbezogen zu berücksichtigen. Abweichend hiervon kann in der Prüfungsvereinbarung geregelt werden, dass die Rabatte bereits vor Einleitung einer Prüfung Präparatebezogen in voller Höhe von den ärztlichen Verordnungskosten abgezogen werden. Sofern die tatsächlichen Therapiekosten aufgrund von Vereinbarungen nach § 130b Abs 1 SGB V oder einer Festsetzung nach § 130b Abs 4 SGB V niedriger als der deklarierte Abgabepreis, so sind bei der Festsetzung einer Nachforderung die tatsächlichen jährlichen patientenbezogenen Therapiekosten zu berücksichtigen, über die die Prüfungsstelle vom Spitzenverband Bund der KK informiert wird bzw dort im Rahmen laufender Prüfverfahren entsprechende Informationen einholen kann. § 3 der Anl 1 der Rahmenvorgaben beschäftigt sich mit Praxisbesonderheiten. Diese können regional in der Prüfungsvereinbarung vereinbart werden. § 3 Abs 2 der Anl 1 der Rahmenvorgaben gibt dem Grunde nach die Regelung des § 106b Abs 1b SGB V wieder, nach der eine erneute Verordnung aufgrund eines Arzneimittelrückrufs als Praxisbesonderheit zu berücksichtigen ist und schränkt dies auf die Fälle ein, die eine entsprechende Kennzeichnung durch den Arzt erfahren haben. Des Weiteren wird empfohlen, gesetzliche und vereinbarte Praxisbesonderheiten vor Einleitung des Prüfverfahrens zu berücksichtigen. Die weiteren Maßstäbe zur Berücksichtigung von Praxisbesonderheiten sind Gegenstand der Prüfungsvereinbarung. Der Arzt ist über Art und Umfang der anerkannten Praxisbesonderheiten zu informieren; er kann im Prüfverfahren weitere, individuelle Praxisbesonderheit geltend machen.

Anl 2 der Rahmenvorgabe regelt spezifische Vorgaben für die Wirtschaftlichkeitsprüfung verordneter Heilmittel. Sie ist aufgeteilt in eine Version mit Gültigkeit bis 30.9.2020 und eine Version, die ab dem 1.10.2020 gültig sein wird[83]. Als Prüfgegenstände werden folgende Zielbereiche genannt:
– Physio- und/oder Ergotherapie,
– Stimm-, Sprech- und Sprachtherapie (ab 1.10.2020 zusätzlich Schlucktherapie),
– Podologie.

Sofern Heilmittel in der Prüfungsvereinbarung in diese Zielbereiche aufgeteilt werden, gilt der Anspruch auf individuelle Beratung für jeden Zielbereich gesondert.

Im Anhang 1 zur Anl 2 der Rahmenvorgaben werden die besonderen Versorgungsbedarfe aufgeführt. Diese sollen vor Einleitung der Prüfung Berücksichtigung finden und sind von der Prüfungsstelle in vollem Umfang anzurechnen. Auch hier findet sich analog zur Anlage 1 der Rahmenvorgaben die Regelung, dass in der Prüfungsvereinbarung weitere besondere Versorgungsbedarfe vereinbart werden können, der Arzt über Art und Umfang der anerkannten besonderen Versorgungsbedarfe zu informieren ist und im Prüfverfahren weitere individuelle besondere Versorgungsbedarfe geltend gemacht werden können.

---

82 S o Rn 56.
83 Der Gültigkeitsbeginn wurde durch Beschluss des GBA v 17.9.2020 auf den 1.1.2021 verschoben.

127 In § 5 der Anl 2 der Rahmenvorgaben finden sich eine Übergangsregelung für Genehmigungen nach § 32 Abs 1a SGB V im Zusammenhang mit der Änderung der Heilmittel-Richtlinie zum 1.10.2020. Soweit die KK einen langfristigen Heilmittelbedarf nach § 32 Abs 1a SGB V iVm § 8a Abs 3 Heilmittel-Richtlinie (idF v 1.1.2018) über den 1.10.2020 hinaus genehmigt haben, bleiben diese Genehmigungen bis zu ihrer Aufhebung oder Erledigung unter der Maßgabe einer Übersicht wirksam, die die Diagnosegruppen/Indikationsschlüssel neu zuordnet. Die Genehmigungen bleiben auch wirksam, wenn sie weitere Angaben enthalten, die von Änderungen der Heilmittel-Richtlinie betroffen sind; genannt wird hier beispielsweise die Leitsymptomatik. Eingeschränkte Genehmigungen hinsichtlich Art, Menge und Frequenz bleiben eingeschränkt wirksam. Die KK können Genehmigungen, die unter der geänderten Heilmittel-Richtlinie so nicht mehr erteilt würden, für die Zukunft aufheben.

128 In der Anl 3 der Rahmenvorgaben wird den Vertragspartnern der Prüfungsvereinbarung aufgegeben, für die weiteren Verordnungsbereiche die Voraussetzungen für Einzelfallprüfungen zu regeln mit der Maßgabe, dass von den KK genehmigte Verordnungen nur insoweit einzubeziehen sind, als begründete Zweifel an der Wirtschaftlichkeit des Verordnungsverhaltens im jeweiligen Verordnungsbereich insgesamt vorgebracht werden. Die erforderlichen Daten und deren Lieferung an die Prüfungsstelle sind ebenfalls in der Prüfungsvereinbarung festzulegen.

129 **2. Bezug zur vertragsärztlichen Tätigkeit (Abs 2).** Abs 2 festigt einen von der Rechtsprechung[84] entwickelten Grundsatz, nach dem bei der Beurteilung der Wirtschaftlichkeit die gesamte Tätigkeit des Arztes zu berücksichtigen ist (Grundsatz der Gesamtwirtschaftlichkeit). Die Neuaufnahme des Wortes „vertragsärztliche" soll die Abgrenzung zur selektivvertraglichen Regelung darstellen. Diese hat bei der Beurteilung der Wirtschaftlichkeit außen vor zu bleiben, es sei denn, auf Landesebene würde dies anders vereinbart werden[85].

130 **3. Wirtschaftlichkeitsprüfung bei KV-übergreifender Tätigkeit (Abs 3).** Auch in Abs 3 wird nochmals klargestellt, dass bei der Wirtschaftlichkeitsprüfung die gesamte Tätigkeit eines Arztes heranzuziehen ist, dh auch die ärztlichen Leistungen, die ein Arzt an mehreren Betriebsstätten erbringt und veranlasst. Ist der Arzt aber KV-übergreifend tätig, so ist für die Prüfung der Verordnungsweise die Prüfungsstelle zuständig, in deren KV-Bereich die (Neben)Betriebsstätte liegt, § 7 Abs 2 KBV KV-übergreifende Berufsausübungs-Richtlinie[86]. Dies findet seine Berechtigung darin, dass die Wirtschaftlichkeitsprüfung und deren Ausgestaltung KV-spezifisch ist und somit nicht zusammengeführt werden kann. Sofern Ärzte mehr als eine Zulassung haben, in unterschiedlichen BAG oder in unterschiedlichen statusrechtlichen Verhältnissen, also zB als teilzugelassener und teilangestellter Arzt tätig sind, haben die Vertragspartner auf Landesebene entsprechende Regelungen in den Prüfungsvereinbarungen vorzusehen.

---

84 ZB *BSG* v 5.11.1997 – 6 RKa 1/97, SozR 3-2500 § 106 Nr 42.
85 S Rn 57.
86 Richtlinie der KBV über die Durchführung der vertragsärztlichen Versorgung bei einer den Bereich einer KV-übergreifenden Berufsausübung, zuletzt geändert am 8.3.2011.

Wirtschaftlichkeitsprüfung §47

4. Das Verfahren der Wirtschaftlichkeitsprüfung in der Praxis. – a) Zu prüfende Praxen. – aa) Prüfungen von Amts wegen. Eine Prüfung von Amts wegen erfolgt, wenn 131
Aufgreifkriterien für vereinbarte statistische Prüfungen überschritten werden.

In vielen Prüfungsvereinbarungen ist geregelt, dass vor Einleitung der Prüfung sog 132
Sondierungs- oder Auswahlgespräche unter Beteiligung der KV und der KK(verbände) stattfinden, die zum Ziel haben, die Prüfung auf die (vermeintlich) prüfungsrelevanten Fälle zu beschränken bzw auf die durch die Prüfungsvereinbarung vorgegebene Grenze der maximal zu prüfenden Ärzte zu reduzieren.[87] Diese „Vorauswahl" ist zwar mit einigem Aufwand für die Beteiligten verbunden, verhindert aber einen wesentlich höheren Aufwand, der bei der Prüfung von Praxen entstehen würde, deren Abrechnungs- oder Verordnungsverhalten zwar auffällig iSd Überschreitung der Schwellenwerte bzw der Aufgreifkriterien ist, deren Mehraufwand aber durch (bekannte) Praxisbesonderheiten gerechtfertigt ist.

bb) Prüfungen auf Antrag. Bei Antragsprüfungen löst ein Antrag einer oder mehrerer KK(verbände) oder der KV die Prüfung aus. Sondierungs- oder Auswahlgespräche sind auch hier vielfach vorgesehen.[88] Das Nähere ist in der Prüfungsvereinbarung zu regeln.[89] 133

b) Durchführung der Prüfung. – aa) Fristen für die Durchführung der Prüfung. Der 134
Anspruch auf wirtschaftliches Verhalten unterliegt nicht der Verjährung[90]. Der Prüfbescheid muss aber innerhalb einer Ausschlussfrist von vier Jahren (seit TSVG zwei Jahren) nach der Bekanntgabe des ersten für den Abrechnungszeitraum maßgeblichen Honorarbescheides[91] bei Honorarkürzungen bzw bei der Wirtschaftlichkeitsprüfung ärztlich verordneter Leistungen nach Ende des Kalenderjahres, in dem die Verordnung getätigt wurde, bekannt gegeben werden. Für Prüfzeiträume vor der eindeutigen gesetzlichen Regelung in § 106 Abs 3 S 3 SGB V ergebe sich diese Notwendigkeit einer zeitlichen Begrenzung des Prüfverfahrens bereits aus dem rechtsstaatlichen Gebot der Rechtssicherheit des Art 20 Abs 3 GG[92]. Später ergehende Kürzungs- bzw Rückforderungsbescheide können regelmäßig nur noch dann Rechtswirkungen entfalten, wenn die Vertrauensschutzausschlusstatbestände des § 45 Abs 2 iVm Abs 4 S 1 SGB X vorliegen[93].

Die Ausschlussfrist kann aber gehemmt werden. Die Möglichkeit einer Hemmung der 135
Ausschlussfrist für den **Erlass** von Prüf- und Richtigstellungsbescheiden folgt aus der

---

87 So zB in Bayern, § 6 Abs 2 S 2 der bayerischen Prüfungsvereinbarung; ebenso in Nordrhein, § 14 der dortigen Prüfungsvereinbarung; im Saarland berät eine gemeinsame Beratungskommission die Prüfungsstelle bei der Auswahl der zu prüfenden Ärzte, § 4 Abs 2 der dortigen Prüfungsvereinbarung.
88 So zB in Bayern, § 6 Abs 3 S 2 der bayerischen Prüfungsvereinbarung.
89 Zu Antragsfristen s Rn 137.
90 *BSG* v 16.6.1993 – 14a/6 RKa 37/91, SozR 3-2500 § 106 SGB V Nr 19 unter Aufgabe der früheren Rspr.
91 *BSG* v 28.3.2007 – B 6 KA 26/06 R, MedR 2008, 100 mit Problemstellung *Dahm*; vgl auch *BSG* v 6.9.2006, SozR 4-2500 § 106 SGB V Nr 15 mwN zur Rspr der Instanzgerichte unter Rn 25.
92 ZB Schnapp/Wigge/*Peikert* § 20 Rn 17.
93 BSGE 98, 169 = SozR 4-2500 § 85 Nr 35 Rn 16; BSGE 97, 84 = SozR 4-2500 § 106 Nr 15 Rn 12.

Hofmayer 489

entsprechenden Anwendung der Vorschriften des § 45 SGB I über die Hemmung der Verjährung[94]. Danach reicht es letztendlich aus, dass der Vertragsarzt innerhalb der Ausschlussfrist von der Beantragung eines Prüfverfahrens bzw von der Einleitung desselben Kenntnis erlangt[95].

136 – gesetzliche Fristen
Der Gesetzgeber hatte mit dem GKV-WSG eine Zwei-Jahresfrist für die Festsetzung von Regressen im Rahmen der Richtgrößenprüfung vorgegeben (jetzt für alle Prüfarten gültig gem § 106 Abs 3 S 3 SGB V[96]). Nach der Begr[97] sind Zeiträume von mehr als zwei Jahren zwischen dem geprüften Verordnungszeitraum und dem Prüfungsabschluss für die Betroffenen unzumutbar. Die Zwei-Jahresfrist galt nur für den im Gesetz genannten Fall der Richtgrößenprüfung und nicht für andere Prüfungsarten[98]. Durch das TSVG wurde nun generell eine zwei-Jahresfrist eingeführt[99].

137 – vertraglich vereinbarte Antragsfristen
In den Prüfungsvereinbarungen sind in der Regel Antragsfristen für Prüfungen vorgesehen, nach deren Ablauf eine Wirtschaftlichkeitsprüfung nicht mehr möglich sein soll. Das BSG hat aber mit zahlreichen Entscheidungen[100] festgestellt, dass diese Antragsfristen nicht dem Schutz des Vertragsarztes dienen, sondern die Verfahrensbeschleunigung, also das Interesse an effektiver Verfahrensdurchführung[101] fördern, aber kein Hindernis für die Verfahrensdurchführung bzw für eine Sachentscheidung darstellen, somit auch eine Wirtschaftlichkeitsprüfung nicht ausschließen können. Aufgrund der Verkürzung der Ausschlussfrist durch das TSVG dürfte aber ein festes Fristenmanagement erforderlich sein, das nicht (nur) der Verfahrensbeschleunigung dient, sondern die Durchführung der Prüfung innerhalb der Ausschlussfrist gewährleistet.[102]

138 **bb) Einleitung der Prüfung.** Steht nun fest, dass das Prüfverfahren durchzuführen ist, leitet die Prüfungsstelle das Verfahren förmlich ein und fordert den Vertragsarzt auf, die jeweilige Auffälligkeit zu begründen. Der Vertragsarzt hat zwar eine Mitwirkungspflicht[103]; dies ändert aber nicht den im Geltungsbereich des SGG maßgeblichen Amtsermittlungsgrundsatz der Prüfungseinrichtungen[104].

139 **cc) Stellungnahme des Vertragsarztes.** Der Vertragsarzt kann eine Stellungnahme abgeben, die die Prüfungsstelle berücksichtigen muss, wenn der Sachvortrag substantiiert genug ist.[105] Oftmals zeigt sich in den Verfahren, dass der Vertragsarzt zwar zahl-

---

94 *BSG* v 5.5.2010 – B 6 KA 5/09 R, Rn 34 mwN, MedR 2011, 381.
95 *BSG* v 5.5.2010 – B 6 KA 5/09 R, Rn 46 mwN, MedR 2011, 381; s aber Rn 108.
96 S Rn 10.
97 BT-Drucks 16/3100, 136.
98 *BSG* v 15.8.2012 – B 6 KA 45/11 R, MedR 2013, 458.
99 S o Rn 10.
100 ZB *BSG* v 3.2.2010 – B 6 KA 37/08 R, MedR 2011, 108; *BSG* v 5.5.2010 – B 6 KA 5/09 R, MedR 2011, 381; *BSG* v 29.6.2011 – B 6 KA 16/10 R, MedR 2012, 473.
101 S insb *BSG* USK 9596, 526; vgl auch *BSG* SozR 3-2500 § 106 Nr 28, 159 f zur Zulässigkeit späterer Antragsnachholung.
102 Zum Fristenmanagement in den Rahmenvorgaben der Prüfungsvereinbarung s Rn 108 f.
103 Vgl zB KassKomm/*Hess* § 106a Rn 46.
104 So auch HK-AKM/*Dahm*Hofmayer 5560 Wirtschaftlichkeitsprüfung, Rn 117.
105 KassKomm/*Hess* § 106a Rn 47; ausführlich *Schmitz* NZS 1997, 398.

reiche, entlastende Praxisbesonderheiten vorweisen kann, aber entweder nicht in der Lage ist, dies in einer für die Prüfungsstelle nachprüfbaren Form darzulegen, oder aber die Prüfungsstelle ihrer Pflicht zur Überprüfung der Vorbringens nicht in ausreichendem Maße nachkommt und das Vorbringen damit als nicht substantiiert verwirft. Die Anforderungen, die die Rechtsprechung[106] an das Vorbringen des Vertragsarztes stellt, sind mitunter zu hoch, um erfüllbar zu sein, zumal dem Vertragsarzt in der Regel ausreichendes Datenmaterial zum Verhalten seiner Fachkollegen fehlt.

dd) Bescheid der Prüfungsstelle. Für die Bekanntgabe der Entscheidung der Prüfungsstelle (Verwaltungsakt) ist die Schriftform gesetzlich nicht vorgeschrieben; in der Regel wird es aber opportun sein, diese zu wählen. In Bayern ist die Schriftform nur für die Bekanntgabe gegenüber den Ärzten vorgeschrieben,[107] den Kranken- bzw Ersatzkassen sowie ihren Verbänden können die Entscheidungen auch in anderer Form bekanntgegeben werden. Hintergrund hierfür ist, dass dadurch auch die Übermittlung der Bescheide auf Datenträgern ohne (qualifizierte) elektronische Signatur ermöglicht wird. **140**

Der Bescheid der Prüfungsstelle ist zu begründen als Korrektiv zu den zugestandenen Beurteilungs- und Ermessensspielräumen und der nur eingeschränkten Gerichtskontrolle. Um aber dennoch eine gerichtliche Überprüfung zu ermöglichen sind die wesentlichen tatsächlichen und rechtlichen Gründe mitzuteilen[108]. Dazu gehört zunächst die ausdrückliche (eindeutige) Benennung der Prüfungsgrundmethode.[109]. **141**

In den Fällen einer erstmaligen statistischen Auffälligkeit hat die Prüfungsstelle anstelle einer Regressfestsetzung jetzt eine individuelle Beratung des Vertragsarztes vorzunehmen.[110] **142**

c) Widerspruchsverfahren. Ist ein Adressat des Bescheides der Prüfungsstelle durch die Entscheidung beschwert, kann er innerhalb eines Monats den Beschwerdeausschuss anrufen. **143**

Dies ist beim Vertragsarzt dann der Fall, wenn gegen ihn eine Maßnahme (auch Beratung!) festgesetzt wurde. **144**

Die KK sind beschwert, wenn entgegen ihrer Auffassung gegen den Vertragsarzt keine Maßnahme oder ihrer Ansicht nach eine zu geringe Maßnahme festgesetzt wurde. **145**

Die KV dagegen kann ihre Beschwer aus allen Entscheidungen ableiten: sie kann ihre Beschwer sowohl mit den Argumenten des Vertragsarztes als auch mit solchen der KK begründen. Dies resultiert daraus, dass sie sowohl den Vertragsarzt als auch die Ärzteschaft unterstützen kann. Eine zu geringe Maßnahme gegenüber dem geprüften Vertragsarzt kann sich negativ auf die Honorarverteilung unter den Vertragsärzten oder aber auf die Arzneimittelausgabenvolumen des § 84 Abs 1 S 2 Nr 1 SGB V aus- **146**

---

106 ZB *BSG* v 27.6.2001 – B 6 KA 66/00 R, NZS 2002, 330 sowie *BSG* v 5.11.1997 – 6 RKa 1/97, SozR 3-2500 § 106 Nr 42.
107 § 10 Abs 1 S 2 der bayerischen Prüfungsvereinbarung.
108 *BSG* v 21.5.2003 – B 6 KA 32/02 R, SozR 4-2500 § 106 SGB V Nr 1 Rn 3 f.
109 Weitere Ausführungen zu den Inhalten der Prüfbescheide bei HK-AKM/*Dahm/Hofmayer* 5560 Wirtschaftlichkeitsprüfung, Rn 240 ff.
110 S Rn 75 und Rn 112 ff.

wirken, dessen Überschreiten gem § 84 Abs 3 S 1 SGB V Gegenstand der Gesamtverträge ist, dh hier werden die KK regelmäßig eine entsprechende Berücksichtigung bei den Honorarverhandlungen fordern.

147 Der Widerspruch gegen eine Entscheidung der Prüfungsstelle hat aufschiebende Wirkung (§ 106b Abs 3 S 2 SGB V), dh die Entscheidung wird zunächst nicht vollzogen, Nachforderungen werden mithin nicht einbehalten.

148 Während das Verfahren vor der Prüfungsstelle regelmäßig schriftlich ist, besteht vor dem Beschwerdeausschuss die Möglichkeit der persönlichen Anhörung. In einigen Prüfungsvereinbarungen ist geregelt, dass eine Anhörung nur nach entsprechendem Antrag gewährt wird[111].

149 Ein Bescheid des Beschwerdeausschusses muss innerhalb von fünf Monaten nach der Beschlussfassung zur Post gegeben werden, da er ansonsten rechtswidrig ist[112].

150 Der Bescheid des Beschwerdeausschusses muss denselben Anforderungen genügen wie der der Prüfungsstelle.

151 **d) Klageverfahren.** Gegen die Entscheidung des Beschwerdeausschusses können die Betroffenen Klage zum zuständigen Sozialgericht erheben. Zuständig ist dabei das Sozialgericht, in dessen Bezirk die KV ihren Sitz hat, § 57a Abs 2 SGG.

152 Während der Klage gegen Entscheidungen des Beschwerdeausschusses keine aufschiebende Wirkung zukommt (§ 106c Abs 3 S 5 SGB V), hat die Klage gegen einen Regress auf Grund einer Verordnung einer Leistung, für die die Leistungspflicht der GKV ausgeschlossen ist, aufschiebende Wirkung, da gegen diesen Bescheid der Prüfungsstelle ein Widerspruch nicht statthaft ist (§ 106c Abs 3 S 6 SGB V) und somit gerade keine Entscheidung des Beschwerdeausschusses beklagt wird, sondern eine Entscheidung der Prüfungsstelle.

153 Gegen das Urteil des Sozialgerichts ist nach § 144 SGG die Berufung zum Landessozialgericht gegeben, wenn der Wert des Beschwerdegegenstandes 750 € übersteigt oder wenn die Berufung mehrere wiederkehrende oder laufende Leistungen für mehr als ein Jahr betrifft; zu den wiederkehrenden Leistungen zählen Honorarkürzungen, nicht jedoch „Regresse". Liegt die Beschwer darunter, kann die Berufung durch das *SG* zugelassen oder die Zulassung mit der Nichtzulassungsbeschwerde geltend gemacht werden (§ 144 Abs 2 Nr 1–3 SGG).

§ 48 Feststellung sonstigen Schadens durch Prüfungseinrichtungen und die Kassenärztliche Vereinigung

(1) Der sonstige durch einen Vertragsarzt verursachte Schaden, der einer Krankenkasse aus der unzulässigen Verordnung von Leistungen, die aus der Leistungspflicht der gesetzlichen Krankenversicherung ausgeschlossen sind, oder aus der fehlerhaften Ausstellung von Bescheinigungen entsteht, wird durch die Prüfungseinrichtungen nach § 106c SGB V festgestellt.

---

111 So zB § 9 Abs 8 der bayerischen Prüfungsvereinbarung; ebenso in Sachsen, § 4 Abs 4 der dortigen Prüfungsvereinbarung.
112 *BSG* v 18.10.1995 – 6 RKa 38/94, SozR 3-1300 § 35 SGB X Nr 7; *BSG* v 28.4.1999 – B 6 KA 79/97 R, SozR 3-2500 § 106 SGB V Nr 46.

§ 48

(2) Auf Antrag der Krankenkasse kann mit Zustimmung des Vertragsarztes der Schadenersatzanspruch auch durch die Kassenärztliche Vereinigung festgestellt und im Wege der Aufrechnung gegen den Honoraranspruch erfüllt werden.

(3) ¹Macht eine Krankenkasse einen Schaden geltend, der ihr dadurch entstanden ist, dass sie der Vertragsarzt auf den Abrechnungs- oder Verordnungsunterlagen fälschlicherweise als Kostenträger angegeben hat, so ist auf Antrag dieser Krankenkasse ein Schadenersatzanspruch durch die Kassenärztliche Vereinigung festzustellen. ²Voraussetzung dafür ist, dass die Krankenkasse
1. einen Schaden, der die Bagatellgrenze gemäß § 51 überschreitet, nachweist,
2. versichert, dass der zuständige Kostenträger durch eigene Ermittlungen der Krankenkasse nicht festgestellt werden kann,
3. vorsorglich den Ausgleichsanspruch gegen den zuständigen Kostenträger an die Kassenärztliche Vereinigung abtritt.

(4) Lag der Leistungserbringung oder -verordnung eine unzulässige Verwendung einer elektronischen Gesundheitskarte zugrunde, so ist ein Schadenersatzanspruch nach Absatz 3 gegen den Vertragsarzt grundsätzlich ausgeschlossen, es sei denn, die Entstehung des Schadens lag in diesen Fällen im Verantwortungsbereich des Vertragsarztes.

(5) Die Kassenärztliche Vereinigung hat einen Schadenersatzanspruch gegen die Krankenkasse, deren elektronische Gesundheitskarte für die Inanspruchnahme der vertragsärztlichen Versorgung in unzulässiger Weise verwendet worden ist, in der Höhe des an den Vertragsarzt gezahlten Honorars, wenn
– die Entstehung des Schadens nicht im Verantwortungsbereich des Vertragsarztes lag,
– die Kassenärztliche Vereinigung und der Vertragsarzt vorsorglich eventuelle Schadenersatzansprüche gegen den Patienten abgetreten haben und
– die Krankenkasse nicht nachweisen kann, dass eine Kassenärztliche Vereinigung für diesen Versicherten einen Anteil an der Gesamtvergütung erhalten hat.

Übersicht

	Rn		Rn
I. Vorbemerkung	1	IV. Feststellungsbefugnis der KV (Abs 3)	6
II. Feststellungsbefugnis der Prüfungseinrichtungen nach § 106 SGB V (Abs 1)	2	V. Verschulden des Vertragsarztes (Abs 4)	9
III. Feststellungsbefugnis der KV bei Zustimmung des Vertragsarztes (Abs 2)	5	VI. Schadenersatzanspruch der KV gegenüber der KK (Abs 5)	10

I. Vorbemerkung

Die §§ 48–52 beschäftigen sich mit Ansprüchen von KK gegen einen Vertragsarzt auf Schadenersatz. Dabei werden verschiedene Zuständigkeiten für die Feststellung eines Schadenersatzanspruches benannt: Die Prüfungseinrichtungen nach § 106c SGB V, die KV sowie eine Schlichtungsstelle bei der KV. Zudem ist ein Schlichtungsverfahren für Schadenersatzansprüche bei Behandlungsfehler geregelt. Die Abgrenzung ist oftmals nicht einfach und hat auch die Rechtsprechung schon des Öfteren beschäftigt[1].

1

---

1 ZB *BSG* v 29.6.2011 – B 6 KA 16/10 R, MedR 2012, 473 ff; *BSG* v 16.10.1991 – 6 RKa 9/91, USK 91182.

II. Feststellungsbefugnis der Prüfungseinrichtungen nach § 106 SGB V (Abs 1)

2 Abs 1 regelt die Zuständigkeit der Prüfungseinrichtungen nach § 106c SGB V für die Feststellung des Schadens, der einer KK dadurch entsteht, dass ein Vertragsarzt unzulässig Leistungen verordnet, die aus der Leistungspflicht der GKV ausgeschlossen sind, oder dass ein Vertragsarzt fehlerhaft Bescheinigungen ausstellt.

3 Dieses Verfahren zur Feststellung eines „*sonstigen Schadens*"[2] nach § 48 Abs 1 kommt aber nur dann in Frage, wenn eine originäre Zuständigkeit der Prüfungseinrichtungen nach § 106c SGB V nicht besteht, es also einer vertraglichen Kompetenzzuweisung bedarf. Dabei unterscheidet das BSG, ob die Unzulässigkeit oder Unwirtschaftlichkeit der Verordnung selbst bzw ihre inhaltliche Ausrichtung zur Diskussion steht oder ob sich Fehler aus der Art und Weise der Ausstellung der Verordnung ergeben[3]. Da das BSG den Regress wegen unzulässiger Verordnung von Leistungen, die von der Leistungspflicht der GKV ausgeschlossen sind, bereits der originären Zuständigkeit der Prüfungseinrichtungen nach § 106c SGB V zugeordnet hat[4], würde bei enger Auslegung des Tatbestandsmerkmals „*aus der Leistungspflicht der GKV ausgeschlossen*" § 48 Abs 1 allenfalls deklaratorisch bestehen und konstitutive Bedeutung hinsichtlich einer Entscheidungskompetenzübertragung lediglich für die Fälle der fehlerhaften Ausstellung einer Bescheinigung bestehen[5]. Ein solches Verständnis des § 48 Abs 1 BMV-Ä entspräche jedoch nicht dem Sinn und Zweck der Regelung, unwirtschaftliche Verordnungsweisen mit Blick auf den hohen Rang des Wirtschaftlichkeitsgebots möglichst effektiv zu verhindern und trüge auch nicht dem Umstand Rechnung, dass die Vertragspartner die vorstehend dargestellte Konkretisierung des Begriffes des „*sonstigen Schadens*" durch die Rechtsprechung des Senats nicht nachvollzogen und die Norm nicht an die Rechtsentwicklung angepasst haben. § 48 Abs 1 ist vielmehr dahingehend zu interpretieren, dass den Prüfgremien eine Schadensfeststellungskompetenz in all den Fallgruppen zugewiesen ist, in denen die unzulässige Verordnung von Leistungen in Rede steht und sie nicht bereits (unmittelbar) Gegenstand der Wirtschaftlichkeitsprüfung nach § 106 SGB V ist. Mithin geht es um Verordnungen, bei denen Fehler in Frage stehen, welche die Art und Weise ihrer Ausstellung betreffen. Aus welchem Rechtsgrund die Verordnung unzulässig ist, ist dabei ohne Bedeutung[6]. In diesen Fällen setzt die Entstehung von Schadenersatzansprüchen ein Verschulden des Vertragsarztes voraus, während dies bei Fällen, in denen die originäre Zuständigkeit der Prüfungseinrichtungen besteht, nicht Voraussetzung ist[7].

4 Die Zuständigkeit für die Feststellung von Schadenersatzansprüchen gegen einen Vertragsarzt wegen fehlerhafter Ausstellung von Bescheinigungen, wie zB der Arbeitsunfähigkeitsbescheinigung wird aufgrund des Abs 1 auf die Prüfungseinrichtungen nach § 106c SGB V übertragen.

---

2 HK-AKM/*Dahm/Hofmayer* 5560 Wirtschaftlichkeitsprüfung, Rn 230 ff.
3 *BSG* v 29.6.2011 – B 6 KA 16/10 R, Rn 18, MedR 2012, 473.
4 ZB *BSG* v 11.5.2011 – B 6 KA 13/10 R, MedR 2012, 691; s a *BSG* v 25.1.2017 – B 6 KA 7/16 R, MedR 2017, 998 m Anm *Clemens.*
5 *BSG* v 29.6.2011 – B 6 KA 16/10 R, Rn 19, MedR 2012, 473, 474.
6 *BSG* v 29.6.2011 – B 6 KA 16/10 R, Rn 19, MedR 2012, 473, 474.
7 *BSG* v 29.6.2011 – B 6 KA 16/10 R, Rn 34, MedR 2012, 473, 476.

Feststellung sonstigen Schadens   § 48

III. Feststellungsbefugnis der KV bei Zustimmung des Vertragsarztes (Abs 2)

Eine Ausnahme iSe verkürzten Verwaltungsweges ist in Abs 2 vorgesehen: demnach 5
kann den Schaden, für den die Entscheidungskompetenz nach Abs 1 auf die Prüfungseinrichtungen nach § 106c SGB V übertragen wurde, auf Antrag der KK auch die KV feststellen, wenn der Vertragsarzt dem zustimmt. In diesen Fällen kann die KV den Schadenersatzanspruch im Wege der Aufrechnung gegen den Honoraranspruch des Vertragsarztes erfüllen.

IV. Feststellungsbefugnis der KV (Abs 3)

Gem Abs 3 hat die KV einen Schadenersatzanspruch festzustellen, wenn der KK ein 6
Schaden dadurch entstanden ist, dass ein Vertragsarzt auf den Abrechnungs- oder Verordnungsunterlagen sie fälschlicherweise als Kostenträger angegeben hat.

Hierfür müssen kumulativ folgende Voraussetzungen vorliegen: 7
– Die KK muss einen entsprechenden Antrag bei der KV stellen.
– Der nachgewiesene Schaden überschreitet die Bagatellgrenze des § 51, mithin also 30 €; bis zur Neufassung, also bei allen Anträgen, die bis einschließlich 30.9.2013 gestellt wurden, waren es 25,60 €.
– Die KK versichert, dass sie den zuständigen Kostenträger durch eigene Ermittlungen nicht feststellen konnte. Dies fällt den KK bei abgerechneten Leistungen in der Regel tatsächlich schwer, sofern der abgerechnete Patient noch nie bei der jeweiligen KK versichert war, da sie dann keinerlei Daten über diesen Patienten zur Verfügung hat. Dabei kann sie die Daten mit Muster 50, 51 der Vordruckvereinbarung beim Vertragsarzt einholen. Bei Patienten, die bereits einmal bei dieser KK versichert waren, hat die KK noch Versichertenstammdaten, so dass sie hier den zuständigen Kostenträger in der Regel ermitteln kann. Auch bei Verordnungen erhält die KK über das Verordnungsblatt (Rezept) weitere Versichertendaten, nämlich die Adresse und das Geburtsdatum, die auf dem Verordnungsblatt angegeben sind; mithilfe dieser Daten gelingt die Ermittlung des zuständigen Kostenträgers in der Regel.
– Die KK tritt den Ausgleichsanspruch gegen den zuständigen Kostenträger an die KV ab. Hier besteht in der Praxis oftmals das Problem, dass § 111 SGB X für die Ansprüche nach §§ 102–105 SGB X eine materiell-rechtliche Ausschlussfrist festsetzt, nach deren Ablauf kein Erstattungsanspruch mehr besteht. Anders als der Ablauf der Verjährung nach § 113 SGB X, der lediglich zu einem Leistungsverweigerungsrecht führt, das durch Einrede ausdrücklich geltend gemacht werden muss, beseitigt die Versäumung der Ausschlussfrist das Recht selbst und ist vom Amts wegen zu beachten[8]. Damit kann die KK ihrer Pflicht nach Abs 3 Nr 3 nach Ablauf der Frist des § 111 SGB X[9] nicht mehr nachkommen.

Der Fall, dass der Vertragsarzt auf seiner Abrechnung eine KK fälschlicherweise als 8
zuständigen Kostenträger eingetragen hat, unterfällt – trotz ausdrücklicher Erwähnung – seit Einführung des § 106a SGB V aF (inzwischen § 106d SGB V) nicht mehr der Regelung des § 48 Abs 3 BMV-Ä, da dieser Fall eine sachlich-rechnerische Richtigstellung veranlasst, diese eben in § 106d SGB V geregelt ist und den Vertragspart-

---

8 BT-Drucks 9/95, 27; s auch KassKomm/*Kater* § 111 SGB X Rn 43.
9 Vgl hierzu zB *BSG* v 10.5.2007 – B 10 KR 1/05 R, BSGE 98, 238.

§ 49　Prüfung und Feststellung von Schadenersatzansprüchen

nern des BMV-Ä somit eine Regelungskompetenz entzogen ist.[10] Die Normgeber der Bundesrichtlinien nach § 106d Abs 6 SGB V haben darauf reagiert und die Regelungen in § 18 Abs 6 dieser Richtlinien transferiert.

V. Verschulden des Vertragsarztes (Abs 4)

9　Zur Entstehung des Schadenersatzanspruches ist es erforderlich, dass der Vertragsarzt schuldhaft handelte; aus diesem Grund ist ein Schadenersatzanspruch grundsätzlich ausgeschlossen, wenn eine Versichertenkarte vorgelegt wurde, es sei denn, diese wäre offensichtlich ungültig oder die Entstehung des Schadens lag in einer anderen Form im Verantwortungsbereich des Vertragsarztes, zB wenn die Versichertenkarte, die auf eine Frau ausgestellt ist, von einem Mann verwendet wird.

VI. Schadenersatzanspruch der KV gegenüber der KK (Abs 5)

10　Neu ist die Schadenersatzpflicht der KK gegenüber der KV, wenn trotz Nicht(mehr)-bestehens eines Versicherungsverhältnisses für den Patienten eine Versichertenkarte der Leistungserbringung zugrunde lag. Hintergrund hierfür ist, dass in diesem Fall die Gefahr besteht, dass für diesen Patienten ein entsprechender Anteil an der Gesamtvergütung nicht bezahlt wurde. In diesem Fall ist der Schadenersatzanspruch durch zusätzliche Zahlung in der Höhe des an den Vertragsarzt durch die KV bezahlten Honorars zu befriedigen.

11　Voraussetzung hierfür ist:
– Der Vertragsarzt ist für die Entstehung des Schadens nicht verantwortlich (vgl Rn 9).
– Die KV und der Vertragsarzt treten etwaige Ansprüche gegen den Patienten an die KK ab.
– Der KK misslingt der Nachweis, dass eine KV für diesen Patienten bereits einen Gesamtvergütungsanteil erhalten hat. Die Formulierung *„für diesen Versicherten"* meint den vermeintlich (noch) bei dieser KK versicherten Patienten und ist etwas unscharf. Denn es betrifft gerade die Personen, die eben nicht mehr bei der betroffenen KK versichert sind, ggf nicht mehr in der GKV versichert sind oder ggf bereits verstorben sind, nachdem die ärztliche Leistung an ihnen erbracht wurde – für die jedenfalls eine Leistungspflicht der betroffenen KK zum Zeitpunkt der Leistungserbringung nicht bestand.

12　Die Regelung des Abs 5 gilt gem § 64 Abs 1 S 2 erst für vertragsärztliche Leistungen, die nach dem 1.10.2013 erbracht wurden.

§ 49　Prüfung und Feststellung von Schadenersatzansprüchen durch Schlichtungsstellen

(1) ¹Schadenersatzansprüche, welche eine Krankenkasse gegen einen Vertragsarzt aus der schuldhaften Verletzung vertragsärztlicher Pflichten geltend macht und für deren Prüfung und Feststellung nicht die Verfahren nach §§ 45, 47 und 48 vorgeschrieben sind, werden durch eine bei der Kassenärztlichen Vereinigung zu errichtende Schlichtungsstelle geprüft und dem Grunde und der Höhe nach aufgrund eines Vor-

---

10　*BSG* v 23.3.2016 – B 6 KA 8/15 R, Rn 39, MedR 2017, 337, 341.

schlags der Schlichtungsstelle durch die Kassenärztliche Vereinigung in einem Bescheid festgestellt. ²Dies gilt insbesondere für Schadenersatzansprüche, welche eine Krankenkasse auf den Vorwurf der Abrechnung nicht erbrachter Leistungen oder eines Verstoßes gegen das Gebot der persönlichen Leistungserbringung stützt.

(2) ¹Die Schlichtungsstelle ist paritätisch aus Vertretern der Kassenärztlichen Vereinigung und der Landesverbände der Krankenkassen zu besetzen. ²Über die Zusammensetzung der Schlichtungsstelle im Einzelnen werden Regelungen im Gesamtvertrag geschlossen.

(3) ¹Der Schlichtungsvorschlag ergeht mit der Mehrheit der Mitglieder der Schlichtungsstellen. ²Der Schlichtungsvorschlag ist für die Beteiligten bindend. ³Der Vertragsarzt ist zur Teilnahme an den Schlichtungsverhandlungen verpflichtet; kommt er dieser Pflicht nicht nach, so ist ihm Gelegenheit zu einer schriftlichen Stellungnahme zu geben.

(4) ¹Wird die Schlichtungsstelle nicht angerufen oder kommt ein Schlichtungsvorschlag nicht zustande, ist das Schlichtungsverfahren gescheitert. ²In diesem Falle bleibt der Krankenkasse die gerichtliche Durchsetzung ihres Anspruchs unbenommen.

Übersicht

	Rn		Rn
I. Prüfung und Feststellung von Schadenersatzansprüchen (Abs 1)	1	III. Das Schlichtungsverfahren (Abs 3)	8
		IV. Gerichtliches Verfahren (Abs 4)	9
II. Die Schlichtungsstelle (Abs 2)	6		

I. Prüfung und Feststellung von Schadenersatzansprüchen (Abs 1)

§ 49 ist gegenüber den Zuständigkeitszuordnungen der §§ 45, 47 und 48 subsidiär. 1

Die Regelung findet in der Praxis keine Anwendungsfälle mehr. Das BSG sieht § 49 2 nur mehr als Auffangvorschrift für die Pflichtverletzungen, die weder von § 48 noch von §§ 47 BMV-Ä, 106 SGB V noch von §§ 45 BMV-Ä, 106d SGB V erfasst werden, kann dazu aber auch keine praktischen Fälle nennen[1]. So hat das BSG zB auch für die Fälle, bei denen ein Vertragsarzt eine Verordnung für ein Medikament ausstellt, obwohl sich der Patient zu diesem Zeitpunkt bereits in stationärer Behandlung befindet, die Zuständigkeit der Prüfungseinrichtungen nach § 106c SGB V über die Aufgabenübertragung des § 48 Abs 1 BMV-Ä bejaht[2].

Unter die Regelungen des § 49 fallen auch nicht Schadenersatzansprüche einer KK 3 wegen (unzulässiger) Verordnung von Leistungen, die von der Leistungspflicht der GKV ausgeschlossen sind[3], auch weil § 49 eine schuldhafte Pflichtverletzung des Vertragsarztes voraussetzt, was hingegen bei einem Schadenersatz wegen „*ausgeschlossener Leistungen*" nicht erforderlich ist.

---

1 *BSG* v 20.3.2013 – B 6 KA 17/12 R, Rn 23.
2 *BSG* v 29.6.2010 – B 6 KA 16/10 R, MedR 2012, 473.
3 ZB *BSG* v 14.3.2001 – B 6 KA 19/00 R, SozR 3-2500 § 106 Nr 52; ebenso *BSG* v 30.1.2002 – B 6 KA 9/01 R USK 2002 110; vgl auch § 48 Rn 2 f.

4 Das BSG hat auch in einem Fall, in dem ein ermächtigter Chefarzt Verordnungen ausstellte, die er entweder gar nicht oder nicht selbst unterschrieben hatte, eine Anwendbarkeit des § 49 ausgeschlossen. Es liege in diesen Fällen nämlich kein Verstoß gegen die persönliche Leistungspflicht vor; es würden nämlich nicht Behandlungsleistungen streitgegenständlich sein, sondern „*Verordnungsleistungen, für die § 48 Abs 1 die speziellere und deshalb vorrangige Regelung*"[4] enthalte.

5 Das BSG führt aus, dass das Mitumfassen der Fälle der Abrechnung von nicht erbrachten Leistungen und des Verstoßes gegen das Gebot der persönlichen Leistungserbringung durch § 49 mit dem Rechtsinstitut der sachlich-rechnerischen Richtigstellung nach § 106d SGB V und seiner Konkretisierung durch die Rechtsprechung, terminologisch und inhaltlich nicht vollständig harmonisiert worden ist[5]. Somit dürften auch das – trotz ausdrücklicher Nennung – keine Anwendungsfälle für die Schlichtungsstelle sein.

II. Die Schlichtungsstelle (Abs 2)

6 Die Schlichtungsstelle ist bei der KV zu errichten (Abs 1 S 1), paritätisch aus Vertretern der KV und der Landesverbände der KK zu besetzen (Abs 2 S 1) und gibt einen Schlichtungsvorschlag mit der Mehrheit der Stimmen ihrer Mitglieder (Abs 3 S 1).

7 Das Nähere über die Zusammensetzung der Schlichtungsstelle wird in den Gesamtverträgen[6] bzw auch eigenen Vereinbarungen geregelt[7].

III. Das Schlichtungsverfahren (Abs 3)

8 Abs 3 S 3 schreibt dem Vertragsarzt zwar eine Pflicht zur Teilnahme an der Schlichtungsverhandlung vor, regelt aber bereits im HS 2, dass ihm Gelegenheit zur schriftlichen Stellungnahme zu geben ist, wenn er dieser Pflicht nicht nachkommt. Es ist dem Vertragsarzt aber zu raten, an der Schlichtungsverhandlung teilzunehmen, um seinen Interessen dort angemessen Ausdruck verleihen zu können. Denn der Schlichtungsvorschlag ist für alle Beteiligten bindend. Diesen Schlichtungsvorschlag hat die KV dann mit einem Bescheid, der den Schadenersatzanspruch dem Grunde und der Höhe nach feststellt, umzusetzen (Abs 1 S 1). Somit ist das Schlichtungsverfahren dem eigentlichen Bescheid vorgeschaltet.

IV. Gerichtliches Verfahren (Abs 4)

9 Abs 4 regelt, dass es der KK unbenommen bleibt, ihren Anspruch gerichtlich durchzusetzen. Dies kann sie ohnehin, wenn die Schlichtungsstelle nicht angerufen wird. Aber auch, wenn ein Schlichtungsvorschlag nicht zustande kommt, kann die KK ihre Ansprüche gerichtlich weiterverfolgen.

---

4 *BSG* v 20.3.2013 – B 6 KA 17/12 R, Rn 18.
5 *BSG* v 29.6.2010 – B 6 KA 16/10 R, Rn 22, MedR 2012, 473.
6 Vgl zB § 16 des Gesamtvertrags zwischen der KVB mit der AOK Bayern oder § 18 des Gesamtvertrages zwischen der KVNo und verschiedenen Krankenkassen bzw § 12 des Gesamtvertrages mit dem vdek.
7 ZB Vereinbarung zur Errichtung der Schlichtungsstelle gem § 49 BMV-Ä und § 45 EKV in Sachsen v 13.7.2010.

§ 50 Schadenersatzansprüche wegen Behandlungsfehler

¹Schadenersatzansprüche, welche eine Krankenkasse aus eigenem oder übergeleitetem Recht gegen einen Vertragsarzt wegen des Vorwurfs der Verletzung der ärztlichen Sorgfalt bei der Untersuchung oder Behandlung erhebt, sind nicht Gegenstand der Verfahren vor den Prüfungseinrichtungen oder den Schlichtungsstellen. ²Ansprüche der Versicherten und der Krankenkassen richten sich nach Bürgerlichem Recht (§§ 66 und 76 Abs. 4 SGB V, § 116 SGB X). ³Die Krankenkasse kann in diesen Fällen eine Schlichtung beantragen. ⁴Die Kassenärztliche Vereinigung bestellt im Einvernehmen mit der Krankenkasse unabhängige med. Sachverständige, die den Fall beurteilen. ⁵Für den Fall, dass die Sachverständigen einen Behandlungsfehler feststellen, sollen die Kassenärztliche Vereinigung, die antragstellende Krankenkasse und der betroffene Arzt unter Hinzuziehung seines Haftpflichtversicherers eine einvernehmliche Regelung treffen.

Übersicht

	Rn		Rn
I. Zuständigkeit bei Schadenersatzansprüchen aus „Behandlungsfehlern"	1	II. Das Schlichtungsverfahren	4

I. Zuständigkeit bei Schadenersatzansprüchen aus „Behandlungsfehlern"

S 1 stellt klar, dass für Schadenersatzansprüche wegen des Vorwurfs der Verletzung der ärztlichen Sorgfalt bei der Untersuchung oder Behandlung („Behandlungsfehler"[1]) weder die Prüfungseinrichtungen (nach § 106c SGB V) noch die Schlichtungsstellen (nach § 49 BMV-Ä) zuständig sind. Ergänzen könnte man noch, dass diese Feststellung auch nicht in den Aufgabenbereich der KV fällt, nachdem diese ja gem § 48 Abs 3 Feststellungsaufgaben im Bereich von Schadenersatzansprüchen inne hat. 1

Die Prüfungseinrichtungen könnten durch die Vertragspartner des BMV-Ä auch nicht mit diesen Aufgaben betraut werden, da es hierfür an einer Ermächtigungsnorm fehlt. Eine Aufgabenübertragung auf die Prüfgremien ist nämlich nur innerhalb des Rechtszwecks der „Gewährleistung einer wirtschaftlichen Versorgung der Kranken" zulässig[2]. 2

Derartige Ansprüche sind vielmehr zivilrechtlich geltend zu machen, S 2. Diese zivilrechtliche Arzthaftung ist nun spezialgesetzlich in den §§ 630a ff BGB geregelt und lehnt sich an die bisher von der Rechtsprechung entwickelten Regeln an[3]. 3

II. Das Schlichtungsverfahren

Allerdings kann die KK (sowohl bei Ansprüchen aus eigenem wie auch aus übergeleitetem Recht) ein Schlichtungsverfahren beantragen, das dem Schlichtungsverfahren der Gutachterkommissionen und Schlichtungsstellen bei den Ärztekammern sehr ähnlich ist[4]. Danach bestellt die KV im Einvernehmen mit der KK unabhängige medizinische Sachverständige, die den Sachverhalt beurteilen. Kommen diese zum Ergeb- 4

---

1 Zur Begriffsdefinition s Laufs/*Katzenmeier* Kap X, Rn 1 f.
2 *BSG* v 29.6.2011 – B 6 KA 16/10 R, Rn 29 mwN; MedR 2012, 473, 476.
3 Geß/*Greiner* Arzthaftpflichtrecht Einleitung, Rn 1.
4 Vgl Broschüre *„Gutachterkommissionen und Schlichtungsstellen bei den Ärztekammern – ein Wegweiser"* der Bundesärztekammer, Stand: Juni 2013, S 4.

nis, dass ein Behandlungsfehler vorliegt, sollen KV, die antragstellende KK und der Vertragsarzt unter Beteiligung seines Haftpflichtversicherers eine einvernehmliche Regelung treffen. Sinn des Schlichtungsverfahrens ist ja gerade, langwierige Rechtsstreitigkeiten mit ungewissem Ausgang zu vermeiden und eine für alle Beteiligten tragfähige Lösung zu finden.

§ 51 Bagatellgrenze

[1]Unbeschadet bestehender gesamtvertraglicher Regelungen können Schadenersatzansprüche nach §§ 48 und 49 nicht gestellt werden, wenn der Schadensbetrag pro Vertragsarzt, Krankenkasse und Quartal 30,00 EUR unterschreitet. [2]Für die Fälle nach § 45 können die Gesamtverträge eine entsprechende Grenze bestimmen.

Übersicht

	Rn		Rn
I. Definition	1	III. Wirkung der Bagatellgrenze	6
II. Höhe der Bagatellgrenze	3		

I. Definition

1   Unter Bagatelle versteht man laut Duden eine unbedeutende, geringfügige Angelegenheit bzw Kleinigkeit. Bei einer Bagatelle lohnt es sich also nicht, einen (Verwaltungs-)Aufwand zu betreiben.

2   Demnach stellt die Bagatellgrenze die Schwelle dar, ab der aus einer Bagatelle eine bedeutende, nicht mehr nur geringfügige Angelegenheit wird.

II. Höhe der Bagatellgrenze

3   Die Bagatellgrenze dient vor allem der Verwaltungsökonomie; sie sollte also in einer Höhe festgelegt sein, in der der realisierbare Schadenersatz den Verwaltungsaufwand übertrifft. Bis zur Neufassung des BMV-Ä lag die vereinbarte Bagatellgrenze bei 25,60 €, mit Wirkung zum 1.10.2013 wurde sie auf 30,00 € festgesetzt. Wenn man den Aufwand berücksichtigt, den die Beantragung, die Sachverhaltsermittlung, die Anhörung, im Falle des § 49 die Sitzung der Schlichtungsstelle und dann letztlich die Bescheiderstellung sowie der Vollzug der Entscheidung bedingen, kann man sich schwerlich vorstellen, dass die Bagatellgrenze diese Aufgabe erfüllen kann. Hier sollten die Vertragspartner des BMV-Ä bei der nächsten Überarbeitung nachjustieren. Hinweise auf eine durchaus denkbare Bagatellgrenze in Höhe von 50,00 € hat das BSG[1] bereits gegeben. Auch in den Gesamtverträgen können laut der Regelung im BMV-Ä andere Mindestgrenzen vereinbart werden; zudem kann in den Gesamtverträgen auch eine Bagatellgrenze für Anträge auf sachlich-rechnerische Richtigstellungen nach § 45 vereinbart werden. Dies wiederum widerspricht dem eindeutigen Auftrag aus § 106d Abs 5 SGB V an die Vertragspartner auf Landesebene, Inhalt und Durchführung der Prüfungen nach § 106d Abs 2–4 SGB V – und dazu gehört die sachlich-rechnerische Richtigstellung – gemeinsam und einheitlich zu vereinbaren. Eine entsprechende Bagatellgrenze ist demnach in dieser Vereinbarung zu regeln[2], denn

---

1 Vgl *BSG* v 23.3.2016 – 6 KA 8/15 R, Rn 44 ff, MedR 2017, 337, 341 m Anm *Altmiks*.
2 Vgl *BSG* v 23.3.2016 – 6 KA 8/15 R, Rn 47, MedR 2017, 337, 341 m Anm *Altmiks*.

das BSG hält die Richtlinien nach § 106d Abs 6 SGB V für die speziellere Norm und sieht keine Normsetzungskompetenz im BMV-Ä mehr.

Soweit ersichtlich sind die bislang in den Gesamtverträgen vereinbarten Grenzen in sehr unterschiedlicher Höhe vereinbart. 4

Die KBV und der Spitzenverband Bund der KK haben in der Richtlinie gem § 106d Abs 6 SGB V[3] nun für Prüfanträge und Prüfmitteilungen der Krankenkassen gem § 106d Abs 3 und 4 SGB V eine Bagatellgrenze von je 30,00 € festgelegt. 5

III. Wirkung der Bagatellgrenze

Werden Anträge nach § 48 oder § 49 gestellt, bei denen der geltend gemachte Schaden die Bagatellgrenze nicht erreicht, so sind diese als unzulässig zurückzuweisen. 6

---

3 S § 45 Rn 21, 31.

§ 52 Durchsetzung festgestellter Schadenersatzansprüche

(1) Über die Erfüllung von nachgehenden Berichtigungsansprüchen sowie Schadenersatzansprüchen aus Feststellungen der Prüfgremien treffen die Vertragspartner der Gesamtverträge und die Vertragspartner der Prüfvereinbarung nähere Regelungen.

(2) Sie haben hierbei folgende Grundsätze zu berücksichtigen:

Die Kassenärztliche Vereinigung erfüllt Schadenersatzanforderungen der Krankenkassen durch Aufrechnung gegen Honorarforderungen des Vertragsarztes, wenn in einem erstinstanzlichen Urteil eines Sozialgerichts die Forderung bestätigt wird. Soweit eine Aufrechnung nicht möglich ist, weil Honorarforderungen des Vertragsarztes gegen die Kassenärztliche Vereinigung nicht mehr bestehen, tritt die Kassenärztliche Vereinigung den Anspruch auf Regress- und Schadenersatzbeträge an die Krankenkasse zur unmittelbaren Einziehung ab.

Übersicht

	Rn		Rn
I. Vorbemerkung	1	III. Grundsätze (Abs 2)	3
II. Regelungen in den Gesamtverträgen und Prüfvereinbarungen (Abs 1)	2	1. Aufrechnung	3
		2. Abtretung	6

I. Vorbemerkung

Grundsätzlich werden behördliche Entscheidungen iRd sog Selbstvollstreckung vollzogen, dh die Behörde, die den Verwaltungsakt erlassen hat, kann diesen auch vollziehen. Die Behörde begegnet dem Bürger damit in einer Doppelrolle als Gläubiger und Vollstrecker[1]. 1

---

1 Fehling/Kastner/Störmer/*Lemke* § 7 VwVG Rn 1.

§ 53 Haftung der KV aus der Gesamtvergütung

II. Regelungen in den Gesamtverträgen und Prüfvereinbarungen (Abs 1)

2 Darüber wie Berichtigungs- bzw Schadenersatzansprüche, die sich aus Verfahren der §§ 45–49 ergeben, erfüllt werden, sollen in den Gesamtverträgen und Prüfvereinbarungen (nach § 106 Abs 1 SGB V) Regelungen getroffen werden (Abs 1). Diese sollen die Vorgaben des Abs 2 berücksichtigen. Zur Prüfungsvereinbarung s § 47 Rn 61.

III. Grundsätze (Abs 2)

3 **1. Aufrechnung.** Demnach erfüllt die KV die Ansprüche der KK durch Aufrechnung mit der Honoraranforderung des Vertragsarztes. Dazu muss die Forderung wirksam sein[2]. Nun sind die genannten Forderungen aber zu unterschiedlichen Zeitpunkten vollziehbar. Während zB dem Widerspruch gegen eine sachlich-rechnerische Berichtigung keine aufschiebende Wirkung zukommt (vgl § 45 Rn 41), hat die Klage gegen einen Regress aufgrund einer Verordnung einer Leistung, für die die Leistungspflicht der GKV ausgeschlossen ist, aufschiebende Wirkung (vgl § 47 Rn 69).

4 Um eine einheitliche Aufrechnungssituation zu schaffen, soll eine Aufrechnung erst erfolgen, wenn ein erstinstanzliches Urteil eines Sozialgerichts die Forderung bestätigt.

5 Eine Aufrechnung ist nicht möglich, wenn die Aufrechnungslage erst nach Eröffnung des Insolvenzverfahrens entstanden ist[3].

6 **2. Abtretung.** Im Falle, dass die KV den Anspruch der KK nicht mehr durch Aufrechnung erfüllen kann, weil Honorarforderungen des Arztes gegen die KV nicht mehr bestehen, zB weil die Zulassung des Vertragsarztes zwischenzeitlich endete, tritt die KV den Anspruch an die KK zur unmittelbaren Einziehung ab. Da die KV aber selbst nicht Inhaber der Forderung war, sondern den Anspruch der KK nur für die Aufrechnung erfüllen sollte, kann die KK die Abtretung – anders als bei einer „echten" Abtretung, bei der ein Abtretungsvertrag erforderlich ist[4] – nicht ablehnen. Vielmehr reicht es aus, dass die KV der KK mitteilt, dass sie die Forderung nicht durch Aufrechnung erfüllen kann. Die KK hat dann die Forderung mittels eigenen Bescheides beizutreiben.

§ 53 Haftung der Kassenärztlichen Vereinigung aus der Gesamtvergütung

[1]Die Kassenärztliche Vereinigung haftet den Krankenkassen aus der Gesamtvergütung für Erstattungsansprüche wegen Überzahlung als Folge unberechtigter oder unwirtschaftlicher Honorarforderungen der Vertragsärzte, wenn und soweit dadurch die Gesamtvergütung erhöht wird. [2]Erhöht sich die Gesamtvergütung nicht, fallen aus Feststellungen über unberechtigte oder unwirtschaftliche Honorarforderungen entstandene Kürzungs- oder Erstattungsbeträge in die Honorarverteilung.

---

2 MüKo-BGB/*Schlüter* § 387 Rn 36.
3 § 96 Abs 1 Nr 1 InsO; *BSG* v 17.8.2011 – B 6 KA 24/10 R, NJOZ 2013, 517.
4 MüKo-BGB/*Roth* § 398 Rn 3.

Haftung der KV aus der Gesamtvergütung §53

Übersicht

	Rn		Rn
I. Vorbemerkung	1	2. Haftungsmaßstab	8
II. Haftung der KV	5	III. Gesamtvergütungsrelevanz	12
1. Erstattungsansprüche der KV gegen Vertragsärzte wegen unberechtigter und/oder unwirtschaftlicher Honorarforderungen	5		

I. Vorbemerkung

Die Vorschrift steht im Kontext mit der Prüfung der Abrechnung und Wirtschaftlichkeit und der Regelung zum sonstigen Schaden in den §§ 45 ff. Danach obliegt der KV die Überprüfung der Abrechnung der an der vertragsärztlichen Versorgung Teilnehmenden auf sachlich-rechnerische Richtigkeit und Plausibilität (§ 106d Abs 2 SGB V) und den Prüfgremien als Einrichtungen der gemeinsamen Selbstverwaltung die Überprüfung der Wirtschaftlichkeit der Abrechnung (§ 106, 106a, 106b SGB V). 1

§ 53 regelt die Haftung der KV aus der GV und basiert insoweit auf § 54, der die Einzelheiten zur vertragsärztlichen GV regelt. Die Bestimmung müsste unter diesem Aspekt systematisch hinter der Regelung des § 54 stehen. Zu den Einzelheiten der GV darf auf die Erläuterungen zu § 54 verwiesen werden. 2

Die in § 53 geregelte Haftung der KV aus der GV ist von der Haftung der Mitglieder der Selbstverwaltungsorgane bei Verletzung einer ihnen einem Dritten gegenüber obliegenden Amtspflicht nach § 839 BGB und Art 34 GG zu unterscheiden. Auf diese Regelung verweist § 42 SGB IV, der gem § 79 Abs 6 S 1 SGB V für die Mitglieder der Vertreterversammlung der KV entsprechend gilt. Danach haften die Mitglieder der Selbstverwaltungsorgane für den Schaden, der dem Versicherungsträger bzw der KV aus einer vorsätzlichen oder grob fahrlässigen Verletzung der ihnen obliegenden Pflichten entsteht.[1] 3

Die Haftung der KV aus der GV steht neben anderen Regelungen, die **Auswirkungen auf die Höhe der GV** – bestehend aus MGV und EGV – haben: 4

– **Anrechnung** der Ausgaben und Kostenerstattungsleistungen auf die GV gem § 87a Abs 3a S 5 SGB V: Danach sind Ausgaben für Kostenerstattungsleistungen nach § 13 Abs 2 SGB V (vom Versicherten anstelle der Sach- oder Dienstleitung gewählte Kostenerstattung) und nach § 53 Abs 4 SGB V (Kostenerstattung nach einem Wahltarif) auf die MGV anzurechnen. Ausgenommen davon sind Kosten, die die KK dem Versicherten erstattet, der nach vorheriger Zustimmung der KK einen nicht im 4. Kapitel genannten Leistungserbringer in Anspruch genommen hat (§ 13 Abs 2 S 5 SGB V).

– **Bereinigung** der GV bzw des Behandlungsbedarfs für die Versicherten, die an der hausarztzentrierten Versorgung (§ 73b Abs 7 S 1 ff SGB V) oder an der besonderen Versorgung (§ 140a Abs 6 SGB V) teilnehmen, jeweils entsprechend dem in dem Selektivvertrag vereinbarten Versorgungsauftrag und im Umfang der im Kollektivvertrag zu erbringenden Leistungen.

---

1 Schnapp/Wigge/*Schiller* § 5 Rn 98.

Zu bereinigen ist die MGV auch um die Leistungen, die Bestandteil der ambulanten spezialfachärztlichen Versorgung sind (§ 116b Abs 6 S 13 SGB V), sowie nach Maßgabe des § 64 Abs 3 S 1 SGB V für Modellvorhaben betreffend ärztliche Leistungen.
- **Zurückbehaltung** von Teilen der GV wegen verschuldeter Verletzung des Sicherstellungsauftrags durch die KV (§ 75 Abs 1 S 2 SGB V).
- Die **Verringerung** der GV um die Summe der einbehaltenen Praxisgebühren ist mit der Streichung der Praxisgebühr aus dem SGB V (§ 28 Abs 4) entfallen. Die zum 1.1.2004 eingeführte sog Praxisgebühr von 10 € für jede erste Inanspruchnahme eines Arztes usw in einem Quartal (§ 28 Abs 4 SGB V) ist zum 1.1.2013 abgeschafft worden.[2]

II. Haftung der KV

5 **1. Erstattungsansprüche der KV gegen Vertragsärzte wegen unberechtigter und/oder unwirtschaftlicher Honorarforderungen.** Die KV prüfen aufgrund ihres gesetzlichen Gewährleistungsauftrags die Abrechnung der an der vertragsärztlichen Versorgung Teilnehmenden auf sachlich-rechnerische Richtigkeit (§§ 75 Abs 1 S 1, 106d Abs 2 SGB V iVm § 45) und Plausibilität (§ 106d Abs 1 und 2 SGB V iVm § 46)[3]. In gleicher Weise prüfen die von den KV zusammen mit den KK errichteten Prüfungsgremien die Abrechnung im Hinblick auf Wirtschaftlichkeit (§§ 106, 106a SGB V iVm § 47).

6 Bemerkt die KV bei der Überprüfung der Abrechnung Abrechnungsfehler oder Implausibilitäten, stellt sie die Abrechnung richtig. Kommen die Prüfgremien zu dem Ergebnis, dass die Behandlungsweise des Arztes unwirtschaftlich war/ist, kürzen sie das Honorar. Hat die KV die unberechtigte oder unwirtschaftliche Honorarforderung des Vertragsarztes bereits erfüllt, ist die Überzahlung zurückzufordern.

7 Die sich dann stellende Frage, wem der vom Vertragsarzt zurückgeforderte Honoraranteil zusteht, beantwortet § 53 mit dem Hinweis darauf, dass es darauf ankommt, ob durch die unberechtigte oder unwirtschaftliche Honorarforderung des Vertragsarztes (es geht nicht um Regresse wegen unwirtschaftlicher Verordnungen!) die GV erhöht wurde. Eine zu viel gezahlte GV ist im Verhältnis der Partner der Gesamtverträge auszugleichen; die KK haben insoweit – anders als bei einem sonstigen Schaden (§ 48) – keinen direkten Erstattungsanspruch gegen die an der vertragsärztlichen Versorgung Teilnehmenden. Sie haben stattdessen einen öffentlich-rechtlichen Erstattungsanspruch gegen die KV. Ob eine Überzahlung vorliegt, richtet sich nach der Berechnungsart der GV. Nachdem für die vertragsärztliche GV – abweichend von § 85 Abs 2 SGB V mit den Möglichkeiten der Berechnung der GV nach Einzelleistungen, Kopf- oder Fallpauschalen – nunmehr der Berechnungsmodus abschließend in § 87a SGB V geregelt ist und es nur noch einen Teil der GV als MGV und einen Teil als EGV gibt, kommt es entscheidend für die Haftung der KV darauf an, ob das dem Vertragsarzt zuviel gezahlte und deshalb zurückgeforderte Honorar aus der EGV gezahlt wurde, denn nur der extrabudgetäre Anteil der GV kann – wie es § 53 ausdrückt – „die Gesamtvergütung erhöhen".

---

2 Gesetz zur Regelung des Assistenzpflegebedarfs in stationären Vorsorge- oder Rehabilitationseinrichtungen v 20.12.2012, BGBl I, 2789.
3 S hierzu auch § 2 Rn 53.

2. Haftungsmaßstab. Der Begriff der Haftung wird im Vertragsarztrecht (zB § 106d Abs 7 iVm § 106 Abs 4 SGB V) – wie im Übrigen auch im BGB – nicht einheitlich gebraucht: Zum einen als Einstehenmüssen für eine aus einem Schuldverhältnis herrührende Schuld (verschuldensunabhängige Haftung), aber auch im Sinne von Verpflichtung zum Schadensersatz aufgrund schuldhaften Handelns. **Die im SGB V angeordneten Haftungstatbestände** für Vorstände bzw die zuständigen Vorstandsmitglieder der KK-Verbände bzw KV (§§ 12 Abs 3, 84 Abs 4a, 106 Abs 4 SGB V) werden in diesem Punkt in der Kommentarliteratur kontrovers diskutiert. Überwiegend wird vertreten, dass bei den im SGB V angeordneten Haftungstatbeständen **Verschulden** vorliegen muss.[4]

Hingegen bietet die Regelung des § 53 keinen Anhalt dafür, dass die KV nur für Verschulden haften soll; es geht vielmehr nach dem Wortlaut und der Rspr des BSG lediglich darum, zu viel gezahlte GV, so sie aus der EGV stammt, an die KK zurückzuzahlen. Der Erstattungsanspruch der KK ist nicht dadurch ausgeschlossen oder beeinträchtigt, dass die KV ihren Erstattungsanspruch gegen den Vertragsarzt nicht mehr realisieren kann. Die Gewährleistungspflicht der KV schließt – so das BSG – aus, dass der Anspruch der KK auf Erstattung des noch Vorhandenen beschränkt ist. Der Anspruch der KK auf Erstattung der GV ist dann gegeben, wenn der Vertragsarzt abgerechnete Leistungen nicht erbracht hat. Die vertraglichen Regelungen zwischen KK und KV regeln keine Bedingungen für die Geltendmachung von Erstattungsansprüchen.[5]

Nachdem die Regelung in § 53 nicht die Frage der (rechtzeitigen) Überprüfung der sachlich-rechnerischen Richtigstellung, Plausibilität oder Wirtschaftlichkeit der Honorarforderung des Vertragsarztes betrifft, sondern von dieser und der Realisierung der daraus resultierenden Überzahlung ausgeht, handelt es sich hier – dies ist ein weiterer Aspekt – um eine **verschuldensunabhängige Haftung der KV mit der GV.**

Die Gesamtvertragspartner vereinbaren Verfahrensregelungen zum Zwecke der Einigung von KV und KK hinsichtlich des Haftungsanspruchs. Kommt es zu keiner Einigung, kann die KK – als ultima ratio – mit der GV aufrechnen (so bspw § 15 des Gesamtvertrags zwischen der KV Bayerns und der AOK Bayern). Hält die KV die Aufrechnung mit der GV für rechtswidrig, muss sie Leistungsklage erheben mit dem Ziel, dass die KK den Differenzbetrag, mit dem sie aufgerechnet hat (und damit die GV in voller Höhe), ausbezahlt. Erweist sich die Aufrechnung als rechtswidrig, hat die KV für den zurückbehaltenen Teil der GV einen Anspruch auf Prozesszinsen. Einen solchen Anspruch hat das BSG für eine fällige GV anerkannt.[6]

III. Gesamtvergütungsrelevanz

Wurde die unberechtigte oder unwirtschaftliche Honorarforderung des Vertragsarztes aus der MGV erfüllt, fällt ein Kürzungs- oder Erstattungsbetrag gem § 53 S 2 in die Honorarverteilung, fließt also dem morbiditätsbedingten Teil der GV zu.

---

4 juris PK-SGB V/*Freudenberg* § 84 Rn 58, juris PK-SGB V/*Clemens* § 106 Rn 419 ff.
5 BSGE 61, 19; BSGE 69, 158; BSGE SozR 3-2500; so auch Rompf/Schröder/Willaschek/*Willaschek* § 53 Rn 3, BSGE 61, 19; BSGE 69, 158; BSGE SozR 3-2500, § 85 Nr 3.
6 *BSG* v 28.9.2005 – B 6 KA 1/04 R, BSGE 95, 141.

§ 54   Vertragsärztliche Gesamtvergütung

13 Wurde die Honorarforderung aus der EGV erfüllt, wird die insoweit zu viel gezahlte GV durch Überweisung des Kürzungs- oder Erstattungsbetrages an die KK ausgeglichen.

13. Abschnitt –
Allgemeine Regeln zur vertragsärztlichen Gesamtvergütung und ihren Abrechnungsgrundlagen

§ 54   Vertragsärztliche Gesamtvergütung

(1) Die für die vertragsärztliche Versorgung von den Krankenkassen zu entrichtende Gesamtvergütung wird an die Kassenärztliche Vereinigung mit befreiender Wirkung gezahlt.

(2) ¹Die Krankenkassen entrichten die Gesamtvergütung nach Maßgabe der Gesamtverträge und der in Formblatt 3 festgelegten Kriterien an die Kassenärztlichen Vereinigungen. ²Den Inhalt des Formblattes 3 vereinbaren die Vertragspartner.

(3) ¹Kommt die Kassenärztliche Vereinigung ihrem Sicherstellungsauftrag aus Gründen, die sie zu vertreten hat, nicht nach, können die Krankenkassen die in den Gesamtverträgen nach § 85 SGB V oder § 87a SGB V vereinbarten Vergütungen unter den nachstehenden Voraussetzungen teilweise zurückbehalten. ²Das Zurückbehaltungsrecht setzt eine schuldhafte, noch andauernde und erhebliche Verletzung des Sicherstellungsauftrags voraus. ³Die Krankenkasse hat konkret zu benennen, in welcher Weise und in welchem Umfang die Kassenärztliche Vereinigung ihrem Sicherstellungsauftrag nicht nachgekommen ist und in welcher Höhe sie beabsichtigt, die vereinbarte Vergütung teilweise zurückzubehalten. ⁴Fälle der Unterversorgung nach § 100 SGB V oder des zusätzlichen lokalen Versorgungsbedarfs begründen kein Zurückbehaltungsrecht, es sei denn, die Kassenärztliche Vereinigung ist den ihr insoweit obliegenden Pflichten schuldhaft nicht nachgekommen und die Krankenkasse hat den in § 105 Abs. 1a SGB V vorgesehenen Betrag in den Strukturfonds entrichtet, sofern die Kassenärztliche Vereinigung einen Strukturfonds gebildet hat. ⁵Die Höhe der zurückbehaltenen Gesamtvergütung hat dem Grundsatz der Verhältnismäßigkeit zu entsprechen. ⁶Die Krankenkasse hat die Absicht, Teile der Gesamtvergütung zurückzubehalten, der Kassenärztlichen Vereinigung anzukündigen und eine Frist von vier Wochen einzuräumen, dazu Stellung zu nehmen bzw. Abhilfe zu schaffen. ⁷Abweichend hiervon ist eine kürzere Frist zur Stellungnahme bzw. Abhilfe zulässig, wenn die Versorgung des überwiegenden Teils der betroffenen Versicherten der Krankenkasse gefährdet ist. ⁸Hilft die Kassenärztliche Vereinigung der angezeigten Verletzung des Sicherstellungsauftrags ab, entfällt das Recht zur Ausübung der Zurückbehaltung. ⁹Ist keine Abhilfe erfolgt und liegt auch unter Berücksichtigung der Stellungnahme der Kassenärztlichen Vereinigung eine schuldhafte Pflichtverletzung vor, kann die Krankenkasse Teile der Gesamtvergütung in der angezeigten Höhe einbehalten. ¹⁰Nach Abstellung der Verletzung des Sicherstellungsauftrags sind die zurückbehaltenen Beträge an die Kassenärztliche Vereinigung auszuzahlen. ¹¹Bei unrechtmäßiger Ausübung des Zurückbehaltungsrechts zahlt die Krankenkasse ab dem Zeitpunkt der Zurückbehaltung Verzugszinsen in Höhe von 5 Prozentpunkten über dem Basiszinssatz; es können abweichende gesamtvertragliche Regelungen getroffen werden. ¹²Soweit der Krankenkasse aufgrund der Pflichtverletzung Schäden entstanden sind,

Vertragsärztliche Gesamtvergütung § 54

können sich daraus ergebende Ansprüche mit den auszuzahlenden Beträgen aufgerechnet werden; es können abweichende gesamtvertragliche Regelungen getroffen werden.

Übersicht

	Rn		Rn
I. Gesamtvergütung (GV)	1	III. Zurückbehaltungsrecht an der GV wegen Verletzung des Sicherstellungsauftrags (Abs 3)	20
1. Definition und Umfang (Abs 1)	1		
2. Aktuelle Berechnung der vertragsärztlichen GV	5	1. Vorbemerkung	20
3. Verhältnis von § 85 SGB V zu § 87a SGB V	8	2. Verletzung des Sicherstellungsauftrags (S 1)	22
4. MGV und EGV	9	3. Pflichten der KK gegenüber KV (S 3)	25
5. „Mit befreiender Wirkung"	13		
6. Nachschusspflicht der KK und Rückstellungen	15	4. Ausschluss des Zurückbehaltungsrechts (S 4)	26
7. Rechtsschutz gegen Kürzung der GV	17	5. Zurückbehaltungsrecht der KK (S 9)	34
8. Bereinigung	18	6. Rechtswidrig einbehaltene GV (S 11)	40
II. Zahlungsmodalitäten (Abs 2)	19	7. Schadensersatzansprüche der KK (S 12)	41

I. Gesamtvergütung (GV)

1. Definition und Umfang (Abs 1). Die Gesamtvergütung (GV) ist das Ausgabenvolumen für die Gesamtheit der zu vergütenden vertragsärztlichen Leistungen (§ 85 Abs 2 S 2 SGB V). 1

Sie ist die Summe der Vergütungen, die eine KK für sämtliche zur vertragsärztlichen Versorgung gehörenden Leistungen zu entrichten hat, die in einem Kalenderjahr von den an der vertragsärztlichen Versorgung teilnehmenden zugelassenen Ärzten, einschließlich der Psychotherapeuten und zugelassenen MVZ, ermächtigten Ärzten und ermächtigten Einrichtungen und in Notfällen auch von sonst nicht an der vertragsärztlichen Versorgung teilnehmenden Ärzten und ärztlich geleiteten Einrichtungen an ihren Mitgliedern mit Wohnort im Bezirk der KV einschließlich der mitversicherten Familienangehörigen erbracht werden (§ 85 Abs 1 SGB V). 2

Der Begriff „*Gesamtvergütung*" stellt klar, dass die KK mit dieser Vergütung die Gesamtheit der von den KV gem § 75 Abs 1 SGB V sicherzustellenden vertragsärztlichen Versorgung abgelten.[1] Abs 1 gibt den Gesetzeswortlaut wieder und hat keinen darüber hinausgehenden Regelungsgehalt.[2] 3

Gem § 85 Abs 2 S 2 HS 2 SGB V kann die GV nach Festbeträgen oder auf der Grundlage des Bewertungsmaßstabes (EBM) nach Einzelleistungen, nach einer Kopfpauschale, nach einer Fallpauschale oder nach einem System berechnet werden, das sich aus der Verbindung dieser oder weiterer Berechnungsarten ergibt. Die Vereinbarung 4

---

1 Vgl *BSG* SozR 3-2500 § 85 Nr 40 Rn 40; *BSG* SozR 4-2500 § 75 Nr 9 Rn 25.
2 Schnapp/Wigge/*Hess* Die vertragsärztliche Gesamtvergütung § 16 Rn 58 ff; Halbe/Orlowski/Preusker/Schiller/Wasem/*Wasem* Die Reform des vertragsärztlichen Vergütungssystems, GKV-VStG, 93 ff; *Wenner* Vertragsarztrecht nach der Gesundheitsreform § 21 Rn 1 f.

unterschiedlicher Vergütungen für die Versorgung verschiedener Gruppen von Versicherten ist nicht zulässig (§ 85 Abs 2 S 2 HS 2 SGB V).

5 2. **Aktuelle Berechnung der vertragsärztlichen GV.** Nach § **87a SGB V**[3] gelten ab 1.1.2009 – **abweichend** von § 82 Abs 2 S 2 und § 85 SGB V – für die Vergütung **vertragsärztlicher** Leistungen die Regelungen in § 87a Abs 2–6 SGB V. Die Neuregelung im § 87a Abs 1 SGB V löst das vertragsärztliche Vergütungssystem aus den geregelten kassenartenbezogenen Gesamtvertragsbeziehungen nach § 82 Abs 2 S 2 und § 85 Abs 2 S 1 SGB V heraus. Durch Abs 2 S 1 und Abs 3 S 1 wird auf von den KV und den Krankenkassenverbänden und den Ersatzkassen einheitlich und gemeinsam abzuschließende Vergütungsverträge umgestellt. Dies schafft die Rechtsgrundlage für eine kassenübergreifende Vereinbarung einheitlicher, verbindlicher Preise in Euro und einheitlicher morbiditätsbedingter Behandlungsbedarfe für ihre Versicherten. § 87a Abs 2 und 3 SGB V geben mithin für die ärztliche Versorgung ein neues einheitliches Vergütungssystem vor, ein Mischsystem aus Einzelleistungsvergütung mit vereinbartem Punktwert und einem morbiditätsbedingten Punktzahlvolumen.[4]

6 **Gemeinsam und einheitlich** vereinbaren demnach die KV und die Landesverbände der KK und die Ersatzkassen
– einen **Punktwert**, der auf der Grundlage des Orientierungswertes gem § 87 Abs 2e SGB V ermittelt wird und zur Vergütung der vertragsärztlichen Leistungen jeweils im Folgejahr anzuwenden ist (§ 87a Abs 2 S 1 SGB V) und
– als **Punktzahlvolumen** auf der Grundlage des EBM den mit der Zahl und der Morbiditätsstruktur der Versicherten verbundenen **Behandlungsbedarf** (§ 87a Abs 3 S 2 SGB V).

7 Die Multiplikation dieses Behandlungsbedarfs mit dem Punktwert nach § 87a Abs 2 S 1 SGB V ergibt gem § 87a Abs 3 S 2 SGB V die **MGV**.

8 **3. Verhältnis von § 85 SGB V zu § 87a SGB V.** Unklar ist das Verhältnis von § 85 SGB V zu § 87a SGB V für die vertragsärztliche Versorgung. Was hat den Gesetzgeber bewogen, es zunächst auch für die vertragsärztliche Versorgung bei § 85 SGB V zu belassen, wo doch Definition und Schuldner der GV in § 87a SGB V geregelt sind? Insbesondere diese Frage wurde – soweit ersichtlich – bisher weder in der (Kommentar-)Literatur noch in der Rspr aufgearbeitet. Es finden sich keine Aussagen dazu, welchen Regelungsgehalt § 85 SGB V noch hat, nachdem § 87a SGB V abweichend von § 85 SGB V die Vergütung vertragsärztlicher Leistungen in den Abs 2–6 regelt.

9 **4. MGV und EGV.** Abs 1 spricht von „*Gesamtvergütung*". Darunter ist zunächst die sog MGV zu verstehen, die nach dem § 87a SGB V beschriebenen Modus (Behandlungsbedarf gem Abs 3 S 2 als Punktzahlvolumen multipliziert mit Punktwert gem Abs 2 S 1) berechnet wird. Zusätzliches Geld haben die KK jedoch auch außerhalb der MGV als extrabudgetäre GV (EGV) bereitzustellen. Die Leistungen und Zuschläge außerhalb der MGV, die mit Preisen der regionalen Eurogebührenordnung zu vergüten sind, sind in § 87a Abs 3 S 5 Nr 1–6 SGB V im Einzelnen aufgeführt.

---
3 Durch den GKV-WSG ab 1.4.2007 in das SGB V aufgenommen.
4 KassKomm/*Hess* SGB V § 87a Rn 3 f.

Vertragsärztliche Gesamtvergütung § 54

Über diese obligatorisch extrabudgetär zu bezahlenden Leistungen hinaus können (fakultativ) Leistungen außerhalb der MGV mit den Preisen der regionalen Eurogebührenordnung vergütet werden, wenn sie besonders gefördert werden sollen oder wenn dies medizinisch oder aufgrund von Besonderheiten bei Veranlassung und Ausführung der Leistungserbringung erforderlich ist (§ 87a Abs 3 S 6 SGB V). 10

Die morbiditätsbedingte Gesamtvergütung (MGV) und die extrabudgetäre Gesamtvergütung (EGV) zusammen bilden die Gesamtvergütung (GV). 11

Von dieser Differenzierung – MGV einerseits und EGV andererseits – geht auch die Regelung des § 53 SGB V aus, wenn dort bei der Haftung der KV aus der GV danach differenziert wird, ob durch die unberechtigten oder unwirtschaftlichen Honorarforderungen der Vertragsärzte die GV erhöht wird oder nicht. Die GV kann durch Leistungen der Vertragsärzte nur dann erhöht werden, wenn diese Summe aus MGV und EGV ist und es sich insoweit um Leistungen handelt, die von den KK extrabudgetär vergütet werden. 12

5. „Mit befreiender Wirkung". Die MGV wird mit befreiender Wirkung gezahlt (§ 85 Abs 1 SGB V und § 87a Abs 3 S 1 SGB V). Diese Formulierung haben die Vertragspartner in Abs 1 übernommen. 13

Daraus ergibt sich nach ständiger Rspr des BSG, dass Nachforderungen der KV zB wegen eines Anstiegs der Leistungsmenge oder der zugelassenen Ärzte regelmäßig ausgeschlossen sind.[5] Das BSG begründet diese Auffassung ua damit, dass die KK ihrerseits von den Versicherten nachträglich keine höheren Beiträge einziehen können.[6] Nachforderungen wären nämlich von einem anders zusammengesetzten Versichertenkollektiv zu finanzieren.[7] Letztlich wird auch der Grundsatz der Beitragssatzstabilität, der bis zum Inkrafttreten des GMG am 1.1.2004 nicht nur für die vertragszahnärztliche, sondern auch für die vertragsärztliche Versorgung galt, als Begründung dafür angeführt, dass die GV mit befreiender Wirkung bezahlt wird (§ 85 Abs 3 S 2 und 3 iVm § 71 SGB V). Diese Befreiungswirkung sieht das BSG als zentrales und unverzichtbares Element des (gegenwärtigen) vertragsärztlichen Vergütungssystems.[8] 14

6. Nachschusspflicht der KK und Rückstellungen. Nach dem Urteil des BSG v 27.6.2012[9] hat sich an dieser Beurteilung auch unter der Geltung des neuen Vergütungssystems nichts geändert. *„Nur in ganz besonders gelagerten Ausnahmefällen"* lässt das BSG eine Ausnahme von diesem Grundsatz zu[10] (für bestimmte psychotherapeutische Leistungen). In der dabei bestehenden besonderen Konstellation, dass das Vergütungsniveau einer Gruppe von Leistungserbringern maßgeblich durch Vorgaben des Bewertungsausschusses beeinflusst werde, die für die einzelne KV verbindlich sind, könne auch die Notwendigkeit einer Anpassung der GV bestehen. Die Partner der Gesamtverträge müssten berücksichtigen, dass die auf der Grundlage eines nunmehr als rechtswidrig erkannten Beschlusses des Bewertungsausschusses zur Verfügung gestellten Gesamtvergütungsanteile zu niedrig veranschlagt worden seien. Auf der Basis einer 15

---

5 Ständige Rspr des *BSG*, vgl BSGE 80, 48, 53; BSGE 94, 50; BSGE 95, 141 Rn 15.
6 *BSG* SozR 4-2500 § 85 Nr 30 Rn 30.
7 BSGE 95, 86.
8 BSGE 95, 86.
9 B 6 KA 28/11 R, SozR 4-2500 § 87 Nr 26.
10 B 6 KA 52/03 R, SozR 4-2500 § 85 Nr 8.

geänderten Rechtsgrundlage, wie sie vom Bewertungsausschuss zu schaffen sei, könne sich die Notwendigkeit ergeben, auch die Höhe der GV zu modifizieren.[11]

16 Von der grundsätzlich nicht durchsetzbaren nachträglichen Erhöhung der GV (Nachschusspflicht) der KK sind begrifflich die **Rückstellungen** zu unterscheiden. Solche Rückstellungen sind Passivkosten, die Verluste, Verbindlichkeiten oder Aufwendungen berücksichtigen, die ihrer Entscheidung und/oder Höhe nach noch ungewiss sind; sie dienen dem Zweck, künftige Ausgaben in der Periode zu berücksichtigen, in der sie wirtschaftlich verursacht worden sind.[12] Solche Rückstellungen werden aus der mit befreiender Wirkung gezahlten GV gebildet.[13]

17 **7. Rechtsschutz gegen Kürzung der GV.** Eine Anpassung des Gesamtvergütungsvolumens kann nicht von dem einzelnen Vertragsarzt verlangt werden, sondern nur von den zum Abschluss der Gesamtvergütungsvereinbarung berechtigten Vertragspartnern wie KV und Krankenkassenverbänden. Diese sind dazu berufen, die GV festzulegen. Ihnen wird auch die Möglichkeit gegeben, ggf auf dem Rechtsweg über deren Höhe zu streiten. Sie können hierfür zunächst das Landesschiedsamt und ggf anschließend das LSG anrufen. Nur die Vertragspartner können eine Korrektur der Höhe der GV erreichen, nicht eine einzelne KK oder ein einzelner Vertragsarzt. Diese restriktive Rechtsschutzmöglichkeit ist der Funktionsfähigkeit des Gesamtvergütungssystems und letztlich auch der Vorgabe, dass die GV mit befreiender Wirkung entrichtet wird (§ 85 Abs 1 SGB V), geschuldet.[14]

18 **8. Bereinigung.** Gem § 73b Abs 7 S 1 SGB V ist der Behandlungsbedarf nach § 87a Abs 3 S 2 SGB V zu bereinigen. Zu bereinigen ist rechtzeitig zu dem Kalendervierteljahr, für welches die Gesamtvergütung bereinigt werden soll, entsprechend der Zahl und der Morbiditätsstruktur, der für dieses Kalendervierteljahr eingeschriebenen Versicherten sowie dem vertraglich vereinbarten Inhalt der hausarztzentrierten Versorgung nach Maßgabe der Vorgaben des Bewertungsausschusses nach § 87a Abs 5 S 7 SGB V. Damit soll verhindert werden, dass die KK für die Versorgung ihrer Versicherten doppelt zahlen. Den Betrag, den sie für die Honorierung vertragsärztlicher Leistungen auf der Grundlage eines Vertrags gem § 73b Abs 4 SGB V aufwenden, können sie von der GV abziehen, die sie anteilig für die betroffenen Versicherten als GV an die KV des Wohnorts des Mitglieds entrichten müssten. Dabei ist zu beachten, dass die KK nur die Vergütung solcher Leistungen von der GV abziehen darf, die in der vertragsärztlichen Regelversorgung berechnungsfähig sind.[15] In gleicher Weise ist für die anderen Selektivverträge (besondere Versorgung gem § 140a Abs 6 SGB V) eine Bereinigung der GV vorgesehen. Ebenso gibt das Gesetz auch für Modellvorhaben nach § 63 Abs 1 oder § 64a SGB V eine Bereinigung der GV vor (§ 64 Abs 3 SGB V).

II. Zahlungsmodalitäten (Abs 2)

19 Die Modalitäten für die Zahlung der GV von den KK an die KV ergeben sich zum einen aus den Gesamtverträgen und zum anderen aus dem sog Formblatt 3 (s § 1

---
11 So auch *BSG* SozR 4-2500 § 87 Nr 26 Rn 64, 65; s dazu auch Rompf/Schröder/Willaschek/ *Rompf* § 54 Rn 3 f.
12 *BSG* GesR 2013, 550, 556 mwN.
13 *LSG Berlin-Brandenburg* v 31.5.2013 – L 24 KA 4/10 KL.
14 S dazu im Einzelnen Wenzel/*Clemens* Kap 13 Rn 220 ff.
15 Dazu *Wenner* Vertragsarztrecht nach der Gesundheitsreform, § 11 Rn 13.

Abs 3 der Anl 6 zum BMV-Ä), das die Vertragspartner des BMV-Ä vereinbaren. In dem Formblatt 3 wird die Vergütung innerhalb der MGV mit der Vergütung außerhalb der MGV (EGV) zur GV summiert. Addiert wird die Vergütung für nicht vertragskonforme Inanspruchnahme des Kollektivvertrags. Abgezogen werden die evtl Regresse, Zuzahlungen, Kostenerstattungen, Sprechstundenbedarf etc als Summe der Verrechnungen/durchlaufenden Posten. Aus den im Einzelnen nachgewiesenen Posten wird schließlich der sog Rechnungsbrief erstellt, den die KV in jedem Quartal der einzelnen KK zuleitet.

III. Zurückbehaltungsrecht an der GV wegen Verletzung des Sicherstellungsauftrags (Abs 3)

1. Vorbemerkung. Die KK können die GV teilweise zurückbehalten, wenn die KV 20 ihren Sicherstellungsauftrag aus Gründen, die sie zu vertreten hat, nicht erfüllt (§ 75 Abs 1 S 2 SGB V). Obwohl der Auftrag an die Partner der bisherigen Bundesmantelverträge, die Einzelheiten hierzu zu regeln (§ 75 Abs 1 S 3 SGB V), wortgleich bereits seit dem GMG im Gesetz steht, haben sie sich erst im Juli 2013 vor dem Bundesschiedsamt auf den vorliegenden Text geeinigt. Der Umfang dieses Absatzes mit insgesamt 12 Sätzen, die schwierigen Satzkonstruktionen und die inhaltliche Verschränkung spiegeln das monatelange Tauziehen zwischen den Vertragspartnern wider.

In Übereinstimmung mit der Vorgabe in § 75 Abs 1 S 2 SGB V regelt § 54 Abs 3 S 1 21 als Rechtsfolge, dass die KK die in den Gesamtverträgen nach § 85 SGB V **oder** § 87a SGB V vereinbarten Vergütungen teilweise zurückbehalten können. Für die Regelung im BMV-Ä hätte es ausgereicht, nur auf § 87a SGB V zu verweisen, weil für die Vergütung der **vertragsärztlichen** Leistungen abweichend von § 82 Abs 2 S 2 und § 85 SGB V nur die in § 87a Abs 2–6 SGB V getroffenen Regelungen gelten (anders für die vertrags**zahn**ärztlichen Leistungen, für die § 85 Abs 2d–4f SGB V gelten).

2. Verletzung des Sicherstellungsauftrags (S 1). Der Sicherstellungsauftrag ist in § 75 22 Abs 1 SGB V geregelt, der Umfang in § 73 Abs 2 SGB V.[16]

Den Materialien zum GMG ist nicht zu entnehmen, welche von der KV zu vertreten- 23 den Verletzungen des Sicherstellungsauftrags der Gesetzgeber bei der Regelung vor Augen hatte. **Von der KV zu vertretende Gründe** für ein Versagen des Sicherstellungsauftrags sind – nach übereinstimmenden Kommentierungen zu § 75 Abs 1 S 5 SGB V – „*nur in einem gesetzwidrigen Verhalten (Boykottaufruf, etc.) oder in einem systematischen Unterlassen gesetzlich gebotener oder vertraglich vereinbarter Maßnahmen*", die kausal für Sicherstellungsdefizite sind.[17]

Die Sicherstellungsdefizite müssen nach der bundesmantelvertraglichen Regelung in 24 Abs 3 S 2 **erheblich** sein, um das teilweise Zurückbehaltungsrecht zu rechtfertigen; sie müssen zum Zeitpunkt der Geltendmachung des Zurückbehaltungsrechts auch **noch andauern**, weil nur dann das Zurückbehaltungsrecht als Druckmittel Wirkung entfalten kann.

3. Pflichten der KK gegenüber KV (S 3). Die KK hat der KV die erhebliche und 25 noch andauernde Verletzung des Sicherstellungsauftrags **substantiiert** hinsichtlich der

---

16 Dazu ausführlich Schnapp/Wigge/*Schiller* § 5 Rn 105 ff.
17 So KassKomm/*Hess* SGB V § 75 Rn 36a; aber auch juris PK-SGB V/*Hesral* § 75 Rn 78 und Hauck/Noftz/*Klückmann* SGB V K § 75 Rn 4e.

Art und des Umfangs **nachzuweisen**, dh sie hat sie zu belegen und nicht nur zu behaupten. Sie muss des Weiteren der KV die Höhe der beabsichtigten GV-Einbehaltung mitteilen und hat der KV zunächst eine Frist zur Stellungnahme bzw Abhilfe einzuräumen. Diese Frist beträgt grundsätzlich vier Wochen und kann verkürzt werden, wenn die Versorgung des überwiegenden Teils der Versicherten der jeweiligen KK gefährdet ist (S 6 und 7).

26 **4. Ausschluss des Zurückbehaltungsrechts (S 4).** Ein Zurückbehaltungsrecht entfällt, wenn die KV auf Mitteilung der KK die Verletzung des Sicherstellungsauftrags abstellt, insoweit also „*abhilft*" (S 8).

27 Kein Zurückbehaltungsrecht besteht bei **Unterversorgung** (§ 100 Abs 1 SGB V) oder **zusätzlichem lokalem Versorgungsbedarf** (§ 100 Abs 3 SGB V) (S 4). Geregelt und definiert ist Unterversorgung in §§ 28 ff BPRL-Ä; § 31 BPRL-Ä legt die Kriterien für die Prüfung der Unterversorgung fest. Die Voraussetzungen für die Feststellung eines zusätzlichen lokalen Versorgungsbedarfs in nicht unterversorgten Planungsbereichen regelt § 35 BPRL-Ä. Die Feststellung einer Unterversorgung und auch die eines zusätzlichen lokalen Versorgungsbedarfs obliegt dem Landesausschuss (§ 100 Abs 1 SGB V iVm § 14 Ärzte-ZV iVm §§ 32 ff BPRL-Ä bzw § 100 Abs 3 SGB V iVm § 35 BPRL-Ä).

28 Aus diesen Regelungen ergibt sich für den Landesausschuss, den Zulassungsausschuss, die KV sowie die Kommunen Folgendes:

29 Hat der **Landesausschuss** Unterversorgung oder zusätzlichen lokalen Versorgungsbedarf festgestellt, hat er folgende Möglichkeiten:
– Fristsetzung gegenüber KV zur Beseitigung der Unterversorgung (§ 100 Abs 1 S 2 SGB V, § 16 Abs 2 Ärzte-ZV),
– Empfehlung von Maßnahmen zur Beseitigung der Unterversorgung (§ 16 Abs 2 S 2 Ärzte-ZV),
– Anordnen von Zulassungsbeschränkungen für andere nicht gesperrte Planungsbereiche (§§ 100 Abs 2, 104 SGB V, § 16 Abs 3 S 1 Ärzte-ZV).

30 Der **Zulassungsausschuss** muss in diesen Fällen zugelassene Krankenhäuser auf deren Antrag zur vertragsärztlichen Versorgung ermächtigen, soweit und solange dies zur Beseitigung der Unterversorgung oder zur Deckung des zusätzlichen lokalen Versorgungsbedarfs erforderlich ist. Der Ermächtigungsbeschluss ist nach zwei Jahren zu überprüfen (§ 116a S 1 und 2 SGB V).

31 Die **KV**
– hat zur Finanzierung von Fördermaßnahmen zur Sicherstellung der vertragsärztlichen Versorgung einen Strukturfonds zu bilden (§ 105 Abs 1a S 1 SGB V),
– kann eigene Einrichtungen betreiben, die der unmittelbaren medizinischen Versorgung von Versicherten dienen oder sich an solchen Einrichtungen beteiligen. Die KV können die Einrichtungen auch durch Kooperationen untereinander und gemeinsam mit Krankenhäusern sowie in Form von mobilen oder telemedizinischen Versorgungsangebotsformen betreiben (§ 105 Abs 1c S 1 und 2 SGB V).

32 Die **Kommunen** können mit Zustimmung der KV eigene Einrichtungen betreiben (§ 105 V SGB V).

Auf der **Honorarebene** haben KV und KK zusammen bzw im HVM KV im Benehmen mit KK folgende Optionen: 33
- Zahlung von Sicherstellungszuschlägen an Vertragsärzte (§ 105 Abs 1a S 3 Nr 2 SGB V),
- Vereinbarung von Zuschlägen auf den Orientierungswert für besonders förderungswürdige Leistungen bzw besonders zu fördernde Leistungserbringer zwischen der KV und den KK gemeinsam und einheitlich (§ 87a Abs 2 S 3 SGB V),
- Fallzahlbegrenzungen oder Fallzahlminderungen bei der Behandlung von Patienten in den entsprechenden Planungsbereichen dürfen nicht angewendet werden (§ 87b Abs 3 S 1 SGB V),
- HVM kann regeln, dass die KV im Einzelfall verpflichtet ist zu prüfen, ob die Aussetzung der Fallzahlbegrenzung/Fallzahlminderung ausreicht, um die Sicherstellung der medizinischen Versorgung zu gewährleisten (§ 87b Abs 3 S 2 SGB V).

5. Zurückbehaltungsrecht der KK (S 9). Ein Zurückbehaltungsrecht der KK besteht nur, wenn **die KV** ihre aus der Feststellung der Unterversorgung bzw des lokalen Versorgungsbedarfs resultierenden **Verpflichtungen schuldhaft** verletzt. Dabei ist zu berücksichtigen, dass die aufgezeigten Maßnahmen – mit Ausnahme der Bildung eines Strukturfonds gem § 105 Abs 1c S 1 SGB V – optional sind und für die KV einen Entscheidungsspielraum lassen. Eine schuldhafte Pflichtverletzung liegt deshalb nur dann vor, wenn das Entscheidungsermessen der KV im Einzelfall auf Null reduziert ist oder die KV überhaupt keine geeignete Maßnahme ergreift. 34

Voraussetzung für das Zurückbehaltungsrecht der KK ist auch, dass sie ihren Beitrag in gleicher Höhe zu dem von der KV einzurichtenden Strukturfonds entrichtet hat (S 4), wozu sie nach der Neuregelung des § 105 Abs 1a SGB V durch das TSVG ohnehin verpflichtet ist. 35

Ist die Sicherstellung der Versorgung gefährdet und hilft die KV nicht ab, kann die KK einen Teil der GV in der angekündigten Höhe zurückbehalten. 36

Das **Zurückbehaltungsrecht** stellt, wie das BSG zutreffend zusammenfasst, ein Leistungsverweigerungsrecht dar, welches dem Schuldner, der seinerseits einen fälligen Anspruch gegen den Gläubiger hat, bis zur Erbringung der ihm gebührenden Leistung eine aufschiebende Einrede verschafft. Die Ausübung des Zurückbehaltungsrechts hat rechtsgestaltende Wirkung. Ein Zurückbehaltungsrecht entfaltet Rechtswirkungen bereits mit seiner (erstmaligen) Ausübung und muss nicht für jeden Tag der Zurückbehaltung neu ausgeübt werden.[18] Das Bayerische LSG weist zutreffend darauf hin, dass § 273 BGB bei öffentlich-rechtlichen Verträgen grundsätzlich anwendbar ist (§ 61 S 2 SGB X), bei Gesamtverträgen jedoch grundsätzlich kein Zurückbehaltungsrecht hinsichtlich der nach den §§ 85 und 87a SGB V vereinbarten GV besteht, weil hinsichtlich der Funktionsfähigkeit des Systems der GKV ein besonderes öffentliches Interesse besteht. Der Gesetzgeber hat deshalb besondere Vorkehrungen getroffen, um einseitige Einflussnahmen auf die GV zu verhindern, wie bspw in § 89 SGB V ein Schiedsamtsverfahren und in § 89 Abs 1 S 4 SGB V (§ 89 Abs 4 SGB V idF des TSVG) die Fortgeltung der bisherigen vertraglichen Regelungen bis zu einer Ent- 37

---

18 *BSG* SozR 4-2500 § 43b Nr 1 Rn 28.

scheidung des Schiedsamts. Das Leistungsverweigerungsrecht, wie es in § 75 Abs 1 S 3 SGB V (§ 75 Abs 1 S 2 SGB V idF des TSVG) geregelt ist, stellt demgegenüber eine Ausnahme dar.[19]

38 Das Zurückbehaltungsrecht wird als Verwaltungsakt ausgeübt. Es ist nach § 75 Abs 1 S 5 SGB V ein Druckmittel, um eine KV dazu zu zwingen, ihrem Sicherstellungsauftrag nachzukommen. Bei dieser Maßnahme handelt es sich um ein vorübergehendes **Leistungsverweigerungsrecht,** um die Verletzung des Sicherstellungsauftrags zu beseitigen. Darin unterscheidet sich das Zurückbehaltungsrecht von dem **Schadensersatzanspruch**, wie er in S 12 für den Fall vorgesehen ist, dass der KK aufgrund der Pflichtverletzung Schäden entstanden sind. Mit dem Schadensersatzanspruch kann aufgerechnet werden.

39 Der Umfang des teilweisen Zurückbehaltungsrechts an der GV muss in angemessenem Verhältnis zur Verletzung der Sicherstellungsverpflichtung stehen (S 5). Das Ausmaß des teilweisen Zurückbehaltungsrechts darf für die Leistungserbringung nicht existenziell bedrohend sein, da es ansonsten kontraproduktiv die Sicherstellung selbst gefährden würde.

40 **6. Rechtswidrig einbehaltene GV (S 11).** Wurde die GV rechtswidrig einbehalten, hat die KK ab dem Zeitpunkt der Zurückbehaltung **Verzugszinsen** in Höhe von 5 Prozentpunkten über dem Basiszinssatz zu bezahlen. Das musste ausdrücklich geregelt werden, weil die KV sonst nur einen Anspruch gegen eine KK auf **Prozesszinsen** nach Eintritt der Rechtshängigkeit einer Klage auf Zahlung fälliger GV hat, regelmäßig jedoch keinen Anspruch auf Verzugszinsen.[20] Ein solcher besteht nur, wenn das Gesetz dies ausdrücklich vorsieht oder dies vertraglich vereinbart worden ist.[21] Die bundeseinheitliche Zinsvereinbarung steht jedoch ausdrücklich unter dem Vorbehalt abweichender gesamtvertraglicher Regelungen.[22]

41 **7. Schadensersatzansprüche der KK (S 12).** Sind der KK aufgrund der Pflichtverletzung der KV Schäden entstanden, besteht insoweit ein Schadensersatzanspruch, mit dem gegenüber der GV aufgerechnet werden kann. Eine abweichende gesamtvertragliche Regelung kann getroffen werden.

§ 55 Abrechnungsunterlagen und Datenträgeraustausch

Die Aufbereitung der Abrechnungsunterlagen sowie das Nähere über den Datenaustausch sind in einer besonderen vertraglichen Vereinbarung geregelt (Anlage 6).

1 Die Bestimmung hat keinen eigenen Regelungsinhalt, sondern verweist lediglich auf Anl 6 zum BMV-Ä (Vertrag über den Datenaustausch).

2 In der Anl 6 zum BMV-Ä haben die Vertragspartner umfangreiche Regelungen zum Datenaustausch getroffen. Sie beinhaltet insbesondere Regelungen
– zu Datenlieferungen der KV und der KBV an die KK bzw den GKV-Spitzenverband,

---

19 *Bayerisches LSG* v 21.12.2011 – L 12 KA 62/11 B ER.
20 *BSG* MedR 2006, 226, 231.
21 S hierzu *BSG* SozR 4-2500 § 43b Nr 1.
22 Siehe hierzu auch Rompf/Schröder/Willaschek/*Rompf* § 54 Rn 15.

Prüfung der Abrechnungsunterlagen und der Kontenführung § 56

– zu Datenlieferungen an die Prüfungsstellen (§ 106c SGB V) für Auffälligkeitsprüfungen bei Überschreitung der Richtgrößen (§ 106b SGB V) und für Zufälligkeitsprüfungen (§ 106a SGB V),
– über die technische und organisatorische Form der Datenübermittlung (Technische Anlage).

§ 56 Prüfung der Abrechnungsunterlagen und der Kontenführung

(1) Die Kassenärztlichen Vereinigungen sind berechtigt, bei den Krankenkassen
1. die Unterlagen, die Grundlage für die Vergütungsregelungen waren, bis zum Ablauf von drei Jahren seit Abschluss der letzten Honorarfeststellung zu prüfen,
2. die Abrechnung über die Gesamtvergütung und die dazugehörenden Unterlagen bis zum Ablauf des auf den Eingang der Abrechnung folgenden Kalenderjahres zu prüfen,
3. Auskunft zu verlangen über die Erfassung und den Nachweis der Ausgaben für ärztlich verordnete Arzneimittel und Heilmittel, soweit und solange für diesen Bereich eine Budgetierung wirksam ist.

(2) Die Verbände der Krankenkassen sind berechtigt, bei der Kassenärztlichen Vereinigung
1. die Unterlagen, die Grundlage für die Vergütungsregelung waren, bis zum Ablauf von drei Jahren seit Abschluss der letzten Vergütungsregelung sowie die Unterlagen, die Grundlage für die Ermittlung des Leistungsbedarfs werden, zu prüfen,
2. sich durch Einsicht in die Abrechnung und die dazugehörigen Unterlagen über die Verteilung der Gesamtvergütung zu unterrichten.

(3) Über die Regelwerke der KVen – soweit sie sich auf die Abrechnung nach dem EBM beziehen – werden die Krankenkassen auf deren Verlangen informiert.

(4) Das Nähere zu Abs. 1, 2 und 3 wird im Gesamtvertrag geregelt.

(5) ¹Die Anspruchsnachweise werden den Krankenkassen nach erfolgter Abrechnung zur Verfügung gestellt. ²Näheres wird im Gesamtvertrag vereinbart.

Übersicht

	Rn		Rn
I. Prüf- und Auskunftsrechte der KV (Abs 1)	1	IV. Gesamtvertragliche Regelungen (Abs 4)	11
II. Prüf- und Einsichtsrechte der KK (Abs 2)	5	V. Übermittlung Anspruchsnachweise (Abs 5)	13
III. Information über Regelwerke der KV (Abs 3)	7		

I. Prüf- und Auskunftsrechte der KV (Abs 1)

Abs 1 regelt Prüf- und Auskunftsrechte der KV gegenüber den KK. 1

Die **Prüfrechte**, für die gesonderte Prüffristen vorgesehen sind, beziehen sich auf 2
– die Unterlagen, die Grundlage für Vergütungsregelungen waren (Ziffer 1),
– die Abrechnung über die Gesamtvergütung und die dazugehörenden Unterlagen (Ziffer 2); zur Gesamtvergütung s § 54.

§ 56 Prüfung der Abrechnungsunterlagen und der Kontenführung

3 Der **Auskunftsanspruch** betrifft die Erfassung und den Nachweis der Ausgaben für ärztlich verordnete Arznei- und Heilmittel, soweit und solange für diesen Bereich eine Budgetierung wirksam ist. Unter dem Begriff „*Budgetierung*" iSv § 56 ist jede Form der Mengenbegrenzung der Verordnung der jeweiligen Leistungen mit der Folge, dass an die Überschreitung bestimmter Obergrenzen Maßnahmen geknüpft sind, zu verstehen.[1] Bis Ende 2016 waren dies insbesondere Richtgrößen gem § 84 Abs 6 und 8 SGB V aF. Die KV hatten damit die Möglichkeit zu prüfen, ob die Grundlage für die Richtgrößenprüfungen auf validen Daten beruht. Bedeutung hat dies, weil die Prüfungsstelle im Regressverfahren den der KK zustehenden Betrag festsetzte und dieser die nach Maßgabe der Gesamtverträge zu entrichtende Vergütung an die KV minderte (§ 106 Abs 5c S 3 SGB V aF, gültig bis 31.12.2016). Seit Inkrafttreten des GKV-VSG am 1.1.2017 wird die Wirtschaftlichkeit der Versorgung ärztlich verordneter Leistungen anhand von Vereinbarungen geprüft, die von den Landesverbänden der KK und den Ersatzkassen gemeinsam und einheitlich mit den KV zu treffen sind (§ 106b Abs 1 S 1 SGB V).[2] Diesbezüglich wurden von der KBV und dem GKV-Spitzenverband Rahmenvorgaben (§ 106b Abs 2 SGB V) für Mindeststandards der Wirtschaftlichkeitsprüfung, als Basis für die verbindlichen Vereinbarungen auf Landesebene, festgelegt.[3] Die Vereinbarung eines Richtgrößenvolumens ist aufgrund der individuellen Vereinbarungen auf Landesebene damit nicht mehr erforderlich.

4 Auch wenn Budgetierungen iSv Abs 1 Nr 3 als Steuerungsmaßnahmen abgelöst oder ausgesetzt wurden, können entsprechende Auskunftsansprüche der KV aufgrund ihrer Beratungsaufgaben nach § 305a S 1 SGB V bei den KK bestehen.

II. Prüf- und Einsichtsrechte der KK (Abs 2)

5 Entsprechend den Prüf- und Auskunftsrechten der KV haben die KK die Möglichkeit, fristgebunden bis zum Ablauf von drei Jahren seit Abschluss der letzten Vergütungsregelung die der Vergütungsregelung zugrunde gelegten Unterlagen einschließlich der Unterlagen, die Grundlage für die Ermittlung des Leistungsbedarfs werden, zu prüfen.

6 Darüber hinaus können sie sich durch Einsicht in die Abrechnung und die dazugehörigen Unterlagen über die Verteilung der Gesamtvergütung unterrichten. Ein Prüfrecht ist in diesem Fall ausgeschlossen, da die Honorarverteilung nach § 87b Abs 1 SGB V in die Zuständigkeit der KV fällt, die mit den Landesverbänden der KK und den ErsK lediglich das Benehmen herzustellen haben[4].

---

1 *Rompf/Schröder/Willaschek* § 56 Rn 5.
2 S exemplarisch: Prüfvereinbarung der KV Nordrhein v 26.4.2017; Prüfungsvereinbarung über das Verfahren zur Überwachung und Prüfung der Wirtschaftlichkeit durch die Prüfungsstelle und den Beschwerdeausschuss Ärzte Bayern gemäß § 106 Abs 1 S 2 und § 106b Abs 1 S 1 SGB V, in der Fassung des Beschl des Landesschiedsamtes für die vertragsärztliche Versorgung in Bayern v 3.11.2016.
3 Rahmenvorgaben des GKV-Spitzenverbands und der KBV nach § 106b Abs. 2 SGB V für die Wirtschaftlichkeitsprüfung ärztlich verordneter Leistungen vom 30.11.2015, zuletzt geändert am 10.12.2019.
4 S näher juris PK-SGB V/*Freudenberg* § 87b Rn 51 ff.

III. Information über Regelwerke der KV (Abs 3)

Die bundeseinheitlichen Vorgaben zur Abrechnung vertragsärztlicher Leistungen werden durch den Bewertungsausschuss im EBM nach § 87 Abs 1 SGB V festgelegt. Die abrechnungstechnische Umsetzung des EBM ist höchst komplex und ist daher in den einzelnen KV zum Teil unterschiedlich (je nach EDV-Konzeption). Die KV übersetzen die Regelungen des EBM in die Sprache der EDV (sog Regelwerk) und machen den EBM so für eine (kostengünstige) automatisierte Abrechnungsprüfung nutzbar. 7

Beispiele für EDV-mäßige Programmierungen im Regelwerk: 8
– Anzahlbedingungen: zB Ordinationskomplex nur einmal im Behandlungsfall,
– Unverträglichkeiten zwischen Abrechnungsnummern: zB GOP 04324 EBM nicht neben GOP 04410, 13250, 13545 EBM im Behandlungsfall,
– Absetzungen aus anderen Gründen: zB Abrechnung nur bei bestimmter Diagnose (ICD-10-Code), Altersgrenzen bei Früherkennungsuntersuchungen,
– Umsetzungen: zB Höchstwertregeln bei Labor.

Über diese Regelwerke informieren die KV die KK auf deren Verlangen. 9

Zur Regelwerksprüfung s ergänzend § 45 Rn 10 ff. 10

IV. Gesamtvertragliche Regelungen (Abs 4)

Weil die Gesamtvergütungen regional in den einzelnen KV-Bezirken nach unterschiedlichen Verfahren berechnet und verteilt werden, bleibt es den Gesamtvertragspartnern überlassen, 11

Einzelheiten zu den Prüf-, Auskunfts- und Informationsrechten und -pflichten zu regeln. 12

V. Übermittlung Anspruchsnachweise (Abs 5)

Die Regelung stammt aus einer Zeit, als die Behandlungsausweise noch in Papierform den KK übermittelt wurden. Mittlerweile rechnen die in der vertragsärztlichen Versorgung tätigen Ärzte ausschließlich über EDV ab; damit ist auch der Datentransfer zwischen KV und KK über EDV möglich. 13

Rechtsgrundlage dieser Datenübermittlung ist § 295 Abs 2 SGB V. Hiernach haben die KV für die Abrechnung der Vergütung im Wege elektronischer Datenübertragung oder maschinell verwertbar auf Datenträgern den KK für jedes Quartal für jeden Behandlungsfall die im Gesetz katalogartig gelisteten Angaben zu übermitteln. 14

Die Partner des BMV-Ä haben das Nähere im Vertrag über den Datenaustausch geregelt (Anl 6 zum BMV-Ä). 15

Maßgeblich für die Übermittlung der Abrechnungsunterlagen ist § 1 der Anl 6. Hier finden sich detaillierte Regelungen zu Art und Inhalt der zu übermittelnden Angaben und die entsprechenden Übermittlungsfristen. 16

14. Abschnitt –
Besondere Rechte und Pflichten des Vertragsarztes, der Kassenärztlichen Vereinigungen und der Krankenkassen

§ 57 Dokumentation

(1) Der Vertragsarzt hat die Befunde, die Behandlungsmaßnahmen sowie die veranlassten Leistungen einschließlich des Tages der Behandlung in geeigneter Weise zu dokumentieren.

(2) ¹Die ärztlichen Aufzeichnungen sind vom Vertragsarzt mindestens 10 Jahre nach Abschluss der Behandlung aufzubewahren, soweit nicht andere Vorschriften – z. B. die Verordnung über den Schutz vor Schäden durch Röntgenstrahlen (Röntgenverordnung – RöV) – eine abweichende Aufbewahrungszeit vorschreiben. ²Sofern die Aufzeichnungen elektronisch dokumentiert worden sind, hat der Vertragsarzt dafür Sorge zu tragen, dass sie innerhalb der Aufbewahrungszeit verfügbar gemacht werden können.

Übersicht

	Rn			Rn
I. Gesetzliche Vorgaben	1		7. Einsichtsrecht des Patienten	27
II. Dokumentationspflicht (Abs 1)	6	III.	Aufbewahrungsfristen und elektro-	
1. Allgemein	6		nische Dokumentation (Abs 2)	28
2. Datenschutz	9		1. Aufbewahrungsfristen	28
3. Inhalt der Dokumentation	10		2. Dokumentation in elektroni-	
4. Grenzen und Umfang	17		scher Form	35
5. Art und Zeitpunkt	22			
6. Rechtsfolgen von Dokumentationsfehlern	26			

Literatur: Zu den Regelungen des PatRG aus unterschiedlichen Blickwinkeln s *Denzer* Alles beim Alten? Informations-, Aufklärungs-und Dokumentationspflichten nach dem Patientenrechtegesetz, Arzt und Krankenhaus 7/2013, 210–213; *Hart* Patientensicherheit nach dem Patientenrechtegesetz, MedR 2013, 159; *Katzenmeier* Der Behandlungsvertrag – Neuer Vertragstypus im BGB, NJW 2013, 817; *Montgomery/Brauer/Hübner/Seebohm* Das Patientenrechtegesetz aus Sicht der Ärzteschaft, MedR 2013, 149; *Preis/Schneider* Das Patientenrechtegesetz – eine gelungene Kodifikation?, NZS 2013, 281 ff; *Spickhoff* Patientenrechte und Gesetzgebung, ZRP 2012, 65 ff; *Thole* Das Patientenrechtegesetz – Ziele der Politik, MedR 2013, 145; *Thurn* Das Patientenrechtegesetz – Sicht der Rechtsprechung, MedR 2013, 153; *Wagner* Kodifikation des Arzthaftungsrechts? – Zum Entwurf eines Patientenrechtegesetzes, VersR 2012, 789 ff; *Wenner* Patientenrechte im Krankenversicherungsrecht, SGb 03/13, 162. **Zum Spannungsfeld der Digitalisierung zwischen technischen und legislativen Möglichkeiten** s *Kuhn/Heinz* GesR 2018, 691–698.

I. Gesetzliche Vorgaben

1 Die an der vertragsärztlichen Versorgung teilnehmenden Ärzte und die übrigen Leistungserbringer sind nach § 294 SGB V verpflichtet, die für die Erfüllung der Aufgaben der KK sowie der KV notwendigen Angaben, die aus der Erbringung, der Verordnung sowie der Abgabe von Versicherungsleistungen entstehen, **aufzuzeichnen** und gem den im SGB V normierten Vorgaben (§§ 294a ff SGB V) den KK, den KV oder den mit der Datenverarbeitung beauftragten Stellen mitzuteilen.

Dokumentation   § 57

Das SGB V sieht darüber hinaus an zahlreichen Stellen **Übermittlungsbefugnisse und** 2
-pflichten vor, die notwendig eine vorherige Erfassung von Daten und Dokumentationen voraussetzen.

Dies sind insbesondere Übermittlungsbefugnisse und -pflichten 3
- zum Zweck der Abrechnung (§ 295 SGB V; § 106a SGB V),
- zum Zweck der Wirtschaftlichkeitsprüfung (§§ 296, 297 SGB V),
- zum Zweck der Qualitätssicherung (§§ 298, 299 SGB V),
- zur Übermittlung an die KK, zB Arbeitsunfähigkeitsbescheinigung (§ 284 iVm § 295 SGB V),
- zur Übermittlung an den medizinischen Dienst (§§ 276, 277 SGB V),
- zur Übermittlung an Behörden und Heilberufskammern (§ 285 Abs 3a SGB V).

Spezielle Dokumentationspflichten in der vertragsärztlichen Versorgung sind insbesondere in den Qualitätssicherungsvereinbarungen verankert, die auf der Grundlage des § 92 SGB V erlassen wurden. 4

IRd zur Information, Aufklärung und Einwilligung der Patienten und zum Behandlungsvertrag einschließlich Dokumentations- und Aufbewahrungspflichten der Ärzte im Bürgerlichen Gesetzbuch (s §§ 630a BGB ff) implementiert (PatRG). Nach § 630f Abs 2 BGB ist der Arzt verpflichtet, in der Patientenakte sämtliche aus fachlicher Sicht für die derzeitige und künftige Behandlung wesentlichen Maßnahmen und deren Ergebnisse aufzuzeichnen, insbesondere die Anamnese, Diagnosen, Untersuchungen, Untersuchungsergebnisse, Befunde, Therapien und ihre Wirkungen, Eingriffe und ihre Wirkungen, Einwilligungen und Aufklärungen. 5

II. Dokumentationspflicht (Abs 1)

1. Allgemein. Die Dokumentationspflicht ist eine für alle praktizierenden Ärzte geltende **berufsrechtliche Pflicht** und ergibt sich aus § 10 Abs 1 MBO-Ä. Danach haben Ärzte über die in Ausübung ihres Berufs gemachten Feststellungen und getroffenen Maßnahmen die erforderlichen Aufzeichnungen zu machen. Diese sind zum einen Gedächtnisstütze für den Arzt, zum anderen im Interesse der Patienten Beleg für die durchgeführte Behandlung und damit auch Nachweis für die Abrechnungsberechtigung des Arztes (in der vertragsärztlichen Versorgung nach EBM, privatärztlich nach GoÄ).[1] 6

Diese berufsrechtliche Verpflichtung wird in der vertragsärztlichen Versorgung durch § 57 Abs 1 konkretisiert. Danach hat der Vertragsarzt die Befunde, die Behandlungsmaßnahmen sowie die veranlassten Leistungen einschließlich des Tages der Behandlung in geeigneter Weise zu dokumentieren. Die **Dokumentationspflicht** ist hier eine **Obliegenheit** des Vertragsarztes gegenüber seiner Körperschaft und den ihr verbundenen Vertragspartnern. Ergänzend zu dieser bundesmantelvertraglichen Pflicht werden in den für die vertragsärztliche Versorgung verbindlichen Richtlinien und Vereinbarungen zahlreiche weitere Dokumentationspflichten vorgegeben.[2] 7

---

1 Zu den Dokumentationspflichten s *Ratzel/Luxenburger* Kap 13 Rn 445 ff; *Ratzel/Lippert* § 10; Laufs/*Schlund* Die ärztliche Dokumentationspflicht, § 55 mwN; *Schmid* Über den notwendigen Inhalt ärztlicher Dokumentation, NJW 1987, 681; *Wienke & Becker* Die ärztliche Dokumentation.
2 Zu den gesetzlichen und untergesetzlichen Dokumentationspflichten s *Pawlita* GesR 2017, 620–625.

Geier   519

§ 57   Dokumentation

8   Die Erfassung der erbrachten Leistungen nach EBM/GOÄ ist nicht Bestandteil ärztlicher Aufzeichnungen nach der Berufsordnung und unterliegt nicht der zehnjährigen Aufbewahrungsfrist. Die Vertragspartner des BMV-Ä gehen davon aus, dass der Vertragsarzt im eigenen Interesse zur Rechtfertigung seiner Abrechnung auch die von ihm erbrachten Leistungen im erforderlichen Umfang aufzeichnet (s Protokollnotiz zu § 57 Abs 1).

9   **2. Datenschutz.** Die ärztliche Dokumentation ist im Regelfall datenschutzrechtlich das **Erheben und Speichern personenbezogener Gesundheitsdaten** (zB das Erstellen einer ärztlichen Kartei – Krankenakte). IRd Behandlungsvertrages ist der Arzt berechtigt und verpflichtet, die von ihm als notwendig erachteten Daten zu dokumentieren. Wegen der Verpflichtung zur Dokumentation bedarf es hierfür keiner gesonderten Einwilligungserklärung des Patienten (s Art 9 Abs 2 Buchst h DS-GVO, § 22 Abs 1 Nr 1b BDSG).³

10   **3. Inhalt der Dokumentation.** Der Inhalt der Dokumentation richtet sich regelmäßig nach dem Zweck, für den die Aufzeichnungen angefertigt werden. Im Vordergrund stehen hierbei die Therapiesicherung, die Beweissicherung und die Rechenschaftslegung.

11   IRd **Therapiesicherung** müssen die Aufzeichnungen gewährleisten, dass jeder mit- oder weiterbehandelnde Arzt in die Lage versetzt wird, sich anhand der Dokumentation über die bis dato erfolgte Behandlung zu unterrichten.

12   Die **Beweissicherung** spielt in der vertragsärztlichen Versorgung insbesondere iRd Abrechnung erbrachter Leistungen sowie der Wirtschaftlichkeit eine große Rolle. So können Praxisbesonderheiten idR nur durch entsprechende Dokumentationen nachgewiesen werden.

13   Besondere Bedeutung hat die Beweissicherung darüber hinaus für Fälle der ärztlichen Haftpflicht. Gem § 630h Abs 3 BGB wird die Beweislast bei Behandlungs- und Aufklärungsfehlern auf den Arzt übertragen, wenn dieser eine medizinisch gebotene wesentliche Maßnahme und ihr Ergebnis entgegen § 630f Abs 1 oder Abs 2 BGB nicht in der Patientenakte aufgezeichnet hat oder er die Patientenakte entgegen § 630f Abs 3 BGB nicht für die Dauer von zehn Jahren aufbewahrt hat. Bereits vor Einführung des § 630h BGB durch das PatRG hat die Rspr an die Erschwerung oder Vereitelung des Beweises einer Behandlung lege artis bzw einer ordnungsgemäßen Aufklärung des Arztes prozessuale Folgen zugunsten des Patienten dergestalt geknüpft, dass sie diesem im Klageverfahren bei Fehlen der medizinisch gebotenen Dokumentation Beweiserleichterungen zubilligt.⁴

14   **Grundsätzlich gilt**: Ist eine bestimmte medizinische Maßnahme nicht dokumentiert, geht die Rspr bis zum Beweis des Gegenteils durch den Arzt davon aus, dass diese Maßnahme auch nicht erfolgt ist.

---

3   Hinweise zur ärztlichen Dokumentation einschließlich ärztlicher Schweigepflicht, Datenschutz und Datenverarbeitung enthalten die von BÄK und KBV herausgegebenen gemeinsamen Empfehlungen für die Ärzte *BÄK/KBV* Empfehlungen zur ärztlichen Schweigepflicht, Datenschutz und Datenverarbeitung in der Arztpraxis, DÄ 2008, A-1026 ff.
4   *BGH* v 24.1.1989 – VI ZR 170/88, juris.

Dokumentation § 57

Die ärztliche Dokumentation dient auch der **Rechenschaftspflicht** des Arztes über die durchgeführten Maßnahmen. Sie ist inzwischen, mit Einführung des § 630f BGB, auch besondere gesetzliche Verpflichtung aus dem Behandlungsvertrag. **15**

Darüber hinaus muss der Patient aufgrund seines Selbstbestimmungsrechts auch die Möglichkeit haben, das Ergebnis der ärztlichen Behandlung oder der diagnostischen Maßnahmen mittels Einholung einer Zweitmeinung überprüfen zu lassen.[5] **16**

4. Grenzen und Umfang. Die Rspr legt zur Beurteilung, ob das streitgegenständliche ärztliche Handeln dem aktuellen wissenschaftlichen Standard entspricht (vgl § 16), grundsätzlich den dokumentierten Behandlungsverlauf zugrunde. **17**

Aufzuzeichnen sind deshalb insbesondere: **18**
- Anamnese, Diagnose, Therapie,
- diagnostische Bemühungen,
- Funktionsbefunde,
- Medikation,
- ärztliche Hinweise und Anweisungen an die Funktions- und Behandlungspflege,
- jedes Abweichen von Standardbehandlungen,
- Überweisungsempfehlungen,
- Wiedereinbestellungen,
- Uhrzeiten, wenn es auf den genauen Zeitpunkt von Anordnungen ankommt.

Bei Operationen sind insbesondere aufzuzeichnen/anzufertigen: **19**
- Operationsbericht und Narkoseprotokoll,
- Auftreten etwaiger Komplikationen,
- Wechsel des Operateurs während der Operation,
- Maßnahmen zur Anfängerkontrolle,
- Patientendaten (zB Gewicht, Blutgruppe, präoperativer Allgemeinzustand, Verträglichkeit früherer Eingriffe und Medikationen, Allergieneigungen),
- Verlassen des Krankenhauses durch den Patienten gegen den ärztlichen Rat (auf eigenes Risiko),
- Sicherheitsvorkehrungen, die gegen eine Selbstschädigung des Patienten getroffen worden sind.

Routinemaßnahmen sowie der pflegerische Grundstandard müssen nicht aufgezeichnet werden.[6] **20**

Aus forensischen Gründen empfiehlt es sich, **ärztliche Aufklärungen** (s § 8 MBO-Ä), insbesondere bei operativen Eingriffen aufzuzeichnen. Der Arzt ist für die Durchführung der ärztlichen Risiko-Aufklärung stets darlegungs- und beweispflichtig (§ 630h Abs 2 BGB).[7] Im Falle eines substantiierten Bestreitens des Patienten im Arzthaftungsprozess ist der Arzt inhaltlich in vollem Umfang beweispflichtig für das Vorliegen einer vollständigen und zeitgerechten ärztlichen Aufklärung.[8] **21**

---

5 Zum Anspruch auf Zweitmeinung bei indizierten planbaren Eingriffen s § 27b SGB V iVm der Richtlinie zum Zweitmeinungsverfahren des G-BA v 21.9.2017, BAnz AT 7.12.2018 B4, zuletzt geändert am 22.11.2019, BAnz AT 19.2.2020 B3 und juris PK-SGB V/*Fahlbusch* § 27b SGB V.
6 Vgl *Brandenburgisches OLG* v 5.4.2005 – 1 U 34/04, Rn 30, juris mwN.
7 *BGH* v 28.2.1984 – VI ZR 70/82, Rn 14, juris.
8 S *OLG Braunschweig* v 10.11.2011 – 1 U 29/09, juris: Aufklärungspflicht auch dann, wenn Patient selbst Arzt ist.

Geier

§ 57 Dokumentation

22 **5. Art und Zeitpunkt.** Ärztliche Aufzeichnungen können sowohl in Papierform oder mit Hilfe elektronischer Medien erfolgen, soweit nicht in spezialgesetzlichen oder untergesetzlichen Vorschriften etwas anderes vorgeschrieben ist (zB normierte Dokumentationsform im Mutterpass, elektronische Erfassung der Abrechnungsdaten zur Weiterleitung an die KV, spezielle Dokumentationsvorgaben in den Qualitätssicherungsvereinbarungen sowie Medikationsplan, elektronischer Arztbrief und elektronische Patientenakte als fakultativer Inhalt der elektronischen Gesundheitskarte (s § 291a Abs 3 Nr 2–4 SGB V).

23 Der Beweiswert einer ärztlichen Behandlungsdokumentation wird grundsätzlich nicht dadurch gemindert, dass diese mittels EDV erstellt wird. Im Zweifelsfall muss der Arzt jedoch (wie bei der klassischen handschriftlichen Dokumentation auch) plausibel darlegen können, dass seine Eintragung richtig ist und aus medizinischen Gründen schlüssig erscheint.[9]

24 Dokumentationen können grundsätzlich **stichwortartig** erfolgen; sie müssen jedenfalls für den Fachmann verständlich sein.[10]

25 Ärztliche Aufzeichnungen müssen **in unmittelbarem Zusammenhang** mit der jeweiligen Behandlung erfolgen.[11] Sie sind nicht beliebig nachholbar. Bedeutung hat dies bspw im Haftungsprozess; hier kann eine verspätet angefertigte Aufzeichnung (zB erst nach mehreren Monaten nach der Behandlung) unter Umständen zu einer Umkehr der Beweislast zulasten des Arztes führen.[12]

26 **6. Rechtsfolgen von Dokumentationsfehlern.** Dokumentationsfehler bzw -versäumnisse können unterschiedliche **Folgen** nach sich ziehen:
- Soweit die Abrechnung von Leistungen bestimmte Dokumentationen voraussetzt (zB im EBM), hat der Arzt bei Fehlen der ordnungsgemäßen Dokumentation keinen Anspruch auf Vergütung. Die zuständige KV wird seine Abrechnung entsprechend sachlich-rechnerisch korrigieren (s § 45).
- Hängt der Fortbestand einer besonderen Genehmigung von regelmäßigen Dokumentationen ab, riskiert der Arzt den Widerruf seiner Genehmigung und damit den Wegfall seiner Berechtigung, künftig diese genehmigungspflichtigen Leistungen erbringen zu können.
- Im Rahmen eines Arzthaftpflichtprozesses führen Dokumentationsmängel regelmäßig zu Beweiserleichterungen für den Patienten bis hin zur Beweislastumkehr.[13] Dies bspw wenn der Dokumentationsmangel indiziert, dass der Arzt bei der Behandlung gegen seine Pflicht verstoßen hat, medizinisch zwingend gebotene Befunde zu erheben.[14]

27 **7. Einsichtsrecht des Patienten.** Schließlich haben Ärzte ihren Patienten auf Verlangen **Einsicht** in die sie betreffenden Krankenunterlagen zu gewähren; ausgenommen

---

9 *OLG Naumburg* v 26.1.2012 – 1 U 45/11.
10 *BGH* v 24.1.1984 – VI ZR 203/82, Rn 8, juris.
11 *KG Berlin* v 10.1.2013 – 20 U 225/10.
12 *OLG Zweibrücken* v 12.1.1999 – 5 U 30/96; *OLG Naumburg* v 15.11.2011 – 1 U 31/11.
13 *BGH* v 23.3.2004 – VI ZR 428/02; *BGH* v 29.5.2001 –VI ZR 120/00; *BGH* v 6.7.1999 – VI ZR 290/98; *BGH* v 13.2.1996 – VI ZR 402/94.
14 *OLG Oldenburg* v 30.1.2008 – 5 U 92/06, Rn 30, juris; *BGH* v 6.7.1999 – VI ZR 290/98, juris.

Dokumentation § 57

sind diejenigen Teile, welche subjektive Eindrücke oder Wahrnehmungen des Arztes enthalten. Auf Verlangen sind dem Patienten Kopien der Unterlagen gegen Erstattung der Kosten herauszugeben (§ 630g BGB, § 10 Abs 2 MBO-Ä).

III. Aufbewahrungsfristen und elektronische Dokumentation (Abs 2)

1. Aufbewahrungsfristen. Ärztliche Aufzeichnungen sind für die Dauer von zehn Jahren nach Abschluss der Behandlung aufzubewahren, soweit nicht nach gesetzlichen Vorschriften eine längere Aufbewahrungspflicht besteht (§ 630f Abs 3 BGB, § 10 Abs 3 MBO-Ä bzw § 9 Abs 3 MBO-PPT/KJP). 28

Im Fall der **Praxisaufgabe** hat der Arzt seine ärztlichen Aufzeichnungen und Untersuchungsbefunde gem § 10 Abs 4 MBO-Ä aufzubewahren und dafür Sorge zu tragen, dass sie in gehörige Obhut gegeben werden (Sonderregelung in § 85 Abs 2 S 2 Strahlenschutzgesetz: Aufzeichnungen und Röntgenbilder sind auf Verlangen der zuständigen Behörde bei einer von ihr benannten Stelle zu hinterlegen). Ärzte, denen bei einer Praxisaufgabe oder Praxisübergabe ärztliche Aufzeichnungen über Patienten in Obhut gegeben werden, müssen diese Aufzeichnungen unter Verschluss halten und dürfen sie nur mit Einwilligung des Patienten einsehen oder weitergeben (§ 10 Abs 4 MBO-Ä). Einer ausdrücklichen Einwilligung bedarf es nicht; diese kann auch durch schlüssiges Verhalten zum Ausdruck gebracht werden, zB indem sich der Patient beim Praxisübernehmer in Behandlung begibt.[15] 29

§ 57 Abs 2 bestimmt für die vertragsärztliche Versorgung gleichfalls eine **Regelaufbewahrungsfrist** von zehn Jahren, soweit nicht in anderen Rechtsvorschriften abweichende Fristen vorgesehen sind (zB Strahlenschutzgesetz). Wegen der Vielzahl spezieller Regelungen in der vertragsärztlichen Versorgung können für bestimmte Dokumentationen/ Belege auch kürzere Fristen vereinbart sein. Ein Widerspruch zur generellen Regelung des § 10 Abs 3 MBO-Ä ist nicht gegeben, da sich die kürzeren Aufbewahrungsfristen regelmäßig nur auf spezielle Nachweise beziehen, die ergänzend zu den allgemeinen ärztlichen Aufzeichnungen dokumentiert werden müssen (zB Arbeitsunfähigkeitsbescheinigung, Sicherungskopie der Abrechnungsdatei etc). 30

Die geltenden Aufbewahrungsfristen sind **Mindestaufbewahrungsfristen**. Vor dem Hintergrund möglicher zivilrechtlicher Ansprüche von Patienten aufgrund geltend gemachter Haftungsansprüche (zB Schadensersatz, Schmerzensgeld) empfiehlt es sich, die betreffenden Unterlagen über einen längeren Zeitraum aufzubewahren bis aus medizinischer Sicht keine Schadensersatzansprüche mehr zu erwarten sind. 31

Nach der Reform des Verjährungsrechts durch das Schuldrechtsmodernisierungsgesetz verjähren sowohl vertragliche als auch deliktische Schadensersatzansprüche des Patienten in der Regel nach Ablauf von drei Jahren ab Kenntniserlangung (§§ 195, 199 Abs 1 BGB). Dies gilt für alle Ansprüche, die ab dem 1.1.2002 entstanden sind; ältere vertragliche Ansprüche unterliegen der bis Ende 2001 geltenden 30-jährigen Verjährungsfrist, während ältere deliktische Ansprüche nach drei Jahren (§ 852 Abs 1 BGB aF) ab Kenntnis des Versicherten bzw jedenfalls mit Ablauf von dreißig Jahren nach Begehung, ohne Rücksicht auf die Kenntnis, verjähren. Die Kenntnis vom Misserfolg oder einer Behandlungskomplikation reicht allein noch nicht für die Kenntnis eines 32

---

15 Zur Einwilligung im Arzt-Patienten-Verhältnis umfassend HK-AKM/*Katzenmeier* 1570 Einwilligung (Stand: 2011).

§ 57   Dokumentation

haftungsrelevanten Behandlungsfehlers aus, die einen Beginn der Verjährungsfrist auslöst (§ 199 Abs 1 BGB). Dem Patienten müssen vielmehr diejenigen Behandlungstatsachen positiv bekannt geworden sein, die ein ärztliches Fehlverhalten und eine ursächliche Verknüpfung der Schadensfolge mit dem Behandlungsfehler bei objektiver Betrachtung nahelegen, wobei medizinische Detailkenntnisse nicht erforderlich sind.[16]

33 Die wesentlichen für eine in der vertragsärztlichen Versorgung tätige Arztpraxis geltenden Aufbewahrungsfristen sind in nachstehender Tabelle zusammengestellt.

34 **Aufbewahrungsfristen**

Tabelle 9: Aufbewahrungsfristen

Unterlagen	Dauer	Rechtsgrundlage
Ambulantes Operieren (Aufzeichnungen und Dokumentationen)	10 Jahre	§ 630f Abs 3 BGB, § 57 Abs 2 BMV-Ä, § 10 Abs 3 MBO-Ä, § 9 Abs 3 MBO-PPT/KJP
Anästhesieprotokolle	10 Jahre	§ 630f Abs 3 BGB, § 57 Abs 2 BMV-Ä, § 10 Abs 3 MBO-Ä, § 9 Abs 3 MBO-PPT/KJP
Arbeitsunfähigkeitsbescheinigungen (Durchschlag für den Arzt – Muster 1d nach Anlage 2 BMV-Ä)	1 Jahr	Anlage 2 BMV-Ä (Erläuterungen zur Vordruckvereinbarung, S 7)
Arztakten	10 Jahre	§ 630f Abs 3 BGB, § 57 Abs 2 BMV-Ä, § 10 Abs 3 MBO-Ä, § 9 Abs 3 MBO-PPT/KJP
Arztbriefe (eigene und fremde)	10 Jahre	§ 630f Abs 3 BGB, § 57 Abs 2 BMV-Ä, § 10 Abs 3 MBO-Ä, § 9 Abs 3 MBO-PPT/KJP
Ärztliche Aufzeichnungen einschließlich Untersuchungsbefunde	10 Jahre	§ 630f Abs 3 BGB, § 57 Abs 2 BMV-Ä, § 10 Abs 3 MBO-Ä, § 9 Abs 3 MBO-PPT/KJP
Ärztliche Behandlungsunterlagen	10 Jahre	§ 630f Abs 3 BGB, § 57 Abs 2 BMV-Ä, § 10 Abs 3 MBO-Ä, § 9 Abs 3 MBO-PPT/KJP
Befunde	10 Jahre	§ 630f Abs 3 BGB, § 57 Abs 2 BMV-Ä, § 10 Abs 3 MBO-Ä, § 9 Abs 3 MBO-PPT/KJP
Berichte (Überweiser und Hausarzt)	10 Jahre	§ 630f Abs 3 BGB, § 57 Abs 2 BMV-Ä, § 10 Abs 3 MBO-Ä, § 9 Abs 3 MBO-PPT/KJP

---

16 *OLG Thüringen* v 5.6.2012 – 4 U 159/11, juris.

Dokumentation § 57

Unterlagen	Dauer	Rechtsgrundlage
Berufsunfähigkeitsgutachten	10 Jahre	§ 630f Abs 3 BGB, § 57 Abs 2 BMV-Ä, § 10 Abs 3 MBO-Ä, § 9 Abs 3 MBO-PPT/KJP
Betäubungsmittel (BTM-Rezeptdurchschrift, BTM-Karteikarten, BTM-Bücher)	3 Jahre	§§ 8 Abs 5, 13 Abs 3 Betäubungsmittel-Verschreibungsverordnung
Befundmitteilungen	10 Jahre	§ 630f Abs 3 BGB, § 57 Abs 2 BMV-Ä, § 10 Abs 3 MBO-Ä, § 9 Abs 3 MBO-PPT/KJP
Behandlung mit radioaktiven Stoffen und ionisierenden Strahlen	30 Jahre	§ 85 Abs 3 Strahlenschutzgesetz
Blutprodukte (Anwendung von Blutprodukten sowie gentechnisch hergestellten Plasmaproteinen zur Behandlung von Hämastasestörungen)	15 Jahre	§ 14 Abs 3 Transfusionsgesetz
Durchgangsarzt-Verfahren (ärztliche Unterlagen einschließlich Krankenblätter und Röntgenbilder)	15 Jahre	§ 34 SGB VII iVm Abschnitt C 4 Richtlinien für die Bestellung von Durchgangsärzten
EEG-Streifen	10 Jahre	§ 57 Abs 2 BMV-Ä
EKG-Streifen nach Abschluss der Behandlung	10 Jahre	§ 57 Abs 2 BMV-Ä
Gutachten über Patienten (für KK, Versicherungen, Berufsgenossenschaften)	10 Jahre	§ 57 Abs 2 BMV-Ä
H-Ärzte, die bis 31.12.2015 zugelassen waren (Behandlungsunterlagen einschließlich Röntgenbilder)	15 Jahre	Ziff 5.5 der Anforderungen der gesetzlichen Unfallversicherungsträger nach § 34 SGB VII zur Beteiligung am H-Arztverfahren
Häusliche Krankenpflege (Verordnung)*	10 Jahre	§ 630f Abs 3 BGB, § 57 Abs 2 BMV-Ä, § 10 Abs 3 MBO-Ä, § 9 Abs 3 MBO-PPT/KJP
Heilmittelverordnungen*	10 Jahre	§ 630f Abs 3 BGB, § 57 Abs 2 BMV-Ä, § 10 Abs 3 MBO-Ä, § 9 Abs 3 MBO-PPT/KJP
Jugendarbeitsschutzuntersuchung (Berichtsvordrucke, Dokumentation)	10 Jahre	§ 630f Abs 3 BGB, § 57 Abs 2 BMV-Ä, § 10 Abs 3 MBO-Ä, § 9 Abs 3 MBO-PPT/KJP

§ 57 Dokumentation

Unterlagen	Dauer	Rechtsgrundlage
Karteikarten (einschließlich ärztlicher Aufzeichnungen und Untersuchungsbefunde)	10 Jahre	§ 630f Abs 3 BGB, § 57 Abs 2 BMV-Ä, § 10 Abs 3 MBO-Ä, § 9 Abs 3 MBO-PPT/KJP
Krankenhausberichte (stationäre Behandlung), nach Abschluss der Behandlung	10 Jahre	§ 630f Abs 3 BGB, § 57 Abs 2 BMV-Ä, § 10 Abs 3 MBO-Ä, § 9 Abs 3 MBO-PPT/KJP
Krankenkassenanfragen (Durchschriften)	10 Jahre	§ 57 Abs 2 BMV-Ä
Krankenhausbehandlung (Verordnung, Krankenhauseinweisung Teil 2a)	10 Jahre	§ 630f Abs 3 BGB, § 57 Abs 2 BMV-Ä, § 10 Abs 3 MBO-Ä, § 9 Abs 3 MBO-PPT/KJP
Kinderfrüherkennungsuntersuchungen (ärztliche Aufzeichnungen)	10 Jahre	§ 630f Abs 3 BGB, § 57 Abs 2 BMV-Ä, § 10 Abs 3 MBO-Ä, § 9 Abs 3 MBO-PPT/KJP
Labor (Zertifikate von Ringversuchen)	5 Jahre	Richtlinie BÄK zur Qualitätssicherung laboratoriumsmedizinischer Untersuchungen, Ziff 2.2 Abs 5
Labor (interne Qualitätssicherung)	5 Jahre	Richtlinie BÄK zur Qualitätssicherung laboratoriumsmedizinischer Untersuchungen, Ziff 2.1.7 Abs 4
Laborbuch	10 Jahre	§ 57 Abs 2 BMV-Ä
Laborbefunde	10 Jahre	§ 630f Abs 3 BGB, § 57 Abs 2 BMV-Ä, § 10 Abs 3 MBO-Ä, § 9 Abs 3 MBO-PPT/KJP
Langzeit-EKG (Computerauswertung, keine Tapes)	10 Jahre	§ 630f Abs 3 BGB, § 57 Abs 2 BMV-Ä, § 10 Abs 3 MBO-Ä, § 9 Abs 3 MBO-PPT/KJP
Lungenfunktionsdiagnostik (Diagramme)	10 Jahre	§ 630f Abs 3 BGB, § 57 Abs 2 BMV-Ä, § 10 Abs 3 MBO-Ä, § 9 Abs 3 MBO-PPT/KJP
Notfall/-Vertreterschein Muster 19b und 19c*	10 Jahre	§ 630f Abs 3 BGB, § 57 Abs 2 BMV-Ä, § 10 Abs 3 MBO-Ä, § 9 Abs 3 MBO-PPT/KJP
Operationsberichte	10 Jahre	§ 630f Abs 3 BGB, § 57 Abs 2 BMV-Ä, § 10 Abs 3 MBO-Ä, § 9 Abs 3 MBO-PPT/KJP
Patientenkartei (nach der letzten Behandlung)	10 Jahre	§ 630f Abs 3 BGB, § 57 Abs 2 BMV-Ä, § 10 Abs 3 MBO-Ä, § 9 Abs 3 MBO-PPT/KJP

Dokumentation § 57

Unterlagen	Dauer	Rechtsgrundlage
Psychotherapie (Gutachterverfahren)	2 Jahre über den befürworteten Behandlungszeitraum hinaus	§ 12 Abs 11 Anlage 1 BMV-Ä
Röntgen (Aufzeichnungen über Konstanzprüfungen))	10 Jahre	§ 117 Abs 2 Nr 2 Strahlenschutzverordnung
Röntgendiagnostik (Röntgenaufnahmen von Patienten)**	10 Jahre	§ 85 Abs 2 Nr 2a Strahlenschutzgesetz
Röntgenbehandlung (Aufzeichnungen sowie Röntgenbilder, digitale Bilddaten und sonstige Untersuchungsdaten)	30 Jahre	§ 85 Abs 2 Nr 1 Strahlenschutzgesetz
Sicherungskopie der Abrechnungsdatei bei Abrechnung mittels EDV	4 Jahre	§ 1 Ziff 4 Richtlinie KBV für Einsatz von IT-Systemen
Sonographie (Aufzeichnungen, Fotos, Prints, Speichermedien)	10 Jahre	§ 57 Abs 2 BMV-Ä
Strahlendiagnostik mittels radioaktiven und ionisierenden Strahlen (Aufzeichnungen, Filme nach der letzten Untersuchung))**	10 Jahre	§ 85 Abs 2 Nr 2a Strahlenschutzgesetz
Strahlenschutz (Nachweise über Mitarbeiterbelehrung)	5 Jahre	§ 63 Abs 6 S 3 Strahlenschutzverordnung
Überweisungsscheine	1 Jahr	§ 7 Abs 2 Anlage 4 BMV-Ä
Untersuchungsbefunde	10 Jahre	§ 630f Abs 3 BGB, § 57 Abs 2 BMV-Ä, § 10 Abs 3 MBO-Ä, § 9 Abs 3 MBO-PPT/KJP
Zytologie (Präparate und Befunde)	10 Jahre	§ 630f Abs 3 BGB, § 57 Abs 2 BMV-Ä, § 10 Abs 3 MBO-Ä iVm § 8 Krebsfrüherkennungs-Richtlinie

* Nur aufzuheben, wenn dieser Schein die alleinige Dokumentation ist.
** Die zehnjährige Aufbewahrungsfrist beginnt ab dem 18. Lebensjahr des Patienten, so dass alle Röntgenbilder von Kindern und Jugendlichen mindestens bis zur Vollendung des 28. Lebensjahres aufbewahrt werden müssen (§ 85 Abs 2 Nr 2b Strahlenschutzgesetz).

2. Dokumentation in elektronischer Form. Dokumentieren Vertragsärzte ihre Aufzeichnungen **elektronisch**, bedürfen diese Aufzeichnungen auf elektronischen Datenträgern oder anderen Speichermedien besonderer Sicherungs- und Schutzmaßnahmen, um deren Veränderung, Vernichtung oder unrechtmäßige Verwendung zu verhindern. Ärzte haben hierbei die Empfehlungen der Ärztekammer zu beachten (§ 10 Abs 5 MBO-Ä).

36 Nach § 57 Abs 2 S 2 hat der Vertragsarzt dafür Sorge zu tragen, dass die elektronisch dokumentierten Aufzeichnungen innerhalb der Aufbewahrungszeit **verfügbar gemacht werden können.** Verfügbar sind sie dann, wenn sie entweder
– elektronisch zur weiteren Verwendung weitergeleitet werden (zB zur Übermittlung an weiter- oder mitbehandelnde Ärzte, zu Prüfzwecken an Prüfgremien) oder
– in Papierversion ausgedruckt und weiterverwendet werden können.

§ 57a Diagnosekodierung, Verwendung Ersatzwert

(1) Gemäß § 295 SGB V sind die an der vertragsärztlichen Versorgung teilnehmenden Ärzte und Einrichtungen verpflichtet in den Abrechnungsunterlagen für die vertragsärztlichen Leistungen bei ärztlicher Behandlung Diagnosen aufzuzeichnen und verschlüsselt nach der jeweils vom Deutschen Institut für Medizinische Dokumentation und Information (DIMDI) herausgegebenen Fassung der Internationalen Klassifikation für Krankheiten (ICD-10-GM) zu übermitteln.

(2) In den nachfolgend aufgeführten Konstellationen kann anstelle des jeweils spezifischen Diagnoseschlüssels nach ICD-10-GM regelhaft im Sinne eines Ersatzwertes der ICD-10-Kode Z01.7 Laboruntersuchung angegeben werden:
1. Für Arztfälle in einer Arztpraxis, in denen in-vitro-diagnostische Untersuchungen der Abschnitte 11.4, 19.3, 19.4, 32.2, 32.3 EBM oder entsprechende Untersuchungen im Abschnitt 1.7 oder 8.5 des EBM ohne unmittelbaren Arzt-Patienten-Kontakt durchgeführt werden, es sei denn, im EBM sind für die Abrechnung der Gebührenordnungspositionen speziellere Regelungen getroffen.
2. Fallunabhängig für Fachärzte für Pathologie, Fachärzte für Neuropathologie, Fachärzte für Laboratoriumsmedizin sowie Fachärzte für Mikrobiologie und Infektionsepidemiologie.

Übersicht

	Rn		Rn
I. Diagnosekodierung und Übermittlung im Rahmen der Abrechnung (Abs 1)	1	II. Angabe des Ersatzwertes Laboruntersuchung (Abs 2)	6

I. Diagnosekodierung und Übermittlung im Rahmen der Abrechnung (Abs 1)

1 Vertragsärzte sind nach § 295 Abs 1 S 1 Nr 1 SGB V verpflichtet, in den Abrechnungsunterlagen für von ihnen erbrachte vertragsärztlichen Leistungen den Tag der Behandlung sowie bei ärztlicher Behandlung die Diagnosen anzugeben. Die Angabe von Diagnosen ist maßgeblicher Bestandteil der ärztlichen Leistungsbeschreibung und damit Voraussetzung für die Erfüllung der gesetzlichen Aufgaben von KV und KK, wie bspw die Prüfung der Leistungspflicht durch KK oder den morbiditätsbedingten Risikostrukturausgleich sowie für die Abrechnungs- und Wirtschaftlichkeitsprüfung durch die KV.

Diagnosekodierung, Verwendung Ersatzwert § 57a

Im Rahmen der Abrechnung werden die Diagnosen nicht in Klarform, sondern verschlüsselt an die KV übermittelt. Nach § 295 Abs 1 S 2 SGB V erfolgt die Verschlüsselung auf Basis der Internationalen statistischen Klassifikation der Krankheiten, in der jeweils aktuellen deutschen Fassung (ICD-10-GM). Hiermit soll eine Standardisierung und Konzentration der Diagnoseangaben gewährleistet und den Ärzten die Aufzeichnung und Übermittlung von Diagnosen erleichtert werden.[1] Die ICD-10-GM Klassifizierung wird durch das Deutsche Institut für medizinische Dokumentation und Information (DIMDI) herausgegeben, das seit 26.5.2020 Teil des Bundesinstituts für Arzneimittel und Medizinprodukte ist. Die für die Kodierung zu verwendende deutsche Version der ICD-10-GM ist in ihrer aktuellen Fassung auf der Website des DIMDI abrufbar.[2]   2

Inhaltlich besteht die ICD-10-GM Klassifizierung aus zwei Teilen. Im **systematischen Teil** sind die Diagnose-Kodes hierarchisch aufgelistet. Ferner enthält dieser Teil eine Anleitung zur Verschlüsselung, einen Kommentar mit den wichtigsten Änderungen gegenüber der Vorgängerversion, Informationen zur Morphologie der Neubildungen und Testverfahren zur Feststellung von Funktionseinschränkungen. Der **alphabetische Teil** umfasst eine Sammlung verschlüsselter Diagnosen aus dem Sprachgebrauch in der ambulanten und stationären Versorgung.   3

Die im **systematischen Teil** niedergelegten Diagnose-Kodes bestehen aus einer Schlüsselnummer (Kode), einer Beschreibung der Erkrankung sowie ggf weiteren Zusätzen für Eigennamen oder Sonderformen einer Krankheit (Inklusivum) bzw für ausgeschlossene Krankheitsgruppen, für welche der jeweilige Kode nicht anzuwenden ist (Exklusivum).[3] In bestimmten Fällen enthalten die Kodes Zusatzkennzeichen, die für die Erfüllung der Aufgaben der KK erforderlich sind und die Aussagefähigkeit des Diagnoseschlüssels erweitern. Aktuell bestehen Zusatzkennzeichnungen für die Diagnosesicherheit sowie die Seitenlokation. Für die Aufnahme von derartigen Zusatzkennzeichen wird das DIMDI durch das Bundesministerium für Gesundheit und Pflege jeweils explizit beauftragt (§ 295 Abs 1 S 3 SGB V).   4

Schließlich ist das DIMDI gem § 295 Abs 1 S 8 SGB V berechtigt, bei Auslegungsfragen zu den Diagnoseschlüsseln Klarstellungen und Änderungen mit Wirkung auch für die Vergangenheit vorzunehmen, soweit diese keine erweiternden Anforderungen begründen. Diese Ermächtigung des DIMDI, rückwirkend Änderungen von Diagnoseschlüsseln vorzunehmen, ist kritisch zu hinterfragen, da so ggf Diagnosen auch inhaltlich beschränkt und infolgedessen die Abrechnungsberechtigung nachträglich aufgehoben werden könnte.[4]   5

II. Angabe des Ersatzwertes Laboruntersuchung (Abs 2)

In Abs 2 werden abschließende Anwendungsfälle benannt, in denen die ICD-10-GM Kodierung Z01.7 (Laboruntersuchung) anstelle des eigentlich zu verwendenden speziellen Diagnoseschlüssels für die vertragsärztliche Leistung angegeben werden darf. Die Kodierung Z01.7 (Laboruntersuchung) befindet sich im ersten Unterabschnitt   6

---

1 BT-Drucks 12/3608, 122.
2 www.dimdi.de.
3 S näher Basiswissen Kodieren, Stand: 2010, abrufbar unter: www.dimdi.de.
4 Vgl *SG München* v 25.6.2020 – S 12 KR 1865/18, zu § 301 Abs 2 S 6 SGB V (Vorlagebeschluss).

Geier 529

§ 58 Mitteilung Krankheitsursachen/Drittverursachung

von Kapitel 11 des systematischen Teils der ICD-10-GM Klassifizierungen, der Leistungen für Personen beinhaltet, die das Gesundheitssystem zur Untersuchung und Abklärung in Anspruch nehmen. Nach der Präambel des ICD-10 GM zu Kapitel 21 handelt es sich bei den dort aufgeführten Diagnosen (Z00–Z99) um Fälle, in denen Sachverhalte als „*Diagnosen*" oder „*Probleme*" angegeben sind, die nicht als Krankheit, Verletzung oder äußere Ursache unter den Kategorien A00-Y89 klassifizierbar sind. Insofern besteht allein mit einer Z-Diagnose aufgrund ihres Inhalts, ohne Hinzutreten weiterer Diagnosen, zunächst kein Zusammenhang mit einer konkreten ärztlichen Behandlungsleistung aufgrund einer körperlichen, geistigen oder seelischen Veränderung oder Störung mit Krankheitswert.

7 Die in Nr 1 benannten in-vitro-diagnostischen und labormedizinischen Untersuchungen nach dem EBM-Ä sind inhaltlich mit den Z-Diagnosen nach Kapitel 21 ICD-10-GM vergleichbar, da sie lediglich diagnostische Leistungen betreffen, die ohne unmittelbaren Arzt-Patienten-Kontakt erbracht werden und für sich allein betrachtet keine ärztliche Behandlungsleistung aufgrund einer Störung mit Krankheitswert darstellen. Aus Gründen der Vereinfachung der verpflichtenden Diagnosekodierung des Arztes werden die in Nr 1 benannten Fälle daher mit Laborleistungen gleichgestellt und dürfen einheitlich mit dem Kode Z01.7 (Laboruntersuchung) verschlüsselt werden; dies betrifft folgende Leistungen in einem konkreten Arztfall, sofern im EBM-Ä keine spezielleren Regelungen getroffen wurden:

- In-vitro-Diagnostik konstitutioneller genetischer Veränderungen in Geweben und Organen (Abschnitt 11.4 EBM-Ä)
- Diagnostische Leistungen der Pathologie (Abschnitt 19.3 EBM-Ä)
- In-vitro-Diagnostik tumorgenetischer Veränderungen in neoplastisch veränderten Geweben und Organen (Abschnitt 19.4 EBM-Ä)
- Allgemeine und spezielle Laboratoriumsuntersuchungen iRd In-vitro-Diagnostik der Laboratoriumsmedizin, Mikrobiologie, Virologie und Infektionsepidemiologie sowie Transfusionsmedizin (Abschnitte 32.2 und 32.3 EBM-Ä)
- Diagnostische Leistungen oder Laboratoriumsuntersuchungen iRv Gesundheits- und Früherkennungsuntersuchungen, Mutterschaftsvorsorge, Empfängnisregelung und Schwangerschaftsabbruch (Abschnitt 1.7 EBM-Ä) ohne Arzt-Patienten-Kontakt.
- Diagnostische Leistungen oder Laboratoriumsuntersuchungen iRd Reproduktionsmedizin (Abschnitt 8.5 EBM-Ä) ohne Arzt-Patienten-Kontakt

8 Fachärzte für Pathologie, Fachärzte für Neuropathologie, Fachärzte für Laboratoriumsmedizin sowie Fachärzte für Mikrobiologie und Infektionsepidemiologie sind mangels Arzt-Patienten-Kontakt fallunabhängig berechtigt, die Kodierung Z01.7 ICD-10-GM für entsprechende Leistungen aus ihrem Fachgebiet zu verwenden.

§ 58 Mitteilung von Krankheitsursachen und drittverursachten Gesundheitsschäden

(1) ¹Liegen Anhaltspunkte dafür vor, dass eine Krankheit eine Berufskrankheit im Sinne der gesetzlichen Unfallversicherung oder deren Spätfolgen oder die Folge oder Spätfolge eines Arbeitsunfalls, eines sonstigen Unfalls, einer Körperverletzung, einer Schädigung im Sinne des Bundesversorgungsgesetzes oder eines Impfschadens im Sinne des Infektionsschutzgesetzes ist oder liegen Hinweise auf drittverursachte Gesundheitsschäden vor, sind die Vertragsärzte, ärztlich geleiteten Einrichtungen und die Krankenhäuser nach § 108 SGB V verpflichtet, die erforderlichen Daten, ein-

schließlich der Angaben über Ursachen und den möglichen Verursacher, den Krankenkassen mitzuteilen. ²Bei Hinweisen auf drittverursachte Gesundheitsschäden, die Folge einer Misshandlung, eines sexuellen Missbrauchs, eines sexuellen Übergriffs, einer sexuellen Nötigung, einer Vergewaltigung oder einer Vernachlässigung von Kindern und Jugendlichen sein können, besteht keine Mitteilungspflicht nach Satz 1. ³Bei Hinweisen auf drittverursachte Gesundheitsschäden, die Folge einer Misshandlung, eines sexuellen Missbrauchs, eines sexuellen Übergriffs, einer sexuellen Nötigung oder einer Vergewaltigung einer oder eines volljährigen Versicherten sein können, besteht die Mitteilungspflicht nach Satz 1 nur dann, wenn die oder der Versicherte in die Mitteilung ausdrücklich eingewilligt hat. ⁴Für die Geltendmachung von Schadensersatzansprüchen, die nach § 116 SGB X auf die Krankenkassen übergehen, übermitteln die Kassenärztlichen Vereinigungen den Krankenkassen die erforderlichen Angaben versichertenbezogen.

(2) ¹Liegen Anhaltspunkte dafür vor, dass sich Versicherte eine Krankheit durch eine medizinisch nicht indizierte ästhetische Operation, eine Tätowierung oder ein Piercing zugezogen haben, sind die an der vertragsärztlichen Versorgung teilnehmenden Ärzte und Einrichtungen verpflichtet, den Krankenkassen die erforderlichen Daten mitzuteilen. ²Die Versicherten sind über den Grund der Meldung nach Satz 1 und die gemeldeten Daten zu informieren.

(3) Anhaltspunkte im Sinne der Absätze 1 und 2 liegen vor, wenn sie auf konkreten Tatsachen beruhen, die z. B. durch eindeutige Befunde oder Berichte gestützt werden können.

Übersicht

	Rn		Rn
I. Gesetzliche Vorgaben	1	III. Krankheit durch medizinisch nicht indizierte ästhetische Operation, Tätowierung, Piercing (Abs 2)	10
II. Mitteilung von Krankheitsursachen und drittverursachte Gesundheitsschäden (Abs 1)	4	IV. Belege für Anhaltspunkte (Abs 3)	15

I. Gesetzliche Vorgaben

Bis zum 31.12.2003 war die Informationsverpflichtung der Vertragsärzte über Krankheitsursachen und drittverursachte Gesundheitsschäden lediglich als bundesmantelvertragliche Regelung vorgesehen. Da es sich um die Übermittlung personenbezogener Daten handelt, bedurfte es einer gesetzlichen Grundlage für die Datenübermittlung. Diese wurde zum 1.1.2004 mit Eingliederung des wortgleichen § 294a idF des GMG in das SGB V geschaffen.¹ Die S 2 und 3 zu Informationspflichten bei Verdachtsfällen von Sexualstraftaten nach § 177 StGB wurden aufgrund von Änderungen in der bundesgesetzlichen Rechtsgrundlage des § 294a Abs 1 SGB V durch das Dritte Gesetz zur Änderung arzneirechtlicher Vorschriften und anderer Vorschriften v 7.8.2013, in Kraft getreten am 13.8.2013² sowie das Gesetz zur Stärkung der Heil- und Hilfsmittelversorgung (Heil- und Hilfsmittelversorgungsgesetz – HHVG) v 4.4.2017³ ergänzt.

1

---

1 Zur Begründung s BT-Drucks 15/1525, 146.
2 BGBl I 2013, 3108 ff, 3111.
3 BGBl I 2017, 778 ff, 787.

§ 58   Mitteilung Krankheitsursachen/Drittverursachung

2   Die Regelung des § 58 Abs 1 S 1 ist identisch mit § 294a Abs 1 S 1 SGB V.

3   Seit 1.4.2007 sieht der Gesetzgeber eine Kostenbeteiligung der Versicherten vor, wenn sie sich eine Krankheit durch eine medizinisch nicht indizierte ästhetische Operation, eine Tätowierung oder ein Piercing zugezogen haben, § 52 Abs 2 SGB V idF des GKV-WSG. Die entsprechende Datenübermittlungsbefugnis wurde allerdings erst zeitlich später mit Wirkung zum 1.7.2008 in § 294a Abs 2 SGB V idFd Pflege-Weiterentwicklungsgesetzes gesetzlich geregelt.

II. Mitteilung von Krankheitsursachen und drittverursachte Gesundheitsschäden (Abs 1)

4   Die Regelung dient der Kostenentlastung der KK. Wird ein Versicherter zu Lasten seiner KK behandelt, obwohl ein anderer Kostenträger zuständig ist oder ein Dritter die Behandlungskosten als Schadenersatzpflichtiger zu übernehmen hat, muss die KK durch Information der Leistungserbringer in die Lage versetzt werden, ihre Erstattungsansprüche nach §§ 102 ff SGB X gegen andere Leistungsträger oder nach § 116 SGB X gegen den Dritten geltend zu machen.

5   Mögliche andere Zuständigkeiten ergeben sich insbesondere aus dem SGB VII, dem Bundesversorgungsgesetz, dem Soldatenversorgungsgesetz, dem Infektionsschutzgesetz, dem Opferentschädigungsgesetz und den sonstigen Entschädigungs- und Rehabilitierungsgesetzen.[4]

6   Zur Übermittlung verpflichtet sind
– die an der vertragsärztlichen Versorgung teilnehmenden Ärzte und Einrichtungen und
– die nach § 108 SGB V zugelassenen Krankenhäuser.

7   Nach S 2 dieser Bestimmung trifft die KV eine Übermittlungspflicht für alle für den jeweiligen Versicherten bei ihr abgerechneten Leistungen nur für den Fall, dass Schadenersatzansprüche nach § 116 SGB X geltend gemacht werden. Sie wird erst auf Veranlassung der KK tätig, wenn die KK von einem Leistungserbringer über einen möglichen drittverursachten Gesundheitsschaden informiert worden ist und sie eine entsprechende Übermittlung von ihr fordert.

8   Für Verdachtsfälle einer Straftat gegen die sexuelle Selbstbestimmung nach den §§ 176 ff StGB, mithin eines sexuellen Missbrauchs, eines sexuellen Übergriffs, einer sexuellen Nötigung oder Vergewaltigung sowie daneben in Verdachtsfällen einer Misshandlung oder der Vernachlässigung von Kindern bzw Jugendlichen werden Ausnahmen von der Übermittlungspflicht des Arztes statuiert. Bei volljährigen Versicherten entsteht eine Übermittlungspflicht an die KK nur bei Vorliegen eines ausdrücklichen Einverständnisses des Betroffenen. Bei Kindern und Jugendlichen besteht in den benannten Fällen per se keine Übermittlungspflicht, da das potentielle Opfer sowie sein Umfeld vor negativen Folgen aufgrund eines Einschreitens der KK bzw vor negativen Auswirken auf den Behandlungsverlauf bewahrt werden soll.[5]

9   Einen eigenständigen Regelungsinhalt über den gesetzlichen Regelungsgehalt hinaus beinhaltet Abs 1 damit nicht. Insoweit verwundert es nicht, dass die Partner des

---

4   S juris PK-SGB V/*Koch* § 294a Rn 8.
5   S näher BT-Drucks 18/10186, 42.

BMV-Ä den Gesetzeswortlaut wiedergeben und auch die zugelassenen Krankenhäuser nach § 108 SGB V pauschal als Übermittlungsverpflichtete aufgenommen haben, obwohl der stationäre Sektor nicht Adressat von Regelungen im BMV-Ä sein kann.

III. Krankheit durch medizinisch nicht indizierte ästhetische Operation, Tätowierung, Piercing (Abs 2)

Die Regelung in Abs 2 entspricht inhaltlich den Regelungen in § 294a Abs 2 SGB V iVm § 52 Abs 2 SGB V. 10

Danach haben die an der vertragsärztlichen Versorgung teilnehmenden Ärzte und Einrichtungen den KK die erforderlichen Daten mitzuteilen, wenn Anhaltspunkte vorliegen, dass sich Versicherte eine Krankheit durch eine medizinisch nicht indizierte ästhetische Operation, eine Tätowierung oder ein Piercing zugezogen haben. 11

Hintergrund dieser Regelung ist die Tatsache, dass durch medizinisch nicht notwendige Schönheitsoperationen, Piercings und Tätowierungen oft gravierende Gesundheitsstörungen entstehen, deren Behandlung durch die KK finanziert werden muss. Da sich Versicherte, die derartige Maßnahmen durchführen lassen, aus eigenem Entschluss gesundheitlichen Risiken aussetzen, erscheint es nicht sachgerecht, diese Risiken durch die Versichertengemeinschaft abdecken zu lassen. Nach der Gesetzesbegründung zum GKV-WSG ist hier von den betroffenen Versicherten vielmehr die Übernahme von Eigenverantwortung einzufordern. Die KK **haben** deshalb die betroffenen Versicherten an den Behandlungskosten angemessen zu beteiligen und Krankengeld ggf ganz oder teilweise zu versagen oder zurückzufordern.[6] In den Fällen des § 52 Abs 2 SGB V besteht vor diesem Hintergrund kein Entschließungs-, sondern nur ein Ausübungsermessen der KK hinsichtlich der Höhe der Kostenbeteiligung.[7] 12

Weitere Konsequenzen ergeben sich unter Umständen dann, wenn nach einer Schönheitsoperation der Versicherte seine Arbeitsleistung nicht erbringen kann. Nach § 3 Abs 2 der Arbeitsunfähigkeits-Richtlinie des G-BA[8] darf eine Arbeitsunfähigkeitsbescheinigung „bei kosmetischen und anderen Operationen ohne krankheitsbedingten Hintergrund und ohne Komplikationen" nicht erfolgen. Der Versicherte hat in diesem Fall den Arbeitsausfall ggf durch Urlaub oder Abbau von Überstunden auszugleichen. 13

Die Versicherten sind sowohl über den Grund der Meldung nach S 1 als auch über die gemeldeten Daten zu informieren (§ 294a Abs 2 S 2 SGB V). Sie werden mit der Information in die Lage versetzt, ihre Rechte gegenüber ihrer KK rechtzeitig zu verfolgen. 14

IV. Belege für Anhaltspunkte (Abs 3)

Die Partner des BMV-Ä haben in Abs 3 exemplarisch definiert, dass Anhaltspunkte, die eine Übermittlungspflicht auslösen, dann vorliegen, wenn sie auf konkreten Tatsachen beruhen, die zB durch eindeutige Befunde oder Berichte gestützt werden können. 15

---

6 BT-Drucks 16/3100, 108 zu Nr 31 (§ 52).
7 *BSG* v 27.8.2019 – B 1 KR 37/18 R, juris.
8 BAnz AT 20.5.2020 B4.

16 Nach Literaturmeinung besteht die Übermittlungspflicht dann, wenn Anhaltspunkte über das Vorliegen einer der in Abs 1 genannten Fälle gegeben sind, dh wenn die nicht völlig entfernt liegende Möglichkeit besteht, dass ein solcher Fall vorliegt, sodass auch in Zweifelsfällen von einer Mitteilungspflicht auszugehen ist.[9] „*Anhaltspunkte*" bzw „*Hinweise*" (beide Begriffe werden synonym verwendet) liegen aber nur dann vor, wenn konkrete Tatsachen gegeben sind, die einen Verdacht auf ein in der Norm benanntes Ereignis bzw die Leistungszuständigkeit eines anderen sozialen Leistungsträgers als die gesetzliche KK bzw eine nennenswerte Wahrscheinlichkeit im Sinne eines Anfangsverdachts begründen können.[10]

17 Die Leistungserbringer haben bei Vorliegen solcher Anhaltspunkte die in der vertragsärztlichen Versorgung vereinbarten Vordrucke entsprechend zu kennzeichnen).[11]

§ 59 Verzeichnis der an der vertragsärztlichen Versorgung teilnehmenden Ärzte

(1) ¹Die Kassenärztliche Vereinigung stellt den Krankenkassen ihres Bezirkes und deren Verbänden regelmäßig ein Verzeichnis der an der vertragsärztlichen Versorgung teilnehmenden Ärzte auf maschinell verwertbaren Datenträgern zur Verfügung. ²Das Verzeichnis enthält die Namen der Ärzte (Institute) sowie Angaben über deren Gebietsbezeichnung (Gebietsbezeichnung des ärztlichen Leiters des Instituts), Betriebsstätte, Sprechzeiten und Telefonnummer. ³Ärzte, die berechtigt sind, bestimmte Leistungen zu erbringen, können besonders gekennzeichnet werden. ⁴Näheres zu dem Verzeichnis vereinbaren die Partner des Gesamtvertrages.

(2) Die Krankenkassen stellen dieses Verzeichnis auf Verlangen den Versicherten zur Einsichtnahme zur Verfügung.

Übersicht

	Rn		Rn
I. Arztverzeichnis (Abs 1)	1	II. Einsichtsrecht der Versicherten (Abs 2)	5

I. Arztverzeichnis (Abs 1)

1 Das von den KV den KK und deren Verbänden zur Verfügung zu stellende Verzeichnis der an der vertragsärztlichen Versorgung teilnehmenden Ärzte dient den KK zu ihrer Information über das Versorgungsangebot vor Ort. Sie werden damit in die Lage versetzt, ihre Versicherten bei der Suche nach geeigneten Leistungserbringern zu unterstützen.

---

9 juris PK-SGB V/*Koch* § 294a Rn 8.
10 *LSG Niedersachsen* v 11.11.2009 – L 1 KR 152/08, Rn 88 ff, juris; Hauck/Noftz/*Luthe* SGB V, § 294a Rn 19 ff, Stand: 10/18.
11 Vgl Ziffern 2, 7 und 8 zu Muster 1 sowie Ziffer 2 zu Muster 4 in den Erläuterungen zur Vordruckvereinbarung (Stand: Januar 2020) – Anl 2 BMV-Ä.

Das Verzeichnis enthält 2
– die Namen der Ärzte (Institute)
sowie Angaben über
– Gebietsbezeichnung,
– Betriebsstätte,
– Sprechzeiten,
– Telefonnummer,
– ggf besondere Qualitätssicherungsgenehmigungen.

Die Partner der Gesamtverträge regeln weitere Details in den Gesamtverträgen. 3

Seit Inkrafttreten des TSVG am 11.5.2019 sind die KV daneben verpflichtet, die Versi- 4
cherten im Internet in geeigneter Weise und bundesweit einheitlich über die Sprechstundenzeiten von Vertragsärzten und über barrierefreie Zugangsmöglichkeiten zur vertragsärztlichen Versorgung für Menschen mit Behinderung zu informieren sowie durch die von ihnen betriebenen Terminservicestellen den Versicherten bei der Wahl eines Hausarztes (§ 76 Abs 3 S 2 SGB V) zu unterstützen und Behandlungstermine oder eine unmittelbare ärztliche Versorgung in Akutfällen zu vermitteln bzw (s § 75 Abs 1a SGB V).

II. Einsichtsrecht der Versicherten (Abs 2)

Das Verzeichnis dient darüber hinaus auch der Information der Versicherten über die 5
an der vertragsärztlichen Versorgung teilnehmenden Leistungserbringer. Die KK stellen hierzu ihren Versicherten bei Bedarf auf deren Verlangen das Verzeichnis zur Einsicht zur Verfügung.

Die Ärztekammern und KV der Regionen in Deutschland sind die Einrichtungen, die 6
als einzige valide Angaben über die Qualifikation der in Deutschland tätigen Ärzte haben. Diese Körperschaften haben bereits vor der entsprechenden gesetzlichen Verpflichtung durch das TSVG (s Rn 4) nach und nach Arztsuchdienste aufgebaut, die im Internet für Patienten zugänglich sind. Aus diesem Grund dürfte das bei den KK vor Ort einsehbare Verzeichnis für die Patienten immer mehr an Bedeutung verlieren.

§ 60 Verstöße gegen vertragsärztliche Pflichten, Disziplinarverfahren

(1) Bei Disziplinarverfahren wegen Verstoßes gegen vertragsärztliche Pflichten finden die Disziplinarordnungen der Kassenärztlichen Vereinigungen (§ 81 Abs. 5 SGB V) Anwendung.

(2) ¹Die Kassenärztliche Vereinigung unterrichtet in Fällen, in denen auf Anregung einer Krankenkasse oder eines Verbandes der Krankenkassen gegen einen Vertragsarzt wegen Verletzung vertragsärztlicher Pflichten ein Disziplinarverfahren eingeleitet wurde, die Krankenkasse oder deren Verband über die Einleitung und über das Ergebnis des Verfahrens. ²Die Kassenärztliche Vereinigung unterrichtet die Verbände auch über Disziplinarmaßnahmen, die von ihr beantragt worden sind, soweit das Verhältnis des Vertragsarztes zu den Krankenkassen berührt wird.

§ 60 Pflichtverstöße/Disziplinarverfahren

(3) ¹Die Befragung von Versicherten durch eine Krankenkasse in Bezug auf die Behandlung durch einen Vertragsarzt ist zulässig, wenn die notwendige Aufklärung des Sachverhaltes ohne eine Befragung nicht möglich ist. ²Die Krankenkasse soll dies der Kassenärztlichen Vereinigung vor einer Befragung mitteilen. ³Bei der Befragung ist darauf zu achten, dass sie gezielt und individualisiert erfolgt und dass durch Form und Art der Befragung Ansehen und Ruf des Vertragsarztes nicht geschädigt werden. ⁴Eine ausschließlich fernmündliche Befragung ist unzulässig. ⁵Die Kassenärztliche Vereinigung wird über das Ergebnis der Befragung unterrichtet. ⁶Diese unterrichtet in geeigneter Weise den Vertragsarzt. ⁷Das Nähere regeln die Partner der Gesamtverträge.

Übersicht

	Rn		Rn
I. Gesetzliche Vorgaben	1	7. Rechtsfolgen der schuldhaften Pflichtverletzung	29
II. Disziplinarordnungen der KV (Abs 1)	8	8. Rechtsschutz	34
1. Satzungsrecht	8	9. Abgrenzung des Disziplinarrechts vom Berufs- und Strafrecht, Verhältnis zur Zulassungsentziehung	37
2. Entscheidungsträger	10		
3. Antragsverfahren	12		
a) Einleitung des Verfahrens	12		
b) Rechtliches Gehör	21	III. Pflicht der KV zur Unterrichtung der KK (Abs 2)	42
4. Amtsermittlungsgrundsatz	23		
5. Pflichtverletzung	24	IV. Aufklärungsmaßnahmen (Abs 3)	46
6. Verschulden	28		

I. Gesetzliche Vorgaben

1 Die KV und die KBV haben nach § 75 Abs 2 SGB V einerseits die Rechte der Vertragsärzte gegenüber den KK wahrzunehmen, andererseits aber auch die Einhaltung der Pflichten der Vertragsärzte zu überwachen; zudem sind die Vertragsärzte, soweit notwendig, mit den Diziplinarmaßnahmen § 81 Abs 5 SGB V zur Erfüllung ihrer Pflichten anzuhalten.¹

2 Das Disziplinarrecht der KV hat Ordnungs- und Ahndungsfunktion². Es soll – anders als die Kriminalstrafe, die der Vergeltung oder Sühne dient – den Vertragsarzt zur korrekten Erfüllung seiner Pflichten anhalten (Spezialprävention) und andere von ähnlichem Tun abhalten (Generalprävention)

3 Nach § 81 Abs 5 SGB V haben die KV in der Satzung oder einer eigenständigen Disziplinarordnung (als Teil der Satzung) die Voraussetzungen und das Verfahren von Maßnahmen gegen Mitglieder zu regeln, die ihre vertragsärztlichen Pflichten nicht oder nicht ordnungsgemäß erfüllen. Das Disziplinarrecht der KV ist verfassungsgemäß (kein Verstoß gegen Art 12 Abs 1 GG), da die gesetzlichen Vorgaben für die Festsetzung von Disziplinarmaßnahmen hinreichend bestimmt sind.³)

---

1 Zum Disziplinarrecht der ärztlichen Selbstverwaltung HK-AKM/*Steinhilper* 1485 Disziplinarverfahren der Kassenärztlichen Vereinigungen (Stand: 2019); *Ehlers (Hrsg)* Disziplinarrecht für Ärzte und Zahnärzte, 2. Aufl 2013; Quaas/Zuck/Clemens/*Clemens* § 24; Schnapp/Wigge/Schroeder-Printzen § 17; Ratzel/Luxenburger/*Hartmannsgruber* Kap 7 K.
2 Näher dazu Quaas/Zuck/Clemens/*Clemens* § 24 Rn 39 f.
3 *BSG* SozR 4-2500 § 75 Nr 18.

Der Disziplinargewalt der KV unterliegen nur ihre Mitglieder. Nach § 77 Abs 3 iVm 4
§ 72 Abs 1 SGB V sind dies
– zugelassene Ärzte, Psychologische Psychotherapeuten und Kinder- und Jugendlichenpsychotherapeuten,
– die iRd vertragsärztlichen Versorgung in den zugelassenen MVZ tätigen angestellten Ärzte,
– die bei Vertragsärzten nach § 95 Abs 9, 9a SGB V angestellten Ärzte,
– die in Eigeneinrichtungen nach § 105 Abs 1 S 2 und Abs 5 S 1 SGB V angestellten Ärzte,
– die an der vertragsärztlichen Versorgung teilnehmenden Krankenhausärzte.

Voraussetzung für die KV-Mitgliedschaft angestellter Ärzte ist seit 1.3.2017, dass sie 5
mindestens 10 Stunden pro Woche beschäftigt sind, § 77 Abs 3 S 2 SGB V[4].

Darüber hinaus gilt das Disziplinarrecht der KV für ermächtigte Ärzte, die nicht in 6
einem Krankenhaus angestellt sind, und für ermächtigte Einrichtungen/Institute nach
§ 95 Abs 4 S 3 SGB V iVm § 81 Abs 5 SGB V.

§ 81 Abs 5 SGB V regelt den diziplinarrechtlichen Maßnahmenkatalog abschließend; 7
danach können je nach der Schwere der Verfehlung verhängt werden[5]:
– Verwarnung,
– Verweis,
– Geldbuße(bis 50.000 €) oder
– Anordnung des Ruhens der Zulassung (bis zu zwei Jahren).

II. Disziplinarordnungen der KV (Abs 1)

1. Satzungsrecht. Die KV können das Disziplinarrecht entweder in ihrer Satzung 8
oder in eigenständigen Disziplinarordnungen als Bestandteil der Satzung regeln[6]

Die meisten KV haben sich für eine eigenständige Disziplinarordnung entschieden. 9
Lediglich die KV Bayerns, KV Hamburg und KV Schleswig-Holstein regeln das Disziplinarrecht direkt in ihrer Satzung.

2. Entscheidungsträger. Die KV haben nach § 81 Abs 5 SGB V über ihre Mitglieder 10
die Disziplinargewalt. Weitere Vorgaben enthält das Gesetz nicht. Es steht den KV
daher offen, ihre Disziplinarhoheit durch den Vorstand selbst oder durch einen Disziplinarausschuss ausüben zu lassen.

Bei der Bildung eines Disziplinarausschusses kann die KV, dessen Besetzung selbst 11
bestimmen. Nach höchstrichterlicher Rspr muss nicht ein Jurist als Beisitzer mitwirken oder Vorsitzender sein. Den Anforderungen des Rechtsstaatsprinzips wird
dadurch Rechnung getragen, dass – wie auch Art 19 Abs 4 S 1 GG garantiert – die

---

4 Eingeführt durch das GKV-VSG (zuvor: 50 %-Tätigkeit als Angestellter). Zur Gesetzesänderung *Rixen* SozSich 2017, 11 und GesR 2017, 361.
5 Dazu Quaas/Zuck/Clemens/*Clemens* § 24 Rn 27 ff; Ratzel/Luxenburger/*Hartmannsgruber* Kap 7 Rn 1271 ff; HK-AKM/*Steinhilper* 1485 Disziplinarverfahren der Kassenärztlichen Vereinigungen (Stand: 2019), Rn 97 ff.
6 *BSG* SozR 3-2500 § 81 Nr 7.

§ 60 Pflichtverstöße/Disziplinarverfahren

Möglichkeit gerichtlichen Rechtsschutzes besteht[7]. Allerdings hatte das BSG schon 1963 die Bildung gesonderter Disziplinarausschüsse und die Beteiligung eines Juristen aus guten Gründen als naheliegend angesehen.[8]

12 3. **Antragsverfahren. – a) Einleitung des Verfahrens**[9]. Nach allen Satzungen/Disziplinarordnungen der KV setzt ein Disziplinarverfahren einen schriftlichen Antrag voraus.

13 Antragsberechtigt können je nach Regelung in der Satzung bzw Disziplinarordnung sein:
– der Vorstand einer KV,
– der Vorstand einer Untergliederung einer KV (Bezirksstelle, nur bei einigen KV möglich),
– der betroffene Arzt selbst in Form einer Selbstanzeige (bei den meisten KV, außer KV Bayerns, KV Niedersachsen, KV Sachsen, KV Sachsen-Anhalt, KV Schleswig-Holstein),
– jedes Mitglied einer KV (KV Brandenburg).

14 Den KK steht kein Antragsrecht zu; sie können die Einleitung eines Disziplinarverfahrens allerdings anregen (Abs 2).

15 Informationen über mögliches Fehlverhalten eines Mitgliedes erhält die KV idR durch eigene Prüftätigkeit (zB Plausibilitätsprüfungen), andere Mitglieder, Patienten, KK, Zulassungsausschüsse, anonyme Anzeigen und in seltenen Fällen durch Selbstanzeige des Mitglieds.[10]

16 Die Einleitung eines solchen Verfahrens ist zeitlich nicht unbeschränkt möglich.

17 Anträge auf Einleitung eines Disziplinarverfahrens sind idR unzulässig, wenn seit dem Bekanntwerden der Verfehlung/dem Pflichtverstoß zwei Jahre vergangen sind oder wenn seit der Verfehlung/des Pflichtverstoßes unabhängig von der Frage der Kenntnis fünf Jahre verstrichen sind. Bei strafbaren Handlungen ist ein Antrag nach Ablauf der strafrechtlichen Verjährungsfristen unzulässig.[11]

18 Die KV sehen Ausschlussfristen in ihrer Disziplinarordnung bzw Satzung vor (zB § 9 Disziplinarordnung KV Nordrhein, § 5 Disziplinarordnung KV Bremen, § 9 Disziplinarordnung KV Hessen, § 8 Abs 3 Disziplinarordnung KV Berlin, § 18 Abs 3 Satzung KV Bayerns).[12]

---

7 *BSG* SozR 3-2500 § 81 Nr 7.
8 *BSG* SozR Nr. 3 zu § 368m RVO.
9 Dazu Ratzel/Luxenburger/*Hartmannsgruber* Kap 7 Rn 194 ff; Ehlers/*Hesral* 1 ff; HK-AKM/*Steinhilper* 1485 Disziplinarverfahren der Kassenärztlichen Vereinigungen (Stand: 2019), Rn 16 ff.
10 Hierzu HK-AKM/*Steinhilper* 1485 Disziplinarverfahren der Kassenärztlichen Vereinigungen (Stand: 2019), Rn 9–15; Ehlers/*Steinhilper* Kap 5 A III (S 318 ff).
11 Dazu Ratzel/Luxenburger/*Hartmannsgruber* Kap 7 Rn 1201 f; s auch Ehlers/*Steinhilper* Kap 5 A III.
12 Ehlers/*Hesral* 12 ff; HK-AKM/*Steinhilper* 1485 Disziplinarverfahren der Kassenärztlichen Vereinigungen (Stand: 2019), Rn 20 ff; Ratzel/Luxenburger/*Hartmannsgruber* Kap 7 Rn 1201 ff; s auch *BSG* SozR 3-2500 § 81 Nr 1 und 9.

Nach dem Bekanntwerden der Verfehlung/des Pflichtverstoßes räumt die Rspr der KV als Behörde eine gewisse Ermittlungsfrist, in der sie eine Verfehlung überprüfen kann (zB aller im Bescheid genannter Beweisunterlagen und vorgetragene Sachverhalte, einschlägige Rechtsgrundlage zum Zeitpunkt der Verfehlung, also Zeitpunkt, zu dem die Tathandlung des Arztes zur Einleitung eines Disziplinarverfahrens vom Vorstand der KV als disziplinarrechtlich sanktionsfähige Verfehlung beurteilt werden kann[13]). Verhindert werden soll in jedem Fall, dass die Behörde nach Abschluss einer normalen Ermittlungstätigkeit eine hieraus resultierende nachteilige Entscheidung für den Betroffenen ungebührlich verzögert[14] **19**

Soweit die Disziplinarordnung/Satzung dies vorsieht (s zB § 10 der Disziplinarordnungen der KV Nordrhein und KV Berlin), ist gesondert über die Einleitung des (förmlichen) Disziplinarverfahrens zu beschließen (Einleitungsbeschluss). Anderenfalls wird das Verfahren mit Antragstellung des Antragsberechtigten eingeleitet. **20**

b) Rechtliches Gehör. Der Betroffene ist vor Entscheidung des Gremiums (spätestens in der mündlichen Verhandlung) anzuhören (rechtliches Gehör; § 24 SGB X). Soweit die Disziplinarordnungen/Satzungen der KV dies vorsehen, ist rechtliches Gehör auch vor Einleitung des Disziplinarverfahrens zu gewähren (zB § 4 Abs 2 Disziplinarordnung KV Thüringen).[15] **21**

Der Betroffene hat nach § 25 SGB X (ohne ausdrückliche normative Regelung) das Recht auf Einsicht in die Verfahrensakte. Er kann sich im Verfahren anwaltlich vertreten lassen oder eine Person seines Vertrauens (meist Kollege) hinzuziehen. **22**

4. Amtsermittlungsgrundsatz. Das Entscheidungsgremium (Vorstand oder Disziplinarausschuss) hat den Sachverhalt umfassend **von Amts wegen** zu ermitteln, um festzustellen, ob ein schuldhafter Pflichtverstoß vorliegt. Wird ein solcher schuldhafter Verstoß festgestellt, wird die Disziplinarmaßnahme im Rahmen des ausgeübten Ermessens nach mündlicher Verhandlung festgesetzt[16];andernfalls ist das Verfahren einzustellen. **23**

5. Pflichtverletzung. Nach § 81 Abs 5 S 1 SGB V sind Disziplinarmaßnahmen nur dann zulässig, wenn Mitglieder einer KV ihre vertragsärztlichen Pflichten nicht oder nicht ordnungsgemäß erfüllt haben. . Die Norm bezweckt im Kern, die Einhaltung der Satzung der KV und damit letztlich die ordnungsgemäße vertragsärztliche Versorgung der Patienten zu sichern.[17] **24**

Nach § 81 Abs 3 SGB V müssen die KV auch regeln, dass die von der KBV abzuschließenden Verträge (zB BMV-Ä) und die Richtlinien des G-BA (insbes Qualitätssicherungs-Richtlinien) für die Mitglieder verbindlich sind. Verstöße gegen diese Regelungen stellen damit zugleich auch Satzungsverstöße dar.

---

13 Vgl *BSG* SozR 1300 § 48 Nr 47.
14 *BSG* SozR 3-2500 § 81 Nr 1.
15 HK-AKM/*Steinhilper* 1485 Disziplinarverfahren der Kassenärztlichen Vereinigungen (Stand: 2019), Rn 19; aA Schnapp/Wigge/*Schroeder-Printzen* § 17 Rn 20, der eine Anhörung des Betroffenen vor Einleitung des Disziplinarverfahrens für erforderlich hält.
16 Zur Sorgfaltspflicht der KV bei der Sachverhaltsprüfung und Einleitungsentscheidung Ehlers/*Steinhilper* Kap 5 A IV 1 (S 324).
17 Zu Sinn und Zweck des Disziplinarverfahrens Ehlers/*Steinhilper* Kap 5 B II (S 312).

§ 60 Pflichtverstöße/Disziplinarverfahren

25 Ebenso zählen die zwischen KV und KK abgeschlossenen Verträge zur Regelung der vertragsärztlichen Versorgung auf Landesebene dazu[18] Pflichten des Vertragsarztes ergeben sich auch allein schon auch aus seinem Zulassungsstatus.[19]

26 Im Unterschied dazu unterfallen Pflichtverletzungen von Mitgliedern iRv Selektivverträgen (hausarztzentrierte Versorgung nach § 73b SGB V, besondere ambulante Versorgung nach § 73c SGB V aF, integrierte Versorgung nach §§ 140a ff SGB V aF und besondere Versorgung nach § 140a SGB V) nicht der Disziplinarhoheit der KV, da es sich hierbei nicht um vertragsärztliche, sondern um ärztliche Versorgung außerhalb des Kollektivvertragssystems handelt.[20]

27 Beispiele[21] von ahndungswürdigen Pflichtverletzungen sind insbesondere Verstöße gegen
 – die Pflicht zur Behandlung des Patienten,
 – die Präsenspflicht in der Praxis,
 – den Grundsatz der persönlichen Leistungserbringung[22],
 – die Pflicht der peinlich genauen Abrechnung[23],
 – die Pflicht der ordnungsgemäßen Dokumentation,
 – die Pflicht zur Fortbildung im Notdienst[24],
 – ferner ein dauernder Verstoß gegen das Wirtschaftlichkeitsgebot[25],
 – ein Verstoß gegen das Zuweisungs- und Zuwendungsverbot.
 – Die Disziplinarmaßnahme muss unter Beachtung des Grundsatzes der Verhältnismäßigkeit auch erforderlich sein. Dies ist als Tatbestandsmerkmal nicht ausdrücklich normiert, folgt aber aus dem Zweck des Disziplinarrechts: general- und spezialpräventive Einwirkung auf die Ärzteschaft.[26]

28 **6. Verschulden.** Der Pflichtverstoß muss schuldhaft begangen worden sein, also vorsätzlich oder fahrlässig[27]. Der Vertragsarzt haftet nicht nur für eigenes Verhalten, sondern auch für das Verhalten seiner Mitarbeiter (zB Arzthelferin,), deren Tätigkeit er zu überwachen hat, sofern er seiner Überwachungspflicht nicht hinreichend nachge-

---

18 S hierzu Ehlers/*Hesral* Kap 1 Rn 7 ff.
19 Dazu *Schiller/Steinhilper* MedR 2002, 47; zu Rechten und Pflichten des Vertragsarztes aus seinem Zulassungsstatus Laufs/Kern/Rehborn/*Steinhilper* § 29.
20 Zu den Selektivverträgen HK-AKM/*Schiller/Rückeshäuser* 4835 (Stand: 2011).
21 Zu weiteren Beispielen mit entsprechenden Rechtsprechungsnachweisen HK-AKM/*Steinhilper* 1485 Rn 44–93; Ehlers/*Hartmannsgruber* Rn 850 ff; Schnapp/Wigge/*Schroeder-Printzen* § 17 Rn 11; Ratzel/Luxenburger/*Hartmannsgruber* Kap 7 Rn 1213; Ehlers/*Hesral* 21 ff.
22 S dazu Laufs/Kern/Rehborn/*Steinhilper* § 30; Halbe/*Steinhilper* E 1200, jeweils mwN.
23 Zur Zurechnung von Pflichtverletzungen innerhalb einer BAG s *BSG* GesR 2016, 779–781 mwN,
24 *BSG* SozR 4-2500 § 75 Nr 15.
25 Bei Durchschnittswertprüfungen reicht ein Zeitraum von drei beanstandeten Quartalen aus, bei Richtgrößenprüfungen lässt sich Dauerhaftigkeit für Unwirtschaftlichkeit über zwei Jahresprüfungszeiträumen annehmen, s hierzu Ehlers/*Hesral* S 51 Rn 163.
26 Näher dazu Ratzel/Luxenburger/*Hartmannsgruber* Kap 7 Rn. 1221.
27 Obgleich dies in § 81 Abs 1 Nr 5 SGB V nicht ausdrücklich erwähnt ist. Zur Vorwerfbarkeit des pflichtwidrigen Verhaltens Ratzel/Luxenburger/*Hartmannsgruber* Kap 7 Rn 1216 ff.

Pflichtverstöße/Disziplinarverfahren § 60

kommen ist.[28] Dies gilt für das nichtärztliche Personal (zB Arzthelferin) also auch für angestellte Ärzte, Assistenten und Vertreter.

7. Rechtsfolgen der schuldhaften Pflichtverletzung. Bei schuldhafter Pflichtverletzung kommen Disziplinarmaßnahmen nach § 81 Abs 5 SGB V in Betracht (s Rn 7). Eine Kumulation disziplinarrechtlicher Maßnahmen ist unzulässig. Die mildere disziplinarische Maßnahme wird von einer stärker einschneidenden Maßnahme konsumiert.[29] 29

Bei gröblicher Pflichtverletzungen kann dem Arzt neben der disziplinarrechtlichen Ahndung auch die Zulassung entzogen werden (Grundlage: § 95 Abs 6 SGB V iVm § 27 Ärzte-ZV)[30]. 30

Legt die Pflichtverletzung eines Arztes den Verdacht auf eine strafbare Handlung nahe, kommt auch eine Anzeige des Vorstandes an die Ermittlungsbehörden in Betracht. Aus § 81a Abs. 5 SGB V.[31] lässt sich (trotz der ungenauen Formulierung „sollen") eine Anzeigepflicht der KV ableiten.[32] 31

Unanfechtbar gewordene Disziplinarbeschlüsse werden mit Ausnahme der Verwarnungen zu den Akten des Arztregisters genommen (§ 6 Abs 3 Ärzte-ZV)[33]. Sie werden nach Ablauf von fünf Jahren aus den Registerakten wieder entfernt und vernichtet. 32

Nach Ablauf des Fünf-Jahres-Zeitraumes dürfen zu Lasten des Betroffenen keine Konsequenzen mehr aus der damaligen Disziplinarmaßnahme gezogen werden. 33

---

28 *BSG* SozR 3-2500 § 81 Nr 7 mwN. Zur Frage des Verschuldens Schnapp/Wigge/*Schroeder-Printzen* § 17 Rn 12.
29 *BSG* SozR 3-2500 § 81 Nr 6. Zu den Rechtsfolgen eines Disziplinarverstoßes Schnapp/Wigge/*Schroeder-Printzen* § 17 Rn 13 ff; Quaas/Zuck/Clemens/*Clemens* § 14 Rn 27 ff.
30 Grundlegend *Ladurner* § 27 und Schallen/*Clemens* § 27. Zu Entziehungsverfahren im Zusammenhang mit Disziplinarverfahren Ehlers/*Steinhilper* Kap 5 C (S 350 ff) und D (S 361 ff), speziell bei implausibler Honorarabrechnung Wenzel/*Steinhilper* Kap 13 Rn 419 ff.
Bedeutet der Pflichtenverstoß auch einen Verstoß gegen Berufsrecht, ist auch ein berufsgerichtliches Verfahren möglich; s dazu HK-AKM/*Frehse/Weimer* 872 Berufsgerichtsbarkeit der Heilberufe (Stand: 2013).
31 Zu den „Bekämpfungsstellen" nach § 81a SGB V Steinhilper MedR 2005, 131; *ders* ZMGR 2010, 15; Wenzel/*Steinhilper* Kap 13 Rn. 425. Die Regelung wird zT kritisch gesehen, zB Rn 503; *Rixen* ZFSH; *Dann* MedR 2010, 286; differenzierend *Schrodi* ZMGR 2011, 66; **aA** *Steinhilper* ZMGR 2011, 69. Auch die KK unterliegen dieser Prüf- und Meldepflicht, § 197a SGB V. Generell zur Falschabrechnung/zum Abrechnungsbetrug HK-AKM/*Warntjen* 1780 (Stand: 2020).
32 *Richter* Strafvereitelung wegen Nichtanzeige von Straftaten nach Prüfung durch die Stellen zur Bekämpfung von Fehlverhalten im Gesundheitswesen, 2017. Zu den strafrechtlichen Folgen bei der Verletzung vertragsrechtlicher Pflichten (zB Verstoß gegen den Grundsatz der persönlichen Leistungserbringung HK-AKM/*Steinhilper* 4060 Rn 99 ff).
33 Zweck des § 6 Abs 3 HS 2 Ärzte-ZV ist, „den *„Makel"* und die sonstigen Nachteile, die mit einer disziplinarischen Bestrafung für den betroffenen Arzt verbunden sind, insbesondere ihre Verwertung als *„Vorstrafe"* in einem späteren Verfahren, auf eine bestimmte Zeit zu begrenzen", *BSG* NJW 1973, 2261–2262.

Geier 541

§ 60 Pflichtverstöße/Disziplinarverfahren

34 **8. Rechtsschutz**[34]. Nach der Ablehnung der beantragten Einleitung eines Disziplinarverfahrens oder der Einstellung des Verfahrens kann die KV die Entscheidung mit einer Verpflichtungs- oder Feststellungsklage von den Sozialgerichten prüfen lassen. In diesem Fall liegt ein zulässiger In-Sich-Prozess (KV gegen den von ihr eingesetzten Disziplinarausschuss) vor.[35]

35 Der Beschluss des Disziplinarausschusses über eine Disziplinarmaßnahme wird in einen Bescheid umgesetzt, der sowohl den schuldhaften Pflichtverstoß als auch die Angemessenheit der Disziplinarmaßnahme begründet. Der Disziplinarbescheid ist ein Verwaltungsakt gem § 31 SGB X. Er kann mit einer Klage ohne Vorverfahren (§ 81 Abs 5 S 4 SGB V) angefochten werden (§ 78 SGG).

36 Gegen ein erstinstanzliches Urteil ist die Berufung zulässig, und zwar auch dann, wenn die angeordnete Geldbuße den Berufungsstreitwert von 750 € nicht erreicht. Wegen des Charakters der Disziplinarmaßnahme und des Grundsatzes der Gewährung effektiven Rechtsschutzes ist § 144 Abs 1 S 1 Nr 1 SGG (Ausschluss der Berufung in Bagatellfällen) nicht anwendbar[36]. Zu den Klagemöglichkeiten, der Verfahrensbeendigung in erster Instanz und den Rechtsmitteln[37].

37 **9. Abgrenzung des Disziplinarrechts vom Berufs- und Strafrecht, Verhältnis zur Zulassungsentziehung.** Die vertragsärztliche Pflichtverletzung kann zugleich ua gegen **Berufsrecht** oder **Strafvorschriften** verstoßen und kann die folglich berufsrechtlich und/oder strafrechtlich geahndet werden. Dies verstößt nicht gegen den Grundsatz „*ne bis in idem*"[38] Die Verfahren sind rechtlich voneinander unabhängig; die Ergebnisse in einem Verfahren binden also die anderen Verfahren nicht (**Ausnahme:** Bindungswirkung nur hinsichtlich rechtskräftiger Entscheidungen der Sozialgerichtsbarkeit über dauernde Unwirtschaftlichkeit der Praxisführung eines Vertragsarztes)[39].

38 Nach BVerfG[40] gefordert, dass bei einer **strafrechtlichen Verurteilung** eine bereits verhängte disziplinarische Arreststrafe zu berücksichtigen sei; dies gebiete der Grundsatz der Rechtsstaatlichkeit.

39 Nach dem Grundsatz der Verhältnismäßigkeit obliegt es bei **vorangegangenem Strafverfahren** den berufsständischen Organen zu prüfen, ob eine Disziplinarmaßnahme oder ein berufsrechtliches Verfahren zusätzlich notwendig ist. Dieser sog „**berufsrechtliche Überhang**" besteht nur dann, wenn die strafrechtliche Sanktion noch Bedarf für eine berufsrechtliche Ahndung lässt, dh die speziellen berufsrechtlichen

---

34 Dazu Schallen/*Clemens* § 27 Rn 33 ff; Ratzel/Luxenburger/*Hartmannsgruber* Kap 7 Rn 1275 ff.
35 *Harenburg* GesR 2004, 407 ff mwN.
36 Zu den Rechtsschutzmöglichkeiten bei Disziplinarverfahren Ehlers/*Reinhold* Kap 2 (S 87 ff) und 119 ff; HK-AKM/*Steinhilper* 1485 Rn 109 ff; Quaas/Zuck/Clemens/*Clemens* Rn 33 ff; *BSG* SozR 3-2500 § 81 Nr 8.
37 S HK-AKM/*Steinhilper* 1485 Disziplinarverfahren (Stand: 2011), Rn 109 ff.
38 Vgl Schnapp/Wigge/*Schroeder-Printzen* § 17 Rn 17; Ratzel/Luxenburger/*Hartmannsgruber* Rn 1183; Peters/*Hencke* SGB V, § 81 Rn 34 mwN.
39 Zur Bindungswirkung der Entscheidungen in Parallelverfahren s Ehlers/*Steinhilper* Rn 938 ff.
40 *BVerfG* NJW 1967, 1651; NJW 1970, 507; BVerfGE 21, 391.

Pflichtverstöße/Disziplinarverfahren   § 60

Erwägungen bei der strafrechtlichen Entscheidung nicht erschöpfend berücksichtigt wurden. Dies ist in der Regel nur dann der Fall, wenn die Verstöße den **Kernbereich der ärztlichen Berufsausübung** betreffen[41]

Bei gröblicher Pflichtverletzung kann zur Sicherstellung der vertragsärztlichen Versorgung auch die Zulassung nach § 95 Abs 6 SGB V entzogen werden. Diese Verwaltungsmaßnahme tangiert das Disziplinarrecht grundsätzlich nicht. Unter dem Gesichtspunkt der Verhältnismäßigkeit kann im Einzelfall eine Zulassungsentziehung als unverhältnismäßig angesehen werden, wenn nicht zuvor eine Disziplinarmaßnahme ausgesprochen wurde[42].   40

Dem Entscheidungsgremium stehen nur begrenzt Ermittlungsmöglichkeiten zur Verfügung. Aus diesem Grund sehen die Disziplinarordnungen/Satzungen idR die Aussetzung des Disziplinarverfahrens vor, wenn zeitgleich ein strafrechtliches Ermittlungsverfahren, ein Verfahren auf Entziehung der Zulassung oder Widerruf der Ermächtigung oder Entziehung der Approbation durchgeführt wird[43].   41

III. Pflicht der KV zur Unterrichtung der KK (Abs 2)

Die KK können bei der zuständigen KV ein Disziplinarverfahren gegen ein KV-Mitglied nur anregen (aber nicht beantragen). Folgt die KV der Anregung nicht, teilt sie das der KK idR formlos mit. Ein formelles Verwaltungsverfahren wird dadurch nicht eröffnet[44]. Die KK hat aber die Möglichkeit, die Entscheidung der KV durch die Rechtsaufsichtsbehörde (Gesundheitsministerium) überprüfen zu lassen.   42

Ist ein Pflichtverstoß aus Sicht der KK so schwer (zB wegen sich ständig wiederholenden Fehlverhaltens), dass eine gröbliche Pflichtverletzung nach § 95 Abs 6 SGB V vorliegt, kann sie Zulassungsentziehung beantragen (§ 27 Ärzte-ZV).   43

Stellt die KV auf Anregung einer KK einen Antrag auf Einleitung eines Disziplinarverfahrens, hat sie diese oder deren Verband sowohl über die Einleitung und das Ergebnis des Verfahrens zu unterrichten.   44

Die KV unterrichtet die Verbände der KK auch über Disziplinarmaßnahmen, die von ihr beantragt worden sind, soweit durch die Pflichtverletzung das Verhältnis des Vertragsarztes zu den KK berührt wird (zB wegen dauernder Unwirtschaftlichkeit oder fortgesetzter Verweigerung der Beantwortung zulässiger Krankenkassenanfragen).   45

IV. Aufklärungsmaßnahmen (Abs 3)

Manche Sachverhalte lassen sich nicht anhand der ärztlichen Dokumentation verifizieren. Insbesondere in den Fällen, in denen es um die Frage geht, ob die Behandlungsmaßnahmen tatsächlich in dem dokumentierten Umfang vom Vertragsarzt per-   46

---

41 *OVG Münster* MedR 1987, 50; *VG Münster* v 27.4.2011 – 14 K 791/10.T, juris; zum berufsrechtlichen Überhang s auch *BVerfG* NJW 1970, 507; *Ulsenheimer* Arztstrafrecht in der Praxis, Rn 512 ff.
42 *BSG* SozR 3-2500 § 81 Nr 8 mwN.
43 ZB § 11 Abs 2 Disziplinarordnung KV Westfalen-Lippe, § 18 Abs 4 Satzung KV Bayerns. Zur Verfahrensharmonisierung s Ehlers/*Steinhilper* Rn 940 ff.
44 *Kopp/Schenke* VwGO, Anhang § 42 Rn 44; *Harenburg* GesR 2004, 409.

Geier   543

| § 61 | Statistische Auswertung der Früherkennungsmaßnahmen |

sönlich erbracht worden sind, ist dies zuverlässig nur durch eine **Patientenbefragung** möglich (vgl hierzu §§ 20, 21 SGB X über den Untersuchungsgrundsatz und Beweismittel der Behörden).

47 Da eine solche Befragung grundsätzlich geeignet ist, Einfluss auf das bestehende Arzt-Patienten-Verhältnis zu nehmen, ist sie nur als ultima ratio zulässig. Die KV soll vor der Befragung über das Vorgehen von der KK informiert werden.

48 Voraussetzung für eine Patientenbefragung sind Anhaltspunkte für eine Pflichtverletzung des Vertragsarztes, die im Falle des Nachweises den Erlass einer Disziplinarmaßnahme rechtfertigt.[45]

49 Die Befragung ist gezielt und individuell durchzuführen; formularmäßige Befragungen sowie ausschließlich fernmündliche Befragungen sind unzulässig. Die KK hat darauf zu achten, dass das Arzt-Patientenverhältnis nicht beschädigt wird und insbesondere das Ansehen und der Ruf des betroffenen Vertragsarztes durch die Art und Weise der Befragung keinen Schaden nehmen.

50 Nach Abschluss der Befragung unterrichtet die KK die KV über das gewonnene Ergebnis. Bestätigt sich der Verdacht auf Vorliegen einer Pflichtverletzung, wird die KK zugleich die Einleitung eines Disziplinarverfahrens anregen (Abs 2).

51 Die KV unterrichtet den betroffenen Vertragsarzt in geeigneter Weise (zB im Rahmen eines persönlichen Gespräches oder schriftlich) über das Befragungsergebnis.

52 Weitere Einzelheiten regeln die Partner der Gesamtverträge.

§ 61 Statistische Auswertung der Maßnahmen zur Krankheitsfrüherkennung

Die Kassenärztliche Bundesvereinigung und der GKV-Spitzenverband tauschen die Ergebnisse der statistischen Auswertung bei den Früherkennungsmaßnahmen aus.

Übersicht

	Rn		Rn
I. Gesetzliche Vorgaben	1	II. Statistik	3

I. Gesetzliche Vorgaben

1 Früherkennungsuntersuchungen sind in einem eigenen Abschnitt (vierter Abschnitt) im dritten Kapitel des SGB V in den §§ 25, 25a und 26 SGB V geregelt.

2 Das Nähere zu den Früherkennungsuntersuchungen ist in § 22 kommentiert.

II. Statistik

3 Der Gesetzgeber sieht in den §§ 294 ff SGB V vielfältige Vorschriften zur Übermittlung von Leistungsdaten vor. So haben die an der vertragsärztlichen Versorgung teilnehmenden Ärzte und die übrigen Leistungserbringer die für die Erfüllung der Aufgaben der KK und der KV notwendigen Angaben, die aus der Erbringung, der Verordnung sowie der Abgabe von Versicherungsleistungen entstehen, aufzuzeichnen und gem den Vorschriften im SGB V den KK, den KV oder den mit der Datenverarbeitung beauftragten Stellen mitzuteilen (vgl § 57).

---

45 *BSG* SozR 2200 § 368n Nr 34; *SG München* v 17.2.2005 – S 42 KA 923/04 ER.

Art und Umfang der Dokumentation der erbrachten Früherkennungsmaßnahmen ist 4
in den hierfür maßgeblichen Richtlinien des G-BA festgelegt.[1] Diese Maßnahmen bzw
Teile davon werden auf Qualität und Zielerreichung evaluiert (zB Mammographie-
Screening nach § 23 Krebsfrüherkennungs-Richtlinien,[2] Neugeborenen-Hörscreening
nach § 56 Kinder-Richtlinien[3]).

Zur Erlangung umfassender und belastbarer Erkenntnisse aus den Früherkennungs- 5
maßnahmen bei den Partnern des Bundesmantelvertrages sieht § 61 vor, dass die KBV
und der GKV-Spitzenverband die Ergebnisse der statistischen Auswertung (dh keine
personenbezogenen oder -beziehbaren Sozialdaten) bei den Früherkennungsmaßnahmen austauschen. Durch den Austausch statistischer Daten wird den Partnern des Bundesmantelvertrages neben der wissenschaftlichen Evaluation einzelner Früherkennungsmaßnahmen durch den G-BA eine eigene Bewertungsmöglichkeit von Qualität
und Nutzens bzw der Zielerreichung von Früherkennungsuntersuchungen eröffnet.

15. Abschnitt –
Medizinischer Dienst

§ 62 Zusammenarbeit mit dem Medizinischen Dienst

(1) ¹Der Medizinische Dienst gibt auf Anforderung der Krankenkassen in den
gesetzlich bestimmten Fällen oder, wenn es nach Art, Schwere, Dauer oder Häufigkeit
der Erkrankung oder nach dem Krankheitsverlauf erforderlich ist, eine gutachtliche
Stellungnahme ab. ²Er hat das Ergebnis der Begutachtung der Krankenkasse und dem
Vertragsarzt sowie die erforderlichen Angaben über den Befund der Krankenkasse
mitzuteilen. ³Er ist befugt, den an der vertragsärztlichen Versorgung teilnehmenden
Ärzten und den sonstigen Leistungserbringern, über deren Leistungen er eine gutachtliche Stellungnahme abgegeben hat, die erforderlichen Angaben über den Befund
mitzuteilen. ⁴Der Versicherte kann der Mitteilung über den Befund an den Vertragsarzt widersprechen.

(2) ¹Haben die Krankenkassen oder der Medizinische Dienst für eine gutachtliche
Stellungnahme oder Prüfung nach § 275 SGB V erforderliche versichertenbezogene
Daten angefordert, so sind die Vertragsärzte verpflichtet, diese Daten unmittelbar an
den Medizinischen Dienst zu übermitteln, soweit dies für die gutachtliche Stellung-
nahme und Prüfung erforderlich ist. ²Für die Übermittlung der versichertenbezogenen
Daten an den Medizinischen Dienst stellt die Krankenkasse den Vertragsärzten einen
vollständig vorausgefüllten Weiterleitungsbogen (Muster 86) zur Verfügung. ³Für den
Versand der Unterlagen an den Medizinischen Dienst stellt die Krankenkasse dem
Vertragsarzt einen Freiumschlag zur Verfügung.

(3) Das Gutachten des Medizinischen Dienstes zur Beurteilung der Arbeitsunfähigkeit ist vorbehaltlich der Bestimmung in Abs. 4 verbindlich.

---
1 S näher § 22.
2 BAnz AT 20.12.2019 B10.
3 BAnz AT 29.5.2020 B6.

§ 62 Zusammenarbeit mit dem Medizinischen Dienst

(4) ¹Bestehen zwischen dem behandelnden Arzt und dem Medizinischen Dienst Meinungsverschiedenheiten über eine Leistung, über die der Medizinische Dienst eine Stellungnahme abgegeben hat, das Vorliegen von Arbeitsunfähigkeit oder über Maßnahmen zur Wiederherstellung der Arbeitsfähigkeit, kann der behandelnde Arzt unter Darlegung seiner Gründe bei der Krankenkasse ein Zweitgutachten beantragen. ²Kann die Krankenkasse die Meinungsverschiedenheiten nicht ausräumen, soll der Medizinische Dienst mit dem Zweitgutachten einen Arzt des Gebietes beauftragen, in das die verordnete Leistung oder die Behandlung der vorliegenden Erkrankung fällt.

Übersicht

	Rn		Rn
I. Gesetzliche Vorgaben	1	IV. Beurteilung der Arbeitsunfähigkeit durch den MDK (Abs 3)	7
II. Gutachterliche Stellungnahme des MDK (Abs 1)	2	V. Zweitgutachten bei Meinungsverschiedenheiten (Abs 4)	8
III. Datengrundlage für die gutachterliche Stellungnahme (Abs 2)	6		

I. Gesetzliche Vorgaben

1 Die KK errichten in jedem Bundesland eine gemeinsam von ihnen getragene Arbeitsgemeinschaft „*Medizinischer Dienst der Krankenversicherung*" (MDK) für sozialmedizinische Fragen und Anliegen (finanziert durch Umlagen; § 281 Abs 1 SGB V). Seine Aufgaben sind in § 275 SGB V geregelt: gutachterliche Stellungnahmen zu Einzelfällen (§ 275 Abs 1 SGB V), Beratung der KK und ihrer Landesverbände (Abs 4) sowie Prüfung der Notwendigkeit von Leistungen (Abs 2).[1] Der MDK wird zT von Amts wegen tätig, zT auf Auftrag. Zur Organisation des MDK s § 278 SGB V. Die unterschiedlichen Formen der Zusammenarbeit mit dem MDK sind in § 276 geregelt; zu den umfangreichen Mitteilungspflichten des MDK s § 277.[2] Die MDKs bilden mit dem MDK des GKV-Spitzenverbandes auf Bundesebene eine MDK-Gemeinschaft (MDS), die die Arbeit der MDK auf Länderebene koordiniert (§ 282 Abs 2 SGB V) und die auch die Arbeit des G-BA unterstützt[3].

II. Gutachterliche Stellungnahme des MDK (Abs 1)

2 Abs 1 S 1 wiederholt zunächst die gesetzliche Aufgabe des MDK (§ 275 Abs 1 SGB V), gutachterliche Stellungnahmen für bestimmte Fragestellungen bei bestimmten Krankheitsbedingungen auf Antrag der KK zu erstellen, und zwar vor der Erbringung von Leistungen, zur Einleitung von Leistungen zur Teilhabe und bei Arbeitsunfähigkeit des Versicherten.

---

1 Grundlegend *Gitter/Fleischmann* SGb 1999, 157 und 220. Umfassend mwN; *Rittweger* NZS 2012, 367; *Schliephorst* KH 2007, 140. Zu den Aufgaben des MDK für die soziale Pflegeversicherung s §§ 18, 114 SGB XI. Dazu Spickhoff/*Udsching* Kommentierung § 18 SGB XI. S auch *Lüchting* MedR 2016, 778. Zum Inhalt des medizinischen Standards und den Gutachten des MDK *OLG Koblenz* MedR 2017, 52. Zur Bedeutung des MDK für die zahnmedizinische und kieferorthopädische Behandlung *Gassner* MedR 2018, 12 mwN.
2 S dazu un *Heberlein* SGb 2009, 68.
3 Aktualisierung des § 282 SGB V zum 1.7.2008 durch das GKV-WSG. Näher dazu (Aufgaben, Mitgliedschaft, Finanzierung) Sodan/*Lücking* Medizinischer Dienst der Krankenkassen § 40 Rn 68 ff.

Das Ergebnis solcher Begutachtungen (Empfehlung des MDK) ist dem Vertragsarzt   3
und der KK mitzuteilen (S 2).[4] Darüber hinaus ist der MDK verpflichtet, die KK auch
über die „*erforderlichen Angaben über den Befund*" zu unterrichten. Das sind die
medizinischen Daten, die für die Gewährung einer Leistung der KK in einem Versicherungsfall von Bedeutung sind. Die Grundsätze des Datenschutzes im Sozialrecht
sind dabei zu beachten.

Der MDK ist darüber hinaus berechtigt, die erforderlichen Angaben über den Befund   4
patientenbezogen auch den Ärzten, die an der ambulanten vertragsärztlichen Versorgung teilnehmen, und sonstigen Leistungserbringern zu übermitteln, soweit der MDK
deren Leistungen (mit) begutachtet hat (S 3).[5]

Der gesetzlich Versicherte kann der Übermittlung des Befundes des MDK „*an den Ver-*   5
tragsarzt" widersprechen[6] (§ 277 Abs 1 S 3 SGB V), und zwar nicht nur bei der Übermittlung von Daten an einen „*Vertragsarzt*", sondern auch an andere „*Leistungserbringer*" zu. Gemeint ist wohl in beiden Fällen: Vertragsarzt und andere Leistungserbringer.
Der Widerspruch ist vor der Weiterleitung einzulegen. In der Praxis bedeutet dies, dass
der MDK vor der Weitergabe der Daten an den genannten Personenkreis beim Betroffenen sicherstellen muss, dass der nicht widerspricht, also zustimmt. Nicht widersprochen werden kann der Mitteilung der erforderlichen Daten an die KK.

III. Datengrundlage für die gutachterliche Stellungnahme (Abs 2)

Für eine gutachterliche Stellungnahme zu den Aufgaben nach § 275 Abs 1 und 2   6
SGB V sowie für Prüfungen nach Abs 3 benötigt der MDK zahlreiche Unterlagen. In
§ 276 SGB V sind daher die Formen der Zusammenarbeit mit den KK sowie Art und
Umfang der zu übermittelnden Daten normiert. Abs 2 wiederholt diese Mitteilungspflicht, beschränkt sie aber auf Daten, die für die gutachterliche Stellungnahme und
Prüfung erforderlich ist. Die Vertragsärzte erhalten von den Krankenkassen „*vollständig ausgefüllte Weiterleitungsbögen*" (Vordruck Muster 86) sowie einen Freiumschlag
zur Versendung der Unterlagen. Nach der Protokollnotiz v 1.1.2017 zu § 62 Abs 2
haben die Vertragsparteien nach Auswertung der bisherigen Erfahrungen mit diesem
Verfahren ggf Änderungen zu beschließen.

IV. Beurteilung der Arbeitsunfähigkeit durch den MDK (Abs 3)

In der Praxis hat die Beurteilung der Arbeitsunfähigkeit[7] eines Arbeitnehmers/Versi-   7
cherten erhebliche Bedeutung. Einzelheiten dieser Überprüfung durch den MDK hat

---

4 Grundlage dafür: § 277 Abs 1 SGB V. Zur alleinigen Zuständigkeit des MDK zur Beurteilung zahnmedizinischer und kieferorthopädischer Leistungsfälle *Gaßner* MedR 2018, 12.
5 Grundlage dafür: § 275 Abs 1 S 2 SGB V.
6 So die Formulierung in S 4.
7 S dazu HK-AKM/*Fecker* 200 Arbeitsunfähigkeit/Arbeitsunfähigkeitsbescheinigung (Stand: 2015). Arbeitsunfähigkeitsbescheinigungen dürfen mittlerweile unter bestimmten Voraussetzungen auch nach (bloßer) Fernbehandlung ausgestellt werden (*Braun* GesR 2018, 409 und MedR 2020, 392). Während der CORONA-Pandemie waren bestimmte telemedizinische Untersuchungen und Behandlungen bei bestimmten Fragen und Situationen übergangsweise zulässig und auch Bescheinigungen der Arbeitsunfähigkeiten (bis 14 Tage) bei bisher unbekannten Patienten bei leichten Erkrankungen der oberen Atemwege nach telefonischer Anamnese (DÄ 2020, A-744). – Zur ärztlichen Fernbehandlung *Katzenmeier* MedR 2019, 259; *Hahn* MedR 2019, 255 und MedR 2019, 954.

der Gesetzgeber selbst geregelt (§ 275 Abs 1, 1a und 1b SGB V). Der BMV-Ä erklärt die Beurteilung der Arbeitsunfähigkeit durch den MDK grundsätzlich für verbindlich (für die KK und den Versicherten). Ausnahmen sind in Abs 4 geregelt (Rn 8).

V. Zweitgutachten bei Meinungsverschiedenheiten (Abs 4)

8 Behandelnder Arzt und MDK können unterschiedlicher Auffassung sein über
 – eine erforderliche Leistung für den Patienten,
 – die Arbeitsunfähigkeit des Versicherten,
 – eine erforderliche Maßnahme zur Wiederherstellung der Arbeitsfähigkeit.

9 In diesen Fällen kann der behandelnde Arzt bei der KK die Einholung eines Zweitgutachtens beantragen. Dabei sind die Gründe darzulegen, warum der Arzt der gutachterlichen Stellungnahme des MDK nicht folgen kann. In diesem Fall ist zunächst die KK aufgerufen, die Meinungsverschiedenheiten zwischen behandelndem Arzt und MDK auszuräumen. In der Praxis erweisen sich solche Vermittlungsbemühungen, Klarstellungen oder Korrekturen als schwierig.

10 Gelingt der KK kein Kompromiss, „soll" der MDK einen Zweitgutachter beauftragen, zu dessen Arbeitsgebiet die zu beurteilende Frage gehört. Im Zweifel verdichtet sich die Entscheidungsfreiheit des MDK („soll") zu einem „muss", es sei denn, der MDK weicht von seiner ursprünglichen Ansicht im Nachhinein doch noch ab. Das Gutachten des Zweitgutachters ist für den MDK, den behandelnden Arzt und auch den Versicherten verbindlich.

§ 63 Vertragsausschuss

(1) Die Vertragspartner bilden einen Vertragsausschuss.

(2) Der Vertragsausschuss hat die Aufgabe, Beschlüsse der Vertragspartner über die verbindliche Auslegung des Vertrages sowie Entscheidungen in grundsätzlichen Fragen, die für die Durchführung des Vertrages von Bedeutung sind, vorzubereiten.

Übersicht

	Rn		Rn
I. Vertragsausschuss (Abs 1)	1	II. Aufgaben des Vertragsausschusses (Abs 2)	2

I. Vertragsausschuss (Abs 1)

1 Nach Abs 1 ist ein Vertragsausschuss zu bilden. Dieser Ausschuss knüpft an die bisherige kassenartenübergreifende Verfahrensweise der *„Arbeitsgemeinschaft Ärzte/ Ersatzkassen"* an. Die Zusammensetzung des Ausschusses (paritätisch?) sowie eine Verfahrensordnung dazu sind nicht geregelt. Der Ausschuss kann sich eine Geschäftsordnung geben. Dabei kann auch geregelt werden, ob der Ausschuss nur auf Antrag oder von Amts wegen tätig wird.

II. Aufgaben des Vertragsausschusses (Abs 2)

2 Die Vertragsparteien treffen mit der Vorgabe einer Ausschussgründung eine rechtzeitige und weitreichende Vorkehrung zur Umsetzung des BMV-Ä. Im jeweiligen

Inkrafttreten, Außerkrafttreten, Übergangsregelung § 64

Zuständigkeitsbereich der KK sowie der KV auf Bundes- und Landesebene bedarf es in der Praxis zahlreicher konkretisierender Umsetzungsbeschlüsse. Die Regelungen des BMV-Ä (einschließlich seiner Anlagen) könnten sowohl auf Länderebene als auch in den Bereich KV – KK aufgrund unterschiedlicher Interessenlage unterschiedlich ausgelegt werden.

Um dem vorzubeugen, hat der Vertragsausschuss die Aufgabe, solche Beschlüsse zur „*verbindlichen Auslegung ... vorzubereiten*" (S 1 Teil 1). Der Vertragsausschuss soll für die Vertragsparteien eine verbindliche und damit wohl einheitliche Auslegung des BMV-Ä garantieren. Seine vorbereitenden Feststellungen/Empfehlungen können dabei Bestimmungen des Vertrages nicht aufheben oder inhaltlich ändern, sondern Regelungen nur nach ihrem Wortlaut oder ihrem Regelungsziel unter Beachtung der Regeln der Normauslegung interpretieren. Der Gestaltungsspielraum des Ausschusses ist folglich stark begrenzt. Die Vertragspartner sind an diese Interpretationen nicht kraft ausdrücklicher Norm gebunden; jeder Vertragspartner wird sich aber schon aus Gründen der Rechtssicherheit an die gemeinsam erarbeitete Auslegung des BMV-Ä durch den Ausschuss halten. 3

Der Ausschuss hat auch die Aufgabe, „*Entscheidungen*[1] *in grundsätzlichen Fragen, die für die Durchführung des Vertrages von Bedeutung sind, vorzubereiten*" (S 1 Teil 2). Diese Kompetenz überschneidet sich wohl zum Teil mit der Aufgabe in Teil 1. Damit wird deutlich, dass der BMV-Ä von allen Vertragspartnern nach Möglichkeit in allen Landesteilen, auf allen Ebenen (Bund; Länder) und auch in den Bereichen Ärzteschaft und KK, möglichst einheitlich umgesetzt wird. Ungleichbehandlungen und auch Rechtsstreitigkeiten zur Auslegung des Vertrages sollen damit vorgebeugt werden. Auch bei der Vorbereitung dieser Grundsatzbeschlüsse durch interpretierende Hinweise und Feststellungen des Ausschusses darf er die Regelungen des BMV-Ä nur auslegen, den Inhalt aber nicht ändern (ausweiten oder beschränken). Ändert sich der BMV-Ä-Text, sind neue Interpretationen abzuwarten. 4

Nach bisherigem Abs 3 konnte der Vertragsausschuss den Vertragspartnern bestimmte Vergütungen für spezielle laboratoriumsmedizinische Leistungen des EBM vorschlagen. Da der Bewertungsausschuss seit dem GKV-VSG auch die Sachkosten zu regeln hat (§ 87 Abs 1 S 1 SGB V); wurde Abs 3 gestrichen (1.1.2016). 5

16. Abschnitt –
Inkrafttreten, Kündigung

§ 64 Inkrafttreten, Außerkrafttreten, Übergangsregelung

(1) [1]Dieser Vertrag tritt am 1. Oktober 2013 als allgemeiner Inhalt der unter seinen Geltungsbereich fallenden Gesamtverträge in Kraft. [2]§ 48 Abs. 5 gilt nur für vertragsärztliche Leistungen, die nach Inkrafttreten dieses Vertrages erbracht wurden.

(2) Gleichzeitig treten außer Kraft
1. der Bundesmantelvertrag Ärzte vom 1. Januar 1995,
2. der Bundesmantelvertrag Ärzte/Ersatzkassen vom 1. Juli 1994.

---

1 Ergänzung: der Vertragspartner.

Steinhilper

§ 65 Kündigung

Übersicht

	Rn		Rn
I. Inkrafttreten (Abs 1)	1	II. Außerkrafttreten, Anlagen (Abs 2)	2

I. Inkrafttreten (Abs 1)

1 Der BMV-Ä in der neuen Fassung trat zum 1.10.2013 in Kraft[1]. Gegenwärtig gilt die Fassung vom 1.4.2020. Abs 1 wiederholt, dass der BMV-Ä allgemeiner Inhalt der Gesamtverträge (§ 83 Abs 1 SGB V) ist (vorgegebener Vertragsbestandteil)[2]. Der BMV-Ä betrifft den gesamten Geltungsbereich des SGB V.

II. Außerkrafttreten, Anlagen (Abs 2)

2 Der jetzt einheitliche BMV-Ä ersetzt die bisherigen (teilweise voneinander abweichenden) Bundesmantelverträge der Primarkassen und der Ersatzkassen[3] seit 1.10.2013.

3 Nach Abs 2 Nr 2 hatten die Vertragsparteien nicht nur den BMV-Ä selbst, sondern auch die bisher zT unterschiedlichen Anlagen zum BMV-Ä und zum BMV-EK zu vereinheitlichen.

4 Die Anlagen zum gemeinsamen BMV-Ä von 2020[4] wurden zum 20.7.2020 aktualisiert (s. dazu § 1 Abs 3). Die dortigen Vereinbarungen sind Bestandteil des BMV-Ä (§ 1 Abs 3).[5]

§ 65 Kündigung

(1) ¹Dieser Vertrag kann von der Kassenärztlichen Bundesvereinigung und dem GKV-Spitzenverband insgesamt oder in Teilen gekündigt werden. ²Die Kündigungsfrist beträgt sechs Monate zum Schluss eines Kalenderjahres. ³Die Kündigung hat durch eingeschriebenen Brief zu erfolgen.

(2) Für Anlagen dieses Vertrages können jeweils gesonderte Kündigungsmöglichkeiten mit besonderen Kündigungsfristen vereinbart werden.

(3) Der die Kündigung aussprechende Partner hat das Bundesschiedsamt über die Kündigung unverzüglich durch eingeschriebenen Brief zu unterrichten.

Übersicht

	Rn		Rn
I. Gesetzliche Grundlage	1	III. Kündigungsmöglichkeiten für Anlagen (Abs 2)	4
II. Kündigungsmöglichkeiten für den Vertrag (Abs 1)	2	IV. Unterrichtungspflichten (Abs 3)	5

---

1 DÄ 2013, C-1569.
2 § 82 Abs 1 SGB V; s auch § 1 Abs 1.
3 Mit dieser Zusammenführung wurde der Auftrag aus dem GKV-WSTG v. 26.3.2007 erfüllt. Erg s Einleitung.
4 DÄ 2020, A-108.
5 Zu den Anlagen, die die Digitalisierung (Fernbehandlung) betreffen, s die Erläuterungen dazu von *Hahn* Anhang 2.

Kündigung § 65

I. Gesetzliche Grundlage

Die Vorschrift regelt Möglichkeiten und Verfahren zur Kündigung des BMV-Ä. Gesetzliche Vorgaben dazu gibt es nicht. 1

II. Kündigungsmöglichkeiten für den Vertrag (Abs 1)

Der BMV-Ä trat zum 1.10.2013 in Kraft (§ 64 Abs 1) und wurde auf unbestimmte Zeit 2 geschlossen. Der Vertrag kann von beiden Vertragsparteien gekündigt werden (S 1), und zwar insgesamt oder nur in Teilen (zB auch nur einzelne Anlagen; s dazu Rn 4).

Der Vertrag insgesamt ist mit einer Frist von sechs Monaten zum Ende eines Kalen- 3 derjahres kündbar, und zwar durch eingeschriebenen Brief (Zugang beim Empfänger). Die lange Vorlaufzeit ist sinnvoll angesichts der Auswirkungen des Vertrages für die Praxis und der notwendigen Zeit, um sich auf Änderungen rechtzeitig einstellen zu können.

III. Kündigungsmöglichkeiten für Anlagen (Abs 2)

Neben dem Vertrag insgesamt oder Teilen sind auch die gegenwärtig 33 Anlagen (s § 1 4 Abs 3) gesondert kündbar. Hierbei gilt nicht zwangsläufig die Sechs-Monats-Frist aus Abs 1; in den jeweiligen Anlagen können vielmehr davon abweichende (längere oder kürzere) Fristen vereinbart werden, die auf den jeweiligen Regelungsgegenstand Rücksicht nehmen.[1]

IV. Unterrichtungspflichten (Abs 3)

Kündigt ein Vertragspartner den Vertrag, Teile davon oder Anlagen, hat er darüber 5 „*unverzüglich*" das Bundesschiedsamt zu unterrichten (Grundlage § 89 Abs 1 S 2 SGB V). Kommt nach der Kündigung ein neuer Vertrag nicht zu Stande, setzt das Bundesschiedsamt innerhalb einer Frist von drei Monaten den neuen Inhalt fest (§ 89 Abs 1 S 3). Übergangsweise gelten bis dahin die bisherigen Regelungen weiter.

---

1 ZB § 11 Abs 4 der Anl 7 – Onkologievereinbarung: drei Monate zum Ende des Kalenderhalbjahres; § 9 Abs 2 der Anl 8 – Delegationsvereinbarung: drei Monate; § 5 Abs 3 der Anl 24 – Delegation ärztlicher Leistungen: sechs Monate zum Quartalsende.

Steinhilper

Anhang 1:
Psychotherapie-Vereinbarung

Vereinbarung über die Anwendung von Psychotherapie in der vertragsärztlichen Versorgung (Psychotherapie-Vereinbarung)

vom 2. Februar 2017[1]

Gliederung

Vorbemerkung 554

Teil A
Allgemeines
§ 1 555

Teil B
Zur Ausübung Berechtigte
§ 2   Genehmigungspflicht 559
§ 3   Genehmigungsvoraussetzungen 560
§ 4   Genehmigungsverfahren 561
§ 5   Fachliche Befähigung ärztlicher Psychotherapeuten 563
§ 6   Fachliche Befähigung Psychologischer Psychotherapeuten ... 569
§ 7   Fachliche Befähigung von Kinder- und Jugendlichenpsychotherapeuten 572
§ 8   Abrechnung von Leistungen in Einrichtungen gem. § 117 Abs. 3 SGB V 574
§ 9   Konsiliarverfahren 577
§ 10 Informationspflichten 577

---

1 Zuletzt geändert am 27.2.2020; Inkrafttreten am 1.7.2020.

Anhang 1 — Psychotherapie-Vereinbarung

Teil C
Durchführung der Behandlung

§ 11	Antragstellung	578
§ 12	Gutachterverfahren	583
§ 13	Entscheidung zur Leistungspflicht	588
§ 14	Psychotherapeutische Sprechstunde	589
§ 15	Psychotherapeutische Akutbehandlung	590
§ 16	Rezidivprophylaxe	590
§ 17	Videokonferenzen	594

Teil D
Abrechnung

§ 18 595

Teil E
Formblätter

§ 19		595
§ 19a	Datenaustausch	597

Teil F
Übergangsbestimmungen

§ 20 599

Teil G
Inkrafttreten

§ 21 602

Teil H
Kündigung

§ 22 602

Vorbemerkung

1 Psychotherapeutische Behandlungen durch Ärzte, Psychologische Psychotherapeuten und Kinder- und Jugendlichenpsychotherapeuten sind grundsätzlich vom Leistungsanspruch der Versicherten der Gesetzlichen Krankenversicherung umfasst, §§ 2, 12, 28 Abs 3 SGB V. Besonderes Augenmerk kommt in der vertragsärztlichen bzw der vertragspsychotherapeutischen Versorgung dabei der Psychotherapie-Richtlinie des G-BA sowie der Psychotherapie-Vereinbarung der Vertragspartner auf Bundeseben, der

Kassenärztlichen Bundesvereinigung und dem Spitzenverband Bund der Krankenkassen zu, die als Anl 1 zum BMV-Ä vereinbart ist.

Gem § 92 Abs 1 S 1 SGB V beschließt der G-BA die zur Sicherung der ärztlichen Versorgung erforderlichen Richtlinien über die Gewähr für eine ausreichende, zweckmäßige und wirtschaftliche Versorgung der Versicherten. Er kann dabei die Erbringung und Verordnung von Leistungen oder Maßnahmen einschränken oder ausschließen, wenn nach allgemein anerkanntem Stand der medizinischen Erkenntnisse der diagnostische oder therapeutische Nutzen, die medizinische Notwendigkeit oder die Wirtschaftlichkeit nicht nachgewiesen sind. In den Richtlinien nach § 92 Abs 1 S 2 Nr 1 (ärztliche Behandlung) ist insbesondere das Nähere über die psychotherapeutisch behandlungsbedürftigen Krankheiten, die zur Krankenbehandlung geeigneten Verfahren, das Antrags- und Gutachterverfahren, die probatorischen Sitzungen sowie über Art, Umfang und Durchführung der Behandlung zu regeln; der G-BA kann dabei Regelungen treffen, die leitliniengerecht den Behandlungsbedarf konkretisieren, § 92 Abs 6a S 1 SGB V.

Nach § 39 Abs 1 der Psychotherapie-Richtlinie (Regelungsbereich der Psychotherapie-Vereinbarung) regeln die KBV und der Spitzenverband Bund der Krankenkassen das Nähere zur Durchführung der psychotherapeutischen Versorgung durch entsprechende Vereinbarung.

Teil A
Allgemeines

§ 1

(1) **Gegenstand dieser Vereinbarung ist die Anwendung und Umsetzung von Leistungen gemäß der Richtlinie des Gemeinsamen Bundesausschusses über die Durchführung der Psychotherapie (Psychotherapie-Richtlinie) in der jeweils geltenden Fassung.**

(2) **Therapeutinnen und Therapeuten im Sinne dieser Vereinbarung sind entsprechend der jeweiligen fachlichen Befähigung nach den §§ 5 bis 7 die ärztliche Psychotherapeutin oder der ärztliche Psychotherapeut, die ärztliche Kinder- und Jugendpsychotherapeutin oder der ärztliche Kinder- und Jugendpsychotherapeut, die Psychologische Psychotherapeutin oder der Psychologische Psychotherapeut oder die Kinder- und Jugendlichenpsychotherapeutin oder der Kinder- und Jugendlichenpsychotherapeut – nachfolgend Therapeutin bzw. Therapeut genannt –, die über die Genehmigung zur Ausführung und Abrechnung psychotherapeutischer Leistungen nach § 15 der Psychotherapie-Richtlinie als persönliche Leistung verfügen.**

(3) **Für die Leistungen gemäß Psychotherapie-Richtlinie einschließlich der psychologischen Testverfahren und für die psychosomatische Grundversorgung gelten die Grundsätze der Notwendigkeit, Zweckmäßigkeit und Wirtschaftlichkeit der Behandlung, auch hinsichtlich ihres Umfanges gemäß § 12 SGB V (Wirtschaftlichkeitsgebot).**

(4) **Leistungen gemäß Psychotherapie-Richtlinie in der vertragsärztlichen Versorgung finden grundsätzlich im unmittelbaren persönlichen Kontakt statt und werden grundsätzlich in den Praxisräumen der Therapeutin oder des Therapeuten erbracht.**

Anhang 1 Psychotherapie-Vereinbarung

Übersicht

	Rn		Rn
I. Allgemeines (Abs 1)	1	IV. Anforderungen an die Behandlung	
II. Qualifikation der Leistungserbringer (Abs 2)	6	(Abs 4)	13
III. Wirtschaftlichkeitsgebot (Abs 3)	8	1. Behandlung im persönlichen Kontakt	13
		2. Ort der Leistungserbringung	17

I. Allgemeines (Abs 1)

1 Vor Inkrafttreten des Psychotherapeutengesetzes zum 1.1.1999 regelte die Psychotherapie-Vereinbarung die fachkundlichen Voraussetzungen der Psychotherapeuten für die Teilnahme am sogenannten Delegationsverfahren. Für das Kostenerstattungsverfahren gab es entsprechende Regelungen nicht; hier war eine Anerkennung der Kosten von der Praxis der Krankenkassen abhängig[1]. Mit Einführung des Psychotherapeutengesetzes wurde die Psychotherapie-Vereinbarung umfassend geändert[2].

2 Die Psychotherapie-Vereinbarung wird als Anl 1 zum BMV-Ä zwischen der Kassenärztlichen Bundesvereinigung und dem Spitzenverband Bund der Krankenkassen auf der Grundlage der Psychotherapie-Richtlinie des Gemeinsamen Bundesausschusses vereinbart.

3 Nach § 39 Abs 1 der Psychotherapie-Richtlinie regeln die Kassenärztliche Bundesvereinigung und der Spitzenverband Bund der Krankenkassen das Nähere zur Durchführung der psychotherapeutischen Versorgung durch entsprechende Vereinbarung. Neben der „Generalklausel" in § 39 Abs 1 der Psychotherapie-Richtlinie gibt es diverse Vorgaben in der Psychotherapie-Richtlinie, in denen darauf verwiesen wird, dass das Nähere zu dem jeweiligen Verfahren bzw der jeweiligen Vorgehensweise in der Psychotherapie-Vereinbarung geregelt wird (vgl zB zur Psychotherapeutischen Sprechstunde § 11 Abs 14 S 2 Psychotherapie-Richtlinie; zur Rezidivprophylaxe § 14 Abs 5 S 3 Psychotherapie-Richtlinie; zum Anzeigeverfahren § 33 S 3 Psychotherapie-Richtlinie; zur Qualifikation der Leistungserbringer § 37 Psychotherapie-Richtlinie).

4 Demnach konkretisieren die Vertragspartner auf Bundesebene die Vorgaben des Gemeinsamen Bundesausschusses zur Erbringung von psychotherapeutischen Leistungen zu Lasten der Krankenkassen, die in der Richtlinie getroffen werden, vgl § 1 Abs 1 S 1 Psychotherapie-Richtlinie.

5 In § 1 Abs 1 der Psychotherapie-Vereinbarung wird zu der Frage, was Gegenstand einer psychotherapeutischen Behandlung zu Lasten des GKV-Systems beinhaltet, auf die Psychotherapie-Richtlinie verwiesen. Dort werden ua der Begriff der seelischen Krankheit definiert (§ 2 Psychotherapie-Richtlinie) und übergreifende Merkmale von Psychotherapie beschrieben. Die entsprechende fachliche Befähigung ist in den §§ 5–7 der Psychotherapie-Vereinbarung geregelt, vgl § 1 Abs 2 Psychotherapie-Vereinbarung.

---

1 Vgl Zur Entwicklung der Psychotherapie in der GKV-Versorgung: *Moeck* 31 ff.
2 Vereinbarung über die Anwendung von Psychotherapie in der vertragsärztlichen Versorgung (Psychotherapie-Vereinbarung) v 7.12.1998, DÄ 1998, A-3315.

II. Qualifikation der Leistungserbringer (Abs 2)

Psychotherapeutische Leistungen werden im GKV-System durch die Psychologischen Psychotherapeuten und die Kinder- und Jugendlichentherapeuten sowie durch Ärzte erbracht. Der Zugang zu den Berufen des Psychologischen Psychotherapeuten und des Kinder- und Jugendlichentherapeuten ist im Psychotherapeutengesetz geregelt, welches mit dem Gesetz zur Reform der Psychotherapeutenausbildung v 15.11.2019[3] umfassend neugefasst wurde.

6

Zu der Qualifikation der Leistungserbringer psychotherapeutischer Leistungen verweist die Psychotherapie-Richtlinie in § 37 wiederum auf die Psychotherapie-Vereinbarung, in der das Nähere dazu zu bestimmen ist. Die Anforderungen an die jeweilige fachliche Befähigung der ärztlichen Psychotherapeuten, der ärztlichen Kinder- und Jugendpsychotherapeuten, der Psychologischen Psychotherapeuten und der Kinder- und Jugendlichenpsychotherapeuten ist in den §§ 5–7 der Psychotherapie-Vereinbarung normiert, vgl § 1 Abs 2.

7

III. Wirtschaftlichkeitsgebot (Abs 3)

In § 1 Abs 3 ist deklaratorisch klargestellt, dass das Wirtschaftlichkeitsgebot nach § 12 SGB V auch für die psychotherapeutischen Leistungen maßgeblich ist. Das Wirtschaftlichkeitsgebot begrenzt den Leistungsanspruch des in der GKV versicherten Patienten. Gem § 2 Abs 1 SGB V haben Qualität und Wirksamkeit der Leistungen dem allgemein anerkannten Stand der medizinischen Erkenntnisse zu entsprechen und den medizinischen Fortschritt zu berücksichtigen. Nach § 12 Abs 1 SGB V gilt dabei: Die Leistungen müssen ausreichend, zweckmäßig und wirtschaftlich sein; sie dürfen das Maß des Notwendigen nicht überschreiten. Leistungen, die nicht notwendig oder unwirtschaftlich sind, können Versicherte nicht beanspruchen, dürfen die Leistungserbringer nicht bewirken und die Krankenkassen nicht bewilligen.

8

Die Wirtschaftlichkeitsprüfungen wurden mit dem GKV-Versorgungsstärkungsgesetz vom 16.7.2015[4] mit Wirkung zum 1.1.2017 stark regionalisiert. Nach § 106 Abs 1 S 2 SGB V vereinbaren die Landesverbände der Krankenkassen und die Ersatzkassen gemeinsam und einheitlich mit den Kassenärztlichen Vereinigungen Inhalt und Durchführung der Beratungen und Prüfungen der Wirtschaftlichkeitsprüfungen nach § 106 Abs 2 SGB V sowie die Voraussetzungen für Einzelfallprüfungen.

9

Prüfungen im Honorarbereich werden überwiegend im Rahmen von sogenannten Durchschnittswertprüfungen durchgeführt. In dieser Prüfmethodik führen Überschreitungen bei der Anzahl der Leistungen in bestimmten Leistungsbereichen oder bei Einzelleistungen im Vergleich zu den durchschnittlichen Leistungszahlen einer Vergleichsgruppe (in der Regel der Fachgruppe) zur Einleitung einer Prüfung. Liegt die Überschreitung im Bereich des sogenannten offensichtlichen Missverhältnisses und kann nicht durch Praxisbesonderheiten gerechtfertigt werden, kann die Prüfungsstelle eine Honorarrückforderung festsetzen[5].

10

So kann zB die im Vergleich zur Fachgruppe überdurchschnittlich häufige Erbringung von Gesprächsleistungen nach Gebührenordnungsposition (GOP) 23220 des Einheitli-

11

---
3 BGBl I, 1604.
4 BGBl I, 1211.
5 Vgl zur Durchschnittswertprüfung: juris PK-SGB V/*Ulrich* § 106a Rn 58 ff.

Anhang 1 Psychotherapie-Vereinbarung

chen Bewertungsmaßstabs (EBM), das Psychotherapeutische Gespräch als Einzelbehandlung, zur Einleitung einer Durchschnittsprüfung im Vergütungsbereich nach § 106a SGB V führen. Nach einer Entscheidung des SG Marburg v 30.10.2019[6] ist dabei allerdings von den Prüfgremien im Rahmen der Bildung einer statistischen Vergleichsgruppe bei Psychologischen Psychotherapeuten eine Differenzierung nach den verschiedenen Fachrichtungen geboten, um die erforderliche Homogenität zu gewährleisten[7].

12 Aus der Praxis sind auch Fälle bei der Überschreitung der Leistungen nach GOP 35131 EBM (Bericht an den Gutachter oder Obergutachter zum Antrag des Versicherten auf Feststellung der Leistungspflicht zur Einleitung oder Verlängerung der tiefenpsychologisch fundierten Psychotherapie der analytischen Psychotherapie oder der Verhaltenstherapie, als Langzeittherapie) bekannt.

IV. Anforderungen an die Behandlung (Abs 4)

13 **1. Behandlung im persönlichen Kontakt.** Gem § 1 Abs 4 werden psychotherapeutische Leistungen in der vertragsärztlichen bzw vertragspsychotherapeutischen Versorgung grundsätzlich im unmittelbaren persönlichen Kontakt erbracht.

14 Dies Vorschrift entspricht der berufsrechtlichen Regelung in der Musterberufsordnung der Psychologischen Psychotherapeuten und Kinder- und Jugendlichenpsychotherapeuten (MBO-PP/KJP). Dort ist in § 1 Abs 5 S 1 gleichlautend geregelt, dass Psychotherapeuten psychotherapeutische Behandlungen im persönlichen Kontakt erbringen. Gem § 1 Abs 5 S 2 MBO-PP/KJP sind Behandlungen über Kommunikationsmedien unter besonderer Beachtung der Vorschriften der Berufsordnung, insbesondere der Sorgfaltspflichten, zulässig. Dazu gehört, dass Eingangsdiagnostik, Indikationsstellung und Aufklärung die Anwesenheit der Patientin oder des Patienten erfordern, § 1 Abs 5 S 3 MBO-PP/KJP.

15 Für die Ärzte ist die jeweilige Regelung in der Berufsordnung ihrer Landesärztekammer maßgeblich. In der Musterberufsordnung der Ärzte (MBO-Ä) gab es kürzlich eine vielbeachtete Änderung der maßgeblichen Vorschrift in § 7 Abs 4 MBO-Ä, mit der das sogenannte Fernbehandlungsverbot gelockert wurde[8]. Die Regelung lautet in der Fassung v 14.12.2018: *„Ärztinnen und Ärzte beraten und behandeln Patientinnen und Patienten im persönlichen Kontakt. Sie können dabei Kommunikationsmedien unterstützend einsetzen. Eine ausschließliche Beratung oder Behandlung über Kommunikationsmedien ist im Einzelfall erlaubt, wenn dies ärztlich vertretbar ist und die erforderliche ärztliche Sorgfalt insbesondere durch die Art und Weise der Befunderhebung, Beratung, Behandlung sowie Dokumentation gewahrt wird und die Patientin oder der Patient auch über die Besonderheiten der ausschließlichen Beratung und Behandlung über Kommunikationsmedien aufgeklärt wird."*

16 Eine Behandlung iRd Videosprechstunde ist grundsätzlich zulässig, sofern die technischen Anforderungen für die Praxis und den Videodienst nach Anl 31b zum BMV-Ä erfüllt sind. Aufgrund der Covid-19-Pandemie wurden die geltenden Mengenbegrenzungen nach dem EBM für die Videosprechstunden (Begrenzung der Zahl der

---

6 *SG Marburg* v 30.10.2019 – S 17 KA 47/16.
7 *SG Marburg* v 30.10.2019 – S 17 KA 47/16, vgl Leitsatz zu 1., Rn 39, juris.
8 Vgl *Hahn* Anl 2 Digitalisierung in der vertragsärztlichen Versorgung, Rn 51.

abrechnungsfähigen behandlungsfälle per Videosprechstunde auf 20 % der Behandlungsfälle) für die Quartale II und III/2020 ausgesetzt (s zur Videosprechstunden Erläuterungen zu § 17).

2. Ort der Leistungserbringung. Im Vertragspsychotherapeuten- bzw Vertragsarztrecht ist zu beachten, dass gem § 95 Abs 1 S 5 SGB V und § 24 Abs 1 Ärzte-ZV die Zulassung für den Ort der Niederlassung erfolgt. Der Ort der Niederlassung wird sozialrechtlich als *„Vertragspsychotherapeutensitz"* bzw *„Vertragsarztsitz"* bezeichnet. § 24 Abs 2 Ärzte-ZV verpflichtet den Vertragspsychotherapeuten bzw Vertragsarzt, seine Sprechstunde am Ort der Niederlassung zu halten. Da die Zulassung/Ermächtigung für eine konkrete Praxisadresse (Vertragsarztsitz) erfolgt, werden Leistungen iRd Zulassung/Ermächtigung grundsätzlich nur dann iRd Zulassung/Ermächtigung erbracht, wenn die Behandlung in den Praxisräumlichkeiten erfolgt. Ausnahmen gelten, wenn Leistungen zB als Haus- oder Heimbesuch erbracht werden oder ausdrücklich als Telefonkontakte beschrieben sind. 17

Soweit die psychotherapeutische Behandlung nach § 1 Abs 4 HS 2 Psychotherapie-Vereinbarung grundsätzlich in den Praxisräumlichkeiten erfolgen soll, dürfte damit den Besonderheiten der psychotherapeutischen Behandlung Rechnung getragen werden. Aus therapeutischen Gründen kann in Ausnahmefällen die Durchführung einzelner therapeutischer Schritte außerhalb der Praxis indiziert sein. 18

So heißt es in § 20 Abs 1 MBO PP/KJP: *„Die selbstständige Ausübung psychotherapeutischer Behandlungstätigkeit ist grundsätzlich an die Niederlassung in einer Praxis gebunden, soweit nicht gesetzliche Vorschriften etwas anderes zulassen. Die Durchführung einzelner therapeutischer Schritte kann auch außerhalb der Praxisräumlichkeiten stattfinden, soweit dies für die Behandlung notwendig ist und berufsrechtliche Belange nicht beeinträchtigt werden."* 19

Einzelne therapeutische Schritte im Rahmen eines psychotherapeutischen Behandlungskonzeptes wie zB eine Exposition in vivo in der Verhaltenstherapie dürften daher zulässig sein[9]. 20

Teil B
Zur Ausübung Berechtigte

§ 2 Genehmigungspflicht

Die Ausführung und Abrechnung von psychotherapeutischen Leistungen im Rahmen der vertragsärztlichen Versorgung durch die an der vertragsärztlichen Versorgung teilnehmenden Therapeutinnen und Therapeuten ist erst nach Erteilung der Genehmigung durch die zuständige Kassenärztliche Vereinigung zulässig.

Bevor neu zur vertragspsychotherapeutischen Versorgung zugelassene oder ermächtigte Psychotherapeuten oder Ärzte psychotherapeutische Behandlungsleistungen erbringen dürfen, bedarf es zunächst der Einholung einer Genehmigung durch deren Kassenärztliche Vereinigung für den Leistungserbringer. Dies gilt auch für angestellte 1

---
9 Vgl *Stellpflug/Berns* § 20 Rn 702.

Anhang 1 — Psychotherapie-Vereinbarung

Leistungserbringer. Die Kassenärztlichen Vereinigungen halten entsprechende Formulare für die Beantragung der (Abrechnungs-)Genehmigung vor.

2 Die Genehmigung zur Ausführung und Abrechnung psychotherapeutischer Leistungen ist zu erteilen, wenn aus den vorgelegten Zeugnissen und Bescheinigungen hervorgeht, dass die in den §§ 5–7 Psychotherapie-Vereinbarung genannten fachlichen Voraussetzungen erfüllt und damit die fachliche Befähigung gegeben ist, vgl § 4 Abs 2 Psychotherapie-Vereinbarung.

3 Da die Qualifikations-Voraussetzungen und das Verfahren der Erteilung der Genehmigung abschließend in der Psychotherapie-Vereinbarung geregelt sind und es auch keine besonderen weiteren Vorgaben, zB apparativer Natur, für die Durchführung der Leistungen gibt, bedarf es keiner Konkretisierung in regionalen Qualitätssicherungsvereinbarungen, wie es für viele andere Leistungen der Fall ist, die eine besondere Abrechnungsgenehmigung erfordern (zB Akupunktur, ambulantes Operieren, Kernspintomographie, Schmerztherapie etc). Für diese Leistungen vereinbaren die Gesamtvertragspartner auf Grundlage der auf Bundesebene geschlossenen Rahmenvereinbarung für Qualitätssicherungsvereinbarungen gem § 135 Abs 2 SGB V die jeweiligen Vorgaben zur Qualitätssicherung.

4 Das Genehmigungserfordernis ist auch im Einheitlichen Bewertungsmaßstabs (EBM) abgebildet: In Kap 35 des EBM (Leistungen gem der Richtlinie des Gemeinsamen Bundesausschusses über die Durchführung der Psychotherapie [Psychotherapie-Richtlinie]) ist den Abschnitten 35.1 und 35.2 jeweils unter Nr 1 der Präambeln ebenfalls vorangestellt, dass die Leistungen in dem Abschnitt ausschließlich von Vertragsärzten bzw -therapeuten berechnet werden dürfen, die über eine Genehmigung zur Ausführung und Abrechnung psychotherapeutischer Leistungen gem der Psychotherapie-Vereinbarung verfügen.

5 Eine entsprechende Vorgabe ist allerdings in Abschnitt 35.3 sowie in den Kapiteln 22 und 23 des EBM nicht enthalten, obwohl auch die dort abgebildeten Leistungen psychotherapeutische Leistungen sind. Dies dürfte dafür sprechen, dass das Genehmigungserfordernis nach dem Verständnis des Bewertungsausschusses psychotherapeutische Leistungen nach der Psychotherapie-Richtlinie und der Psychotherapie-Vereinbarung umfasst.

§ 3 Genehmigungsvoraussetzungen

[1]**Die Erfüllung der Voraussetzungen der fachlichen Befähigung ist gegenüber der zuständigen Kassenärztlichen Vereinigung nachzuweisen.** [2]**Das Verfahren richtet sich nach § 4 dieser Vereinbarung.** [3]**Die fachliche Befähigung für die Durchführung und Abrechnung der Psychotherapeutischen Sprechstunde und der Akutbehandlung gilt als nachgewiesen, wenn die Therapeutin oder der Therapeut über eine Genehmigung nach § 2 zur Durchführung und Abrechnung von tiefenpsychologisch fundierter Psychotherapie oder analytischer Psychotherapie oder Verhaltenstherapie oder Systemischer Therapie verfügt.** [4]**Therapeutinnen und Therapeuten, die durch ihren Fachkundenachweis auf die Psychotherapie von Kindern und Jugendlichen beschränkt sind, dürfen nur bei Kindern und Jugendlichen Psychotherapeutische Sprechstunden und Akutbehandlung durchführen.** [5]**Die Regelungen zur Einbeziehung von Bezugspersonen bleiben davon unberührt.**

§ 4 Genehmigungsverfahren

(1) ¹Anträge auf Genehmigung zur Ausführung und Abrechnung von Leistungen der Psychotherapie-Richtlinie sind an die zuständige Kassenärztliche Vereinigung zu stellen. ²Die erforderlichen Nachweise (z. B. Zeugnisse und Bescheinigungen) sind den Anträgen beizufügen. ³Über die Anträge und über den Widerruf oder die Rücknahme einer erteilten Genehmigung entscheidet die Kassenärztliche Vereinigung. ⁴Vor Erteilung der Genehmigung zur Ausführung und Abrechnung von Leistungen der Psychotherapie-Richtlinie sind die vorgelegten Zeugnisse und Bescheinigungen von der Kassenärztlichen Vereinigung zu überprüfen.

(2) Die Genehmigung zur Ausführung und Abrechnung von Leistungen der Psychotherapie-Richtlinie ist zu erteilen, wenn aus den vorgelegten Zeugnissen und Bescheinigungen hervorgeht, dass die in den §§ 5 bis 7 genannten fachlichen Voraussetzungen erfüllt sind.

Übersicht

	Rn		Rn
I. Erteilung der Genehmigung	1	II. Widerruf oder Rücknahme der Genehmigung	4

I. Erteilung der Genehmigung

Der Nachweis der Erfüllung der Voraussetzungen ist gegenüber der zuständigen Kassenärztlichen Vereinigung zu erbringen. Die Voraussetzungen der fachlichen Befähigung im Einzelnen sind für die unterschiedlichen Leistungserbringer in § 5 (ärztliche Psychotherapeuten), § 6 (Psychologische Psychotherapeuten) und § 7 (Kinder- und Jugendlichenpsychotherapeuten) geregelt. 1

Die Nachweise belegen die Durchführung der entsprechende Aus- bzw Weiterbildung der Leistungserbringer. Sind die Voraussetzungen gegeben, ist die Genehmigung zu erteilen; ein Ermessensspielraum verbleibt der Behörde nicht. 2

Die Genehmigung muss vor Beginn der Leistungserbringung vorliegen. Sie kann nicht rückwirkend erteilt werden. In der Praxis werden in der Regel neu zur vertragspsychotherapeutischen Versorgung zugelassene Leistungserbringer über das Erfordernis der Beantragung der Abrechnungsgenehmigung bereits vom Zulassungsausschuss und auch von der zuständigen Kassenärztlichen Vereinigung informiert. Immer wieder gibt es indes Fälle, in denen unbemerkt teilweise über Quartale hinweg Leistungen erbracht wurden, ohne dass die Genehmigung nach § 3 vorlag. Die Folgen sind dramatisch: Sämtliche Leistungen, die eine Abrechnungsgenehmigung erfordern, und damit der Großteil der Leistungen, können grundsätzlich nicht vergütet werden. 3

II. Widerruf oder Rücknahme der Genehmigung

Nach § 4 Abs 1 S 3 unterliegt die Genehmigung ggfls. dem Widerruf oder der Rücknahme gem §§ 45, 47 SGB X. Darüber hinaus kommt auch eine Aufhebung nach § 48 SGB X in Betracht. Das BSG befasste sich in einer Entscheidung aus dem Jahr 2014 mit den rechtlichen Implikationen der Aufhebung einer Abrechnungsgenehmigung 4

Anhang 1 Psychotherapie-Vereinbarung

(für Sonographie-Leistungen) durch die Kassenärztliche Vereinigung[1]. Die dortigen grundsätzlichen Ausführungen dürften auch auf andere Abrechnungsgenehmigungen übertragbar sein.

5   Das BSG deutete den Widerruf der Abrechnungsgenehmigung für Ultraschalldiagnostik durch die Kassenärztliche Vereinigung in eine Aufhebung nach § 48 SGB X um. Bei der Sonographie-Genehmigung handele es sich um einen Verwaltungsakte mit Dauerwirkung, der sich nicht in einem einmaligen Ge- oder Verbot oder in einer einmaligen Gestaltung der Rechtslage erschöpft, sondern ein auf Dauer angelegtes Rechtsverhältnis, nämlich die Befugnis zur Erbringung und Abrechnung sonographischer Leistungen, begründet[2].

6   Das Fehlen von Vorschriften über die Aufhebung der Genehmigung sei (grundsätzlich) kein Umstand, der die Annahme rechtfertige, dass eine Aufhebung ausgeschlossen sein soll, weil bereits das allgemeine Sozialverwaltungsrecht Regelungen über die Aufhebung bestandskräftiger VA enthalte, sodass es spezialgesetzlicher Regelungen nicht zwingend bedürfe. Auch unter dem Gesichtspunkt der Spezialität ergebe sich nichts anders[3].

7   Nach einer Entscheidung des Landessozialgerichts Berlin-Brandenburg gehört zu den tatsächlichen Verhältnissen, die Voraussetzung für eine Genehmigung im Bereich der vertrags(zahn)ärztlichen Versorgung sind, nicht nur die Erfüllung der fachlichen Anforderungen durch denjenigen, der diese Genehmigung erstrebt, sondern zählt dazu auch seine Eignung in persönlicher Hinsicht[4]. Letzteres folgt aus der Sicherstellungs- und Gewährleistungspflicht der Kassenärztlichen Vereinigungen (§ 75 Abs 1 SGB V), die diese für eine ausreichende, zweckmäßige und wirtschaftliche Versorgung der Versicherten unter Berücksichtigung des allgemein anerkannten Standes der medizinischen Erkenntnisse (§ 72 Abs 2 SGB V) haben. Die Erfüllung dieser Gewährleistungspflicht durch die in § 75 Abs 1 SGB V genannten Körperschaften setzte die Befugnis voraus zu prüfen, ob die ärztlichen Leistungserbringer, die eine noch nicht von der Zulassung (§ 95 Abs 3 SGB V) oder Ermächtigung (§ 95 Abs 4 SGB V) umfasste Genehmigung zur Durchführung und Abrechnung bestimmter Leistungen im Rahmen der gesetzlichen Krankenversicherung begehren, hierfür persönlich geeignet sind. Bei persönlicher Ungeeignetheit sind die Betreffenden nicht zuzulassen (vgl zB die in § 21 Zulassungsverordnung-Ärzte genannten Mängel in der Person).

8   Der Widerruf einer Abrechnungsgenehmigung erfolgt bei Erhebung von Widerspruch und Klage nur mit Wirkung für die Zukunft, dh ab Bestandskraft des Widerrufs[5]. In der Praxis machen die Kassenärztliche Vereinigung allerdings regelmäßig von dem Instrument der Anordnung der sofortigen Vollziehung Gebrauch, um die aufschiebende Wirkung des Widerspruchs zu durchbrechen.

---

1   *BSG* v 2.4.2014 – B 6 KA 15/13 R.
2   *BSG* v 2.4.2014 – B 6 KA 15/13 R, Rn 33.
3   *BSG* v 2.4.2014 – B 6 KA 15/13 R, Rn 42.
4   *LSG Berlin-Brandenburg* v 30.5.2012 – L 7 KA 31/09.
5   Vgl *SG Saarbrücken* v 29.4.2016 – S 2 KA 63/15 für eine Abrechnungsgenehmigung Koloskopie.

§ 5 Fachliche Befähigung ärztlicher Psychotherapeuten

(1) [1]Die fachliche Befähigung gemäß § 3 gilt als nachgewiesen für die Ausführung und Abrechnung von Psychotherapie als Gruppenbehandlung im jeweiligen Verfahren nach dem Leistungsinhalt der GOP 35503–35509, 35513–35519, 35523–35529, 35533–35539, 35543–35549, 35553–35559 sowie der entsprechenden GOP der Systemischen Therapie bei Erwachsenen als Gruppentherapie gemäß Abschnitt 35.2.2 des EBM:

– durch Nachweis der Erfüllung der Voraussetzungen nach Abs. 1 (tiefen-psychologisch fundierte Psychotherapie) oder nach Abs. 2 (analytische und tiefenpsychologisch fundierte Psychotherapie) oder nach Abs. 3 (Verhaltenstherapie) oder nach Abs. 9 (Systemische Therapie) und bei Kindern und Jugendlichen nach Abs. 4

und

– durch die Vorlage von Zeugnissen und Bescheinigungen, aus denen sich ergibt, dass Kenntnisse und Erfahrungen in der Gruppentherapie erworben wurden.

[2]Für Ärztinnen und Ärzte mit der Berechtigung zum Führen der Gebietsbezeichnung Psychotherapeutische Medizin oder Psychosomatische Medizin und Psychotherapie erstreckt sich die entsprechende Genehmigung auch auf die Behandlung in Gruppen gemäß Abs. 5.

(2) Die fachliche Befähigung gemäß § 3 gilt als nachgewiesen für die Ausführung und Abrechnung von tiefenpsychologisch fundierter und analytischer Psychotherapie nach dem Leistungsinhalt der GOP 35130, 35131, 35140-35142, 35150, 35401, 35402, 35405, 35411, 35412 sowie 35415 des EBM:

– durch die Berechtigung zum Führen der Zusatzbezeichnung „Psychoanalyse".

(3) [1]Die fachliche Befähigung gemäß § 3 gilt als nachgewiesen für die Ausführung und Abrechnung von Verhaltenstherapie nach dem Leistungsinhalt der GOP 35130, 35131, 35140-35142, 35150, 35421, 35422 sowie 35425 des EBM:

– durch die Berechtigung zum Führen der Gebietsbezeichnung Psychotherapeutische Medizin oder Psychosomatische Medizin und Psychotherapie oder der Gebietsbezeichnung Psychiatrie und Psychotherapie oder der Zusatzbezeichnung „Psychotherapie – fachgebunden –" bzw. „Psychotherapie" oder „Psychoanalyse"

und

– durch Vorlage von Weiterbildungszeugnissen, aus denen sich ergibt, dass eingehende Kenntnisse und Erfahrungen auf dem Gebiet der Verhaltenstherapie erworben wurden.

[2]Für Ärztinnen und Ärzte mit der Berechtigung zum Führen der Gebietsbezeichnung Psychotherapeutische Medizin oder Psychosomatische Medizin und Psychotherapie erstreckt sich die entsprechende Genehmigung auch auf die Behandlung in Gruppen gemäß Abs. 5.

(4) [1]Die fachliche Befähigung gemäß § 3 gilt als nachgewiesen für die Ausführung und Abrechnung von Psychotherapie im jeweiligen Verfahren bei Kindern und Jugendlichen nach dem Leistungsinhalt der GOP 35130, 35131, 35140-35142, 35150, 35401, 35402, 35405, 35411, 35412, 35415, 35421, 35422 sowie 35425 des EBM:

– durch die Berechtigung zum Führen der Gebietsbezeichnung Kinder- und Jugendpsychiatrie und -psychotherapie

Anhang 1 — Psychotherapie-Vereinbarung

und
- durch Vorlage von Nachweisen entsprechend Abs. 1, Satz 1, 2. Halbsatz oder Abs. 2 oder Abs. 3, Satz 1, 2. Halbsatz für das jeweilige Verfahren

oder
- durch die Berechtigung zum Führen der Gebietsbezeichnung Psychotherapeutische Medizin oder Psychosomatische Medizin und Psychotherapie oder Psychiatrie und Psychotherapie oder der Zusatzbezeichnung „Psychotherapie – fachgebunden –" bzw. „Psychotherapie" oder „Psychoanalyse"

und
- durch Vorlage von Zeugnissen und Bescheinigungen, aus denen sich ergibt, dass eingehende Kenntnisse und Erfahrungen auf dem Gebiet der Psychotherapie bei Kindern und Jugendlichen erworben wurden. [2]Aus den entsprechenden Zeugnissen und Bescheinigungen muss hervorgehen, dass eingehende Kenntnisse und Erfahrungen in der Entwicklungspsychologie und Lernpsychologie einschließlich der speziellen Neurosenlehre sowie in der Psychodiagnostik bei Kindern und Jugendlichen mit mindestens 200 Stunden erworben wurden. [3]Darüber hinaus ist nachzuweisen, dass mindestens vier Fälle analytischer oder tiefenpsychologisch fundierter Psychotherapie mit mindestens 200 Stunden insgesamt oder mindestens vier Fälle in Verhaltenstherapie mit insgesamt mindestens 180 Stunden selbstständig unter Supervision – möglichst nach jeder vierten Behandlungsstunde in analytischer oder tiefenpsychologisch fundierter Psychotherapie oder nach jeder dritten Behandlungsstunde in Verhaltenstherapie – durchgeführt und abgeschlossen wurden. [4]Entsprechende Zusatzqualifikationen müssen an anerkannten Weiterbildungsstätten für Kinder- und Jugendlichenpsychotherapie vermittelt worden sein.

(5) [1]Die fachliche Befähigung gemäß § 3 gilt als nachgewiesen für die Ausführung und Abrechnung von Psychotherapie als Gruppenbehandlung im jeweiligen Verfahren nach dem Leistungsinhalt der GOP 35503–35509, 35513–35519, 35523–35529, 35533–35539, 35543–35549 sowie 35553–35559 des EBM:
- durch Nachweis der Erfüllung der Voraussetzungen nach Abs. 1 (tiefenpsychologisch fundierte Psychotherapie) oder nach Abs. 2 (analytische und tiefenpsychologisch fundierte Psychotherapie) oder nach Abs. 3 (Verhaltenstherapie) und bei Kindern und Jugendlichen nach Abs. 4

und
- durch die Vorlage von Zeugnissen und Bescheinigungen, aus denen sich ergibt, dass Kenntnisse und Erfahrungen in der Gruppentherapie erworben wurden. [2]Aus den entsprechenden Zeugnissen und Bescheinigungen muss hervorgehen, dass eingehende Kenntnisse und praktische Erfahrungen in der tiefenpsychologisch fundierten und analytischen Gruppenpsychotherapie oder der Verhaltenstherapie in Gruppen oder der Systemischen Therapie in Gruppen erworben wurden. [3]Ist im Rahmen der Weiterbildung diese Qualifikation nicht erworben worden, ist nachzuweisen, dass in mindestens 40 Doppelstunden analytische oder tiefenpsychologisch fundierte bzw. verhaltenstherapeutische bzw. systemische Selbsterfahrung in der Gruppe, in mindestens 24 Doppelstunden eingehende Kenntnisse in der Theorie der Gruppenpsychotherapie und Gruppendynamik erworben wurden und mindestens 60 Doppelstunden kontinuierlicher Gruppenbehandlung – auch in mehreren Gruppen unter Supervision von mindestens 40 Stunden – mit tiefenpsychologisch

fundierter oder analytischer Psychotherapie oder mit Verhaltenstherapie oder mit Systemischer Therapie durchgeführt wurde.

[4]Die Genehmigung zur Gruppenbehandlung wird für das Verfahren erteilt, für das die Erfüllung der in diesem Absatz geforderten Voraussetzungen an die Qualifikation nachgewiesen wurde.

(6) [1]Die fachliche Befähigung gemäß § 3 gilt als nachgewiesen für die Ausführung und Abrechnung von Maßnahmen der psychosomatischen Grundversorgung nach dem Leistungsinhalt der GOP 35100 und 35110 des EBM:

- durch den Nachweis einer mindestens dreijährigen Erfahrung in selbstverantwortlicher ärztlicher Tätigkeit

und

- durch die Vorlage von Weiterbildungszeugnissen, nach denen Kenntnisse in einer psychosomatisch orientierten Krankheitslehre, reflektierte Erfahrungen über die Psychodynamik und therapeutische Relevanz der Arzt-Patient-Beziehung und Erfahrungen in verbalen Interventionstechniken als Behandlungsmaßnahme erworben wurden. [2]Aus entsprechenden Zeugnissen und Bescheinigungen muss hervorgehen, dass entsprechende Kenntnisse und Erfahrungen in einem Umfang von insgesamt mindestens 80 Stunden erworben wurden. [3]Im Rahmen dieser Gesamtdauer müssen gesondert belegt werden:

1. Theorieseminare von mindestens 20-stündiger Dauer, in denen Kenntnisse zur Theorie der Arzt-Patient-Beziehung, Kenntnisse und Erfahrungen in psychosomatischer Krankheitslehre und der Abgrenzung psychosomatischer Störungen von Neurosen und Psychosen und Kenntnisse zur Krankheit und Familiendynamik, Interaktion in Gruppen, Krankheitsbewältigung (Coping) und Differentialindikation von Psychotherapieverfahren erworben wurden,
2. Reflexion der Arzt-Patient-Beziehung durch kontinuierliche Arbeit in Balint- oder patientenbezogenen Selbsterfahrungsgruppen von mindestens 30-stündiger Dauer (d. h. bei Balintgruppen mindestens 15 Doppelstunden) in regelmäßigen Abständen über einen Zeitraum von mindestens einem halben Jahr

und

3. Vermittlung und Einübung verbaler Interventionstechniken von mindestens 30-stündiger Dauer.

[4]Die Kenntnisse und Erfahrungen müssen in anerkannten Weiterbildungsangeboten und die Reflexion der Arzt-Patient-Beziehung bei anerkannten Balint-Gruppenleiterinnen oder Balint-Gruppenleitern bzw. anerkannten Supervisorinnen oder Supervisoren erworben worden sein.

(7) Die fachliche Befähigung gemäß § 3 gilt als nachgewiesen für die Ausführung und Abrechnung von übenden und suggestiven Interventionen (Autogenes Training, Relaxationsbehandlung nach Jacobson, Hypnose) nach dem Leistungsinhalt der GOP 35111-35113 sowie 35120 des EBM:

- durch Vorlage von Weiterbildungszeugnissen, aus denen sich ergibt, dass eingehende Kenntnisse und Erfahrungen in diesen Interventionen im Rahmen der Weiterbildung gemäß Abs. 1 bis 3 oder Abs. 9 erworben wurden

oder

Anhang 1 — Psychotherapie-Vereinbarung

– durch den Nachweis der erfolgreichen Teilnahme an zwei Kursen von jeweils 8 Doppelstunden im Abstand von mindestens sechs Monaten in den jeweiligen Interventionen.

(8) [1]Die fachliche Befähigung gemäß § 3 gilt als nachgewiesen für die Ausführung und Abrechnung von Eye-Movement-Desensitization and Reprocessing (EMDR) als Methode zur Therapie posttraumatischer Belastungsstörungen bei Erwachsenen als Einzeltherapie

– durch Nachweis der Erfüllung der Voraussetzungen nach Abs. 1 (tiefen-psychologisch fundierte Psychotherapie) oder nach Abs. 2 (analytische und tiefenpsychologisch fundierte Psychotherapie) oder nach Abs. 3 (Verhaltenstherapie) oder nach Abs. 9 (Systemische Therapie)

und

– durch die Vorlage von Zeugnissen und Bescheinigungen, aus denen sich ergibt, dass Kenntnisse und praktische Erfahrungen in der Behandlung der posttraumatischen Belastungsstörung und der EMDR erworben wurden. [2]Ist im Rahmen der Weiterbildung diese Qualifikation nicht erworben worden, ist nachzuweisen, dass in mindestens 40 Stunden eingehende Kenntnisse in der Theorie der Traumabehandlung und EMDR erworben wurden und mindestens 40 Stunden Einzeltherapie, mit mindestens 5 abgeschlossenen EMDR-Behandlungsabschnitten, unter Supervision von mindestens 10 Stunden mit EMDR durchgeführt wurden. [3]Entsprechende Zusatzqualifikationen müssen an oder über anerkannte Weiterbildungsstätten erworben worden sein.

[4]Die Genehmigung für die Durchführung der Methode EMDR wird in dem Verfahren erteilt, für das die Erfüllung der in diesem Absatz geforderten Voraussetzungen an die Qualifikation nachgewiesen wurde.

(9) Die fachliche Befähigung gemäß § 3 gilt als nachgewiesen für die Ausführung und Abrechnung von Systemischer Therapie bei Erwachsenen als Einzeltherapie nach dem Leistungsinhalt der GOP 35130, 35131, 35140–35142, 35150 sowie der entsprechenden GOP gemäß Abschnitt 35.2.1 des EBM:

– durch die Berechtigung zum Führen der Bezeichnung Facharzt/Fachärztin für Psychiatrie und Psychotherapie oder Facharzt/Fachärztin für Psychosomatische Medizin und Psychotherapie oder der Zusatzbezeichnung Psychotherapie

und

– durch Vorlage von Weiterbildungszeugnissen, aus denen sich ergibt, dass eingehende Kenntnisse und Erfahrungen auf dem Gebiet der Systemischen Therapie bei Erwachsenen erworben wurden.

Übersicht

	Rn		Rn
I. Allgemeines	2	III. Weitere fachliche Befähigung	10
II. Fachliche Befähigung für Therapieformen	5		

1 In § 5 sind die Voraussetzungen der fachlichen Befähigung ärztlicher Psychotherapeuten statuiert. Diese folgen den weiterbildungsrechtlichen Vorgaben nach den Weiterbildungsordnungen der Landesärztekammern.

I. Allgemeines

Es wird zunächst unterschieden nach den verschiedenen psychotherapeutischen Behandlungsverfahren gem §§ 16–18 der Psychotherapie-Richtlinie, die Gegenstand der Weiterbildung sind (§ 5 Abs 1–3, 9) sowie weiteren, mitunter zusätzlichen Anforderungen für die Befähigung zur Behandlung von Kindern und Jugendlichen (§ 5 Abs 4), der Durchführung von Gruppenbehandlungen (§ 5 Abs 5), sowie der Erbringung von Leistungen der psychosomatischen Grundversorgung nach dem Leistungsinhalt der GOP 35100 und 35110 des EBM (§ 5 Abs 6), ferner der für die Ausführung und Abrechnung von übenden und suggestiven Interventionen (§ 5 Abs 7) und für die Ausführung und Abrechnung von Eye-Movement-Desensitization and Reprocessing (EMDR) als Methode zur Therapie posttraumatischer Belastungsstörungen bei Erwachsenen (§ 5 Abs 8).

Dass die Behandlungsmethode „Systemische Therapie" bei Erwachsenen als Richtlinienverfahren erst in Abs 9 und nicht direkt im Anschluss an die weiteren Behandlungsverfahren nach Abs 1–3 geregelt ist, liegt in der erst im Jahr 2019 erfolgten Aufnahme dieses Verfahrens in die Psychotherapie-Richtlinie begründet. Der Gemeinsame Bundesausschuss hat mit Beschluss v 22.11.2019[1] in Kraft getreten zum 24.1.2020 eine entsprechende Ergänzung der Psychotherapie-Richtlinie verfügt.

Zum 1.7.2020 hat der Bewertungsausschuss die Bewertungen für die Behandlungen im Verfahren der Systemischen Therapie bei Erwachsenen in den EBM aufgenommen, sodass diese ab diesem Datum zu Lasten der Gesetzlichen Krankenversicherung erbracht werden können.

II. Fachliche Befähigung für Therapieformen

§ 5 Abs 1 betrifft die fachliche Befähigung für die Ausführung und Abrechnung von tiefenpsychologisch fundierter Psychotherapie. Sie umfasst gem § 16a Abs 1 der Psychotherapie-Richtlinie ätiologisch orientierte Therapieformen, mit welchen die unbewusste Psychodynamik aktuell wirksamer neurotischer Konflikte und struktureller Störungen unter Beachtung von Übertragung, Gegenübertragung und Widerstand behandelt werden.

Die Befähigung gilt als nachgewiesen durch die Berechtigung zum Führen der Gebietsbezeichnung Psychotherapeutische Medizin oder Psychosomatische Medizin und Psychotherapie oder der Gebietsbezeichnung Psychiatrie und Psychotherapie oder der Zusatzbezeichnung *„Psychotherapie – fachgebunden"* bzw *„Psychotherapie"* und dem Nachweis, dass iRd Weiterbildung Kenntnisse und Erfahrung in dem Behandlungsverfahren *„tiefenpsychologisch fundierte Psychotherapie"* nach § 16a Psychotherapie-Richtlinie erworben wurden.

Dementsprechend verfügen zB Fachärzte für Psychosomatische Medizin und Psychotherapie sowie Fachärzte für Psychiatrie und Psychotherapie mit der Berechtigung zur Führung des entsprechenden Facharzttitels, die in dem entsprechenden Behandlungsverfahren weitergebildet wurden *„automatisch"* auch über die Befähigung iSd § 5 Abs 1.

---

1 BAnz AT 23.1.2020 B4.

Anhang 1 Psychotherapie-Vereinbarung

8   Mit der Berechtigung zum Führen der Zusatzbezeichnung „Psychoanalyse" gem der Weiterbildungsordnung der zuständigen Landesärztekammer gilt die fachliche Befähigung als nachgewiesen für die Ausführung und Abrechnung von tiefenpsychologisch fundierter und der analytischen Psychotherapie (Psychoanalyse), § 5 Abs 3. Letzter umfasst nach § 16b der Psychotherapie-Richtlinie jene Therapieformen, die zusammen mit der neurotischen Symptomatik den neurotischen Konfliktstoff und die zugrundeliegende neurotische Struktur des Patienten behandeln und dabei das therapeutische Geschehen mit Hilfe der Übertragungs-, Gegenübertragungs- und Widerstandsanalyse unter Nutzung regressiver Prozesse in Gang setzen und fördern.

9   In § 5 Abs 3 ist dies entsprechend für das Behandlungsverfahren der Verhaltenstherapie geregelt. Gem § 17 Abs 1 S 1 Psychotherapie-Richtlinie umfasst die Verhaltenstherapie als Krankenbehandlung Therapieverfahren, die vorwiegend auf der Basis der Lern- und Sozialpsychologie entwickelt worden sind. Unter den Begriff „*Verhalten*" fallen dabei beobachtbare Verhaltensweisen sowie kognitive, emotionale, motivationale und physiologische Vorgänge. Verhaltenstherapie iSd Richtlinie erfordert die Analyse der ursächlichen und aufrechterhaltenden Bedingungen des Krankheitsgeschehens (Verhaltensanalyse). Sie entwickelt ein entsprechendes Störungsmodell und eine übergeordnete Behandlungsstrategie, aus der heraus die Anwendung spezifischer Interventionen zur Erreichung definierter Therapieziele erfolgt, § 17 Abs 1 S 2, 3 Psychotherapie-Richtlinie.

III. Weitere fachliche Befähigung

10   Die Voraussetzungen der fachlichen Befähigung für die Ausführung und Abrechnung von Psychotherapie im jeweiligen Behandlungsverfahren bei Kindern und Jugendlichen ist in § 5 Abs 4 geregelt. Dort wird entweder die Berechtigung zum Führen der Gebietsbezeichnung Kinder- und Jugendpsychiatrie und -psychotherapie sowie der Nachweis über Kenntnisse und Erfahrungen im jeweiligen Behandlungsverfahren gefordert oder, soweit eine der in Abs 1–3 genannten Gebietsbezeichnungen erworben wurde, der weitere Nachweis über erworbene Kenntnisse und Erfahrungen auf dem Gebiet der Psychotherapie bei Kindern und Jugendlichen.

11   Weitere Kenntnisse und Erfahrungen über die in Abs 1–4 genannten hinaus, erfordert die Berechtigung zur Erbringung und Abrechnung von Leistungen der Gruppenbehandlung im jeweiligen Verfahren. Die Anforderungen im Einzelnen sind in § 5 Abs 5 geregelt.

12   Für die fachliche Befähigung zur Ausführung und Abrechnung von Maßnahmen der psychosomatischen Grundversorgung nach dem Leistungsinhalt der GOP 35100 und 35110 des EBM finden sich Vorgaben in § 5 Abs 6. Diese Ausführung und Abrechnung dieser Leistungen ist psychotherapeutisch tätigen Ärzten vorbehalten.

13   In § 5 Abs 8 ist die fachliche Befähigung für die Ausführung und Abrechnung von Eye-Movement-Desensitization and Reprocessing (EMDR) als Methode zur Therapie posttraumatischer Belastungsstörungen bei Erwachsenen als Einzeltherapie normiert. EMDR wurde als Methode in der Psychotherapie vom Gemeinsamen Bundesausschuss mit Beschluss v 16.10.2014[2] in Kraft getreten zum 3.1.2015 anerkannt für die Behandlung von Patienten, die an einer Posttraumatischen Belastungsstörung leiden,

---

2 BAnz AT 2.1.2015 B2.

zB ausgelöst durch Krieg, Entführung und Folter. Die Methode kann im Rahmen eines umfassenden Behandlungskonzeptes der Verhaltenstherapie, der tiefenpsychologisch fundierten Psychotherapie oder der analytischen Psychotherapie angewendet werden.

§ 6 Fachliche Befähigung Psychologischer Psychotherapeuten

(1) Die fachliche Befähigung gemäß § 3 gilt als nachgewiesen für die Ausführung und Abrechnung von tiefenpsychologisch fundierter Psychotherapie nach dem Leistungsinhalt der GOP 35130, 35131, 35140, 35141, 35150, 35401, 35402 sowie 35405 des EBM:
- durch den Fachkundenachweis gemäß § 95c SGB V aufgrund einer vertieften Ausbildung mit Erwerb eingehender Kenntnisse und Erfahrungen in der tiefenpsychologisch fundierten Psychotherapie.

(2) Die fachliche Befähigung gemäß § 3 gilt als nachgewiesen für die Ausführung und Abrechnung von analytischer Psychotherapie nach dem Leistungsinhalt der GOP 35130, 35131, 35140, 35141, 35150, 35411, 35412 sowie 35415 des EBM:
- durch den Fachkundenachweis gemäß § 95c SGB V aufgrund einer vertieften Ausbildung mit Erwerb eingehender Kenntnisse und Erfahrungen in der analytischen Psychotherapie.

(3) Die fachliche Befähigung gemäß § 3 gilt als nachgewiesen für die Ausführung und Abrechnung von Verhaltenstherapie nach dem Leistungsinhalt der GOP 35130, 35131, 35140, 35141, 35150, 35421, 35422 sowie 35425 des EBM:
- durch den Fachkundenachweis gemäß § 95c SGB V aufgrund einer vertieften Ausbildung mit Erwerb eingehender Kenntnisse und Erfahrungen in der Verhaltenstherapie.

(4) [1]Die fachliche Befähigung gemäß § 3 gilt als nachgewiesen für die Ausführung und Abrechnung von Psychotherapie im jeweiligen Verfahren bei Kindern und Jugendlichen nach dem Leistungsinhalt der GOP 35130, 35131, 35140, 35141, 35150, 35401, 35402, 35405, 35411, 35412, 35415, 35421, 35422 sowie 35425 des EBM:
- durch Nachweis der Erfüllung der Voraussetzungen nach Abs. 1 (tiefenpsychologisch fundierte Psychotherapie) oder nach Abs. 2 (analytische Psychotherapie) oder nach Abs. 3 (Verhaltenstherapie)

und

- durch Vorlage von Zeugnissen, aus denen sich ergibt, dass eingehende Kenntnisse und Erfahrungen in der Entwicklungspsychologie und Lernpsychologie einschließlich der speziellen Neurosenlehre sowie der Psychodiagnostik bei Kindern und Jugendlichen mit mindestens 200 Stunden erworben wurden. [2]Darüber hinaus ist nachzuweisen, dass mindestens 4 Fälle analytischer oder tiefenpsychologisch fundierter Psychotherapie mit mindestens 200 Stunden insgesamt oder mindestens 5 Fälle in Verhaltenstherapie mit mindestens 180 Stunden insgesamt selbstständig unter Supervision – möglichst nach jeder vierten Behandlungsstunde bei analytischer und tiefenpsychologisch fundierter Psychotherapie oder nach jeder dritten bis vierten Behandlungsstunde bei Verhaltenstherapie – bei Kindern und Jugendlichen durchgeführt und abgeschlossen wurden. [3]Entsprechende Zusatzqualifikationen müssen an oder über anerkannte Ausbildungsstätten für Kinder- und Jugendlichenpsychotherapie gemäß § 6 Psychotherapeutengesetz erworben worden sein.

(5) ¹Die fachliche Befähigung gemäß § 3 gilt als nachgewiesen für die Ausführung und Abrechnung von Psychotherapie als Gruppenbehandlung im jeweiligen Verfahren nach dem Leistungsinhalt der GOP 35503–35509, 35513–35519, 35523–35529, 35533–35539, 35543–35549, 35553–35559, sowie der entsprechenden GOP der Systemischen Therapie bei Erwachsenen als Gruppentherapie gemäß Abschnitt 35.2.2 des EBM:

– durch Nachweis der Erfüllung der Voraussetzungen nach Abs. 1 (tiefen-psychologisch fundierte Psychotherapie) oder nach Abs. 2 (analytische Psychotherapie) oder nach Abs. 3 (Verhaltenstherapie) oder nach Abs. 8 (Systemische Therapie) und bei Kindern und Jugendlichen nach Abs. 4

und

– durch die Vorlage von Zeugnissen, aus denen sich ergibt, dass eingehende Kenntnisse und praktische Erfahrungen in der Gruppenpsychotherapie der psychoanalytisch begründeten Verfahren oder der Verhaltenstherapie oder der Systemischen Therapie erworben wurden. ²Ist im Rahmen der Ausbildung diese Qualifikation nicht erworben worden, ist nachzuweisen, dass in mindestens 40 Doppelstunden analytischer oder tiefenpsychologisch fundierter bzw. verhaltenstherapeutischer bzw. systemischer Selbsterfahrung in der Gruppe, in mindestens 24 Doppelstunden eingehende Kenntnisse in der Theorie der Gruppenpsychotherapie und Gruppendynamik erworben wurden und mindestens 60 Doppelstunden kontinuierlicher Gruppenbehandlung, auch in mehreren Gruppen, unter Supervision von mindestens 40 Stunden mit tiefenpsychologisch fundierter oder analytischer Psychotherapie oder mit Verhaltenstherapie oder mit Systemischer Therapie durchgeführt wurden. ³Entsprechende Zusatzqualifikationen müssen an oder über anerkannte Ausbildungsstätten gemäß § 6 Psychotherapeutengesetz erworben worden sein. ⁴Die Genehmigung wird für das Verfahren erteilt, für das die Erfüllung der in diesem Absatz geforderten Voraussetzungen an die Qualifikation nachgewiesen wurde.

(6) Die fachliche Befähigung gemäß § 3 gilt als nachgewiesen für die Ausführung und Abrechnung von übenden und suggestiven Interventionen (Autogenes Training, Relaxationsbehandlung nach Jacobson, Hypnose) nach dem Leistungsinhalt der GOP 35111-35113, sowie 35120 des EBM:

– durch Nachweis der Erfüllung der Voraussetzungen nach Abs. 1 (tiefenpsychologisch fundierte Psychotherapie) oder nach Abs. 2 (analytische Psychotherapie) oder nach Abs. 3 (Verhaltenstherapie) oder nach Abs. 8 (Systemische Therapie)

und

– durch den Erwerb eingehender Kenntnisse und Erfahrungen in diesen Interventionen im Rahmen des Fachkundenachweises gemäß Abs. 1 bis 3 oder Abs. 8

oder

– durch die erfolgreiche Teilnahme an zwei Kursen von jeweils 8 Doppelstunden im Abstand von mindestens 6 Monaten in den jeweiligen Interventionen.

(7) ¹Die fachliche Befähigung gemäß § 3 gilt als nachgewiesen für die Ausführung und Abrechnung von EMDR als Methode zur Therapie posttraumatischer Belastungsstörungen bei Erwachsenen als Einzeltherapie

– durch Nachweis der Erfüllung der Voraussetzungen nach Abs. 1 (tiefen-psychologisch fundierte Psychotherapie) oder nach Abs. 2 (analytische und tiefenpsychologisch fundierte Psychotherapie) oder nach Abs. 3 (Verhaltenstherapie) oder nach Abs. 8 (Systemische Therapie)

und

– durch die Vorlage von Zeugnissen und Bescheinigungen, aus denen sich ergibt, dass Kenntnisse und praktische Erfahrungen in der Behandlung der posttraumatischen Belastungsstörung und der EMDR erworben wurden. ²Ist im Rahmen der Ausbildung diese Qualifikation nicht erworben worden, ist nachzuweisen, dass in mindestens 40 Stunden eingehende Kenntnisse in der Theorie der Traumabehandlung und EMDR erworben wurden und mindestens 40 Stunden Einzeltherapie, mit mindestens 5 abgeschlossenen EMDR-Behandlungsabschnitten, unter Supervision von mindestens 10 Stunden mit EMDR durchgeführt wurden. ³Entsprechende Zusatzqualifikationen müssen an oder über anerkannte Ausbildungsstätten gemäß § 6 Psychotherapeutengesetz erworben worden sein. ⁴Die Genehmigung für die Durchführung der Methode EMDR wird in dem Verfahren erteilt, für das die Erfüllung der in diesem Absatz geforderten Voraussetzungen an die Qualifikation nachgewiesen wurde.

(8) Die fachliche Befähigung gemäß § 3 gilt als nachgewiesen für die Ausführung und Abrechnung von Systemischer Therapie bei Erwachsenen als Einzeltherapie nach dem Leistungsinhalt der GOP 35130, 35131, 35140, 35141, 35150 und der entsprechenden GOP gemäß Abschnitt 35.2.1 des EBM:

– durch den Fachkundenachweis gemäß § 95c SGB V aufgrund einer vertieften Ausbildung mit Erwerb eingehender Kenntnisse und Erfahrungen in der Systemischen Therapie bei Erwachsenen.

oder

– durch einen Fachkundenachweis gemäß § 95c SGB V in analytischer Psychotherapie, tiefenpsychologisch fundierter Psychotherapie oder Verhaltenstherapie und zusätzlich der Berechtigung zum Führen der Zusatzbezeichnung Systemische Therapie, aus der sich ergibt, dass eingehende Kenntnisse und Erfahrungen auf dem Gebiet der Systemischen Therapie bei Erwachsenen erworben wurden.

In § 6 sind die Voraussetzungen der Befähigungen wie sie in § 5 für ärztliche Psychotherapeuten geregelt sind, entsprechend für Psychologische Psychotherapeuten abgebildet. Da der Erwerb der Fachkunde bei den Psychotherapeuten anders als bei den Ärzten iRd Ausbildung erfolgt (dazu noch im Einzelnen unter § 8), unterscheidet sich die Terminologie entsprechend. [1]

Mit dem Gesetz zur Reform der Psychotherapeutenausbildung v 15.11.2019[1], dessen maßgebliche Regelungen zum 1.9.2020 in Kraft treten, wird sich dies zukünftig ändern. Künftig soll die Approbation als *„Psychotherapeutin"* oder *„Psychotherapeut"* nach einem fünfjährigen Universitätsstudium erteilt werden. Für den Zugang zum Versorgungssystem der Gesetzlichen Krankenversicherung ist – wie bei den Ärzten – eine anschließende Weiterbildung vorgesehen. Der neue Studiengang soll erstmals zum Wintersemester 2020 angeboten werden. [2]

---

1 BGBl I, 1604.

3 Auch in § 6 sind zunächst die Voraussetzungen der Befähigungen in den einzelnen Richtlinienverfahren in Abs 1–3 geregelt. In Abs 4 sind die Befähigungen für die Behandlung von Kindern und Jugendlichen normiert. Während die Approbation der Psychologischen Psychotherapeuten nach § 1 Abs 1 PsychThG auch die Behandlung von Kindern und Jugendlichen umfasst, dh bei der Behandlung von Privatpatienten keine weitere Qualifikation erforderlich ist, bestimmt die Regelung in § 6 Abs 4 den Nachweis einer darüberhinausgehenden Qualifikation.

4 Nachzuweisen ist, dass Kenntnisse und Erfahrungen in der Entwicklungspsychologie und Lernpsychologie einschließlich der speziellen Neurosenlehre sowie der Psychodiagnostik bei Kindern und Jugendlichen mit mindestens 200 Stunden erworben wurden. Darüber hinaus ist nachzuweisen, dass mindestens 4 Fälle analytischer oder tiefenpsychologisch fundierter Psychotherapie mit mindestens 200 Stunden insgesamt oder mindestens 5 Fälle in Verhaltenstherapie mit mindestens 180 Stunden insgesamt selbstständig unter Supervision – möglichst nach jeder vierten Behandlungsstunde bei analytischer und tiefenpsychologisch fundierter Psychotherapie oder nach jeder dritten bis vierten Behandlungsstunde bei Verhaltenstherapie – bei Kindern und Jugendlichen durchgeführt und abgeschlossen wurden.

5 IRd Nachbesetzung von Vertragspsychotherapeutensitzen hat das Bundessozialgericht mit Urt v 15.7.2015[2] entschieden, dass für die Besetzung von Therapeutensitzen zur ausschließlichen Behandlung von Kindern und Jugendlichen Kinder- und Jugendlichenpsychotherapeuten und Psychologische Psychotherapeuten mit zusätzlicher Fachkundeausbildung gleichermaßen qualifiziert sind: „*Das Gesetz und die dieses konkretisierenden untergesetzlichen Vorschriften schreiben eine Bevorzugung der KJPen bei der Besetzung von Therapeutensitzen zur ausschließlich psychotherapeutischen Betreuung von Kindern und Jugendlichen weder vor noch lassen sie eine solche zu. Vielmehr können beide Gruppen von Behandlern – KJPen wie auch PP mit zusätzlicher Fachkundeausbildung nach § 6 Abs 4 Psych-Vb – nach den Vorgaben des Gesetzgebers sowie der untergesetzlichen Normgeber Kinder und Jugendliche qualitativ angemessen versorgen.*"[3]

6 Hinsichtlich der weiteren besonderen Qualifikationen nach Abs 5–9 kann auf die Ausführungen zu § 5 verwiesen werden.

§ 7 Fachliche Befähigung von Kinder- und Jugendlichenpsychotherapeuten

(1) Die fachliche Befähigung gemäß § 3 gilt als nachgewiesen für die Ausführung und Abrechnung von tiefenpsychologisch fundierter Psychotherapie nach dem Leistungsinhalt der GOP 35130, 35131, 35140, 35141, 35150, 35401, 35402 sowie 35405 des EBM:
- **durch den Fachkundenachweis gemäß § 95c SGB V aufgrund einer vertieften Ausbildung mit Erwerb eingehender Kenntnisse und Erfahrungen in der tiefenpsychologisch fundierten Psychotherapie.**

---

[2] *BSG* v 15.7.2015 – B 6 KA 32/14 R.
[3] *BSG* v 15.7.2015 – B 6 KA 32/14 R, Rn 43, juris.

(2) Die fachliche Befähigung gemäß § 3 gilt als nachgewiesen für die Ausführung und Abrechnung von analytischer Psychotherapie nach dem Leistungsinhalt der GOP 35130, 35131, 35140, 35141, 35150, 35411, 35412 sowie 35415 des EBM:
- durch den Fachkundenachweis gemäß § 95c SGB V aufgrund einer vertieften Ausbildung mit Erwerb eingehender Kenntnisse und Erfahrungen in der analytischen Psychotherapie.

(3) Die fachliche Befähigung gemäß § 3 gilt als nachgewiesen für die Ausführung und Abrechnung von Verhaltenstherapie nach dem Leistungsinhalt der GOP 35130, 35131, 35140, 35141, 35150, 35421, 35422 sowie 35425 des EBM:
- durch den Fachkundenachweis gemäß § 95c SGB V aufgrund einer vertieften Ausbildung mit Erwerb eingehender Kenntnisse und Erfahrungen in der Verhaltenstherapie.

(4) [1]Die fachliche Befähigung gemäß § 3 gilt als nachgewiesen für die Ausführung und Abrechnung von Psychotherapie als Gruppenbehandlung im jeweiligen Verfahren nach dem Leistungsinhalt der GOP 35503–35509, 35513–35519, 35523–35529, 35533–35539, 35543–35549 sowie 35553–35559 des EBM:
- durch Nachweis der Erfüllung der Voraussetzungen nach Abs. 1 (tiefenpsychologisch fundierte Psychotherapie) oder nach Abs. 2 (analytische Psychotherapie) oder nach Abs. 3 (Verhaltenstherapie)

und

- durch die Vorlage von Zeugnissen, aus denen sich ergibt, dass eingehende Kenntnisse und praktische Erfahrungen in der Gruppenpsychotherapie der psychoanalytisch begründeten Verfahren oder der Verhaltenstherapie erworben wurden. [2]Dabei ist nachzuweisen, dass in mindestens 40 Doppelstunden analytischer oder tiefenpsychologisch fundierter bzw. verhaltenstherapeutischer Selbsterfahrung in der Gruppe, in mindestens 24 Doppelstunden eingehende Kenntnisse in der Theorie der Gruppenpsychotherapie und Gruppendynamik erworben wurden und mindestens 60 Doppelstunden kontinuierlicher Gruppenbehandlung, auch in mehreren Gruppen, unter Supervision von mindestens 40 Stunden mit tiefenpsychologisch fundierter oder analytischer Psychotherapie oder mit Verhaltenstherapie durchgeführt wurden. [3]Entsprechende Zusatzqualifikationen müssen an oder über anerkannte Ausbildungsstätten gemäß § 6 Psychotherapeutengesetz erworben worden sein.

(5) Die fachliche Befähigung gemäß § 3 gilt als nachgewiesen für die Ausführung und Abrechnung von übenden und suggestiven Interventionen (Autogenes Training, Relaxationsbehandlung nach Jacobson, Hypnose) nach dem Leistungsinhalt der GOP 35111-35113 und 35120 des EBM:
- durch Nachweis der Erfüllung der Voraussetzungen nach Abs. 1 (tiefenpsychologisch fundierte Psychotherapie) oder nach Abs. 2 (analytische Psychotherapie) oder nach Abs. 3 (Verhaltenstherapie)

und

- durch den Erwerb eingehender Kenntnisse und Erfahrungen in diesen Interventionen im Rahmen des Fachkundenachweises gemäß Abs. 1 bis 3

oder

Anhang 1

– durch die erfolgreiche Teilnahme an zwei Kursen von jeweils 8 Doppelstunden im Abstand von mindestens 6 Monaten in den jeweiligen Interventionen.

(6) Therapeutinnen und Therapeuten, die durch ihren Fachkundenachweis auf die Psychotherapie von Kindern und Jugendlichen beschränkt sind, dürfen nur bei Kindern und Jugendlichen tätig werden.

1 In § 7 sind die Voraussetzungen der Befähigungen wie sie in § 5 für ärztliche Psychotherapeuten und in § 6 für Psychologische Psychotherapeuten geregelt sind, entsprechend für die Kinder- und Jugendlichenpsychotherapeuten abgebildet. Dabei dürfen Therapeutinnen und Therapeuten, die durch ihren Fachkundenachweis auf die Psychotherapie von Kindern und Jugendlichen beschränkt sind, nur bei Kindern und Jugendlichen tätig werden, § 7 Abs 6.

2 Bereits die Approbation der Kinder- und Jugendlichenpsychotherapeuten beschränkt sich gem § 1 Abs 2 S 1 PsychThG auf die Behandlung von Patienten, die das 21. Lebensjahr noch nicht vollendet haben. Ausnahmen sind zulässig, wenn zur Sicherung des Therapieerfolgs eine gemeinsame psychotherapeutische Behandlung von Kindern und Jugendlichen mit Erwachsenen erforderlich ist oder eine vorher mit Mittel der Kinder- und Jugendlichenpsychotherapie begonnene psychotherapeutische Behandlung erst nach Vollendung des 21. Lebensjahres abgeschlossen werden kann. Auf die erstgenannte Ausnahme, der Einbeziehung von Bezugspersonen, verweist auch § 3 S 5.

3 Mit dem Gesetz zur Reform der Psychotherapeutenausbildung wird der Begriff „*Psychotherapeutin/Psychotherapeut*" künftig als einheitliche Berufsbezeichnung festgelegt.

§ 8 Abrechnung von Leistungen in Einrichtungen gem. § 117 Abs. 3 SGB V

(1) Die Abrechnung von Leistungen, die in Einrichtungen erbracht werden, die gemäß § 117 Abs. 3 SGB V an der vertragsärztlichen Versorgung teilnehmen, unterliegt der Maßgabe, dass die Leistungen den Vorgaben der Psychotherapie-Richtlinie und dieser Vereinbarung entsprechen und dass diese von Therapeutinnen und Therapeuten mit den in dieser Vereinbarung genannten Qualifikationen erbracht oder durch die Ausbildungsteilnehmerin oder den Ausbildungsteilnehmer frühestens nach Absolvierung der Hälfte der entsprechenden Ausbildung und Nachweis von ausreichenden Kenntnissen und Erfahrungen in dem betreffenden Psychotherapieverfahren unter Supervision dafür qualifizierter Therapeutinnen und Therapeuten durchgeführt werden.

(2) Es obliegt der Einrichtung nach § 117 Abs. 3 SGB V die ausreichende Qualifikation der Ausbildungsteilnehmerin oder des Ausbildungsnehmers zum Zeitpunkt der Leistungserbringung zu prüfen und sicherzustellen.

Übersicht

	Rn		Rn
I. Allgemeines	2	III. Leistungsvergütung	10
II. Ermächtigung	5		

1 In § 8 sind die Voraussetzungen der Erbringung und Abrechnung von Behandlungstätigkeiten von Ausbildungsteilnehmern während der Ausbildung zum Psychologischen

Anhang 1

Psychotherapeuten bzw zum Kinder- und Jugendlichenpsychotherapeuten in Ausbildungsstätten nach § 6 PsychThG abgebildet.

I. Allgemeines

Die Ausbildung mit dem Ziel der Erlangung der Approbation als Psychologischer 2
Psychotherapeut oder als Kinder- und Jugendlichenpsychotherapeut erfolgt an Hochschulen oder an anderen Einrichtungen, die als Ausbildungsstätten für Psychotherapie oder als Ausbildungsstätten für Kinder- und Jugendlichenpsychotherapie staatlich anerkannt sind, § 6 Abs 1 PsychThG.

Der Inhalt der Ausbildungen ist in den Ausbildungs- und Prüfungsverordnungen für 3
Psychologische Psychotherapeuten (PsychTh-AprV) und Kinder- und Jugendlichenpsychotherapeuten (KJPsychTh-AprV) geregelt. Dort ist vorgesehen, dass sich nach der praktischen Tätigkeit gem § 2 PsychTh-AprV, KJPsychTh-AprV, die zum großen Teil im stationären Bereich absolviert wird (ua sogenanntes *„Psychiatrie-Jahr"*) die praktische Ausbildung gem § 4 PsychTh-AprV, KJPsychTh-AprV anschließt.

Diese umfasst mindestens 600 Behandlungsstunden unter Supervision mit mindestens 4
sechs Patientenbehandlungen sowie mindestens 150 Supervisionsstunden. Die Supervision erfolgt durch Supervisoren, die von der Hochschule oder anderen Einrichtung nach § 6 Abs 1 PsychThG (Ausbildungsstätte) anerkannt sind, § 4 Abs 2 S 2 PsychTh-AprV, KJPsychTh-AprV.

II. Ermächtigung

Die Behandlung der Patienten durch die Ausbildungsteilnehmer erfolgt an den 5
Ambulanzen der Hochschulen bzw der psychotherapeutischen Ausbildungsstätten. Nach § 117 Abs 1 S 1 SGB V sind Ambulanzen an Ausbildungsstätten nach § 6 des PsychThG zur ambulanten psychotherapeutischen Behandlung der Versicherten und der in § 75 Abs 3 SGB V genannten Personen in Behandlungsverfahren, die vom Gemeinsamen Bundesausschuss nach § 92 Abs 6a SGB V anerkannt sind, ermächtigt, sofern die Krankenbehandlung unter der Verantwortung von Personen stattfindet, die die fachliche Qualifikation für die psychotherapeutische Behandlung im Rahmen der vertragsärztlichen Versorgung erfüllen.

Bis zum Inkrafttreten des GKV-Versorgungsstärkungsgesetztes (GKV-VSG) zum 6
23.7.2015[1] war für die Hochschulambulanzen und die Ambulanzen an Ausbildungsstätten noch eine Ermächtigung durch die Zulassungsausschüsse nach § 96 SGB V vorgesehen. Mit Inkrafttreten des GKV-VSG galt die Ermächtigung dann qua Gesetz mit Erhalt der staatlichen Anerkennung und war eine Ermächtigung durch den Zulassungsausschuss nicht mehr erforderlich.

Mit dem Gesetz zur Reform der Psychotherapeutenausbildung ist der Gesetzgeber 7
wieder zum Modell der Ermächtigung durch den Zulassungsausschuss zurückgekehrt: Gem § 117 Abs 3a SGB V bedürfen Ambulanzen, die vor dem 26.9.2019 nach § 6 PsychThG in der bis zum 31.8.2020 geltenden Fassung staatlich anerkannt wurden, aber noch keine Behandlungsleistungen zu Lasten der gesetzlichen Krankenversicherung erbracht haben, weil das von ihnen angewandte psychotherapeutische Behandlungsverfahren noch nicht vom Gemeinsamen Bundesausschuss nach § 92 Abs 6a

---

1 BGBl I, 1211.

Anhang 1

SGB V anerkannt war, oder Ambulanzen, die nach dem 26.9.2019 nach § 6 PsychThG in der bis zum 31.8.2020 geltenden Fassung staatlich anerkannt werden, abweichend von § 117 Abs 3 SGB V einer Ermächtigung durch den Zulassungsausschuss.

8 Auch für die (zukünftigen) Ambulanzen an Einrichtungen, die (zukünftig) nach Landesrecht für die Weiterbildung von Psychotherapeuten oder Ärzten in psychotherapeutischen Fachgebieten zugelassen sind, ist eine Ermächtigung durch den Zulassungsausschuss vorgesehen: Gem § 117 Abs 3b SGB V sind diese vom Zulassungsausschuss auf Antrag zur ambulanten psychotherapeutischen Behandlung der Versicherten zu ermächtigen, soweit die Ermächtigung notwendig ist, um eine ausreichende psychotherapeutische Versorgung der Versicherten sicherzustellen, und sofern die Krankenbehandlung unter der Verantwortung von Personen stattfindet, die die fachliche Qualifikation für die psychotherapeutische Behandlung iRd vertragsärztlichen Versorgung erfüllen.

9 Nach § 117 Abs 3b S 2 SGB V ist die Ermächtigung ohne Bedarfsprüfung zu erteilen, wenn die jeweilige Ambulanz bereits nach § 117 Abs 3 oder Abs 3a zur ambulanten psychotherapeutischen Behandlung ermächtigt war. Die bereits bestehenden Ambulanzen genießen demnach Bestandsschutz.

III. Leistungsvergütung

10 Die Vergütung der Behandlungsleistungen durch die Ambulanzen der Ausbildungsstätten erfolgt direkt durch die Krankenkassen auf Grundlage von Vergütungsvereinbarungen nach § 120 SGB V, vgl § 117 Abs 3c SGB V. Häufig legen die Vertragspartner in den Vereinbarungen eine Abrechnung der durch die Ambulanzen erbrachten einzelnen Leistungen nach den Vorgaben des EBM zugrunde.

11 Im Gegensatz zu den psychologischen Hochschulambulanzen, die gem § 117 Abs 2 SGB V iRv Forschung und Lehre ermächtigt sind, in denen in vielen Fällen eine pauschale Vergütung nach Behandlungsfällen erfolgt, ist für die Ausbildungsstätten in § 117 Abs 3c Nr 1 SGB V vorgesehen, dass für die Vergütung der erbrachten Leistungen § 120 Abs 2 S 1 und 2 SGB V entsprechend gilt mit der Maßgabe, dass dabei eine Abstimmung mit Entgelten für vergleichbare Leistungen erfolgen soll.

12 Insbesondere wenn sich Leistungsvoraussetzungen ändern oder neue Leistungen vom Bewertungsausschuss beschlossen werden, kann es zwischen den Vertragsparteien streitig sein, ob bzw in welchem Umfang Leistungen auch von den Ausbildungsstätten berechnet werden können. So wurden beispielsweise mit Beschluss des Bewertungsausschusses v 22.9.2015 rückwirkend zum 1.1.2012 die sogenannten Strukturzuschläge eingeführt (heute abgebildet in GOP 35571 bis 35573 EBM). Diese sollen bestimmte Personalkosten einer psychotherapeutischen Praxis abbilden und werden von der jeweiligen Kassenärztlichen Vereinigung iRd Honorarabrechnung zugesetzt, wenn ein bestimmtes Honorarvolumen im Quartal überschritten wird.

13 Die Krankenkassenverbände vertraten die Auffassung, dass aufgrund der Besonderheiten dieser Leistung die Ausbildungsstätten diese aufgrund der Vergütungsvereinbarung nach § 120 SGB V nicht berechnen können. Das BSG entschied mit Urteil v 12.12.2018[2], dass eine Vereinbarung, nach der in staatlich anerkannten Ausbildungs-

---

2 *BSG* v 12.12.2018 – B 6 KA 41/17 R.

stätten für Psychotherapie erbrachte psychotherapeutische Leistungen „*als Einzelleistungsvergütung nach EBM*" vergütet werden, auch den Anspruch auf den sog Strukturzuschlag einschließe, der Psychotherapeuten mit mehr als hälftiger Auslastung zusteht.

§ 9 Konsiliarverfahren

Das Konsiliarverfahren einschließlich der Qualifikation der den Konsiliarbericht abgebenden Ärztinnen und Ärzte richtet sich nach den in § 32 der Psychotherapie-Richtlinie festgelegten Bestimmungen.

Spätestens nach Beendigung der probatorischen Sitzungen nach § 12 der Psychotherapie-Richtlinie und vor Beginn der Richtlinientherapie ist eine körperliche ärztliche Untersuchung notwendig. Sie soll sicherstellen, dass keine organische Erkrankung die Ursache für das Leiden des Patienten ist. Dafür überweist der psychotherapeutische Leistungserbringer den Patienten an einen Konsiliararzt, § 32 Abs 1 S 1 Psychotherapie-Richtlinie. Dieser ist in der Regel der Hausarzt, ein Kinderarzt, ein Psychiater oder seltener der Facharzt einer anderen Fachrichtung. Am Ende der Untersuchung wird der sogenannte Konsiliarbericht erstellt. Die erforderlichen Angaben sind in § 32 Abs 3 Psychotherapie-Richtlinie normiert. Der Bericht ist möglichst zeitnah, spätestens aber drei Wochen nach der Untersuchung zu übermitteln, § 32 Abs 2 S 2 Psychotherapie-Richtlinie. 1

Das Einholen eines Konsiliarberichts ist vor Beginn einer Richtlinientherapie generell erforderlich. Auch wenn die Psychotherapie-Richtlinie bei der Psychotherapeutischen Sprechstunde und der Akutbehandlung die verpflichtende Einholung eines Konsiliarberichtes nicht vorsieht, sollte der Psychotherapeut oder psychotherapeutisch tätige Arzt prüfen, ob im Rahmen seiner therapeutischen Sorgfaltspflicht eine Information über den somatischen Befund eingeholt werden sollte. 2

§ 10 Informationspflichten

(1) ¹Die Kassenärztlichen Vereinigungen stellen den Landesverbänden der Krankenkassen und den Ersatzkassen quartalsweise ein Verzeichnis derjenigen Therapeutinnen und Therapeuten zur Verfügung, die die in den §§ 5 bis 7 genannten Voraussetzungen nachgewiesen haben, und zwar in elektronischer und weiterverarbeitbarer Form. ²Das Verzeichnis enthält die Namen der Therapeutinnen und Therapeuten, Anschrift des Vertragsarztsitzes, ggf. Anschriften mit Kennzeichnung des Vertragsarztsitzes, Angaben über deren Gebietsbezeichnung, telefonische Erreichbarkeitszeiten zur Terminkoordination gemäß § 1 Abs. 8 Psychotherapie-Richtlinie sowie die Telefonnummer.

(2) In diesem Verzeichnis sind die Therapeutinnen und Therapeuten zu kennzeichnen, die berechtigt sind, gemäß § 5 Abs. 4 bzw. § 6 Abs. 4 oder § 7 Psychotherapie bei Kindern und Jugendlichen sowie gemäß § 5 Abs. 5 bzw. § 6 Abs. 5 oder § 7 Abs. 4 Psychotherapie in Gruppen durchzuführen.

(3) Abweichendes von den Regelungen zum Verzeichnis gemäß Abs. 1 können die Partner des Gesamtvertrages vereinbaren.

Anhang 1
Psychotherapie-Vereinbarung

(4) [1]Die Kassenärztliche Bundesvereinigung führt eine Liste der aktuell nach § 12 bestellten Gutachterinnen und Gutachter und stellt diese zeitnah nach Aktualisierung den Landesverbänden der Krankenkassen und den Ersatzkassen oder an eine von diesen benannte Stelle und dem GKV-Spitzenverband in elektronischer und weiterverarbeitbarer Form zur Verfügung. [2]Für das Versenden von Gutachtenaufträgen nutzt die Krankenkasse die in der Liste nach Satz 1 angegebene Adresse der Gutachterin oder des Gutachters.

(5) [1]Die Therapeutin oder der Therapeut zeigt der zuständigen Krankenkasse unverzüglich die Beendigung der Richtlinientherapie gemäß § 15 der Psychotherapie-Richtlinie an. [2]Sofern sich eine Rezidivprophylaxe anschließt, ist dies ebenfalls anzuzeigen. [3]Für die Anzeige nach Satz 1 oder Satz 2 sind die entsprechenden Kennzeichnungen des Katalogs der codierten Zusatzziffern der Kassenärztlichen Bundesvereinigung zu verwenden.

Teil C
Durchführung der Behandlung

§ 11 Antragstellung

(1) [1]Beabsichtigt eine Therapeutin oder ein Therapeut eine Richtlinientherapie gemäß § 15 Psychotherapie-Richtlinie bei entsprechender Indikationsstellung durchzuführen, so empfiehlt er der Versicherten oder dem Versicherten frühestens zu Beginn der probatorischen Sitzungen, einen Antrag auf Feststellung der Leistungspflicht für Psychotherapie bei deren oder dessen Krankenkasse zu stellen (Formblatt PTV 1). [2]Der Antrag kann frühestens gestellt werden, wenn die zweite probatorische Sitzung terminiert ist. [3]Im Quartal der ersten Behandlung und/oder den drei vorausgegangenen Quartalen müssen mindestens zwei probatorische Sitzungen gemäß § 12 Abs. 3 der Psychotherapie-Richtlinie durchgeführt worden sein. [4]Im Antrag der Versicherten oder des Versicherten (PTV 1) sind das Datum oder die Daten der in Anspruch genommenen Psychotherapeutischen Sprechstunde anzugeben.

(2) [1]Je nach Indikation ist festzulegen, ob ein Antrag auf Kurzzeit- oder Langzeittherapie gestellt werden soll. [2]Dem Antrag der Versicherten oder des Versicherten sind Angaben der Therapeutin oder des Therapeuten für die beantragte Therapie auf dem Formblatt PTV 2 beizufügen, die der Begründung der beantragten Therapie dienen.

(3) [1]Im Formblatt PTV 2 sind die Diagnose (eigenständig) und die Anzahl der Therapieeinheiten anzugeben. [2]Eine Therapieeinheit entspricht dabei 50 Minuten in einer Einzelbehandlung und 100 Minuten in einer Gruppenbehandlung. [3]Bei der Beantragung von Therapieeinheiten für die Gruppentherapie im Rahmen einer reinen Gruppenbehandlung oder einer Kombinationsbehandlung aus Einzel- und Gruppentherapie ist im Formblatt PTV 2 für die Gruppentherapie die jeweilige Gebührenordnungsposition mit einem „X" an fünfter Stelle anzugeben. [4]Damit ist eine Änderung der Gruppengröße im Behandlungsverlauf im Rahmen der Regelung gemäß § 21 Abs. 1 Nr. 2 der Psychotherapie-Richtlinie möglich; eine Festlegung auf eine Gruppengröße bei Antragsstellung ist nicht erforderlich.

(4) ¹Die Kurzzeittherapie 1 (KZT 1) ist spätestens nach 12 Therapieeinheiten und die Kurzzeittherapie 2 (KZT 2) ist spätestens nach weiteren 12 Therapieeinheiten abzuschließen. ²Die Einzelsitzung kann auch in Einheiten von 2 x 25 Minuten unter entsprechender Vermehrung der Gesamtsitzungszahl durchgeführt werden. ³Die Beantragung der KZT 1 erfolgt frühestens zu Beginn der probatorischen Sitzungen, die Beantragung der KZT 2 ist frühestens nach 7 durchgeführten Therapieeinheiten der KZT 1 möglich. ⁴Stellt sich während der Kurzzeittherapie heraus, dass eine Langzeittherapie durchgeführt werden muss, ist die Überführung der Kurzzeittherapie in eine Langzeittherapie spätestens mit der achten Therapieeinheit der KZT 2 zu beantragen. ⁵Wird Kurzzeittherapie in Langzeittherapie überführt, ist die bewilligte Kurzzeittherapie auf das Kontingent der Langzeittherapie anzurechnen. ⁶Die Krankenkasse hat den Umwandlungsantrag auf Langzeittherapie einer Gutachterin oder einem Gutachter vorzulegen (Gutachterverfahren nach § 35 der Psychotherapie-Richtlinie). ⁷Das gleiche gilt, wenn nach Beendigung einer Therapie eine Kurzzeittherapie beantragt werden soll, es sei denn, dass zwischen der Beendigung der Therapie und dem Zeitpunkt der Antragstellung ein Zeitraum von mehr als zwei Jahren liegt.

(5) ¹Einem Antrag auf Langzeittherapie und einem Umwandlungsantrag einer Kurzzeittherapie in eine Langzeittherapie ist neben dem Formblatt PTV 2 für die Krankenkasse ein verschlossener Briefumschlag für die Gutachterin oder den Gutachter (PTV 8) mit folgendem Inhalt beizufügen:
– Bericht für die Gutachterin oder den Gutachter gemäß Leitfaden PTV 3,
– Durchschrift des PTV 2,
– Durchschrift des Konsiliarberichts, sofern gemäß § 32 Psychotherapie-Richtlinie erforderlich,
– ergänzende Befundberichte, sofern erforderlich.

²Dies gilt auch für Anträge gemäß Abs. 4 Satz 7. ³Der Bericht an die Gutachterin oder den Gutachter ist von der Therapeutin oder vom Therapeuten vollständig persönlich zu verfassen.

(6) ¹Führt die Langzeittherapie innerhalb des von der Krankenkasse genehmigten Umfangs nicht zum Erfolg, kann die Versicherte oder der Versicherte einen Antrag auf Fortsetzung der Behandlung stellen (PTV 1). ²Diesem Antrag wird von der Therapeutin oder von dem Therapeuten das PTV 2 für die Krankenkasse beigefügt. ³Sofern die Krankenkasse zur Prüfung eine Gutachterin oder einen Gutachter beauftragt, hat sie dies der Therapeutin oder dem Therapeuten unverzüglich mitzuteilen. ⁴In diesem Fall werden von der Therapeutin oder vom Therapeuten eine Kopie des PTV 2 für die Krankenkasse sowie ein verschlossener Briefumschlag für die Gutachterin oder den Gutachter (PTV 8) mit Inhalt gemäß Abs. 5 Satz 1 zeitnah an die zuständige Krankenkasse gesandt. ⁵Erfolgt keine Einleitung des Gutachterverfahrens hat die Krankenkasse den Fortsetzungsantrag bei Vorliegen der formalen Voraussetzungen innerhalb von drei Wochen nach Eingang zu genehmigen. ⁶Die Sätze 2 bis 4 gelten auch für Anträge, die unter die Regelung gemäß § 13 Abs. 5 fallen.

(7) ¹Werden im Rahmen einer genehmigten Gruppentherapie Einzelbehandlungen notwendig, die nicht beantragt wurden, können diese in einem Verhältnis von einer Einzelbehandlung auf zehn Gruppenbehandlungen ohne besondere Antragstellung durchgeführt werden. ²Dabei sind die Einzelbehandlungen dem genehmigten Kontingent der Gruppenbehandlungen hinzuzurechnen.

Anhang 1 — Psychotherapie-Vereinbarung

(8) In einer genehmigten Kombinationsbehandlung können Therapieeinheiten im Verhältnis von 50 Minuten Einzelbehandlung zu 100 Minuten Gruppenbehandlung ohne eine Anzeige gegenüber der Krankenkasse in das jeweils andere Setting übertragen werden, sofern sich die überwiegend durchgeführte Anwendungsform nach § 28 Abs. 3 der Psychotherapie-Richtlinie durch die Übertragung nicht ändert.

(9) [1]Wird eine Kombinationsbehandlung durch zwei Therapeutinnen bzw. Therapeuten durchgeführt, so füllen beide Therapeutinnen bzw. Therapeuten je ein Formblatt PTV 2 aus. [2]Der Antrag der Versicherten oder des Versicherten (PTV 1) und beide PTV 2 sind gemeinsam bei der Krankenkasse einzureichen. [3]Jede Therapeutin oder jeder Therapeut gibt auf dem PTV 2 jeweils die von ihm durchzuführenden Therapieeinheiten an. [4]In einer Kombinationsbehandlung durch zwei Therapeutinnen bzw. Therapeuten kann eine Therapeutin oder ein Therapeut jeweils ausschließlich Einzel- oder Gruppenbehandlung durchführen. [5]Bei einer genehmigten Kombinationsbehandlung durch zwei Therapeutinnen bzw. Therapeuten ist die Übertragung von Therapieeinheiten gemäß Abs. 8 nur möglich, wenn dies durch beide Therapeutinnen bzw. Therapeuten gemeinsam bei der Krankenkasse angezeigt wird.

(10) [1]Bei der Behandlung von Kindern und Jugendlichen kann es zur Erreichung des Therapieziels notwendig sein, relevante Bezugspersonen einzubeziehen. [2]Dies ist bei der Angabe des Behandlungsumfangs im PTV 2 entsprechend zu berücksichtigen. [3]Die für diese Einbeziehung vorgesehene Anzahl der Therapieeinheiten soll ein Verhältnis von 1:4 zur Anzahl der Therapieeinheiten der Versicherten oder des Versicherten möglichst nicht überschreiten. [4]Die in diesem Verhältnis für die Einbeziehung der Bezugspersonen bewilligte Anzahl der Therapieeinheiten ist der Anzahl der Therapieeinheiten für die Behandlung der Versicherten oder des Versicherten hinzuzurechnen. [5]Ist eine höhere Anzahl für die Einbeziehung der Bezugspersonen therapeutisch geboten, ist dies im Bericht an die Gutachterin oder den Gutachter zu begründen. [6]Wird hierfür eine höhere Anzahl bewilligt, so reduziert sich die Anzahl der Therapieeinheiten für die Behandlung der Versicherten oder des Versicherten entsprechend. [7]Stellt sich im Verlauf der Einbeziehung von Bezugspersonen heraus, dass eine Psychotherapie der Bezugsperson notwendig ist, kann diese nicht mit Therapieeinheiten für die Einbeziehung von Bezugspersonen erfolgen. [8]Die Einbeziehung von Bezugspersonen im Einzelsetting bei der Behandlung von Kindern und Jugendlichen ist auch bei ausschließlicher Gruppentherapie der Versicherten oder des Versicherten zulässig. [9]Die Regelungen nach Satz 1 bis 8 und nach Abs. 11 gelten für Menschen mit einer geistigen Behinderung gemäß § 1 Abs. 4 Psychotherapie-Richtlinie entsprechend.

(11) [1]Die Einbeziehung der Bezugsperson bzw. Bezugspersonen gemäß Abs. 10 kann auch in Gruppen durchgeführt werden. [2]Die Einbeziehung der Bezugsperson bzw. Bezugspersonen gemäß Abs. 10 ist zulässig, wenn sie im unmittelbaren Zusammenhang zu einer laufenden oder gerade abgeschlossenen Behandlung der Versicherten oder des Versicherten steht; die Einbeziehung von Bezugspersonen ohne eine in denselben Zeitabschnitt fallende Behandlung der Versicherten oder des Versicherten ist nicht zulässig.

(12) Probatorische Sitzungen können bis zur Höchstgrenze gemäß § 12 Abs. 3 der Psychotherapie-Richtlinie auch nach Antragstellung bis zum Beginn der Richtlinientherapie durchgeführt werden.

(13) ¹Die Unterbrechung einer Psychotherapie für einen Zeitraum von mehr als einem halben Jahr ist nur zulässig, wenn sie gegenüber der Krankenkasse formlos begründet wird. ²Die Durchführung von genehmigten Stunden einer Rezidivprophylaxe gemäß § 14 der Psychotherapie-Richtlinie bleibt hiervon unberührt.

(14) ¹Maßnahmen einer Gruppenpsychotherapie (bis zu 9 Teilnehmende) können an einem Tag bis zu zweimal je 100 Minuten durchgeführt werden. ²Die Durchführung einer Einzeltherapie als Doppelsitzung ist nur zulässig bei einer krisenhaften psychischen Situation der Versicherten oder des Versicherten oder bei Anwendung besonderer Methoden der Psychotherapieverfahren nach § 15 der Psychotherapie-Richtlinie. ³Die Anwendung von besonderen Methoden der Psychotherapieverfahren nach § 15 der Psychotherapie-Richtlinie außerhalb der Praxisräume der Therapeutin oder des Therapeuten ist in der vertragsärztlichen Versorgung nur im unmittelbaren persönlichen Kontakt der Versicherten oder des Versicherten mit der Therapeutin oder dem Therapeuten zulässig.

(15) Eine gleichzeitige psychotherapeutische Behandlung von Partnerinnen oder Partnern oder nahen Familienangehörigen von der Therapeutin oder dem Therapeuten ist mit besonderer Sorgfalt zu prüfen; die Regelungen zur Einbeziehung von Bezugspersonen bleiben hiervon unberührt.

Bei der Richtlinienpsychotherapie handelt es sich um eine antrags- und genehmigungspflichtige Leistung. Die Feststellung der Krankenkassen zur Leistungspflicht (Bewilligung, Genehmigung, Entscheidung zur Leistungspflicht) vor Beginn der Behandlung stellt eine Einschränkung des grundsätzlich im System der Gesetzlichen Krankenversicherung geltenden Sachleistungsprinzips (§ 2 Abs 1 S 1 SGB V) dar, wonach der Versicherte vom Vertragsarzt die Behandlungsleistung erhält, ohne dass zuvor eine Genehmigung der Leistung durch die Kostenträger erfolgen muss. 1

Aufgrund der Besonderheit der Leistungen der Richtlinientherapie als zeitgebunden und genehmigungsbedürftig leitete das Bundessozialgericht bereits im Jahr 1999 eine Pflicht zur Mindestvergütung dieser Leistungen für Psychotherapeuten und psychotherapeutisch tätige Ärzte ab[1]. Fortan beanstandete das BSG immer wieder eine nicht ausreichende Sicherstellung einer angemessenen Vergütung psychotherapeutischer Leistung[2]. Nach den gesetzlichen Vorgaben des GKV-Wettbewerbsstärkungsgesetzes (GKV-WSG) v 26.3.2007[3] geht die bis zum 31.12.2008 an die regionalen Honorarverteilungspartner gerichtete spezifische Anforderung zur Sicherung der angemessenen Vergütung psychotherapeutischer Leistungen in § 85 Abs 4 S 4 SGB V (aF) nunmehr an die Parteien des Bewertungsausschusses über nach § 87 Abs 2c S 6 SGB V. Zuletzt hatte der Bewertungsausschuss mit Beschluss v 23.4.2019 eine Erhöhung der punktzahlmäßigen Bewertung der Leistungen der Richtlinientherapie rückwirkend ab 1.1.2009 beschlossen. 2

Gem § 34 Abs 1 S 1 Psychotherapie-Richtlinie erfolgt die Feststellung der Leistungspflicht für Psychotherapie nach § 15 Psychotherapierichtlinie, also der Richtlinientherapie, durch die Krankenkasse auf Antrag der Versicherten. Zu diesem Antrag teilen 3

---
1 Sog 10-Pfennig-Urteile: BSGE 83, 205; 84, 235.
2 Vgl BSGE 92, 8; 100, 254.
3 BGBl I, 378.

Anhang 1 — Psychotherapie-Vereinbarung

die Therapeutinnen und Therapeuten vor der Behandlung der Krankenkasse die Diagnose mit, begründen die Indikation und beschreiben Art und Umfang der geplanten Therapie, § 34 Abs 1 S 1 Psychotherapie-Richtlinie.

4   In den §§ 11–13 der Psychotherapie-Vereinbarung ist das Nähere zur Antragstellung durch den Versicherten, das Gutachterverfahren sowie die Entscheidung der Krankenkasse zur Erklärung über ihre Leistungspflicht (Genehmigung) geregelt. Danach veranlasst der Psychotherapeut oder Arzt sobald er eine Indikation zur Durchführung einer psychotherapeutischen Leistung festgestellt hat, den Patienten, einen Antrag auf Feststellung der Leistungspflicht für eine psychotherapeutische Behandlung bei seiner Krankenkasse zu stellen. Der Antrag kann frühestens gestellt werden, wenn die zweite probatorische Sitzung terminiert ist.

5   Dabei ist abhängig von der Indikationsstellung anzugeben, ob ein Antrag auf Kurzzeit- oder Langzeittherapie gestellt wird. Dem Antrag des Versicherten ist eine Begründung des Psychotherapeuten oder Arztes für die beantragte Psychotherapie beizulegen. Die Kurzzeittherapie 1 (KZT 1) ist spätestens nach 12 Therapieeinheiten und die Kurzzeittherapie 2 (KZT 2) nach 12 weiteren Therapieeinheiten abzuschließen. Die Beantragung der KZT 2 kann frühestens nach sieben durchgeführten Therapieeinheiten der KZT 1 beantragt werden.

6   Die Therapieansätze sind entsprechend in § 29 der Psychotherapie-Richtlinie niedergelegt. Des Weiteren sind dort in § 30 die Bewilligungsschritte im Hinblick auf die Anzahl der Behandlungsstunden aufgeführt. Zum 1.4.2020 hat der Bewertungsausschuss eine Erhöhung der Vergütung der Kurzzeittherapie beschlossen. Damit wurde eine Vorgabe aus dem Gesetz zur Reform der Psychotherapeutenausbildung umgesetzt.

7   In § 11 Abs 7–9 sind die Voraussetzung einer Kombination von Einzel- und Gruppenbehandlung für einen Patienten geregelt; diese kann auch derart durchgeführt werden, dass jeweils ein Therapeut jeweils ausschließlich Einzel- oder Gruppenbehandlung durchführt.

8   § 11 Abs 10, 11 verhalten sich zur Behandlung von Kindern und Jugendlichen und der dabei ggf erforderlichen Einbeziehung von Bezugspersonen (in erster Linie der Eltern). In der Regel ist die Einbeziehung der Bezugspersonen im Verhältnis 1:4 zur Behandlung des Kindes oder des Jugendlichen vorgesehen. Während die Einbeziehung der Eltern bei der Behandlung von Kindern obligatorisch sein dürfte, muss bei der Behandlung von Jugendlichen ggf mit zunehmender Autonomie im Verlauf der Behandlung auf die Einbeziehung der Bezugspersonen verzichtet werden[4].

9   Zwei nicht unwichtige Vorgaben, die in der Praxis teilweise nicht stets beachtet werden, sind in § 11 Abs 13 S 1 und Abs 14 S 2 geregelt: Die Unterbrechung einer Richtlinienpsychotherapie über den Zeitraum eines halben Jahres hinaus ist nur zulässig, wenn sie gegenüber der Krankenkasse begründet wird. Die Durchführung einer Einzeltherapie als Doppelsitzung ist nur zulässig bei einer krisenhaften psychischen Situation des Versicherten oder bei Anwendung besonderer Methoden der Psychotherapieverfahren nach § 15 der Psychotherapie-Richtlinie.

---

4   Vgl *Faber/Haarstrick* 88.

Psychotherapie-Vereinbarung — Anhang 1

Nach § 11 Abs 15 ist eine gleichzeitige psychotherapeutische Behandlung von Partnern oder nahen Familienangehörigen durch denselben Therapeuten von diesem mit besonderer Sorgfalt zu prüfen. Die berufsrechtliche Vorgabe für Psychotherapeuten fordert in diesen Fällen ebenfalls eine besonders sorgfältige Prüfung und geht sowohl hinsichtlich des Personenkreises als auch der zeitlichen Komponente noch etwas weiter. Gem § 5 Abs 8 MBO-PP/KJP ist die Übernahme einer zeitlich parallelen oder nachfolgenden Behandlung von Eheleuten, Partnern, Familienmitgliedern oder von in engen privaten und beruflichen Beziehungen zu einem Patienten stehenden Personen mit besonderer Sorgfalt zu prüfen. Nach der Kommentierung bei *Faber/Haarstrick* sei eine gleichzeitige psychotherapeutische Behandlung von Partnern oder nahen Familienangehörigen durch denselben Therapeuten als obsolet zu betrachten und nicht zulässig[5]. **10**

In jedem Fall empfiehlt sich, dass der Therapeut die sorgfältige Prüfung einer Behandlung von sich nahestehenden Personen in der Patientenakte dokumentiert, damit er im Fall einer Überprüfung, zB im Fall eines aufgrund einer Patientenbeschwerde bei der Landespsychotherapeutenkammer eingeleiteten berufsaufsichtsrechtlichen Verfahren den Nachweis der erfolgten Prüfung auch belegen kann. **11**

§ 12 Gutachterverfahren

(1) [1]Das Gutachterverfahren dient dazu festzustellen, ob die in der Psychotherapie-Richtlinie und in dieser Vereinbarung niedergelegten Voraussetzungen für die Durchführung einer Psychotherapie zu Lasten der gesetzlichen Krankenversicherung erfüllt sind. [2]Dabei prüft die Gutachterin oder der Gutachter den Antrag unter fachlichen Gesichtspunkten, insbesondere, ob das beantragte Psychotherapieverfahren nach der Psychotherapie-Richtlinie anerkannt und im konkreten Behandlungsfall indiziert ist, ob die Prognose einen ausreichenden Behandlungserfolg erwarten lässt, und ob der vorgeschlagene Behandlungsumfang angemessen i. S. d. § 28 Abs. 1 der Psychotherapie-Richtlinie ist. [3]Die Gutachterin oder der Gutachter verfasst hierzu eine Stellungnahme auf dem Formblatt PTV 5.

(2) Das Gutachterverfahren richtet sich nach § 35 der Psychotherapie-Richtlinie.

(3) Die Qualifikation der Gutachterinnen und Gutachter ist in § 36 der Psychotherapie-Richtlinie festgelegt.

(4) [1]Die Kassenärztliche Bundesvereinigung bestellt im Einvernehmen mit dem GKV-Spitzenverband Gutachterinnen und Gutachter für analytische Psychotherapie, Systemische Therapie, tiefenpsychologisch fundierte Psychotherapie und Verhaltenstherapie jeweils für die Dauer von fünf Jahren. [2]Die Bestellung erfolgt alle fünf Jahre zum 1. Januar, erstmalig zum 1. Januar 2018. [3]Sofern die jeweiligen Qualifikationskriterien gemäß § 36 der Psychotherapie-Richtlinie erfüllt sind, kann eine Bestellung für jedes Therapieverfahren gemäß § 15 der Psychotherapie-Richtlinie jeweils für Psychotherapie bei Kindern und Jugendlichen, Psychotherapie bei Erwachsenen, oder für beide Altersgruppen, erfolgen. [4]Abweichend von Satz 3 kann die Bestellung in Systemischer Therapie ausschließlich für Psychotherapie bei Erwachsenen erfolgen. [5]Die Bestellung kann den Bereich der Gruppenpsychotherapie einschließen, wenn die

---
5 *Faber/Haarstrick* S 105.

Anhang 1 — Psychotherapie-Vereinbarung

Qualifikation zur Erbringung von Gruppenpsychotherapie im jeweiligen Psychotherapieverfahren und in der jeweiligen Altersgruppe nachgewiesen wurde.

(5) [1]Spätestens vier Monate vor einer Bestellung gemäß Abs. 4 rufen die Vertragspartner dieser Vereinbarung durch Ausschreibung im Deutschen Ärzteblatt und dessen Ausgabe PP zur Bewerbung für eine Gutachtertätigkeit auf. [2]Die Ausschreibung enthält die Modalitäten des Bewerbungsverfahrens. [3]Für eine Bestellung als Gutachterin oder Gutachter ist es erforderlich, dass sich die Interessentin oder der Interessent nach erfolgter Ausschreibung gemäß Satz 1 bewirbt; dies gilt auch für zum Zeitpunkt der Ausschreibung bereits bestellte Gutachterinnen und Gutachter.

(5a) [1]Die Erfüllung der in § 36 der Psychotherapie-Richtlinie definierten Qualifikationsanforderungen ist in der Bewerbung nachzuweisen. [2]Der Nachweis für eine Teilnahme an der ambulanten vertragsärztlichen Versorgung gemäß § 35 Abs. 3 Nr. 6 der Psychotherapie-Richtlinie erfolgt durch:
1. eine mindestens dreijährige vertragsärztliche Tätigkeit, diese kann auch in einer Einrichtung nach § 2 Abs. 3 Bundesmantelvertrag-Ärzte (BMV-Ä) nach dem Abschluss einer Aus- oder Weiterbildung gemäß § 35 Abs. 3 Nr. 2 der Psychotherapie-Richtlinie erbracht worden sein, und
2. eine aktuell andauernde vertragsärztliche Tätigkeit, diese kann auch in einer Einrichtung nach § 2 Abs. 3 BMV-Ä, oder als eine aktuell andauernde Tätigkeit für den Medizinischen Dienst der Krankenversicherung (MDS/MDK) im Bereich der Psychotherapie erbracht werden.

(5b) Endet eine Tätigkeit nach Abs. 5a Satz 2 Nr. 2 während des Bestellungszeitraums als Gutachterin oder Gutachter, kann die gutachterliche Tätigkeit bis zum Ende des Bestellungszeitraums fortgeführt werden.

(6) Neben den in der Psychotherapie-Richtlinie festgelegten Qualifikationen ist für eine Bestellung der Gutachterinnen und Gutachter nach Abs. 4 Voraussetzung, dass die Bereitschaft und Möglichkeit besteht, die für die sachgerechte und neutrale Begutachtung notwendige Zeit im jeweils erforderlichen Umfang zur Verfügung zu stellen.

(7) [1]Die Gutachterinnen und Gutachter haben insbesondere folgende Pflichten zu erfüllen:
1. Sie haben die Gutachten persönlich zu erstellen.
2. [1]Sie erstellen eine Statistik über die von ihnen durchgeführten Begutachtungen und übermitteln diese an die Kassenärztliche Bundesvereinigung. [2]Die Kassenärztliche Bundesvereinigung erstellt Vorgaben zur Führung dieser Statistik, die insbesondere Erhebungszeitraum, Abgabezeitpunkt, Inhalte der Erhebung sowie den Übermittlungsweg umfassen. [3]Über die Vorgaben und die Ergebnisse in aggregierter Form wird der GKV-Spitzenverband durch die Kassenärztliche Bundesvereinigung zeitnah informiert. [4]Die Vertragspartner können weitere Maßnahmen zur Qualitätssicherung des Verfahrens festlegen.
3. [1]Die Frist zwischen Eingang der Unterlagen bei der Gutachterin oder dem Gutachter und der Absendung des Gutachtens an die beauftragende Krankenkasse soll in der Regel zwei Wochen nicht überschreiten. [2]Sofern innerhalb von zwei Wochen eine Bearbeitung nicht möglich ist, begründet dies die Gutachterin oder der Gutachter gegenüber der Krankenkasse unter Angabe eines voraussichtlichen Fertig-

stellungstermins. [3]Die Gutachterin oder der Gutachter ist verpflichtet, fehlende Unterlagen unverzüglich anzufordern. [4]Sofern sich die Rückmeldung der Gutachterin oder des Gutachters an die Krankenkasse darüber hinaus verzögert, informiert die Gutachterin oder der Gutachter die Krankenkasse erneut.

4. [1]Steht eine Gutachterin oder ein Gutachter vorübergehend, z. B. urlaubs- oder krankheitsbedingt, für die Erstellung von Gutachten nicht zur Verfügung (Abwesenheitszeiten), teilt sie oder er dies der Kassenärztlichen Bundesvereinigung elektronisch mit. [2]Planbare Abwesenheitszeiten sind spätestens vier Wochen vor Beginn der Abwesenheit mitzuteilen. [3]Übersteigen die jährlichen Abwesenheitszeiten den Zeitraum von drei Monaten, ist dies gegenüber der Kassenärztlichen Bundesvereinigung zu begründen.
5. Die Gutachterin oder der Gutachter informiert die Kassenärztliche Bundesvereinigung über ihre oder seine Kontaktdaten und das Institutionskennzeichen und teilt Änderungen unverzüglich mit.
6. Die Gutachterin oder der Gutachter informiert die Kassenärztliche Bundesvereinigung unverzüglich über den Entzug oder das Ruhen ihrer oder seiner Approbation.

(8) [1]Bei Verletzung der sich aus dieser Vereinbarung ergebenden Gutachterpflichten durch die Gutachterin oder den Gutachter kann die Kassenärztliche Bundesvereinigung im Einvernehmen mit dem GKV-Spitzenverband die Bestellung widerrufen. [2]Das Ruhen oder der Entzug der Approbation begründet den Widerruf der Bestellung als Gutachterin oder Gutachter.

(9) Das Gutachterverfahren wird von der für die Versicherte oder den Versicherten zuständigen Krankenkasse eingeleitet.

(10) [1]Anträge auf analytische Psychotherapie werden von Gutachterinnen und Gutachtern für analytische Psychotherapie begutachtet. [2]Anträge auf tiefenpsychologisch fundierte Psychotherapie werden von Gutachterinnen und Gutachtern für tiefenpsychologisch fundierte Psychotherapie begutachtet. [3]Anträge auf Verhaltenstherapie werden von Gutachterinnen und Gutachtern für Verhaltenstherapie begutachtet. [4]Anträge auf Systemische Therapie bei Erwachsenen werden von Gutachterinnen und Gutachtern für Systemische Therapie bei Erwachsenen begutachtet.

(11) Anträge auf Psychotherapie bei Kindern und Jugendlichen werden unter Berücksichtigung der Regelungen in Abs. 10 von Gutachterinnen und Gutachtern begutachtet, die für die Begutachtung von Psychotherapie bei Kindern und Jugendlichen bestellt wurden.

(12) Anträge auf Gruppentherapie oder eine Kombinationsbehandlung aus Einzel- und Gruppentherapie werden unter Berücksichtigung der Regelungen in den Abs. 10 und 11 von Gutachterinnen und Gutachtern begutachtet, die auch für die Begutachtung von Psychotherapie als Gruppentherapie bestellt wurden.

(13) [1]Die Therapeutin oder der Therapeut, der den Antrag der Versicherten oder des Versicherten begründet hat, macht auf dem Briefumschlag (PTV 8) Angaben zur beantragten Psychotherapie. [2]Die Krankenkasse wählt auf dieser Basis eine oder einen nach Abs. 10 bis 12 geeignete Gutachterin oder geeigneten Gutachter aus. [3]Eine ausreichende geographische Distanz zwischen der antragsbegründenden Therapeutin oder dem antragsbegründenden Therapeuten soll von der Krankenkasse bei der Auswahl einer Gutachterin oder eines Gutachters berücksichtigt werden.

Anhang 1 — Psychotherapie-Vereinbarung

(14) ¹Sofern die zuständige Krankenkasse bei einem Folgeantrag während einer laufenden Behandlung ein Gutachterverfahren einleitet, soll sie die Gutachterin oder den Gutachter beauftragen, die oder der den Erstantrag beurteilt hat. ²Bei Abwesenheit oder Nichtverfügbarkeit eines Gutachters ist die Beauftragung einer anderen Gutachterin oder eines anderen Gutachters zulässig. ³Die Krankenkasse begründet bei abweichender Gutachterinnen- oder Gutachterwahl diese Entscheidung gegenüber der neuen Gutachterin oder dem neuen Gutachter.

(15) ¹Der Gutachterin oder dem Gutachter dürfen sowohl von der behandelnden Therapeutin oder vom behandelnden Therapeuten als auch von der Krankenkasse nur solche Unterlagen zur Verfügung gestellt werden, auf denen die personenbezogenen Daten der oder des Versicherten pseudonymisiert sind. ²Für die der Gutachterin oder dem Gutachter im Gutachterverfahren nach Satz 1 zur Verfügung gestellten Unterlagen und ihre oder seine gutachterliche Stellungnahme gelten unter Wahrung der Schweigepflicht die in Satz 3 genannten Aufbewahrungsfristen. ³Die Gutachterin oder der Gutachter soll die in Satz 1 genannten Unterlagen mindestens zwei Jahre über den von ihr oder ihm befürworteten Behandlungszeitraum hinaus aufbewahren.

(16) ¹Für die Bearbeitung von Zweitgutachten gemäß § 13 Abs. 3 Satz 3 können sich nur bereits bestellte Gutachterinnen und Gutachter bei der Kassenärztlichen Bundesvereinigung auf dem hierfür vorgesehenen Bewerbungsbogen bewerben. ²Die Bewerbung kann während des Bestellungszeitraums gemäß Abs. 4 jederzeit erfolgen. ³Die Kassenärztliche Bundesvereinigung erweitert im Einvernehmen mit dem GKV-Spitzenverband erstmalig zum 1. Juli 2019 die Bestellung entsprechender Gutachterinnen und Gutachter.

(17) ¹Voraussetzung für eine Erweiterung der Bestellung nach Abs. 16 Satz 3 und für die Bearbeitung von Zweitgutachten gemäß § 13 Abs. 3 Satz 3 ist eine mindestens drei Jahre andauernde Bestellung als Gutachterin oder Gutachter gemäß Abs. 4, in der die Gutachtertätigkeit kontinuierlich ausgeübt wurde. ²Die Erweiterung der Bestellung erfolgt bis zum Ende des Zeitraums der Bestellung gemäß Abs. 4 und erstreckt sich auf den Umfang der Bestellung als Gutachterin oder Gutachter gemäß den Absätzen 10 bis 12.

(18) ¹Für die Erstellung von Zweitgutachten gemäß § 13 Abs. 3 Satz 3 gelten die Vorgaben für Gutachten entsprechend. ²Die Erstellung von Zweitgutachten gemäß § 13 Abs. 3 Satz 3 für ein vormals selbst erstelltes Gutachten ist nicht zulässig. ³Nach Aufforderung durch die Krankenkasse stellt die behandelnde Therapeutin oder der behandelnde Therapeut der Krankenkasse einen in freier Form erstellten Ergänzungsbericht sowie alle bisherigen Unterlagen zum vorherigen Gutachten vollständig im verschlossenen Briefumschlag PTV 8 zur Verfügung. ⁴Hierzu gehören insbesondere auch Kopien der Berichte an die Gutachterin oder den Gutachter gemäß Leitfaden PTV 3, der Stellungnahmen der vorherigen Gutachterin oder des vorherigen Gutachters, der ausgefüllten Formblätter PTV 2 der Anträge sowie ggf. des Konsiliarberichts. ⁵Zum Zweitgutachten gemäß § 13 Abs. 3 Satz 3 ist eine ausführliche Stellungnahme auf dem Formblatt PTV 5 oder einer Anlage zu erstellen und diese ist als Kopie auch der vorherigen Gutachterin oder dem vorherigen Gutachter zur Verfügung zu stellen.

(19) Für Gutachten und Zweitgutachten gemäß § 13 Abs. 3 Satz 3 werden die Gebühren zwischen den Vertragspartnern gesondert vereinbart.

(20) Bei einer Abweichung des befürworteten vom beantragten Behandlungsumfang (Teilbefürwortung) gibt die Gutachterin oder der Gutachter mindestens eine Kurzbegründung an oder nutzt das auf dem PTV 5 vorgesehene Freitextfeld für eine Erläuterung; dies gilt auch, wenn insgesamt keine Behandlung befürwortet wird (Nichtbefürwortung).

Bei der Richtlinien-Psychotherapie sind Anträge auf Langzeittherapie gem § 35 Abs 1 S 1 der Psychotherapie-Richtlinie im Bericht an den Gutachter zu begründen (Gutachterverfahren); auf Anforderung der Krankenkassen gilt dies im Einzelfall auch für Kurzzeittherapie. Soweit sich während der KZT ergibt, dass eine Langzeittherapie (LZT) erforderlich ist, muss die Überführung der KZT in eine LZT spätestens mit der achten Therapieeinheit der KZT beantragt werden, § 11 Abs 4. Diesen Antrag hat die Krankenkasse ebenfalls einem sachverständigen Gutachter vorzulegen. Entsprechendes gilt, wenn nach Abschluss einer Psychotherapie eine weitere Psychotherapie für denselben Versicherten durchgeführt werden soll, es sei denn, dass nach dem Abschluss der Psychotherapie und dem Zeitpunkt der Antragstellung für die weitere Psychotherapie ein Zeitraum von mindestens zwei Jahre liegt. 1

Das Gutachterverfahren ist in § 35 der Psychotherapie-Richtlinie sowie in §§ 12, 13 der Psychotherapie-Vereinbarung geregelt und dient dazu festzustellen, ob die in der Psychotherapie-Richtlinie und der Psychotherapie-Vereinbarung statuierten Voraussetzungen für die Durchführung einer Psychotherapie zu Lasten der gesetzlichen Krankenversicherung erfüllt sind. Dabei prüft der Gutachter den Antrag unter fachlichen Gesichtspunkten, insbesondere, ob das beantragte Psychotherapieverfahren nach der Psychotherapie-Richtlinie anerkannt und im konkreten Behandlungsfall indiziert ist, ob die Prognose einen ausreichenden Behandlungserfolg erwarten lässt, und ob der vorgeschlagene Behandlungsumfang angemessen iSd § 28 Abs 1 der Psychotherapie-Richtlinie ist. 2

Die erforderliche Qualifikation der Gutachter ist in § 36 der Psychotherapie-Richtlinie festgelegt. Die Kassenärztliche Bundesvereinigung bestellt im Einvernehmen mit dem GKV-Spitzenverband Gutachter für analytische Psychotherapie, Systemische Therapie, tiefenpsychologisch fundierte Psychotherapie und Verhaltenstherapie jeweils für die Dauer von fünf Jahren. Neben der Fachkunde in dem entsprechenden Behandlungsverfahren müssen Nachweise über eine mindestens fünfjährigen Tätigkeit nach Abschluss der Weiter- oder Ausbildung ganz oder überwiegende in dem entsprechenden Gebiet, einer mindestens dreijährigen und grundsätzlich andauernden Teilnahme an der ambulanten vertragsärztlichen Versorgung auf dem Gebiet des jeweiligen Psychotherapieverfahrens sowie einer mindestens fünfjährigen und andauernden Tätigkeit als Dozent und Supervisor einer Ausbildungs- oder Weiterbildungsstätte, § 36 Abs 3 Nr 1–6 Psychotherapie-Richtlinie. 3

Für die Qualifikation der Gutachter im Bereich Systemische Therapie sind in § 40 Nr 1–4 der Psychotherapie-Richtlinie abweichend von § 36 Übergangsregelungen bis zum 31.12.2027 angeordnet. 4

Anhang 1

§ 13 Entscheidung zur Leistungspflicht

(1) Sind bei Anträgen auf Psychotherapie die Voraussetzungen für die Leistungspflicht erfüllt, teilt die Krankenkasse dies der Versicherten oder dem Versicherten und der Therapeutin oder dem Therapeuten, die oder der den Antrag begründet hat, formlos mit.

(2) [1]Die Mitteilung zur Anerkenntnis der Leistungspflicht enthält die Anzahl der bewilligten Therapieeinheiten unter Angabe der Gebührenordnungspositionen sowie die Kontaktinformationen einer Ansprechpartnerin oder eines Ansprechpartners für Rückfragen. [2]Bei Leistungen der Gruppentherapie in einer Gruppen- oder Kombinationsbehandlung erstreckt sich die Anerkenntnis der Leistungspflicht auf alle Gebührenordnungspositionen des jeweiligen Therapieverfahrens in der Kurzzeittherapie oder in der Langzeittherapie gemäß den ersten vier Stellen der im Formblatt PTV 2 angegebenen Gebührenordnungsposition sowie die nach § 21 Abs. 1 Nr. 2 der Psychotherapie-Richtlinie möglichen Gruppengrößen. [3]Dies ermöglicht eine Änderung der Gruppengröße im Behandlungsverlauf.

(3) [1]Legt die Versicherte oder der Versicherte gegen die Ablehnung einer Kurzzeittherapie Widerspruch ein, kann die Krankenkasse eine gutachterliche Stellungnahme einholen. [2]Liegen die formalen Voraussetzungen für die Leistungspflicht bei Anträgen auf Langzeittherapie vor, muss die Krankenkasse vor der Ablehnung eines Antrags eine gutachterliche Stellungnahme einholen. [3]Wurde ein Antrag auf Kurz- oder Langzeittherapie nach Einholen einer gutachterlichen Stellungnahme abgelehnt und legt die Versicherte oder der Versicherte Widerspruch gegen diese Entscheidung ein, kann die Krankenkasse Gutachten durch eine oder einen gemäß § 12 Abs. 16 erweitert bestellte Gutachterin oder erweitert bestellten Gutachter einholen (Zweitgutachten).

(4) Verneint die Krankenkasse ihre Leistungspflicht, teilt sie dies der Versicherten oder dem Versicherten und der Therapeutin oder dem Therapeuten, die oder der den Antrag begründet hat, unter Angabe der Kontaktinformationen einer Ansprechpartnerin oder eines Ansprechpartners für Rückfragen formlos mit.

(5) Die Krankenkasse kann grundsätzlich jeden Antrag einer Gutachterin oder einem Gutachter zur Prüfung übergeben, sofern sie dies für erforderlich hält.

(6) Erlischt die Leistungspflicht der Krankenkasse während einer laufenden Behandlung, so unterrichtet sie unverzüglich die die Psychotherapie ausführende Therapeutin bzw. den die Psychotherapie ausführenden Therapeuten.

(7) Bestätigt die Krankenkasse ihre Leistungspflicht für Psychotherapie aufgrund eines Antragsverfahrens, wird eine zusätzliche Wirtschaftlichkeitsprüfung für die bewilligte Psychotherapie nicht durchgeführt.

---

1 Gem § 34 Abs 1 S 1 Psychotherapie-Richtlinie erfolgt die Feststellung der Leistungspflicht für Psychotherapie nach § 15 Psychotherapie-Richtlinie, also der Richtlinientherapie, durch die Krankenkasse auf Antrag des Versicherten. Behandlungsleistungen im Rahmen einer KZT oder LZT dürfen vom Psychotherapeuten erst nach Vorliegen der Genehmigung gem § 13 Abs 1 S 1, 2 erbracht werden.

2 Nicht selten kann es dazu kommen, dass sich der Beginn der Richtlinienpsychotherapie nach Abschluss der probatorischen Sitzungen verzögert, da der Antrag vom The-

rapeuten nicht rechtzeitig gestellt oder die Krankenkasse die Genehmigung nicht zeitnah erteilt. Es muss dringend davon abgeraten werden, in einem solchen Fall die Richtlinientherapie zu beginnen und auf eine baldige oder rückwirkende Genehmigung zu hoffen. Davon abgesehen, dass ein Vergütungsanspruch gegenüber der jeweiligen Kassenärztlichen Vereinigung für solche Leistungen nicht bestehen dürfte, drohen auch strafrechtliche Konsequenzen (Abrechnungsbetrug) und schlimmstenfalls Auswirkungen auf die Zulassung zur Teilnahme an der vertragspsychotherapeutischen Versorgung und sogar auf die Approbation.

In einem Fall, den das VG München zu entscheiden hatte, widerrief die Approbationsbehörde gegenüber einer Psychotherapeutin die Approbation, da diese über einen längeren Zeitraum immer wieder Richtlinienpsychotherapien begonnen hatte, ohne dass die Genehmigung nach § 13 vorlag[1]. Zuvor war gegen die Therapeutin bereits ein Strafbefehl mit einer Gesamtfreiheitsstrafe von einem Jahr auf Bewährung verhängt. Nach den Feststellungen im Strafbefehl hatte sie in den Quartalen 2/2006 bis 4/2010 in insgesamt 139 Einzelfällen Leistungen der analytischen Psychotherapie abgerechnet, ohne dass jeweils eine Genehmigung der gesetzlichen Krankenversicherung des behandelten Patienten gem § 14 der Psychotherapie-Vereinbarung vorgelegen hatte. Der Schaden sei mit rund 160.000 € zu beziffern. Der Umstand der mängelfreien Leistungserbringung sei bei der Ermittlung der Höhe des Schadens außer Betracht zu lassen, da sich die Höhe des Schadens an der aus dem Sozialrecht übernommenen und im Strafrecht geltenden streng formalen Betrachtungsweise orientiere.

Mit Urteil v 9.12.2014 gab das VG München der Klage der Therapeutin statt und hob den Widerruf der Approbation auf. Die Voraussetzungen für einen Widerruf der Approbation der Klägerin nach § 3 Abs 2 S 1 iVm § 2 Abs 1 Nr 3 PsychThG hätten zum maßgeblichen Zeitpunkt des Bescheiderlasses nicht vorgelegen.

Dabei ist allerdings Folgendes zu berücksichtigen: Die Bewertung, ob eine Unzuverlässigkeit oder Unwürdigkeit gegeben ist, die den Widerruf der Approbation zu Folge hat, hängt stets von den Umständen des Einzelfalles ab. Im vorliegenden Fall hatte das Gericht zu Gunsten der Therapeutin berücksichtigt, dass der Verstoß gegen die Pflicht zur Einholung der Bewilligung der Krankenkasse aufgrund einer aus Sicht des Gerichts nachgewiesenen Erkrankung der Klägerin erfolgte. Es stehe fest, dass die Klägerin aufgrund einer massiven Arbeitsstörung die erforderlichen Berichte für die Bewilligungsanträge entweder sehr verzögert oder gar nicht abgegeben hatte. Ein Handeln aus übersteigertem Gewinnstreben könne ausgeschlossen werden[2].

§ 14 Psychotherapeutische Sprechstunde

(1) Nach § 11 Abs. 5 der Psychotherapie-Richtlinie kann eine Psychotherapeutische Sprechstunde bei Erwachsenen in Einheiten von mindestens 25 Minuten höchstens sechsmal, bei Kindern und Jugendlichen höchstens zehnmal je Krankheitsfall gemäß § 21 Abs. 1 BMV-Ä durchgeführt werden.

(1a) Die Psychotherapeutische Sprechstunde kann bei Menschen mit einer geistigen Behinderung gemäß § 1 Abs. 4 Psychotherapie-Richtlinie in Einheiten von mindestens

---
1 *VG München* v 9.12.2014 – M 16 K 13.2879.
2 *VG München* v 9.12.2014 – M 16 K 13.2879, Rn 28, juris.

Anhang 1 — Psychotherapie-Vereinbarung

25 Minuten höchstens zehnmal je Krankheitsfall gemäß § 21 Abs. 1 BMV-Ä durchgeführt werden.

(2) ¹Bedarf eine Versicherte oder ein Versicherter einer Behandlung nach den §§ 12 (Probatorische Sitzung), 13 (Psychotherapeutische Akutbehandlung) und/oder 15 (Richtlinienpsychotherapie) der Psychotherapie-Richtlinie, müssen im Quartal der ersten Behandlung und/oder den drei vorherigen Quartalen insgesamt mindestens 50 Minuten Psychotherapeutische Sprechstunde erbracht worden sein. ²Die in § 11 Abs. 7 der Psychotherapie-Richtlinie aufgeführten Ausnahmen bleiben von der Regelung in Satz 1 unberührt.

§ 15 Psychotherapeutische Akutbehandlung

(1) ¹Die Therapeutin oder der Therapeut zeigt der Krankenkasse eine Akutbehandlung spätestens mit ihrem Beginn auf dem Formular PTV 12 an. ²In dem Formular PTV 12 werden Versichertennummer, Datum des Behandlungsbeginns und Diagnose (endständig) angegeben. ³Zudem wird angegeben, dass vor Beginn der Akutbehandlung mindestens 50 Minuten Psychotherapeutische Sprechstunde innerhalb der letzten vier Quartale durchgeführt wurden oder Ausnahmetatbestände nach § 11 Abs. 7 der Psychotherapie-Richtlinie vorliegen.

(2) ¹Nach § 13 Abs. 2 der Psychotherapie-Richtlinie kann die Akutbehandlung als Einzeltherapie in Einheiten von mindestens 25 Minuten bis zu 24 Mal je Krankheitsfall gemäß § 21 Abs. 1 BMV-Ä durchgeführt werden. ²Bei der Akutbehandlung von Kindern und Jugendlichen kann es zur Erreichung des Therapieziels notwendig sein, relevante Bezugspersonen einzubeziehen; die für diese Einbeziehung vorgesehene Anzahl der Einheiten soll ein Verhältnis von 1:4 zur Anzahl der Einheiten der Versicherten oder des Versicherten möglichst nicht überschreiten. ³Die in diesem Verhältnis für die Einbeziehung der Bezugspersonen vorgesehene Anzahl der Einheiten ist der Anzahl der Einheiten für die Akutbehandlung der Versicherten oder des Versicherten hinzuzurechnen. ⁴ Die Regelungen nach Satz 2 und 3 gelten für Menschen mit einer geistigen Behinderung gemäß § 1 Abs. 4 Psychotherapie-Richtlinie entsprechend.

(3) ¹Sofern sich an die Akutbehandlung eine Richtlinientherapie gemäß § 15 Psychotherapie-Richtlinie anschließen soll, kann ein entsprechender Antrag erst nach Beendigung der Akutbehandlung im Rahmen der probatorischen Sitzungen gestellt werden. ²Die erbrachten Stunden der Akutbehandlung werden auf das Therapiekontingent einer Richtlinientherapie gemäß § 15 Psychotherapie-Richtlinie angerechnet.

(4) ¹Eine Akutbehandlung parallel zu einer laufenden Richtlinientherapie gemäß § 15 Psychotherapie-Richtlinie ist ausgeschlossen. ²Eine Akutbehandlung innerhalb von sechs Monaten nach Beendigung einer Richtlinientherapie ist grundsätzlich nicht vorgesehen.

§ 16 Rezidivprophylaxe

(1) Für die Rezidivprophylaxe gemäß § 14 der Psychotherapie-Richtlinie ist im Formblatt PTV 2 anzugeben, ob diese nach dem Abschluss der Langzeittherapie durchgeführt werden soll, nicht durchgeführt werden soll, oder ob dies zum Zeitpunkt des Antrags noch nicht absehbar ist.

(2) Wurde eine Langzeittherapie mit anschließender Rezidivprophylaxe beantragt oder war die Durchführung einer Rezidivprophylaxe bei Antragstellung noch nicht absehbar, können Therapieeinheiten des bewilligten Gesamtkontingents gemäß § 14 Abs. 3 der Psychotherapie-Richtlinie zur Rezidivprophylaxe genutzt werden.

(3) Voraussetzung für die Erbringung einer Rezidivprophylaxe ist die Anzeige der Beendigung der Richtlinientherapie gemäß § 15 Psychotherapie-Richtlinie gegenüber der Krankenkasse gemäß § 10 Abs. 5.

(4) Die Zwei-Jahres-Frist gemäß § 11 Abs. 4 Satz 7 beginnt mit der gemäß § 10 Abs. 5 angezeigten Beendigung der Langzeittherapie und gilt unabhängig von den in diesem Zeitraum in Anspruch genommenen Leistungen der Rezidivprophylaxe.

(5) Die parallele psychotherapeutische Behandlung neben einer Rezidivprophylaxe ist nicht zulässig.

Übersicht

	Rn		Rn
I. Allgemeines	1	III. Akutbehandlung	10
II. Psychotherapeutische Sprechstunde	5	IV. Rezidivprophylaxe	13

I. Allgemeines

Mit dem Gesetz zur Stärkung der Versorgung in der gesetzlichen Krankenversicherung (GKV-Versorgungsstärkungsgesetz – GKV-VStG) v 16.7.2015[1] hat der Gesetzgeber zur Verbesserung der psychotherapeutischen Versorgung den Gemeinsamen Bundesausschuss mit der Überarbeitung der Psychotherapie-Richtlinie beauftragt. Er hat dabei mit § 92 Abs 6a S 3 SGB V bereits konkrete Vorgaben formuliert: *„Der Gemeinsame Bundesausschuss beschließt bis zum 30. Juni 2016 in den Richtlinien Regelungen zur Flexibilisierung des Therapieangebotes, insbesondere zur Einrichtung von psychotherapeutischen Sprechstunden, zur Förderung der frühzeitigen diagnostischen Abklärung und der Akutversorgung, zur Förderung von Gruppentherapien und der Rezidivprophylaxe sowie zur Vereinfachung des Antrags- und Gutachterverfahrens".* 1

Nach der Gesetzesbegründung soll Ziel der Weiterentwicklung der Psychotherapie-Richtlinie eine effektivere psychotherapeutische Versorgung sein. Neben einer Bündelung von Ressourcen und einem zielgenaueren Einsatz der zur Verfügung stehenden Mittel seien zur Erreichung dieses Ziels ggf auch weitere Behandlungsmöglichkeiten zu schaffen[2]. 2

Der Gemeinsame Bundesausschuss hat den Auftrag des Gesetzgebers mit einer Strukturreform der ambulanten Psychotherapie mit Beschluss v 16.6./24.11.2016 mit Inkrafttreten zum 1.4.2017 umgesetzt und dort u.a. die neuen Leistungsangebote für Versicherte (Psychotherapeutische Sprechstunde, Akutbehandlung, Rezidivprophylaxe) implementiert, sowie das obligatorische Angebot einer freien psychotherapeutischen Sprechstunde im Umfang von mindestens 100 Minuten in der Woche und eine telefonische Erreichbarkeit von 200 Minuten in der Woche festgeschrieben. Viele psy- 3

---

1 BGBl I, 1211.
2 Vgl BT-Drucks 641/14, 119.

Anhang 1

chotherapeutische Praxen, die nicht selten als reine Bestellpraxen ohne „offene" Sprechstunde organisiert sind, stellte dies vor erhebliche organisatorische Herausforderungen.

4 Eine telefonische persönliche Erreichbarkeit zur Terminkoordination ist von allen Therapeuten unter Beachtung von berufs- und vertragsarztrechtlichen Vorgaben zu definierten und zu veröffentlichenden Zeiten zu gewährleisten. Der Therapeut teilt die Erreichbarkeit der zuständigen Kassenärztlichen Vereinigung zur Information der Patientinnen oder Patienten mit. Sprechstunden können entweder als offene Sprechstunde oder als Sprechstunde mit Terminvergabe durchgeführt werden; die Organisation der Sprechstunde bleibt dem Therapeuten überlassen.

II. Psychotherapeutische Sprechstunde

5 Gem § 11 Abs 1 S 1 Psychotherapie-Richtlinie haben Patienten einen Anspruch auf eine psychotherapeutische Sprechstunde als zeitnahen niedrigschwelligen Zugang zur ambulanten psychotherapeutischen Versorgung.

6 Die Sprechstunde dient der Abklärung, ob ein Verdacht auf eine krankheitswertige Störung vorliegt und weitere fachspezifische Hilfen im System der Gesetzlichen Krankenversicherung notwendig sind, § 11 Abs 1 S 2 Psychotherapie-Richtlinie. Vor Inanspruchnahme einer probatorischen Sitzung, einer Akutbehandlung oder einer Richtlinienpsychotherapie haben Patienten zunächst eine psychotherapeutische Sprechstunde in Anspruch zu nehmen. Ausnahmen zu diesem Grundsatz sind in § 11 Abs 7 Psychotherapie-Richtlinie geregelt, zB bei einem Wechsel des behandelnden Psychotherapeuten.

7 Bei Verdacht auf eine seelische Krankheit findet im Rahmen der Sprechstunde nach § 11 eine Orientierende Diagnostische Abklärung (ODA) und, sofern erforderlich, eine Differenzialdiagnostische Abklärung (DDA) statt. Bei der ODA handelt es sich nicht um eine verfahrensgebundene Diagnostik zur Überprüfung der Eignung für ein Psychotherapieverfahren nach § 15, sondern um eine Abklärung vor der Indikationsstellung, die auch andere Maßnahmen zur Folge haben kann

8 Die Einführung der psychotherapeutischen Sprechstunden soll der Verringerung von Wartezeiten dienen. Sie sollen für Patienten mit psychischen Störungen einen zeitnahen Zugang zum Psychotherapeuten schaffen. In diesen Sprechstunden sollen ein Erstgespräch und eine individuelle Beratung über verschiedene Versorgungsangebote möglich sein. Ziel der Sprechstunden ist es insbesondere, eine kurzfristige Abklärung des Behandlungsbedarfs zu ermöglichen[3].

9 Mit Inkrafttreten der neuen Psychotherapie-Richtlinie zum 1.4.2017 finden die Regelungen nach § 75 Abs 1a SGB V über die Terminservicestellen auch für die Vermittlung von Terminen für ein Erstgespräch im Rahmen der psychotherapeutischen Sprechstunden Anwendung[4]: nach § 92 Abs 6a S 3 gelten die S 2–11 für Behandlungen nach § 28 Abs 3 SGB V hinsichtlich der Vermittlung eines Termins für ein Erstgespräch im Rahmen der psychotherapeutischen Sprechstunden und der sich aus der Abklärung ergebenden zeitnah erforderlichen Behandlungstermine

---

3 Vgl BT-Drucks 641/14, 119.
4 BT-Drucks 18/5123, 127.

III. Akutbehandlung

Die Akutbehandlung ist eine zeitnahe psychotherapeutische Intervention im Anschluss an die Sprechstunde zur Vermeidung von Fixierungen und Chronifizierung psychischer Symptomatik, § 13 Abs 1 S 1 Psychotherapie-Richtlinie. Sie ist auf eine kurzfristige Verbesserung der Symptomatik der Patientin oder des Patienten ausgerichtet. Sie strebt dabei keine umfassende Bearbeitung der zugrundeliegenden ätiopathogenetischen Einflussfaktoren der psychischen Erkrankung an, sondern dient der Besserung akuter psychischer Krisen- und Ausnahmezustände. Die Patienten, für die die Akutbehandlung nicht ausreicht, sollen so stabilisiert werden, dass sie auf eine Behandlung nach § 15 vorbereitet sind oder dass ihnen andere ambulante (zB psychiatrische, psychosomatische, kinder- und jugendpsychiatrische Behandlung, Sozialpsychiatrischer Dienst, Jugendhilfe), teilstationäre oder stationäre Maßnahmen empfohlen werden können. 10

Die Akutbehandlung ist als Einzeltherapie in Einheiten von 25 Minuten bis zu 24mal im Krankheitsfall durchzuführen. Die erbrachten Stunden der Akutbehandlung sind Bestandteil des Therapiekontingents nach § 29 Psychotherapie-Richtlinie. Soweit sich eine Richtlinientherapie an eine Akutbehandlung anschließen soll, sind zuvor mindestens zwei probatorische Sitzungen zu erbringen. 11

Im Gegensatz zur Richtlinientherapie ist die Akutbehandlung nicht genehmigungs- sondern lediglich anzeigepflichtig, § 13 Abs 3 Psychotherapie-Richtlinie. 12

IV. Rezidivprophylaxe

Psychotherapie nach § 15 ist eine besonders nachhaltige Behandlung und beinhaltet aufgrund ihrer Konzepte und Techniken grundsätzlich eine Rezidivprophylaxe als integralen Bestandteil der Abschlussphase einer solchen Therapie, § 14 Abs 1 S 1 Psychotherapie-Richtlinie. Nach Beendigung einer Langzeittherapie kann es dennoch bei einigen Patienten sinnvoll sein, zur Erhaltung der erreichten und mit dem Patienten erarbeiteten Ziele eine weitere Behandlung – im Sinne einer „ausschleichenden Behandlung" – mit den innerhalb des bewilligten Kontingentsschritts verbliebenen Stunden durchzuführen. 13

Bei einer Behandlungsdauer von 40 oder mehr Stunden können maximal 8 Stunden und bei einer Behandlungsdauer von 60 Stunden maximal 16 Stunden für die Rezidivprophylaxe genutzt werden. Für die Rezidivprophylaxe vorgesehene Stunden können bis zu zwei Jahre nach Abschluss einer Langzeittherapie in Anspruch genommen werden, § 14 Abs 4 Psychotherapierichtlinie. 14

Eine Entscheidung für oder gegen die Behandlung mit Stunden der Rezidivprophylaxe ist im Antrag der LZT anzugeben. Sofern ein möglicher Einsatz der Rezidivprophylaxe bei Beantragung der LZT noch nicht absehbar ist, ist dies im Bericht an den Gutachter zu begründen, § 14 Abs 5 Psychotherapie-Richtlinie. 15

Voraussetzung für die Erbringung einer Rezidivprophylaxe ist die (ohnehin obligatorische) Anzeige der Beendigung der Richtlinientherapie gegenüber der Krankenkasse gem § 10 Abs 5. Die Zwei-Jahres-Frist gem § 11 Abs 4 S 7 beginnt mit der gem § 10 Abs 5 angezeigten Beendigung der Langzeittherapie und gilt unabhängig von den in diesem Zeitraum in Anspruch genommenen Leistungen der Rezidivprophylaxe. 16

§ 17 Videokonferenzen

(1) ¹Psychotherapeutische Leistungen können abweichend von § 1 Abs. 4 über Videokonferenzen erbracht werden, wenn die Leistung nicht den unmittelbaren persönlichen Kontakt erforderlich macht. ²Die Entscheidung zur Durchführung einer psychotherapeutischen Leistung über eine Videokonferenz erfolgt unter Berücksichtigung des individuellen Krankheitsgeschehens und der Lebensumstände der Versicherten oder des Versicherten. ³Die Vorschriften der jeweiligen Berufsordnungen, insbesondere der Sorgfaltspflichten gelten entsprechend.

(2) ¹Eingangsdiagnostik, Indikationsstellung und Aufklärung erfordern den unmittelbaren persönlichen Kontakt zwischen Therapeutin oder Therapeut und Versicherte oder Versicherten. ²Der Einbezug von Bezugspersonen über Videokonferenzen ist zulässig.

(3) Folgende Leistungen der Psychotherapie-Richtlinie erfordern den unmittelbaren persönlichen Kontakt zwischen Therapeutin oder Therapeut und der Versicherten oder dem Versicherten:
1. Psychotherapeutische Sprechstunde nach § 11 der Psychotherapie-Richtlinie
2. Probatorische Sitzungen nach § 12 der Psychotherapie-Richtlinie
3. Psychotherapeutische Akutbehandlung nach § 13 der Psychotherapie-Richtlinie
4. Gruppenpsychotherapie nach § 21 Abs. 1 Nr. 2 der Psychotherapie-Richtlinie
5. Hypnose nach § 26 Absatz 1 Nr. 3 der Psychotherapie-Richtlinie.

(4) Die Vereinbarung über die Anforderungen an die technischen Verfahren zur Videosprechstunde (Anlage 31b zum Bundesmantelvertrag – Ärzte) gilt für die Durchführung von psychotherapeutischen Leistungen über Videokonferenzen entsprechend.

1 Abs 1 S 1 sieht eine Ausnahme von dem Grundsatz vor, dass Leistungen gem Psychotherapie-Richtlinie in der vertragsärztlichen Versorgung im unmittelbaren persönlichen Kontakt stattfinden und grundsätzlich in den Praxisräumen der Therapeutin oder des Therapeuten erbracht werden, § 1 Abs 4[1]. Die Entscheidung zur Durchführung einer psychotherapeutischen Leistung über eine Videokonferenz hat dabei unter Berücksichtigung des individuellen Krankheitsgeschehens und der Lebensumstände des Versicherten zu erfolgen.

2 Die Vorschriften der Berufsordnungen sind zu beachten. Gem § 1 Abs 5 S 2 MBO-PP/KJP sind Behandlungen über Kommunikationsmedien unter besonderer Beachtung der Vorschriften der Berufsordnung, insbesondere der Sorgfaltspflichten, zulässig. Dazu gehört, dass Eingangsdiagnostik, Indikationsstellung und Aufklärung die Anwesenheit der Patientin oder des Patienten erfordern, § 1 Abs 5 S 3 MBO-PP/KJP.

3 Aufgrund der Ausbreitung der Infektionen mit dem neuartigen Coronavirus haben die Vertragspartner in Ergänzung der Psychotherapie-Vereinbarung am 23.3.2020 mit Gültigkeit bis zum 30.9.2020 die *„Sonderregelungen zur Anwendung von Psychotherapie in der vertragsärztlichen Versorgung aufgrund von SARS-CoV-2"* vereinbart.

4 Diese sehen Ausnahmen zu den Regelungen in § 17 Abs 3 dergestalt vor, dass für die Psychotherapeutische Sprechstunde und die Probatorik der unmittelbare Kontakt mit

---
[1] S auch Erläuterungen zu § 1.

dem Versicherten nicht erforderlich ist und die Leistungen als Videosprechstunden erbracht werden dürfen. Für Eingangsdiagnostik, Indikationsstellung und Aufklärung ist der unmittelbare persönliche Kontakt zwischen dem Therapeuten und dem Versicherten grundsätzlich erforderlich; Abweichungen von diesem Grundsatz sind für besondere Ausnahmefälle und unter besonderer Beachtung der berufsrechtlichen Sorgfaltspflichten zulässig.

Teil D
Abrechnung

§ 18

(1) Die durchgeführten psychotherapeutischen Leistungen werden über die zuständige Kassenärztliche Vereinigung abgerechnet.

(2) Während der Durchführung oder Fortsetzung einer bewilligten Psychotherapie können Testverfahren nach den GOP 35600-35602 des EBM bei Kurzzeittherapie bis zu dreimal berechnet werden; bei Langzeittherapie ist eine darüber hinaus gehende viermalige Berechnung, damit insgesamt bis zu siebenmal, zulässig.

(3) Die Abrechnung der für die Einbeziehung von Bezugspersonen nach § 11 Abs. 10 bewilligten Therapieeinheiten erfolgt zu Lasten der Krankenkasse der Versicherten oder des Versicherten.

(4) Leistungen der Einbeziehung von Bezugspersonen sind hinter der Abrechnungsposition mit einem „B" zu kennzeichnen.

(5) [1]Leistungen der Rezidivprophylaxe sind hinter der Abrechnungsposition mit einem „R" zu kennzeichnen. [2]Werden im Rahmen der Rezidivprophylaxe Therapieeinheiten zur Einbeziehung von Bezugspersonen abgerechnet, sind die Leistungen hinter der Abrechnungsposition mit einem „U" zu kennzeichnen.

Teil E
Formblätter

§ 19

(1) Es gelten die folgenden Formblätter:
1. Überweisung an eine Vertragsärztin oder einen Vertragsarzt durch eine Psychologische Psychotherapeutin oder einen Psychologischen Psychotherapeuten oder eine Kinder- und Jugendlichenpsychotherapeutin oder einen Kinder- und Jugendlichenpsychotherapeuten zur Abklärung somatischer Ursachen und Erstellung des Konsiliarberichtes vor Aufnahme einer Psychotherapie (Muster 7) gemäß Anlage 2 des BMV-Ä (Vereinbarung über Vordrucke für die vertragsärztliche Versorgung) und Muster 7/E gemäß Anlage 2a des BMV-Ä (Vereinbarung über den Einsatz des Blankoformularbedruckungs-Verfahrens zur Herstellung und Bedruckung von Vordrucken für die vertragsärztliche Versorgung).

Anhang 1   Psychotherapie-Vereinbarung

2. Konsiliarbericht einer Vertragsärztin oder eines Vertragsarztes vor Aufnahme einer durch eine Psychologische Psychotherapeutin oder einen Psychologischen Psychotherapeuten oder eine Kinder- und Jugendlichenpsychotherapeutin oder einen Kinder- und Jugendlichenpsychotherapeuten durchgeführten Psychotherapie (Muster 22) gemäß Anlage 2 des BMV-Ä (Vereinbarung über Vordrucke für die vertragsärztliche Versorgung) und Muster 22/E gemäß Anlage 2a des BMV-Ä (Vereinbarung über den Einsatz des Blankoformularbedruckungs-Verfahrens zur Herstellung und Bedruckung von Vordrucken für die vertragsärztliche Versorgung).

3. Folgende Formblätter gemäß dieser Vereinbarung:

PTV 1	–	Antrag des Versicherten auf Psychotherapie
PTV 2	–	Angaben des Therapeuten zum Antrag des Versicherten
PTV 3	–	Leitfaden zur Erstellung des Berichts an den Gutachter
PTV 4	–	Auftrag der Krankenkasse zur Begutachtung
PTV 5	–	Stellungnahme des Gutachters
PTV 6	–	unbesetzt
PTV 7	–	unbesetzt
PTV 8	–	Briefumschlag zur Weiterleitung der Unterlagen an den Gutachter
PTV 9	–	unbesetzt
PTV10	–	Allgemeine Patienteninformation „Ambulante Psychotherapie in der gesetzlichen Krankenversicherung"
PTV11	–	Individuelle Patienteninformation zur ambulanten psychotherapeutischen Sprechstunde
PTV12	–	Anzeige einer Akutbehandlung

(2) [1]Der Konsiliarbericht (Muster 22) wird im Vierfachsatz erstellt. [2]Das Original ist für die Therapeutin oder den Therapeuten bestimmt (Muster 22a), die erste Durchschrift für die Gutachterin oder den Gutachter (Muster 22b), die zweite Durchschrift zum Verbleib bei der Konsiliarärztin oder beim Konsiliararzt (Muster 22c) und die dritte Durchschrift für die Krankenkasse (Muster 22d).

(3) [1]Das Formblatt PTV 1 (Antrag des Versicherten auf Psychotherapie) wird im Dreifachsatz erstellt. [2]Das Original (PTV 1a) ist für die Krankenkasse, die erste Durchschrift für die Therapeutin oder den Therapeuten (PTV 1b) und die zweite Durchschrift für die Versicherte oder den Versicherten bestimmt (PTV 1c).

(4) [1]Das Formblatt PTV 2 (Angaben des Therapeuten zum Antrag des Versicherten) wird im Dreifachsatz erstellt. [2]Das Original (PTV 2a) ist für die Krankenkasse bestimmt, die erste Durchschrift für die Gutachterin oder den Gutachter (PTV 2b), die zweite Durchschrift für die Therapeutin oder den Therapeuten bestimmt (PTV 2c).

(5) Der Leitfaden PTV 3 ist ein Leitfaden für die Therapeutin oder den Therapeuten zur Erstellung des Berichts an die Gutachterin oder den Gutachter.

(6) Die Krankenkasse beauftragt die Gutachterin oder den Gutachter mit dem Formblatt PTV 4 unter Beifügung des Formblattes PTV 5 im Dreifachsatz gemäß Abs. 7, eines Freiumschlags für die Rücksendung der Unterlagen an die Krankenkasse und des, vorab von der Therapeutin oder vom Therapeuten an die Krankenkasse versendeten, verschlossenen Briefumschlags gemäß Abs. 8.

(7) [1]Das Formblatt PTV 5 wird im Dreifachsatz erstellt. [2]Die Gutachterin oder der Gutachter sendet das Original (PTV 5a) direkt an die Therapeutin oder den Therapeuten, die oder der den Antrag der Versicherten oder des Versicherten begründet hat. [3]Die erste Durchschrift ist zum Verbleib bei der Gutachterin oder beim Gutachter (PTV 5b), die zweite Durchschrift zur Rücksendung an die Krankenkasse bestimmt (PTV 5c).

(8) Der Briefumschlag PTV 8 ist ein Briefumschlag zur Versendung des Berichts an die Gutachterin oder den Gutachter oder des Ergänzungsberichts gemäß PTV 3 sowie zur Versendung des PTV 2b und ggf. des Konsiliarberichts (Muster 22b) sowie ggf. ergänzender Befundberichte an die Gutachterin oder den Gutachter.

(9) Das Formblatt PTV 10 ist ein allgemeines Informationsblatt zur ambulanten Psychotherapie in der gesetzlichen Krankenversicherung, das der Versicherten oder dem Versicherten von der Therapeutin oder vom Therapeuten im Rahmen der Psychotherapeutischen Sprechstunde gemäß § 14 ausgehändigt wird.

(10) [1]Das Formblatt PTV 11 ist eine individuell zu erstellende Patienteninformation zur ambulanten Psychotherapeutischen Sprechstunde und wird im Zweifachsatz erstellt. [2]Das Original (PTV 11a) ist für die Versicherte oder den Versicherten und die erste Durchschrift für die Therapeutin oder den Therapeuten bestimmt (PTV 11b).

(11) [1]Das Formblatt PTV 12 (Anzeige einer Akutbehandlung) wird im Zweifachsatz erstellt. [2]Das Original (PTV 12a) ist für die Krankenkasse und die erste Durchschrift für die Therapeutin oder den Therapeuten (PTV 12b) bestimmt.

(12) [1]Die Formblätter PTV 1, PTV 2, PTV 3, PTV 8, PTV 10, PTV 11 und PTV 12 dieser Vereinbarung sowie ggf. Muster 7 und Muster 22 der Vereinbarung über Vordrucke für die vertragsärztliche Versorgung hält die Therapeutin oder der Therapeut bereit. [2]Die Formblätter PTV 4 und PTV 5 dieser Vereinbarung hält die Krankenkasse bereit. [3]Die Formblätter PTV 1, PTV 2, PTV 11 und PTV 12 können auch als Blankoformulare entsprechend den dafür festgelegten Vorschriften in der Praxis der Therapeutin oder des Therapeuten ausgedruckt werden.

(13) Inhalt und Gestaltung der Formblätter sind verbindlich.

§ 19a Datenaustausch

(1) Im Verfahren zur Anzeige oder zum Antrag einer psychotherapeutischen Leistung benötigen die Krankenkassen zur Bearbeitung wesentliche, nachfolgend genannte versichertenbezogene Angaben, zu deren Übermittlung die Versicherten nach §§ 60 bis 66 SGB I verpflichtet sind.

(2) [1]Im Verfahren zur Anzeige für die Akutbehandlung übermittelt die Therapeutin oder der Therapeut folgende Daten der Versicherten oder des Versicherten an die zuständige Krankenkasse. [2]Hierfür nutzt die Therapeutin oder der Therapeut das Formular PTV 12.

Anhang 1 — Psychotherapie-Vereinbarung

a. Daten der Patientin oder des Patienten
b. Beginn der Akutbehandlung
c. Diagnosen (endständig)
d. Angaben zur Durchführung einer Psychotherapeutischen Sprechstunde und ggf. Vorbehandlungen

(3) [1]Im Verfahren zum Antrag auf eine Psychotherapie übermittelt die Therapeutin oder der Therapeut folgende Daten der Versicherten oder des Versicherten an die zuständige Krankenkasse. [2]Hierfür nutzt die Therapeutin oder der Therapeut das Formular PTV 2.

a. Chiffre der Patientin oder des Patienten (pseudonymisiert)
b. Diagnosen (endständig)
c. Psychotherapie für Erwachsene oder für Kinder und Jugendliche
d. Therapieverfahren
e. Antragsart (Kurzzeittherapie 1, Kurzzeittherapie 2, Langzeittherapie)
f. Anwendungsform (Behandlungssetting)
g. Anzahl der beantragten Therapieeinheiten und die dazugehörigen Gebührenordnungspositionen des EBM und ggf. Anzahl der für den Einbezug von Bezugspersonen beantragten Therapieeinheiten und die dazu gehörigen Gebührenordnungspositionen des EBM
h. Angabe, ob innerhalb der letzten zwei Jahre vor der Behandlung bereits eine psychotherapeutische Behandlung nach § 15 Psychotherapie-Richtlinie stattgefunden hat
i. Angabe zur Durchführung von probatorischen Sitzungen, einer Rezidiv-prophylaxe und ggf. zum bisherigen Behandlungsverlauf
j. Angaben zur letzten gutachterlichen Stellungnahme (falls vorhanden, Name des Gutachters, Datum der Stellungnahme)

(4) [1]Im Verfahren zum gutachterpflichtigen Antrag auf eine Psychotherapie übermittelt die Therapeutin oder der Therapeut folgende Daten der Versicherten oder des Versicherten in pseudonymisierter Form an die oder den von der Krankenkasse ausgewählte Gutachterin oder ausgewählten Gutachter. [2]Der Bericht an den Gutachter und sonstige Befunde gemäß Vorlage PTV 3 werden in einem verschlossenen Umschlag (PTV 8) ungeöffnet von der Krankenkasse an die Gutachterin oder den Gutachter weitergereicht. [3]Auf dem PTV 8 werden auch Angaben des PTV 2 an die Gutachterin oder den Gutachter übermittelt:

a. Chiffre der Patientin oder des Patienten (pseudonymisiert)
b. Psychotherapie für Erwachsene oder für Kinder und Jugendliche
c. Therapieverfahren
d. Antragsart (Kurzzeittherapie 1, Kurzzeittherapie 2, Langzeittherapie)
e. Anwendungsform (Behandlungssetting)

Die Gutachterin oder der Gutachter kann weitere notwendige Unterlagen für die Gutachtenerstellung unmittelbar bei der Therapeutin oder dem Therapeuten anfordern. [4]Diese werden der Gutachterin oder dem Gutachter von der Therapeutin oder dem Therapeuten in pseudonymisierter Form übermittelt.

(5) [1]Im Verfahren zum Antrag auf eine Psychotherapie übermittelt die Krankenkasse insbesondere folgende Daten der Versicherten oder des Versicherten in pseudo-

nymisierter Form an die oder den von ihr ausgewählte Gutachterin oder ausgewählten Gutachter. ²Die Krankenkasse nutzt für die Beauftragung der Gutachterin oder des Gutachters das Formular PTV 4 sowie ggf. ein Ergänzungsblatt.

a. Chiffre/Krankenkassenbearbeitungsnummer der Patientin oder des Patienten (pseudonymisiert)
b. Angaben zur letzten gutachterlichen Stellungnahme (falls vorhanden, Name des Gutachters, Datum der Stellungnahme)
c. Arbeitsunfähigkeitszeiten der letzten vier Jahre (Diagnosen, Zeiträume; falls vorhanden)
d. Informationen zu ambulanten psychotherapeutischen Behandlungen der letzten vier Jahre (Diagnosen, Art der Behandlung, Zeitpunkt der Antragsstellung, beantragte Stundenkontingente; falls vorhanden)
e. stationäre, teilstationäre Krankenhausbehandlungen der letzten vier Jahre (Diagnosen, Zeiträume, Institution, Kostenträger; falls vorhanden)
f. rehabilitative Verfahren der letzten vier Jahre (Diagnosen, Zeiträume Institution, Kostenträger; falls vorhanden)

(6) ¹Im Verfahren zum Antrag auf eine Psychotherapie übermittelt die Gutachterin oder der Gutachter folgende Daten der Versicherten oder des Versicherten in pseudonymisierter Form an die behandelnde Therapeutin oder den behandelnden Therapeuten sowie die zuständige Krankenkasse und bei Zweitgutachten auch an die vorherige Gutachterin oder den vorherigen Gutachter. ²Hierfür nutzt die Gutachterin oder der Gutachter das Formular PTV 5, sowie ggf. ein Ergänzungsblatt.

a. Chiffre/Krankenkassenbearbeitungsnummer der Patientin oder des Patienten (pseudonymisiert)
b. Angabe der beantragten Therapieeinheiten und der dazugehörigen Gebührenordnungspositionen des EBM
c. Angabe der befürworteten Therapieeinheiten und der dazugehörigen Gebührenordnungspositionen des EBM
d. Angabe der für den Einbezug von Bezugspersonen beantragten Therapieeinheiten und der dazugehörigen Gebührenordnungspositionen des EBM
e. Angabe der für den Einbezug von Bezugspersonen befürworteten Therapieeinheiten und der dazugehörigen Gebührenordnungspositionen des EBM
f. Nur an die Therapeutin oder den Therapeuten: Begründung bei Befürwortung, Teilbefürwortung und Nichtbefürwortung
g. Kurzbegründung für die Krankenkasse bei Fehlen von Voraussetzungen

Teil F
Übergangsbestimmungen

§ 20

(1) ¹Ärztinnen und Ärzte, die aufgrund der bis zum 31.12.1998 gültigen Psychotherapievereinbarungen eine Abrechnungsgenehmigung erhalten haben, behalten diese in gleichem Umfang. ²Dies gilt für Psychologische Psychotherapeutinnen und Psychotherapeuten oder analytische Kinder- und Jugendlichenpsychotherapeutinnen und

Anhang 1 — Psychotherapie-Vereinbarung

-psychotherapeuten, die bis zum 31.12.1998 am Delegationsverfahren teilgenommen haben, entsprechend, sofern sie eine Zulassung zur vertragsärztlichen Versorgung erhalten.

(2) [1]Psychologische Psychotherapeutinnen und Psychotherapeuten oder Kinder- und Jugendlichenpsychotherapeutinnen und -psychotherapeuten, die nach den Übergangsregelungen in § 95 Abs. 10 SGB V zugelassen worden sind, erhalten die Abrechnungsgenehmigung für das Verfahren, für welches sie gegenüber dem Zulassungsausschuss den Nachweis eingehender Kenntnisse und Erfahrungen geführt haben. [2]Eine Abrechnungsgenehmigung für mehr als ein Verfahren ist nur dann zu erteilen, wenn gegenüber der Kassenärztlichen Vereinigung die Erfüllung der Anforderungen nachgewiesen werden, die dem Zulassungsausschuss hätten nachgewiesen werden müssen, um eine entsprechende Zulassung zu erhalten. [3]Voraussetzung für eine Abrechnungsgenehmigung gemäß den Anforderungen nach § 6 Abs. 4 und 5 sowie Abs. 6 oder § 7 Abs. 4 sowie Abs. 5 ist der Nachweis über die Erfüllung der dort jeweils festgelegten Anforderungen gegenüber der Kassenärztlichen Vereinigung.

(3) [1]Psychologische Psychotherapeutinnen und Psychotherapeuten oder Kinder- und Jugendlichenpsychotherapeutinnen und -psychotherapeuten, die nach den Übergangsregelungen gemäß § 95 Abs. 11 SGB V eine Ermächtigung zur Nachqualifikation zur vertragsärztlichen Versorgung erhalten haben, erhalten die Abrechnungsgenehmigung für das Verfahren, für welches sie gegenüber dem Zulassungsausschuss den Nachweis von Kenntnissen und Erfahrungen gemäß § 95 Abs. 11 Nr. 1 geführt haben. [2]Voraussetzung für eine Abrechnungsgenehmigung gemäß den Anforderungen nach § 6 Abs. 4 und 5 sowie Abs. 6 oder § 7 Abs. 4 sowie Abs. 5 ist der Nachweis über die Erfüllung der dort jeweils festgelegten Anforderungen gegenüber der Kassenärztlichen Vereinigung. [3]Die Abrechnungsgenehmigung ist befristet für den Zeitraum der Ermächtigung zu erteilen. [4]Wird die oder der ermächtigte Psychologische Psychotherapeutin oder Psychotherapeut oder Kinder- und Jugendlichenpsychotherapeutin oder -psychotherapeut zur vertragsärztlichen Versorgung zugelassen, ist die entsprechende Abrechnungsgenehmigung unbefristet zu erteilen.

(4) [1]Diejenigen Psychologischen Psychotherapeutinnen und Psychotherapeuten, die eine dreijährige ganztägige Ausbildung spätestens bis zum 31.12.2001 oder eine fünfjährige berufsbegleitende Ausbildung spätestens zum 31.12.2003 an einem Ausbildungsinstitut für tiefenpsychologisch fundierte und analytische Psychotherapie, das zum 31.12.1998 als anerkannt gemäß Anlage 1 der bis zum 31.12.1998 gültigen Psychotherapievereinbarungen angesehen werden konnte, erfolgreich mit einer Abschlussprüfung beendet haben, werden als qualifiziert sowohl für die Erbringung tiefenpsychologisch fundierter Psychotherapie als auch analytischer Psychotherapie nach dieser Vereinbarung angesehen. [2]Dies gilt auch für die analytischen Kinder- und Jugendlichenpsychotherapeutinnen und -psychotherapeuten, die eine abgeschlossene Ausbildung an einem zum 31.12.1998 als anerkannt anzusehenden Ausbildungsinstitut nach Anlage 2 der bis zum 31.12.1998 gültigen Psychotherapievereinbarungen bei einer dreijährigen ganztägigen Ausbildung spätestens bis zum 31.12.2001 und bei einer fünfjährigen berufsbegleitenden Ausbildung spätestens bis zum 31.12.2003 nachweisen können.

(5) Im Hinblick auf Artikel 10 des Psychotherapeutengesetzes gelten die Bestimmungen zum Delegationsverfahren der bis zum 31.12.1998 gültigen Psychotherapievereinbarungen für die an dieser Vereinbarung teilnehmenden Psychologischen Psy-

chotherapeutinnen und Psychotherapeuten und Kinder- und Jugendlichenpsychotherapeutinnen und -psychotherapeuten bis zur Entscheidung des Zulassungsausschusses.

(6) [1]Bei Kurz- und Langzeittherapien, die vor dem 1. April 2017 beantragt wurden, gelten die Bestimmungen der infolge des Beschlusses vom 15. Oktober 2015 geltenden Fassung der Psychotherapie-Richtlinie sowie der zum 1. Oktober 2016 geltenden Psychotherapie-Vereinbarung. [2]Soll eine vor dem 1. April 2017 beantragte Kurzzeittherapie ab dem 1. April 2017 in eine Langzeittherapie umgewandelt werden, oder soll eine vor dem 1. April 2017 beantragte Langzeittherapie ab dem 1. April 2017 fortgeführt werden, gelten die Bestimmungen der infolge der Beschlüsse vom 16. Juni 2016 und 24. November 2016 geltenden Fassung der Psychotherapie-Richtlinie sowie dieser Psychotherapie-Vereinbarung. [3]Bei der Fortführung einer vor dem 1. April 2017 beantragten Langzeittherapie kann ab dem 1. April 2017 die Höchstgrenze der für das Verfahren vorgesehenen Sitzungskontingente nach § 30 der Psychotherapie-Richtlinie beantragt werden.

(7) [1]Eine Bewerbung gemäß § 12 Abs. 5 dieser Vereinbarung ist auch erforderlich, wenn die Interessentin oder der Interessent bereits bei der Kassenärztlichen Bundesvereinigung als Bewerberin oder Bewerber für eine Gutachtertätigkeit (vormals Bewerberliste) geführt wurde. [2]Gutachterinnen und Gutachter, die zum 1. Juli 2017 bereits bestellt sind, können bis zum 30. Juni 2019 als Gutachterin oder Gutachter tätig bleiben. [3]Für eine Bestellung als Gutachterin oder Gutachter für den vollständigen Bestellzeitraum vom 1. Januar 2018 bis zum 31. Dezember 2022 ist es erforderlich, dass sich auch die bereits zum 1. Juli 2017 bestellten Gutachterinnen und Gutachter erneut nach § 12 Abs. 5 bewerben. [4]Die Vorgaben nach § 12 Abs. 10 werden mit der Bestellung von Gutachterinnen und Gutachtern nach § 12 Abs. 4 Satz 2 wirksam, bis dahin werden Anträge auf Verhaltenstherapie von den bereits bestellten Gutachterinnen und Gutachtern für Verhaltenstherapie begutachtet, Anträge auf tiefenpsychologisch fundierte oder analytische Psychotherapie werden von den bereits bestellten Gutachterinnen und Gutachtern für tiefenpsychologisch fundierte und analytische Psychotherapie begutachtet. [5]Das Verfahren gemäß § 12 Abs. 16 der Psychotherapie-Vereinbarung in der Fassung vom 9. Mai 2017 endet zum 30. Juni 2019.

(8) [1]Abweichend von § 12 Abs. 4 dieser Vereinbarung bestellt die Kassenärztliche Bundesvereinigung im Einvernehmen mit dem GKV-Spitzenverband Gutachterinnen und Gutachter für Systemische Therapie bei Erwachsenen erstmalig zum 1.7.2020 befristet bis zum 31.12.2022. [2]Abweichend von § 12 Abs. 4 und Abs. 5 rufen die Vertragspartner dieser Vereinbarung durch Ausschreibung im Deutschen Ärzteblatt und dessen Ausgabe PP spätestens zwei Monate vor einer Bestellung gemäß Satz 1 zur Bewerbung für die Gutachtertätigkeit in Systemischer Therapie bei Erwachsenen auf; eine Bewerbung für ein anderes Psychotherapieverfahren im Rahmen dieser Ausschreibung ist nicht zulässig. [3]Eine bestehende Bestellung in einem anderen Verfahren steht einer Bewerbung für eine Gutachtertätigkeit in Systemischer Therapie bei Erwachsenen nicht entgegen. [4]Bei einer Bewerbung für eine Gutachtertätigkeit gemäß § 12 Abs. 16 dieser Vereinbarung für Systemische Therapie bei Erwachsenen kann die drei Jahre andauernde Bestellung als Gutachter gemäß § 12 Abs. 4 dieser Vereinbarung auch durch eine Gutachtertätigkeit in einem anderen Verfahren nachgewiesen werden.

(9) ¹Liegen bei Ärztinnen und Ärzten keine entsprechenden Weiterbildungszeugnisse vor, kann die Qualifikation in Systemischer Therapie bei Erwachsenen abweichend von § 5 Abs. 9 dieser Vereinbarung den Kassenärztlichen Vereinigungen bis zum 30.6.2026 durch entsprechende Bescheinigung oder Zeugnis der zuständigen Ärztekammer nachgewiesen werden, aus der sich ergibt, dass eingehende Kenntnisse und Erfahrungen auf dem Gebiet der Systemischen Therapie bei Erwachsenen erworben wurden. ²Die in § 5 Abs. 9 dieser Vereinbarung verwendeten Bezeichnungen für Facharzt und Zusatz-Weiterbildungen richten sich nach der (Muster-)Weiterbildungsordnung der Bundesärztekammer in der Fassung vom 20.9.2019 und schließen auch diejenigen Ärztinnen und Ärzte ein, welche eine entsprechende Bezeichnung nach dem Recht früherer geltender Weiterbildungsordnungen oder (Muster-)Weiterbildungsordnungen führen.

(10) Psychologische Psychotherapeutinnen oder Psychologische Psychotherapeuten können die Qualifikation in Systemischer Therapie bei Erwachsenen abweichend von § 6 Abs. 8 dieser Vereinbarung den Kassenärztlichen Vereinigungen bis zum 30.6.2026 durch entsprechende Bescheinigung oder Zeugnis der zuständigen Psychotherapeutenkammer nachweisen, aus der sich ergibt, dass eingehende Kenntnisse und Erfahrungen auf dem Gebiet der Systemischen Therapie bei Erwachsenen, gleichwertig mit der Zusatzbezeichnung Systemische Therapie gemäß Muster-Weiterbildungsordnung der Bundespsychotherapeutenkammer, erworben wurden; Voraussetzung hierfür ist, dass keine Zusatzweiterbildung in Systemischer Therapie und auch keine Übergangsregelungen zur Anerkennung der Systemischen Therapie bei Erwachsenen gemäß der Weiterbildungsordnung der zuständigen Psychotherapeutenkammer bestehen.

Teil G
Inkrafttreten

§ 21

¹Diese Vereinbarung tritt am 1. April 2017 in Kraft. ²Gleichzeitig tritt die Vereinbarungen über die Anwendung von Psychotherapie in der vertragsärztlichen Versorgung zum Bundesmantelvertrag-Ärzte (BMV-Ä) vom 1. Oktober 2016 außer Kraft.

Teil H
Kündigung

§ 22

¹Eine gesonderte Kündigung dieser Anlage zum BMV-Ä ist mit einer Frist von 6 Monaten zum Ende eines Kalenderhalbjahres möglich. ²Durch eine Kündigung werden bereits im Gutachterverfahren bewilligte Fälle nicht berührt. ³Im Übrigen gilt § 55 BMV-Ä sinngemäß.

Anhang 2:
Digitalisierung in der vertragsärztlichen Versorgung

Erläuterungen

Übersicht

	Rn
I. Vorbemerkung	1
II. Vordruck-Vereinbarung digitale Vordrucke (Anl 2b)	4
III. Vereinbarung zur elektronischen Gesundheitskarte (Anl 4a)	7
1. Grundlagen	7
2. Prüfung des Leistungsanspruchs des Versicherten gegenüber der Krankenkasse und Aktualisierung der Versichertenstammdaten	10
a) Grundsatz	10
b) Nichtvorlage einer gültigen eGK	11
c) Unverwendbarkeit der eGK	13
d) Sonderregelungen im Zusammenhang mit der COVID-19-Pandemie	16
3. Anlage, Pflege und Löschung des Notfalldatensatzes auf der eGK	18
4. Anlage, Pflege und Löschung des Medikationsplans auf der eGK	22
IV. Regelungs- und Geltungsbereich des BMV-Ä (Abs 1)	23
1. Grundlagen	23
2. Anforderungen an den Vertragsarzt (§ 2)	24
3. Anforderungen an Datenübertragung, Datenschutz, Datensicherheit und Interoperabilität (§§ 3–6)	27
4. Korrespondierende Regelungen im EBM	28
V. Vereinbarung zum Telekonsil (Anl 31a)	29
1. Grundlagen und Anwendungsbereich	29
2. Anforderungen an die Einholung der telekonsiliarischen Befundbeurteilung (§ 2)	30
3. Anforderungen an die Durchführung der telekonsiliarischen Befundbeurteilung (§ 3)	32
4. Bestimmungen zum Datenschutz (§ 4)	33
5. Technische Anforderungen an den Vertragsarzt und den Kommunikationsdienst (§ 5 und 6)	34
6. Korrespondierende Regelungen im EBM	36
VI. Videosprechstunde/Fernbehandlung	37
1. (Telemedizinische) Fernbehandlung – Videosprechstunde (Anl 31b)	37
a) Entwicklung und Parallelen im EBM	37
b) Anwendungsbereich und Begriffsklärung	40
c) Datenschutz	42
d) Weitere Anforderungen an die Teilnehmer und den Vertragsarzt	46
e) Anforderungen an den Videodienstanbieter (§ 5)	49
2. Berufs- und zivilrechtlicher Rahmen der Fernbehandlung	53

	Rn		Rn
3. Psychotherapie-Vereinbarung (Anl 1)	55	c) Ausstellung von Bescheinigungen für Arbeitsunfähigkeit und Krankengeldberechtigung im Rahmen der Fernbehandlung/Videosprechstunde	66
4. Videofallkonferenzen (Anl 31b)	59		
5. Authentifizierung bei der ausschließlichen Fernbehandlung (Anl 4b)	60		
6. Weitere allgemeine Grundsätze zur Fernbehandlung	63	d) Werbung für Fernbehandlungsleistungen	72
a) Aufklärung des Patienten	63	V. Vereinbarung zur Finanzierung der Telematikinfrastruktur (Anl 32)	75
b) Arzneimittelverordnung im Rahmen der ausschließlichen Fernbehandlung	65		

Literatur: *Altmiks* Veränderungen im Leistungserbringungsverhältnis, Schriftenreihe des Sozialrechtsverbands (69) 2020, 33; *Bergmann* Telemedizin und das neue E-Health-Gesetz, MedR 2016, 497; *Braun* Die Zulässigkeit des Ausstellens von Arbeitsunfähigkeitsbescheinigungen im Rahmen der Fernbehandlung, GesR 2018, 409; *ders* Die Zulässigkeit von ärztlichen Fernbehandlungsleistungen nach der Änderung des § 7 Abs. 4 MBO-Ä, MedR 2018, 563; *Dierks/Kluckert* Unionsrechtliche „Antworten" zur Frage des anwendbaren nationalen Rechts bei grenzüberschreitenden E-Health-Dienstleistungen, NZS 2017, 687; *Dochow* Telemedizin und Datenschutz, MedR 2019, 636; *Eichelberger* Werbung für ärztliche Fernbehandlungen, FS Harte-Bavendamm, 2020 289; *Erb* Die Kodifikation des Behandlungsvertragsrechts im BGB, Beseitigung alter oder Generierung neuer Probleme?, 2018; *Gruner* Quo vadis, Fernbehandlungsverbot?/Betrachtungen zur Telemedizin, GesR 2017, 288; *Hahn* AU-Schein nach Fernuntersuchung, zugleich Anmerkung zu LG Hamburg, Urt v 3.9.2019 – 406 HKO 56/19, MedR 2020, 370; *ders* Die Weiterentwicklung der Videosprechstunde in EBM und BMV-Ä, NZS 2020, 281; *ders* Telemedizin – Das Recht der Fernbehandlung, 2019; *ders* Die Neuregelung der Videosprechstunde im Pflegepersonal-Stärkungsgesetz (PpSG), NZS 2019, 253; *ders* Die Ausstellung von Arbeitsunfähigkeitsbescheinigungen nach ausschließlicher Fernbehandlung, ZMGR 2018, 279; *Heider* Arbeitsunfähigkeitsbescheinigung per WhatsApp, NZA 2019, 288; *Hötzel* „There is an app for that" – Aspekte des Rechts der Medizinprodukte und des ärztlichen Berufs- und Vergütungsrechts, ZMGR 2018, 16; *Kaeding* Grenzüberschreitende Telemedizin als Ausdruck eines funktionierenden Binnenmarktes, ZESAR 2017, 215; *Kalb* Rechtliche Aspekte der Telemedizin, GesR 2018, 481; *Katzenmeier* Haftungsrechtliche Grenzen ärztlicher Fernbehandlung, NJW 2019, 1769; *ders* Big Data, E-Health, M-Health, KI und Robotik in der Medizin, MedR 2019, 259; *Kuhn/Heinz* Digitalisierung in der Medizin im Spannungsfeld zwischen technischen und legislativen Möglichkeiten und rechtlichen Grenzen, GesR 2018, 691; *Kuhn/Hesse* Einsatz und Vergütung von Videosprechstunden im vertragsärztlichen System, GesR 2017, 221; *Möller/Flöter* Klick Dich krank? Der Beweiswert von Online-AU-Bescheinigungen, ArbRAktuell 2019, 501; *Müller* Krankschreibungen per WhatsApp bzw- Videosprechstunde in der arbeitsrechtlichen Praxis, BB 2019, 2292; *Schulte/Tisch* Beweiswert der Arbeitsunfähigkeitsbescheinigung im digitalen Umbruch, NZA 2020, 761; *Spickhoff* Rechtsfragen der grenzüberschreitenden Fernbehandlung, MedR 2018, 535; *Stellpflug* Arzthaftung bei der Verwendung telemedizinischer Anwendungen, GesR 2019, 76; *Tillmanns* Möglichkeiten und Grenzen der Werbung für Fernbehandlungen. Die Neuregelung des Heilmittelwerbegesetz, A&R 2020, 11; *Vorberg/Kanschik* Fernbehandlung: AMG-Novelle und Ärztekammer verfehlen die Realität!, Kritik – Dogmatik – Lösung, MedR 2016, 411.

I. Vorbemerkung

Ungeachtet ihrer modernen Anmutung kann die Digitalisierung in der vertragsärztlichen Versorgung inzwischen auf eine langjährige Rechtsgeschichte zurückschauen. Eingeleitet wurde diese bereits zum 1.1.2004 durch die im damaligen § 291 Abs 2a SGB V verankerte, vielversprechende Aussage, *„die Krankenkasse erweitert die Krankenversichertenkarte nach Abs 1 bis spätestens zum 1.1.2006 zu einer elektronischen Gesundheitskarte nach §291a"*.[1] Eingelöst wurde dieses Versprechen auf Bundesebene allerdings erst ab dem Jahr 2011.[2] Parallel dazu mussten die nach § 291 Abs 7 S 1 SGB V aF ebenfalls seit dem 1.1.2004 bestehenden Anforderungen an die Telematikinfrastruktur umgesetzt werden,[3] deren Entwicklung sich bis heute im Fluss befindet. Neben der Einführung und Entwicklung technischer Komponenten zur effizienten Übermittlung von Versichertenstamm- und Behandlungsdaten erhielt auch die Patientenversorgung selbst durch die Digitalisierung und dabei insbesondere durch neue Kommunikationsmöglichkeiten einen erheblichen Innovationsschub. Anfänglich noch durch das restriktive Kammerberufsrecht gebremst und daher – neben dem schon länger existierenden Telekonsil – auf wenige Formen der ergänzenden telemedizinischen Versorgung eingeschränkt, vollzog sich im Jahr 2018 in dieser Frage ein sprichwörtlicher „*Dammbruch*". Die auf dem deutschen Ärztetag versammelten Delegierten schwenkten von einem die ausschließliche Fernbehandlung vollständig negierenden Dogma um zum Prinzip der individuellen Verantwortung des jeweiligen Arztes. Dieser musste und durfte fortan entscheiden, ob sich eine bestimmte Behandlungssituation für die ausschließlich fernkommunikative Versorgung eignet. Noch durch die restriktive, jedoch inzwischen überkommene Grundhaltung der verfassten Ärzteschaft geprägt, hatten auch die Vertragspartner des BMV-Ä bereits Ende 2016 in der Anl 31b Regelungen zur Videosprechstunde getroffen, die jedoch schon ein Jahr nach ihrer Entstehung wie aus der Zeit gefallen wirkten. Diese an die aktuellen Entwicklungen in der ärztlichen Praxis anzupassen, gelang mit einer Verzögerung von eineinhalb Jahren zum 16.11.2019. Dieser Schritt wurde durch eine Vielzahl weiterer Änderungen und Ergänzungen des BMV-Ä zur Digitalisierung begleitet, die jedoch aufgrund der – zumindest in konservativer Interpretation –[4] restriktiven Grundhaltung des SGB V in dieser Frage teilweise hinter den im allgemeinen Medizinrecht diskutierten Versorgungsmöglichkeiten zurückblieben. Einen letzten Schub erhielt die Digitalisierungswelle im BMV-Ä ab dem Frühjahr 2020 durch die COVID-19-Krise in Form mehrerer Änderungsvereinbarungen zum BMV-Ä.[5]

Die gesetzliche Verpflichtung der gemeinsamen Selbstverwaltung bzw der Partner des BMV-Ä zur detaillierten Regelung der Digitalisierungsfragen für die vertragsärztliche Versorgung beruht insbesondere auf den §§ 87 und 291 ff SGB V. Die darin enthaltenen Vorgaben wurden in Teilen unmittelbar im BMV-Ä und im Übrigen in den zugehörigen Anlagen umgesetzt. Bis Mitte 2020 wurden folgende Vereinbarungen in den Anlagen getroffen:

---

1 BGBl I 2003, 2190, 2232.
2 BeckOK SozR/*Scholz* 58. Ed v 1.9.2020, § 291 SGB V Rn 2.
3 BGBl I 2003, 2190, 2234.
4 Vgl dazu etwa für die AU-Bescheinigung: *BSG* v 16.12.2014 – B 1 KR 25/14, Rn 13.
5 Vgl dazu *KBV/GKV-Spitzenverband* DÄ 2020, A-626; DÄ 2020, A-744; DÄ 2020, A-794; DÄ 2020, A-972; DÄ 2020, A-1027 f.

- „Vereinbarung über die Anwendung von **Psychotherapie** in der vertragsärztlichen Versorgung" auf der Grundlage von § 291g Abs 4 SGB v 2.2.2017 als **Anlage 1** mit Stand v 1.3.2020 (dazu im Folgenden unter VI. 3. Rn 55–58).
- „Vereinbarung über die **Verwendung digitaler Vordrucke** in der vertragsärztlichen Versorgung" auf der Grundlage von § 87 Abs 1 S 6 SGB V v 1.7.2020 als **Anlage 2b** (dazu im Folgenden unter II. Rn 4–6).
- Vereinbarung zum Inhalt und zur Anwendung der **elektronischen Gesundheitskarte**" auf der Grundlage von § 291 Abs 3 iVm § 291a Abs 1–5a SGB V 22.4.2008 als **Anlage 4a** mit Stand v 3.9.2020 (dazu im Folgenden unter III. Rn 7–21).
- „Vereinbarung über die **Authentifizierung von Versicherten bei der ausschließlichen Fernbehandlung**" v 16.9.2019 als **Anlage 4b** (dazu im Folgenden unter VI. 5. Rn 60–62).
- „Vereinbarung über **telemedizinische Leistungen** in der vertragsärztlichen Versorgung im Zusammenhang mit § 87 Abs 2a S 7 SGB V" v 14.12.2016 als **Anlage 31** (dazu im Folgenden unter IV. Rn 23–28).
- „Vereinbarung über die Anforderungen an die technischen Verfahren zur telemedizinischen Erbringung der **konsiliarischen Befundbeurteilung von Röntgenaufnahmen** in der vertragsärztlichen Versorgung gemäß § 291g Abs 1 S 1 SGB V" v 15.9.2016 als **Anlage 31a** (dazu im Folgenden unter V. Rn 29–36).
- „Vereinbarung über die Anforderungen an die technischen Verfahren zur **Videosprechstunde** gemäß § 291g Abs 4 SGB V" v 21.10.2016 als **Anlage 31b** mit Stand v 27.7.2020 (dazu im Folgenden unter VI. Rn 37–74).
- „Vereinbarung zur **Finanzierung** und Erstattung der bei den Vertragsärzten entstehenden Kosten iRd Einführung und des Betriebes der **Telematikinfrastruktur** gemäß § 291a Abs 7 S 5 SGB V sowie zur Abbildung nutzungsbezogener Zuschläge gemäß § 291a Abs 7b S 3 SGB V" v 14.12.2017 als **Anlage 32** mit Stand v 20.3.2020 (dazu im Folgenden unter VII. Rn 75).

3 Durch das PDSG erhalten die Vereinbarungen über telemedizinische Verfahren in den §§ 364 ff SGB V nF neue Anknüpfungsnormen.[6]

II. Vordruck-Vereinbarung digitale Vordrucke (Anl 2b)

4 Nach § 35 Abs 4 BMV-Ä können Vordrucke, die Bestandteil der Anl 2b sind, digital erstellt, übermittelt und empfangen werden. Grundlage der Vereinbarung war der in § 87 Abs 1 S 6–7 SGB V enthaltene Auftrag, bis zum 31.12.2016 zu prüfen, inwieweit bislang papiergebundene Verfahren zur Organisation der vertragsärztlichen Versorgung durch elektronische Kommunikationsverfahren ersetzt werden können. Die Anl 2b ist am 1.1.2017[7] in Kraft getreten und wurde bis Februar 2020 mehrfach[8] geändert. Zum 1.7.2020 ist eine vollständige Neufassung der Anlage in Kraft getreten.[9] Sie besteht aus einem allgemeinen (§§ 1–3a) und einem speziellen (§§ 4–6) Teil. Darüber hinaus verweist § 1 Abs 2 S 2 auf das „*Technische Handbuch digitale Vordrucke*", das von den Vertragsparteien als Anlage zur Anl 2b erstellt wird und die technischen Regeln für die digitalen Vordrucke beschreibt.

---

6 BT-Drucks 19/20708, 128 ff.
7 *KBV/GKV-Spitzenverband* DÄ 2016, A-2404, 2405 f.
8 *KBV/GKV-Spitzenverband* DÄ 2020, A-852; *KBV/GKV-Spitzenverband* DÄ 2017, A-1503.
9 *KBV/GKV-Spitzenverband* DÄ 2020, A-1352 f.

Bis zur Neufassung der Vorschrift war die Verwendung digitaler Vordrucke für den Vertragsarzt ausdrücklich fakultativ ausgestaltet (*„können [...] verwenden"*[10]).[11] Nach Wegfall dieses Einschubs sind nach § 2 Abs 1 S 2 nunmehr die in § 4 enthaltenen **Vorgaben zum jeweiligen Vordruck** maßgeblich. Exemplarisch ist auf Ziffer 4.1.1 in § 4 zu verweisen, nach dem die Übermittlung der **Arbeitsunfähigkeitsdaten**[12] an die zuständige Krankenkasse ab dem 1.1.2021 digital erfolgt. Abweichend sind etwa die Regelungen zum Überweisungsschein in Ziffer 4.6.1 formuliert, nach dem das entsprechende Muster digital verwendet werden kann, wenn für die Durchführung der Leistung des überweisungsannehmenden Vertragsarztes kein Arzt-Patienten-Kontakt erforderlich ist.

Daneben enthält § 2 Anforderungen an die ordnungsgemäße Erstellung und das Dateiformat der Vordrucke. Der § 3 verlangt eine sichere Übermittlung der Vordrucke. Diese ist im Regelfall gewährleistet, wenn die Übertragung über den Dienst ‚**Kommunikation im Medizinwesen (KIM)** und unter Beachtung des Technischen Handbuchs oder über einen von der gematik spezifizierten Übertragungsdienst nach § 291a Abs 5d SGB V erfolgt. Dieser Weg ist obligatorisch, sobald diese Dienste und die erforderlichen technischen Komponenten für die Vertragsarztpraxis zur Verfügung stehen. Bis zu diesem Zeitpunkt kann die Übermittlung – unter Beachtung der spezifischen Vorgaben zu den einzelnen Mustern – auf einem anderen sicheren Weg erfolgen, für den § 3a Abs 1 die **Mindestvoraussetzungen** vorschreibt.

III. Vereinbarung zur elektronischen Gesundheitskarte (Anl 4a)

1. Grundlagen. Die Anl 4a beruht auf § 291 Abs 3 iVm § 291a Abs 1–5a SGB V sowie § 19 Abs 1 S 2 BMV-Ä. Ihr Gegenstand ist die Anwendung der eGK (insbesondere in der Arztpraxis) und die Beschreibung ihres Inhalts. Dazu finden sich in § 2 die den Vorgaben aus den §§ 291a Abs 7, 291b SGB V entsprechenden Vertragsgrundsätze, nach denen der GKV-Spitzenverband und die KBV ihre Aufgaben im Zusammenhang mit der Einführungsanwendung der eGK durch die gematik wahrnehmen. Zusätzlich wirkt die KBV in Zusammenarbeit mit den KV auf die entsprechende technische Ausstattung der Ärzte hin. Nähere Vorgaben dazu finden sich in § 6. Zur Akzeptanzstärkung der eGK verpflichten sich beide Partner zu einer abgestimmten Koordination der im jeweiligen Zuständigkeitsbereich erforderlichen Maßnahmen. Infolge des PDSG erhält die eGK zudem nach § 336 Abs 1 SGB V nF die **Funktion eines Schlüssels** für den Zugriff des Versicherten auf Anwendungen der Telematikinfrastruktur wie die ePA.[13] Auch dieser neue Verwendungsmodus muss und wird im BMV-Ä und den dazugehörigen Anlagen gespiegelt werden.

§ 3 der Anlage enthält Vorgaben zum Inhalt der eGK. Dieses sind zum einen die in § 291 Abs 2 und 2a iVm § 291a Abs 2 und 3 SGB V genannten Daten und zum anderen die Unterschrift und ein Lichtbild des Versicherten in einer Form, die für eine **maschinelle Übertragung** auf die für die vertragsärztliche Versorgung vorgesehenen Abrechnungsunterlagen und Vordrucke geeignet ist. Die im SGB V verankerten Pflichtangaben begründen einen gerechtfertigten und damit grundsätzlich hinzuneh-

---

10 *KBV/GKV-Spitzenverband* DÄ 2016, A-2404, 2405.
11 Vgl BeckOK SozR/*Scholz* 58. Ed v 1.9.2020, BMV-Ä Anlage 2b Rn 4.
12 Vgl dazu ausführlich *Altmiks* SDSRV 69, 33, 54 ff.
13 BT-Drucks 19/20708, 72.

menden Eingriff in das **informationelle Selbstbestimmungsrecht** des Betroffenen.[14] Das gilt auch nach Inkrafttreten der DS-GVO.[15] Gleichzeitig legen sie aber auch den zulässigen Maximalinhalt der auf der eGK gespeicherten Daten fest, da die verfassungskonforme Einschränkung eine gesetzliche Grundlage verlangt, *„aus der sich die Voraussetzungen und der Umfang der Beschränkungen klar und für den Bürger erkennbar ergeben"*[16]. Aus diesem Grund können die in § 291a Abs 2 SGB V genannten Angaben wie etwa der *„Versichertenstatus"* nicht *„durch untergesetzliche Vereinbarungen beliebig ausgefüllt und ‚datenmäßig erweitert, werden"*[17]. § 3 Abs 1 S 2 der Anlage enthält bezüglich der Gestaltung und technischen Eigenschaften der eGK einen dynamischen Verweis auf die geltenden Vorgaben der gematik. Diese Verweisungstechnik wird – am Beispiel der Anforderungen an das Lichtbild nach § 291a Abs 5 SGB V – teilweise als problematisch bewertet, da sich die mit **Regelungskompetenz und -auftrag** versehenen Vertragspartner auf diese Weise ihrer Gestaltungsaufgabe nach §§ 291 Abs 3, 87 Abs 1 SGB V entledigten.[18] Ungeachtet der Diskussion um die rechtliche Qualität der gematik-Spezifikationen zur eGK, bei der auch der Ausführungsauftrag nach § 291a Abs 7 S 2 SGB V im Blick zu behalten ist, kann zumindest hinsichtlich der Eignung eines eingereichten **Passbild**s von einem Beurteilungsspielraum[19] der Krankenversicherung ausgegangen werden. Umgekehrt kann sich aus Art 4 Abs 1 GG ein Recht des Versicherten zur Abweichung von Vorgaben zur Passbildgestaltung ergeben.[20] Ein Anspruch auf Ausstellung einer eGK vollkommen ohne Foto lässt sich aus der Religionsfreiheit allerdings nicht ableiten.[21] Das erhaltene Bild ist spätestens nach der Übermittlung der eGK an den Versicherten zu löschen.[22] Für die fachlichen Inhalte zur Verarbeitung der Versichertenstammdaten zum Zwecke der vertragsärztlichen Abrechnung werden die Dokumentation der gematik und die Anl 4a zusätzlich durch eine technische Anlage ergänzt. Diese stammt ursprünglich v 27.5.2014 und liegt inzwischen in der Fassung von 30.3.2020 vor.

9   Nach § 3 Abs 2 muss die Krankenkasse vor der Erstausgabe der eGK an den Versicherten und bei jedem Wechsel des Kartenpersonalisierers die gematik mit der **Personalisierungsvalidierung** beauftragen. Die KBV hat durch Zertifizierungsverfahren sicherzustellen, dass erfolgreich validierte eGK von den Praxisverwaltungssystemen akzeptiert werden. Die entsprechende Zertifizierungsrichtlinie stammt aus dem Jahr 2019.[23] Nach § 6 Abs 1 S 1 sind die Ärzte zur Anwendung der eGK mit der von der

---

14 *BSG* v 18.11.2014 – B 1 KR 35/13 R, ZD 2015, 444 f; *LSG Nordrhein-Westfalen* v 28.3.2019 – L 16 KR 676/16; *LSG Nordrhein-Westfalen* v 28.11.2017 – L 1 KR 398/14; *LSG Baden-Württemberg* v 21.6.2016 – L 11 KR 2510/15; *LSG Berlin-Brandenburg* v 20.3.2015 – L 1 KR 18/14, ZD 2015, 447; *LSG Hessen* v 26.9.2013 – L 1 KR 50/13.
15 *BSG* v 11.11.2019 – B 1 KR 87/18 B, ZD 2020, 165.
16 *BVerfG* v 15.12.1983 – 1 BvR 209/83, NJW 1984, 422.
17 *LSG Baden-Württemberg* v 21.6.2016 – L 11 KR 2510/15; bestätigt durch *BSG* v 24.5.2017 – B 1 KR 79/16 B; vgl m Anm *Leonhard* NZS 2017, 553.
18 *SG Hamburg* v 17.9.2018 – S 21 KR 396/16.
19 *SG Hamburg* v 17.9.2018 – S 21 KR 396/16.
20 Offengelassen *BSG* v 19.3.2020 – B 1 KR 89/18 B.
21 *BSG* v 19.3.2020 – B 1 KR 89/18 B.
22 *BSG* v 18.12.2018 – B 1 KR 31/17 R, ZD 2019, 326 f.
23 *KBV* DÄ 2019, A-53 f.

gematik geforderten Infrastruktur auszustatten. Dazu inkorporiert § 6 Abs 3 die den Aufbau und die Funktionsweise der Komponenten beschreibenden **Spezifikationen der gematik** zur eGK in die Anl 4a und damit in die Vereinbarung nach § 291 Abs 3.

2. Prüfung des Leistungsanspruchs des Versicherten gegenüber der Krankenkasse und Aktualisierung der Versichertenstammdaten. – a) Grundsatz. Die eigentliche Zentralregel der Anl 4a, nämlich die **Prüfung des Leistungsanspruchs** des Versicherten gegenüber der Krankenkasse und die **Aktualisierung der Versichertenstammdaten** sowie das Vorgehen bei unterbliebener Vorlage der eGK in der Praxis findet sich im Anhang 1. Danach muss der Versicherte die eGK bei jedem Arztbesuch vorlegen und der Arzt hat seinerseits die Identität des Versicherten zu prüfen. Dabei wird zunächst die herkömmliche Form der analogen Überprüfung anhand der auf der elektronischen Gesundheitskarte aufgebrachten Identitätsdaten genannt. Ab dem Moment der seit 1.1.2019 obligatorischen Installation aller notwendigen technischen Komponenten in der Arztpraxis hat die Prüfung der Leistungspflicht durch Nutzung der Dienste nach § 291 Abs 2b SGB V online zu erfolgen. Gleichzeitig sind geänderte Versichertenstammdaten durch den Arzt auf der eGK und im Praxisverwaltungssystem zu aktualisieren. Nach § 291 Abs 2b S 9–10 SGB V wird die Nichtteilnahme an der digitalen Überprüfung im Regelfall mit einer Honorarkürzung sanktioniert.

b) Nichtvorlage einer gültigen eGK. Wenn bei einer Arzt-Patienten-Begegnung im Behandlungsfall die Identität des Versicherten nicht bestätigt werden konnte, oder keine gültige eGK vorgelegt wurde, sind nach Ziffer 2.1 des Anhangs 1 zur Anl 4a die Grundsätze von § 18 Abs 8 S 3 Nr 1 und Abs 9 BMV-Ä anzuwenden. Danach ist der Arzt nach Ablauf von 10 Tagen berechtigt, vom Patienten nach § 13 Abs 2 S 3 BMV-Ä eine **Privatvergütung nach den Grundsätzen der GOÄ** zu verlangen. Nach allgemeinen zivilprozessualen Grundsätzen ist die anspruchsbegründende Tatsache der Nichtvorlage allerdings – etwa durch eine Bestätigung des Versicherten vor Behandlungsbeginn – durch den Vertragsarzt zu beweisen.[24] Die Vergütung ist zurück zu erstatten, wenn der Patient bis zum Ende des Quartals eine zum Zeitpunkt der Behandlung eine gültige eGK oder einen anderen gültigen Anspruchsnachweis vorlegt. Aufgrund des Verweises in das zivilrechtliche Vergütungssystem hat der Arzt dabei zwingend die Anforderungen von § 630c Abs 3 S 1 BGB zu beachten. Danach muss er den Patienten vor Beginn der Behandlung über deren voraussichtliche Kosten in **Textform** informieren, wenn er weiß, dass eine vollständige Übernahme der Behandlungskosten durch einen Dritten nicht gesichert ist oder sich dafür nach den Umständen hinreichende Anhaltspunkte ergeben. Die Verletzung dieser Pflicht und die daraus gegebenenfalls resultierende **Schadensersatzforderung** des Versicherten/Patienten können zu einem Anspruch auf Befreiung von der Vergütungspflicht führen. Berufsrechtlich wird dieses Gebot zusätzlich durch einen **Schriftformzwang** nach § 12 Abs 5 MBO-Ä überlagert. Veranlasste Leistungen kann der Arzt bei Nichtvorlage einer eGK oder einer erfolglosen Identitätsprüfung ohne Angabe der Kassenzugehörigkeit mit dem Vermerk „*ohne Versicherungsnachweis*" privat verordnen. Das entspricht § 25a Abs 4 S 1 BMV-Ä. Bei einem Verdacht auf Missbrauch der eGK hat der Vertragsarzt die zuständige Krankenkasse zu informieren.

---

24 *AG Schorndorf* v 16.12.2009 – 2 C 359/09; vgl zudem *AG Traunstein* v 18.3.2014 – 319 C 275/13.

12 Einen Sonderfall der unterbliebenen Vorlage regelt Ziffer 2.3 des Anhangs 1 zur Anl 4a. Dabei handelt es sich um die **Notfallbehandlung**, bei der die eGK entweder ungültig ist oder überhaupt nicht vorgelegt werden kann. Diese wird mit einem Abrechnungsschein nach Vordruckmuster 19 im sogenannten Ersatzverfahren nach Ziffer 2.5 des Anhangs 1 zur Anl 4a abgerechnet. Dabei sind die Bezeichnung der Krankenkasse, der Name, der Vorname und das Geburtsdatum, die Versichertenart, die Postleitzahl des Wohnortes und – soweit möglich – die Krankenversichertennummer des Versicherten entweder aus den Unterlagen in der Patientendatei oder auf Basis der Versichertenangaben zu erheben. Außerdem muss der Versicherte im Ersatzverfahren grundsätzlich das Bestehen des Versicherungsschutzes durch seine Unterschrift auf dem Abrechnungsschein bestätigen. Im Notfalldienst wird jedoch auf die letztgenannte Anforderung verzichtet.

13 c) **Unverwendbarkeit der eGK.** Abzugrenzen von der gänzlich unterbliebenen Vorlage ist die Unverwendbarkeit der eGK bei einer Arzt-Patienten-Begegnung. Die **Gründe** dafür sind in Ziffer 2.3 des Anhangs 1 zur Anl 4a (**abschließend**)[25] **aufgezählt**. Dieses sind die Nichtteilnahme des Arztes am VSDM unter Hinweis des Versicherten auf eine in der Karte noch nicht berücksichtigte Änderung der zuständigen Krankenkasse, der Versichertenart oder der besonderen Personengruppe sowie ein Defekt von Karte oder Lesegerät bzw das Fehlen mobiler Lesegeräte für Haus- und Heimbesuche. Notwendig ist allerdings in jedem Fall die auf andere Weise erfolgende Identifikation des Versicherten. Verwendbarkeit der eGK besteht dagegen, wenn die Versichertendaten durch Nutzung mobiler Lesegeräte außerhalb der Praxis eingelesen und später in das Praxisverwaltungssystem des Arztes übertragen werden können.

14 Einen Fall der Unverwendbarkeit regelt Ziffer 2.2 des Anhangs 1 zur Anl 4a. Danach kann der Arzt die für die Übertragung vorgesehenen Daten aus der mit der elektronischen Gesundheitskarte erstellten Patientenstammdatei durch Verwendung eines zertifizierten Praxisverwaltungssystems entnehmen, wenn die eGK bereits einmal im betreffenden Quartal dem Arzt vorgelegen hat, sie aber bei einer späteren Arzt-Patienten-Begegnung nicht verwendet werden kann. Davon zu unterscheiden ist die Unverwendbarkeit der eGK bei der ersten Arzt-Patienten-Begegnung im Quartal nach Ziffer 2.4 des Anhangs 1 zur Anl 4a. In diesem Fall ist das Ersatzverfahren zu nutzen. Kann die eGK bei zunächst bestehender Unverwendbarkeit im weiteren Verlauf des Quartals doch noch verwendet werden, ist diese zwingend zur Abrechnung zu nutzen.

15 Mangels eines physischen Arzt-Patienten-Kontakts unverwendbar ist die eGK auch bei **Auftrags- und Konsiliaruntersuchungen**. Die erforderlichen Versichertendaten sind in diesem Fall aus dem Personalienfeld des Auftrages für die Abrechnung zu entnehmen. Darüber hinaus enthält die Anl 4a eine Regelung für den Sonderfall der Fernbehandlung (ohne persönlichen Kontakt), bei dem der Versicherte dem Arzt bereits bekannt ist. Dazu können etwa telefonische Konsultationen und telemedizinische Arzt-Patienten-Kontakte zählen. Bei Ziffer 4 des Anhangs 1 zur Anl 4a handelt es sich letztlich um ein Rudiment aus der Zeit vor Mai 2018, in der die Fernbehandlung in ausschließlicher Form nach § 7 Abs 4 MBO-Ä aF berufsrechtlich untersagt war. Die Bundesärztekammer hatte – allerdings ohne jegliche Anknüpfung im Norm-

---

25 BeckOK SozR/*Scholz* 58. Ed v 1.9.2020, BMV-Ä Anlage 4a Rn 13.

text – empfohlen, diese Vorschrift dahingehend zu interpretieren, dass telemedizinische Leistungen nur gegenüber bereits bekannten Patienten erbracht werden dürfen.[26] Nach Wegfall des restriktiven Verbots beschränkt sich die Bedeutung der Ziffer 4 heute auf einen Dispens von der grundsätzlichen Pflicht zur Verwendung der eGK. Die Versichertenstammdaten werden in diesem Fall auf der Grundlage der Patientendatei übertragen. Die Identifikation und Datenerhebung bei der Videosprechstunde ist in Anl 4b geregelt (s Rn 60 ff). Für die ergänzende Fernbehandlung bekannter Versicherter in einer Videosprechstunde nach Anl 31b ist die Anl 4b die *lex specialis*.

d) Sonderregelungen im Zusammenhang mit der COVID-19-Pandemie. Zur Bewältigung der **COVID-19-Pandemie** hatten die Vertragsparteien für den Zeitraum v 1.4.2020 bis zum 30.6.2020 die Möglichkeit zur **Übertragung der Versichertenstammdaten aus der Patientendatei** erweitert.[27] Für zulässig erklärt wurde die Datenübernahme bei einem telefonischen Arzt-Patienten-Kontakt (GOP 01433, 01434 und 01435), bei einem Arzt-Patienten-Kontakt im Rahmen einer Videosprechstunde (Anl 31b) sowie bei der Abrechnung der GOP 01430 (Verwaltungskomplex) und 01820 (Ausstellung von Wiederholungsrezepten, Überweisungsscheinen oder Übermittlung von Befunden oder ärztlichen Anordnungen) nach einem telefonischen Kontakt. Dazu musste allerdings zwischen dem vierten Quartal 2018 und dem ersten Quartal 2020 zumindest ein persönlicher Arzt-Patienten-Kontakt (iSv Ziffer I.4.3.1 Abs 1 EBM) stattgefunden haben, bei dem der Leistungsanspruch nach dem Regelverfahren durch Vorlage der eGK (s Rn 10) geprüft wurde. Die unveränderte Fortgeltung der dabei zugrunde gelegten Versichertendaten war dann vom Versicherten mündlich zu bestätigen. Konnten die Versichertenstammdaten wegen einer zwischenzeitlichen Veränderung oder aus anderen Gründen nicht vollständig übernommen werden, mussten zumindest Name, Vorname, Geburtsdatum und Postleitzahl (Wohnort) des Versicherten sowie dessen Krankenkasse, Versichertenart und (möglichst) Krankenversichertennummer erfasst werden.

16

Mit Wirkung zum 20.4.2020 haben die Parteien des BMV-Ä eine Ausführungsvereinbarung für die – zunächst nach § 4 Abs 1 S 3 aF und nunmehr nach § 8 der AU-Richtlinie unter bestimmten Voraussetzungen zulässige – **telefonische Feststellung der Arbeitsunfähigkeit** (s Rn 68) und die entsprechend behandelte Feststellung der **Erkrankung eines Kindes** zum Bezug von Krankengeld getroffen.[28] Diese wurde zum 1.7.2020 durch eine Nachfolgevereinbarung ersetzt, deren Geltung zum einen an die Feststellung einer epidemischen Lage von nationaler Tragweite nach § 5 Abs 1 S 2 IfSG gekoppelt ist und zum anderen spätestens am 31.3.2021 durch Zeitablauf endet.[29] Nach deren Art 3 Abs 2 ist eine Übertragung der Versichertenstammdaten aus der Patientendatei zulässig, wenn zwischen dem 1.1.2019 und dem 30.6.2020 mindestens in einem Quartal ein persönlicher Arzt-Patienten-Kontakt (iSv Ziffer I.4.3.1 Abs 1 EBM) stattgefunden hat, die Prüfung des Leistungsanspruchs dabei nach Nr 1 des Anhangs 1 zur Anl 4a erfolgt ist und der Versicherte angibt, dass keine Änderung ein-

17

---

26 *BÄK* Hinweise und Erläuterungen zu § 7 Abs 4 MBO-Ä (Fernbehandlung) v 11.12.2015, 12.
27 *KBV/GKV-Spitzenverband* DÄ 2020, A-972; der vom 25.3.2020 stammende Vorläufer zu dieser Regelung findet sich in *KBV/GKV-Spitzenverband* DÄ 2020, A-794.
28 *KBV/GKV-Spitzenverband* DÄ 2020, A-1027 f.
29 *KBV/GKV-Spitzenverband* DÄ 2020, A-1530 f.

getreten sind. Anderenfalls sind nach § 3 Abs 3 der Vereinbarung die Daten nach Ziffer 2.5.1 bis 2.5.4 des Anhangs 1 zur Anl 4a fernmündlich vom Patienten an den Arzt zu übermitteln und von diesem dann zur weiteren Abrechnung zu verwenden.[30] Dagegen finden die Ziffer 1.1 bis 1.3 (Vorlage der eGK, Prüfung der Identität des Versicherten anhand der optischen Merkmale der eGK und digitale Prüfung der Leistungspflicht) des Anhangs 1 zur Anl 4a keine Anwendung. Das Bestehen des Versicherungsschutzes wird ebenfalls vom Versicherten mündlich bestätigt.[31]

18   **3. Anlage, Pflege und Löschung des Notfalldatensatzes auf der eGK.** Nach § 291a Abs 3 S 1 1. HS SGB V muss die eGK die Verarbeitung der dort genannten zusätzlichen Daten unterstützen, die nach § 291a Abs 5 S 1 SGB V allerdings nur mit Einwilligung der Versicherten zulässig ist. Zu diesen zählen nach § 291a Abs 3 S 1 Nr 1 SGB V medizinische Daten, soweit sie für die Notfallversorgung erforderlich sind. Diese müssen **unmittelbar auf der eGK gespeichert** werden, da deren Verarbeitung nach § 291 Abs 3 S 1 1. HS SGB V ohne Netzzugang möglich sein muss. Der zur Notfallversorgung erforderliche Zugriff auf den NFD ist nach § 291a Abs 5 S 3 auch **ohne Autorisierung des Versicherten** zulässig. Infolge des PDSG wird die gesetzliche Grundlage in die §§ 358 f SGB V verlagert.

19   Die Erstellung, Aktualisierung, Übertragung und Löschung des NFD auf der eGK des Versicherten sowie die Erläuterung dieser Vorgänge sind nach Anhang 2 zur Anl 4a vertragsärztliche Aufgaben. Die genannten Formen der Datenverarbeitung setzen allesamt voraus, dass sich der Versicherte die Erstellung, Aktualisierung oder Löschung eines NFD wünscht und dieses *„aus Sicht des Arztes medizinisch für die Notfallversorgung erforderlich ist"*. Diese Formulierung ist zu undifferenziert, da die Löschung des NFD in der Regel gerade nicht *„für die Notfallversorgung erforderlich ist"*, sondern dieser geradezu entgegensteht. In diesem Fall muss – nicht zuletzt wegen Art 17 DS-GVO – der Wunsch des Versicherten genügen. Für die Berichtigung fehlerhafter Information steht die Variante der *„Aktualisierung"* zur Verfügung. Anhaltspunkte für eine medizinische Erforderlichkeit sind in der Anl 1 zum Anhang 2 zur Anl 4a (sic) exemplarisch aufgeführt. Neben der **Einwilligung** des Versicherten in die Datenverarbeitung muss außerdem die eGK den Spezifikationen der gematik nach der Generation 2 oder höher entsprechen und die erforderlichen technischen Komponenten müssen in der Arztpraxis vorhanden sein.

20   Die Auswahl der in den NFD einzubeziehenden Daten obliegt dem Vertragsarzt. Dieser hat neben den selbst erhobenen Daten auch die von anderen erfassten Daten zu berücksichtigen (zum Beispiel ein Arztbrief), wenn ihm diese vorliegen. *„Anderer"* in diesem Sinne ist auch der Patient selbst. Der weite Anwendungsbereich von Ziffer 2.1 der Anl 1 zum Anhang 2 zur Anl 4a dürfte allerdings zumindest in zweifacher Hinsicht **einzuschränken** sein. Zum einen dürfen nur solche Daten weiterverarbeitet werden, die dem Arzt in zulässiger Weise übermittelt wurden. Zum anderen dürfte sich die Prüfungspflicht – insbesondere unter Berücksichtigung der mit der Einführung der ePA verbundenen dauerhaften Möglichkeit der Speicherung von großen Mengen von Befundberichten uÄ (§ 341 SGB V nF) – auf solche Unterlagen beschränken, die aus fachlicher Sicht relevante Informationen für den NFD erwarten lassen. Der Versicherte hat das Recht, sein Einverständnis in die Datenverarbeitung für den NFD auf

---

30 *KBV/GKV-Spitzenverband* DÄ 2020, A-1530, A-1531.
31 *KBV/GKV-Spitzenverband* DÄ 2020, A-1530, A-1531.

einzelne Datensätze zu beschränken. Das hat zur Folge, dass die ausgenommenen Daten nicht in den NFD aufgenommen werden dürfen. Der dadurch entstehende lückenhafte NFD kann in der Notfallversorgung allerdings zu medizinisch ungeeigneten Entscheidungen und unwirtschaftlichen (§ 12 Abs 1 S 1 SGB V) Leistungen führen. Aus diesem Grund darf der Arzt die Erstellung oder Aktualisierung des Notfalldatensatzes verweigern, wenn die Nichtaufnahme der Daten die Aussagekraft des Notfalldatensatzes aus Sicht des Arztes einschränken würde. Im schlimmsten Fall muss der Versicherte, der nicht alle Daten freigeben möchte, damit auf einen persönlichen NFD verzichten.

Unzulässig ist eine **gesonderte Diagnostik**, die ausschließlich der Erstellung und/oder Aktualisierung eines NFD dient. Dabei dürfte es sich nur um einen Leistungsausschluss aus der vertragsärztlichen Versorgung und nicht um ein generelles Tätigkeitsverbot handeln. 21

4. Anlage, Pflege und Löschung des Medikationsplans auf der eGK. Nach § 291a Abs 3 S 1 Nr 3 SGB V (bzw § 358 Abs 2 SGB V nF) muss die eGK die Verarbeitung des Medikationsplans nach § 31a SGB V einschließlich der Daten zur Prüfung der Arzneimitteltherapiesicherheit (*„elektronischer Medikationsplan"* nach § 358 Abs 2 S 1 SGB V nF) unterstützen. Der Gesetzgeber flankiert seit dem 1.1.2019 auf diese Weise (§ 31 Abs 3 S 3 SGB V) den über § 630g Abs 2 S 1 BGB hinausgehenden (dort „*Textform*") Anspruch des Versicherten auf Aushändigung eines Medikationsplans in Papierform nach § 31 Abs 1 S 1 SGB V. Anknüpfungsnorm im BMV-Ä ist § 29a, der durch Anhang 3 zur Anl 4a ergänzt wird. Danach sind Erstellung und Aktualisierung des elektronischen Medikationsplans obligatorische vertragsärztliche Aufgaben, wenn die Anforderungen nach § 29a BMV-Ä erfüllt sind und die notwenigen technischen Voraussetzungen beim Versicherten (aktuell eGK) und beim Vertragsarzt vorliegen. 22

IV. Vereinbarung über telemedizinische Leistungen (Anl 31)

1. Grundlagen. Die v 14.12.2016 stammende Anl 31 enthält die allgemeingültigen Voraussetzungen für telemedizinische Leistungen in der vertragsärztlichen Versorgung. Diese sollen in ihren Anhängen für spezifische Anwendungen konkretisiert werden. Tatsächlich existiert aber nur ein einziger Anhang zur **telemedizinischen Funktionsanalyse von implantierbaren Defibrillatoren und CRT-Systemen**. Andere Anwendungen wie die telemedizinische Erbringung der konsiliarischen Befundbeurteilung von Röntgenaufnahmen nach § 291g Abs 1 SGB V und die Videosprechstunde gem § 291g Abs 4 SGB V sind in eigenständigen Anlagen zum BMV-Ä abgebildet. Darüber hinaus wurde die Anlage in weiten Teilen von den tatsächlichen und rechtlichen Entwicklungen im Bereich der Telemedizin überholt. Exemplarisch ist auf deren § 2 Abs 2 zu verweisen, nach dem die *„Erbringung telemedizinischer Leistungen (…) eine Genehmigung oder Anzeige gegenüber der zuständigen Kassenärztlichen Vereinigung (…) voraussetzt"*. Die Anlage ist ***lex generalis*** **für alle telemedizinischen Leistungen** und erfasst daher etwa auch die ausschließliche oder ergänzende Fernbehandlung sowie telemedizinische Konsilien und Fallkonferenzen. Soweit für diese separate Vereinbarungen getroffen wurden, überlagern die dortigen Regelungen aber die allgemeinen Aussagen der Anl 31. 23

2. Anforderungen an den Vertragsarzt (§ 2). Der Vertragsarzt hat zunächst sicherzustellen, dass *„der Patient [die] für den Anwendungsbereich des jeweiligen Anhangs zur* 24

Anhang 2 — Digitalisierung

Vereinbarung notwendigen Zustimmungen bzw **Einverständniserklärungen** *für die telemedizinische Versorgung erteilt hat"*. Außerdem muss bei allen telemedizinischen Verfahren sichergestellt sein, dass der Patient geistig und körperlich in der Lage ist, im erforderlichen Maß an der telemedizinischen Versorgung aktiv mitzuwirken. Im Übrigen wird auf die medizinischen, technischen und persönlichen Sondervoraussetzungen der (bis auf eine Ausnahme jedoch überhaupt nicht vorhandenen) Anhänge verwiesen. Nach § 2 Abs 1 Nr 1–2 der Anl 31 muss die Indikation für eine telemedizinische Unterstützung des Patienten bestehen. Außerdem müssen der Patient und die infrastrukturellen Gegebenheiten die für eine telemedizinische Unterstützung erforderlichen Voraussetzungen erfüllen.

25 Da die Vereinbarungen zum radiologischen Telekonsil und zur Videosprechstunde in eigenen Anlagen zum BMV-Ä geregelt wurden, sind diese vom Wortlaut der in Anl 31 enthaltenen Verweisung eigentlich nicht erfasst, da es sich bei diesen nicht um „Anhänge zur Anlage 31" handelt. Zumindest ergänzend können die genannten allgemeinen Aussagen aber auch im Zusammenhang mit den Anl 31a und 31b herangezogen werden.[32] Dafür spricht nicht zuletzt das systematische Argument der Nutzung untergeordneter *„Buchstabenanlagen"*. Dabei ist jedoch stets der Spezialitätsgrundsatz im Auge zu behalten, nach dem etwa die in § 2 Abs 2 angelegte Beschränkung auf ergänzende telemedizinische Leistungen inzwischen durch das Prinzip der Zulässigkeit ausschließlicher Fernbehandlungsformen nach der Anl 31b verdrängt wird. Bedeutung erhält der **Grundsatz der persönlichen, situativen und apparativen Eignung** jedoch durch die berufsrechtliche Liberalisierung der Telemedizin infolge der Anpassung von § 7 Abs 4 S 3 MBO-Ä. Danach wird die Verantwortung für die Entscheidung über die Durchführung einer ausschließlich telemedizinischen Versorgung auf den individuellen Arzt verlagert (s Rn 53). Dieser hat nach medizinischen Kriterien und auf Basis der vorhandenen **apparativen Ausstattung** zu entscheiden, ob die konkrete Situation und der konkrete Patient für eine Fernbehandlung geeignet sind. Für die ergänzende Fernbehandlung gilt nach allgemeinen Regelungen (zB § 630c Abs 2 BGB) nichts grundsätzlich anderes.

26 Allgemein setzt die Erbringung telemedizinischer Leistungen in der vertragsärztlichen Versorgung – vorbehaltlich abweichender Regelungen – eine **Genehmigung der KV** voraus. Außerdem ist der Vertragsarzt für die Sicherstellung der insbesondere nach den Anhängen verlangten weiterführenden Qualifikation seiner Praxismitarbeiter verantwortlich. Durch die Änderung des Berufsrechts und die entsprechenden Anpassungen im EBM weitgehend überholt ist aber der in § 2 Abs 2 der Anl 31 geforderte regelmäßige und in angemessener Weise umgesetzte persönliche Arzt-Patienten-Kontakt, der ausschließlichen Fernbehandlungsleistungen entgegenstehen würde. Dieser wird im BMV-Ä zwar nicht definiert, setzt aber nach der korrespondierenden Ziffer I.4.3.1 Abs 1 EBM *„die räumliche und zeitgleiche Anwesenheit von Arzt und Patient und die direkte Interaktion derselben voraus"*.

27 **3. Anforderungen an Datenübertragung, Datenschutz, Datensicherheit und Interoperabilität (§§ 3–6).** Die §§ 3 und 4 der Anl 31 enthalten Anforderungen an das Verfahren zur Datenübertragung und den **Datenschutz**. Insbesondere die datenschutzrechtlichen Ausführungen entsprechen dem rechtlichen Zustand vor der Neufassung[33] des

---

32 Vgl dazu KassKomm/*Schifferdecker* 108. EL März 2020, § 291g SGB V Rn 8 und 16.
33 BGBl I 2017, 2097 ff.

BDSG v 30.6.2017 und sind – wegen der unzureichenden inhaltlichen Berücksichtigung der **DS-GVO** und der nunmehr ins Leere verlaufenden Verweise – nicht mehr verwendbar. Der § 5 der Anl 31 enthält Ausführungen zu den Grundsätzen der Datensicherheit und benennt allgemeine Prinzipien, verweist jedoch in seinem Abs 2 auf eine detaillierte Darstellung der erforderlichen Maßnahmen in den jeweiligen Anhängen. Obwohl bereits in der Protokollnotiz 2 verabredet wurde, dass die Vereinbarung bis zum 31.12.2017 dahingehend zu überprüfen ist, inwiefern sich die genutzten Server innerhalb der EU oder in anderen Staaten mit einem angemessenen Datenschutzniveau befinden müssen, fehlen Ausführungen dazu – ungeachtet der Art 44 ff DS-GVO – bis heute. Auch das in § 6 der Anl 31 enthaltene Gebot zur Einhaltung der Standards und Interoperabilitätsvorgaben ist als reine Inkorporationsklausel für die Vorgaben der weiterführenden Anlagen zu verstehen.

4. Korrespondierende Regelungen im EBM. Einschlägige Vergütungsziffern sind die kardiologischen und kinderkardiologischen GOP für die telemedizinische Funktionsanalyse eines implantierten Kardioverters bzw Defibrillators (13574 und 04414) und für die telemedizinische Funktionsanalyse eines implantierten Systems zur kardialen Resynchronisationstherapie (13576 und 04416). Diese setzen allesamt eine Genehmigung der KV nach der Qualitätssicherungsvereinbarung zur Rhythmusimplantat-Kontrolle gem § 135 Abs 2 SGB V und im Übrigen die Erfüllung der Vorgaben der Anl 31 voraus. Außerdem spiegeln alle genannten GOP den in § 2 Abs 2 verankerten **Grundsatz der** „*nur ergänzenden*" telemedizinischen Versorgung, da diese je Krankheitsfall mindestens eine Funktionsanalyse mit „*persönlichem Arzt-Patienten-Kontakt*" (vgl Ziffer I.4.3.1 Abs 1 EBM) verlangen. 28

V. Vereinbarung zum Telekonsil (Anl 31a)

1. Grundlagen und Anwendungsbereich. Die v 15.9.2016 stammende und auf ein Schlichtungsverfahren nach § 291g Abs 2 SGB V zurückgehende[34] Anl 31a ist rückwirkend zum 1.7.2016 in Kraft getreten. Ihre neue, auf das PDSG zurückgehende gesetzliche Grundlage wird sie in § 364 SGB V nF finden. Im Verhältnis zur Anl 31 ist sie die *lex specialis* für die Anforderungen an die technischen Verfahren zur **telemedizinischen Erbringung der konsiliarischen Befundbeurteilung digital erstellter Röntgenaufnahmen** in der vertragsärztlichen Versorgung. Der auf § 291g Abs 1 S 1 SGB V beruhende Regelungsauftrag an die Vertragsparteien umfasst insbesondere die „*Einzelheiten hinsichtlich der Qualität und der Sicherheit, und die Anforderungen an die technische Umsetzung*". § 1 Abs 1 S 1 enthält eine eigenständige Definition, nach der es sich bei der telemedizinischen Erbringung konsiliarischer Befundbeurteilungen im Rahmen dieser Vereinbarung um eine **zeitversetzte Zweitbefundung der digital erstellten Röntgenaufnahmen durch einen Konsiliararzt mittels elektronischen Austausches** der Aufnahmen sowie sonstiger, für die Zweitbefundung relevanter Patienteninformationen handelt. Radiologische Befundbeurteilungen die nach der Anl 9.2 iRd Programms zur Früherkennung von Brustkrebs durch Mammographie-Screening erbracht werden, sind explizit vom Anwendungsbereich der Anl 31a ausgenommen. Außerdem ist eine Abgrenzung zu sonstigen Telekonsilien erforderlich, für die § 291g Abs 6 SGB V seit dem 19.12.2019 29

---

34 BeckOK SozR/*Scholz* 58. Ed v 1.9.2020, BMV-Ä Anlage 31a vor Rn 1.

eine separate Vereinbarung verlangt.[35] Diese „*Telekonsilien-Vereinbarung*" wurde am 29.5.2020 getroffen und ist rückwirkend zum 1.4.2020 in Kraft getreten.[36] Aufgrund der zusätzlichen Beteiligung der DKG und der KZBV handelt es sich dabei allerdings bereits aus systematischen Gründen nicht um eine Anlage zum BMV-Ä. Die begrifflich enger gefasste Anl 31a bleibt daneben bestehen. Das ergibt sich, ungeachtet des Fehlens eines ausdrücklichen Hinweises, der etwa für die radiologische Befundbeurteilung nach Anl 9.2 in § 2 Abs 3 der Telekonsilien-Vereinbarung zu finden ist, aus einem dort in § 2 Abs 1 Buchst a enthaltenen Verweis auf die Vorschriften der Anl 31a.[37]

2. Anforderungen an die Einholung der telekonsiliarischen Befundbeurteilung (§ 2).

30 § 2 der Anlage enthält die **Anforderungen an den beauftragenden Arzt**. Dieser muss über eine Genehmigung zur Durchführung von Röntgen- und/oder CT-Untersuchungen nach der v 10.2.1993 stammenden, zur Anl 3 zählenden und inzwischen idF v 1.4.2020 vorliegenden „*Vereinbarung zur Strahlendiagnostik und -therapie*" verfügen. Außerdem ist es erforderlich, dass er die Anforderungen der Röntgenverordnung erfüllt und die Erstbefundung der Röntgen- und/oder CT-Untersuchung selbst durchgeführt hat. Der Verweis auf die Röntgenverordnung ist überholt, seit diese zum 31.12.2018 außer Kraft getreten ist und durch die neu gefasste **Strahlenschutzverordnung** ersetzt wurde.[38] § 2 Abs 2 stellt darüber hinaus klar, dass die auf anderen Vorschriften beruhende Erforderlichkeit einer Einwilligung des Patienten in die Übermittlung und Durchführung der telekonsiliarischen Befundbeurteilung der Aufnahmen unberührt bleibt. Damit wird sowohl die nach medizinrechtlichen Grundsätzen (§ 203 Abs 1 Nr 1 StGB, § 9 Abs 1 MBO-Ä) erforderliche Schweigepflichtentbindung als auch die datenschutzrechtliche Einwilligung (Art 9 Abs 2 lit a DS-GVO) in den Verarbeitungsvorgang erfasst.

31 Dem Konsiliarius ist das Vorliegen der Einwilligung ebenso zur Kenntnis zu geben wie der Erstbefund und alle zur erneuten Befundung erforderlichen Informationen. Dazu gehört ua die Anamnese.[39] Im Übrigen wiederholt § 2 Abs 4 die sich unmittelbar aus dem Gesetz ergebenden Anforderungen an die Dokumentation und Archivierung der Aufnahmen sowie der darauf bezogenen Befunde. Die **Gesamtverantwortung** wird dem anfordernden Arzt zugewiesen. Die gesetzlichen Grundlagen finden sich ebenfalls nicht mehr in § 28 RöV aF, sondern in § 85 StrlSchG und § 127 StrlSchV. Eine korrespondierende Verpflichtung ergibt sich aus § 630f BGB und § 10 MBO-Ä.

32 **3. Anforderungen an die Durchführung der telekonsiliarischen Befundbeurteilung (§ 3).** Der Konsiliarius muss über eine Genehmigung für die zu befundenden Röntgen- und/oder CT-Untersuchungen nach der „*Vereinbarung zur Strahlendiagnostik und -therapie*" gem § 135 Abs 2 SGB V verfügen und auch im Übrigen deren strukturellen Vorgaben sowie den Anforderungen der StrlSchV (nach Text der Anlage noch RöV) entsprechen. Seinen Befund hat er binnen drei Tagen in Schriftform (§ 126 BGB) an den anfordernden Vertragsarzt zu übermitteln. In § 3 Abs 4 finden sich konkret benannten **Mindestinhalte**, die der Zweitbefund aufweisen muss. Darüber hinaus

---

35 KassKomm/*Schifferdecker* 108. EL März 2020, § 291g SGB V Rn 5, 20; vgl dazu auch *Altmiks* SDSRV 69, 33, 41 f.
36 *KBV/GKV-Spitzenverband/DKG/KZBV* DÄ 2020, A-1639 f.
37 *KBV/GKV-Spitzenverband/DKG/KZBV* DÄ 2020, A-1639, A-1640.
38 BGBl I 2018, 2034, 2207 f.
39 BeckOK SozR/*Scholz* 58. Ed v 1.9.2020, BMV-Ä Anlage 31a Rn 3.

werden die in der DIN 6827-5:4-2004-04 („*Protokollierung bei der medizinischen Anwendung ionisierender Strahlung – Teil 5: Radiologischer Befundbericht*") enthaltenen Vorgaben zum Inhalt und zur Datenstruktur zum Orientierungsmaß erklärt. Diese Norm wurde allerdings inzwischen durch die DIN 25300-1:2018-05 (Prozesse in der Radiologie – Teil 1: Befundung eines bildgebenden oder bildgestützten Verfahrens) ersetzt und erweitert. Nach § 2 Abs 5 hat die strukturierte, elektronische Übermittlung der Daten des Zweitbefundes auf Basis der inkorporierten, jeweils aktuelen „*Implementierungsleitfadens Arztbrief*" auf Basis der HL 7 Clinical Document Architecture, Release 2 für das deutsche Gesundheitswesen des Bundesverbands zu erfolgen. Dieser liegt derzeit in der Fassung 2014/2015 vor.

4. Bestimmungen zum Datenschutz (§ 4). Der § 4 enthält die an den Vertragsarzt und 33 den Kommunikationsdienstleister gleichermaßen gerichtete Pflicht zur Einhaltung der allgemeinen datenschutzrechtlichen Vorschriften. Die rein **deklaratorische Regelung** hat keinen eigenständigen Inhalt und überschneidet sich zudem für den anfordernden Vertragsarzt partiell mit § 2 Abs 2. Überholt ist zudem der alleinige Verweis auf das BDSG ohne Berücksichtigung der DS-GVO. Für die nach Art 32 Abs 1 DS-GVO zur Gewährleistung eines angemessenen Datenschutzniveaus zu treffenden technischen und organisatorischen Maßnahmen kann zur Orientierung auf § 5 der Anl 31 zurückgegriffen werden. Am Ende von § 4 findet sich noch ein Verweis mit Empfehlungscharakter auf die gemeinsame Handreichung der BÄK und KBV zur ärztlichen Schweigepflicht, Datenschutz und Datenverarbeitung in der Arztpraxis. Diese liegt inzwischen mit Stand v 16.2.2018 vor.[40]

5. Technische Anforderungen an den Vertragsarzt und den Kommunikationsdienst 34 **(§ 5 und 6).** Nach § 5 hat der Vertragsarzt bei der digitalen Bildaufzeichnung iRv Röntgen und Computertomographie sicherzustellen, dass bei der vorgesehenen Art der Untersuchung die erforderliche Bildqualität mit einer **möglichst geringen Strahlenexposition** erreicht wird. Diese Anforderung ergab sich ursprünglich über einen Verweis der Anlage auf § 3 Abs 3 Nr 2a RöV der zum 31.12.2018 in die § 14 Abs 1 Nr 5 Buchst a StrlSchG überführt wurde.[41] In technischer Hinsicht ist jegliche Beeinträchtigung der diagnostischen Aussagekraft der digital erstellten und übermittelten Aufnahmen zu verhindern (§ 5 Abs 3 und § 6 Abs 1 Nr 1). Speziell zur Übermittlung der Daten wird vom Vertragsarzt die Einhaltung des aktuellen **DICOM-Standard**s (derzeit in der Edition 2020c), die Beachtung der Anforderungen an den Kommunikationsdienst nach § 6 und die Nutzung einer VPN-Verbindung verlangt. Seine Beauftragung des Konsiliarius muss er zudem mithilfe des elektronischen Heilberufsausweises mit einer qualifizierten elektronischen Signatur (vgl § 291a Abs 5 S 5 und Abs 5a S 1 SGB V) versehen.

Der Kommunikationsdienst muss eine eindeutige **Identifizierung von Absender und** 35 **Empfänger** sowie eine **adressierte Kommunikation** gewährleisten, bei der neben dem digitalen Bild auch weitere patientenbezogene Daten übermittelt werden können. Die Kommunikation muss während des gesamten Übertragungsprozesses nach der BSI Richtlinie 03116-1 (Kryptographische Vorgaben für Projekte der Bundesregierung Teil 1: Telematikinfrastruktur) **Ende-zu-Ende verschlüsselt** sein. Das ist auch wegen des sonst möglichen Zugriffs des Providers und des damit verbundenen Strafbarkeits-

---

40 *BÄK/KBV* DÄ 2018, A-453 ff.
41 BT-Drucks 18/11241, 255.

risikos des Senders nach § 203 StGB geboten. Die aktuelle Version 3.20 stammt v 21.9.2018. Nach § 6 Abs 2 dürfen nur Kommunikationsdienste zur Übertragung der Daten genutzt werden, die von der gematik als *„Sicheres Übermittlungsverfahren"* iSv § 291b Abs 1e SGB V zugelassen wurden. Das ist sprachlich nicht exakt, da die gematik nach § 291 Abs 1e S 1 SGB V allgemeingültig *„sichere Verfahren zur Übermittlung medizinischer Dokumente über die Telematikinfrastruktur [… festlegt] und veröffentlicht"*. In einem zweiten Schritt können dann die Anbieter eines Dienstes für ein Übermittlungsverfahren nach § 291 Abs 1e S 2 SGB V gegenüber der gematik in einem Zulassungsverfahren die Erfüllung dieser Kriterien nachweisen. Darüber hinaus hat nach § 291 Abs 1e S 3 SGB V auch die KBV die Möglichkeit als Anbieter eines zugelassenen Dienstes für ein sicheres Verfahren zur Übermittlung medizinischer Dokumente zu agieren. Davon hat sie mit ihrem System KV-Connect Gebrauch gemacht. Darüber hinaus wurde von der gematik inzwischen der – noch unter dem Namen ‚Sichere Kommunikation zwischen Leistungserbringern (KOM-LE) entwickelte – Standard **„Kommunikation im Medizinwesen (KIM)"** etabliert. Bis zur Verfügbarkeit eines zugelassenen Dienstes konnte auch ein Anbieter gewählt werden, der den Nachweis führt, dass er die Anforderungen an die Gewährleistung der Vertraulichkeit, Integrität und Verfügbarkeit der personenbezogenen Daten und die Anforderungen nach § 6 Abs 1 erfüllt. Die in § 6 Abs 4 enthaltene Übergangsregelung geht auf ein Schlichtungsverfahren zurück.[42] Durch das PDSG wird die in 291b Abs 1e SGB V enthaltene Regelung weitgehend in § 311 Abs 1 Nr 5 SGB V nF verlagert.

36 **6. Korrespondierende Regelungen im EBM.** Die Vergütungsgrundsätze zur telekonsiliarischen Befundbeurteilung von Röntgen- und CT-Aufnahmen ist bei den **arztgruppenübergreifenden speziellen GOP** unter Ziffer IV.38.4 EBM geregelt. Voraussetzung ist zunächst die Einhaltung der Grundsätze aus der Anl 31a, von denen die technischen Anforderungen durch eine Erklärung des Kommunikationsdienstes gegenüber der KV einmalig nachzuweisen sind. Bei Änderungen besteht eine Anzeigepflicht. Außerdem darf die untersuchungsbezogene medizinische Fragestellung grundsätzlich nicht im originären Fachgebiet des anfordernden Vertragsarztes verortet sein. Der Konsiliarius muss in diesem Fall Facharzt für Radiologie sein. Anderenfalls kommt eine Vergütung nur in Betracht, wenn eine besonders komplexe medizinische Fragestellung besteht, die einen telekonsiliarischen Zweitbefund durch einen Radiologen oder einen Arzt aus derselben Facharztgruppe des anfordernden Arztes verlangt. In Umsetzung von § 1 Abs 2 der Anl 31a sind die iRd Programms zur **Früherkennung von Brustkrebs durch Mammographie-Screening** gem Anl 9.2 erbrachten radiologischen Befundbeurteilungen nicht nach diesem Abschnitt des EBM zu vergüten. Ausgeschlossen ist zudem die telekonsiliarische Befundbeurteilung innerhalb eines MVZ, einer (Teil-)BAG, zwischen Betriebsstätten derselben Arztpraxis sowie innerhalb einer Apparategemeinschaft oder eines Krankenhausgeländes. Einschlägige Vergütungsziffern sind die GOP 34800 (Einholung des Telekonsils) und 34810 (Befundbeurteilung von Röntgenaufnahmen) sowie 34820 und 34821 (jeweils Befundbeurteilung von CT-Aufnahmen).

---

42 BeckOK SozR/*Scholz* 58. Ed v 1.9.2020, BMV-Ä Anlage 31a Rn 6.1.

VI. Videosprechstunde/Fernbehandlung

1. (Telemedizinische) Fernbehandlung – Videosprechstunde (Anl 31b). – a) Entwicklung und Parallelen im EBM. Mit dem **E-Health-Gesetz**[43] aus dem Jahr 2015 erhielten KBV und GKV-Spitzenverband durch § 291g Abs 4 SGB V den Auftrag, eine Vereinbarung über technische Verfahren zur Videosprechstunde zu treffen. Die Umsetzung dieser Aufgabe erfolgte durch die am 21.10.2016 vereinbarte Anl 31b BMV–Ä, die rückwirkend zum 1.10.2016 in Kraft trat.[44] Der gesetzliche Regelungsauftrag umfasste die Festlegung **der technischen und funktionalen Vorgaben** unter Berücksichtigung der datenschutzrechtlichen Anforderungen nach dem BDSG aF.[45] Mit Geltungsbeginn der DS-GVO im Mai 2018 traten deren Regelungen weitgehend an die Stelle des BSDG. Parallel zu den technischen Anforderungen erhielt der Bewertungsausschuss durch § 87 Abs 2a S 17–20 SGB V den Auftrag zur Aufnahme der Videosprechstunde in den EBM.[46] Die Umsetzung erfolgte durch den Bewertungsausschuss zum 1.4.2017 durch die beiden neu geschaffenen GOP 01439 (Betreuung eines Patienten im Rahmen einer Videosprechstunde) und 01450 (Technikzuschlag).[47] Sowohl die Anl 31b als auch die korrespondierenden Vorschriften des EBM standen zu diesem Zeitpunkt noch unter dem Eindruck des restriktiven ärztlichen Berufsrechts. Dieses verlangte in § 7 Abs 4 MBO-Ä aF, dass die *„individuelle ärztliche Behandlung, insbesondere auch Beratung, nicht ausschließlich über Print- und Kommunikationsmedien (… durchgeführt wird. Außerdem war) auch bei telemedizinischen Verfahren (…) zu gewährleisten, dass eine Ärztin oder ein Arzt die Patientin oder den Patienten unmittelbar behandelt"*. Konsequenterweise beschränkte die Anl 31b ihren Anwendungsbereich in § 1 S 2 aF daher auf die *„Kommunikation zwischen einem Arzt und einem ihm bekannten Patienten"*.[48] Außerdem setzte § 4 Abs 2 aF eine schriftliche[49] (§ 126 BGB) Einwilligung des Patienten voraus und stand mit diesem notwendigerweise verkörperten Element ebenfalls der Anwendung der vertragsärztlichen Videosprechstunde im Rahmen einer ausschließlichen Fernbehandlung entgegen. Die auf **Bestandspatienten** gerichteten Vorgaben aus § 87 Abs 2a S 17–20 SGB V aF und die dazu in der Gesetzesbegründung geforderte Festlegung *„geeignete[r], zweckmäßige[r] Krankheitsbilder und Fachgruppen"*[50] wurde in den GOP 01439 und 01450 zunächst umgesetzt[51].

Der infolge der **Liberalisierung des ärztlichen Berufsrechts** zur Fernbehandlung ab Mai 2018 bestehende Reformbedarf des Vertragsarztrechts wurde durch das PpSG zum 1.1.2019 in den §§ 87 Abs 2a S 17–20 aF und § 119b aufgegriffen und zunächst durch Beschluss des Bewertungsausschusses v 29.3.2019[52] umgesetzt. Zu den Neuerungen infolge des PpSG[53] zählt unter anderem der **Verzicht auf eine Einschränkung der**

---

43 BGBl I 2015, 2408, 2420.
44 *KBV/GKV-Spitzenverband* DÄ 2016, A-2391, A-2392.
45 BT-Drucks 18/6905, 74.
46 BGBl I 2015, 2408, 2410.
47 *BWA* DÄ 2017, A-548, A-549 f.
48 *KBV/GKV-Spitzenverband* DÄ 2016, A-2391.
49 *KBV/GKV-Spitzenverband* DÄ 2016, A-2391, A-2392.
50 BT-Drucks 18/6905, 66.
51 *BWA* DÄ 2017, A-548, A-549 f.; vgl dazu auch *Kuhn/Hesse* GesR 2017, 221, 224.
52 *BWA* DÄ 2019, A-969 f.
53 BGBl I 2018, 2394, 2403; BT-Drucks 19/4453, 73.

37

38

Anhang 2 — Digitalisierung

Behandlungsszenarien und Arztgruppen nach § 87 Abs 2a S 17–18 SGB V (jeweils GOP 01439 und 01450) sowie die Aufnahme der Videosprechstunde in die **Versorgung von Pflegebedürftigen** nach § 87 Abs 2a S 19 1. HS SGB V (derzeit in GOP 01442) und bei **Fallkonferenzen** (dazu die seit 29.3.2019 angepassten GOP 37120 und 37320).[54] Zum 1.10.2019 folgte mit der GOP 01451 eine bis zum 30.9.2021 befristete Grundlage für eine Anschubförderung, die für jeden Arzt-Patienten-Kontakt im Rahmen einer Videosprechstunde berechnet werden kann.[55] Eine erhebliche vergütungsrechtliche Stärkung der Videosprechstunde erfolgte zudem zum 1.10.2019 durch die weitgehende **Gleichstellung des Arzt-Patienten-Kontakts im Rahmen einer Videosprechstunde** nach Anl 31b mit dem persönlichen Arzt-Patienten-Kontakt bei der Berechnungsfähigkeit von **Versicherten-, Grund- oder Konsiliarpauschalen**. Diese erfolgte durch Beschluss des Bewertungsausschusses zur Anpassung der Ziffer I.4.1 und I.4.3.1 des EBM.[56] Der in Ziffer I.4.3.1 enthaltene Verweis[57] auf die berufsrechtliche Zulässigkeit des Fernkontakts inkorporiert die jeweiligen Vorgaben der (Landes-)Heilberufskammern der Ärzte und Psychotherapeuten. Gleichzeitig wurde zum 1.10.2019 die nunmehr obsolete GOP 01439 wieder gestrichen und der EBM um die GOP 01442 (Videofallkonferenz mit der an der Versorgung des Patienten beteiligten Pflegefachkraft) und 01444 (Zuschlag zu den Versichertenpauschalen für die **Authentifizierung eines unbekannten Patienten** innerhalb einer Videosprechstunde nach Anl 4b zum BMV-Ä) erweitert (s Rn 60 ff.).[58] Die Einhaltung der Anforderungen aus der Anl 31b ist in den genannten Fällen zwingende Vergütungsvoraussetzung.[59] Nach Ziffer I.4.3.1 Abs 5 Nr 6 EBM ist die Anzahl der Behandlungsfälle in Form der Videosprechstunde grundsätzlich auf 20 % aller Behandlungsfälle des Vertragsarztes begrenzt. Außerdem unterliegen nach Ziffer I.4.3.1 Abs 6 EBM alle Gebührenordnungspositionen, die entsprechend ihrer Leistungsbeschreibung (auch) im Rahmen einer Videosprechstunde durchgeführt werden können, einer – regelmäßig zu evaluierenden –[60] **Obergrenze** je Gebührenordnungsposition und Vertragsarzt iHv 20 % der berechneten Gebührenordnungspositionen je Vertragsarzt und Quartal. Aufgrund der COVID-19-Krise hat der Bewertungsausschuss diese Begrenzung allerdings für das zweite und dritte Quartal 2020 ausgesetzt.[61]

39 Die ebenso dringliche Anpassung der – inzwischen zu einem der letzten Hindernisse der Digitalisierung des Behandlungsverhältnisses gewordenen –[62] Anl 31b an die geänderten berufsrechtlichen Vorzeichen erfolgte mit einem Verzug von über einem Jahr erst zum 16.11.2019.[63] Dabei wurde insbesondere die Beschränkung auf bereits bekannte Patienten gestrichen.[64] Die parallele Übernahme der berufsrechtlichen Vor-

---

54 *BWA* DÄ 2019, A-969, A-970.
55 *BWA* DÄ 2019, A-1749.
56 *BWA* DÄ 2019, A-2038.
57 *BWA* DÄ 2019, A-2038.
58 *BWA* DÄ 2019, A-2038, A-2040 f.
59 *BWA* DÄ 2019, A-2038 ff.
60 *Altmiks* SDSRV 69, 33, 47.
61 *BWA* DÄ 2020, A-907 und verlängert durch BWA, https://tinyurl.com/yx8knp5v, zuletzt abgerufen am 9.10.2020.
62 Vgl dazu *Hahn* NZS 2019, 253, 254; *Kuhn/Hesse* GesR 2017, 221, 223.
63 *KBV/GKV-Spitzenverband* DÄ 2019, A-2156 ff = DÄ PP 2019, 566 ff.
64 Vgl *KBV/GKV-Spitzenverband* DÄ 2019, A-2156 ff = DÄ PP 2019, 566 ff.

gaben zur Fernbehandlung im Bereich der Psychotherapie in der Anl 1 zum BMV-Ä erfolgte dagegen schon zum 15.4.2019.⁶⁵

b) Anwendungsbereich und Begriffsklärung. Die Diskussion um die Ausweitung digitaler Behandlungsangebote wird unter dem Schlagwort der **Fernbehandlung** geführt. Dieser Begriff findet sich weder im SGB V oder in den Paragraphen des BMV-Ä noch in den einschlägigen Vorschriften des Berufsrechts. **Legaldefiniert** ist er in § 9 S 1 HWG als „*Erkennung oder Behandlung von Krankheiten, Leiden, Körperschäden oder krankhaften Beschwerden, die nicht auf eigener Wahrnehmung an dem zu behandelnden Menschen oder Tier beruht (Fernbehandlung)*". Der Begriff ist technikneutral und erfasst daher neben der Videosprechstunde etwa auch den rein telefonischen oder auch nur schriftlichen Kontakt. Die Fernbehandlung kann in zwei unterschiedlichen Varianten auftreten. Sie kann – was bereits vor 2018 zulässig war – den physischen Behandler-Patienten-Kontakt **ergänzen** oder die **ausschließliche** Kommunikationsform darstellen. Darüber hinaus kann danach differenziert werden, ob der Patient dem Behandler aus einer vorangegangenen Behandlung bereits bekannt ist und ob er in den zurückliegenden Quartalen die Praxis physisch aufgesucht hat. 40

Die nur einen Teilbereich der Fernbehandlung abbildende Videosprechstunde wird in § 1 Abs 1 S 2 der Anl 31b idF v 27.7.2020 als „*synchrone Kommunikation zwischen einem Vertragsarzt und einem Patienten über die dem Patienten zur Verfügung stehende technische Ausstattung [beschrieben], ggf. unter Assistenz, z.B. durch eine Bezugsperson, im Sinne einer* **Online-Videosprechstunde** *in Echtzeit, die der Vertragsarzt dem Patienten anbieten kann*". Auf die zuvor an dieser Stelle zu findende Formulierung „*im Rahmen dieser Anlage*" wurde in der letzten Aktualisierung verzichtet.⁶⁶ Es kann deshalb davon ausgegangen werden, dass in der Anl 31b nunmehr die allgemeingültigen Grundsätze der kommunikativen Nutzung von Videotechnik zur Behandlung und Beratung in der vertragsärztlichen Versorgung verankert sind, die **auch anderen Bereichen** als Orientierung dienen können. Das gilt etwa für die während der COVID-19-Krise in mehreren Bundesländern⁶⁷ ausgeweitete Möglichkeit zur Durchführung von videogestützten Schwangerschaftskonfliktberatungen nach dem SchKG und die Erbringung von Hebammenleistungen nach der befristeten Vereinbarung über alternative Möglichkeiten zur Leistungserbringung von freiberuflich tätigen Hebammen nach dem Vertrag über die Versorgung mit Hebammenhilfe gem § 134a SGB V. In persönlicher Hinsicht ist der Anwendungsbereich der Anl nach § 4 Abs 3 auf Vertragsärzte als Leistungserbringer begrenzt. Die Vereinbarkeit dieser Einschränkung mit § 32 Ärzte-ZV ist zweifelhaft.⁶⁸ Allerdings erstreckt § 1 Abs 2 den Begriff der Videosprechstunde auf die entsprechende **Kommunikation zwischen einem Vertragsarzt und einem pflegebedürftigen Patienten unter Beteiligung der** in die Versorgung des Patienten eingebundenen **Pflegekräfte**. Zumindest für Psychotherapeuten findet sich in § 1 Abs 5 BMV-Ä eine Öffnungsklausel sowie in § 17 der Anl 1 zum BMV-Ä eine *lex specialis*. Die Videosprechstunde kann sowohl zur ausschließlichen als auch zur ergänzenden Fernbehandlung genutzt werden. 41

---

65 *KBV/GKV-Spitzenverband* DÄ 2019, A-863.
66 *KBV/GKV-Spitzenverband* DÄ 2020, A-1463 ff.
67 BT-Drucks 19/20987, 3 f.
68 BeckOK SozR/*Scholz* 58. Ed v 1.9.2020, BMV-Ä Anlage 31b Rn 2; ebenso schon *Hahn* NZS 2019, 253 f.

42 **c) Datenschutz.** § 2 enthält in Abs 1 eine **datenschutzrechtliche Generalverweisung**, die insbesondere die Vorgaben der DS-GVO, des BDSG nF, des SGB V und – soweit anwendbar – des SGB X adressiert. Damit werden unter anderem die **allgemeinen Grundsätze zur Verarbeitung personenbezogener Daten** nach Art 5 DS-GVO inkorporiert. Zusätzlich wird auf die gemeinsamen *„Hinweise und Empfehlungen der BÄK und KBV zur ärztlichen Schweigepflicht, Datenschutz und Datenverarbeitung in der Arztpraxis"*[69] mit derzeitigem Stand v 16.2.2018 verwiesen. **Verantwortlich** für die Einhaltung der erforderlichen technischen und organisatorischen Maßnahmen (vgl Art 32 DS-GVO) in seinen Räumlichkeiten und IT-Systemen ist nach § 2 Abs 2 der Vertragsarzt. Dagegen ist das Unternehmen, das dem Vertragsarzt die Dienste zur Durchführung von Videosprechstunden anbietet (**Videodienstanbieter** iSv § 1 Abs 1 S 3), nach § 2 Abs 3 für die bei der Verwendung des Dienstes verarbeiteten Daten verantwortlich. In beiden Fällen handelt es sich um eine Zuweisung der Verantwortlichkeit iSv Art 24 iVm Art 4 Nr 7 DS-GVO. Für die Verarbeitung der Daten innerhalb der Videosprechstunde dürfte regelmäßig eine **gemeinsame Verantwortung iSv Art 26 DS-GVO** vorliegen.[70] Für die Sicherheit und die Gestaltung seiner technischen Heimausstattung und die dafür aufzuwendenden Kosten ist der Versicherte selbst verantwortlich.[71] Der Vertragsarzt hat ihn aber nach § 4 Abs 2 über diesen Umstand zu informieren. Hierbei handelt es sich zugleich um eine spezielle Informationspflicht iSv § 630c Abs 2 S 1 BGB. Der Gesetzgeber ging davon aus, dass die technischen Voraussetzungen vom **Versicherten** durch *die „auf dem Markt befindlichen Lösungen (…) mit Standardsoftware und -hardware"*[72] erfüllt werden können.

43 Nach dem zum 21.7.2020 neu gefassten[73] § 2 Abs 4 (zuvor § 5 Abs 1 Nr 5)[74] *„soll"* die Übertragung der Videosprechstunde über eine **Peer-to-Peer-Verbindung** zwischen Vertragsarzt und Patient oder Pflegekraft – ohne Nutzung eines zentralen Servers – erfolgen. Nachdem zunächst unklar war, ob mit dem bereits zum 16.11.2019[75] vorgenommenen Wechsel der Formulierung von *„die Übertragung (…) erfolgt über eine Peer-to-Peer-Verbindung"*[76] zur **„Soll-Vorschrift"** eine bewusste Absenkung des Datenschutzniveaus verbunden war,[77] erfolgte im Jahr 2020 eine klarstellende Anpassung. Danach muss der Videodienstanbieter nun bei einem Verzicht auf das Peer-to-Peer-Verfahren zumindest ein angemessenes Schutzniveau durch geeignete **technische und**

---

69 *BÄK/KBV* DÄ 2018, A-453 ff.
70 Ebenso *Dochow* MedR 2019, 636, 643. Einige Landesdatenschutzbehörden stufen die Betreiber von Fernbehandlungsplattformen als Auftragsdatenverarbeiter nach Art 4 Nr 8 DS-GVO ein. Das hätte zur Konsequenz, dass diese keine eigene Rechtsgrundlage für eine Datenverarbeitung benötigen würden, sondern ihre Verarbeitungsbefugnis auf einen Auftragsdatenverarbeitungsvertrag nach Art 28 Abs 3 DS-GVO mit dem Vertragsarzt als Verantwortlichen stützen können. Vgl exemplarisch KV Bayern, Fragen und Antworten zur Datenschutz-Grundverordnung (DS-GVO) und Datenschutz in der Arztpraxis, Stand: 27.12.2019, 25.
71 KassKomm/*Schifferdecker* 108. EL März 2020, § 291g SGB V Rn 17a; BT-Drucks 18/6905, 74.
72 BT-Drucks 18/6905, 74.
73 *KBV/GKV-Spitzenverband* DÄ 2020, A-1463 ff.
74 *KBV/GKV-Spitzenverband* DÄ 2019, A-2156, 2157 = DÄ PP 2019, 566, 567.
75 *KBV/GKV-Spitzenverband* DÄ 2019, A-2156, 2157 = DÄ PP 2019, 566, 567.
76 *KBV/GKV-Spitzenverband* DÄ 2016, A-2391, 2392.
77 Vgl dazu *Hahn* NZS 2020, 281, 283.

organisatorische Maßnahmen gewährleisten. Für die nach § 2 Abs 5 obligatorische Ende-zu-Ende-Verschlüsselung des gesamten Übertragungsprozesses nach dem Stand der Technik wird insbesondere auf die BSI-Richtlinie „*TR-02102 Kryptographische Verfahren: Empfehlungen und Schlüssellängen*" verwiesen, die aktuell mit Stand v 24.3.2020 vorliegt. Ebenfalls angepasst wurden zum 21.7.2020 die Vorgaben zum zulässigen Speicherort der Daten. Dieses sind nach § 2 Abs 6 neben den Mitgliedsstaaten der Europäischen Union die Vertragsstaaten des EWR-Abkommens und die Schweiz (Verweis auf § 35 Abs 7 S 1 SGB I) sowie **Drittstaaten**, für die ein Angemessenheitsbeschluss nach Art 45 DS-GVO vorliegt. Zu der letztgenannten Gruppe zählen derzeit Andorra, Argentinien, Kanada, Färöer, Guernsey, Israel, Isle of Man, Japan, Jersey, Neuseeland, Schweiz und Uruguay.[78] Der die USA (beschränkt auf den Privacy Shield) betreffende Angemessenheitsbeschluss wurde vom EuGH für ungültig erklärt.[79] Das zuvor in § 5 Abs 1 Nr 8 aF[80] enthaltene Gebot, dass „*sämtliche Inhalte der Videosprechstunde (...) durch den Videodienstanbieter weder eingesehen noch gespeichert werden können*" dürfen, wurde zum 21.7.2020 gemeinsam mit § 5 Abs 1 Nr 9 S 2 aF in § 2 Abs 6 verlagert.

Der Vertragsarzt hat nach § 4 Abs 2 die **Einwilligung des Patienten in die Datenverarbeitung des genutzten Videodienstanbieters** nach Art 9 Abs 2 lit a iVm Art 7 DS-GVO einzuholen. Diese muss zwar – abweichend von der Ursprungsfassung der Anlage iVm § 4a BDSG aF – nicht mehr der Schriftform genügen, aber nach Art 7 Abs 1 DS-GVO für den Verantwortlichen nachweisbar sein. In Betracht kommt hier eine schriftliche oder elektronische Dokumentation iSv § 630f Abs 2 S 1 iVm Abs 1 S 1 BGB. § 67b Abs 2 S 2 SGB X, der dieses für Gesundheitsdaten bei der Sozialdatenverarbeitung als Regelfall anordnet, ist auf Vertragsärzte nicht unmittelbar anwendbar.[81] Die Einwilligung in die Verarbeitung von Gesundheitsdaten muss Art 9 Abs 2 lit a DS-GVO ausdrücklich erfolgen. Vorab ist der Versicherte nach Art 7 Abs 3 S 2 DS-GVO auf das jederzeitige Recht zum **Widerruf der Einwilligung** hinzuweisen. Insgesamt geht diese Anforderung allerdings häufig an der Praxis vorbei, bei der sich die Versicherten zumeist vorab allgemein bei einem Videodienstanbieter registrieren (fakultativ nach § 5 Abs 1 Nr 3 S 1) und erst im individuellen Bedarfsfall den Kontakt mit einem konkreten Arzt suchen. In diesem Fall kann die erforderliche **Einwilligung** bereits **im Rahmen der Registrierung** eingeholt werden. Die nochmalige Einholung einer Einwilligung ist hier weder nach der DS-GVO noch nach den Grundsätzen des BDSG nF erforderlich. § 4 Abs 2 kann in diesen Fällen nur dahingehend verstanden werden, dass dem Vertragsarzt über die Anl 31b die Verantwortung für das Vorliegen einer Einwilligung gegenüber dem Videodienstanbieter zugewiesen wird, was von diesem – etwa durch entsprechende Programmgestaltung – auch überprüfbar sein muss.

Als **Rechtsgrundlage für die Datenverarbeitung des Vertragsarztes** selbst kommt neben einer Einwilligung insbesondere noch Art 9 Abs 2 lit b („*Erfüllung sozialrechtlicher Pflichten*"), lit f („*zur Geltendmachung, Ausübung oder Verteidigung von*

---

78 *European Commission* https://tinyurl.com/y53kaeee, zuletzt abgerufen am 9.10.2020.
79 *EuGH* v 16.7.2020 – C-311/18, GRUR-RS 2020, 16082, Rn 201; vgl dazu BeckOK SozR/*Scholz* 58. Ed v 1.9.2020, BMV-Ä Anlage 31b Rn 6.
80 *KBV/GKV-Spitzenverband* DÄ 2019, A-2156, 2157.
81 *BSG* MedR 2009, 685, 688.

Anhang 2 Digitalisierung

Rechtsansprüchen"), lit h (*„für Zwecke der Gesundheitsvorsorge oder der Arbeitsmedizin, für die Beurteilung der Arbeitsfähigkeit des Beschäftigten, für die medizinische Diagnostik, die Versorgung oder Behandlung im Gesundheits- oder Sozialbereich oder für die Verwaltung von Systemen und Diensten im Gesundheits- oder Sozialbereich"*) und lit i (*„aus Gründen des öffentlichen Interesses im Bereich der öffentlichen Gesundheit"*) DS-GVO sowie §§ 22 Abs 1 Nr 1 Buchst a, b, c und 24 Abs 1 Nr 1 BDSG nF in Betracht.

46 **d) Weitere Anforderungen an die Teilnehmer und den Vertragsarzt.** Ungeachtet des nach § 95 Abs 3 S 1 SGB V und § 19a Abs 1 S 1 Ärzte-ZV für den Vertragsarzt grundsätzlich obligatorischen Versorgungsauftrags ist die Teilnahme an der Sonderform „Videosprechstunde" für alle betroffenen Personen nach § 3 S 1 **freiwillig**. Sie muss nach § 3 S 2 **in geschlossenen Räumen** stattfinden, die eine angemessene Privatsphäre sicherstellen. Der Begriff des *„geschlossenen Raums"* ist in der Anlage nicht definiert. Zu seiner Klärung dürften Anleihen aus anderen Rechtsgebieten wie etwa dem Versammlungsrecht zulässig sein. Unerheblich ist allerdings die dort geführte Debatte um die Notwendigkeit akustischer und optischer Barrieren nach außen,[82] da diese bei der Videosprechstunde zumindest zur Sicherung der Privatsphäre erforderlich sind. Zu Beginn der Videosprechstunde hat eine Vorstellung aller im Raum anwesenden Personen zu erfolgen. Eine Begrenzung dieses Personenkreises – etwa auf den Arzt, Pflegekräfte, den Patienten und die in § 1 Abs 1 S 2 genannten Bezugspersonen – enthält die Anlage zwar nicht. Aufgrund des Freiwilligkeitsvorbehalts ist allerdings kein Teilnehmer gehindert, die Videosprechstunde bei der Anwesenheit Dritter abzulehnen.

47 Nach § 3 S 3 sind **Aufzeichnungen** jeglicher Art während der Videosprechstunde untersagt. Das Verbot richtet sich an alle Beteiligten und bezieht sich auf akustische und optische Aufzeichnungen. Mitschriften und Notizen sind davon nicht erfasst, weil diese auf der Seite des Vertragsarztes für die Erfüllung der nach § 630f BGB, § 10 MBO-Ä und § 57 Abs 1 BMV-Ä obligatorischen Dokumentation und für den Patienten iRd an ihn gerichteten Informationen nach § 630c Abs 2 S 1 BGB erforderlich sein können. Darüber hinaus dürften zumindest **mit Einwilligung des Patienten** auch **Fotoaufnahmen** (z.B. des Hautbilds) zulässig sein, die unmittelbar zu medizinischen Zwecken (z.B. zur Einschätzung der Befundentwicklung) oder zur Dokumentation des Behandlungsgeschehens erforderlich sind. Das folgt trotz des engen Wortlauts (*„jeglicher Art"*) aus dem Sinn und Zweck der Regelung, die dem bei Videosprechstunden gegenüber herkömmlichen Behandlungen gesteigerten Risiken für die informationelle Selbstbestimmung entgegentreten soll. Zumindest soweit der Vertragsarzt diese Aufnahmen auch bei klassischen Behandlungen anfertigen würde, ist diese Schutzrichtung nicht betroffen. Zum anderen muss die innere Systematik des BMV-Ä berücksichtigt werden, der in § 57 Abs 1 selbst die Dokumentation von Befunden verlangt.

48 IRd nächsten Überarbeitung der Anlage sollte dieser Punkt allerdings im Sinne der Rechtssicherheit klargestellt werden. Er betrifft nicht allein den Vertragsarzt, sondern könnte etwa auch dem Videodienstanbieter bei dessen Zertifizierung nach § 5 Abs 2 S 3 Buchst b entgegengehalten werden, wenn dieser eine **Aufnahmefunktion** technisch vorsieht. Videodienstanbieter ohne ein solches **Zertifikat** dürfen vom Vertragsarzt nach § 4 Abs 4 nicht genutzt werden. Darüber hinaus müssen die elektronische Daten-

---

[82] Vgl dazu Maunz/Dürig/*Depenheuer* 90. EL Februar 2020, GG Art 8 Rn 134.

übertragung sowie der Bildschirm und die Kamera auf der Seite des Leistungserbringers in technischer Hinsicht den Anforderungen der Anl 1 zur Anl 31b („*Technische Anforderungen an die apparative Ausstattung der Arztpraxis*") genügen.

e) Anforderungen an den Videodienstanbieter (§ 5). Die spezifischen Anforderungen an die Videodienstanbieter wurden in der Fassung aus dem Jahr 2020 gegenüber ihren Vorgängern reduziert, indem ein Teil des vormaligen Pflichtenkatalogs aus § 5 Abs 1 Nr 5, 6, 8 und 9 aF – systematisch überzeugend – in die allgemeinen Anforderungen an den Datenschutz nach § 2 überführt wurde. Die Regelung zum fakultativen Zweitzugang in § 5 Abs 1 Nr 2 wurde zum 21.7.2020 sprachlich optimiert. Zum einen entfiel die überflüssige Dopplung „*allein und ausschließlich*"[83] und zum anderen wurde klargestellt, dass der Videodienst einen Zweitzugang für das Praxispersonal vorhalten „*darf*" (bisher „*muss keinen*"[84]).   49

Nach § 5 Abs 1 Nr 3 nF müssen Patienten und Pflegekräfte den Videodienst nutzen können, ohne sich vorher **registrieren** zu müssen. Der bisherige strikte Ausschluss einer Accountpflicht[85] ist damit entfallen. Gestrichen wurde zum 21.7.2020 auch der letzte Satz von § 5 Abs 1 Nr 3 aF[86], nach dem der Zugang nur zum Kontakt mit dem Vertragsarzt führen durfte. Dieses ermöglicht etwa eine vorgeschaltete Informationsabfrage durch nichtärztliches Personal. Auch bei der herkömmlichen Behandlungssituation betritt der Patient beim Öffnen der Praxistür üblicherweise nicht unmittelbar die Behandlungsräume des Arztes. Darüber hinaus entfiel bereits zum 16.11.2019[87] die in der Ursprungsfassung[88] enthaltene zwangsweise Befristung des virtuellen Zugangs auf höchstens einen Monat.   50

Ebenfalls gestrichen wurde zum 21.7.2020 der bisherige § 5 Abs 1 Nr 4 aF. Dieser sah die Gewährleistungspflicht des Videodienstanbieters vor, „*dass der Vertragsarzt die Videosprechstunde **ungestört**, z.B. **ohne Signalgeräusche weiterer Anrufer**, durchführen kann*"[89]. Diese Anforderung war zum einen im Hinblick auf die allgemeine Praxistelefonanlage kaum umsetzbar und ging zudem über die Bedingungen der herkömmlichen Behandlung hinaus. Zum selben Zeitpunkt entfiel auch der bisher in § 5 Abs 1 Nr 7 S 2 aF verankerte (teilweise jetzt in Nr 4), als selbstverständlich einzustufende und zudem unbestimmte Grundsatz, dass „*die Entscheidung über die Durch- bzw. Fortführung der Videosprechstunde bei abnehmender Ton- und Bildqualität (...) den Gesprächsteilnehmern*"[90] obliegt.   51

Zum 21.7.2020 zumindest inhaltlich[91] unverändert geblieben ist das **Verbot der Werbeschaltung** in der Videosprechstunde (§ 5 Abs 1 Nr 6) und die Vorlagepflicht eines **Zertifizierungsnachweises** beim GKV-Spitzenverband und der KBV (§ 5 Abs 1 Nr 7). Der Videodienstanbieter muss nach § 5 Abs 2 iVm der Anl 2 (Muster) zur Anl 31b den Nachweis führen, dass er die Voraussetzung von § 5 Abs 1 erfüllt und außerdem die   52

---

83 *KBV/GKV-Spitzenverband* DÄ 2019, A-2156, 2157.
84 *KBV/GKV-Spitzenverband* DÄ 2019, A-2156, 2157.
85 *KBV/GKV-Spitzenverband* DÄ 2019, A-2156, 2157.
86 *KBV/GKV-Spitzenverband* DÄ 2019, A-2156, 2157.
87 *KBV/GKV-Spitzenverband* DÄ 2019, A-2156, 2157.
88 *KBV/GKV-Spitzenverband* DÄ 2016, A-2391, 2392.
89 *KBV/GKV-Spitzenverband* DÄ 2019, A-2156, 2157.
90 *KBV/GKV-Spitzenverband* DÄ 2019, A-2156, 2157.
91 Zuvor noch § 5 Abs 1 Nr 11 und 12: *KBV/GKV-Spitzenverband* DÄ 2019, A-2156, 2157 f.

Vertraulichkeit, Integrität und Verfügbarkeit der personenbezogenen Daten gewährleistet. Das Muster umfasst seit dem 21.7.2020 unter Buchst c auch eine Erklärung zur Einhaltung der Anforderungen aus § 5 Abs 1. Für die bis zum 30.9.2020 vorgelegten Zertifikate besteht allerdings nach § 5 Abs 5 ein **Bestandsschutz** bis zu deren Ablauf.[92] Die zum 16.11.2019[93] eingeführte und sprachlich unglückliche Formulierung in § 5 Abs 1 Nr 7, nach der die *„Bescheinigung (...) schriftlich vorgelegt"* werden muss, ist dahin zu verstehen, dass diese der Schriftform nach § 126 BGB genügen muss (vgl dazu das Unterschriftsfeld der Anl 2 zur Anl 31b). Im Anschluss ist der Videodienstanbieter nach § 5 Abs 4 in ein **Verzeichnis** aufzunehmen, das **GKV-Spitzenverband und KBV** jeweils auf ihrer Webseite führen müssen. Außerdem hat der Videodienstanbieter auf der Grundlage des Musters eine unterschriebene Selbstauskunft über die Einhaltung der Voraussetzungen nach § 5 Abs 1 zu erstellen, die dem Vertragsarzt nach § 5 Abs 3 beim Abschluss des Videodienstvertrags vorliegen muss.

53 **2. Berufs- und zivilrechtlicher Rahmen der Fernbehandlung.** Die ursprüngliche Beschränkung der Videosprechstunde in der Anl 31b auf bekannte Patienten entsprach den Vorgaben der MBO-Ä aF, nach der die ausschließliche Fernbehandlung berufsrechtlich untersagt war. Dieses änderte sich durch die **Neufassung von § 7 Abs 4 S 3 MBO-Ä** auf dem 121. Deutschen Ärztetag 2018. Danach ist *„eine ausschließliche Beratung oder Behandlung über Kommunikationsmedien [... nunmehr] im Einzelfall erlaubt, wenn dies ärztlich vertretbar ist und die erforderliche ärztliche Sorgfalt insbesondere durch die Art und Weise der Befunderhebung, Beratung, Behandlung sowie Dokumentation gewahrt wird und [...] der Patient auch über die Besonderheiten der ausschließlichen Beratung und Behandlung über Kommunikationsmedien aufgeklärt wird"*. Das Kriterium des *„Einzelfalls"* ist dabei nicht so zu verstehen, dass der individuelle Arzt nur vereinzelt rein telemedizinische Leistungen erbringen darf, sondern rekurriert auf die das Behandlungsverhältnis prägende Individualität des menschlichen Körpers, die keine schematischen Therapieentscheidungen ermöglicht. Das Merkmal der *„ärztlichen Vertretbarkeit"* und der Verweis auf die *„ärztliche Sorgfalt"* stärken einerseits die Autonomie des Arztes im Vergleich zu starren Vorgängerregelung, verlangen aber zugleich eine von ihm ausschließlich anhand medizinischer Kriterien zu treffende Entscheidung. Berufsrechtlich ist der Arzt damit aufgefordert, im Einzelfall zu entscheiden, ob sich der konkrete Patient, die konkrete Behandlungssituation und die jeweilige apparative Ausstattung für eine ausschließlich telemedizinische Versorgung eignet. Die ärztliche Sorgfalt[94] verpflichtet ihn, vor der Entscheidung für eine Fernbehandlung aber auch während der späteren Therapiedurchführung eine ständige Risiko-Nutzen-Analyse[95] vorzunehmen, die die mit einem ausschließlichen Fernkontakt zwangsläufig verbundenen Kommunikationsdefizite berücksichtigt.[96] Dieses zeigt auch der letzte Teil der berufsrechtlichen Regelung, der die besondere Rolle von Befunderhebung, Beratung, Behandlung, Dokumentation und Aufklärung betont und dadurch verlangt, dass Nachteile und Risiken der Fernbehandlung so weit

---

92 *KBV/GKV-Spitzenverband* DÄ 2020, A-1640.
93 *KBV/GKV-Spitzenverband* DÄ 2019, A-2156, 2158.
94 Zum Begriff im Zusammenhang mit der Fernbehandlung vgl *Stellpflug* GesR 2019, 76, 77 ff.
95 *Hahn* Telemedizin – Das Recht der Fernbehandlung, 2019, 8.
96 Vgl dazu *Braun* MedR 2018, 563, 564.

wie möglich und nötig durch die genannten Handlungen ausgeglichen werden.⁹⁷ Zu beachten ist, dass die berufsrechtlichen Vorgaben der MBO-Ä nur unverbindlichen Empfehlungscharakter haben und erst durch die Überführung in die Landesberufsordnungen der jeweiligen Heilberufskammern verbindlich werden. Die in § 7 Abs 4 S 3 MBO-Ä enthaltene Regelung zur Fernbehandlung wurde bis auf wenige Ausnahmen nahezu unverändert von den meisten Kammern übernommen.⁹⁸ In Bundesländern wie Brandenburg, in denen die ausschließliche Fernbehandlung weiterhin berufsrechtlich unzulässig ist, kommt nur ein ergänzender Einsatz der Videosprechstunde in Betracht.⁹⁹

Die berufsrechtlichen Anforderungen an die ärztliche Sorgfalt überschneiden sich weithin mit der in § 630a Abs 2 BGB verankerten Pflicht zur Durchführung der Behandlung nach den zum Zeitpunkt der Behandlung bestehenden, allgemein anerkannten fachlichen Standards („*Facharztstandard*").¹⁰⁰ Dabei ist momentan davon auszugehen, dass sich zumindest für den weit überwiegenden Teil der am Markt angebotenen Fernbehandlungsformen bisher noch kein eigener **Fernbehandlungsstandard** iSv § 630a Abs 2 BGB etablieren konnte.¹⁰¹ Zur Standardermittlung ist daher auf die allgemeinen Grundsätze abzustellen.¹⁰² Eine vom Patienten nicht legitimierte Unterschreitung des Standards stellt in der Regel zugleich einen **Behandlungsfehler** dar,¹⁰³ der insbesondere unter den Voraussetzungen der §§ 280, 823 und 839 BGB zu einer Haftung des Arztes führen kann. Zu beachten ist außerdem die in § 630a Abs 2 BGB angelegte Möglichkeit der vereinbarten Standardabweichung. Ungeachtet des **Selbstbestimmungsrechts**¹⁰⁴ des Patienten ist diese aber nicht uneingeschränkt zulässig.¹⁰⁵ Bei einer Abweichung nach unten ist die Grenze spätestens überschritten, wenn die Vereinbarung gegen zwingende Vorschriften (§§ 276 Abs 3 BGB, 309 Nr 7 BGB), Treu und Glauben (§ 242 BGB) bzw ein gesetzliches Verbot (§ 134 BGB) verstößt oder die Voraussetzungen der Sittenwidrigkeit¹⁰⁶ (§ 138 BGB, § 228 StGB) erfüllt.¹⁰⁷ **54**

3. Psychotherapie-Vereinbarung (Anl 1). Die **Bundespsychotherapeutenkammer** hat am 17.11.2018 ihre Berufsordnung ebenfalls stärker für Fernbehandlungsangebote geöffnet. Nach § 5 Abs 2 MBO-PP/KJP sind „*Behandlungen über Kommunikationsmedien (...) unter besonderer Beachtung der Vorschriften der Berufsordnung, insbesondere der Sorgfaltspflichten, zulässig*". Infolge dieser Entwicklung konnte der Gesetzgeber die **55**

---

97 *Hahn* Telemedizin – Das Recht der Fernbehandlung, 2019, 9.
98 Zur Übersicht vgl *Hahn* Telemedizin – Das Recht der Fernbehandlung, 2019, 11 f.
99 *Altmiks* SDSRV 69, 33, 42 f.
100 So auch *Braun* MedR 2018, 563, 564, zumindest für den „*groben Behandlungsfehler*"; vgl allgemein zum Facharztstandard bei der Fernbehandlung: *Bergmann* MedR 2016, 497, 499 und 121. DÄT Protokoll IV-01, 3. Ausführlich zum Standard bei der Fernbehandlung bei *Katzenmeier* Big Data, E-Health, M-Health, KI und Robotik in der Medizin, MedR 2019, 259, 267 f; *ders* NJW 2019, 1769, 1770 ff.
101 *Katzenmeier* NJW 2019, 1769, 1771; *Tillmanns* A&R 2020, 11, 14; vgl dazu auch *Bergmann* MedR 2016, 497, 500.
102 Dazu ausführlich bei *Katzenmeier* NJW 2019, 1769 ff.
103 *Kern* MedR 2001, 495, 497.
104 *Stellpflug* GesR 2019, 76, 79.
105 Spickhoff/*Spickhoff* § 630a BGB Rn 37.
106 *Stellpflug* GesR 2019, 76, 79.
107 *Erb* Die Kodifikation des Behandlungsvertragsrechts im BGB, 2018, 161, 167; *Katzenmeier* NJW 2019, 1769, 1772.

ursprünglich noch bewusst ausgeklammerte[108] Psychotherapie zum 1.1.2019[109] in den Anwendungsbereich der Videosprechstunde nach § 87 Abs 2a S 19 HS 2 SGB V aufnehmen. Allerdings setzen **Eingangsdiagnostik, Indikationsstellung und Aufklärung** nach § 5 Abs 5 S 3 MBO-PP/KJP auch weiterhin die (körperliche) **Anwesenheit des Patienten** voraus. Mit Genehmigung der jeweiligen Landespsychotherapeutenkammer ist nach § 5 Abs 5 S 4 MBO-PP/KJP aber die Mitwirkung an Forschungsprojekten zulässig, in denen psychotherapeutische Behandlungen ausschließlich über Kommunikationsmedien durchgeführt werden.

56 Das psychotherapeutische Berufsrecht nimmt damit weiterhin eine restriktive Position gegenüber der ausschließlichen Fernbehandlung ein, was zumindest einer uneingeschränkten Übertragung der Grundsätze der Anl 31b auf diesen Bereich entgegensteht. Die Vertragsparteien des BMV-Ä haben diesen Sonderstatus seit dem 15.4.2019[110] in § 17 der Anl 1 zum BMV-Ä (Psychotherapie-Vereinbarung) gespiegelt. Nach § 17 Abs 1 sind psychotherapeutische Leistungen in Form von Videokonferenzen grundsätzlich zulässig, wenn diese **keinen unmittelbaren persönlichen Kontakt erfordern**. Zwar ordnet § 17 Abs 4 die entsprechende Geltung der Anl 31b für psychotherapeutische „*Videokonferenzen*" an, übernimmt aber zugleich in Abs 2 S 1 den berufsrechtlichen Ausschluss von Eingangsdiagnostik, Indikationsstellung und Aufklärung aus dem reinen Videokontakt. Darüber hinaus enthält Abs 3 einen Katalog von Leistungen, die ebenfalls einen unmittelbaren persönlichen Kontakt zwischen dem Therapeuten und seinem Patienten verlangen. Dieses sind die psychotherapeutische Sprechstunde nach § 11, die probatorischen Sitzungen nach § 12, die psychotherapeutische Akutbehandlung nach § 13, die Gruppenpsychotherapie nach § 21 Abs 1 Nr 2 und die Hypnose nach § 26 Abs 1 Nr 3 der Psychotherapie-Richtlinie des G-BA nach § 92 Abs 6a SGB V. Korrespondierende Regelungen dazu enthält der EBM in den Ziffer IV.35.1 und IV.35.3.

57 Aufgrund der **COVID-19-Krise** können psychotherapeutische Sprechstunden und probatorische Sitzungen vorübergehend v 23.3.2020 bis zum 30.9.2020 iRe Videosprechstunde erbracht werden. Darüber hinaus ist der unmittelbare persönliche Kontakt zwischen dem Therapeuten und dem Versicherten für Eingangsdiagnostik, Indikationsstellung und Aufklärung nur noch „*grundsätzlich erforderlich*".[111] Für besondere Ausnahmefälle und unter besonderer Beachtung der berufsrechtlichen Sorgfaltspflichten darf – allerdings unter Beachtung des jeweils geltenden Kammerberufsordnungen – von diesem Grundsatz abgewichen werden.[112]

58 In jedem Fall sind nach § 17 Abs 1 S 2 und 3 das **individuelle Krankheitsgeschehen, die Lebensumstände des Versicherten und die Vorgaben der jeweiligen Berufsordnung zu beachten**. Dieser dynamische Rückverweis auf das jeweils geltende Berufsrecht ist durchaus sachgerecht, da die einzelnen Landespsychotherapeutenkammern die Musterregelung zur Fernbehandlung aus § 5 Abs 5 MBO-PP/KJP sehr unterschiedlich

---

108 BT-Drucks 18/6905, 66.
109 BGBl I 2018, 2394, 2403, 2422.
110 *KBV/GKV-Spitzenverband* DÄ 2019, A-863.
111 *KBV/GKV-Spitzenverband* DÄ 2020, A-1466; DÄ 2020, A-793.
112 *KBV/GKV-Spitzenverband* DÄ 2020, A-793.

umgesetzt haben.[113] Allerdings hat sich § 17 Abs 2 S 1 die Vorgaben der unverbindlichen Musterregelung bereits starr zu eigen gemacht und diese damit – zumindest in der vertragsärztlichen Versorgung – zur zwingenden Grenze erklärt. Diese Vorgehensweise birgt das Risiko, dass erneut Vorgaben des BMV-Ä zur Bremse der Digitalisierung avancieren.

4. Videofallkonferenzen (Anl 31b). Nach § 1 Abs 3 gelten die Anforderungen der Anl 31b entsprechend für ärztliche Fallkonferenzen und Fallbesprechungen mit anderen Ärzten oder Pflegekräften, die nach dem EBM zulässigerweise als Videofallkonferenz durchgeführt werden können. Dazu zählen etwa die GOP

- 01442 (Videofallkonferenz mit der an der Patientenversorgung beteiligten Pflegekraft),
- 37320 (Fallkonferenz gem der Anl 30 zum BMV-Ä – Vereinbarung Palliativversorgung),
- 30706 (schmerztherapeutische Fallkonferenz),
- 37120 (Fallkonferenz gem Anl 27 zum BMV-Ä – Versorgung in Pflegeheimen), 30948 (MRSA-Fallkonferenz),
- 30210 (multidisziplinäre Fallkonferenz zur Indikationsüberprüfung eines Patienten mit diabetischem Fußsyndrom vor Überweisung an ein Druckkammerzentrum) und
- 37400 (Beteiligung an der Beratung eines Patienten in Zusammenarbeit mit dem Berater gem der Vereinbarung nach § 132g Abs 3 SGB V).

5. Authentifizierung bei der ausschließlichen Fernbehandlung (Anl 4b). Der Bewertungsausschuss hatte bereits am 29.3.2019 den Parteien des BMV-Ä in den Protokollnotizen seines Beschlusses zur Änderung der GOP 01439 empfohlen, „*die (...) erforderlichen Rahmenbedingungen insbesondere für die **Authentifizierung eines dem Arzt bislang unbekannten Patienten** (...) zu definieren*"[114]. Zu diesem Zweck wurde mit Wirkung zum 1.10.2019 die Anl 4b vereinbart.[115] Entgegen des in § 1 der Anlage sehr weit gefassten Vertragsgegenstands (Authentifizierung und Versichertendatenerhebung „*bei der ausschließlichen Fernbehandlung*") beschränkt sich § 2 inhaltlich auf „*Übergangsregelung für die Authentifizierung in der **Videosprechstunde*** " (s Rn 38 f). Parallel dazu wurden auf der gesetzlichen Ebene zum 19.12.2019 die „*an der vertragsärztlichen Versorgung teilnehmende(n) Leistungserbringer, die Versicherte ohne persönlichen Kontakt behandeln oder in die Behandlung des Versicherten einbezogen sind,*" von der Pflicht zur quartalsweisen Überprüfung des Leistungsanspruchs durch Nutzung der eGK gem § 291b Abs 2b S 12 SGB V befreit. Außerdem erhielten die Vertragsparteien des BMV-Ä durch § 291g Abs 7 SGB V den Auftrag, bis zum 31.12.2020 im Benehmen mit der gematik ein technisches Verfahren zur Authentifizierung der Versicherten iRd Videosprechstunde in der vertragsärztlichen Versorgung zu vereinbaren.

Die bis dahin in der Anl 4b enthaltenen Übergangsvorschriften regeln neben der Erhebung der für die Abrechnung und für die Versorgung erforderlichen Versichertendaten durch den Arzt auch die Art und Weise der Identitätsfeststellung. Vorgesehen sind derzeit zwei Verfahrensalternativen, die danach unterscheiden, ob der Pati-

---

113 Vgl dazu die Übersicht bei *Hahn* Telemedizin – Das Recht der Fernbehandlung, 2019, 14 ff.
114 *BWA* DÄ 2019, A-969, A-970.
115 Vgl *BÄK & KBV* DÄ 2019, A-2156.

ent dem Arzt bekannt ist und im laufenden oder vorangegangenen Quartal eine Überprüfung des Leistungsanspruchs nach Nr 1 des Anhangs 1 zur Anl 4a durchgeführt wurde. Gibt der Versicherte in diesem Fall an, dass zwischenzeitlich **keine Änderungen eingetreten** sind, darf der Arzt die Versichertenstammdaten nach § 2 Abs 2 S 2 aus der Patientendatei übernehmen. Anderenfalls findet die Authentifizierung nach § 2 Abs 1 durch **Vorlage der elektronischen Gesundheitskarte in der Videosprechstunde** statt. Dabei hat der Vertragsarzt die Identität des Versicherten in entsprechender Anwendung von Ziffer 1.2 des Anhangs 1 zur Anl 4a anhand der auf der elektronischen Gesundheitskarte aufgebrachten Identitätsdaten zu überprüfen. Im Anschluss muss er die unter Ziffer 2.5 des Anhangs 1 zur Anl 4a genannten Daten (Bezeichnung der Krankenkasse, Name, Vorname und Geburtsdatum des Versicherten, Versichertenart, Postleitzahl des Wohnortes und Krankenversichertennummer) zum Zweck der Abrechnung übernehmen und sich vom Patienten nach § 2 Abs 1 S 3 das Fortbestehen des Versicherungsschutzes mündlich bestätigen lassen.

62 Die zur Bewältigung der COVID-19-Krise mit Wirkung zum 1.4.2020 getroffene Vereinbarung[116] zur **Übertragung der Versichertenstammdaten aus der Patientendatei** galt auch für die **Feststellung der Arbeitsunfähigkeit im Rahmen einer Videosprechstunde** nach Anl 31b. Bei Vorliegen ihrer Tatbestandsvoraussetzungen (insbesondere vorheriger persönlicher Kontakt) überlagerte diese Sonderregel auch die Vorgaben zur Authentifizierung von Versicherten bei der Fernbehandlung im Rahmen einer Videosprechstunde nach § 2 Abs 1 und 2 Anl 4b BMV-Ä (s Rn 60 ff). Im Übrigen galten deren Vorschriften aber uneingeschränkt fort.

6. Weitere allgemeine Grundsätze zur Fernbehandlung. – a) Aufklärung des Patienten.
63 § 291g Abs 4 SGB V weist darauf hin, dass auch bei der Videosprechstunde die Grundsätze zur Aufklärung des Patienten nach § 630e BGB einzuhalten sind. Parallel dazu fordert § 7 Abs 4 S 3 MBO-Ä, dass der Patient auch über die Besonderheiten der ausschließlichen Beratung und Behandlung über Kommunikationsmedien aufgeklärt werden muss. Letztlich zwingt bereits die berufsrechtliche Freigabe der ausschließlichen Fernbehandlung im ärztlichen Behandlungsverhältnis zur grundsätzlichen Akzeptanz einer fernmündlichen Aufklärung. Abweichendes gilt für den Bereich der Psychotherapie, für die nach § 5 Abs 5 S 3 MBO-PP/KJP auch weiterhin eine (körperliche) Anwesenheit des Patienten bei der Aufklärung verlangt wird (s Rn 55).

64 Ungeachtet dieser Entwicklung hielt der Gesetzgeber eine Änderung des in § 630e Abs 2 S 1 Nr 1 BGB enthaltenen **Mündlichkeitsgebot**s – abweichend vom Referentenentwurf zum DVG –[117] nicht für veranlasst. Zwar müsse nach *„§ 630e Absatz 2 BGB […] die Aufklärung 'mündlich' erfolgen. Das BGB [… enthalte aber] keine Legaldefinition der mündlichen Kommunikation. Nach der allgemeinen Rechtsgeschäftslehre [… setze] der Begriff der Mündlichkeit die gemeinsame körperliche Anwesenheit aller Beteiligten nicht voraus. Im Kontext des § 130 BGB [… gelte] gerade die telefonisch abgegebene Willenserklärung nach allgemeiner Ansicht nicht als Erklärung unter Abwesenden, sondern als eine solche unter Anwesenden. Beispiele für dem Erfordernis der Mündlichkeit genügende Telekommunikationsmittel [… seien] demnach insbesondere das **fernmündliche Gespräch**, sowie die Videotelefonie und weitere sprach- und*

---

116 *KBV/GKV-Spitzenverband* DÄ 2020, A-972.
117 DVG-RefE v 15.5.2019, 31, https://tinyurl.com/yyrqbevr, zuletzt abgerufen am 9.10.2020.

gegebenenfalls zusätzlich bildbasierte Möglichkeiten der Fernkommunikation."[118] Ungeachtet der Zustimmungswürdigkeit dieser Aussage ist allerdings zu berücksichtigen, dass die obergerichtliche Rechtsprechung einen Verzicht auf das persönliche Gespräch bisher nur in einfach gelagerten Fällen akzeptiert[119] und auch der Gesetzgeber des § 630e BGB diese Entscheidung im Blick hatte.[120] Insofern besteht derzeit ein nicht im Wortlaut des Gesetzes dokumentierter grundsätzlicher Sinneswandel des Gesetzgebers.[121]

b) Arzneimittelverordnung im Rahmen der ausschließlichen Fernbehandlung. Erst zum 24.12.2016 wurde zur Flankierung[122] der ehemaligen berufsrechtlichen Grenzen in § 48 Abs 1 S 2–3 AMG aF ein grundsätzliches Verbot der Arzneimittelabgabe für den Fall eingeführt, dass *„vor der ärztlichen oder zahnärztlichen Verschreibung offenkundig kein direkter Kontakt zwischen dem Arzt oder Zahnarzt und der Person, für die das Arzneimittel verschrieben wird, stattgefunden hat"*[123]. Diese auch unter dem Titel *„lex-DrEd"*[124] bekannte Vorschrift war bewusst an den örtlichen Apotheker als Letzten in der arzneilichen Vertriebskette gerichtet,[125] da den Fernbehandlungsangeboten aus dem europäischen Ausland aus Praktikabilitätsgründen[126] und wegen der Schutzwirkung der europäischen Grundfreiheiten kaum beizukommen war. Dieses Vorhaben hatte allerdings von Anfang an keine Erfolgsaussichten. Zum einen wurde mit gewichtigen Argumenten die Europarechtskonformität der Vorschrift bestritten.[127] Zum anderen war dem abgebenden Apotheker eine für ihn bestehende Offenkundigkeit der vorangegangenen ausschließlichen Fernbehandlung faktisch nicht nachzuweisen.[128] Infolge der Liberalisierung des ärztlichen Berufsrechts wurde das **Verbot wieder gestrichen** und die Norm damit in ihren Ausgangszustand zurückversetzt.[129] Problematisch bleibt allerdings bis heute, dass der Gesetzgeber die 2016er-Änderung von § 48 AMG als Aufwertung der in § 15 Abs 2 BMV-Ä und § 8 Abs 2 Arzneimittel-RL enthaltenen Grundsätze zu einem parlamentarischen Gesetz verstanden hat.[130] Der dort verankerte Regelfall, nach dem eine Verordnung nur nach persönlicher Überzeugung durch den Arzt erfolgen darf, steht zwar einer Kommunikation per Videotechnik semantisch nicht entgegen, wurde aber vom Gesetzgeber entgegengesetzt interpretiert.[131] Da diese beiden Vorschriften bis heute unverändert geblieben sind, könnten

---

118 DVG-RegE v 10.7.2019, 80, https://tinyurl.com/y3lb3qu7, zuletzt abgerufen am 9.10.2020.
119 *BGH* NJW 2010, 2430, 2432: *„Handelt es sich (…) um komplizierte Eingriffe mit erheblichen Risiken, wird eine telefonische Aufklärung regelmäßig unzureichend sein."* Zum möglichen Verzicht auf eine mündliche Aufklärung bei Routinemaßnahmen vgl *BGH* NJW 2000, 1784 ff und dazu *Hahn* MedR 2020, 16 ff; *Katzenmeier* NJW 2019, 1769, 1773, Fn 52.
120 Vgl BT-Drucks 17/10488, 24.
121 Zur Forderung nach einer klarstellenden Vorschrift im BGB vgl *Hahn* MedR 2020, 16 ff; *Stellpflug* GesR 2019, 76, 81.
122 Vgl BT-Drucks 18/8034, 39.
123 BGBl I 2016, 3048, 3050.
124 *Vorberg/Kanschik* MedR 2016, 411.
125 *Hahn* GesR 2018, 687, 688.
126 Vgl *Hahn* MedR 2018, 384, 389 f.
127 *Braun* MedR 2018, 563, 567; *Kaeding* ZESAR 2017, 215, 220.
128 Vgl dazu *Dierks/Kluckert* NZS 2017, 687 ff.
129 BGBl I 2019, 1202 (1203); BT-Drucks 19/8753, 49.
130 BT-Drucks 18/8034, 39.
131 BT-Drucks 18/8034, 39.

sie weiterhin als – im Ergebnis vor dem Hintergrund der Entwicklung des AMG allerdings abzulehnende – Argumente gegen eine Abgabe nach Fernverschreibung dienen.

66 **c) Ausstellung von Bescheinigungen für Arbeitsunfähigkeit und Krankengeldberechtigung im Rahmen der Fernbehandlung/Videosprechstunde.** Seit der Liberalisierung des ärztlichen Fernbehandlungsrechts in § 7 Abs 4 S 3 MBO-Ä wurde um die Frage gerungen,[132] ob auf Basis einer ausschließlichen Fernbehandlung auch Arbeitsunfähigkeitsbescheinigung ausgestellt werden können. Die Anl 31b trifft dazu keine Aussage. Nach § 31 S 1 BMV-Ä darf die Beurteilung der Arbeitsunfähigkeit und ihrer voraussichtlichen Dauer sowie die Ausstellung der Bescheinigung nur auf Grund einer **ärztlichen Untersuchung** erfolgen. Gleiches gilt nach § 4 Abs 1 S 2 der auf § 92 S 2 Nr 7 SGB V beruhenden AU-Richtlinie des G-BA. Diese verlangt zudem in ihrem § 2 Abs 5 S 1 eine Befragung des Versicherten durch den Arzt zur aktuell ausgeübten Tätigkeit und den damit verbundenen Anforderungen und Belastungen. Wenn aber ausschließliche Fernuntersuchungen nach § 7 Abs 4 S 3 MBO-Ä – zumindest im ärztlich vertretbaren Rahmen – nunmehr berufsrechtlich zulässig sind, müssen diese auch genügen können, um die Anforderungen von § 31 S 1 BMV-Ä zu erfüllen. Eine andere Interpretation wäre mit dem Grundsatz einer einheitlichen Rechtsordnung kaum zu vereinbaren.

67 Die zuletzt vom LG Hamburg vertretene gegenteilige Position, die das Gericht auf das in **§ 25 S 1 MBO** verankerte Gebot der Beachtung der notwendigen Sorgfalt bei der Ausstellung ärztlicher Atteste gestützt hat,[133] überzeugt nicht. Zum einen hat sich das Gericht nicht mit dem Verhältnis der berufsrechtlichen *lex specialis* zur ärztlichen Fernbehandlung (§ 7 Abs 4 S 3 MBO-Ä) zum bemühten Sorgfaltsgebot auseinandergesetzt und nicht begründet, weshalb ein grundsätzlich berufsrechtlich zulässiges Verhalten in einem anderen Kontext als generell sorgfaltswidrig anzusehen sein soll. Zum anderen überzeugt auch eine generelle **Sonderstellung von AU-Bescheinigung** im Kontext des Fernbehandlungsrechts nicht. Es wäre nicht nachvollziehbar, wenn eine ärztliche Feststellung auf Basis ausschließlicher Fernkommunikationsmittel für Diagnosestellung und Therapieentscheidungen ausreichend würde, während dieselbe Art der Informationsermittlung für die Feststellung der Arbeitsunfähigkeit insuffizient wäre.

68 Die in der Diskussion um die Zulässigkeit von AU-Bescheinigungen auf Basis von Ferndiagnosen wiederholt angeführten[134] Entscheidungen des **BAG von 1976 und des BSG von 2014** taugen ebenfalls nicht als überzeugende Ablehnungsargumente. Gegenstand der arbeitsrechtlichen Entscheidung war die Ausstellung einer AU-Bescheinigung ohne (erneute) Untersuchung des Arbeitnehmers.[135] Im Rahmen einer

---

132 Vgl exemplarisch *Braun* GesR 2018, 409, 412; *Hahn* MedR 2020, 370 ff; *ders* ZMGR 2018, 279 ff; *Heider* NZA 2019, 288, 289; *Katzenmeier* NJW 2019, 1769, 1770; *Möller/Flöter* ArbRAktuell 2019, 501, 502; *Müller* BB 2019, 2292 ff; *Schulte/Tisch* NZA 2020, 761, 762; *LG Hamburg* MedR 2020, 391; 121. *DÄT* Protokoll IV-01, IV-04, 1.
133 *LG Hamburg* MedR 2020, 391 = MMR 2020, 201; dazu ausführlich bei *Hahn* MedR 2020, 370 ff und zuletzt *LG Hamburg* v 21.7.2020 – 406 HKO 165/19, nun allerdings mit möglicher Offenheit gegenüber der Videotelefonie.
134 Vgl exemplarisch *Heider* NZA 2019, 288, 289; *Möller/Flöter* ArbRAktuell 2019, 501, 502; *Müller* BB 2019, 2292; *Schulte/Tisch* NZA 2020, 761, 762.
135 *BAG* v 11.8.1976 – 5 AZR 422/75, NJW 1977, 350.

Fernbehandlung wird jedoch überhaupt nicht auf die Untersuchung verzichtet, sondern nur für diese auf andere Formen der Feststellung zurückgegriffen. Nur wenn diese Feststellungsart – etwa im Rahmen einer Videosprechstunde – für das konkrete Krankheitsbild ärztlich vertretbar ist, genügt die ausschließliche Fernbehandlung auch den berufsrechtlichen Vorgaben. In diesem Fall hat dann aber auch eine für die AU-Feststellung erforderliche Untersuchung stattgefunden. Gegenstand der Entscheidung des BSG von 2014 war dagegen eine rein telefonische AU-Feststellung. Danach setze „*§ 46 S 1 Nr 2 SGB V [...] unabdingbar sowohl bei der Erstfeststellung der AU als auch bei nachfolgenden Feststellungen die persönliche Untersuchung des Versicherten durch einen Arzt voraus [...]. Eine telefonische Befragung [... genüge dem] nicht [...]. Dies [... folge] schon aus der durch das Wirtschaftlichkeitsgebot des § 12 Abs 1 SGB V vorgegebenen Notwendigkeit, [... Krankengeld] nur auf der Grundlage einer bestmöglich fundierten ärztlichen Einschätzung zu gewähren.*"[136] Auch diese Grundsätze können hier keine uneingeschränkte Geltung mehr für sich reklamieren, da die Videosprechstunde im Gegensatz zum rein telefonischen Kontakt – neben der akustischen Wahrnehmung – auch visuelle Feststellungen ermöglicht. Dieses kann für bestimmte Krankheitsbilder durchaus genügen.

Hinsichtlich des Arguments der **Sorgfaltswidrigkeit** ist außerdem zu berücksichtigen, dass die Vertragsparteien des BMV-Ä den § 31 am 9.3.2020 im Zusammenhang mit der **COVID-19-Krise** befristet um weitere Sätze ergänzt hatten.[137] Danach war zur Entlastung der Vertragsärzte und zur Vermeidung einer Ausbreitung von SARS-CoV-2 über ärztliche Wartezimmer vorübergehend eine Ausstellung von AU-Bescheinigung explizit sogar nach rein telefonischer Anamnese gestattet. Die Ärzte mussten sich zu diesem Zweck durch eine eingehende telefonische Befragung persönlich vom Zustand des Versicherten überzeugen. Die Regelung war begrenzt auf Erkrankungen der oberen Atemwege ohne schwere Symptomatik. Fälle, bei denen nach den Kriterien des RKI ein COVID-19-Verdacht bestand, waren zunächst von der Regelung ausgenommen, wurden aber durch eine Änderungsvereinbarung[138] v 23.3.2020 nachträglich eingeschlossen. Die maximale Dauer einer auf diesem Wege erstellten Arbeitsunfähigkeitsbescheinigung war zunächst auf sieben Tage beschränkt,[139] wurde jedoch ab dem 23.3.2020 auf 14 Tage[140] ausgedehnt. Der Art 1 einer Zusatzvereinbarung v 11.3.2020 dehnte diese Vorgaben auf die Ausstellung von ärztlichen Bescheinigungen für den Bezug von Krankengeld bei der Erkrankung eines Kindes aus, die durch Zusatzvereinbarung v 25.3.2020 nochmals geändert wurde.[141] Nach Art 2 der Änderungsvereinbarung v 23.3.2020 sollte der Ausnahmecharakter der Vorschrift ursprünglich durch ihr automatisches Auslaufen zum 23.6.2020 verdeutlicht werden.[142] Bereits am 17.4.2020 beschlossen die Vertragsparteien jedoch das vorzeitige Ende der Vorschrift zum 20.4.2020.[143] Nachdem allerdings der G-BA am 21.4.2020 die in § 4

69

---

136 *BSG* v 16.12.2014 – B 1 KR 25/14, Rn 13.
137 *KBV/GKV-Spitzenverband* DÄ 2020, A-626.
138 *KBV/GKV-Spitzenverband* DÄ 2020, A-744.
139 *KBV/GKV-Spitzenverband* DÄ 2020, A-626.
140 *KBV/GKV-Spitzenverband* DÄ 2020, A-744.
141 *KBV/GKV-Spitzenverband* DÄ 2020, A-794.
142 *KBV/GKV-Spitzenverband* DÄ 2020, A-744. Gekoppelt daran auch die Zusatzvereinbarung für Kinder und die eGK v 25.3.2020 *KBV/GKV-Spitzenverband* DÄ 2020, A-794.
143 *KBV/GKV-Spitzenverband* DÄ 2020, A-1030.

Abs 1 S 3 der AU-Richtlinie enthaltene Korrespondenzregelung zur telefonischen Feststellung im Zusammenhang mit der COVID-19-Krise rückwirkend zum 20.4.2020 verlängert hatte, einigten sich auch die Vertragsparteien des BMV-Ä am 21.4.2020 auf eine befristete Ausführungsvereinbarung zur Ausstellung einer Arbeitsunfähigkeitsbescheinigung durch eingehende telefonische Befragung,[144] die zum 1.7.2020 durch eine Nachfolgevereinbarung[145] (s Rn 16) ersetzt wurde. Bemerkenswert ist in diesem Zusammenhang, dass die Vertragsparteien dabei auf eine erneute Änderung des wieder in seinen Ausgangszustand zurückversetzten § 31 BMV-Ä verzichtet haben und damit letztlich selbst anerkennen, dass dessen Wortlaut der Ausstellung einer AU-Bescheinigung nach ausschließlicher Ferndiagnose nicht generell entgegensteht. Darüber hinaus ist auch das Postulat der generellen Sorgfaltswidrigkeit nach den Erfahrungen aus der COVID-19-Krise und der expliziten Freigabe durch die Vertragsparteien des BMV-Ä und den G-BA nicht mehr zu halten.

70 In diesem Sinne hat der G-BA am 16.7.2020 eine zum 7.10.2020 in Kraft getretene, **generelle Änderung der AU-Richtlinie** beschlossen, die nunmehr nach ihrem § 4 Abs 5 nF die AU-Feststellung für einen Zeitraum von bis zu sieben Tagen „*mittelbar persönlich im Rahmen von Videosprechstunden*" gestattet.[146] Dieses ist jedoch nur zulässig, „wenn [...] der Versicherte [...] dem Vertragsarzt oder [...] einem anderen Vertragsarzt derselben BAG **aufgrund früherer Behandlung unmittelbar persönlich bekannt** ist und die Erkrankung dies nicht ausschließt". Durch diese Einschränkung bleibt die Vorschrift weit hinter ihren – durch das Berufsrecht eingeräumten – Möglichkeiten zurück, da § 7 Abs 4 S 3 MBO-Ä gerade keine Beschränkung auf bekannte Patienten (mehr) enthält. Darüber hinaus begründet die mit dem Nimbus der Liberalisierung verbundene Anpassung der AU-Richtlinie bei genauem Hinschauen sogar eine zusätzliche Einschränkung der Fern-AU-Bescheinigung: Bisher sah deren § 4 Abs 1 S 2 nur die Notwendigkeit einer ärztlichen Untersuchung vor und schloss daher zumindest semantisch Fernuntersuchungen nicht aus. Nunmehr wurde darin die „*unmittelbar persönliche ärztliche Untersuchung*" als Regelfall verankert und die Fernuntersuchung nach Abs 5 damit zum Ausnahmefall degradiert. Da diese aber nur bei bekannten Patienten zulässig sein soll, wurde die AU-Bescheinigung nach einer Fernuntersuchung eines bisher unbekannten Patienten nunmehr explizit ausgeschlossen. Ob das bewusst erfolgte, lässt sich zumindest aus der Beschlussbegründung nicht erkennen.[147] Darüber hinaus weist das Kriterium der Bekanntheit zwei Schwächen auf: Zum einen ist weder festgelegt, wie lange der letzte Kontakt zurückliegen darf und ob dieser überhaupt mit der aktuellen Erkrankung im Zusammenhang stehen muss. Schlimmstenfalls ist hier mit der Bekanntheit des Patienten kein relevanter Erkenntnisvorteil für den Arzt verbunden. Zum anderen erweckt die gleichermaßen ausreichende Bekanntheit für einen Dritten (anderer Vertragsarzt in derselben BAG) den Verdacht, dass dieses Kriterium zumindest auch durch eine wirtschaftliche Bindung des Patienten an die Praxis motiviert ist.

---

144 *KBV/GKV-Spitzenverband* DÄ 2020, A-1027 f.
145 *KBV/GKV-Spitzenverband* DÄ 2020, A-1530 f.
146 *G-BA* Beschl v 16.7.2920, https://tinyurl.com/y5zs59c3, abgerufen am 9.10.2020.
147 *G-BA* Begründung zum Beschl v 16.7.2920, https://tinyurl.com/y2pfzmdh, abgerufen am 9.10.2020.

Der Patient hat nach Abs 5 S 7 AU-Richtlinie ausdrücklich **keinen Anspruch auf Ausstellung einer AU-Bescheinigung** iRd Videosprechstunde. Außerdem muss der Vertragsarzt den Patienten nach Abs 5 S 5 auf einen persönlichen Praxisbesuch verweisen, wenn keine hinreichend sichere Beurteilung über die reine Fernkommunikation möglich ist. **Folge-AU-Bescheinigungen** können nach Abs 5 S 4 iRd Videosprechstunde ausgestellt werden können, wenn zumindest die Erstbescheinigung nach einem persönlichen Kontakt mit dem Arzt zustande gekommen ist. 71

d) Werbung für Fernbehandlungsleistungen. Ungeachtet der Öffnung weiter Teile der Rechtsordnung für die ausschließliche Fernbehandlung, ist eine Werbung für diese nach § 9 S 1 HWG grundsätzlich weiter verboten.[148] Teile der Literatur interpretier(t)en § 9 S 1 HWG allerdings als akzessorische Norm, die einer Umgehung von berufsrechtlichen Grenzen der Fernbehandlung entgegenwirken soll,[149] so dass eine teleologische Reduktion des Werbeverbots vorgeschlagen wurde.[150] Nach Auffassung der – zT noch vor Einführung von § 9 S 2 HWG durch das DVG[151] zum 18.12.2019 ergangenen – jüngeren Rechtsprechung sei die Norm dagegen nicht so auszulegen, *„dass das Werbeverbot (...) die Unzulässigkeit der beworbenen Behandlung voraussetzt"*[152]. In diesem Zusammenhang ist allerdings zu berücksichtigen, dass zumindest in Bezug auf ärztliche Leistungserbringer bereits die grundsätzliche Verfassungskonformität des Verbots kritisch bewertet wird.[153] Anlass dafür bietet eine Entscheidung des BVerfG aus dem Jahr 2004, in der das Gericht ausgeführt hat, dass *„dem Heilmittelwerbegesetz [...] im Bereich der Selbstdarstellung der Ärzte keine eigenständige Bedeutung beigemessen"*[154] werden dürfe, da *„den Angehörigen freier Berufe [wegen Art 12 Abs 1 GG] nicht jede, sondern lediglich die berufswidrige Werbung verboten ist"*[155]. 72

Nach dem inzwischen ergänzten zweiten Satz von § 9 HWG gilt das Verbot nicht mehr, wenn für die beworbene Behandlung unter Verwendung von Kommunikationsmedien **nach allgemein anerkannten fachlichen Standards kein persönlicher ärztlicher Kontakt mit dem zu behandelnden Menschen erforderlich** ist. Die Regelung lehnt sich an die Prinzipien des ärztlichen Berufsrechts an und übernimmt damit auch dessen Flexibilität. Davon abweichend soll es nach der Gesetzesbegründung allerdings *„im Gegensatz zu der berufsrechtlich vorgesehenen, konkreten und individuellen Einzelfallentscheidung [...] im Rahmen der Regelung des § 9 HWG [...] lediglich auf eine* **abstrakte, generalisierende Bewertung** *ankommen, da sich* **Werbung unabhängig von einer konkreten Behandlungssituation an eine Vielzahl [...] nicht näher individuali-** 73

---

148 Grundsätzlich zum Werbeverbot vgl *Braun* MedR 2018, 563, 566; *Eichelberger* FS Harte-Bavendamm, 2020, 289 ff; *Gruner* GesR 2017, 288, 289; *Hahn* MedR 2018, 384, 389; *Hötzel* ZMGR 2018, 16, 19; *Kalb* GesR 2018, 481, 486; *Kuhn/Heinz* GesR 2018, 691, 693; *Spickhoff* MedR 2018, 535, 541 f; *Tillmanns* A&R 2020, 11.
149 Vgl dazu *Spickhoff* MedR 2018, 535, 541 f; ausdrücklich ablehnend *OLG München* v 9.7.2020 – 6 U 5180/19, GRUR-RS 2020, 18322.
150 *Braun* MedR 2018, 563, 566; *Hahn* MedR 2018, 384, 389; aA *Kuhn/Heinz* GesR 2018, 691, 693. Mit gleichem Ergebnis *Spickhoff* MedR 2018, 535, 542.
151 BGBl I 2019, 2562, 2583.
152 *LG München I* v 16.7.2019 – 33 O 4026/18 = MedR 2020, 334m Anm *Wever*; bestätigt durch *OLG München* v 9.7.2020 – 6 U 5180/19 = GRUR-RS 2020, 18322.
153 Vgl dazu auch *Braun* MedR 2018, 563, 566.
154 *BVerfG* v 30.4.2004 – 1 BvR 2334/03 = NJW 2004, 2660 f.
155 *BVerfG* v 30.4.2004 – 1 BvR 2334/03 = NJW 2004, 2660, 2661.

sierter Personen richtet."[156] Darüber hinaus wird eine Werbung auch dann weiterhin durch § 9 HWG verboten, wenn diese nicht danach differenziert, ob sich die betroffene Patientengruppe und/oder die zu versorgende Erkrankung für einen ausschließlichen Fernkontakt eignen, sondern unzureichend eingeschränkte, **pauschale Fernbehandlungs-** oder **Krankschreibungsangebote** unterbreitet.[157] Ergänzend sind außerdem spezifische Werbeverbote zu beachten. Zu diesen zählt etwa der bei der Fernbehandlung mit einer Arzneimittelverordnung geltende Grundsatz, dass nach Art 90 lit a RL 2001/83/EG die Öffentlichkeitswerbung für ein Arzneimittel keine Elemente enthalten darf, die eine ärztliche Untersuchung als überflüssig erscheinen lassen.[158]

74 Trotz der Öffnung des Verbots durch § 9 Abs 2 HWG birgt die Vorschrift auch zukünftig Risiken für Werbetätigkeiten in diesem Bereich. Problematisch ist zum einen die Fixierung der Norm auf die Entbehrlichkeit eines *„ärztlichen"* **Kontakts**, da das HWG nach seinem § 1 nicht auf ärztliche Behandlungen beschränkt ist. Der Wortlaut von § 9 S 2 HWG ergibt daher zumindest semantisch keinen Sinn, wenn es etwa um die Frage der Fernbehandlung durch **Psychotherapeuten oder Heilpraktiker** geht. Bei diesen ist grundsätzlich kein *„ärztlicher"* Kontakt zu erwarten. Zum anderen orientiert sich die Ausnahmeregelung am *„allgemein anerkannten fachlichen Standard"*, obwohl davon auszugehen ist, dass sich zumindest weithin noch kein Fernbehandlungsstandard iSv § 630a Abs 2 BGB etabliert hat.[159] Um aus dem letztgenannten Umstand nicht wieder eine faktische Totalverbotswirkung von § 9 HWG abzuleiten, dürfen hier keine überhöhten Anforderungen an die fachliche Akzeptanz und deren Evidenz gestellt werden.[160]

VII. Vereinbarung zur Finanzierung der Telematikinfrastruktur (Anl 32)

75 Die aktuelle Fassung der auf den §§ 291a Abs 7 S 5 SGB V und § 291a Abs 7b S 2 und 3 SGB V beruhenden Finanzierungsvereinbarung stammt v 20.3.2020.[161] Sie bildet die Grundlage für die Finanzierung der Telematikinfrastruktur durch die GKV (§ 5 Abs 1) und die damit verbundene **Etablierung in der vertragsärztlichen Versorgung**. Inhaltlich regelt sie die drei Themenfelder *„Ausstattungs- und laufende Betriebskosten der Telematikinfrastruktur"*, *„Ausstattungs- und laufende Betriebskosten für Fachanwendungen"* (§§ 2–6, 7–8 und 9–9b) sowie *„Kosten- und Aufwandserstattung für die Teilnahme an Feldtests und wissenschaftlichen Evaluationen"* (§§ 6a und 8a). Im Ergebnis eines Eilverfahrens vor dem SG München wurden die Regelungen der Anl 32 über die Art und Höhe der Kostenerstattung **nach summarischer Prüfung rechtlich nicht beanstandet**.[162] Mit Wirkung zum 1.4.2020 wurde die bisherige Übergangsvereinbarung zur Abrechnung elektronischer Briefe in Anl 7 gestrichen. Gleichzeitig erfolgte die Aufnahme der neuen Anl 8 zu den *„Regelungen über die Erstattung der Kosten zum Anschluss einer Vertragsarztpraxis an einen sicheren Dienst zur Übermittlung medizinischer Dokumente und Übermittlung von eArztbriefen"*. Begleitet wurde diese

---

156 BT-Drucks 19/13438, 77 f.
157 So auch *OLG München* v 9.7.2020 – 6 U 5180/19, GRUR-RS 2020, 18322.
158 So auch *Tillmanns* A&R 2020, 11, 16.
159 *Katzenmeier* NJW 2019, 1769, 1771; *Tillmanns* A&R 2020, 1, 14; vgl. dazu auch *Bergmann* MedR 2016, 497, 500.
160 *Tillmanns* A&R 2020, 11, 14 f.
161 *KBV/GKV-Spitzenverband* DÄ 2020, A-963 ff.
162 *SG München* v 22.3.2019 – S 38 KA 52/19 ER, Rn 22 ff.

Entwicklung unter anderem durch den Beschluss des Bewertungsausschusses nach § 87 Abs 1 S 1 SGB V zur Aufnahme der neuen GOP 01660 (Zuschlag zur eArztbrief-Versandpauschale) in den EBM zum 1.7.2020 und weitere Anpassungen.[163] Die aktuelle Fassung der Vereinbarung gilt zwar bis zum 31.3.2022, sie sieht allerdings die Notwendigkeit von Anpassungen aufgrund signifikanter Veränderungen (zB geänderte Marktpreise oder geänderte Anforderungen an die Telematikinfrastruktur) bereits ausdrücklich vor (§ 10).

---

163 *BWA* DÄ 2020, A 900 ff.

Stichwortverzeichnis

Die angegebenen Zahlen beziehen sich auf die Randnummern der Kommentierung zu den einzelnen – fettgedruckten – Paragraphen bzw Anhängen.

Abrechnung
– Abrechnungsbestimmungen der KV § **44** 1
– elektronisch § **44** 12; 22
– ICD-Verschlüsselung § **44** 7
– Kennzeichnungspflicht § **44** 24
– Kick-Back-Geschäfte § **44** 20
– Prüf-/Auskunftsrechte KV § **56** 1
– Prüf-/Einsichtsrechte KK § **56** 5
– Regelwerk § **56** 7
– Sachkosten § **44** 15
– sachlich-rechnerische Richtigkeit § **45** 1
– Sammelerklärung § **35** 8; 10 f
– Übermittlung Datenumfang § **44** 13 f
– Überweisungsschein § **44** 4
– unzulässige Kennzeichnung von Abrechnungsbelegen § **44** 5
AEKV Einführung 2; § **1** 32
Akutbehandlung Anh 1 § **16** 10
Anästhesist § **15a** 9
Angestellte Ärzte § **14** 1; 5; 17; § **15** 8; 12
– Erfüllungsgehilfe § **14a** 4
– fachgebietsübergreifend § **14** 12
– Job-Sharing § **4** 57; § **14** 9
– Mitglieder KV § **4** 39; 63; § **14a** 16
– Pflicht zur Fortbildung § **14a** 4
– Teilnahme im Rahmen ihres Status § **4** 54
– Voraussetzungen § **4** 56
– Wechsel zur Zulassung § **4** 62
Anspruchsnachweis § **24** 5
– im Ausnahmefall § **19** 34
Apparategemeinschaft § **15** 58
Approbation Anh 1 § **13** 3
Arzneimittel
– Anspruch § **29** 1 f
– Arzneimittel-Datenbanken § **29** 30; 33
– Arzneimittelvereinbarung § **29** 8
– ausgeschlossene § **29** 3; 42; 44
– aut idem § **29** 21
– Definition § **29** 10
– Festbeträge § **29** 9; 37
– Genehmigung § **29** 17
– Vordrucke § **28** 36
Arztfall § **21** 20
Ärztliche Dokumentation
– Aufbewahrungspflicht § **57** 28
– berufsrechtliche Pflicht § **57** 6

– Beweissicherung § **57** 12
– Datenschutz § **57** 9
– Einsichtsrecht Patient § **57** 27
– elektronisch § **57** 35
– Grenzen und Umfang § **57** 17
– Inhalt § **57** 10
– Rechenschaftslegung § **57** 15
– Rechtsfolgen Dokumentationsfehler/-versäumnisse § **57** 26
– Therapiesicherung § **57** 11
Ärztliches Berufsrecht § **14** 3; § **14a** 14
Arztnummer § **25** 9; § **37a** 4
Arztverzeichnis § **59** 1
Arztvorbehalt § **15** 1
Assistenten § **14** 1; 5; 17; § **15** 5; 8; 16
Aufschiebende Wirkung
– sachlich-rechnerische Richtigstellung § **45** 41
– Wirtschaftlichkeitsprüfung § **47** 69; 147; 152
Auftragsleistung § **24** 9; 17
Ausbildungsstätte Anh 1 § **8** 4
Ausgelagerte Praxisstätte § **15** 10; § **15a** 2; 5
Ausstattung, apparative Anh 2 25

BAG § **14** 1; § **14a** 17; § **15** 5; § **15a** 2; 4; 6; 14 f; § **15b** 1 f; § **15c** 1
– gemeinsame Berufsausübung § **14a** 14
– Kick-Back-Zahlungen § **15a** 21
– KV-bereichsübergreifende BAG § **15a** 16; § **15b** 4 ff
– Teil-BAG § **15a** 17; 21; 23
– überörtliche BAG § **15a** 8
Befund § **62** 4
– Befunderhebung § **25** 4 ff
Behandlung von Kindern und Jugendlichen Anh 1 § **6** 3
Behandlungsfall
– Bedeutung § **21** 2
– Begriff § **21** 3
– belegärztliche Behandlung § **21** 10
Behandlungstermin
– Vermittlung § **17a** 2
Belegarzt § **15a** 7
– Abrechnung § **41** 1; 19

639

Sachregister

- Anästhesisten § 40 8
- Anerkennung § 38 9; 27; § 40 1; 16; 28
- Antragsverfahren § 40 11
- Anzahl Belegkrankenhäuser § 39 10
- Belegarztvertrag § 38 22
- Belegpatienten § 39 3
- Bereitschaftsdienst § 39 19; 26
- Definition § 38 4; § 39 1
- Einverständnis Krankenhausträger § 40 23
- Freistellung vom allgemeinärztlichen Bereitschaftsdienst § 39 23
- Hinzuziehung anderer Vertragsärzte § 41 13
- kein Schwergewicht der belegärztlichen Tätigkeit § 39 9; § 40 14
- kooperativer Belegarztvertrag § 38 23
- Leistungen Belegarzt § 38 21
- Privatbehandlung § 41 10
- Rücknahme/Widerruf Anerkennung § 40 32
- Sonderzulassung § 38 2; § 40 25
- Ungeeignetheit § 39 12; 18
- Wahlleistung § 41 11

Belegärztliche Versorgung
- Arznei-, Verband-, Heil-, Hilfsmittel § 41 20
- Definition belegärztliche Behandlung § 38 10
- dreiseitiger Vertrag § 38 3
- Honorarvertragsmodell § 38 8; § 39 7; § 41 1
- HVM § 41 4
- kooperatives Belegarztwesen § 38 1
- Krankenhausbehandlung § 38 11; 13
- Vergütung § 38 6; 20; § 39 6; § 41 8
- Verträge § 38 22
- vom Krankenhaus bereit gestellte Dienste, Einrichtungen und Mittel § 39 4

Bescheinigungen
- Bonusheft § 36 21
- Feststellung Arbeitsfähigkeit § 31 1; § 58 13
- Feststellung Schwangerschaft und voraussichtlicher Entbindungstermin § 32 1
- formlose § 33 2
- Rahmenformular § 33 3; § 36 14
- sonstige § 33 1

Betriebsstätte § 15a 6; § 15b 9
Betriebsstättenfall § 21 16
Betriebsstättennummer § 25 9; § 37a 9
Blankoformularbedruckung
- außerordentliche Kontrollprüfung § 42 8
- Definition § 42 1

BMV-Ä
- Anlagen § 64 3

- Anwendungsbereich § 1 41
- Auslegung § 63 3
- besondere Versorgungsaufträge § 2 47
- Bestandteile § 1 3; 30
- Inkrafttreten § 64 1
- Kündigung § 65 1
- Kündigungsfristen § 65 2
- Kündigungsfristen Anlagen § 65 4
- Rechtscharakter § 1 13
- Rechtsgrundlage § 1 1
- Regelungsauftrag § 1 1
- Regelungsrahmen § 1 2
- Unterrichtungspflicht § 65 5
- Verbindlichkeit § 1 11

Bundesrichtlinien Abrechnungsprüfung § 46 70

Bundesschiedsamt § 65 5

COVID-19
- Arbeitsunfähigkeitsbescheinigung Anh 2 69
- eGK Anh 2 16
- Fernbehandlung Psychotherapie Anh 2 57

Datenschutz
- Einwilligung Anh 2 19
- Telekonsil Anh 2 33
- Telemedizin Anh 2 27
- Videosprechstunde Anh 2 42

Datenträgeraustausch
- Ausschuss zur EDV-Anwendung bei der Abrechnung § 43 2
- Form Datenübermittlung § 43 1; § 55 2; § 56 14

Delegation § 15 6; 14; 18
Diagnosekodierung § 57a 2
DICOM-Standard Anh 2 34
Differenzialdiagnostische Abklärung Anh 1 § 16 7
Direktabrechnung § 15 59
Disziplinarrecht
- Amtsermittlungsgrundsatz § 60 23
- Ausschlussfristen § 60 17
- Disziplinarausschuss § 60 11
- Disziplinargewalt der KV § 60 1; 4
- Disziplinarmaßnahmen § 60 7; 29
- Disziplinarordnung § 60 8
- Disziplinarverfahren § 15b 8
- Einleitung Verfahren § 60 12
- Entscheidungsträger § 60 10
- Ordnungsfunktion § 60 2
- Patientenbefragung § 60 46
- Pflichtverletzung § 60 24

640

Sachregister

- rechtliches Gehör § 60 21
- Rechtsschutz § 60 34
- Satzungsrecht § 60 8
- Unterrichtungspflichten KV § 60 44 f
- Verhältnis zu Berufs-, Strafrecht, Zulassungsentziehung § 60 37
- Verschulden § 60 28

Durchschnittswertprüfungen Anh 1 § 1 10

E-Health-Gesetz Anh 2 37
EBM
- Telekonsil Anh 2 36
- Telemedizin (allgemein) Anh 2 28
- Videosprechstunde Anh 2 37

eGK
- Begriff § 19 4
- belegärztliche Behandlung § 41 9
- Einziehung § 19 29; 37
- Ende Anspruchsberechtigung/Kassenwechsel § 21 33
- Ersatzverfahren § 19 24; § 35 2
- Inhalt § 13 5
- Missbrauch § 19 30
- Nachweis Anspruchsberechtigung § 13 1; § 19 7; 19; § 35 1
- Nichtvorlage, ungültige § 19 23
- Passbild Anh 2 8
- Schadensersatzforderung Anh 2 11
- Schriftform Anh 2 11
- Zertifizierungsrichtlinie Anh 2 9

Einrichtungen nach § 311 Abs 2 SGB V § 4 40
Einzelfallprüfung Widerspruchsverfahren
§ 47 143
EMDR Anh 1 § 5 13
Ermächtigung § 15a 8; § 24 7; Anh 1 § 8 8
- EU-Richtlinie § 8 5; 7
- Fachwissenschaftler der Medizin § 7 2
- Fachzahnärzte für eine theoretisch-experimentelle Fachrichtung der Medizin § 6 4; 7
- Fachzahnärzte für Kieferchirurgie § 6 3; 5
- Formen § 4 41
- Ruhen, Ende, Widerruf § 4 53
- spezielle Einzelleistungen nach EBM § 5 1
- Statusentscheidung § 4 67
- Umfang § 4 51

Ersatzrichtgrößenprüfung offensichtliches Missverhältnis § 47 45
Erstgespräch Anh 1 § 16 8

Fachgebietsfremder Arzt § 14a 6; 18; 20; § 15a 2
Fachgebietsgrenzen § 24 11
Fernbehandlung Anh 2 15; 26

- Arbeitsunfähigkeitsbescheinigung Anh 2 66
- Arbeitsunfähigkeitsrichtlinie Anh 2 70
- Arneimittelverordnung Anh 2 65
- ärztliches Berufsrecht Anh 2 38; 53
- Aufklärung Patient Anh 2 63
- Begriff Anh 2 40
- Haftung Anh 2 54
- psychotherapeutisches Berufsrechts Anh 2 55
- Psychotherapie-Vereinbarung Anh 2 55
- Werbeverbot Anh 2 72

Feststellung von Arbeitsunfähigkeit
- Wirtschaftlichkeitsprüfung § 47 83

Foto Videosprechstunde Anh 2 47
Freie Arztwahl § 13 1; 10; § 15a 25; § 24 13
- Wechsel Arzt im Quartal § 21 35

Früherkennungsuntersuchungen
- Definition § 61 1
- Dokumentation § 61 4
- gesetzliche Grundlagen § 22 2
- Inanspruchnahme § 22 6
- Information der Versicherten § 22 7
- Pflichten Arzt § 22 8
- Statistik § 61 5

Gemeinsame Selbstverwaltung
- Wirtschaftlichkeitsprüfung § 47 35

Genehmigung
- telemedizinische Leistungen Anh 2 26

Gesamtvergütung (GV)
- Bereinigung § 54 18
- gemeinsam und einheitlich § 54 8
- Haftung der KV § 53 2
- Höhe der GV § 53 4
- morbiditätsbedingt (MGV) § 54 6
- Nachschusspflicht § 54 16
- Rückstellungen § 54 16
- Zurückbehaltungsrecht § 54 22

Gewährleistungsauftrag
- sachlich-rechnerische Richtigstellung § 45 1

Grundsatz der persönlichen Leistungserbringung § 15 3; 8; § 15a 26

Halbtagsbeschäftigung § 14a 11
Hauptsitz § 15a 14; § 15b 6; 9
Hauptsitz-KV § 15b 7
Häusliche Krankenpflege
- Anspruch § 27 1
- Behandlungspflege § 27 19
- Genehmigung § 27 22
- Vermeidungspflege § 27 8
- Vordruck § 27 18

641

Sachregister

Heilmittel
- Anspruch § 30 2
- ausgeschlossene § 30 20
- Definition § 30 11
- Genehmigung § 30 27
- Vordrucke § 28 36

Hilfsmittel
- Anspruch § 30 5
- ausgeschlossene § 30 20
- Definition § 30 13
- Festbeträge § 30 9
- Genehmigung § 30 25
- Vordrucke § 28 36

Hochschulambulanzen Anh 1 § 8 11

ICD-10-GM Klassifizierung § 57a 3
Indikationsstellung Anh 1 § 11 5
Informationspflicht Vertragsarzt
- Belege für Anhaltspunkte § 58 15
- über Krankheit durch medizinisch nicht indizierte Operation, Piercing, Tätowierung § 58 10
- über Krankheitsursachen und drittverursachte Gesundheitsschäden § 58 1; 4

Informationsübermittlung durch Fachärzte § 29a 14

Job-Sharing § 15 12

Kartenpersonalisierer Anh 2 9
Kennzeichnungspflicht
- Arztnummer § 37a 1; 3
- Betriebsstättennummer § 37a 1; 8
- Nebenbetriebsstättennummer § 37a 1
- SAPV § 37a 16

KfH § 24 7
Kinder- und Jugendlichenpsychotherapeuten § 24 25; Anh 1 § 7 1
Kommunikation im Medizinwesen (KIM) Anh 2 6; 35
Kommunikationsmedien Anh 1 § 17 2
Konsiliararzt Anh 1 § 9 1
Konsiliarbericht Anh 1 § 9 1
Konsiliaruntersuchung § 24 9; 17
Kostenbeteiligung der Versicherten § 58 3
Kostenerstattung § 12 43; § 13 1; 6
Krankenhausbehandlung
- ambulant vor stationär § 26 5
- Anspruch § 26 1

Krankheitsfall § 21 14
Kurzzeittherapie Anh 1 § 11 5
KV-übergreifende Berufsausübung
- Qualitätsprüfung § 15b 7
- Widerruf der Genehmigung § 15a 30
- Wirtschaftlichkeitsprüfung § 47 130

Laborärzte § 15a 21; § 25 2
- Laborgemeinschaft § 15 58; § 25 4; 8 f; 15
- Laborleistungen § 15 58; § 24 19 f; § 25 1; 17; § 63 5

Langzeittherapie Anh 1 § 12 1
- Zwei-Jahres-Frist Anh 1 § 16 16

Leistungserbringergemeinschaft § 15 58 f
- Definition § 15 27
- Ermächtigte § 15 35
- fachliche Qualifikation § 15 42
- fachliche Weisung § 15 41
- gerätebezogene Untersuchungsleistungen § 15 38
- MVZ § 15 34
- Ort der Leistungserbringung § 15 44
- persönliche Leistungserbringung § 15 29
- rechtliche Qualifizierung § 15 45

MDK § 62 1; 4 f
- Arbeitsunfähigkeit § 62 2; 7
- gutachterliche Stellungnahme § 62 2
- Mitteilungspflicht § 62 6
- Widerspruchsrecht § 62 5
- Zweitgutachten § 62 8

Medikationsplan § 29a 1
- Aktualisierung § 29a 17 ff
- elektronisch Anh 2 22
- Formvorgaben § 29a 20
- Inhalt § 29a 8
- Sinn und Zweck § 29a 2
- verpflichteter Personenkreis § 29a 12
- Verpflichtung Arzt § 29a 4

Mengensteuerung § 14a 19
Mitbehandlung § 24 9; 17
Mitglied der KV § 14a 11
MVZ § 14 1; § 14a 14; 17; § 15a 2; 4; 10; 17; § 15b 9; § 15c 1; § 24 2
- ärztliche Leitung § 4 37
- Definition § 4 29
- Gründung/Organisationsform § 4 30
- Zulassungsverfahren § 4 38

Sachregister

Nachbesetzung Anh 1 § 6 5
Nebenbetriebsstätte § 14a 20; § 15a 2; 5; 9 f; 14; 26; § 15c 2; s.a. Zweigpraxis
Neue Untersuchungs- und Behandlungsmethoden
– Aufnahme in EBM § 12 38
– Ausschluss § 12 30; 33
– Definition § 12 20
– Erlaubnis mit Verbotsvorbehalt § 12 10
– Erprobungsregelungen § 12 16
– Genehmigung § 12 50
– Psychotherapie § 12 59
– Rechtsschutz § 12 46
– Verbot mit Erlaubnisvorbehalt § 12 7
– Verfahren § 12 24
Notfallbehandlung Anh 2 12
Notfalldatensatz Anh 2 18

Obergrenzen § 14a 10; § 25 14

PDSG Anh 2 3
Persönliche Leistungserbringung § 14a 22; § 25 4; 6
– angewiesener Arzt § 15 29
– anweisender Vertragsarzt § 15 29
– Famulus § 15 16
– Leistungserbringergemeinschaft § 15 29
– nichtärztliches Personal § 15 13
– Pflicht zur persönlichen Leistungserbringung § 15 1
– sachlich-rechnerische Richtigkeit § 45 6
Persönliche Leitung § 14a 1; 6; 13; 15; 22
Plausibilitätsprüfung § 14 17; § 15 17; § 15b 7 f
– Abgrenzung § 46 76
– Anscheinsbeweis § 46 46
– Antragsverfahren § 46 122
– Anwendungsbereich § 46 73; 76
– Arztbezug § 46 75
– Aufgreifkriterien § 46 12; 23; 35
– Ausschlussfrist § 46 53
– Befund § 46 9; 42
– Betriebsstättenübergreifende Prüfung § 46 78
– Beweislastumkehr § 46 40
– Daten § 46 9
– Datenlieferung § 46 10
– Durchführungsbestimmungen § 46 28
– formelle Einleitung des Prüfverfahrens § 46 39
– Garantiewirkung der Sammelerklärung § 46 49

– Gegenstand der Abrechnungsprüfung § 46 83
– Gemeinsame Beratungskommission Abrechnungsprüfung § 46 126
– Gewährleistungsauftrag § 46 59
– Honoraraufhebungsbescheid § 46 51
– Honorarneufestsetzungsbescheid § 46 51
– Honorarrückforderung § 46 46
– interne Vorprüfung § 46 33
– KV-übergreifende Tätigkeit § 46 80; 101
– Mitwirkungspflicht § 46 39; 42
– Negativabgrenzung § 46 76
– Patientenbefragung § 46 43
– Praxisgemeinschaft § 46 21
– Prüfgegenstand § 46 84 f
– Prüfung von Patientenidentitäten § 46 21; 34
– Prüfzeiten § 46 33
– Quartalsprofil § 46 15; 46
– Regelwerk § 46 30
– Sachkosten § 46 96
– sachlich-rechnerische Richtigstellung § 46 87
– Sammelerklärung § 46 49
– Schätzungsermessen § 46 49
– Stichprobenprüfung § 46 22; 93
– Tagesprofil § 46 15; 46
– Unterrichtungspflicht § 46 120
– Verantwortungsbereich des Vertragsarztes § 46 46
– Verfahren § 46 28
– Verfahrensablauf § 46 30; 56 f
– Vergleich § 46 52
– Verschulden des Vertragsarztes § 46 46
– Vorstandshaftung § 46 69
– Zeitprüfung § 46 15; 97
– Zufälligkeitsprüfung § 46 22; 93
– Zuständigkeit § 46 79
Präsenzpflicht
– angestellte Ärzte § 17 28
– Ankündigung § 17 35
– BAG § 17 26
– mehrere Tätigkeitsorte § 17 30
– MVZ § 17 29
– Sprechstunden § 17 1
– zeitlicher Umfang § 17 20
Praxisanschrift § 15a 14
Praxisverwaltungssystem Anh 2 14
Privatliquidation
– gesetzliche Grundlagen § 18 4
– künstliche Befruchtung § 18 35
– Leistungen außerhalb GKV § 18 23
– Nichtvorlage eGK § 18 9
– Wunschbehandlung § 18 16

643

Sachregister

Privatvergütung Anh 2 11
Prüfung der Leistungspflicht Anh 2 10
Psychoanalyse Anh 1 § 5 8
– Weiterbildungsordnung Anh 1 § 5 8
Psychologische Psychotherapeuten
§ 24 25; *s.a. Psychotherapeuten*
Psychotherapeuten § 14 14; 20 f; § 15 12
– anerkannte Behandlungsverfahren § 12 53
Psychotherapeutengesetz Anh 1 § 1 6
Psychotherapie
– Anerkennung neuer Methoden § 12 59
– Bezugspersonen Anh 1 § 11 8
– Definition § 12 55
– Delegationsverfahren Anh 1 § 1 1
– Doppelsitzung Anh 1 § 11 9
– Exposition in vivo Anh 1 § 1 20
– fachliche Befähigung Anh 1 § 5 5
– fachliche Voraussetzungen § 11 204; § 12 62
– Genehmigung § 11 203
– Gesetz zur Reform der Psychotherapeutenausbildung Anh 1 § 6 2
– Konsiliarbericht § 13 24
– organische Erkrankung Anh 1 § 9 1
– persönlicher Kontakt Anh 1 § 1 13
– Psychotherapie-Richtlinie § 12 51
Psychotherapie-Richtlinie Anh 1 Vorbem 1
– Aufhebung Anh 1 § 4 4
– Entscheidung zur Leistungspflicht Anh 1 § 11 1
– Feststellung der Leistungspflicht Anh 1 § 13 1
– Genehmigungserfordernis Anh 1 § 2 4
– psychotherapeutische Sprechstunde Anh 1 § 16 5
– Rücknahme Anh 1 § 4 4
– Widerruf Anh 1 § 4 4

Qualitätssicherung § 25 13; 17
– allgemein anerkannter Stand der medizinischen Erkenntnisse § 12 5; § 16 8
– ambulante Operationen § 11 180
– ambulantes Operieren § 11 185; 195
– apparative Ausstattung, räumliche Anforderungen § 11 48
– einrichtungsinternes Qualitätsmanagement § 11 144
– Facharztstandard § 12 4
– Facharztvorbehalt § 11 58
– fachfremde Leistungen § 11 91
– fachliche Qualifikation § 11 28; 34
– Genehmigung § 11 79; 101; 105 f; 117; 163
– Kolloquium § 11 71; 169
– Mindestmengen/Frequenzregelungen § 11 36
– Normebenen § 11 12; 16 f; 23
– Praxisbegehung § 11 50 f; 201
– qualifikationsgebundene Leistungen § 11 8; 17
– Qualifikationsinhaber § 11 47
– Qualitätsbericht § 11 173
– Qualitätssicherungsvereinbarungen § 11 20; 26
– Rechtsschutz § 11 109
– Regeln der ärztlichen Kunst § 16 6 f
– Rezertifizierung § 11 55
– Stichprobenprüfung § 11 120; 158
– Struktur-, Prozess-, Ergebnisqualität § 11 10
– Übergangs-, Einführungsfristen § 11 61; 64 ff
– Vorsorge-/Rehabilitationsmaßnahmen § 11 175
– Widerruf Genehmigung § 11 107; 131
– Wirtschaftlichkeit § 16 12

Rabattverträge
– Wirtschaftlichkeitsprüfung § 47 56
Rechtsschutz
– aufschiebende Wirkung § 4 76; 78
– defensiver Konkurrenzschutz § 4 78
– offensiver Konkurrenzschutz § 4 77
Rezidivprophylaxe Anh 1 § 16 13
Richtgrößenprüfung
– Beratung § 47 75
– Beratung vor Regress § 47 6
– Datenlieferung § 47 60
– Ersatzrichtgrößenprüfung § 47 45
– individuelle Beratung § 47 75
– Regelprüfung § 47 3
– Regressfrist § 47 46; 136
– Widerspruchsverfahren § 47 143
Richtlinien G-BA
– gesetzliche Grundlagen § 23 2
– Information der Versicherten § 23 9
– Information der Vertragsärzte § 23 13
Richtlinienpsychotherapie Anh 1 § 11 1
– Gutachter Anh 1 § 12 1
Ringversuche § 25 18

Sachlich-rechnerische Richtigkeit
– Anlässe § 45 13
– Antrag der KK § 45 18
– Antragsfrist § 45 18
– aufschiebende Wirkung § 45 41

Sachregister

- Bundesrichtlinien § 45 1
- erforderliche Genehmigungen § 45 9
- nachträgliche Richtigstellung § 45 15
- persönliche Leistungserbringung § 45 6
- Plausibilitätskontrollen § 45 3
- quartalsgleiche sachlich-rechnerische Richtigstellung § 45 41
- Rechtsschutz § 45 41
- Regelwerk § 45 10
- Sachkosten § 45 11
- Sammelerklärung § 45 6
- Unterrichtungsverfahren der KK § 45 24
- Verfahren § 45 11
- Verschulden Vertragsarzt § 45 18
- vorläufiger Rechtsschutz § 45 41
- Widerspruch § 45 41

Sachlich-rechnerische Richtigstellung
- Prüfgegenstand § 46 84

SAPV
- Anspruch § 28 1; 12
- Genehmigung § 28 37
- Leistungserbringer § 28 23
- Leistungsort § 28 30
- Leistungsumfang § 28 27
- Vordruck § 28 34
- Ziel § 28 11

Schadenersatz
- Abtretung § 52 6
- Aufrechnung § 52 3
- Bagatellgrenze § 51 1
- Behandlungsfehler § 50 1
- Durchsetzung festgestellter Ansprüche § 52 2
- Schlichtungsstelle § 49 5; § 50 4
- schuldhafte Pflichtverletzung § 49 3
- sonstiger Schaden § 48 3
- unzulässige Verordnung § 48 3; § 49 3
- Verschulden Vertragsarzt § 48 9; § 49 3
- Zuständigkeit Prüfungseinrichtungen § 48 2

Seelische Krankheit Anh 1 § 1 5
Selbstbestimmungsrecht Anh 2 8; 54
Selektivvertrag
- Abgrenzung zum Kollektivvertrag § 3 25
- Wirtschaftlichkeitsprüfung § 47 57; 129

Spezialfachärztliche Behandlung § 24 3
Sprechstunde Anh 1 § 16 4
Stichprobenprüfung
- Datenlieferung § 47 60
- Widerspruchsverfahren § 47 143

Strahlenschutz, Telemedizin Anh 2 30; 34
Strukturzuschläge Anh 1 § 8 12
Substitution § 15 6; 14; 18
Systemische Therapie Anh 1 § 5 3

Tätigkeit an weiteren Orten § 15a 2; 4; 26
Telekonsil Anh 2 29
- Schweigepflicht Anh 2 30
Telematikinfrastruktur Anh 2 75
Telemedizin Anh 2 23
- Fallkonferenz Anh 2 38; 59
Terminservicestellen Anh 1 § 16 9

Überweisung § 14a 18; § 24 5; 8; 13; 25
- Überweisungsschein § 24 17
- Überweisungsverbot § 24 12; § 25 13
- Überweisungsvorbehalt § 25 2; 4; 6
Überweisungsvorbehalt
- Arztgruppen § 13 14
- Ausnahmen § 13 20

Vergleichsgruppe Anh 1 § 1 11
Vergütungsvereinbarungen Anh 1 § 8 10
Verhaltenstherapie Anh 1 § 5 9
Verordnungen § 24 1
- Arzneimittel § 29 6
- Aufklärungspflichten § 25a 25
- ausgeschlossene oder nicht notwendige Leistungen § 25a 22
- Haftungsrisiko § 15 22
- häusliche Krankenpflege § 27 8
- Heil- und Hilfsmittel § 30 18
- Kostenerstattung § 25a 15
- Krankenhausbehandlung § 26 4
- nachträgliche Änderung/Ergänzung § 25a 10
- ohne Versicherungsnachweis § 25a 12
- Privatbehandlung § 25a 20
- SAPV § 28 10; 31
- Sorgfaltsmaßstab § 15 22
- Sorgfaltspflichten § 15 19
- Verordnungspflicht § 13 37
- Zuzahlung § 13 1; 39
- Zweitausstellung § 25a 13
Verordnungssoftware § 30 36
- Rezertifizierung § 30 38
Versorgungsstärkungsgesetz
- Wirtschaftlichkeitsprüfung § 47 8
Vertragsärztliche Behandlung
- Besuche § 17 55
Vertragsärztliche Versorgung
- Ablehnung Behandlung § 13 31
- ärztliche Behandlung § 2 1
- Aufzeichnungspflichten § 57 1
- Behandlungspflicht § 13 29
- besonderer Versorgungsauftrag § 2 46
- Datenübermittlungsbefugnisse/-pflichten § 57 2

645

Sachregister

- Dokumentationspflichten § 57 4
- fachärztliche Versorgung § 10 1; 13
- Gliederung haus-/fachärztliche Versorgung § 10 1 f; 29
- hausärztliche Versorgung § 10 1; 10
- Hausarztvertrag § 10 20
- psychotherapeutische Versorgung § 4 82
- Rangverhältnis Teilnahmeformen § 4 70
- Sicherstellungsgenehmigung KV § 10 27
- Umfang § 10 6
- Ungeeignetheit Anh 1 § 4 7
- vertragsärztliche Pflichten § 14 17

Vertragsarztstempel
- Angaben § 37 1
- Kosten § 37 6
- Sorgfaltspflicht § 37 9

Vertragsausschuss § 63 1; 3
Vertragszahnärzte § 24 24
Vertreter § 14 1; 8; 17; § 14a 16; § 15 5
Vertretung § 14 5
- Anlass, Dauer § 17 50
- kollegiale Vertretung § 17 48
- Mitteilungspflicht § 17 49
- Praxisvertretung § 17 44
- Voraussetzungen § 17 53

Videofallkonferenz Anh 2 38; 59
Videokonferenz Anh 1 § 17 1
Videosprechstunde Anh 2 37
- Anforderungen Anh 2 46
- Begriff Anh 2 41
- Videodienstanbieter Anh 2 49
- Werbeschaltung Anh 2 52

Vordrucke
- Blankoformularbedruckungs-Verfahren § 34 6
- digital Anh 2 4
- Hinweise zum Ausfüllen § 34 4; § 35 5
- Kosten § 34 7
- psychotherapeutische Behandlung § 34 8
- Überweisung § 24 3
- Unterschrift § 35 6
- Vordruckvereinbarung § 34 1; § 36 5; 9

VSG Wirtschaftlichkeitsprüfung § 47 8

Weiterbehandlung § 24 9; 17
Wirtschaftlichkeitsgebot § 15 21; Anh 1 § 1 8
Wirtschaftlichkeitsprüfung § 15 21; § 15b 7
- Amtsdauer § 47 28
- Antragsfrist § 47 137
- Antragsprüfung § 47 133
- aufschiebende Wirkung § 47 69; 147; 152
- Ausschlussfrist § 47 134
- Beratung § 47 72; 75

- Beratung vor Regress § 47 6
- Beschlussfähigkeit Beschwerdeausschuss § 47 22
- Beschwer § 47 143
- Beschwerdeausschuss § 47 19; 64; 69
- Datenlieferung § 47 60
- Durchschnittsprüfung § 47 81
- Einzelfallprüfung § 47 82
- Ersatzrichtgrößenprüfung § 47 45
- Existenzgefährdung § 47 8
- Feststellung Arbeitsunfähigkeit § 47 83
- gemeinsame Selbstverwaltung § 47 35
- GKV-VStG § 47 8
- individuelle Beratung § 47 75
- KV-übergreifende Berufsausübung § 47 130
- KV-übergreifende Tätigkeit § 47 130
- offensichtliches Missverhältnis § 47 45
- Prüfung von Amts wegen § 47 131
- Prüfungsstelle § 47 19; 30; 64; 68
- Rabattverträge § 47 56
- Regelprüfung § 47 3
- Regressfrist § 47 46; 136
- Richtgrößenprüfung § 47 3
- Selektivverträge § 47 57; 129
- unparteiischer Vorsitzender § 47 25
- Versorgungsstärkungsgesetz § 47 8
- Versorgungsstrukturgesetz § 47 8
- Vorstandshaftung § 47 84
- Widerspruchsverfahren § 47 143
- Wirtschaftlichkeitspotential § 47 1
- Wirtschaftlichkeitsprüfungs-Verordnung § 47 17

Witwenquartal § 4 87

Zufälligkeitsprüfung
- Datenlieferung § 47 60
- Widerspruchsverfahren § 47 143

Zulassung
- Befristung § 4 17
- Ende § 4 23
- Entziehung § 4 25; § 15a 27
- Formen § 4 14
- Ruhen § 4 20
- Statusentscheidung § 4 67
- Teilzulassung § 15 5; § 15a 2; § 15b 9
- Voraussetzungen § 4 10
- Wechsel zu Anstellung § 4 60
- Zulassungsverfahren § 4 19

Zuzahlungen § 18 37; § 23a 2
Zweigpraxis § 14 1; § 15a 2; 5; 8; § 15c 1; s.a. Nebenbetriebsstätte
- Befristung § 15a 27

Zweitbefundung Anh 2 29
- Telekonsil Anh 2 29